SISTEMAS DE GERENCIAMENTO DE BANCO DE DADOS

SISTEMAS DE GERENCIAMENTO DE BANCO DE DADOS

Tradução da Terceira Edição

Raghu Ramakrishnan
University of Wisconsin
Madison, Wisconsin, USA

Johannes Gehrke
Cornell University
Ithaca, New York, USA

Tradução
Célia Taniwake
João Eduardo Nóbrega Tortello

Revisão Técnica
Elaine Parros Machado de Sousa
Professora Doutora do Departamento de Ciências de Computação —
Instituto de Ciências Matemáticas e de Computação da Universidade de São Paulo

Bangcoc   Beijing   Bogotá   Caracas   Cidade do México
Cingapura   Londres   Madri   Milão   Montreal   Nova Délhi   Nova York
Santiago   São Paulo   Seul   Sydney   Taipé   Toronto

The McGraw·Hill Companies

Sistemas de Gerenciamento de Banco de Dados
ISBN 978-85-7726-027-0

A reprodução total ou parcial deste volume por quaisquer formas ou meios, sem o consentimento escrito da editora, é ilegal e configura apropriação indevida dos direitos intelectuais e patrimoniais dos autores.

Copyright © 2008 de McGraw-Hill Interamericana do Brasil Ltda.
Todos os direitos reservados.
Av. Brigadeiro Faria Lima, 201 – 17º. andar
São Paulo, SP, CEP 05426-100

Todos os direitos reservados. Copyrigth © 2008 de McGraw-Hill Interamericana Editores, S. A. de C. V.
Prol. Paseo de la Reforma 1015 Torre A Piso 17, Col. Desarrollo Santa Fé, Delegación Alvaro Obregón
México 01376, D. F., México

Tradução da terceira edição do original em inglês Database Management Systems.
© 2003, 2000, 1998 de The McGraw-Hill Companies, Inc.
ISBN da obra original: 0-07-246563-8

Diretor-Geral: *Adilson Pereira*
Editora: *Gisélia Costa*
Supervisora de Produção: *Guacira Simonelli*
Preparação de Texto: *Lucrécia Freitas e Mônica de Aguiar*
Design da Capa: *Mick Wiggins*
Editoração Eletrônica: *Crontec Ltda.*

Dados Internacionais de Catalogação na Publicação (CIP)
(Câmara Brasileira do Livro, SP, Brasil)

Ramakrishnan, Raghu
   Sistemas de bancos de dados / Raghu Ramakrishnan, Johannes Gehrke ; tradutores Acauan Pereira Fernandes, Celia Taniwake, João Tortello ; revisão técnica Elaine Parros Machado de Sousa. -- 3. ed. -- São Paulo : McGraw-Hill, 2008.

   Título original: DataBase management systems
   Bibliografia
   ISBN 978-85-7726-027-0

   1. Banco de dados 2. Banco de dados – Gerência I. Gehrke, Johannes. II. Sousa, Elaine Parros Machado de. III. Título.

07-7008   CDD-005.74

Índice para catálogo sistemático:

1. Banco de dados : Gerenciamento : Ciência da
    computação   005.74

A McGraw-Hill tem forte compromisso com a qualidade e procura manter laços estreitos com seus leitores. Nosso principal objetivo é oferecer obras de qualidade a preços justos e um dos caminhos para atingir essa meta é ouvir o que os leitores têm a dizer. Portanto, se você tem dúvidas, críticas ou sugestões entre em contato conosco – preferencialmente por correio eletrônico (mh_brasil@mcgraw-hill.com) – e nos ajude a aprimorar nosso trabalho. Teremos prazer em conversar com você. Em Portugal use o endereço servico_clientes@mcgraw-hill.com.

A Apu, Ketan e Vivek, com amor.

A Keiko e Elisa.

SUMÁRIO

PARTE I CONCEITOS BÁSICOS	1

1 VISÃO GERAL SOBRE SISTEMAS DE BANCO DE DADOS	2
1.1 Gerenciando Dados	3
1.2 Uma Perspectiva Histórica	4
1.3 Arquivos de Sistemas *versus* um SGBD	6
1.4 Vantagens de um SGBD	7
1.5 Descrevendo e Armazenando Dados em um SGBD	8
1.5.1 O Modelo Relacional	9
1.5.2 Níveis de Abstração em um SGBD	10
1.5.3 Independência de Dados	12
1.6 Consultas em um SGBD	13
1.7 Gerenciamento de Transações	13
1.7.1 Execução Concorrente de Transações	14
1.7.2 Transações Incompletas e Falhas de Sistema	15
1.7.3 Pontos a Observar	15
1.8 Estrutura de um SGBD	16
1.9 Pessoal que Trabalha com Banco de Dados	17
1.10 Questões de Revisão	18
Exercícios	19

2 INTRODUÇÃO AO PROJETO DE BANCO DE DADOS	21
2.1 Projeto de Banco de Dados e Diagramas ER	22
2.1.1 Além do Projeto ER	23
2.2 Entidades, Atributos e Conjuntos de Entidades	24
2.3 Relacionamentos e Conjuntos de Relacionamentos	25
2.4 Recursos Adicionais do Modelo ER	27
2.4.1 Restrições de Chave	27
2.4.2 Restrições de Participação	29
2.4.3 Entidades Fracas	30
2.4.4 Hierarquias de Classe	32
2.4.5 Agregação	33
2.5 Projeto Conceitual com o Modelo ER	34
2.5.1 Entidade *versus* Atributo	35
2.5.2 Entidade *versus* Relacionamento	36
2.5.3 Relacionamentos Binários *versus* Relacionamentos Ternários	37
2.5.4 Agregação *versus* Relacionamentos Ternários	38
2.6 Projeto Conceitual para Grandes Empresas	39
2.7 A Linguagem de Modelagem Unificada	40
2.8 Estudo de Caso: a Loja na Internet	42
2.8.1 Análise de Requisitos	42
2.8.2 Projeto Conceitual	42
2.9 Questões de Revisão	43
Exercícios	43

3 O MODELO RELACIONAL 48
- 3.1 Introdução ao Modelo Relacional — 50
  - 3.1.1 Criando e Modificando Relações Usando SQL — 52
- 3.2 Restrições de Integridade sobre Relações — 53
  - 3.2.1 Restrições de Chave — 54
  - 3.2.2 Restrições de Chave Estrangeira — 55
  - 3.2.3 Restrições Gerais — 57
- 3.3 Verificando Restrições de Integridade — 58
  - 3.3.1 Transações e Restrições — 60
- 3.4 Consultando Dados Relacionais — 61
- 3.5 Projeto Lógico do Banco de Dados: ER para Relacional — 62
  - 3.5.1 Conjuntos de Entidades para Tabelas — 63
  - 3.5.2 Conjuntos de Relacionamentos (sem Restrições) para Tabelas — 63
  - 3.5.3 Mapeando Conjuntos de Relacionamentos com Restrições de Chave — 65
  - 3.5.4 Mapeando Conjuntos de Relacionamentos com Restrições de Participação — 66
  - 3.5.5 Mapeando Conjuntos de Entidades Fracas — 68
  - 3.5.6 Mapeando Hierarquias de Classe — 69
  - 3.5.7 Mapeando Diagramas ER com Agregação — 70
  - 3.5.8 ER para Relacional: Mais Exemplos — 71
- 3.6 Introdução a Visões — 72
  - 3.6.1 Visões, Independência de Dados, Segurança — 73
  - 3.6.2 Atualizações nas Visões — 73
- 3.7 Destruindo/Alterando Tabelas e Visões — 76
- 3.8 Estudo de Caso: a Loja na Internet — 77
- 3.9 Questões de Revisão — 79
- Exercícios — 79

4 ÁLGEBRA E CÁLCULO RELACIONAIS 83
- 4.1 Preliminares — 84
- 4.2 Álgebra Relacional — 85
  - 4.2.1 Seleção e Projeção — 85
  - 4.2.2 Operações de Conjunto — 87
  - 4.2.3 Renomear — 88
  - 4.2.4 Junções — 89
  - 4.2.5 Divisão — 91
  - 4.2.6 Mais Exemplos de Consultas de Álgebra — 92
- 4.3 Cálculo Relacional — 98
  - 4.3.1 Cálculo Relacional de Tupla — 98
  - 4.3.2 Cálculo Relacional de Domínio — 102
- 4.4 Poder Expressivo da Álgebra e do Cálculo — 105
- 4.5 Questões de Revisão — 106
- Exercícios — 107

5 SQL: CONSULTAS, RESTRIÇÕES, GATILHOS 110
- 5.1 Visão Geral — 111
  - 5.1.1 Organização do Capítulo — 112
- 5.2 O Formato de uma Consulta SQL Básica — 113
  - 5.2.1 Exemplos de Consultas SQL Básicas — 116
  - 5.2.2 Expressões e Strings no Comando SELECT — 118
- 5.3 Union, Intersect e Except — 119
- 5.4 Consultas Aninhadas — 122
  - 5.4.1 Introdução a Consultas Aninhadas — 123
  - 5.4.2 Consultas Aninhadas Correlacionadas — 124
  - 5.4.3 Operadores de Comparação de Conjuntos — 125
  - 5.4.4 Mais Exemplos de Consultas Aninhadas — 126

5.5	Operadores Agregados		128
	5.5.1 As Cláusulas GROUP BY e HAVING		130
	5.5.2 Mais Exemplos de Consultas Agregadas		134
5.6	Valores Nulos		137
	5.6.1 Comparações Usando Valores Nulos		138
	5.6.2 Conectivos Lógicos AND, OR e NOT		138
	5.6.3 Impacto nos Construtores da SQL		138
	5.6.4 Junções Externas		139
	5.6.5 Desabilitando os Valores Nulos		139
5.7	Restrições de Integridade Complexas em SQL		140
	5.7.1 Restrições sobre uma Única Tabela		140
	5.7.2 Restrições de Domínio e Tipos Distintos		140
	5.7.3 Assertivas: RIs sobre Diversas Tabelas		141
5.8	Gatilhos e Bancos de Dados Ativos		142
	5.8.1 Exemplos de Gatilhos na SQL		143
5.9	Projetando Bancos de Dados Ativos		144
	5.9.1 Por Que os Gatilhos Podem Ser Difíceis de Entender		144
	5.9.2 Restrições *versus* Gatilhos		145
	5.9.3 Outros Usos de Gatilhos		145
5.10	Questões de Revisão		146
	Exercícios		147

PARTE II   DESENVOLVIMENTO DE APLICATIVO   153

6 DESENVOLVIMENTO DE APLICATIVO DE BANCO DE DADOS   154

6.1	Acessando Banco de Dados por Meio de Aplicativos		155
	6.1.1 SQL Embutida		156
	6.1.2 Cursores		158
	6.1.3 SQL Dinâmica		161
6.2	Uma Introdução ao JDBC		162
	6.2.1 Arquitetura		163
6.3	Classes e Interfaces JDBC		164
	6.3.1 Gerenciamento de Driver JDBC		164
	6.3.2 Conexões		165
	6.3.3 Executando Comandos SQL		166
	6.3.4 ResultSets		167
	6.3.5 Exceções e Avisos		169
	6.3.6 Examinando Metadados de Banco de Dados		170
6.4	SQLJ		171
	6.4.1 Escrevendo Código SQLJ		172
6.5	Procedimentos Armazenados (Stored Procedures)		173
	6.5.1 Criando um Procedimento Armazenado Simples		174
	6.5.2 Chamando Procedimentos Armazenados		175
	6.5.3 SQL/PSM		176
6.6	Estudo de Caso: a Livraria pela Internet		177
6.7	Questões de Revisão		179
	Exercícios		180

7 APLICATIVOS INTERNET   183

7.1	Introdução		183
7.2	Conceitos da Internet		184
	7.2.1 Identificadores Uniformes de Recurso		184

		7.2.2 O Protocolo de Transferência de Hipertexto (HTTP)	186
7.3	Documentos HTML		188
7.4	Documentos XML		189
	7.4.1	Introdução a XML	190
	7.4.2	DTDs XML	192
	7.4.3	DTDs Específicos de Domínio	195
7.5	A Arquitetura de Aplicativo em Três Camadas		196
	7.5.1	Arquiteturas de uma Camada e Cliente-Servidor	196
	7.5.2	Arquiteturas de Três Camadas	198
	7.5.3	Vantagens da Arquitetura de Três Camadas	200
7.6	A Camada de Apresentação		201
	7.6.1	Formulários HTML	201
	7.6.2	JavaScript	204
	7.6.3	Folhas de Estilo	206
7.7	A Camada Intermediária		208
	7.7.1	CGI: O Common Gateway Interface	209
	7.7.2	Servidores de Aplicação	210
	7.7.3	Servlets	211
	7.7.4	JavaServer Pages	213
	7.7.5	Mantendo Estado	214
7.8	Estudo de Caso: a Livraria pela Internet		216
7.9	Questões de Revisão		219
	Exercícios		220

PARTE III ARMAZENAMENTO E INDEXAÇÃO — 225

8 VISÃO GERAL DE ARMAZENAMENTO E INDEXAÇÃO — 226

8.1	Armazenamento Externo de Dados		227
8.2	Organizações de Arquivos de Indexação		228
	8.2.1	Índices Agrupados	229
	8.2.2	Índices Primários e Secundários	230
8.3	Estruturas de Dados de Índice		230
	8.3.1	Indexação Baseada em Hash	230
	8.3.2	Indexação Baseada em Árvore	231
8.4	Comparação das Organizações de Arquivos		233
	8.4.1	Modelo de Custo	234
	8.4.2	Arquivos Heap	235
	8.4.3	Arquivos Ordenados	236
	8.4.4	Arquivos Agrupados	237
	8.4.5	Arquivo Heap com Índice de Árvore Não Agrupado	238
	8.4.6	Arquivo Heap com Índice Hash não Agrupado	239
	8.4.7	Comparação de Custos de E/S	240
8.5	Índices e Sintonização de Desempenho		241
	8.5.1	O Impacto da Carga de Trabalho	241
	8.5.2	Organização de Índice Agrupado	242
	8.5.3	Chaves de Pesquisa Compostas	244
	8.5.4	Especificação de Índice em SQL: 1999	247
8.6	Questões de Revisão		248
	Exercícios		249

9 ARMAZENANDO DADOS: DISCOS E ARQUIVOS — 252

9.1	A Hierarquia da Memória		253
	9.1.1	Discos Magnéticos	254
	9.1.2	Implicações de Desempenho da Estrutura do Disco	256

9.2	Arrays Redundantes de Discos Independentes	256
	9.2.1 *Striping* de Dados	257
	9.2.2 Redundância	258
	9.2.3 Níveis de Redundância	259
	9.2.4 Escolha de Níveis RAID	262
9.3	Gerenciamento de Espaço em Disco	262
	9.3.1 Mantendo Informação de Blocos Livres	263
	9.3.2 Usando Sistemas de Arquivos do SO para Gerenciar Espaço em Disco	263
9.4	Gerenciador de Buffer	263
	9.4.1 Políticas de Substituição de Buffer	266
	9.4.2 Gerenciamento de Buffer em SGBD *versus* SO	267
9.5	Arquivos de Registros	268
	9.5.1 Implementando Arquivos Heap	269
9.6	Formato de Página	271
	9.6.1 Registros de Comprimento Fixo	271
	9.6.2 Registros de Comprimento Variável	272
9.7	Formatos de Registros	274
	9.7.1 Registros de Comprimento Fixo	274
	9.7.2 Registros de Comprimento Variável	275
9.8	Questões de Revisão	276
	Exercícios	277

10 INDEXAÇÃO ESTRUTURADA EM ÁRVORE 281

10.1	Intuição de Índices de Árvore	282
10.2	Método de Acesso Seqüencial Indexado (ISAM)	283
	10.2.1 Páginas de Overflow, Considerações de Bloqueio	286
10.3	Árvores B+: Uma Estrutura de Índice Dinâmica	286
	10.3.1 O Formato de um Nó	288
10.4	Pesquisa	288
10.5	Inserção	289
10.6	Exclusão	292
10.7	Duplicatas	296
10.8	Árvores B+ na Prática	297
	10.8.1 Compressão de Chaves	298
	10.8.2 Carregamento em Massa em uma Árvore B+	299
	10.8.3 O Conceito de Ordem	302
	10.8.4 O Efeito de Inserções e Exclusões em Rids	302
10.9	Questões de Revisão	302
	Exercícios	303

11 INDEXAÇÃO BASEADA EM HASH 308

11.1	Hashing Estático	309
	11.1.1 Notação e Convenções	310
11.2	Hashing Extensível	310
11.3	Hashing Linear	315
11.4	Hashing Extensível vs. Linear	320
11.5	Questões de Revisão	321
	Exercícios	321

PARTE IV AVALIAÇÃO DE CONSULTAS 327

12 VISÃO GERAL DA AVALIAÇÃO DE CONSULTAS 328

12.1	O Catálogo do Sistema	329
	12.1.1 Informações no Catálogo	329

12.2	Introdução à Avaliação de Operador	332
	12.2.1 Três Técnicas Comuns	332
	12.2.2 Caminhos de Acesso	332
12.3	Algoritmos para Operações Relacionais	334
	12.3.1 Seleção	334
	12.3.2 Projeção	335
	12.3.3 Junção	335
	12.3.4 Outras Operações	337
12.4	Introdução à Otimização de Consultas	337
	12.4.1 Planos de Avaliação de Consultas	338
	12.4.2 Consultas Multi-Operadores: Avaliação Pipeline	339
	12.4.3 A Interface Iteradora	340
12.5	Planos Alternativos: Um Exemplo Motivador	341
	12.5.1 Empurrando Seleções	341
	12.5.2 Usando Índices	342
12.6	O Que Um Otimizador Típico Faz	345
	12.6.1 Planos Alternativos Considerados	345
	12.6.2 Avaliando o Custo de um Plano	347
12.7	Questões de Revisão	347
	Exercícios	348

13 ORDENAÇÃO EXTERNA   351

13.1	Quando um SGBD Ordena Dados?	352
13.2	Merge-sort de Duas Vias Simples	352
13.3	Merge-sort Externo	354
	13.3.1 Minimizando o Número de Série	357
13.4	Minimizando o Custo de E/S *versus* o Número De E/S	358
	13.4.1 E/S Bloqueada	359
	13.4.2 Buferização Dupla	360
13.5	Usando Árvores B+ para Ordenação	361
	13.5.1 Índice Agrupado	361
	13.5.2 Índice Não Agrupado	362
13.6	Questões de Revisão	364
	Exercícios	364

14 AVALIANDO OPERADORES RELACIONAIS   367

14.1	A Operação de Seleção	368
	14.1.1 Nenhum Índice, Dados Não Ordenados	369
	14.1.2 Nenhum Índice, Dados Ordenados	369
	14.1.3 Índice de Árvore B+	370
	14.1.4 Índice de Hashing, Seleção de Igualdade	371
14.2	Condições de Seleção Gerais	371
	14.2.1 FNC e Correspondência de Índice	371
	14.2.2 Avaliando Seleções sem Disjunção	372
	14.2.3 Seleções com Disjunção	373
14.3	A Operação de Projeção	374
	14.3.1 Projeção Baseada em Ordenação	374
	14.3.2 Projeção Baseada em Hashing	375
	14.3.3 Ordenação *versus* Hashing para Projeções	377
	14.3.4 Uso de Índices para Projeções	377
14.4	A Operação de Junção	378
	14.4.1 Junção de Loops Aninhados	379
	14.4.2 Junção Sort-Merge	383
	14.4.3 Junção por Hashing	386
	14.4.4 Condições de Junção Gerais	390

14.5	As Operações de Conjunto	391
	14.5.1 Ordenação para União e Diferença	391
	14.5.2 Hashing para União e Diferença	391
14.6	Operações Agregadas	392
	14.6.1 Implementando Agregação Usando um Índice	393
14.7	O Impacto do Uso de Buffers	393
14.8	Questões de Revisão	394
	Exercícios	395

15 UM OTIMIZADOR DE CONSULTAS RELACIONAL TÍPICO 399

15.1	Transformando Consultas SQL em Álgebra	400
	15.1.1 Decomposição de uma Consulta em Blocos	400
	15.1.2 Um Bloco de Consulta como uma Expressão da Álgebra Relacional	401
15.2	Estimando o Custo de um Plano	402
	15.2.1 Estimando os Tamanhos do Resultado	403
15.3	Equivalências da Álgebra Relacional	407
	15.3.1 Seleções	407
	15.3.2 Projeções	408
	15.3.3 Produtos Cartesianos e Junções	408
	15.3.4 Seleções, Projeções e Junções	409
	15.3.5 Outras Equivalências	410
15.4	Enumeração de Planos Alternativos	410
	15.4.1 Consultas com uma Única Relação	411
	15.4.2 Consultas com Várias Relações	414
15.5	Subconsultas Aninhadas	420
15.6	O Otimizador System R	423
15.7	Outras Estratégias de Otimização de Consulta	423
15.8	Questões de Revisão	424
	Exercícios	424

PARTE V GERENCIAMENTO DE TRANSAÇÃO 433

16 VISÃO GERAL DO GERENCIAMENTO DE TRANSAÇÕES 434

16.1	As Propriedades ACID	435
	16.1.1 Consistência e Isolamento	436
	16.1.2 Atomicidade e Durabilidade	436
16.2	Transações e Plano de Execução (Schedules)	437
16.3	Execução Concorrente de Transações	438
	16.3.1 Motivação da Execução Concorrente	438
	16.3.2 Serialidade	439
	16.3.3 Anomalias em Razão da Execução Intercalada	440
	16.3.4 Planos de Execução Envolvendo Transações Canceladas	442
16.4	Controle de Concorrência Baseado em Bloqueio	444
	16.4.1 Bloqueio de Duas Fases Restrito (Strict 2PL)	444
	16.4.2 Impasses (Deadlocks)	446
16.5	Desempenho do Bloqueio	446
16.6	Suporte para Transação em SQL	448
	16.6.1 Criando e Terminando Transações	448
	16.6.2 O Que Devemos Bloquear?	449
	16.6.3 Características das Transações em SQL	450

16.7	Introdução à Recuperação de Falhas	452
	16.7.1 Roubo de Frame e Imposição de Páginas	453
	16.7.2 Etapas Relacionadas à Recuperação Durante a Execução Normal	453
	16.7.3 Visão Geral do ARIES	454
	16.7.4 Atomicidade: Implementando a Reversão	455
16.8	Questões de Revisão	455
	Exercícios	456

17 CONTROLE DE CONCORRÊNCIA 459

17.1	2PL, Serialidade e Capacidade de Recuperação	460
	17.1.1 Serialidade de Visão	462
17.2	Introdução ao Gerenciamento de Bloqueios	462
	17.2.1 Implementando Pedidos de Bloqueio e Desbloqueio	463
17.3	Conversões de Bloqueio	464
17.4	Tratando de Impasses (*Deadlocks*)	465
	17.4.1 Prevenção de Impasses	466
17.5	Técnicas de Bloqueio Especializadas	467
	17.5.1 Bancos de Dados Dinâmicos e o Problema do Fantasma	467
	17.5.2 Controle de Concorrência em Árvores B+	469
	17.5.3 Bloqueio de Granularidade Múltipla	471
17.6	Controle de Concorrência sem Bloqueio	472
	17.6.1 Controle de Concorrência Otimista	473
	17.6.2 Controle de Concorrência Baseado em Marca de Tempo	475
	17.6.3 Controle de Concorrência de Múltiplas Versões	477
17.7	Questões de Revisão	478
	Exercícios	479

18 RECUPERAÇÃO DE FALHAS 484

18.1	Introdução ao ARIES	485
18.2	O LOG	486
18.3	Outras Estruturas Relacionadas à Recuperação	489
18.4	O Protocolo de Gravação Antecipada do Log (Write-ahead Log, Wal)	490
18.5	Pontos de Verificação	490
18.6	Recuperando de Uma Falha de Sistema	491
	18.6.1 Fase Análise	492
	18.6.2 Fase Refazer	493
	18.6.3 Fase Desfazer	494
18.7	Recuperação de Mídia	497
18.8	Outras Estratégias e Interação com o Controlede Concorrência	498
18.9	Questões de Revisão	499
	Exercícios	499

PARTE VI PROJETO E OTIMIZAÇÃO DE BANCOS DE DADOS 505

19 REFINAMENTO, SINTONIZAÇÃO E FORMAS NORMAIS 506

19.1	Introdução ao Refinamento de Esquema	507
	19.1.1 Problemas Causados pela Redundância	507
	19.1.2 Decomposições	509
	19.1.3 Problemas Relacionados à Decomposição	510
19.2	Dependências Funcionais	510

19.3	Raciocínio sobre as DFs		511
	19.3.1 Fechamento de um Conjunto de DFs		512
	19.3.2 Fechamento de Atributo		513
19.4	Formas Normais		514
	19.4.1 Forma Normal de Boyce-Codd		514
	19.4.2 Terceira Forma Normal		515
19.5	Propriedades das Decomposições		517
	19.5.1 Decomposição sem Perda de Junção		517
	19.5.2 Decomposição com Preservação da Dependência		518
19.6	Normalização		519
	19.6.1 Decomposição na FNBC		520
	19.6.2 Decomposição na 3FN		521
19.7	Refinamento de Esquema no Projeto de Bancos de Dados		525
	19.7.1 Restrições em um Conjunto de Entidades		525
	19.7.2 Restrições em um Conjunto de Relacionamentos		526
	19.7.3 Identificando Atributos de Entidades		526
	19.7.4 Identificando Conjuntos de Entidades		528
19.8	Outros Tipos de Dependências		528
	19.8.1 Dependências *Multivaloradas*		529
	19.8.2 Quarta Forma Normal		531
	19.8.3 Dependências de Junção		532
	19.8.4 Quinta Forma Normal		532
	19.8.5 Dependências de Inclusão		533
19.9	Estudo de Caso: a Loja na Internet		533
19.10	Questões de Revisão		535
	Exercícios		536

20 PROJETO FÍSICO DE BANCO DE DADOS E SINTONIZAÇÃO — 541

20.1	Introdução ao Projeto Físico de Banco de Dados		542
	20.1.1 Cargas de Trabalho de Banco de Dados		543
	20.1.2 Projeto Físico e Decisões de Sintonização		544
	20.1.3 Necessidade de Sintonização do Banco de Dados		544
20.2	Diretrizes para Seleção de Índice		545
20.3	Exemplos Básicos de Seleção de Índice		546
20.4	Agrupamento e Indexação		549
	20.4.1 Co-agrupando Duas Relações		550
20.5	Índices que Possibilitam Planos Somente de Índice		552
20.6	Ferramentas para Ajudar na Seleção de Índices		553
	20.6.1 Seleção Automática de Índice		553
	20.6.2 Como Funcionam os Assistentes de Sintonização de Índice?		555
20.7	Panorama da Sintonização de Banco de Dados		556
	20.7.1 Sintonização de Índices		556
	20.7.2 Sintonização do Esquema Conceitual		557
	20.7.3 Sintonização de Consultas e Visões		558
20.8	Escolhas na Sintonização do Esquema Conceitual		559
	20.8.1 Estabelecendo uma Forma Normal Mais Fraca		560
	20.8.2 Desnormalização		560
	20.8.3 Escolha da Decomposição		560
	20.8.4 Particionamento Vertical de Relações na FNBC		561
	20.8.5 Decomposição Horizontal		562
20.9	Escolhas na Sintonização de Consultas e Visões		563
20.10	Impacto da Concorrência		564
	20.10.1 Reduzindo a Duração dos Bloqueios		565

	20.10.2 Reduzindo os Pontos Ativos	565
20.11	Estudo de Caso: a Loja na Internet	566
	20.11.1 Sintonização do Banco de Dados	568
20.12	Benchmarks de SGBD	568
	20.12.1 Benchmarks de SGBD Conhecidos	569
	20.12.2 Usando um Benchmark	569
20.13	Questões de Revisão	570
	Exercícios	570

21 SEGURANÇA E AUTORIZAÇÃO 576

21.1	Introdução à Segurança de Bancos de Dados	577
21.2	Controle de Acesso	578
21.3	Controle de Acesso Discricionário	578
	21.3.1 Grant e Revoke em Visões e Restrições de Integridade	585
21.4	Controle de Acesso Obrigatório	586
	21.4.1 Relações Multinível e Polinstanciação	588
	21.4.2 Canais Secretos, Níveis de Segurança do DoD	589
21.5	Segurança de Aplicativos de Internet	590
	21.5.1 Criptografia	590
	21.5.2 Certificando Servidores: o Protocolo SSL	592
	21.5.3 Assinaturas Digitais	593
21.6	Problemas Adicionais Relacionados à Segurança	594
	21.6.1 Função do Administrador de Banco de Dados	594
	21.6.2 Segurança em Bancos de Dados Estatísticos	595
21.7	Estudo de Caso de Projeto: a Loja na Internet	596
21.8	Questões de Revisão	597
	Exercícios	599

PARTE VII TÓPICOS ADICIONAIS 603

22 BANCOS DE DADOS PARALELOS E DISTRIBUÍDOS 604

22.1	Introdução	605
22.2	Arquiteturas de Bancos de Dados Paralelos	605
22.3	Avaliação de Consulta Paralela	607
	22.3.1 Particionamento de Dados	608
	22.3.2 Tornando Paralelo um Código Seqüencial de Avaliação de Operador	608
22.4	Tornando Paralelas Operações Individuais	609
	22.4.1 Carregamento em Massa e Varredura	609
	22.4.2 Ordenação	609
	22.4.3 Junções	610
22.5	Otimização de Consulta Paralela	612
22.6	Introdução aos Bancos de Dados Distribuídos	613
	22.6.1 Tipos de Bancos de Dados Distribuídos	614
22.7	Arquiteturas de SGBD Distribuído	614
	22.7.1 Sistemas Cliente-Servidor	614
	22.7.2 Sistemas de Servidor Colaborador	615
	22.7.3 Sistemas de Middleware	615
22.8	Armazenando Dados em um SGDB Distribuído	615
	22.8.1 Fragmentação	615
	22.8.2 Replicação	616
22.9	Gerenciamento de Catálogo Distribuído	617
	22.9.1 Atribuindo Nomes a Objetos	617
	22.9.2 Estrutura do Catálogo	617

	22.9.3 Independência de Dados Distribuídos	618
22.10	Processamento de Consulta Distribuída	619
	22.10.1 Consultas sem Junção em um SGBD Distribuído	619
	22.10.2 Junções em um SGBD Distribuído	620
	22.10.3 Otimização de Consulta Baseada em Custo	623
22.11	Atualização de Dados Distribuídos	623
	22.11.1 Replicação Síncrona	624
	22.11.2 Replicação Assíncrona	624
22.12	Transações Distribuídas	627
22.13	Controle de Concorrência Distribuído	628
	22.13.1 Impasse Distribuído	628
	22.14 Recuperação Distribuída	630
	22.14.1 Execução Normal e Protocolos de Efetivação	630
	22.14.2 Reinício após uma Falha	631
	22.14.3 Efetivação de Duas Fases Revisitada	632
	22.14.4 Efetivação de Três Fases	634
22.15	Questões de Revisão	634
	Exercícios	636

23 SISTEMAS DE BANCO DE DADOS DE OBJETOS — 642

23.1	Exemplo para Motivação	644
	23.1.1 Novos Tipos de Dados	644
	23.1.2 Manipulando os Novos Dados	646
23.2	Tipos de Dados Estruturados	648
	23.2.1 Tipos de Coleção	649
23.3	Operações em Dados Estruturados	649
	23.3.1 Operações em Linhas	649
	23.3.2 Operações em Arrays	650
	23.3.3 Operações em Outros Tipos de Coleção	650
	23.3.4 Consultas sobre Coleções Aninhadas	651
23.4	Encapsulamento e TADs	652
	23.4.1 Definindo Métodos	653
23.5	Herança	654
	23.5.1 Definindo Tipos com Herança	655
	23.5.2 Vinculando Métodos	655
	23.5.3 Hierarquias de Coleção	656
23.6	Objetos, OIDs e Tipos de Referência	656
	23.6.1 Noções de Igualdade	657
	23.6.2 Indireção em Tipos de Referência	658
	23.6.3 URLs e OIDs no Padrão SQL:1999	658
23.7	Projeto de Banco de Dados para um SGBDOR	658
	23.7.1 Tipos de Coleção e TADs	659
	23.7.2 Identidade de Objeto	661
	23.7.3 Estendendo o Modelo ER	662
	23.7.4 Coleções Aninhadas	663
23.8	Desafios da Implementação de SGBDORs	664
	23.8.1 Armazenamento e Métodos de Acesso	664
	23.8.2 Processamento de Consulta	666
	23.8.3 Otimização de Consulta	667
23.9	SGBDOO	669
	23.9.1 Os Modelos de Dados ODMG e ODL	669
	23.9.2 OQL	671
23.10	Comparando SGBDR, SGBDOO e SGBDOR	672
	23.10.1 SGBDR *versus* SGBDOR	672
	23.10.2 SGBDOO *versus* SGBDOR: Semelhanças	672

	23.10.3 SGBDOO *versus* SGBDOR: Diferenças	673
23.11	Questões de Revisão	674
	Exercícios	674

24 BANCOS DE DADOS DEDUTIVOS   679

24.1	Introdução às Consultas Recursivas	680
	24.1.1 Datalog	681
24.2	Fundamentos Teóricos	683
	24.2.1 Semântica do Modelo Mínimo	684
	24.2.2 O Operador de Ponto Fixo	685
	24.2.3 Programas Seguros em Datalog	686
	24.2.4 Modelo Mínimo = Ponto Fixo Mínimo	687
24.3	Consultas Recursivas com Negação	687
	24.3.1 Estratificação	689
24.4	De Datalog para SQL	691
24.5	Avaliando Consultas Recursivas	693
	24.5.1 Avaliação de Ponto Fixo sem Inferências Repetidas	694
	24.5.2 Antecipando Seleções para Evitar Inferências Irrelevantes	695
	24.5.3 O Algoritmo Magic Sets	697
24.6	Questões de Revisão	699
	Exercícios	700

25 DATA WAREHOUSING E APOIO À DECISÃO   703

25.1	Introdução ao Apoio à Decisão	704
25.2	OLAP: Modelo de Dados Multidimensional	706
	25.2.1 Projeto de Banco de Dados Multidimensional	708
25.3	Consultas de Agregação Multidimensionais	709
	25.3.1 ROLLUP e CUBE no Padrão SQL:1999	711
25.4	Consultas de Janela em SQL:1999	713
	25.4.1 Enquadrando uma Janela	715
	25.4.2 Novas Funções Agregadas	715
25.5	Encontrando Respostas Rapidamente	716
	25.5.1 Consultas N Mais	716
	25.5.2 Agregação Online	717
25.6	Técnicas de Implementação de OLAP	719
	25.6.1 Índices de Mapa de Bits	719
	25.6.2 Índices de Junção	721
	25.6.3 Organizações de Arquivo	721
25.7	Data Warehousing	722
	25.7.1 Criando e Mantendo um Data Warehouse	722
25.8	Visões e Apoio à Decisão	724
	25.8.1 Visões, OLAP e Data Warehousing	724
	25.8.2 Consultas sobre Visões	725
25.9	Materialização de Visão	725
	25.9.1 Problemas na Materialização de Visão	725
25.10	Mantendo Visões Materializadas	727
	25.10.1 Manutenção de Visão Incremental	727
	25.10.2 Mantendo Visões de Data Warehouses	729
	25.10.3 Quando Devemos Sincronizar Visões?	731
25.11	Questões de Revisão	732
	Exercícios	733

26 MINERAÇÃO DE DADOS   737

26.1	Introdução à Mineração de Dados	738
	26.1.1 O Processo de Descoberta de Conhecimento	739

26.2	Contando Ocorrências Concomitantes	739
	26.2.1 Conjuntos de Itens Freqüentes	740
	26.2.2 Consultas Iceberg	742
26.3	Mineração de Regras	744
	26.3.1 Regras de Associação	744
	26.3.2 Um Algoritmo para Encontrar Regras de Associação	744
	26.3.3 Regras de Associação e Hierarquias É-UM	745
	26.3.4 Regras de Associação Generalizadas	746
	26.3.5 Padrões Seqüenciais	747
	26.3.6 O Uso de Regras de Associação para Previsão	748
	26.3.7 Redes Bayesianas	749
	26.3.8 Regras de Classificação e de Regressão	750
26.4	Regras Estruturadas em Árvore	751
	26.4.1 Árvores de Decisão	752
	26.4.2 Um Algoritmo para Construir Árvores de Decisão	753
26.5	Agrupamento	755
	26.5.1 Um Algoritmo de Agrupamento	756
26.6	Busca por Similaridade	757
	26.6.1 Um Algoritmo para Encontrar Seqüências Similares	759
26.7	Mineração Incremental e Data Streams	760
	26.7.1 Manutenção Incremental de Conjuntos de Itens Freqüentes	761
26.8	Tarefas de Mineração de Dados Adicionais	763
26.9	Questões de Revisão	763
	Exercícios	764

27 RECUPERAÇÃO DE INFORMAÇÕES E DADOS XML — 768

27.1	Mundos em Colisão: Bancos de Dados, RI e XML	769
	27.1.1 SGBD *versus* Sistemas de RI	770
27.2	Introdução à Recuperação de Informação	771
	27.2.1 Modelo de Espaço Vetorial	771
	27.2.2 Ponderação de Termos TF/IDF	772
	27.2.3 Classificação de Similaridade de Documento	773
	27.2.4 Medindo o Sucesso: Precisão e Revocação	774
27.3	Indexação para Pesquisa de Texto	775
	27.3.1 Índices Invertidos	775
	27.3.2 Arquivos de Assinaturas	777
27.4	Mecanismos de Pesquisa na Web	779
	27.4.1 Arquitetura de Mecanismo de Pesquisa	779
	27.4.2 Usando Informações de Link	780
27.5	Gerenciando Texto em um SGBD	783
	27.5.1 Índice Invertido Fracamente Acoplado	784
27.6	Um Modelo de Dados para XML	784
	27.6.1 Motivação para a Pouca Estrutura	784
	27.6.2 Um Modelo de Grafo	785
27.7	XQuery: Consultando Dados XML	786
	27.7.1 Expressões de Caminho	786
	27.7.2 Expressões FLWR	787
	27.7.3 Ordenação de Elementos	788
	27.7.4 Agrupamento e Geração de Valores de Coleção	789
27.8	Avaliação Eficiente de Consultas XML	789
	27.8.1 Armazenando XML em SGBDR	790
	27.8.2 Indexando Repositórios de XML	793
27.9	Questões de Revisão	795
	Exercícios	796

28 GERENCIAMENTO DE DADOS ESPACIAIS — 803
  28.1 Tipos de Dados e Consultas Espaciais — 804
  28.2 Aplicações Envolvendo Dados Espaciais — 806
  28.3 Introdução aos Índices Espaciais — 807
    28.3.1 Visão Geral das Estruturas de Índice Propostas — 808
  28.4 Indexação Baseada em Curvas de Preenchimento de Espaço — 809
    28.4.1 Árvores Region Quad e Ordem Z: Dados de Região — 810
    28.4.2 Consultas Espaciais Usando Ordem Z — 811
  28.5 Arquivos Grid — 811
    28.5.1 Adaptando Arquivos Grid para Manipular Regiões — 814
  28.6 Árvores R: Dados de Ponto e de Região — 814
    28.6.1 Consultas — 815
    28.6.2 Operações de Inserção e Exclusão — 817
    28.6.3 Controle de Concorrência — 818
    28.6.4 Árvores de Pesquisa Generalizadas — 818
  28.7 Problemas na Indexação de Dimensão Alta — 819
  28.8 Questões de Revisão — 820
        Exercícios — 820

29 LEITURA ADICIONAL — 823
  29.1 Processamento de Transações Avançado — 823
    29.1.1 Monitores de Processamento de Transação — 824
    29.1.2 Novos Modelos de Transação — 824
    29.1.3 SGBDs de Tempo Real — 825
  29.2 Integração de Dados — 825
  29.3 Bancos de Dados Móveis — 826
  29.4 Bancos de Dados de Memória Principal — 826
  29.5 Bancos de Dados Multimídia — 827
  29.6 Sistemas de Informações Geográficas — 828
  29.7 Bancos de Dados Temporais — 829
  29.8 Bancos de Dados Biológicos — 829
  29.9 Visualização de Informações — 829
  29.10 Resumo — 830

30 O SOFTWARE MINIBASE — 831
  30.1 O Que Está Disponível — 831
  30.2 Visão Geral das Tarefas com o Minibase — 832
  30.3 Agradecimentos — 833

REFERÊNCIAS — 834

ÍNDICE — 867

PREFÁCIO

> A vantagem de se vangloriar é a de poder supervalorizar justamente os pontos mais adequados.
>
> — Samuel Butler

Os sistemas de gerenciamento de banco de dados são, atualmente, uma ferramenta indispensável para gerenciar informações. A disciplina sobre os princípios e a prática de sistemas de banco de dados tornou-se parte integrante do currículo de Ciência da Computação. Este livro abrange os conceitos básicos dos sistemas modernos de gerenciamento de banco de dados, em particular dos sistemas de banco de dados relacionais.

Tentamos apresentar o conteúdo em um estilo simples e claro. Utilizamos uma abordagem quantitativa em todo o texto, incluindo vários exemplos detalhados. Um vasto conjunto de exercícios (cujas soluções estão disponíveis on-line para professores) acompanha cada capítulo para reforçar a capacidade do aluno de aplicar os conceitos a problemas reais.

O livro pode ser usado em dois tipos diferentes de cursos introdutórios:

1. **Ênfase em Aplicativos:** Um curso que abrange os princípios dos sistemas de banco de dados e enfatiza como são usados no desenvolvimento de aplicativos de uso intensivo de dados. Dois capítulos sobre desenvolvimento de aplicativos — um sobre aplicativos apoiados por banco de dados e um sobre arquiteturas de aplicativos Java e Internet — enriquece o texto, e o livro inteiro está organizado para apoiar um curso como esse. Um estudo de caso real e vastos materiais on-line (em inglês), como, por exemplo, código para consultas SQL e aplicativos Java, banco de dados on-line e soluções, facilitam o ensino para um curso prático, centrado em aplicativo.

2. **Ênfase em Sistemas:** Um curso que tem uma forte ênfase em sistemas e assume que os alunos possuam habilidades de programação em C e C++. Neste caso, pode-se usar software como base para projetos nos quais os alunos devem implementar várias partes de um SGBD relacional. Vários módulos básicos de software de projeto (por exemplo, arquivos heap, gerenciador de buffer, árvores B+, índices hash, diversos métodos de junção) são descritos no texto com detalhes suficientes para possibilitar que os estudantes os implementem, uma vez acessíveis as interfaces de classe (C++).

Muitos professores certamente adotarão um curso que resida entre esses dois extremos. A reestruturação da terceira edição oferece uma organização muito modular que facilita tais cursos híbridos. O livro também contém material suficiente para fornecer suporte a cursos avançados em uma seqüência de dois cursos.

Organização

O livro está organizado em seis partes principais, além de uma coleção de tópicos avançados, ilustrados na Figura 1. Os capítulos da Parte I, *Conceitos Básicos*, introduzem os sistemas de banco de dados, o modelo ER e o modelo relacional. Eles explicam como os bancos de dados são criados e utilizados, e abrangem os aspectos básicos de projeto e consulta de banco de dados, incluindo um tratamento detalhado de consultas SQL. Embora o professor possa omitir alguma parte desse material a seu critério (por exemplo, o cálculo relacional, algumas seções do modelo ER ou das consultas SQL), ele é relevante a todo estudante de sistemas de banco de dados, e recomendamos que seja utilizado com o maior nível possível de detalhe.

I - Conceitos Básicos	Ambos
II - Desenvolvimento de Aplicativo	Ênfase em aplicativos
III - Armazenamento e Indexação	Ênfase em sistemas
IV - Avaliação de Consultas	Ênfase em sistemas
V - Gerenciamento de Transação	Ênfase em sistemas
VI - Projeto e Otimização de Bancos de Dados	Ênfase em aplicativos
VII - Tópicos Adicionais	Ambos

Figura 1 Organização das partes da terceira edição.

Cada uma das cinco partes principais tem ou ênfase em aplicativo ou em sistemas. Cada uma das três partes de ênfase em sistemas tem um capítulo que fornece uma visão geral, projetado para prover um tratamento autocontido. Por exemplo, o Capítulo 8 apresenta uma visão geral sobre armazenamento e indexação. Os capítulos de visão geral podem ser utilizados para prover uma cobertura independente do tópico ou, como o Capítulo 1, um tratamento mais detalhado. Assim, em um curso orientado a aplicativos, o Capítulo 8 poderia ser o único material a abordar as organizações de arquivos e indexação, enquanto, em um curso orientado a sistemas, ele seria complementado com uma seleção dos Capítulos 9 a 11. A Parte VI, *Projeto e Sintonização de Banco de Dados*, contém uma discussão sobre sintonização de desempenho e projeto para acesso seguro. Esses tópicos de aplicativo são mais bem abordados após fornecer aos alunos uma boa compreensão da arquitetura de sistemas de banco de dados, e portanto, estão posicionados posteriormente na seqüência dos capítulos.

Sugestão de Cursos

Como mencionado anteriormente, o livro pode ser utilizado em dois tipos de cursos introdutórios de banco de dados, um com ênfase em aplicativos e outro com ênfase em sistemas.

O *curso introdutório orientado a aplicativos* poderia abranger os capítulos das Partes I e II seguidos dos capítulos das Partes III, IV e V, de sistemas, que fornecem uma visão geral, e concluir com o material da Parte VI, sobre projeto e sintonização (*tuning*) de banco de dados. Minimizamos as dependências entre os capítulos, permitindo que os instrutores possam adequar facilmente qual o material a ser utilizado. Os conceitos básicos, Parte I, devem ser apresentados primeiro, e, dentro das Partes III, IV e V, os capítulos sobre visão geral também devem ser colocados primeiro aos alunos. As únicas dependências remanescentes entre os capítulos das Partes I a VI encontram-se ilustradas por setas na Figura 2. Os capítulos da Parte I devem ser estudados em seqüência. Entretanto, o estudo de álgebra e cálculo pode ser omitido para que se chegue logo às consultas SQL (embora acreditemos que esse material seja importante e recomendemos que ele seja estudado antes de SQL).

Prefácio xxiii

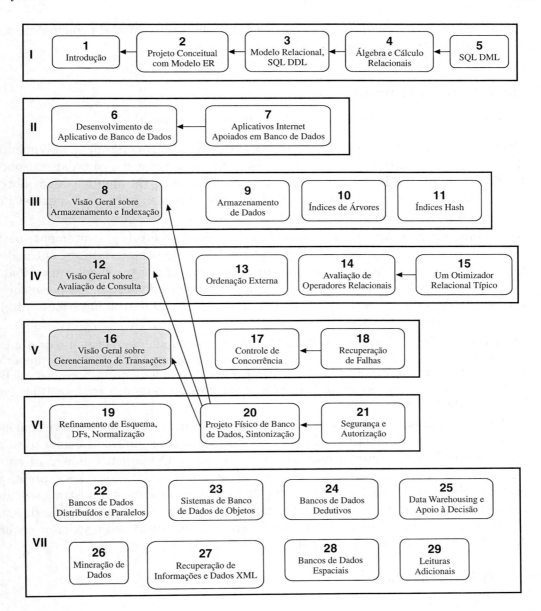

Figura 2 Organização e dependências dos capítulos.

O *curso introdutório orientado a sistemas* poderia abranger os capítulos da Parte I, *Conceitos Básicos*, e uma seleção dos capítulos com ênfase em aplicativos e sistemas. Um aspecto importante para os cursos orientados a sistemas é que o cronograma dos projetos de programação (por exemplo, usando o Minibase) faz com que seja desejável o estudo prévio de certos tópicos de sistemas. As dependências entre capítulos foram cuidadosamente limitadas para permitir que os capítulos de sistemas sejam estudados assim que os Capítulos 1 e 3 sejam apresentados. Os demais capítulos sobre conceitos básicos e de aplicativos podem ser estudados na seqüência.

O livro também apresenta um vasto material para apoiar uma seqüência de mais de um curso. Obviamente, optar entre ênfase em aplicativos ou ênfase em sistemas em um curso introdutório resulta em suprimir alguns materiais do curso. O material do livro suporta uma seqüência abrangente de dois cursos que cobrem tanto os aspectos de aplicativos quanto os de sistemas. A Parte VII, *Tópicos Adicionais*, varia sobre um amplo conjunto de assuntos, podendo ser utilizada como material principal de um curso avançado, complementado com leituras adicionais.

Material Complementar

Este livro apresenta uma variedade de complementos on-line:

- **Capítulo On-line:** Para dar espaço a novos materiais, tais como desenvolvimento de aplicativos, recuperação de informações e XML, alteramos a abordagem sobre QBE (Consulta por Exemplo) para um capítulo on-line. Os alunos podem obter gratuitamente o capítulo a partir do Web site do livro, e as soluções dos exercícios desse capítulo estão incluídas no manual de soluções.

- **Apresentações de Aula:** Apresentações de aula estão disponíveis gratuitamente para todos os capítulos em formatos Postscript e PDF, todo o material está em inglês no website do livro. Os professores também podem obter esses slides em formato Microsoft PowerPoint, e adaptá-los às suas necessidades de ensino. Os professores também podem ter acesso a todas as figuras utilizadas no livro (em formato xfig), e podem utilizá-las para modificar os slides.

- **Soluções dos Exercícios dos Capítulos:** O livro apresenta um vasto conjunto de exercícios detalhados. Os estudantes podem obter as soluções dos capítulos de número ímpar e um conjunto de apresentações de aula para cada capítulo, em formato Postscript e Adobe PDF, em inglês. Os professores podem obter as soluções de todos os exercícios (tudo em inglês, no site do livro).

- **Manual do Professor:** O professor pode acessar o manual on-line que fornece comentários sobre o material de cada capítulo. Ele apresenta um sumário de cada capítulo e indica escolhas de material a enfatizar ou a omitir. O manual também discute o material de apoio do capítulo e oferece várias sugestões de exercícios e projetos práticos. Finalmente, ele inclui exemplos de avaliações de cursos ministrados pelos autores utilizando o livro. O manual é restrito a professores. Os professores devem cadastrar-se por e-mail na McGraw-Hill Interamericana do Brasil e solicitar senha de acesso: `divulgacao_brasil@mcgraw-hill.com`.

Maiores Informações

A página inicial deste livro é:

```
http://www.cs.wisc.edu/~dbbook
```

Para quem já conhece ou utiliza a edição anterior (publicada em inglês), esta página contém uma lista das alterações entre a segunda e a terceira edição, e um link freqüentemente atualizado para *todos os erros conhecidos do livro e do material que o acompanha*. Os instrutores devem visitar esse site periodicamente ou registrarem-se no site para serem notificados de alterações importantes por e-mail.

Agradecimentos

Este livro nasceu de anotações de aula do CS564, o curso introdutório (nível sênior/graduação) de banco de dados da UW-Madison. David DeWitt desenvolveu esse curso e o projeto Minirel, no qual os estudantes escreviam partes bem escolhidas de um SGBD relacional. A idéia de elaborar este material surgiu quando ministrei o CS564, e o Minirel foi a inspiração para o Minibase, que é mais abrangente (por exemplo, ele tem um otimizador de consultas e inclui software de visualização), mas tenta reter a

Prefácio xxv

essência do Minirel. Mike Carey e eu projetamos em conjunto a maior parte do Minibase. Minhas anotações de aula (e, por sua vez, este livro) foram influenciadas pelas anotações de aula de Mike e pelas apresentações de aula de Yannis Ioannidis.

Joe Hellerstein utilizou a edição beta do livro em Berkeley e forneceu uma valiosa realimentação, ajuda nos slides e citações engraçadas. Escrever o capítulo sobre sistemas de banco de dados de objetos com Joe foi muito divertido.

C. Mohan forneceu ajuda valiosa, respondendo pacientemente a várias dúvidas sobre técnicas de implementação utilizadas em diversos sistemas comerciais, em particular algoritmos de indexação, controle de concorrência e recuperação. Moshe Zloof respondeu a inúmeras dúvidas sobre semântica de QBE e sistemas comerciais com base em QBE. Ron Fagin, Krishna Kulkarni, Len Shapiro, Jim Melton, Dennis Shasha e Dirk Van Gucht revisaram o livro e forneceram uma realimentação detalhada, melhorando muito o conteúdo e a apresentação. Michael Goldweber de Beloit College, Matthew Haines de Wyomin, Michael Kifer de SUNY StonyBrook, Jeff Naughton de Wisconsin, Praveen Seshadri de Cornell, e Stan Zdonik de Brown também utilizaram a edição beta em seus cursos de banco de dados e ofereceram relatórios de realimentação e de erros. Em particular, Michael Kifer indicou um erro no algoritmo (antigo) de cálculo de seleção mínima e sugeriu a cobertura de alguns recursos de SQL no Capítulo 2 para melhorar a modularidade. A bibliografia de Gio Wiederhold convertida para o formato Latex por S. Sudarshan e a bibliografia on-line de Michael Ley sobre bancos de dados e programação lógica foram de grande ajuda ao compilar as bibliografias dos capítulos. Shaun Flisakowski e Uri Shaft me ajudaram constantemente em minhas lutas intermináveis com o Latex.

Devo um agradecimento especial a diversos estudantes que contribuíram com o software Minibase. Emmanuel Ackaouy, Jim Pruyne, Lee Schumacher e Michael Lee trabalharam comigo no desenvolvimento da primeira versão do Minibase (grande parte dela foi descartada posteriormente, mas influenciou a próxima versão). Emmanuel Ackaouy e Bryan So foram meus assistentes quando ministrei CS564 utilizando essa versão e foram muito além dos deveres de um assistente de professor em seus esforços para refinar o projeto. Paul Aoki se empenhou no uso de uma versão do Minibase e ofereceu muitos comentários úteis como assistente de professor em Berkeley. Uma classe inteira de estudantes do CS764 (nosso curso de banco de dados de graduação) desenvolveu muito da versão atual do Minibase em um grande projeto de classe que foi conduzido e coordenado por Mike Carey e por mim. Amit Shukla e Michael Lee foram meus assistentes quando ministrei pela primeira vez o CS564 utilizando esta versão do Minibase e eles desenvolveram ainda mais o software.

Vários estudantes trabalharam comigo em projetos independentes, durante um longo período, no desenvolvimento de componentes do Minibase. Esses componentes incluem pacotes de visualização do gerenciador de buffer e árvores B+ (Huseyin Bektas, Harry Stavropoulos e Weiqing Huang); um otimizador e visualizador de consultas (Stephen Harris, Michael Lee e Donko Donjerkovic); uma ferramenta de diagrama ER baseada no editor de esquema Opossum (Eber Haber); e uma ferramenta baseada em GUI (interface gráfica) para normalização (Andrew Prock e Andy Therber). Além deles, Bill Kimmel trabalhou na integração e correção de grande parte do código (gerenciador de armazenamento, gerenciador de buffer, métodos de acesso e de arquivos, operadores relacionais e o executor do plano de consultas) produzido pelo projeto de classe CS764. Ranjani Ramamurty estendeu consideravelmente o trabalho de Bill, organizando e integrando os diversos módulos. Luke Blanshard, Uri Shaft e Shaun Flisakowski trabalharam na organização da versão de distribuição do código e desenvolveram os conjuntos de testes e exercícios baseados no software Minibase. Krishna Kunchithapadam testou o otimizador e desenvolveu parte da interface gráfica do Minibase.

Obviamente, o software do Minibase não existiria sem as contribuições de um grande número de pessoas talentosas. Com este software disponível gratuitamente ao domínio público, espero que mais instrutores sejam capazes de ministrar um curso de banco de dados orientado a sistemas com um misto de implementação e experiência para complementar o material de aula.

Gostaria de agradecer a diversos alunos que ajudaram no desenvolvimento e verificação das soluções dos exercícios e forneceram uma realimentação valiosa nas versões prévias do livro. São eles: X. Bao, S. Biao, M. Chakrabarti, C. Chan, W. Chen, N. Cheung, D. Colwell, C. Fritz, V. Ganti, J. Gehrke, G. Glass, V. Gopalakrishnan, M. Higgins, T. Jasmin, M. Krishnaprasad, Y. Lin, C. Liu, M. Lusignan, H. Modi, S. Narayanan, D. Randolph, A. Ranganathan, J. Reminga, A. Therber, M. Thomas, Q. Wang, R. Wang, Z. Wang e J. Yuan. Arcady Grenader, Jamer Harrington e Martin Reames de Wisconsin e Nina Tang de Berkeley, forneceram uma realimentação especialmente detalhada.

Charlie Fischer, Avi Silberschatz e Jeff Ullman me deram conselhos inestimáveis sobre como trabalhar com um editor. Meus editores da McGraw-Hill, Betsy Jones e Eric Munson, coordenaram extensas revisões e conduziram este livro em seus estágios iniciais. Emily Gray e Brad Kosirog estiveram presentes sempre que surgiam os problemas. Em Wisconsin, Ginny Werner me ajudou realmente a permanecer motivado.

Finalmente, este livro consumiu muito do meu tempo, e de várias maneiras isso foi muito mais difícil para minha família do que para mim. Meus filhos expressaram-se francamente. Do meu filho de então cinco anos, Ketan: "Pai, pare de trabalhar nesse livro. Você nunca tem tempo para *mim*". Do Vivek, de dois anos: "Você vai escrever livro? Não, não, não, vem brincar de basquete comigo!" Todas as vezes que eles demonstravam descontentamento, minha esposa chamava sua atenção e, mesmo assim, Apu mantinha alegremente o jeito de ser normalmente caótico e feliz da família, todas as muitas noites e os finais de semana em que eu estava dedicado a este livro. (Sem mencionar os dias em que eu me dedicava à universidade!) Como sempre, posso visualizar o apoio de meus pais em muitas coisas: meu pai, com seu amor pelo saber, e minha mãe, com seu amor por nós, me influenciaram grandemente. As contribuições de meu irmão, Kartik, a este livro consistiram principalmente em ligações telefônicas que me impediram de trabalhar, mas eu não o acuso, ele está sujeito a ser incomodado. Gostaria de agradecer à minha família por estar sempre presente e por me proporcionar um significado a tudo que faço. (Ei! Sabia que acharia uma razão legítima para agradecer a Kartik!)

Agradecimentos da Segunda Edição

Emily Gray e Betsy Jones, da McGraw-Hill, coordenaram extensas revisões e conduziram e apoiaram o preparo da segunda edição. Jonathan Goldstein ajudou com a bibliografia dos bancos de dados espaciais. Os seguintes revisores forneceram uma realimentação valiosa sobre o conteúdo e organização: Liming Cai, da Universidade de Ohio; Costas Tsatsoulis, da Universidade de Kansas; Kwok-Bun Yue, da Universidade de Houston; Clear Lake e William Grosky, da Universidade Estadual de Wayne; Sang H. Son, da Universidade de Virgínia; James M. Slack, da Universidade Estadual de Minnesota; Mankato e Herman Balsters, da Universidade de Twente, Nova Zelândia; Karen C. Davis, da Universidade de Cincinnati; Joachim Hammer, da Universidade da Flórida; Fred Petry, da Universidade de Tulane; Gregory Speegle, da Universidade de Baylor; Salih Yurttas, da Universidade A&M do Texas; e David Chão, da Universidade Estadual de San Francisco.

Várias pessoas reportaram erros da primeira edição. Em particular, gostaria de agradecer a: Joseph Albert, da Universidade Estadual de Portland; Han-yin Chen, da

Universidade de Wisconsin; Lois Delcambre, do Instituto de Graduação de Oregon; Maggie Eich, da Universidade Southern Methodist; Raj Gopalan, da Universidade Curtin de Tecnologia; Davood Rafiei, da Universidade de Toronto; Michael Schrefl, da Universidade de South Australia; Alex Thomasian, da Universidade de Connecticut; e Scott Vandenberg, do Siena College.

Agradecimentos especiais a diversas pessoas que responderam a uma pesquisa detalhada sobre como os sistemas comerciais suportam vários recursos: da IBM, Mike Carey, Bruce Lindsay, C. Mohan e James Teng; da Informix, M. Muralikrishna e Michael Ubell; da Microsoft, David Campbell, Goetz Graefe e Peter Spiro; da Oracle, Hakan Jacobsson, Jonathan D. Klein, Muralidhar Krishnaprasad e M. Ziauddin; e da Sybase, Marc Chanliau, Lucien Dimino, Sangeeta Doraiswamy, Hanuma Kodavalla, Roger MacNicol e Tirumanjanam Rengarajan.

Depois de ler sobre si mesmo nos agradecimentos da primeira edição, Ketan (agora com 8 anos) teve uma pequena dúvida: "Por que você não dedicou o livro a nós? Por que só para a mamãe?". Ketan, tomei cuidado com esta inexplicável omissão. Vivek (agora com 5 anos) ficou mais preocupado com a extensão de sua fama: "Papai, o meu nome está em todas as cópias de seu livro? Está em todos os departamentos de ciência da computação do mundo?". Vivek, espero que sim. Finalmente, esta revisão não teria sido possível sem o apoio de Apu e Keiko.

Agradecimentos da Terceira Edição

Agradecemos a Raghav Kaushik pela sua contribuição na discussão do XML, e a Alex Thomasian pela sua contribuição na abordagem do controle de concorrência. Agradecimentos especiais a Jim Melton por nos fornecer uma cópia prévia de seu livro, sobre extensões orientadas a objeto no padrão SQL:1999, e por encontrar diversos erros no rascunho desta edição. Marti Hearst de Berkeley generosamente nos permitiu adaptar algumas de suas apresentações sobre Recuperação de Informações, e Alon Levy e Dan Suciu foram muito gentis ao nos permitir adaptar algumas de suas aulas sobre XML. Mike Carey forneceu material sobre serviços Web.

Emily Lupah, da McGraw-Hill, foi uma fonte de constante apoio e encorajamento. Ela coordenou extensas revisões de Ming Wang, da Embry-Ridlle Aeronautical University; Cheng Hsu, da RPI; Paul Bergstein, da Universidade de Massachusetts; Archana Sathaye, da SJSU; Bharat Bhargava, da Purdue; John Fendrich, da Bradley; Ahmet Ugur, da Central Michigan; Richard Osborne, da Universidade de Colorado; Akira Kawaguchi, da CCNY; Mark Last, da Ben Gurion; Vassilis Tsotras, da Universidade da Califórnia; e Ronald Eaglin, da Universidade de Central Florida. É um prazer agradecer às reflexões que recebemos dos revisores, que melhoraram grandemente o projeto e o conteúdo desta edição. Gloria Shiesl e Jade Moran trataram com disposição e eficiência das confusões de última hora, e, juntamente com Sherry Kane, tornaram possível o cumprimento de um cronograma bem apertado. Michelle Whitaker refez diversas vezes o projeto da capa e da contracapa.

Em um bilhete pessoal para Raghu, Ketan, seguindo o exemplo perspicaz da história do camelo que lutou para conseguir um lugar dentro da barraca, observou que "seria justo" que Raghu dedicasse esta edição somente a ele e a Vivek, uma vez que "mamãe já teve uma edição dedicada somente para ela". Apesar dessa tentativa ostensiva em receber todo o mérito, apoiada com entusiasmo por Vivek e considerada tolerantemente com carinho por um pai apaixonado, este livro também é dedicado a Apu, por estar constantemente me apoiando.

Por Johannes, esta revisão não teria sido possível sem o suporte e inspiração de Keiko e sua motivação de ver o rosto tranqüilamente adormecido de Elisa.

PARTE I
CONCEITOS BÁSICOS

1
VISÃO GERAL SOBRE SISTEMAS DE BANCO DE DADOS

- O que é um SGBD, em particular, um SGBD relacional?
- Por que devemos utilizar um SGBD para gerenciar dados?
- Como os dados da aplicação são representados em um SGBD?
- Como os dados em um SGBD são recuperados e manipulados?
- Como um SGBD suporta o acesso concorrente e protege os dados na ocorrência de falhas no sistema?
- Quais são os principais componentes de um SGBD?
- Quem está envolvido com bancos de dados na vida real?
- **Conceitos-chave:** gerenciamento de banco de dados, independência de dados, projeto de banco de dados, modelo de dados; bancos de dados e consultas relacionais; esquemas, níveis de abstração; transações, concorrência e bloqueio, recuperação e registro em log; arquitetura de um SGBD; administrador de um banco de dados, programador do aplicativo, usuário final.

>   Reparou que todas as letras da palavra *database* (banco de dados, em inglês) são digitadas com a mão esquerda? Sabemos que a disposição do teclado da máquina de escrever (QWERTY) foi projetada, entre outras coisas, para facilitar o uso uniforme de ambas as mãos. Conclui-se, então, que escrever sobre bancos de dados, além de ser algo não natural, é bem mais difícil do que parece.
>
>   — Anônimo

A quantidade de informações que nos são disponíveis está literalmente explodindo, e o valor dos dados como um ativo organizacional é amplamente reconhecido. Para obter a maior parte de seus grandes e complexos conjuntos de dados, os usuários necessitam de ferramentas que simplifiquem as tarefas de gerenciamento dos dados e a extração de informações úteis de forma oportuna. Caso contrário, os dados podem se tornar

> A área de sistemas de gerenciamento de dados é um microcosmo da Ciência da Computação em geral. Os aspectos tratados e as técnicas utilizadas abrangem um amplo espectro, incluindo linguagens, orientação a objeto e outros paradigmas de programação, compilação, sistemas operacionais, programação concorrente, estruturas de dados, algoritmos, teoria, sistemas distribuídos e paralelos, interfaces do usuário, sistemas especialistas e inteligência artificial, técnicas estatísticas e programação dinâmica. Não podemos tratar todos esses aspectos de gerenciamento de banco de dados em um livro, mas esperamos prover ao leitor um sentido de investigação nesta disciplina rica e vibrante.

um passivo, cujo custo de aquisição e gerenciamento excede em muito o valor por ele produzido.

Um **banco de dados** é uma coleção de dados que, tipicamente, descreve as atividades de uma ou mais organizações relacionadas. Por exemplo, um banco de dados de uma universidade poderia conter informações sobre:

- *Entidades* como alunos, professores, cursos e turmas.
- *Relacionamentos* entre as entidades, como a matrícula dos alunos nos cursos, cursos ministrados pelos professores, e o uso de salas por cursos.

Um **sistema de gerenciamento de banco de dados**, ou **SGBD**, é um software projetado para auxiliar a manutenção e utilização de vastos conjuntos de dados. A necessidade de tais sistemas, assim como seu uso, tem crescido rapidamente. A alternativa para não se usar um SGBD é armazenar os dados em arquivos e escrever código específico do aplicativo para gerenciá-los. O uso de um SGBD tem diversas vantagens importantes, como veremos na Seção 1.4.

1.1 GERENCIANDO DADOS

O objetivo deste livro é apresentar uma introdução detalhada dos sistemas de gerenciamento de banco de dados, com ênfase em como *projetar* um banco de dados e como *usar* efetivamente um SGBD. Naturalmente, várias decisões sobre como utilizar um SGBD para um determinado aplicativo dependem de quais recursos o SGBD suporta de forma eficiente. Assim, para aproveitar bem um SGBD, é necessário compreender também como ele *funciona*.

Diversos tipos de sistemas de gerenciamento de banco de dados estão em uso, mas este livro concentra-se nos **sistemas de banco de dados relacionais (SGBDRs)**, que com certeza constituem o tipo dominante de SGBD nos dias atuais. As seguintes questões são tratadas nos capítulos principais deste livro:

1. **Projeto de Banco de Dados e Desenvolvimento de Aplicativo:** Como um usuário pode descrever uma empresa do mundo real (por exemplo, uma universidade) em termos dos dados armazenados em um SGBD? Que fatores devem ser considerados ao decidir sobre a forma de organização dos dados armazenados? Como podemos desenvolver aplicativos que dependem de um SGBD? (Capítulos 2, 3, 6, 7, 19, 20 e 21.)

2. **Análise dos Dados:** Como um usuário pode responder a dúvidas sobre a empresa formulando consultas sobre os dados do SGBD? (Capítulos 4 e 5.)[1]
3. **Concorrência e Robustez:** Como um SGBD permite que vários usuários acessem os dados de forma concorrente, e como ele protege os dados na ocorrência de falhas do sistema? (Capítulos 16, 17 e 18.)
4. **Eficiência e Escalabilidade:** Como um SGBD armazena grandes conjuntos de dados e responde a questões sobre esses dados de forma eficiente? (Capítulos 8, 9, 10, 11, 12, 13, 14 e 15.)

Os capítulos posteriores abrangem tópicos importantes que estão evoluindo rapidamente, como o gerenciamento de banco de dados distribuído e paralelo, armazenagem de dados e consultas complexas para apoio à decisão, mineração de dados, recuperação de banco de dados e informações, repositórios XML, banco de dados orientado a objetos, gerenciamento de dados espaciais, e extensões de SGBD orientado a regras.

No restante deste capítulo, introduziremos estes tópicos. Na Seção 1.2, começamos com uma breve história da área e uma discussão do papel do gerenciamento de banco de dados nos sistemas de informações modernos. Identificaremos, então, os benefícios de armazenar os dados em um SGBD em vez de em um sistema de arquivos, na Seção 1.3, e, na Seção 1.4, discutiremos as vantagens de usar um SGBD para gerenciar dados. Na Seção 1.5, apresentaremos como as informações sobre uma empresa devem ser organizadas e armazenadas em um SGBD. Um usuário provavelmente pensa sobre as informações num alto nível, que corresponde às entidades da organização e seus relacionamentos, enquanto o SGBD basicamente armazena os dados na forma de (vários e vários) bits. A lacuna existente entre como os usuários pensam sobre seus dados e como os dados são definitivamente armazenados é preenchida através de diversos *níveis de abstração* suportados pelo SGBD. Intuitivamente, um usuário pode começar descrevendo os dados em termos totalmente de alto nível, e depois melhorar a descrição considerando o armazenamento adicional e detalhes de representação conforme necessário.

Na Seção 1.6, consideraremos como os usuários podem recuperar os dados armazenados em um SGBD e a necessidade de técnicas para processar eficientemente respostas às consultas envolvendo tais dados. Na Seção 1.7, forneceremos uma visão geral sobre como um SGBD suporta o acesso concorrente aos dados por diversos usuários e como ele protege os dados na ocorrência de falhas do sistema.

Descreveremos, então, brevemente, a estrutura interna de um SGBD na Seção 1.8, e, na Seção 1.9, mencionaremos vários grupos de pessoas associadas com o desenvolvimento e uso de um SGBD.

1.2 UMA PERSPECTIVA HISTÓRICA

Desde os primeiros computadores, armazenar e manipular dados têm sido o principal foco dos aplicativos. O primeiro SGBD de propósito geral, projetado por Charles Bachman, na General Electric, no início da década de 1960, foi chamado Depósito de Dados Integrados (Integrated Data Store). Ele constituiu a base do *modelo de dados de rede*, que foi padronizado pela Conference on Data Systems Languages (CODASYL) e influenciou bastante os sistemas de banco de dados na década de 1960. Bachman foi o primeiro a ser contemplado pelo Prêmio Turing da ACM (o equivalente ao Prêmio Nobel na Ciência da Computação) pelo trabalho na área de banco de dados; ele recebeu o prêmio em 1973.

---

[1] Um capítulo on-line sobre Consulta por Exemplo (QBE — Query-by-Example) também está disponível. Veja mais informações no Prefácio.

No final da década de 1960, a IBM desenvolveu o SGBD Sistema de Gerenciamento de Informação (IMS — Information Management System), ainda usado atualmente em diversas instalações. O IMS constituiu a base da estrutura de representação alternativa de dados, chamada *modelo de dados hierárquico*. O sistema SABRE para reservas de passagens aéreas foi desenvolvido em conjunto pela American Airlines e pela IBM nessa mesma época, e permitiu que diversas pessoas acessassem os mesmos dados através de uma rede de computadores. Interessante observar que, atualmente, o mesmo sistema SABRE é utilizado para fornecer serviços populares de viagens baseados na Web, tais como o Travelocity.

Em 1970, Edgar Codd, do Laboratório de Pesquisa de San Jose, da IBM, propôs uma nova estrutura de representação de dados chamada *modelo de dados relacional*, que veio a ser um marco histórico no desenvolvimento de sistemas de banco de dados. Ele impulsionou o rápido desenvolvimento de vários SGBDs baseados no modelo relacional, juntamente com um rico conjunto de resultados teóricos que consolidaram firmemente a área. Codd ganhou o Prêmio Turing de 1981 pelo seu trabalho original. Os sistemas de banco de dados amadureceram como uma disciplina acadêmica, e a popularidade dos SGBDs relacionais alterou o cenário comercial. Seus benefícios foram amplamente reconhecidos, e o uso de SGBDs para gerenciar dados corporativos tornou-se uma prática padrão.

Na década de 1980, o modelo relacional consolidou sua posição como o paradigma dominante de SGBD, e o uso dos sistemas de banco de dados continuou a se difundir cada vez mais. A linguagem de consulta SQL para banco de dados relacional, desenvolvida como parte do projeto System R, da IBM, passou a ser a linguagem de consulta padrão. A SQL foi padronizada no final dos anos 80, e o padrão atual, SQL:1999 foi adotado pelo American National Standards Institute (ANSI) e pela International Organization for Standardization (ISO). É possível argumentar que a forma mais amplamente utilizada de programação concorrente é a execução concorrente de programas de banco de dados (chamados *transações*). Os usuários escrevem os programas como se eles fossem executar isoladamente, e a responsabilidade de executá-los de forma concorrente é atribuída ao SGBD. James Gray ganhou o Prêmio Turing de 1999 pelas suas contribuições ao gerenciamento de transações de banco de dados.

No final da década de 1980 e na década de 1990, houve avanços em diversas áreas dos sistemas de banco de dados. Pesquisas consideráveis foram conduzidas para desenvolver linguagens de consulta mais poderosas e modelos de dados mais ricos, com ênfase no suporte à análise complexa de dados provenientes de todas as áreas da empresa. Diversos fabricantes (como o DB2 da IBM, Oracle 8, Informix[2] UDS) estenderam seus sistemas com a capacidade de armazenar novos tipos de dados, como imagens e texto, e a possibilidade de consultas mais complexas. Sistemas especializados têm sido desenvolvidos por inúmeros fabricantes para criação de *data warehouses*, consolidando os dados de diversos bancos de dados, com o intuito de conduzir análise especializada.

Um fenômeno interessante é a emergência de diversos pacotes de **planejamento de recurso empresarial (ERP — enterprise resource planning)** e de **planejamento de recurso de gerenciamento (MRP — management resource planning)**, que acrescentaram uma camada substancial de recursos orientados a aplicativos acima de um SGBD. Os pacotes largamente utilizados incluem sistemas da Baan, Oracle, PeopleSoft, SAP e Siebel. Esses pacotes identificam um conjunto de tarefas comuns (por exemplo, gerenciamento de inventário, planejamento de recursos humanos, análise financeira) desempenhadas por um grande número de organizações e fornecem uma camada de aplicativo genérica para realizar essas tarefas. O dado é armazenado em um SGBD

---

[2] A Informix foi recentemente adquirida pela IBM.

relacional, e a camada de aplicativo pode ser customizada para empresas diferentes, diminuindo os custos totais para as organizações, comparados ao custo de criar uma camada de aplicativo a partir do zero.

O fato histórico mais significativo, talvez, seja a entrada dos SGBDs na Era Internet. Enquanto a primeira geração de web sites armazenava seus dados exclusivamente em arquivos dos sistemas operacionais, o uso de um SGBD para armazenar dados acessados através de um navegador Web tem se difundido cada vez mais. As consultas são geradas através de formulários acessíveis na Web e as respostas são formatadas usando uma linguagem de marcação como o HTML para serem facilmente exibidas em um navegador. Todos os fabricantes de banco de dados estão acrescentando recursos aos seus SGBDs com o objetivo de torná-los mais adequados para desenvolvimento para Internet.

O gerenciamento de banco de dados continua a ganhar importância conforme mais e mais dados tornam-se disponíveis on-line e ainda mais acessíveis através da rede de computadores. Atualmente, a área está sendo impulsionada por ideais excitantes. Entre eles temos: banco de dados multimídia, vídeo interativo, fluxos de dados, bibliotecas digitais, um hospedeiro de projetos científicos, como o esforço de mapeamento do genoma humano, e o projeto de Sistema de Observação Terrestre da NASA, além do desejo das empresas de consolidar seus processos de tomada de decisão e *minerar* seus repositórios de dados por informações úteis sobre seus negócios. Comercialmente, os sistemas de gerenciamento de banco de dados representam um dos maiores e mais ativos segmentos de mercado. Assim, o estudo de sistemas de banco de dados pode vir a ser ricamente gratificante e não apenas de uma maneira, mas de várias!

1.3 ARQUIVOS DE SISTEMAS *VERSUS* UM SGBD

Para compreendermos a necessidade de um SGBD, consideremos um cenário motivador: uma empresa tem uma grande coleção (digamos 500 GB[3]) de dados sobre os funcionários, departamentos, produtos, vendas e assim por diante. Esse dado é acessado concorrentemente por diversos funcionários. As consultas sobre os dados devem ser respondidas rapidamente, as alterações realizadas nos dados pelos diferentes usuários devem ser aplicadas consistentemente, e o acesso a determinadas partes dos dados (por exemplo, salários) deve ser restrito.

Podemos experimentar gerenciar os dados armazenando-os em arquivos do sistema operacional. Essa abordagem tem várias desvantagens, que incluem:

- Provavelmente, não teremos 500 GB de memória principal para armazenar todos os dados. Devemos, então, armazenar os dados em um dispositivo de armazenamento, como disco ou fita, e carregar partes relevantes dos dados na memória principal conforme necessário.

- Mesmo que tivéssemos 500 GB de memória principal, num sistema computacional de 32 bits de endereçamento, não podemos nos referir diretamente a mais do que aproximadamente 4 GB de dados. Temos que programar algum método de identificação de todos os itens de dados.

- Devemos escrever programas especiais para responder a cada pergunta que um usuário pode desejar fazer sobre os dados. Esses programas provavelmente serão complexos em razão do grande volume de dados a ser pesquisado.

---

[3] Um kilobyte (KB) são 1024 bytes, um megabyte (MB) são 1024 KBs, um gigabyte (GB) são 1024 MBs, um terabyte (TB) são 1024 GBs, e um petabyte (PB) são 1024 terabytes.

- Devemos proteger os dados de alterações inconsistentes realizadas por usuários diferentes acessando os dados de forma concorrente. Se os aplicativos devem tratar dos detalhes desse acesso concorrente, isto aumenta significativamente a sua complexidade.
- Devemos assegurar que os dados sejam restaurados a um estado consistente se o sistema falhar enquanto as alterações estão sendo realizadas.
- Os sistemas operacionais provêm apenas um mecanismo de senha para segurança. Isso não é suficientemente flexível para reforçar as políticas de segurança nas quais usuários diferentes têm permissão de acessar subconjuntos diferentes dos dados.

Um SGBD é um pacote de software projetado para executar mais facilmente as tarefas mencionadas anteriormente. Armazenando-se dados em um SGBD em vez de em uma coleção de arquivos do sistema operacional, é possível utilizar os recursos do SGBD para gerenciar os dados de uma forma robusta e eficiente. À medida que cresce o volume de dados e o número de usuários — centenas de gigabytes de dados e milhares de usuários são comuns nos bancos de dados corporativos atuais —, o suporte de um SGBD torna-se indispensável.

1.4 VANTAGENS DE UM SGBD

Usar um SGBD para gerenciar dados tem várias vantagens:

- **Independência de Dados:** Os programas aplicativos não devem, idealmente, ser expostos aos detalhes de representação e armazenamento de dados. O SGBD provê uma visão abstrata dos dados que oculta tais detalhes.
- **Acesso Eficiente aos Dados:** Um SGBD utiliza uma variedade de técnicas sofisticadas para armazenar e recuperar dados eficientemente. Este recurso é especialmente importante se os dados são armazenados em dispositivos de armazenamento externos.
- **Integridade e Segurança dos Dados:** Se os dados são sempre acessados através do SGBD, ele pode forçar restrições de integridade. Por exemplo, antes de inserir informações sobre o salário de um funcionário, o SGBD pode verificar se o orçamento do departamento não está se excedendo. Além disso, ele pode forçar *controles de acesso* que governam quais dados estão visíveis a diferentes classes de usuários.
- **Administração de Dados:** Quando diversos usuários compartilham dados, centralizar a administração dos dados pode oferecer melhorias significativas. Profissionais experientes que compreendem a natureza dos dados sendo gerenciados, e como os diferentes grupos de usuários os utilizam, podem ser responsáveis por organizar a representação dos dados para minimizar a redundância e para realizar as sintonizações finas do armazenamento dos dados para garantir uma eficiente recuperação.
- **Acesso Concorrente e Recuperação de Falha:** Um SGBD planeja o acesso concorrente aos dados de maneira tal que os usuários podem achar que os dados estão sendo acessados por apenas um único usuário de cada vez. Além disso, o SGBD protege os usuários dos efeitos de falhas de sistema.
- **Tempo Reduzido de Desenvolvimento de Aplicativo:** Obviamente, o SGBD suporta funções importantes que são comuns a vários aplicativos que acessam os dados no SGBD. Isso, em conjunto com uma interface de alto nível aos dados, facilita o desenvolvimento rápido de aplicativos. Os aplicativos de SGBD tendem a ser

mais robustos do que os aplicativos similares independentes porque muitas tarefas importantes são tratadas pelo SGBD (e não precisam ser depuradas e testadas no aplicativo).

Dadas todas essas vantagens, há alguma razão para *não* se utilizar um SGBD? Algumas vezes, sim. Um SGBD é um software complexo, otimizado para alguns tipos de processamento (por exemplo, responder a consultas complexas ou tratar várias requisições concorrentes), e seu desempenho pode não ser adequado para determinados aplicativos especializados. Exemplos incluem aplicativos com restrições rígidas de tempo real ou algumas operações críticas bem definidas para as quais um código customizado eficiente deve ser escrito. Uma outra razão para não se utilizar um SGBD é que o aplicativo pode precisar manipular os dados de maneiras não suportadas pela linguagem de consulta. Em tais casos, a visualização abstrata dos dados apresentada pelo SGBD pode não corresponder às necessidades do aplicativo e realmente impossibilitar o seu uso. Como um exemplo, os bancos de dados relacionais não suportam a análise flexível de dados textuais (embora os fabricantes estejam atualmente estendendo seus produtos nesta direção).

Se o desempenho especializado ou solicitações de manipulação de dados são essenciais num aplicativo, pode-se optar por não utilizar um SGBD, especialmente se os benefícios de um SGBD (por exemplo, consulta flexível, segurança, acesso concorrente e recuperação de falha) não forem exigidos. Entretanto, na maioria das situações em que é necessário gerenciamento de dados em grande escala, os SGBDs têm se tornado uma ferramenta indispensável.

1.5 DESCREVENDO E ARMAZENANDO DADOS EM UM SGBD

O usuário de um SGBD é preocupado, basicamente, com alguma empresa do mundo real, e os dados a ser armazenados descrevem vários aspectos desta empresa. Por exemplo, há alunos, professores e cursos em uma universidade, e os dados em um banco de dados de uma universidade descrevem essas entidades e seus relacionamentos.

Um **modelo de dados** é uma coleção de construtores de alto nível para descrição dos dados que ocultam vários detalhes de baixo nível do armazenamento. Um SGBD possibilita que um usuário defina os dados a serem armazenados em termos de modelo de dados. A maioria dos sistemas de gerenciamento de banco de dados atuais baseia-se no **modelo de dados relacional**, que constitui o foco deste livro.

Embora o modelo de dados de um SGBD oculte vários detalhes, ele está, no entanto, mais próximo de como o SGBD armazena os dados do que de como o usuário pensa sobre a empresa em questão. Um **modelo de dados semântico** é um modelo de dados de alto nível, mais abstrato, que facilita a um usuário alcançar uma boa descrição inicial dos dados de uma empresa. Esses modelos contêm uma grande variedade de construtores que ajudam a descrever um cenário de aplicação real. Um SGBD não é projetado para suportar todos esses construtores diretamente; ele é construído tipicamente sobre um modelo de dados com apenas alguns construtores básicos, como o modelo relacional. Um projeto de banco de dados em termos de modelo semântico serve como ponto de partida útil e é subseqüentemente traduzido em um projeto de banco de dados em termos do modelo de dados que o SGBD realmente suporta.

Um modelo de dados semântico muito utilizado, chamado modelo entidade-relacionamento (ER), nos permite denotar por meio de ilustrações as entidades e os relacionamentos entre elas. Apresentamos o modelo ER no Capítulo 2.

Um Exemplo de Projeto Ineficiente: O esquema relacional para Alunos ilustra uma escolha de projeto ineficiente; nunca se deve criar um campo tal como idade, cujo valor está constantemente sendo alterado. Uma escolha melhor seria *DDN (Data Do Nascimento)*; a idade pode ser calculada com base nesse dado. Continuamos a utilizar idade em nossos exemplos, entretanto, para facilitar a leitura.

1.5.1 O Modelo Relacional

Nesta seção, apresentamos uma breve introdução ao modelo relacional. O construtor central para descrição de dados deste modelo é uma **relação**, que pode ser considerada um conjunto de **registros**.

Uma descrição de dados em termos de modelo de dados é chamada **esquema (schema)**. No modelo relacional, o esquema de uma relação especifica seu nome, o nome de cada **campo** (ou **atributo** ou **coluna**), e o tipo de cada campo. Como exemplo, a informação sobre o aluno em um banco de dados de uma universidade pode ser armazenada em uma relação com o seguinte esquema:

Alunos (*id-aluno:* string, *nome:* string, *login:* string,
    idade: integer, *média:* real)

O esquema anterior informa que cada registro na relação Alunos tem cinco campos, sendo os nomes e tipos dos campos conforme indicados. Um exemplo de instância da relação Alunos é ilustrado na Figura 1.1.

id-aluno	*nome*	*login*	*idade*	*média*
53666	Jones	jones@cs	18	3,4
53688	Smith	smith@ee	18	3,2
53650	Smith	smith@math	19	3,8
53831	Madayan	madayan@music	11	1,8
53832	Guldu	guldu@music	12	2,0

Figura 1.1 Uma instância da relação Alunos.

Cada linha na relação Alunos é um registro que descreve um aluno. A descrição não está completa — por exemplo, a altura do aluno não está incluída —, mas é presumivelmente adequada para os aplicativos projetados no banco de dados da universidade. Cada linha segue o esquema da relação Alunos. O esquema pode, então, ser considerado um modelo para descrever um aluno.

Podemos tornar a descrição de um conjunto de alunos mais precisa especificando as **restrições de integridade**, que são condições que os registros de uma relação devem satisfazer. Por exemplo, poderíamos especificar que todo aluno tenha um valor *id-aluno* único. Observe que não podemos capturar essa informação acrescentando simplesmente outro campo ao esquema Alunos. Assim, a capacidade de especificar a unicidade dos valores de um campo aumenta a precisão com que podemos descrever nossos dados. A expressividade dos construtores disponíveis para especificar as restrições de integridade é um aspecto importante de um modelo de dados.

Outros Modelos de Dados

Além do modelo de dados relacional (que é utilizado em inúmeros sistemas, incluindo o DB2 da IBM, Informix, Oracle, Sybase, Access da Microsoft, FoxBase, Paradox, Tandem e Teradata), outros importantes modelos de dados incluem o modelo hierárquico (por exemplo, usado no SGBD IMS da IBM), o modelo de rede (usado no IDS e IDMS), o modelo orientado a objetos (por exemplo, usado no Objectstore e Versant) e o modelo objeto-relacional (por exemplo, usado nos produtos SGBD da IBM, Informix, ObjectStore, Oracle, Versant e outros). Embora vários bancos de dados utilizem os modelos hierárquico e de rede, e embora os sistemas baseados nos modelos orientado a objetos e objeto-relacional estejam ganhando aceitação no mercado, o modelo dominante atualmente é o modelo relacional.

Neste livro, concentramo-nos no modelo relacional em razão de seu amplo uso e importância. Entretanto, o modelo objeto-relacional, que está ganhando popularidade, é o resultado de um esforço de combinar as melhores características dos modelos relacional e orientado a objetos, e uma boa compreensão do modelo relacional é necessária para compreender os conceitos do objeto-relacional. (Discutiremos os modelos orientado a objetos e objeto-relacional no Capítulo 23.)

1.5.2 Níveis de Abstração em um SGBD

Os dados em um SGBD são descritos em três níveis de abstração, conforme ilustrado na Figura 1.2. A descrição do banco de dados consiste em um esquema em cada um desses três níveis de abstração: o *conceitual*, o *físico* e o *externo*.

Uma **linguagem de definição de dados** (DDL — data definition language) é utilizada para definir os esquemas externos e conceituais. Discutiremos os recursos DDL da linguagem de banco de dados mais amplamente utilizada, a SQL, no Capítulo 3. Todos os fabricantes de SGBD também suportam comandos SQL para descrever aspectos do esquema físico, mas estes comandos não são parte da linguagem SQL padrão. As informações sobre os esquemas conceitual, externo e físico são armazenadas nos **catálogos de sistema** (Seção 12.1). Discutiremos os três níveis de abstração no restante desta seção.

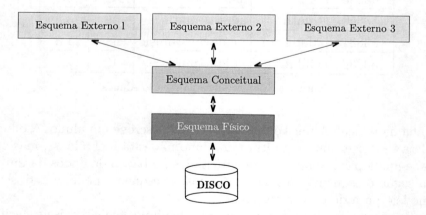

Figura 1.2 Níveis de abstração em um SGBD.

Esquema Conceitual

O **esquema conceitual** (chamado também de **esquema lógico**) descreve os dados armazenados em termos do modelo de dados do SGBD. Em um SGBD relacional, o esquema conceitual descreve todas as relações que estão armazenadas no banco de dados. Em nosso exemplo de banco de dados de universidade, essas relações contêm informações sobre *entidades*, como alunos e professores, e sobre *relacionamentos*, como a matrícula dos alunos nos cursos. Todas as entidades aluno podem ser descritas usando-se registros em uma relação Alunos, como vimos anteriormente. De fato, cada coleção de entidades e cada coleção de relacionamentos podem ser descritas como uma relação, levando ao seguinte esquema conceitual:

Alunos(*id-aluno:* string, *nome:* string, *login:* string, *idade:* integer, *média:* real)
Professores(*id-prof:* string, *nomep:* string, *sal:* real)
Cursos(*id-curso:* string, *nomec:* string, *créditos:* integer)
Salas(*num-sala:* integer, *endereço:* string, *capacidade:* integer)
Matriculado(*id-aluno:* string, *id-curso:* string, *nota:* string)
Ministra(*id-prof:* string, *id-curso:* string)
Aula(*id-curso:* string, *num-sala:* integer, *horário:* string)

A escolha de relações e a escolha dos campos de cada relação nem sempre são óbvias, e o processo de produzir um bom esquema conceitual é chamado **projeto conceitual de banco de dados**. Discutiremos o projeto conceitual de banco de dados nos capítulos 2 e 19.

Esquema Físico

O **esquema físico** especifica os detalhes adicionais de armazenamento. Essencialmente, o esquema físico resume como as relações descritas no esquema conceitual são realmente armazenadas em dispositivos de armazenamento secundário como discos e fitas.

Devemos decidir quais organizações de arquivos utilizar para armazenar as relações e criar estruturas de dados auxiliares, chamadas **índices**, para acelerar as operações de recuperação de dados. Um exemplo de esquema físico para o banco de dados da universidade:

- Armazene todas as relações como arquivos não ordenados de registros. (Um arquivo em um SGBD é ou uma coleção de registros ou uma coleção de páginas, em vez de uma cadeia de caracteres como em um sistema operacional.)
- Crie índices na primeira coluna das relações Alunos, Professores e Cursos, na coluna *sal* de Professores e na coluna *capacidade* de Salas.

Decisões sobre o esquema físico baseiam-se em uma compreensão de como o dado é normalmente acessado. O processo de produzir um bom esquema físico é chamado **projeto físico de banco de dados**. Discutiremos o projeto físico de banco de dados no Capítulo 20.

Esquema Externo

Esquemas externos, que normalmente também são representados em termos do modelo de dado do SGBD, permitem que o acesso aos dados seja customizado (e autorizado) no nível dos usuários individuais ou em grupos. Qualquer banco de dados tem exatamente um esquema conceitual e um esquema físico porque ele tem apenas um conjunto de relações armazenadas, mas pode ter diversos esquemas externos, cada um adaptado a um grupo particular de usuários. Cada esquema externo consiste em uma coleção de uma ou mais **visões** e relações do esquema conceitual. Uma visão conceitualmente é uma relação, mas os registros de uma visão não são armazenados no SGBD. Ao contrário, eles são processados usando uma definição para a visão, baseada nas relações armazenadas no SGBD. Discutiremos visões com mais detalhes nos capítulos 3 e 25.

O projeto de esquema externo é orientado pelos requisitos do usuário final. Por exemplo, podemos permitir que os alunos localizem os nomes dos professores que ministram cursos, assim como as matrículas no curso. Isso pode ser feito definindo a seguinte visão:

InfoCurso(*id-curso:* string, *nomep:* string, *matriculados:* integer)

Um usuário pode tratar uma visão assim como uma relação e fazer perguntas sobre os registros da visão. Embora os registros da visão não sejam armazenados explicitamente, eles são processados sempre que necessário. Não incluímos InfoCurso no esquema conceitual porque podemos processar InfoCurso com base nas relações do esquema conceitual, e, além disso, armazená-la seria redundante. Tal redundância, além do desperdício de espaço, poderia gerar inconsistências. Por exemplo, uma tupla pode ser inserida na relação Matriculado, indicando que um aluno em particular se matriculou em algum curso, sem incrementar o valor do campo *matriculados* do registro correspondente de InfoCurso (se esse último também for parte do esquema conceitual e suas tuplas estiverem armazenadas no SGBD).

1.5.3 Independência de Dados

Uma vantagem muito importante de usar um SGBD é a **independência de dados** que ele oferece. Ou seja, os programas de aplicativos são isolados das alterações no modo como o dado é estruturado e armazenado. A independência dos dados é adquirida através do uso dos três níveis de abstração de dados; em particular, o esquema conceitual e o esquema externo fornecem benefícios distintos nesta área.

As relações no esquema externo (relações de visões) são em princípio geradas por demanda a partir das relações correspondentes ao esquema conceitual.[4] Se os dados correspondentes são reorganizados, isto é, se o esquema conceitual é alterado, a definição de uma relação de visão pode ser modificada de forma que a mesma relação seja processada como antes. Por exemplo, suponha que a relação Professores em nosso banco de dados de universidade seja substituída pelas duas relações a seguir:

Professores-público (*id-prof:* string, *nomep:* string, *escritório:* integer)
Professores-particular(*id-prof:* string, *sal:* real)

Intuitivamente, algumas informações confidenciais sobre professores foram posicionadas em uma relação separada e as informações sobre escritórios foram acrescentadas. A relação de visão InfoCurso pode ser redefinida em termos de Professores-publico e Professores-particular, as quais, juntas, contêm todas as informações em Professores, de forma que um usuário que consulte InfoCurso obterá as mesmas respostas de antes.

Assim, os usuários podem ser protegidos das alterações na estrutura lógica dos dados, ou das alterações na escolha das relações a serem armazenadas. Essa propriedade é chamada **independência lógica dos dados**.

---

[4] Na prática, elas poderiam ser pré-processadas e armazenadas para acelerar as consultas nas relações de visão, mas as relações de visão processadas devem ser atualizadas sempre que as relações correspondentes forem modificadas.

Por outro lado, o esquema conceitual isola os usuários das alterações nos detalhes do armazenamento físico. Esta propriedade refere-se à **independência física dos dados**. O esquema conceitual oculta detalhes sobre como os dados são realmente dispostos no disco, sobre a estrutura de arquivos, e sobre a escolha de índices, por exemplo. Desde que o esquema permaneça o mesmo, podemos alterar estes detalhes sem alterar os aplicativos. (Obviamente, o desempenho poderia ser afetado por tais alterações.)

1.6 CONSULTAS EM UM SGBD

A facilidade com a qual as informações podem ser obtidas de um banco de dados normalmente determina seu valor a um usuário. Em contraste aos sistemas antigos de banco de dados, os sistemas de banco de dados relacionais permitem que uma rica variedade de questões seja formulada facilmente; este recurso contribuiu em muito para sua popularidade. Considere o exemplo do banco de dados da universidade na Seção 1.5.2. Eis algumas perguntas que um usuário poderia fazer:

1. Qual é o nome do aluno que tem o id-aluno 123456?
2. Qual é o salário médio de professores que ministram o curso CS564?
3. Quantos alunos estão matriculados em CS564?
4. Qual a porcentagem de alunos de CS564 que obtiveram uma nota maior do que B?
5. Há algum aluno com média inferior a 3,0 matriculado em CS564?

Tais perguntas envolvendo os dados armazenados em um SGBD são chamadas **consultas**. Um SGBD provê uma linguagem especializada, chamada **linguagem de consulta**, com a qual as consultas podem ser elaboradas. Um recurso muito atrativo do modelo relacional é o suporte a linguagens de consulta poderosas. O **cálculo relacional** é uma linguagem de consulta formal baseada na lógica matemática, e as consultas nesta linguagem têm um significado intuitivo e preciso. A **álgebra relacional** é outra linguagem de consulta formal, baseada em uma coleção de **operadores** para manipular relações, que é equivalente em poder ao cálculo.

Um SGBD preocupa-se em processar as consultas de forma tão eficiente quanto possível. Discutiremos a otimização e avaliação de consultas nos Capítulos 12, 14 e 15. Obviamente, a eficiência da avaliação da consulta é determinada em grande parte por como os dados são armazenados fisicamente. Os índices podem ser usados para acelerar muitas consultas — de fato, uma boa escolha de índices para as relações correspondentes pode acelerar cada consulta da lista anterior. Discutiremos o armazenamento de dados e a indexação nos Capítulos 8, 9, 10 e 11.

Um SGBD possibilita aos usuários criar, modificar e consultar dados através de uma **linguagem de manipulação de dados** (DML — data manipulation language). Assim, a linguagem de consulta é apenas uma parte da DML, que também fornece construtores para inserir, excluir e modificar dados. Discutiremos os recursos DML da SQL no Capítulo 5. A DML e a DDL são coletivamente referenciadas como **sublinguagens de dados** quando embutidas dentro de uma **linguagem hospedeira** (por exemplo, C ou COBOL).

1.7 GERENCIAMENTO DE TRANSAÇÕES

Considere um banco de dados que armazena informações sobre reservas de passagens aéreas. Em um certo instante qualquer, é possível (e bem provável) que diversos agentes de viagem estejam procurando informações sobre assentos disponíveis nos vários vôos e fazendo reservas de novos assentos. Quando vários usuários acessam (e possivelmente modificam) um banco de dados de forma concorrente, o SGBD deve comandar cuidadosamente suas solicitações para evitar conflitos. Por exemplo, quando um agente de viagem procura o Vôo 100 de determinado dia e encontra um assento vazio, um outro agente de viagem pode estar fazendo uma reserva desse assento simultaneamente, tornando obsoleta a informação vista pelo primeiro agente.

Um outro exemplo de uso concorrente é o banco de dados de um banco. Enquanto o programa de aplicativo de um usuário está calculando o total de depósitos, um outro aplicativo pode transferir dinheiro de uma conta que o primeiro aplicativo acabou de consultar para uma conta que ainda não foi consultada, fazendo assim com que o total apareça maior do que ele realmente deve ser. Evidentemente, a ocorrência de tais anomalias não deve ser permitida. Entretanto, desabilitar o acesso concorrente pode degradar o desempenho.

Além disso, o SGBD deve proteger os usuários dos efeitos de falhas do sistema assegurando que todos os dados (e o status dos aplicativos ativos) sejam restaurados para um estado consistente quando o sistema for reiniciado após uma falha. Por exemplo, se um agente de viagens solicitar uma reserva, e o SGBD responder que a reserva foi realizada, a reserva não deve ser perdida se o sistema falhar. Por outro lado, se o SGBD ainda não respondeu à solicitação, mas está fazendo as alterações necessárias nos dados quando a falha ocorrer, as alterações parciais devem ser desfeitas quando o sistema voltar a funcionar.

Uma **transação** é *uma execução qualquer* de um programa de usuário em um SGBD. (A execução de um mesmo programa diversas vezes gerará diversas transações.) Esta é a unidade básica de alteração reconhecida pelo SGBD: transações parciais não são permitidas, e o efeito de um grupo de transações é equivalente a uma execução serial de todas as transações. Resumimos brevemente como estas propriedades são garantidas, postergando uma discussão detalhada para os capítulos posteriores.

1.7.1 Execução Concorrente de Transações

Uma importante tarefa de um SGBD é planejar os acessos concorrentes aos dados de forma que cada usuário possa seguramente ignorar o fato de que há outros usuários acessando os dados concorrentemente. A importância dessa tarefa não pode ser subestimada porque um banco de dados normalmente é compartilhado por um grande número de usuários, que submetem suas requisições ao SGBD de modo independente e simplesmente não esperam que devam tratar de alterações arbitrárias sendo realizadas de forma concorrente por outros usuários. Um SGBD permite que os usuários pensem em seus programas como se eles estivessem sendo executados isoladamente, um após o outro, em determinada ordem escolhida pelo SGBD. Por exemplo, se um programa que deposita um valor em uma conta é submetido ao SGBD ao mesmo tempo em que um outro programa debita dinheiro da mesma conta, qualquer um desses programas poderia ser executado primeiro pelo SGBD, mas seus passos não podem ser intercalados de maneira que eles interfiram entre si.

Um **protocolo de bloqueio** é um conjunto de regras que devem ser seguidas por cada transação (e forçadas pelo SGBD) para assegurar que, mesmo que ações de diversas transações possam ser intercaladas, o efeito geral seja idêntico à execução de todas as transações em alguma ordem serial. Um **bloqueio** é um mecanismo utilizado para controlar o acesso aos objetos do banco de dados. Dois tipos de **bloqueios** são normalmente suportados por um SGBD: **bloqueios compartilhados** em um objeto podem ser mantidos por duas transações diferentes ao mesmo tempo, mas um **bloqueio exclusivo** em um objeto assegura que nenhuma outra transação mantenha *nenhum* bloqueio nesse objeto.

Suponha que o seguinte protocolo de bloqueio seja seguido: *Toda transação tem início obtendo um bloqueio compartilhado em cada objeto de dado que ele necessita ler e um bloqueio exclusivo em cada objeto de dado que ele precisa modificar, e então libera todos os seus bloqueios após completar todas as ações.* Considere duas transações $T1$ e $T2$ tais que $T1$ deseja modificar um objeto de dado e $T2$ deseja ler o mesmo objeto. Intuitivamente, se a solicitação de $T1$ por um bloqueio exclusivo no objeto for atendida primeiro, $T2$ não pode ter sua execução continuada até que $T1$ libere esse bloqueio, pois a solicitação de $T2$ por um bloqueio compartilhado não será atendida pelo SGBD até então. Assim, todas as ações de $T1$ serão completadas antes que qualquer uma das ações de T2 sejam iniciadas. Trataremos de bloqueio com mais detalhes nos capítulos 16 e 17.

1.7.2 Transações Incompletas e Falhas de Sistema

As transações podem ser interrompidas antes de executadas por completo por uma variedade de razões, por exemplo, uma falha de sistema. Um SGBD deve assegurar que as alterações realizadas por tais transações incompletas sejam removidas do banco de dados. Por exemplo, se o SGBD estiver no meio da transferência do valor em dinheiro da conta A para a conta B, e debitou da primeira conta, mas ainda não creditou na segunda quando ocorreu a falha, o valor debitado da conta A deve ser restaurado quando o sistema voltar a funcionar após a falha.

Para fazer isso, o SGBD mantém um **log** de todas as escritas no banco de dados. Uma propriedade crucial do log é a de que cada ação de escrita deve ser registrada no log (em disco) *antes* que a alteração correspondente seja refletida no banco de dados propriamente dito — caso contrário, se o sistema falhar exatamente após a alteração ser feita no banco de dados, mas antes da alteração ser registrada no log, o SGBD será incapaz de detectar e desfazer essa alteração. Essa propriedade é chamada **Write-Ahead Log** (Gravação Antecipada do Log) ou **WAL**. Para assegurar essa propriedade, o SGBD deve ser capaz de forçar seletivamente a escrita de uma página da memória no disco.

O log também é utilizado para assegurar que as alterações realizadas por uma transação completada com sucesso não sejam perdidas por causa de uma falha no sistema, como explicado no Capítulo 18. Restaurar o banco de dados a um estado consistente após uma falha no sistema pode ser um processo lento, uma vez que o SGBD deve assegurar que os efeitos de todas as transações que completaram antes da falha sejam restaurados, e que os efeitos das transações incompletas sejam desfeitos. O tempo necessário para a recuperação de uma falha pode ser reduzido forçando periodicamente o registro de alguma informação no disco; esta operação periódica é chamada **ponto de verificação (checkpoint)**.

1.7.3 Pontos a Observar

Em resumo, há três pontos a lembrar com respeito ao suporte de SGBD ao controle de concorrência e à recuperação:

1. Todo objeto que é lido ou escrito por uma transação é primeiro bloqueado em modo compartilhado ou exclusivo, respectivamente. Bloquear um objeto restringe sua disponibilidade para outras transações e, assim, afeta o desempenho.

2. Para a manutenção de um log eficiente, o SGBD deve ser capaz de forçar seletivamente a escrita de uma coleção de páginas da memória principal no disco. O suporte do sistema operacional a esta operação nem sempre é satisfatório.

3. O uso de pontos de verificação periódicos pode reduzir o tempo necessário de recuperação de uma falha. Obviamente, isso deve ser balanceado contra o fato de que o uso de pontos de verificação com muita freqüência possa diminuir a velocidade da execução normal.

1.8 ESTRUTURA DE UM SGBD

A Figura 1.3 ilustra a estrutura (com alguma simplificação) de um SGBD típico com base no modelo de dados relacional.

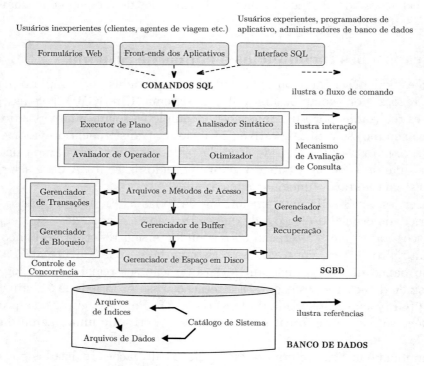

Figura 1.3 Arquitetura de um SGBD.

O SGBD aceita comandos SQL gerados de uma variedade de interfaces de usuário, produz planos de avaliação de consulta, executa estes planos no banco de dados, e retorna as respostas. (Esta é a simplificação: os comandos SQL podem ser embutidos em programas de aplicativo em linguagem hospedeira, como, por exemplo, programas Java ou COBOL. Ignoramos esses aspectos para concentrar-nos na funcionalidade básica do SGBD.)

Quando um usuário emite uma consulta, a consulta sintaticamente analisada é apresentada a um **otimizador de consulta**, que usa a informação sobre como o dado é armazenado para produzir um plano de execução eficiente para processar a consulta. Um **plano de execução** é um projeto para processar uma consulta, normalmente representado como uma árvore de operadores relacionais (com anotações que contêm informações detalhadas adicionais sobre quais métodos de acesso usar etc.). Discutimos a otimização de consulta nos Capítulos 12 e 15. Os operadores relacionais servem como blocos de construção para processar consultas elaboradas sobre os dados. A implementação desses operadores é discutida nos Capítulos 12 e 14.

O código que implementa os operadores relacionais situa-se acima da camada de arquivos e métodos de acesso. Essa camada suporta o conceito de um **arquivo**, que, em um SGBD, é uma coleção de páginas ou uma coleção de registros. Os **arquivos heap**, ou arquivos de páginas não ordenadas, assim como os índices, são suportados. Além de controlar as páginas de um arquivo, essa camada organiza as informações dentro de uma página. Os aspectos relacionados a arquivos e armazenamento no nível de página são tratados no Capítulo 9. As organizações de arquivo e os índices são tratados no Capítulo 8.

O código da camada de arquivos e métodos de acesso situa-se acima do gerenciador de buffer, que carrega as páginas do disco para a memória principal conforme necessário em resposta às solicitações de leitura. O gerenciamento de buffer é discutido no Capítulo 9.

A camada mais inferior do software do SGBD trata do gerenciamento do espaço no disco, onde os dados são armazenados. As camadas superiores alocam, liberam, lêem e escrevem páginas através de rotinas fornecidas por essa camada, chamada **gerenciador de espaço em disco**. Essa camada é discutida no Capítulo 9.

O SGBD suporta a concorrência e a recuperação de falha planejando cuidadosamente as solicitações de usuário e mantendo um log de todas as alterações realizadas no banco de dados. Os componentes de SGBD associados com o controle de concorrência e recuperação incluem o **gerenciador de transações**, que assegura que as transações solicitem e liberem bloqueios de acordo com um protocolo adequado de bloqueio e planeja a execução das transações; o **gerenciador de bloqueio**, que controla as requisições por bloqueio e concede o direito de bloqueio nos objetos de banco de dados quando eles se tornam disponíveis; e o **gerenciador de recuperação**, que é responsável por manter um log e restaurar o sistema a um estado consistente após a ocorrência de uma falha. O gerenciador de espaço em disco, gerenciador de buffer e as camadas de arquivo e métodos de acesso devem interagir com esses componentes. Discutiremos o controle de concorrência e recuperação com mais detalhes no Capítulo 16.

1.9 PESSOAL QUE TRABALHA COM BANCO DE DADOS

Uma grande variedade de pessoas está relacionada com a criação e uso de banco de dados. Obviamente, há **desenvolvedores de banco de dados** que constroem o software do SGBD, e **usuários finais** que desejam armazenar e utilizar os dados de um SGBD. Os desenvolvedores de banco de dados trabalham para fabricantes como IBM ou Oracle. Os usuários finais vêm de um crescente número de áreas diversas. Conforme os dados crescem em complexidade e volume, e têm sido cada vez mais reconhecidos como um ativo principal, a importância de mantê-los profissionalmente em um SGBD está se difundindo amplamente. Vários usuários finais simplesmente utilizam aplicativos escritos por programadores de aplicativo de banco de dados (veja a seguir) e, portanto, requerem pouco conhecimento técnico sobre o software do SGBD. É óbvio que os usuários mais experientes, que fazem uso mais extensivo de um SGBD, como escrever suas próprias consultas, requerem uma compreensão mais aprofundada de seus recursos.

Além dos usuários finais e desenvolvedores, duas outras classes de pessoas estão relacionadas com um SGBD: programadores de aplicativo e administradores de banco de dados.

Os **programadores de aplicativo de banco de dados** desenvolvem pacotes que facilitam o acesso aos dados pelos usuários finais, que normalmente não são profissionais em computação, utilizando as linguagens hospedeiras ou de dados e ferramentas de software fornecidas pelos fabricantes de SGBD. (Tais ferramentas incluem editores de relatórios, planilhas, pacotes estatísticos e assim por diante.) Os programas de aplicativo devem acessar os dados idealmente através do esquema externo. É possível escrever aplicativos que acessam dados em um nível inferior, mas tais aplicativos comprometeriam a independência dos dados.

Um banco de dados pessoal é mantido tipicamente pelo indivíduo que o possui e o utiliza. Entretanto, bancos de dados corporativos ou empresariais normalmente são importantes e complexos o suficiente para que a tarefa de projetar e manter o banco de dados seja confiada a um profissional, chamado **administrador de banco de dados (DBA — database administrator)**. O DBA é responsável por várias tarefas críticas:

- **Projeto dos Esquemas Conceitual e Físico:** O DBA é responsável por interagir com os usuários do sistema para compreender quais dados devem ser armazenados no SGBD e como eles serão mais provavelmente utilizados. Baseado nesse conhecimento, o DBA deve projetar o esquema conceitual (decidir quais relações armazenar) e o esquema físico (decidir como armazená-las). O DBA também pode projetar partes extensamente utilizadas do esquema externo, embora os usuários provavelmente estendam esse esquema criando visões adicionais.
- **Segurança e Autorização:** O DBA é responsável por assegurar que o acesso não autorizado aos dados não seja permitido. Em geral, nem todos devem ser capazes de acessar todos os dados. Em um SGBD relacional, os usuários podem ganhar permissão de acesso apenas a determinadas visões e relações. Por exemplo, embora se possa permitir que os alunos localizem as matrículas do curso e quem ministra determinado curso, não é desejável que os alunos vejam os salários dos professores ou as informações de notas dos demais alunos. O DBA pode forçar essa política concedendo permissão de apenas leitura para a visão InfoCurso.
- **Disponibilidade de Dados e Recuperação de Falhas:** O DBA deve tomar medidas para assegurar que, caso o sistema falhe, os usuários possam continuar a acessar o máximo possível dos dados não corrompidos. O DBA também deve restaurar os dados a um estado consistente. O SGBD fornece suporte de software para essas funções, mas o DBA é responsável por implementar os procedimentos para realizar o backup dos dados periodicamente e manter os logs da atividade do sistema (para facilitar a recuperação de uma falha).
- **Sintonização de Banco de Dados:** É bem provável que as necessidades dos usuários evoluam ao longo do tempo. O DBA é responsável por modificar o banco de dados, em particular os esquemas conceituais e físicos, para assegurar desempenho adequado conforme os requisitos sofrem alterações.

1.10 QUESTÕES DE REVISÃO

As respostas a essas questões de revisão podem ser encontradas nas seções listadas.

- Quais são os benefícios principais de utilizar um SGBD para gerenciar os dados de um aplicativo envolvendo muito acesso aos dados? **(Seções 1.1, 1.4)**
- Quando você armazenaria dados em um SGBD em vez de em arquivos de sistema operacional e vice-versa? **(Seção 1.3)**
- O que é um modelo de dados? O que é um modelo de dados relacional? O que é independência de dados e como um SGBD a suporta? **(Seção 1.5)**
- Explique as vantagens de utilizar uma linguagem de consulta em vez de programas personalizados para processar dados. **(Seção 1.6)**
- O que é uma transação? Que garantias um SGBD oferece com respeito a transações? **(Seção 1.7)**
- O que são bloqueios em um SGBD e por que eles são utilizados? O que é um registro de log write-ahead, e por que ele é utilizado? O que é o uso de pontos de verificação e por que são utilizados? **(Seção 1.7)**

Visão Geral sobre Sistemas de Banco de Dados 19

- Identifique os diferentes papéis de administradores de banco de dados, programadores de aplicativo e usuários finais de um banco de dados. Quem necessita ter o maior conhecimento sobre sistemas de banco de dados? **(Seção 1.9)**

EXERCÍCIOS

Exercício 1.1 Por que você escolheria um sistema de banco de dados em vez de armazenar os dados em arquivos de sistema operacional? Quando faria sentido não utilizar um sistema de banco de dados?

Exercício 1.2 O que é independência lógica de dados e por que isso é importante?

Exercício 1.3 Explique a diferença entre independência lógica e física de dados.

Exercício 1.4 Explique a diferença entre esquemas externos, físicos e conceituais. Como essas camadas diferentes de esquema se relacionam aos conceitos de independência lógica e física dos dados?

Exercício 1.5 Quais são as responsabilidades de um DBA? Se assumirmos que o DBA nunca estará interessado em executar suas próprias consultas, o DBA ainda assim precisaria compreender a otimização de consultas? Por quê?

Exercício 1.6 Scrooge McNugget deseja armazenar informações (nomes, endereços, descrições de momentos desagradáveis etc.) sobre os vários funcionários de sua folha de pagamentos. Não surpreendentemente, o volume de dados o compele a comprar um sistema de banco de dados. Para economizar dinheiro, ele deseja comprar um com o menor número possível de recursos, e planeja executá-lo como um aplicativo independente em seu PC. Naturalmente, Scrooge não planeja compartilhar sua lista com ninguém. Indique quais dos seguintes recursos de SGBD justificam a compra do sistema; em cada caso, também indique por que Scrooge deve (ou não deve) pagar por esse recurso do sistema.

1. Ferramenta de segurança.
2. Controle de concorrência.
3. Recuperação de falha.
4. Um mecanismo de visão.
5. Uma linguagem de consulta.

Exercício 1.7 Qual dos seguintes itens desempenha um papel importante na *representação* de informações sobre o mundo real em um banco de dados? Explique brevemente.

1. A linguagem de definição de dados.
2. A linguagem de manipulação de dados.
3. O gerenciador de buffer.
4. O modelo de dados.

Exercício 1.8 Descreva a estrutura de um SGBD. Se seu sistema operacional for atualizado para suportar algumas funções novas sobre os arquivos de SO (por exemplo, a capacidade de forçar alguma seqüência de bytes no disco), quais camadas do SGBD você deveria reescrever para aproveitar a vantagem dessas novas funções?

Exercício 1.9 Responda às seguintes questões:

1. O que é uma transação?
2. Por que um SGBD intercala as ações de diferentes transações em vez de executar as transações uma após a outra?

3. O que deve um usuário garantir com respeito à consistência de uma transação e do banco de dados? O que deve um SGBD garantir com respeito à execução concorrente de diversas transações e consistência de banco de dados?
4. Explique o protocolo de bloqueio de duas fases.
5. O que é a propriedade WAL, e por que ela é importante?

EXERCÍCIO COM BASE EM PROJETO

Exercício 1.10 Use um navegador Web para examinar a documentação HTML do Minibase. Tente reconhecer a sua arquitetura global.

NOTAS BIBLIOGRÁFICAS

A evolução dos sistemas de gerenciamento de banco de dados é investigada em [289]. O uso de modelos de dados para descrever dados do mundo real é discutido em [423], e [425] contém uma taxonomia dos modelos de dados. Os três níveis de abstração foram introduzidos em [186, 712]. O modelo de dados de rede é descrito em [186], e [775] discute diversos sistemas comerciais baseados neste modelo. [721] contém uma boa coleção anotada de artigos orientados a sistema sobre gerenciamento de banco de dados.

Outros textos que tratam de sistemas de gerenciamento de banco de dados incluem [204, 245, 305, 339, 475, 574, 689, 747, 762]. [204] fornece uma discussão detalhada do modelo relacional do ponto de vista conceitual e é notável pela sua extensa bibliografia com anotações. [574] apresenta uma perspectiva orientada a desempenho, com referências a diversos sistemas comerciais. [245] e [689] oferecem uma ampla cobertura sobre os conceitos de sistemas de banco de dados, incluindo uma discussão dos modelos de dados hierárquico e de rede. [339] enfatiza a conexão entre linguagens de consulta de banco de dados e a programação lógica. [762] enfatiza os modelos de dados. Desses textos, [747] fornece a discussão mais detalhada dos aspectos teóricos. Os textos dedicados aos aspectos teóricos incluem [3, 45, 501]. O manual [744] inclui uma seção sobre bancos de dados que contém artigos introdutórios de pesquisa sobre vários tópicos.

2

INTRODUÇÃO AO PROJETO DE BANCO DE DADOS

- ☞ Quais são as etapas do projeto de um banco de dados?
- ☞ Por que o modelo ER é utilizado para criar um projeto inicial?
- ☞ Quais são os principais conceitos do modelo ER?
- ☞ Quais são as diretrizes para se utilizar efetivamente o modelo ER?
- ☞ Como o projeto de banco de dados se encaixa dentro da estrutura de projeto geral de um software complexo dentro de grandes empresas?
- ☞ O que é UML e como ela está relacionada com o modelo ER?
- ☞ **Conceitos-chave:** projeto de banco de dados, projeto conceitual, lógico e físico; modelo ER (entidade-relacionamento), conjunto de entidades, conjunto de relacionamentos, atributo, instância, chave; restrições de integridade, relacionamentos um-para-muitos e muitos-para-muitos; restrições de participação; entidades fracas, hierarquias de classe, agregração; UML, diagramas de classe, diagramas de banco de dados, diagramas de componente.

Os homens mais bem-sucedidos do mundo usam a imaginação. Eles consideram o futuro, concebem seus modelos mentais, e depois trabalham para materializar esse modelo em todos os seus detalhes, completando aqui, acrescentando um pouco ali, alterando esse ou aquele pedacinho, mas constantemente criando, constantemente criando.

— Robert Collier

O *modelo de dados entidade-relacionamento (ER)* nos permite descrever os dados envolvidos em uma empresa do mundo real em termos de objetos e seus relacionamentos e é amplamente utilizado para desenvolver um projeto inicial de banco de dados. Ele fornece conceitos úteis que nos possibilitam mover de uma descrição informal do que os usuários desejavam de seu banco de dados para uma descrição mais detalhada e precisa que pode ser implementada em um SGBD. Neste capítulo, introduziremos o modelo ER e discutiremos como seus recursos nos permitem modelar fielmente uma ampla variedade de dados.

Iniciaremos com uma visão geral do projeto de banco de dados na Seção 2.1 para motivar nossa discussão sobre o modelo ER. Dentro de um contexto maior do processo de projeto geral, o modelo ER é utilizado em uma fase chamada *projeto conceitual de banco de dados*. Introduziremos, então, o modelo ER nas seções 2.2, 2.3 e 2.4. Na Seção 2.5, discutiremos os aspectos de projeto de banco de dados envolvendo o modelo ER. Discorreremos brevemente sobre o projeto conceitual de banco de dados para grandes empresas na Seção 2.6. Na Seção 2.7, apresentaremos uma visão geral da UML, uma abordagem de projeto e modelagem que é mais geral em seu escopo do que o modelo ER.

Na Seção 2.8, introduziremos um estudo de caso utilizado como um exemplo real em todo o livro. O estudo de caso é um projeto completo de banco de dados, para uma loja na Internet. Ilustraremos as duas primeiras etapas do projeto de banco de dados (análise de requisitos e projeto conceitual) na Seção 2.8. Nos capítulos posteriores, estenderemos o estudo de caso para abranger as etapas restantes do processo de projeto.

Observamos que muitas variantes dos diagramas ER estão em uso, sem que nenhum padrão amplamente aceito prevaleça. A apresentação deste capítulo é representativa da família dos modelos ER e inclui uma seleção dos recursos mais populares.

2.1 PROJETO DE BANCO DE DADOS E DIAGRAMAS ER

Iniciamos nossa discussão sobre projeto de banco de dados observando que esta é, tipicamente, apenas uma parte, embora seja uma parte central nos aplicativos que fazem uso intensivo de dados, de um projeto maior de sistema de software. Nosso foco primário é o projeto do banco de dados, e não discutiremos outros aspectos do projeto de software. Retomaremos esse ponto na Seção 2.7.

O processo de projeto de banco de dados pode ser dividido em seis etapas. O modelo ER é o mais relevante nas três primeiras etapas.

1. **Análise de Requisitos:** A primeira etapa no projeto de um aplicativo de banco de dados é compreender quais dados devem ser armazenados, que aplicativos devem ser criados para manipular esses dados, e quais operações são mais freqüentes e sujeitas a requisitos de desempenho. Em outras palavras, devemos descobrir o que os usuários desejam do banco de dados. Normalmente, esse é um processo informal que envolve discussões com grupos de usuários, um estudo do ambiente operacional em vigor e como é esperado que ele se altere, análise de toda a documentação disponível sobre os aplicativos existentes que se deseja substituir ou complementar com o banco de dados e assim por diante. Várias metodologias têm sido propostas para organizar e apresentar as informações coletadas nesta etapa, e algumas ferramentas automatizadas têm sido desenvolvidas para apoiar o processo.

2. **Projeto Conceitual do Banco de Dados:** As informações coletadas na etapa de análise de requisitos são usadas para desenvolver uma descrição de alto nível dos dados a serem armazenados, juntamente com as restrições conhecidas para serem aplicadas sobre estes dados. Esta etapa normalmente é conduzida utilizando o modelo ER e é discutida no restante deste capítulo. O modelo ER é um dos diversos modelos de dados **semânticos**, ou de alto nível, utilizados no projeto de banco de dados. O objetivo é criar uma descrição simples dos dados que melhor corresponda à visão ou idéia que os usuários e desenvolvedores têm em relação aos dados (e às pessoas e processos a serem representados nos dados). Isso facilita a discussão entre todas

Introdução ao Projeto de Banco de Dados 23

> **Ferramentas para Projeto de Banco de Dados:** As ferramentas de projeto são disponibilizadas por fabricantes de SGBD Relacionais, assim como por fabricantes de produtos de terceiros. Por exemplo, veja o seguinte link para detalhes sobre ferramentas de projeto e análise da Sybase:
> http://www.sybase.com/products/application_tools.
> O link seguinte fornece detalhes das ferramentas da Oracle:
> http://www.oracle.com/tools.

as pessoas envolvidas no processo de projeto, inclusive aquelas que não possuem conhecimento técnico. Ao mesmo tempo, o projeto inicial deve ser suficientemente preciso para permitir uma conversão direta em um modelo de dados suportado por um sistema de banco de dados comercial (o que, na prática, significa o modelo relacional).

3. **Projeto Lógico de Banco de Dados:** Devemos escolher um SGBD para implementar nosso projeto de banco de dados, e converter o projeto conceitual em um esquema de banco de dados no modelo de dados do SGBD escolhido. Consideraremos apenas os SGBDs relacionais e, assim, a tarefa na etapa de projeto lógico consiste em converter um esquema ER em um esquema de banco de dados relacional. Discutimos esta etapa em detalhes no Capítulo 3; o resultado é um esquema conceitual, também chamado de **esquema lógico**, no modelo de dados relacional.

2.1.1 Além do Projeto ER

O diagrama ER é apenas uma descrição aproximada dos dados, criada através de uma avaliação subjetiva das informações coletadas durante a análise de requisitos. Uma análise mais cuidadosa normalmente pode refinar o esquema lógico obtido no final da Etapa 3 anterior. Uma vez que tenhamos um esquema lógico, devemos considerar o critério de desempenho e projetar o esquema físico. Finalmente, devemos tratar os aspectos de segurança e assegurar que os usuários sejam capazes de acessar os dados de que eles precisam, mas não os dados que desejamos ocultar deles. As três etapas restantes do projeto de banco de dados são descritas brevemente em seguida:

4. **Refinamento do Esquema:** A quarta etapa no projeto de banco de dados consiste em analisar a coleção de relações em nosso esquema de banco de dados relacional para identificar problemas em potencial e refiná-los. Em contraste às etapas de análise de requisitos e projeto conceitual, que são essencialmente subjetivas, o refinamento do esquema pode ser conduzido por uma teoria elegante e poderosa. Discutiremos a teoria de *normalização* de relações — reestruturação das relações para assegurar algumas propriedades desejáveis — no Capítulo 19.

5. **Projeto Físico de Banco de Dados:** Nesta etapa, consideramos as cargas típicas esperadas que nosso banco de dados deve suportar e refinamos ainda mais o projeto de banco de dados para assegurar que ele satisfaça os critérios de desempenho desejados. Esta etapa pode apenas envolver a criação de índices em algumas tabelas e agrupamento de tabelas, ou pode envolver um reprojeto substancial de partes do esquema de banco de dados obtido das etapas anteriores de projeto. Discutiremos o projeto físico e a sintonização (*tuning*) de banco de dados no Capítulo 20.

6. **Projeto de Aplicativos e Segurança:** Qualquer projeto de software que envolva um SGBD deve considerar aspectos do aplicativo que vão além do banco de dados pro-

priamente dito. Metodologias de projeto, como a UML (Seção 2.7), tentam tratar o projeto de software e o ciclo de desenvolvimento completo. Brevemente, devemos identificar as entidades (por exemplo, usuários, grupos de usuários, departamentos) e os processos envolvidos no aplicativo. Devemos descrever o papel de cada entidade em cada processo que é refletido em alguma tarefa de aplicativo, como parte de um fluxo dessa tarefa. Para cada papel, devemos identificar as partes do banco de dados que devem ser acessíveis e as partes que *não* devem ser acessíveis, e devemos tomar medidas para assegurar que essas regras de acesso sejam obedecidas. Um SGBD fornece diversos mecanismos para auxiliar esta etapa, que serão discutidos no Capítulo 21.

Na fase de implementação, devemos codificar cada tarefa em uma linguagem de aplicativo (Java, por exemplo), utilizando o SGBD para acessar os dados. Discutiremos o desenvolvimento de aplicativos nos capítulos 6 e 7.

Em geral, nossa divisão do processo de projeto em etapas deve ser vista como uma classificação dos *tipos* de etapas envolvidas no projeto. Realisticamente, embora possamos começar com um processo de seis etapas esboçadas aqui, um projeto completo de banco de dados provavelmente exigirá uma fase de sintonização (*tuning*) subseqüente, na qual todos os seis tipos de etapas de projeto são intercalados e repetidos até que o projeto esteja satisfatório.

2.2 ENTIDADES, ATRIBUTOS E CONJUNTOS DE ENTIDADES

Uma **entidade** é um objeto do mundo real distinguível de outros objetos. Exemplos incluem: o brinquedo Dragonzord Verde, o departamento de brinquedos, o gerente do departamento de brinquedos, o endereço residencial do gerente do departamento de brinquedos. Normalmente, é útil identificar uma coleção de entidades semelhantes. Tal coleção é chamada **conjunto de entidades**. Observe que os conjuntos de entidades não precisam ser disjuntos: o conjunto de funcionários do departamento de brinquedos e o conjunto de funcionários do departamento de utensílios podem ambos conter o funcionário John Doe (que pode trabalhar em ambos os departamentos). Poderíamos também definir um conjunto de entidades chamado Funcionários que contém os conjuntos de funcionários dos dois departamentos: de brinquedos e de utensílios.

Uma entidade é descrita utilizando-se um conjunto de **atributos**. Todas as entidades em um determinado conjunto de entidades têm os mesmos atributos; isto é o que queremos dizer com *semelhantes*. (Essa afirmação é uma simplificação exagerada, como veremos quando discutirmos as hierarquias de herança na Seção 2.4.4, mas ela satisfaz por ora, e realça a idéia principal.) Nossa escolha de atributos reflete o nível de detalhes com os quais desejamos representar as informações sobre as entidades. Por exemplo, o conjunto de entidades Funcionários poderia usar nome, código de pessoa física (CPF) e vaga de estacionamento como atributos. Nesse caso, armazenaremos o nome, CPF e número da vaga do estacionamento para cada funcionário. Entretanto, não armazenaremos, digamos, o endereço de um funcionário (ou o sexo ou a idade).

Para cada atributo associado a um conjunto de entidades, devemos identificar um **domínio** de possíveis valores. Por exemplo, o domínio do atributo *nome* de Funcionários poderia ser o conjunto de cadeias de 20 caracteres.[1] Como outro exemplo, se a

---

[1] Para evitar confusão, consideramos que os nomes de atributos não se repetem ao longo dos conjuntos de entidades. Isso não é uma limitação real, uma vez que sempre podemos usar o nome do conjunto de entidades para resolver as ambigüidades quando o mesmo nome de atributo for utilizado em mais de um conjunto de entidades.

empresa avalia funcionários em uma escala de 1 a 10 e armazena as avaliações em um campo chamado *avaliação*, o domínio associado consiste em inteiros de 1 a 10. Além disso, para cada conjunto de entidades, escolhemos uma **chave**, que consiste em um conjunto mínimo de atributos cujos valores identificam unicamente uma entidade do conjunto. Pode haver mais de uma chave **candidata**; se houver, designamos uma delas como a chave **primária**. Por enquanto, consideramos que cada conjunto de entidades contém no mínimo um conjunto de atributos que identifica unicamente uma entidade no conjunto inteiro; ou seja, o conjunto de atributos contém uma chave. Retomaremos esse ponto na Seção 2.4.3.

O conjunto de entidades Funcionários com atributos *cpf*, *nome* e *vaga* é ilustrado na Figura 2.1. Um conjunto de entidades é representado por um retângulo, e um atributo é representado por um símbolo oval. Cada atributo da chave primária é sublinhado. A informação do domínio poderia ser listada juntamente com o nome do atributo, mas omitimos isso para manter as figuras compactas. A chave é *cpf*.

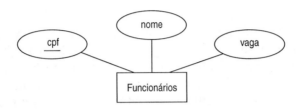

Figura 2.1 O conjunto de entidades Funcionários.

2.3 RELACIONAMENTOS E CONJUNTOS DE RELACIONAMENTOS

Um **relacionamento** é uma associação entre duas ou mais entidades. Por exemplo, podemos ter o relacionamento em que Attishoo trabalha no departamento de farmácia. Como com as entidades, podemos desejar reunir um conjunto de relacionamentos semelhantes em um **conjunto de relacionamentos**. Um conjunto de relacionamentos pode ser considerado um conjunto de n-tuplas:

$$\{(e_1, ..., e_n) \mid e_1 \in E_1, ..., e_n \in E_n\}$$

Cada n-tupla denota um relacionamento envolvendo n entidades e_1 a e_n, sendo que a entidade e_i pertence ao conjunto de entidades E_i. Na Figura 2.2 ilustramos o conjunto de relacionamentos Trabalha_em, no qual cada relacionamento indica um departamento em que um funcionário trabalha. Observe que diversos conjuntos de relacionamentos podem envolver os mesmos conjuntos de entidades. Por exemplo, poderíamos também ter um relacionamento Gerencia envolvendo Funcionários e Departamentos.

Um relacionamento também pode ter **atributos descritivos**. Estes são usados para registrar informações sobre o relacionamento em vez de sobre uma das entidades participantes; por exemplo, podemos desejar registrar que Attishoo trabalha no departamento de farmácia a partir de janeiro de 1991. Essa informação é registrada na Figura 2.2, adicionando-se um atributo, *desde*, a Trabalha_em. Um relacionamento deve ser identificado unicamente pelas entidades participantes, sem referência aos atributos descritivos. No conjunto de relacionamento Trabalha_em, por exemplo, cada relacionamento Trabalha_em deve ser identificado univocamente pela combinação de *cpf* de funcionário e *id-depto* de departamento. Assim, para um determinado par funcionário-departamento, não podemos ter mais de um valor *desde* associado.

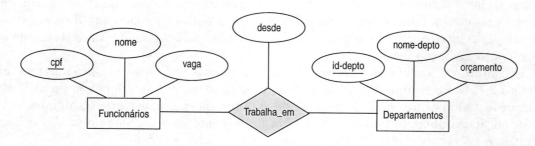

Figura 2.2 O conjunto de relacionamentos Trabalha_em.

Uma **instância** de um conjunto de relacionamentos é um conjunto de seus relacionamentos. Intuitivamente, uma instância pode ser considerada o 'retrato' do conjunto de relacionamentos em determinado momento. Uma instância do conjunto de relacionamentos Trabalha_em é ilustrada na Figura 2.3. Cada entidade Funcionários é denotada pelo seu *cpf*, e cada entidade Departamentos é denotada pela sua *id-depto*, por simplicidade. O valor *desde* é ilustrado ao lado de cada relacionamento. (Os comentários 'muitos-para-muitos' e 'participação total' na figura serão discutidos posteriormente, quando discutirmos restrições de integridade.)

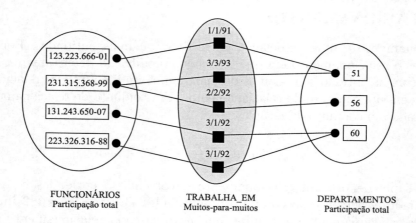

Figura 2.3 Uma instância do conjunto de relacionamentos Trabalha_em.

Como outro exemplo de um diagrama ER, suponha que cada departamento tenha escritórios em diversas localidades e desejamos registrar as localidades nas quais cada funcionário trabalha. Esse relacionamento é **ternário** porque devemos registrar uma associação entre um funcionário, um departamento e uma localidade. O diagrama ER para essa variante de Trabalha_em, que denominamos Trabalha_em2, é ilustrado na Figura 2.4.

Introdução ao Projeto de Banco de Dados

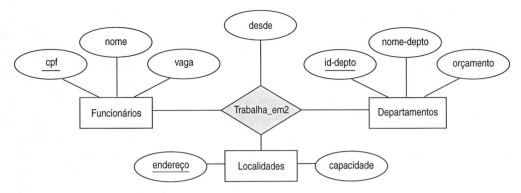

Figura 2.4 Um conjunto de relacionamentos Ternário.

Os conjuntos de entidades que participam em um conjunto de relacionamentos não precisam ser distintos; algumas vezes, um relacionamento pode envolver duas entidades no mesmo conjunto de entidades. Por exemplo, considere o conjunto de relacionamentos Reporta_a ilustrado na Figura 2.5. Como os funcionários reportam a outros funcionários, todo relacionamento em Reporta_a é da forma ($func_1$,$func_2$), sendo que $func_1$ e $func_2$ são entidades de Funcionários. Entretanto, eles desempenham **papéis** diferentes: $func_1$ reporta ao funcionário supervisor $func_2$, o que é refletido nos **indicadores de papel** *supervisor* e *subordinado* na Figura 2.5. Se um conjunto de entidades desempenhar mais do que um papel, o indicador de papel concatenado a um nome de atributo do conjunto de entidades nos fornecerá um nome único para cada atributo do conjunto de relacionamentos. Por exemplo, o conjunto de relacionamentos Reporta_a tem os atributos correspondentes a *cpf* do supervisor e *cpf* do subordinado, e os nomes desses atributos são *supervisor_ cpf* e *subordinado_ cpf*.

Figura 2.5 O conjunto de relacionamento Reporta_a.

2.4 RECURSOS ADICIONAIS DO MODELO ER

Examinaremos agora alguns dos construtores do modelo ER que nos permitem descrever algumas propriedades sutis dos dados. A expressividade do modelo ER é uma boa explicação para seu uso tão difundido.

2.4.1 Restrições de Chave

Considere o relacionamento Trabalha_em ilustrado na Figura 2.2. Um funcionário pode trabalhar em diversos departamentos, e um departamento pode ter diversos funcionários, como ilustrado na instância Trabalha_em mostrada na Figura 2.3. O funcionário 231.315.368-99 trabalha no Departamento 51 desde 3/3/93 e no Departamento 56 desde 2/2/92. O Departamento 51 tem dois funcionários.

Considere agora um outro conjunto de relacionamentos chamado Gerencia entre os conjuntos de entidades Funcionários e Departamentos, tal que cada departamento tenha no máximo um gerente, embora um mesmo funcionário possa gerenciar mais do que um departamento. A restrição de que cada departamento tem no máximo um gerente é um exemplo de uma **restrição de chave**, e isso implica que cada entidade Departamentos apareça em no máximo um relacionamento Gerencia em qualquer instância permitida de Gerencia. Essa restrição é indicada no diagrama ER da Figura 2.6 utilizando-se uma seta de Departamentos a Gerencia. Intuitivamente, a seta afirma que dada entidade de Departamentos, podemos determinar univocamente o relacionamento Gerencia no qual ela aparece.

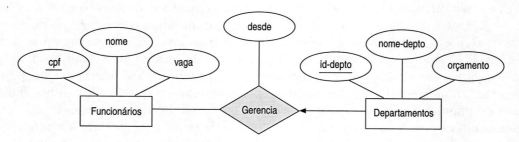

Figura 2.6 Restrição de chave em Gerencia.

Uma instância do conjunto de relacionamentos Gerencia é ilustrada na Figura 2.7. Embora esta também seja uma instância em potencial do conjunto de relacionamentos Trabalha_em, a instância de Trabalha_em ilustrada na Figura 2.3 viola a restrição de chave em Gerencia.

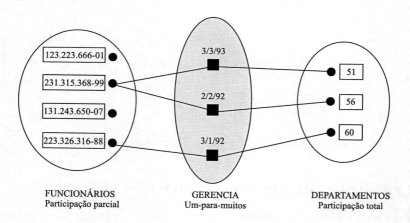

Figura 2.7 Uma instância do conjunto de relacionamentos Gerencia.

Um conjunto de relacionamentos como Gerencia é considerado **um-para-muitos**, indicando que *um* funcionário pode estar associado a *muitos* departamentos (na qualificação de gerente), enquanto cada departamento pode estar associado a, no máximo, um funcionário como seu gerente. Em contraste, o conjunto de relacionamentos

Trabalha_em, no qual é permitido que um funcionário trabalhe em diversos departamentos e que um departamento tenha diversos funcionários, é considerado **muitos-para-muitos**.

Se adicionarmos ao conjunto de relacionamentos Gerencia a restrição de que cada funcionário pode gerenciar no máximo um departamento, sendo que esta restrição seria indicada acrescentando-se uma seta de Funcionários a Gerencia na Figura 2.6, teremos um conjunto de relacionamentos **um-para-um**.

Restrições de Chave para Relacionamentos Ternários

Podemos estender esta convenção — e o conceito subjacente de restrição de chave — aos conjuntos de relacionamentos envolvendo três ou mais conjuntos de entidades: se um conjunto de entidades E tiver uma restrição de chave em um conjunto de relacionamentos R, cada entidade em uma instância de E aparecerá em, no máximo, um relacionamento em (uma instância correspondente de) R. Para indicar uma restrição de chave do conjunto de entidades E em um conjunto de relacionamentos R, desenhamos uma seta de E a R.

Na Figura 2.8, ilustramos um relacionamento ternário com restrições de chave. Cada funcionário trabalha em, no máximo, um departamento e em uma única localidade. Uma instância do conjunto de relacionamentos Trabalha_em3 é ilustrada na Figura 2.9. Observe que cada departamento pode estar associado a diversos funcionários e localidades e que cada localidade pode estar associada a diversos departamentos e funcionários; entretanto, cada funcionário está associado a um único departamento e localidade.

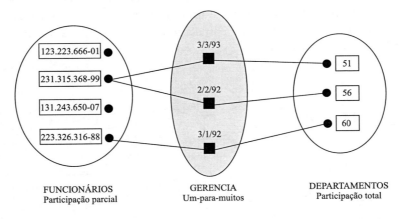

Figura 2.8 Um conjunto de relacionamentos ternário com restrições de chave.

2.4.2 Restrições de Participação

A restrição de chave em Gerencia nos informa que um departamento tem no máximo um gerente. Uma dúvida natural é questionar se todo departamento tem um gerente. Consideremos que é exigido que todo departamento tenha um gerente. Esse requisito é um exemplo de **restrição de participação**; a participação do conjunto de entidades Departamentos no conjunto de relacionamentos Gerencia é considerada **total**. Uma participação que não é total é dita **parcial**. Como um exemplo, a participação do conjunto de entidades Funcionários em Gerencia é parcial, uma vez que nem todo funcionário gerencia um departamento.

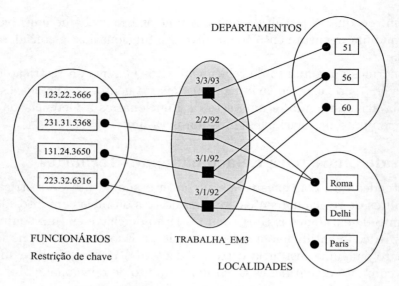

Figura 2.9 Uma instância de Trabalha_em3.

Retomando o conjunto de relacionamentos Trabalha_em, é natural esperarmos que cada funcionário trabalhe em, no mínimo, um departamento e que cada departamento tenha, no mínimo, um funcionário. Isso significa que a participação tanto de Funcionários quanto de Departamentos em Trabalha_em é total. O diagrama ER da Figura 2.10 ilustra ambos os conjuntos de relacionamentos Gerencia e Trabalha_em e todas as restrições determinadas. Se a participação de um conjunto de entidades em um conjunto de relacionamentos for total, os dois são conectados por uma linha grossa; independentemente, a presença de uma seta indica uma restrição de chave. As instâncias de Trabalha_em e Gerencia ilustradas nas Figuras 2.3 e 2.7 satisfazem a todas as restrições da Figura 2.10.

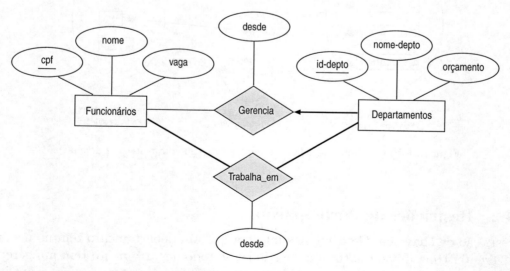

Figura 2.10 Gerencia e Trabalha_em.

2.4.3 Entidades Fracas

Até agora, consideramos que os atributos associados a um conjunto de entidades incluem uma chave. Essa suposição nem sempre é válida. Por exemplo, suponha que os

Introdução ao Projeto de Banco de Dados 31

funcionários possam adquirir apólices de seguro para cobrir seus dependentes. Desejamos registrar as informações sobre as apólices, incluindo quem é coberto por cada apólice, mas essa informação é realmente nosso único interesse sobre os dependentes de um funcionário. Se um funcionário se desligar da empresa, qualquer apólice pertencente ao funcionário é extinta e é desejável excluir todas as informações relevantes sobre sua apólice e seus dependentes do banco de dados.

Podemos escolher identificar um dependente apenas pelo nome nessa situação, já que é razoável esperar que os dependentes de determinado funcionário tenham nomes diferentes. Assim, os atributos do conjunto de entidades Dependentes poderiam ser *nomed* e *idade*. O atributo *nomed* não identifica univocamente um dependente. Lembre-se de que a chave de Funcionários é *cpf*; assim, poderíamos ter dois funcionários chamados Smethurst e cada um deles poderia ter um filho chamado Joe.

Dependentes é um exemplo de um **conjunto de entidades fracas**. Uma entidade fraca pode ser univocamente identificada apenas se considerarmos alguns dos seus atributos em conjunto com a chave primária de uma outra entidade, que é chamada **proprietária identificadora**.

As seguintes restrições devem ser mantidas:

- O conjunto de entidades proprietárias e o conjunto de entidades fracas devem participar em um conjunto de relacionamentos um-para-muitos (uma entidade proprietária está associada a uma ou mais entidades fracas, mas cada entidade fraca tem uma única proprietária). Esse relacionamento é chamado **conjunto de relacionamentos identificadores** do conjunto de entidades fracas.

- O conjunto de entidades fracas deve ter participação total no conjunto de relacionamentos identificadores.

Por exemplo, uma entidade de Dependentes pode ser univocamente identificada apenas se considerarmos a chave da entidade *proprietária* Funcionários e o *nomed* da entidade Dependentes. O conjunto de atributos de um conjunto de entidades fracas que identifica univocamente uma entidade fraca de uma determinada entidade proprietária é chamada *chave parcial* do conjunto de entidades fracas. Em nosso exemplo, *nomed* é uma chave parcial de Dependentes.

O conjunto de entidades fracas Dependentes e seu relacionamento com Funcionários são ilustrados na Figura 2.11. A participação total de Dependentes em Apólice é indicada pela ligação entre eles com uma linha grossa. A seta de Dependentes a Apólice indica que cada entidade de Dependentes aparece em, no máximo, um (exatamente um, na realidade, em razão à restrição de participação) relacionamento Apólice. Para ressaltar o fato de que Dependentes é uma entidade fraca e Apólice é seu relacionamento identificador, desenhamos ambos com linhas grossas. Para indicar que *nomed* é uma chave parcial de Dependentes, sublinhamos o atributo usando uma linha tracejada. Isso significa que pode muito bem haver dois dependentes com o mesmo valor de *nomed*.

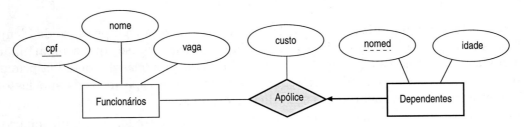

Figura 2.11 Um conjunto de entidades fracas.

2.4.4 Hierarquias de Classe

Algumas vezes, é natural classificar as entidades de um conjunto de entidades em subclasses. Por exemplo, poderíamos considerar um conjunto de entidades Funcion_Horistas e um conjunto de entidades Funcion_Contratados para distinguir a forma como os funcionários são pagos. Poderíamos ter atributos *horas_trabalhadas* e *salário_hora* definidos para Funcion_Horistas e um atributo *id-contrato* definido para Funcion_Contratados.

Desejamos a semântica de que toda entidade em um desses conjuntos seja também uma entidade de Funcionários e, como tal, deva possuir todos os atributos definidos para Funcionários. Assim, os atributos definidos para uma entidade Funcion_Horistas são os atributos de Funcionários mais os de Funcion_Horistas. Dizemos que os atributos do conjunto de entidades Funcionários são **herdados** pelo conjunto de entidades Funcion_Horistas e que Funcion_Horistas **É-UM (IS-A)** Funcionários. Além disso — e em contraste às hierarquias de classe das linguagens de programação como C++ —, há uma restrição nas consultas sobre instâncias desses conjuntos de entidades: uma consulta que solicita todas as entidades Funcionários deve considerar também todas as entidades Funcion_Horistas e Funcion_Contratados. A Figura 2.12 ilustra a hierarquia de classe.

O conjunto de entidades Funcionários também pode ser classificado usando um critério diferente. Por exemplo, poderíamos identificar um subconjunto de funcionários como Funcion_Seniores. Podemos modificar a Figura 2.12 para refletir esta alteração adicionando um segundo nó É-UM como um filho de Funcionários e fazendo Funcion_Seniores um filho desse nó. Cada um desses conjuntos de entidades poderia ser classificado ainda mais, criando-se uma hierarquia É-UM de múltiplos níveis.

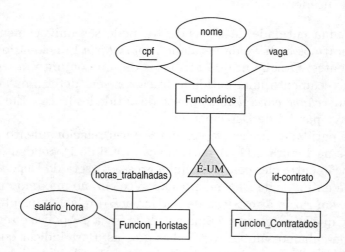

Figura 2.12 Hierarquia de classe.

Uma hierarquia de classe pode ser vista de duas formas:

- Funcionários é **especializado** em subclasses. A especialização é o processo de identificar subconjuntos de um conjunto de entidades (a **superclasse**) que compartilham algumas características distinguíveis. Tipicamente, a superclasse é definida primeiro, as subclasses são definidas em seguida, e os atributos específicos da subclasse e os conjuntos de relacionamentos são adicionados depois.

- Funcion_Horistas e Funcion_Contratados são **generalizados** em Funcionários. Como um outro exemplo, dois conjuntos de entidades Barcos_Motorizados e Carros podem ser generalizados em um conjunto de entidades Veículos_Motorizados. A generalização consiste em identificar algumas características comuns de uma coleção de conjuntos de entidades e criar um novo conjunto de entidades que contenha as entidades possuindo essas características comuns. Tipicamente, as subclasses são definidas primeiro, a superclasse é definida em seguida, e quaisquer conjuntos de relacionamentos que envolvam a superclasse são definidos depois.

Podemos especificar dois tipos de restrições com relação a hierarquias É-UM, a saber, restrições de *sobreposição* e de *cobertura*. As **restrições de sobreposição** determinam se duas subclasses podem conter a mesma entidade. Por exemplo, Attishoo pode ser uma entidade Funcion_Horistas e também Funcion-Contratados? Intuitivamente, não. Pode ele ser tanto uma entidade Funcion_Contratados como também Funcion_Seniores? Intuitivamente, sim. Denotamos isso escrevendo 'Funcion_Contratados SOBREPÕE Funcion_Seniores'. Na falta de tal afirmação, consideramos por padrão que os conjuntos de entidades têm restrições de não se sobreporem.

As **restrições de cobertura** determinam se as entidades das subclasses incluem coletivamente todas as entidades da superclasse. Por exemplo, toda entidade Funcionários deve pertencer a uma de suas subclasses? Intuitivamente, não. Toda entidade Veículos_Motorizado deve ser ou uma entidade Barcos_Motorizados ou uma entidade Carros? Intuitivamente, sim; uma propriedade característica de hierarquias de generalização é que toda instância de uma superclasse é uma instância de uma subclasse. Denotamos isso escrevendo 'Barcos_Motorizados E Carros COBREM Veículos_Motorizados'. Na falta de tal afirmação, consideramos por padrão que não há restrição de cobertura; podemos ter veículos motorizados que não são barcos motorizados nem carros.

Há duas razões básicas para identificar subclasses (por especialização ou generalização):

1. Poderíamos acrescentar atributos descritivos que façam sentido apenas às entidades em uma subclasse. Por exemplo, *salário_hora* não faz sentido para uma entidade Funcion_Contratados, cujo pagamento é determinado por um contrato individual.
2. Poderíamos identificar o conjunto de entidades que participam em algum relacionamento. Por exemplo, poderíamos definir o relacionamento Gerencia de forma que os conjuntos de entidades participantes sejam Funcion_Seniores e Departamentos, para assegurar que apenas os funcionários seniores possam ser gerentes. Como um outro exemplo, Barcos_Motorizados e Carros podem ter atributos descritivos diferentes (digamos, tonelagem e número de portas), mas como entidades de Veículos_Motorizados, eles devem ter licenciamento. A informação de licenciamento pode ser capturada por um relacionamento Licenciado_para entre Veículos_Motorizados e um conjunto de entidades chamado Proprietários.

2.4.5 Agregação

Como definido até o momento, um conjunto de relacionamentos é uma associação entre conjuntos de entidades. Algumas vezes, temos que modelar um relacionamento entre uma coleção de entidades e *relacionamentos*. Suponha que tenhamos um conjunto de entidades chamado Projetos seja que cada entidade Projetos seja financiada por um ou mais departamentos. O conjunto de relacionamentos Financia captura essa informação. Um departamento que financia um projeto pode designar funcionários para monitorar o financiamento. Intuitivamente, Monitora deve ser um conjunto de relacionamentos que associa um relacionamento Financia (em vez de uma entidade

Projetos ou Departamentos) a uma entidade Funcionários. Entretanto, definimos relacionamentos para associar duas ou mais *entidades*.

Para definir um conjunto de relacionamentos como Monitora, introduzimos um novo recurso do modelo ER, chamado **agregação**, que nos permite indicar que um conjunto de relacionamentos (identificado através de um quadro tracejado) participa de outro conjunto de relacionamentos. Isso é ilustrado na Figura 2.13, com um quadro tracejado ao redor de Financia (e seus conjuntos de entidades participantes) usado para denotar agregação. Algo assim efetivamente nos possibilita tratar Financia como um conjunto de entidades para propósitos de definição do conjunto de relacionamento Monitora.

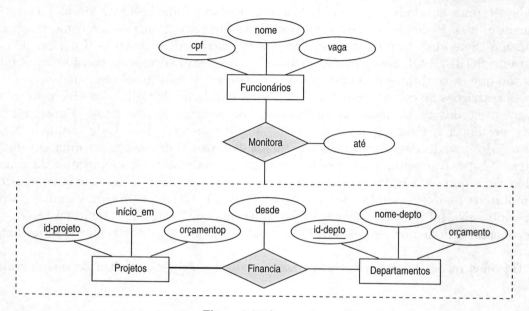

Figura 2.13 Agregação.

Quando devemos usar agregação? Intuitivamente, nós a usamos quando é preciso expressar um relacionamento entre relacionamentos. Mas será que podemos expressar relacionamentos envolvendo outros relacionamentos sem usar agregação? Em nosso exemplo, por que não fazer de Financia um relacionamento ternário? A resposta é que há realmente dois relacionamentos distintos, Financia e Monitora, cada um possivelmente com seus próprios atributos. Por exemplo, o relacionamento Monitora tem um atributo *até* que registra a data até quando o funcionário está designado como monitor do financiamento. Compare esse atributo com o atributo *desde* de Financia, que é a data quando o financiamento teve início. O uso de agregação *versus* um relacionamento ternário também pode ser orientado por certas restrições de integridade, como explicado na Seção 2.5.4.

2.5 PROJETO CONCEITUAL COM O MODELO ER

O desenvolvimento de um diagrama ER envolve diversas escolhas, incluindo as seguintes:

- Um conceito deve ser modelado como uma entidade ou um atributo?
- Um conceito deve ser modelado como uma entidade ou um relacionamento?
- Quais são os conjuntos de relacionamentos e seus conjuntos de entidades participantes? Devemos usar relacionamentos binários ou ternários?

Introdução ao Projeto de Banco de Dados

- Devemos usar agregação?

Discutiremos agora os aspectos envolvidos ao fazer essas escolhas.

2.5.1 Entidade *versus* Atributo

Ao identificar os atributos de um conjunto de entidades, algumas vezes não é claro se uma propriedade deve ser modelada como um atributo ou como um conjunto de entidades (e relacionado ao primeiro conjunto de entidades usando um conjunto de relacionamentos). Por exemplo, considere a adição de informações de endereço ao conjunto de entidades Funcionários. Uma opção seria usar um atributo *endereço*. Essa opção é adequada se precisarmos registrar apenas um endereço por funcionário, sendo suficiente pensar no endereço como uma cadeia de caracteres. Uma alternativa é criar um conjunto de entidades chamado Endereços e registrar as associações entre funcionários e endereços através de um relacionamento (digamos, Tem_Endereço). Essa alternativa mais complexa é necessária em duas situações:

- Quando se deve registrar mais de um endereço para cada funcionário.
- Quando se deseja capturar a estrutura de um endereço em nosso diagrama ER. Por exemplo, poderíamos dividir um endereço em cidade, Estado, país e CEP, além da cadeia de caracteres para informações da rua. Representando um endereço como uma entidade com estes atributos, podemos suportar consultas tais como "Localize todos os funcionários com um endereço em Madison, WI".

Para um outro exemplo de quando modelar um conceito como um conjunto de entidades e não como um atributo, considere o conjunto de relacionamentos (chamado Trabalha_em4) ilustrado na Figura 2.14.

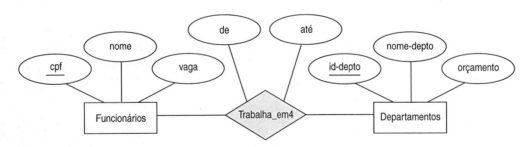

Figura 2.14 O conjunto de relacionamentos Trabalha_em4.

O Trabalha_em4 difere do conjunto de relacionamentos Trabalha_em da Figura 2.2 apenas pelo fato de ter os atributos *de* e *até* em vez de *desde*. Intuitivamente, ele registra o intervalo durante o qual um funcionário trabalha para um departamento. Agora suponha que seja possível que um empregado trabalhe em determinado departamento por mais do que um período.

Essa possibilidade não é permitida pela semântica do diagrama ER, porque um relacionamento é identificado univocamente pelas entidades participantes (lembre-se da Seção 2.3). O problema é que desejamos registrar diversos valores para os atributos descritivos de cada instância do relacionamento Trabalha_em4. (Essa situação é análoga à de se querer registrar vários endereços de cada funcionário.) Podemos tratar esse problema introduzindo um conjunto de entidades chamado, digamos, Duração, com atributos *de* e *até*, como ilustrado na Figura 2.15.

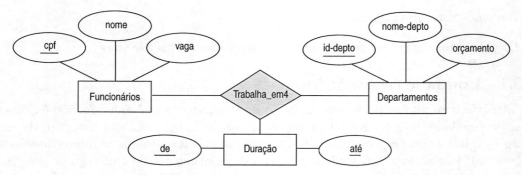

Figura 2.15 O conjunto de relacionamentos Trabalha_em4.

Em algumas versões do modelo ER, permite-se que os atributos assumam conjuntos como valores. Se esse recurso for oferecido, poderíamos considerar Duração um atributo de Trabalha_em, em vez de um conjunto de entidades; associado a cada relacionamento Trabalha_em, teríamos um conjunto de intervalos. Essa abordagem talvez seja mais intuitiva do que modelar Duração como um conjunto de entidades. Entretanto, quando tais atributos que assumem conjuntos como valores são convertidos para o modelo relacional, que não suporta atributos que assumem conjuntos como valores, o esquema relacional resultante é muito semelhante ao que obtemos quando consideramos Duração como um conjunto de entidades.

2.5.2 Entidade *versus* Relacionamento

Considere o conjunto de relacionamentos chamado Gerencia da Figura 2.6. Suponha que cada gerente de departamento possua um orçamento arbitrário (*orçamento-a*), como ilustrado na Figura 2.16, na qual também renomeamos o conjunto de relacionamentos para Gerencia2.

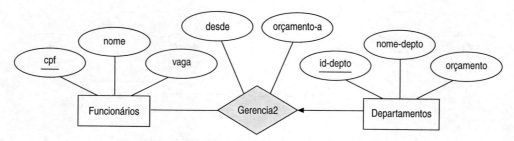

Figura 2.16 Entidade *versus* Relacionamento.

Dado um departamento, conhecemos o gerente, assim como a data inicial da gerência e o orçamento para esse departamento. Essa abordagem é natural se assumirmos que um gerente recebe um orçamento arbitrário separado para cada departamento que ele ou ela gerencia.

Mas e se o orçamento arbitrário for uma soma que abranja *todos* os departamentos gerenciados por esse funcionário? Nesse caso, cada relacionamento Gerencia2 que envolve determinado funcionário terá o mesmo valor no campo *orçamento-a*, gerando um armazenamento redundante da mesma informação. Outro problema com este projeto é ser enganoso; ele sugere que o orçamento está associado ao relacionamento, quando ele está, na verdade, associado ao gerente.

Podemos tratar tais problemas introduzindo um novo conjunto de entidades chamado Gerentes (que pode ser posicionado abaixo de Funcionários na hierarquia

Introdução ao Projeto de Banco de Dados 37

É-UM, para ilustrar que todo gerente também é um funcionário). Os atributos *desde* e *orçamento-a* agora descrevem uma entidade gerente, como planejado. Como uma variante, enquanto cada gerente tem um orçamento, cada gerente pode ter uma data inicial diferente (como gerente) para cada departamento. Nesse caso, *orçamento-a* é um atributo de Gerentes, mas *desde* é um atributo do conjunto de relacionamentos entre gerentes e departamentos.

A natureza imprecisa da modelagem ER pode, assim, dificultar o reconhecimento de entidades subjacentes, e poderíamos associar atributos a relacionamento em vez das entidades apropriadas. Em geral, tais erros conduzem a armazenamento redundante da mesma informação e podem causar vários problemas. Discutiremos a redundância e seus conseqüentes problemas no Capítulo 19, e apresentaremos uma técnica chamada *normalização* para eliminar a redundância das tabelas.

2.5.3 Relacionamentos Binários *versus* Relacionamentos Ternários

Considere o diagrama ER ilustrado na Figura 2.17. Ele modela uma situação na qual um funcionário pode possuir várias apólices de seguro, cada apólice pode ser pertencente a diversos funcionários, e cada dependente pode ser coberto por diversas apólices.

Suponha que tenhamos os seguintes requisitos adicionais:

- Uma apólice não pode pertencer em conjunto a dois ou mais funcionários.
- Cada apólice deve pertencer a algum funcionário.
- Dependentes é um conjunto de entidades fracas, e cada entidade dependente é univocamente identificada pelo *nomed* em conjunto com o *id-apólice* de uma entidade Apólices (que, intuitivamente, cobre o dependente em questão).

O primeiro requisito sugere impormos uma restrição de chave em Apólices com respeito a Cobre, mas esta restrição tem o efeito colateral não intencionado de que uma apólice pode cobrir apenas um dependente. O segundo requisito sugere impormos uma restrição de participação total em Apólices. Essa solução é aceitável se cada apólice cobrir no mínimo um dependente. O terceiro requisito nos força a introduzir um relacionamento identificador binário (em nossa versão de diagramas ER, embora haja versões nas quais esse não seja o caso).

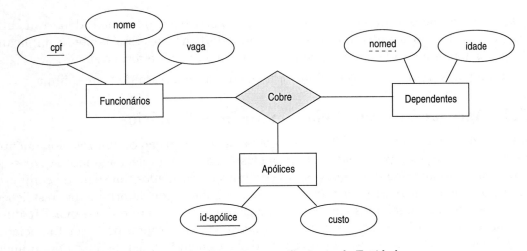

Figura 2.17 Apólices como um Conjunto de Entidades.

Mesmo ignorando o terceiro requisito, a melhor maneira de modelar essa situação é usar dois relacionamentos binários, como ilustrado na Figura 2.18.

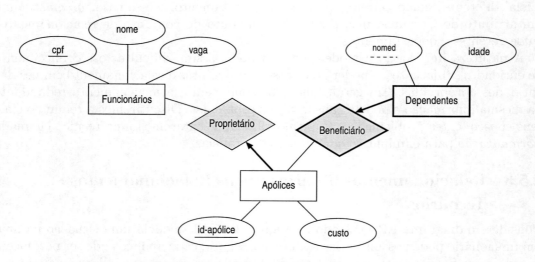

Figura 2.18 Apólice reformulada.

Esse exemplo realmente tem dois relacionamentos envolvendo Apólices, e nossa tentativa de usar um único relacionamento ternário (Figura 2.17) é inadequada. Há duas situações, entretanto, nas quais um relacionamento associa inerentemente mais de duas entidades. Vimos um exemplo como esse nas Figuras 2.4 e 2.15.

Como um exemplo típico de relacionamento ternário, considere os conjuntos de entidades Suprimentos, Fornecedores e Departamentos, e um conjunto de relacionamentos Contratos (com o atributo descritivo *qtidade*) que envolve todos eles. Um contrato especifica que um fornecedor fornecerá (alguma quantidade de) um suprimento a um departamento. Esse relacionamento não pode ser adequadamente capturado por uma coleção de relacionamentos binários (sem o uso de agregação). Com os relacionamentos binários, podemos denotar que um fornecedor 'pode fornecer' determinados suprimentos, que um departamento 'necessita' de alguns suprimentos, ou que um departamento 'lida com' determinado fornecedor. Nenhuma combinação desses relacionamentos expressa o significado de um contrato adequadamente por, no mínimo, duas razões:

- Os fatos de que o fornecedor F pode fornecer o suprimento S, que o departamento D precisa do suprimento S, e que D comprar de F não necessariamente implicam que o departamento D compra, de fato, o suprimento S do fornecedor F!
- Não podemos representar o atributo *qtidade* de um contrato de forma limpa.

2.5.4 Agregação *versus* Relacionamentos Ternários

Conforme observamos na Seção 2.4.5, a escolha entre agregação ou um relacionamento ternário é determinada principalmente pela existência de um relacionamento que associa um *conjunto de relacionamentos* a um conjunto de entidades (ou segundo conjunto de relacionamentos). A escolha também pode ser guiada por determinadas restrições de integridade que desejamos expressar. Por exemplo, considere o diagrama ER ilustrado na Figura 2.13. De acordo com esse diagrama, um projeto pode ser financiado por qualquer número de departamentos, um departamento pode financiar um ou mais projetos, e cada financiamento é monitorado por um ou mais funcionários. Se não necessitamos registrar o atributo *até* de Monitora, então poderíamos usar razoavelmente um relacionamento ternário, digamos, Financia2, como ilustrado na Figura 2.19.

Considere a restrição de que cada financiamento (de um projeto por um departamento) seja monitorado por no máximo um funcionário. Não podemos expressar essa restrição em termos do conjunto de relacionamentos Financia2. Por outro lado, podemos expressar facilmente a restrição desenhando uma seta do relacionamento agregado Financia ao relacionamento Monitora na Figura 2.13. Assim, a presença de tal restrição serve como outra razão para usar agregação em vez de um conjunto de relacionamento ternário.

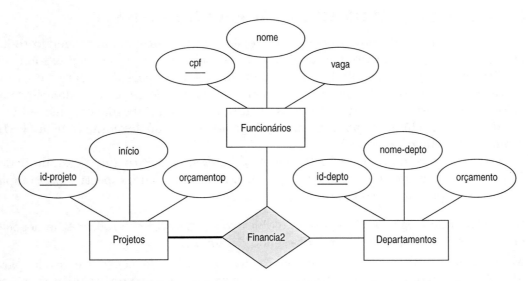

Figura 2.19 Usando um Relacionamento Ternário em vez de uma Agregação.

2.6 PROJETO CONCEITUAL PARA GRANDES EMPRESAS

Concentramo-nos até agora nos construtores conceituais disponíveis no modelo ER para descrever diversos conceitos e relacionamentos das aplicações. O processo do projeto conceitual consiste em mais do que apenas descrever pequenos trechos do aplicativo em termos dos diagramas ER. Para uma grande empresa, o projeto pode exigir esforços de mais de um projetista e abranger os dados e códigos de aplicativos utilizados por vários grupos de usuários. Usar um modelo de dados semântico, de alto nível, tal como os diagramas ER, para projeto conceitual, em tal ambiente, oferece a vantagem adicional de que o projeto de alto nível pode ser esquematicamente representado e facilmente compreendido por várias pessoas que devem prover entrada ao processo de projeto.

Um aspecto importante do processo de projeto é a metodologia utilizada para estruturar o desenvolvimento do projeto global e assegurar que o projeto considere todos os requisitos de usuário e seja consistente. A abordagem usual é a de que os requisitos de vários grupos de usuários sejam considerados, quaisquer requisitos conflitantes sejam resolvidos de alguma forma, e um único conjunto de requisitos globais seja gerado no final da fase de análise de requisitos. Gerar um único conjunto de requisitos globais é uma tarefa difícil, mas possibilita que a fase de projeto conceitual prossiga com o desenvolvimento de um esquema lógico que abrange todos os dados e aplicativos de toda a empresa.

Uma abordagem alternativa é desenvolver esquemas conceituais separados para grupos diferentes de usuários e depois *integrá-los*. Para integrar múltiplos esquemas conceituais, devemos estabelecer correspondências entre entidades, relacionamentos e atributos, e devemos resolver inúmeros tipos de conflitos (por exemplo, conflitos de nomeação, incompatibilidades de domínio, diferenças em unidades de medidas). Essa tarefa é difícil por natureza. Em algumas situações, a integração de esquemas não pode ser evitada; por exemplo, quando uma organização é mesclada com outra, a integração dos bancos de dados existentes pode ser necessária. A importância da integração de esquemas também está aumentando conforme os usuários necessitam acessar fontes de dados *heterogêneas*, normalmente mantidas por diferentes organizações.

2.7 A LINGUAGEM DE MODELAGEM UNIFICADA

Há várias abordagens do projeto completo de sistema de software, abrangendo todas as etapas: desde identificação dos requisitos de negócio até as especificações finais de um aplicativo completo, incluindo o fluxo de trabalho, interfaces de usuários e vários aspectos de sistemas de software que vão além dos bancos de dados e os dados armazenados neles. Nesta seção, discutiremos sucintamente uma abordagem que está se tornando popular, chamada **abordagem da linguagem de modelagem unificada (UML — Unified Modeling Language)**.

A UML, assim como o modelo ER, tem a característica atrativa de possibilitar desenhar seus construtores na forma de diagramas. Ela abrange um espectro mais amplo do processo de projeto de software do que o modelo ER:

- **Modelagem de Negócios:** Nesta fase, o objetivo é descrever os processos de negócio envolvidos no aplicativo de software sendo desenvolvido.

- **Modelagem de Sistema:** A compreensão dos processos de negócio é usada para identificar os requisitos do aplicativo de software. Uma parte dos requisitos são os requisitos do banco de dados.

- **Modelagem Conceitual do Banco de Dados:** Esta etapa corresponde à criação do projeto ER do banco de dados. Para este propósito, a UML fornece diversos construtores que correspondem aos construtores ER.

- **Modelagem Física do Banco de Dados:** A UML também fornece representações esquemáticas das escolhas físicas de projeto de banco de dados, tais como a criação dos espaços de tabela e índices. (Discutiremos o projeto de banco de dados em capítulos posteriores, mas não os construtores UML correspondentes.)

- **Modelagem de Sistema de Hardware:** Os diagramas UML podem ser usados para descrever a configuração de hardware usada pelo aplicativo.

Há vários tipos de diagramas na UML. Os diagramas de **caso de uso** descrevem as ações realizadas pelo sistema em resposta às solicitações dos usuários, e as pessoas envolvidas nessas ações. Esses diagramas especificam a funcionalidade externa que o sistema deve suportar.

Os diagramas de **atividade** ilustram o fluxo de ações em um processo de negócio. Os diagramas de **máquina de estado** descrevem as interações dinâmicas entre os objetos do sistema. Esses diagramas, usados na modelagem de sistemas e negócios, descrevem como a funcionalidade externa deve ser implementada, de maneira consistente com as regras de negócio e os processos da empresa.

Os diagramas de **classe** são semelhantes aos diagramas ER, embora sejam mais genéricos no sentido de que são planejados para modelar as entidades do *aplicativo* (intuitivamente, os componentes importantes do programa) e seus relacionamentos lógicos além das entidades de dados e seus relacionamentos.

Ambos os conjuntos de *entidades* e de relacionamentos podem ser representados como classes na UML, juntamente com as restrições de chave, entidades fracas e hierarquias de classe. O termo *relacionamento* é usado de forma um pouco diferente na UML, e os relacionamentos da UML são binários. Isso conduz, algumas vezes, a confusões quanto aos conjuntos de relacionamentos em um diagrama ER envolvendo três ou mais conjuntos de entidades poderem ser diretamente representados na UML. A confusão desaparece uma vez que se compreende que todos os conjuntos de relacionamentos (no significado ER) são representados como classes na UML; os 'relacionamentos' binários da UML são essencialmente as ligações ilustradas nos diagramas ER entre os conjuntos de entidades e os conjuntos de relacionamentos.

Os conjuntos de relacionamentos com restrições de chave normalmente são omitidos dos diagramas UML, e o relacionamento é indicado ligando-se diretamente os conjuntos de entidades envolvidos. Por exemplo, considere a Figura 2.6. Uma representação UML desse diagrama ER teria uma classe para Empregados, uma classe para Departamentos, e o relacionamento Gerencia é ilustrado ligando-se essas duas classes. A ligação pode ser rotulada com um nome e informações de cardinalidade para ilustrar que um departamento pode ter apenas um gerente.

Como veremos no Capítulo 3, os diagramas ER são convertidos para o modelo relacional, mapeando-se cada conjunto de entidades e cada conjunto de relacionamentos em tabelas. Além disso, como veremos na Seção 3.5.3, a tabela correspondente a um conjunto de relacionamento um-para-muitos é tipicamente omitida, incluindo-se alguma informação adicional sobre o relacionamento na tabela para um dos conjuntos de entidades envolvidos. Assim, os diagramas de classe UML correspondem exatamente às tabelas criadas mapeando-se um diagrama ER.

De fato, toda classe em um diagrama de classe UML é mapeada em uma tabela no diagrama de banco de dados UML correspondente. Os **diagramas de banco de dados** UML ilustram como as classes são representadas no banco de dados e contêm detalhes adicionais sobre a estrutura do banco de dados, tais como restrições de integridade e índices. Ligações ('relacionamentos' da UML) entre as classes UML conduzem a várias restrições de integridade entre as tabelas correspondentes. Vários detalhes específicos do modelo relacional (por exemplo, *visões, chaves estrangeiras, campos que permitem valor nulo*) e que refletem nas escolhas de projeto físico (por exemplo, campos indexados) podem ser modelados nos diagramas de banco de dados UML.

Os diagramas de **componentes** UML descrevem os aspectos de armazenamento do banco de dados, tais como *espaços de tabela* e *partições do banco de dados,* assim como as interfaces dos aplicativos que acessam o banco de dados. Finalmente, os diagramas de **implantação** ilustram os aspectos de hardware do sistema.

Nosso objetivo neste livro é nos concentrarmos nos dados armazenados em um banco de dados e nos aspectos de projeto relacionados. Para atingirmos esse objetivo, adotamos deliberadamente uma visão simplificada das demais etapas envolvidas no projeto e desenvolvimento de software. Além da discussão específica da UML, o material desta seção tem como objetivo posicionar os aspectos de projeto que cobrimos dentro do contexto do processo maior de projeto de software. Esperamos que isso ajude os leitores interessados em uma discussão mais abrangente do projeto de software, que, para complementar nossa discussão, podem consultar outros materiais sobre sua abordagem preferida para projeto global de sistema.

2.8 ESTUDO DE CASO: A LOJA NA INTERNET

Introduzimos agora um estudo de caso ilustrando todas as etapas de um projeto, que usamos como um exemplo real em todo o livro. A DBDudes Inc., uma empresa de renome de consultoria de banco de dados, foi chamada para ajudar a Barns and Nobble (B&N) no projeto e implementação de seu banco de dados. A B&N é uma grande livraria especializada em livros sobre corridas de cavalo, e decidiu se tornar on-line. Primeiro, a DBDudes verifica o que a B&N deseja e se é capaz de pagar suas altas taxas, e depois planeja um encontro num almoço — pago pela B&N, naturalmente — para fazer a análise de requisitos.

2.8.1 Análise de Requisitos

O proprietário da B&N, diferentemente de várias pessoas que necessitam de um banco de dados, pensou bastante sobre o que ela desejava e forneceu um sumário conciso:

"Gostaria que meus clientes fossem capazes de navegar no meu catálogo de livros e solicitar pedidos pela Internet. Atualmente, aceito pedidos pelo telefone. A maioria de meus clientes corporativos me liga e me fornece o número ISBN de um livro e a quantidade; eles normalmente pagam com cartão de crédito. Preparo, então, uma remessa que contém os livros solicitados. Se não tenho cópias suficientes em estoque, solicito cópias adicionais e atraso a remessa até que as novas cópias cheguem; quero enviar o pedido inteiro de um cliente junto. Meu catálogo inclui todos os livros que vendo. Para cada livro, o catálogo contém seu número ISBN, título, autor, preço de aquisição, preço de venda, e o ano em que o livro foi publicado. A maioria dos meus clientes é cadastrada, e tenho registros com seus nomes e endereços.

Novos clientes devem me ligar primeiro e estabelecer uma conta antes que possam usar meu site.

Em meu novo site, os clientes devem se identificar primeiro através de seu número único de identificação de cliente. Depois, eles devem ser capazes de navegar no meu catálogo e solicitar pedidos on-line."

Os consultores da DBDudes ficaram um pouco surpresos em quão rápido a fase de requisitos se completou — normalmente, são necessárias semanas de discussões (e vários almoços e jantares) para ficar pronta —, mas retornaram ao seu escritório para analisar essas informações.

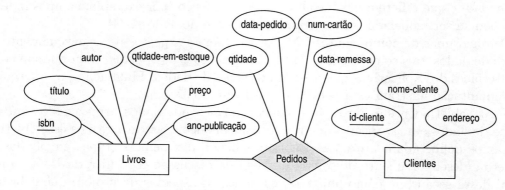

Figura 2.20 Diagrama ER do projeto inicial.

2.8.2 Projeto Conceitual

Na etapa de projeto conceitual, a DBDudes desenvolve uma descrição de alto nível dos dados em termos do modelo ER. O projeto inicial é ilustrado na Figura 2.20. Os livros e clientes são modelados como entidades e relacionados através de pedidos que os clientes fazem. Pedidos é um conjunto de relacionamentos conectando os conjuntos de entidades Livros e Clientes. Para cada pedido, os seguintes atributos são armazenados: quantidade, data do pedido, e data da remessa. Tão logo um pedido é enviado, a data da remessa é configurada; até então, a data de remessa é configurada com *nulo*, indicando que este pedido ainda não foi enviado.

A DBDudes faz uma revisão de projeto interna neste ponto, e diversas questões são levantadas. Para preservarmos suas identidades, chamaremos o líder de projeto de Dude 1 e o revisor de projeto de Dude 2.

Dude 2: E se o cliente solicitar dois pedidos do mesmo livro em um dia?

Dude 1: O primeiro pedido é tratado criando-se um novo relacionamento Pedidos e o segundo pedido é tratado atualizando-se o valor do atributo quantidade deste relacionamento.

Dude 2: E se um cliente solicitar dois pedidos de livros diferentes em um dia?

Dude 1: Nenhum problema. Cada instância do conjunto de relacionamentos Pedidos relaciona o cliente a um livro diferente.

Dude 2: Ah, mas e se um cliente solicitar pedidos do mesmo livro em dias diferentes?

Dude 1: Podemos usar o atributo de data do pedido do relacionamento Pedidos para distinguir os dois pedidos.

Dude 2: Oh, não, você não pode. Os atributos de Clientes e Livros devem juntos formar uma chave para Pedidos. Assim, este projeto não permite que um cliente solicite pedidos do mesmo livro em dias diferentes.

Dude 1: Ih, você tem razão. Bem, B&N provavelmente não se importará; veremos.

2.9 QUESTÕES DE REVISÃO

As respostas às questões de revisão podem ser encontradas nas seções listadas.

- Nomeie as principais etapas do projeto de banco de dados. Qual é o objetivo de cada etapa? Em qual etapa o modelo ER é usado principalmente? **(Seção 2.1)**

- Defina estes termos: *entidade, conjunto de entidades, atributo, chave.* **(Seção 2.2)**

- Defina estes termos: *relacionamento, conjunto de relacionamentos, atributos descritivos.* **(Seção 2.3)**

- Defina os seguintes tipos de restrições e forneça um exemplo de cada: *restrição de chave, restrição de participação.* O que é uma *entidade fraca*? O que são *hierarquias de classe*? O que é *agregação*? Dê um cenário de exemplo motivando o uso de cada um destes construtores do projeto de modelo ER. **(Seção 2.4)**

- Quais diretrizes você usaria para cada uma destas escolhas ao fazer o projeto ER: usar um atributo ou um conjunto de entidades, uma entidade ou um conjunto de relacionamentos, um relacionamento binário ou ternário, ou agregação. **(Seção 2.5)**

- Por que projetar um banco de dados para uma grande empresa é particularmente difícil? **(Seção 2.6)**

- O que é UML? Como o projeto de banco de dados se encaixa no projeto global de sistema de software que faz uso intensivo de dados? Como a UML está relacionada aos diagramas ER? **(Seção 2.7)**

EXERCÍCIOS

Exercício 2.1 Explique sucintamente os seguintes termos: *atributo, domínio, entidade, relacionamento,* conjunto de entidades, conjunto de relacionamentos, relacionamento um-para-muitos, relacionamento muitos-para-muitos, restrição de participação, restrição de sobreposição, restrição de cobertura, conjunto de entidades fracas, agregação e *indicador de papel.*

Exercício 2.2 Um banco de dados de universidade contém informação sobre professores (identificados pelo CPF) e cursos (identificados pelo id-curso). Os professores ministram cursos; cada uma das seguintes situações está relacionada ao conjunto de relacionamentos Ministra. Para cada situação, desenhe um diagrama ER que a descreva (considerando que não há nenhuma outra restrição).

1. Os professores podem ministrar o mesmo curso em diversos semestres, e cada oferta do curso deve ser registrada.
2. Os professores podem ministrar o mesmo curso em diversos semestres, e apenas a oferta mais recente de tal curso precisa ser registrada.
3. Todo professor deve ministrar algum curso.
4. Todo professor ministra exatamente um curso (não mais, nem menos).
5. Todo professor ministra exatamente um curso (não mais, nem menos), e todo curso deve ser ministrado por algum professor.
6. Agora suponha que certos cursos possam ser ministrados por um grupo de professores em conjunto, mas é possível que nenhum professor em um grupo possa ministrar o curso. Modele esta situação, introduzindo conjuntos de entidade e conjuntos de relacionamentos adicionais, se necessário.

Exercício 2.3 Considere a seguinte informação sobre um banco de dados de universidade:

- Os professores têm um CPF, um nome, uma idade, uma posição e uma especialidade de pesquisa.
- Os projetos têm um número de projeto, um nome de financiados (por exemplo, NSF), uma data inicial, uma data final e um orçamento.
- Os estudantes de pós-graduação têm um CPF, um nome, uma idade e um programa de pós-graduação (por exemplo, mestrado ou doutorado).
- Cada projeto é gerenciado por um professor (conhecido como o pesquisador principal do projeto).
- Cada projeto é conduzido por um ou mais professores (conhecidos como co-pesquisadores).
- Os professores podem gerenciar e/ou trabalhar em múltiplos projetos.
- Cada projeto é conduzido por um ou mais estudantes de pós-graduação (conhecidos como os assistentes de pesquisa do projeto).
- Quando os alunos de pós-graduação conduzem um projeto, um professor deve supervisionar seu trabalho no projeto. Os alunos de pós-graduação podem trabalhar em múltiplos projetos, e, nesse caso, eles terão um supervisor (potencialmente diferente) para cada um.
- Os departamentos têm um número de departamento, um nome de departamento, e um escritório principal.
- Os departamentos têm um professor (conhecido como o chefe do departamento) que administra o departamento.
- Os professores trabalham em um ou mais departamentos e, para cada departamento em que eles trabalham, uma porcentagem de tempo está associada a seu trabalho.
- Os alunos de pós-graduação têm um departamento principal no qual eles estão conduzindo seu programa de pós-graduação.
- Cada aluno de pós-graduação tem um outro aluno de pós-graduação mais experiente (conhecido como conselheiro do aluno) que o aconselha nos cursos a que deve assistir.

Projete e desenhe um diagrama ER que captura as informações sobre a universidade. Use apenas o modelo ER básico aqui; ou seja, entidades, relacionamentos e atributos. Certifique-se de indicar quaisquer restrições de chave e de participação.

Introdução ao Projeto de Banco de Dados 45

Exercício 2.4 Um banco de dados de uma empresa necessita armazenar informações sobre funcionários (identificados pelo *cpf*, com *salário* e *telefone* como atributos), departamentos (identificados pelo *nro-depto*, com *nome-depto* e *orçamento* como atributos), e filhos dos funcionários (com *nome* e *idade* como atributos). Os funcionários *trabalham* em departamentos; cada departamento é *gerenciado por* um funcionário; um filho deve ser identificado univocamente pelo *nome* quando o pai ou a mãe (que é um funcionário; considere que apenas o pai ou a mãe trabalhe na empresa) é conhecido. Não estamos interessados nas informações sobre um filho depois que a mãe ou o pai deixa a empresa.

Desenhe um diagrama ER que captura essa informação.

Exercício 2.5 A Notown Records decidiu armazenar informações sobre músicos que tocam em seus álbuns (assim como outros dados da empresa) em um banco de dados. A empresa escolheu sabiamente contratar você como projetista de banco de dados (à sua taxa usual de consultoria de $ 2.500/dia).

- Cada músico que grava na Notown tem um CPF, um nome, um endereço, e um número de telefone. Músicos que não ganham muito normalmente compartilham o mesmo endereço, e nenhum endereço tem mais do que um telefone.
- Cada instrumento utilizado nas músicas gravadas na Notown tem um nome (por exemplo, guitarra, sintetizador, flauta) e um tom musical (por exemplo, C, B#, E#).
- Cada álbum gravado com o selo Notown tem um título, uma data de direitos autorais, um formato (por exemplo, CD ou MC), e um identificador de álbum.
- Cada música gravada na Notown tem um título e um autor.
- Cada músico toca diversos instrumentos, e um determinado instrumento pode ser tocado por diversos músicos.
- Cada álbum tem um número de músicas gravadas, mas nenhuma música pode aparecer em mais de um álbum.
- Cada música é interpretada por um ou mais músicos, e um músico pode interpretar mais de uma música.
- Cada álbum tem exatamente um músico que trabalha como seu produtor. Naturalmente, um músico pode produzir diversos álbuns.

Projete um esquema conceitual para a Notown e desenhe um diagrama ER para seu esquema. As informações precedentes descrevem a situação que o banco de dados da Notown deve modelar. Certifique-se de indicar todas as restrições de chave e de cardinalidade e quaisquer suposições que você assumir. Identifique quaisquer restrições que você não está apto a capturar no diagrama ER e explique sucintamente por que você não poderia expressá-las.

Exercício 2.6 Os passageiros freqüentes do Departamento de Ciência da Computação têm reclamado aos oficiais do Dane County Airport sobre a má organização do aeroporto. Como resultado, os oficiais decidiram que todas as informações relacionadas ao aeroporto devem ser organizadas usando um SGBD, e que você foi contratado para projetar o banco de dados. Sua primeira tarefa é organizar as informações sobre os aviões estacionados e mantidos no aeroporto. As informações relevantes estão relacionadas a seguir:

Todo avião tem um número de registro, e cada avião é de um modelo específico.

- O aeroporto acomoda um certo número de modelos de aviões, e cada modelo é identificado por um número de modelo (por exemplo, DC-10) e tem uma capacidade e um peso.
- Um certo número de técnicos trabalha no aeroporto. Você precisa armazenar o nome, CPF, endereço, número de telefone e salário de cada técnico.
- Cada técnico é um especialista em um ou mais modelo(s) de avião, e sua experiência pode se sobrepor à de outros técnicos. Essa informação sobre os técnicos também deve ser gravada.
- Os controladores de tráfego devem se submeter a um exame médico anual. Para cada controlador de tráfego, você deve armazenar a data do exame mais recente.

- Todos os funcionários do aeroporto (incluindo técnicos) pertencem a uma união. Você deve armazenar o número de membro da união de cada funcionário. Você pode considerar que cada funcionário é identificado univocamente por um CPF.
- O aeroporto tem um determinado número de testes que são realizados periodicamente para assegurar que os aviões ainda estão em perfeitas condições de vôo. Cada teste tem um número de teste da Federal Aviation Administration (FAA — Administração Federal da Aviação), um nome e uma pontuação máxima possível.
- A FAA requer que o aeroporto mantenha controle de cada vez que determinado avião é testado por um certo técnico usando determinado teste. Para cada evento de teste, as informações necessárias são a data, o número de horas que o técnico gastou realizando o teste, e a pontuação que o avião recebeu no teste.

1. Desenhe um diagrama ER para o banco de dados do aeroporto. Certifique-se de indicar os diversos atributos de cada conjunto de entidades e relacionamentos; especifique também as restrições de chave e de participação para cada conjunto de relacionamentos. Especifique também quaisquer restrições de sobreposição e de cobertura (em português).
2. A FAA passa um regulamento que os testes de um avião devem ser conduzidos por um técnico especialista nesse modelo. Como você expressaria esta restrição no diagrama ER? Se você não pode expressá-la, explique sucintamente.

Exercício 2.7 A cadeia de farmácias Prescrições-R-X ofereceu a você um suprimento gratuito vitalício de medicamentos se você projetar seu banco de dados. Dados os custos crescentes relacionados aos cuidados com a saúde, você concordou. Eis as informações que você reuniu:

- Os pacientes são identificados pelo CPF, e seus nomes, endereços e idades devem ser registrados.
- Os médicos são identificados pelo CPF. Para cada médico, o nome, especialidade e anos de experiência devem ser registrados.
- Cada empresa farmacêutica é identificada pelo nome e tem um número de telefone.
- Para cada remédio, o nome e a fórmula devem ser registrados. Cada medicamento é vendido por determinada empresa farmacêutica, e o seu nome o identifica univocamente entre os produtos dessa empresa. Se uma empresa farmacêutica é excluída, você não precisa mais manter o controle de seus produtos.
- Cada farmácia tem um nome, endereço e um número de telefone.
- Todo paciente tem um médico principal. Todo médico tem no mínimo um paciente.
- Cada farmácia vende diversos medicamentos e tem um preço para cada um. Um medicamento poderia ser vendido em diversas farmácias e o preço pode variar de uma farmácia para outra.
- Os médicos prescrevem medicamentos para os pacientes. Um médico pode prescrever um ou mais medicamentos a diversos pacientes e um paciente pode obter prescrições de diversos médicos. Cada prescrição tem uma data e uma quantidade associada a ela. Você pode assumir que, se um médico prescreve o mesmo medicamento para o mesmo paciente mais do que uma vez, apenas a última prescrição precisa ser armazenada.
- As empresas farmacêuticas têm contratos de longo prazo com as farmácias. Uma empresa farmacêutica pode ter contratos com diversas farmácias, e uma farmácia pode ter contrato com diversas empresas farmacêuticas. Para cada contrato, você deve armazenar uma data inicial, uma data final e o texto do contrato.
- As farmácias indicam um supervisor para cada contrato. Sempre deve haver um supervisor para cada contrato, mas o supervisor do contrato pode ser alterado durante o tempo de vigência deste.

1. Desenhe um diagrama ER que captura as informações precedentes. Identifique quaisquer restrições não capturadas pelo diagrama ER.
2. Como seu projeto seria alterado se cada medicamento tivesse que ser vendido a um preço fixo por todas as farmácias?
3. Como seu projeto seria alterado se os requisitos de projeto se alterassem como segue: se um médico prescreve o mesmo medicamento para o mesmo paciente mais do que uma vez, todas essas prescrições devem ser registradas.

Exercício 2.8 Embora sempre tenha desejado ser um artista, você acabou se tornando um especialista em banco de dados porque adora manipular dados. Mas ainda mantém sua antiga paixão, e então você fundou uma empresa de banco de dados, a ArtBase, que cria um produto para galerias de arte. A parte central deste produto é um banco de dados com um esquema que captura todas as informações que as galerias necessitam manter. As galerias guardam informações sobre artistas, seus nomes (que são únicos), locais de nascimento, idade e estilo de arte. Para cada peça de arte, o artista, o ano em que foi feita, seu título único, seu tipo de arte (por exemplo, pintura, litografia, escultura, fotografia) e seu preço devem ser armazenados. As peças de arte também são classificadas em grupos de vários tipos, por exemplo, retrato, natureza-morta, obras de Picasso, ou obras do século 19; uma determinada peça pode pertencer a mais de um grupo. Cada grupo é identificado por um nome (como esses que acabamos de mencionar) que o descreve. Finalmente, as galerias mantêm informações sobre os clientes. Para cada cliente, as galerias mantêm o nome único da pessoa, endereço, quantia total de dólares gastos na galeria (importantíssimo!), e os artistas e grupos de arte de que o cliente tende a gostar.

Desenhe o diagrama ER para o banco de dados.

Exercício 2.9 Responda às questões a seguir.

- Explique sucintamente os seguintes termos: *UML, diagramas de caso de uso, diagramas de máquina de estado, diagramas de classe, diagramas de banco de dados, diagramas de componentes, diagramas de implantação.*
- Explique o relacionamento entre diagramas ER e UML.

NOTAS BIBLIOGRÁFICAS

Diversos livros fornecem um bom tratamento de projeto conceitual; estes incluem [63] (que também contém um levantamento das ferramentas de projeto de banco de dados comerciais) e [730].

O modelo ER foi proposto por Chen [172], e as extensões foram propostas em artigos subseqüentes. A generalização e agregação foram introduzidas em [693]. [390, 589] contêm boas pesquisas sobre modelos de dados semânticos. Os aspectos dinâmicos e temporais de modelos de dados semânticos são discutidos em [749].

[731] discute uma metodologia de projeto baseada em desenvolvimento de um diagrama ER e sua posterior conversão para o modelo relacional. Markowitz considera a integridade referencial no contexto do mapeamento ER para relacional e discute o suporte fornecido em alguns sistemas comerciais (assim como esses dados) em [513, 514].

Os anais da Entity-Relationship Conference contêm inúmeros artigos sobre projeto conceitual, com ênfase no modelo ER; por exemplo, [698].

A página inicial da OMG (www.omg.org) contém a especificação da UML e padrões de modelagem relacionados. Vários livros bons discutem a UML; por exemplo, [105, 278, 640] e há uma conferência anual dedicada aos avanços da UML, a International Conference on the Unified Modeling Language.

A integração de visões é tratada em diversos artigos, incluindo [97, 139, 184, 244, 535, 551, 550, 685, 697, 748]. [64] é uma pesquisa de várias abordagens de integração.

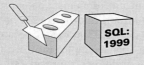

3
O MODELO RELACIONAL

- Como os dados são representados no modelo relacional?
- Quais restrições de integridade podem ser expressas?
- Como os dados podem ser criados e modificados?
- Como os dados podem ser manipulados e consultados?
- Como podemos criar, modificar e consultar tabelas usando SQL?
- Como obtemos um projeto de banco de dados relacional com base em um diagrama ER?
- O que são visões e por que elas são usadas?
- **Conceitos-chave:** relação, esquema, instância, tupla, campo, domínio, grau, cardinalidade; DDL SQL, CREATE TABLE, INSERT, DELETE, UPDATE; restrições de integridade, restrições de domínio, restrições de chave, PRIMARY KEY, UNIQUE, restrições de chave estrangeira, FOREIGN KEY; manutenção da integridade referencial, restrições adiadas e imediatas; consultas relacionais; projeto lógico de banco de dados, transformando diagramas ER em relações, expressando restrições de ER usando SQL; visões, visões e independência lógica, segurança; criando visões em SQL, atualizando visões, consultando visões, eliminando visões.

TABELA: uma organização de palavras, números ou sinais, ou uma combinação deles, como em colunas paralelas, para exibir um conjunto de fatos ou relações em uma forma definitiva, compacta e abrangente; uma sinopse ou esquema.

— *Webster's Dictionary of the English Language*

Codd propôs o modelo de dados relacional em 1970. Naquela época, a maioria dos sistemas de banco de dados era baseada em um de dois modelos de dados mais antigos (o modelo hierárquico e o modelo de rede); o modelo relacional revolucionou a área de banco de dados e suplantou em muito esses modelos iniciais. Foram desenvolvidos protótipos de sistemas de gerenciamento de banco de dados relacional em projetos de pesquisa pioneiros na IBM e na UC-Berkeley, em meados dos anos 1970, e, logo depois disso, vários fabricantes estavam oferecendo produtos de banco de dados relacional.

O Modelo Relacional 49

Atualmente, o modelo relacional é de longe o modelo de dados dominante e é a base dos SGBDs líderes do mercado, incluindo a família DB2 da IBM, o Informix, o Oracle, o Sybase, o Access e o SQLServer, da Microsoft, o FoxBase e o Paradox. Os sistemas de banco de dados relacional são onipresentes no mercado e representam um negócio de bilhões de dólares.

> **SQL:** Originalmente desenvolvida como linguagem de consulta do SGBD relacional pioneiro da IBM, o System-R, a linguagem de consulta estruturada (SQL, de Structured Query Language) tornou-se a mais usada para criar, manipular e consultar SGBDs relacionais. Como muitos fabricantes oferecem produtos SQL, há necessidade de um padrão que defina a 'SQL oficial'. A existência de um padrão permite aos usuários medir a inteireza da versão de SQL de determinado fabricante. O padrão também permite aos usuários distinguir recursos da SQL específicos de um produto daqueles que são padronizados; um aplicativo que conta com recursos não padronizados é menos portável.
>
> O primeiro padrão SQL foi desenvolvido em 1986 pelo American National Standards Institute (ANSI) e foi chamado SQL-86. Houve uma pequena revisão em 1989, chamada SQL-89, e uma revisão maior, em 1992, chamada SQL-92. A International Standards Organization (ISO) colaborou com o ANSI no desenvolvimento do padrão SQL-92. Atualmente, a maioria dos SGBDs comerciais suporta a versão SQL:1999 do padrão, uma extensão importante da SQL-92 adotada recentemente. Nossa abordagem da SQL é baseada no padrão SQL:1999, mas também é aplicável ao padrão SQL-92; os recursos exclusivos do padrão SQL:1999 são mencionados explicitamente.

O modelo relacional é muito simples e elegante: um banco de dados é uma coleção de uma ou mais *relações*, em que cada relação é uma tabela com linhas e colunas. Essa representação tabular simples permite que até usuários iniciantes entendam o conteúdo de um banco de dados e possibilita o uso de linguagens de alto nível simples para consultar os dados. As principais vantagens do modelo relacional em relação aos modelos de dados mais antigos são sua representação de dados simples e a facilidade com que mesmo consultas complexas podem ser expressas.

Embora nos concentremos nos conceitos subjacentes, também apresentaremos os recursos da **Data Definition Language** (**DDL** — linguagem de definição de dados) da SQL, a linguagem padrão para criar, manipular e consultar dados em um SGBD relacional. Isso nos permite basear a discussão firmemente em termos de sistemas de banco de dados reais.

Discutiremos o conceito de relação na Seção 3.1 e mostraremos como se faz para criar relações usando a linguagem SQL. Um componente importante de um modelo de dados é o conjunto de construtores que ele fornece para especificar as condições que devem ser satisfeitas pelos dados. Tais condições, chamadas *restrições de integridade* (RIs), permitem que o SGBD rejeite operações que poderiam corromper os dados. Apresentaremos as restrições de integridade no modelo relacional na Seção 3.2, junto com uma discussão sobre o suporte da SQL para RIs. Discutiremos como um SGBD impõe restrições de integridade na Seção 3.3.

Na Seção 3.4, examinaremos o mecanismo para acessar e recuperar dados do banco de dados, as *linguagens de consulta*, e apresentaremos os recursos de consulta da SQL, os quais examinaremos com mais detalhes em capítulo posterior.

Em seguida, discutiremos a conversão de um diagrama ER em um esquema de banco de dados relacional, na Seção 3.5. Apresentaremos as *visões* ou tabelas definidas usando consultas, na Seção 3.6. As visões podem ser usadas para definir o esquema externo de um banco de dados e, assim, fornecer o suporte para a independência lógica dos dados no modelo relacional. Na Seção 3.7, descreveremos os comandos SQL para destruir e alterar tabelas e visões.

Finalmente, na Seção 3.8, estenderemos nosso estudo de caso de projeto, a loja na Internet apresentada na Seção 2.8, mostrando como o diagrama ER de seu esquema conceitual pode ser mapeado para o modelo relacional e como o uso de visões pode ajudar nesse projeto.

3.1 INTRODUÇÃO AO MODELO RELACIONAL

O principal construtor para representar dados no modelo relacional é a **relação**. Uma relação consiste em um **esquema de relação** e em uma **instância de relação**. A instância de relação é uma tabela, e o esquema de relação descreve os cabeçalhos de coluna da tabela. Primeiro, descreveremos o esquema de relação e depois a instância de relação. O esquema especifica o nome da relação, o nome de cada **campo** (ou **coluna** ou **atributo**) e o **domínio** de cada campo. Um domínio é descrito em um esquema de relação pelo **nome de domínio** e tem um conjunto de **valores** associados.

Usaremos o exemplo das informações de aluno em um banco de dados de uma universidade, do Capítulo 1, para ilustrarmos as partes de um esquema de relação:

Alunos (*id-aluno:* `string`, *nome:* `string`, *login:* `string`,
idade: `integer`, *média:* `real`)

Isso informa, por exemplo, que o campo chamado *id-aluno* tem um domínio denominado `string`. O conjunto de valores associados ao domínio `string` é o conjunto de todas as strings de caracteres.

Agora, veremos as instâncias de uma relação. Uma **instância** de uma relação é um conjunto de **tuplas**, também chamadas **registros**, no qual cada tupla tem o mesmo número de campos que o esquema de relação. Uma instância de relação pode ser considerada uma *tabela* na qual cada tupla é uma *linha* e todas as linhas têm o mesmo número de campos. (O termo *instância de relação* é freqüentemente abreviado apenas como *relação*, quando não há confusão com outros aspectos de uma relação, como seu esquema.)

Uma instância da relação Alunos aparece na Figura 3.1. A instância *A*1 contém seis tuplas e, conforme esperávamos, com base no esquema, ela tem cinco campos. Note que não existem duas linhas idênticas. Isso é um requisito do modelo relacional — cada relação é definida como um *conjunto* de tuplas ou linhas únicas.

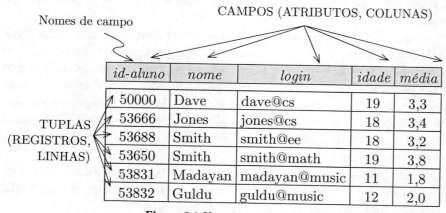

Figura 3.1 Uma instância *A*1 da relação Alunos.

O Modelo Relacional

Na prática, os sistemas comerciais permitem que as tabelas tenham linhas duplicadas, mas supomos que uma relação é mesmo um conjunto de tuplas, a não ser que seja mencionado de outra forma. A ordem na qual as linhas são listadas não é importante. A Figura 3.2 mostra a mesma instância de relação. Se os campos são nomeados, como em nossas definições de esquema e figuras representando instâncias de relação, a ordem dos campos também não importa. Entretanto, uma convenção alternativa é listar os campos em uma ordem específica e referir-se a um campo por sua posição. Assim, *id-aluno* é o campo 1 de Alunos, *login* é o campo 3 e assim por diante. Se essa convenção for usada, a ordem dos campos terá significado. A maioria dos sistemas de banco de dados usa uma combinação dessas convenções. Por exemplo, na SQL, a convenção dos campos nomeados é usada em instruções que recuperam tuplas, e a convenção dos campos ordenados é comumente usada ao se inserir tuplas.

id-aluno	*nome*	*login*	*idade*	*média*
53831	Madayan	madayan@music	11	1,8
53832	Guldu	guldu@music	12	2,0
53688	Smith	smith@ee	18	3,2
53650	Smith	smith@math	19	3,8
53666	Jones	jones@cs	18	3,4
50000	Dave	dave@cs	19	3,3

Figura 3.2 Uma representação alternativa da instância $A1$ de Alunos.

Um esquema de relação especifica o domínio de cada campo ou coluna na instância de relação. Essas **restrições de domínio** no esquema especificam uma condição importante que queremos que cada instância da relação satisfaça: os valores que aparecem em uma coluna devem ser extraídos do domínio associado a essa coluna. Assim, em termos de linguagem de programação, o domínio de um campo é basicamente o *tipo* desse campo e restringe os valores que podem aparecer no campo.

Mais formalmente, seja R(f_1:D1, ..., f_n:Dn) um esquema de relação, e para cada f_i, $1 \leq i \leq n$, seja Dom_i o conjunto de valores associados ao domínio chamado Di. Uma instância de R que satisfaça as restrições de domínio no esquema é um conjunto de tuplas com n campos:

$$\{ \langle f_1 : d_1, ... , f_n : d_n \rangle \mid d_1 \in Dom_1, ... , d_n \in Dom_n \}$$

Os sinais $\langle ... \rangle$ identificam os campos de uma tupla. Usando essa notação, a primeira tupla de Alunos mostrada na Figura 3.1 é escrita como $\langle$*id-aluno:* 50000, *nome:* Dave, *login:* dave@cd, *idade:* 19, *média:* 3,3$\rangle$. As chaves $\{...\}$ denotam um conjunto (de tuplas, nessa definição). A barra vertical | deve ser lida como 'tal que', o símbolo $\in$ deve ser lido como 'em' e a expressão à direita da barra vertical é uma condição que deve ser satisfeita pelos valores de campo de cada tupla do conjunto. Portanto, uma instância de R é definida como um conjunto de tuplas. Os campos de cada tupla devem corresponder aos campos do esquema de relação.

As restrições de domínio são tão fundamentais no modelo relacional que daqui por diante consideraremos apenas instâncias de relação que as satisfazem; portanto, *instância de relação* significa *instância de relação que satisfaz as restrições de domínio no esquema de relação.*

O **grau**, também chamado **aridade**, de uma relação é o número de campos. A **cardinalidade** de uma instância de relação é o número de tuplas que ela contém. Na Figura 3.1, o grau da relação (o número de colunas) é cinco e a cardinalidade dessa instância é seis.

Um **banco de dados relacional** é uma coleção de relações com nomes distintos. O **esquema de banco de dados relacional** é a coleção de esquemas das relações presentes no banco de dados. Por exemplo, no Capítulo 1, discutimos o banco de dados de uma universidade com relações chamadas Alunos, Professores, Cursos, Salas, Matriculado, Ministra e Aula. Uma **instância** de um banco de dados relacional é uma coleção de instâncias de relação, uma por esquema de relação no esquema de banco de dados; naturalmente, cada instância de relação deve satisfazer as restrições de domínio nesse esquema.

3.1.1 Criando e Modificando Relações Usando SQL

A linguagem SQL padrão usa a palavra *tabela* para denotar *relação* e freqüentemente seguimos essa convenção ao discutirmos a SQL. O subconjunto da SQL que suporta a criação, exclusão e modificação de tabelas é chamado Data Definition Language (DDL — linguagem de definição de dados). Além disso, embora exista um comando que permite aos usuários definirem novos domínios, análogo aos comandos de definição de tipo em uma linguagem de programação, deixaremos a discussão sobre definição de domínio para a Seção 5.7. Por enquanto, consideraremos apenas os domínios que são tipos internos, como integer.

A instrução CREATE TABLE é usada para definir uma nova tabela.[1] Para criarmos a relação Alunos, podemos usar a seguinte instrução:

```
CREATE TABLE Alunos (id-aluno  CHAR(20),
                    nome      CHAR(30),
                    login     CHAR(20),
                    idade     INTEGER,
                    média     REAL )
```

As tuplas são inseridas usando-se o comando INSERT. Podemos inserir uma única tupla na tabela Alunos, como segue:

```
INSERT
INTO    Alunos   (id-aluno, nome, login, idade, média)
VALUES  (53688, 'Smith', 'smith@ee', 18, 3,2)
```

Opcionalmente, podemos omitir a lista de nomes de coluna na cláusula INTO e listar os valores na ordem apropriada, mas é considerado boa prática ser explícito quanto aos nomes de coluna.

Podemos excluir tuplas usando o comando DELETE. Podemos excluir todas as tuplas de Alunos com *nome* igual a Smith, usando o comando:

```
DELETE
FROM    Alunos A
WHERE   A.nome = 'Smith'
```

Podemos modificar os valores de coluna em uma linha existente usando o comando UPDATE. Por exemplo, podemos incrementar a idade e decrementar a média do aluno com *id-aluno* 53688:

---

[1] A SQL também fornece instruções para destruir tabelas e alterar as colunas associadas a uma tabela; discutiremos essas instruções na Seção 3.7.

```
UPDATE   Alunos A
SET      A.idade = A.idade + 1, A.média = A.média − 1
WHERE    A.id-aluno = 53688
```

Esses exemplos ilustram alguns pontos importantes. A cláusula WHERE é aplicada primeiro e determina quais linhas devem ser modificadas. Então, a cláusula SET determina como essas linhas devem ser modificadas. Se a coluna que está sendo modificada também é usada para determinar o novo valor, o valor usado na expressão no lado direito do sinal de igualdade (=) é o valor *antigo*; ou seja, antes da modificação. Para ilustrar melhor esses pontos, considere a seguinte variação da consulta anterior:

```
UPDATE   Alunos A
SET      A.média = A.média − 0,1
WHERE    A.média >= 3,3
```

Se essa consulta for aplicada na instância $A1$ de Alunos mostrada na Figura 3.1, obteremos a instância que aparece na Figura 3.3.

id-aluno	nome	login	idade	média
50000	Dave	dave@cs	19	3,2
53666	Jones	jones@cs	18	3,3
53688	Smith	smith@ee	18	3,2
53650	Smith	smith@math	19	3,7
53831	Madayan	madayan@music	11	1,8
53832	Guldu	guldu@music	12	2,0

Figura 3.3 Instância $A1$ de Alunos após a atualização.

3.2 RESTRIÇÕES DE INTEGRIDADE SOBRE RELAÇÕES

Um banco de dados é tão bom quanto as informações nele armazenadas e, portanto, um SGBD deve ajudar a evitar a entrada de informações incorretas. Uma **restrição de integridade (RI)** é uma condição especificada sobre um esquema de banco de dados e limita os dados que podem ser armazenados em uma instância do banco de dados. Se uma instância do banco de dados satisfaz todas as restrições de integridade especificadas em seu esquema, então ela é uma instância **válida**. Um SGBD **impõe** restrições de integridade, no sentido de que ele permite o armazenamento apenas de instâncias válidas no banco de dados.

As restrições de integridade são especificadas e verificadas em diferentes ocasiões:

1. Quando o administrador ou o usuário final define um esquema de banco de dados, ele especifica as RIs que devem valer em qualquer instância desse banco de dados.

2. Quando um aplicativo de banco de dados é executado, o SGBD verifica se existem violações e proíbe alterações nos dados que violem as RIs especificadas. (Em algumas situações, em vez de proibir a alteração, o SGBD poderia fazer algumas alterações de compensação nos dados, para garantir que a instância do banco de dados satisfaça todas as RIs. Em qualquer caso, não são permitidas alterações no banco de dados para criar uma instância que viole qualquer RI.) É importante especificar exatamente quando as restrições de integridade são verificadas, em relação

à instrução que causa a alteração nos dados e à transação da qual ela faz parte. Discutiremos esse aspecto no Capítulo 16, após apresentarmos com mais detalhes o conceito de transação, introduzido no Capítulo 1.

Muitos tipos de restrições de integridade podem ser especificados no modelo relacional. Já vimos um exemplo de restrição de integridade nas *restrições de domínio* associadas a um esquema de relação (Seção 3.1). Em geral, outros tipos de restrições também podem ser especificados; por exemplo, dois alunos não podem ter o mesmo valor de *id-aluno*. Nesta seção, discutiremos as restrições de integridade, além das restrições de domínio, que um administrador ou usuário de banco de dados pode especificar no modelo relacional.

3.2.1 Restrições de Chave

Considere a relação Alunos e a restrição de que dois alunos não podem ter a mesma identificação. Essa RI é um exemplo de restrição de chave. Uma **restrição de chave** é uma declaração de que certo subconjunto *mínimo* dos campos de uma relação é um identificador único para uma tupla. Um conjunto de campos que identifica uma tupla de acordo com uma restrição de chave é chamado **chave candidata** da relação; freqüentemente, abreviamos isso apenas como *chave*. No caso da relação Alunos, o (conjunto de campos contendo apenas o) campo *id-aluno* é uma chave candidata.

Vamos analisar melhor a definição anterior de chave (candidata). Existem duas partes na definição:[2]

1. Duas tuplas distintas em uma instância válida (uma instância que satisfaz todas as RIs, incluindo a restrição de chave) não podem ter valores idênticos em todos os campos de uma chave.

2. Nenhum subconjunto do conjunto de campos em uma chave é um identificador único para uma tupla.

A primeira parte da definição significa que, em *qualquer* instância válida, os valores nos campos de chave identificam univocamente uma tupla na instância. Ao especificar uma restrição de chave, o administrador ou usuário do banco de dados deve certificar-se de que essa restrição não o impeça de armazenar um conjunto "correto" de tuplas. (Um comentário semelhante também se aplica à especificação de outros tipos de RIs.) A noção de "correto" aqui depende da natureza dos dados que estão sendo armazenados. Por exemplo, vários alunos podem ter o mesmo nome, embora cada um tenha uma identificação única. Se o campo *nome* for declarado como uma chave, o SGBD não permitirá que a relação Alunos contenha duas tuplas descrevendo alunos diferentes com o mesmo nome!

A segunda parte da definição significa, por exemplo, que o conjunto de campos {*id-aluno, nome*} não é uma chave para Alunos, pois esse conjunto contém a chave {*id-aluno*}. O conjunto {*id-aluno, nome*} é um exemplo de **superchave**, que é um conjunto de campos que contém uma chave.

Veja novamente a instância da relação Alunos na Figura 3.1. Observe que duas linhas diferentes sempre têm valores de *id-aluno* diferentes; *id-aluno* é uma chave e identifica uma tupla univocamente. Entretanto, isso não vale para campos que não são chave. Por exemplo, a relação contém duas linhas com *Smith* no campo *nome*.

---

[2] O termo chave é muito utilizado. No contexto dos métodos de acesso, falamos sobre *chaves de pesquisa*, que são muito diferentes.

O Modelo Relacional 55

Note que é garantido que toda relação tenha uma chave. Como uma relação é um conjunto de tuplas, o conjunto de *todos* os campos é sempre uma superchave. Se outras restrições valem, algum subconjunto dos campos pode formar uma chave, do contrário o conjunto de todos os campos é uma chave.

Uma relação pode ter várias chaves candidatas. Por exemplo, os campos *login* e *idade* da relação Alunos, em conjunto, também podem identificar alunos de maneira única. Ou seja, {*login, idade*} também é uma chave. Pode parecer que *login* é uma chave, pois não existem duas linhas no exemplo de instância que tenham o mesmo valor de *login*. Entretanto, a chave deve identificar as tuplas univocamente em todas as instâncias válidas possíveis da relação. Dizendo que {*login, idade*} é uma chave, o usuário está declarando que dois alunos podem ter o mesmo login ou a mesma idade, mas não ambos.

Além de todas as chaves candidatas disponíveis, um projetista de banco de dados pode identificar uma chave **primária**. Intuitivamente, uma tupla pode ser referenciada em qualquer outra parte do banco de dados armazenando-se os valores de seus campos de chave primária. Por exemplo, podemos nos referir a uma tupla de Alunos armazenando seu valor de *id-aluno*. Como conseqüência dessa maneira de referência às tuplas de alunos, freqüentemente as tuplas são acessadas especificando-se seu valor de *id-aluno*. Em princípio, podemos usar qualquer chave, e não apenas a chave primária, para nos referirmos a uma tupla. Entretanto, usar a chave primária é preferível, pois é ela que o SGBD espera — esse é o significado de projetar uma chave candidata em particular como chave primária — e para a qual faz otimizações. Por exemplo, o SGBD pode criar um índice com os campos de chave primária como chave de pesquisa, para tornar eficiente a recuperação de uma tupla, dado seu valor de chave primária. A idéia da referência a uma tupla será mais bem desenvolvida na próxima seção.

Especificando Restrições de Chave em SQL

Na SQL, podemos declarar que um subconjunto das colunas de uma tabela constituem uma chave, usando a restrição UNIQUE. No máximo uma dessas chaves candidatas pode ser declarada como *chave primária*, usando-se a restrição PRIMARY KEY. (A SQL não exige que essas restrições sejam declaradas para uma tabela.)

Vamos rever nosso exemplo de definição de tabela e especificar informações de chave:

```
CREATE TABLE Alunos ( id-aluno  CHAR(20),
                      nome      CHAR(30),
                      login     CHAR(20),
                      idade     INTEGER,
                      média     REAL,
                      UNIQUE    (nome, idade),
                      CONSTRAINT Chave Alunos PRIMARY KEY (id-aluno) )
```

Essa definição diz que *id-aluno* é a chave primária e a combinação de *nome* e *idade* também é uma chave. A definição da chave primária também ilustra como podemos nomear uma restrição, precedendo-a com CONSTRAINT *nome-da-restrição*. Se a restrição for violada, seu nome será retornado e poderá ser usado para identificar o erro.

3.2.2 Restrições de Chave Estrangeira

Às vezes, as informações armazenadas em uma relação estão ligadas às informações armazenadas em outra relação. Se uma das relações for modificada, a outra deverá ser verificada e, talvez, modificada, para manter os dados consistentes. Uma RI envolvendo as duas relações deverá ser especificada, caso um SGBD precise fazer tais verificações. A RI mais comum envolvendo duas relações é uma restrição *de chave estrangeira*.

Suponha que, além de Alunos, tenhamos uma segunda relação:

Matriculado(*id-aluno:* string, *id-curso:* string, *nota:* string)

Para garantir que apenas estudantes legítimos possam se matricular nos cursos, qualquer valor que apareça no campo *id-aluno* de uma instância da relação Matriculado também deve aparecer no campo *id-aluno* de alguma tupla na relação Alunos. O campo *id-aluno* de Matriculado é chamado **chave estrangeira** e **se refere** a Alunos. A chave estrangeira na relação de referência (Matriculado, em nosso exemplo) deve corresponder à chave primária da relação referenciada (Alunos); ou seja, ela deve ter o mesmo número de colunas e tipos de dados compatíveis, embora os nomes das colunas possam ser diferentes.

Essa restrição está ilustrada na Figura 3.4. Conforme mostra a figura, podem existir tuplas de Alunos que não sejam referenciadas a partir de Matriculado (por exemplo, o aluno com *id-aluno=50000*). Entretanto, todo valor de *id-aluno* que aparece na instância da tabela Matriculado aparece na coluna de chave primária de uma linha na tabela Alunos.

Chave estrangeira   Chave primária

id-curso	nota	id-aluno
Carnatic101	C	53831
Reggae203	B	53832
Topology112	A	53650
History105	B	53666

id-aluno	nome	login	idade	média
50000	Dave	dave@cs	19	3,3
53666	Jones	jones@cs	18	3,4
53688	Smith	smith@ee	18	3,2
53650	Smith	smith@math	19	3,8
53831	Madayan	madayan@music	11	1,8
53832	Guldu	guldu@music	12	2,0

Matriculado   **Alunos**
(relação que referencia)   (relação referenciada)

Figura 3.4 Integridade referencial.

Se tentarmos inserir a tupla ⟨*55555, Art104, A*⟩ em *M*1, a RI será violada, pois não há nenhuma tupla em *A*1 com *id-aluno* 55555; o sistema de banco de dados deve rejeitar essa inserção. Analogamente, se excluirmos a tupla ⟨*53666, Jones, jones@cs, 18, 3,4*⟩ de *A*1, violaremos a restrição de chave estrangeira, pois a tupla ⟨*53666, History105, B*⟩ em *M*1 contém o valor de *id-aluno* 53666, o *id-aluno* da tupla de Alunos excluída. O SGBD deve proibir a exclusão ou, talvez, excluir também a tupla de Matriculado que referencia a tupla de Alunos excluída. Discutiremos as restrições de chave estrangeira e seu impacto sobre as atualizações na Seção 3.3.

Finalmente, notamos que uma chave estrangeira poderia referenciar a mesma relação. Por exemplo, poderíamos ampliar a relação Alunos com uma coluna chamada *parceiro* e declarar essa coluna como uma chave estrangeira referindo-se a Alunos. Intuitivamente, cada aluno poderia então ter um parceiro e o campo *parceiro* conteria o *id-aluno* do parceiro. O leitor observador sem dúvida perguntará: "E se um aluno não tiver (ainda) um parceiro?". Essa situação é tratada na SQL usando-se um valor especial chamado **null**. O uso de *null* em um campo de uma tupla significa que o

O Modelo Relacional

valor nesse campo é desconhecido ou não é aplicável (por exemplo, não conhecemos o parceiro ainda ou não há nenhum parceiro). A presença de *null* em um campo de chave estrangeira não viola a restrição de chave estrangeira. Entretanto, valores *null* não podem aparecer em um campo de chave primária (pois os campos de chave primária são usados para identificar uma tupla univocamente). Discutiremos melhor os valores *null* no Capítulo 5.

Especificando Restrições de Chave Estrangeira em SQL

Vamos definir Matriculado(*id-aluno:* string, *id-curso:* string, *nota:* string):

```
CREATE TABLE Matriculado ( id-aluno   CHAR(20),
                           id-curso   CHAR(20),
                           nota       CHAR(10),
                           PRIMARY KEY  (id-aluno, id-curso),
                           FOREIGN KEY  (id-aluno) REFERENCES Alunos )
```

A restrição de chave estrangeira diz que todo valor de *id-aluno* em Matriculado também deve aparecer em Alunos; ou seja, *id-aluno* em Matriculado é uma chave estrangeira referenciando Alunos. Especificamente, todo valor de *id-aluno* em Matriculado deve aparecer como o valor do campo de chave primária, *id-aluno*, de Alunos. A propósito, a restrição de chave primária de Matriculado diz que um aluno tem exatamente uma nota para cada curso em que está matriculado. Se quisermos registrar mais de uma nota por aluno, por curso, devemos alterar a restrição de chave primária.

3.2.3 Restrições Gerais

As restrições de domínio, de chave primária e de chave estrangeira são consideradas parte fundamental do modelo de dados relacional e recebem atenção especial na maioria dos sistemas comerciais. Às vezes, entretanto, é necessário especificar restrições mais gerais.

Por exemplo, podemos exigir que a idade dos alunos esteja dentro de certo intervalo de valores; dada essa especificação de RI, o SGBD rejeitará as inserções e atualizações que violarem a restrição. Isso é muito útil na prevenção de erros de entrada de dados. Se especificarmos que todos os alunos devem ter pelo menos 16 anos, a instância de Alunos mostrada na Figura 3.1 será inválida, pois dois alunos têm idade menor do que essa. Se proibirmos a inserção dessas duas tuplas, teremos uma instância válida, como se vê na Figura 3.5.

id-aluno	*nome*	*login*	*idade*	*média*
53666	Jones	jones@cs	18	3,4
53688	Smith	smith@ee	18	3,2
53650	Smith	smith@math	19	3,8

Figura 3.5 Uma instância *A*2 da relação Alunos.

A RI que diz que os alunos devem ser maiores de 16 anos pode ser considerada uma restrição de domínio estendida, pois estamos basicamente definindo o conjunto de valores de *idade* permitidos de maneira mais restrita do que é possível usando simplesmente um domínio padrão, como `integer`. Em geral, contudo, podem ser especificadas restrições que vão bem além das de domínio, de chave e de chave estrangeira. Por exemplo, poderíamos exigir que todo aluno cuja idade fosse maior do que 18 devesse ter uma média maior do que 3.

Os sistemas de banco de dados relacionais atuais suportam essas restrições gerais na forma de *restrições de tabela* e *assertivas*. As restrições de tabela são associadas a uma única tabela e verificadas quando essa tabela é modificada. Em contraste, as assertivas envolvem várias tabelas e são verificadas quando qualquer uma dessas tabelas é modificada. Tanto as restrições de tabela como as assertivas podem usar o poder total das consultas SQL para especificar a restrição desejada. Discutiremos o suporte da SQL para *restrições de tabela* e *assertivas* na Seção 5.7, pois uma avaliação completa de seu poder exige um bom entendimento dos recursos de consulta da SQL.

3.3 VERIFICANDO RESTRIÇÕES DE INTEGRIDADE

Conforme observamos anteriormente, as RIs são especificadas quando uma relação é criada e verificadas quando uma relação é modificada. O impacto das restrições de domínio, PRIMARY KEY e UNIQUE é simples de entender: se um comando de inserção, exclusão ou atualização causa uma violação, ele é rejeitado. Toda violação de RI em potencial geralmente é verificada no final da execução de cada instrução SQL, embora possa ser *adiada* até o final da transação que está executando a instrução, conforme veremos na Seção 3.3.1.

Considere a instância $A1$ de Alunos mostrada na Figura 3.1. A inserção a seguir viola a restrição de chave primária, porque já existe uma tupla com *id-aluno* 53688, e será rejeitada pelo SGBD:

```
INSERT
INTO    Alunos (id-aluno, nome, login, idade, media)
VALUES  (53688, 'Mike', 'mike@ee', 17, 3,4)
```

A inserção a seguir viola a restrição de que a chave primária não pode conter *null*:

```
INSERT
INTO    Alunos (id-aluno, nome, login, idade, media)
VALUES  (null, 'Mike', 'mike@ee', 17, 3,4)
```

É claro que surge um problema semelhante quando tentamos inserir uma tupla com um valor em um campo que não esteja no domínio associado a esse campo; isto é, quando violamos uma restrição de domínio. A exclusão de tuplas não causa uma violação de restrições de domínio, chave primária ou exclusiva. Entretanto, uma atualização pode causar violações semelhantes a uma inserção:

```
UPDATE  Alunos A
SET     A.id-aluno = 50000
WHERE   A.id-aluno = 53688
```

Essa atualização viola a restrição de chave primária, pois já existe uma tupla com *id-aluno* 50000.

O impacto das restrições de chave estrangeira é mais complexo, pois às vezes a SQL tenta retificar uma violação de restrição de chave estrangeira, em vez de simplesmente rejeitar a alteração. Discutiremos as **etapas de verificação da integridade referencial** executadas pelo SGBD em termos de nossas tabelas Matriculado e Alunos, com a restrição de chave estrangeira de que Matriculado.*id-aluno* é uma referência para (a chave primária de) Alunos.

Além da instância *A*1 de Alunos, considere a instância de Matriculado mostrada na Figura 3.4. As exclusões de tuplas de Matriculado não violam a integridade referencial, mas as inserções de tuplas de Matriculado poderiam violar. A inserção a seguir é inválida, pois não há nenhuma tupla de Alunos com *id-aluno* 51111:

```
INSERT
INTO    Matriculado (id-curso, nota, id-aluno)
VALUES  ('Hindi101', 'B', 51111)
```

Por outro lado, inserções de tuplas em Alunos não violam a integridade referencial, e as exclusões poderiam causar violações. Além disso, atualizações em Matriculado ou em Alunos que alteram o valor de *id-aluno* (respectivamente, *id-aluno*) poderiam violar a integridade referencial.

A SQL fornece várias maneiras alternativas de tratar de violações de chave estrangeira. Devemos considerar três perguntas básicas:

1. *O que devemos fazer se uma linha de Matriculado é inserida, com um valor na coluna* id-aluno *que não aparece em nenhuma linha da tabela Alunos?*

   Nesse caso, o comando INSERT é simplesmente rejeitado.

2. *O que devemos fazer se uma linha de Alunos é excluída?*

   As opções são:
   - Excluir todas as linhas de Matriculado que referenciam a linha de Alunos excluída.
   - Proibir a exclusão da linha de Alunos, caso uma linha de Matriculado a referencie.
   - Configurar a coluna *id-aluno* com o valor de *id-aluno* de algum aluno (existente) "padrão", para cada linha de Matriculado que referencie a linha de Alunos excluída.
   - Para cada linha de Matriculado que referencia a linha excluída, configurar a coluna *id-aluno* como *null*. Em nosso exemplo, esta opção entra em conflito com o fato de que *id-aluno* faz parte da chave primária de Matriculado e, portanto, não pode ser configurada como *null*. Assim, em nosso exemplo estamos limitados às três primeiras opções, embora esta quarta opção (configurar a chave estrangeira como *null*) esteja disponível em geral.

3. *O que devemos fazer se o valor da chave primária de uma linha de Alunos for atualizada?*

   As opções aqui são semelhantes às do caso anterior.

A SQL nos permite escolher qualquer uma das quatro opções em DELETE e UPDATE. Por exemplo, podemos especificar que, quando uma linha de Alunos é *excluída*, todas as linhas de Matriculado que se referem a ela também devem ser excluídas, mas que, quando a coluna *id-aluno* de uma linha de Alunos é *modificada*, essa atualização deve ser rejeitada, caso uma linha de Matriculado se refira à linha de Alunos modificada:

```
CREATE TABLE Matriculado ( id-aluno  CHAR(20),
                           id-curso  CHAR(20),
                           nota      CHAR(10),
                           PRIMARY KEY (id-aluno, id-curso),
                           FOREIGN KEY (id-aluno) REFERENCES Alunos
                                ON DELETE CASCADE
                                ON UPDATE NO ACTION )
```

As opções são especificadas como parte da declaração da chave estrangeira. A opção padrão é NO ACTION, que significa que a ação (DELETE ou UPDATE) deve ser rejeitada. Assim, em nosso exemplo, a cláusula ON UPDATE poderia ser omitida, com o mesmo efeito. A palavra-chave CASCADE diz que, se uma linha de Alunos for excluída, todas as linhas de Matriculado que se referem a ela também serão excluídas. Se a cláusula UPDATE especificasse CASCADE e a coluna *id-aluno* de uma linha de Alunos fosse atualizada, essa atualização também seria executada em cada linha de Matriculado que se referisse à linha de Alunos atualizada.

Se uma linha de Alunos for excluída, podemos trocar a matrícula para um aluno 'padrão', usando ON DELETE SET DEFAULT. O aluno padrão é especificado como parte da definição do campo *id-aluno* em Matriculado; por exemplo, *id-aluno* CHAR(20) DEFAULT '*53666*'. Embora a especificação de um valor padrão seja apropriada em algumas situações (por exemplo, um fabricante de peças padrão, caso um fabricante em particular saia do ramo), não é adequado trocar as matrículas para um aluno padrão. A solução correta nesse exemplo é excluir também todas as tuplas de matrícula do aluno excluído (isto é, CASCADE) ou rejeitar a atualização.

A SQL também permite o uso de *null* como valor padrão, especificando-se ON DELETE SET NULL.

3.3.1 Transações e Restrições

Conforme vimos no Capítulo 1, um programa executado em um banco de dados é chamado transação e pode conter várias instruções (consultas, inserções, atualizações etc.) que acessam o banco de dados. Se (a execução de) uma instrução em uma transação violar uma restrição de integridade, o SGBD deveria detectar isso imediatamente, ou todas as restrições deveriam ser verificadas em conjunto, imediatamente antes que a transação termine?

Por padrão, uma restrição é verificada no final de cada instrução SQL que possa levar a uma violação e, se houver violação, a instrução será rejeitada. Às vezes essa estratégia é inflexível. Considere as variantes das relações Alunos e Cursos a seguir; todo aluno é obrigado a ter um curso de distinção, e todo curso é obrigado a ter um monitor, que é algum aluno.

```
CREATE TABLE Alunos ( id-aluno   CHAR(20),
                      nome       CHAR(30),
                      login      CHAR(20),
                      idade      INTEGER,
                      distinção  CHAR(10) NOT NULL,
                      media      REAL )
                      PRIMARY KEY (id-aluno),
                      FOREIGN KEY (distinção) REFERENCES Cursos (id-curso)

CREATE TABLE Cursos ( id-curso CHAR(10),
                      nomec    CHAR(10),
                      créditos INTEGER,
                      monitor  CHAR(20) NOT NULL,
                      PRIMARY KEY (id-curso)
                      FOREIGN KEY (monitor) REFERENCES Alunos (id-aluno))
```

Quando uma tupla de Alunos é inserida, é feita uma verificação para saber se o curso de distinção está na relação Cursos e, quando uma tupla de Cursos é inserida,

O Modelo Relacional 61

é feita uma verificação para saber se o monitor está na relação Alunos. Como vamos inserir a primeira tupla de curso ou de aluno? Uma não pode ser inserida sem a outra. A única maneira de realizar essa inserção é **adiando** a verificação da restrição, que normalmente seria feita no final de uma instrução INSERT.

A SQL permite que uma restrição esteja no modo DEFERRED ou IMMEDIATE.

```
SET CONSTRAINT nome-restrição DEFERRED
```

Uma restrição no modo adiado (*deferred*) é verificada no momento da efetivação da transação (*commit*). Em nosso exemplo, as restrições de chave estrangeira sobre Alunos e Cursos podem ambas ser declaradas no modo adiado. Podemos então inserir um aluno com um curso de distinção inexistente (tornando o banco de dados temporariamente inconsistente), inserir o curso (restaurando a consistência) e depois efetivar e verificar se as duas restrições são satisfeitas.

3.4 CONSULTANDO DADOS RELACIONAIS

Uma **consulta de banco de dados relacional** (abreviadamente, consulta) é uma pergunta sobre os dados, e a resposta consiste em uma nova relação contendo o resultado. Por exemplo, poderíamos querer encontrar todos os alunos com menos de 18 anos ou todos os alunos matriculados em Reggae203. Uma **linguagem de consulta** é uma linguagem especializada para escrever consultas.

A SQL é a linguagem de consulta comercial mais popular para um SGBD relacional. Apresentaremos agora alguns exemplos de SQL que ilustram como as relações podem ser facilmente consultadas. Considere a instância da relação Alunos mostrada na Figura 3.1. Podemos recuperar as linhas correspondentes aos alunos que têm menos de 18 anos com a seguinte consulta SQL:

```
SELECT   *
FROM     Alunos A
WHERE    A.idade < 18
```

O símbolo '*' significa que manteremos no resultado todos os campos das tuplas selecionadas. Considere A uma variável que assume o valor de cada tupla em Alunos, uma tupla após a outra. A condição *A.idade < 18* na cláusula WHERE especifica que queremos selecionar apenas as tuplas nas quais o campo *idade* tem um valor menor do que 18. Essa consulta retorna à relação mostrada na Figura 3.6.

id-aluno	*nome*	*login*	*idade*	*média*
53831	Madayan	madayan@music	11	1,8
53832	Guldu	guldu@music	12	2,0

Figura 3.6 Alunos com *idade* < 18 na instância *A*1.

Esse exemplo ilustra que o domínio de um campo restringe as operações permitidas em seus valores, além de restringir os valores que podem aparecer no campo. A condição *A.idade < 18* envolve uma comparação aritmética de um valor de *idade* com um inteiro e é permitida, pois o domínio de *idade* é o conjunto dos números inteiros. Por outro lado, uma condição como *A.idade = A.id-aluno* não faz sentido, pois compara um valor inteiro com um valor de string e essa comparação é definida como falha na SQL; uma consulta contendo essa condição não produz nenhuma tupla de resposta.

Além de selecionar um subconjunto de tuplas, uma consulta pode extrair um subconjunto dos campos de cada tupla selecionada. Podemos obter os nomes e logins dos alunos com menos de 18 anos, com a seguinte consulta:

```
SELECT   A.nome, A.login
FROM     Alunos A
WHERE    A.idade < 18
```

A Figura 3.7 mostra a resposta dessa consulta; ela é obtida pela aplicação da seleção na instância *A*1 de Alunos (para obter a relação mostrada na Figura 3.6), seguida da remoção dos campos indesejados. Note que a ordem na qual executamos essas operações importa — se removermos os campos indesejados primeiro, não poderemos verificar a condição *A.idade < 18*, que envolve um desses campos.

nome	*login*
Madayan	madayan@music
Guldu	guldu@music

Figura 3.7 Nomes e logins dos alunos com menos de 18 anos.

Também podemos combinar informações das relações Alunos e Matriculado. Se quiséssemos obter os nomes de todos os alunos que obtiveram A e a identificação do curso em que tiraram A, poderíamos escrever a seguinte consulta:

```
SELECT   A.nome, M.id-curso
FROM     Alunos A, Matriculado M
WHERE    A.id-aluno = M.id-aluno AND M.nota = 'A'
```

Essa consulta pode ser entendida como segue: "Se houver uma tupla A de Alunos e uma tupla M de Matriculado, tal que A.id-aluno = M.id-aluno (de modo que A descreve o aluno matriculado em M) e M.nota = 'A', então, imprima o nome do aluno e a identificação do curso". Quando avaliada nas instâncias de Alunos e Matriculado da Figura 3.4, essa consulta retorna uma única tupla, ⟨*Smith, Topology112*⟩.

Abordaremos as consultas relacionais e a SQL com mais detalhes em capítulos subseqüentes.

3.5 PROJETO LÓGICO DO BANCO DE DADOS: ER PARA RELACIONAL

O modelo ER é conveniente para representar um projeto de banco de dados inicial de alto nível. Dado um diagrama ER descrevendo um banco de dados, é adotada uma estratégia padrão para gerar um esquema de banco de dados relacional que se aproxima muito do projeto ER. (A transformação é aproximada até o ponto em que não podemos capturar todas as restrições implícitas no projeto ER usando SQL, a não ser que usemos certas restrições da SQL que são dispendiosas para verificar.) Descreveremos agora como se faz para transformar um diagrama ER em uma cole-

O Modelo Relacional

ção de tabelas com restrições associadas; ou seja, um esquema de banco de dados relacional.

3.5.1 Conjuntos de Entidades para Tabelas

Um conjunto de entidades é mapeado em uma relação de maneira direta: cada atributo do conjunto de entidades torna-se um atributo da tabela. Note que conhecemos os domínios de cada atributo e a chave (primária) de um conjunto de entidades.

Considere o conjunto de entidades Funcionários com atributos *cpf, nome* e *vaga*, mostrado na Figura 3.8. Uma possível instância do conjunto de entidades Funcionários, contendo três entidades de Funcionários, aparece na Figura 3.9 em formato tabular.

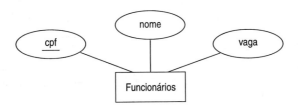

Figura 3.8 O conjunto de entidades Funcionários.

cpf	*nome*	*vaga*
123-22-3666	Attishoo	48
231-31-5368	Smiley	22
131-24-3650	Smethurst	35

Figura 3.9 Uma instância do conjunto de entidades Funcionários.

A instrução SQL a seguir captura as informações anteriores, incluindo as restrições de domínio e as informações de chave:

```
CREATE TABLE Funcionários ( cpf      CHAR(11),
                            nome     CHAR(30),
                            vaga     INTEGER,
                            PRIMARY KEY (cpf) )
```

3.5.2 Conjuntos de Relacionamentos (sem Restrições) para Tabelas

Assim como um conjunto de entidades, um conjunto de relacionamentos é mapeado em uma relação no modelo relacional. Começamos considerando conjuntos de relacionamentos sem restrições de chave e de participação, e discutiremos como se faz para tratar de tais restrições em seções subseqüentes. Para representarmos um relacionamento, devemos identificar cada entidade participante e fornecer valores para os atributos descritivos do relacionamento. Assim, os atributos da relação incluem:

- Os atributos da chave primária de cada conjunto de entidades participante, como campos de chave estrangeira.
- Os atributos descritivos do conjunto de relacionamentos.

O conjunto de atributos não descritivos é uma superchave para a relação. Se não houver restrições de chave (consulte a Seção 2.4.1), esse conjunto de atributos será uma chave candidata.

Considere o conjunto de relacionamentos Trabalha_em2 mostrado na Figura 3.10. Cada departamento tem escritórios em vários locais e queremos registrar os locais em que cada funcionário trabalha.

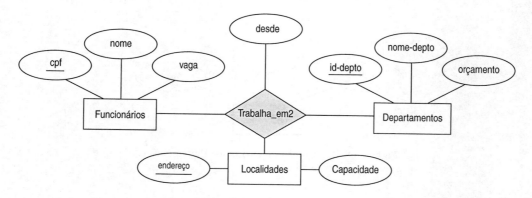

Figura 3.10 Um conjunto de relacionamentos ternário.

Todas as informações disponíveis sobre a tabela Trabalha_em2 são capturadas pela seguinte definição SQL:

```
CREATE TABLE Trabalha_em2 (cpf      CHAR(11),
                           id-depto  INTEGER,
                           endereço  CHAR(20),
                           desde     DATE,
                           PRIMARY KEY (cpf, id-depto, endereço),
                           FOREIGN KEY (cpf) REFERENCES Funcionários,
                           FOREIGN KEY (endereço) REFERENCES Localidades,
                           FOREIGN KEY (id-depto) REFERENCES Departamentos )
```

Note que os campos *endereço, id-depto* e *cpf* não podem receber valores *null*. Como esses campos fazem parte da chave primária de Trabalha_em2, uma restrição NOT NULL está implícita para cada um deles. Essa restrição garante que esses campos identifiquem univocamente um departamento, um funcionário e um local em cada tupla de Trabalha_em2. Também podemos especificar que uma ação em particular é desejada quando uma tupla referenciada de Funcionários, Departamentos ou Localidades é excluída, conforme explicado na discussão sobre restrições de integridade da Seção 3.2. Neste capítulo, supomos que a ação padrão é apropriada, exceto para situações nas quais a semântica do diagrama ER exige alguma outra ação.

Finalmente, considere o conjunto de relacionamentos Reporta_a, mostrado na Figura 3.11. Os indicadores de papel *supervisor* e *subordinado* são usados para criar nomes de campo significativos na instrução CREATE da tabela Reporta_a:

O Modelo Relacional

Figura 3.11 O conjunto de relacionamentos Reporta_a.

```
CREATE TABLE Reporta_a (
        supervisor_cpf    CHAR(11),
        subordinado_cpf   CHAR(11),
        PRIMARY KEY   (supervisor_cpf, subordinado_cpf),
        FOREIGN KEY   (supervisor_cpf) REFERENCES Funcionários(cpf),
        FOREIGN KEY   (subordinado_cpf) REFERENCES Funcionários(cpf) )
```

Observe que precisamos nomear explicitamente o campo referenciado de Funcionários, pois o nome do campo difere do(s) nome(s) do(s) campo(s) de referência.

3.5.3 Mapeando Conjuntos de Relacionamentos com Restrições de Chave

Se um conjunto de relacionamentos envolve n conjuntos de entidades e alguns m deles são vinculados por meio de setas no diagrama ER, a chave de qualquer um desses m conjuntos de entidades constitui uma chave para a relação na qual o conjunto de relacionamentos é mapeado. Portanto, temos m chaves candidatas e uma delas deve ser designada como chave primária. A transformação discutida na Seção 3.5.2, de conjunto de relacionamentos para uma relação, pode ser usada na presença de restrições de chave levando-se em conta esse ponto sobre as chaves.

Considere o conjunto de relacionamentos Gerencia mostrado na Figura 3.12. A tabela correspondente a Gerencia tem os atributos *cpf, id-depto, desde*. Entretanto, como cada departamento tem no máximo um gerente, duas tuplas não podem ter o mesmo valor de *id-depto* e valores diferentes de *cpf*. Uma conseqüência dessa observação é que o próprio campo *id-depto* é uma chave para Gerencia; na verdade, o conjunto *id-depto, cpf* não é uma chave (pois não é mínimo). A relação Gerencia pode ser definida usando-se a seguinte instrução SQL:

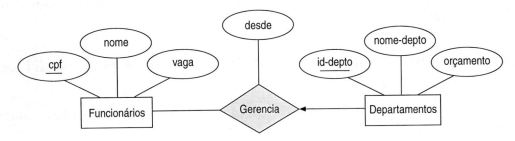

Figura 3.12 Restrição de chave em Gerencia.

```
CREATE TABLE Gerencia ( cpf       CHAR(11),
                        id-depto  INTEGER,
                        desde     DATE,
                        PRIMARY KEY (id-depto),
                        FOREIGN KEY (cpf) REFERENCES Funcionários,
                        FOREIGN KEY (id-depto) REFERENCES Departamentos)
```

Uma segunda estratégia para mapear um conjunto de relacionamentos com restrições de chave é usualmente superior porque evita a criação de uma tabela distinta para o conjunto de relacionamentos. A idéia é incluir as informações sobre o conjunto de relacionamentos na tabela correspondente ao conjunto de entidades que tem a chave, tirando proveito da restrição de chave. No exemplo de Gerencia, como um departamento tem no máximo um gerente, podemos adicionar na tupla de Departamentos os campos de chave da tupla de Funcionários que denota o gerente e o atributo *desde*.

Essa estratégia elimina a necessidade de uma relação Gerencia separada, e as consultas solicitando o gerente de um departamento podem ser respondidas sem combinar informações das duas relações. O único inconveniente dessa estratégia é que espaço poderia ser desperdiçado, caso vários departamentos não tivessem gerentes. Nesse caso, os campos adicionados teriam de ser preenchidos com valores *null*. O primeiro mapeamento (usando uma tabela separada para Gerencia) evita essa ineficiência, mas algumas consultas importantes exigem que combinemos informações das duas relações, o que pode ser uma operação lenta.

A instrução SQL a seguir, definindo uma relação Depto_Gerencia que captura as informações sobre Departamentos e sobre Gerencia, ilustra a segunda estratégia para mapear conjuntos de relacionamentos com restrições de chave:

```
CREATE TABLE Depto_Gerencia ( id-depto    INTEGER,
                              nome-depto  CHAR(20),
                              orçamento   REAL,
                              cpf         CHAR(11),
                              desde       DATE,
                              PRIMARY KEY (id-depto),
                              FOREIGN KEY (cpf) REFERENCES Funcionários)
```

Note que *cpf* pode receber valores *null*.

Essa idéia pode ser estendida para tratar com conjuntos de relacionamentos que envolvem mais de dois conjuntos de entidades. Em geral, se um conjunto de relacionamentos envolve n conjuntos de entidades e alguns m deles são ligados por meio de setas no diagrama ER, a relação correspondente a qualquer um dos m conjuntos pode ser ampliada para capturar o relacionamento.

Discutiremos melhor os méritos relativos das duas estratégias de transformação após considerarmos como se faz para transformar conjuntos de relacionamentos com restrições de participação em tabelas.

3.5.4 Mapeando Conjuntos de Relacionamentos com Restrições de Participação

Considere o diagrama ER da Figura 3.13, que mostra dois conjuntos de relacionamentos, Gerencia e Trabalha_em.

O Modelo Relacional

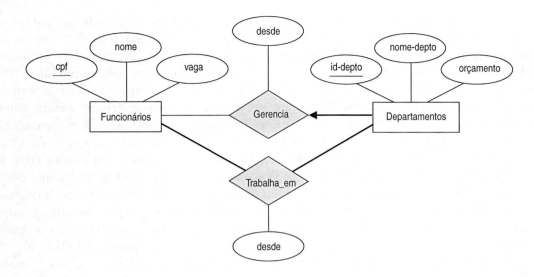

Figura 3.13 Gerencia e Trabalha_em.

Todo departamento é obrigado a ter um gerente, pela restrição de participação, e no máximo um gerente, pela restrição de chave. A instrução SQL a seguir reflete a segunda estratégia de mapeamento discutida na Seção 3.5.3 e utiliza a restrição de chave:

```
CREATE TABLE Depto_Gerencia ( id-depto    INTEGER,
                              nome-depto  CHAR(20),
                              orçamento   REAL,
                              cpf         CHAR(11) NOT NULL,
                              desde       DATE,
                              PRIMARY     KEY (id-depto),
                              FOREIGN     KEY (cpf) REFERENCES Funcionários
                                          ON DELETE NO ACTION)
```

A instrução SQL também captura a restrição de participação de que todo departamento deve ter um gerente: como *cpf* não pode receber valores *null*, cada tupla de Depto_Gerencia identifica uma tupla em Funcionários (que é o gerente). A especificação NO ACTION, que é o padrão e não precisa ser explícita, garante que uma tupla de Funcionários não pode ser excluída enquanto for apontada por uma tupla de Depto_Gerencia. Se quisermos excluir tal tupla de Funcionários, devemos primeiro alterar a tupla de Depto_Gerencia para termos um novo funcionário como gerente. (Poderíamos ter especificado CASCADE, em vez de NO ACTION, mas excluir todas as informações sobre um departamento apenas porque seu gerente foi demitido parece um pouco extremo!)

A restrição de que todo departamento deve ter um gerente não pode ser capturada usando-se a primeira estratégia de mapeamento discutida na Seção 3.5.3. (Veja a definição de Gerencia e pense sobre o efeito que teria se adicionássemos restrições NOT NULL nos campos *cpf* e *id-depto*. *Dica:* a restrição impediria a demissão do gerente, mas não garantiria que um gerente fosse inicialmente designado para cada departamento!) Essa situação é um forte argumento a favor do uso da segunda estratégia para relacionamentos um-para-muitos, como Gerencia, especialmente quando o conjunto de entidades com a restrição de chave também tem uma restrição de participação total.

Infelizmente, existem muitas restrições de participação que não podemos capturar usando SQL sem usar *restrições de tabela* ou *assertivas*. As restrições de tabela e as assertivas podem ser especificadas usando-se o poder total da linguagem de consulta SQL (conforme discutido na Seção 5.7) e são muito expressivas, mas também muito dispendiosas para verificar e garantir. Por exemplo, não podemos garantir as restrições de participação na relação Trabalha_em sem usar essas restrições gerais. Para entender o motivo disso, considere a relação Trabalha_em obtida pelo mapeamento do diagrama ER em relações. Ela contém os campos *cpf* e *id-depto*, os quais são chaves estrangeiras referindo-se a Funcionários e a Departamentos. Para garantirmos a participação total de Departamentos em Trabalha_em, precisamos garantir que cada valor de *id-depto* em Departamentos apareça em uma tupla de Trabalha_em. Poderíamos tentar garantir essa condição declarando que *id-depto* em Departamentos é uma chave estrangeira referindo-se a Trabalha_em, mas essa não é uma restrição de chave estrangeira válida, porque *id-depto* não é uma chave candidata para Trabalha_em.

Para garantirmos a participação total de Departamentos em Trabalha_em usando SQL, precisamos de uma assertiva. Precisamos garantir que cada valor de *id-depto* em Departamentos apareça em uma tupla de Trabalha_em; além disso, essa tupla de Trabalha_em também não deve ter valores *null* nos campos que são chaves estrangeiras referenciando outros conjuntos de entidades envolvidos no relacionamento (neste exemplo, o campo *cpf*). Podemos garantir a segunda parte dessa restrição impondo o requisito mais forte de que *cpf* em Trabalha_em não pode conter valores *null*. (Garantir que a participação de Funcionários em Trabalha_em seja total e simétrica.)

Outra restrição que exige assertivas para expressar em SQL é o requisito de que cada entidade de Funcionários (no contexto do conjunto de relacionamentos Gerencia) deve gerenciar pelo menos um departamento.

Na verdade, o conjunto de relacionamentos Gerencia exemplifica a maioria das restrições de participação que podemos capturar usando restrições de chave e de chave estrangeira. Gerencia é um conjunto de relacionamentos binário, no qual exatamente um dos conjuntos de entidades (Departamentos) tem uma restrição de chave e a restrição da participação total é expressa nesse conjunto de entidades.

Também podemos capturar restrições de participação usando restrições de chave e de chave estrangeira em uma outra situação especial: um conjunto de relacionamentos no qual todos os conjuntos de entidades participantes têm restrições de chave e participação total. A melhor estratégia nesse caso é fazer o mapeamento de todas as entidades, assim como do relacionamento, em uma única tabela; os detalhes são simples e diretos.

3.5.5 Mapeando Conjuntos de Entidades Fracas

Um conjunto de entidades fracas sempre participa de um relacionamento binário de um-para-muitos e tem uma restrição de chave e participação total. A segunda estratégia de mapeamento discutida na Seção 3.5.3 é ideal nesse caso, mas devemos levar em conta que a entidade fraca tem apenas uma chave parcial. Além disso, quando uma entidade proprietária é excluída, queremos que todas as entidades fracas possuídas sejam excluídas.

Considere o conjunto de entidades fracas Dependentes, mostrado na Figura 3.14, com chave parcial *nomed*. Uma entidade de Dependentes pode ser identificada univocamente apenas se tomarmos a chave da entidade de Funcionários *proprietária* e a chave *nomed* da entidade de Departamentos, e a entidade de Dependentes deve ser excluída se a entidade de Funcionários proprietária for excluída.

O Modelo Relacional 69

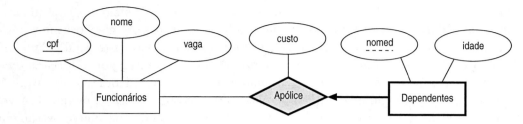

Figura 3.14 O conjunto de entidades fracas Dependentes.

Podemos capturar a semântica desejada com a seguinte definição da relação Apólice_Dep:

CREATE TABLE Apólice_Dep (nomed   CHAR(20),
                          idade   INTEGER,
                          custo   REAL,
                          cpf   CHAR(11),
                          PRIMARY KEY (nomed, cpf),
                          FOREIGN KEY (cpf) REFERENCES Funcionários
                          ON DELETE CASCADE)

Observe que a chave primária é ⟨*nomed, cpf*⟩, pois Dependentes é uma entidade fraca. Essa restrição é uma alteração com relação à transformação discutida na Seção 3.5.3. Precisamos garantir que cada entidade de Dependentes seja associada a uma entidade de Funcionários (a proprietária), de acordo com a restrição de participação total em Dependentes. Isto é, *cpf* não pode ser *null*. Isso é garantido, pois *cpf* faz parte da chave primária. A opção CASCADE garante que as informações sobre a apólice e os dependentes de um funcionário sejam excluídas, caso a tupla de Funcionários correspondente seja removida.

3.5.6 Mapeando Hierarquias de Classe

Apresentamos as duas estratégias básicas para tratar com hierarquias É-UM aplicando-as no diagrama ER mostrado na Figura 3.15:

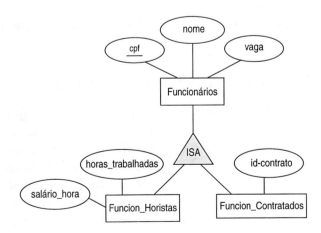

Figura 3.15 Hierarquia de classes.

1. Podemos mapear cada um dos conjuntos de entidades Funcionários, Funcion_ Horistas e Funcion_Contratados em uma relação distinta. A relação Funcionários é criada como na Seção 3.5.1. Discutiremos Funcion_Horistas aqui; Funcion_ Contratados é tratada de forma semelhante. A relação de Funcion_Horistas inclui os atributos *salário_hora* e *horas_trabalhadas* de Funcion_Horistas. Ela também contém os atributos de chave da superclasse (*cpf*, neste exemplo), os quais servem como chave primária para Funcion_Horistas, assim como uma chave estrangeira referenciando a superclasse (Funcionários). Para cada entidade Funcion_Horistas, os valores dos atributos *nome* e *vaga* são armazenados na linha correspondente da superclasse (Funcionários). Note que, se a tupla da superclasse for excluída, a exclusão deverá ser propagada em Funcion_Horistas.

2. Como alternativa, podemos criar apenas duas relações, correspondendo a Funcion_ Horistas e Funcion_Contratados. A relação de Funcion_Horistas inclui todos os atributos de Funcion_Horistas, assim como todos os atributos de Funcionários (isto é, *cpf, nome, salário_hora, horas_trabalhadas*).

A primeira estratégia é geral e sempre aplicável. As consultas nas quais queremos examinar todos os funcionários e não nos preocupamos com os atributos específicos da subclasse são manipuladas facilmente, usando-se a relação Funcionários. Entretanto, as consultas nas quais queremos examinar, digamos, os funcionários que ganham por hora, podem exigir que combinemos Funcion_Horistas (ou Funcion_Contratados, conforme o caso) com Funcionários, para recuperarmos *nome* e *vaga*.

A segunda estratégia não é aplicável se tivermos funcionários que não são nem horistas nem contratados, pois não há nenhuma maneira de armazenarmos esses funcionários. Além disso, se um funcionário é tanto uma entidade de Funcion_Horistas como de Funcion_Contratados, então os valores de *nome* e *vaga* são armazenados duas vezes. Essa duplicação pode levar a algumas das anomalias que discutiremos no Capítulo 19. Nesta abordagem, uma consulta que precise examinar todos os funcionários deve examinar duas relações. Por outro lado, uma consulta que precise examinar apenas os funcionários que ganham por hora pode fazer isso examinando apenas uma relação. A escolha entre essas duas estratégias depende claramente da semântica dos dados e da freqüência das operações comuns.

Em geral, restrições de sobreposição e cobertura podem ser expressas em SQL usando-se apenas assertivas.

3.5.7 Mapeando Diagramas ER com Agregação

Considere o diagrama ER mostrado na Figura 3.16. Os conjuntos de entidades Funcionários, Financia e Departamentos e o conjunto de relacionamentos Financia são mapeados conforme descrito nas seções anteriores. Para o conjunto de relacionamentos Monitora, criamos uma relação com os seguintes atributos: os atributos de chave de Funcionários (*cpf*), os atributos de chave de Financia (*id-depto, id-projeto*) e os atributos descritivos de Monitora (*até*). Essa transformação é basicamente o mapeamento padrão para um conjunto de relacionamentos, conforme descrito na Seção 3.5.2.

O Modelo Relacional 71

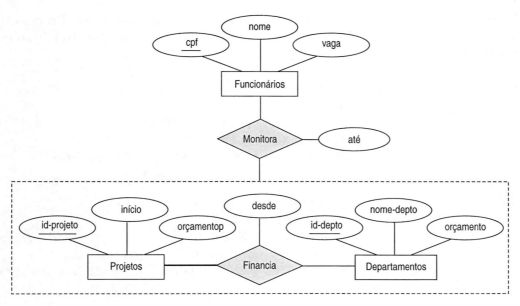

Figura 3.16 Agregação.

Existe um caso especial no qual esse mapeamento pode ser refinado, eliminando-se a relação Financia. Considere a relação Financia. Ela tem os atributos *id-projeto, id-depto* e *desde*; e, em geral, precisamos dela (além de Monitora) por duas razões:

1. Precisamos registrar os atributos descritivos (em nosso exemplo, *desde*) do relacionamento Financia.
2. Nem todo financiamento tem um monitor e, assim, alguns pares $\langle$*id-projeto, id-depto*$\rangle$ na relação Financia podem não aparecer na relação Monitora.

Entretanto, se Financia não tem atributos descritivos e tem participação total em Monitora, toda instância possível da relação Financia pode ser obtida a partir das colunas $\langle$*id-projeto, id-depto*$\rangle$ de Monitora; Financia pode ser eliminada.

3.5.8 ER para Relacional: Mais Exemplos

Considere o diagrama ER mostrado na Figura 3.17.

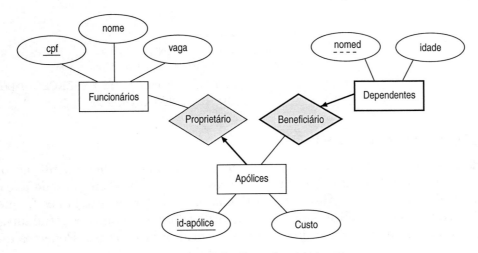

Figura 3.17 Apólice reformulada.

Podemos usar as restrições de chave para combinar informações de Proprietário com Apólices e informações de Beneficiário com Dependentes, e mapeá-los para o modelo relacional como segue:

```
CREATE TABLE Apólices ( id-apólice  INTEGER,
                        custo       REAL,
                        cpf         CHAR(11) NOT NULL,
                        PRIMARY KEY (id-apólice),
                        FOREIGN KEY (cpf) REFERENCES Funcionários
                                ON DELETE CASCADE )

CREATE TABLE Dependentes ( nomed      CHAR(20),
                           idade      INTEGER,
                           id-apólice INTEGER,
                           PRIMARY KEY (nomed, id-apólice),
                           FOREIGN KEY (id-apólice) REFERENCES Apólices
                                   ON DELETE CASCADE )
```

Observe como a exclusão de um funcionário leva à exclusão de todas as apólices de seguro pertencentes a ele e de todos os dependentes beneficiários dessas apólices. Além disso, cada dependente é obrigado a ter uma apólice de cobertura — como *id-apólice* faz parte da chave primária de Dependentes, existe uma restrição NOT NULL implícita. Esse modelo reflete precisamente as restrições de participação do diagrama ER e as ações pretendidas para quando uma entidade funcionário é excluída.

Em geral, poderia haver um encadeamento de relacionamentos identificadores para conjuntos de entidades fracas. Por exemplo, consideramos que *id-apólice* identifica uma apólice univocamente. Suponha agora que *id-apólice* distinga apenas as apólices pertencentes a determinado funcionário; ou seja, *id-apólice* é apenas uma chave parcial e Apólices deve ser modelada como um conjunto de entidades fracas. Essa nova suposição sobre *id-apólice* não causa muitas alterações na discussão anterior. Na verdade, as únicas mudanças são que a chave primária de Apólices se torna ⟨*id-apólice, cpf*⟩ e, como conseqüência, a definição de Dependentes muda — um campo chamado *cpf* é adicionado e torna-se parte da chave primária de Dependentes e da chave estrangeira que referencia Apólices:

```
CREATE TABLE Dependentes ( nomed      CHAR(20),
                           cpf        CHAR(11),
                           idade      INTEGER,
                           id-apólice INTEGER NOT NULL,
                           PRIMARY KEY (nomed, id-apólice, cpf),
                           FOREIGN KEY (id-apólice, cpf) REFERENCES Apólices
                                   ON DELETE CASCADE )
```

3.6 INTRODUÇÃO A VISÕES

Uma **visão** é uma tabela cujas linhas não são armazenadas explicitamente no banco de dados, mas são calculadas conforme for necessário, com base em uma **definição de visão**. Considere as relações Alunos e Matriculado. Suponha que estejamos freqüentemente interessados em localizar os nomes e identificadores de aluno dos estudantes que tiraram nota B em algum curso, junto com o identificador de curso. Podemos definir uma visão para esse propósito. Usando notação SQL:

```
CREATE VIEW  Estudantes-B (nome, id-aluno, curso)
    AS SELECT  A.nome, A.id-aluno, M.id-curso
    FROM       Alunos A, Matriculado M
    WHERE      A.id-aluno = M.id-aluno AND M.nota = 'B'
```

A visão Estudantes-B tem três campos, chamados *nome, id-aluno* e *curso*, com os mesmos domínios dos campos *nome* e *id-aluno* em *Alunos* e *id-curso* em Matriculado. (Se os argumentos opcionais *nome, id-aluno* e *curso* forem omitidos do comando CREATE VIEW, serão herdados os nomes de coluna *nome, id-aluno* e *id-curso*.)

Essa visão pode ser usada exatamente como uma **tabela base**, ou tabela armazenada explicitamente, na definição de novas consultas ou visões. Dadas as instâncias de Matriculado e Alunos mostradas na Figura 3.4, Estudantes-B contém as tuplas que aparecem na Figura 3.18. Conceitualmente, quando Estudantes-B é usada em uma consulta, a definição da visão é primeiramente avaliada para obter a instância de Estudantes-B correspondente e, depois, o restante da consulta é avaliado, tratando Estudantes-B como qualquer outra relação referida na consulta. (Discutiremos como as consultas são avaliadas na prática em visões, no Capítulo 25.)

nome	*id-aluno*	*curso*
Jones	53666	History105
Guldu	53832	Reggae203

Figura 3.18 Uma instância da visão Estudantes-B.

3.6.1 Visões, Independência de Dados, Segurança

Considere os níveis de abstração discutidos na Seção 1.5.2. O esquema *físico* de um banco de dados relacional descreve como as relações do esquema conceitual são armazenadas, em termos de organizações de arquivo e índices usados. O esquema *conceitual* é a coleção de esquemas das relações armazenadas no banco de dados. Embora algumas relações do esquema conceitual também possam ser expostas para os aplicativos, isto é, fazer parte do esquema *externo* do banco de dados, relações adicionais no esquema *externo* podem ser definidas usando-se o mecanismo de visão. Assim, o mecanismo de visão fornece o suporte para *independência lógica de dados* no modelo relacional. Ou seja, visões podem ser usadas para definir relações no esquema externo que mascaram para os aplicativos as alterações feitas no esquema conceitual do banco de dados. Por exemplo, se o esquema de uma relação armazenada é alterado, podemos definir uma visão com o esquema antigo e os aplicativos que esperam ver o esquema antigo podem agora usar essa visão.

As visões também são valiosas no contexto da *segurança*: podemos definir visões que dêem a um grupo de usuários acesso apenas às informações que eles podem ver. Por exemplo, podemos definir uma visão que permita aos alunos verem o nome e a idade de outros alunos, mas não sua média, e permitir a todos os alunos acessarem essa visão, mas não a tabela base Alunos (consulte o Capítulo 21).

3.6.2 Atualizações nas Visões

A motivação existente por trás do mecanismo de visões é personalizar a maneira como os usuários vêem os dados. Os usuários não devem ter de se preocupar com a distinção entre visão e tabela base. Esse objetivo é atingido no caso de consultas em visões; uma visão pode ser usada exatamente como qualquer outra relação na definição de uma consulta. Entretanto, é natural querer especificar também atualizações em visões. Aqui, infelizmente, a distinção entre visão e tabela base deve ser lembrada.

O padrão SQL-92 permite que atualizações sejam especificadas apenas em visões definidas em uma única tabela base, usando apenas seleção e projeção, sem nenhum uso de operações agregadas.[3] Tais visões são chamadas de **visões atualizáveis**. Essa definição é bastante simplificada, mas captura o espírito das restrições. Uma atualização em uma visão restrita sempre pode ser implementada pela atualização da tabela base subjacente, de maneira não ambígua. Considere a visão a seguir:

```
CREATE VIEW EstudantesBons (id-aluno, media)
    AS SELECT A.id-aluno, A.media
       FROM   Alunos A
       WHERE  A.media > 3,0
```

Podemos implementar um comando para modificar a média de uma linha de EstudantesBons, modificando a linha correspondente em Alunos. Podemos excluir uma linha de EstudantesBons, excluindo a linha correspondente de Alunos. (Em geral, se a visão não incluiu uma chave para a tabela base, várias linhas desta tabela poderiam 'corresponder' a uma única linha na visão. Esse seria o caso, por exemplo, se usássemos *A.nome*, em vez de *A.id-aluno*, na definição de EstudantesBons. Então, um comando que afetasse uma linha na visão afetaria todas as linhas correspondentes na tabela base.)

Podemos inserir uma linha em EstudantesBons, inserindo uma linha em Alunos, usando valores *null* nas colunas de Alunos que não aparecem em EstudantesBons (por exemplo, *nome, login*). Note que as colunas de chave primária não podem conter valores *null*. Portanto, se tentarmos inserir linhas por meio de uma visão que não contenha a chave primária da tabela base, as inserções serão rejeitadas. Por exemplo, se EstudantesBons contivesse *nome*, mas não *id-aluno*, não poderíamos inserir linhas em Alunos por meio de inserções em EstudantesBons.

Visões Atualizáveis no Padrão SQL:1999: O novo padrão SQL ampliou a classe de definições de visão que admitem atualização, levando em conta as restrições de chave primária. Em contraste com o padrão SQL-92, uma definição de visão que contém mais de uma tabela na cláusula FROM pode ser atualizada sob a nova definição. Intuitivamente, podemos atualizar um campo de uma visão, se ele é obtido de exatamente uma das tabelas base e a chave primária dessa tabela estiver incluída nos campos da visão.

O padrão SQL:1999 faz distinção entre as visões cujas linhas podem ser modificadas (*visões atualizáveis*) e as visões nas quais novas linhas podem ser inseridas (**visões que admitem inserção**): as visões definidas usando-se as construções (SQL) UNION, INTERSECT e EXCEPT (que discutiremos no Capítulo 5) não admitem inserções, mesmo que possam ser atualizadas. Intuitivamente, a capacidade de atualização garante que uma tupla atualizada na visão pode remeter a exatamente uma tupla em uma das tabelas usadas para definir a visão. Entretanto, a propriedade da capacidade de atualização pode ainda não permitir que decidamos em qual tabela vamos inserir uma nova tupla.

---

[3] Também há a restrição de que o operador DISTINCT não pode ser usado em definições de visões atualizáveis. Por padrão, a SQL não elimina cópias duplicadas de linhas do resultado de uma consulta; o operador DISTINCT exige eliminação de duplicatas. Discutiremos melhor esse ponto no Capítulo 5.

O Modelo Relacional

Uma observação importante é a de que um comando `INSERT` ou `UPDATE` pode alterar a tabela base subjacente, de modo que a linha resultante (isto é, inserida ou modificada) não esteja na visão! Por exemplo, se tentarmos inserir uma linha ⟨*51234, 2,8*⟩ na visão, essa linha poderá ser (preenchida com valores *null* nos outros campos de Alunos e então) adicionada na tabela Alunos subjacente, mas ela não aparecerá na visão EstudantesBons, pois não satisfaz a condição da visão *media* > 3,0. A ação padrão da SQL é permitir essa inserção, mas podemos proibir isso adicionando a cláusula `WITH CHECK OPTION` na definição da visão. Nesse caso, apenas as linhas que realmente aparecem na visão são inserções permitidas.

Alertamos o leitor de que, quando uma visão é definida em termos de outra visão, a interação entre essas definições de visão com relação às atualizações e à `cláusula CHECK OPTION` pode ser complexa; não vamos entrar nos detalhes.

Necessidade de Restringir Atualizações de Visões

Embora as regras da SQL sobre visões atualizáveis sejam mais rigorosas do que o necessário, existem alguns problemas fundamentais nas atualizações especificadas em visões e há um bom motivo para limitar a classe de visões atualizáveis. Considere a relação Alunos e uma nova relação chamada Clubes:

Clubes(*nomec:* string, *ano_filiação:* date, *nomem:* string)

Uma tupla em Clubes denota que o aluno chamado *nomem* foi membro do clube *nomec* desde a data *ano_filiação*.[4] Suponha que estejamos freqüentemente interessados em localizar os nomes e logins dos alunos com média maior do que 3, que pertençam a pelo menos um clube, junto com o nome do clube e a data em que entraram nele. Podemos definir uma visão para esse propósito:

```
CREATE VIEW EstudantesAtivos (nome, login, club, desde)
    AS SELECT  A.nome, A.login, C.nomec, C.ano_filiação
       FROM    Alunos A, Clubes C
       WHERE   A.snome = C.nomem AND A.media > 3
```

Considere as instâncias de Alunos e Clubes mostradas nas Figuras 3.19 e 3.20. Quando avaliada usando as instâncias *C* e *A*3, EstudantesAtivos contém as linhas mostradas na Figura 3.21.

Agora, suponha que queremos excluir a linha ⟨*Smith, smith@ee, Hiking, 1997*⟩ de EstudantesAtivos. Como fazemos isso? As linhas de EstudantesAtivos não estão armazenadas fisicamente, mas são calculadas conforme o necessário, por meio das tabelas Alunos e Clubes, usando a definição da visão. Assim, precisamos alterar Alunos ou Clubes (ou ambas) de tal maneira que a avaliação da definição da visão na instância modificada não produza a linha ⟨*Smith, smith@ee, Hiking, 1997*⟩. Essa tarefa pode ser realizada de duas maneiras: excluindo-se a linha ⟨*53688, Smith, smith@ee, 18, 3,2*⟩ de Alunos ou excluindo-se a linha ⟨*Hiking, 1997, Smith*⟩ de Clubes. Mas nenhuma das duas soluções é satisfatória. Remover a linha de Alunos tem o efeito de também excluir a linha ⟨*Smith, smith@ee, Rowing, 1998*⟩ da visão EstudantesAtivos. Remover a linha de Clubes tem o efeito de também excluir a linha ⟨*Smith, smith@math, Hiking, 1997*⟩ da visão EstudantesAtivos. Nenhum desses efeitos colaterais é desejável. Na verdade, a única solução razoável é *proibir* essas atualizações nas visões.

---

[4] Observamos que Clubes tem um esquema mal projetado (escolhido para a nossa discussão sobre atualizações de visões), pois identifica os alunos pelo nome, o qual não é uma chave candidata para Alunos.

nomec	ano_filiação	nomem
Sailing	1996	Dave
Hiking	1997	Smith
Rowing	1998	Smith

Figura 3.19 Uma instância C de Clubes.

id-aluno	nome	login	idade	média
50000	Dave	dave@cs	19	3,3
53666	Jones	jones@cs	18	3,4
53688	Smith	smith@ee	18	3,2
53650	Smith	smith@math	19	3,8

Figura 3.20 Uma instância $A3$ de Alunos.

nome	login	clube	desde
Dave	dave@cs	Sailing	1996
Smith	smith@ee	Hiking	1997
Smith	smith@ee	Rowing	1998
Smith	smith@math	Hiking	1997
Smith	smith@math	Rowing	1998

Figura 3.21 Instância de EstudantesAtivos.

As visões envolvendo mais de uma tabela base podem, em princípio, ser atualizadas com segurança. A visão Estudantes-B que apresentamos no início desta seção é um exemplo disso. Considere a instância de Estudantes-B mostrada na Figura 3.18 (é claro, com as instâncias correspondentes de Alunos e Matriculado, como na Figura 3.4). Para inserirmos uma tupla, digamos ⟨Dave, 50000, Reggae203⟩, em Estudantes-B, podemos simplesmente inserir uma tupla ⟨Reggae203, B, 50000⟩ em Matriculado, pois já existe uma tupla para id-aluno 50000 em Alunos. Por outro lado, para inserirmos ⟨John, 55000, Reggae203⟩, precisamos inserir ⟨Reggae203, B, 55000⟩ em Matriculado e também inserir ⟨55000, John, null, null, null⟩ em Alunos. Observe como os valores null são usados nos campos da tupla inserida cujos valores não estão disponíveis. Felizmente, o esquema da visão contém os campos de chave primária das duas tabelas base subjacentes; caso contrário, não poderíamos suportar inserções nessa visão. Para excluirmos uma tupla da visão Estudantes-B, podemos simplesmente excluir a tupla correspondente de Matriculado.

Embora esse exemplo ilustre que as regras da SQL sobre visões atualizáveis sejam desnecessariamente restritivas, ele também revela a complexidade do tratamento com atualizações de visões no caso geral. Por motivos práticos, o padrão SQL optou por permitir apenas atualizações em uma classe muito restrita de visões.

3.7 DESTRUINDO/ALTERANDO TABELAS E VISÕES

Se decidirmos que não precisamos mais de uma tabela base e quisermos destruí-la (isto é, excluir todas as linhas e remover as informações de definição da tabela), podemos usar o comando DROP TABLE. Por exemplo, DROP TABLE Alunos RESTRICT destrói a tabela Alunos, a menos que alguma visão ou restrição de integridade se refira a Alunos; se assim for, o comando falhará. Se a palavra-chave RESTRICT for substituída por CASCADE, Alunos será eliminada e todas as visões ou restrições de integridade associadas também serão eliminadas (recursivamente); uma dessas duas palavras-chave sempre deve ser especificada. Uma visão pode ser eliminada usando-se o comando DROP VIEW, que é exatamente como DROP TABLE.

O Modelo Relacional 77

ALTER TABLE modifica a estrutura de uma tabela existente. Para adicionarmos uma coluna chamada *nome-família* em Alunos, por exemplo, usaríamos o seguinte comando:

```
ALTER TABLE Alunos
    ADD COLUMN nome-família CHAR(10)
```

A definição de Alunos é modificada para adicionar essa coluna, e todas as linhas existentes são preenchidas com valores *null* nessa coluna. ALTER TABLE também pode ser usado para excluir colunas e adicionar ou eliminar restrições de integridade em uma tabela; não discutiremos esses aspectos do comando, além de observarmos que a eliminação de colunas é tratada de forma muito semelhante à exclusão de tabelas ou visões.

3.8 ESTUDO DE CASO: A LOJA NA INTERNET

A próxima etapa do projeto em nosso exemplo, continuado da Seção 2.8, é o projeto lógico do banco de dados. Usando a estratégia padrão discutida na Seção 3.5, a DBDudes faz o mapeamento do diagrama ER mostrado na Figura 2.20, para o modelo relacional, gerando as seguintes tabelas:

```
CREATE TABLE Livros ( isbn              CHAR(10),
                      título            CHAR(80),
                      autor             CHAR(80),
                      qtidade-em-estoque INTEGER,
                      preço             REAL,
                      ano_publicação    INTEGER,
                      PRIMARY KEY (isbn))

CREATE TABLE Pedidos ( isbn             CHAR(10),
                       id-cliente       INTEGER,
                       num-cartão       CHAR(16),
                       qtidade          INTEGER,
                       data-pedido      DATE,
                       data-remessa     DATE,
                       PRIMARY KEY (isbn,id-cliente),
                       FOREIGN KEY (isbn) REFERENCES Livros,
                       FOREIGN KEY (id-cliente) REFERENCES Clientes )

CREATE TABLE Clientes ( id-cliente      INTEGER,
                        nomec           CHAR(80),
                        endereço        CHAR(200),
                        PRIMARY KEY (id-cliente))
```

O líder da equipe de projeto, que ainda está meditando sobre o fato de que a revisão expôs uma falha no projeto, agora tem uma inspiração. A tabela Pedidos contém o campo *data-pedido* e a chave da tabela contém apenas os campos *isbn* e *id-cliente*. Por isso, um cliente não pode pedir o mesmo livro em dias diferentes, uma restrição que não era pretendida. Por que não adicionar o atributo *data-pedido* na chave da tabela Pedidos? Isso eliminaria a restrição indesejada:

```
CREATE TABLE Pedidos ( isbn           CHAR(10),
                       ...
                       PRIMARY KEY (isbn,id-cliente,data-pedido),
                       ...)
```

O revisor, Dude 2, não está totalmente contente com essa solução, que ele chama de "jeito". Ele observa que nenhum diagrama ER natural reflete esse projeto e enfatiza a importância do diagrama ER como documento de projeto. Dude 1 argumenta que, embora Dude 2 tenha razão, é importante apresentar um projeto preliminar para a B&N e ter um retorno; todo mundo concorda com isso e eles voltam para a B&N.

O dono da B&N apresenta agora alguns requisitos adicionais que não havia mencionado nas discussões iniciais: "Os clientes poderão adquirir vários livros diferentes em um único pedido. Por exemplo, se um cliente quiser comprar três exemplares de *O Professor de Inglês* e dois de *O Caráter da Lei da Física*, ele deverá ser capaz de fazer um único pedido para ambos os livros".

O líder da equipe de projeto, Dude 1, pergunta como isso afeta a política de remessa. A B&N ainda quer enviar todos os livros de um pedido juntos? O dono da B&N explica a política de remessa: "Assim que tivermos exemplares suficientes de um livro pedido, nós os enviaremos, mesmo que um pedido contenha vários livros. Assim, poderia acontecer de três exemplares de *O Professor de Inglês* serem enviados hoje, porque temos cinco exemplares no estoque, mas *O Caráter da Lei da Física* deverá ser enviado amanhã, porque no momento temos apenas um exemplar no estoque e o outro chegará amanhã. Além disso, meus clientes podem fazer mais de um pedido por dia, e eles querem identificar os pedidos que fazem".

A equipe da DBDudes pensa sobre isso e identifica dois novos requisitos. Primeiro, deve ser possível solicitar vários livros diferentes em um único pedido e, segundo, um cliente deve ser capaz de distinguir entre vários pedidos feitos no mesmo dia. Para satisfazer esses requisitos, eles introduzem um novo atributo na tabela Pedidos, chamado *num-pedido*, o qual identifica um pedido univocamente e, portanto, o cliente que está fazendo o pedido. Entretanto, como vários livros podem ser comprados em um único pedido, *num-pedido* e *isbn* são ambos necessários para se determinar *qtidade* e *data-remessa* na tabela Pedidos.

Os pedidos recebem números em seqüência e os que são feitos posteriormente recebem números mais altos. Se vários pedidos são feitos pelo mesmo cliente em um único dia, esses pedidos têm números diferentes e, assim, podem ser diferenciados. A declaração DDL SQL para criar a tabela Pedidos modificada é a seguinte:

```
CREATE TABLE Pedidos ( num-pedido    INTEGER,
                       isbn          CHAR(10),
                       id-cliente    INTEGER,
                       num-cartão    CHAR(16),
                       qtidade       INTEGER,
                       data-pedido   DATE,
                       data-remessa  DATE,
                       PRIMARY KEY (num-pedido, isbn),
                       FOREIGN KEY (isbn) REFERENCES Livros,
                       FOREIGN KEY (id-cliente) REFERENCES Clientes )
```

O dono da B&N fica muito contente com esse projeto de Pedidos, mas percebe algo mais. (A DBDudes não fica surpresa: os clientes quase sempre aparecem com vários requisitos novos, à medida que o projeto progride.) Embora ele queira que todos os seus funcionários vejam os detalhes de um pedido, para que possam responder às consultas dos clientes, quer também que as informações do cartão de crédito dos clientes fiquem em segurança. Para tratar desse problema, a DBDudes cria a seguinte visão:

```
CREATE VIEW InfoPedido (isbn, id-cliente, qtidade, data-pedido, data-remessa)
     AS SELECT P.id-cliente, P.qtidade, P.data-pedido, P.data-remessa
        FROM   Pedidos P
```

O Modelo Relacional 79

O plano é permitir que os funcionários vejam essa tabela, mas não Pedidos; esta última fica restrita à divisão de Contabilidade da B&N. Veremos como isso é feito, na Seção 21.7.

3.9 QUESTÕES DE REVISÃO

As respostas das questões de revisão podem ser encontradas nas seções listadas.

- O que é uma relação? Diferencie um esquema de relação de uma instância de relação. Defina os termos *aridade* e *grau* de uma relação. O que são restrições de domínio? **(Seção 3.1)**

- Qual construção da SQL permite a definição de uma relação? Quais construções permitem a modificação de instâncias de relação? **(Seção 3.1.1)**

- O que são *restrições de integridade*? Defina os termos *restrição de chave primária* e *restrição de chave estrangeira*. Como essas restrições são expressas em SQL? Quais outros tipos de restrições podemos expressar em SQL? **(Seção 3.2)**

- O que o SGBD faz quando restrições são violadas? O que é *integridade referencial*? Quais opções a SQL fornece aos programadores de aplicativo para tratar violações de integridade referencial? **(Seção 3.3)**

- Quando as restrições de integridade são verificadas por um SGBD? Como um programador de aplicativo pode controlar o momento em que as violações de restrição são verificadas durante a execução da transação? **(Seção 3.3.1)**

- O que é uma *consulta de banco de dados relacional*? **(Seção 3.4)**

- Como podemos transformar um diagrama ER em instruções SQL para criar tabelas? Como os conjuntos de entidades são mapeados em relações? Como os conjuntos de relacionamentos são mapeados? Como são tratadas as restrições no modelo ER, nos conjuntos de entidades fracas, em hierarquias de classe e na agregação? **(Seção 3.5)**

- O que é uma *visão*? Como as visões suportam a independência lógica dos dados? Como as visões são usadas para se obter segurança? Como as consultas nas visões são avaliadas? Por que a SQL restringe a classe de visões atualizáveis? **(Seção 3.6)**

- Quais são as construções da SQL para modificar a estrutura de tabelas e para destruir tabelas e visões? Discuta o que acontece quando destruímos uma visão. **(Seção 3.7)**

EXERCÍCIOS

Exercício 3.1 Defina os seguintes termos: *esquema de relação, esquema de banco de dados relacional, domínio, instância de relação, cardinalidade da relação* e *grau da relação*.

Exercício 3.2 Quantas tuplas distintas existem em uma instância de relação com cardinalidade 22?

Exercício 3.3 O modelo relacional, conforme visto por um escritor de consulta em SQL, fornece independência de dados física e lógica? Explique.

Exercício 3.4 Qual é a diferença entre uma chave candidata e a chave primária de determinada relação? O que é uma superchave?

Exercício 3.5 Considere a instância da relação Alunos mostrada na Figura 3.1.
   1. Dê um exemplo de atributo (ou conjunto de atributos) que você pode deduzir que *não* é uma chave candidata, com base no fato de essa instância ser válida.
   2. Há algum exemplo de atributo (ou conjunto de atributos) que você pode deduzir que *é* uma chave candidata, com base no fato de essa instância ser válida?

Exercício 3.6 O que é uma restrição de chave estrangeira? Por que tais restrições são importantes? O que é integridade referencial?

Exercício 3.7 Considere as relações Alunos, Professores, Cursos, Salas, Matriculado, Ministra e Aula, definidas na Seção 1.5.2.

1. Liste todas as restrições de chave estrangeira dentre essas relações.
2. Dê um exemplo de restrição (plausível) envolvendo uma ou mais dessas relações, que não seja uma restrição de chave primária nem de chave estrangeira.

Exercício 3.8 Responda sucintamente cada uma das perguntas a seguir. As perguntas são baseadas no seguinte esquema relacional:

Func(*id-func* : integer, *nome-func:* string, *idade:* integer, *salário:* real)
Trab(*id-func:* integer, *id-depto:* integer, *tempo:* integer)
Dept(*id-depto:* integer, *nome-depto:* string, *orçamento:* real, *gerente:* integer)

1. Dê um exemplo de restrição de chave estrangeira que envolva a relação Dept. Quais são as opções para garantir essas restrições quando um usuário tentar excluir uma tupla de Dept?
2. Escreva as instruções SQL exigidas para criar as relações anteriores, incluindo as versões apropriadas de todas as restrições de integridade de chave primária e estrangeira.
3. Defina a relação Dept em SQL, de modo que seja garantido que todo departamento tenha um gerente.
4. Escreva uma instrução SQL para adicionar John Doe como funcionário, com *id-func* = 101, *idade* = 32 e *salário* = 15,000.
5. Escreva uma instrução SQL para dar a cada funcionário um aumento de 10%.
6. Escreva uma instrução SQL para excluir o departamento Brinquedos. Dadas as restrições de integridade referencial que você escolheu para esse esquema, explique o que acontece quando essa instrução é executada.

Exercício 3.9 Considere a consulta SQL cuja resposta aparece na Figura 3.6.

1. Modifique essa consulta de modo que apenas a coluna *login* seja incluída na resposta.
2. Se a cláusula WHERE *A.média* >= *2* for adicionada na consulta original, qual será o conjunto de tuplas na resposta?

Exercício 3.10 Explique por que a adição de restrições NOT NULL na definição em SQL da relação Gerencia (na Seção 3.5.3) não imporia a restrição de que cada departamento deve ter um gerente. O que é obtido (se existir algo) exigindo-se que o campo *cpf* de Gerencia não seja *null*?

Exercício 3.11 Suponha que tenhamos um relacionamento ternário R entre os conjuntos de entidades A, B e C, tais que A tenha uma restrição de chave e participação total e B tenha uma restrição de chave; essas são as únicas restrições. A tem os atributos a1 e a2, sendo a1 a chave; B e C são semelhantes. R não tem atributos descritivos. Escreva instruções SQL que criem tabelas correspondentes a essas informações, de modo que capture o máximo de restrições possível. Se você não puder capturar alguma restrição, explique o motivo.

Exercício 3.12 Considere o cenário do Exercício 2.2, em que você projetou um diagrama ER para o banco de dados de uma universidade. Escreva instruções SQL para criar as relações correspondentes e capturar o máximo de restrições possível. Se você não puder capturar alguma restrição, explique o motivo.

Exercício 3.13 Considere o banco de dados da universidade do Exercício 2.3 e o diagrama ER que você projetou. Escreva instruções SQL para criar as relações correspondentes e capturar o máximo de restrições possível. Se você não puder capturar alguma restrição, explique o motivo.

Exercício 3.14 Considere o cenário do Exercício 2.4, em que você projetou um diagrama ER para o banco de dados de uma empresa. Escreva instruções SQL para criar as relações correspondentes e capturar o máximo de restrições possível. Se você não puder capturar alguma restrição, explique o motivo.

O Modelo Relacional

Exercício 3.15 Considere o banco de dados Notown do Exercício 2.5. Você decidiu recomendar à Notown que use um sistema de banco de dados relacional para armazenar os dados da empresa. Mostre as instruções SQL para criar relações correspondentes aos conjuntos de entidades e conjuntos de relacionamentos de seu projeto. Identifique as restrições do diagrama ER que você não é capaz de capturar nas instruções SQL e explique sucintamente por que não pode expressá-las.

Exercício 3.16 Transforme seu diagrama ER do Exercício 2.6 em um esquema relacional e mostre as instruções SQL necessárias para criar as relações, usando apenas restrições de chave e nulas. Se sua transformação não puder capturar todas as restrições do diagrama ER, explique o motivo.

No Exercício 2.6, você também modificou o diagrama ER para incluir a restrição de que os testes em um avião devem ser feitos por um técnico que seja especialista nesse modelo. Você consegue modificar as instruções SQL que definem as relações obtidas pelo mapeamento do diagrama ER para verificar essa restrição?

Exercício 3.17 Considere o diagrama ER que você projetou para a cadeia de farmácias Prescriptions-R-X, no Exercício 2.7. Defina relações correspondentes aos conjuntos de entidades e aos conjuntos de relacionamentos de seu projeto, usando SQL.

Exercício 3.18 Escreva instruções SQL para criar as relações correspondentes ao diagrama ER que você projetou para o Exercício 2.8. Se seu mapeamento não puder capturar todas as restrições do diagrama ER, explique o motivo.

Exercício 3.19 Responda sucintamente às perguntas a seguir, com base neste esquema:

Func(*id-func*: integer, *nome-func*: string, *idade*: integer, *salário*: real)

Trab(*id-func*: integer, *id-depto*: integer, *tempo*: integer)

Dept(*id-depto*: integer, *orçamento*: real, *gerente*: integer)

1. Suponha que você tenha uma visão EmpSênior, definida como segue:
   ```
   CREATE VIEW EmpSênior (nome, idade, salário)
       AS SELECT M.enome, M.idade, M.salário
           FROM   Funcion F
           WHERE  M.idade > 50
   ```
   Explique o que o sistema fará para processar a seguinte consulta:
   ```
   SELECT A.nome
   FROM   EmpSenior S
   WHERE  A.salário > 100,000
   ```
2. Dê um exemplo de visão em Emp que possa ser atualizada automaticamente pela atualização de Emp.
3. Dê um exemplo de visão em Emp que seria impossível atualizar (automaticamente) e explique por que seu exemplo apresenta esse problema de atualização.

Exercício 3.20 Considere o esquema a seguir:

Fornecedores(*id-aluno*: integer, *nome*: string, *endereço*: string)

Peças(*id-projeto*: integer, *pnome*: string, *cor*: string)

Catálogo(*id-aluno*: integer, *id-projeto*: integer, *custo*: real)

A relação Catálogo lista os preços cobrados por fornecedores pelas peças. Responda às seguintes perguntas:
- Dê um exemplo de visão atualizável, envolvendo uma relação.
- Dê um exemplo de visão atualizável, envolvendo duas relações.
- Dê um exemplo de visão que admita inserção e que admita atualização.
- Dê um exemplo de visão que admita inserção e que não admita atualização.

EXERCÍCIOS COM BASE EM PROJETO

Exercício 3.21 Crie as relações Alunos, Professores, Cursos, Salas, Matriculado, Ministra e Aula em Minibase.

Exercício 3.22 Insira as tuplas mostradas nas Figuras 3.1 e 3.4, nas relações Alunos e Matriculado. Crie instâncias razoáveis das outras relações.

Exercício 3.23 Quais restrições de integridade são impostas pelo Minibase?

Exercício 3.24 Execute as consultas SQL apresentadas neste capítulo.

NOTAS BIBLIOGRÁFICAS

O modelo relacional foi proposto em um artigo embrionário de Codd [187]. Childs [176] e Kuhns [454] prefiguraram alguns desses desenvolvimentos. O livro de Gallaire e Minker [296] contém vários artigos sobre o uso de lógica no contexto dos bancos de dados relacionais. Um sistema baseado em uma variação do modelo relacional, no qual o banco de dados inteiro é visto de forma abstrata como uma única relação, chamada *relação universal*, está descrito em [746]. Extensões do modelo relacional para incorporar valores *null*, os quais indicam um valor de campo desconhecido ou ausente, são discutidas por vários autores; por exemplo, [329, 396, 622, 754, 790].

Projetos pioneiros incluem o System R [40, 150], do IBM San Jose Research Laboratory (agora IBM Almaden Research Center); o Ingres [717], da Universidade da Califórnia em Berkeley; o PRTV [737], do IBM UK Scientific Center, em Peterlee; e o QBE [801], do IBM T. J. Watson Research Center.

Uma rica teoria corrobora o campo dos bancos de dados relacionais. Textos dedicados aos aspectos teóricos incluem os de Atzeni e DeAntonellis [45], Maier [501] e Abiteboul, Hull e Vianu [3]. [415] é uma compilação de artigos excelente.

As restrições de integridade nos bancos de dados relacionais foram detalhadamente discutidas. [190] trata das extensões semânticas do modelo relacional e da integridade, em particular da integridade referencial. [360] discute as restrições de integridade semânticas. [203] contém artigos que tratam de vários aspectos das restrições de integridade, incluindo, em particular, uma discussão detalhada da integridade referencial. Uma vasta literatura trata da verificação das restrições de integridade. [51] compara o custo de garantir restrições de integridade por meio de verificações no momento da compilação, no momento da execução e após a execução. [145] apresenta uma linguagem baseada em SQL para especificar restrições de integridade e identifica as condições sob as quais as regras de integridade especificadas nessa linguagem podem ser violadas. [713] discute a técnica de verificação de restrição de integridade por meio da modificação da consulta. [180] discute as restrições de integridade em tempo real. Outros artigos sobre verificação de restrições de integridade em bancos de dados incluem [82, 122, 138, 517]. [681] considera a estratégia de verificar a correção dos programas que acessam o banco de dados, em vez de usar verificações em tempo de execução. Note que esta lista de referências está longe de ser completa; na verdade, ela não inclui nenhum dos muitos artigos sobre verificação de restrições de integridade especificadas recursivamente. Alguns artigos iniciais dessa área amplamente estudada podem ser encontrados em [296] e em [295].

Para referências sobre SQL, consulte as notas bibliográficas do Capítulo 5. Este livro não discute produtos específicos baseados no modelo relacional, mas muitos livros excelentes discutem cada um dos principais sistemas comerciais; por exemplo, o livro de Chamberlin sobre DB2 [149], o livro de Date e McGoveran sobre Sybase [206] e o livro de Kock e Loney sobre Oracle [443].

Vários artigos consideram o problema da transformação de atualizações especificadas em visões para atualizações na tabela base [59, 208, 422, 778]. [292] é uma boa compilação de trabalhos sobre esse assunto. Consulte as notas bibliográficas do Capítulo 25 para referências sobre consultas de visões e manutenção de visões materializadas.

[73] discute uma metodologia de projeto baseada no desenvolvimento de um diagrama ER e, depois, no seu mapeamento para o modelo relacional. Markowitz considera a integridade referencial no contexto do mapeamento de ER para relacional e discute o suporte fornecido em alguns sistemas comerciais (da época) em [513, 514].

4
ÁLGEBRA E CÁLCULO RELACIONAIS

- ☞ Qual é o fundamento das linguagens de consulta relacionais como a SQL? Qual é a diferença entre linguagens procedurais e declarativas?
- ☞ O que é álgebra relacional, e por que ela é importante?
- ☞ Quais são os operadores básicos de álgebra e como eles são combinados para escrever consultas complexas?
- ☞ O que é cálculo relacional, e por que ele é importante?
- ☞ Qual subconjunto da matemática lógica é utilizado no cálculo relacional, e como ele é utilizado para escrever consultas?
- ☞ **Conceitos-chave:** álgebra relacional, seleção, projeção, união, intersecção, produto cartesiano, junção, divisão; cálculo relacional de tupla, cálculo relacional de domínio, fórmulas, quantificadores universais e existenciais, variáveis associadas e livres.

Continue firme em sua escolha de permanecer interessado durante o estudo da álgebra. Na vida real, eu lhe garanto, não há nada como a álgebra.

— Fran Lebowitz, *Social Studies*

Este capítulo apresenta duas linguagens de consulta formais associadas ao modelo relacional. As **linguagens de consulta** são linguagens especializadas em formular questões, ou **consultas**, que envolvem os dados em um banco de dados. Após tratar alguns itens preliminares na Seção 4.1, discutiremos a *álgebra relacional* na Seção 4.2. As consultas na álgebra relacional são compostas usando uma coleção de operadores, e cada consulta descreve um procedimento passo a passo para computar o resultado desejado; ou seja, as consultas são especificadas em uma maneira *operacional*. Na Seção 4.3, discutiremos o *cálculo relacional*, no qual uma consulta descreve a resposta desejada sem especificar como a resposta deve ser computada; este estilo não procedural de consulta é chamado *declarativo*. Normalmente, referenciamos a álgebra relacional e o cálculo relacional como álgebra e cálculo, respectivamente. Compararemos o poder expressivo da álgebra e do cálculo na Seção 4.4. Essas linguagens de consulta formais têm influenciado significativamente as linguagens de consulta comerciais como a SQL, que trataremos nos capítulos posteriores.

4.1 PRELIMINARES

Inicialmente, esclareceremos alguns pontos importantes sobre as consultas relacionais. As entradas e as saídas de uma consulta são relações. Uma consulta é avaliada usando as *instâncias* de cada relação de entrada e ela produz uma instância da relação de saída. Na Seção 3.4, utilizamos nomes de campo para referenciar os campos, pois essa notação torna as consultas mais legíveis. Uma alternativa é sempre listar os campos de uma determinada relação na mesma ordem e referenciá-los pela posição em vez de pelo nome.

Ao definir a álgebra e o cálculo relacionais, a alternativa de referenciar os campos pela posição é mais conveniente do que referenciá-los pelo nome: as consultas normalmente envolvem a computação de resultados intermediários, que também são instâncias de relações; e se usamos nomes de campo para referenciar os campos, a definição dos construtores da linguagem de consulta deve especificar os nomes dos campos para todas as instâncias de relação intermediárias. Isso pode ser tedioso e é realmente um item secundário, porque podemos referenciar os campos pela posição de qualquer maneira. Por outro lado, os nomes de campo tornam as consultas mais legíveis.

Por essas considerações, usamos a notação posicional para definir a álgebra e o cálculo relacionais. Também introduzimos convenções simples que permitem que relações intermediárias 'herdem' os nomes de campo, por conveniência.

Apresentaremos algumas consultas exemplo usando o seguinte esquema:

Marinheiros(*id-marin:* integer, *nome-marin*: string, *avaliação*: integer, *idade*: real)
Barcos(*id-barco:* integer, *nome-barco:* string, *cor:* string)
Reservas(*id-marin:* integer, *id-barco:* integer, *dia*: date)

Os campos-chaves encontram-se sublinhados, e o domínio de cada campo encontra-se listado após o nome do campo. Assim, *id-marin* é a chave de Marinheiros, *id-barco* é a chave de Barcos e todos os três campos juntos formam a chave de Reservas. Os campos em uma instância de uma dessas relações são referenciados pelo nome, ou posicionalmente, usando a ordem pela qual elas foram listadas.

Em diversos exemplos ilustrando os operadores da álgebra relacional, usamos as instâncias *M*1 e *M*2 (de Marinheiros) e *R*1 (de Reservas) ilustrados nas Figuras 4.1, 4.2 e 4.3, respectivamente.

id-marin	*nome-marin*	*avaliação*	*idade*
22	Dustin	7	45,0
31	Lubber	8	55,5
58	Rusty	10	35,0

Figura 4.1 Instância *M*1 de Marinheiros.

Álgebra e Cálculo Relacionais

id-marin	nome-marin	avaliação	idade
28	Yuppy	9	35,0
31	Lubber	8	55,5
44	Guppy	5	35,0
58	Rusty	10	35,0

id-marin	id-barco	dia
22	101	10/10/96
58	103	11/12/96

Figura 4.2 Instância *M2* de Marinheiros.　　　　**Figura 4.3** Instância *R1* de Reservas.

4.2 ÁLGEBRA RELACIONAL

A álgebra relacional é uma das duas linguagens de consulta formais associadas ao modelo relacional. As consultas na álgebra são compostas usando uma coleção de operadores. Uma propriedade fundamental é a de que todo operador na álgebra aceita (uma ou duas) instâncias de relação como argumentos e retorna uma instância de relação como resultado. Esta propriedade facilita a *composição* de operadores para formar uma consulta complexa — uma **expressão de álgebra relacional** é recursivamente definida como uma relação, um operador de álgebra unário aplicado a uma única expressão, ou um operador de álgebra binário aplicado a duas expressões. Nas seções seguintes, descreveremos os operadores básicos da álgebra (seleção, projeção, união, produto cartesiano e diferença), assim como alguns operadores adicionais que podem ser definidos em termos dos operadores básicos, mas que aparecem com freqüência suficiente para justificar atenção especial.

Cada consulta relacional descreve um procedimento passo a passo para computar a resposta desejada, baseado na ordem em que os operadores são aplicados na consulta. A natureza procedural da álgebra nos permite considerar uma expressão algébrica como uma receita, ou um plano, para avaliar uma consulta, e os sistemas relacionais realmente usam as expressões algébricas para representar os planos de avaliação das consultas.

4.2.1 Seleção e Projeção

A álgebra relacional inclui operadores para *selecionar* linhas de uma relação (σ) e para *projetar* colunas (π). Essas operações nos permitem manipular os dados em uma única relação. Considere a instância da relação Marinheiros ilustrada na Figura 4.2, denotada como *M2*. Podemos recuperar as linhas correspondentes aos marinheiros experientes usando o operador σ. A expressão

$$\sigma_{avaliação>8}(M2)$$

resulta na relação ilustrada na Figura 4.4. O subscrito *avaliação>8* especifica o critério de seleção a ser aplicado ao recuperar tuplas.

id-marin	nome-marin	avaliação	idade
28	Yuppy	9	35,0
58	Rusty	10	35,0

Figura 4.4 $\sigma_{avaliação>8}(M2)$.

O operador de seleção σ especifica as tuplas a serem mantidas por meio de uma *condição de seleção*. Em geral, a condição de seleção é uma combinação Booleana (isto é, uma expressão usando os conectivos lógicos ∧ e ∨) de *termos* que têm a forma *atributo* op *constante* ou *atributo1* op *atributo2*, sendo op um dos operadores de comparação <, <=, =, ≠, >=, ou >. A referência a um atributo pode ser pela posição (na forma .*i* ou *i*) ou pelo nome (na forma .*nome* ou *nome*). O esquema do resultado de uma seleção é o esquema da instância de relação de entrada.

O operador de projeção π nos permite extrair colunas de uma relação; por exemplo, podemos localizar todos os nomes e avaliações dos marinheiros usando π. A expressão

$$\pi_{nome\text{-}marin,avaliação}(M2)$$

resulta na relação ilustrada na Figura 4.5. O subscrito *nome-marin,avaliação* especifica os campos a serem mantidos; os demais campos são 'lançados fora'. O esquema do resultado de uma projeção é determinado, obviamente, pelos campos que são projetados.

nome-marin	*avaliação*
Yuppy	9
Lubber	8
Guppy	5
Rusty	10

Figura 4.5 $\pi_{nome\text{-}marin,avaliação}(M2)$.

Suponha que desejemos localizar apenas as idades dos marinheiros. A expressão

$$\pi_{idade}(M2)$$

resulta na relação ilustrada da Figura 4.6. O ponto importante a observar é que, embora haja três marinheiros de idade 35, uma única tupla com *idade=35,0* aparece no resultado da projeção. Isso é conseqüência da definição de uma relação como um conjunto de tuplas. Na prática, os sistemas reais normalmente omitem a etapa custosa de eliminação de *tuplas duplicadas*, gerando relações que são multiconjuntos. Entretanto, nossa discussão de álgebra e cálculo relacionais supõe que a eliminação de duplicatas é sempre realizada de forma que as relações são sempre conjuntos de tuplas.

Como o resultado de uma expressão da álgebra relacional é sempre uma relação, podemos usar uma expressão sempre que uma relação é esperada. Por exemplo, podemos computar os nomes e avaliações dos marinheiros bem avaliados combinando duas das consultas anteriores. A expressão

$$\pi_{nome\text{-}marin,avaliação}(\sigma_{avaliação>8}(M2))$$

produz o resultado ilustrado na Figura 4.7. Ele é obtido aplicando-se a seleção a *M2* (para obter a relação ilustrada na Figura 4.4) e depois aplicando-se a projeção.

idade
35,0
55,5

Figura 4.6 $\pi_{idade}(M2)$.

nome-marin	*avaliação*
Yuppy	9
Rusty	10

Figura 4.7 $\pi_{nome\text{-}marin,avaliação}(\sigma_{avaliação>8}(M2))$.

4.2.2 Operações de Conjunto

As seguintes operações padrão sobre conjuntos também estão disponíveis na álgebra relacional: *união* (∪), *intersecção* (∩), *diferença de conjunto* (−) e *produto cartesiano* (×).

- **União:** $R \cup M$ retorna uma instância de relação contendo todas as tuplas que ocorrem na instância de relação R *ou* na instância de relação M (ou em ambas). R e M devem ser *compatíveis à união*, e o esquema do resultado é definido de forma idêntica ao esquema de R.

    Duas instâncias de relação são consideradas **compatíveis à união** se as seguintes condições forem satisfeitas:
    - elas têm o mesmo número de campos, e
    - os campos correspondentes, considerados na ordem, da esquerda para a direita, têm o mesmo *domínio*.

    Observe que os nomes de campos não são usados na definição da compatibilidade à união. Por conveniência, consideremos que os campos de $R \cup M$ herdam nomes de R, se os campos de R tiverem nomes. (Esta suposição está implícita na definição de que o esquema de $R \cup M$ seja idêntico ao esquema de R, como afirmado anteriormente.)

- **Intersecção:** $R \cap M$ retorna uma instância de relação contendo todas as tuplas que ocorrem em *ambas* R e M. As relações R e M devem ser compatíveis à união, e o esquema do resultado é definido de forma idêntica ao esquema de R.

- **Diferença de conjunto:** $R - M$ retorna uma instância de relação contendo todas as tuplas que ocorrem em R, mas não em M. As relações R e M devem ser compatíveis à união, e o esquema do resultado é definido de forma idêntica ao esquema de R.

- **Produto cartesiano:** $R \times M$ retorna uma instância de relação cujo esquema contém todos os campos de R (na mesma ordem em que eles aparecem em R) seguidos de todos os campos de M (na mesma ordem em que eles aparecem em M). O resultado de $R \times M$ contém uma tupla $\langle r, s \rangle$ (a concatenação das tuplas r e s) para cada par de tuplas $r \in R$, $s \in M$.

    Usamos a convenção de que os campos de $R \times M$ herdam nomes dos campos correspondentes de R e M. É possível que ambos R e M contenham um ou mais campos com o mesmo nome; esta situação cria um *conflito de nomeação*. Os campos correspondentes em $R \times M$ não são nomeados e são referenciados somente pela posição.

Nas definições anteriores, observe que cada operador pode ser aplicado a instâncias de relação que são computadas usando uma (sub)expressão de álgebra relacional.

Ilustramos agora essas definições através de diversos exemplos. A união de $M1$ e $M2$ é ilustrada na Figura 4.8. Os campos são listados na ordem; os nomes de campos também são herdados de $M1$. $M2$ têm os mesmos nomes de campo, é claro, uma vez que ela também é uma instância de Marinheiros. Em geral, os campos de $M2$ podem ter nomes diferentes; lembre-se de que exigimos apenas correspondência dos domínios. Observe que o resultado é um *conjunto* de tuplas. As tuplas que aparecem em ambas $M1$ e $M2$ aparecem apenas uma vez em $M1 \cup M2$. Além disso, $M1 \cup R1$ não é uma operação válida porque as duas relações não são compatíveis à união. A intersecção de $M1$ e $M2$ é ilustrada na Figura 4.9, e a diferença de conjunto $M1 - M2$ é ilustrada na Figura 4.10.

id-marin	nome-marin	avaliação	idade
22	Dustin	7	45,0
31	Lubber	8	55,5
58	Rusty	10	35,0
28	Yuppy	9	35,0
44	Guppy	5	35,0

Figura 4.8 $M1 \cup M2$.

id-marin	nome-marin	avaliação	idade
31	Lubber	8	55,5
58	Rusty	10	35,0

Figura 4.9 $M1 \cap M2$.

id-marin	nome-marin	avaliação	idade
22	Dustin	7	45

Figura 4.10 $M1 - M2$.

O resultado do produto cartesiano $M1 \times R1$ é ilustrado na Figura 4.11. Como ambas $R1$ e $M1$ têm um campo chamado *id-marin*, pela nossa convenção de nomes de campo, os dois campos correspondentes em $M1 \times R1$ não são nomeados, e são referenciados somente pela posição em que eles aparecem na Figura 4.11. Os campos em $M1 \times R1$ têm os mesmos domínios que os campos correspondentes em $R1$ e $M1$. Na Figura 4.11, *id-marin* é listado entre parênteses para enfatizar que não é um nome de campo herdado; apenas o domínio correspondente é herdado.

(id-marin)	nome-marin	avaliação	idade	(id-marin)	id-barco	dia
22	Dustin	7	45,0	22	101	10/10/96
22	Dustin	7	45,0	58	103	11/12/96
31	Lubber	8	55,5	22	101	10/10/96
31	Lubber	8	55,5	58	103	11/12/96
58	Rusty	10	35,0	22	101	10/10/96
58	Rusty	10	35,0	58	103	11/12/96

Figura 4.11 $M1 \times R1$.

4.2.3 Renomear

Fomos cuidadosos ao adotarmos convenções de nomes de campo que assegurem que o resultado de uma expressão de álgebra relacional herde os nomes de campo das instâncias de relação dos seus argumentos (entrada) da forma mais natural possível. Entretanto, os conflitos de nome podem surgir em alguns casos, por exemplo, em $M1 \times R1$. Assim, é conveniente sermos capazes de nomear explicitamente os campos de uma instância de relação que é definida por uma expressão de álgebra relacional. De fato, normalmente é conveniente dar um nome à instância propriamente dita, de maneira que possamos dividir uma grande expressão algébrica em partes menores, nomeando os resultados das subexpressões.

Introduzimos o operador **renomear** ρ para este propósito. A expressão $\rho(\mathrm{R}(\overline{F}), E)$ recebe uma expressão de álgebra relacional arbitrária E e retorna uma instância de uma relação (nova) chamada R. R contém as mesmas tuplas que o resultado de E e tem o mesmo esquema que E, mas alguns campos são renomeados. Os nomes de campo na relação R são os mesmos que em E, exceto os campos renomeados na lista de renomeação $\overline{F}$, que é uma lista de termos que têm o formato *nomeantigo* $\rightarrow$ *nomenovo* ou *posição* $\rightarrow$ *nomenovo*. Para ρ ser bem definido, as referências aos campos (no formato de *nomeantigo* ou *posição* na lista de renomeação) não devem ser ambíguas, e não deve haver dois campos no resultado com o mesmo nome. Algumas vezes, desejamos apenas renomear campos ou (re)nomear a relação; tratamos assim ambos R e $\overline{F}$ como opcionais no uso de ρ. (Naturalmente, não faz sentido omitir ambos.)

Por exemplo, a expressão $\rho(C(1 \rightarrow \textit{id-marin1}, 5 \rightarrow \textit{id-marin2}), M1 \times R1)$ retorna uma relação que contém as tuplas ilustradas na Figura 4.11 e tem o seguinte esquema: C(*id-marin1:* integer, *nome-marin:* string, *avaliação:* integer, *idade:* real, *id-marin2:* integer, *id-barco:* integer, *dia:* date)

É normal incluir alguns operadores adicionais na álgebra, mas todos eles podem ser definidos em termos dos operadores que definimos até agora. (De fato, o operador renomear é necessário apenas por conveniência sintática, e mesmo o operador $\cap$ é redundante; $R \cap M$ pode ser definido como $R - (R - M)$.) Consideraremos esses operadores adicionais e suas definições em termos dos operadores básicos nas duas próximas subseções.

4.2.4 Junções

A operação *junção* é uma das operações mais úteis na álgebra relacional e a maneira mais comumente usada para combinar informações de duas ou mais relações. Embora uma junção possa ser definida como um produto cartesiano seguido de seleções e projeções, as junções aparecem com muito mais freqüência na prática do que os produtos cartesianos normais. Além disso, o resultado de um produto cartesiano é normalmente bem maior do que o resultado de uma junção, e é muito importante reconhecer junções e implementá-las sem materializar o produto cartesiano subjacente (aplicando-se as seleções e projeções dinamicamente). Por essas razões, as junções são dignas de atenção, e há diversas variantes da operação junção.[1]

Junções Condicionais

A versão mais genérica da operação junção aceita uma *condição de junção* c e um par de instâncias de relação como argumentos, retornando uma instância de relação. A *condição de junção* é idêntica à *condição de seleção* quanto ao formato. A operação é definida a seguir:

$$R \bowtie_C M = \sigma_C (R \times M)$$

Assim, $\bowtie$ é definida como um produto cartesiano seguido de uma seleção. Observe que a condição c pode (e normalmente o *faz*) referenciar os atributos de ambas R e M. A referência a um atributo de uma relação, digamos, R, pode ser pela posição (no formato $R.i$) ou pelo nome (no formato $R.nome$).

Como um exemplo, o resultado de $M1 \bowtie_{M1.id\text{-}marin < R1.id\text{-}marin} R1$ é ilustrado na Figura 4.12. Como *id-marin* aparece em ambas $M1$ e $R1$, os campos correspondentes

---
[1] Diversas variantes de junção não são discutidas neste capítulo. Uma importante classe de junções, chamada *junções externas*, será discutida no Capítulo 5.

no resultado do produto cartesiano $M1 \times R1$ (e portanto no resultado de $M1 \bowtie_{M1.id\text{-}marin<R1.id\text{-}marin} R1$) não são nomeados. Os domínios são herdados dos campos correspondentes de $M1$ e $R1$.

(id-marin)	nome-marin	avaliação	idade	(id-marin)	id-barco	dia
22	Dustin	7	45,0	58	103	11/12/96
31	Lubber	8	55,5	58	103	11/12/96

Figura 4.12 $M1 \bowtie_{M1.id\text{-}marin<R1.id\text{-}marin} R1$.

Eqüijunção

Um caso especial e comum da operação junção $R \bowtie M$ é quando a *condição de junção* consiste apenas em igualdades (ligadas por $\wedge$) no formato $R.nome1 = M.nome2$, ou seja, igualdades entre os dois campos em R e M. Neste caso, obviamente, há redundância em manter ambos os atributos no resultado. Para condições de junção que contêm apenas tais igualdades, a operação junção é refinada fazendo-se uma projeção adicional na qual $M.nome2$ é excluído. A operação junção com este refinamento é chamada **eqüijunção**.

O esquema do resultado de uma eqüijunção contém os campos de R (com os mesmos nomes e domínios de R) seguidos pelos campos de M que não aparecem nas condições de junção. Se esse conjunto de campos na relação do resultado incluir dois campos que herdam os mesmos nomes de R e M, eles não são nomeados na relação do resultado.

Ilustramos $M1 \bowtie_{M1.id\text{-}marin=R1.id\text{-}marin} R1$ na Figura 4.13. Observe que apenas um campo chamado *id-marin* aparece no resultado.

(id-marin)	nome-marin	avaliação	idade	id-barco	dia
22	Dustin	7	45,0	101	10/10/96
58	Rusty	10	35,0	103	11/12/96

Figura 4.13 $M1 \bowtie_{M1.id\text{-}marin=R1.id\text{-}marin} R1$.

Junção Natural

Um caso ainda mais especial da operação junção $R \bowtie M$ é uma eqüijunção na qual as igualdades são especificadas para *todos* os campos que têm os mesmos nomes em R e M. Neste caso, podemos simplesmente omitir a condição de junção; o padrão é que a condição de junção seja uma coleção de igualdades em todos os campos comuns. Chamamos este caso especial de *junção natural*, e ela tem a boa propriedade de garantir que o resultado não tenha dois campos com os mesmos nomes.

A expressão de eqüijunção $M1 \bowtie_{M1.id\text{-}marin=R1.id\text{-}marin} R1$ é, de fato, uma junção natural e pode simplesmente ser denotada como $M1 \bowtie R1$, uma vez que o único campo comum é *id-marin*. Se as duas relações não tiverem nenhum atributo em comum, $M1 \bowtie R1$ é apenas o produto cartesiano.

Álgebra e Cálculo Relacionais

4.2.5 Divisão

O operador divisão é útil para expressar certos tipos de consultas, como, por exemplo, "Localize os nomes dos marinheiros que reservaram todos os barcos". Compreender como usar os operadores básicos da álgebra para definir a divisão é um exercício útil. Entretanto, o operador divisão não tem a mesma importância que os demais operadores — ele não é tão freqüentemente necessário, e os sistemas de banco de dados não tentam explorar a semântica da divisão implementando-o como um operador distinto (assim como, por exemplo, é feito com o operador junção).

Discutiremos a divisão através de um exemplo. Considere duas instâncias de relação A e B, na qual A tem (exatamente) dois campos x e y, e B tem apenas um campo y, com o mesmo domínio que A. Definimos a operação *divisão* A/B como o conjunto de todos os valores x (no formato de tuplas unárias) tais que, para *todo valor y* em (uma tupla de) B, há uma tupla $\langle x,y \rangle$ em A.

Uma outra forma de compreender a divisão é: para cada valor x em (primeira coluna de) A, considere o conjunto de valores y que aparecem em (segundo campo de) tuplas de A com esse valor x. Se esse conjunto contiver (todos os valores y em) B, o valor x estará no resultado de A/B.

Uma analogia com a divisão inteira também pode ajudar a entender a divisão. Dados os inteiros A e B, A/B é o maior inteiro Q tal que $Q * B \leq A$. Dadas as instâncias de relações A e B, A/B é a maior instância de relação Q tal que $Q \times B \subseteq A$.

A divisão é ilustrada na Figura 4.14. Por exemplo, pense em A como uma relação que lista as peças fornecidas pelos fornecedores e em relações B como as peças listadas. A/Bi computa os fornecedores que fornecem todas as peças listadas na instância de relação Bi.

Expressar A/B em termos de operadores básicos de álgebra é um exercício interessante, e o leitor deve tentar fazer isso antes de prosseguir com a leitura. A idéia básica é computar todos os valores x em A que não sejam *desqualificados*. Um valor x é *desqualificado* se, juntando-se um valor y de B, obtivermos uma tupla $\langle x,y \rangle$ que não está em A. Podemos computar as tuplas desqualificadas usando a expressão algébrica

$$\pi_x((\pi_x(A) \times B) - A)$$

Assim, podemos definir A/B como

$$\pi_x(A) - \pi_x((\pi_x(A) \times B) - A)$$

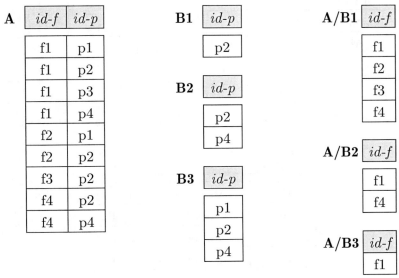

Figura 4.14 Exemplos ilustrando a divisão.

Para entendermos a operação divisão em sua total generalidade, temos que considerar o caso quando ambos x e y são substituídos por um conjunto de atributos. A generalização é direta e é deixada como um exercício para o leitor. Discutiremos dois exemplos adicionais ilustrando a divisão (consultas C9 e C10) posteriormente, nesta seção.

4.2.6 Mais Exemplos de Consultas de Álgebra

Apresentamos agora diversos exemplos para ilustrar como escrever consultas em álgebra relacional. Usamos o esquema de Marinheiros, Reservas e Barcos para todos os nossos exemplos desta seção, e parênteses conforme necessário para tornar as expressões algébricas livres de ambigüidade. Observe que todos os exemplos de consultas deste capítulo contêm um número único de consulta. Os números de consulta são mantidos únicos ao longo deste capítulo e do capítulo sobre consultas SQL (Capítulo 5). Essa numeração facilita a identificação de uma consulta quando ela é retomada no contexto do cálculo relacional e da SQL, e a comparação entre diferentes formas de escrever a mesma consulta. (Todas as referências a uma consulta podem ser localizadas no índice de tópicos.)

No restante deste capítulo (e do Capítulo 5), ilustraremos as consultas usando as instâncias $M3$ de Marinheiros, $R2$ de Reservas e $B1$ de Barcos, apresentadas nas Figuras 4.15, 4.16 e 4.17, respectivamente.

(C1) Encontre os nomes dos marinheiros que reservaram o barco 103.

Esta consulta pode ser escrita da seguinte forma:

$$\pi_{nome\text{-}marin}((\sigma_{id\text{-}barco=103} Reservas) \bowtie Marinheiros)$$

id-marin	nome-marin	avaliação	idade
22	Dustin	7	45,0
29	Brutus	1	33,0
31	Lubber	8	55,5
32	Andy	8	25,5
58	Rusty	10	35,0
64	Horatio	7	35,0
71	Zorba	10	16,0
74	Horatio	9	35,0
85	Art	3	25,5
95	Bob	3	63,5

Figura 4.15 Uma instância $M3$ de Marinheiros.

Id-marin	id-barco	dia
22	101	10/10/98
22	102	10/10/98
22	103	10/8/98
22	104	10/7/98
31	102	11/10/98
31	103	11/6/98
31	104	11/12/98
64	101	9/5/98
64	102	9/5/98
74	103	9/8/98

Figura 4.16 Uma instância $R2$ de Reservas.

id-barco	nome-barco	cor
101	Interlake	azul
102	Interlake	vermelho
103	Clipper	verde
104	Marine	vermelho

Figura 4.17 Uma instância $B1$ de Barcos.

Álgebra e Cálculo Relacionais 93

Primeiro, selecionamos o conjunto de tuplas de Reservas com $id\text{-}barco = 103$ e depois consideramos a junção natural deste conjunto com Marinheiros. Essa expressão pode ser avaliada nas instâncias de Reservas e Marinheiros. Avaliada nas instâncias $R2$ e $M3$, ela produz uma relação que contém apenas um campo, chamado *nome-marin*, e três tuplas $\langle Dustin \rangle$, $\langle Horatio \rangle$ e $\langle Lubber \rangle$. (Observe que dois marinheiros chamam-se Horatio e apenas um deles reservou o barco 103.)

Podemos dividir a consulta em partes menores usando o operador renomear ρ:

$$\rho(Temp1, \sigma_{id\text{-}barco=103} Reservas)$$
$$\rho(Temp2, Temp1 \bowtie Marinheiros)$$
$$\pi_{nome\text{-}marin}(Temp2)$$

Observe que como estamos usando ρ apenas para dar nomes às relações intermediárias, a lista de renomeação (F) é opcional e foi omitida. $Temp1$ denota uma relação intermediária que identifica as reservas do barco 103. $Temp2$ é uma outra relação intermediária, que denota os marinheiros que fizeram reserva no conjunto $Temp1$. As instâncias dessas relações, ao avaliar a consulta nas instâncias $R2$ e $M3$, são ilustradas nas Figuras 4.18 e 4.19. Finalmente, extraímos a coluna *nome-marin* de $Temp2$.

id-marin	id-barco	dia
22	103	10/8/98
31	103	11/6/98
74	103	9/8/98

Figura 4.18 Instância de $Temp1$.

(id-marin)	nome-marin	avaliação	idade	id-barco	dia
22	Dustin	7	45,0	103	10/8/98
31	Lubber	8	55,5	103	11/6/98
74	Horatio	9	35,0	103	9/8/98

Figura 4.19 Instância de $Temp2$.

A versão da consulta usando ρ é essencialmente a mesma da consulta original; o uso de ρ é apenas um floreio sintático. Entretanto, há, na realidade, diversas maneiras de escrever uma consulta em álgebra relacional. Eis uma outra maneira de se escrever esta consulta:

$$\pi_{nome\text{-}marin}(\sigma_{id\text{-}barco=103}(Reservas \bowtie Marinheiros))$$

Nessa versão, primeiro computamos a junção natural de Reservas e Marinheiros, e, depois, aplicamos a seleção e a projeção.

Este exemplo permite que se examine o papel desempenhado pela álgebra em um SGBD relacional. As consultas são expressas pelos usuários em uma linguagem tal como a SQL. O SGBD converte uma consulta SQL em (uma forma estendida de) álgebra relacional e depois procura outras expressões algébricas que produzam as mesmas respostas, mas que são mais baratas de avaliar. Se a consulta do usuário é primeiro convertida na expressão

$$\pi_{nome\text{-}marin}(\sigma_{id\text{-}barco=103} \ (Reservas \bowtie Marinheiros))$$

um bom otimizador de consulta encontrará a expressão equivalente

$$\pi_{nome\text{-}marin}((\sigma_{id\text{-}barco=103} \ Reservas) \bowtie Marinheiros)$$

Além disso, o otimizador reconhecerá que é bem provável que a segunda expressão seja menos custosa de computar porque os tamanhos das relações intermediárias são menores, em razão do uso antecipado da seleção.

(C2) Encontre os nomes dos marinheiros que reservaram um barco vermelho.

$$\pi_{nome\text{-}marin}((\sigma_{cor='vermelho'} \ Barcos) \bowtie Reservas \bowtie Marinheiros)$$

Essa consulta envolve uma série de duas junções. Primeiro, escolhemos (tuplas descrevendo) os barcos vermelhos. Depois, fazemos a junção desse conjunto ao de Reservas (junção natural, com igualdade especificada na coluna *id-barco*) para identificar as reservas dos barcos vermelhos. Em seguida, fazemos a junção da relação intermediária resultante com Marinheiros (junção natural, com igualdade especificada na coluna *id-marin*) para recuperar os nomes dos marinheiros que fizeram reservas nos barcos vermelhos. Finalmente, projetamos os nomes dos marinheiros. A resposta, quando avaliada nas instâncias $B1$, $R2$, e $M3$, contém os nomes Dustin, Horatio e Lubber.

Uma expressão equivalente é:

$$\pi_{nome\text{-}marin}(\pi_{id\text{-}marin}(\pi_{id\text{-}barco}\sigma_{cor='vermelho'} \ Barcos \bowtie Reservas) \bowtie Marinheiros)$$

O leitor está convidado a reescrever ambas as consultas usando ρ para tornar as relações intermediárias explícitas e comparar os esquemas das relações intermediárias. A segunda expressão gera relações intermediárias com menos campos (e, assim, também é mais provável que resulte em instâncias de relações intermediárias com menos tuplas). Um otimizador de consulta relacional tentaria chegar à segunda expressão se fosse dada a primeira.

(C3) Encontre as cores dos barcos reservados por Lubber.

$$\pi_{cor}((\sigma_{nome\text{-}marin='Lubber'} \ Marinheiros) \bowtie Reservas \bowtie Barcos)$$

Essa consulta é muito similar à consulta que usamos para computar os marinheiros que reservaram barcos vermelhos. Nas instâncias $B1$, $R2$ e $M3$, a consulta retorna as cores verde e vermelha.

(C4) Encontre os nomes dos marinheiros que reservaram pelo menos um barco.

$$\pi_{nome\text{-}marin}(Marinheiros \bowtie Reservas)$$

A junção de Marinheiros e Reservas cria uma relação intermediária na qual as tuplas consistem em uma tupla Marinheiros 'anexados a' uma tupla Reservas. Uma tupla Marinheiros aparece nessa (em alguma tupla de) relação intermediária apenas se, no mínimo, uma tupla Reservas tiver o mesmo valor *id-marin*, ou seja, se o marinheiro tiver feito alguma reserva. A resposta, quando avaliada nas instâncias $B1$, $R2$ e

Álgebra e Cálculo Relacionais

M3, contém as três tuplas ⟨*Dustin*⟩, ⟨*Horatio*⟩ e ⟨*Lubber*⟩. Mesmo que dois marinheiros chamados Horatio tenham reservado um barco, a resposta contém apenas uma cópia da tupla ⟨*Horatio*⟩, porque a resposta é uma *relação*, ou seja, um conjunto de tuplas, sem nenhuma duplicata.

Neste ponto, vale a pena observar quão freqüentemente a operação de junção natural é utilizada em nossos exemplos. Essa freqüência é mais do que apenas uma coincidência baseada no conjunto de consultas que escolhemos para discutir; a junção natural é freqüentemente usada ao fazermos a junção de duas tabelas em um campo de chave estrangeira. Na Consulta C4, por exemplo, a junção iguala os campos *id-marin* de Marinheiros e Reservas, e o campo *id-marin* de Reservas é uma chave estrangeira que faz referência ao campo *id-marin* de Marinheiros.

(C5) Encontre os nomes dos marinheiros que reservaram um barco vermelho ou um barco verde.

$$\rho(Tempbarcos, (\sigma_{cor='vermelho'} Barcos) \cup (\sigma_{cor='verde'} Barcos))$$
$$\pi_{nome\text{-}marin}(Tempbarcos \bowtie Reservas \bowtie Marinheiros)$$

Identificamos o conjunto de todos os barcos que são ou vermelho ou verde. (*Tempbarcos*, que contém os barcos com os *id-barco* 102, 103, e 104 nas instâncias *B1*, *R2* e *M3*). Depois, fazemos a junção com Reservas para identificar *id-marin* de marinheiros que reservaram um desses barcos; isso nos fornece os *id-marin* 22, 31, 64 e 74 sobre nossas instâncias de exemplo. Finalmente, fazemos a junção (uma relação intermediária contendo esse conjunto de *id-marin*) com Marinheiros para encontrar os nomes de Marinheiros com esses *id-marin*. Isso nos fornece os nomes Dustin, Horatio e Lubber nas instâncias *B1*, *R2* e *M3*. Uma outra definição equivalente é a seguinte:

$$\rho(Tempbarcos, (\sigma_{cor='vermelho' \vee cor='verde'} Barcos))$$
$$\pi_{nome\text{-}marin}(Tempbarcos \bowtie Reservas \bowtie Marinheiros)$$

Consideremos agora uma consulta muito similar.

(C6) Encontre os nomes dos marinheiros que reservaram um barco vermelho e um barco verde. É tentador fazer esta consulta substituindo-se simplesmente ∪ por ∩ na definição de *Tempbarcos*:

$$\rho(Tempbarcos2, (\sigma_{cor='vermelho'} Barcos) \cap (\sigma_{cor='verde'} Barcos))$$
$$\pi_{nome\text{-}marin}(Tempbarcos2 \bowtie Reservas \bowtie Marinheiros)$$

Entretanto, essa solução é incorreta — em vez do desejado, ela tenta computar marinheiros que reservaram um barco que é vermelho e verde. (Como *id-barco* é uma chave de Barcos, um barco pode ser apenas de uma cor; esta consulta retornará sempre um conjunto vazio como resposta.) A abordagem correta é encontrar marinheiros que reservaram um barco vermelho, depois os marinheiros que reservaram um barco verde e, então, considerar a intersecção desses dois conjuntos:

$$\rho(Tempvermelho, \pi_{id\text{-}marin}((\sigma_{cor='vermelho'} Barcos) \bowtie Reservas))$$
$$\rho(Tempverde, \pi_{id\text{-}marin}((\sigma_{cor='verde'} Barcos) \bowtie Reservas))$$
$$\pi_{nome\text{-}marin}((Tempvermelho \cap Tempverde) \bowtie Marinheiros)$$

As duas relações temporárias computam os *id-marin* de marinheiros, e sua intersecção identifica os marinheiros que reservaram tanto barcos verdes como vermelhos. Nas instâncias *B*1, *R*2 e *M*3, os *id-marin* de marinheiros que reservaram um barco vermelho são 22, 31 e 64. Os *id-marin* de marinheiros que reservaram um barco verde são 22, 31 e 74. Assim, os marinheiros 22 e 31 reservaram tanto um barco vermelho como um barco verde; seus nomes são Dustin e Lubber.

Essa formulação da Consulta C6 pode ser facilmente adaptada para encontrar os marinheiros que reservaram barcos vermelhos *ou* verdes (Consulta C5); basta substituir ∩ por ∪:

$$\rho(Tempvermelho, \pi_{id\text{-}marin}((\sigma_{cor='vermelho'} Barcos) \bowtie Reservas))$$

$$\rho(Tempverde, \pi_{id\text{-}marin}((\sigma_{cor='verde'} Barcos) \bowtie Reservas))$$

$$\pi_{nome\text{-}marin}((Tempvermelho \cup Tempverde) \bowtie Marinheiros)$$

Nas formulações das consultas C5 e C6, o fato de *id-marin* (o campo sobre o qual computamos a união ou a intersecção) ser uma chave de Marinheiros é muito importante. Considere a seguinte tentativa de responder à Consulta C6:

$$\rho(Tempvermelho, \pi_{nome\text{-}marin}((\sigma_{cor='vermelho'} Barcos) \bowtie Reservas \bowtie Marinheiros))$$

$$\rho(Tempverde, \pi_{nome\text{-}marin}((\sigma_{cor='verde'} Barcos) \bowtie Reservas \bowtie Marinheiros))$$

$$Tempvermelho \cap Tempverde$$

Esta tentativa é incorreta por uma outra razão sutil. Dois marinheiros distintos com o mesmo nome, como Horatio em nossas instâncias de exemplo, podem reservar barcos vermelho e verde, respectivamente. Nesse caso, o nome Horatio (incorretamente) é incluído na resposta mesmo que nenhum marinheiro individual chamado Horatio tenha reservado um barco vermelho e um barco verde. A causa desse erro é que *nome-marin* é usado para identificar os marinheiros (ao realizar a intersecção) nesta versão da consulta, mas *nome-marin* não é uma chave.

(C7) Encontre os nomes dos marinheiros que reservaram pelo menos dois barcos.

$$\rho(Tempreservas, \pi_{id\text{-}marin,\ nome\text{-}marin, id\text{-}barco}(Marinheiros \bowtie Reservas))$$

$$\rho(Paresreservas, (1 \rightarrow id\text{-}marin1, 2 \rightarrow nome\text{-}marin1, 3 \rightarrow id\text{-}barco1, 4 \rightarrow id\text{-}barco2,$$
$$5 \rightarrow nome\text{-}marin2, 6 \rightarrow id\text{-}barco2), Tempreservas \times Tempreservas)$$

$$\pi_{nome\text{-}marin1}\ \sigma_{(id\text{-}marin1=id\text{-}marin2) \wedge (id\text{-}barco1 \neq id\text{-}barco2)}\ Paresreservas$$

Primeiro, computamos as tuplas no formato ⟨*id-marin, nome-marin, id-barco*⟩, sendo que o marinheiro *id-marin* fez a reserva do barco *id-barco*; esse conjunto de tuplas é a relação temporária Tempreservas. Em seguida, encontramos todos os pares das tuplas Tempreservas em que o mesmo marinheiro tenha feito ambas as reservas e os barcos envolvidos sejam distintos. Eis a idéia central: para mostrar que um marinheiro reservou dois barcos, devemos primeiro encontrar duas tuplas Tempreservas envolvendo o mesmo marinheiro, mas barcos distintos. Sobre as instâncias *B*1, *R*2 e *M*3, cada um dos marinheiros com os *id-marins* 22, 31 e 64 reservaram pelo menos dois barcos. Finalmente, projetamos os nomes de tais marinheiros para obter a resposta, contendo os nomes Dustin, Horatio e Lubber.

Álgebra e Cálculo Relacionais 97

Observe que incluímos *id-marin* em Tempreservas porque ele é o campo-chave identificando os marinheiros, e precisamos dele para verificar se duas tuplas Reservas envolvem o mesmo marinheiro. Conforme observado no exemplo anterior, não podemos usar *nome-marin* para esse propósito.

(C8) Encontre os id-marins dos marinheiros com idade acima de 20 que não reservaram um barco vermelho.

$$\pi_{id\text{-}marin}(\sigma_{idade\,>\,20}\,Marinheiros)\,-$$
$$\pi_{id\text{-}marin}((\sigma_{cor='vermelho'}\,Barcos)\bowtie Reservas\bowtie Marinheiros)$$

Essa consulta ilustra o uso do operador de diferença de conjunto. Novamente, usamos o fato de *id-marin* ser a chave de Marinheiros. Primeiro, identificamos os marinheiros com idade acima de 20 (nas instâncias *B1*, *R2* e *M3*, os *id-marins* 22, 29, 31, 32, 58, 64, 74, 85 e 95) e depois descartamos aqueles que reservaram um barco vermelho (*id-marins* 22, 31 e 64), para obter a resposta (*id-marin* 29, 32, 58, 74, 85 e 95). Se desejarmos computar os nomes de tais marinheiros, devemos primeiro computar seus *id-marins* (como mostrado anteriormente) e depois realizar a junção com Marinheiros e projetar os valores de *nome-marin*.

(C9) Encontre os nomes dos marinheiros que reservaram todos os barcos.

O uso da palavra *todos* é uma boa indicação de que a operação divisão pode ser aplicável.

$$\rho(Tempidmarin,\,(\pi_{id\text{-}marin,\,id\text{-}barco}\,Reservas)/(\pi_{id\text{-}barco}\,Barcos))$$
$$\pi_{nome\text{-}marin}(Tempidmarin\bowtie Marinheiros)$$

A relação intermediária Tempidmarin é definida usando-se a divisão e computa o conjunto de *id-marins* de marinheiros que reservaram todos os barcos (nas instâncias *B1*, *R2* e *M3*, é apenas o *id-marin* 22). Observe como definimos as duas relações nas quais o operador divisão (/) é aplicado — a primeira relação tem o esquema (*id-marin*, *id-barco*) e a segunda tem o esquema (*id-barco*). A divisão retorna, então, todos os *id-marins* tais que há uma tupla ⟨*id-marin*, *id-barco*⟩ na primeira relação para cada *id-barco* na segunda. A junção de Tempidmarin e Marinheiros é necessária para associar os nomes com os *id-marins* selecionados; para o marinheiro 22, o nome é Dustin.

(C10) Encontre os nomes dos marinheiros que reservaram todos os barcos de nome Interlake.

$$\rho(Tempidmarin,\,(\pi_{id\text{-}marin,\,id\text{-}barco}\,Reservas)/(\pi_{id\text{-}barco}(\sigma_{nome\text{-}barco='Interlake'}\,Barcos)))$$
$$\pi_{nome\text{-}marin}(Tempidmarin\bowtie Marinheiros)$$

A única diferença com relação à consulta anterior é que agora aplicamos uma seleção a Barcos, para assegurar que computamos *id-barcos* apenas dos barcos de nome *Interlake* na definição do segundo argumento do operador divisão. Nas instâncias *B1*, *R2* e *M3*, Tempidmarin avalia para os *id-marins* 22 e 64, e a resposta contém seus nomes, Dustin e Horatio.

4.3 CÁLCULO RELACIONAL

O cálculo relacional é uma alternativa à álgebra relacional. Em contraste com a álgebra, que é procedural, o cálculo é não procedural, ou *declarativo*, já que nos permite descrever o conjunto de respostas sem ser explícito quanto à maneira como elas são computadas. O cálculo relacional tem exercido uma grande influência no projeto de linguagens de consulta comerciais como a SQL e, especialmente, Query-by-Example (QBE — Consulta por Exemplo).

A variante do cálculo que apresentamos em detalhes é chamada **cálculo relacional de tupla (CRT)**. As variáveis em CRT recebem tuplas como valores. Em outra variante, chamada **cálculo relacional de domínio (CRD)**, as variáveis assumem os valores dos campos. O CRT tem exercido mais influência sobre a SQL, e o CRD influenciou fortemente a QBE. Discutiremos o CRD na Seção 4.3.2.[2]

4.3.1 Cálculo Relacional de Tupla

Uma **variável de tupla** é uma variável que recebe tuplas de um esquema de relação particular como valores. Ou seja, todo valor atribuído a uma determinada variável de tupla tem o mesmo número e tipo de campos. Uma consulta de cálculo relacional de tupla tem o formato $\{\ T\ |\ p(T)\ \}$, sendo T uma variável de tupla, e $p(T)$ denota uma *fórmula* que descreve T; definiremos logo mais fórmulas e consultas com rigor. O resultado desta consulta é o conjunto de todas as tuplas t para as quais a fórmula $p(T)$ avalie para verdadeiro com $T = t$. A linguagem para escrever fórmulas $p(T)$ é, portanto, o coração do CRT e essencialmente um subconjunto simples de *lógica de primeira ordem*. Como um exemplo simples, considere a consulta seguinte.

(C11) Encontre todos os marinheiros com uma avaliação acima de 7.

$$\{M\ |\ M \in Marinheiros \land M.avaliação > 7\}$$

Quando essa consulta é avaliada sobre uma instância da relação Marinheiros, a variável de tupla M é instanciada sucessivamente em cada tupla, e o teste $M.avaliação>7$ é aplicado. A resposta contém aquelas instâncias de M que passaram neste teste. Na instância $M3$ de Marinheiros, a resposta contém as tuplas de Marinheiros com *id-marin* 31, 32, 58, 71 e 74.

Sintaxe das Consultas CRT

Definiremos agora esses conceitos formalmente, começando com a noção de uma fórmula. Seja Rel o nome de uma relação, sejam R e M variáveis de tupla, seja a um atributo de R e seja b um atributo de M. Seja op um operador do conjunto $\{<, >, =, \leq, \geq, \neq\}$. Uma **fórmula atômica** é uma dentre:

- $R \in Rel$
- $R.a$ op $M.b$
- $R.a$ op *constante*, ou *constante* op $R.a$

Uma **fórmula** é recursivamente definida como uma dentre as seguintes cláusulas, onde p e q são fórmulas e $p(R)$ uma fórmula na qual a variável R aparece:

---

[2] O material sobre CRD é referenciado no capítulo (on-line) sobre QBE; com a exceção deste capítulo, o material sobre CRD e CRT pode ser omitido sem perda de continuidade.

Álgebra e Cálculo Relacionais

- qualquer fórmula atômica
- $\neg p$, $p \wedge q$, $p \vee q$, $p \Rightarrow q$
- $\exists R(p(R))$, onde R é uma variável de tupla
- $\forall R(p(R))$, onde R é uma variável de tupla

Nas duas últimas cláusulas, os **quantificadores** $\exists$ e $\forall$ são considerados **associadores** da variável R. Uma variável é considerada **livre** em uma fórmula ou *subfórmula* (uma fórmula contida em uma fórmula maior) se a (sub)fórmula não contiver uma ocorrência de um quantificador que a associe.[3]

Observamos que toda variável em uma fórmula CRT aparece em uma subfórmula que é atômica, e todo esquema de relação especifica um domínio para cada campo; esta observação assegura que cada variável em uma fórmula CRT tem um domínio bem definido do qual são retirados os valores das variáveis. Ou seja, cada variável tem um tipo bem definido, no sentido de linguagem de programação. Informalmente, uma fórmula atômica $R \in Rel$ define para R o tipo das tuplas em *Rel*, e as comparações como $R.a$ op $M.b$ e $R.a$ op *constante* induzem as restrições de tipo no campo $R.a$. Se uma variável R não aparece em uma fórmula atômica no formato $R \in Rel$ (isto é, ela aparece somente em fórmulas atômicas que são comparações), adotamos a convenção de que o tipo de R é uma tupla cujos campos incluem todos (e somente os) campos de R que aparecem na fórmula.

Não definimos tipos de variáveis formalmente, mas o tipo de uma variável fica claro na maioria dos casos, e é importante observar que as comparações dos valores que têm tipos diferentes devem falhar sempre. (Nas discussões sobre cálculo relacional, normalmente se adota uma suposição simplificada de que há um único domínio de constantes que é o domínio associado com cada campo de cada relação.)

Uma **consulta CRT** é definida como uma expressão de formato $\{T \mid p(T)\}$, onde T é a única variável livre na fórmula p.

Semânticas das Consultas CRT

O que significa uma consulta CRT? Mais precisamente, o que é o conjunto de tuplas de resposta para determinada consulta CRT? A resposta a uma consulta CRT $\{T \mid p(T)\}$, conforme observado anteriormente, é o conjunto de todas as tuplas t para as quais a fórmula $p(T)$ é avaliada como `verdadeira` com a variável T assumindo o valor de tupla t. Para completarmos essa definição, devemos afirmar quais atribuições de valores de tupla às variáveis livres de uma fórmula fazem a fórmula ser avaliada como `verdadeira`.

Uma consulta é avaliada em uma dada instância do banco de dados. Seja cada variável livre de uma fórmula F associada a um valor de tupla. Para a dada atribuição de tuplas a variáveis, com relação à instância do banco de dados, F é avaliada (ou simplesmente 'é') `verdadeira` se uma das seguintes condições for satisfeita:

- F é uma fórmula atômica $R \in Rel$, e a R é atribuída uma tupla da instância de relação *Rel*.
- F é uma comparação $R.a$ op $M.b$, $R.a$ op *constante*, ou *constante* op $R.a$ e as tuplas atribuídas a R e M têm valores de campo $R.a$ e $M.b$ que tornam a comparação `verdadeira`.

---

[3] Assumimos que cada variável em uma fórmula é livre ou associada por exatamente uma ocorrência de um quantificador, para evitar a preocupação com detalhes como ocorrências aninhadas de quantificadores que associem algumas, mas não todas, as ocorrências das variáveis.

- F é da forma $\neg p$, e p é não verdadeiro; ou é da forma $p \wedge q$ e ambos p e q são verdadeiros; ou é da forma $p \vee q$ e um deles é verdadeiro; ou é da forma $p \Rightarrow q$ e q é verdadeiro sempre que[4] p for verdadeiro.

- F é da forma $\exists R(p(R))$, e há alguma atribuição de tuplas às variáveis livres de $p(R)$, incluindo a variável R[5], que torna a fórmula $p(R)$ verdadeira.

- F é da forma $\forall R(p(R))$, e há alguma atribuição de tuplas às variáveis livres de $p(R)$ que torna a fórmula $p(R)$ verdadeira, não importa qual tupla é atribuída a R.

Exemplos de Consultas CRT

Ilustraremos agora o cálculo através de diversos exemplos, usando as instâncias $B1$ de Barcos, $R2$ de Reservas e $M3$ de Marinheiros ilustradas nas Figuras 4.15, 4.16 e 4.17. Usaremos parênteses conforme necessário para tornar nossas fórmulas livres de ambigüidade. Normalmente, uma fórmula $p(R)$ inclui uma condição $R \in Rel$, e o significado das frases *alguma tupla R* e *para todas as tuplas R* é intuitivo. Usaremos a notação $\exists R \in Rel(p(R))$ para $\exists R(R \in Rel \wedge p(R))$. De maneira semelhante, usaremos a notação $\forall R \in Rel(p(R))$ para $\forall R(R \in Rel \Rightarrow p(R))$.

(C12) Encontre os nomes e as idades dos marinheiros com uma avaliação acima de 7.

$\{P \mid \exists M \in Marinheiros\ (M.avaliação > 7 \wedge P.nome = M.nome\text{-}marin \wedge P.idade = M.idade)\}$

Essa consulta ilustra uma convenção útil: P é considerada uma variável de tupla com exatamente dois campos, chamados *nome* e *idade*, porque esses são os únicos campos de P mencionados, e P não assume valores das relações na consulta; ou seja, não há nenhuma subfórmula no formato $P \in Rel$. O resultado dessa consulta é uma relação com dois campos, *nome* e *idade*. As fórmulas atômicas $P.nome = M.nome\text{-}marin$ e $P.idade = M.idade$ fornecem valores aos campos de uma tupla de resposta P. Nas instâncias $B1$, $R2$ e $M3$, a resposta é o conjunto de tuplas $\langle Lubber, 55,5 \rangle$, $\langle Andy, 25,5 \rangle$, $\langle Rusty, 35,0 \rangle$, $\langle Zorba, 16,0 \rangle$ e $\langle Horatio, 35,0 \rangle$.

(C13) Encontre o nome do marinheiro, id do barco e a data de reserva de cada reserva.

$\{P \mid \exists R \in Reservas\ \exists M \in Marinheiros$
$(R.id\text{-}marin = M.id\text{-}marin \wedge P.id\text{-}barco = R.id\text{-}barco \wedge P.dia = R.dia$
$\wedge\ P.nome\text{-}marin = M.nome\text{-}marin)\}$

Para cada tupla de Reservas, procuramos uma tupla em Marinheiros com o mesmo *id-marin*. Dado um par dessas tuplas, construímos uma tupla de resposta P com os campos *nome-marin*, *id-barco* e *dia*, copiando os campos correspondentes dessas duas tuplas. Essa consulta ilustra como podemos combinar valores de relações diferentes em cada tupla de resposta. A resposta a essa consulta nas instâncias $B1$, $R2$ e $M3$ é ilustrada na Figura 4.20.

---

[4] *Sempre que* deve ser lido mais precisamente como 'para todas as atribuições de tuplas às variáveis livres'.

[5] Observe que algumas das variáveis livres de $p(R)$ (por exemplo, a própria variável R) pode ser associada em F.

Álgebra e Cálculo Relacionais

nome-marin	id-barco	dia
Dustin	101	10/10/98
Dustin	102	10/10/98
Dustin	103	10/8/98
Dustin	104	10/7/98
Lubber	102	11/10/98
Lubber	103	11/6/98
Lubber	104	11/12/98
Horatio	101	9/5/98
Horatio	102	9/8/98
Horatio	103	9/8/98

Figura 4.20 Resposta da Consulta C13.

(C1) Encontre os nomes de marinheiros que reservaram o barco 103.

$\{P \mid \exists M \in Marinheiros\ \exists R \in Reservas\ (R.id\text{-}marin = M.id\text{-}marin \wedge R.id\text{-}barco = 103$
$\wedge\ P.nome\text{-}marin = M.nome\text{-}marin)\}$

Essa consulta pode ser lida da seguinte maneira: "Obtenha todas as tuplas de marinheiro para as quais existe uma tupla em Reservas com o mesmo valor no campo *id-marin* e com *id-barco* = 103". Ou seja, para cada tupla marinheiro, procuramos uma tupla em Reservas que mostra que esse marinheiro reservou o barco 103. A tupla de resposta P contém apenas um campo, *nome-marin*.

(C2) Encontre os nomes dos marinheiros que reservaram um barco vermelho.

$\{P \mid \exists M \in Marinheiros\ \exists R \in Reservas\ (R.id\text{-}marin = M.id\text{-}marin$
$\wedge\ P.nome\text{-}marin = M.nome\text{-}marin$
$\wedge\ \exists B \in Barcos(B.id\text{-}barco = R.id\text{-}barco \wedge B.cor = \text{'}vermelho\text{'}))\}$

Essa consulta pode ser lida da seguinte maneira: "Obtenha todas as tuplas M de marinheiro para as quais existam tuplas R em Reservas e B em Barcos tais que $M.id\text{-}marin = R.id\text{-}marin$, $R.id\text{-}barco = B.id\text{-}barco$ e $B.cor = \text{'}vermelho\text{'}$". Uma outra maneira de escrever essa consulta, que corresponde melhor a esta leitura, é:

$\{P \mid \exists M \in Marinheiros\ \exists R \in Reservas\ \exists B \in Barcos$
$(R.id\text{-}marin = M.id\text{-}marin \wedge B.id\text{-}barco = R.id\text{-}barco \wedge B.cor = \text{'}vermelho\text{'}$
$\wedge\ P.nome\text{-}marin = M.nome\text{-}marin)\}$

(C7) Encontre os nomes dos marinheiros que reservaram pelo menos dois barcos.

$\{P \mid \exists M \in \textit{Marinheiros} \; \exists R1 \in \textit{Reservas} \; \exists R2 \in \textit{Reservas}$
$(M.\textit{id-marin} = R1.\textit{id-marin} \land R1.\textit{id-marin} = R2.\textit{id-marin} \land R1.\textit{id-barco} \neq R2.\textit{id-barco}$
$\land \; P.\textit{nome-marin} = M.\textit{nome-marin})\}$

Contraste essa consulta com a versão da álgebra e veja quão mais simples é a versão do cálculo. Em parte, essa diferença é devida à complicada renomeação dos campos na versão da álgebra, mas a versão do cálculo é realmente mais simples.

(C9) Encontre os nomes dos marinheiros que reservaram todos os barcos.

$\{P \mid \exists M \in \textit{Marinheiros} \; \forall B \in \textit{Barcos}$
$(\exists R \in \textit{Reservas} \; (M.\textit{id-marin} = R.\textit{id-marin} \land B.\textit{id-barco} = R.\textit{id-barco}$
$\land \; P.\textit{nome-marin} = M.\textit{nome-marin}))\}$

Essa consulta foi expressa usando-se o operador de divisão na álgebra relacional. Observe quão facilmente ela é expressa no cálculo. A consulta do cálculo reflete diretamente como expressaríamos a consulta em português: "Encontre os marinheiros M tais que, para todos os barcos B, há uma tupla de Reservas mostrando que o marinheiro M reservou o barco B."

(C14) Encontre os marinheiros que reservaram todos os barcos vermelhos.

$\{M \mid M \in \textit{Marinheiros} \land \forall B \in \textit{Barcos}$
$(B.\textit{cor}=\textit{'vermelho'} \Rightarrow (\exists R \in \textit{Reservas} \; (M.\textit{id-marin} = R.\textit{id-marin} \land B.\textit{id-barco} = R.\textit{id-barco})))\}$

Essa consulta pode ser lida da seguinte maneira: para cada (marinheiro) candidato, se um barco é vermelho, o marinheiro deve tê-lo reservado. Ou seja, para um marinheiro candidato, um barco sendo vermelho deve implicar que o marinheiro o reservou. Observe que, uma vez que podemos retornar uma tupla marinheiro inteira como resposta, em vez de apenas o nome do marinheiro, evitamos introduzir uma nova variável livre (por exemplo, a variável P do exemplo anterior) para armazenar os valores de resposta. Nas instâncias $B1$, $R2$ e $M3$, a resposta contém as tuplas Marinheiros com *id-marin*s 22 e 31.

Podemos escrever essa consulta sem usar a implicação ($\Rightarrow$), observando que uma expressão da forma $p \Rightarrow q$ é logicamente equivalente a $\neg p \lor q$:

$\{M \mid M \in \textit{Marinheiros} \land \forall B \in \textit{Barcos}$
$(B.\textit{cor} \neq \textit{'vermelho'} \lor (\exists R \in \textit{Reservas} \; (M.\textit{id-marin} = R.\textit{id-marin} \land B.\textit{id-barco} = R.\textit{id-barco})))\}$

Essa consulta pode ser lida da seguinte maneira: "Encontre marinheiros M tais que, para todos os barcos B, ou o barco não é vermelho, ou uma tupla Reservas mostra que o marinheiro M reservou o barco B.".

4.3.2 Cálculo Relacional de Domínio

Uma **variável de domínio** é aquela que assume valores do domínio de algum atributo (por exemplo, a variável pode receber como valor um inteiro se ela aparecer em um atributo cujo domínio é o conjunto dos inteiros). Uma consulta CRD é da forma $\{\langle x_1, x_2, ..., x_n \rangle \mid p(\langle x_1, x_2, ..., x_n \rangle)\}$, onde cada x_i é ou uma *variável de domínio* ou uma *constante* e $p(\langle x_1, x_2, ..., x_n \rangle)$ denota uma **fórmula CRD** cujas únicas

Álgebra e Cálculo Relacionais 103

variáveis livres são as variáveis x_i, $1 \leq i \leq n$. O resultado é o conjunto de todas as tuplas $\langle x_1, x_2, ..., x_n \rangle$ para as quais a fórmula é avaliada como verdadeiro.

Uma fórmula CRD é definida de maneira muito semelhante à definição de uma fórmula CRT. A principal diferença é que as variáveis são agora variáveis de domínio. Seja op um operador do conjunto $\{<, >, =, \leq, \geq, \neq\}$ e sejam X e Y variáveis de domínio. Uma **fórmula atômica** de CRD é uma dentre:

- $\langle x_1, x_2, ..., x_n \rangle \in Rel$, onde Rel é uma relação com n atributos; cada x_i, $1 \leq i \leq n$ é uma variável ou uma constante
- X op Y
- X op *constante*, ou *constante* op X

Uma **fórmula** é recursivamente definida como uma dentre as seguintes cláusulas, onde p e q são fórmulas e $p(X)$ uma fórmula na qual a variável X aparece:

- qualquer fórmula atômica
- $\neg p$, $p \wedge q$, $p \vee q$, $p \Rightarrow q$
- $\exists X(p(X))$, onde X é uma variável de domínio
- $\forall X(p(X))$, onde X é uma variável de domínio

O leitor é convidado a comparar essa definição com a definição das fórmulas CRT e ver quão intimamente essas duas definições estão correlacionadas. Não definiremos formalmente as semânticas das fórmulas CRD; isto é deixado como um exercício para o leitor.

Exemplos de Consultas CRD

Ilustraremos agora o CRD através de diversos exemplos. O leitor está convidado a comparar esses exemplos com as versões CRT.

(C11) Encontre todos os marinheiros com uma avaliação acima de 7.

$$\{ \langle I, N, T, A \rangle \mid \langle I, N, T, A \rangle \in Marinheiros \wedge T > 7 \}$$

Isso difere da versão CRT por fornecer a cada atributo um nome (de variável). A condição $\langle I, N, T, A \rangle \in Marinheiros$ assegura que as variáveis de domínio I, N, T e A sejam restritas aos campos da *mesma* tupla. Comparando-se com a consulta CRT, podemos dizer $T > 7$ em vez de $M.avaliação > 7$, mas devemos especificar a tupla $\langle I, N, T, A \rangle$ no resultado, em vez de apenas M.

(C1) Encontre os nomes de marinheiros que reservaram o barco 103.

$$\{ \langle N \rangle \mid \exists I, T, A \, (\langle I, N, T, A \rangle \in Marinheiros$$
$$\wedge \, \exists Ir, Br, D(\langle Ir, Br, D \rangle \in Reservas \wedge Ir = I \wedge Br = 103))\}$$

Observe que apenas o campo *nome-marin* é retido na resposta e que somente N é uma variável livre. Usamos a notação $\exists Ir, Br, D(...)$ como uma abreviação para $\exists Ir(\exists Br(\exists D(...)))$. Freqüentemente, todas as variáveis quantificadas aparecem em uma única relação, como nesse exemplo. Uma notação ainda mais compacta nesse caso é $\exists \langle Ir, Br, D \rangle \in Reservas$. Com esta notação, que usaremos a partir deste ponto, a consulta ficaria assim:

$$\{\langle N\rangle \mid \exists I, T, A\, (\langle I, N, T, A\rangle \in Marinheiros$$
$$\land\ \exists\langle Ir, Br, D\rangle \in Reservas \land Ir = I \land Br = 103))\}$$

A comparação com a fórmula CRT correspondente deve agora ser direta. Essa consulta também pode ser escrita como se segue; observe a repetição da variável I e o uso da constante 103:

$$\{\langle N\rangle \mid \exists I, T, A\, (\langle I, N, T, A\rangle \in Marinheiros$$
$$\land\ \exists D(\langle I, 103, D\rangle \in Reservas))\}$$

(C2) Encontre os nomes dos marinheiros que reservaram um barco vermelho.

$$\{\langle N\rangle \mid \exists I, T, A\, (\langle I, N, T, A\rangle \in Marinheiros$$
$$\land\ \exists\langle I, Br, D\rangle \in Reservas \land\ \exists\langle Br, BN, 'vermelho'\rangle \in Barcos)\}$$

(C7) Encontre os nomes dos marinheiros que reservaram pelo menos dois barcos.

$$\{\langle N\rangle \mid \exists I, T, A\, (\langle I, N, T, A\rangle \in Marinheiros$$
$$\land\ \exists Br1, Br2, D1, D2(\langle I, Br1, D1\rangle \in Reservas$$
$$\land\ \langle I, Br2, D2\rangle \in Reservas \land Br1 \neq Br2))\}$$

Observe como o uso repetido da variável I assegura que o mesmo marinheiro tenha reservado ambos os barcos em questão.

(C9) Encontre os nomes dos marinheiros que reservaram todos os barcos.

$$\{\langle N\rangle \mid \exists I, T, A\, (\langle I, N, T, A\rangle \in Marinheiros \land$$
$$\forall B, BN, C(\neg(\langle B, BN, C\rangle \in Barcos\ \land$$
$$(\exists\langle Ir, Br, D\rangle \in Reservas\,(I = Ir \land Br = B))))\}$$

Essa consulta pode ser lida da seguinte maneira: "Encontre todos os valores de N tais que alguma tupla $\langle I, N, T, A\rangle$ em Marinheiros satisfaça a seguinte condição: para todo $\langle B, BN, C\rangle$, ou isso não é uma tupla em Barcos ou há alguma tupla $\langle Ir, Br, D\rangle$ em Reservas que prova que o Marinheiro I reservou o barco B". O quantificador $\forall$ permite que as variáveis de domínio B, BN e C assumam todos os valores em seus respectivos domínios de atributo, e o padrão '$\neg(\langle B, BN, C\rangle \in Barcos) \lor$' é necessário para restringir a atenção àqueles valores que aparecem nas tuplas de Barcos. Esse padrão é comum em fórmulas CRD, e a notação $\forall\langle B, BN, C\rangle \in Barcos$ pode ser usada como uma abreviação em seu lugar. Isso é semelhante à notação introduzida anteriormente para $\exists$. Com essa notação, a consulta seria escrita assim:

$$\{\langle N\rangle \mid \exists I, T, A\, (\langle I, N, T, A\rangle \in Marinheiros \land \forall\langle B, BN, C\rangle \in Barcos$$
$$(\exists\langle Ir, Br, D\rangle \in Reservas\,(I = Ir \land Br = B)))\}$$

(C14) Encontre os marinheiros que reservaram todos os barcos vermelhos.

$$\{\langle I, N, T, A\rangle \mid \langle I, N, T, A\rangle \in \textit{Marinheiros} \wedge \forall \langle B, BN, C\rangle \in \textit{Barcos}$$

$$(C=\text{'vermelho'} \Rightarrow \exists \langle Ir, Br, D\rangle \in \textit{Reservas}\ (I = Ir \wedge Br = B))\}$$

Aqui, encontramos todos os marinheiros tais que, para todo barco vermelho, há uma tupla em Reservas que mostra que o marinheiro o tenha reservado.

4.4 PODER EXPRESSIVO DA ÁLGEBRA E DO CÁLCULO

Apresentaremos duas linguagens de consulta formais para o modelo relacional. Eles são equivalentes em poder? Toda consulta que pode ser expressa em álgebra relacional também pode ser expressa em cálculo relacional? A resposta é sim, ela pode. Toda consulta que pode ser expressa em cálculo relacional também pode ser expressa em álgebra relacional? Antes de responder a essa questão, consideremos um grave problema apresentado a seguir.

Considere a consulta $\{M \mid \neg(M \in \textit{Marinheiros})\}$. Essa consulta está sintaticamente correta. Entretanto, ela pergunta por todas as tuplas M tais que M não é (uma dada instância de) Marinheiros. O conjunto de tais tuplas M é obviamente infinito, no contexto de domínios infinitos como o conjunto de todos os inteiros. Esse exemplo simples ilustra uma consulta *insegura*. É desejável restringir o cálculo relacional para não permitir as consultas inseguras.

Esboçaremos agora como as consultas de cálculo são restringidas para ser seguras. Considere um conjunto I de instâncias de relação, com uma instância por relação que aparece na consulta C. Seja $Dom(C, I)$ o conjunto de todas as constantes que aparecem nessas instâncias de relação I ou na formulação da consulta C propriamente dita. Como permitimos apenas instâncias finitas, $Dom(C, I)$ também é finito.

Para que uma fórmula de cálculo C seja considerada segura, no mínimo desejamos assegurar que, para qualquer I, o conjunto de respostas de C contenha apenas valores em $Dom(C, I)$. Embora essa restrição seja obviamente necessária, ela não é suficiente. Não apenas desejamos que o conjunto de respostas seja composto de constantes em $Dom(C, I)$, mas desejamos *computar* o conjunto de respostas examinando apenas as tuplas que contenham constantes em $Dom(C, I)$! Esse desejo conduz a um ponto sutil associado ao uso dos quantificadores $\forall$ e $\exists$: dada uma fórmula CRT da forma $\exists R(p(R))$, desejamos encontrar todos os valores da variável R que tornam essa fórmula `verdadeira`, verificando apenas as tuplas que contenham constantes em $Dom(C, I)$. De maneira semelhante, dada uma fórmula CRT da forma $\forall R(p(R))$, desejamos encontrar quaisquer valores da variável R que tornam essa fórmula `falsa`, verificando apenas as tuplas que contenham constantes em $Dom(C, I)$.

Definimos, assim, uma fórmula CRT *segura* C como uma fórmula tal que:

1. Para qualquer I, o conjunto de respostas de C contém apenas valores que estão em $Dom(C, I)$.

2. Para cada subexpressão da forma $\exists R(p(R))$ em C, se uma tupla r (atribuída à variável R) tornar a fórmula `verdadeira`, então r contém apenas constantes em $Dom(C, I)$.

3. Para cada subexpressão da forma $\forall R(p(R))$ em C, se uma tupla r (atribuída à variável R) contiver uma constante que não está em $Dom(C, I)$, então r deve tornar a fórmula `verdadeira`.

Observe que essa definição não é *construtiva*, ou seja, ela não nos informa como verificar se uma consulta é segura.

A consulta $C = \{M \mid \neg(M \in Marinheiros)\}$ é insegura por esta definição. $Dom(C, I)$ é o conjunto de todos os valores que aparecem em (uma instância I de) Marinheiros. Considere a instância $M1$ ilustrada na Figura 4.1. A resposta a essa consulta obviamente inclui valores que não aparecem em $Dom(C, M1)$.

Retornando à questão da expressividade, podemos mostrar que toda consulta que pode ser expressa usando uma consulta de cálculo relacional *segura* também pode ser expressa como uma consulta de álgebra relacional. O poder expressivo da álgebra relacional é usado normalmente como uma métrica de quão poderosa é uma linguagem de consulta de banco de dados relacional. Se uma linguagem de consulta pode expressar todas as consultas que podemos expressar em álgebra relacional, ela é considerada **relacionalmente completa**. Espera-se que uma linguagem de consulta prática seja relacionalmente completa; além disso, as linguagens de consulta comerciais normalmente suportam recursos que nos permitem expressar algumas consultas que não podem ser expressas em álgebra relacional.

4.5 QUESTÕES DE REVISÃO

As respostas às questões de revisão podem ser encontradas nas seções listadas.

- Qual é a entrada de uma consulta relacional? Qual é o resultado da avaliação de uma consulta? **(Seção 4.1)**
- Os sistemas de banco de dados usam algumas variantes de álgebra relacional para representar os planos de avaliação de consulta. Explique por que a álgebra é adequada para este propósito. **(Seção 4.2)**
- Descreva o operador seleção. O que se pode afirmar sobre a cardinalidade das tabelas de entrada e de saída deste operador? (Ou seja, se a entrada tiver k tuplas, o que se pode afirmar sobre a saída?) Descreva o operador projeção. O que se pode afirmar sobre a cardinalidade das tabelas de entrada e de saída deste operador? **(Seção 4.2.1)**
- Descreva as operações de conjunto da álgebra relacional, incluindo a união (∪), a intersecção (∩), a diferença de conjunto (−), e o produto cartesiano (×). Para cada operação, o que se pode afirmar sobre a cardinalidade das tabelas de entrada e de saída? **(Seção 4.2.2)**
- Explique como o operador renomear é usado. Ele é necessário? Ou seja, se esse operador não for permitido, há alguma consulta que não possa mais ser expressa na álgebra? **(Seção 4.2.3)**
- Defina todas as variantes da operação junção. Por que a operação junção é digna de atenção especial? Podemos expressar toda operação junção em termos de produto cartesiano, seleção e projeção? **(Seção 4.2.4)**
- Defina a operação divisão em termos das operações básicas de álgebra relacional. Descreva uma consulta típica que usa a divisão. Diferentemente da junção, o operador divisão não recebe um tratamento especial nos sistemas de banco de dados. Explique por quê. **(Seção 4.2.5)**
- O cálculo relacional é considerado uma linguagem *declarativa*, em contraste com a álgebra, que é uma linguagem *procedural*. Explique a diferença. **(Seção 4.3)**
- Como uma consulta do cálculo relacional 'descreve' as tuplas de resultado? Discuta o subconjunto da lógica de predicado de primeira ordem usada no cálculo relacional de tuplas, com atenção particular aos quantificadores universais e existenciais, variáveis associadas e livres, e restrições nas fórmulas de consulta. **(Seção 4.3.1)**

Álgebra e Cálculo Relacionais

- Qual é a diferença entre cálculo relacional de tupla e cálculo relacional de domínio? **(Seção 4.3.2)**
- O que é uma consulta de cálculo *insegura*? Por que é importante evitar tais consultas? **(Seção 4.4)**
- A álgebra relacional e o cálculo relacional são considerados equivalentes em poder expressivo. Explique o que isso significa, e como está relacionado à noção de *completude relacional*. **(Seção 4.4)**

EXERCÍCIOS

Exercício 4.1 Explique a afirmação de que os operadores de álgebra relacional podem ser *compostos*. Por que a capacidade de compor operadores é importante?

Exercício 4.2 Dadas duas relações $R1$ e $R2$, sendo que $R1$ contém N1 tuplas, $R2$ contém N2 tuplas, e N2 > N1 > 0, quais os tamanhos máximo e mínimo possíveis (em tuplas) para a relação resultante produzida por cada uma das seguintes expressões de álgebra relacional? Em cada caso, afirme quaisquer suposições adotadas sobre os esquemas de $R1$ e $R2$ necessárias para tornar a expressão significativa:

(1) $R1 \cup R2$, (2) $R1 \cap R2$, (3) $R1 - R2$, (4) $R1 \times R2$, (5) $\sigma_{a=5}(R1)$, (6) $\pi_a(R1)$ e (7) $R1/R2$

Exercício 4.3 Considere o seguinte esquema:

Fornecedores(*id-forn*:integer, *nome-forn:* string, *endereço:* string)

Peças(*id-peça:* integer, *nome-peça:* string, *cor:* string)

Catálogo(*id-forn:* integer, *id-peça:* integer, *custo:* real)

Os campos-chave encontram-se sublinhados, e o domínio de cada campo encontra-se listado após o nome do campo. Assim, *id-forn* é a chave de Fornecedores, *id-peça* é a chave de Peças, e *id-forn* e *id-peça* juntos formam a chave de Catálogo. A relação Catálogo lista os preços cobrados por peças pelos Fornecedores. Escreva as seguintes consultas em álgebra relacional, cálculo relacional de tupla e cálculo relacional de domínio:

1. Encontre os nomes dos fornecedores que fornecem alguma peça vermelha.
2. Encontre os *id-forns* dos fornecedores que fornecem alguma peça vermelha ou verde.
3. Encontre os *id-forns* dos fornecedores que fornecem alguma peça vermelha ou que estão no endereço Av. Packer, 221.
4. Encontre os *id-forns* dos fornecedores que fornecem alguma peça vermelha e alguma peça verde.
5. Encontre os *id-forns* dos fornecedores que fornecem todas as peças.
6. Encontre os *id-forns* dos fornecedores que fornecem todas as peças vermelhas.
7. Encontre os *id-forns* dos fornecedores que fornecem todas as peças vermelhas ou verdes.
8. Encontre os *id-forns* dos fornecedores que fornecem todas as peças vermelhas ou fornecem todas as peças verdes.
9. Encontre os pares de *id-forns* tais que o fornecedor com o primeiro *id-forn* cobre mais por alguma peça do que o fornecedor com o segundo *id-forn*.
10. Encontre os *id-peças* das peças fornecidas por pelo menos dois fornecedores diferentes.

11. Encontre os *id-peças* das peças mais caras fornecidas pelo fornecedor chamado Yosemite Sham.

12. Encontre os *id-peças* das peças fornecidas por todos os fornecedores por menos de US$ 200. (Se algum fornecedor não fornece a peça ou dobra mais do que US$ 200 por ela, a peça não é selecionada).

Exercício 4.4 Considere o esquema Fornecedores-Peças-Catálogo da questão anterior. Afirme o que as seguintes consultas computam:

1. $\pi_{nome\text{-}forn}(\pi_{id\text{-}forn}\,(\sigma_{cor='vermelho'}\,Peças) \bowtie (\sigma_{custo<100}\,Catálogo) \bowtie Fornecedores)$

2. $\pi_{nome\text{-}forn}(\pi_{id\text{-}forn}\,((\sigma_{cor='vermelho'}Peças) \bowtie (\sigma_{custo<100}\,Catálogo) \bowtie Fornecedores))$

3. $(\pi_{nome\text{-}forn}((\sigma_{cor='vermelho'}\,Peças) \bowtie (\sigma_{custo<100}\,Catálogo) \bowtie Fornecedores)) \cap$

   $(\pi_{nome\text{-}forn}\,((\sigma_{cor='verde'}\,Peças) \bowtie (\sigma_{custo<100}\,Catálogo) \bowtie Fornecedores))$

4. $(\pi_{id\text{-}forn}((\sigma_{cor='vermelho'}Peças) \bowtie (\sigma_{custo<100}\,Catálogo) \bowtie Fornecedores)) \cap$

   $(\pi_{id\text{-}forn}\,((\sigma_{cor='verde'}\,Peças) \bowtie (\sigma_{custo<100}\,Catálogo) \bowtie Fornecedores))$

5. $\pi_{nome\text{-}forn}((\pi_{id\text{-}forn,nome\text{-}forn}((\sigma_{cor='vermelho'}\,Peças) \bowtie (\sigma_{custo<100}\,Catálogo) \bowtie Fornecedores)) \cap$

   $(\pi_{id\text{-}forn,nome\text{-}forn}\,((\sigma_{cor='verde'}\,Peças) \bowtie (\sigma_{custo<100}\,Catálogo) \bowtie Fornecedores))$

Exercício 4.5 Considere as seguintes relações contendo informações sobre vôos de empresas aéreas:

Vôos(*nro-voo*:integer, *de:* string, *para:* string,
   distância: integer, *partida:* time, *chegada:* time)
Aeronave(*id-aero:* integer, *nome-aero:* string, *dist-limite:* integer)
Certificado(*id-funcion:* integer, *id-aero:* integer)
Funcionários(*id-funcion:* integer, *nome-funcion:* string, *salário:* integer)

Observe que a relação Funcionários descreve os pilotos assim como os outros tipos de funcionários; todo piloto é certificado para alguma aeronave (caso contrário, ele não seria qualificado como um piloto), e somente os pilotos são certificados para voar.

Escreva as seguintes consultas em álgebra relacional, cálculo relacional de tupla e cálculo relacional de domínio. Observe que algumas dessas consultas não podem ser expressas em álgebra relacional (e, portanto, também não podem ser expressas em cálculo relacional de tupla nem de domínio)! Para tais consultas, explique informalmente por que elas não podem ser expressas. (Veja os exercícios no final do Capítulo 5 para consultas adicionais sobre o esquema de companhia aérea.)

1. Encontre os *id-funcions* de pilotos certificados para alguma aeronave Boeing.
2. Encontre os *nomes* dos pilotos certificados para alguma aeronave Boeing.
3. Encontre os *id-aeros* de todas as aeronaves que podem ser usadas em vôos sem escala de Bonn a Madras.
4. Identifique os vôos que podem ser pilotados por todo piloto cujo salário é maior do que US$ 100.000.
5. Encontre os nomes dos pilotos que podem operar aviões com uma dist-limite maior do que 3.000 milhas, mas que não são certificados em qualquer aeronave Boeing.
6. Encontre os *id-funcions* dos funcionários com o maior salário.
7. Encontre os *id-funcions* dos funcionários que têm o segundo maior salário.
8. Encontre os *id-funcions* dos funcionários que são certificados para o maior número de aeronaves.
9. Encontre os *id-funcions* dos funcionários que são certificados para exatamente três aeronaves.
10. Encontre a quantia total de salários pagos aos funcionários.

11. Há uma seqüência de vôos de Madison a Timbuktu? Cada vôo na seqüência deve partir da cidade que é o destino do vôo anterior; o primeiro vôo deve partir de Madison, o último vôo deve chegar a Timbuktu, e não há restrições quanto ao número de vôos intermediários. Sua consulta deve determinar se uma seqüência de vôos de Madison a Timbuktu existe para *qualquer* instância de relação de Vôos.

Exercício 4.6 O que é *completude relacional*? Se uma linguagem de consulta é relacionalmente completa, é possível escrever qualquer consulta desejada nessa linguagem?

Exercício 4.7 O que é uma consulta *insegura*? Dê um exemplo e explique por que é importante não permitir tais consultas.

NOTAS BIBLIOGRÁFICAS

A álgebra relacional foi proposta por Codd em [187], e ele demonstrou a equivalência da álgebra relacional e do CRT em [189]. Anteriormente, Kuhns [454] considerou o uso da lógica para formular consultas. LaCroix e Pirotte discutiram o CRD em [459]. Klug generalizou a álgebra e o cálculo para incluir operações agregadas em [439]. As extensões da álgebra e do cálculo para tratar funções agregadas também são discutidas em [578]. Merrett propôs uma álgebra relacional estendida com quantificadores tais como *o número de* que vai além da quantificação apenas universal e existencial [530]. Tais quantificadores generalizados são discutidos detalhadamente em [52].

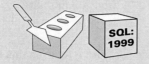

5
SQL: CONSULTAS, RESTRIÇÕES, GATILHOS

☞ O que está incluído na linguagem SQL? O que é SQL:1999?

☞ Como as consultas são expressas em SQL? Como é o significado de uma consulta especificada no padrão SQL?

☞ Como a SQL cria e estende a álgebra e o cálculo relacional?

☞ O que é agrupamento? Como ele é utilizado com operações agregadas?

☞ O que são consultas aninhadas?

☞ O que são valores *nulos*?

☞ Como podemos usar as consultas para escrever restrições de integridade complexas?

☞ O que são gatilhos, e por que eles são úteis? Como eles estão relacionados às restrições de integridade?

➥ **Conceitos-chave:** consultas SQL, conexão com a álgebra e o cálculo relacional; recursos além da álgebra, cláusula DISTINCT e semântica de multiconjuntos, agrupamento e agregação; consultas aninhadas, correlação; operadores de comparação de conjuntos; valores *nulos*, junções externas; restrições de integridade especificadas usando consultas; gatilhos e bancos de dados ativos, regras evento-condição-ação.

Que homens ou deuses são estes? Que virgens relutantes?
Que busca exasperada? Que luta para se libertar?
Que flautas e adufes? Que arrebatamento extraordinário?

— John Keats, *Ode a um Túmulo Grego*

A Linguagem de Consulta Estruturada (SQL — Structured Query Language) é a linguagem de banco de dados relacional comercial mais amplamente utilizada. Ela foi originalmente desenvolvida pela IBM nos projetos SEQUEL-XRM e System-R (1974-1977). Quase imediatamente, outros fabricantes introduziram produtos SGBD baseados em SQL, que agora é um padrão de fato. A SQL continua a evoluir em resposta às necessidades evolutivas na área de banco de dados. O padrão ANSI/ISO atual da SQL é chamado SQL:1999. Embora nem todos os produtos SGBD suportem completamente

SQL: Consultas, Restrições, Gatilhos 111

> **Conformidade com os Padrões SQL:** O SQL:1999 tem uma coleção de recursos chamada Core SQL, que um fabricante deve implementar para alegar conformidade com o padrão SQL:1999. É estimado que todos os principais fabricantes podem se ajustar ao Core SQL com pouco esforço. Muitos dos recursos restantes estão organizados em **pacotes**.
>
> Por exemplo, os pacotes tratam cada um dos seguintes recursos (com os capítulos relevantes entre parênteses): *data e horário melhorados, gerenciamento de integridade melhorado e banco de dados ativos* (neste capítulo), *interfaces de linguagem externa* (Capítulo 6), *OLAP* (Capítulo 25), e *recursos de objeto* (Capítulo 23). O padrão SQL/MM complementa o SQL:1999 definindo pacotes adicionais que suportam a *mineração de dados* (Capítulo 26), *dados espaciais* (Capítulo 28) e *documentos de texto* (Capítulo 27). O suporte aos dados e consultas XML está por vir.

o padrão SQL:1999, os fabricantes estão trabalhando em direção a esse objetivo, e a maioria dos produtos já suporta os recursos principais. O padrão SQL:1999 é bem próximo ao padrão anterior, SQL-92, com relação aos recursos discutidos neste capítulo. Nossa apresentação é consistente com ambos — SQL-92 e SQL:1999 —, e observamos explicitamente quaisquer aspectos que sejam diferentes nas duas versões do padrão.

5.1 VISÃO GERAL

A linguagem SQL inclui diversos aspectos:

- **A Linguagem de Manipulação de Dados (DML — Data Manipulation Language):** Este subconjunto da SQL permite que os usuários formulem consultas e insiram, excluam e modifiquem tuplas. As consultas são o principal foco deste capítulo. Cobrimos os comandos da DML para inserir, excluir e modificar tuplas no Capítulo 3.

- **A Linguagem de Definição de Dados (DDL — Data Definition Language):** Este subconjunto da SQL suporta a criação, exclusão e modificação das definições das tabelas e visões. As *restrições de integridade* podem ser definidas nas tabelas, tanto quando a tabela é criada como posteriormente. Cobrimos os recursos da DDL da SQL no Capítulo 3. Embora o padrão não discuta índices, as implementações comerciais também fornecem comandos para criação e exclusão de índices.

- **Gatilhos e Restrições de Integridade Avançadas:** O novo padrão SQL:1999 inclui suporte a *gatilhos (triggers)*, que são ações executadas pelo SGBD sempre que alterações no banco de dados satisfazem condições especificadas no gatilho. Cobriremos gatilhos neste capítulo. A SQL permite o uso de consultas para criar especificações de restrição de integridade complexas. Também discutiremos tais restrições neste capítulo.

- **SQL Embutida e Dinâmica:** Os recursos de SQL embutida permitem que o código SQL seja chamado por meio de uma linguagem hospedeira como C ou COBOL. Os recursos de SQL dinâmica permitem que uma consulta seja construída (e executada) em tempo de execução. Trataremos desses recursos no Capítulo 6.

- **Execução Cliente-Servidor e Acesso a Banco de Dados Remoto:** Estes comandos controlam como um programa de aplicativo *cliente* pode se conectar a um *servidor* de banco de dados SQL, ou acessar dados de um banco de dados através de uma rede. Trataremos esses comandos no Capítulo 7.

- **Gerenciamento de Transação:** Diversos comandos permitem que um usuário controle explicitamente os aspectos da execução de uma transação. Trataremos esses comandos no Capítulo 16.

- **Segurança:** A SQL provê mecanismos para controlar o acesso dos usuários aos objetos de dados, tais como tabelas e visões. Trataremos desses mecanismos no Capítulo 21.

- **Recursos avançados:** O padrão SQL:1999 inclui recursos de orientação a objetos (Capítulo 23), consultas recursivas (Capítulo 24), consultas de apoio à decisão (Capítulo 25), e também trata áreas emergentes como mineração de dados (Capítulo 26), dados espaciais (Capítulo 28) e gerenciamento de texto e de dados XML (Capítulo 27).

5.1.1 Organização do Capítulo

O restante deste capítulo está organizado da seguinte maneira: apresentaremos as consultas SQL básicas na Seção 5.2 e introduziremos os operadores de conjunto da SQL na Seção 5.3. Discutiremos as consultas aninhadas, nas quais uma relação referenciada numa consulta é ela própria definida dentro da consulta, na Seção 5.4. Cobriremos os operadores agregados, que nos permitem escrever consultas SQL que não podem ser expressas na álgebra relacional, na Seção 5.5. Discutiremos os valores *nulos*, que são valores especiais usados para indicar valores de campo não existentes ou desconhecidos, na Seção 5.6. Discutiremos as restrições de integridade complexas que podem ser especificadas usando a DDL da SQL na Seção 5.7, estendendo a discussão sobre SQL DDL iniciada no Capítulo 3; as novas especificações de restrições nos possibilitam utilizar completamente os recursos de linguagem de consulta da SQL.

Finalmente, discutiremos o conceito de um *banco de dados ativo* nas seções 5.8 e 5.9. Um **banco de dados ativo** tem uma coleção de **gatilhos**, que são especificados pelo DBA. Um gatilho descreve ações a serem tomadas quando ocorrem determinadas situações. O SGBD monitora o banco de dados, detecta essas situações, e dispara o gatilho. O padrão SQL:1999 requer suporte aos gatilhos, e diversos produtos SGBD relacionais já suportam alguma forma de gatilho.

Sobre os Exemplos

Apresentaremos diversas consultas de exemplo usando as seguintes definições de tabela:

Marinheiros(*id-marin*: integer, *nome-marin*: string, *avaliação*: integer, *idade*: real)
Barcos(*id-barco*: integer, *nome-barco*: string, *cor*: string)
Reservas(*id-marin*: integer, *id-barco*: integer, *dia*: date)

Damos a cada consulta um número único, continuando com o esquema de numeração utilizado no Capítulo 4. A primeira consulta nova deste capítulo tem o número C15. As consultas C1 a C14 foram introduzidas no Capítulo 4.[1] Ilustramos as consultas usando as instâncias *M*3 de Marinheiros, *R*2 de Reservas e *B*1 de Barcos introduzidas no Capítulo 4, as quais reproduziremos nas Figuras 5.1, 5.2 e 5.3, respectivamente.

Todas as tabelas e consultas de exemplo que aparecem neste capítulo encontram-se disponíveis on-line na página web do livro em

http://www.cs.wisc.edu/~dbbook

---

[1] Todas as referências a uma consulta podem ser encontradas no índice de tópicos do livro.

SQL: Consultas, Restrições, Gatilhos

O material on-line inclui instruções de como configurar o Oracle, o IBM DB2, o Microsoft SQL Server, e o MySQL, e os scripts para criação de tabelas e consultas de exemplo.

5.2 O FORMATO DE UMA CONSULTA SQL BÁSICA

Esta seção apresenta a sintaxe de uma consulta SQL simples e explica seu significado através de uma *estratégia de avaliação conceitual*, que é uma forma de avaliar a consulta, intencionalmente mais fácil de entender, mas não tão eficiente. Um SGBD executaria normalmente uma consulta de uma forma diferente e mais eficiente.

O formato básico de uma consulta SQL é:

```
SELECT  [ DISTINCT ]  lista-seleção
FROM    lista-from
WHERE   qualificação
```

id-marin	nome-marin	avaliação	idade
22	Dustin	7	45,0
29	Brutus	1	33,0
31	Lubber	8	55,5
32	Andy	8	25,5
58	Rusty	10	35,0
64	Horatio	7	35,0
71	Zorba	10	16,0
74	Horatio	9	35,0
85	Art	3	25,5
95	Bob	3	63,5

Figura 5.1 Uma instância *M*3 de Marinheiros.

id-marin	id-barco	dia
22	101	10/10/98
22	102	10/10/98
22	103	10/8/98
22	104	10/7/98
31	102	11/10/98
31	103	11/6/98
31	104	11/12/98
64	101	9/5/98
64	102	9/5/98
74	103	9/8/98

Figura 5.2 Uma instância *R*2 de Reservas.

id-barco	nome-barco	cor
101	Interlake	azul
102	Interlake	vermelho
103	Clipper	verde
104	Marine	vermelho

Figura 5.3 Uma instância *B*1 de Barcos.

Toda consulta deve ter uma cláusula SELECT, que especifica as colunas a serem mantidas no resultado, e uma cláusula FROM, que especifica um produto cartesiano de tabelas. A cláusula opcional WHERE especifica as condições de seleção nas tabelas mencionadas na cláusula FROM.

Uma consulta como essa corresponde intuitivamente a uma expressão de álgebra relacional envolvendo seleções, projeções e produtos cartesianos. A íntima relação entre a SQL e a álgebra relacional é a base para a otimização de consulta em um SGBD relacional, conforme veremos nos Capítulos 12 e 15. De fato, os planos de execução das consultas SQL são representados usando uma variação das expressões de álgebra relacional (Seção 15.1).

Vamos considerar um exemplo simples.

(C15) Encontre os nomes e as idades de todos os marinheiros.

    SELECT DISTINCT M.nome-marin, M.idade
    FROM   Marinheiros M

A resposta é um *conjunto* de linhas, sendo cada linha um par ⟨nome-marin, idade⟩. Se dois ou mais marinheiros tiverem o mesmo nome e a mesma idade, a resposta conterá apenas um par com esse nome e idade. Essa consulta é equivalente a aplicar o operador projeção da álgebra relacional.

Se omitíssemos a palavra reservada DISTINCT, obteríamos uma cópia da linha ⟨m, i⟩ para cada marinheiro com nome m e idade i; a resposta seria um multiconjunto de linhas. Um **multiconjunto** é semelhante a um conjunto por ser uma coleção desordenada de elementos, mas pode conter diversas cópias de cada elemento, e o número de cópias é significativo — dois multiconjuntos poderiam ter os mesmos elementos e ainda assim ser diferentes em razão do número de cópias ser diferente para alguns elementos. Por exemplo, {a, b, b} e {b, a, b} denotam o mesmo multiconjunto, e diferem do multiconjunto {a, a, b}.

A resposta a essa consulta com e sem a palavra reservada DISTINCT na instância *M*3 de Marinheiros é ilustrada nas Figuras 5.4 e 5.5. A única diferença é que a tupla de Horatio aparecerá duas vezes se DISTINCT for omitido; isso ocorre porque há dois marinheiros chamados Horatio, de idade 35.

nome-marin	*idade*
Dustin	45,0
Brutus	33,0
Lubber	55,5
Andy	25,5
Rusty	35,0
Horatio	35,0
Zorba	16,0
Art	25,5
Bob	63,5

Figura 5.4 Resposta a C15.

nome-marin	*idade*
Dustin	45,0
Brutus	33,0
Lubber	55,5
Andy	25,5
Rusty	35,0
Horatio	35,0
Zorba	16,0
Horatio	35,0
Art	25,5
Bob	63,5

Figura 5.5 Resposta a C15 sem DISTINCT.

Nossa próxima consulta é equivalente a uma aplicação do operador seleção da álgebra relacional.

(C11) Encontre todos os marinheiros com uma avaliação acima de 7.

    SELECT   M.id-marin, M.nome-marin, M.avaliação, M.idade
    FROM   Marinheiros AS M
    WHERE   M.avaliação > 7

SQL: Consultas, Restrições, Gatilhos

Essa consulta utiliza a palavra reservada opcional AS para introduzir uma variável de intervalo. Aliás, quando desejamos recuperar todas as colunas, como nessa consulta, a SQL provê um atalho conveniente: Podemos escrever simplesmente SELECT *. Esta notação é útil para consultas interativas, mas é um estilo pobre para as consultas que deverão ser reutilizadas e mantidas porque o esquema do resultado não é claro a partir da consulta propriamente dita; devemos referenciar ao esquema da tabela subjacente Marinheiros.

Conforme esses dois exemplos ilustram, a cláusula SELECT é usada realmente para fazer *projeção*, enquanto as *seleções*, no sentido da álgebra relacional, são expressas usando a cláusula WHERE! Essa confusão entre a nomeação dos operadores de seleção e projeção na álgebra relacional e na sintaxe da SQL é um acidente histórico infeliz.

Consideraremos agora a sintaxe de uma consulta SQL básica com mais detalhes.

- A **lista-from** da cláusula FROM é uma lista de nomes de tabela. Um nome de tabela pode ser seguido por uma **variável de intervalo** (*range viariable*), que é particularmente útil quando o mesmo nome de tabela aparece mais do que uma vez na lista-from.

- A **lista-seleção** é uma lista de (expressões envolvendo) nomes de coluna das tabelas nomeadas na lista-from. Os nomes de coluna podem ser prefixados por uma variável de intervalo.

- A **qualificação** da cláusula FROM é uma combinação booleana (isto é, uma expressão usando os conectivos lógicos AND, OR e NOT) de condições no formato *expressão* op *expressão*, onde op é um dos operadores de comparação $\{<, <=, = , <>, >=, >\}$.[2] Uma *expressão* é um nome de *coluna*, uma *constante* ou uma expressão (aritmética ou de string).

- A palavra reservada DISTINCT é opcional. Ela indica que a tabela computada como uma resposta a essa consulta não deve conter *duplicatas*, ou seja, duas cópias da mesma linha. O padrão é que as duplicatas não sejam eliminadas.

Embora as regras precedentes descrevam (informalmente) a sintaxe de uma consulta SQL básica, elas não nos informam o *significado* de uma consulta. A resposta a uma consulta é por si só uma relação — que em SQL! é um *multiconjunto* de linhas — cujo conteúdo pode ser compreendido considerando-se a seguinte estratégia de avaliação conceitual:

1. Compute o produto cartesiano das tabelas da **lista-from**.
2. Exclua as linhas no produto cartesiano que não satisfazem as condições de **qualificação**.
3. Exclua as colunas que não aparecem na **lista-seleção**.
4. Se DISTINCT for especificado, elimine as linhas duplicatas.

Essa estratégia direta de avaliação conceitual torna explícitas as linhas que devem ser apresentadas na resposta à consulta. Entretanto, é bem provável que seja bem ineficiente. Consideraremos como um SGBD realmente avalia as consultas em capítulos posteriores; por ora, nosso propósito é simplesmente explicar o significado de uma consulta. Ilustraremos a estratégia de avaliação conceitual usando a seguinte consulta:

(C1) Encontre os nomes de marinheiros que reservaram o barco 103.

---

[2] As expressões com NOT sempre podem ser substituídas por expressões equivalentes sem NOT dado o conjunto de operadores de comparação listados.

C1 pode ser expressa em SQL assim:

```
SELECT   M.nome-marin
FROM     Marinheiros M, Reservas R
WHERE    M.id-marin = R.id-marin AND R.id-barco= 103
```

Vamos computar a resposta a essa consulta nas instâncias *R3* de Reservas e *M4* de Marinheiros ilustradas nas Figuras 5.6 e 5.7, uma vez que a computação em nossas instâncias de exemplo usuais (*R2* e *M3*) seriam desnecessariamente tediosas.

id-marin	id-barco	dia
22	101	10/10/96
58	103	11/12/96

Figura 5.6 Instância *R3* de Reservas.

id-marin	nome-marin	avaliação	idade
22	dustin	7	45,0
31	lubber	8	55,5
58	rusty	10	35,0

Figura 5.7 Instância *M4* de Marinheiros.

A primeira etapa é construir o produto cartesiano *M4* × *R3*, que é ilustrado na Figura 5.8.

id-marin	nome-marin	avaliação	idade	id-marin	id-barco	dia
22	dustin	7	45,0	22	101	10/10/96
22	dustin	7	45,0	58	103	11/12/96
31	lubber	8	55,5	22	101	10/10/96
31	lubber	8	55,5	58	103	11/12/96
58	rusty	10	35,0	22	101	10/10/96
58	rusty	10	35,0	58	103	11/12/96

Figura 5.8 *M4* × *R3*.

A segunda etapa é aplicar a qualificação *M.id-marin = R.id-marin* AND *R.id-barco = 103*. (Observe que a primeira parte dessa qualificação requer uma operação junção.) Essa etapa elimina todas, exceto a última linha da instância ilustrada na Figura 5.8. A terceira etapa é eliminar as colunas não desejadas; apenas *nome-marin* aparece na cláusula SELECT. Essa etapa nos fornece o resultado ilustrado na Figura 5.9, que é uma tabela com uma única coluna e, por coincidência, apenas uma linha.

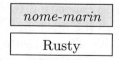

Figura 5.9 Resposta à consulta C1 sobre *R3* e *M4*.

5.2.1 Exemplos de Consultas SQL Básicas

Apresentaremos agora diversas consultas de exemplo, muitas das quais foram expressas anteriormente em álgebra e cálculo relacional (Capítulo 4). Nosso primeiro exemplo ilustra que o uso de variáveis de intervalo é opcional, a menos que elas sejam necessárias para resolver uma ambigüidade. A Consulta C1, que discutimos na seção anterior, também pode ser expressa assim:

```
SELECT   nome-marin
FROM     Marinheiros M, Reservas R
WHERE    M.id-marin = R.id-marin AND R.id-barco= 103
```

Apenas as ocorrências de *id-marin* devem ser qualificadas, uma vez que essa coluna aparece em ambas as tabelas Marinheiros e Reservas. Uma forma equivalente de escrever esta consulta é:

```
SELECT   nome-marin
FROM     Marinheiros, Reservas
WHERE    Marinheiros.id-marin = Reservas.id-marin AND id-barco= 103
```

Essa consulta mostra que os nomes de tabelas podem ser usados implicitamente como variáveis de linha. As variáveis de intervalo precisam ser introduzidas explicitamente apenas quando a cláusula FROM contiver mais que uma ocorrência de uma relação.[3] Entretanto, recomendamos o uso explícito de variáveis de intervalo e a qualificação completa de todas as ocorrências das colunas com uma variável de intervalo para melhorar a legibilidade de suas consultas. Adotaremos essa convenção em todos os nossos exemplos.

(C16) Encontre os id-marins dos marinheiros que reservaram um barco vermelho.

```
SELECT   R.id-marin
FROM     Barcos B, Reservas R
WHERE    B.id-barco = R.id-barco AND B.cor = 'vermelho'
```

Essa consulta contém uma junção de duas tabelas, seguidas por uma seleção na cor dos barcos. Podemos considerar B e R como as linhas nas tabelas correspondentes que 'demonstram' que um marinheiro com id-marin R.id-marin reservou um barco vermelho B.id-barco. Em nossas instâncias de exemplo $R2$ e $M3$ (Figuras 5.1 e 5.2), a resposta consiste nos *id-marins* 22, 31 e 64. Se desejarmos os nomes dos marinheiros no resultado, deveremos também considerar a relação Marinheiros, uma vez que Reservas não contém essa informação, como ilustra o próximo exemplo.

(C2) Encontre os nomes dos marinheiros que reservaram um barco vermelho.

```
SELECT   M.nome-marin
FROM     Marinheiros M, Reservas R, Barcos B
WHERE    M.id-marin = R.id-marin AND R.id-barco = B.id-barco AND B.cor = 'vermelho'
```

Essa consulta contém uma junção das três tabelas seguidas por uma seleção na cor dos barcos. A junção com Marinheiros nos permite encontrar o nome do marinheiro que, de acordo com a tupla R de Reservas, reservou um barco vermelho descrito pela tupla B.

(C3) Encontre as cores dos barcos reservados por Lubber.

---

[3] O nome da tabela não pode ser usado como uma variável de intervalo implícita, uma vez que uma variável de intervalo é introduzida para a relação.

```
SELECT    B.cor
FROM      Marinheiros M, Reservas R, Barcos B
WHERE     M.id-marin = R.id-marin AND R.id-barco = B.id-barco AND
          M.nome-marin = 'Lubber'
```

Essa consulta é muito semelhante à anterior. Observe que, em geral, pode haver mais do que um marinheiro chamado Lubber (uma vez que *nome-marin* não é uma chave de Marinheiros); essa consulta ainda é correta, pois ela retornará as cores dos barcos reservados por *algum* Lubber, se houver diversos marinheiros chamados Lubber.

(C4) Encontre os nomes dos marinheiros que reservaram pelo menos um barco.

```
SELECT    M.nome-marin
FROM      Marinheiros M, Reservas R
WHERE     M.id-marin = R.id-marin
```

A junção de Marinheiros e Reservas assegura que, para cada *nome-marin* selecionado, o marinheiro tenha feito alguma reserva. (Se um marinheiro não tivesse feito uma reserva, a segunda etapa na estratégia de avaliação conceitual eliminaria todas as linhas no produto cartesiano que envolvessem esse marinheiro.)

5.2.2 Expressões e Strings no Comando SELECT

A SQL suporta uma versão mais genérica da **lista-seleção** do que apenas uma lista de colunas. Cada item em uma **lista-seleção** pode ser da forma *expressão* AS *nome-coluna*, onde *expressão* é qualquer expressão aritmética ou de string envolvendo os nomes de colunas (possivelmente prefixadas por variáveis de intervalo) e constantes, e *nome-coluna* é um novo nome para essa coluna na saída da consulta. A lista-seleção também pode conter *funções agregadas*, tais como *sum* e *count*, que discutiremos na Seção 5.5. O padrão SQL também inclui expressões envolvendo valores de data e hora, os quais não trataremos. Embora não seja parte do padrão SQL, muitas implementações também suportam o uso de funções embutidas como *sqrt*, *sin* e *mod*.

(C17) Compute incrementos das avaliações de pessoas que manobraram dois barcos diferentes no mesmo dia.

```
SELECT    M.nome-marin, M.avaliação+1 AS avaliação
FROM      Marinheiros M, Reservas R1, Reservas R2
WHERE     M.id-marin = R1.id-marin AND M.id-marin = R2.id-marin
          AND R1.dia = R2.dia AND R1.id-barco < > R2.id-barco
```

E, ainda, cada item em uma *qualificação* pode ser tão genérico quanto *expressão1 = expressão2*.

```
SELECT    M1.nome-marin AS nome1, M2.nome-marin AS nome2
FROM      Marinheiros M1, Marinheiros M2
WHERE     2*M1.avaliação = M2.avaliação-1
```

Para comparações de string, podemos usar os operadores de comparação (=, <, > etc.) com a ordem das strings determinada alfabeticamente como usual. Se necessitarmos ordenar strings em uma ordem que não seja alfabética (por exemplo, ordenar strings que denotam os nomes dos meses na ordem do calendário: Janeiro, Fevereiro, Março etc.), a SQL suporta um conceito genérico de **collation**, ou ordem de classificação, para um conjunto de caracteres. Uma *collation* permite que o usuário especifique

> **Expressões Regulares em SQL:** Refletindo a importância crescente de dados de texto, o SQL:1999 inclui uma versão mais poderosa do operador LIKE chamado SIMILAR. Esse operador permite que um vasto conjunto de expressões regulares seja usado como padrão na busca de texto. As expressões regulares são semelhantes àquelas suportadas pelo sistema operacional Unix para busca de strings, embora a sintaxe seja um pouco diferente.

> **Álgebra Relacional e SQL:** As operações de conjunto da SQL estão disponíveis em álgebra relacional. A principal diferença, naturalmente, é que elas são operações em multiconjuntos na SQL, já que as tabelas são multiconjuntos de tuplas.

quais caracteres são 'menores do que' outros e provê grande flexibilidade na manipulação de strings.

Além disso, a SQL fornece suporte para correspondência de padrão através do operador LIKE, juntamente com o uso dos símbolos curinga % (que quer dizer zero ou mais caracteres arbitrários) e _ (que quer dizer exatamente um caractere arbitrário). Assim, '_AB%' denota um padrão correspondente a toda string que contém no mínimo três caracteres, com o segundo e o terceiro caracteres sendo A e B, respectivamente. Observe que diferentemente dos demais operadores de comparação, os brancos podem ser significativos para o operador LIKE (dependendo da collation (ordem de classificação) do conjunto de caracteres subjacente). Assim, *'Jeff'* = *'Jeff'* é verdadeiro enquanto *'Jeff'* LIKE *'Jeff'* é falso. Um exemplo do uso de LIKE em uma consulta é dado a seguir.

(C18) Encontre as idades dos marinheiros cujos nomes começam e terminam com B e têm no mínimo três caracteres.

```
SELECT    M.idade
FROM      Marinheiros M
WHERE     M.nome-marin LIKE 'B_%B'
```

O único marinheiro que satisfaz essa consulta é Bob, e sua idade é 63,5.

5.3 UNION, INTERSECT E EXCEPT

A SQL fornece três construtores de manipulação de conjunto que estendem o formato de consulta básico apresentado anteriormente. Como a resposta a uma consulta é um multiconjunto de linhas, é natural considerar o uso de operações, tais como a união, a interseção e a diferença. A SQL suporta essas operações sob os nomes UNION, INTERSECT e EXCEPT.[4] A SQL também provê outras operações de conjunto: IN (para verificar se um elemento está em um dado conjunto), op ANY, op ALL (para comparar um valor com os elementos de um dado conjunto, usando o operador de comparação op) e EXISTS (para verificar se um conjunto é vazio). IN e EXISTS podem ser prefixados por NOT, com a modificação óbvia dos seus significados. Tratamos UNION, INTERSECT e EXCEPT nesta seção, e as demais operações na Seção 5.4.

---

[4] Observe que, embora o padrão SQL inclua essas operações, muitos sistemas atualmente suportam apenas UNION. Além disso, muitos sistemas reconhecem a palavra reservada MINUS como EXCEPT.

Considere a seguinte consulta:

(C5) Encontre os nomes dos marinheiros que reservaram um barco vermelho ou um barco verde.

```
SELECT   M.nome-marin
FROM     Marinheiros M, Reservas R, Barcos B
WHERE    M.id-marin = R.id-marin AND R.id-barco = B.id-barco
         AND (B.cor = 'vermelho' OR B.cor = 'verde')
```

Essa consulta é facilmente expressa usando o conectivo OR na cláusula WHERE. Entretanto, a consulta seguinte, que é idêntica exceto pelo uso de 'e' em vez de 'ou', já não é tão fácil assim:

(C6) Encontre os nomes dos marinheiros que reservaram um barco vermelho e um barco verde.

Se substituíssemos apenas o uso de OR na consulta anterior por AND, em analogia às afirmações das duas consultas, obteríamos os nomes dos marinheiros que reservaram um barco que é vermelho e verde. A restrição de integridade de que *id-barco* é uma chave de Barcos nos informa que o mesmo barco não pode ter duas cores, e, assim, a variante da consulta anterior com AND no lugar de OR sempre retornaria um conjunto resposta vazio. Uma elaboração correta da Consulta C6 usando AND é:

```
SELECT   M.nome-marin
FROM     Marinheiros M, Reservas R1, Barcos B1, Reservas R2, Barcos B2
WHERE    M.id-marin = R1.id-marin AND R1.id-barco = B1.id-barco
         AND M.id-marin = R2.id-marin AND R2.id-barco = B2.id-barco
         AND B1.cor = 'vermelho' AND B2.cor = 'verde'
```

Podemos considerar R1 e B1 como as linhas que provam que o marinheiro M.id-marin reservou um barco vermelho. Analogamente, R2 e B2 provam que o mesmo marinheiro reservou um barco verde. M.nome-marin não é incluído no resultado a menos que as cinco linhas M, R1, B1, R2 e B2 sejam encontradas.

A consulta anterior é difícil de entender (e também é bem ineficiente de executar, como parece). Em particular, a semelhança com a consulta OR anterior (Consulta C5) é completamente perdida. Uma solução melhor para essas duas consultas é usar UNION e INTERSECT.

A consulta OR (Consulta C5) pode ser reescrita assim:

```
SELECT   M.nome-marin
FROM     Marinheiros M, Reservas R, Barcos B
WHERE    M.id-marin = R.id-marin AND R.id-barco = B.id-barco AND B.cor = 'vermelho'
UNION
SELECT   M2.nome-marin
FROM     Marinheiros M2, Barcos B2, Reservas R2
WHERE    M2.id-marin = R2.id-marin AND R2.id-barco = B2.id-barco AND B2.cor = 'verde'
```

Essa consulta diz que desejamos a união do conjunto de marinheiros que reservaram barcos vermelhos com o conjunto de marinheiros que reservaram barcos verdes. Em completa simetria, a consulta AND (Consulta C6) pode ser reescrita assim:

```
SELECT  M.nome-marin
FROM    Marinheiros M, Reservas R, Barcos B
WHERE   M.id-marin = R.id-marin AND R.id-barco = B.id-barco AND B.cor = 'vermelho'
INTERSECT
SELECT  M2.nome-marin
FROM    Marinheiros M2, Barcos B2, Reservas R2
WHERE   M2.id-marin = R2.id-marin AND R2.id-barco = B2.id-barco AND B2.cor = 'verde'
```

Essa consulta, na realidade, contém um erro sutil — se houver dois marinheiros como o Horatio em nossas instâncias de exemplo *B*1, *R*2 e *M*3, um dos quais reservou um barco vermelho e o outro reservou um barco verde, o nome Horatio é retornado mesmo que nenhum indivíduo chamado Horatio tenha reservado tanto um barco vermelho como um barco verde. Assim, a consulta computa realmente os nomes de marinheiros tais que algum marinheiro com esse nome tenha reservado um barco vermelho e algum marinheiro com o mesmo nome (talvez um marinheiro diferente) tenha reservado um barco verde.

Conforme observamos no Capítulo 4, o problema surge porque estamos usando *nome-marin* para identificar os marinheiros, e *nome-marin* não é uma chave de Marinheiros! Se selecionássemos *id-marin* em vez de *nome-marin* na consulta anterior, computaríamos o conjunto de *id-marin* de marinheiros que reservaram barcos vermelhos e barcos verdes. (Para computar os nomes de tais marinheiros, é necessária uma consulta aninhada; retornaremos a este exemplo na Seção 5.4.)

Nossa próxima consulta ilustra a operação de diferença de conjuntos na SQL.

(C19) Encontre os id-marin*s de todos os marinheiros que reservaram barcos vermelhos, mas não barcos verdes.*

```
SELECT  M.nome-marin
FROM    Marinheiros M, Reservas R, Barcos B
WHERE   M.id-marin = R.id-marin AND R.id-barco = B.id-barco AND B.cor = 'vermelho'
EXCEPT
SELECT  M2.nome-marin
FROM    Marinheiros M2, Barcos B2, Reservas R2
WHERE   M2.id-marin = R2.id-marin AND R2.id-barco = B2.id-barco AND B2.cor = 'verde'
```

Os marinheiros 22, 64 e 31 reservaram barcos vermelhos. Os marinheiros 22, 74 e 31 reservaram barcos verdes. Portanto, a resposta contém apenas o *id-marin* 64.

De fato, como a relação Reservas contém a informação id-marin, não há necessidade de examinar a relação Marinheiros e podemos usar a seguinte consulta, mais simples:

```
SELECT  R.id-marin
FROM    Barcos B, Reservas R
WHERE   R.id-barco = B.id-barco AND B.cor = 'vermelho'
EXCEPT
SELECT  R2.id-marin
FROM    Barcos B2, Reservas R2
WHERE   R2.id-barco = B2.id-barco AND B2.cor = 'verde'
```

Observe que essa consulta baseia-se na integridade referencial; ou seja, não há reservas para marinheiros não existentes. Note que UNION, INTERSECT e EXCEPT podem ser usados em duas tabelas *quaisquer* que sejam compatíveis à união, isto é, têm o mesmo número de colunas e as colunas, quando consideradas na ordem, têm os mesmos tipos. Por exemplo, podemos escrever a consulta seguinte:

(C20) Encontre todos os id-marin*s de marinheiros que têm uma avaliação 10 ou reservaram o barco 104.*

```
SELECT   M.id-marin
FROM     Marinheiros M
WHERE    M.avaliação = 10
UNION
SELECT   R.id-marin
FROM     Reservas R
WHERE    R.id-barco = 104
```

A primeira parte da união retorna os *id-marin*s 58 e 71. A segunda parte retorna 22 e 31. A resposta é, assim, o conjunto de *id-marin*s 22, 31, 58 e 71. Um aspecto final a se observar sobre UNION, INTERSECT e EXCEPT é o seguinte: em contraste com o padrão em que as duplicatas não são eliminadas a menos que DISTINCT seja especificado no formato da consulta básica, o padrão para consultas UNION é que as duplicatas são eliminadas! Para reter as duplicatas, UNION ALL deve ser usado; neste caso, o número de cópias de uma linha no resultado é sempre $m + n$, onde m e n são os números de vezes que a linha aparece nas duas partes da união. De maneira semelhante, INTERSECT ALL retém as duplicatas — o número de cópias de uma linha no resultado é $min(m,n)$ — e EXCEPT ALL também retém as duplicatas — o número de cópias de uma linha no resultado é $m - n$, onde m corresponde à primeira relação.

5.4 CONSULTAS ANINHADAS

Um dos recursos mais poderosos da SQL são as consultas aninhadas. Uma **consulta aninhada** é aquela que tem outra consulta embutida dentro dela; a consulta embutida é chamada de **subconsulta**. A consulta embutida pode, naturalmente, ser ela própria uma consulta aninhada; assim, consultas que têm estruturas profundamente aninhadas são possíveis. Ao escrevermos uma consulta, algumas vezes precisamos expressar uma condição que se refere a uma tabela que deve ser ela própria computada. A consulta usada para computar essa tabela auxiliar é uma subconsulta e aparece como parte da consulta principal. Uma subconsulta aparece tipicamente dentro da cláusula WHERE de uma consulta. As subconsultas podem aparecer algumas vezes na cláusula FROM ou na cláusula HAVING (que apresentamos na Seção 5.5).

> **Álgebra Relacional e SQL:** Aninhamento de consultas é um recurso que não está disponível na álgebra relacional, mas as consultas aninhadas podem ser convertidas em álgebra, como veremos no Capítulo 15. Aninhamento em SQL é inspirado mais pelo cálculo relacional do que pela álgebra. Em conjunto com alguns dos outros recursos da SQL, tais como os operadores de (multi)conjuntos e agregação, o aninhamento é uma construção muito expressiva.

Esta seção discute apenas as subconsultas que aparecem na cláusula WHERE. O tratamento de subconsultas que aparecem em outras cláusulas é muito similar. Alguns exemplos de subconsultas que aparecem na cláusula FROM são tratados posteriormente na Seção 5.5.1.

5.4.1 Introdução a Consultas Aninhadas

Como um exemplo, vamos reescrever a seguinte consulta, que discutimos anteriormente, usando uma subconsulta aninhada:

(C1) Encontre os nomes de marinheiros que reservaram o barco 103.

```
SELECT   M.nome-marin
FROM     Marinheiros M
WHERE    M.id-marin IN ( SELECT   R.id-marin
                         FROM     Reservas R
                         WHERE    R.id-barco = 103 )
```

A subconsulta aninhada computa o (multi)conjunto dos *id-marins* de marinheiros que reservaram o barco 103 (o conjunto contém 22, 31 e 74, nas instâncias *R*2 e *M*3), e a consulta de nível superior obtém os nomes de marinheiros cujos *id-marins* estejam nesse conjunto. O operador IN nos permite testar se um valor está em determinado conjunto de elementos; uma consulta SQL é usada para gerar o conjunto a ser testado. Observe que é muito fácil modificar essa consulta para encontrar todos os marinheiros que *não* reservaram o barco 103 — podemos apenas substituir IN por NOT IN!

A melhor maneira de entender uma consulta aninhada é considerá-la em termos de estratégia de avaliação conceitual. Em nosso exemplo, a estratégia consiste em examinar as linhas em Marinheiros e, para cada linha, avaliar a subconsulta sobre Reservas. Em geral, a estratégia de avaliação conceitual que apresentamos para definir a semântica de uma consulta pode ser estendida para tratar as consultas aninhadas como se segue: construa o produto cartesiano das tabelas da cláusula FROM da consulta de alto nível como antes. Para cada linha no produto cartesiano, ao testar a qualificação da cláusula WHERE, (re)compute a subconsulta.[5] Naturalmente, a subconsulta pode, por sua vez, conter outra subconsulta aninhada, e, nesse caso, aplicamos a mesma idéia mais uma vez, levando a uma estratégia de avaliação com diversos níveis de laços aninhados.

Como um exemplo de consulta aninhada em múltiplos níveis, vamos reescrever a seguinte consulta:

(C2) Encontre os nomes dos marinheiros que reservaram um barco vermelho.

```
SELECT   M.nome-marin
FROM     Marinheiros M
WHERE    M.id-marin IN ( SELECT   R.id-marin
                         FROM     Reservas R
                         WHERE    R.id-barco IN ( SELECT   B.id-barco
                                                  FROM     Barcos B
                                                  WHERE    B.cor = 'vermelho')
```

A subconsulta mais interna encontra o conjunto de *id-barcos* dos barcos vermelhos (102 e 104 na instância *B*1). A subconsulta de um nível acima encontra o conjunto

---

[5] Como a subconsulta interior do nosso exemplo não depende de maneira nenhuma da linha 'atual' da consulta externa, você pode se perguntar por que tivemos que recomputar a subconsulta para cada linha externa. Para uma resposta, veja a Seção 5.4.2.

de *id-marin*s dos marinheiros que reservaram um desses barcos. Nas instâncias *B*1, *R*2 e *M*3, esse conjunto de *id-marin*s contém 22, 31 e 64. A consulta de nível superior encontra os nomes dos marinheiros cujos *id-marins* estão nesse conjunto; e obtemos Dustin, Lubber e Horatio.

Para encontrarmos os nomes dos marinheiros que não reservaram um barco vermelho, substituímos a ocorrência mais externa de IN por NOT IN, conforme ilustrado na próxima consulta.

(C21) Encontre os nomes dos marinheiros que não reservaram um barco vermelho.

```
SELECT   M.nome-marin
FROM     Marinheiros M
WHERE    M.id-marin NOT IN (SELECT  R.id-marin
                            FROM    Reservas R
                            WHERE   R.id-barco IN (SELECT  B.id-barco
                                                   FROM    Barcos B
                                                   WHERE   B.cor = 'vermelho')
```

Essa consulta computa os nomes dos marinheiros cujos *id-marins não* estão no conjunto 22, 31 e 64.

Em contraste com a Consulta C21, podemos modificar a consulta anterior (a versão aninhada de C2) substituindo a ocorrência interna (em vez da ocorrência externa) de IN por NOT IN. Essa consulta modificada computaria os nomes dos marinheiros que reservaram um barco que não é vermelho, ou seja, se eles tiverem uma reserva, ela não é para um barco vermelho. Vejamos como. Na consulta mais interna, verificamos que *R.id-barco não* é 102 nem 104 (os *id-barco*s dos barcos vermelhos). A consulta externa depois encontra os *id-marin*s das tuplas Reservas em que o *id-barco* não é 102 nem 104. Nas instâncias *B*1, *R*2 e *M*3, a consulta mais externa computa o conjunto de *id-marin*s 22, 31, 64 e 74. Finalmente, encontramos os nomes dos marinheiros cujos *id-marins* estão nesse conjunto.

Podemos também modificar a consulta aninhada C2, substituindo ambas as ocorrências de IN por NOT IN. Essa variação encontra os nomes dos marinheiros que não reservaram um barco que não é vermelho, ou seja, que reservaram apenas barcos vermelhos (se é que reservaram algum barco). Procedendo como no parágrafo anterior, nas instâncias *B*1, *R*2 e *M*3, a consulta mais externa computa o conjunto de *id-marin*s (de Marinheiros) que não é 22, 31, 64 e 74. Esse é o conjunto 29, 32, 58, 71, 85 e 95. Depois, encontramos os nomes dos marinheiros cujos *id-marin*s estão nesse conjunto.

5.4.2 Consultas Aninhadas Correlacionadas

Nas consultas aninhadas vistas até agora, a subconsulta mais interna é completamente independente da consulta mais externa. Em geral, a subconsulta mais interna pode depender da linha 'atual' sendo examinada na consulta mais externa (em termos da nossa estratégia de avaliação conceitual). Vamos reescrever mais uma vez a seguinte consulta.

(C1) Encontre os nomes de marinheiros que reservaram o barco 103.

```
SELECT   M.nome-marin
FROM     Marinheiros M
WHERE    EXISTS ( SELECT  *
                  FROM    Reservas R
                  WHERE   R.id-barco = 103
                  AND     R.id-marin = M.id-marin )
```

O operador EXISTS é um outro operador de comparação de conjuntos, tal como o IN. Ele nos permite testar se um conjunto é não vazio, numa comparação implícita com o conjunto vazio. Assim, para cada linha *M* de Marinheiros, testamos se o conjunto de linhas *R* de Reservas tais que *R.id-barco = 103* AND *M.id-marin = R.id-marin* é não vazio. Se não for, então o marinheiro *M* reservou o barco 103, e obtemos o nome. A subconsulta depende claramente da linha atual *M* e deve ser reavaliada para cada linha de Marinheiros. A ocorrência de *M* na subconsulta (na forma do literal *M.id-marin*) é chamada de *correlação*, e tais consultas são chamadas *consultas correlacionadas*.

Esta consulta também ilustra o uso do símbolo especial * em situações nas quais tudo o que desejamos é verificar se uma linha qualificada existe, e não desejamos realmente obter quaisquer colunas dessa linha. Esse é um dos dois usos de * na cláusula SELECT que é uma boa prática de programação; o outro é como um argumento da operação agregada COUNT, que descreveremos logo mais.

Como um exemplo adicional, usando NOT EXISTS no lugar de EXISTS, podemos computar os nomes dos marinheiros que não reservaram o barco 103. Intimamente relacionado a EXISTS é o predicado UNIQUE. Quando aplicamos UNIQUE a uma subconsulta, a condição resultante retorna verdadeiro se nenhuma linha aparecer duas vezes na resposta da subconsulta, ou seja, se não houver duplicatas; em particular, ele retorna verdadeiro se a resposta for vazia. (E também há a versão NOT UNIQUE.)

5.4.3 Operadores de Comparação de Conjuntos

Já vimos os operadores de comparação de conjuntos EXISTS, IN e UNIQUE, juntamente com suas versões negadas. A SQL também suporta op ANY e op ALL, sendo op um dos operadores de comparação aritméticos $\{<, <=, =, <>, >=, >\}$. (SOME também está disponível, mas ele é apenas um sinônimo de ANY.)

(C22) Encontre os marinheiros cujas avaliações sejam melhores do que as de algum marinheiro chamado Horatio.

```
SELECT    M.id-marin
FROM      Marinheiros M
WHERE     M.avaliação > ANY ( SELECT   M2.avaliação
                              FROM     Marinheiros M2
                              WHERE    M2.nome-marin = 'Horatio' )
```

Se houver diversos marinheiros chamados Horatio, essa consulta encontra todos os marinheiros cujas avaliações sejam melhores do que as de *algum* marinheiro chamado Horatio. Na instância *M3*, são computados os *id-marins* 31, 32, 58, 71 e 74. E se não houvesse *nenhum* marinheiro chamado Horatio? Nesse caso, a comparação *M.avaliação* > ANY ... é definida para retornar false, e a consulta retorna um conjunto resposta vazio. Para entender as comparações envolvendo ANY, é útil pensar numa comparação realizada repetidamente. Neste exemplo, *M.avaliação* é comparada sucessivamente com cada valor de avaliação que for uma resposta à consulta aninhada. Intuitivamente, a subconsulta deve retornar uma linha que torna a comparação verdadeira, para que *M.avaliação* > ANY ... retorne verdadeiro.

(C23) Encontre os marinheiros cujas avaliações sejam melhores do que a de todo marinheiro chamado Horatio.

Podemos obter todas as consultas como essa com uma simples modificação à Consulta C22: basta substituir ANY por ALL na cláusula WHERE na consulta mais externa.

Na instância *M*3, obteríamos os *id-marins* 58 e 71. Se não houvesse nenhum marinheiro chamado Horatio, a comparação *M.avaliação* > ALL ... seria definida para retornar verdadeiro! A consulta retornaria, então, os nomes de todos os marinheiros. Novamente, é útil pensar na comparação realizada repetidamente. De modo intuitivo, a comparação deve ser verdadeira para todas as linhas retornadas para que *M.avaliação* > ALL ... retorne verdadeiro.

Como outra ilustração de ALL, considere a seguinte consulta.

(C24) Encontre os marinheiros com a maior avaliação.

```
SELECT   M.id-marin
FROM     Marinheiros M
WHERE    M.avaliação >= ALL ( SELECT   M2.avaliação
                              FROM     Marinheiros M2 )
```

A subconsulta computa o conjunto de todos os valores de avaliação em Marinheiros. A condição WHERE mais externa é satisfeita apenas quando *M.avaliação* for maior ou igual a cada um desses valores, ou seja, quando ele for o maior valor de avaliação. Na instância *M*3, a condição é satisfeita apenas para a *avaliação* 10, e a resposta inclui os *id-marins* dos marinheiros com esta avaliação, isto é, 58 e 71.

Observe que IN e NOT IN são equivalentes a = ANY e < > ALL, respectivamente.

5.4.4 Mais Exemplos de Consultas Aninhadas

Retomamos uma consulta que consideramos anteriormente usando o operador INTERSECT.

(C6) Encontre os nomes dos marinheiros que reservaram um barco vermelho e um barco verde.

```
SELECT   M.nome-marin
FROM     Marinheiros M, Reservas R, Barcos B
WHERE    M.id-marin = R.id-marin AND R.id-barco = B.id-barco AND B.cor 'vermelho'
         AND M.id-marin IN ( SELECT   M2.id-marin
                             FROM     Marinheiros M2, Barcos B2, Reservas R2
                             WHERE    M2.id-marin = R2.id-marin AND
                                      R2.id-barco = B2.id-barco AND
                                      B2.cor = 'verde' )
```

Essa consulta pode ser entendida assim: "Encontre todos os marinheiros que reservaram um barco vermelho, e, além disso, tenham *id-marins* que estejam incluídos no conjunto de *id-marins* dos marinheiros que reservaram um barco verde". Essa formulação da consulta ilustra como as consultas envolvendo INTERSECT podem ser reescritas usando IN, o que é útil saber caso seu sistema não suporte INTERSECT. As consultas que usam EXCEPT podem ser reescritas de maneira similar usando-se NOT IN. Para encontrar os *id-marins* dos marinheiros que reservaram barcos vermelhos, mas não barcos verdes, podemos simplesmente substituir a palavra reservada IN na consulta anterior por NOT IN.

Como é possível verificar, escrever esta consulta (C6) usando INTERSECT é mais complicado porque temos que usar os *id-marins* para identificar os marinheiros (ao fazermos a interseção) e devemos retornar os nomes dos marinheiros:

```
SELECT    M.nome-marin
FROM      Marinheiros M
WHERE     M.id-marin IN (( SELECT    R.id-marin
                           FROM      Barcos B, Reservas R
                           WHERE     R.id-barco = B.id-barco AND B.cor
                                     = 'vermelho')
                           INTERSECT
                              (SELECT    R2.id-marin
                               FROM      Barcos B2, Reservas R2
                               WHERE     R2.id-barco = B2.id-barco AND
                                         B2.cor = 'verde' ))
```

Nosso próximo exemplo ilustra como a operação de *divisão* da álgebra relacional pode ser expressa em SQL.

(C9) Encontre os nomes dos marinheiros que reservaram todos os barcos.

```
SELECT    M.nome-marin
FROM      Marinheiros M
WHERE     NOT EXISTS (( SELECT    B.id-barco
                        FROM      Barcos B)
                        EXCEPT
                        (SELECT    R.id-barco
                         FROM      Reservas R
                         WHERE     R.id-marin = M.id-marin ))
```

Observe que essa consulta é correlacionada — para cada marinheiro M, verificamos se o conjunto de barcos reservados por M inclui todos os barcos. Um jeito alternativo de fazer essa consulta sem usar EXCEPT é:

```
SELECT  M.nome-marin
FROM    Marinheiros M
WHERE   NOT EXISTS (SELECT  B.id-barco
                    FROM    Barcos B
                    WHERE   NOT EXISTS (SELECT  R.id-barco
                                        FROM    Reservas R
                                        WHERE   R.id-barco = B.id-barco
                                                AND R.id-marin = M.id-marin ))
```

Intuitivamente, para cada marinheiro, verificamos se não há nenhum barco que não foi reservado por esse marinheiro.

Funções Agregadas do SQL:1999: A coleção de funções agregadas é amplamente expandida no novo padrão, incluindo diversas funções estatísticas como o desvio padrão, covariância e percentis. Entretanto, as novas funções agregadas estão no pacote SQL/OLAP e podem não ser suportadas por todos os fabricantes.

5.5 OPERADORES AGREGADOS

Além de simplesmente obter dados, em geral desejamos realizar alguma computação ou resumo. Conforme observado anteriormente neste capítulo, a SQL permite o uso de expressões aritméticas. Consideramos agora uma classe poderosa de construtores para computar *valores agregados*, tais como MIN e SUM. Esses recursos representam uma extensão significativa da álgebra relacional. A SQL suporta cinco operações agregadas, que podem ser aplicadas em qualquer coluna, digamos A, de uma relação:

1. COUNT ([DISTINCT] A): O número de valores (únicos) da coluna A.
2. SUM ([DISTINCT] A): A soma de todos os valores (únicos) da coluna A.
3. AVG ([DISTINCT] A): A média de todos os valores (únicos) da coluna A.
4. MAX (A): O valor máximo da coluna A.
5. MIN (A): O valor mínimo da coluna A.

Observe que não faz sentido especificar DISTINCT em conjunto com MIN ou MAX (embora a SQL não o impeça).

(C25) Encontre a idade média de todos os marinheiros.

  SELECT AVG (M.idade)
  FROM   Marinheiros M

Na instância *M*3, a idade média é 37,4. Naturalmente, a cláusula WHERE pode ser usada para restringir os marinheiros considerados na computação da idade média.

(C26) Encontre a idade média dos marinheiros com avaliação 10.

  SELECT AVG (M.idade)
  FROM   Marinheiros M
  WHERE M.avaliação = 10

Há dois marinheiros com essa avaliação, e sua idade média é 25,5. MIN (ou MAX) pode ser usado no lugar de AVG nas consultas anteriores para encontrar a idade do marinheiro mais jovem (ou mais velho). Entretanto, encontrar ambos — o nome e a idade do marinheiro mais velho — é mais complicado, conforme ilustram as próximas consultas.

(C27) Encontre o nome e a idade do marinheiro mais velho.

Considere a seguinte tentativa de responder a esta consulta:

  SELECT M.nome-marin, MAX (M.idade)
  FROM   Marinheiros M

A intenção é que essa consulta retorne não apenas a idade máxima, mas também os nomes dos marinheiros que têm essa idade. Entretanto, essa consulta é ilegal em SQL — se a cláusula SELECT usa uma operação agregada, então ela deve usar *apenas* operações agregadas a menos que a consulta contenha a cláusula GROUP BY! (A intuição por trás dessa restrição deve ficar mais clara quando discutirmos a cláusula GROUP BY na Seção 5.5.1.) Portanto, não podemos usar MAX (M.idade) junto com M.nome-marin na cláusula SELECT. Devemos usar uma consulta aninhada para computar a resposta desejada de C27:

  SELECT M.nome-marin, M.idade
  FROM   Marinheiros M

```
WHERE    M.idade = (SELECT MAX (M2.idade)
                    FROM  Marinheiros M2)
```

Observe que usamos o resultado de uma operação agregada da subconsulta como um argumento de uma operação de comparação. Rigorosamente falando, estamos comparando um valor de idade com o resultado da subconsulta, que é uma relação. Entretanto, por causa do uso da operação agregada, garante-se que a subconsulta retorne uma única tupla com um único campo, e a SQL converte tal relação para um valor de campo com a finalidade de ser usado na comparação. A consulta seguinte, equivalente à C27, é válida no padrão SQL, mas, infelizmente, não é suportada em muitos sistemas:

```
SELECT  M.nome-marin, M.idade
FROM    Marinheiros M
WHERE   (SELECT MAX (M2.idade)
         FROM  Marinheiros M2 ) = M.idade
```

Podemos contar o número de marinheiros usando COUNT. Este exemplo ilustra o uso de * como um argumento de COUNT, o que é útil quando queremos contar todas as linhas.

(C28) Conte o número de marinheiros.

```
SELECT  COUNT (*)
FROM    Marinheiros M
```

Podemos considerar * um atalho para todas as colunas (no produto cartesiano da **lista-from** da cláusula FROM). Contraste essa consulta com a consulta seguinte, que computa o número de nomes de marinheiros distintos. (Lembre-se de que *nome-marin* não é uma chave!)

(C29) Conte o número de nomes diferentes de marinheiros.

```
SELECT  COUNT (DISTINCT M.nome-marin)
FROM    Marinheiros M
```

Na instância *M*3, a resposta de C28 é 10, enquanto a resposta de C29 é 9 (porque dois marinheiros têm o mesmo nome, Horatio). Se DISTINCT for omitido, a resposta de C29 é 10, porque o nome Horatio será contado duas vezes. Se COUNT não incluir DISTINCT, então COUNT (*) fornecerá a mesma resposta que COUNT (x), onde x é qualquer conjunto de atributos. Em nosso exemplo, sem DISTINCT, a C29 é equivalente à C28. Entretanto, o uso de COUNT (*) é uma prática melhor de consulta, já que fica imediatamente claro que todos os registros contribuem para a contagem total.

As operações agregadas oferecem uma alternativa aos construtores ANY e ALL. Por exemplo, considere a seguinte consulta:

(C30) Encontre os nomes dos marinheiros que são mais velhos do que o marinheiro mais velho que tem avaliação 10.

```
SELECT  M.nome-marin
FROM    Marinheiros M
WHERE   M.idade > ( SELECT MAX (M2.idade )
                    FROM   Marinheiros M2
                    WHERE  M2.avaliação = 10 )
```

> **Álgebra Relacional e SQL:** A agregação é uma operação fundamental que não pode ser expressa em álgebra relacional. Analogamente, o construtor de agrupamento da SQL não pode ser expresso em álgebra.

Na instância *M*3, o marinheiro mais velho que tem avaliação 10 é o marinheiro 58, cuja idade é 35. Os nomes dos marinheiros mais velhos que ele são Bob, Dustin e Lubber. Usando ALL, essa consulta pode ser alternativamente escrita assim:

```
SELECT   M.nome-marin
FROM     Marinheiros M
WHERE    M.idade > ALL ( SELECT   M2.idade
                         FROM     Marinheiros M2
                         WHERE    M2.avaliação = 10)
```

No entanto, a consulta ALL é muito mais propensa a erros — alguém poderia facilmente (e incorretamente!) usar ANY em vez de ALL, e obter os marinheiros que são mais velhos do que *algum* marinheiro que tem avaliação 10. O uso de ANY corresponde intuitivamente ao uso de MIN, em vez de MAX, na consulta anterior.

5.5.1 As Cláusulas GROUP BY e HAVING

Até agora, aplicamos operações agregadas a todas as linhas (qualificadas) em uma relação. Normalmente, desejamos aplicar as operações agregadas a cada um dos vários **grupos** de linhas em uma relação, onde o número de grupos depende da instância da relação (isto é, não é previamente conhecido). Por exemplo, considere a seguinte consulta.

(C31) Encontre a idade do marinheiro mais jovem para cada nível de avaliação.

Quando sabemos que as avaliações são inteiros que variam de 1 a 10, podemos escrever 10 consultas da forma:

```
SELECT   MIN (M.idade)
FROM     Marinheiros M
WHERE    M.avaliação = i
```

onde $i = 1, 2, ..., 10$. Escrever 10 consultas como essa é tedioso. Mais importante, podemos não saber previamente quantos níveis de avaliação existem.

Para escrevermos tais consultas, necessitamos de uma extensão importante ao formato básico de consulta SQL, a saber, a cláusula GROUP BY. De fato, a extensão também inclui uma cláusula opcional HAVING que pode ser usada para especificar qualificações nos grupos (por exemplo, podemos estar interessados apenas em níveis de avaliação > 6). O formato geral de uma consulta SQL com essas extensões é:

```
SELECT     [ DISTINCT ] lista-seleção
FROM       lista-from
WHERE      qualificação
GROUP BY   lista-agrupamento
HAVING     qualificação-grupo
```

Usando a cláusula GROUP BY, podemos escrever C31 da seguinte maneira:

```
SELECT      M.avaliação, MIN (M.idade)
FROM        Marinheiros M
GROUP BY    M.avaliação
```

Consideremos alguns pontos importantes relacionados às novas cláusulas:

- A **lista-seleção** da cláusula SELECT consiste em (1) uma lista de nomes de colunas e (2) uma lista de termos tendo o formato **opag** (*nome-coluna*) AS *novo-nome*. Já vimos AS sendo usado para renomear colunas de saída. As colunas que resultam dos operadores agregados ainda não têm um nome de coluna, e, portanto, é especialmente útil atribuir um nome à coluna através do uso de AS.

  Toda coluna que aparece em (1) deve também aparecer na **lista-agrupamento**. A razão é que cada linha no resultado da consulta corresponde a um *grupo*, que é uma coleção de linhas que correspondem aos valores das colunas da lista-agrupamento. Em geral, se uma coluna aparece na lista (1), mas não em **lista-agrupamento**, pode haver múltiplas linhas dentro de um grupo que possuem diferentes valores nesta coluna, e não fica claro qual valor deve ser associado a esta coluna em uma linha da resposta.

- Algumas vezes, podemos usar a informação da chave primária para verificar se uma coluna tem um valor único em todas as linhas dentro de cada grupo. Por exemplo, se a **lista-agrupamento** contém a chave primária de uma tabela da **lista-from**, toda coluna dessa tabela tem um valor único dentro de cada grupo. Em SQL:1999, também é permitido que tais colunas apareçam na parte (1) da **lista-seleção**.

- As expressões que aparecem na **qualificação-grupo** da cláusula HAVING devem ter um *único* valor por grupo. A intuição é que a cláusula HAVING determina se uma linha de resposta deve ser gerada para determinado grupo. Para satisfazer esse requisito em SQL-92, uma coluna que aparece na **qualificação-grupo** deve aparecer como argumento de um operador de agregação, ou deve aparecer também na **lista-agrupamento**. Em SQL:1999, duas novas funções de conjunto foram introduzidas que nos permitem verificar se *toda* ou *qualquer* linha em um grupo satisfaz uma condição; isso nos permite usar condições similares àquelas da cláusula WHERE.

- Se GROUP BY for omitido, a tabela inteira é considerada um único grupo.

Explicamos a semântica de uma consulta como essa por meio de um exemplo.

(C32) Encontre a idade do marinheiro mais jovem que tenha no mínimo 18 anos para cada nível de avaliação com no mínimo dois marinheiros desse tipo.

```
SELECT      M.avaliação, MIN (M.idade) AS minIdade
FROM        Marinheiros M
WHERE       M.idade >=18
GROUP BY    M.avaliação
HAVING      COUNT (*) > 1
```

Avaliaremos essa consulta na instância *M*3 de Marinheiros, reproduzida na Figura 5.10 por conveniência. A instância de Marinheiros na qual essa consulta deve ser avaliada é ilustrada na Figura 5.10. Estendendo a estratégia de avaliação conceitual apresentada na Seção 5.2, procedemos da seguinte maneira. A primeira etapa é construir o produto cartesiano das tabelas da **lista-from**. Como a única relação da lista-from na Consulta C32 é Marinheiros, o resultado é apenas a instância da Figura 5.10.

id-marin	nome-marin	avaliação	idade
22	Dustin	7	45,0
29	Brutus	1	33,0
31	Lubber	8	55,5
32	Andy	8	25,5
58	Rusty	10	35,0
64	Horatio	7	35,0
71	Zorba	10	16,0
74	Horatio	9	35,0
85	Art	3	25,5
95	Bob	3	63,5
96	Frodo	3	25,5

Figura 5.10 Instância *M3* de Marinheiros.

A segunda etapa é aplicar a qualificação da cláusula WHERE, *M.idade* >= *18*. Essa etapa elimina a linha ⟨71, *Zorba*, 10, 16⟩. A terceira etapa é eliminar as colunas indesejadas. Apenas as colunas mencionadas na cláusula SELECT, na cláusula GROUP BY e na cláusula HAVING são necessárias, o que significa que podemos eliminar *id-marin* e *nome-marin* no nosso exemplo. O resultado é ilustrado na Figura 5.11. Observe que há duas linhas idênticas com *avaliação* 3 e *idade* 25,5 — a SQL não elimina duplicatas, exceto quando exigido que se faça isso pelo uso da palavra reservada DISTINCT! O número de cópias de uma linha na tabela intermediária da Figura 5.11 é determinado pelo número de linhas na tabela original que tinham esses valores nas colunas projetadas.

A quarta etapa é ordenar a tabela de acordo com a cláusula GROUP BY para identificar os grupos. O resultado desta etapa é ilustrado na Figura 5.12.

A quinta etapa é aplicar a qualificação-grupo da cláusula HAVING, isto é, a condição COUNT (*) > 1. Essa etapa elimina os grupos com avaliação igual a 1, 9 e 10. Observe que a ordem na qual as cláusulas WHERE e GROUP BY são consideradas é significativa: se a cláusula WHERE não tivesse sido considerada primeiro, o grupo com *avaliação=10* teria satisfeito a qualificação-grupo da cláusula HAVING. A sexta etapa é gerar uma linha de resposta para cada grupo remanescente. A linha de resposta correspondente a um grupo consiste em um subconjunto das colunas de agrupamento, mais uma ou mais colunas geradas aplicando-se um operador de agregação. Em nosso exemplo, cada linha de resposta tem uma coluna *avaliação* e uma coluna *minIdade*, que é computada aplicando-se MIN aos valores da coluna idade do grupo correspondente. O resultado desta etapa é ilustrado na Figura 5.13.

SQL: Consultas, Restrições, Gatilhos

avaliação	idade
7	45,0
1	33,0
8	55,5
8	25,5
10	35,0
7	35,0
9	35,0
3	25,5
3	63,5
3	25,5

Figura 5.11 Após a etapa 3 da avaliação.

avaliação	idade
1	33,0
3	25,5
3	25,5
3	63,5
7	45,0
7	35,0
8	55,5
8	25,5
9	35,0
10	35,0

Figura 5.12 Após a etapa 4 da avaliação.

avaliação	minIdade
3	25,5
7	35,0
8	25,5

Figura 5.13 Resultado final da avaliação de exemplo.

Se a consulta contém DISTINCT na cláusula SELECT, as duplicatas são eliminadas em uma etapa adicional e final.

O SQL:1999 introduziu duas novas funções de conjunto, EVERY e ANY. Para ilustrarmos essas funções, podemos substituir a cláusula HAVING em nosso exemplo por

    HAVING   COUNT (*) AND EVERY (M.idade <= 60)

A quinta etapa da avaliação conceitual é a afetada pela alteração na cláusula HAVING. Considere o resultado da quarta etapa, ilustrado na Figura 5.12. A palavra reservada EVERY requer que toda linha em um grupo satisfaça a condição associada para satisfazer a qualificação-grupo. O grupo de *avaliação 3* não satisfaz esse critério e é eliminado; o resultado é ilustrado na Figura 5.14.

Extensões de SQL:1999: Duas novas funções de conjunto, EVERY e ANY, foram acrescentadas. Quando elas são usadas na cláusula HAVING, a intuição básica de que a cláusula especifica uma condição a ser satisfeita por cada grupo, considerado um todo, permanece inalterada. Entretanto, a condição pode agora envolver testes em tuplas individuais do grupo, enquanto antes ela se baseava exclusivamente em funções agregadas sobre o grupo de tuplas.

Vale a pena contrastar a consulta anterior com a seguinte consulta, na qual a condição sobre idade encontra-se na cláusula WHERE em vez de na cláusula HAVING:

```
SELECT    M.avaliação, MIN (M.idade) AS minIdade
FROM      Marinheiros M
WHERE     M.idade >=18 AND M.idade <= 60
GROUP BY  M.avaliação
HAVING    COUNT (*) > 1
```

Agora, o resultado após a terceira etapa da avaliação conceitual não mais contém a linha com a *idade* 63,5. No entanto, o grupo da *avaliação* 3 satisfaz a condição COUNT (*) > 1, pois ele continua tendo duas linhas, e satisfaz a qualificação-grupo aplicada na quinta etapa. O resultado final dessa consulta é ilustrado na Figura 5.15.

avaliação	minIdade
7	35,0
8	25,5

Figura 5.14 Resultado final da consulta EVERY.

avaliação	minIdade
3	25,5
7	35,0
8	25,5

Figura 5.15 Resultado da consulta alternativa.

5.5.2 Mais Exemplos de Consultas Agregadas

(C33) Para cada barco vermelho, encontre o número de reservas desse barco.

```
SELECT    B.id-barco, COUNT (*) AS contagemReserva
FROM      Barcos B, Reservas R
WHERE     R.id-barco = B.id-barco AND B.cor = 'vermelho'
GROUP BY  B.id-barco
```

Nas instâncias *B*1 e *R*2, a resposta a essa consulta contém as duas duplas ⟨102, 3⟩ e ⟨104, 2⟩.

Observe que esta versão da consulta anterior é ilegal:

```
SELECT    B.id-barco, COUNT (*) AS contagemReserva
FROM      Barcos B, Reservas R
WHERE     R.id-barco = B.id-barco
GROUP BY  B.id-barco
HAVING    B.cor = 'vermelho'
```

Mesmo que a qualificação-grupo *B.cor* = *'vermelho'* tenha um único valor por grupo, como o atributo de agrupamento *id-barco* é uma chave de Barcos (e, portanto, determina a *cor*), a SQL não permite essa consulta.[6] Apenas as colunas que aparecem na cláusula GROUP BY podem aparecer na cláusula HAVING, a menos que elas apareçam como argumentos de um operador agregado na cláusula HAVING.

(C34) Encontre a idade média dos marinheiros de cada nível de avaliação que tenha no mínimo dois marinheiros.

---

[6] Essa consulta pode ser facilmente reescrita de forma legal em SQL:1999 usando EVERY na cláusula HAVING.

```
SELECT      M.avaliação, AVG (M.idade) AS idadeMédia
FROM        Marinheiros M
GROUP BY    M.avaliação
HAVING      COUNT (*) > 1
```

Após identificar os grupos baseados em *avaliação*, mantemos apenas os grupos com no mínimo dois marinheiros. A resposta dessa consulta na instância *M*3 é ilustrada na Figura 5.16.

avaliação	idadeMédia
3	38,2
7	40,0
8	40,5
10	25,5

Figura 5.16 Resposta de C34.

avaliação	idadeMédia
3	38,2
7	40,0
8	40,5
10	35,0

Figura 5.17 Resposta de C35.

avaliação	idadeMédia
3	38,2
7	40,0
8	40,5

Figura 5.18 Resposta de C36.

A seguinte formulação alternativa da Consulta C34 ilustra que a cláusula HAVING pode ter uma subconsulta aninhada, assim como a cláusula WHERE. Observe que podemos usar *M.avaliação* dentro da subconsulta aninhada na cláusula HAVING porque ela tem um único valor para o grupo corrente de marinheiros:

```
SELECT      M.avaliação, AVG (M.idade) AS idadeMédia
FROM        Marinheiros M
GROUP BY    M.avaliação
HAVING      1 < ( SELECT  COUNT (*)
                  FROM    Marinheiros M2
                  WHERE   M.avaliação = M2.avaliação)
```

(C35) Encontre a idade média dos marinheiros que possuem idade mínima de 18 anos para cada nível de avaliação que tenha no mínimo dois marinheiros.

```
SELECT      M.avaliação, AVG (M.idade) AS idadeMédia
FROM        Marinheiros M
WHERE       M.idade >= 18
GROUP BY    M.avaliação
HAVING      1 < ( SELECT  COUNT (*)
                  FROM    Marinheiros M2
                  WHERE   M.avaliação = M2.avaliação)
```

Nessa variante da Consulta C34, primeiro removemos as tuplas com *idade* <= 18 e agrupamos as tuplas restantes pela *avaliação*. Para cada grupo, a subconsulta na cláusula HAVING computa o número de tuplas de Marinheiros (sem aplicar a seleção *idade* <= 18) com o mesmo valor de *avaliação* que o do grupo corrente. Se um grupo tem menos que dois marinheiros, ele é descartado. Para cada grupo restante, calculamos a idade média. A resposta dessa consulta na instância *M*3 é ilustrada na Figura 5.17. Observe que a resposta é muito semelhante à resposta da C34, com a única diferença sendo a do grupo com avaliação 10, pois ignoramos agora o marinheiro com idade 16 ao calcularmos a média.

(C36) Encontre a idade média dos marinheiros que possuem idade mínima de 18 anos para cada nível de avaliação que tenha no mínimo dois marinheiros que satisfazem essa condição.

```
SELECT      M.avaliação, AVG (M.idade) AS idadeMédia
FROM        Marinheiros M
WHERE       M.idade >= 18
GROUP BY    M.avaliação
HAVING      1 < ( SELECT   COUNT (*)
                  FROM     Marinheiros M2
                  WHERE    M.avaliação = M2.avaliação AND M2.idade >= 18)
```

Essa formulação da consulta reflete sua similaridade com a C35. A resposta de C36 na instância *M3* é ilustrada na Figura 5.18. Ela difere da resposta da C35 pelo fato de não conter a tupla da avaliação 10, uma vez que há apenas uma tupla com avaliação 10 e *idade* ≥ 18.

A Consulta C36 é realmente muito semelhante à C32, como ilustra a seguinte formulação mais simples:

```
SELECT      M.avaliação, AVG (M.idade) AS idadeMédia
FROM        Marinheiros M
WHERE       M.idade >=18
GROUP BY    M.avaliação
HAVING      COUNT (*) > 1
```

Essa formulação de C36 aproveita a vantagem pelo fato de que a cláusula WHERE é aplicada antes do agrupamento ser realizado; assim, apenas os marinheiros com *idade* ≥ 18 são mantidos quando o agrupamento é feito. É instrutivo considerar ainda uma outra maneira de escrever essa consulta:

```
SELECT   Temp.avaliação, Temp.idadeMédia
FROM     ( SELECT    M.avaliação, AVG (M.idade) AS idadeMédia,
                     COUNT (*)   AS contagemAvaliação
           FROM      Marinheiros M
           WHERE     M.idade >= 18
           GROUP BY  M.avaliação ) AS Temp
WHERE    Temp.contagemAvaliação > 1
```

Essa alternativa apresenta diversos pontos interessantes. Primeiro, a cláusula FROM também pode conter uma subconsulta aninhada de acordo com o padrão SQL.[7] Segundo, a cláusula HAVING não é mais necessária. Qualquer consulta com uma cláusula HAVING pode ser reescrita sem ela, mas muitas consultas são mais simples de expressar com a cláusula HAVING. Finalmente, quando uma subconsulta aparece na cláusula FROM, é necessário usar a palavra reservada AS para atribuir-lhe um nome (pois, caso contrário, não poderíamos expressar, por exemplo, a condição *Temp.contagemAvaliação* > 1).

(C37) Encontre as avaliações para as quais a idade média dos marinheiros seja a mínima considerando todas as avaliações.

Usamos essa consulta para ilustrar que as operações agregadas não podem ser aninhadas. Alguém poderia considerar escrevê-la desta forma:

```
SELECT      M.avaliação
FROM        Marinheiros M
```

---

[7] Nem todos os sistemas de banco de dados comerciais suportam atualmente as consultas aninhadas na cláusula FROM.

> **O Modelo Relacional e a SQL:** Os valores nulos não fazem parte do modelo relacional básico. Semelhante ao tratamento de tabelas como multiconjuntos de tuplas na SQL, isso é um afastamento do modelo básico.

```
WHERE    AVG (M.idade) = ( SELECT   MIN (AVG (M2.idade))
                           FROM     Marinheiros M2
                           GROUP BY M2.avaliação )
```

Uma rápida reflexão mostra que essa consulta não funcionará mesmo que a expressão MIN (AVG (S2.idade)), que é ilegal, seja permitida. Na consulta aninhada, Marinheiros é particionado em grupos pela avaliação, e a idade média é calculada para cada valor de avaliação. Para cada grupo, aplicar MIN a esse valor de idade média do grupo retornará o mesmo valor! Uma versão correta dessa consulta é apresentada a seguir. Ela computa essencialmente uma tabela temporária contendo a idade média de cada valor de avaliação e depois encontra as avaliações para as quais a idade média é a mínima.

```
SELECT   Temp.avaliação, Temp.idadeMédia
FROM     ( SELECT   M.avaliação, AVG (M.idade) AS idadeMédia,
           FROM     Marinheiros M
           GROUP BY M.avaliação ) AS Temp
WHERE    Temp.idadeMédia = ( SELECT   MIN (Temp.idadeMédia) FROM Temp )
```

A resposta a essa consulta na instância *M3* é ⟨10, 25,5⟩.

Como um exercício, verifique se a seguinte consulta computa a mesma resposta.

```
SELECT   Temp.avaliação, MIN ( Temp.idadeMédia)
FROM     ( SELECT   M.avaliação, AVG (M.idade) AS idadeMédia,
           FROM     Marinheiros M
           GROUP BY M.avaliação ) AS Temp
GROUP BY Temp.avaliação
```

5.6 VALORES NULOS

Até agora, consideramos que os valores das colunas em uma linha são sempre conhecidos. Na prática, os valores das colunas podem ser desconhecidos. Por exemplo, quando um marinheiro, digamos Dan, associa-se ao iate clube, ele pode não ter ainda uma avaliação atribuída. Como a definição da tabela Marinheiros tem uma coluna *avaliação*, que linha devemos inserir para Dan? O necessário aqui é um valor especial que denota o *desconhecido*. Suponha que a definição da tabela Marinheiros foi modificada para incluir uma coluna *nomeSolteiro*. Entretanto, apenas as mulheres casadas que assumem o sobrenome do marido têm um sobrenome de solteira. Para as mulheres que não assumem o sobrenome do marido e para os homens, a coluna *nomeSolteiro* é *não aplicável*. Novamente, que valor incluímos nessa coluna para a linha representando Dan?

A SQL provê um valor especial de coluna chamado *nulo (null)* para usar em tais situações. Usamos *nulo* quando o valor da coluna é *desconhecido* ou *não aplicável*. Usando nossa definição de tabela Marinheiros, podemos inserir a linha ⟨98, *Dan*, *nulo*, 39⟩ para representar Dan. A presença de valores *nulos* complica vários aspectos, e consideraremos o impacto dos valores *nulos* na SQL nesta seção.

5.6.1 Comparações Usando Valores Nulos

Considere uma comparação tal como *avaliação* = 8. Se ela for aplicada à linha de Dan, essa condição será verdadeira ou falsa? Como a avaliação de Dan é desconhecida, é razoável dizer que essa comparação deve ser avaliada como desconhecido. De fato, esse também é o caso para as comparações *avaliação* > 8 e *avaliação* < 8. Talvez não tão óbvio, se compararmos dois valores *nulos* usando <, >, = e assim por diante, o resultado será sempre desconhecido. Por exemplo, se tivermos *nulo* em duas linhas distintas da relação marinheiro, qualquer comparação retornará desconhecido.

A SQL também provê um operador de comparação especial IS NULL para testar se o valor de uma coluna é *nulo*; por exemplo, podemos dizer *avaliação* IS NULL, que seria avaliada como verdadeiro na linha que representa Dan. Também podemos dizer *avaliação* IS NOT NULL, que seria avaliada como falso na linha de Dan.

5.6.2 Conectivos Lógicos AND, OR e NOT

E as expressões booleanas tais como *avaliação* = 9 OR *idade* < 40 e *avaliação* = 8 AND *idade* < 40? Considerando novamente a linha de Dan, como sua *idade* < 40, a primeira expressão é avaliada como verdadeiro não importa qual o valor de *avaliação*, mas e a segunda? Podemos apenas afirmar que é desconhecido.

Mas este exemplo levanta um ponto importante — uma vez que temos valores *nulos*, devemos definir operadores lógicos AND, OR e NOT usando uma lógica de *três valores* na qual as expressões são avaliadas como verdadeiro, falso ou desconhecido. Estendemos as interpretações usuais de AND, OR e NOT para tratar o caso quando um dos argumentos é desconhecido da seguinte maneira: a expressão NOT desconhecido é definida como desconhecido. OR de dois argumentos é avaliado como verdadeiro se um dos argumentos for verdadeiro, e como desconhecido se um argumento for falso e o outro for desconhecido. (Se ambos os argumentos forem falso, naturalmente OR será avaliado como falso.) AND de dois argumentos é avaliado como falso se um dos argumentos for falso, e como desconhecido se um argumento for desconhecido e o outro for verdadeiro ou desconhecido. (Se ambos os argumentos forem verdadeiro, AND será avaliado como verdadeiro.)

5.6.3 Impacto nos Construtores da SQL

As expressões booleanas aparecem em vários contextos da SQL, e o impacto dos valores *nulos* deve ser reconhecido. Por exemplo, a qualificação na cláusula WHERE elimina as linhas (do produto cartesiano das tabelas listadas na cláusula FROM) para as quais a qualificação não é avaliada como verdadeiro. Portanto, na presença de valores *nulos*, qualquer linha avaliada como falso ou desconhecido é eliminada. Eliminar linhas que são avaliadas como desconhecido tem um impacto sutil, mas significativo nas consultas, especialmente nas consultas aninhadas envolvendo EXISTS ou UNIQUE.

Um outro aspecto na presença de valores *nulos* é a definição de quando duas linhas em uma instância de relação são consideradas *duplicatas*. A definição SQL é a de que duas linhas são duplicatas se as colunas correspondentes são iguais, ou se ambas contêm *nulo*. Compare essa definição com o fato de que, se compararmos dois valores *nulos* usando =, o resultado será desconhecido! No contexto de duplicatas, essa comparação é implicitamente tratada como verdadeiro, o que é uma anomalia.

Como esperado, os operadores aritméticos +, -, * e / retornam todos *nulo* se um dos seus argumentos for *nulo*. Entretanto, os nulos podem causar algum comportamento inesperado com operações agregadas. COUNT (*) trata os valores *nulos* exatamente como os demais valores, ou seja, eles são contados. Todas as outras operações agregadas (COUNT, SUM, AVG, MIN, MAX e variações usando DISTINCT) simplesmente descartam os valores *nulos* — assim, SUM não pode ser entendido como apenas a adição de todos os valores no (multi)conjunto de valores ao qual ele é aplicado; uma etapa preliminar para descartar todos os valores *nulos* deve ser considerada. Como um caso especial, se um desses operadores — diferentes do COUNT — for aplicado a apenas valores *nulos*, o resultado será *nulo* novamente.

5.6.4 Junções Externas

Algumas variações interessantes da operação junção que se baseiam nos valores *nulos*, chamadas **junções externas**, são suportadas na SQL. Considere a junção de duas tabelas, digamos Marinheiros $\bowtie_c$ Reservas. As tuplas de Marinheiros que não correspondem a alguma linha em Reservas, de acordo com a condição de junção c, não aparecem no resultado. Em uma junção externa, por outro lado, as linhas de Marinheiros sem uma linha Reservas correspondente aparecem exatamente uma vez no resultado, com as colunas do resultado herdadas de Reservas apresentando valores *nulos*.

De fato, há diversas variações da idéia de junção externa. Em uma **junção externa esquerda**, as linhas de Marinheiros sem uma linha de Reservas correspondente aparecem no resultado, mas não vice-versa. Em uma **junção externa direita**, as linhas de Reservas sem uma linha de Marinheiros correspondente aparecem no resultado, mas não vice-versa. Em uma **junção externa completa**, as linhas de Marinheiros e de Reservas sem correspondência aparecem no resultado. (Naturalmente, as linhas com uma correspondência sempre aparecem no resultado, para todas essas variações, exatamente como as junções usuais, algumas vezes chamadas de junções *internas*, apresentadas no Capítulo 4.)

A SQL permite que o tipo desejado de junção seja especificado na cláusula FROM. Por exemplo, a seguinte consulta lista os pares ⟨*id-marin, id-barco*⟩ correspondentes a marinheiros e barcos que eles reservaram:

```
SELECT   M.id-marin, R.id-barco
FROM     Marinheiros M NATURAL LEFT OUTER JOIN Reservas R
```

A palavra reservada NATURAL especifica que a condição de junção é igualdade em todos os atributos comuns (neste exemplo, *id-marin*), e a cláusula WHERE não é exigida (a menos que desejemos especificar condições adicionais, não de junção). Nas instâncias de Marinheiros e Reservas ilustradas nas Figuras 5.6 e 5.7, essa consulta computa o resultado ilustrado na Figura 5.19.

id-marin	*id-barco*
22	101
31	*nulo*
58	103

Figura 5.19 Junção externa esquerda de *M4* e *R3*.

5.6.5 Desabilitando os Valores Nulos

Podemos desabilitar os valores *nulos*, especificando NOT NULL como parte da definição de campo; por exemplo, *nome-marin* CHAR(20) NOT NULL. Além disso, os campos de uma chave primária não podem assumir valores *nulos*. Assim, há uma restrição NOT NULL implícita para todo campo listado em uma restrição PRIMARY KEY.

Nossa apresentação dos valores nulos está longe de ser completa. O leitor interessado deve consultar um dos vários livros dedicados à SQL para um tratamento mais detalhado sobre o tópico.

5.7 RESTRIÇÕES DE INTEGRIDADE COMPLEXAS EM SQL

Nesta seção, discutiremos a especificação de restrições de integridade complexas que utiliza todo o poder das consultas SQL. Os recursos discutidos nesta seção complementam os recursos de restrição de integridade da SQL apresentados no Capítulo 3.

5.7.1 Restrições sobre uma Única Tabela

Podemos especificar restrições complexas sobre uma única tabela usando **restrições de tabela**, que têm a forma CHECK *expressão-condicional*. Por exemplo, para assegurarmos que *avaliação* deve ser um inteiro no intervalo de 1 a 10, poderíamos usar:

```
CREATE TABLE Marinheiros ( id-marin    INTEGER,
                           nome-marin  CHAR(10),
                           avaliação   INTEGER,
                           idade       REAL,
                           PRIMARY KEY (id-marin),
                           CHECK ( avaliação >= 1 AND avaliação <= 10 ))
```

Para forçarmos a restrição de que os barcos Interlake não podem ser reservados, poderíamos usar:

```
CREATE TABLE Reservas  ( id-marin   INTEGER,
                         id-barco   INTEGER,
                         dia        DATE,
                         FOREIGN KEY (id-marin) REFERENCES Marinheiros,
                         FOREIGN KEY (id-barco) REFERENCES Barcos
                         CONSTRAINT noInterlakeRes
                         CHECK ( 'Interlake'< >
                                 ( SELECT  B.nome-barco
                                   FROM    Barcos B
                                   WHERE   B.id-barco = Reservas.id-barco )))
```

Quando uma linha é inserida em Reservas ou uma linha existente é modificada, a *expressão condicional* da restrição CHECK é avaliada. Se ela for avaliada como falso, o comando é rejeitado.

5.7.2 Restrições de Domínio e Tipos Distintos

Um usuário pode definir um novo domínio usando o comando CREATE DOMAIN, que usa as restrições CHECK.

```
CREATE DOMAIN avaliacaoVal INTEGER DEFAULT 1
                   CHECK ( VALUE >= 1 AND VALUE <= 10 )
```

INTEGER é o tipo subjacente, ou *fonte*, do domínio avaliacaoVal, e todo valor de avaliacaoVal deve ser desse tipo. Os valores em avaliacaoVal são mais restringidos usando-se uma restrição CHECK; ao definirmos essa restrição, usamos a palavra reservada VALUE para referir a um valor do domínio. Usando esse recurso, podemos restringir os valores que pertencem a um domínio usando todo o poder das

SQL: Consultas, Restrições, Gatilhos 141

> **SQL:1999 Tipos Distintos:** Muitos sistemas, como por exemplo Informix UDS e IBM DB2, já suportam este recurso. Com sua introdução, esperamos que o suporte para domínios seja *deprecated*, e eventualmente eliminado em futuras versões do SQL padrão. É realmente apenas uma parte de um grande conjunto de recursos orientados a objeto no SQL:1999, que discutiremos no Capítulo 23.

consultas SQL. Uma vez que um domínio é definido, o nome do domínio pode ser usado para restringir os valores das colunas em uma tabela; podemos usar a seguinte linha em uma declaração de esquema, por exemplo:

```
avaliação avaliacaoVal
```

A palavra reservada DEFAULT é usada para associar um valor padrão a um domínio. Se o domínio avaliacaoVal é usado para uma coluna em alguma relação e nenhum valor é atribuído a essa coluna na tupla inserida, o valor padrão 1 associado a avaliacaoVal é usado.

O suporte da SQL para o conceito de um domínio é limitado em uma questão importante. Por exemplo, podemos definir dois domínios chamados MarinheiroId e BarcoId, cada um usando INTEGER como o tipo subjacente. A intenção é forçar que a comparação de um valor MarinheiroId com um valor BarcoId sempre falhe (uma vez que eles são retirados de domínios diferentes); entretanto, como ambos têm o mesmo tipo base, INTEGER, a comparação será bem-sucedida na SQL. Esse problema é tratado com a introdução de **tipos distintos** em SQL:1999:

```
CREATE TYPE avaliacaotipo AS INTEGER
```

Esse comando define um novo tipo *distinto* chamado avaliacaotipo, com INTEGER como seu tipo fonte. Os valores do tipo avaliacaotipo podem ser comparados uns com os outros, mas eles não podem ser comparados com valores de outros tipos. Em particular, os valores avaliacaotipo são tratados como distintos dos valores do tipo fonte, INTEGER — não podemos compará-los ou combiná-los com inteiros (por exemplo, adicionar um inteiro a um valor avaliacaotipo). Se desejarmos definir operações sobre o novo tipo, por exemplo, uma função *média*, devemos fazê-lo explicitamente; nenhuma das operações existentes sobre o tipo fonte é válida. Discutiremos como tais funções podem ser definidas na Seção 23.4.1.

5.7.3 Assertivas: RIs sobre Diversas Tabelas

As restrições de tabela estão associadas a uma única tabela, embora a expressão condicional na cláusula CHECK possa referenciar outras tabelas. Requer-se que as restrições de tabela sejam mantidas *apenas* se a tabela associada for não vazia. Assim, quando uma restrição envolve duas ou mais tabelas, algumas vezes, o mecanismo de restrição de tabela é complicado e não é bem o desejado. Para tratar tais situações, a SQL suporta a criação de **assertivas** (*assertions*), que são restrições não associadas a uma tabela em particular.

Como um exemplo, suponha que desejamos forçar a seguinte restrição: o número de barcos mais o número de marinheiros deve ser menor do que 100. (Essa condição deve ser exigida, digamos, para qualificar um clube de navegação como "pequeno".) Poderíamos tentar a seguinte restrição de tabela:

```
CREATE TABLE Marinheiros ( id-marin     INTEGER,
                           nome-marin   CHAR(10),
                           avaliação    INTEGER,
                           idade        REAL,
                           PRIMARY KEY (id-marin),
                           CHECK ( avaliação >= 1 AND avaliação <= 10)
                           CHECK ( ( SELECT COUNT (M.id-marin) FROM Marinheiros M )
                                 + ( SELECT COUNT (B.id-barco) FROM Barcos B )
                                 < 100 ))
```

Essa solução tem duas desvantagens. Ela está associada a Marinheiros, embora envolva Barcos de uma forma completamente simétrica. E o mais importante, se a tabela Marinheiros estiver vazia, essa restrição é definida (conforme a semântica das restrições de tabela) para valer sempre, mesmo se tivéssemos mais de 100 linhas em Barcos! Poderíamos estender essa especificação de restrição para verificar se Marinheiros é não vazia, mas essa abordagem é complicada. A melhor solução é criar uma assertiva, como apresentado a seguir:

```
CREATE ASSERTION clubePequeno
CHECK (( SELECT COUNT (M.id-marin) FROM Marinheiros M)
      + ( SELECT COUNT (B.id-barco) FROM Barcos B )
      < 100 )
```

5.8 GATILHOS E BANCOS DE DADOS ATIVOS

Um **gatilho** (*trigger*) é um procedimento automaticamente chamado por um SGBD em resposta a alterações especificadas no banco de dados, e é tipicamente especificado pelo DBA. Um banco de dados que tem um conjunto de gatilhos associados é chamado de **banco de dados ativo**. Uma descrição de gatilho contém três partes:

- **Evento:** Uma alteração no banco de dados que **ativa** o gatilho.
- **Condição:** Uma consulta ou teste que é executado quando o gatilho é ativado.
- **Ação:** Um procedimento que é executado quando o gatilho é ativado e sua condição for verdadeira.

Um gatilho pode ser considerado um "demônio" (*daemon*) que monitora um banco de dados, e é executado quando o banco de dados é modificado de uma forma que corresponda à especificação de *evento*. Um comando de inserção, exclusão ou atualização poderia ativar um gatilho, não importando qual usuário ou aplicativo tenha chamado o comando ativador; os usuários podem nem mesmo estar cientes de que um gatilho foi executado como um efeito colateral de seu programa.

Uma *condição* em um gatilho pode ser um comando verdadeiro/falso (por exemplo, todos os salários dos funcionários são menores do que $ 100.000) ou uma consulta. Uma consulta é interpretada como *verdadeira* se o conjunto resposta é não vazio, e *falsa* se a consulta não tem resposta. Se a parte da condição for avaliada como verdadeira, a ação associada ao gatilho é executada.

A *ação* de um gatilho pode examinar as respostas da consulta da parte da condição do gatilho, referenciar os valores antigos e novos das tuplas modificadas pelo comando ativador do gatilho, executar novas consultas e fazer alterações no banco de dados. De fato, uma ação pode até mesmo executar uma série de comandos de definição de dados (por exemplo, criar novas tabelas, alterar autorizações) e comandos orientados à transação (por exemplo, *commit*) ou chamar procedimentos da linguagem hospedeira.

Um aspecto importante é quando a parte da ação de um gatilho é executada de maneira relacionada ao comando que ativou o gatilho. Por exemplo, um comando que insere registros na tabela Alunos pode ativar um gatilho que é utilizado para manter as estatísticas de quantos estudantes com idade menor do que 18 são inseridos de uma vez por um comando de inserção típico. Dependendo exatamente do que o gatilho faz, podemos desejar que sua ação seja executada *antes* ou *depois* que as alterações sejam feitas na tabela Alunos: um gatilho que inicializa uma variável usada para contar o número de inserções qualificadas deve ser executado antes, e um gatilho que é executado toda vez que um registro qualificado é inserido e incrementa a variável deve ser executado depois da inserção de cada registro (pois desejamos examinar os valores do novo registro para determinar a ação).

5.8.1 Exemplos de Gatilhos na SQL

Os exemplos ilustrados na Figura 5.20, escritos usando a sintaxe do Oracle Server para definir gatilhos, mostram os conceitos básicos por trás dos gatilhos. (A sintaxe do SQL:1999 para esses gatilhos é semelhante; em breve, veremos um exemplo usando a sintaxe do SQL:1999.) O gatilho chamado *inic_cont* inicializa uma variável contadora antes de cada execução de um comando INSERT que acrescenta tuplas à relação Alunos. O gatilho chamado *incr_cont* incrementa o contador para cada tupla inserida que satisfaz a condição *idade* < 18.

Um dos gatilhos de exemplo da Figura 5.20 é executado antes do comando ativador, e o outro exemplo é executado depois. Um gatilho também pode ser agendado para ser executado *no lugar do* comando ativador; ou em modo *adiado*, no final da transação contendo o comando ativador; ou em modo *assíncrono*, como parte de uma transação separada.

O exemplo da Figura 5.20 ilustra um outro ponto sobre a execução de gatilho: um usuário deve ser capaz de especificar se um gatilho deve ser executado uma vez por registro modificado ou uma vez por comando ativador. Se a ação depende de registros individuais alterados, por exemplo, devemos examinar o campo *idade* do registro inserido de Alunos para decidir se incrementamos o contador, o evento do gatilho deve ser definido para ocorrer para cada registro modificado; a cláusula FOR EACH ROW é utilizada para fazer isso. Tal gatilho é chamado de **gatilho de nível de linha**. Por outro lado, o gatilho *inic_cont* é executado apenas uma vez por comando INSERT, independentemente do número de registros inseridos, porque omitimos a frase FOR EACH ROW. Tal gatilho é chamado de **gatilho de nível de comando**.

```
CREATE TRIGGER inic_cont BEFORE INSERT ON Alunos          /* Evento */
    DECLARE
        cont   INTEGER;
    BEGIN                                                  /* Ação */
        cont := 0;
    END
CREATE TRIGGER incr_cont AFTER   INSERT ON Alunos         /* Evento */
    WHEN (new.idade < 18)  /* Condição; 'new' é a tupla recém-inserida */
    FOR EACH ROW
    BEGIN           /* Ação; um procedimento em sintaxe PL/SQL da Oracle */
        cont := cont + 1;
    END
```

Figura 5.20 Exemplos ilustrando gatilhos.

Na Figura 5.20, a palavra reservada new refere-se à tupla recém-inserida. Se uma tupla existente fosse modificada, as palavras reservadas old e new poderiam ser usadas para fazer referência aos valores antes e depois da modificação. SQL:1999 também permite que a parte da ação de um gatilho referencie um conjunto de registros alterados no lugar de apenas um registro alterado de cada vez. Por exemplo, seria útil ser capaz de referenciar o conjunto de registros de Alunos inseridos em um gatilho que é executado uma vez após o comando INSERT; poderíamos contar o número de registros inseridos com *idade* < 18 através de uma consulta SQL sobre esse conjunto. Tal gatilho é ilustrado na Figura 5.21 e é uma alternativa aos gatilhos ilustrados na Figura 5.20.

A definição da Figura 5.21 usa a sintaxe do SQL:1999 para ilustrar as semelhanças e diferenças com relação à sintaxe utilizada em um típico SGBD atual. A cláusula da palavra reservada NEW TABLE nos permite atribuir um nome de tabela (TuplasInseridas) ao conjunto de tuplas recém-inseridas. A cláusula FOR EACH STATEMENT especifica um gatilho de nível de comando e pode ser omitido, pois é o padrão. Essa definição não tem uma cláusula WHEN; se tal cláusula for incluída, ela deve vir após a cláusula FOR EACH STATEMENT, antes da especificação da ação.

O gatilho é avaliado uma vez para cada comando SQL que insere tuplas em Alunos e insere uma única tupla em uma tabela que contém estatísticas sobre as modificações das tabelas do banco de dados. Os primeiros dois campos da tupla contêm constantes (identificando a tabela modificada, Alunos, e o tipo de comando modificador, um INSERT), e o terceiro campo é o número de tuplas de Alunos inseridas com *idade* < 18. (O gatilho da Figura 5.20 apenas computa o contador; um gatilho adicional é necessário para inserir a tupla apropriada na tabela de estatísticas.)

```
CREATE TRIGGER cont-conj AFTER   INSERT ON Alunos      /* Evento */
REFERENCING NEW TABLE AS   TuplasInseridas
FOR EACH STATEMENT
    INSERT                                             /* Ação */
        INTOTabelaEstatísticas (TabelaModificada, TipoModificacao, Cont)
        SELECT 'Alunos', 'Insert', COUNT *
        FROM TuplasInseridas T
        WHERE T.idade < 18
```

Figura 5.21 Gatilho orientado a conjunto.

5.9 PROJETANDO BANCOS DE DADOS ATIVOS

Os gatilhos oferecem um mecanismo poderoso para tratar as alterações em um banco de dados, mas eles devem ser usados com cuidado. O efeito de uma coleção de gatilhos pode ser muito complexo, e a manutenção de um banco de dados ativo pode se tornar muito difícil. Normalmente, um uso criterioso de restrições de integridade pode substituir o uso de gatilhos.

5.9.1 Por Que os Gatilhos Podem Ser Difíceis de Entender

Em um sistema de banco de dados ativo, quando o SGBD está prestes a executar um comando que modifica o banco de dados, ele verifica se algum gatilho foi ativado pelo comando. Se foi, o SGBD processa o gatilho avaliando sua parte de condição, e depois (se a condição for avaliada como verdadeira) executando sua parte de ação.

Se um comando ativa mais de um gatilho, o SGBD normalmente processa todos eles, em alguma ordem arbitrária. Um ponto importante é que a execução da parte da ação de um gatilho pode por sua vez ativar um outro gatilho. Em particular, a execução da parte da ação de um gatilho poderia novamente ativar o mesmo gatilho; tais gatilhos são chamados **gatilhos recursivos**. O potencial para essas ativações *encadeadas* e a ordem imprevisível na qual um SGBD processa os gatilhos ativos podem dificultar a compreensão do efeito de uma coleção de gatilhos.

5.9.2 Restrições *versus* Gatilhos

Um uso comum de gatilhos é para manter a consistência do banco de dados, e, em tais casos, devemos considerar sempre se o uso de uma restrição de integridade (por exemplo, uma restrição de chave estrangeira) alcança os mesmos objetivos. O significado de uma restrição não é definido operacionalmente, diferente do efeito de um gatilho. Essa propriedade torna uma restrição mais fácil de entender, e também fornece ao SGBD mais oportunidades de otimizar a execução. Uma restrição também impede que os dados se tornem inconsistentes por *qualquer* tipo de comando, enquanto um gatilho é ativado por um tipo específico de comando (INSERT, DELETE ou UPDATE). Novamente, essa particularidade torna uma restrição mais fácil de compreender.

Por outro lado, os gatilhos nos permitem manter a integridade do banco de dados de maneiras mais flexíveis, como ilustram os seguintes exemplos.

- Suponha que temos uma tabela chamada Pedidos com campos *idItem*, *quantidade*, *idCliente*, e *precoUnid*. Quando um cliente posiciona um pedido, os valores dos três primeiros campos são preenchidos pelo usuário (neste exemplo, um funcionário de vendas). O valor do quarto campo pode ser obtido de uma tabela chamada Itens, mas é importante incluí-lo na tabela Pedidos para ter um registro completo do pedido, caso o preço do item seja alterado subseqüentemente. Podemos definir um gatilho para examinar esse valor e incluí-lo no quarto campo de um registro recém-inserido. Além de reduzir o número de campos que o funcionário deve digitar, esse gatilho elimina a possibilidade de um erro de entrada originar um preço inconsistente na tabela Pedidos.

- Continuando com este exemplo, podemos desejar executar algumas ações adicionais quando um pedido é recebido. Por exemplo, se a aquisição está sendo cobrada para uma linha de crédito emitida pela empresa, podemos querer verificar se o custo total da compra está dentro do limite de crédito corrente. Podemos usar um gatilho para fazer a verificação; de fato, podemos até mesmo usar uma restrição CHECK. Usando um gatilho, no entanto, podemos implementar políticas mais sofisticadas para tratar as aquisições que excederam um limite de crédito. Por exemplo, podemos permitir compras que excedem o limite em não mais do que 10% se o cliente se relacionou com a empresa por no mínimo um ano, e acrescentar o cliente a uma tabela de candidatos para aumento do limite de crédito.

5.9.3 Outros Usos de Gatilhos

Vários usos em potencial de gatilhos vão além da manutenção de integridade. Os gatilhos podem alertar os usuários de eventos não comuns (conforme repercutidos pelas atualizações no banco de dados). Por exemplo, podemos desejar verificar se um cliente que posicionou um pedido fez compras suficientes no mês passado para qualificar um desconto adicional; caso positivo, o funcionário de vendas deve ser informado para que possa avisar o cliente e possivelmente gerar vendas adicionais! Podemos transmitir essa informação usando um gatilho que verifica as compras recentes e imprime uma mensagem se o cliente está qualificado para o desconto.

Os gatilhos podem gerar um registro (log) de eventos para embasar verificações de auditoria e segurança. Por exemplo, cada vez que um cliente posiciona um pedido, podemos criar um registro com o ID do cliente e o limite de crédito atual e inserir esse registro em uma tabela de histórico do cliente. A análise subseqüente dessa tabela pode sugerir candidatos para um aumento no limite de crédito (por exemplo, clientes que nunca deixaram de pagar a conta dentro do prazo e aqueles que excederam 10% do seu limite de crédito no mínimo três vezes no último mês).

Conforme os exemplos da Seção 5.8 ilustram, podemos usar gatilhos para coletar estatísticas sobre acessos e modificações em tabelas. Alguns sistemas de banco de dados usam gatilhos até mesmo internamente como base para gerenciar réplicas de relações (Seção 22.11.1). Nossa lista de usos em potencial de gatilhos não é exaustiva; por exemplo, os gatilhos também têm sido considerados para gerenciamento da carga de trabalho e garantia de regras de negócio.

5.10 QUESTÕES DE REVISÃO

As respostas às questões de revisão podem ser encontradas nas seções listadas.

- Quais são as partes de uma consulta SQL básica? A entrada e as tabelas de resultado de uma consulta SQL são conjuntos ou multiconjuntos? Como se pode obter um conjunto de tuplas como o resultado de uma consulta? **(Seção 5.2)**
- O que são variáveis de intervalo na SQL? Em uma consulta, como se atribui nomes às colunas de saída, que são definidas por expressões aritméticas ou de string? Que suporte a SQL oferece para correspondência de padrão de string? **(Seção 5.2)**
- Quais operações a SQL provê sobre (multi)conjuntos de tuplas, e como você as usaria para escrever consultas? **(Seção 5.3)**
- O que são consultas aninhadas? O que é *correlação* em consultas aninhadas? Como você usaria os operadores IN, EXISTS, UNIQUE, ANY e ALL para escrever consultas aninhadas? Por que eles são úteis? Ilustre sua resposta mostrando como escrever o operador *divisão* em SQL. **(Seção 5.4)**
- Que operadores agregados a SQL suporta? **(Seção 5.5)**
- O que é *agrupamento*? Há algo correspondente na álgebra relacional? Explique esse recurso, e discuta a interação das cláusulas HAVING e WHERE. Mencione quaisquer restrições que devem ser satisfeitas pelos campos que aparecem na cláusula GROUP BY. **(Seção 5.5.1)**
- O que são valores *nulos*? Eles são suportados no modelo relacional, conforme descrito no Capítulo 3? Como eles afetam o significado das consultas? Campos de chave primária de uma tabela podem conter valores *nulos*? **(Seção 5.6)**
- Quais tipos de restrições SQL podem ser especificados usando a linguagem de consulta? Pode-se expressar as restrições de chave primária usando-se um desses novos tipos de restrições? Em caso positivo, por que a SQL provê uma sintaxe de restrição de chave primária separada? **(Seção 5.7)**
- O que é um *gatilho*, e quais são suas três partes? Quais são as diferenças entre gatilhos de nível de linha e de nível de comando? **(Seção 5.8)**
- Por que os gatilhos são difíceis de entender? Explique as diferenças entre gatilhos e restrições de integridade, e descreva quando você usaria gatilhos em vez de restrições de integridade e vice-versa. Para que são usados os gatilhos? **(Seção 5.9)**

EXERCÍCIOS

Material on-line encontra-se disponível para todos os exercícios deste capítulo, em inglês, na página web do livro em

>   http://www.cs.wisc.edu/~dbbook

O material inclui scripts para criar as tabelas de cada exercício para uso com o Oracle, o IBM DB2, o Microsoft SQL Server e o MySQL.

Exercício 5.1 Considere as seguintes relações:

>   Aluno(*nroAlun*: integer, *nomeAlun:* string, *formacao*: string, *nível*: string, *idade*: integer)
>   Curso(*nome*: string, *horário:* time, *sala*: string, *idProf:* integer)
>   Matriculado(*nroAlun*: integer, nomeCurso: string)
>   Professor(*idProf*: integer, *nomeProf*: string, *idDepto:* integer)

O significado dessas relações é direto; por exemplo, Matriculado tem um registro por par aluno-curso tal que o aluno está matriculado no curso.

Escreva as seguintes consultas em SQL. Nenhuma duplicata deve ser impressa em qualquer uma das respostas.

1. Encontre os nomes de todos os Juniors (nível = JR) que estão matriculados em um curso ministrado por I. Teach.
2. Encontre o nome do aluno mais velho que é formado em História ou matriculado em um curso ministrado por I. Teach.
3. Encontre os nomes de todos os cursos que são ministrados na sala R128 ou que têm cinco ou mais alunos matriculados.
4. Encontre os nomes de todos os alunos que estão matriculados em dois cursos que são ministrados no mesmo horário.
5. Encontre os nomes dos professores que ministram cursos em todas as salas em que algum curso é ministrado.
6. Encontre os nomes dos professores para os quais a lista de matriculados dos cursos que eles ministram é menor do que cinco.
7. Imprima o nível e a idade média dos alunos desse nível, para cada nível.
8. Imprima o nível e a idade média dos alunos desse nível, para todos os níveis exceto JR.
9. Para cada professor que ministra cursos apenas na sala R128, imprima seu nome e o número total de cursos que ele ou ela ministra.
10. Encontre os nomes dos alunos matriculados no número máximo de cursos.
11. Encontre os nomes dos alunos não matriculados em nenhum curso.
12. Para cada valor de idade que aparece em Aluno, encontre o valor do nível que aparece com mais freqüência. Por exemplo, se houver mais alunos no nível FR com idade 18 do que os alunos com idade 18 dos níveis SR, JR ou SO, você deve imprimir o par (18, FR).

Exercício 5.2 Considere o seguinte esquema:

>   Fornecedores(idForn: integer, *nomeForn:* string, *endereço:* string)
>   Peças(idPeça: integer, *nomePeça:* string, *cor:* string)
>   Catálogo(idForn: integer, idPeça: integer, *custo:* real)

A relação Catálogo lista os preços das Peças cobradas pelos Fornecedores. Escreva as seguintes consultas em SQL:

1. Encontre os *nomePeças* das peças para as quais há algum fornecedor.
2. Encontre os *nomeForns* dos fornecedores que fornecem todas as peças.
3. Encontre os *nomeForns* dos fornecedores que fornecem todas as peças vermelhas.
4. Encontre os *nomePeças* das peças fornecidas pela Acme Widget Suppliers e por nenhum outro fornecedor.
5. Encontre os *idForns* dos fornecedores que cobram mais por alguma peça do que o custo médio dessa peça (calculado com base em todos os fornecedores que fornecem essa peça).
6. Para cada peça, encontre o *nomeForn* do fornecedor que cobra mais por essa peça.
7. Encontre os *idForns* dos fornecedores que fornecem apenas peças vermelhas.
8. Encontre os *idForns* dos fornecedores que fornecem uma peça vermelha e uma peça verde.
9. Encontre os *idForns* dos fornecedores que fornecem uma peça vermelha ou uma peça verde.
10. Para todo fornecedor que fornece apenas peças verdes, imprima o nome do fornecedor e o número total de peças que ele fornece.
11. Para todo fornecedor que fornece uma peça verde e uma peça vermelha, imprima o nome e o preço da peça mais cara que ele fornece.

Exercício 5.3 As seguintes relações controlam as informações sobre empresas aéreas:

Vôos(*nroVoo*: integer, *de:* string, *para:* string, *distância:* time,
   partida: time, *chegada:* time, *preco:* integer)

Aeronave(*idAero*: integer, *nomeAero:* string, *distLimite:* integer)

Certificado(*idFuncion*: integer, idAero: integer)

Funcionários(*idFuncion*: integer, *nomeFuncion:* string, *salário:* integer)

Observe que a relação Funcionários descreve os pilotos, assim como os outros tipos de funcionários; todo piloto é certificado para alguma aeronave, e somente os pilotos são certificados para voar. Escreva cada uma das seguintes consultas em SQL. (*Consultas adicionais usando o mesmo esquema encontram-se listadas nos exercícios do Capítulo 4.*)

1. Encontre os nomes das aeronaves tais que todos os pilotos certificados para operá-las ganhem mais do que $ 80.000.
2. Para cada piloto que é certificado para mais do que três aeronaves, encontre o *idFuncion* e a *distLimite* máxima das aeronaves para as quais ele ou ela é certificado.
3. Encontre os nomes dos pilotos cujos *salário*s são menores do que o preço da rota mais barata de Los Angeles a Honolulu.
4. Para todas as aeronaves com *distLimite* maior do que 1.000 milhas, encontre o nome da aeronave e o salário médio de todos os pilotos certificados para essa aeronave.
5. Encontre os nomes dos pilotos certificados para alguma aeronave Boeing.
6. Encontre os *idAero*s de todas as aeronaves que podem ser usadas nas rotas de Los Angeles a Chicago.
7. Identifique as rotas que podem ser pilotadas por todo piloto que ganha mais do que $ 100.000.
8. Imprima os *nomeFuncion*s dos pilotos que podem operar aeronaves com *distLimite* maior do que 3.000 milhas, mas que não são certificados em nenhuma aeronave Boeing.
9. Um cliente deseja viajar de Madison a Nova York com no máximo duas escalas de vôo. Liste a escolha de horários de partida de Madison se o cliente quer chegar em Nova York antes de 18 h.
10. Compute a diferença entre o salário médio de um piloto e o salário médio de todos os funcionários (incluindo os pilotos).
11. Imprima o nome e o salário de todo não piloto cujo salário é maior do que o salário médio dos pilotos.

SQL: Consultas, Restrições, Gatilhos 149

12. Imprima os nomes dos funcionários que são certificados apenas em aeronaves com distância limite maior do que 1.000 milhas.

13. Imprima os nomes dos funcionários que são certificados apenas em aeronaves com distância limite maior do que 1.000 milhas, mas que sejam certificados para, no mínimo, duas aeronaves desse tipo.

14. Imprima os nomes dos funcionários que são certificados apenas em aeronaves com distância limite maior do que 1.000 milhas e que são certificados em alguma aeronave Boeing.

Exercício 5.4 Considere o seguinte esquema relacional. Um funcionário pode trabalhar em mais de um departamento; o campo *pct_tempo* da relação Trabalha ilustra a porcentagem de tempo que determinado funcionário trabalha em determinado departamento.

Funcion(*idFuncion*: integer, *nomeFuncion:* string, *idade:* integer, *salário:* real)
Trabalha(*idFuncion*: integer, *idDepto*: integer, *pct_tempo:* integer)
Depto(*idDepto*: integer, *orçamento:* real, *idGerente:* integer)

Escreva as seguintes consultas em SQL:

1. Imprima os nomes e as idades de cada funcionário que trabalha em ambos os departamentos de Hardware e de Software.

2. Para cada departamento com mais do que 20 funcionários equivalentes a tempo integral (isto é, onde a soma dos funcionários de tempo parcial e de tempo integral seja no mínimo essa quantidade de funcionários de tempo integral), imprima o *idDepto* juntamente com o número de funcionários que trabalham nesse departamento.

3. Imprima o nome de cada funcionário cujo salário exceda o orçamento de todos os departamentos em que ele ou ela trabalhe.

4. Encontre os *idGerente*s dos gerentes que administram apenas os departamentos com orçamentos maiores do que US$ 1 milhão.

5. Encontre os *nomeFuncion*s dos gerentes que administram os departamentos que possuem os maiores orçamentos.

6. Se um gerente administra mais do que um departamento, ele ou ela *controla* a soma de todos os orçamentos desses departamentos. Encontre os *idGerente*s dos gerentes que controlam mais do que $ 5 milhões.

7. Encontre os *idGerente*s dos gerentes que controlam as maiores quantias.

8. Encontre os *nomeFuncion*s dos gerentes que administram apenas os departamentos com orçamentos maiores do que $ 1 milhão, mas no mínimo um departamento com orçamento menor do que $ 5 milhões.

id-marin	nome-marin	avaliação	idade
18	Jones	3	30,0
41	jonah	6	56,0
22	ahab	7	44,0
63	moby	*nulo*	15,0

Figura 5.22 Uma instância de Marinheiros.

Exercício 5.5 Considere a instância da relação Marinheiros ilustrada na Figura 5.22.

1. Escreva consultas em SQL para computar a avaliação média, usando AVG; a soma das avaliações, usando SUM; e o número de avaliações, usando COUNT.

2. Se você dividir a soma recém-calculada pelo número de avaliações, o resultado seria o mesmo do que a média? Como sua resposta se alteraria se essas etapas fossem calculadas com relação ao campo idade no lugar de *avaliação*?

3. Considere a seguinte consulta: *encontre os nomes dos marinheiros com uma avaliação maior do que todos os marinheiros com idade < 21*. As duas consultas em SQL seguintes tentam obter a resposta a esta questão. Ambas computam o mesmo resultado? Se não, explique por quê. Sob quais condições elas computariam o mesmo resultado?

```
SELECT   M.nome-marin
FROM     Marinheiros M
WHERE    NOT EXISTS (SELECT *
                     FROM     Marinheiros M2
                     WHERE    M2.idade < 21
                              AND M.avaliação <= M2.avaliação )
```

```
SELECT   *
FROM     Marinheiros M
WHERE    M.avaliação > ANY ( SELECT   M2.avaliação
                             FROM     Marinheiros M2
                             WHERE    M2.idade < 21)
```

4. Considere a instância de Marinheiros ilustrada na Figura 5.22. Vamos definir a instância M1 de Marinheiros consistindo nas duas primeiras tuplas, a instância M2 como as duas últimas tuplas e M como a instância dada.

   (a) Mostre a junção externa esquerda de M com ela mesma, com a condição de junção *id-marin=id-marin*.
   (b) Mostre a junção externa direita de M com ela mesma, com a condição de junção *id-marin=id-marin*.
   (c) Mostre a junção externa completa de M com ela mesma, com a condição de junção *id-marin=id-marin*.
   (d) Mostre a junção externa esquerda de M1 com M2, com a condição de junção *id-marin=id-marin*.
   (e) Mostre a junção externa direita de M1 com M2, com a condição de junção *id-marin=id-marin*.
   (f) Mostre a junção externa completa de M1 com M2, com a condição de junção *id-marin=id-marin*.

Exercício 5.7 Considere o seguinte esquema relacional e responda sucintamente as questões a seguir:

Funcion(*idFuncion*: integer, *nomeFuncion:* string, *idade:* integer, *salário:* real)
Trabalha(*idFuncion*: integer, *idDepto*: integer, *pct_tempo:* integer)
Depto(*idDepto*: integer, *orçamento:* real, *idGerente:* integer)

1. Defina uma restrição de tabela em Funcion que assegurará que todo funcionário ganhe no mínimo $ 10.000.
2. Defina uma restrição de tabela em Depto que assegurará que todos os gerentes tenham *idade* > 30.
3. Defina uma assertiva em Depto que assegurará que todos os gerentes tenham *idade* > 30. Compare essa assertiva com a restrição de tabela equivalente. Explique qual é melhor.
4. Escreva comandos SQL para excluir todas as informações sobre os funcionários cujos salários excedam o salário do gerente de um ou mais departamentos onde eles trabalham. Certifique-se de assegurar que todas as restrições de integridade relevantes sejam satisfeitas após suas atualizações.

SQL: Consultas, Restrições, Gatilhos

Exercício 5.8 Considere as seguintes relações:

Aluno(<u>nroAlun</u>: `integer`, *nomeAlun:* `string`, *formação*: `string`, *nível*: `string`, *idade*: `integer`)

Curso(<u>nome</u>: `string`, *horário*:`time`, *sala*: `string`, *idProf:* `integer`)

Matriculado(<u>nroAlun</u>: `integer`, nomeCurso: `string`)

Professor(<u>idProf</u>: `integer`, *nomeProf*: `string`, *idDepto:* `integer`)

O significado dessas relações é direto; por exemplo, Matriculado tem um registro por par aluno-curso tal que o aluno está matriculado no curso.

1. Escreva os comandos SQL exigidos para criar essas relações, incluindo as versões adequadas de todas as restrições de integridade de chave primária e de chave estrangeira.
2. Expresse cada uma das seguintes restrições de integridade em SQL a menos que ela esteja implícita pela restrição de chave primária e chave estrangeira; nesse caso, explique como ela está implícita. Diga se a restrição não pode ser expressa em SQL. Para cada restrição, afirme quais operações (inserções, exclusões e atualizações em relações específicas) devem ser monitoradas para forçar a restrição.

    (a) Todo curso tem um número mínimo de 5 alunos matriculados e um máximo de 30 alunos.
    (b) No mínimo um curso usa cada sala.
    (c) Todo professor deve ministrar no mínimo dois cursos.
    (d) Apenas professores no departamento com *idDepto=33* ministram mais do que três cursos.
    (e) Todo aluno deve ser matriculado no curso chamado Math 101.
    (f) A sala na qual o curso agendado para o horário mais cedo (isto é, o curso com menor valor de *horário*) não deve ser a mesma sala na qual ocorre o curso agendado para o horário mais tarde.
    (g) Dois cursos não podem ser na mesma sala no mesmo horário.
    (h) O departamento com a maioria dos professores deve ter menos do que duas vezes o número de professores do departamento com o menor número de professores.
    (i) Nenhum departamento pode ter mais do que 10 professores.
    (j) Um aluno não pode acrescentar mais do que dois cursos de uma vez (isto é, em uma única atualização).
    (k) O número de formados em CS deve ser maior do que o número de formados em Math.
    (l) O número de cursos distintos nos quais os formados em CS estão matriculados é maior do que o número de cursos distintos nos quais os formados em Math estão matriculados.
    (m) O total de matriculados dos cursos ministrados pelos professores do departamento com *idDepto=33* é maior do que o número de formados em Math.
    (n) Deve haver no mínimo um formado em CS se houver algum aluno.
    (o) Professores de departamentos diferentes não podem ministrar na mesma sala.

Exercício 5.9 Discuta as vantagens e desvantagens do mecanismo de gatilho. Compare os gatilhos com outras restrições de integridade suportadas pela SQL.

Exercício 5.10 Considere o seguinte esquema relacional. Um funcionário pode trabalhar em mais de um departamento; o campo *pct_tempo* da relação Trabalha ilustra a porcentagem de tempo que determinado funcionário trabalha em determinado departamento.

Funcion(<u>idFuncion</u>: `integer`, *nomeFuncion:* `string`, *idade:* `integer`, *salário:* `real`)

Trabalha(<u>idFuncion</u>: `integer`, <u>idDepto</u>: `integer`, *pct_tempo:* `integer`)

Depto(<u>idDepto</u>: `integer`, *orçamento:* `real`, *idGerente:* `integer`)

Escreva restrições de integridade em SQL-92 (domínio, chave, chave estrangeira ou restrições CHECK; ou assertivas) ou gatilhos do SQL:1999 para assegurar cada um dos requisitos seguintes, considerados independentemente.

1. Os funcionários devem ter um salário mínimo de $ 1.000.
2. Todo gerente também deve ser um funcionário.

3. A porcentagem total de todo o tempo de dedicação de um funcionário deve ser menor do que 100%.

4. Um gerente deve sempre ter um salário maior do que qualquer funcionário que ele ou ela gerencia.

5. Sempre que um funcionário ganha um aumento, o salário do gerente deve ser aumentado para ser no mínimo igual ao novo salário.

6. Sempre que um funcionário ganha um aumento, o salário do gerente deve ser aumentado para ser no mínimo igual ao novo salário. Além disso, sempre que um funcionário ganha um aumento, o orçamento do departamento deve ser aumentado para ser maior do que a soma dos salários de todos os funcionários do departamento.

EXERCÍCIO BASEADO EM PROJETO

Exercício 5.11 Identifique o subconjunto de consultas em SQL suportadas no Minibase.

NOTAS BIBLIOGRÁFICAS

A versão original da SQL foi desenvolvida como a linguagem de consulta do projeto System R da IBM, e seu desenvolvimento inicial pode ser encontrado em [107, 151]. A SQL tornou-se então a linguagem de consulta relacional mais amplamente usada, e seu desenvolvimento é agora sujeito a um processo de padronização internacional.

Um tratamento abrangente e de leitura bem agradável da SQL-92 é apresentado por Melton e Simon em [524], e os recursos centrais do SQL:1999 são cobertos em [525]. Recomendamos aos leitores esses dois livros para um tratamento oficial da SQL. Uma pesquisa sucinta do padrão SQL:1999 é apresentado em [237]. Date oferece uma crítica profunda da SQL em [202]. Embora alguns dos problemas sejam tratados em SQL-92 e revisões posteriores, outros permanecem. Uma semântica formal de um vasto subconjunto das consultas em SQL é apresentada em [560]. O SQL:1999 é o padrão atual da International Organization for Standardization (ISO) e da American National Standards Institute (ANSI). Melton é o editor do padrão ISO e ANSI do SQL:1999, documento ANSI/ISO/IEC 9075-:1999. O documento ISO correspondente é ISO/IEC 9075-:1999. Um sucessor, planejado para 2003, criado sobre o SQL:1999, o SQL:2003, está fechado para ratificação (informação de junho de 2002). Rascunhos sobre a deliberação do SQL:2003 encontram-se disponíveis no seguinte URL:

```
ftp://sqlstandards.org/SC32/
```

[774] contém uma coleção de artigos que tratam sobre a área de banco de dados ativos. [794] inclui uma boa e detalhada introdução das regras ativas, cobrindo os aspectos semânticos, de aplicativos e de projeto. [251] discute as extensões SQL para especificar as verificações de restrição de integridade através de gatilhos. [123] também discute um mecanismo procedural, chamado *despertador*, para monitorar um banco de dados. [185] é um artigo recente que sugere como os gatilhos podem ser incorporados a extensões SQL. Protótipos de banco de dados ativo, que exercem influência, incluem Ariel [366], HiPAC [516], ODE [18], Postgres [722], RDL [690] e Sentinel [36]. [147] compara várias arquiteturas de sistemas de banco de dados ativo.

[32] considera as condições sob as quais uma coleção de regras ativas tem o mesmo comportamento, independentemente da ordem de avaliação. A semântica de bancos de dados ativos também é estudada em [285] e [792]. O projeto e gerenciamento de sistemas de regras complexas são discutidos em [60, 225]. [142] discute o gerenciamento de regras usando Chimera, um modelo de dados e linguagem para sistemas de banco de dados ativos.

PARTE II
DESENVOLVIMENTO DE APLICATIVO

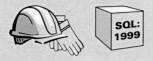

6
DESENVOLVIMENTO DE APLICATIVO DE BANCO DE DADOS

- Como os programas de aplicativos se conectam a um SGBD?
- Como os aplicativos podem manipular os dados obtidos de um SGBD?
- Como os aplicativos modificam dados em um SGBD?
- O que são cursores?
- O que é JDBC e como ele é usado?
- O que é SQLJ e como ele é usada?
- O que são procedimentos armazenados (*stored procedures*)?
- **Conceitos-chave:** SQL Embutida, SQL Dinâmica, cursores; JDBC, conexões, drivers, ResultSets, java.sql, SQLJ; procedimentos armazenados (*stored procedures*), SQL/PSM.

Quem tem maior lucro é quem serve melhor.

— Lema do *Rotary International*

No Capítulo 5, examinamos um amplo conjunto de construtores de consulta SQL, que tratam a SQL como uma linguagem independente por si só. Um SGBD relacional suporta uma interface SQL *interativa*, e os usuários podem digitar comandos SQL diretamente. Essa abordagem simples é boa, contanto que a tarefa em mãos possa ser realizada inteiramente com comandos SQL. Na prática, normalmente encontramos situações nas quais necessitamos de maior flexibilidade de uma linguagem de programação de propósito geral, além dos recursos de manipulação de dados fornecidos pela SQL. Por exemplo, podemos desejar integrar um aplicativo de banco de dados com uma boa interface gráfica de usuário, ou podemos desejar integrar com outros aplicativos existentes.

Os aplicativos que se baseiam no SGBD para gerenciar dados são executados como processos separados que se conectam ao SGBD para interagir com ele. Uma vez que uma conexão é estabelecida, os comandos SQL podem ser usados para inserir, excluir e modificar dados. As consultas SQL podem ser usadas para obter os dados desejados, mas necessitamos tratar uma importante diferença em como um sistema de banco de dados enxerga os dados e como um programa de aplicativo em uma linguagem como Java ou C enxerga os dados: o resultado de uma consulta de banco de dados é um conjunto (ou um multiconjunto) de registros, mas o Java não tem um tipo de dados de conjunto ou multiconjunto. Essa incompatibilidade é resolvida por meio de construtores adicionais da SQL que permitem que os aplicativos obtenham um ponteiro lógico para uma coleção e iterem sobre os registros, um de cada vez.

Introduziremos a SQL Embutida, a SQL Dinâmica e os cursores na Seção 6.1. A SQL Embutida nos permite acessar dados usando consultas estáticas SQL no código de aplicativos (Seção 6.1.1); com a SQL Dinâmica, podemos criar as consultas em tempo de execução (Seção 6.1.3). Os cursores desempenham o papel de pontes entre os conjuntos fornecidos como respostas das consultas e as linguagens de programação que não suportam conjuntos (Seção 6.1.2).

A emergência do Java como uma linguagem de desenvolvimento de aplicativo popular, especialmente para aplicativos Internet, tornou o acesso a um SGBD por meio do código Java um tópico particularmente importante. A Seção 6.2 cobre o JDBC, uma interface de programação que nos permite executar as consultas SQL por meio de um programa Java e usar os resultados no programa Java. O JDBC fornece portabilidade maior do que a SQL Embutida e a SQL Dinâmica, e oferece a capacidade de conectar a diversos SGBDs sem recompilar o código. A Seção 6.4 trata a SQLJ, que faz o mesmo para as consultas SQL estáticas, mas que é mais fácil de programar do que o Java com JDBC.

Normalmente, é útil executar código de aplicativo no servidor do banco de dados, em vez de apenas obter os dados e executar a lógica do aplicativo em um processo separado. A Seção 6.5 trata os procedimentos armazenados (*stored procedures*), que permitem que a lógica do aplicativo seja armazenada e executada no servidor de banco de dados. Concluímos o capítulo discutindo nosso estudo de caso B&N na Seção 6.6.

Ao escrevermos aplicativos de banco de dados, devemos também manter em mente que, tipicamente, muitos programas de aplicativos são executados de forma concorrente. O conceito de transação, introduzido no Capítulo 1, é usado para encapsular os efeitos de um aplicativo no banco de dados. Um aplicativo pode selecionar determinadas propriedades de transação através de comandos SQL para controlar o grau ao qual ele é exposto às alterações de outros aplicativos executados concorrentemente. Tocamos no conceito de transação em vários pontos deste capítulo, e, em particular, tratamos os aspectos de JDBC relacionados à transação. Teremos uma discussão completa sobre as propriedades de transação e o suporte da SQL às transações apenas no Capítulo 16.

Os exemplos que aparecem neste capítulo encontram-se disponíveis on-line em http://www.cs.wisc.edu/~dbbook

6.1 ACESSANDO BANCO DE DADOS POR MEIO DE APLICATIVOS

Nesta seção, trataremos como os comandos SQL podem ser executados por meio de um programa em uma **linguagem hospedeira** como C ou Java. O uso de comandos

SQL dentro de um programa de linguagem hospedeira é chamado **SQL Embutida**. Os detalhes da SQL Embutida dependem também da linguagem hospedeira. Embora recursos semelhantes sejam suportados por uma variedade de linguagens hospedeiras, a sintaxe algumas vezes varia.

Discutiremos primeiro os conceitos básicos da SQL Embutida com consultas SQL estáticas na Seção 6.1.1. Depois, introduziremos os cursores na Seção 6.1.2. Discutiremos a SQL Dinâmica, que nos permite construir consultas SQL em tempo de execução (e executá-las), na Seção 6.1.3.

6.1.1 SQL Embutida

Conceitualmente, os comandos de SQL Embutida em um programa de linguagem hospedeira são diretos. Os comandos SQL (isto é, não as declarações) podem ser usados sempre que um comando na linguagem hospedeira for permitido (com algumas restrições). Os comandos SQL devem ser claramente marcados de forma que um pré-processador possa tratá-los antes de chamar o compilador da linguagem hospedeira. Além disso, quaisquer variáveis da linguagem hospedeira usadas para passar argumentos para um comando SQL devem ser declaradas em SQL. Em particular, algumas variáveis especiais da linguagem hospedeira *devem* ser declaradas em SQL (para que, por exemplo, quaisquer condições de erro que surjam durante a execução da SQL possam ser comunicadas de volta ao programa de aplicativo principal na linguagem hospedeira).

Há, no entanto, duas complicações. Primeiro, os tipos de dados reconhecidos pela SQL podem não ser reconhecidos pela linguagem hospedeira e vice-versa. Essa incompatibilidade é normalmente solucionada pela conversão adequada de tipos dos valores dos dados antes de passá-los para ou dos comandos SQL. (A SQL, como outras linguagens de programação, fornece um operador para realizar a conversão dos valores de um tipo em valores de outros tipos.) A segunda complicação tem relação com o fato de a SQL ser **orientada a conjunto**, e isso é solucionado usando-se cursores (veja a Seção 6.1.2). Os comandos operam sobre e produzem tabelas, que são conjuntos.

Em nossa discussão de SQL Embutida, consideramos que a linguagem hospedeira é C pela solidez, em razão das mínimas diferenças existentes em como os comandos SQL são embutidos em diferentes linguagens hospedeiras.

Declarando Variáveis e Exceções

Os comandos SQL podem referenciar variáveis definidas no programa hospedeiro. Tais variáveis da linguagem hospedeira devem ser prefixadas por um símbolo de dois-pontos (:) nos comandos SQL e devem ser declaradas entre os comandos EXEC SQL BEGIN DECLARE SEC-TION e EXEC SQL END DECLARE SECTION. As declarações são semelhantes a como elas seriam realizadas em um programa C e, como é usual no C, são separadas por ponto-e-vírgula. Por exemplo, podemos declarar as variáveis *c_nome-marin*, *c_id-marin*, *c_avaliação* e *c_idade* (com a letra c inicial usada como uma convenção de nomeação para enfatizar que estas são variáveis da linguagem hospedeira) como se segue:

```
EXEC SQL BEGIN DECLARE SECTION
char c_nome-marin[20];
long c_id-marin;
short c_avaliação;
float c_idade;
EXEC SQL END DECLARE SECTION
```

A primeira questão que surge é quais tipos SQL correspondem aos vários tipos C, uma vez que acabamos de declarar uma coleção de variáveis C cujos valores pretende-se ler (e possivelmente atribuir) em um ambiente SQL em tempo de execução quando um comando SQL que os referencia for executado. O padrão SQL-92 define tal correspondência entre os tipos de linguagem hospedeira e os tipos SQL para várias linguagens hospedeiras. Em nosso exemplo, *c_ nome-marin* tem o tipo CHARACTER(20) quando referenciado em um comando SQL, *c_ id-marin* tem o tipo INTEGER, *c_ avaliação* tem o tipo SMALLINT, e *c_ idade* tem o tipo REAL.

Precisamos também de algum mecanismo para a SQL reportar o que aconteceu de errado se uma condição de erro surgir ao executar um comando SQL. O padrão SQL-92 reconhece duas variáveis especiais para reportar erros, SQLCODE e SQLSTATE. A SQLCODE é a mais antiga das duas e é definida para retornar algum valor negativo quando ocorrer alguma condição de erro, sem especificar nada além de qual erro é representado por um inteiro negativo particular. A SQLSTATE, introduzida no padrão SQL-92 pela primeira vez, associa valores predefinidos a diversas condições de erro comuns, introduzindo assim alguma uniformidade em como os erros são reportados. Uma dessas duas variáveis *deve* ser declarada. O tipo C adequado para SQLCODE é long e o tipo C adequado para SQLSTATE é char[6], ou seja, uma string de cinco caracteres de comprimento. (Lembre-se do finalizador nulo nas strings C.) Neste capítulo, consideramos que SQLSTATE está declarada.

Embutindo Comandos SQL

Todos os comandos SQL embutidos dentro de um programa hospedeiro devem ser claramente marcados, com os detalhes dependentes na linguagem hospedeira; em C, os comandos SQL devem ser prefixados por EXEC SQL. Um comando SQL pode aparecer essencialmente em qualquer lugar do programa da linguagem hospedeira no qual um comando da linguagem hospedeira possa aparecer.

Como um simples exemplo, o seguinte comando da SQL Embutida insere uma linha, cujos valores de coluna são baseados nos valores das variáveis da linguagem hospedeira contidas nela, dentro da relação Marinheiros:

```
EXEC SQL
INSERT INTO Marinheiros VALUES (:c_ nome-marin, :c_ id-marin, :c_ avaliação, :c_ idade);
```

Observe que um símbolo de ponto-e-vírgula finaliza o comando, conforme a convenção de finalização de comandos em C.

A variável SQLSTATE deve ser consultada para verificar se ocorreram erros e exceções depois de cada comando da SQL Embutida. A SQL provê o comando para simplificar essa tarefa tediosa:

```
EXEC SQL WHENEVER [ SQLERROR | NOT FOUND ] [CONTINUE | GOTO stmt ]
```

A intenção é que o valor de SQLSTATE seja verificado depois de cada comando da SQL Embutida ser executado. Se SQLERROR for especificada e o valor de SQLSTATE indicar uma exceção, o controle é transferido para *stmt*, que é presumivelmente responsável pelo tratamento de erros e exceções. O controle é também transferido para *stmt* se NOT FOUND estiver especificado e o valor de SQLSTATE for 02000, que denota NO DATA (nenhum dado).

6.1.2 Cursores

Um dos problemas principais quando se embutem os comandos SQL em uma linguagem hospedeira como C é que uma *incompatibilidade de impedância* ocorre porque a SQL opera sobre *conjuntos* de registros, enquanto as linguagens como C não suportam de forma nativa uma abstração conjunto-de-registros. A solução é essencialmente fornecer um mecanismo que nos permita obter linhas, uma por vez, de uma relação.

Esse mecanismo é chamado de **cursor**. Podemos declarar um cursor em qualquer relação ou em qualquer consulta SQL (pois toda consulta retorna um conjunto de linhas). Uma vez declarado um cursor, podemos **abri-lo** (o que posiciona o cursor exatamente antes da primeira linha); **obter** (através do comando FETCH) a próxima linha; **mover** o cursor (para a próxima linha, para a linha após as próximas n, para a primeira linha, ou para a linha anterior etc., especificando parâmetros adicionais do comando FETCH); ou **fechar** o cursor. Assim, um cursor essencialmente nos possibilita obter as linhas de uma tabela, posicionando-o em uma linha particular e lendo seu conteúdo.

Definição e Uso Básicos de Cursor

Os cursores nos permitem examinar, no programa de linguagem hospedeira, uma coleção de linhas computadas por um comando da SQL Embutida:

- Normalmente, precisamos abrir um cursor se o comando embutido for um SELECT (isto é, uma consulta). No entanto, podemos evitar abrir um cursor se a resposta contiver uma única linha, como veremos em breve.

- Os comandos INSERT, DELETE e UPDATE tipicamente não requerem cursor, embora algumas variações de DELETE e UPDATE usem um cursor.

Como um exemplo, podemos encontrar o nome e a idade de um marinheiro, especificados pela atribuição de um valor à variável da linguagem hospedeira *c_id-marin*, declarada anteriormente, como se segue:

```
EXEC SQL SELECT  M.nome-marin, M.idade
         INTO    :c_nome-marin, :c_idade
         FROM    Marinheiros M
         WHERE   M.nome-marin = :c_nome-marin;
```

A cláusula INTO nos permite atribuir as colunas da única linha de resposta às variáveis *c_nome-marin* e *c_idade*. Assim, não precisamos de um cursor para embutir essa consulta em um programa da linguagem hospedeira. Mas e a seguinte consulta, que computa os nomes e as idades de todos os marinheiros com uma avaliação maior do que o valor atual da variável *c_minAvaliação* da linguagem hospedeira?

```
SELECT  M.nome-marin, M.idade
FROM    Marinheiros M
WHERE   M.avaliação > :c_minAvaliação
```

Essa consulta retorna uma coleção de linhas, não apenas uma linha. Quando executada interativamente, as respostas são exibidas na tela. Se embutirmos essa consulta em um programa C, prefixando-se os comandos por EXEC SQL, como as respostas poderão ser associadas às variáveis da linguagem hospedeira? A cláusula INTO é inadequada porque devemos lidar com diversas linhas. A solução é usar um cursor:

```
DECLARE   minfo CURSOR FOR
SELECT    M.nome-marin, M.idade
FROM      Marinheiros M
WHERE     M.avaliação > :c_minAvaliação;
```

Esse código pode ser incluído em um programa C, e, uma vez executado, o cursor *minfo* é definido. Subseqüentemente, podemos abrir o cursor:

```
OPEN   minfo;
```

O valor de *c_minAvaliação* na consulta SQL associada ao cursor é o valor dessa variável quando se abre o cursor. (A declaração do cursor é processada em tempo de compilação, e o comando OPEN é executado em tempo de execução.)

Um cursor pode ser considerado como se estivesse 'apontando' para uma linha na coleção de respostas à consulta associada a ele. Quando um cursor é aberto, ele é posicionado exatamente antes da primeira linha. Podemos usar o comando FETCH para ler a primeira linha do cursor *minfo* nas variáveis da linguagem hospedeira:

```
FETCH minfo INTO :c_nome-marin, :c_idade;
```

Quando o comando FETCH é executado, o cursor é posicionado para apontar para a próxima linha (que é a primeira linha na tabela quando FETCH é executado pela primeira vez após abrir o cursor) e os valores de coluna da linha são copiados nas variáveis hospedeiras correspondentes. Executando repetidamente este comando FETCH (digamos, em um laço while do programa C), podemos ler todas as linhas computadas pela consulta, uma linha de cada vez. Parâmetros adicionais do comando FETCH nos permitem posicionar um cursor de maneiras bem flexíveis, mas não discutiremos esses recursos.

Como sabemos quando examinar todas as linhas associadas ao cursor? Examinando as variáveis especiais SQLCODE, ou SQLSTATE, naturalmente. SQLSTATE, por exemplo, será configurado com o valor 02000, que denota NO DATA, para indicar que não há mais linhas se o comando FETCH posicionar o cursor após a última linha.

Quando não precisamos mais usar o cursor, podemos fechá-lo:

```
CLOSE minfo;
```

Ele pode ser aberto novamente, se necessário, e o valor de : *c_minAvaliação* na consulta SQL associada ao cursor seria o valor da variável *c_minAvaliação* nesse momento.

Propriedades dos Cursores

O formato geral da declaração de um cursor é:

```
DECLARE   nomecursor [INSENSITIVE] [SCROLL] CURSOR
          [ WITH HOLD ]
          FOR alguma consulta
          [ ORDER BY lista-itens-ordenação ]
          [ FOR READ ONLY | FOR UPDATE ]
```

Um cursor pode ser declarado como um **cursor somente para leitura** (FOR READ ONLY) ou, se é um cursor em uma relação de base ou em uma visão atualizável, como um **cursor atualizável** (FOR UPDATE). Se ele é atualizável, variações simples dos comandos UPDATE e DELETE nos permitem atualizar ou excluir a linha na qual o cursor está posicionado. Por exemplo, se *minfo* é um cursor atualizável e aberto, podemos executar o seguinte comando:

```
UPDATE   Marinheiros M
SET      M.avaliação = M.avaliação - 1
WHERE    CURRENT of minfo;
```

Esse comando da SQL Embutida modifica o valor *avaliacao* da linha atual apontada pelo cursor *minfo*; de modo semelhante, podemos excluir essa linha executando o próximo comando:

```
DELETE   Marinheiros M
WHERE    CURRENT of minfo;
```

Um cursor é atualizável por padrão, a menos que ele seja um cursor rolável ou insensitivo (veja a seguir), casos em que é somente para leitura por padrão.

Se a palavra reservada SCROLL é especificada, o cursor é **rolável**, o que significa que as variações do comando FETCH podem ser usadas para posicionar o cursor de maneiras bem flexíveis; caso contrário, apenas o comando FETCH básico, que obtém a próxima linha, é permitido.

Se a palavra reservada INSENSITIVE é especificada, o cursor se comporta como se variasse sobre uma cópia particular da coleção de linhas da resposta. Caso contrário, e por padrão, outras ações de alguma transação poderiam modificar essas linhas, produzindo um comportamento imprevisível. Por exemplo, ao obtermos as linhas através do comando FETCH usando o cursor *minfo*, poderíamos modificar os valores de avaliação nas linhas de Marinheiros ao executarmos simultaneamente o comando:

```
UPDATE   Marinheiros M
SET      M.avaliação = M.avaliação - 1
```

Considere uma linha de Marinheiros tal que (1) ela nunca foi obtida por FETCH, e (2) seu valor de *avaliação* original teria satisfeito a condição da cláusula WHERE da consulta associada a *minfo*, mas o novo valor de avaliação não. Será que nós obteríamos via FETCH uma linha de Marinheiros como essa? Se INSENSITIVE for especificada, o comportamento será como se todas as respostas fossem computadas e armazenadas quando *minfo* foi aberto; assim, o comando de atualização não terá efeito nas linhas acessadas por *minfo* se ele for executado após *minfo* ser aberto. Se INSENSITIVE não for especificada, o comportamento é dependente da implementação nesta situação.

Um cursor **holdable (que se pode manter)** é especificado usando a cláusula WITH HOLD, e não é fechado quando a transação é consolidada. A motivação para isso vem de transações extensas nas quais acessamos (e possivelmente alteramos) um grande número de linhas de uma tabela. Se a transação for abortada por qualquer razão, o sistema potencialmente deve refazer muito do trabalho quando a transação é reiniciada. Mesmo se a transação não é abortada, seus bloqueios são mantidos durante bastante tempo, reduzindo a concorrência do sistema. A alternativa é dividir a transação em diversas transações menores, mas lembrar nossa posição na tabela entre uma transação e outra (e outros detalhes semelhantes) é complicado e propenso a erros. Permitir que o programa de aplicativo consolide a transação que ele iniciou — e manter seu cursor na tabela ativa — resolve este problema: o aplicativo pode consolidar sua transação e iniciar uma nova, e assim salvar as alterações realizadas até o momento.

Finalmente, em qual ordem os comandos FETCH obtêm as linhas? Em geral, essa ordem não é especificada, mas a cláusula opcional ORDER BY pode ser usada para especificar uma ordem de classificação. Observe que as colunas mencionadas na cláusula ORDER BY não podem ser atualizadas através do cursor!

A **lista-itens-ordernação** é uma lista de **itens-ordenação**; um **item-ordenação** é um nome de coluna, opcionalmente seguido por uma ou mais palavras reservadas ASC ou DESC. Toda coluna mencionada na cláusula ORDER BY também deve aparecer na **lista-seleção** da consulta associada ao cursor; caso contrário, não fica claro quais colunas devemos ordenar. As palavras reservadas ASC ou DESC que seguem uma coluna controlam se o resultado deve ser ordenado — com relação a essa coluna — em ordem ascendente ou descendente; o padrão é ASC. Essa cláusula é aplicada como a última etapa na avaliação da consulta.

Considere a consulta discutida na Seção 5.5.1, e a resposta ilustrada na Figura 5.13. Suponha que um cursor esteja aberto nesta consulta, com a cláusula:

ORDER BY minIdade ASC, avaliação DESC

A resposta é classificada primeiro em ordem ascendente por *minIdade*, e, se diversas linhas tiverem o mesmo valor de *minIdade*, essas linhas serão classificadas adicionalmente em ordem descendente pela *avaliação*. O cursor acessaria e obteria as linhas na ordem ilustrada na Figura 6.1.

avaliação	*minIdade*
8	25,5
3	25,5
7	35,0

Figura 6.1 Ordem na qual as tuplas são obtidas por FETCH.

6.1.3 SQL Dinâmica

Considere um aplicativo tal como uma planilha ou uma interface gráfica que precisa acessar dados de um SGBD. Tal aplicativo deve aceitar comandos de um usuário e, baseado no que o usuário necessita, gerar comandos SQL adequados para obter os dados necessários. Em tais situações, podemos não ser capazes de prever antecipadamente quais comandos SQL precisam ser executados, mesmo que haja (presumivelmente) algum algoritmo com o qual o aplicativo possa construir os comandos SQL, uma vez que o comando do usuário seja emitido.

A SQL fornece alguns recursos para tratar essas situações; esses recursos são referenciados como **SQL Dinâmica**. Ilustramos os dois comandos principais, PREPARE e EXECUTE, através de um exemplo simples:

char c_sqlstring[] = { "DELETE FROM Marinheiros WHERE avaliação > 5" };
EXEC SQL PREPARE prontoparaexecutar FROM :c_sqlstring;
EXEC SQL EXECUTE prontoparaexecutar;

O primeiro comando declara a variável C *c_sqlstring* e inicializa seu valor como a representação string de um comando SQL. O segundo comando resulta nessa string analisada sintaticamente e compilada como um comando SQL, com o executável resultante associado à variável SQL *prontoparaexecutar*. (Como *prontoparaexecutar* é uma variável SQL, assim como ocorre com um nome de cursor, ela não é prefixada por um símbolo de dois-pontos.) A terceira instrução executa o comando.

Várias situações requerem o uso da SQL Dinâmica. No entanto, observe que a preparação de um comando da SQL Dinâmica ocorre em tempo de execução e é uma sobrecarga de tempo de execução. Os comandos interativos e da SQL Embutida podem ser preparados uma vez em tempo de compilação e depois reexecutados sempre que desejado. Conseqüentemente, você deve limitar o uso de SQL Dinâmica a situações nas quais é essencial.

Há muito mais coisas a conhecer sobre a SQL Dinâmica — como podemos passar parâmetros do programa de linguagem hospedeira para o comando SQL em preparação, por exemplo —, mas não trataremos além do exposto aqui.

6.2 UMA INTRODUÇÃO AO JDBC

A SQL Embutida permite a integração da SQL com uma linguagem de programação de propósito geral. Conforme descrito na Seção 6.1.1, um pré-processador específico do SGBD transforma os comandos da SQL Embutida em chamadas de funções na linguagem hospedeira. Os detalhes dessa tradução variam com os SGBDs, e assim, mesmo que o código fonte possa ser compilado para funcionar com SGBDs diferentes, o executável final funciona apenas com um SGBD específico.

ODBC e **JDBC** — abreviações para Open DataBase Connectivity (Conectividade Aberta a Banco de Dados) e Java DataBase Connectivity (Conectividade Java a Banco de Dados) — também permitem a integração da SQL com uma linguagem de programação de propósito geral. Ambos, ODBC e JDBC, expõem os recursos de banco de dados de uma forma padronizada ao programador de aplicativo através de uma **interface de programação de aplicativo (API — application programming interface)**. Em contraste à SQL Embutida, o ODBC e o JDBC possibilitam que um único executável acesse diferentes SGBDs *sem recompilação*. Assim, enquanto a SQL Embutida é independente do SGBD somente no nível do código, os aplicativos usando ODBC ou JDBC são independentes do SGBD no nível do código-fonte e no nível do executável. Além disso, usando o ODBC e o JDBC, um aplicativo pode acessar não apenas um SGBD, mas diversos SGBDs simultaneamente.

O ODBC e o JDBC adquirem portabilidade no nível do executável pela introdução de um nível extra de vias indiretas. Toda interação direta com um SGBD específico acontece através de um **driver** específico do SGBD. Um driver é um programa de software que traduz as chamadas ODBC ou JDBC em chamadas específicas do SGBD. Os drivers são carregados dinamicamente sob demanda, uma vez que os SGBDs que os aplicativos acessarão são conhecidos apenas em tempo de execução. Os drivers disponíveis são registrados através de um **gerenciador de drivers**.

Um ponto interessante a se observar é que um driver não necessariamente precisa interagir com um SGBD que entende SQL. É suficiente que o driver traduza os comandos SQL do aplicativo em comandos equivalentes que o SGBD entenda. Assim, no restante desta seção, vamos nos referir a um subsistema de armazenamento de dados com o qual um driver interage como uma **fonte de dados**.

Um aplicativo que interage com uma fonte de dados através de ODBC ou JDBC seleciona uma fonte de dados, carrega dinamicamente o driver correspondente e estabelece uma conexão com a fonte de dados. Não há limites para o número de conexões abertas, e um aplicativo pode ter diversas conexões abertas para diferentes fontes de dados. Cada conexão tem semântica de transação; ou seja, as alterações de uma conexão são visíveis a outras conexões apenas após a conexão ter consolidado suas alterações. Enquanto uma conexão estiver aberta, as transações são executadas submetendo comandos SQL, obtendo resultados, processando erros e, finalmente, consolidando ou abortando. O aplicativo se desconecta da fonte de dados para terminar a interação.

Desenvolvimento de Aplicativo de Banco de Dados 163

No restante deste capítulo, vamos nos concentrar no JDBC.

> **Drivers JDBC:** A fonte mais atualizada de drivers JDBC é a página da Sun JDBC Driver em http://industry.java.sun.com/products/jdbc/drivers
> Os drivers JDBC encontram-se disponíveis para todos os principais sistemas de banco de dados.

6.2.1 Arquitetura

A arquitetura do JDBC possui quatro componentes principais: o *aplicativo*, o *gerenciador de drivers*, *drivers* específicos para diversas fontes de dados, e as *fontes de dados* correspondentes.

O *aplicativo* inicia e termina a conexão com uma fonte de dados. Ele configura os limites da transação, submete os comandos SQL e obtém os resultados — tudo através de uma interface bem definida conforme especificada pela API do JDBC. O principal objetivo do *gerenciador de drivers* é carregar os drivers JDBC e passar as chamadas de funções JDBC do aplicativo para o driver correto. O gerenciador de drivers também trata as chamadas de inicialização e informação JDBC e as chamadas de informação dos aplicativos, e pode registrar todas as chamadas das funções. Além disso, o gerenciador de drivers executa uma verificação de erro bem rudimentar. O *driver* estabelece a conexão com a fonte de dados. Além de submeter solicitações e de retornar os resultados às solicitações, o driver traduz dados, formatos e códigos de erros de um formato que é específico à fonte de dados para o padrão JDBC. A *fonte de dados* processa os comandos do driver e retorna os resultados.

Dependendo da localização relativa da fonte de dados e do aplicativo, diversos cenários arquiteturais são possíveis. Os drivers em JDBC são classificados em quatro tipos, dependendo do relacionamento arquitetural entre o aplicativo e a fonte de dados:

- **Tipo I — Pontes:** Este tipo de driver traduz as chamadas de função JDBC em chamadas de funções de outra API que não é nativa do SGBD. Um exemplo é uma ponte JDBC-ODBC; um aplicativo pode usar chamadas JDBC para acessar uma fonte de dados compatível com ODBC. O aplicativo carrega apenas um driver, a ponte. As pontes têm a vantagem da facilidade de aproveitar os recursos do aplicativo em uma instalação existente, e de nenhum driver novo precisar ser instalado. Mas o uso de pontes tem diversas desvantagens. O número aumentado de camadas entre a fonte de dados e o aplicativo afeta o desempenho. Além disso, o usuário é limitado à funcionalidade que o driver ODBC suporta.

- **Tipo II — Tradução Direta à API Nativa via Driver não Java:** Este tipo de driver traduz as chamadas de função JDBC diretamente em chamadas de métodos da API de uma fonte de dados específica. O driver é normalmente escrito usando uma combinação de C++ e Java; ele é ligado dinamicamente e específico da fonte de dados. Essa arquitetura tem um desempenho significativamente melhor do que uma ponte JDBC-ODBC. Uma desvantagem é a de que o driver do banco de dados que implementa a API necessita ser instalado em cada computador que executa o aplicativo.

- **Tipo III — Pontes de Rede:** O driver "fala" através de uma rede com um servidor intermediário que traduz as solicitações JDBC em chamadas de métodos específicos do SGBD. Neste caso, o driver do lado do cliente (isto é, a ponte de rede) não é específico do SGBD. O driver JDBC carregado pelo aplicativo pode ser bem pequeno, já que a única funcionalidade que ele precisa implementar é o envio de comandos SQL ao servidor intermediário. Este, por sua vez, pode usar um driver JDBC tipo II para conectar-se à fonte de dados.

- **Tipo IV — Tradução Direta à API Nativa via Driver Java:** Em vez de chamar diretamente a API do SGBD, o driver comunica-se com o SGBD através de sockets Java. Neste caso, o driver do lado do cliente é escrito em Java, mas é específico para o SGBD. Ele traduz as chamadas JDBC em API nativa do sistema de banco de dados. Esta solução não requer uma camada intermediária, e como a implementação é toda feita em Java, seu desempenho é normalmente muito bom.

6.3 CLASSES E INTERFACES JDBC

O JDBC é uma coleção de classes e interfaces Java que possibilita o acesso a banco de dados por meio de programas escritos em linguagem Java. Ele contém métodos para conectar a uma fonte de dados remota, executar comandos SQL, examinar conjuntos de resultados dos comandos SQL, gerenciar transações e tratar exceções. As classes e interfaces são parte do pacote `java.sql`. Assim, todos os trechos de código no restante desta seção devem incluir o comando `import java.sql.*` no início do código; omitiremos esse comando no restante desta seção. O JDBC 2.0 também inclui o pacote `javax.sql`, o **Pacote Opcional Java**. O pacote `javax.sql` acrescenta, entre outras coisas, o recurso de pool de conexões (gerenciamento de um conjunto de conexões estabelecidas) e a interface `RowSet`. Discutiremos pool de conexões na Seção 6.3.2, e a interface `ResultSet`, na Seção 6.3.4.

Ilustraremos agora as etapas individuais exigidas para submeter uma consulta de banco de dados a uma fonte de dados e para obter os resultados.

6.3.1 Gerenciamento de Driver JDBC

Em JDBC, os drivers de fonte de dados são gerenciados pela classe `Drivermanager`, que mantém uma lista de todos os drivers carregados num determinado momento. A classe `DriverManager` tem os métodos `registerDriver`, `deregisterDriver` e `getDrivers` para possibilitar a adição e exclusão dinâmicas de drivers.

A primeira etapa na conexão a uma fonte de dados é carregar o driver JDBC correspondente. Isso é realizado usando-se o mecanismo Java para carregar classes dinamicamente. O método estático `forName` da classe `Class` retorna a classe Java conforme especificado na string de argumento e executa seu construtor `static`. O construtor estático da classe carregada dinamicamente carrega uma instância da classe `Driver`, e esse objeto `Driver` se auto-registra na classe `DriverManager`.

O seguinte código de exemplo Java carrega explicitamente um driver JDBC:

```
Class.forName(''oracle/jdbc.driver.OracleDriver'');
```

Há duas outras maneiras de registrar um driver. Podemos incluir o driver com `-Djdbc.drivers=oracle/jdbc.driver` na linha de comando quando iniciamos o aplicativo Java. Como alternativa, podemos instanciar explicitamente um driver, mas esse método é usado apenas raramente, uma vez que o nome do driver deve ser especificado no código do aplicativo, e assim o aplicativo torna-se sensitivo a alterações no nível do driver.

Após registrarmos o driver, conectamo-nos à fonte de dados.

6.3.2 Conexões

Uma sessão com uma fonte de dados é iniciada através da criação de um objeto Connection. Uma conexão identifica uma sessão lógica com uma fonte de dados; múltiplas conexões dentro do mesmo programa Java podem referenciar diferentes fontes de dados ou a mesma fonte de dados. As conexões são especificadas através de uma **URL JDBC**, uma URL que usa o protocolo jdbc. Tal URL tem o formato:

```
jdbc:<subprotocolo>:<outrosParametros>
```

O exemplo de código ilustrado na Figura 6.2 estabelece uma conexão com um banco de dados Oracle considerando que as strings userId e password estejam configuradas com valores válidos.

```
String url = "jdbc:oracle:www.bookstore.com:3083"
Connection connection;
try {
        Connection connection =
            DriverManager.getConnection(url,usedId,password);
}
catch (SQLException excpt) {
    System.out.println(excpt.getMessage());
    return;
}
```

Figura 6.2 Estabelecendo uma conexão com JDBC.

Conexões JDBC: Lembre-se de fechar as conexões com as fontes de dados e de retornar as conexões compartilhadas ao pool de conexões. Os sistemas de banco de dados têm um número limitado de recursos disponíveis para conexões, e conexões órfãs podem normalmente ser detectadas apenas através do esgotamento de um tempo limite — e, enquanto o sistema de banco de dados está esperando a conexão ter esse tempo limite esgotado, os recursos usados pela conexão órfã são desperdiçados.

Em JDBC, as conexões podem ter diferentes propriedades. Por exemplo, uma conexão pode especificar a granularidade das transações. Se autocommit é configurado para uma conexão, então cada comando SQL é considerado sua própria transação. Se autocommit está desabilitado, então uma série de comandos que compõem uma transação pode ser consolidada usando o método commit() da classe Connection, ou abortada usando o método rollback(). A classe Connection tem métodos para configurar o modo autocommit (Connection.setAutoCommit) e para obter o modo autocommit atual (getAutoCommit). Os seguintes métodos são parte da interface Connection e possibilitam configurar e obter outras propriedades:

- public int getTransactionIsolation() throws SQLException e public void setTransactionIsolation(int l) throws SQLException.

    Estas duas funções obtêm e configuram o nível atual de isolamento das transações tratadas na conexão atual. Todos os cinco níveis de isolamento da SQL (veja a Seção 16.6 para uma discussão completa) são possíveis, e o argumento l pode ser configurado como se segue:

— TRANSACTION_NONE

— TRANSACTION_READ_UNCOMMITTED

— TRANSACTION_READ_COMMITTED

— TRANSACTION_REPEATABLE_READ

— TRANSACTION_SERIALIZABLE

- `public boolean getReadOnly() throws SQLException` e `public void setReadOnly (Boolean readOnly) throws SQLException`.

  Estas duas funções permitem que o usuário especifique se as transações executadas através desta conexão são somente para leitura.

- `public boolean isClosed() throws SQLException`.

  Verifica se a conexão atual já foi fechada.

- `setAutoCommit` e `getAutoCommit`.

  Já discutimos estas duas funções.

Estabelecer uma conexão com uma fonte de dados é uma operação dispendiosa, pois envolve diversas etapas, tais como estabelecimento de uma conexão de rede com a fonte de dados, autenticação e alocação de recursos, como memória. Caso um aplicativo estabeleça várias conexões distintas com diferentes partes interessadas (tal como um servidor Web), as conexões são normalmente reunidas em um **pool** para evitar essa sobrecarga. Um **pool de conexões** é um conjunto de conexões estabelecidas com uma fonte de dados. Sempre que uma nova conexão é necessária, uma das conexões do pool é utilizada em vez de ser criada uma nova conexão à fonte de dados.

O pool de conexões pode ser tratado por código especializado no aplicativo ou pelo pacote opcional `javax.sql`, que provê funcionalidade para manipulação de pool de conexões e nos permite configurar diferentes parâmetros, como a capacidade do pool, e taxas de redução e crescimento. A maioria dos aplicativos servidores (veja a Seção 7.7.2) implementa o pacote `javax.sql` ou uma variação proprietária.

6.3.3 Executando Comandos SQL

Discutiremos agora como criar e executar comandos SQL usando JDBC. Nos exemplos de código JDBC desta seção, consideramos que temos um objeto `Connection` chamado con. O JDBC suporta três maneiras diferentes de executar comandos: `Statement`, `PreparedStatement` e `CallableStatement`. A classe `Statement` é a classe básica para as outras duas classes de comando. Ela nos permite consultar a fonte de dados com qualquer consulta SQL estática ou gerada dinamicamente. Trataremos a classe `PreparedStatement` aqui e a classe `CallableStatement`, na Seção 6.5, quando discutiremos procedimentos armazenados.

A classe `PreparedStatement` gera dinamicamente comandos SQL pré-compilados que podem ser usados diversas vezes; esses comandos SQL podem ter parâmetros, mas sua estrutura é fixada quando o objeto `PreparedStatement` (representando o comando SQL) é criado.

Considere o código de exemplo usando um objeto `PreparedStatement` ilustrado na Figura 6.3. A consulta SQL especifica a string de consulta, mas usa '?' para os valores dos parâmetros, que são configurados posteriormente usando métodos `setString`, `setFloat` e `setInt`. Os símbolos '?' podem ser usados em qualquer lugar de um comando SQL em que eles possam ser substituídos por um valor. Os exemplos de lugares nos quais eles podem aparecer incluem a cláusula WHERE (por exemplo, `'WHERE autor=?'`), ou nos comandos SQL UPDATE e INSERT, como na Figura 6.3.

O método `setString` é uma maneira de configurar um valor de parâmetro; métodos análogos encontram-se disponíveis para `int`, `float` e `date`. É um bom estilo de programação sempre usar `clearParameters()` antes de configurar os valores de parâmetros para remover qualquer dado antigo.

```
// quantidade inicial é sempre zero
String sql="INSERT INTO Livros VALUES(?,?,?,?,0,?)";
PreparedStatement pstmt=con.prepareStatement(sql);

// agora instancia os parâmetros com valores
// assume que isbn, título, etc, são variáveis Java que
// contêm os valores sendo inseridos
pstmt.clearParameters();
pstmt.setString(1, isbn);
pstmt.setString(2, título);
pstmt.setString(3, autor);
pstmt.setFloat(5, preço );
pstmt.setInt(6, ano);

int numLinhas = pstmt.executeUpdate();
```

Figura 6.3 Atualização SQL usando um objeto `PreparedStatement`.

Há diferentes maneiras de submeter a string de consulta à fonte de dados. No exemplo, utilizamos o comando `executeUpdate`, que é usado se sabemos que o comando SQL não retorna nenhum registro (comandos SQL UPDATE, INSERT, ALTER e DELETE). O método `executeUpdate` retorna um inteiro indicando o número de linhas que o comando SQL modificou; ele retorna 0 para execução bem-sucedida sem modificação de linhas.

O método `executeQuery` é usado se o comando SQL retorna dados, como em uma consulta SELECT normal. O JDBC tem seu próprio mecanismo de cursor no formato de um objeto `ResultSet`, que discutimos em seguida. O método `execute` é mais geral do que `executeQuery` e `executeUpdate`; as referências no final do capítulo provêm recomendações com mais detalhes.

6.3.4 ResultSets

Conforme discutido na seção anterior, o comando `executeQuery` retorna um objeto `ResultSet`, que é semelhante a um cursor. Os cursores `ResultSet` no JDBC 2.0 são muito poderosos; eles possibilitam a rolagem para a frente e para trás, e edição e inserções nos próprios lugares.

Em seu formato mais básico, o objeto `ResultSet` nos permite ler uma linha da saída da consulta de uma vez. Inicialmente, o `ResultSet` é posicionado antes da primeira linha, e temos que obter a primeira linha com uma chamada explícita ao método `next()`. Esse método retorna `falso` se não houver mais linhas na resposta da consulta, e `verdadeiro` caso contrário. O trecho de código ilustrado na Figura 6.4 exemplifica o uso básico de um objeto `ResultSet`.

```
ResultSet rs=stmt.executeQuery(sqlQuery);
// rs é agora um cursor
// a primeira chamada a rs.next() move para o primeiro registro
// rs.next() move para a próxima linha
```

```
String sqlQuery;
ResultSet rs=stmt.executeQuery(sqlQuery)
while (rs.next()) {
    // processa os dados
}
```

Figura 6.4 Usando um objeto `ResultSet`.

Embora `next()` nos permita obter a próxima linha lógica na resposta da consulta, podemos mover o cursor na resposta da consulta de outras maneiras também:

- `previous()` move para uma linha anterior.
- `absolute(int num)` move para a linha com o número especificado.
- `relative(int num)` move para a frente ou para trás (se num for negativo), relativo à posição atual. `relative(-1)` tem o mesmo efeito que `previous`.
- `first()` move para a primeira linha, e `last()` move para a última linha.

Correspondência entre os Tipos de Dado SQL e Java

Considerando a interação de um aplicativo com uma fonte de dados, os problemas que encontramos no contexto de SQL Embutida (por exemplo, passagem de informações entre o aplicativo e a fonte de dados através de variáveis compartilhadas) surgem novamente. Para tratar desses problemas, o JDBC fornece tipos de dados especiais e especifica seus relacionamentos para corresponder aos tipos de dado SQL. A Figura 6.5 ilustra os **métodos para acesso** em um objeto `ResultSet` para os tipos de dado SQL mais comuns. Com esses métodos, podemos obter valores da linha atual do resultado da consulta referenciada pelo objeto `ResultSet`. Há duas formas para cada método para acesso: um método obtém valores pelo índice da coluna, iniciando em um, e o outro obtém os valores pelo nome da coluna. O seguinte exemplo ilustra como acessar os campos da linha atual de `ResultSet` usando esses métodos.

Tipo SQL	Classe Java	Método get do ResultSet
BIT	Boolean	getBoolean()
CHAR	String	getString()
VARCHAR	String	getString()
DOUBLE	Double	getDouble()
FLOAT	Double	getDouble()
INTEGER	Integer	getInt()
REAL	Float	getFloat()
DATE	java.sql.Date	getDate()
TIME	java.sql.Time	getTime()
TIMESTAMP	java.sql.TimeStamp	getTimestamp()

Figura 6.5 Lendo tipos de dado SQL de um objeto ResultSet.

```
ResultSet rs=stmt.executeQuery(sqlQuery);
String sqlQuery;
ResultSet rs=stmt.executeQuery(sqlQuery)
while (rs.next()) {
```

```
        isbn = rs.getString(1);
        título = rs.getString("TÍTULO");
        // processa isbn e título
}
```

6.3.5 Exceções e Avisos

Similar à variável SQLSTATE, a maioria dos métodos em java.sql pode lançar uma exceção do tipo SQLException se um erro ocorrer. A informação inclui SQLState, uma string que descreve o erro (por exemplo, se o comando continha um erro de sintaxe SQL). Além do método padrão getMesssage() herdado de Throwable, SQLException tem dois métodos que fornecem informações adicionais, e um método para obter (ou encadear) exceções adicionais:

- public String getSQLState() retorna um identificador SQLState baseado na especificação SQL:1999, conforme discutido na Seção 6.1.1.
- public int getErrorCode() obtém um código de erro específico do fabricante.
- public SQLException getNextException() obtém a próxima exceção da cadeia de exceções associadas ao objeto SQLException atual.

SQLWarning é uma subclasse de SQLException. Os avisos não são tão severos quanto os erros, e o programa pode ser executado normalmente sem nenhum tratamento especial dos avisos. Os avisos não são lançados como as demais exceções, e eles não podem ser capturados como parte do bloco try-catch de um comando java.sql. Precisamos testar especificamente se existem avisos. Os objetos Connection, Statement e ResultSet, todos têm um método getWarnings() com o qual podemos obter os avisos SQL, caso existam. Obtenção duplicada de avisos pode ser evitada através de clearWarnings(). Os objetos Statement limpam os avisos automaticamente na execução do próximo comando; os objetos ResultSet limpam os avisos toda vez que uma nova tupla é acessada.

O código típico para obter SQLWarnings assemelha-se ao código ilustrado na Figura 6.6.

```
        try {
            stmt=con.createStatement();
            warning=con.getWarnings();
            while(warning != null) {
                // trata SQLWarnings                    //código para processar aviso
                warning = warning.getNextWarning();     //obtém próximo aviso
            }
            con.clearWarnings();
            stmt.executeUpdate( queryString );
            warning = stmt.getWarnings();
            while( warning != null) {
                // trata SQLWarnings                    //código para processar aviso
                warning = warning.getNextWarning();     //obtém próximo aviso
            }
        } //fim do try
        catch( SQLException SQLe) {
            // código para tratar exceção
        } //fim do catch
```

Figura 6.6 Processando avisos e exceções JDBC.

6.3.6 Examinando Metadados de Banco de Dados

Podemos usar o objeto DatabaseMetaData para obter informações sobre o sistema de banco de dados propriamente dito, assim como informações do catálogo do banco de dados. Por exemplo, o seguinte trecho de código ilustra como obter o nome e a versão do driver JDBC:

```
DatabaseMetaData md = con.getMetaData();

System.out.println("Informações do Driver:");

System.out.println("Nome:" + md.getDriverName()
        + "; versão: " + md.getDriverVersion());
```

O objeto DatabaseMetaData tem muito mais métodos (no JDBC 2.0, exatamente 134); listamos alguns métodos aqui:

- public ResultSet getCatalogs() throws SQLException. Esta função retorna um ResultSet que pode ser usado para iterar sobre todas as relações do catálogo.

  As funções getIndexInfo() e getTables() funcionam analogamente.

- public int getMaxConnections() throws SQLException. Esta função retorna o número máximo de conexões possíveis.

Concluiremos nossa discussão sobre JDBC com um trecho de código de exemplo, ilustrado na Figura 6.7, que examina todos os metadados do banco de dados.

```
DatabaseMetaData dmd=con.getMetaData();
ResultSet tablesRS = dmd.getTables(null,null,null,null);
string tableName;

while(tablesRS.next()) {
    tableName = tablesRS.getString(" TABLE_NAME");
    // exibe os atributos desta tabela
        System.out.println(" Os atributos da tabela "
                + tableName + "são:");
    ResultSet columnsRS = dmd.getColumns(null,null,tableName, null);
    while (columnsRS.next()) {
        System.out.print(columnsRS.getString("NOME_COLUNA")
                + " ");
    }
    // exibe as chaves primárias desta tabela
    System.out.println("As chaves da tabela " + tableName + "são:");
    ResultSet keysRS = dmd.getPrimaryKeys(null,null,tableName);
    while (keysRS.next()) {
        System.out.print(keysRS.getString("NOME_COLUNA") + " ");
    }
}
```

Figura 6.7 Obtendo informações sobre uma fonte de dados.

6.4 SQLJ

A SQLJ (abreviação para 'SQL-Java') foi desenvolvida pelo SQLJ Group, um grupo de fabricantes de banco de dados e da Sun. A SQLJ foi desenvolvida para complementar a maneira dinâmica de criação de consultas em JDBC com um modelo estático. Ela é, portanto, muito próxima à SQL Embutida. Diferentemente do JDBC, ter consultas SQL semi-estáticas permite que o compilador execute verificações de sintaxe SQL, rigorosas checagens de tipo da compatibilidade das variáveis da linguagem hospedeira com os respectivos atributos SQL, e verificações de consistência da consulta com o esquema de banco de dados — tabelas, atributos, visões e procedimentos armazenados —, tudo em tempo de compilação. Por exemplo, em ambas SQLJ e SQL Embutida, as variáveis da linguagem hospedeira são sempre associadas estaticamente aos mesmos argumentos, enquanto, no JDBC, precisamos de comandos separados para associar cada variável a um argumento e obter o resultado. Por exemplo, o seguinte comando SQLJ associa as variáveis da linguagem hospedeira titulo, preço e autor aos valores de retorno do cursor livros.

```
#sql livros = {
    SELECT título, preço INTO :título, :preço
    FROM Livros WHERE autor = :autor
};
```

Em JDBC, podemos decidir dinamicamente quais variáveis de linguagem hospedeira armazenarão o resultado da consulta. No seguinte exemplo, lemos o título do livro na variável ftitulo, se o livro foi escrito por Feynman, e na variável otitulo, caso contrário:

```
// assuma que temos um cursor ResultSet rs
autor = rs.getString(3);
if (autor == "Feynman") {
    ftítulo = rs.getString(2);
}
else {
    otítulo = rs.getString(2);
}
```

Ao escrever aplicativos SQLJ, basta escrever código Java normal e embutir os comandos SQL de acordo com um conjunto de regras. Os aplicativos SQLJ são pré-processados através de um programa de tradução SQLJ que substitui o código SQLJ embutido com chamadas para uma biblioteca Java SQLJ. O código do programa modificado pode então ser compilado por qualquer compilador Java. Normalmente, a biblioteca Java SQLJ faz chamadas a um driver JDBC, que trata a conexão com o sistema de banco de dados.

Existe uma diferença filosófica importante entre a SQLEmbutida e a SQLJ e o JDBC. Como os fabricantes fornecem suas próprias versões proprietárias de SQL, é aconselhável escrever as consultas SQL de acordo com o padrão SQL-92 ou SQL:1999. No entanto, ao usar SQL Embutida, é tentador usar os construtores da SQL específicos do fabricante que oferecem funcionalidade além dos padrões SQL-92 e SQL:1999. A SQLJ e o JDBC forçam a aderência aos padrões, e o código resultante é muito mais portável através dos diferentes sistemas de banco de dados.

No restante desta seção, apresentaremos uma breve introdução à SQLJ.

6.4.1 Escrevendo Código SQLJ

Introduziremos a SQLJ por meio de exemplos. Vamos iniciar com um trecho de código SQLJ que seleciona registros da tabela Livros que correspondem a um dado autor.

```
String título; Float preço; String autor;
#sql iterator Livros (String título, Float preço);
Livros livros;

// o aplicativo configura o autor
// executa a consulta e abre o cursor
#sql livros = {
    SELECT título, preço INTO :título, :preço
    FROM Livros WHERE autor = :autor
};
// obtém resultados
while (livros.next()) {
    System.out.println(livros.título() + "," + livros.preço());
}
livros.close();
```

O trecho de código JDBC correspondente assemelha-se ao seguinte (considerando que nós também declaramos preço, nome e autor):

```
PreparedStatement stmt = connection.prepareStatement(
    "SELECT título, preço FROM Livros WHERE autor = ?");
// configura o parâmetro na consulta e a executa
stmt.setString(1, autor);
ResultSet rs = stmt.executeQuery();

// obtém os resultados
while (rs.next()) {
    System.out.println(rs.getString(1) + "," + rs.getFloat(2));
}
```

Comparando os códigos JDBC e SQLJ, vemos que o código SQLJ é muito mais fácil de ler do que o código JDBC. Assim, a SQLJ reduz os custos de desenvolvimento de software e de manutenção.

Vamos considerar os componentes individuais do código SQLJ com mais detalhes. Todos os comandos SQLJ têm o prefixo especial `#sql`. Na SQLJ, obtemos os resultados das consultas SQL com os objetos **iterator**, que são basicamente cursores. Um iterator é uma instância de uma classe iterator. O uso de um iterator na SQLJ constitui-se de cinco etapas:

- **Declarar a Classe Iterator:** No código precedente, isto foi realizado através do comando

  `#sql iterator Livros (String título, Float preço);`

  Esse comando cria uma classe Java que podemos usar para instanciar objetos.

- **Instanciar um Objeto Iterator da Nova Classe Iterator:** Instanciamos nosso iterator no comando `Livros livros;`

- **Inicializar o Iterator Usando um Comando SQL:** Em nosso exemplo, isto é realizado através do comando `#sql livros = ...`

- **Ler as Linhas do Objeto Iterator, iterativamente:** Esta etapa é muito semelhante à leitura de linhas através de um objeto `ResultSet` no JDBC.
- **Fechar o Objeto Iterator.**

Há dois tipos de classes iterator: iterators nomeados e iterators posicionais. Para os **iterators nomeados**, especificamos ambos: o tipo de variável e o nome de cada coluna do iterator. Isso nos permite obter colunas individuais pelo nome como em nosso exemplo anterior, em que pudemos obter a coluna título da tabela Livros usando a expressão `livros.título()`. Para os **iterators posicionais**, precisamos especificar apenas o tipo da variável de cada coluna do iterator. Para acessarmos as colunas individuais do iterator, usamos uma construção FETCH ... INTO, semelhante à SQL Embutida. Ambos os tipos de iterator têm o mesmo desempenho; qual iterator usar depende do gosto do programador.

Vamos retomar nosso exemplo. Podemos converter o iterator em um iterator posicional através do seguinte comando:

```
#sql iterator Livros (String, Float);
```

Depois, obtemos as linhas individuais do iterator como se segue:

```
while (true) {
    #sql { FETCH :livros INTO :titulo, :preço, };
    if (livros.endFetch()) {
        break;
    }
    // processa o livro
}
```

6.5 PROCEDIMENTOS ARMAZENADOS (STORED PROCEDURES)

Normalmente, é importante executar algumas partes da lógica do aplicativo diretamente no espaço de processo do sistema de banco de dados. Executar a lógica do aplicativo diretamente no banco de dados tem a vantagem de que a quantidade de dados transferida entre o servidor de banco de dados e o cliente emitindo o comando SQL pode ser minimizada, e, simultaneamente, utilizando o poder total do servidor de banco de dados.

Quando os comandos SQL são emitidos de um aplicativo remoto, os registros do resultado da consulta precisam ser transferidos de volta do sistema de banco de dados para o aplicativo. Se usarmos um cursor para acessar remotamente os resultados de um comando SQL, o SGBD terá recursos, como bloqueios e memória, retidos enquanto o aplicativo estiver processando os registros obtidos através do cursor. Em contraste, um **procedimento armazenado** é um programa executado através de um único comando SQL, que pode ser executado localmente e completado dentro do espaço de processamento do servidor de banco de dados. Os resultados podem ser empacotados em um grande resultado e retornados ao aplicativo, ou a lógica do aplicativo pode ser executada diretamente no servidor, sem ter que transmitir os resultados ao cliente.

Os procedimentos armazenados também são benéficos por razões de engenharia de software. Uma vez que um procedimento armazenado é registrado no servidor de banco de dados, usuários diferentes podem reutilizar o procedimento armazenado, eliminando duplicação de esforços em escrever consultas SQL ou lógica de aplicativo, e facilitando a manutenção do código. Além disso, os programadores de aplicativo não precisarão conhecer o esquema de banco de dados se encapsularmos todos os acessos ao banco de dados em procedimentos armazenados.

Embora sejam chamados de *procedimentos* armazenados, eles não precisam ser procedimentos no sentido de linguagem de programação; eles podem ser funções.

6.5.1 Criando um Procedimento Armazenado Simples

Vamos examinar o exemplo de procedimento armazenado escrito em SQL ilustrado na Figura 6.8. Vemos que os procedimentos armazenados devem ter um nome; este tem o nome 'ExibeNúmeroDePedidos'. Caso contrário, ele apenas contém um comando SQL que é pré-compilado e armazenado no servidor.

```
CREATE   PROCEDURE  ExibeNúmeroDePedidos
   SELECT  C.id-cliente, C.nome-cliente, COUNT (*)
           FROM          Clientes C, Pedidos P
           WHERE         C.id-cliente = P.id-cliente
           GROUP BY      C.id-cliente, C.nome-cliente
```

Figura 6.8 Um procedimento armazenado em SQL.

Os procedimentos armazenados também podem ter parâmetros. Esses parâmetros devem ser tipos SQL válidos, e têm um de três **modos** diferentes: IN, OUT ou INOUT. Os parâmetros IN são argumentos do procedimento armazenado. Os parâmetros OUT são retornados do procedimento armazenado; ele atribui valores a todos os parâmetros OUT que o usuário pode processar. Os parâmetros INOUT combinam as propriedades dos parâmetros IN e OUT: Eles contêm valores a serem passados aos procedimentos armazenados, e o procedimento armazenado pode configurar seus valores como valores de retorno. Os procedimentos armazenados forçam a conformidade rigorosa de tipos: Se um parâmetro é do tipo INTEGER, ele não pode ser chamado com um argumento do tipo VARCHAR.

Vamos examinar um exemplo de procedimento armazenado com argumentos. O procedimento armazenado ilustrado na Figura 6.9 tem dois argumentos: livro_isbn e qtidadeAcresc. Ele atualiza o número disponível de cópias de um livro com a quantidade de uma nova remessa.

```
CREATE   PROCEDURE  AcrescInventário (
                IN livro_isbn CHAR(10),
                IN qtidadeAcresc INTEGER)
UPDATE Livros
     SET       qtidade_em_estoque = qtidade_em_estoque + qtidadeAcresc
     WHERE     livro_isbn = isbn
```

Figura 6.9 Um procedimento armazenado com argumentos.

Os procedimentos armazenados não precisam ser escritos em SQL; eles podem ser escritos em qualquer linguagem hospedeira. Como um exemplo, o procedimento armazenado ilustrado na Figura 6.10 é uma função Java executada dinamicamente pelo servidor de banco de dados sempre que ele é chamado pelo cliente.

6.5.2 Chamando Procedimentos Armazenados

Os procedimentos armazenados podem ser chamados em SQL interativo com o comando CALL:

```
CREATE PROCEDURE ListaClientes(IN número INTEGER)
LANGUAGE Java
EXTERNAL NAME 'file:///c:/storedProcedures/rank.jar'
```

Figura 6.10 Um procedimento armazenado em Java.

CALL nomeProcedimentoArmazenado(argumento1, argumento2, ... , argumentoN);

Na SQL Embutida, os argumentos de um procedimento armazenado são normalmente variáveis da linguagem hospedeira. Por exemplo, o procedimento armazenado AcrescInventário seria chamado assim:

```
EXEC SQL BEGIN DECLARE SECTION
char isbn[10];
long qtidade;
EXEC SQL END DECLARE SECTION
// configura isbn e qtidade com alguns valores
EXEC SQL CALL AcrescInventário(:isbn,:qtidade);
```

Chamando Procedimentos Armazenados por Meio do JDBC

Podemos chamar procedimentos armazenados por meio do JDBC usando a classe `CallableStatement`, que é uma subclasse de `PreparedStatement` e fornece a mesma funcionalidade. Um procedimento armazenado poderia conter múltiplos comandos SQL ou uma série de comandos SQL — assim, o resultado poderia ser vários objetos `ResultSet` diferentes. Ilustraremos o caso quando o resultado do procedimento armazenado for um único `ResultSet`.

```
CallableStatement cstmt =
        con.prepareCall("{call ExibeNúmeroDePedidos}");
ResultSet rs = cstmt.executeQuery()
while (rs.next())
    ...
```

Chamando Procedimentos Armazenados por Meio da SQLJ

O procedimento armazenado 'ExibeNúmeroDePedidos' é chamado usando a SQLJ da seguinte forma:

```
// cria a classe cursor
#sql Iterator InfoCliente(int id-cliente, String nome-cliente, int count);

// cria o cursor
InfoCliente infocliente;

// chama o procedimento armazenado
#sql infocliente = {CALL ExibeNúmeroDePedidos};
while (infocliente.next()) {
    System.out.println(infocliente.id-cliente() + "," +
            infocliente.count());
}
```

6.5.3 SQL/PSM

Todos os sistemas de banco de dados principais fornecem maneiras para os usuários escreverem procedimentos armazenados em uma linguagem simples, de propósito geral, intimamente alinhada com a SQL. Nesta seção, discutiremos sucintamente o padrão SQL/PSM, representativo da maioria das linguagens específicas de fabricantes. No PSM, definimos **módulos**, que são coleções de procedimentos armazenados, relações temporárias e outras declarações.

No SQL/PSM, declaramos um procedimento armazenado da seguinte maneira:

```
CREATE PROCEDURE nome (parâmetro1, ... , parâmetroN)
    declarações de variáveis locais
    código do procedimento;
```

Podemos declarar uma função de modo semelhante, como se segue:

```
CREATE FUNCTION nome (parâmetro1, ... , parâmetroN)
        RETURNS tipoDadoSQL
    declarações de variáveis locais
    código da função;
```

Cada parâmetro é uma tripla consistindo no modo (IN, OUT ou INOUT, conforme discutido na seção anterior), o nome do parâmetro e o tipo de dado SQL do parâmetro. Pudemos ver procedimentos SQL/PSM muito simples na Seção 6.5.1. Nesse caso, as declarações de variáveis locais eram vazias, e o código do procedimento consistia em uma consulta SQL.

Iniciamos com um exemplo de uma função SQL/PSM que ilustra as construções SQL/PSM principais. A função recebe como entrada um cliente identificado pelo seu *id-cliente* e um ano. A função retorna a avaliação do cliente, que é definida da seguinte maneira: os clientes que compraram mais do que 10 livros durante o ano são avaliados com 'dois'; os clientes que adquiriram entre 5 e 10 livros são avaliados com 'um', caso contrário, o cliente é avaliado com 'zero'. O seguinte código SQL/PSM computa a avaliação para determinado cliente e ano.

```
CREATE PROCEDURE AvaliaCliente
            (IN clienId INTEGER, IN ano INTEGER)
        RETURNS INTEGER
DECLARE avaliação INTEGER;
DECLARE num_pedidos INTEGER;
SET num_pedidos =
    (SELECT COUNT(*) FROM Pedidos P WHERE P.id-cliente = clienId);
IF (num_pedidos>10) THEN avaliação=2;
ELSEIF (num_pedidos>5) THEN avaliação=1;
ELSE avaliação=0;
END IF;
RETURN avaliação;
```

Vamos usar esse exemplo para fornecer uma breve visão geral de algumas construções do SQL/PSM:

- Podemos declarar variáveis locais usando o comando DECLARE. Em nosso exemplo, declaramos duas variáveis locais: 'avaliacao' e 'num_pedidos'.

Desenvolvimento de Aplicativo de Banco de Dados 177

- As funções SQL/PSM retornam valores via comando RETURN. Em nosso exemplo, retornamos o valor da variável local 'avaliação'.
- Podemos atribuir valores às variáveis com comando SET. Em nosso exemplo, atribuímos o valor de retorno de uma consulta à variável 'num_pedidos'.
- O SQL/PSM tem estruturas condicionais e laços (*loops*). As estruturas condicionais têm o seguinte formato:

```
IF (condição) THEN comandos;
ELSEIF comandos;
...
ELSEIF comandos;
ELSE comandos; END IF
```

Os laços são da forma

```
LOOP
        comandos;
END LOOP
```

- As consultas podem ser usadas como parte de expressões em estruturas condicionais; as consultas que retornam um único valor podem ser atribuídas a variáveis, como em nosso exemplo anterior.
- Podemos usar os mesmos comandos de cursores que na SQL Embutida (OPEN, FETCH, CLOSE), mas não precisamos das construções EXEC SQL, e as variáveis não precisam ser prefixadas por um símbolo de dois-pontos ':'.

Apresentamos apenas uma visão geral bem sucinta do SQL/PSM; as referências no final do capítulo fornecem mais informações.

6.6 ESTUDO DE CASO: A LIVRARIA PELA INTERNET

A DBDudes finalizou o projeto lógico de banco de dados, conforme discutido na Seção 3.8, e agora considera as consultas que eles deverão suportar. Eles esperam que a lógica do aplicativo seja implementada em Java, e então eles consideram o JDBC e a SQLJ como possíveis candidatos para realizar a interface do sistema de banco de dados com o código do aplicativo.

Lembre-se de que a DBDudes estabeleceu o seguinte esquema:

Livros(*isbn:* CHAR(10), *título:* CHAR(8), *autor:* CHAR(80),
    qtidade_em_estoque: INTEGER, *preço:* REAL, *ano_publicação:* INTEGER)
Clientes(*id-cliente*: INTEGER, *nome-cliente:* CHAR(80), *endereço:* CHAR(200))
Pedidos(*num_pedido:* INTEGER, *isbn:* CHAR(10), *id-cliente:* INTEGER,
    num_cartão: CHAR(16), *qtidade:* INTEGER, *data_pedido:* DATE, *data_remessa:* DATE)

Agora, a DBDudes considera os tipos de consultas e atualizações que surgirão. Primeiro, eles criam uma lista das tarefas que serão realizadas no aplicativo. As tarefas executadas pelos clientes incluem o seguinte:

- Os clientes procuram livros pelo nome do autor, título ou ISBN.
- Os clientes se registram no website. Os clientes registrados podem desejar alterar suas informações de contato. A DBDudes percebe que eles devem aumentar a tabe-

la Clientes com informações adicionais para capturar a informação de login e senha de cada cliente; não mais discutimos este aspecto.

- Os clientes conferem a cesta de compras e somam o total para completar uma venda.
- Os clientes acrescentam e excluem livros da 'cesta de compras' no website.
- Os clientes verificam o status de pedidos existentes e examinam os pedidos antigos.

As tarefas administrativas realizadas pelos funcionários da B&N são listadas a seguir:

- Os funcionários examinam as informações de contato dos clientes.
- Os funcionários acrescentam novos livros ao inventário.
- Os funcionários preenchem pedidos, e precisam atualizar a data de remessa dos livros individuais.
- Os funcionários analisam os dados para encontrar os clientes lucrativos e os clientes mais prováveis para responderem a campanhas especiais de marketing.

Em seguida, a DBDudes considera os tipos de consultas que surgirão dessas tarefas. Para suportar a busca de livros por nome, autor, título ou ISBN, a DBDudes decide escrever um procedimento armazenado como se segue:

```
CREATE PROCEDURE BuscaPorISBN (IN livro_isbn CHAR(10))
    SELECT   L.título, L.autor, L.qtidade_em_estoque, L.preço, B.ano_publicação
    FROM     Livros L
    WHERE    L.isbn = livro_isbn
```

Posicionar um pedido envolve a inserção de um ou mais registros na tabela Pedidos. Como a DBDudes ainda não escolheu a tecnologia baseada em Java para programar a lógica do aplicativo, eles considerem por enquanto que os livros individuais no pedido são armazenados na camada do aplicativo em um vetor Java. Para finalizarem o pedido, escrevem o seguinte código JDBC ilustrado na Figura 6.11, que insere os elementos do vetor na tabela Pedidos. Observe que este trecho de código supõe que diversas variáveis Java foram configuradas antecipadamente.

```java
String sql="INSERT INTO Pedidos VALUES(?, ?, ?, ?, ?, ?)";
PreparedStatement pstmt=con.prepareStatement(sql);
con.setAutoCommit(false);

try {
    // listaPedido é um vetor de objetos Pedidos
    // num_pedido é o número de pedido atual
    // id-cliente é o ID do cliente, num_cartão é o número do cartão de crédito
    for (int i=0; i < listaPedido.length(); i++)
        // instancia agora os parâmetros com valores
        Pedidos pedidoAtual = listaPedido[i];
        pstmt.clearParameters();
        pstmt.setInt(1, num_pedido);
        pstmt.setString(2, Pedidos.getIsbn());
        pstmt.setInt(3, id-cliente);
        pstmt.setString(4, num_cartãoCrédito);
        pstmt.setInt(5, Pedidos.getQtidade());
        pstmt.setDate(6, null);
```

```
            pstmt.executeUpdate();
        }
        con.commit();
    catch (SQLException e) {
        con.rollback();
        System.out.println(e.getMessage());
}
```

Figura 6.11 Inserindo um pedido completo no banco de dados.

A DBDudes escreve outros códigos JDBC e procedimentos armazenados para todas as demais tarefas. Eles usam código similar a alguns dos trechos que vimos neste capítulo.

- Estabelecimento de conexão com um banco de dados, conforme ilustrado na Figura 6.2.
- Adição de novos livros ao inventário, conforme ilustrado na Figura 6.3.
- Processamento de resultados das consultas SQL, conforme ilustrado na Figura 6.4.
- Para cada cliente, exibição de quantos pedidos ele ou ela fez. Mostramos um procedimento armazenado simples para esta consulta na Figura 6.8.
- Aumento do número disponível de cópias de um livro acrescentando ao inventário, conforme ilustrado na Figura 6.9.
- Avaliação de clientes de acordo com suas compras, conforme ilustrado na Figura 6.10.

A DBDudes é cuidadosa em fazer o aplicativo robusto processando exceções e avisos, conforme ilustrado na Figura 6.6.

A DBDudes também decide escrever um gatilho, que é ilustrado na Figura 6.12. Sempre que um novo pedido é inserido na tabela Pedidos, ele é inserido com a data_remessa configurada com NULL. O gatilho processa cada linha do pedido e chama o procedimento armazenado 'AtualizaDataRemessa'. Esse procedimento armazenado (cujo código não é ilustrado aqui) atualiza a data_remessa (antecipada) do novo pedido para 'amanhã', caso qtidade_em_estoque do livro correspondente na tabela Livros seja maior do que zero. Caso contrário, o procedimento armazenado configura a data_remessa para duas semanas.

```
CREATE TRIGGER atualiza_DataRemessa
       AFTER INSERT ON Pedidos                          /* Evento */
   FOR EACH ROW
   BEGIN CALL AtualizaDataRemessa(new); END             /* Ação */
```

Figura 6.12 Gatilho para atualizar a data de remessa de novos pedidos.

6.7 QUESTÕES DE REVISÃO

As respostas às questões de revisão podem ser encontradas nas seções listadas.

- Por que não é um procedimento direto integrar consultas SQL a uma linguagem de programação hospedeira? **(Seção 6.1.1)**
- Como declaramos variáveis na SQL Embutida? **(Seção 6.1.1)**
- Como usamos os comandos SQL dentro de uma linguagem hospedeira? Como verificamos os erros da execução do comando? **(Seção 6.1.1)**

- Explique a incompatibilidade de impedância entre as linguagens hospedeiras e a SQL, e descreva como os cursores solucionam isso. **(Seção 6.1.2)**
- Quais propriedades podem ter os cursores? **(Seção 6.1.2)**
- O que é SQL Dinâmica e como ela difere da SQL Embutida? **(Seção 6.1.3)**
- O que é JDBC e quais são suas vantagens? **(Seção 6.2)**
- Quais são os componentes da arquitetura JDBC? Descreva quatro alternativas arquiteturais diferentes dos drivers JDBC. **(Seção 6.2.1)**
- Como carregamos drivers JDBC no código Java? **(Seção 6.3.1)**
- Como gerenciamos as conexões com as fontes de dado? Quais propriedades podem ter as conexões? **(Seção 6.3.2)**
- Quais alternativas o JDBC fornece para executar os comandos SQL DML e DDL? **(Seção 6.3.3)**
- Como tratamos as exceções e os avisos no JDBC? **(Seção 6.3.5)**
- Qual funcionalidade provê a classe `DatabaseMetaData`? **(Seção 6.3.6)**
- O que é SQLJ e como ela difere do JDBC? **(Seção 6.4)**
- Por que os procedimentos armazenados são importantes? Como declaramos os procedimentos armazenados e como eles são chamados do código do aplicativo? **(Seção 6.5)**

EXERCÍCIOS

Exercício 6.1 Responda sucintamente às seguintes questões.

1. Explique os seguintes termos: Cursor, SQL Embutida, JDBC, SQLJ, procedimento armazenado.
2. Quais são as diferenças entre JDBC e SQLJ? Por que ambos existem?
3. Explique o termo *procedimento armazenado*, e dê exemplos de por que os procedimentos armazenados são úteis.

Exercício 6.2 Explique como as seguintes etapas são executadas em JDBC:

1. Conectar a uma fonte de dados.
2. Iniciar, consolidar e abortar transações.
3. Chamar um procedimento armazenado.

Como essas etapas são executadas em SQLJ?

Exercício 6.3 Compare o tratamento de exceções e o tratamento de avisos na SQL Embutida, SQL Dinâmica, JDBC e SQLJ.

Exercício 6.4 Responda às seguintes questões:

1. Por que precisamos de um pré-compilador para traduzir a SQL Embutida e a SQLJ? Por que não precisamos de um pré-compilador para o JDBC?
2. A SQLJ e a SQL Embutida usam variáveis da linguagem hospedeira para passar parâmetros às consultas SQL, enquanto o JDBC usa um '?' como símbolo de espaço reservado. Explique a diferença, e por que os diferentes mecanismos são necessários.

Exercício 6.5 Um website dinâmico gera páginas HTML por meio das informações armazenadas em um banco de dados. Sempre que uma página é solicitada, ela é montada dinamicamente por meio de dados estáticos e dados de um banco de dados, resultando em um acesso a banco de dados. Conectar ao banco de dados normalmente é um processo que consome tempo, uma vez que os recursos precisam ser alocados, e o usuário precisa ser autenticado. Portanto, o **pool de conexões** — configurar um pool de conexões de banco de dados persistentes e depois reusá-las para diferentes solicitações — pode melhorar significativamente o desempenho dos websites apoiados em banco de dados. Como os servlets podem manter as informações além de simples solicitações, podemos criar um pool de conexões, e alocar recursos dele para novas solicitações.

Escreva uma classe de pool de conexões que forneça os seguintes métodos:

- Criar o pool com um número especificado de conexões abertas ao sistema de banco de dados.
- Obter uma conexão aberta do pool.
- Liberar uma conexão para o pool.
- Destruir o pool e fechar todas as conexões.

EXERCÍCIOS BASEADOS EM PROJETO

Nos exercícios seguintes, você criará aplicativos apoiados em banco de dados. Neste capítulo, você criará as partes do aplicativo que acessam o banco de dados. No próximo, você estenderá este código a outros aspectos do aplicativo. Informações detalhadas sobre estes exercícios e material para mais exercícios, em inglês, podem ser encontrados on-line em

```
http://www.cs.wisc.edu/~dbbook
```

Exercício 6.6 Reveja o banco de dados da Notown Records que você trabalhou no Exercício 2.5 e no Exercício 3.15. Você agora foi designado para projetar um website para a Notown. Ele deve fornecer a seguinte funcionalidade:

- Os usuários podem procurar registros pelo nome do músico, título do álbum e nome da canção.
- Os usuários podem se registrar no site, e os usuários registrados podem iniciar uma sessão com o site. Uma vez estabelecida a sessão, os usuários não precisam iniciar novamente a sessão a menos que eles estejam inativos por um longo período.
- Os usuários que estabeleceram uma sessão com o site podem acrescentar itens ao cesto de compras.
- Os usuários com itens em seu cesto de compras podem conferir os itens, totalizar a soma e fazer uma aquisição.

A Notown deseja usar JDBC para acessar o banco de dados. Escreva código JDBC que executa o acesso e manipulação de dados necessários. Você integrará este código com a lógica do aplicativo e com a apresentação no próximo capítulo.

Se a Notown tivesse escolhido a SQLJ em vez de JDBC, como seu código seria alterado?

Exercício 6.7 Reveja o esquema de banco de dados para a Prescriptions-R-X que você criou no Exercício 2.7. A cadeia de farmácias Prescriptions-R-X encarregou você agora para projetar seu novo website, que terá duas classes diferentes de usuários: médicos e pacientes. Os médicos devem ser capazes de inserir novas prescrições para seus pacientes e modificar as prescrições existentes. Os pacientes devem ser capazes de se autodeclarar pacientes de um médico; eles devem ser capazes de verificar o status de suas prescrições on-line; e devem ser capazes de adquirir as prescrições on-line de forma que os medicamentos possam ser enviados para o seu endereço residencial.

Siga as etapas análogas do Exercício 6.6 para escrever código JDBC que realiza o acesso e manipulação de dados necessários. Você integrará este código com a lógica do aplicativo e com a apresentação no próximo capítulo.

Exercício 6.8 Reveja o esquema de banco de dados de universidade que você trabalhou no Exercício 5.1. A universidade decidiu mudar a matrícula para um sistema on-line. O website tem duas classes diferentes de usuários: professores e alunos. Os professores devem ser capazes de criar novos cursos e excluir cursos existentes, e os estudantes devem ser capazes de se matricular nos cursos existentes.

Siga as etapas análogas do Exercício 6.6 para escrever código JDBC que realiza o acesso e manipulação de dados necessários. Você integrará este código com a lógica do aplicativo e com a apresentação no próximo capítulo.

Exercício 6.9 Reveja o esquema de reserva de passagens aéreas que você trabalhou no Exercício 5.3. Projete um sistema de reserva de passagens aéreas on-line. O sistema de reservas terá dois tipos de usuários: funcionários da empresa aérea e passageiros. Os funcionários da empresa aérea podem agendar novos vôos e cancelar vôos existentes. Os passageiros podem reservar vôos existentes para um destino determinado.

Siga as etapas análogas do Exercício 6.6 para escrever código JDBC que realiza o acesso e manipulação de dados necessários. Você integrará este código com a lógica do aplicativo e com a apresentação no próximo capítulo.

NOTAS BIBLIOGRÁFICAS

Informações sobre ODBC podem ser encontradas na página web da Microsoft (www.microsoft.com/data/odbc), e informações sobre JDBC podem ser encontradas na página web Java (java.sun.com/products/jdbc). Existem vários livros sobre ODBC, por exemplo, o *ODBC Developer's Guide de Sanders* [652] e o *Microsoft ODBC SDK* [533]. Livros sobre JDBC incluem os trabalhos de Hamilton et al. [359], Reese [621], e While et al. [773].

7
APLICATIVOS INTERNET

- Como nomeamos os recursos na Internet?
- Como se comunicam os navegadores e servidores Web?
- Como apresentamos os documentos na Internet? Como diferenciar entre formatação e conteúdo?
- O que é arquitetura de aplicativo em três camadas? Como escrevemos aplicativos em três camadas?
- Por que temos servidores de aplicativos?
- Conceitos principais: Identificadores Uniformes de Recurso (Uniform Resource Identifiers, URI), Localizadores Uniformes de Recurso (Uniform Resource Locators, URL); Protocolo de Transferência de Hipertexto Hypertext Transfer Protocol, HTTP), protocolo sem estado; Java; HTML; XML, XML DTD; arquitetura em três camadas, arquitetura cliente-servidor; formulários HTML; JavaScript; folhas de estilo em cascata, XSL; servidor de aplicação; Common Gateway Interface (CGI); servlet; JavaServer Page (JSP); cookie.

Uau! Eles agora têm a Internet em computadores!

— Homer Simpson, Os Simpsons

7.1 INTRODUÇÃO

A proliferação de redes de computadores, incluindo a Internet e as "intranets" corporativas, possibilitou aos usuários acessar um grande número de fontes de dados. É bem provável que o maior acesso a bancos de dados cause um grande impacto prático; os dados e serviços podem agora ser oferecidos diretamente aos clientes de maneiras impraticáveis até recentemente. Exemplos de tais aplicativos de comércio eletrônico incluem adquirir livros através de um varejista na Web como a Amazon.com, inscrever-se em leilões on-line em um site como o eBay, e trocar propostas e especificações de produtos entre empresas. O surgimento de padrões como XML para descrever o conteúdo de documentos provavelmente vai acelerar ainda mais o comércio eletrônico e outros aplicativos on-line.

Enquanto a primeira geração de sites na Internet eram coleções de arquivos HTML, hoje a maioria dos principais sites armazena uma grande parte (se não tudo) dos dados em sistemas de banco de dados. Eles se baseiam em SGBDs para fornecer respostas rápidas e confiáveis às solicitações dos usuários recebidas pela Internet. Isso é especialmente verdadeiro em sites de comércio eletrônico e outros aplicativos de negócio.

Neste capítulo, apresentamos uma visão geral dos conceitos centrais no desenvolvimento de aplicativos Internet. Iniciamos com uma visão geral básica de como a Internet funciona na Seção 7.2. Introduzimos HTML e XML, dois formatos de dados usados para apresentar dados na Internet, nas Seções 7.3 e 7.4. Na Seção 7.5, introduzimos as arquiteturas de três camadas, uma maneira de estruturar os aplicativos Internet em diferentes camadas que encapsulam diferentes funcionalidades. Nas Seções 7.6 e 7.7, descrevemos detalhadamente a camada de apresentação e a camada intermediária; o SGBD é a terceira camada. Concluímos o Capítulo discutindo nosso estudo de caso B&N na Seção 7.8.

Os exemplos que aparecem neste capítulo encontram-se on-line em

```
http://www.cs.wisc.edu/~dbbook
```

7.2 CONCEITOS DA INTERNET

A Internet emergiu como um conector universal entre os sistemas de software distribuídos globalmente. Para entendermos como funciona, iniciamos discutindo dois aspectos básicos: como os sites são identificados e como os programas em um site se comunicam com os outros sites.

Introduzimos primeiro os Identificadores Uniformes de Recurso (Uniform Resource Identifiers, URL), um esquema de nomeação para localizar recursos na Internet, na Seção 7.2.1. Depois, falamos sobre o protocolo mais popular para acessar recursos na Web, o Protocolo de Transferência de Hipertexto (Hypertext Transfer Protocol, HTTP) na Seção 7.2.2.

7.2.1 Identificadores Uniformes de Recurso

Os Identificadores Uniformes de Recurso (URIs) são cadeias de caracteres que identificam univocamente recursos na Internet. Um recurso é qualquer tipo de informação que pode ser identificada por um URI, e os exemplos incluem páginas da Web, imagens, arquivos a ser transferidos, serviços chamados remotamente, caixas de mensagens e assim por diante. O tipo mais comum de recurso é um arquivo estático (como um documento HTML), mas um recurso também pode ser um arquivo HTML gerado dinamicamente, um filme, a saída de um programa etc.

Um URI tem três partes:

- O (nome do) protocolo usado para acessar o recurso.
- O computador hospedeiro onde o recurso está localizado.
- O caminho do recurso propriamente dito no computador hospedeiro.

Aplicativos Distribuídos e Arquiteturas Orientadas a Serviço:
o advento do XML, devido a sua natureza fracamente acoplada, tornou possível a troca de informações entre aplicativos em uma extensão nunca vista anteriormente. Utilizando o XML para a troca de informações, os aplicativos podem ser escritos em linguagens de programação diferentes, ser executados em sistemas operacionais diferentes, e ainda podem compartilhar informações uns com os outros. Há também padrões para descrever externamente o conteúdo pretendido de um arquivo ou mensagem XML, sendo o mais notável o padrão recentemente adotado W3C XML Schemas.

Um conceito promissor que surgiu da revolução XML é a noção de um **serviço Web**, que consiste em um aplicativo que fornece um serviço predefinido, empacotado como um conjunto de procedimentos que podem ser chamados remotamente, e acessíveis pela Internet. Os serviços Web têm o potencial de possibilitar a criação de novos aplicativos poderosos por meio da composição de serviços Web existentes — todos se comunicando perfeitamente graças ao uso da troca de informações padronizada e baseada em XML. Diversas tecnologias têm sido desenvolvidas ou estão atualmente em desenvolvimento, facilitando o projeto e a implementação de aplicativos distribuídos. O **SOAP** é um padrão W3C para chamada de serviços remotos baseada em XML (considere um RPC XML), que permite que aplicativos distribuídos se comuniquem de maneira síncrona ou assíncrona, através de mensagens XML estruturadas e tipadas. As chamadas SOAP podem ser realizadas sobre uma variedade de camadas de transporte subjacentes, incluindo o HTTP (parte do qual está fazendo o SOAP tão bem-sucedido) e diversas camadas de mensagem confiáveis. Relacionado ao padrão SOAP estão a Linguagem de **Descrição de Serviços Web (Web Services Description Language, WSDL)** para descrever as interfaces de serviço Web, e a o **Padrão Descrição, Descoberto e Integrado Universal (Universal Description, Discovery and Integration, UDDI)**, um padrão de registro de serviços Web baseado no WSDL (semelhante às páginas amarelas para serviços Web).

Os serviços Web baseados em SOAP constituem o fundamento do framework recém-lançado **.NET** da Microsoft, da sua infra-estrutura de desenvolvimento de aplicativo e do sistema run-time associado para desenvolvimento de aplicativos distribuídos, bem como dos serviços Web oferecidos pelos principais fabricantes de software como a IBM, a BEA e outros. Vários fabricantes grandes de aplicativos de software (principais empresas como PeopleSoft e SAP) anunciaram planos de fornecer interfaces de serviços Web para os seus produtos e os dados que eles gerenciam, e muitos esperam que o XML e os serviços Web fornecerão finalmente a resposta ao problema de longa duração da integração de aplicativo corporativo. Os serviços Web também estão sendo considerados um alicerce natural para a próxima geração de sistemas de gerenciamento de processo de negócio (ou de fluxo de trabalho).

Considere o URI http://www.bookstore.com/index.html. Ele pode ser interpretado da seguinte maneira: use o protocolo HTTP (explicado na próxima seção) para recuperar o documento index.html localizado no computador www.bookstore.com. Esse URI de exemplo é uma instância de um **Localizador Universal de Recurso** (Universal Resource Locator, URL), um subconjunto do esquema de nomeação mais genérico URI; a distinção não é importante para os nossos propósitos. Como um outro exemplo, o seguinte fragmento HTML ilustra um URI que é um endereço de correio eletrônico:

```
<a href="mailto:webmaster@bookstore.com">Entre em contato com o administrador web.</A>
```

7.2.2 O Protocolo de Transferência de Hipertexto (HTTP)

O protocolo de comunicação é um conjunto de padrões que define a estrutura de mensagens entre duas partes que se comunicam, de forma que possam entender as mensagens uma da outra. O Protocolo de Transferência de Hipertexto (Hypertex Transfer Protocol, HTTP) é o protocolo de comunicação mais comum usado na Internet. Ele do tipo cliente-servidor no qual um cliente (normalmente um navegador Web) envia uma solicitação a um servidor HTTP, que, por sua vez, envia uma resposta de volta ao cliente. Quando um usuário solicita uma página Web (por exemplo, clica em um hyperlink), o navegador envia mensagens de requisição HTTP por objetos da página ao servidor. O servidor recebe as requisições e responde com mensagens de resposta HTTP, que incluem os objetos. É importante reconhecer que o HTTP é usado para transmitir todos os tipos de recursos, não apenas arquivos; a maioria dos recursos na Internet atualmente são arquivos estáticos ou arquivos gerados por scripts do servidor.

Uma variação do protocolo HTTP chamada protocolo **Camada de Sockets Segura (Secure Sockets Layer, SSL)** usa a criptografia para trocar informações de maneira segura entre o cliente e o servidor. Postergamos a discussão sobre SSL para a Seção 21.5.2 e apresentamos o protocolo HTTP básico neste capítulo.

Como um exemplo, considere o que acontece se um usuário clicar no seguinte link: `http://www.bookstore.com/index.html`. Primeiro, explicamos a estrutura de uma mensagem de solicitação HTTP e depois a estrutura de uma mensagem de resposta HTTP.

Requisições HTTP

O cliente (navegador Web) estabelece uma conexão com o servidor Web que hospeda o recurso e envia uma mensagem de requisição HTTP. O seguinte exemplo ilustra uma mensagem de requisição HTTP:

```
GET index.html HTTP/1.1
User-agent: Mozilla/4.0
Accept: text/html, image/gif, image/jpeg
```

A estrutura geral de uma requisição HTTP consiste em diversas linhas de texto ASCII, com uma linha vazia no final. A primeira linha, a **linha de requisição**, tem três campos: **o campo do método HTTP**, o **campo URI**, e o **campo da versão do HTTP**. O campo do método pode assumir os valores **GET** e **POST**; no exemplo, a mensagem requisita o objeto `index.html`. (Discutimos as diferenças entre HTTP GET e HTTP POST com mais detalhes na Seção 7.6.1.) O campo de versão indica qual versão do HTTP está sendo usada pelo cliente e pode ser utilizado para futuras extensões do protocolo. O **user-agent** indica o tipo do cliente (por exemplo, versões do Netscape ou do Internet Explorer); não discutimos esta opção além disso. A terceira linha, que se inicia com `Accept`, indica quais tipos de arquivos o cliente deseja aceitar. Por exemplo, se a página `index.html` contém um arquivo de vídeo com a extensão `.mpg`, o servidor não enviará este arquivo, uma vez que o cliente não está pronto para aceitá-lo.

Respostas HTTP

O servidor responde com uma mensagem de **resposta HTTP**. Ele obtém a página index.html, usa-a para formar a mensagem de resposta HTTP, e envia a mensagem ao cliente. Um exemplo de resposta HTTP assemelha-se a:

```
HTTP/1.1 200 OK
Date: Mon, 04 Mar 2002 12:00:00 GMT
Content-Length: 1024
Content-Type: text/html
Last-Modified: Mon, 22 Jun 1998 09:23:24 GMT
<HTML>
<HEAD>
</HEAD>
<BODY>
<H1>Livraria Virtual Barns and Nobble</H1>
Nosso catálogo:
<H3>Ciência</H3>
<B>The Character of Physical Law</B>
...
```

A mensagem de resposta HTTP tem três partes: uma linha de estado, várias linhas de cabeçalho e o corpo da mensagem (que contém o objeto real requisitado pelo cliente). A **linha de estado** tem três campos (análogo à linha de requisição da mensagem de requisição HTTP): a versão HTTP (HTTP/1.1), um código de estado (200), e uma mensagem do servidor associado (OK). Os códigos de estado comuns e mensagens associadas são:

- 200 OK: A requisição foi bem-sucedida e o objeto está contido no corpo da mensagem de resposta;
- 400 Bad Request: Um código de erro genérico indicando que a requisição não pode ser atendida pelo servidor.
- 404 Not Found: O objeto requisitado não existe no servidor.
- 505 HTTP Version Not Supported: A versão do protocolo HTTP que o cliente utiliza não é suportada pelo servidor. (Lembre-se de que a versão do protocolo HTTP é enviada na requisição do cliente.)

Nosso exemplo tem três **linhas de cabeçalho**: a linha de cabeçalho de data indica a data e o horário em que a resposta HTTP foi criada (observe que esse não é o horário de criação do objeto). A linha de cabeçalho Last-Modified indica quando o objeto foi criado. A linha de cabeçalho Content-Length indica o número de bytes do objeto sendo enviado após a última linha de cabeçalho. A linha de cabeçalho Content-Type indica que o objeto no corpo da entidade é um texto HTML.

O cliente (navegador Web) recebe a mensagem de resposta, extrai o arquivo HTML, analisa-o sintaticamente e o exibe. Fazendo isso, ele pode encontrar URIs adicionais no arquivo e usar o protocolo HTTP para obter cada um dos recursos, estabelecendo uma nova conexão a cada vez.

Um aspecto importante é o fato de o HTTP ser um **protocolo sem estado**. Toda mensagem — do cliente ao servidor HTTP e vice-versa — é autocontida, e a conexão estabelecida por uma requisição é mantida apenas até que a mensagem de resposta seja enviada. O protocolo não fornece nenhum mecanismo para 'lembrar' automaticamente as interações prévias entre o cliente e o servidor.

A natureza sem estado do protocolo HTTP tem um grande impacto em como os aplicativos Internet são escritos. Considere um usuário que interage com nosso exemplo de aplicativo de livraria. Suponha que a livraria permita que os usuários estabeleçam uma sessão com o site e, então, realizem diversas ações, como encomendar livros ou alterar seus endereços, sem ter de se identificar e estabelecer novamente a sessão (até que ela expire ou que o usuário encerre-a). Como manter o controle se o usuário tem a sessão estabelecida ou não? Uma vez que o HTTP é sem estado, não podemos alternar para um estado diferente (digamos, o estado 'sessão estabelecida') no nível do protocolo. Em vez disso, para cada requisição que o usuário (mais precisamente, seu navegador Web) envia ao servidor, devemos incluir qualquer informação de estado necessária para o aplicativo, tal como o estado de sessão do usuário. Como alternativa, o código do aplicativo no lado do servidor deve manter a informação de estado e considerá-la a cada requisição. Esse aspecto é explorado com mais detalhes na Seção 7.7.5.

Observe que o aspecto sem estado do HTTP é uma contrapartida entre a facilidade de implementação do protocolo HTTP e a facilidade do desenvolvimento do aplicativo. Os projetistas do HTTP escolheram manter o protocolo propriamente dito simples, e transferiram qualquer funcionalidade além da requisição de objetos para as camadas de aplicativo acima do protocolo HTTP.

7.3 DOCUMENTOS HTML

Nesta seção e na próxima, concentramo-nos na introdução de HTML e de XML. Na Seção 7.6, consideramos como os aplicativos podem usar HTML e XML para criar formulários que capturam a entrada do usuário, comunicam com um servidor HTTP e convertem os resultados produzidos pela camada de gerenciamento de dados em um destes formatos.

HTML é uma linguagem simples usada para descrever um documento. Também é chamada de **linguagem de marcação** porque trabalha acrescentando ao texto normal 'marcas' que contêm um significado especial para um navegador Web. Os comandos da linguagem, chamados **tags**, consistem (normalmente) de uma **tag inicial** e uma **tag final** da forma <TAG> e </TAG>, respectivamente. Por exemplo, considere o fragmento HTML ilustrado na Figura 7.1. Ele descreve uma página Web que exibe uma lista de livros. O documento está entre as tags <HTML> e </HTML>, marcando-o como um documento HTML. O restante do documento — contido entre <BODY> ... </BODY> — contém informações sobre três livros. Os dados sobre cada livro são representados como uma lista não ordenada (*unordered list*, UL), cujas entradas são marcadas com a tag LI. HTML define o conjunto de tags válidas, assim como o seu significado. Por exemplo, HTML especifica que a tag <TITLE> é uma tag válida que denota o título do documento. Como um outro exemplo, a tag <UL> sempre denota uma lista não ordenada.

Áudio, vídeo e até mesmo programas (escritos em Java, uma linguagem altamente portável) podem ser incluídos nos documentos HTML. Quando um usuário obtém tal documento usandoutilizando um navegador adequado, as imagens do documento são exibidas, os clipes de áudio e vídeo são reproduzidos e os programas embutidos são executados na máquina do usuário; o resultado é uma apresentação multimídia rica. A facilidade com a qual os documentos HTML podem ser criados — há agora editores visuais que geram automaticamente HTML — e acessados usando navegadores Internet estimulou o crescimento explosivo da Web.

```
<HTML>
<HEAD>
```

```
        </HEAD>
        <BODY>
        <H1> Livraria Virtual Barns and Nobble</H1>
        Nosso catálogo:
        <H3> Ciência</H3>
            <B> The Character of Physical Law</B>
            <UL>
                <LI> Autor: Richard Feynman</LI>
                <LI> Publicado em 1980</LI>
                <LI> Capa Dura</LI>
            </UL>
        <H3> Ficção</H3>
            <B> Waiting for the Mahatma</B>
            <UL>
                <LI> Autor: R.K. Narayan</LI>
                <LI> Publicado em 1981</LI>
            </UL>
            <B> The English Teacher</B>
            <UL>
                <LI> Autor: R.K. Narayan</LI>
                <LI> Publicado em 1980</LI>
                <LI> Brochura</LI>
        </UL>
        </BODY>
        </HTML>
```

Figura 7.1 Listagem de livros em HTML.

7.4 DOCUMENTOS XML

Nesta seção, apresentamos XML como um formato de documento e consideramos como os aplicativos podem utilizar XML. Gerenciar documentos XML em um SGBD apresenta diversos desafios novos; discutiremos esse aspecto de XML no Capítulo 27.

Embora a HTML possa ser usada para marcar documentos para propósitos de exibição, ela não é adequada para descrever a estrutura do conteúdo para aplicativos mais genéricos. Por exemplo, podemos enviar o documento HTML ilustrado na Figura 7.1 para um outro aplicativo que o exibe, mas o segundo aplicativo não pode distinguir os primeiros nomes dos autores de seus sobrenomes. (O aplicativo pode tentar recuperar tais informações olhando o texto contido entre as tags, mas isso frustra o propósito de usar as tags para descrever a estrutura do documento.) A HTML não é adequada para a troca de documentos complexos contendo especificações de produtos ou contratos, por exemplo.

A Linguagem de Marcação Extensível (Extensible Markup Language, XML) é desenvolvida para remediar as falhas de HTML. Em contraste a um conjunto fixo de tags cujo significado é especificado pela linguagem (como em HTML), XML permite que os usuários definam novas coleções de tags que possam ser usadas para estruturar qualquer tipo de dado ou documento que o usuário deseja transmitir. XML é uma ponte importante entre a visualização dos dados orientada a documento, implícita em HTML, e a visualização dos dados orientada a esquema que é central para um SGBD. XML tem o potencial de fazer com que os sistemas de banco de dados sejam perfeitamente integrados em aplicativos Web como nunca foram antes.

> **As Metas de Projeto de XML:** XML foi desenvolvida a partir de 1996 por um grupo de trabalho sob a orientação do Grupo de Interesse Especial de XML do World Wide Web Consortium (W3C). As metas de projeto de XML incluíamos seguinte itens:
> 1. XML deve ser compatível com SGML.
> 2. Deve ser fácil escrever programas que processam os documentos XML.
> 3. O projeto de XML deve ser formal e conciso.

XML emergiu da confluência de duas tecnologias, SGML e HTML. **A Linguagem de Marcação Generalizada Padrão (Standard Generalized Markup Language, SGML)** é uma metalinguagem que permite a definição de linguagens de troca de dados e documentos como o HTML. O padrão SGML foi publicado em 1988, e várias organizações que gerenciavam um grande número de documentos complexos o adotaram. Devido a sua generalidade, ele é complexo e requer programas sofisticados para aproveitar todo seu potencial. XML foi desenvolvida para ter muito do poder do SGML mesmo permanecendo relativamente simples. No entanto, XML, como o SGML, permite a definição de novas linguagens de marcação de documento.

Embora XML não impeça um usuário de projetar as tags que codificam a exibição dos dados em um navegador Web, há uma linguagem de estilo para XML chamada **Linguagem de Estilo Extensível (Extensible Style Language, XSL)**. XSL é uma forma padrão de descrever como um documento XML, o qual adere a um certo vocabulário de tags, deve ser exibido.

7.4.1 Introdução a XML

Usamos o pequeno documento XML ilustrado na Figura 7.2 como exemplo.

- **Elementos:** Os elementos, também chamados de **tags**, são os blocos de construção primários de um documento XML. O início do conteúdo de um elemento ELM é marcado com <ELM>, que é denominado **tag inicial**, e o final do conteúdo é marcado com </ELM>, chamado de **tag final**. Em nosso documento de exemplo, o elemento BOOKLIST engloba toda a informação do documento do exemplo. O elemento BOOK demarca todos os dados associados com um único livro. Os elementos XML são sensíveis a letras maiúsculas e minúsculas: o elemento BOOK é diferente de Book. Os elementos devem ser adequadamente aninhados. As tags iniciais que aparecem dentro do conteúdo de outras tags devem ter uma tag final correspondente. Por exemplo, considere o seguinte fragmento XML:

```
<BOOK>
    <AUTHOR>
        <FIRSTNAME> Richard</FIRSTNAME>
        <LASTNAME> Feynman</LASTNAME>
    </AUTHOR>
</BOOK>
```

O elemento AUTHOR encontra-se totalmente aninhado dentro do elemento BOOK, e ambos os elementos LASTNAME e FIRSTNAME encontram-se aninhados dentro do elemento AUTHOR.

Aplicativos Internet

- **Atributos:** Um elemento pode ter atributos descritivos que fornecem informações adicionais sobre o elemento. Os valores dos atributos são atribuídos dentro da tag inicial de um elemento. Por exemplo, considere que `ELM` denota um elemento com o atributo `att`. Podemos atribuir valor a `att` por meio da seguinte expressão: `<ELM att="valor">`. Todos os valores de atributos devem estar entre aspas. Na Figura 7.2, o elemento `BOOK` tem dois atributos. O atributo `GENRE` indica o gênero do livro (ciência ou ficção) e o atributo `FORMAT` indica se o livro é de capa dura ou brochura.

- **Referências a Entidade:** As entidades são abreviações para partes de texto comum ou do conteúdo de arquivos externos, e chamamos o uso de uma entidade no documento XML uma **referência a entidade**. Sempre que uma referência a entidade aparece no documento, ela é textualmente substituída pelo seu conteúdo. As referências de entidade iniciam com um '&' e terminam com um ';'. XML possui cinco entidades predefinidas, as quais são espaços reservados para caracteres com significado especial em XML. Por exemplo, o caractere < que marca o início de um comando XML é reservado e deve ser representado pela entidade `lt`. Os outros quatro caracteres reservados são &, >, " e '; eles são representados pelas entidades `amp`, `gt`, `quot`, e `apos`. Por exemplo, o texto '1 < 5' deve ser codificado em um documento XML como se segue: `&apos;1&lt;5&apos;`. Também podemos usar entidades para inserir caracteres Unicode arbitrários dentro do texto. **Unicode** é um padrão para representações de caracteres, semelhante ao ASCII. Por exemplo, podemos exibir o caractere a Hiragana Japonês usando a referência a entidade `&#x3042`.

```
<?xml version="1.0" encoding="UTF-8" standalone="yes"?>
<BOOKLIST>
<BOOK GENRE="Ciência" FORMAT="Capa Dura">
    <AUTHOR>
        <FIRSTNAME> Richard</FIRSTNAME>
        <LASTNAME> Feynman</LASTNAME>
    </AUTHOR>
    <TITLE>The Character of Physical Law</TITLE>
    <PUBLISHED> 1980</PUBLISHED>
</BOOK>
<BOOK GENRE="Ficção">
    <AUTHOR>
        <FIRSTNAME>R.K.</FIRSTNAME>
        <LASTNAME>Narayan</LASTNAME>
    </AUTHOR>
    <TITLE> Waiting for the Mahatma</TITLE>
    <PUBLISHED> 1981</PUBLISHED>
</BOOK>
<BOOK GENRE ="Ficção">
    <AUTHOR>
        <FIRSTNAME> R.K.</FIRSTNAME>
        <LASTNAME> Narayan</LASTNAME>
    </AUTHOR>
```

```
        <TITLE> The English Teacher</TITLE>
        <PUBLISHED> 1980</PUBLISHED>
</BOOK>
</BOOKLIST>
```

Figura 7.2 Informações sobre livros em XML.

- **Comentários:** Podemos inserir comentários em qualquer lugar de um documento XML. Os comentários iniciam com <!- e terminam com ->. Os comentários podem conter texto arbitrário exceto a cadeia --.
- **Declarações de Tipo de Documento (Document Type Declarations, DTDs):** Em XML, podemos definir nossa própria linguagem de marcação. O DTD é um conjunto de regras que nos permite especificar nosso próprio conjunto de elementos, atributos e entidades. Assim, um DTD é basicamente uma gramática que indica quais tags são permitidas, em qual ordem elas podem aparecer e como podem ser aninhadas. Discutimos os DTDs em detalhes na próxima seção.

Chamamos um documento XML de **bem formado** se ele não tiver DTD associado, mas seguir estas orientações estruturais:

- O documento inicia com uma declaração XML. Um exemplo de declaração XML é a primeira linha do documento XML ilustrado na Figura 7.2.
- Um **elemento-raiz** contém todos os demais elementos. Em nosso exemplo, o elemento-raiz é o elemento BOOKLIST.
- Todos os elementos devem estar adequadamente aninhados. Ou seja, as tags iniciais e finais de um elemento devem aparecer dentro do mesmo elemento que os engloba.

7.4.2 DTDs XML

DTD é um conjunto de regras que nos permite especificar nosso próprio conjunto de elementos, atributos e entidades. Um DTD especifica quais elementos podemos usar e restringe nesses elementos, por exemplo, como podem ser aninhados e onde podem aparecer no documento. Chamamos um documento de **válido** se um DTD estiver associado a ele e se o documento for estruturado de acordo com as regras estabelecidas pelo DTD. No restante desta seção, usamos o exemplo de DTD ilustrado na Figura 7.3 para mostrar como construir DTDs.

```
<!DOCTYPE BOOKLIST [
<!ELEMENT BOOKLIST (BOOK)*>
    <!ELEMENT BOOK (AUTHOR,TITLE,PUBLISHED?)>
        <!ELEMENT AUTHOR (FIRSTNAME,LASTNAME)>
            <!ELEMENT FIRSTNAME (#PCDATA)>
            <!ELEMENT LASTNAME (#PCDATA)>
        <!ELEMENT TITLE (#PCDATA)>
        <!ELEMENT PUBLISHED (#PCDATA)>
    <!ATTLIST BOOK GENRE (Ciência|Ficção) #REQUIRED>
    <!ATTLIST BOOK FORMAT (Brochura|Capa Dura) "Brochura">
]>
```

Figura 7.3 DTD XML da livraria.

Um DTD é incluído em <!DOCTYPE nome [declaraçãoDTD]>, sendo nome o nome da tag mais externa que o engloba e declaraçãoDTD o texto das regras do DTD. O DTD inicia com o elemento mais externo — o elemento-raiz — que é BOOKLIST em nosso exemplo. Considere a próxima regra:

<!ELEMENT BOOKLIST (BOOK)*>

Essa regra nos informa que o elemento BOOKLIST consiste em zero ou mais elementos BOOK. O * após BOOK indica quantos elementos BOOK podem aparecer dentro do elemento BOOKLIST. Um * denota zero ou mais ocorrências, um + denota uma ou mais ocorrências, e um ? denota zero ou uma ocorrência. Por exemplo, se desejarmos assegurar que um BOOKLIST tenha no mínimo um livro, poderemos alterar a regra como se segue:

<!ELEMENT BOOKLIST (BOOK)+>

Consideremos a próxima regra:

<!ELEMENT BOOK (AUTHOR,TITLE,PUBLISHED?)>

Essa regra afirma que um elemento BOOK contém um elemento AUTHOR, um elemento TITLE e um elemento opcional PUBLISHED. Observe o uso do ? para indicar que a informação é opcional, representando zero ou uma ocorrência do elemento. Consideremos a seguinte regra:

<!ELEMENT LASTNAME (#PCDATA)>

Até agora consideramos apenas os elementos que contêm outros elementos. Essa regra afirma que LASTNAME é um elemento que não contém outros elementos, mas contém um texto real. Os elementos que apenas contêm outros elementos são considerados de **conteúdo de elemento**, enquanto aqueles que também contêm #PCDATA são considerados de **conteúdo misto**. Em geral, uma declaração de tipo de elemento tem a seguinte estrutura:

<!ELEMENT (tipoConteudo)>

Os cinco possíveis tipos de conteúdo são:

- Outros elementos.
- O símbolo especial #PCDATA, que indica dados textuais (analisados sintaticamente).
- O símbolo especial EMPTY, que indica que o elemento não tem conteúdo. Elementos que não têm conteúdo não necessitam de tag final.
- O símbolo especial ANY, que indica que qualquer conteúdo é permitido. Este conteúdo deve ser evitado sempre que possível uma vez que ele desabilita todas as verificações da estrutura do documento dento do elemento.
- Uma **expressão regular** construída a partir das quatro escolhas precedentes. Uma expressão regular é uma entre as seguintes:

    – exp1, exp2, exp3: uma lista de expressões regulares.
    – exp*: uma expressão opcional (zero ou mais ocorrências).
    – exp?: uma expressão opcional (zero ou uma ocorrência).
    – exp+: uma expressão obrigatória (uma ou mais ocorrências).
    – exp1 | exp2: exp1 ou exp2.

Os atributos dos elementos são declarados fora do elemento. Por exemplo, considere a seguinte declaração de atributo da Figura 7.3:

<!ATTLIST BOOK GENRE (Ciência|Ficção) #REQUIRED>

Esse fragmento de DTD XML especifica o atributo GENRE, do elemento BOOK. O atributo pode assumir dois valores: Ciência ou Ficção. Cada elemento BOOK deve ser descrito em sua tag inicial por um atributo GENRE uma vez que o atributo é exigido conforme indicado por #REQUIRED. Consideremos a estrutura geral de uma declaração de atributo do DTD:

<!ATTLIST nomeElemento (nomeAtrib tipoAtrib padrão)+>

A palavra reservada ATTLIST indica o início de uma declaração de atributo. A string nomeElemento é o nome do elemento com o qual a definição de atributo seguinte está associada. Em seguida, está a declaração de um ou mais atributos. Cada atributo tem um nome, como indicado por nomeAtrib, e um tipo, como indicado por tipoAtrib. XML define vários tipos possíveis para um atributo. Discutimos apenas os **tipos string** e **enumeração**. Um atributo de tipo string pode assumir qualquer string como valor. Podemos declarar tal atributo configurando seu campo de tipo com CDATA. Por exemplo, podemos declarar um terceiro atributo de tipo string para o elemento BOOK como se segue:

<!ATTLIST BOOK edition CDATA "1">

Se um atributo tem um tipo enumeração, listamos todos os seus valores possíveis na declaração do atributo. Em nosso exemplo, o atributo GENRE é um tipo enumeração; seus valores possíveis de atributo são 'Ciência' e 'Ficção'.

A última parte de uma declaração de atributo é chamada **especificação padrão**. O DTD da Figura 7.3 mostra duas especificações padrão diferentes: #REQUIRED e a string 'Brochura'. A especificação padrão #REQUIRED indica que o atributo é obrigatório e sempre que seu elemento associado aparecer em algum lugar do documento XML, um valor para o atributo deve ser especificado. A especificação padrão indicada pela string 'Brochura' indica que o atributo não é obrigatório; sempre que seu elemento associado aparecer sem configurar um valor para o atributo, ele automaticamente assume o valor 'Brochura'. Por exemplo, podemos fazer com que o valor 'Ciência' seja o valor padrão para o atributo GENRE como se segue:

<!ATTLIST BOOK GENRE (Ciência|Ficção) "Ciência">

Em nosso exemplo de livraria, o documento XML com uma referência ao DTD é ilustrado na Figura 7.4.

```
<?xml version="1.0" encoding="UTF-8" standalone="no"?>
<!DOCTYPE BOOKLIST SYSTEM "books.dtd">
<BOOKLIST>
    <BOOK GENRE="Ciência" FORMAT="Capa Dura">
        <AUTHOR>
        ...
```

Figura 7.4 Informações sobre livros em XML.

Aplicativos Internet

> **XML Schema:** o mecanismo DTD tem diversas limitações, apesar do seu uso difundido. Por exemplo, os elementos e os atributos não podem receber tipos de uma maneira flexível, e os elementos são sempre ordenados, mesmo que o aplicativo não o exija. XML Schema é uma nova proposta do W3C que fornece uma maneira mais poderosa de descrever a estrutura do documento do que DTDs; XML Schema é um superconjunto de DTDs, permitindo que dados legados sejam facilmente tratados. Um aspecto interessante é que XML Schema suporta as restrições de unicidade e de chave estrangeira.

7.4.3 DTDs Específicos de Domínio

Recentemente, os DTDs têm sido desenvolvidos para diversos domínios especializados — incluindo uma grande variedade de domínios comerciais, de engenharia, financeiros, industriais e científicos — e grande parte da excitação com relação à XML tem sua origem na convicção de que mais e mais DTDs padronizados serão desenvolvidos. Os DTDs padronizados permitiriam a troca perfeita de dados entre fontes heterogêneas, um problema solucionado atualmente implementando-se protocolos especializados como **Electronic Data Interchange (EDI)** ou implementando-se soluções especiais para essa finalidade.

Mesmo em um ambiente em que todos os dados XML são válidos, não é possível integrar diretamente diversos documentos XML fazendo-se a correspondência dos elementos em seus DTDs, pois, mesmo quando dois elementos têm nomes idênticos em dois DTDs diferentes, o significado dos elementos pode ser completamente diferente. Se ambos os documentos usam um único DTD, padrão, evitamos este problema. O desenvolvimento de DTDs padronizados é mais um processo social do que um problema de pesquisa, uma vez que os maiores envolvidos em um dado domínio ou segmento industrial devem colaborar.

Por exemplo, a **linguagem de marcação matemática (MathML)** foi desenvolvida para codificar material matemático na Web. Há dois tipos de elementos em MathML. Os 28 **elementos de apresentação** descrevem a estrutura de formato de um documento; como exemplos, temos o elemento `mrow`, que indica uma linha horizontal de caracteres, e o elemento `msup`, que indica uma base e um subscrito. Os 75 **elementos de conteúdo** descrevem conceitos matemáticos. Um exemplo é o elemento `plus`, que denota o operador de adição. (Um terceiro tipo de elemento, o elemento `math`, é usado para passar parâmetros ao processador MathML.) A MathML nos permite codificar objetos matemáticos em ambas as notações, pois os requisitos do usuário com relação aos objetos podem ser diferentes. Os elementos de conteúdo codificam o significado matemático preciso de um objeto sem ambigüidade, e a descrição pode ser usada pelos aplicativos como os sistemas de álgebra computacional. Por outro lado, a boa notação pode sugerir a estrutura lógica a um humano e enfatizar os aspectos principais de um objeto; os elementos de apresentação nos permitem descrever os objetos matemáticos nesse nível.

Por exemplo, considere a seguinte equação simples:

$$x^2 - 4x - 32 = 0$$

Usando os elementos de apresentação, a equação é representada como se segue:

```
<mrow>
    <mrow><msup><mi>x</mi><mn>2</mn></msup>
        <mo>-</mo>
        <mrow><mn>4</mn>
            <mo>&invisibletimes;</mo>
```

```
                <mi>x</mi>
            </mrow>
            <mo>-</mo><mn>32</mn>
        </mrow><mo>=</mo><mn>0</mn>
    </mrow>
```

Usando elementos de conteúdo, a equação é descrita como se segue:

```
<reln><eq/>
    <apply>
        <minus/>
        <apply><power/><ci>x</ci><cn>2</cn></apply>
        <apply><times/><cn>4</cn><ci>x</ci></apply>
        <cn>32</cn>
    </apply><cn>0</cn>
</reln>
```

Observe o poder adicional que ganhamos ao usar MathML em vez de codificar a fórmula em HTML. A maneira comum de exibir objetos matemáticos dentro de um objeto HTML é incluir imagens que os exibem, por exemplo, como no seguinte fragmento de código:

```
<IMG SRC="images/equation.gif" ALT=" x**2 - 4x - 32 = 10 " >
```

A equação é codificada dentro de uma tag IMG com um formato de exibição alternativo, especificado na tag ALT. Usar a codificação de um objeto matemático gera os seguintes problemas de apresentação. Primeiro, a imagem é normalmente dimensionada para corresponder a certo tamanho de fonte, e nos sistemas com outros tamanhos de fonte, a imagem é pequena ou grande demais. Segundo, nos sistemas com uma cor diferente de fundo, a figura não se mistura com o fundo e a resolução da imagem é normalmente inferior ao imprimir o documento. Independentemente dos problemas com a alteração das apresentações, não podemos procurar facilmente por uma fórmula ou por fragmentos de fórmula em uma página, uma vez que não há tag de marcação específica.

7.5 A ARQUITETURA DE APLICATIVO EM TRÊS CAMADAS

Nesta seção, discutimos a arquitetura geral de aplicativos Internet que fazem uso intensivo de dados. Esses aplicativos podem ser entendidos em termos de três componentes funcionais diferentes: *gerenciamento de dados*, *lógica do aplicativo* e *apresentação*. O componente que trata do gerenciamento de dados normalmente utiliza um SGBD para armazenamento de dados, mas a lógica do aplicativo e da apresentação envolve muito mais do que apenas o SGBD propriamente dito.

Iniciamos com uma breve visão geral da história das arquiteturas de aplicativos com base em banco de dados, e introduzimos as arquiteturas de uma camada e cliente-servidor na Seção 7.5.1. Explicamos a arquitetura em três camadas em detalhes na Seção 7.5.2 e mostramos suas vantagens na Seção 7.5.3.

7.5.1 Arquiteturas de uma Camada e Cliente-Servidor

Nesta seção, fornecemos uma perspectiva sobre a arquitetura em três camadas discutindo as arquiteturas em uma camada e cliente-servidor, as predecessoras da arquitetura em três camadas. Inicialmente, os aplicativos de uso intensivo de dados eram combinados em uma única camada, incluindo o SGBD, lógica do aplicativo e interface de usuário, como ilustrado na Figura 7.5. O aplicativo normalmente era executado em

Aplicativos Internet

Figura 7.5 Arquitetura em uma camada.

um computador de grande porte, e os usuários o acessavam por meio de *terminais burros* que podiam apenas realizar a entrada e a exibição de dados. Essa abordagem tem o benefício de ser facilmente mantida por um administrador central.

As arquiteturas de uma camada têm um grave empecilho: os usuários esperam interfaces gráficas que exigem muito mais poder computacional do que o dos simples terminais burros. A computação centralizada das exibições gráficas de tais interfaces exige muito mais poder computacional do que um único servidor tem disponível, e assim as arquiteturas de uma camada não conseguem suportar milhares de usuários. A popularização do PC e a disponibilidade de computadores clientes baratos induziram o desenvolvimento da arquitetura de duas camadas.

As arquiteturas de duas camadas, normalmente também referenciadas como arquiteturas cliente-servidor, consistem em um computador cliente e um computador servidor, que interagem por meio de um protocolo bem definido. Qual parte da funcionalidade o cliente implementa e qual parte é deixada para o servidor podem variar. Na **arquitetura cliente-servidor** tradicional, o cliente implementa apenas a interface gráfica do usuário, e o servidor implementa tanto a lógica do negócio como o gerenciamento de dados; esses clientes são geralmente chamados de **clientes magros**, e esta arquitetura está ilustrada na Figura 7.6.

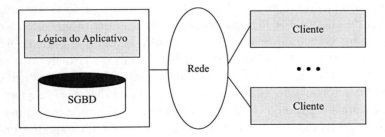

Figura 7.6 Arquitetura com dois servidores: clientes magros.

Outras divisões são possíveis, tais como os clientes mais poderosos que implementam tanto a interface com o usuário quanto a lógica do negócio, ou clientes que implementam a interface do usuário e parte da lógica do negócio, com a parte restante sendo implementada no nível do servidor; tais clientes são geralmente chamados de **clientes gordos**, e esta arquitetura está ilustrada na Figura 7.7.

Comparada à arquitetura de uma camada, as arquiteturas de duas camadas separam fisicamente a interface do usuário da camada de gerenciamento de dados. Para

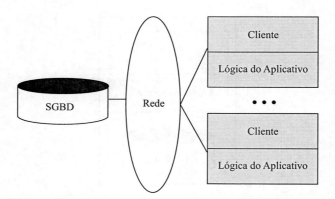

Figura 7.7 Arquitetura de duas camadas: clientes gordos.

implementarmos arquiteturas de duas camadas, não podemos mais ter terminais burros no lado do cliente; precisamos de computadores que executem código de apresentação sofisticado (e possivelmente, a lógica do aplicativo).

Ao longo dos últimos dez anos, um grande número de ferramentas de desenvolvimento cliente-servidor, como o Microsoft Visual Basic e o Sybase Powerbuilder, foi desenvolvido. Essas ferramentas permitem o rápido desenvolvimento de software cliente-servidor, contribuindo para o sucesso do modelo cliente-servidor, especialmente a versão cliente magro.

O modelo cliente gordo tem diversas desvantagens quando comparado ao modelo cliente magro. Primeiro, não há um local central para atualizar e manter a lógica do negócio, uma vez que o código do aplicativo é executado em vários locais de cliente. Segundo, uma grande quantidade de confiança é exigida entre o servidor e os clientes. Como um exemplo, o SGBD de um banco deve confiar que (o aplicativo sendo executado em) um caixa eletrônico deixe o banco de dados em um estado consistente. (Uma maneira de tratar esse problema é por meio de procedimentos armazenados (*stored procedures*), código de aplicativo confiável que é registrado no SGBD e pode ser chamado por meio dos comandos SQL. Discutimos os procedimentos armazenados em detalhes na Seção 6.5.)

Uma terceira desvantagem da arquitetura cliente gordo é que não suporta bem o crescimento do número de clientes; ela normalmente não pode tratar mais do que algumas centenas de clientes. A lógica do aplicativo no cliente emite consultas SQL ao servidor e o servidor retorna o resultado da consulta ao cliente, onde ocorre ainda mais processamento. Grandes resultados de consultas podem ser transferidos entre cliente e servidor. (Procedimentos armazenados podem atenuar esse gargalo.) Em quarto lugar, os sistemas cliente gordo não suportam o crescimento dos acessos dos aplicativos a mais e mais sistemas de banco de dados. Suponha que haja x sistemas de banco de dados diferentes acessados por y clientes, então há $x \cdot y$ conexões diferentes abertas a qualquer momento, o que claramente não é uma solução escalável.

Essas desvantagens dos sistemas clientes gordos e a ampla adoção dos clientes bem magros e padrões — notavelmente, navegadores Web — induziram o uso difundido das arquiteturas de clientes magros.

7.5.2 Arquiteturas de Três Camadas

A arquitetura de duas camadas com cliente magro separava essencialmente os aspectos da apresentação do restante do aplicativo. A arquitetura de três camadas avança um passo, e separa também a lógica do aplicativo do gerenciamento de dados:

- **Camada de Apresentação:** Os usuários exigem uma interface natural para fazer as requisições, fornecer entrada e para ver os resultados. O amplo uso da Internet tornou as interfaces com base na Web crescentemente populares.
- **Camada Intermediária:** A lógica do aplicativo é executada aqui. Um aplicativo de classe corporativa reflete complexos processos de negócio, e é codificado em uma linguagem de propósito geral como C++ ou Java.
- **Camada de Gerenciamento de Dados:** Os aplicativos Web de uso intensivo de dados envolvem SGBDs, que constituem o assunto deste livro.

A Figura 7.8 ilustra uma arquitetura de três camadas básica. Diferentes tecnologias foram desenvolvidas para habilitar a distribuição das três camadas de um aplicativo ao longo de múltiplas plataformas de hardware e locais físicos diferentes. A Figura 7.9 ilustra as tecnologias relevantes para cada camada.

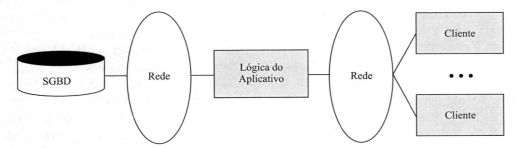

Figura 7.8 Arquitetura padrão de três camadas.

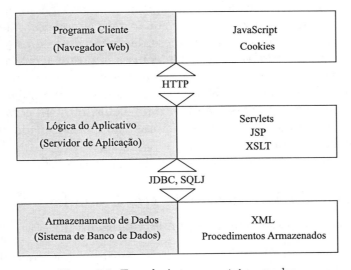

Figura 7.9 Tecnologias para as três camadas.

Visão Geral da Camada de Apresentação

Na camada de apresentação, precisamos fornecer formulários por meio dos quais o usuário pode emitir requisições e exibir as respostas que a camada intermediária gera. A linguagem de marcação de hipertexto (HTML) discutida na Seção 7.3 é a linguagem básica de apresentação de dados.

É importante que essa camada do código seja fácil de ser adaptada a diferentes dispositivos e formato de vídeo; por exemplo, computadores de mesa normais *versus* dispositivos de computadores portáteis *versus* telefones celulares. Essa adaptabilidade pode ser adquirida ou na camada intermediária por meio da geração de páginas diferentes para tipos diferentes de clientes ou diretamente no cliente por meio de **folhas de estilo** que especificam como os dados devem ser apresentados. No último caso, a camada intermediária é responsável por produzir os dados adequados em resposta às requisições do usuário, enquanto a camada de apresentação decide como exibir essa informação.

Abordaremos as tecnologias da camada de apresentação, incluindo as folhas de estilo, na Seção 7.6.

Visão Geral da Camada Intermediária

A camada intermediária executa o código que implementa a lógica do negócio do aplicativo: ela controla quais dados precisam ser fornecidos antes que uma ação possa ser executada, determina o fluxo de controle entre os passos de múltiplas ações, controla o acesso à camada de banco de dados, e normalmente monta páginas HTML geradas dinamicamente com base nos resultados das consultas ao banco de dados.

O código da camada intermediária é responsável por suportar todos os diferentes papéis envolvidos no aplicativo. Por exemplo, em uma implementação de um site de compras pela Internet, desejamos que os clientes sejam capazes de navegar pelo catálogo e fazer compras, que os administradores sejam capazes de inspecionar o inventário atual, e possivelmente que os analistas de dados façam consultas sumarizadas dos históricos de aquisições. Cada um dos papéis pode exigir suporte para diversas ações complexas.

Por exemplo, considere um cliente que deseje comprar um item (após navegar e procurar pelo site para encontrá-lo). Antes que uma venda possa ocorrer, o cliente deve percorrer uma série de passos: deve adicionar itens ao seu cesto de compras, deve fornecer seu endereço para remessa e o número de cartão de crédito (a menos que tenha conta no site), e deve confirmar a venda com os impostos e custos de frete inclusos. Controlar o fluxo entre esses passos e lembrar dos passos já executados são tarefas realizadas na camada intermediária do aplicativo. Os dados manipulados durante essa série de passos pode envolver acessos ao banco de dados, mas em geral isso ainda não é permanente (por exemplo, um cesto de compras não é armazenado no banco de dados até que a venda seja confirmada).

Tratamos da camada intermediária em detalhes na Seção 7.7.

7.5.3 Vantagens da Arquitetura de Três Camadas

A arquitetura de três camadas tem as seguintes vantagens:

- **Sistemas Heterogêneos:** Os aplicativos podem utilizar o potencial de diferentes plataformas e diferentes componentes de software em diferentes camadas. É fácil modificar ou substituir o código em qualquer camada sem afetar as demais.
- **Clientes Magros:** Os clientes necessitam apenas de poder computacional suficiente para a camada de apresentação. Normalmente, os clientes são navegadores Web.
- **Acesso Integrado a Dados:** Em vários aplicativos, os dados devem ser acessados de diversas fontes. Isso pode ser tratado de modo transparente na camada intermediária, na qual podemos gerenciar as conexões de maneira centralizada a todos os sistemas de banco de dados envolvidos.

- **Escalabilidade a Vários Clientes:** Cada cliente é leve e todo acesso ao sistema é por meio da camada intermediária, que pode compartilhar as conexões de banco de dados para todos os clientes, e se a camada intermediária tornar-se o gargalo, podemos dispor diversos servidores executando o código da camada intermediária; os clientes podem conectar-se a qualquer um desses servidores se a lógica for projetada adequadamente. Isso se encontra ilustrado na Figura 7.10, que também mostra como a camada intermediária acessa múltiplas fontes de dado. Naturalmente, confiamos no SGBD para que cada fonte de dados seja escalável (e isso pode envolver paralelização ou replicação adicionais, conforme discutido no Capítulo 22).
- **Benefícios de Desenvolvimento de Software:** Dividindo-se o aplicativo de maneira inteligente em partes que tratam a apresentação, acesso aos dados e lógica de negócio, ganhamos várias vantagens. A lógica de negócio é centralizada e, portanto, fácil de manter, depurar e alterar. A interação entre as camadas ocorre por meio de APIs bem definidas e padronizadas. Assim, cada camada do aplicativo pode ser criada por intermédio de componentes reusáveis que podem ser desenvolvidos, depurados e testados individualmente.

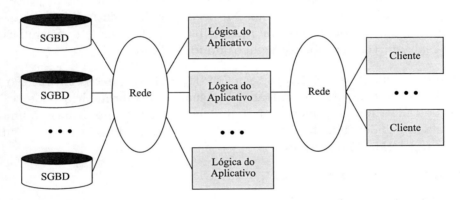

Figura 7.10 Replicação da camada intermediária e acesso a múltiplas fontes de dados.

7.6 A CAMADA DE APRESENTAÇÃO

Nesta seção, descrevemos as tecnologias do lado do cliente da arquitetura de três camadas. Discutimos os na Seção 7.6.1 formulários HTML como um meio especial de passar argumentos do cliente para a camada intermediária (isto é, da camada de apresentação para a camada intermediária). Na Seção 7.6.2, introduzimos o JavaScript, uma linguagem de script com base em Java que pode ser usada para computação leve na camada do cliente (por exemplo, animações simples). Concluímos nossa discussão sobre as tecnologias do lado do cliente apresentando as folhas de estilo na Seção 7.6.3. As folhas de estilo são linguagens que nos permitem apresentar a mesma página Web com formatações diferentes para clientes com recursos de apresentação diferentes; por exemplo, navegadores Web *versus* telefones celulares, ou mesmo navegador Netscape *versus* Internet Explorer da Microsoft.

7.6.1 Formulários HTML

Os formulários HTML são uma maneira comum de comunicação de dados a partir da camada do cliente para a camada intermediária. O formato genérico de um formulário é o seguinte:

```
<FORM ACTION= "page.jsp" METHOD="GET" NAME="LoginForm">
...
</FORM>
```

Um único documento HTML pode conter mais de um formulário. Em um formulário HTML, podemos ter quaisquer tags HTML exceto um outro elemento FORM.
A tag FORM tem três atributos importantes:

- ACTION: Especifica o URI da página para a qual o conteúdo do formulário é submetido; se o atributo ACTION estiver ausente, então o URI da página corrente é usado. No exemplo anterior, a entrada do formulário seria submetida à página de nome page.jsp, que deve fornecer a lógica para processar a entrada do formulário. (Explicaremos os métodos de leitura dos dados do formulário na camada intermediária na Seção 7.7.)

- METHOD: O método HTTP/1.0 usado para submeter a entrada do usuário com base no formulário preenchido para o servidor Web. Há duas escolhas, GET e POST; adiamos essa discussão para o final desta seção.

- NAME: Este atributo fornece um nome ao formulário. Embora não seja necessário, nomear formulários é um bom estilo. Na Seção 7.6.2, discutiremos como escrever os programas do lado do cliente em JavaScript que referenciam os formulários pelo nome e realizam verificações nos campos do formulário.

Dentro dos formulários HTML, as tags INPUT, SELECT, e TEXTAREA são usadas para especificar os elementos de entrada do usuário; um formulário pode ter vários elementos de cada tipo. O elemento mais simples de entrada do usuário é um campo INPUT, uma tag independente sem nenhuma tag finalizadora correspondente. Um exemplo de tag INPUT é o seguinte:

```
<INPUT TYPE="text" NAME="título">
```

A tag INPUT tem diversos atributos. Os três mais importantes são TYPE, NAME e VALUE. O atributo TYPE determina o tipo do campo de entrada. Se o atributo TYPE tem o valor text, o campo é um campo de entrada de texto. Se o atributo TYPE tem o valor password, o campo de entrada é um campo de texto no qual os caracteres inseridos são exibidos como asteriscos na tela. Se o atributo TYPE tem o valor reset, ele é um simples botão que reinicializa todos os campos de entrada dentro do formulário com os seus valores padrão. Se o atributo TYPE tem o valor submit, ele é um botão que envia os valores dos diferentes campos de entrada do formulário para o servidor. Observe que os campos de entrada reset e submit afetam o formulário inteiro.

O atributo NAME da tag INPUT especifica o nome simbólico do campo e é usado para identificar o valor do campo de entrada quando ele é enviado ao servidor. NAME deve ser configurado para as tags INPUT de todos os tipos, exceto submit e reset. No exemplo anterior, especificamos título como NAME do campo de entrada.

O atributo VALUE de uma tag de entrada pode ser usado para os campos de texto ou de senha para especificar o conteúdo padrão do campo. Para os botões submit ou reset, VALUE determina o rótulo do botão.

O formulário na Figura 7.11 ilustra dois campos de texto, sendo um campo de entrada de texto normal e um campo de senha. Ele também contém dois botões, um botão reset rotulado 'Valores Padrão' e um botão submit rotulado 'Iniciar Sessão'. Observe que os dois campos de entrada são nomeados, enquanto os botões reset e submit não têm atributos NAME.

```
<FORM ACTION= "page.jsp" METHOD="GET" NAME="LoginForm">
    <INPUT  TYPE="text"  NAME="nomeusuário"  VALUE="Joe"><P>
    <INPUT  TYPE="password"  NAME="senha"><P>
    <INPUT  TYPE="reset"  VALUE="Valores Padrão"><P>
    <INPUT  TYPE="submit"  VALUE="Iniciar Sessão ">
</FORM>
```

Figura 7.11 Formulário HTML com dois campos de texto e dois botões.

Os formulários HTML têm outras maneiras de especificar a entrada do usuário, tais como as previamente mencionadas TEXTAREA e SELECT; não as discutimos aqui.

Passando Argumentos aos Scripts do Lado do Servidor

Como mencionado no início da Seção 7.6.1, há duas maneiras de submeter os dados de Formulário HTML ao servidor Web. Se o método GET é usado, então o conteúdo do formulário é montado em uma consulta URI (conforme discutido em seguida) e enviado ao servidor. Se o método POST é usado, o conteúdo do formulário é codificado como no método GET, mas o conteúdo é enviado em um bloco de dados separado, em vez de o acrescentarmos diretamente ao URI. Assim, no método GET, o conteúdo do formulário é diretamente visível ao usuário como o URI construído, enquanto no método POST, o conteúdo do formulário é enviado dentro do corpo da mensagem de requisição HTTP e não é visível ao usuário.

Usar o método GET oferece aos usuários a oportunidade de registrar a página com o URI construído e assim desviar diretamente para ela em sessões subseqüentes; isso não é possível com o método POST. A escolha de GET *versus* POST deve ser determinada pelo aplicativo e seus requisitos.

Consideremos a codificação do URI quanto o método GET é usado. O URI codificado tem o seguinte formato:

action?name1=value1&name2=value2&name3=value3

Action é o URI especificado no atributo ACTION para a tag FORM, ou o URI do documento corrente se nenhum atributo ACTION for especificado. Os pares 'name=value' são as entradas do usuário a partir dos campos INPUT do formulário. Para os campos INPUT do formulário em que o usuário não insere nada, o nome ainda está presente com um valor vazio (name=). Como um exemplo concreto, considere o formulário de submissão de senha no final da seção anterior. Considere que o usuário digite 'John Doe' como nome de usuário e 'secreta' como senha. Então o URI de requisição é:

page.jsp?nomeusuário=John+Doe&senha=secreta

A entrada do usuário a partir de formulário pode conter caracteres ASCII de modo geral, tais como o caractere espaço, mas URIs devem ser cadeias de caracteres consecutivas e únicas, sem nenhum espaço. Assim, os caracteres especiais como espaços, '=', e outros não imprimíveis, são codificados de maneira especial. Para criarmos um URI que tenha campos de formulário codificados, realizamos os três passos seguintes:

1. Converta todos os caracteres especiais dos nomes e dos valores para '%xyz', em que 'xyz' é o valor ASCII do caractere em hexadecimal. Os caracteres especiais incluem =, &, %, +, e outros caracteres não imprimíveis. Observe que poderíamos codificar todos os caracteres pelo seu valor ASCII.
2. Converta todos os caracteres de espaço para o caractere '+'.
3. Junte os nomes e valores correspondentes de uma tag INPUT HTML individual com '='e depois cole os pares nome-valor de diferentes tags INPUT juntas usando '&' para criar um URI de requisição do formulário:

    action?name1=value1&name2=value2&name3=value3

Observe que para processarmos os elementos de entrada a partir do formulário HTML na camada intermediária, precisamos do atributo ACTION da tag FORM para indicar qual página, script ou programa processará os valores dos campos do formulário que o usuário digitou. Discutiremos formas de receber os valores dos campos do formulário nas seções 7.7.1 e 7.7.3.

7.6.2 JavaScript

JavaScript é uma linguagem de script na camada cliente com a qual podemos adicionar às páginas Web programas executados diretamente no cliente (isto é, na máquina que está executando o navegador Web). JavaScript normalmente é usada para os seguintes tipos de computação no cliente:

- **Detecção de Navegador:** JavaScript pode ser usada para detectar o tipo do navegador e carregar uma página específica para o navegador.
- **Validação de Formulário:** JavaScript é usada para realizar verificações de consistência nos campos do formulário. Por exemplo, um programa JavaScript pode verificar se uma entrada de formulário que solicita um endereço de correio eletrônico contém o caractere '@', ou se todos os campos necessários foram digitados pelo usuário.
- **Controle do Navegador:** Isto inclui abrir as páginas em janelas personalizadas; os exemplos incluem os anúncios pop-up irritantes que se vê em muitos websites, programados usando-se JavaScript.

JavaScript é normalmente embutida em um documento HTML com uma tag especial, a tag SCRIPT. Essa tag tem o atributo LANGUAGE, que indica a linguagem na qual o script está escrito. Para JavaScript, configuramos o atributo da linguagem com JavaScript. Um outro atributo da tag SCRIPT é o SRC, que especifica um arquivo externo com o código JavaScript automaticamente embutido no documento HTML. Normalmente, os arquivos de código-fonte JavaScript usam uma extensão '.js'. O seguinte fragmento mostra um arquivo JavaScript incluído em um documento HTML:

```
<SCRIPT LANGUAGE="JavaScript" SRC="validateForm.js"> </SCRIPT>
```

A tag SCRIPT pode ser posicionada dentro de comentários HTML de maneira que o código JavaScript não seja exibido literalmente em navegadores Web que não reconhecem a tag SCRIPT. Aqui está outro exemplo de código JavaScript que cria uma caixa pop-up com uma mensagem de boas-vindas. Colocamos o código JavaScript dentro de comentários HTML pelas razões que acabamos de mencionar.

```
<SCRIPT LANGUAGE="JavaScript">
<!--
```

```
        alert("Bem-vindo à nossa livraria");
    //-->
    </SCRIPT>
```

JavaScript fornece dois estilos diferentes de comentários: comentários de uma única linha que começam com os caracteres '//', e os comentários de múltiplas linhas, iniciando com '/*' e terminando com os caracteres '*/'.[1]

JavaScript tem variáveis que podem ser números, valores booleanos (verdadeiro ou falso), strings, e alguns outros tipos de dados que não discutiremos aqui. As variáveis globais devem ser declaradas antes de serem usadas com a palavra reservada `var`, e elas podem ser usadas em qualquer lugar dentro dos documentos HTML. As variáveis locais a uma função JavaScript (explicada em seguida) não precisam ser declaradas. As variáveis não têm um tipo fixo, mas implicitamente têm o tipo do dado ao qual foram atribuídas.

JavaScript tem os operadores usuais de atribuição (=, + = etc.), os operadores aritméticos usuais (+, -, *, /, %), os operadores comparativos usuais (==, !=, >= etc.), e os operadores booleanos usuais (&& para o AND lógico, || para OR lógico, e ! para negação). As cadeias de caracteres podem ser concatenadas usando-se o caractere '+'. O tipo de objeto determina o comportamento dos operadores; por exemplo 1+1 é 2, desde que estejamos adicionando números, enquanto "1"+"1" é "11", uma vez que estejamos concatenando cadeias de caracteres. JavaScript contém os tipos usuais de comandos, tais como atribuições, comandos condicionais (`if (condição) {comandos; } else {comandos; }`), e laços (laço `for`, `do-while` e laço `while`).

JavaScript nos permite criar funções usando a palavra reservada `function`: `function f (arg1, arg2) {comandos;}`. Podemos chamar funções do código JavaScript, e as funções podem retornar valores usando a palavra reservada `return`.

Concluímos esta introdução à JavaScript com um exemplo maior de uma função que testa se os campos de nome de usuário e senha de um formulário HTML não estão vazios. A Figura 7.12 ilustra a função JavaScript e o formulário HTML. O código JavaScript é uma função chamada `testLoginEmpty()` que testa se um dos dois campos de entrada no formulário chamado `LoginForm` é vazio. Na função `testLoginEmpty`, primeiro usamos a variável `loginForm` para referenciar o formulário `LoginForm` usando a variável `document` definida implicitamente, que referencia a página HTML atual. (JavaScript tem uma biblioteca de objetos definidos implicitamente.) Depois então, verificamos se uma das strings `loginForm.userif.value` ou `loginForm.password.value` é vazia.

A função `testLoginEmpty` é verificada dentro de um manipulador de evento do formulário. O manipulador de evento é uma função que é chamada se um evento acontece em um objeto de uma página Web. O manipulador de evento que usamos é o `onSubmit`, que é chamado se o botão submit for pressionado (ou se o usuário pressionar return em um campo de texto do formulário). Se o manipulador de eventos retornar `true`, o conteúdo do formulário é submetido ao servidor, caso contrário o conteúdo do formulário não é submetido ao servidor.

JavaScript apresenta funcionalidades que vão além das noções básicas que explicamos nesta seção; o leitor interessado pode ter como referência as notas bibliográficas no final deste capítulo.

---

[1] De fato, '<!--' também marca o início de um comentário de uma única linha, e por isso não precisamos marcar o comentário inicial do HTML '<!--' no exemplo anterior usando a notação de comentário em JavaScript. Em contraste, o comentário de fechamento do HTML "-->' deve ser comentado em JavaScript, pois, caso contrário, ele é interpretado.

7.6.3 Folhas de Estilo

Clientes diferentes têm monitores diferentes, e precisamos de formas correspondentemente diferentes de exibir a mesma informação. Por exemplo, no caso mais simples, podemos precisar usar tamanhos de fonte ou cores diferentes que forneçam alto contraste em uma tela preto-e-branco. Como um exemplo mais sofisticado, podemos precisar rearranjar objetos na página para acomodar telas pequenas em assistentes digitais pessoais (PDAs). Como um outro exemplo, podemos realçar informações diferentes para focar alguma parte importante da página. Uma folha de estilo é um método para adaptar o conteúdo do mesmo documento para diferentes formatos de apresentação. Uma folha de estilo contém instruções que informam um navegador Web (ou ferramenta que o cliente usa para exibir a página Web) como traduzir os dados de um documento em uma apresentação adequada para o monitor do cliente.

```
<SCRIPT LANGUAGE="javascript">
<!--
function testLoginEmpty()
{
    loginForm = document.LoginForm
    if ((loginForm.userid.value == " ") ||
        (loginForm.password.value == " ")) {
        alert('Por favor forneça valores para nome de usuário e senha');
        return false;
    }
    else
        return true;
}
//-->
</SCRIPT>
<H1 ALIGN = "CENTER"> Livraria Virtual Barns and Nobble</H1>
<H3 ALIGN = "CENTER">Please enter values for userid and password. '</H3>
<FORM NAME = "LoginForm" METHOD="POST"
      ACTION="TableOfContents.jsp"
      onSubmit="return testLoginEmpty()">
    Usuário: <INPUT TYPE="TEXT" NAME="nome usuário"><P>
    Senha: <INPUT TYPE="PASSWORD" NAME="senha"><P>
    <INPUT TYPE="SUBMIT" VALUE="Login" NAME="SUBMIT">
    <INPUT TYPE="RESET" VALUE="Limpar" NAME="RESET">
</FORM>
```

Figura 7.12 Validação de formulário com JavaScript.

As folhas de estilo separam o aspecto de **transformação** dos aspectos de **renderização** da página. Durante a transformação, os objetos do documento XML são rearranjados para formar uma estrutura diferente, para omitir partes do documento XML, ou para mesclar dois documentos XML em um único documento. Durante a renderização, consideramos a estrutura hierárquica existente no documento XML e formatamos o documento de acordo com o dispositivo de exibição do usuário.

```
BODY {BACKGROUND-COLOR: yellow}
H1 {FONT-SIZE: 36pt}
```

```
H3    {COLOR: blue}
P     {MARGIN-LEFT: 50px; COLOR: red}
```

Figura 7.13 Um exemplo de folha de estilo.

O uso de folhas de estilo tem muitas vantagens. Primeiro, podemos reutilizar o mesmo documento várias vezes e exibi-lo de forma diferente dependendo do contexto. Segundo, podemos ajustar o monitor às preferências do usuário, como tamanho da fonte, estilo de cor, e até mesmo o nível de detalhes. Terceiro, podemos lidar com diferentes formatos de saída, bem como com diferentes dispositivos de saída (computadores portáteis *versus* telefones celulares), diferentes tamanhos de exibição (papel carta ou ofício) e meios de exibição diferentes (papel *versus* monitor digital). Quarto, podemos padronizar o formato de exibição dentro de uma corporação e então aplicar as convenções de folha de estilo para os documentos a qualquer momento. Além disso, as alterações e melhorias a essas convenções de exibição podem ser gerenciadas em um local central.

Há duas linguagens de folha de estilo: XSL e CSS. CSS foi criada para HTML com o objetivo de separar as características de exibição de diferentes tags de formatação das tags propriamente ditas. XSL é uma extensão da CSS para documentos XML arbitrários; além de nos permitir definir maneiras de formatar objetos, XSL contém uma linguagem de transformação que nos habilita rearranjar objetos. Os arquivos-alvo da CSS são os arquivos HTML, enquanto os arquivos-alvo da XSL são os arquivos XML.

Folhas de Estilo em Cascata

Uma Folha de Estilo em Cascata (Cascading Sytle Sheet, CSS) define como exibir elementos HTML. (A seguir, introduzimos uma linguagem de folha de estilo mais genérica projetada para documentos XML.) Os estilos são armazenados normalmente em folhas de estilo, que são arquivos que contêm definições de estilo. Vários documentos HTML diferentes, tais como todos os documentos em um website, podem referenciar a mesma CSS. Assim, podemos alterar o formato de um website alterando-se um único arquivo. Essa é uma maneira muito conveniente de alterar o layout de várias páginas Web ao mesmo tempo e um primeiro passo na direção da separação do conteúdo da apresentação.

Um exemplo de folha de estilo é ilustrado na Figura 7.13. Ele é incluído em um arquivo HTML com a seguinte linha:

```
<LINK REL="style sheet" TYPE="text/css" HREF="books.css" />
```

Cada linha em uma folha CSS consiste em três partes: um seletor, uma propriedade e um valor. Eles são arranjados sintaticamente da seguinte maneira:

```
seletor {propriedade: valor}
```

O `seletor` é o elemento ou tag cujo formato estamos definindo. A `propriedade` indica o atributo da tag cujo valor desejamos configurar na folha de estilo, e o `valor` é o valor real do atributo. Como um exemplo, considere a primeira linha do exemplo de folha de estilo ilustrado na Figura 7.13:

```
BODY {BACKGROUND-COLOR: yellow}
```

Essa linha tem o mesmo efeito de alterar o código HTML para o seguinte:

```
<BODY BACKGROUND-COLOR="yellow">.
```

O valor deve estar sempre entre aspas, uma vez que poderia consistir em diversas palavras. Mais de uma propriedade para o mesmo seletor pode estar separada por ponto-e-vírgula conforme ilustrado na última linha do exemplo da Figura 7.13:

```
P {MARGIN-LEFT: 50px; COLOR: red}
```

As folhas de estilo em cascata têm uma sintaxe extensiva; as notas bibliográficas no final do Capítulo indicam livros e recursos on-line sobre CSS.

XSL

XSL é uma linguagem para expressar folhas de estilo. Uma folha de estilo XSL é, como CSS, um arquivo que descreve como exibir um documento XML de um determinado tipo. XSL compartilha a funcionalidade da CSS e é compatível com ela (embora use uma sintaxe diferente).

Os recursos XSL excedem imensamente as funcionalidades da CSS. XSL contém a linguagem **XSL Transformation**, ou XSLT, que nos permite transformar o documento XML de entrada em um documento XML com outra estrutura. Com XSLT, podemos alterar a ordem dos elementos que estamos exibindo (por exemplo, classificando-os), processar elementos mais do que uma vez, suprimir elementos em um lugar e apresentá-los em outro, e adicionar texto gerado para a apresentação.

XSL também contém a **XML Path Language (XPath)**, uma linguagem que nos permite referenciar partes de um documento XML. Discutiremos o XPath no Capítulo 27. XSL também contém XSL Formatting Object, uma maneira de formatar a saída de uma transformação XSL.

7.7 A CAMADA INTERMEDIÁRIA

Nesta seção, discutimos as tecnologias da camada intermediária. A primeira geração de aplicativos da camada intermediária foram programas independentes escritos em uma linguagem de programação de propósito geral como C, C++, e Perl. Os programadores perceberam rapidamente que a interação com um aplicativo independente era muito custosa; as sobrecargas incluíam inicializar o aplicativo toda vez que fosse chamado e trocar os processos entre o servidor Web e o aplicativo. Assim, tais interações não eram escaláveis para grandes números de usuários concorrentes. Isso gerou o desenvolvimento do **servidor de aplicação**, que fornece o ambiente de tempo real para diversas tecnologias que podem ser usadas para programar componentes de aplicativo da camada intermediária. A maioria dos atuais websites de grande escala usa um servidor de aplicação para executar o código do aplicativo na camada intermediária.

Nossa cobertura de tecnologias da camada intermediária espelha essa evolução. Iniciamos na Seção 7.7.1 com o Common Gateway Interface, um protocolo usado para transmitir argumentos de formulários HTML para programas de aplicativo executados na camada intermediária. Introduziremos os servidores de aplicação na Seção 7.7.2. Descreveremos, então, tecnologias para escrever a lógica do aplicativo na camada intermediária: Java servlets (Seção 7.7.3) e Java Server Pages (Seção 7.7.4). Uma outra importante funcionalidade é a manutenção do estado no componente do aplicativo da camada intermediária conforme o componente cliente percorre uma série de passos para completar uma transação (por exemplo, a aquisição de uma cesta de compras de itens ou a reserva de um vôo). Na Seção 7.7.5, discutiremos os Cookies, uma abordagem para manter o estado.

7.7.1 CGI: O Common Gateway Interface

O Common Gateway Interface conecta os formulários HTML aos programas aplicativos. Ele é um protocolo que define como os argumentos dos formulários são passados para os programas no lado servidor. Não entraremos em detalhes sobre o protocolo CGI real, uma vez que as bibliotecas habilitam os programas de aplicativo a obter os argumentos do formulário HTML; veremos um exemplo em um programa CGI. Os programas que se comunicam com o servidor Web via CGI são normalmente chamados de **CGI scripts**, já que vários programas de aplicativo foram escritos em uma linguagem de scripting como Perl.

Como um exemplo de programa que realiza a interface com um formulário HTML via CGI, considere a página de exemplo ilustrada na Figura 7.14. Esta página Web contém um formulário em que o usuário pode preencher o nome de um autor. Se o usuário pressionar o botão 'Enviar', o script Perl 'findBooks.cgi' ilustrado na Figura 7.14 é executado como um processo separado. O protocolo CGI define como a comunicação entre o formulário e o script é executada. A Figura 7.15 ilustra os processos criados ao usar o protocolo CGI.

```
<HTML><HEAD><TITLE>Banco de Dados da Livraria</TITLE></HEAD>
<BODY>
<FORM ACTION="find_books.cgi" METHOD=POST>
    Digite o nome de um autor:
    <INPUT TYPE="text" NAME="nome autor"
        SIZE= 30  MAXLENGTH=50 >
    <INPUT TYPE="submit" value="Enviar">
    <INPUT TYPE="reset" value="Limpar">
</FORM>
</BODY></HTML>
```

Figura 7.14 Um exemplo de página Web em que a entrada do formulário é enviada a um script CGI.

A Figura 7.16 apresenta o script CGI de exemplo, escrito em Perl. Omitimos o código de verificação de erros por simplicidade. O Perl é uma linguagem interpretada normalmente utilizada para scripting CI, e várias bibliotecas Perl, chamadas módulos, fornecem interfaces de alto nível para o protocolo CGI. Usamos uma dessas bibliotecas, chamada biblioteca DBI, em nosso exemplo. O módulo CGI é uma coleção conveniente de funções para criação de scripts CGI. Na parte 1 do script de exemplo, extraímos o argumento do formulário HTML passado pelo cliente como se segue:

$nome autor = $dataIn->param('nome autor');

Observe que o nome do parâmetro `authorName` foi usado no formulário da Figura 7.14 para nomear o primeiro campo de entrada. Convenientemente, o protocolo CGI abstrai a implementação real de como a página Web é retornada ao navegador Web; a página Web consiste simplesmente na saída de nosso programa, e começamos a montar a página HTML de saída na parte 2. Tudo que o script escreve em comandos `print` é parte da página Web dinamicamente construída retornada ao navegador. Finalizamos na parte 3 acrescentando as tags de formato de fechamento à página resultante.

7.7.2 Servidores de Aplicação

A lógica do aplicativo pode ser implementada por meio de programas no lado do servidor que são chamados usando-se o protocolo CGI. Entretanto, uma vez que a requisição de cada página resulta na criação de um novo processo, esta solução não suporta bem o crescimento para um grande número de requisições simultâneas. Esse problema de desempenho induziu o desenvolvimento de programas especializados chamados **servidores de aplicação**. O servidor de aplicação mantém um pool de threads ou processos e os utiliza para executar as requisições.

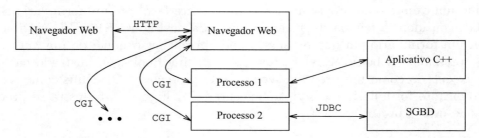

Figura 7.15 Estrutura de processo com scripts CGI.

```
#!/usr/bin/perl
use CGI;

### parte 1
$dataIn = new CGI;
$dataIn-¿header();
$Nome autor = $dataIn-¿param('nome autor');

### parte 2
print("<HTML><TITLE>Teste de passagem de argumento</TITLE>");
print("O usuário passou o seguinte argumento:");
print  ("nome autor: ", $nome autor);

### parte 3
print ("</HTML>");
exit;
```

Figura 7.16 Um script Perl simples.

Os servidores de aplicação evoluíram para pacotes flexíveis de camada intermediária que fornecem várias funções além de eliminar a sobrecarga da criação de processo. Eles facilitam o acesso concorrente a diversas fontes de dados heterogêneas (por exemplo, fornecendo os drivers JDBC) e provendo serviços de **gerenciamento de sessão**. Normalmente, os processos de negócio envolvem diversos passos. Os usuários esperam que o sistema mantenha a continuidade durante tal sessão de múltiplas etapas. Diversos identificadores de sessões como os cookies, extensões de URI e campos ocultos nos formulários HTML podem ser usados para identificar uma sessão. Servidores de aplicação fornecem funcionalidade para detectar quando uma sessão é iniciada e quando é terminada e mantêm o controle das sessões dos usuários individuais. Eles também ajudam a garantir o acesso seguro ao banco de dados suportando um mecanismo de identificação de usuário geral. (Para mais detalhes sobre segurança, veja o Capítulo 21.)

Aplicativos Internet 211

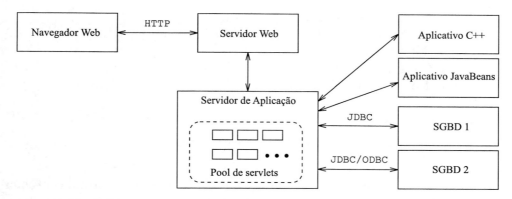

Figura 7.17 Estrutura de processo na arquitetura de servidor de aplicação.

Uma possível arquitetura para um website com um servidor de aplicação encontra-se ilustrado na Figura 7.17. O cliente (um navegador Web) interage com o servidor Web por meio do protocolo HTTP. O servidor Web entrega as páginas HTML ou XML estáticas diretamente ao cliente. Para reunir as páginas dinâmicas, o servidor Web envia uma requisição para o servidor de aplicação. Esse contata uma ou mais fontes de dado para obter os dados necessários ou envia requisições de atualizações às fontes de dados. Após completar a interação com as fontes de dados, o servidor de aplicação monta a página Web e informa o resultado ao servidor Web, que obtém a página e a entrega ao cliente.

A execução da lógica do negócio no site do servidor Web, **processamento no lado do servidor**, tornou-se um modelo padrão para implementar processos de negócios mais complicados na Internet. Há várias tecnologias diferentes para processamento no lado do servidor e mencionamos apenas algumas nesta seção; o leitor interessado pode ter como referência as notas bibliográficas no final deste capítulo.

7.7.3 Servlets

Java servlets são peças de código Java executadas na camada intermediária, nos servidores Web ou nos servidores de aplicação. Há convenções especiais em como ler a entrada da requisição do usuário e como escrever a saída gerada pelo servlet. Os Servlets são verdadeiramente independentes de plataforma, e assim têm-se tornado muito populares entre os desenvolvedores Web.

Como os servlets são programas Java, eles são muito versáteis. Por exemplo, podem criar páginas Web, acessar banco de dados e manter o estado. Os servlets têm acesso a todas às APIs Java, incluindo o JDBC. Todos os servlets devem implementar a interface `Servlet`. Na maioria dos casos, os servlets estendem a classe específica `HttpServlet` para que os servidores se comuniquem com os clientes via HTTP. A classe `HttpServlet` fornece métodos como `doGet` e `doPost` para receber argumentos dos formulários HTML e envia suas saídas de volta ao cliente via HTTP. Os servlets que se comunicam por meio de outros protocolos (tal como ftp) precisam estender a classe `GenericServlet`.

```
import java.io.*;
import javax.servlet.*;
import javax.servlet.http.*;

public class ServletTemplate extends HttpServlet {
    public void doGet(HttpServletRequest request,
```

```
            HttpSevletResponse response)
                throws ServletException, IOException {
            PrintWriter out = response.getWriter();
            // Usa 'out' para enviar conteúdo ao navegador
            out.println("Hello World");
        }
    }
```

Figura 7.18 Modelo de servlet.

Os servlets são classes Java compiladas executadas e mantidas por um **contêiner de servlets**, que gerencia o tempo de vida de servlets individuais, criando-os e destruindo-os. Embora os servlets possam responder a qualquer tipo de requisição, eles são usados em geral para estender os aplicativos hospedados pelos servidores Web. Para tais aplicativos, há uma biblioteca útil de classes de servlet específicas para HTTP.

Os servlets normalmente tratam as requisições de formulários HTML e mantêm o estado entre o cliente e o servidor. Discutimos como manter o estado na Seção 7.7.5. Um modelo de estrutura de servlet genérica é ilustrado na Figura 7.18. Esse servlet simples apenas exibe as duas palavras "Hello World", mas ele ilustra a estrutura geral de um servlet completo. O objeto `request` é usado para ler o dado do formulário HTML. O objeto `response` é usado para especificar o código do status e os cabeçalhos da resposta HTTP. O objeto `out` é usado para compor o conteúdo que é retornado ao cliente.

Lembre-se de que o HTTP envia de volta a linha de status, um cabeçalho, uma linha em branco e depois o conteúdo. Agora, nosso servlet apenas retorna texto normal. Podemos estender nosso servlet configurando o tipo de conteúdo para HTML, gerando HTLM como se segue:

```
    PrintWriter out = response.getWriter();
    String docType =
        "<!DOCTYPE HTML PUBLIC "-//W3C//DTD HTML 4.0 " +
        "Transitional//EN"> \n";
    out.println(docType +
        "<HTML>\n" +
        "<HEAD><TITLE>Hello WWW</TITLE></HEAD>\n" +
        "<BODY>\n" +
        "<H1>Hello WWW</H1>\n" +
        "</BODY></HTML>");
```

O que acontece durante a vida de um servlet? Diversos métodos são chamados em estágios diferentes no desenvolvimento de um servlet. Quando uma página solicitada é um servlet, o servidor Web encaminha a solicitação ao contêiner de servlets, que cria uma instância do servlet se necessário. No momento de criação do servlet, o contêiner de servlets chama o método `init()`, e antes de desalocar o servlet, o contêiner de servlets chama o método `destroy()` do servlet.

Quando um contêiner de servlets chama um servlet devido a uma página requisitada, ele inicia com o método `service()`, cujo comportamento padrão é chamar um dos seguintes métodos baseado no método de transferência HTTP: `service()` chama `doGet()` para uma requisição HTTP GET, e ele chama `doPost()` para uma requisição HTTP POST. Esse despacho automático permite que o servlet execute tarefas diferentes sobre o dado solicitado dependendo do método de transferência HTTP. Normalmente, não sobrescrevemos o método `service()`, a menos que desejemos programar um servlet que trate tanto as requisições HTTP POST como HTTP GET de forma idêntica.

Concluímos nossa discussão sobre servlets com um exemplo, ilustrado na Figura 7.19, que mostra como passar argumentos de um formulário HTML a um servet.

7.7.4 JavaServer Pages

Na seção anterior, vimos como usar os programas Java na camada intermediária para codificar a lógica do aplicativo e gerar páginas Web dinamicamente. Se precisarmos gerar alguma saída HTML, basta escrevê-la por meio do objeto out. Assim, podemos considerar os servlets como código Java que incorpora a lógica do aplicativo, com HTML embutido para saída.

As JavaServer pages (JSPs) trocam os papéis da saída e da lógica do aplicativo. As JavaServer pages são escritas em HTML com código semelhante ao do servlet embutido em tags especiais do HTML. Dessa forma, comparando-se com os servlets, as JavaServer pages são mais adequadas para lógica de aplicativo complexa.

```
import java.io.*:
import javax.servlet.*;
import javax.servlet.http.*;
import java.util.*;

public class ReadUserName extends HttpServlet {
    public void doGet(HttpServletRequest request,
            HttpServletResponse response)
        throws ServletException, IOException {

        response.setContentType("text/html");
        PrintWriter out = response.getWriter();

        out.println ("<BODY>\n" +
            "<H1 ALIGN=CENTER> Usuário: </H1>\n" +
            "<UL>\n" +
            " <LI>title: "
            + request.getParameter("nome usuário") + "\n" +
            + request.getParameter("senha") + "\n" +
            "</UL>\n" +
            "</BODY></HTML>");
    }
    public void doPost(HttpServletRequest request,
            HttpServletResponse response)
        throws ServletException, IOException {
        doGet(request, response);
    }
}
```

Figura 7.19 Extraindo o nome e a senha do usuário de um formulário.

Embora haja uma grande diferença para o programador, a camada intermediária trata as JavaServer pages de uma maneira muito simples: elas são em geral compiladas em um servlet, que é depois tratado por um contêiner de servlets análogo a outros servlets.

O fragmento de código da Figura 7.20 mostra um exemplo simples de JSP. No meio do código HTML acessamos a informação que foi passada de um formulário.

```
<!DOCTYPE HTML PUBLIC "-//W3C//DTD HTML 4.0
    Transitional//EN">
<HTML>
<HEAD><TITLE>Bem-vindo à Barnes and Nobble</TITLE></HEAD>
<BODY>
    <H1>Bem-vindo novamente!</H1>
    <% String nome="Novo Usuário";
        if (request.getParameter("nome usuário") != null) {
            nome= request.getParameter("nome usuário");
        }
    %>
    Você estabeleceu uma sessão como o usuário <%=nome%>
    <P>
    HTML normal para todo o restante da página Web da loja on-line.
</BODY>
</HTML>
```

Figura 7.20 Lendo parâmetros de formulário em JSP.

7.7.5 Mantendo Estado

Como discutido nas seções anteriores, há uma necessidade de manter o estado do usuário ao longo de páginas diferentes. Como exemplo, considere um usuário que deseja fazer uma aquisição no website da Barnes and Nobble. O usuário deve primeiro adicionar itens em seu cesto de compras, que persiste enquanto navega pelo site. Assim, devemos usar o conceito de estado principalmente para lembrar de informações enquanto o usuário navega pelo site.

O protocolo HTTP é sem estado. Chamamos uma interação com um servidor Web de **sem estado** se nenhuma informação é retida de uma requisição para a próxima. Chamamos uma interação com um servidor Web de **com estado**, ou dizemos que o **estado é mantido**, se alguma memória é armazenada entre as solicitações ao servidor, e diferentes ações são tomadas dependendo do contexto armazenado.

Em nosso exemplo da Barnes and Nobble, precisamos manter o cesto de compras de um usuário. Como o estado não é encapsulado no protocolo HTTP, deve ser mantido no servidor ou no cliente. Como o protocolo HTTP foi projetado sem estado, vamos revisar as vantagens e desvantagens desta decisão de projeto. Primeiro, um protocolo sem estado é fácil de programar e usar, e é ótimo para os aplicativos que requerem apenas a recuperação de informação estática. Além disso, nenhuma memória extra é usada para manter o estado, e assim o protocolo propriamente dito é muito eficiente. Por outro lado, sem algum mecanismo adicional na camada de apresentação e na camada intermediária, não há nenhum registro de requisições anteriores, e não podemos programar cestos de compra ou estabelecimento de conexões do usuário.

Como não podemos manter estado no protocolo HTTP, em que devemos manter o estado? Basicamente, há duas alternativas. Podemos manter o estado na camada intermediária, armazenando informação na memória principal local da lógica do aplicativo, ou até mesmo em um sistema de banco de dados. Como alternativa, podemos manter o estado no lado do cliente armazenando dado na forma de um cookie. Discutiremos essas duas maneiras de manter o estado nas duas próximas seções.

Aplicativos Internet

Mantendo Estado na Camada Intermediária

Na camada intermediária, temos diversas escolhas com relação a onde mantermos o estado. Primeiro, poderíamos armazenar o estado na camada inferior, no servidor de banco de dados. O estado sobrevive a falhas do sistema, mas um acesso a banco de dados é necessário para consultar ou atualizar o estado, um gargalo de desempenho em potencial. Uma alternativa é armazenar o estado na memória principal da camada intermediária. As desvantagens são que essa informação é volátil e que ela pode ocupar muito espaço da memória principal. Podemos também armazenar o estado nos arquivos locais da camada intermediária, como um compromisso entre as duas primeiras abordagens.

Uma regra de ouro é usar a manutenção de estado na camada intermediária ou camada de banco de dados apenas para os dados que necessitam persistir durante várias sessões diferentes do usuário. Exemplos de tais dados são pedidos de clientes passados, gravação de dados sobre os cliques para guardar o movimento de um usuário através do website, ou outras escolhas permanentes que um usuário faz, como decisões sobre disposição, tipos de mensagens que o usuário deseja receber e assim por diante. Conforme os exemplos ilustram, a informação de estado em geral é centrada em torno dos usuários que interagem com o website.

Mantendo Estado na Camada de Apresentação: Cookies

Uma outra possibilidade é armazenar o estado na camada de apresentação e passá-lo com toda a requisição HTTP. Essencialmente, superamos o fato de o protocolo HTTP não ter estado enviando-se informação adicional com toda requisição. Tal informação é chamada de cookie.

Um **cookie** é uma coleção de pares-⟨*nome, valor*⟩ que podem ser manipulados nas camadas de apresentação e intermediária. Os cookies são fáceis de serem utilizados em servlets Java e em Java Server Pages e fornecem uma forma simples de transformar dados não essenciais em persistentes no cliente. Eles sobrevivem durante várias sessões de cliente, pois persistem no cache do navegador, mesmo depois de o navegador ser fechado.

Uma desvantagem dos cookies é a de que normalmente são percebidos como invasivos, e vários usuários desabilitam os cookies no navegador Web; navegadores permitem que os usuários evitem que os cookies sejam salvos em suas máquinas. Uma outra desvantagem é a de que os dados em um cookie são normalmente limitados a 4KB, mas, para a maioria dos aplicativos, esse não é um limite ruim.

Podemos usar cookies para armazenar informações, como o cesto de compras ou a informação de login do usuário, e outras escolhas não permanentes realizadas na sessão corrente.

Em seguida, discutiremos como os cookies podem ser manipulados por meio de servlets na camada intermediária.

A API Servlet Cookie

O cookie é armazenado em um arquivo de texto pequeno no cliente e contém pares-⟨*nome, valor*⟩, sendo que ambos, nome e valor, são cadeias de caracteres. Criamos um cookie por meio da classe `Cookie` do Java no código de aplicativo da camada intermediária:

```
Cookie cookie = new Cookie ("nome usuário", "convidado"):
cookie.setDomain("www.bookstore.com");
```

```
cookie.setSecure(false);                    // nenhum SSL exigido
cookie.setMaxAge(60*60*24*7*31);            // um mês de tempo de vida
response.addCookie(cookie);
```

Consideremos cada parte deste código. Primeiro, criamos um objeto Cookie com o par-⟨*nome, valor*⟩ especificado. Depois, configuramos os atributos do cookie; listamos a seguir alguns dos atributos mais comuns:

- `setDomain` e `getDomain`: O domínio especifica o website que receberá o cookie. O valor padrão para este atributo é o domínio que criou o cookie.
- `setSecure` e `getSecure`: Se esta flag for `true`, então o cookie é enviado apenas se estivermos usando uma versão segura do protocolo HTTP, tal como o SSL.
- `setMaxAge` e `getMaxAge`: O atributo `MaxAge` determina o tempo de vida do cookie em segundos. Se o valor de `MaxAge` for menor ou igual a zero, o cookie será excluído quando o navegador for fechado.
- `setName` e `getName`: Não usamos estas funções em nosso fragmento de código; elas nos permitem nomear o cookie.
- `setValue` e `getValue`: Estas funções nos permitem atribuir e ler o valor do cookie.

O cookie é adicionado ao objeto `request` dentro do servlet Java a ser enviado ao cliente. Uma vez que um cookie é recebido de um site (www.bookstore.com neste exemplo), o navegador Web do cliente acrescenta-o a todas as requisições HTTP que ele envia a este site, até que o cookie expire.

Podemos acessar o conteúdo de um cookie no código da camada intermediária pelo método `getCookies()` do objeto `Request`, que retorna um vetor de objetos Cookie. O seguinte fragmento de código lê o vetor e procura pelo cookie com o nome 'username'.

```
Cookie[] cookies = request.getCookies();
String usuário;
for(int i = 0; i < cookies.length; i++) {
    Cookie cookie = cookies[i];
    if (cookie.getName().equals("usuário"))
        Usuário = cookie.getValue();
}
```

Um simples teste pode ser usado para verificar se o usuário desabilitou os cookies: envie um cookie ao usuário e depois verifique se o objeto `request` que ele retornou ainda contém o cookie. Observe que um cookie nunca deve conter uma senha decriptografada ou outro dado particular, decriptografado, pois o usuário pode facilmente inspecionar, modificar e excluir qualquer cookie a qualquer momento, inclusive no meio de uma sessão. A lógica do aplicativo precisa ter verificações de consistência suficientes para assegurar que o dado do cookie é válido.

7.8 ESTUDO DE CASO: A LIVRARIA PELA INTERNET

A DBDudes agora parte para a implementação da camada de aplicativo e considera alternativas para conectar o SGBD à World Wide Web.

A DBDudes inicia considerando o gerenciamento de sessão. Por exemplo, os usuários que estabelecem sessão com o site, navegam pelo catálogo e selecionam livros para comprar não desejam reinserir seus números de identificação de cliente. O gerenciamento de sessão deve estender o processo inteiro de selecionar livros, adicioná-los a um carrinho de compras, possivelmente remover livros do carrinho, e verificar e pagar pelos livros.

A DbDudes então considera se as páginas Web dos livros devem ser estáticas ou dinâmicas. Se houver uma página Web estática para cada livro, precisamos de um campo de banco de dados extra na relação Livros que aponte para a localização do arquivo. Mesmo que isso possibilite projetos de páginas especiais para diferentes livros, é uma solução muito trabalhosa. A DBDudes convence a B&N a construir dinamicamente a página Web de um livro com base em um modelo padrão instanciado com informações sobre o livro na relação Livros. Assim, a DBDudes não usa páginas HTML estáticas, como aquela ilustrada na Figura 7.1, para exibir o catálogo.

A DBDudes considera o uso de XML um formato de troca de dados entre o servidor de banco de dados e a camada intermediária, ou entre a camada intermediária e a camada do cliente. A representação dos dados em XML na camada intermediária conforme ilustrada nas Figuras 7.2 e 7.3 permitiria integração mais fácil de outras fontes de dados no futuro, mas a B&N decide que eles não antecipam uma necessidade para tal integração, e então a DBDudes decide não usar a troca de dados em XML por enquanto.

A DBDudes projeta a lógica do aplicativo como se segue. Eles consideram que haverá quatro páginas Web diferentes:

- `index.jsp`: A página inicial da Barns and Nobble. Este é o ponto de entrada principal da loja. Esta página contém os campos de texto para pesquisa e botões que permitem ao usuário pesquisar pelo nome do autor, ISBN ou título do livro. Há também um link para a página que exibe o carrinho de compras, `cart.jsp`.

- `login.jsp`: Permite que os usuários registrados estabeleçam uma sessão. Aqui, a DBDudes usa um formulário HTML semelhante àquele exibido na Figura 7.11. Na camada intermediária, eles utilizam um fragmento de código semelhante ao ilustrado na Figura 7.19 e JavaServer Pages conforme mostrado na Figura 7.20.

- `search.jsp`: Lista todos os livros do banco de dados correspondentes às condições de pesquisa especificadas pelo usuário. Este pode adicionar itens listados ao cesto de compras; cada livro tem um botão próximo a ele que o adiciona. (Se o item já está no cesto de compras, ele incrementa a quantidade.) Há também um contador que mostra o número total de itens que estão no cesto de compras naquele momento. (A DBDudes faz uma ressalva de que uma quantidade de cinco para um único item no cesto de compras deve indicar uma quantidade total de aquisições de cinco também.) A página `search.jsp` também contém um botão que direciona o usuário para `cart.jsp`.

- `cart.jsp`: Lista todos os livros do cesto de compras naquele momento. A listagem deve incluir todos os itens no cesto de compras, com o nome do produto, preço, uma caixa de texto para a quantidade (a qual o usuário pode usar para alterar a quantidade de itens) e um botão para remover o item do cesto de compras. Esta página tem três outros botões: um botão para continuar comprando (que retorna o usuário à página `index.jsp`), um segundo botão para atualizar o cesto de compras com as quantidades alteradas nas caixas de texto e um terceiro botão para efetivar o pedido, que direciona o usuário para a página `confirm.jsp`.

- `confirm.jsp`: Lista o pedido completo até o momento e permite que o usuário insira suas informações de contato ou identificação de cliente. Há dois botões nesta página: um botão para cancelar o pedido e um segundo botão para submeter o pedido final. O botão cancelar esvazia o cesto de compras e retorna o usuário à página inicial. O botão submeter atualiza o banco de dados com o novo pedido, esvazia o cesto de compras e retorna o usuário à página inicial.

A DBDudes também considera o uso de JavaScript na camada de apresentação para verificar a entrada do usuário antes que ela seja enviada para a camada intermediária. Por exemplo, na página `login.jsp`, é bem provável que a DBDudes escreva código JavaScritp semelhante ao ilustrado na Figura 7.12.

Isso deixa a DBDudes com uma decisão final: como conectar aplicativos ao SGBD. Eles consideram as duas principais alternativas apresentadas na Seção 7.7; scripts CGI *versus* usar uma infra-estrutura de servidor de aplicação. Se usarem os scripts CGI, eles terão de codificar a lógica do gerenciamento de sessão — uma tarefa não muito fácil. Se usarem um servidor de aplicação, podem fazer uso de toda a funcionalidade que o servidor de aplicação fornece. Assim, eles recomendam que a B&N implemente o processamento do lado do servidor usando um servidor de aplicação.

A B&N aceita a decisão de usar um servidor de aplicação, mas decide que nenhum código deve ser específico a nenhum servidor de aplicação em particular, uma vez que a B&N não deseja se prender a nenhum fabricante. A DBDudes concorda e prossegue em criar os seguinte módulos:

- A DBDudes projeta as páginas de nível mais alto que permitem aos clientes navegarpelo website, assim como diversos formulários de pesquisa e apresentações de resultado.
- Considerando que a DBDudes seleciona um servidor de aplicação com base em Java, eles devem escrever os servlets Java para processar as requisições geradas pelo formulário. Potencialmente, poderiam reutilizar JavaBeans existentes (possivelmente disponíveis comercialmente). Eles podem usar o JDBC como uma interface de banco de dados; exemplos de código JDBC podem ser encontrados na Seção 6.2. Em vez de programar servlets, poderiam recorrer às JavaServer Pages e incluir tags de marcação especiais JSP nas páginas.
- A DBDudes seleciona um servidor de aplicação que utiliza tags de marcação proprietárias, mas devido ao seu acordo com a B&N, eles não estão permitidos a usar tais tags em seu código.

Para completarmos, lembramos de que se a DBDudes e a B&N tivessem concordado em usar scripts CGI, a DBDudes teria as seguintes tarefas:

- Criar as páginas HTML de nível mais alto que permitem aos usuários navegar pelo site e diversos formulários que possibilitam aos usuários pesquisar o catálogo pelo ISBN, nome do autor ou título. Uma página de exemplo contendo um formulário de pesquisa é ilustrado na Figura 7.1. Além dos formulários de entrada, a DBDudes deve desenvolver apresentações adequadas para os resultados.
- Desenvolver a lógica para manter o controle da sessão de um usuário. Informações relevantes devem ser armazenadas ou no lado do servidor ou no navegador do cliente usando-se cookies.
- Escrever os scripts que processam as requisições do usuário. Por exemplo, um usuário pode usar um formulário chamado 'Pesquisar livros pelo título' para digitar um título e pesquisar pelos livros com esse título. A interface CGI comunica-se com um script que processa a requisição. Um exemplo de script como esse escrito em Perl usando a biblioteca DBI para acessar dados encontra-se ilustrado na Figura 7.16.

Aplicativos Internet 219

Nossa discussão cobre apenas a interface com o usuário, a parte do website exposta aos usuário da B&N. A DBDudes também necessita adicionar aplicativos que permitam que os funcionários e o dono da loja consultem e acessem o banco de dados e gerem relatórios que resumam as atividades de negócio.

Os arquivos completos para o estudo de caso podem ser encontrados na página Web deste livro.

7.9 QUESTÕES DE REVISÃO

As respostas às questões de revisão podem ser encontradas nas seções listadas.

- O que são URIs e URLs? **(Seção 7.2.1)**
- Como funciona o protocolo HTTP? O que é protocolo sem estado? **(Seção 7.2.2)**
- Explique os conceitos principais de HTML. Por que é utilizada apenas para apresentação de dados e não para troca de dados? **(Seção 7.3)**
- Quais são alguns dos problemas da HTML e como XML os soluciona? **(Seção 7.4)**
- Quais os principais componentes de um documento XML? **(Seção 7.4.1)**
- Por que temos DTDs XML? O que é um documento XML bem formado? O que é um documento XML válido? Dê um exemplo de documento XML que seja válido, mas não bem formado e vice-versa. **(Seção 7.4.2)**
- Qual o papel dos DTDs específicos do domínio? **(Seção 7.4.3)**
- O que é arquitetura em três camadas? Quais vantagens ela oferece sobre as arquiteturas em uma camada e em duas camadas? Dê uma breve visão geral da funcionalidade de cada uma das três camadas. **(Seção 7.5)**
- Explique como as arquiteturas de três camadas tratam cada um dos seguintes aspectos dos aplicativos de Internet baseado em uso de banco de dados: heterogeneidade, clientes magros, integração de dados, escalabilidade, desenvolvimento de software. **(Seção 7.5.1)**
- Escreva um formulário HTML. Descreva todos os componentes de um formulário HTML. **(Seção 7.6.1)**
- Qual a diferença entre os métodos GET e POST em HTML? Como funciona a codificação URI de um formulário HTML? **(Seção 7.11)**
- Para que JavaScript é usada? Escreva uma função JavaScript que verifique se um elemento de formulário HTML contém um endereço de correio eletrônico sintaticamente válido. **(Seção 7.6.2)**
- Qual problema é solucionado pelas folhas de estilo? Quais as vantagens de se usar as folhas de estilo? **(Seção 7.6.3)**
- O que são Folhas de Estilo em Cascata? Explique os componentes das Folhas de Estilo em Cascata. O que é XSL e como ela se diferencia da CSS? **(Seções 7.6.3 e 7.13)**
- O que é CGI e qual problema ele soluciona? **(Seção 7.7.1)**
- O que são servidores de aplicação e em que são diferentes dos servidores Web? **(Seção 7.7.2)**
- O que são servlets? Como os servlets tratam os dados dos formulários HTML? Explique o que acontece durante o tempo de vida de um servlet. **(Seção 7.7.3)**
- Qual a diferença entre servlets e JSP? Quando devemos usar servlets e quando devemos usar JSP? **(Seção 7.7.4)**

- Por que precisamos manter estado na camada intermediária? O que são cookies? Como um navegador trata os cookies? Como acessamos os dados dos cookies por meio dos servlets? **(Seção 7.7.5)**

EXERCÍCIOS

Exercício 7.1 Responda sucintamente as seguintes perguntas:

1. Explique os seguintes termos e descreva para que são utilizados: HTML, URL, XML, Java, JSP, XSL, XSLT, servlet, cookie, HTTP, CSS, DTD.
2. O que é CGI? Por que o CGI foi introduzido? Quais as desvantagens de uma arquitetura que usa scripts CGI?
3. Qual a diferença entre um servidor Web e um servidor de aplicação? Quais funcionalidades fornecem os servidores de aplicação típicos?
4. Quando um documento XML é bem formado? Quando é um documento XML válido?

Exercício 7.2 Responda sucintamente as seguintes perguntass sobre o protocolo HTTP:

1. O que é um protocolo de comunicação?
2. Qual a estrutura de uma mensagem de requisição HTTP? Qual a estrutura de uma mensagem de resposta HTTP? Por que as mensagens HTTP contêm um campo de versão?
3. O que é um protocolo sem estado? Por que o HTTP foi projetado como sendo sem estado?
4. Mostre a mensagem de requisição HTTP gerada quando você requisita a página inicial deste livro (`http://www.cs.wisc.edu/~dbbook`). Mostre a mensagem de resposta HTTP que o servidor gera para essa página.

Exercício 7.3 Neste exercício, você foi solicitado a escrever a funcionalidade de um cesto de compras genérico; você a usará em diversos exercícios de projeto subseqüentes. Escreva um conjunto de páginas JSP que exibe um cesto de compras de itens e permite que os usuários adicionem, removam e alterem a quantidade de itens. Para fazer isso, utilize um esquema de armazenamento de cookies que armazena a seguinte informação:

- O Id usuário do usuário a quem pertence o cesto de compras.
- O número de produtos armazenados no cesto de compras.
- Uma identificação do produto e uma quantidade para cada produto.

Ao manipular cookies, lembre-se de configurar a propriedade `Expires` tal que o cookie possa persistir por uma sessão ou indefinidamente. Experimente cookies usando JSP e certifique-se de que você sabe como recuperar, configurar valores e excluir o cookie.

Você precisa criar cinco páginas JSP para fazer seu protótipo completo:

- **Página Índice** (`index.jsp`): Este é o ponto de entrada principal. Ele tem um link que direciona o usuário à página Produtos de forma que se possa iniciar as compras.
- **Página Produtos** (`products.jsp`): Mostra uma lista de todos os produtos no banco de dados com suas descrições e preços. Esta é a página principal em que o usuário adiciona itens ao cesto de compras. Cada produto listado deve ter um botão ao seu lado, que o adiciona ao cesto de compras. (Se o item já estiver no cesto de compras, ele incrementa a quantidade.) Deve haver também um contador para mostrar o número total de itens no cesto de compras naquele momento. Observe que se um usuário tiver uma quantidade de cinco de um único item no cesto de compras o contador deve indicar uma quantidade total de cinco. A página também contém um botão que direciona o usuário à página Carrinho.
- **Página Carrinho** (`cart.jsp`): Exibe uma lista de todos os itens no cookie cesto de compra. A lista de cada item deve incluir o nome do produto, seu preço, uma caixa de texto para a quantidade (o usuário pode alterar aqui a quantidade de itens), e um botão para remover o item do cesto de compras. Esta página tem três outros botões: um botão para continuar

Aplicativos Internet 221

comprando (que faz o usuário retornar à página Produtos), um segundo botão para atualizar o cookie com as quantidades alteradas das caixas de texto, e um terceiro botão para efetuar ou confirmar o pedido, que direciona o usuário à página Confirmar.

- **Página Confirmar** (`confirm.jsp`): Lista o pedido final. Há dois botões nesta página. Um botão cancela o pedido e o outro submete o pedido concluído. O botão cancelar apenas exclui o cookie e faz o usuário retornar à página Índice. O botão submeter atualiza o banco de dados com o novo pedido, exclui o cookie e faz o usuário retornar à página Índice.

Exercício 7.4 No exercício anterior, substitua a página `products.jsp` pela seguinte *página de busca* `search.jsp`. Essa página permite que os usuários procurem os produtos pelo nome ou descrição. Deve haver tanto uma caixa de texto para o texto a ser pesquisado, quanto opções para o usuário escolher entre pesquisar-pelo-nome ou pesquisar-pela-descrição (assim como um botão submeter para obter os resultados). A página que trata os resultados da pesquisa deve ser modelada de acordo com `products.jsp` (conforme descrito no exercício anterior) e ser chamada `products.jsp`. Ela deve obter todos os registros em que o texto a ser pesquisado seja uma subcadeia do nome ou da descrição (conforme escolhido pelo usuário). Para integrar este exercício ao anterior, simplesmente substitua todas as ligações para `products.jsp` por `search.jsp`.

Exercício 7.5 Escreva um mecanismo de autenticação simples (sem utilizar a transferência encriptada de senhas, por simplicidade). Dizemos que um usuário está autenticado se ele forneceu ao sistema uma combinação nome de usuário-senha válida; caso contrário, dizemos que o usuário não está autenticado. Considere por simplicidade que você tem um esquema de banco de dados que armazena apenas uma identificação de cliente e uma senha:

Senhas(id-cliente:`inteiro`, nomeusuário: `string`, senha: `string`)

1. Como e quando você começará a controlar quando um usuário estabeleceu uma sessão com o sistema?
2. Projete uma página que permita que um usuário registrado estabeleça uma sessão com o sistema.
3. Projete um cabeçalho de página que verifique se o usuário visitando esta página tem uma sessão estabelecida com o sistema.

Exercício 7.6 (Graças a Jeff Derstadt) A TechnoBooks.com está no processo de reorganizar seu website. Um aspecto principal é como tratar eficientemente um grande número de resultados de pesquisa. Em um estudo de interação humana, ela descobriu que os usuários modernos normalmente gostam de visualizar 20 resultados de pesquisa de cada vez, e ela gostaria de programar esta lógica no sistema. As consultas que retornam lotes de resultados classificados são chamadas *Consultas N mais*. (Veja a Seção 25.5 para uma discussão sobre os bancos de dados que suportam as consultas N mais.) Por exemplo, os resultados 1-20 são retornados, depois os resultados 21-40, depois 41-60 e assim por diante. Técnicas diferentes são utilizadas para executar as consultas N mais e a TechnoBooks.com gostaria que você implementasse duas delas.

Infra-estrutura: Crie um banco de dados com uma tabela chamada Livros e preencha-a com alguns livros, usando o formato que se segue. Isso fornece a você 111 livros em seu banco de dados com um título de AAA, BBB, CCC, DDD ou EEE, mas as chaves são não seqüenciais para livros com o mesmo título.

Livros(*id-livro*:`INTEGER`, *título*: `CHAR(80)`, *autor:* `CHAR(80)`, *preço:* `REAL`)
For i = 1 to 111 {
Insira a tupla (i, "AAA", "AAA Autor", 5,99)
i = i + 1
Insira a tupla (i, "BBB", "BBB Autor", 5,99)
i = i + 1
Insira a tupla (i, "CCC", "CCC Autor", 5,99)
i = i + 1
Insira a tupla (i, "DDD", "DDD Autor", 5,99)

> i = i + 1
> Insira a tupla (i, "EEE", "EEE Autor", 5,99)
> }

Técnica de Espaço Reservado: A abordagem mais simples para consultas N mais é armazenar um espaço reservado para a primeira e a última tupla de resultado, e depois executar a mesma consulta. Quando os resultados da nova consulta forem retornados, você pode iterar aos espaços reservados e retornar os 20 resultados anteriores ou posteriores.

Tuplas Exibidas	Espaço Reservado Inferior	Conjunto Anterior	Espaço Reservado Superior	Próximo Conjunto
1-20	1	Nenhum	20	21-40
21-40	21	1-20	40	41-60
41-60	41	21-40	60	61-80

Escreva uma página Web em JSP que exibe o conteúdo da tabela Livros, classificada pelo titulo e pelo id-livro, e exibindo os 20 resultados por vez. Deve haver um link (onde apropriado) para obter os 20 resultados anteriores ou os 20 resultados seguintes. Para fazer isso, você pode codificar os espaços reservados nos links Anterior ou Próximo como se segue. Considere que você esteja exibindo os registros 21-40. Depois o link para Anterior é `display.jsp?lower=21` e o link para Próximo é `display.jsp?upper=40`.

Você não deve exibir um link para Anterior quando não há resultados anteriores; nem deve exibir um link para Próximo se não houver mais resultados. Quando sua página for chamada novamente para obter outro conjunto de resultados, execute a mesma consulta para obter todos os registros, itere por meio do conjunto de resultados até que você esteja no ponto inicial adequado, depois exiba mais 20 resultados.

Quais são as vantagens e as desvantagens desta técnica?

Técnica de Restrições da Consulta: Uma segunda técnica para executar consultas N mais é impor restrições de limite à consulta (na cláusula WHERE) de forma que a consulta retorne apenas os resultados que ainda não foram exibidos. Embora isso altere a consulta, menos resultados são retornados, e isto economiza o custo de iterar até o limite. Por exemplo, considere a seguinte tabela, ordenada por (título, chave primária).

Lote	Número do Resultado	Título	Chave Primária
1	1	AAA	105
1	2	BBB	13
1	3	CCC	48
1	4	DDD	52
1	5	DDD	101
2	6	DDD	121
2	7	EEE	19
2	8	EEE	68
2	9	FFF	2
2	10	FFF	33
3	11	FFF	58
3	12	FFF	59
3	13	GGG	93
3	14	HHH	132
3	15	HHH	135

Aplicativos Internet

No Lote 1, as linhas 1 a 5 são exibidas, no lote 2 as linhas 6 a 10 são exibidas e assim por diante. Usando a técnica do espaço reservado, todos os 15 resultados seriam retornados para cada lote. Usando a técnica da restrição, o lote 1 exibe os resultados 1-5, mas retorna os resultados 1-15, o lote 2 exibe os resultados 6-10, mas retorna apenas os resultados 6-15, e o lote 3 exibe os resultados 11-15, mas retorna apenas os resultados 11-15.

A restrição pode ser definida dentro da consulta devido à ordenação desta tabela. Considere a seguinte consulta para o lote 2 (que exibe os resultados 6-10):

```
EXEC SQL    SELECT L.Título
FROM        Livros L
WHERE       (L.título ='DDD' AND L.id-livro > 101) OR (L.título > 'DDD')
ORDER BY    L.título , L.id-livro
```

Essa consulta seleciona primeiro todos os livros com o título 'DDD', mas com uma chave primária que é maior do que o registro 5 (o registro 5 tem uma chave primária com valor de 101). Isso retorna o registro 6. Além disso, qualquer livro que tenha um título alfabeticamente posterior a 'DDD' é retornado. Você pode, então, exibir os primeiros cinco resultados.

A informação a seguir precisa ser mantida para se ter botões Anterior e Próximo que retornam mais resultados:

- **Anterior:** O título do primeiro registro no conjunto anterior, e a chave primária do primeiro registro no conjunto anterior.
- **Próximo:** O título do primeiro registro no próximo conjunto; a chave primária do primeiro registro no próximo conjunto.

Essas quatro peças de informação podem ser codificadas nos botões Anterior e Próximo como na parte anterior. Usando sua tabela de banco de dados da primeira parte, escreva uma JavaServer Page que exiba 20 registros por vez de informações de livro. A página deve incluir os botões Anterior e Próximo para exibir o conjunto anterior ou o próximo conjunto de registros, se houver. Use a consulta de restrição para obter os conjuntos de registros Anterior e Próximo.

EXERCÍCIOS BASEADOS EM PROJETO

Neste capítulo, você continua os exercícios do capítulo anterior e cria as partes do aplicativo que residem na camada intermediária e na camada de apresentação. Mas informações sobre estes exercícios e material sobre mais exercícios podem ser encontrados on-line em

```
http://www.cs.wisc.edu/~dbbook
```

Exercício 7.7 Refira-se ao website da Notown Records em que você trabalhou no Exercício 6.6. Naquele exercício, solicitaram que você desenvolvesse as páginas reais para o website da Notown Records. Agora projete a parte do website que envolve a camada de apresentação e a camada intermediária, e integre com o código que você escreveu no Exercício 6.6 para acessar o banco de dados.

1. Descreva em detalhes o conjunto de páginas Web que os usuários podem acessar. Mantenha as seguintes questões em mente:
    - Todos os usuários iniciam em uma página comum.
    - Para cada ação, que entrada o usuário fornece? Como o usuário a fornecerá — clicando sobre um link ou por meio de um formulário HTML?
    - Qual a seqüência de passos que um usuário deve percorrer para comprar um disco? Descreva o fluxo de alto nível do aplicativo ilustrando como cada ação do usuário é tratada.
2. Escreva as páginas Web em HTML sem conteúdo dinâmico.
3. Escreva uma página que permita que os usuários estabeleçam sessão com o site. Use cookies para armazenar a informação permanentemente no navegador do usuário.

4. Acrescente à página de estabelecimento de sessão um código JavaScript que verifique se o nome do usuário consiste apenas nos caracteres de a a z.

5. Acrescente às páginas que permitem que os usuários armazenem itens em um cesto de compras uma condição que verifica se o usuário tem uma sessão estabelecida com o site. Se o usuário ainda não estabeleceu sessão, não deve haver nenhum meio de acrescentar itens ao cesto de compras. Implemente esta funcionalidade usando JSP e verificando a informação do cookie do usuário.

6. Crie as páginas restantes para finalizar o website.

Exercício 7.8 Lembre-se do projeto de farmácia on-line em que você trabalhou no Exercício 6.7 do Capítulo 6. Siga os passos análogos ao Exercício 7.7 para projetar a lógica do aplicativo e a camada de apresentação e finalizar o website.

Exercício 7.9 Referencie-se ao projeto de banco de dados de universidade em que você trabalhou no Exercício 6.8 do Capítulo 6. Siga os passos análogos ao Exercício 7.7 para projetar a lógica do aplicativo e a camada de apresentação e finalizar o website.

Exercício 7.10 Referencie-se ao projeto de reserva de passagens aéreas em que você trabalhou no Exercício 6.9 do Capítulo 6. Siga os passos análogos ao Exercício 7.7 para projetar a lógica do aplicativo e a camada de apresentação e finalizar o website.

NOTAS BIBLIOGRÁFICAS

A última versão dos padrões mencionados neste capítulo podem ser encontrados no website da World Wide Web Consortium (www.w3.org). Ele contém links para informações sobre HTML, folhas de estilo em cascata, XML, XSL, e muito mais. O livro de Hall é uma introdução genérica às tecnologias de programação Web [357]; um bom ponto inicial na Web é www.Webdeveloper.com. Há vários livros introdutórios sobre programação CGI, por exemplo [210, 198]. O site JavaSoft (java.sun.com) é um bom ponto inicial para Servlets, JSP e todas as demais tecnologias relacionadas a Java, O livro de Hunter [394] é uma boa introdução aos Servlets Java. A Microsoft suporta Active Server Pages (ASP), uma tecnologia comparável a JSP. Mais informações sobre ASP podem ser encontradas no site da Microsoft Developer's Network (msdn.microsoft.com).

Há excelentes websites dedicados aos avanços de XML, por exemplo, www.xml.com e www.ibm.com/xml, que também contêm uma grande quantidade de links com informações sobre os demais padrões. Há bons livros introdutórios sobre vários aspectos diferentes de XML, por exemplo [195, 158, 597, 474, 381, 320]. Informações sobre UNICODE podem ser encontradas em http://www.unicode.org.

Informações sobre Páginas JavaServer Pages e Servlets podem ser encontradas no site da de JavaSoft em java.sun.com, em java.sun.com/products/jsp e em java.sun.com/products/servlet.

PARTE III
ARMAZENAMENTO E INDEXAÇÃO

8
VISÃO GERAL DE ARMAZENAMENTO E INDEXAÇÃO

- Como um SGBD armazena e acessa dados persistentes?
- Por que o custo de E/S é tão importante para operações de banco de dados?
- Como um SGBD organiza arquivos de registros de dados em disco para minimizar os custos de E/S?
- O que é um índice e por que ele é usado?
- Qual é o relacionamento entre um arquivo de registros de dados e quaisquer índices neste arquivo de registros?
- Quais são as propriedades importantes dos índices?
- Como funciona um índice baseado em hash e quando ele é mais eficaz?
- Como funciona um índice baseado em árvore e quando ele é mais eficaz?
- Como podemos usar índices para otimizar o desempenho para determinada carga de trabalho?
- **Conceitos-chave:** armazenamento externo, gerenciador de buffer, E/S de página; organização de arquivos, arquivos heap, arquivos ordenados; índices, entradas de dados, chaves de pesquisa, índice agrupado, arquivo agrupado, índice primário; organização de índices, índices baseados em hash e em árvore; comparação de custos, organizações de arquivos e operações comuns; desempenho e sintonização, carga de trabalho, chaves de pesquisa compostas, uso de agrupamento.

Se você não encontrar no índice, examine com cuidado o catálogo inteiro.

—Sears, Roebuck, and Co., Consumers' Guide, 1897

A abstração de dados básica em um SGBD é um conjunto de registros, ou um *arquivo*, e cada arquivo consiste de uma ou mais páginas. A camada de software de *métodos de acesso e arquivos* organiza os dados cuidadosamente para suportar acesso rápido a subconjuntos de registros em dados desejados. Compreender como os registros estão organizados é essencial para usar um sistema de banco de dados de forma eficaz e é o tópico principal deste capítulo.

Uma **organização de arquivo** é um método de organizar os registros em um arquivo quando este é armazenado em disco. Cada organização de arquivo torna determinadas operações eficientes, mas outras custosas.

Considere um arquivo de registros de funcionários, cada um contendo campos *idade*, *nome* e *salário*, que usamos como o exemplo corrente neste capítulo. Se quisermos recuperar registros de funcionários em ordem crescente de idade, ordenar o arquivo por idade é uma boa organização, mas a ordenação é custosa de ser mantida se o arquivo for freqüentemente modificado. Além disso, muitas vezes estamos interessados em suportar mais de uma operação sobre determinado conjunto de registros. Em nosso exemplo, também podemos querer recuperar todos os funcionários que ganham mais de $5.000. Temos de examinar o arquivo inteiro para encontrar tais registros de funcionários.

Uma técnica chamada *indexação* pode ajudar quando temos de acessar um conjunto de registros de múltiplas formas, além de suportar eficientemente diversos tipos de seleção. A Seção 8.2 introduz a indexação, um aspecto importante da organização de arquivos em um SGBD. Apresentamos uma visão geral das estruturas de dados de índices na Seção 8.3; uma discussão mais detalhada é incluída nos capítulos 10 e 11.

Ilustramos a importância da escolha de uma organização de arquivo apropriada na Seção 8.4 por meio de uma análise simplificada de diversas organizações de dados alternativas. O modelo de custos desta análise, apresentado na Seção 8.4.1, é usado em capítulos posteriores também. Na Seção 8.5, destacamos algumas escolhas a ser feitas na criação de índices. Escolher um bom conjunto de índices a serem é possivelmente a ferramenta mais poderosa que um administrador de bancos de dados possui para obter melhoraria de desempenho.

8.1 ARMAZENAMENTO EXTERNO DE DADOS

Um SGBD armazena grandes quantidades de dados e estes devem ser persistidos além das execuções dos programas. Por essa razão, dados são armazenados em dispositivos de armazenamento externo como discos e fitas, sendo trazidos para a memória principal conforme o necessário para processamento. A unidade de informação de leitura ou gravação em discos é uma *página*. O tamanho de uma página é um parâmetro do SGBD e valores típicos são 4KB ou 8KB.

O custo de E/S de página (*entrada* do disco para a memória principal e *saída* da memória para o disco) predomina no custo de operações típicas de bancos de dados, e sistemas de bancos de dados são otimizados cuidadosamente para minimizar esse custo. Embora os detalhes sobre como arquivos de registros são armazenados fisicamente em disco e como a memória principal é utilizada sejam abordados no Capítulo 9, as questões a seguir devem ser salientadas:

- Discos são os dispositivos de armazenamento externo de dados mais importantes. Eles nos permitem recuperar qualquer página a um custo (mais ou menos) fixo por página. Entretanto, se lermos diversas páginas na ordem em que estão armazenadas fisicamente, o custo pode ser muito menor do que o da leitura das mesmas páginas em ordem aleatória.

- Fitas são dispositivos de acesso seqüencial, que nos obrigam a ler dados uma página após a outra. Elas são mais usadas para arquivar dados que não sejam necessários regularmente.

- Cada registro em um arquivo possui um identificador único chamado **id do registro** ou **rid**. Um rid possui a propriedade de identificar o endereço de disco da página contendo o registro usando esse rid.

Dados são lidos para a memória para processamento e gravados em disco para armazenamento persistente por uma camada de software chamada *gerenciador de buffer*. Quando a camada de *métodos de acesso e arquivos* (a qual muitas vezes chamamos apenas de camada de arquivos) precisa processar uma página, ela solicita ao gerenciador de buffer que a traga, especificando seu rid. O gerenciador de buffer traz a página do disco se ela já não estiver na memória.

O espaço em disco é gerenciado pelo *gerenciador de espaço em disco*, de acordo com a arquitetura de software SGBD descrita na Seção 1.8. Quando a camada de métodos de acesso e arquivos precisa de espaço adicional para armazenar novos registros em um arquivo, ela solicita que o gerenciador de espaço em disco aloque uma página de disco adicional para o arquivo; ela também informa ao gerenciador de espaço em disco quando não precisa mais de uma de suas páginas de disco. O gerenciador de espaço em disco mantém informação das páginas em uso pela camada de arquivos; se uma página for liberada pela camada de arquivos, o gerenciador de espaço registra o fato e reusa o espaço se a camada de arquivos solicitar uma nova página posteriormente.

No restante do capítulo, enfocaremos a camada de métodos de acesso e arquivos.

8.2 ORGANIZAÇÕES DE ARQUIVOS DE INDEXAÇÃO

O **arquivo de registros** é uma abstração importante em um SGBD e é implementado pela camada de métodos de acesso e arquivos do código. Um arquivo pode ser criado, destruído e ter registros inseridos e excluídos. Ele também suporta varreduras; uma operação de **varredura** nos permite passar por todos os registros do arquivo um de cada vez. Uma relação geralmente é armazenada como um arquivo de registros.

A camada de arquivos armazena os registros de um arquivo em um conjunto de páginas de disco. Ela mantém informação das páginas alocadas para cada arquivo e, à medida que registros são inseridos e excluídos do arquivo, também registra o espaço disponível dentro de páginas alocadas para o arquivo.

A estrutura de arquivo mais simples é um arquivo não ordenado, ou **arquivo heap**. Registros em um arquivo heap são armazenados em ordem aleatória nas páginas do arquivo. Uma organização de arquivo heap suporta a recuperação de todos os registros ou a de determinado registro especificado pelo seu rid; o gerenciador de arquivos deve manter informação das páginas alocadas para o arquivo. (Discutiremos os detalhes sobre como um arquivo heap é implementado no Capítulo 9.)

Um **índice** é uma estrutura de dados que organiza registros de dados em disco para otimizar determinados tipos de operações de recuperação. Um índice nos permite recuperar de forma eficiente todos os registros que satisfaçam a condições de pesquisa nos campos de **chave de pesquisa** do índice. Também podemos criar índices adicionais em determinado conjunto de registros de dados, cada um com uma chave de pesquisa diferente, para acelerar operações de pesquisa não suportadas de maneira eficiente pela organização de arquivo usada para armazenar os registros de dados.

Considere nosso exemplo de registros de funcionários. Podemos armazenar os registros em um arquivo organizado como um índice sobre a idade dos funcionários; essa é uma alternativa à ordenação do arquivo por idade. Além disso, podemos criar um arquivo de índice auxiliar com base no salário para acelerar consultas envolvendo salários. O primeiro arquivo contém registros de funcionários e o segundo, registros que nos permitem localizar registros de funcionários que satisfaçam a uma consulta sobre salários.

Usamos o termo **entrada de dados** para nos referir aos registros armazenados em um arquivo de índice. Uma entrada de dados com valor de chave de pesquisa k, denotada como k^*, contém informações suficientes para localizar (um ou mais) registro(s) de dados com valor de chave de pesquisa k. Podemos pesquisar de forma eficiente um índice para encontrar as entradas de dados desejadas e então usá-las para obter os registros de dados (se esses forem distintos das entradas de dados).

Há três alternativas principais para o que armazenar como uma entrada de dados em um índice:

Visão Geral de Armazenamento e Indexação 229

1. Uma entrada de dados k^* é um registro de dados real (com valor de chave de pesquisa k).

2. Uma entrada de dados é um par $\langle k, rid \rangle$, onde *rid* é o id de registro de um registro de dados com valor de chave de pesquisa k.

3. Uma entrada de dados é um par $\langle k, lista\text{-}rid \rangle$, onde *lista-rid* é uma lista de ids de registros dos registros de dados com valor de chave de pesquisa k.

É claro que, se o índice for usado para armazenar registros de dados reais, Alternativa (1), cada entrada k^* é um registro de dados com valor de chave de pesquisa k. Podemos pensar em tal índice como uma organização de arquivo especial. Tal **organização de arquivo indexado** pode ser usada em vez de, por exemplo, um arquivo ordenado ou um arquivo não ordenado de registro.

As alternativas (2) e (3), que contêm entradas de dados que apontam para registros de dados, são independentes da organização do arquivo usada para o arquivo indexado (o arquivo que contém os registros de dados). A Alternativa (3) oferece uma utilização de espaço melhor que a Alternativa (2), porém sd entradas de dados são variáveis em comprimento, dependendo do número de registros de dados com um determinado valor de chave de pesquisa.

Se quisermos criar mais de um índice sobre um conjunto de registros de dados — por exemplo, criar índices sobre os campos *idade* e *salário* de um conjunto de registros de funcionários —, no máximo um dos índices deve usar a Alternativa (1) porque devemos evitar armazenar registros de dados múltiplas vezes.

8.2.1 Índices Agrupados

Quando um arquivo é organizado de forma que a ordenação dos registros de dados seja a mesma ou parecida com a ordenação das entradas de dados em algum índice, dizemos que o índice é agrupado; caso contrário, é um índice não agrupado. Um índice que use a Alternativa (1) é agrupado, por definição. Um índice que use a Alternativa (2) ou (3) só pode ser um índice agrupado se os registros de dados estiverem ordenados pelo campo de chave de pesquisa. De outra forma, a ordem dos registros de dados é aleatória, definida apenas pela sua ordem física, e não há maneira razoável de organizar as entradas de dados no índice na mesma ordem.

Na prática, os arquivos raramente são mantidos ordenados, já que isto é custoso demais quando os dados são atualizados. Assim, na prática, um índice agrupado é um índice que usa a Alternativa (1) e índices que usem as alternativas (2) ou (3) são não agrupados. Às vezes nos referimos a um índice usando a Alternativa (1) como um **arquivo agrupado**, porque as entradas de dados são registros de dados reais e o índice é, portanto, um arquivo de registros de dados. (Conforme observado, pesquisas e varreduras sobre um índice retornam apenas suas entradas de dados, mesmo se ele contiver informações adicionais para organizar as entradas de dados.)

O custo do uso de um índice para responder a uma consulta por intervalo pode variar enormemente, pelo fato de o índice ser ou não agrupado. Se o índice o for, ou seja, se estivermos usando a chave de pesquisa de um arquivo agrupado, os rids nas entradas de dados qualificadas apontarão para um conjunto de registros contíguos, e precisaremos recuperar apenas algumas páginas de dados. Se o índice for não agrupado, cada entrada de dados qualificada poderá conter um rid que aponte para uma página de dados distinta, levando a um número de E/S de páginas de dados igual ao número de entradas de dados que correspondam à seleção por intervalo, conforme mostra a Figura 8.1. Essa questão é ainda discutida no Capítulo 13.

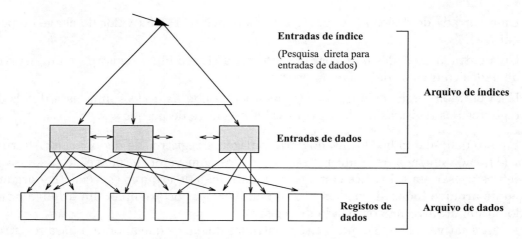

Figura 8.1 Índice agrupado usando a Alternativa (2).

8.2.2 Índices Primários e Secundários

Um índice sobre um conjunto de campos que inclua a *chave primária* (veja o Capítulo 3) é chamado de **índice primário**; outros índices são chamados de **secundários**. (Os termos *índice primário* e *índice secundário* são usados às vezes com um significado diferente: um índice que use a Alternativa (1) é chamado de *índice primário* e um que use as alternativas (2) ou (3) é chamado de *índice secundário*. Seremos consistentes com as definições apresentadas anteriormente, mas o leitor deve estar ciente desta falta de terminologia padrão na literatura.)

Duas entradas de dados são ditas **duplicatas** se possuírem o mesmo valor para o campo de chave de pesquisa associado ao índice. Um índice primário garantidamente não possui duplicatas, mas um índice sobre outros (conjuntos de) campos pode conter duplicatas. De modo geral, um índice secundário contém duplicatas. Se soubermos que não há duplicatas, ou seja, se soubermos que a chave de pesquisa contém alguma chave candidata, chamamos o índice de índice **único**.

Uma questão importante é como as entradas de dados em um índice são organizadas para suportar a recuperação eficiente de entradas de dados. Discutiremos isso a seguir.

8.3 ESTRUTURAS DE DADOS DE ÍNDICE

Uma forma de organizar entradas de dados é aplicar hashing sobre as chaves de pesquisa das entradas de dados. Outra forma de organizar entradas de dados é criar uma estrutura de dados em árvore que direcione uma pesquisa por entradas de dados. Apresentamos essas duas abordagens básicas nesta seção. Estudamos a indexação baseada em árvore em maiores detalhes no Capítulo 10 e a indexação baseada em hash no Capítulo 11.

Observamos que a escolha das técnicas de indexação baseada em hash ou árvore pode ser combinada com qualquer uma das três alternativas de entradas de dados.

8.3.1 Indexação Baseada em Hash

Podemos organizar registros usando uma técnica chamada *hashing* para encontrar rapidamente registros que possuam determinado valor na chave de pesquisa. Por exemplo, se no arquivo de registros de funcionários aplicarmos hashing no campo *nome*, podemos recuperar todos os registros de Joe.

Nesta abordagem, os registros de um arquivo são agrupados em **buckets**, onde um bucket consiste em uma **página primária** e, possivelmente, páginas adicionais conectadas em uma cadeia.

O bucket ao qual um registro pertence pode ser determinado pela aplicação de uma função especial, chamada **função hash**, (ou função hasing) na chave de pesquisa. Dado um número de bucket, uma estrutura de índice baseada em hash nos permite recuperar a página primária para o bucket em uma ou duas E/S em disco.

Nas inserções, o registro é colocado no bucket apropriado, com páginas de 'overflow' alocadas conforme for necessário. Para pesquisarmos um registro com determinado valor de chave de pesquisa, aplicamos a função hash para identificar o bucket ao qual tal registro pertence e examinamos todas as páginas nesse bucket. Se não tivermos o valor da chave de pesquisa para o registro (por exemplo, o índice é baseado no *salário* e queremos os registros com um de valor para a idade), temos que examinar todas as páginas do arquivo.

Neste capítulo, supomos que a aplicação da função hash sobre (a chave de pesquisa de) um registro nos permite identificar e recuperar a página que contiver o registro com uma E/S. Na prática, estruturas de dados baseadas em hash que se ajustem de forma harmoniosa a inserções e exclusões e nos permitam recuperar a página contendo um registo em uma ou duas E/S são conhecidas (Veja o Capítulo 11).

A indexação por hashing é ilustrada na Figura 8.2, onde os dados estão armazenados em um arquivo sobre o qual se aplica hashing em *idade*; as entradas de dados neste primeiro arquivo de índice são os registros de dados reais. Aplicar a função hash no campo da idade identifica a página à qual o registro pertence. A função hash h para este exemplo é bastante simples; ela converte o valor da chave de pesquisa para sua representação binária e usa os dois bits menos significativos como o identificador do bucket.

A Figura 8.2 também mostra um índice com chave de pesquisa *salário* que contém pares ⟨*salário, rid*⟩ como entradas de dados. O componente *rid* (abreviação de *id do registro*) da entrada de dados neste segundo índice é um ponteiro para um registro com valor de chave de pesquisa *salário* (e é mostrado na figura como uma seta apontando para o registro de dados).

Usando a terminologia introduzida na Seção 8.2, a Figura 8.2 ilustra as alternativas (1) e (2) para entradas de dados. Ao arquivo de registros de funcionários é aplicada uma operação de hashing sobre *idade* e a Alternativa (1) é usada para entradas de dados. O segundo índice, sobre *salário*, também usa hashing para localizar entradas de dados, que agora são pares ⟨*salário, rid do registro do funcionário*⟩; ou seja, a Alternativa (2) é usada para entradas de dados.

Observe que a chave de pesquisa de um índice pode ser qualquer seqüência de um ou mais campos e não precisa de registros identificados univocamente. Por exemplo, no índice do salário, duas entradas de dados possuem o mesmo valor 6003 para a chave de pesquisa. (Há uma sobrecarga infeliz do termo *chave* na literatura de banco de dados. Uma *chave primária* ou *chave candidata* — campos que identificam univocamente um registro; veja o Capítulo 3 — não está relacionada ao conceito de chave de pesquisa.)

8.3.2 Indexação Baseada em Árvore

Uma alternativa à indexação baseada em hash é organizar os registros usando uma estrutura de dados em árvore. As entradas de dados são organizadas de maneira ordenada pelo valor da chave de pesquisa e uma estrutura de dados de pesquisa hierárquica é mantida direcionando as pesquisas às páginas corretas das entradas de dados.

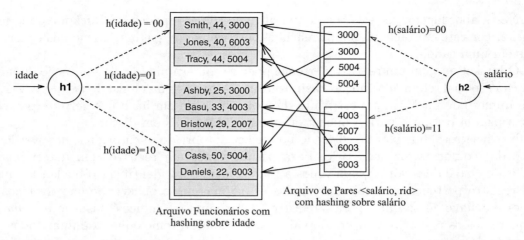

Figura 8.2 Arquivo organizado por índice com hashing sobre idade, com índice auxiliar sobre salário.

A Figura 8.3 mostra os registros de funcionários da Figura 8.2, desta vez organizados em um índice estruturado como árvore com chave de pesquisa *idade*. Cada nó nesta figura (por exemplo, nós rotulados como A, B, L1, L2) é uma página física, e a recuperação de um nó envolve uma E/S em disco.

O menor nível da árvore, chamado de **nível folha**, contém as entradas de dados; no nosso exemplo, são os registros dos funcionários. Para melhor ilustrarmos, desenhamos a Figura 8.3 como se houvesse registros adicionais de funcionários, alguns com idade menor que 22 e alguns com idade maior que 50 (o maior e o menor valor de idades que aparecem na Figura 8.2). Registros adicionais com idade menor que 22 apareceriam nas páginas folhas à esquerda da página L1 e registros com idade superior a 50 apareceriam em páginas folhas à direita da página L3.

Essa estrutura nos permite localizar de forma eficiente todas as entradas de dados com valores de chave de pesquisa em um intervalo desejado. Todas as pesquisas começam no nó mais acima, chamado **raiz**, e os conteúdos das páginas em níveis que não são folhas direcionam as pesquisas para a página folha correta. Páginas que não são folhas contêm ponteiros de nós separados por valores de chave de pesquisa.

O ponteiro de nó à esquerda de um valor de chave k aponta para uma subárvore que contém apenas entradas de dados menores que k. O ponteiro de nodo à direita de um valor chave k aponta para uma subárvore que contenha apenas entradas de dados maiores ou iguais a k.

No nosso exemplo, suponha que queiramos encontrar todas as entradas de dados com $24 < idade < 50$. Cada aresta do nó raiz para um nó filho na Figura 8.2 possui um rótulo que explica o que as subárvores correspondentes contêm. (Embora os rótulos das extremidades restantes na figura não sejam mostrados, devem ser fáceis de deduzir.) Na nossa pesquisa de exemplo, procuramos entradas de dados com valor de chave de pesquisa > 24 e somos direcionados para o filho do meio, o nó A. Novamente, examinando os conteúdos deste nó, somos direcionados para o nó B. Examinando os conteúdos do nó B, somos direcionados para o nó folha L1, o qual contém entradas de dados que estamos procurando.

Observe que os nós folhas L2 e L3 também contêm entradas de dados que satisfazem ao nosso critério de pesquisa. Para facilitar a recuperação de tais entradas qualificadas, todas as páginas folhas são mantidas em uma lista duplamente encadeada. Assim, podemos buscar a página L2 usando o ponteiro "próximo" na página L1 e então trazer a página L3 usando o ponteiro "próximo" em L2.

Visão Geral de Armazenamento e Indexação 233

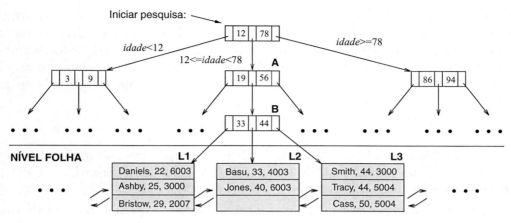

Figura 8.3 Índice estruturado como árvore.

Dessa forma, o número de E/S em disco durante uma pesquisa é igual ao comprimento de um caminho da raiz à folha mais o número de páginas folhas com entradas de dados qualificadas. A **árvore B+** é uma estrutura de índice que assegura que todos os caminhos da raiz até uma folha em determinada árvore tenham o mesmo comprimento, ou seja, a estrutura está sempre balanceada em altura. Encontrar a página folha correta é mais rápido do que a pesquisa binária das páginas em um arquivo ordenado porque cada nó não folha pode acomodar um número muito grande de ponteiros de nó, e a altura da árvore raramente é maior que três ou quatro na prática. A **altura** de uma árvore balanceada é o comprimento de um caminho da raiz até uma folha; na Figura 8.3, a altura é três. O número de E/S para recuperar uma página folha desejada é quatro, incluindo a raiz e a página folha. (Na prática, a raiz geralmente está no pool de buffers porque é acessada com freqüência e realizamos apenas três E/S para uma árvore de altura três.)

O número médio de filhos de um nó não folha é chamado de fan-out da árvore. Se cada nó não folha possuir n filhos, uma árvore de altura h possui n^h páginas folhas. Na prática, os nós não possuem o mesmo número de filhos, mas, usando um valor médio F para n, ainda obtemos uma boa aproximação do número de páginas folhas, F^h. Na prática, F é pelo menos 100, o que significa que uma árvore de altura quatro contém 100 milhões de páginas folhas. Assim, podemos pesquisar um arquivo com 100 milhões de páginas folhas e encontrar a página que queremos usando quatro E/S; em comparação, a pesquisa binária no mesmo arquivo precisaria de $\log_2 100,000,000$ (sobre 25) E/S.

8.4 COMPARAÇÃO DAS ORGANIZAÇÕES DE ARQUIVOS

Agora comparamos os custos de algumas operações simples para diversas organizações básicas de arquivo sobre um conjunto de registros de funcionários. Supomos que os arquivos e índices estão organizados de acordo com a chave composta de pesquisa ⟨*idade, salário*⟩ e que todas as operações de seleção são especificadas sobre estes campos. As organizações que consideramos são as seguintes:

- Arquivo de registros de funcionários organizados aleatoriamente, ou arquivo heap.
- Arquivo de registros ordenados por ⟨*idade, salário*⟩.
- Arquivo de árvore B+ agrupado com chave de pesquisa em ⟨*idade, salário*⟩.
- Arquivo heap com um índice de árvore B+ não agrupado sobre ⟨*idade, salário*⟩.
- Arquivo heap com um índice hash não agrupado sobre ⟨*idade, salário*⟩.

Nosso objetivo é enfatizar a importância da escolha de uma organização de arquivo apropriada e a lista acima inclui as principais alternativas a ser consideradas na prática. Obviamente, podemos manter os registros não ordenados ou ordená-los. Também podemos criar um índice sobre o arquivo de dados. Observe que, mesmo se o arquivo de dados estiver ordenado, um índice cuja chave de pesquisa seja diferente da ordenação se comporta como um índice em um arquivo heap!

As operações seguintes são as:

- **Varredura:** Buscar todos os registros do arquivo. As páginas no arquivo devem ser trazidas do disco para o pool de buffers. Também há um overhead de CPU por registro para localizar o registro na página (no pool).
- **Pesquisa com Seleção por Igualdade:** Trazer todos os registros que satisfaçam a uma seleção por igualdade; por exemplo, "Encontrar o registro de funcionário para o funcionário com *idade* 23 e *salário* 50". Páginas que contenham registros qualificados devem ser trazidas do disco e registros qualificados devem ser localizados dentro das páginas recuperadas.
- **Pesquisa com Seleção por Intervalo:** Trazer todos os registros que satisfaçam a uma seleção por intervalo; por exemplo, "Encontrar todos os registros de funcionários com *idade* maior que 35".
- **Inserção de um Registro:** Inserir determinado registro no arquivo. Devemos identificar a página do arquivo na qual o novo registro deve ser inserido, trazer essa página do disco, modificá-la para incluir o novo registro e então gravar de volta a página modificada. Dependendo da organização do arquivo, podemos ter de trazer, modificar e gravar de volta outras páginas também.
- **Exclusão de um Registro:** Excluir um registro que seja especificado usando seu rid. Devemos identificar a página que contém o registro, trazê-la do disco, modificá-la e gravá-la de volta. Dependendo da organização do arquivo, podemos ter de trazer, modificar e gravar de volta outras páginas também.

8.4.1 Modelo de Custo

Na nossa comparação de organizações de arquivo, e em capítulos posteriores, usamos um modelo de custo simples que nos permite avaliar o custo (em termos de tempo de execução) de diferentes operações de bancos de dados. Usamos B para denotar o número de páginas de dados quando registros são empacotados em páginas sem perda de espaço e R para denotar o número de registros por página. O tempo médio para ler ou gravar uma página em disco é D e o tempo médio para processar um registro (por exemplo, para comparar um valor de um campo com uma constante de seleção) é C. Na organização de arquivo com hashing, usamos uma função, chamada *função hash*, para mapear um registro para um intervalo de números; o tempo necessário para aplicar a função hash em um registro é H. Para índices de árvores, usaremos F para denotar o fan-out, que geralmente é pelo menos 100, conforme mencionado na Seção 8.3.2.

Valores típicos hoje são $D = 15$ milissegundos, C e $H = 100$ nanossegundos; esperamos portanto que o custo da E/S seja preponderante. A E/S muitas vezes (e até geralmente) é o componente preponderante do custo de operações de bancos de dados, e considerar os custos de E/S nos dá uma boa aproximação inicial dos custos reais. Além disso, as velocidades de CPU estão aumentando constantemente, enquanto as velocidades de disco não estão aumentando no mesmo ritmo. (Por outro lado, à medida que o tamanho da memória principal aumenta, uma fração muito maior das pági-

Visão Geral de Armazenamento e Indexação 235

nas necessárias provavelmente caberá na memória, levando a menos solicitações de E/S!) Decidimos nos concentrar no componente de E/S do modelo de custo e consideramos a constante simples C para o custo de processamento por registro na memória. Tenha em mente as seguintes observações:

Sistemas reais devem considerar outros aspectos de custo, como custo de CPU (e custos de transmissão pela rede em um banco de dados distribuído).

Mesmo com a decisão de enfocar os custos de E/S, um modelo preciso seria complexo demais para expressarmos as idéias essenciais de maneira simples. Portanto usamos um modelo simplista no qual apenas contamos o número de páginas lidas ou gravadas em disco como uma medida de E/S. Ignoramos a importante questão do **acesso em blocos** na nossa análise — em geral, sistemas de disco nos permitem ler um bloco de páginas contíguas em uma única solicitação de E/S. O custo é igual ao tempo necessário para *pesquisar* a primeira página do bloco e transferir todas as páginas desse bloco, especialmente se essas solicitações não se forem consecutivas, porque teríamos um custo adicional de pesquisa para cada página do bloco.

Discutiremos as implicações do modelo de custo sempre que nossas suposições simplificadas provavelmente afetem de maneira importante nossas conclusões.

8.4.2 Arquivos Heap

Varredura: O custo é $B(D + RC)$ porque devemos recuperar cada uma das páginas B gastando tempo D por página e, para cada página, processar R registros gastando tempo C por registro.

Pesquisa com Seleção por Igualdade: Suponhamos que saibamos de antemão que exatamente um registro satisfaz a seleção por igualdade desejada, ou seja, a seleção é especificada sobre uma chave candidata. Em média, devemos varrer metade do arquivo, considerando que o registro exista e que a distribuição dos valores no campo de busca seja uniforme. Para cada página de dados recuperada, devemos verificar todos os registros para ver se são os desejados. O custo é $0{,}5B(D + RC)$. Se nenhum registro satisfizer a seleção, por exemplo, devemos varrer o arquivo inteiro para descobrir a causa disso.

Se a seleção não for sobre um campo de chave candidata (por exemplo, "Encontrar funcionários com idade igual a 18"), sempre teremos de varrer o arquivo inteiro porque registros com *idade* = 18 poderiam estar dispersos por todo o arquivo e não temos idéia de quantos registros desse tipo existem.

Pesquisa com Seleção por Intervalo: O arquivo inteiro deve ser varrido, pois os registros qualificados poderiam aparecer em qualquer lugar do arquivo e não sabemos quantos existem. O custo é B(D + RC).

Inserção: Supomos que os registros sejam inseridos sempre no final do arquivo. Devemos trazer a última página do arquivo, adicionar o registro e gravar a página de volta. O custo é 2D + C.

Exclusão: Devemos encontrar o registro, removê-lo da página e gravar a página modificada de volta. Supomos que nenhuma tentativa seja feita para compactar o arquivo para recuperar o espaço livre criado por exclusões, por simplicidade[1]. O custo é o custo da pesquisa mais C + D.

---

[1] Na prática, um diretório ou outra estrutura de dados é usado para manter informação do espaço livre e os registros são inseridos no primeiro lugar disponível, conforme discutido no Capítulo 9. Isso aumenta um pouco o custo de inserção e exclusão, mas não o suficiente para afetar nossa comparação.

Consideramos que o registro a ser excluído seja especificado usando o id do registro. Já que o id da página pode ser obtido facilmente por meio do id do registro, podemos ler diretamente na página. O custo da pesquisa é, portanto, D.

Se o registro a ser excluído for especificado usando uma condição por intervalo ou igualdade em alguns campos, o custo da pesquisa é dado na nossa discussão sobre seleções por intervalo e igualdade. O custo da exclusão também é afetado pelo número de registros qualificados, já que todas as páginas contendo tais registros devem ser modificadas.

8.4.3 Arquivos Ordenados

Varredura: O custo é $B(D + RC)$, porque todas as páginas devem ser examinadas. Observe que este caso não é melhor ou pior que o caso dos arquivos não ordenados. Entretanto, a ordem na qual os registros são recuperados corresponde à ordenação, ou seja, todos os registros na ordem de *idade* e, para determinada idade, por ordem de *salário*.

Pesquisa com Seleção por Igualdade: Supomos que a seleção por igualdade corresponda à ordenação ⟨*idade, salário*⟩. Em outras palavras, suponhamos que uma condição de seleção seja especificada sobre pelo menos o primeiro campo de uma chave composta (*idade* = 30). Do contrário (seleção *salário* = 50 ou *departamento* = "Brinquedos"), a ordenação não nos ajuda e o custo é idêntico àquele do arquivo heap.

Podemos localizar a primeira página contendo o registro ou registros desejados, se algum registro qualificado existir, com uma pesquisa binária em $log_2 B$ passos. (Esta análise supõe que as páginas no arquivo ordenado estejam armazenadas seqüencialmente e que possamos recuperar a *i-ésima* página do arquivo diretamente com uma E/S em disco.) Cada passo requer uma E/S em disco e duas comparações. Assim que a página for conhecida, o primeiro registro qualificado pode ser localizado novamente por uma pesquisa binária na página a um custo de $Clog_2 R$. O custo é $Dlog_2 B + Clog_2 R$, o que é uma melhoria significativa em comparação à pesquisa em arquivos heap.

Se diversos registros se qualificarem (por exemplo "Encontre todos os funcionários com 18 anos de idade"), eles seguramente serão adjacentes entre si devido à ordenação por *idade*, de forma que o custo de recuperação de tais registros é o custo da localização do primeiro desses registros ($Dlog_2 B + Clog_2 R$) mais o custo da leitura de todos os registros qualificados em ordem seqüencial. Geralmente todos os registros qualificados cabem em uma única página. Se nenhum registro se qualificar, isso é estabelecido pela pesquisa do primeiro registro qualificado, que encontra a página que conteria um registro qualificado, se existisse, e pesquisa essa página.

Pesquisa com Seleção por Intervalo: Supondo novamente que a seleção por intervalo corresponda à chave composta, o primeiro registro que satisfaça a seleção é localizado da mesma forma que com a pesquisa por igualdade. Subseqüentemente, páginas de dados são recuperadas seqüencialmente até que seja encontrado um registro que não satisfaça à seleção por intervalo; isso é semelhante a uma pesquisa por igualdade com muitos registros qualificados.

O custo é o da pesquisa mais o da recuperação do conjunto de registros que satisfaçam à pesquisa. O custo da pesquisa inclui o custo de trazer a primeira página contendo registros qualificados ou correspondentes. Para seleções por intervalos pequenos, todos os registros qualificados aparecem nesta página. Para seleções por intervalos maiores, temos de trazer páginas adicionais contendo registros correspondentes.

Inserção: Para inserir um registro ao mesmo tempo em que preservamos a ordenação, devemos primeiro encontrar a posição correta no arquivo, adicionar o registro e depois trazer e regravar todas as páginas subseqüentes (porque todos os registros antigos são deslocados uma posição, supondo-se que o arquivo não tenha posições vazias). Em média, podemos supor que o registro inserido esteja na metade do arquivo. Dessa forma, devemos ler a última metade do arquivo e então gravá-la de volta depois de adicionado o novo registro. O custo é o da pesquisa para encontrar a posição do novo registro mais $2 \cdot (0{,}5B(D + RC))$, ou seja, o custo da pesquisa mais $B(D + RC)$.

Exclusão: Devemos pesquisar o registro, removê-lo da página e gravar a página modificada de volta. Também devemos ler e gravar todas as páginas subseqüentes porque todos os registros que seguem o excluído devem ser movidos para compactar o espaço livre[2]. O custo é o mesmo do de uma inserção, ou seja, o custo da pesquisa mais $B(D + RC)$. Dado o rid do registro a ser excluído, podemos trazer a página contendo o registro diretamente.

Se registros a ser excluídos forem especificados por uma condição por igualdade ou por intervalo, o custo da exclusão depende do número de registros qualificados. Se a condição for especificada sobre o campo ordenado, registros qualificados garantidamente serão contíguos e o primeiro registro qualificado pode ser localizado usando-se pesquisa binária.

8.4.4 Arquivos Agrupados

Em um arquivo agrupado, muito estudo empírico mostrou que páginas têm geralmente em torno de 67% de ocupação. Assim, o número de páginas físicas de dados é em torno de $1{,}5B$ e usamos esta observação nas análises a seguir.

Varredura: O custo de uma varredura é de $1{,}5B(D + RC)$ porque todas as páginas de dados devem ser examinadas; isso é semelhante aos arquivos ordenados, com o ajuste óbvio para o número maior de páginas de dados. Observe que nossa métrica de custos não captura diferenças em potencial no custo devido à E/S seqüencial. Esperaríamos que arquivos ordenados fossem superiores quanto a isso, embora um arquivo agrupado usando ISAM (em vez de árvores B+) ficasse próximo.

Pesquisa com Seleção por Igualdade: Supomos que a seleção por igualdade corresponda à chave de pesquisa ⟨idade, salário⟩.

Podemos localizar a primeira página contendo o registro ou registros desejados, se algum registro qualificado existir, em $log_F 1{,}5B$ passo, ou seja, trazendo todas as páginas da raiz até a folha apropriada. Na prática, a página raiz provavelmente esteja no pool de buffers e economizamos uma E/S, mas ignoramos isso nas nossas análises simplificadas. Cada passo requer uma E/S em disco e duas comparações. Uma vez que a página seja conhecida, o primeiro registro qualificado pode ser localizado por meio de uma pesquisa binária da página a um custo de $Clog_2 R$. O custo é $Dlog_F 1{,}5B + Clog_2 R$, o que é uma melhoria significativa em relação à pesquisa mesmo de arquivos ordenados.

Se diversos registros se qualificarem (por exemplo, "Encontrar funcionários de 18 anos de idade), eles com certeza serão adjacentes entre si devido à ordenação pela *idade*, de forma que o custo recuperação de todos esses registros é o custo de localizar o primeiro de tais registros ($Dlog_F 1{,}5B + Clog_2 R$) mais o custo de ler todos os registros qualificados em ordem seqüencial.

---

[2] Diferentemente de um arquivo heap, não há forma não custosa de gerenciar espaço livre, portanto devemos contabilizar o custo da compactação de um arquivo quando um registro for excluído.

Pesquisa com Seleção por Intervalo: Supondo novamente que a seleção por intervalo corresponda à chave composta, o primeiro registro que satisfaça à seleção é localizado da mesma forma que com a pesquisa por igualdade. Subseqüentemente, páginas de dados são recuperadas em seqüência (usando as conexões anterior e posterior no nível de folha) até que um registro que não satisfaça à seleção por intervalo seja encontrado; isso é semelhante a pesquisa por igualdade com muitos registros qualificados.

Inserção: Para inserirmos, devemos primeiro encontrar a página folha correta no índice, lendo cada página da raiz até a folha. A seguir, devemos adicionar o novo registro. Na maior parte das vezes, a página folha possui espaço suficiente para o novo registro e tudo o que precisamos fazer é gravar a página folha modificada. Ocasionalmente, a folha está cheia e precisamos recuperar e modificar outras páginas, mas isso é suficientemente raro para podermos ignorar nesta análise simplificada. O custo é, portanto, o da pesquisa mais uma gravação, $Dlog_F 1{,}5B + Clog_2 R + D$.

Exclusão: Devemos procurar o registro, removê-lo da página e gravar a página modificada de volta. A discussão e a análise de custo para a inserção se aplicam aqui também.

8.4.5 Arquivo Heap com Índice de Árvore Não Agrupado

O número de páginas folhas em um índice depende do tamanho de uma entrada de dados. Suponhamos que cada entrada de dados no índice tenha um décimo do tamanho de um registro de dados de funcionário, o que é típico. O número de páginas folhas no índice é $0{,}1(1{,}5B) = 0{,}15B$, se considerarmos a porcentagem de ocupação de 67% das páginas do índice. De maneira semelhante, o número de entradas de dados em uma página é $10(0{,}67R) = 6{,}7R$, considerando o tamanho e a ocupação relativos.

Varredura: Considere a Figura 8.1, que ilustra um índice não agrupado. Para executarmos uma varredura completa do arquivo de registros de funcionários, podemos examinar o nível folha do índice e para cada entrada de dados, trazer o registro de dados correspondente do arquivo subjacente, obtendo registros de dados na ordenação ⟨idade, salário⟩.

Podemos ler todas as entradas de dados a um custo de $0{,}15B(D + 6{,}7RC)$ E/S. Agora vem a parte custosa: temos de trazer o registro de funcionário para cada entrada de dados no índice. O custo de trazer os registros de funcionário é uma E/S por registro, já que o índice não é agrupado e cada entrada de dados em uma página folha do índice poderia apontar para uma página diferente no arquivo de funcionários. O custo dessa etapa é $BR(D + C)$, o que é proibitivamente alto. Se quisermos os registros de funcionários ordenados, seria melhor que ignorássemos o índice e varrêssemos o arquivo de funcionários diretamente, ordenando-o a seguir. Uma regra básica é que um arquivo pode ser ordenado em um algoritmo de duas passagens no qual cada passagem requer a leitura e a gravação do arquivo inteiro. Assim, o custo de E/S de ordenar um arquivo com B páginas é $4B$, que é muito menor que o custo de usar um índice não agrupado.

Pesquisa com Seleção por Igualdade: Suponhamos que a seleção por igualdade corresponda à ordenação ⟨idade, salário⟩. Podemos localizar a primeira página contendo a entrada ou entradas de dados desejadas se alguma entrada qualificada existir, em $log_F 0{,}15B$ passos, ou seja, trazendo todas as páginas da raiz até a folha apropriada. Cada passo requer uma E/S em disco e duas comparações. Assim que a página for conhecida, a primeira entrada de dados qualificada pode ser localizada novamente através de uma pesquisa binária da página a um custo de $Clog_2 6{,}7R$. O primeiro registro de dados qualificado pode ser trazido com outra E/S. O custo é $Dlog_F 0{,}15B +$

$Clog_2 6,7R + D$, o que é uma melhoria significativa em relação à pesquisa em arquivos ordenados.

Se diversos registros se qualificarem (por exemplo, "Encontrar todos os funcionários com 18 anos de idade"), eles não serão necessariamente adjacentes entre si. O custo da recuperação de todos esses registros é o de localizar a primeira entrada de dados qualificada ($Dlog_F\ 0,15B + Clog_2 6,7R$) mais uma E/S por registro qualificado. O custo do uso de um índice não agrupado é, portanto, muito dependente do número de registros qualificados.

Pesquisa com Seleção por Intervalo: Supondo novamente que a seleção por intervalo corresponda à chave composta, o primeiro registro que satisfaça à seleção é localizado da mesma forma realizada com a pesquisa por igualdade. Subseqüentemente, as entradas de dados são recuperadas seqüencialmente (usando as conexões anterior e posterior no nível folha do índice) até que uma entrada de dados que não satisfaça à seleção por intervalo seja encontrada. Para cada entrada de dados qualificada, executamos uma E/S para trazer os registros de funcionários correspondentes. O custo pode rapidamente se tornar proibitivo quando o número de registros que satisfaçam à seleção por intervalo aumentar. Como uma regra básica, se 10% dos registros de dados satisfizerem a condição de seleção, ficaremos melhor recuperando todos os registros de funcionários, ordenando-os e então conservando aqueles que satisfaçam a seleção.

Inserção: Devemos primeiro inserir o registro no arquivo heap de funcionários, a um custo de $2D + C$. Além disso, devemos inserir a entrada de dados correspondente no índice. Encontrar a página filha correta custa $Dlog_F\ 0,15B + Clog_2 6,7R$, e gravá-la após adicionar a nova entrada de dados custa outro D.

Exclusão: Precisamos localizar o registro de dados no arquivo de funcionários e a entrada de dados no índice, e este passo custa $Dlog_F\ 0,15B + Clog_2 6,7R + D$. Agora, precisamos gravar as páginas modificadas no índice e no arquivo de dados, a um custo de $2D$.

8.4.6 Arquivo Heap com Índice Hash não Agrupado

Da mesma forma que para índices de árvore não agrupados, suponhamos que cada entrada de dados seja um décimo do tamanho de um registro de dados. Consideramos apenas o hashing estático na nossa análise e, por simplicidade, supomos que não existam cadeias de overflow[3].

Em um arquivo com hashing estático, as páginas são mantidas com em torno de 80% de ocupação (para deixar espaço para futuras inserções e minimizar overflows quando o arquivo se expandir). Isso é obtido com a adição de uma página em um bucket quando cada página existente estiver 80% cheia, quando registros são carregados inicialmente em uma estrutura de arquivo com hashing. O número de páginas necessárias para armazenar dados é, portanto, 1,25 vezes o número de páginas quando as entradas estiverem empacotadas densamente, ou seja, $1,25(0,10B) = 0,125B$. O número de entradas de dados que cabem em uma página é $10(0,80R) = 8R$, considerando o tamanho e a ocupação relativos.

Varredura: Da mesma forma que para um índice de árvore não agrupado, todas as entradas de dados podem ser recuperadas de forma não muito custosa, a um custo de $0,125B(D + 8RC)$ E/S. Entretanto, para cada entrada, temos um custo adicional de uma E/S para trazer o registro de dados correspondente; o custo deste passo é $BR(D$

---

[3] As variantes dinâmicas do hashing são menos suscetíveis ao problema das cadeias de overflow e têm um custo médio ligeiramente superior por pesquisa, mas são por outro lado semelhantes à versão estática.

+ C). Isso é proibitivamente caro e, além disso, os resultados não estão ordenados. Assim, ninguém varre um índice hash.

Pesquisa com Seleção por Igualdade: Esta operação é suportada de maneira muito eficiente para seleções por correspondência, ou seja, condições de igualdade são especificadas para cada campo da chave de pesquisa composta ⟨*idade, salário*⟩. O custo de identificar a página que contenha entradas de dados qualificadas é H. Supondo que esse bucket consista em apenas uma página (nenhuma página de overflow), recuperá-lo custa D. Se supormos que encontramos a entrada de dados após varrer metade dos registros da página, o custo da varredura da página é $0{,}5(8R)C = 4RC$. Finalmente, temos de trazer o registro de dados do arquivo de funcionários, o que é outro D. O custo total é, portanto, $H + 2D + 4RC$, o que é até menor que o custo de um índice de árvore.

Se diversos registros se qualificarem, *não* é garantido que eles sejam adjacentes uns aos outros. O custo de recuperar todos esses registros é o de localizar sua primeira entrada de dados qualificada ($H + D + 4RC$) mais uma E/S por registro qualificado. O custo de usar um índice não agrupado depende portanto em muito do número de registros qualificados.

Pesquisa com Seleção por Intervalo: A estrutura hash não oferece ajuda e o arquivo heap inteiro de registros de funcionários deve ser varrido a um custo de $B(D + RC)$.

Inserção: Devemos inserir o registro no arquivo heap de funcionários a um custo de $2D + C$. Além disso, a página apropriada no índice deve ser localizada, modificada para inserir uma nova entrada de dados e então gravada de volta. O custo adicional é $H + 2D + C$.

Exclusão: Precisamos localizar o registro de dados no arquivo de funcionários e a entrada de dados no índice; este passo de pesquisa custa $H + 2D + 4RC$. Agora, precisamos gravar as páginas modificadas no índice e no arquivo de dados, a um custo de $2D$.

8.4.7 Comparação de Custos de E/S

A Figura 8.4 compara custos de E/S para diversas organizações de arquivos que discutimos. Um arquivo heap possui boa eficiência de armazenamento e suporta varredura e inserção de registros rápidas. Entretanto, é lento para pesquisas e exclusões.

Um arquivo ordenado oferece boa eficiência de armazenamento, mas a inserção e a exclusão de registros são lentas. Pesquisas são mais rápidas do que em arquivos heap. Vale a pena observar que, em um SGBD real, um arquivo quase nunca é mantido totalmente ordenado.

Um arquivo agrupado oferece todas as vantagens de um arquivo ordenado *e* suporta inserções e exclusões de forma eficiente. (Há overhead de espaço para esses benefícios, relativo a um arquivo ordenado, mas essa troca vale a pena.) As pesquisas são ainda mais rápidas do que em arquivos ordenados, embora um arquivo ordenado possa ser mais rápido quando um grande número de registros forem recuperados seqüencialmente, por causa da eficiência da E/S em blocos.

Índices hash e de árvore não agrupados oferecem pesquisas, inserção e exclusões rápidas, mas as varreduras e pesquisas por intervalo com muitas correspondências são lentas. Índices hash são um pouco mais rápidos em pesquisas por igualdade, mas não suportam pesquisas por intervalo.

Em resumo, a Figura 8.4 demonstra que nenhuma organização de arquivo é uniformemente superior em todas as situações.

Visão Geral de Armazenamento e Indexação

Tipos de Arquivo	Varredura	Pesquisa por Igualdade	Pesquisa por Intervalo	Inserção	Exclusão
Heap	BD	$0,5BD$	BD	$2D$	$Pesquisa + D$
Ordenado	BD	$Dlog_2B$	$Dlog_2B+\#$	Pesquisa de páginas correspondentes	$Pesquisa + BD$
Agrupado	$1,5BD$	$DlogF\ 1,5B$	$Dlog_F\ 1,5B+\#pesquisa$ páginas correspondentes	$Pesquisa\ D$	$Pesquisa + D$
Índice de árvore não agrupado	$BD(R+0,15)$	$D(1+log_F\ 0,15B)$	$D(log_F\ 0,5B+\#registros\ correspondentes)$	$D(3+log_F\ 0,B)$	$Pesquisa + 2D$
Índice hash não agrupado	$BD(R+0,125)$	$2D$	BD	$4D$	$Pesquisa + 2D$

Figura 8.4 Uma comparação de custos de E/S.

8.5 ÍNDICES E SINTONIZAÇÃO DE DESEMPENHO

Nesta seção, apresentamos uma visão geral de decisões que surgem no uso de índices para melhorar o desempenho de um sistema de bancos de dados. A escolha de índices possui um enorme impacto sobre o desempenho do sistema e deve ser feita no contexto da **carga de trabalho** esperada, ou uma mistura típica de operações de pesquisa e atualização.

Uma discussão completa sobre índices e desempenho requer compreensão de avaliação de consultas de bancos de dados e controle de concorrência. Nós retornamos portanto a este tópico no Capítulo 20, no qual desenvolvemos a discussão desta seção. Em especial, discutimos exemplos envolvendo múltiplas tabelas no Capítulo 20, pois requerem uma compreensão de algoritmos de junção e planos de avaliação de consultas.

8.5.1 O Impacto da Carga de Trabalho

A primeira coisa a considerar é a carga de trabalho esperada e as operações comuns. Diferentes organizações de arquivos e índices, como vimos, suportam bem diferentes operações.

De modo geral, um índice suporta recuperação eficiente de entradas de dados que satisfaçam a determinada condição de seleção. Lembre-se da seção anterior que há dois tipos importantes de seleção: a seleção por igualdade e a seleção por intervalo. Técnicas de indexação baseadas em hash são otimizadas apenas para seleções de igualdade e não se saem muito bem em seleções por intervalos, em que geralmente são piores do que a varredura do arquivo inteiro de registros. Técnicas de indexação baseada em árvores suportam ambos os tipos de condições de seleção de modo eficiente, explicando assim seu uso amplamente difundido.

Tanto os índices de árvore quanto de hashing podem suportar inserções, exclusões e atualizações com bastante eficiência. Índices baseados em árvore, em especial, oferecem uma alternativa superior para a manutenção de arquivos de registros inteiramente ordenados. Em comparação com simplesmente realizar a manutenção das entradas de dados em um arquivo ordenado, nossa discussão sobre índices estruturados como árvores (árvores B+) na Seção 8.3.2 destaca duas vantagens importantes sobre os arquivos ordenados:

1. Podemos lidar com inserções e exclusões de entradas de dados de maneira eficiente.
2. Encontrar a página folha correta durante a pesquisa de um registro por meio de valor de chave de pesquisa é muito mais rápido do que a pesquisa binária das páginas em um arquivo ordenado.

A desvantagem relativa é que as páginas de um arquivo ordenado podem ser alocadas em seqüência física no disco, tornando muito mais rápido recuperar diversas páginas em ordem seqüencial. É claro que inserções e exclusões em um arquivo ordenado são extremamente custosas. Uma variação de árvores B+, chamada Indexed Sequential Access Method (ISAM), oferece o benefício de alocação seqüencial de páginas folhas, mais o benefício de pesquisas rápidas. Inserções e exclusões não são realizadas tão bem quando como nas árvores B+, mas são muito melhores que em um arquivo ordenado. Estudaremos a indexação estruturada como árvore em detalhes no Capítulo 10.

8.5.2 Organização de Índice Agrupado

Como vimos na Seção 8.2.1, um índice agrupado é realmente uma organização de arquivo para os registros de dados correspondentes. Registros de dados podem ser grandes e devemos evitar replicá-los; assim, pode haver no máximo um índice agrupado em determinado conjunto de registros. Por outro lado, podemos criar diversos índices não agrupados em um arquivo de dados. Suponhamos que os registros de funcionários estejam ordenados pela *idade* ou armazenados em um arquivo agrupado com chave de pesquisa *idade*. Se, além disso, tivermos um índice sobre o campo *salário*, esse último deve ser um índice não agrupado. Também podemos criar um índice não agrupados sobre, digamos, *departamento*, se existir tal campo.

Índices clusterizados, embora menos custosos de serem mantidos do que um arquivo inteiramente ordenado, são ainda assim custosos de manter. Quando um novo registro tem de ser inserido em uma página folha cheia, uma nova página folha deve ser alocada e alguns registros existentes têm de ser movidos para a nova página. Se registros forem identificados por uma combinação de id e posição na página, como é geralmente o caso em sistemas de bancos de dados atuais, todos os lugares no banco de dados que apontam para um registro movido (geralmente entradas em outros índices para o mesmo conjunto de registros) também devem ser atualizados para apontar para a nova localização. Localizar todos esses lugares e fazer essas atualizações adicionais pode envolver diversas E/S em disco. O agrupamento deve ser pouco usado e apenas quando justificado por consultas freqüentes que se beneficiem do agrupamento. Em especial, não há uma boa razão para a criação de um arquivo agrupado usando hashing, já que consultas por intervalos não podem ser respondidas usando índices hash.

Ao se lidar com a limitação de que no máximo um índice pode ser agrupado, é muitas vezes útil considerar se a informação na chave de pesquisa de um índice é suficiente para responder à consulta. Se for esse o caso, sistemas modernos de bancos de dados são suficientemente inteligentes para evitar trazer os registros de dados reais. Por exemplo, se tivermos um índice sobre *idade* e quisermos calcular a idade média dos funcionários, o SGBD pode fazer isso simplesmente examinando as entradas de dados do índice. Esse é um exemplo de uma **avaliação somente de índice**. Em uma avaliação somente de índice de uma consulta, não precisamos acessar os registros de dados nos arquivos que contenham as relações da consulta; podemos avaliar a consulta completamente por meio de índices nos arquivos. Um benefício importante da avaliação somente de índice é que ela funciona de maneira igualmente eficiente com apenas índices não agrupados, já que somente as entradas de dados do índice são usadas nas consultas. Assim, índices não agrupados podem ser usados para acelerar determinadas consultas se reconhecermos que o SGBD explorará a avaliação somente de índice.

Exemplos de Projeto Ilustrando Índices Agrupados

Para ilustrar o uso de um índice agrupado sobre uma consulta por intervalo, considere o seguinte exemplo:

```
SELECT  F.num_depto
FROM    Funcionários F
WHERE   F.idade > 40
```

Se tivermos um índice de árvore B+ sobre *idade*, podemos usá-lo para recuperar apenas tuplas que satisfaçam à seleção *F.idade* > 40. Se tal índice vale a pena, depende primeiro da seletividade da condição. Que fração dos funcionários têm mais de 40 anos de idade? Se virtualmente qualquer um tiver mais de 40 anos, ganhamos pouco usando um índice sobre *idade*; uma varredura seqüencial da relação seria quase tão boa. Entretanto, suponhamos que apenas 10% dos funcionários tenham mais de 40 anos. Um índice é útil agora? A resposta depende do índice ser ou não agrupado. Se o índice não fosse agrupado, poderíamos ter uma E/S em página por funcionário qualificado e isso poderia ser mais custoso que uma varredura seqüencial, mesmo se apenas 10% dos funcionários se qualificassem! Por outro lado, um índice de árvore B+ agrupado sobre *idade* requer apenas 10% das E/S para uma varredura seqüencial (ignorando as poucas E/S necessárias para atravessar da raiz até a primeira página folha recuperada e as E/S para as páginas folhas relevantes do índice).

Como outro exemplo, considere o seguinte refinamento da consulta anterior:

```
SELECT    F.num_depto, COUNT(*)
FROM      Funcionários F
WHERE     F.idade > 10
GROUP BY  F.num_depto
```

Se um índice de árvore B+ estivesse disponível sobre *idade*, poderíamos recuperar tuplas usando-o, ordenar as tuplas recuperadas em num_depto e assim responder à consulta. Entretanto, esse pode não ser um bom plano se virtualmente todos os funcionários tiverem mais de 10 anos. Esse plano é especialmente ruim se o índice não for agrupado.

Consideremos se um índice sobre *num_depto* poderia ser apropriado para nossos propósitos mais adiante. Poderíamos usar o índice para recuperar todas as tuplas, agrupadas por *num_depto* e, para cada *num_depto*, contar o número de tuplas com *idade* > 10. (Essa estratégia pode ser usada tanto com índices de árvore B+ quanto com hashing; só precisamos que as tuplas sejam *agrupadas*, não necessariamente *ordenadas*, pelo *num_depto*). Mais uma vez, a eficiência depende de forma crucial do índice ser agrupado. Se for, este plano provavelmente será o melhor se a condição sobre a *idade* não for muito seletiva. (Mesmo se tivermos um índice agrupado sobre *idade*, se a condição sobre *idade* não for seletiva, o custo da ordenação das tuplas qualificadas em *num_depto* provavelmente será alto.) Se o índice não for agrupado, poderíamos executar uma entrada de E/S por tupla em Funcionários e esse plano será péssimo. De fato, se o índice não for agrupado, o otimizador escolherá o plano direto baseado na ordenação em *num_depto*. Portanto, a consluta sugere que criemos um índice agrupado sobre *num_depto* se a condição sobre *idade* não for muito seletiva. Se a condição for muito seletiva, devemos considerar a criação de um índice (não necessariamente agrupado) sobre *idade*.

Agrupamento também é importante para um índice sobre uma chave de pesquisa que não inclua uma chave candidata, ou seja, um índice no qual diversas entradas de dados podem ter o mesmo valor de chave. Para ilustrarmos a questão, apresentamos a seguinte consulta:

```
SELECT   F.num_depto
FROM     Funcionários F
WHERE    F.passatempo='Selos'
```

Se muitas pessoas colecionarem selos, recuperar tuplas por meio de um índice não agrupado sobre *passatempo* pode ser muito ineficiente. Pode ser menos custoso simplesmente percorrer a relação para recuperar todas as tuplas e aplicar a seleção durante a execução nas tuplas recuperadas. Portanto, se tal consulta for importante, devemos considerar tornar o índice sobre *passatempo* um índice agrupado. Por outro lado, se supormos que *id_funcion* seja uma chave para Funcionários e substituirmos a condição *F.passatempo* 'pelo' por *F.id_funcion=552*, sabemos que no máximo uma tupla de Funcionários satisfará esta condição de seleção. Nesse caso, não há vantagem em tornar o índice agrupado.

A próxima consulta mostra como operações de agregação podem influenciar a escolha de índices:

```
SELECT   F.num_depto, COUNT(*)
FROM     Funcionários F
GROUP BY F.num_depto
```

Um plano direto para essa consulta é ordenar Funcionários sobre *num_depto* para calcular a contagem de funcionários para cada *num_depto*. Entretanto, se um índice — hash ou árvore B+ – sobre *num_depto* estiver disponível, podemos responder a essa consulta varrendo apenas o índice. Para cada valor de *num_depto*, simplesmente contamos o número de entradas de dados no índice com este valor para a chave de pesquisa. Observe que não importa se o índice está agrupado porque nunca recuperamos tuplas de Funcionários.

8.5.3 Chaves de Pesquisa Compostas

A chave de pesquisa para um índice pode conter diversos campos; tais chaves são chamadas **chaves de pesquisa compostas** ou **chaves concatenadas**. Como exemplo, considere um conjunto de registros de funcionários, com campos *nome*, *idade* e *salário*, armazenados ordenadamente pelo *nome*. A Figura 8.5 ilustra a diferença entre um índice composto com chave ⟨*idade, salário*⟩, um índice composto com chave ⟨*salário, idade*⟩, um índice com chave *idade* e um índice com chave *salário*. Todos os índices mostrados na figura usam a Alternativa (2) para entradas de dados.

Se a chave de pesquisa for composta, uma **consulta por igualdade** é aquela na qual *cada* campo na chave de pesquisa é conectado a uma constante. Por exemplo, podemos solicitar a recuperação de todas as entradas de dados com *idade* = 20 e *salário* = 10. A organização de arquivos com hashing suporta apenas consultas por igualdade, já que uma função hash identifica o bucket contendo os registros desejados apenas se um valor for especificado para cada campo da chave de pesquisa.

Visão Geral de Armazenamento e Indexação

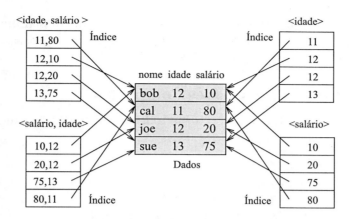

Figura 8.5 Índices de chaves compostas.

Com respeito a um índice de chave composta, em uma **consulta por intervalo** nem todos os campos na chave de pesquisa estão ligados a constantes. Por exemplo, podemos solicitar a recuperação de todas as entradas de dados com *idade* = 20; esta consulta implica que qualquer valor é aceitável para o campo *salário*. Como outro exemplo de uma consulta por intervalo, podemos solicitar a recuperação de todas as entradas de dados com *idade* < 30 e *salário* > 40.

Observe que o índice não pode ajudar na consulta *salário* > 40, porque, intuitivamente, o índice organiza os registros por *idade* primeiro e depois por *salário*. Se a *idade* não for especificada, os registros qualificados poderiam estar dispersos por todo o índice. Dizemos que um índice **corresponde** a uma condição de seleção se ele puder ser usado para recuperar apenas as tuplas que satisfaçam à condição. Para seleções da forma *condição* ∧ ... ∧ *condição*, podemos definir quando um índice corresponde à seleção da seguinte maneira: [4] para um índice hash, uma seleção corresponde ao índice se incluir uma condição de igualdade ('campo = constante') em cada campo da chave de pesquisa composta para o índice. Para um índice de árvore, uma seleção corresponde ao índice se incluir uma condição de igualdade ou de intervalo sobre um *prefixo* da chave de pesquisa composta. (Como exemplos, ⟨*idade*⟩ e ⟨*idade, salário, departamento*⟩ são prefixos da chave ⟨*idade, salário, departamento*⟩, mas ⟨*idade, departamento*⟩ e ⟨*salário, departamento*⟩ não são.)

Prós e Contras na Escolha de Chaves Compostas

Um índice de chave composta pode suportar uma faixa maior de consultas porque corresponde a mais condições de seleção. Além disso, já que entradas de dados em um índice composto contêm mais informações sobre o registro de dados (mais campos do que um índice de atributo único), as oportunidades para estratégias de avaliação somente de índices aumentam. (Lembre-se da Seção 8.5.2 que uma avaliação somente de índice não precisa acessar registros de dados, mas encontra todos os valores de campos necessários nas entradas de dados dos índices.)

No lado negativo, um índice composto deve ser atualizado em resposta a qualquer operação (inserção, exclusão ou atualização) que modifique *qualquer* campo na chave de pesquisa. Um índice composto também provavelmente será maior do que um índice com chave de pesquisa de atributo único, pelo fato de o tamanho das entradas ser

---

[4] Para uma discussão mais ampla veja a Seção 14.2.

maior. Para um índice de árvore B+ composto, isso também significa um potencial aumento no número de níveis, embora a compressão de chaves possa ser usada para amenizar este problema (veja a Seção 10.8.1).

Exemplos de Projetos de Chaves Compostas

Considere a seguinte consulta, a qual retorna todos os funcionários com $20 < idade < 30$ e $3000 < salário < 5000$:

```
SELECT   F.id_funcion
FROM     Funcionários F
WHERE    F.idade BETWEEN 20 AND 30
         AND F.salário BETWEEN 3000 AND 5000
```

Um índice composto sobre ⟨*idade, salário*⟩ poderia ajudar se as condições na cláusula WHERE fossem razoavelmente seletivas. Obviamente, um índice hash não ajudará; um índice de árvore B+ (ou ISAM) é necessário. Também está claro que um índice agrupado provavelmente seja superior a um índice não agrupado. Para essa consulta, na qual as condições sobre *idade* e *salário* são igualmente seletivas, um índice de árvore B+ agrupado e composto sobre ⟨*idade, salário*⟩ é tão eficaz quanto um índice de árvore B+ agrupado e composto sobre ⟨*salário, idade*⟩. Todavia, a ordem da chave dos atributos da chave de pesquisa pode às vezes fazer uma grande diferença, como a próxima consulta ilustra:

```
SELECT   F.id_funcion
FROM     Funcionários F
WHERE    F.idade = 25
         AND F.salário BETWEEN 3000 AND 5000
```

Nessa consulta, um índice de árvore B+ agrupado sobre ⟨*idade, salário*⟩ resultará em um bom desempenho porque os registros estão ordenados pela *idade* primeiro e depois (se dois registros tiverem o mesmo valor de *idade*) por *salário*. Assim, todos os registros com *idade* = 25 são agrupados juntos. Por outro lado, um índice de árvore B+ agrupado e composto sobre ⟨*salário, idade*⟩ não terá um desempenho tão bom. Nesse caso, os registros são ordenados primeiro pelo *salário* e, portanto, dois registros com o mesmo valor de *idade* (em especial, com *idade* = 25) podem estar bastante longe um do outro. De fato, esse índice nos permite usar a seleção por intervalo sobre *salário*, mas não a seleção por igualdade sobre *idade* para recuperar tuplas. (Um bom desempenho em ambas as variantes da consulta pode ser obtido usando-se um único índice *espacial*. Discutimos índices espaciais no Capítulo 28.)

Índices compostos também são úteis ao se lidar com muitas consultas agregadas. Considere:

```
SELECT   AVG (F.salário)
FROM     Funcionários F
WHERE    F.idade
         AND F.salário BETWEEN 3000 AND 5000
```

Um índice de árvore B+ composto sobre ⟨*idade, salário*⟩ nos permite responder à consulta com uma varredura somente de índice. Um índice de árvore B+ composto sobre ⟨*salário, idade*⟩ também nos permite responder à consulta com uma varredura somente de índice, embora mais entradas de índices sejam recuperadas neste caso do que com um índice sobre ⟨*idade, salário*⟩.

Veja uma variação do exemplo anterior:

```
SELECT     F.num_depto, COUNT(*)
FROM       Funcionários F
WHERE      F.salário=10.000
GROUP BY   F.num_depto
```

Um índice sobre *num_depto* sozinho não nos permite avaliar a consulta com uma varredura somente no índice porque precisamos observar o campo *salário* de cada tupla para verificar se *salário* = 10.000. Entretanto, podemos usar um plano somente de índice se tivermos um índice de árvore B+ composto sobre ⟨*salário, num_depto*⟩ ou ⟨*num_depto, salário*⟩. Em um índice com chave ⟨*salário, num_depto*⟩ todas as entradas de dados com *salário* = 10.000 são organizadas contiguamente (se o índice for agrupado ou não). Além disso, essas entradas são ordenadas por *num_depto*, facilitando a obtenção de um contador para cada grupo de *num_depto*. Observe que precisamos recuperar apenas entradas de dados com *salário* = 10.000.

Vale a pena observar que essa estratégia não funciona se a cláusula WHERE for modificada para usar *salário* > 10.000. Embora seja suficiente recuperar apenas entradas de dados de índice — ou seja, uma estratégia somente de índices ainda se aplica — essas entradas agora devem ser ordenadas pelo *num_depto* para identificar os grupos (porque, por exemplo, duas entradas com o mesmo valor para *num_depto* mas diferentes valores para *salário*, podem não ser contíguas). Um índice com chave ⟨*num_depto, salário*⟩ é melhor para essa consulta: entradas de dados com determinado valor *num_depto* são armazenadas juntas e cada um desses grupos de entradas é ordenado pelo *salário*. Para cada grupo *num_depto*, podemos eliminar as entradas com *salário* que não seja maior que 10.000 e contar o resto. (Usar esse índice é menos eficiente do que uma varredura somente de índice com chave ⟨*salário, num_depto*⟩ para a consulta com *salário* = 10.000, porque devemos ler todas as entradas de dados. Assim, a escolha entre esses índices é influenciada por qual consulta é mais comum.)

Como outro exemplo, suponhamos que queiramos encontrar o menor *salário* para cada *num_depto*:

```
SELECT     F.num_depto, MIN(F.salário)
FROM       Funcionários F
GROUP BY   F.num_depto
```

Um índice sobre *num_depto* não nos permite avaliar a consulta com uma varredura somente de índice. Contudo, podemos usar um plano somente de índice se tivermos um índice de árvore B+ composto sobre ⟨*num_depto, salário*⟩. Observe que todas as entradas de dados no índice com determinado valor de *num_depto* são armazenadas juntas (se o índice for agrupado ou não). Além disso, o grupo de entradas é ordenado por *salário*. Um índice sobre ⟨*salário, num_depto*⟩ nos permite evitar a recuperação de registros de dados, mas as entradas de dados de índice devem ser ordenadas sobre *num_depto*.

8.5.4 Especificação de Índice em SQL: 1999

Uma questão natural a se perguntar neste ponto é como podemos criar índices usando SQL. O padrão SQL:1999 *não* inclui qualquer declaração para criar ou excluir estruturas de índices. Na verdade, o padrão nem requer que implementações SQL suportem índices! Na prática, é claro, cada SGBD relacional comercial suporta um ou mais tipos de índices. O comando a seguir para criar um índice de árvore B+ é ilustrativo discutiremos índices de árvores B+ no Capítulo 10:

```
CREATE INDEX TaxaIdadeInd ON Alunos
    WITH STRUCTURE = BTREE,
        KEY = (idade, média)
```

Isso especifica que um índice de árvore B+ deve ser criado na tabela Alunos usando-se a concatenação das colunas *idade* e *média* como chave. Assim, valores de chaves são pares na forma ⟨*idade, média*⟩ e há uma entrada distinta para cada par destes. Uma vez criado, o índice é mantido automaticamente pelo SGBD pela adição ou remoção de entradas de dados em resposta a inserções e exclusões de registros na relação Alunos.

8.6 QUESTÕES DE REVISÃO

As respostas para as questões de revisão podem ser encontradas nas seções listadas.

- Onde um SGBD armazena dados persistentes? Como ele traz dados para a memória principal para processamento? Qual componente do SGBD lê e grava dados da memória principal e qual é a unidade de E/S? **(Seção 8.1)**
- O que é uma *organização de arquivo*? O que é um *índice*? Qual o relacionamento entre arquivos e índices? Podemos ter diversos índices em um único arquivo de registros? Um índice pode, ele mesmo, armazenar registros de dados (ou seja, agir como um arquivo)? **(Seção 8.2)**
- O que é uma *chave de pesquisa* para um índice? O que é uma *entrada de dados* em um índice? **(Seção 8.2)**
- O que é um índice *agruapdo*? O que é um *índice primário*? Quantos índices agrupados você pode criar em um arquivo? Quantos índices não agrupados você pode criar? **(Seção 8.2.1)**
- Como os dados são organizados em um índice baseado em hash? Quando você usaria um índice baseado em hash? **(Seção 8.3.1)**
- Como os dados são organizados em um índice baseado em árvore? Quando você usaria um índice baseado em árvore? **(Seção 8.3.2)**
- Considere as seguintes operações: *varreduras, seleções por igualdade e por intervalo, inserções e exclusões*. E as seguintes organizações de arquivos: *arquivos heap, arquivos ordenados, arquivos agrupados, arquivos heap com índice de árvore não agrupado sobre a chave de pesquisa* e *arquivos heap com um índice hash não agrupado*. Qual organização de arquivo é mais apropriada para cada operação? **(Seção 8.4)**
- Quais os principais contribuintes para o custo das operações de bancos de dados? Discuta um modelo de custos simples que reflita isso. **(Seção 8.4.1)**
- Como a carga de trabalho esperada influencia decisões de projeto físico de bancos de dados quanto a quais índices criar? Por que a escolha de índices é um aspecto central do projeto físico de bancos de dados? **(Seção 8.5)**
- Quais questões são consideradas no uso de índices agrupados? O que é um método de avaliação *somente de índice*? Qual sua principal vantagem? **(Seção 8.5.2)**
- O que é uma *chave de pesquisa composta*? Quais as vantagens e desvantagens de chaves de pesquisa compostas? **(Seção 8.5.3)**
- Quais comandos SQL suportam a criação de índices? **(Seção 8.5.4)**

EXERCÍCIOS

Exercício 8.1 Responda às seguintes questões sobre dados em armazenamento externo em um SGBD:

1. Por que um SGBD armazena dados externamente?
2. Por que os custos de E/S são importantes em um SGBD?
3. O que é um id de registro? Dado um id de registro, quantas E/S são necessárias para trazê-lo para a memória principal?
4. Qual o papel do gerenciador de buffer em um SGBD? Qual o papel do gerenciador de espaço em disco? Como essas camadas interagem com a camada de métodos de acesso e arquivos?

Exercício 8.2 Responda às seguintes questões sobre arquivos e índices:

1. Quais operações são suportadas pela abstração de arquivo de registros?
2. O que é um índice em um arquivo de registros? O que é uma chave de pesquisa para um índice? Por que precisamos de índices?

Id_aluno	nome	login	idade	média
53831	Madayan	madayan@music	11	1,8
53832	Guldu	guldu@music	12	2,0
53666	Jones	jones@cs	18	3,4
53688	Smith	smith@ee	19	3,2
53650	Smith	smith@math	19	3,8

Figura 8.6 Uma instância da relação Alunos, ordenada pela *idade*.

3. Quais alternativas estão disponíveis para as entradas de dados em um índice?
4. Qual a diferença entre um índice primário e um secundário? O que é uma entrada de dados duplicada em um índice? Um índice primário pode conter duplicatas?
5. Qual a diferença entre um índice agrupado e um não agrupado? Se um índice contiver registros de dados como 'entradas de dados', ele pode ser agrupados?
6. Quantos índices agrupados você pode criar em um arquivo? Você sempre criaria pelo menos um índice agrupado para um arquivo?
7. Considere as Alternativas (1), (2) e (3) para 'entradas de dados' em um índice, conforme discutido na Seção 8.2. Todas elas são apropriadas para índices secundários? Explique.

Exercício 8.3 Considere uma relação armazenada como um arquivo com ordem aleatória de registros para o qual o único índice é um não-agrupado sobre um campo chamado *salário*. Se você quiser recuperar todos os registros com *salário* > 20, usar o índice é sempre a melhor alternativa? Explique.

Exercício 8.4 Considere a instância da relação Alunos mostrada na Figura 8.6, ordenada pela *idade*. Para os propósitos desta questão, suponha que as tuplas estejam armazenadas em um arquivo ordenado na ordem mostrada; a primeira tupla está na página 1, a segunda também está na página 1 e assim por diante. Cada página pode armazenar até três registros de dados, de forma que a quarta tupla esteja na página 2.

Explique o que as entradas de dados em cada um dos seguintes índices contêm. Se a ordem das entradas for significativa, diga e explique o porquê. Se tal índice não puder ser criado, diga e explique o porquê.

1. Um índice não agrupado sobre *idade* usando a Alternativa (1).
2. Um índice não agrupado sobre *idade* usando a Alternativa (2).
3. Um índice não agrupado sobre *idade* usando a Alternativa (3).

Tipos de Arquivo	Varredura	Pesquisa por Igualdade	Pesquisa por Intervalo	Inserção	Exclusão
Arquivo Heap					
Arquivo ordenado					
Arquivo agrupado					
Índice de árvore não-agrupado					
Índice hash não agrupado					

Figura 8.7 Comparação de custos de E/S.

4. Um índice agrupado sobre *idade* usando a Alternativa (1).
5. Um índice agrupado sobre *idade* usando a Alternativa (2).
6. Um índice agrupado sobre *idade* usando a Alternativa (3).
7. Um índice não agrupado sobre *média* usando a Alternativa (1).
8. Um índice não agrupado sobre *média* usando a Alternativa (2).
9. Um índice não agrupado sobre *média* usando a Alternativa (3).
10. Um índice agrupado sobre *média* usando a Alternativa (1).
11. Um índice agrupado sobre *média* usando a Alternativa (2).
12. Um índice agrupado sobre *média* usando a Alternativa (3).

Exercício 8.5 Explique a diferença entre índices Hash e índices de árvore B+. Em especial, discuta como as pesquisas por igualdade e por intervalo funcionam, usando um exemplo.

Exercício 8.6 Preencha os custos de E/S da Figura 8.7.

Exercício 8.7 Se você estivesse para criar um índice em uma relação, quais considerações guiariam a sua escolha? Discuta:

1. A escolha do índice primário.
2. Índices agrupados *versus* não agrupados.
3. Índices de árvores versus hash.
4. O uso de um arquivo ordenado ao invés de um índice baseado em árvore.
5. A escolha da chave de pesquisa para o índice. O que é uma chave de pesquisa composta e quais considerações são feitas na escolha de chaves de pesquisa compostas? O que são planos somente de índices e qual a influência de potenciais planos de avaliação somente de índice sobre a escolha da chave de pesquisa para um índice?

Exercício 8.8 Considere uma exclusão especificada usando uma condição de igualdade. Para cada uma das cinco organizações de arquivo, qual o custo se nenhum registro se qualificar? Qual é o custo se a condição não estiver em uma chave?

Exercício 8.9 Quais principais conclusões você pode tirar das cinco organizações básicas de arquivos discutidas na Seção 8.4? Qual das cinco organizações você escolheria para um arquivo em que as operações mais freqüentes forem as seguintes?

1. Pesquisa de registros baseada em um intervalo de valores de campo.
2. Execução de inserções e varreduras, em que a ordem dos registros não importa.
3. Pesquisa de um registro baseada em determinado valor de campo.

Exercício 8.10 Considere a seguinte relação:

Func(*id_funcion:* `integer`, *salário:* `integer`, *idade:* `real`, *did:* `integer`)

Visão Geral de Armazenamento e Indexação 251

Há um índice agrupado sobre *id_funcion* e um índice não agrupado sobre *idade*.

1. Como você usaria os índices para impor a restrição de que *id_funcion* é uma chave?
2. Dê um exemplo de uma atualização que *realmente aumentou a velocidade* por causa dos índices disponíveis. (Uma descrição é suficiente.)
3. Dê um exemplo de uma atualização que *realmente diminuiu a velocidade* por causa dos índices. (Uma descrição é suficiente.)
4. Você pode dar um exemplo de uma atualização que não tenha nem aumentado nem diminuído a velocidade em virtude dos índices?

Exercício 8.11 Considere as seguintes relações:

Func(*id_funcion:* integer, *fnome:* varchar, *salário:* integer, *idade:* integer, *id-depto:* integer)
Depto(*id_funcion:* integer, *orçamento:* integer, *andar:* integer, *id-gerente* fid: integer)

Os salários variam de R$ 10.000 a R$ 100.000, as idades variam de 20 a 80, cada departamento possui em torno de cinco funcionários em média, há 10 andares e os orçamentos variam de R$ 10.000 a R$ 1 milhão. Você pode supor a distribuição uniforme de valores.

Para cada uma das consultas a seguir, quais das opções de índices listadas você escolheria para acelerar a consulta? Se o seu sistema de banco de dados não considerar planos somente de índices (registros de dados são sempre recuperados mesmo se informações suficientes estiverem disponíveis na entrada do índice), como sua resposta mudaria? Explique brevemente.

1. Consulta: *Imprima fnome, idade e salário para todos os funcionários.*

   (a) Índice hash agrupado sobre os campos ⟨*fnome, idade, salário*⟩ de Func.
   (b) Índice hash não agrupado sobre os campos ⟨*fnome, idade, salário*⟩ de Func.
   (c) Índice de árvore B+ agrupado sobre os campos ⟨*fnome, idade, salário*⟩ de Func.
   (d) Índice hash não agrupado sobre os campos ⟨*id_funcion*⟩ de Func.
   (e) Nenhum índice.

2. Consulta: *Encontre os dids dos departamentos que estejam no décimo andar e tenham orçamento menor que R$ 15.000.*

   (a) Índice hash agrupado sobre o campo *andar* de Depto.
   (b) Índice hash não agrupado sobre o campo *andar* de Depto.
   (c) Índice de árvore B+ agrupado sobre os campos ⟨*andar, orçamento*⟩ de Depto.
   (d) Índice de árvore B+ agrupado sobre o campo *orçamento* de Depto.
   (e) Nenhum índice.

EXERCÍCIOS BASEADOS EM PROJETO

Exercício 8.12 Responda às seguintes questões:

1. Quais técnicas de indexação são suportadas no Minibase?
2. Quais alternativas para entradas de dados são suportadas?
3. Os índices agrupados são suportados?

NOTAS BIBLIOGRÁFICAS

Diversos livros discutem a organização de arquivos em detalhe [29, 312, 442, 531, 648, 695, 775].

Notas bibliográficas para índices hash e de árvore B+ estão incluídas nos capítulos 10 e 11.

9

ARMAZENANDO DADOS: DISCOS E ARQUIVOS

- ☞ Quais os diferentes tipos de memória em um sistema de computador?
- ☞ Quais as características físicas de discos e fitas, e como afetam o projeto de um sistema de banco de dados?
- ☞ O que são sistemas de armazenamento RAID, e quais suas vantagens?
- ☞ Como um SGBD mantém informação sobre espaço em disco? Como um SGBD acessa e modifica dados no disco? Qual a importância das *páginas* como uma unidade de armazenamento e transferência?
- ☞ Como um SGBD cria e mantém arquivos de registros? Como os registros são organizados em páginas e como as páginas são organizadas em um arquivo?
- ➥ **Conceitos-chave:** hierarquia de memória, armazenamento persistente, dispositivos randômicos *versus* seqüenciais; arquitetura física de disco, características de disco, tempo de busca, latência rotacional, tempo de transferência; RAID, *striping*, espelhamento, níveis de RAID; gerenciador de espaço em disco, gerenciador de buffer, pool de buffers, política de substituição, pré-busca, imposição; implementação de arquivo, organização de página, organização de registro.

Uma memória é o que resta quando alguma coisa acontece e não deixa de acontecer completamente.

—Edward DeBono

Este capítulo inicia um estudo da parte interna de um SGBD. Em termos da arquitetura SGBD apresentada na Seção 1.8, ele aborda o gerenciador de espaço em disco, o gerenciador de buffers e aspectos orientados a implementação da camada de *métodos de acesso e arquivos*.

A Seção 9.1 introduz discos e fitas. A Seção 9.2 descreve sistemas de discos RAID. A Seção 9.3 discute como um SGBD gerencia espaço em disco e a Seção 9.4 explica como um SGBD traz dados do disco para a memória principal. A Seção 9.5 discute como um conjunto de páginas é organizado em um arquivo e como estruturas de dados auxiliares podem ser construídas para acelerar a recuperação de registros de um arquivo. A Seção 9.6 cobre diferentes formas de organizar um conjunto de registros em uma página e a Seção 9.7 apresenta formatos alternativos de armazenamento de registros individuais.

9.1 A HIERARQUIA DA MEMÓRIA

A memória de um sistema computacional é organizada em uma hierarquia, conforme mostra a Figura 9.1. No topo, temos o **armazenamento primário**, que consiste em memória principal e cache e fornece acesso muito rápido aos dados. A seguir vem o **armazenamento secundário**, que consiste em dispositivos mais lentos, como discos magnéticos. **Armazenamento terciário** é a classe mais lenta de dispositivos de armazenamento; por exemplo, discos óticos e fitas. Atualmente, o custo de determinada quantidade de memória principal está em torno de 100 vezes o custo da mesma quantidade de espaço em disco, e as fitas são ainda mais baratas do que discos. Dispositivos de armazenamento mais lentos como fitas e discos desempenham um papel importante em sistemas de bancos de dados porque a quantidade de dados é em geral muito grande. Já que comprar memória principal suficiente para armazenar todos os dados é proibitivamente caro, devemos armazenar dados em fitas e discos e construir sistemas de bancos de dados que possam recuperar dados de níveis mais baixos na hierarquia de memória para a memória principal conforme necessário para processamento.

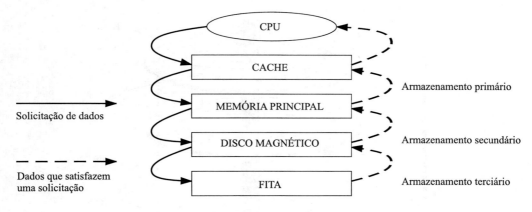

Figura 9.1 A hierarquia de memória.

Há outros motivos além do custo para o armazenamento secundário e terciário de dados. Nos sistemas com endereçamento de 32 bits, apenas 2^{32} bytes podem ser referenciados diretamente na memória principal; o número de objetos de dados pode exceder esse valor! Além disso, os dados devem ser mantidos além das execuções do programa. Isso requer dispositivos de armazenamento que retenham informações quando o computador for reinicializado (após um desligamento ou queda); chamamos tal armazenamento de **não volátil**. O armazenamento primário é geralmente volátil (embora seja possível torná-lo não volátil por meio da adição de um dispositivo de bateria de reserva), enquanto os armazenamentos secundário e terciário são não voláteis.

As fitas são relativamente baratas e podem armazenar quantidades muito grandes de dados. Elas são uma boa opção para o armazenamento de *arquivamento*, quando precisamos manter dados por um período longo, mas não pretendemos acessá-lo com muita freqüência. Uma unidade Quantum DLT 4000 é um dispositivo de fita típico; ele armazena 20 GB de dados e pode armazenar em torno do dobro por meio da compressão de dados. Ele grava dados em 128 *trilhas de fita*, as quais podem ser vistas como uma seqüência linear de bytes adjacentes, e suporta uma taxa de transferência de 1,5 MB/seg com dados não comprimidos (geralmente 3,0 MB/seg com dados comprimidos). Uma única unidade de fita DLT 4000 pode ser usada para acessar até sete fitas em uma configuração em pilha, para uma capacidade máxima comprimida de em torno de 280 GB.

A principal desvantagem das fitas é que são dispositivos de acesso seqüencial. Devemos basicamente passar por todos os dados para acessá-los e não podemos acessar diretamente determinado local da fita. Por exemplo, para acessar o último byte de uma fita, teríamos de passar por toda a fita primeiro. Isso torna as fitas inapropriadas para o armazenamento de *dados operacionais* ou de dados que sejam acessados com freqüência. As fitas são usadas na maioria das vezes para fazer backup de dados operacionais periodicamente.

9.1.1 Discos Magnéticos

Discos magnéticos suportam acesso direto a um local desejado e são amplamente usados por aplicações de bancos de dados. Um SGBD fornece acesso harmonioso aos dados em disco; as aplicações não precisam se preocupar se os dados estão na memória principal ou no disco. Para entender como os discos funcionam, analise a Figura 9.2, que mostra a estrutura de um disco em uma forma simplificada.

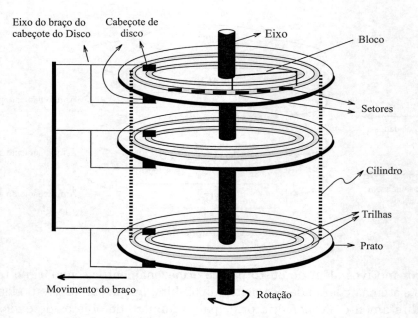

Figura 9.2 Estrutura de um disco.

Os dados são armazenados no disco em unidades chamadas **blocos de disco**. Um bloco de disco é uma seqüência contínua de bytes e é a unidade na qual os dados são gravados em um disco e lidos de um disco. Os blocos são organizados em anéis concêntricos chamados **trilhas**, em um ou mais **pratos**. As trilhas podem ser gravadas em uma ou em ambas as superfícies de um prato; nos referimos aos pratos como de lado simples ou duplo. O conjunto de todas as trilhas com o mesmo diâmetro é chamado de **cilindro**, porque o espaço ocupado por essas trilhas tem o formato de um cilindro; um cilindro contém uma trilha por superfície de prato. Cada trilha é dividida em arcos, chamados **setores**, cujo tamanho é uma característica do disco e não pode ser alterada.

Armazenando Dados: Discos e Arquivos 255

> **Um Exemplo de Disco Atual: o IBM Deskstar 14GPX:** o IBM Deskstar 14GPX é um disco rígido de 14,4 GB de 3,5 polegadas com um tempo de busca médio de 9,1 milissegundos (mseg) e uma latência rotacional média de 4,17 mseg. Entretanto, o tempo de busca de uma trilha para a seguinte é de apenas 2,2 mseg, o tempo de busca máximo é de 15,5 mseg. O disco possui cinco pratos de lado duplo que giram a 7.200 rotações por minuto. Cada prato armazena 3,35 GB de dados, com uma densidade de 2,6 gigabits por polegada quadrada. A taxa de transferência de dados é em torno de 13 MB por segundo. Para colocar esses números em perspectiva, observe que um acesso a disco leva em torno de 10 msegs, enquanto acessar um local na memória principal geralmente leva menos de 60 nanossegundos!

O tamanho de um bloco de disco pode ser configurado quando o disco for inicializado como um múltiplo do tamanho do setor.

Um array de **cabeçotes de disco**, um por superfície gravada, é movido como uma unidade; quando um cabeçote está posicionado sobre um bloco, os outros cabeçotes estão em posições idênticas com relação a seus pratos. Para ler ou gravar um bloco, um cabeçote de disco deve estar posicionado sobre o bloco.

Sistemas atuais geralmente permitem que no máximo um cabeçote de disco leia ou grave em determinado momento. Todos os cabeçotes de disco não podem ler ou gravar em paralelo — esta técnica aumentaria as taxas de transferência de disco em um fator igual ao número de cabeçotes de disco e aceleraria consideravelmente as varreduras seqüenciais. O motivo pelo qual eles não podem é que é muito difícil assegurar que todos os cabeçotes estejam perfeitamente alinhados nas trilhas correspondentes. Abordagens atuais são caras e mais propensas a falhas do que discos com um único cabeçote ativo. Na prática, muito poucos produtos comerciais suportam essa capacidade e apenas em uma maneira limitada; por exemplo, dois cabeçotes de disco podem ser capazes de operar em paralelo.

Um **controlador de disco** realiza a interface de uma unidade de disco com o computador. Ele implementa comandos para ler ou gravar um setor movendo o braço e transferindo dados para e das superfícies do disco. Um ***checksum*** é calculado quando os dados são gravados em um setor e armazenados com o setor. O *checksum* é calculado novamente quando os dados do setor são lidos. Se o setor estiver corrompido ou a leitura tiver falhas por algum motivo, é muito improvável que o *checksum* calculado quando o setor for lido seja equivalente ao calculado quando o setor foi gravado. O controlador calcula os *checksums* e, se detectar algum erro, tenta ler o setor novamente. (É claro que ele sinaliza uma falha se o setor estiver corrompido e a leitura falhar repetidamente.)

Enquanto o acesso direto a qualquer local desejado na memória principal leva aproximadamente o mesmo tempo, determinar o tempo de acesso a um local no disco é mais complicado. O tempo de acesso a um bloco de disco possui diversos componentes. **Tempo de busca** é o tempo gasto para mover os cabeçotes dos discos para a trilha na qual um bloco desejado está localizado. Quando o tamanho de um prato diminui, os tempos de busca também diminuem, já que temos que mover um cabeçote de disco por uma distância mais curta. Diâmetros típicos de pratos são 3,5 polegadas e 5,25 polegadas. **Latência rotacional** é o tempo de espera para que o bloco desejado gire sob o cabeçote do disco; é o tempo necessário para meia rotação em média e é geralmente menor do que o tempo de busca. **Tempo de transferência** é o tempo para realmente ler ou gravar os dados no bloco assim que o cabeçote esteja posicionado, ou seja, o tempo para o disco girar sobre o bloco.

9.1.2 Implicações de Desempenho da Estrutura do Disco

1. Os dados devem estar na memória para o SGBD para operar neles.
2. A unidade para transferência de dados entre o disco e a memória principal é um bloco; se um único item em um bloco for necessário, o bloco inteiro é transferido. Ler ou gravar um bloco de disco é chamado de operação de **E/S** (entrada/saída).
3. O tempo para ler ou gravar um bloco varia, dependendo da localização dos dados:

tempo de acesso = tempo de busca + latência rotacional + tempo de transferência

Essas observações sugerem que o tempo gasto para operações de bancos de dados é afetado significativamente pela maneira como os dados são armazenados em disco. O tempo para mover blocos para ou do disco em geral domina o tempo gasto para operações de bancos de dados. Para minimizar esse tempo, é necessário posicionar registros de dados estrategicamente no disco por causa da geometria e da mecânica dos discos. Na essência, se dois registros forem freqüentemente usados juntos, devemos colocá-los juntos. O "mais próximo" que dois registros podem estar em um disco é no mesmo bloco. Em ordem decrescente de proximidade, eles poderiam estar na mesma trilha, no mesmo cilindro ou em um cilindro adjacente.

Dois registros no mesmo bloco estão obviamente o mais próximos possível porque são lidos ou gravados como parte do mesmo bloco. Quando o prato girar, outros blocos na trilha sendo lida ou gravada rotacionam sob o cabeçote ativo. Nos projetos de discos atuais, todos os dados em uma trilha podem ser lidos ou gravados em uma rotação. Depois de uma trilha ser lida ou gravada, outro cabeçote torna-se ativo e outra trilha no mesmo cilindro é lida ou gravada. Esse processo continua até que todas as trilhas no cilindro corrente sejam lidas ou gravadas e então o braço se move (para dentro ou para fora) para um cilindro adjacente. Assim, temos uma noção natural de 'proximidade' de blocos, o que pode se estender a uma noção de blocos *próximo* e *anterior*.

Explorar o conceito de "próximo organizando registros de modo que sejam lidos ou gravados seqüencialmente" é muito importante na redução do tempo gasto em E/S em discos. O acesso seqüencial minimiza o tempo de busca e a latência rotacional, e é muito mais rápido do que o randômico. (Essa observação é reforçada e elaborada nos Exercícios 9.5 e 9.6 e o leitor é recomendado a trabalhar neles.)

9.2 ARRAYS REDUNDANTES DE DISCOS INDEPENDENTES

Discos são gargalos em potencial para o desempenho de um sistema e a confiabilidade do sistema de armazenamento. Embora o desempenho do disco venha melhorando continuamente, o desempenho do microprocessador tem avançado muito mais rapidamente. O desempenho dos microprocessadores tem melhorado em torno de 50% ou mais por ano, mas os tempos de acesso a disco têm melhorado em torno de 10% ao ano e as taxas de transferência de disco em torno de 20% ao ano. Além disso, já que discos contêm elementos mecânicos, eles têm taxas de erro muito mais altas do que as partes eletrônicas de um sistema computacional. Se um disco falhar, todos os dados armazenados nele serão perdidos.

Um **array de discos** é uma organização de diversos discos, organizados para melhorar o desempenho e a confiabilidade do sistema de armazenamento resultante. O desempenho é aumentado por meio de *striping* de dados. O *striping* de dados distribui os dados em diversos discos para dar a impressão de haver um único disco grande e muito rápido. A confiabilidade é melhorada por meio de **redundância**. Em vez de ter uma única cópia dos dados, informações redundantes são mantidas. Essas informações redundantes são cuidadosamente organizadas de modo que, no caso de uma falha no disco, elas possam ser usadas para reconstruir o conteúdo do disco que falhou. Arrays de discos que implementam uma combinação de *striping* de dados e redundância são chamados de **arrays redundantes de discos independentes** ou, abreviadamente, **RAID (Redundant Arrays of Independent Disks)**[1]. Diversas organizações RAID, chamadas **níveis de RAID**, foram propostas. Cada nível de RAID representa um diferente balanceamento entre confiabilidade e desempenho.

No restante desta seção, primeiro discutimos *striping* e redundância de dados e a seguir introduzimos níveis de RAID que se tornaram padrões da indústria.

9.2.1 *Striping* de Dados

Um array de discos dá ao usuário a abstração de ter um único disco muito grande. Se o usuário executar uma solicitação de E/S, primeiro identificamos o conjunto de blocos físicos de disco que armazenam os dados solicitados. Esses blocos de discos podem estar em um único disco no array ou podem estar distribuídos por diversos discos do array. A seguir o conjunto de blocos é trazido do(s) disco(s) envolvido(s). Assim, a forma pela qual distribuímos os dados pelos discos do array influencia quantos discos são envolvidos quando uma solicitação de E/S é processada.

No ***striping* de dados**, os dados são segmentados em partições de tamanhos iguais distribuídas por múltiplos discos. O tamanho da partição é chamado de **unidade de *striping***. As partições são em geral distribuídas usando um algoritmo round-robin: se o array de discos consistir em D discos, a partição i é gravada no disco $i \bmod D$.

Como exemplo, considere uma unidade de *striping* de um bit. Pelo fato de quaisquer D bits de dados sucessivos espalharem-se por todos os D discos de dados *do array*, todas as solicitações de E/S envolvem todos os discos do array. A menor unidade de transferência de um disco é um bloco, assim cada solicitação de E/S envolve a transferência de pelo menos D blocos. Já que podemos ler os D blocos dos D discos em paralelo, a taxa de transferência de cada solicitação é D vezes a taxa de transferência de um único disco; cada solicitação usa a largura de banda agregada de todos os discos do array. Contudo, o tempo de acesso a disco do array é basicamente o tempo de acesso de um único disco, pois todos os cabeçotes de discos têm de se mover em todas as solicitações. Portanto, para um array de discos com uma unidade de *striping* de um único bit, o número de solicitações por unidade de tempo que o array pode processar e o tempo médio de resposta para cada solicitação individual são semelhantes àqueles de um único disco.

Como outro exemplo, analise uma unidade de *striping* de um bloco de disco. Neste caso, solicitações de E/S do tamanho de um bloco de disco são processadas por um disco do array. Se muitas solicitações de E/S do tamanho de um bloco de disco forem feitas e os blocos solicitados estiverem em discos diferentes, podemos processar todas as solicitações em paralelo e assim reduzir o tempo médio de resposta de uma solicitação de E/S. Pelo fato de distribuirmos as partições de *striping* como round-robin, solicitações grandes do tamanho de muitos blocos contíguos envolvem todos os discos.

---

[1] Historicamente, o I em RAID significava Inexpensive (Barato), pois um grande número de discos pequenos era muito mais econômico do que um único disco muito grande. Hoje, tais discos muito grandes nem são fabricados — um sinal do impacto do RAID.

> **Esquemas de Redundância:** alternativas ao esquema de paridade incluem esquemas baseados em **códigos Hamming** e **códigos Reed-Solomon**. Além da recuperação de falhas de discos individuais, códigos Hamming podem identificar qual disco falhou. Códigos Reed-Solomon podem recuperar até duas falhas simultâneas de discos. Uma discussão detalhada sobre esses esquemas está fora do escopo do livro; a bibliografia fornece indicadores para o leitor interessado.

Podemos processar a solicitação por todos os discos em paralelo, e aumentar a taxa de transferência para a largura de banda agregada de todos os D discos.

9.2.2 Redundância

Embora ter mais discos aumente o desempenho do sistema de armazenamento, também diminui sua confiabilidade. Suponha que o **tempo médio para falha (mean-time-to-failure, MMTF)** de um único disco seja 50.000 horas (em torno de 5,7 anos). Então, o MMTF de um array de 100 discos é de apenas $50.000/100 = 500$ horas ou em torno de 21 dias, supondo que as falhas ocorram independentemente e que a probabilidade de falhas de um disco não mude com o decorrer do tempo. (Na verdade, os discos possuem uma probabilidade de falha mais alta no início e no final dos seus ciclos de vida. Falhas no início são muitas vezes em virtude de defeitos de fabricação não detectados; falhas no final ocorrem porque o disco se desgasta. Falhas não ocorrem independentemente: considere um fogo no prédio, um terremoto ou a compra de um conjunto de discos provenientes de um lote "ruim" de fabricação.)

A confiabilidade de um array de discos pode ser aumentada pelo armazenamento de informações redundantes. Se um disco falhar, as informações redundantes são usadas para reconstruir os dados no disco que falhou. A redundância pode aumentar imensamente o MTTF de um array de discos. Ao incorporarmos redundância em um projeto de array de discos, temos de fazer duas escolhas. Primeiro, decidimos onde armazenar as informações redundantes. Podemos armazená-las em um número pequeno de **discos de verificação** ou distribuí-las uniformemente por todos os discos.

A segunda escolha que devemos fazer é como calcular as informações redundantes. A maioria dos arrays de disco armazena informações de paridade: no **esquema de paridade**, um disco de verificação extra contém informações que podem ser usadas para recuperação de falhas de qualquer disco do array. Suponha que tenhamos um array de discos com D discos e consideremos o primeiro bit de cada disco de dados. Suponha que i dos D bits de dados seja 1. O primeiro bit do *disco de verificação* é configurado como 1 se i for ímpar; caso contrário, é configurado como 0. Esse bit no disco de verificação é chamado de **paridade** dos bits de dados. O disco de verificação contém informações de paridade para cada conjunto de D bits de dados correspondente.

Para recuperar o valor do primeiro bit de um disco que falhou, primeiro contamos o número de bits que seja 1 nos $D-1$ discos que não falharam; suponhamos que esse número seja j. Se j for ímpar e a paridade de bit for 1, ou se j for par e a paridade de bit for 0, o valor do bit no disco que falhou deve ter sido 0. Caso contrário, o valor do bit no disco deve ter sido 1. Assim, com a paridade, podemos recuperar uma falha de qualquer disco. A reconstrução das informações perdidas envolve a leitura de todos os discos de dados e do disco de verificação.

Por exemplo, com um adicional de 10 discos com informações redundantes, o MTTF de nosso sistema de armazenamento com 100 discos de dados pode ser aumentado para

Armazenando Dados: Discos e Arquivos

mais de 250 anos! E, o que é mais importante, um MTTF grande implica uma pequena probabilidade de falha durante o tempo de uso do sistema de armazenamento, o qual é geralmente muito menor do que o tempo de vida informado ou o MTTF. (Quem realmente usa discos com 10 anos de idade?)

Em um sistema RAID, o array de discos é particionado em **grupos de confiabilidade**, tal que um grupo de confiabilidade consiste em um conjunto de *discos de dados* e um conjunto de *discos de verificação*. Um *esquema de redundância* comum (veja o quadro) é aplicado a cada grupo. O número de discos de verificação depende do nível de RAID escolhido. No final desta seção, por razões didáticas, supomos que exista apenas um grupo de confiabilidade. O leitor deve ter em mente que as implementações RAID reais consistem em diversos grupos de confiabilidade e o número de grupos desempenha um papel na confiabilidade geral do sistema de armazenamento resultante.

9.2.3 Níveis de Redundância

Por toda a discussão dos diferentes níveis de RAID, consideramos dados de exemplo que caberiam em quatro discos, ou seja, sem tecnologia RAID nosso sistema de armazenamento consistiria exatamente em quatro discos de dados. Dependendo do nível de RAID escolhido, o número de discos adicionais varia de zero a quatro.

Nível 0: Não Redundante

Um sistema RAID Nível 0 usa *striping* de dados para aumentar a largura de banda máxima disponível. Nenhuma informação redundante é mantida. Embora seja a solução com o menor custo, a confiabilidade é um problema, pois o MTTF diminui linearmente com o número de unidades de disco no array. RAID Nível 0 tem o melhor desempenho de gravação de todos os níveis de RAID porque a ausência de informações redundantes implica que nenhuma informação redundante precisa ser atualizada! De forma interessante, o RAID Nível 0 não possui o melhor desempenho de leitura de todos os níveis de RAID; sistemas com redundância possuem uma opção de agendar os acessos a disco, conforme explicado na próxima seção.

No nosso exemplo, a solução de RAID Nível 0 consiste em apenas quatro discos de dados. Independentemente do número de discos de dados, a utilização efetiva de espaço por um sistema RAID Nível 0 é sempre 100%.

Nível 1: Espelhado

Um sistema RAID Nível 1 é a solução mais cara. Em vez de ter uma cópia dos dados, são mantidas duas cópias idênticas dos dados em dois discos diferentes. Este tipo de redundância é muitas vezes chamado de **espelhamento**. Cada gravação de um bloco de disco envolve uma gravação em ambos os discos. Essas gravações podem não ser executadas simultaneamente, já que uma falha de sistema global (por exemplo, devido a uma interrupção na energia) poderia ocorrer durante a gravação dos blocos, deixando ambas as cópias em um estado inconsistente. Portanto, sempre gravamos um bloco em um disco primeiro e depois a outra cópia no disco espelho. Pelo fato de duas cópias de cada bloco existirem em discos diferentes, podemos distribuir as leituras entre os dois discos e permitir *leituras paralelas* de diferentes blocos de discos que estejam conceitualmente no mesmo disco. Uma leitura de um bloco pode ser agendada para o disco que tiver o menor tempo de acesso esperado. Um RAID Nível 1 não espalha os dados em diferentes discos, de modo que a taxa de transferência para uma única solicitação é comparável à taxa de transferência de um único disco.

No nosso exemplo, precisamos de quatro discos de dados e quatro discos de verificação com dados espelhados para uma implementação de RAID Nível 1. A utilização efetiva de espaço é de 50%, independentemente do número de discos de dados.

Nível 0+1: Striping e Espelhamento

O RAID Nível 0+1 — às vezes também chamado de *RAID Nível 10* — combina striping e espelhamento. Assim como no RAID Nível 1, solicitações de leitura do tamanho de um bloco de disco podem ser agendadas tanto para um disco quanto para sua imagem espelho. Além disso, solicitações de leitura do tamanho de diversos blocos contíguos se beneficiam da largura de banda agregada de todos os discos. O custo das gravações é análogo ao RAID Nível 1.

Como no RAID Nível 1, nosso exemplo com quatro discos de dados requer quatro discos de verificação, e a utilização efetiva de espaço é sempre de 50%.

Nível 2: Códigos de Correção de Erros

No RAID Nível 2, a unidade de striping é um único bit. O esquema de redundância usado é o código Hamming. No nosso exemplo com quatro discos de dados, apenas três discos de verificação são necessários. De modo geral, o número de discos de verificação cresce logaritmicamente com o número de discos de dados.

Striping em nível de bit possui a implicação de que, em um array de discos com D discos de dados, a menor unidade de transferência para uma leitura é um conjunto de D blocos. Portanto, o Nível 2 é bom para cargas de trabalho com muitas solicitações grandes; para cada solicitação, a largura de banda agregada de todos os discos de dados é usada. Todavia, o RAID Nível 2 é ruim para solicitações pequenas do tamanho de um bloco individual pelo mesmo motivo. (Veja o exemplo na Seção 9.2.1.) A gravação de um bloco envolve a leitura de D blocos para a memória principal, a modificação de $D + C$ blocos e a gravação de $D + C$ blocos para o disco, onde C é o número de discos de verificação. Essa seqüência de passos é chamada ciclo de *leitura-modificação-gravação*.

Para uma implementação RAID Nível 2 com quatro discos de dados, três discos de verificação são necessários. No nosso exemplo, a utilização efetiva de espaço é em torno de 57%. A utilização efetiva de espaço aumenta com o número de discos de dados. Por exemplo, em uma configuração com 10 discos de dados, quatro discos de verificação são necessários e a utilização de espaço em disco é de 71%. Em uma configuração com 25 discos de dados, cinco discos de verificação são necessários e a efetiva utilização de espaço em disco cresce para 83%.

Nível 3: Paridade de Bit Intercalado

Embora o esquema de redundância usado no RAID Nível 2 melhore em termos de custo em relação ao RAID Nível 1, ele mantém mais informações redundantes do que o necessário. O código Hamming, como usado no RAID Nível 2, possui a vantagem de ser capaz de identificar qual disco falhou. Contudo, os controladores de disco podem detectar facilmente qual disco falhou. Portanto, os discos de verificação não precisam conter informações para identificar o disco que falhou. Informações para recuperar os dados perdidos são suficientes. Em vez de usar diversos discos para armazenar código Hamming, o RAID Nível 3 possui um único disco de verificação com informações de paridade. A sobrecarga de confiabilidade para o RAID Nível 3 é um único disco, a menor sobrecarga possível.

As características de desempenho de RAID Níveis 2 e 3 são muito similares. RAID Nível 3 também pode processar apenas uma E/S por vez, a menor unidade de transferência são D blocos e uma gravação requer um ciclo de leitura-modificação-gravação.

Nível 4: Paridade com Bloco Intercalado

O RAID Nível 4 possui uma unidade de striping de um bloco de disco, em vez de um único bit como no RAID Nível 3. Striping de nível de bloco possui a vantagem de que as solicitações de leitura do tamanho de um bloco de disco podem ser atendidas inteiramente pelo disco onde o bloco solicitado se encontra. Grandes solicitações de leitura de diversos blocos de disco ainda podem utilizar a largura de banda agregada dos D discos.

A gravação de um único bloco ainda requer um ciclo de leitura-modificação-gravação, mas apenas um disco de dados e o disco de verificação são envolvidos. A paridade no disco de verificação pode ser atualizada sem a leitura de todos os D blocos de disco, porque a nova paridade pode ser obtida percebendo-se as diferenças entre o bloco de dados antigo e o novo, e então aplicando-se a diferença ao bloco de paridade no disco de verificação:

```
Nova Paridade = (DadosAntigos XOR DadosNovos) XOR ParidadeAntiga
```

O ciclo leitura-modificação-gravação envolve ler o bloco de dados antigo e o bloco de paridade antigo, modificar os dois blocos e gravá-los de volta no disco, resultando em quatro acessos a disco por gravação. Uma vez que o disco de verificação está envolvido em cada gravação, ele pode facilmente tornar-se o gargalo.

As configurações de RAID Níveis 3 e 4 com quatro discos de dados requerem apenas um único disco de verificação. No nosso exemplo, a utilização efetiva de espaço é de 80%. A utilização efetiva de espaço aumenta com o número de discos de dados, pois sempre apenas um disco de verificação é necessário.

Nível 5: Paridade Distribuída com Bloco Intercalado

RAID Nível 5 melhora o Nível 4 distribuindo os blocos de paridade uniformemente por todos os discos, em vez de armazená-los em um único disco de verificação. Esta distribuição possui duas vantagens. Primeiro, diversas solicitações de gravação poderiam ser processadas em paralelo, já que o gargalo de um único disco de verificação foi eliminado. Segundo, solicitações de leitura possuem um grau maior de paralelismo. Como os dados estão distribuídos por todos os discos, solicitações de leitura envolvem todos os discos, enquanto em sistemas com um disco de verificação dedicado, o disco de verificação nunca participa nas leituras.

Um sistema de RAID Nível 5 possui o melhor desempenho de todos os níveis de RAID com redundância para solicitações grandes de gravação e grandes e pequenas de leitura. Gravações pequenas ainda requerem um ciclo de leitura-modificação-gravação e são, desta forma, menos eficientes que em RAID Nível 1.

No nosso exemplo, o sistema RAID Nível 5 correspondente possui cinco discos no total e, assim, a utilização efetiva de espaço é a mesma dos RAID Níveis 3 e 4.

Nível 6: Redundância P+Q

A motivação para RAID Nível 6 é a observação de que a recuperação da falha de um único disco não é suficiente em arrays de discos muito grandes. Primeiro, em arrays de discos muito grandes, um segundo disco poderia falhar antes que a substituição de um disco que falhou anteriormente pudesse ocorrer. Além disso, a probabilidade de uma falha de disco durante a recuperação de um disco que falhou não é desprezível.

Um sistema RAID Nível 6 usa códigos Reed-Solomon para poder se recuperar de até duas falhas simultâneas de discos. RAID Nível 6 requer (conceitualmente) dois discos de verificação, mas também distribui uniformemente informações redundantes em nível de bloco como no RAID Nível 5. As características de desempenho para solicitações de leitura grandes e pequenas e para solicitações de gravação grandes são análogas ao RAID Nível 5. Para gravações pequenas, o procedimento de leitura-modificação gravação envolve seis em vez de quatro discos quando comparada ao RAID Nível 5, pois dois blocos com informações redundantes precisam ser atualizados.

Para um sistema RAID Nível 6, com capacidade de armazenamento igual a quatro discos de dados, seis discos são necessários. No nosso exemplo, a utilização efetiva de espaço é de 66%.

9.2.4 Escolha de Níveis RAID

Se a perda de dados não for um problema, RAID Nível 0 melhora o desempenho geral do sistema ao menor custo. RAID Nível 0+1 é superior a RAID Nível 1. As principais áreas de aplicação para sistemas RAID Nível 0+1 são pequenos subsistemas de armazenamento em que o custo do espelhamento seja moderado. Às vezes, RAID de Nível 0+1 é usado para aplicações que tenham uma alta porcentagem de gravações na sua carga de trabalho, já que RAID Nível 0+1 fornece o melhor desempenho de gravação. RAID de Níveis 2 e 4 são sempre inferiores a RAID Níveis 3 e 5, respectivamente. RAID Nível 3 é apropriado para cargas de trabalho consistindo principalmente em grandes solicitações de transferência de diversos blocos contíguos. O desempenho de um sistema RAID Nível 3 é ruim para cargas de trabalho com muitas solicitações pequenas de um único bloco de disco. Um RAID Nível 5 é uma boa solução de propósito geral. Ele fornece alto desempenho para solicitações grandes e pequenas. RAID Nível 6 é apropriado se um nível mais alto de confiabilidade for necessário.

9.3 GERENCIAMENTO DE ESPAÇO EM DISCO

O nível mais baixo de software na arquitetura de SGBD discutida na Seção 1.8, chamado de **gerenciador de espaço em disco**, gerencia espaço em disco. De maneira abstrata, o gerenciador de espaço em disco suporta o conceito de uma **página** como unidade de dados e fornece comandos para alocar ou desalocar uma página e ler ou gravar uma página. O tamanho de uma página é escolhido para ser o tamanho de um bloco de disco e as páginas são armazenadas como blocos de disco, de modo que a leitura ou a gravação de uma página pode ser feita em uma E/S em disco.

Muitas vezes é útil alocar uma seqüência de páginas como uma seqüência *contígua* de blocos para guardar os dados acessados freqüentemente em ordem seqüencial. Essa capacidade é essencial para a exploração das vantagens do acesso seqüencial a blocos de disco, o qual discutimos anteriormente neste capítulo. Tal capacidade, se desejada, deve ser fornecida pelo gerenciador de espaço em disco para camadas de nível mais alto do SGBD.

O gerenciador de espaço em disco esconde detalhes do hardware correspondente (e possivelmente do sistema operacional) e permite que níveis mais altos do software pensem nos dados como uma coleção de páginas.

9.3.1 Mantendo Informação de Blocos Livres

Um banco de dados cresce e encolhe quando registros são inseridos ou excluídos no decorrer do tempo. O gerenciador de espaço em disco registra quais blocos de disco estão em uso, além de registrar quais páginas estão em quais blocos de disco. Embora seja provável que blocos sejam no início alocados seqüencialmente em disco, subseqüentes alocações e desalocações poderiam de modo geral criar 'buracos'.

Uma maneira de registrar o uso dos blocos é manter uma lista de blocos livres. Quando blocos forem desalocados (pelo software de nível mais alto que solicita e usa estes blocos), podemos adicioná-los à lista de livres para posterior uso. Um ponteiro para o primeiro bloco na lista de blocos livres é armazenado em um local conhecido em disco.

Uma segunda forma é manter um mapa de bits com um bit para cada bloco de disco, o qual indica se um bloco está em uso ou não. Um mapa de bits também permite a identificação e alocação muito rápidas de áreas contíguas em disco. Isso é difícil de ser obtido com uma abordagem de lista encadeada.

9.3.2 Usando Sistemas de Arquivos do SO para Gerenciar Espaço em Disco

Sistemas operacionais também gerenciam espaço em disco. Em geral, o sistema operacional suporta a abstração de um *arquivo como uma seqüência de bytes*. O SO gerencia espaço no disco e traduz solicitações, como "Ler o byte i do arquivo f" em instruções correspondentes de baixo nível: "Ler o bloco m da trilha t do cilindro c do disco d". Um gerenciador de espaço em disco de um banco de dados poderia ser criado usando-se arquivos do SO. Por exemplo, o banco de dados inteiro poderia ficar em um ou mais arquivos do SO para os quais um número de blocos sejam alocados (pelo SO) e inicializados. O gerenciador de espaço em disco fica então responsável pelo gerenciamento do espaço nesses arquivos do SO.

Muitos sistemas de bancos de dados não se baseiam no sistema de arquivos do SO e, ao em vez disso, executam seu próprio gerenciamento de disco, seja a partir do zero ou estendendo recursos do SO. Os motivos são tanto práticos quanto técnicos. Um motivo prático é que um fabricante de SGBD que deseje suportar diversas plataformas de SO não pode assumir os recursos específicos de algum SO, por motivo de portabilidade, e, portanto, tentará tornar o código do SGBD tão independente de coisas externas quanto possível. Um motivo técnico é que, em um sistema de 32 bits, o maior tamanho de arquivo é 4 GB, enquanto um SGBD pode querer acessar um único arquivo maior do que esse. Um problema relacionado é que arquivos típicos de SO não podem se espalhar por dispositivos de disco, o que muitas vezes é desejável ou até mesmo necessário em um SGBD. Motivos técnicos adicionais para um SGBD não se basear no sistema de arquivos do SO são destacados na Seção 9.4.2.

9.4 GERENCIADOR DE BUFFER

Para entender o papel do gerenciador de buffer, considere um exemplo simples. Suponha que um banco de dados contenha 1 milhão de páginas, mas apenas 1.000 páginas de memória principal estão disponíveis para guardar dados. Considere uma consulta que solicite uma varredura do arquivo inteiro. Devido ao fato de todos os dados não poderem ser trazidos para a memória principal de uma só vez, o SGBD deve trazer páginas para a memória principal quando elas forem necessárias e, no processo, decidir qual página existente na memória principal substituir para criar espaço para a nova página. A política usada para decidir qual página substituir é chamada **política de substituição**.

Em termos da arquitetura de SGBD apresentada na Seção 1.8, o **gerenciador de buffer** é a camada de software responsável por trazer páginas do disco para a memória principal conforme necessário. O gerenciador de buffer gerencia a memória principal disponível particionando-a em uma coleção de páginas, à qual nos referimos coletivamente como o **pool de buffers**. As páginas da memória principal no pool de buffers são chamadas de **quadros**; é conveniente pensar neles como locais que podem guardar uma página (que em geral fica em disco ou em outro meio de armazenamento secundário).

Níveis mais altos do código do SGBD podem ser escritos sem a preocupação de que páginas de dados estejam na memória ou não; eles solicitam a página ao gerenciador de buffers e ela é trazida para um quadro no pool de buffers se já não estiver lá.

É claro que o código de nível mais alto que solicita uma página também deve liberar a página quando ela não for mais necessária, informando o gerenciador de buffers, de modo que o quadro contendo a página possa ser reusado. O código de nível mais alto também deve informar o gerenciador de buffers se modificar a página solicitada; o gerenciador de buffers então assegura que a mudança seja propagada para a cópia da página em disco. O gerenciamento de buffers é ilustrado na Figura 9.3.

Além do próprio pool de buffers, o gerenciador de buffers mantém algumas informações de contagem e duas variáveis para cada quadro no pool: *pin_count* e *dirty*. O número de vezes que a página corrente em determinado quadro foi solicitada, mas não liberada — o número de usuários correntes da página —, é gravado na variável *pin_count* para esse quadro. A variável boleana *dirty* indica se a página foi modificada desde que foi trazida do disco para o pool de buffers.

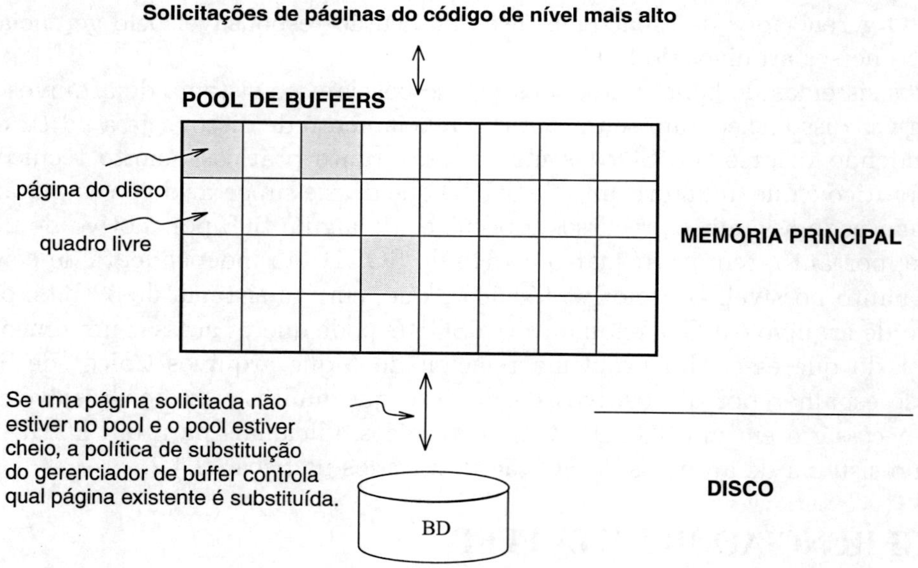

Figura 9.3 O pool de buffers.

Inicialmente, o *pin_count* de cada quadro é configurado como 0 e os bits *dirty* são desligados. Quando uma página é solicitada, o gerenciador de buffers faz o seguinte:

1. Verifica o pool de buffers para ver se algum quadro contém a página solicitada e, caso afirmativo, incrementa o *pin_count* deste quadro. Se a página não está no pool, o gerenciador de buffers a traz da seguinte maneira:
   (a) Escolhe um quadro para substituição, usando a política de substituição, e incrementa seu *pin_count*.
   (b) Se o bit *dirty* do quadro de substituição estiver ligado, grava a página que ele contém (ou seja, a cópia em disco da página é sobrescrita com o conteúdo do quadro).
   (c) Lê a página solicitada para o quadro de substituição.
2. Retorna o endereço (de memória principal) do quadro contendo a página solicitada para o solicitante.

Incrementar *pin_count* é muitas vezes chamado de **pinning** da página solicitada no seu quadro. Quando o código que chama o gerenciador de buffer e solicita a página subseqüentemente chama o gerenciador de buffers e libera a página, o *pin_count* do quadro contendo a página solicitada é decrementado. Isso é chamado de **unpinning** da página. Se o solicitante tiver modificado a página, ele também informa o gerenciador de buffers no momento em que realizar o unpinning da página, e o bit *dirty* do quadro é ativado. O gerenciador de buffers não lerá outra página para o quadro até que seu *pin_count* torne-se 0, ou seja, até que todos os solicitantes da página tiverem executado um unpinning nela.

Se uma página solicitada não estiver no pool de buffers e um quadro livre não estiver disponível no pool de buffers, um quadro com *pin_count* 0 é escolhido para substituição. Se houver muitos quadros assim, um será escolhido de acordo com a política de substituição do gerenciador de buffers. Discutiremos diversas políticas de substituição na Seção 9.4.1.

Quando uma página for finalmente escolhida para substituição, se o bit *dirty* não estiver ligado, isso significa que a página não foi modificada desde que trazida para a memória principal. Assim, não há necessidade de gravar a página de volta para o disco; a cópia em disco é idêntica à cópia no quadro e o quadro pode simplesmente ser sobrescrito pela página recém-solicitada. Em caso contrário, as modificações na página devem ser propagadas para a cópia no disco. (O protocolo de recuperação de falhas pode impor mais restrições, conforme vimos na Seção 1.7. Por exemplo, no protocolo Gravação Antecipada de Log (Write-Ahead Log, WAL), registros especiais de log são usados para descrever as mudanças feitas na página. Os registros de log que pertencem à página a ser substituída também podem estar no buffer; caso afirmativo, o protocolo requer que sejam gravados no disco *antes* que a página seja gravada em disco.)

Se nenhuma página no pool de buffers possuir *pin_count* 0 e uma página que não esteja no pool for solicitada, o gerenciador de buffers deve esperar até que alguma página seja liberada antes de responder à solicitação de página. Na prática, a transação solicitando a página pode simplesmente ser abortada nessa situação! As páginas devem ser liberadas — pelo código que chama o gerenciador de buffer para solicitar a página — assim que for possível.

Uma boa questão neste ponto é "E se uma página for solicitada por diversas transações diferentes?", ou seja, e se a página for solicitada por programas em execução independentemente por diferentes usuários? Tais programas poderiam fazer alterações conflitantes na página. O protocolo de bloqueio (imposto pelo código do SGBD de nível mais alto, em especial o gerenciador de transações) assegura que cada transação obtenha um bloqueio exclusivo ou compartilhado antes de solicitar uma página para ler ou modificar. Duas transações diferentes não podem possuir um bloqueio exclusivo sobre a mesma página ao mesmo tempo; é assim que mudanças conflitantes são evitadas. O gerenciador de buffer simplesmente supõe que o bloqueio apropriado foi obtido antes que uma página seja solicitada.

9.4.1 Políticas de Substituição de Buffer

A política usada para escolher uma página liberada para substituição pode afetar consideravelmente o tempo gasto por operações de um banco de dados. Das muitas políticas alternativas, cada uma é apropriada em diferentes situações.

A política de substituição mais conhecida é a **menos recentemente usada** (Lest Recently Used, LRU). Ela pode ser implementada no gerenciador de buffer usando-se uma fila de ponteiros para quadros com *pin_ count* 0. Um quadro é adicionado ao final da fila quando se tornar candidato a substituição (ou seja, quando o *pin_ count* chega a 0). A página escolhida para substituição é a do quadro no início da fila.

Uma variante da LRU, chamada substituição por **relógio**, possui comportamento semelhante, mas menos *sobrecarga*. A idéia é escolher uma página para substituição usando uma variável *corrente* que recebe valores de 1 a *N*, onde *N* é o número de quadros de buffer, em ordem circular. Podemos pensar nos quadros como organizados em um círculo, semelhante à face de um relógio, e *corrente* como um ponteiro se movendo pela face. Para se aproximar do comportamento LRU, cada quadro também possui um bit de *referência* associado, o qual é ligado quando o *pin_ count* da página chega a 0.

O quadro *corrente* é considerado para substituição. Se ele não for escolhido, será incrementado e o próximo quadro considerado; esse processo é repetido até que algum seja escolhido. Se o quadro *corrente* tiver *pin_ count* maior que 0, ele não será candidato à substituição e *corrente* será incrementado. Se o quadro *corrente* tiver o bit *referenciado* ligado, o algoritmo do relógio desligará o bit *referenciado* e incrementará o *corrente* — dessa forma, uma página recentemente referenciada terá menor probabilidade de ser substituída. Se o quadro *corrente* possuir *pin_ count* 0 e seu bit *referenciado* estiver desligado, então a página nele será escolhida para substituição. Se todos os quadros tiverem *pin_ count* maior que zero em alguma passagem do ponteiro (ou seja, o valor de *corrente* é incrementado até que repita), isso significa que nenhuma página no pool de buffers é candidata à substituição.

As políticas de LRU e relógio não são sempre as melhores estratégias para um sistema de bancos de dados, especialmente se muitas solicitações de usuários requererem varreduras seqüenciais dos dados. Considere a seguinte situação. Suponha que o pool de buffers possua 10 quadros e que o arquivo a ser varrido possua 10 ou menos páginas. Supondo, por simplicidade, que não existam solicitações competidoras por páginas, apenas a primeira varredura do arquivo executa alguma E/S. Solicitações de páginas em varreduras subseqüentes sempre encontram a página desejada no pool de buffers. Por outro lado, suponha que o arquivo a ser varrido possua 11 páginas (que é uma a mais que o número de páginas disponíveis no pool de buffers). Usando LRU, cada varredura do arquivo resultará na leitura de cada página do arquivo! Nessa situação, chamada **inundação seqüencial**, a LRU é a *pior* estratégia de substituição possível.

Outras políticas de substituição incluem **FIFO** (*first in first out* — **o primeiro a entrar é o primeiro a sair**) e **MRU** (*most recently used* — **o mais recentemente usado**), que também acarretam em *sobrecarga* semelhante à da LRU, e **random** (randômico), entre outras. Os detalhes dessas políticas devem ficar evidentes pelos seus nomes e pela discussão anterior sobre LRU e relógio.

Armazenando Dados: Discos e Arquivos 267

Gerenciamento de Buffers na Prática: IBM DB2 e Sybase ASE permitem que os buffers sejam particionados em pools com nomes. Cada banco de dados, tabela ou índice pode ser associado a um desses pools. Cada pool pode ser configurado para usar substituição por relógio ou LRU em ASE; DB2 usa uma variante da substituição por relógio, com o valor inicial do relógio baseado na natureza da página (por exemplo, nós não folha de índice obtêm um valor de relógio inicial maior, o que posterga sua substituição). De forma interessante, um pool de buffers clientes em DB2 pode indicar explicitamente que ele *detesta* uma página, tornando-a a próxima escolha para substituição.Como caso especial, o DB2 aplica MRU para as páginas trazidas em algumas operações utilitárias (por exemplo, RUNSTATS) e o DB2 V6 também suporta FIFO. Informix e Oracle 7 mantêm um único pool global de buffers usando LRU; o Microsoft SQL Server possui um único pool usando substituição por relógio. No Oracle 8, tabelas podem ser associadas a um ou dois pools; um possui prioridade alta e o sistema tenta manter as páginas deste pool na memória.

Além de configurar um número máximo de *pins* para determinada transação, em geral não há recursos para controlar o uso do pool de buffers por transação. O Microsoft SQL Server, entretanto, suporta uma reserva de páginas de buffer por consultas que requerem grandes quantidades de memória (por exemplo, consultas envolvendo ordenação ou hashing).

9.4.2 Gerenciamento de Buffer em SGBD *versus* SO

Existem semelhanças óbvias entre memória virtual em sistemas operacionais e o gerenciamento de buffer em sistemas gerenciadores de bancos de dados. Em ambos os casos, o objetivo é fornecer acesso a mais dados do que cabem na memória principal, e a idéia básica é trazer páginas do disco para a memória principal conforme necessário, substituindo páginas que não sejam mais necessárias na memória principal. Por que não podemos construir um SGBD usando a capacidade de memória virtual de um SO? Um SGBD pode muitas vezes prever a ordem na qual as páginas serão acessadas, ou **padrões de referência a páginas**, com precisão muito maior do que é típico em um ambiente de SO e é desejável utilizar esta propriedade. Além disso, um SGBD precisa de mais controle sobre quando uma página é gravada em disco do que um SO em geral fornece.

Um SGBD pode muitas vezes prever padrões de referência porque a maioria das referências a páginas é gerada por operações de nível mais alto (como varreduras seqüenciais ou implementações particulares de diversos operadores da álgebra relacional) com um padrão conhecido de acessos a páginas. Essa capacidade de prever padrões de referência permite uma melhor escolha de páginas parasubstituição e torna a idéia de políticas especializadas de substituição de buffer mais atrativas no ambiente SGBD.

Ainda mais importante, ser capaz de prever padrões de referência permite o uso de uma estratégia simples e muito eficaz chamada **pré-busca de páginas**. O gerenciador de buffer pode prever as próximas solicitações de páginas e trazer as correspondentes para a memória *antes* que sejam solicitadas. Tal estratégia possui dois benefícios. Primeiro, as páginas estão disponíveis no pool de buffers quando solicitadas. Em segundo

> **Pré-busca:** o IBM DB2 suporta tanto pré-busca seqüencial quanto em lista (pré-busca de uma lista de páginas). Em geral, o tamanho da pré-busca é de 32 páginas de 4 KB, mas isso pode ser configurado pelo usuário. Para alguns utilitários de banco de dados de tipo seqüencial (por exemplo, COPY, RUNSTATS), o DB2 pré-busca até 64 páginas de 4 KB. Para um pool de buffers menor (isto é, menos que 1.000 buffers), a quantidade a ser trazida é reduzida para 16 ou 8 páginas. Esse tamanho pode ser configurado pelo usuário; para determinados ambientes, pode ser melhor pré-buscar 1.000 páginas de uma vez! O Sybase ASE suporta pré-busca assíncrona de até 256 páginas e usa esta capacidade para reduzir a latência durante o acesso indexado a uma tabela em uma varredura por intervalo. O Oracle 8 usa a pré-busca para varredura seqüencial, recuperação de objetos grandes e determinadas varreduras de índice. O Microsoft SQL Server suporta pré-busca para varredura seqüencial e para varreduras no nível folha de um índice de árvore B+ e o tamanho da pré-busca pode ser ajustado à medida que uma varredura progride. O SQL Server também usa extensivamente a pré-busca assíncrona. O Informix suporta pré-busca com um tamanho definido pelo usuário.

lugar, ler um bloco contíguo de páginas é muito mais rápido do que ler as mesmas páginas em ocasiões diferentes como resposta a solicitações distintas. (Reveja a discussão sobre geometria de disco para entender o porquê disso.) Se as páginas a serem pré-trazidas não forem contíguas, reconhecer que muitas delas precisam ser trazidas pode ainda assim levar a E/S mais rápida; uma ordem de recuperação pode ser escolhida para essas páginas minimizando os tempos de busca e latências rotacionais.

A respeito disso, observe que a E/S pode em geral ser executada concorrentemente com computação de CPU. Assim que a solicitação de pré-busca for feita para o disco, este fica responsável pela leitura das páginas solicitadas para as páginas da memória e a CPU pode continuar a executar outras tarefas.

Um SGBD também requer a capacidade de *impor* explicitamente uma página para o disco, ou seja, assegurar que a cópia da página no disco seja atualizada com a cópia na memória. Como um tópico relacionado, um SGBD deve ser capaz de assegurar que determinadas páginas no pool de buffers sejam gravadas em disco *antes* de outras determinadas páginas para implementar o protocolo WAL de recuperação de falhas, como vimos na Seção 1.7. Não podemos nos basear em implementações de memória virtual de sistemas operacionais para fornecer tal controle sobre quando as páginas são gravadas em disco; o comando do SO para gravar uma página em disco pode ser implementado basicamente registrando-se a solicitação de gravação e protelando a modificação real da cópia em disco. Se o sistema falhar neste ínterim, os efeitos podem ser catastróficos para um SGBD. (A recuperação de falhas é discutida em mais detalhes no Capítulo 18.)

9.5 ARQUIVOS DE REGISTROS

Agora voltamos nossa atenção da maneira pela qual páginas são armazenadas em disco e trazidas para a memória principal para a maneira pela qual as páginas são usadas para armazenar registros e organizadas em coleções lógicas ou *arquivos*. Níveis mais altos do código do SGBD tratam uma página como efetivamente uma coleção de registros, ignorando os detalhes da representação e armazenamento. Na verdade, o con-

Armazenando Dados: Discos e Arquivos 269

> **Índices como Arquivos:** no Capítulo 8, apresentamos os índices como uma forma de organizar registros de dados para pesquisa eficiente. Sob o ponto de vista de implementação, os índices são apenas outro tipo de arquivo, contendo registros que direcionam o tráfego de solicitações para registros de dados. Por exemplo, o índice de árvore é um conjunto de registros organizados em uma página por nó da árvore. É conveniente pensar em um índice de árvore como *dois* arquivos, porque ele contém dois tipos de registros: (1) um arquivo de *entradas de índices*, que são registros com campos para a chave de pesquisa do índice e campos apontando para um nó filho e (2) um arquivo de *entradas de dados*, cuja estrutura depende da escolha da alternativa de entrada de dados.

---

ceito de uma coleção de registros não se limita ao conteúdo de uma única página; um arquivo pode se espalhar por diversas páginas. Nesta seção, consideramos como uma coleção de páginas pode ser organizada como um arquivo. Discutimos como o espaço em uma página pode ser organizado para armazenar uma coleção de registros nas seções 9.6 e 9.7.

9.5.1 Implementando Arquivos Heap

Os dados nas páginas de um arquivo heap não estão ordenados de nenhuma maneira, e a única garantia é que se podem recuperar todos os registros no arquivo por meio de repetidas solicitações do próximo registro. Cada registro no arquivo possui um rid único, e todas as páginas de um arquivo são do mesmo tamanho.

Operações suportadas em um arquivo heap incluem *criar* e *destruir* arquivos, *inserir* um registro, *apagar* um registro com determinado rid, *obter* um registro com determinado rid e *varrer* todos os registros do arquivo. Para obtermos ou excluir um registro com determinado rid, devemos ser capazes de encontrar o id da página contendo o registro, de acordo com o seu id.

Devemos registrar as páginas em cada arquivo heap para suportar varreduras e devemos registrar as páginas que contêm espaço livre para implementar inserção eficientemente. Discutimos duas maneiras alternativas de manter essas informações. Em cada uma delas, as páginas devem armazenar dois ponteiros (que são ids de páginas) para manutenção de informação em nível de arquivo, além dos dados.

Lista Encadeada de Páginas

Uma possibilidade é manter um arquivo heap como uma lista duplamente encadeada de páginas. O SGBD pode lembrar onde a primeira página está localizada mantendo uma tabela com pares de ⟨*nome do arquivo heap, endereço da página* 1⟩ em um local conhecido do disco. Chamamos a primeira página do arquivo de *página de cabeçalho*.

Uma tarefa importante é manter informações sobre locais vazios criados pela exclusão de um registro do arquivo heap. Essa tarefa possui duas partes distintas: como registrar espaço livre dentro de uma página e como registrar páginas que têm algum espaço livre. Analisaremos a primeira parte na Seção 9.6. A segunda parte pode ser abordada pela manutenção de uma lista duplamente encadeada de páginas com espaço livre e uma lista duplamente encadeada de páginas cheias; juntas, as listas contêm *todas* as páginas do arquivo heap. A organização é apresentada na Figura 9.4; observe que cada ponteiro é na verdade um id de página.

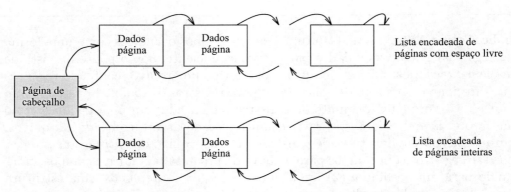

Figura 9.4 Organização de arquivo heap com uma lista encadeada.

Se uma nova página for necessária, ela será obtida por meio de uma solicitação ao gerenciador de espaço em disco e a seguir adicionada à lista de páginas do arquivo (provavelmente como uma página com espaço livre, porque é improvável que o novo registro ocupe todo o espaço da página). Se uma página for excluída do arquivo heap, ela será removida da lista e o gerenciador de espaço em disco solicitado a desalocá-la. (Observe que o esquema pode facilmente ser generalizado para alocar ou desalocar uma seqüência de diversas páginas e manter uma lista duplamente encadeada destas seqüências de páginas.)

Uma desvantagem deste esquema é que virtualmente todas as páginas de um arquivo ficarão na lista de livres se registros tiverem comprimento variável, porque é provável que cada página tenha pelo menos alguns bytes livres. Para inserirmos um registro típico, devemos recuperar e examinar diversas páginas na lista de livres antes de encontrarmos uma com espaço livre suficiente. A organização de arquivo heap baseada em diretório que discutiremos a seguir aborda este problema.

Diretório de Páginas

Uma alternativa a lista encadeada de páginas é manter um **diretório de páginas**. O SGBD deve lembrar onde a primeira página de diretório de cada arquivo heap está localizada. O próprio diretório é uma coleção de páginas e é mostrado como uma lista encadeada na Figura 9.5. (É claro que outras organizações são possíveis para o próprio diretório.)

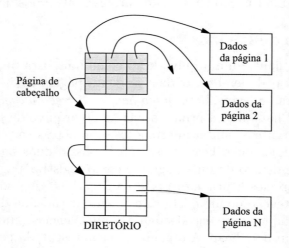

Figura 9.5 Organização de arquivo heap com um diretório.

Cada entrada no diretório identifica uma página (ou uma seqüência de páginas) no arquivo heap. À medida que o arquivo heap cresce ou encolhe, o número de entradas no diretório — e possivelmente o número de páginas no próprio diretório — cresce ou encolhe de modo correspondente. Observe que, como cada entrada no diretório é bastante pequena em comparação com uma página típica, o tamanho do diretório provavelmente seja muito pequeno em comparação com o tamanho do arquivo heap.

Espaço livre pode ser gerenciado por meio da manutenção de um bit por entrada, indicando se a página correspondente possui algum espaço livre, ou um contador por entrada, indicando a quantidade de espaço livre na página. Se o arquivo contiver registros de comprimento variável, podemos examinar o contador de espaço livre de uma entrada para determinar se o registro cabe na página apontada pela entrada. Pelo fato de diversas entradas caberem em uma página de diretório, podemos pesquisar de forma eficiente uma página de dados com espaço suficiente para armazenar um registro a ser inserido.

9.6 FORMATO DE PÁGINA

A abstração da página é apropriada ao lidarmos com questões de E/S, porém níveis mais altos do SGBD vêem os dados como uma coleção de registros. Nesta seção, consideramos como uma coleção de registros pode ser organizada em uma página. Podemos pensar em uma página como uma coleção de **slots**, cada um dos quais contendo um registro. Um registro é identificado pelo uso de um par ⟨*id da página, número do slot*⟩ ; esse é o id do registro (rid). (Notamos que uma forma alternativa de identificação de registros é a atribuição a cada registro de um número inteiro único, como seu rid, e a manutenção de uma tabela que lista a página e o slot do registro correspondente para cada rid. Devido à sobrecarga da manutenção dessa tabela, a abordagem que usa ⟨*id da página, número do slot*⟩ como um rid é mais comum.)

Agora analisamos algumas abordagens alternativas para manutenção de slots em uma página. As principais considerações são como estas abordagens suportam operações como pesquisa, inserção ou exclusão de registros em uma página.

9.6.1 Registros de Comprimento Fixo

Se todos os registros na página seguramente tiverem o mesmo comprimento, os slots dos registros serão uniformes e poderão ser organizados consecutivamente em uma página. A qualquer instante, alguns slots estão ocupados por registros e outros desocupados. Quando um registro é inserido na página, devemos localizar um slot vazio e guardar o registro lá. As principais questões são como registramos os slots vazios e como localizamos todos os registros de uma página. As alternativas dependem de como lidamos com a exclusão de um registro.

A primeira alternativa é armazenar registros nos primeiros N slots (onde N é o número de registros na página); sempre que um registro for excluído, movemos o último registro na página para o slot desocupado. Esse formato nos permite localizar o i-ésimo registro de uma página por meio de um simples cálculo de *deslocamento*, e todos os slots vazios aparecem juntos no final da página. Entretanto, essa abordagem não funciona se houver referências externas ao registro que é movido (porque o rid contém o número do slot, o qual agora é alterado).

A segunda alternativa é manipular exclusões usando um arrray de bits, um por slot, para registrar as informações sobre slots livres. Localizar registros nas páginas requer a varredura do array de bits para encontrar slots cujo bit esteja ligado; quando um registro é excluído, seu bit é desligado. As duas alternativas para armazenar registros

> **Rids em Sistemas Comerciais:** IBM DB2, Informix, Microsoft SQL
> Server, Oracle 8 e Sybase ASE implementam ids de registros como um id de
> página e um número de slot. O Sybase ASE usa a seguinte organização de páginas, que é típica: páginas contêm um cabeçalho seguido pelas linhas e um array
> de slots. O cabeçalho contém a identidade da página, seu estado de alocação,
> estado do espaço livre na página e uma marca de tempo. O array de slots é simplesmente um mapeamento do número do slot para o local da página.
> Oracle 8 e SQL Server usam ids de registros lógicos em vez de id da página e
> número do slot em um caso especial: se uma tabela contiver um índice agrupado,
> os registros na tabela serão identificados usando-se o valor da chave para esse
> índice agrupado. Isso tem a vantagem de que índices secundários não precisam
> ser reorganizados se os registros forem movidos de páginas.

de comprimento fixo são ilustradas na Figura 9.6. Observe que, além das informações sobre registros na página, uma página em geral contém informações adicionais em nível de arquivo (por exemplo, o id da próxima página do arquivo). A figura não mostra as informações adicionais.

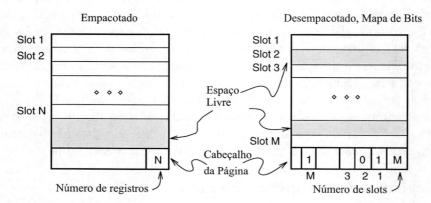

Figura 9.6 Organizações alternativas de páginas para registros de comprimento fixo.

A organização de *páginas com slots* descrita para registros de comprimento variável na Seção 9.6.2 também pode ser usada para registros de comprimento fixo. Isso se torna atrativo se precisarmos mover registros por uma página por motivos outros, além de registrar o espaço liberado por exclusões. Um exemplo típico é querermos os registros de uma página ordenados (de acordo com o valor em algum campo).

9.6.2 Registros de Comprimento Variável

Se os registros tiverem comprimento variável, não poderemos dividir a página em uma coleção fixa de slots. O problema é que, quando um novo registro estiver para ser inserido, temos de encontrar um slot vazio do comprimento correto — se usarmos um slot grande demais, desperdiçamos espaço e, obviamente, não podemos usar um slot menor que o comprimento do registro. Portanto, quando um registro for inserido, devemos alocar a quantidade correta de espaço para ele e, quando um registro for excluído, devemos mover os registros para preencher o vazio criado pela exclusão, para assegu-

Armazenando Dados: Discos e Arquivos

rar que todos os espaços livres da página sejam contíguos. Por conseguinte, a capacidade de mover registros em uma página torna-se muito importante.

A organização mais flexível para registros de comprimento variável é manter um **diretório de slots** para cada página, com um par ⟨*deslocamento do registro, comprimento do registro*⟩ por slot. O primeiro componente (*deslocamento do registro*) é um 'ponteiro' para o registro, conforme mostrado na Figura 9.7; é o deslocamento em bytes a partir do início da área de dados na página até o início do registro. A exclusão é executada rapidamente com a configuração do deslocamento do registro para –1. Registros podem ser movidos pela página porque o rid, que é o número da página e o número do slot (ou seja, a posição no diretório), não muda quando o registro é movido; apenas o deslocamento do registro armazenado no slot muda.

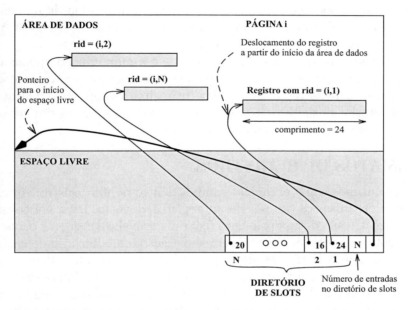

Figura 9.7 Organização da página para registros de comprimento variável.

O espaço disponível para novos registros deve ser gerenciado cuidadosamente porque a página não é pré-formatada em slots. Uma maneira de gerenciar espaço livre é a manutenção de um ponteiro (ou seja, deslocamento do início da área de dados na página) que indica o início da área de espaço livre. Quando um novo registro é grande demais para caber no espaço livre restante, temos de mover registros na página para recuperar o espaço liberado pelos registros excluídos anteriormente. A idéia é assegurar que, após a reorganização, todos os registros apareçam em ordem contígua, seguidos pelo espaço livre disponível.

Uma questão sutil a ser observada é que o slot de um registro excluído não pode ser excluído sempre do diretório de slots, porque números de slots são usados para identificar registros — excluindo um slot, mudamos (decrementamos) o número de slot de slots subseqüentes no diretório de slots, alterando desta forma a rid de registros apontados por slots subseqüentes. A única maneira de remover slots do diretório de slots é remover o último slot se o registro para o qual ele aponta for excluído. Entretanto, quando um registro é inserido, o diretório de slots deve ser varrido buscando um elemento que correntemente não aponte para algum registro e este slot deve ser usado para o novo registro. Um novo slot é adicionado ao diretório de slots apenas se todos os slots existentes apontarem para registros. Se inserções forem muito mais comuns do que exclusões (como geralmente é o caso), o número de entradas no diretório de slots provavelmente será muito próximo do número real de registros na página.

Essa organização também é útil para registros de comprimento fixo se precisarmos movê-los freqüentemente — por exemplo, quando queremos mantê-los em alguma ordenação. De fato, quando todos os registros forem do mesmo comprimento, ao em vez de armazenarmos esta informação de comprimento em comum no slot para cada registro, podemos armazená-la uma vez no catálogo do sistema.

Em algumas situações especiais (por exemplo, as páginas internas de uma árvore B+, que discutiremos no Capítulo 10), podemos não nos importar com a alteração do rid de um registro. Neste caso, o diretório de slots pode ser compactado após cada exclusão de registro; essa estratégia garante que o número de entradas no diretório de slots seja o mesmo do número de registros na página. Se não nos importarmos com rids modificados, também podemos ordenar registros em uma página de maneira eficiente apenas movendo entradas de slots em vez de registros reais, os quais provavelmente são muito maiores do que entradas dos slots.

Uma variação simples da organização em slots é a manutenção apenas de deslocamentos de registros nos slots. Para registros de comprimento variável, o comprimento é armazenado com o registro (digamos, nos primeiros bytes). Essa variação torna a estrutura de diretórios de slots para páginas com registros de comprimento fixo a mesma das páginas com registros de comprimento variável.

9.7 FORMATOS DE REGISTROS

Nesta seção, discutimos como organizar campos dentro de um registro. Ao escolhermos uma forma para organizar os campos de um registro, devemos levar em consideração se os campos do registro são de comprimento fixo ou variável e considerar o custo de diversas operações sobre o registro, incluindo a recuperação e modificação de campos.

Antes de discutirmos formatos de registros, observamos que, além de armazenar registros individuais, informações comuns a todos os registros de determinado tipo de registro (como o número de campos e tipos de campos) são armazenadas no **catálogo do sistema**, o qual pode ser visto como uma descrição do conteúdo de um banco de dados, mantido pelo SGBD (Seção 12.1). Isso evita armazenamento repetido de informações em cada registro de determinado tipo.

Formatos de Registros em Sistemas Comerciais: no IBM DB2, campos de comprimento fixo estão a deslocamentos fixos do início do registro. Campos de comprimento variável têm deslocamento e comprimento na parte de deslocamento fixo do registro, e os próprios campos seguem a parte de comprimento fixo do registro. Informix, Microsoft SQL Server e Sybase ASE usam a mesma organização com pequenas variações. No Oracle 8, os registros são estruturados como se todos os campos fossem potencialmente de comprimento variável; um registro é uma seqüência de pares comprimento-dado, com um valor de comprimento especial usado para denotar um valor *nulo*.

9.7.1 Registros de Comprimento Fixo

Em registro de comprimento fixo, cada campo possui um comprimento fixo (ou seja, o valor neste campo é do mesmo comprimento em todos os registros) e o número de campos também é fixo. Os campos de tal registro podem ser armazenados consecutivamente e, dado o endereço do registro, o endereço de determinado campo pode ser calculado usando-se informações sobre os comprimentos dos campos precedentes, os quais estão disponíveis no catálogo do sistema. Essa organização de registros é ilustrada na Figura 9.8.

Armazenando Dados: Discos e Arquivos

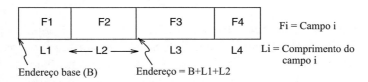

Figura 9.8 Organização de registros com campos de comprimento fixo.

9.7.2 Registros de Comprimento Variável

No modelo relacional, cada registro em uma relação contém o mesmo número de campos. Se o número de campos for fixo, um registro só é de comprimento variável porque alguns de seus campos são de comprimento variável.

Uma organização possível é armazenar campos consecutivamente, separados por delimitadores (caracteres especiais que não aparecem nos próprios dados). Essa organização requer uma varredura dos registros para localizar um campo desejado.

Uma alternativa é reservar algum espaço no início de um registro para uso como um array de deslocamentos inteiros — o i-ésimo número inteiro neste array é o endereço inicial do i-ésimo valor de campo relativo ao início do registro. Observe que também armazenamos um deslocamento no final do registro; esse é necessário para reconhecer onde o último campo termina. Ambas as alternativas são ilustradas na Figura 9.9.

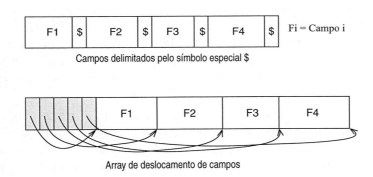

Figura 9.9 Organizações de registros alternativas para campos de comprimento variável.

A segunda abordagem geralmente é superior. Em virtude da sobrecarga do array de deslocamentos, obtemos acesso direto a qualquer campo. Também obtemos uma maneira clara de lidar com valores **nulos**. Um valor *nulo* é um valor especial usado para denotar que o valor de um campo está indisponível ou não é aplicável. Se um campo contiver um valor *nulo*, o ponteiro para o final do campo é configurado como o mesmo do ponteiro para o início do campo, ou seja, nenhum espaço é usado para representar o valor *nulo* e uma comparação dos ponteiros para o início e o final do campo é usada para determinar que o valor do campo é *nulo*.

Formatos de registros de comprimento variável podem obviamente ser usados para armazenar registros de comprimento fixo também; às vezes, a sobrecarga extra é justificada pela flexibilidade adicionada, porque questões como o suporte a valores *nulos* e a adição de campos a um tipo de registro surgem com registros de comprimento fixo também.

Ter campos de comprimento variável em um registro pode trazer algumas questões sutis, especialmente quando um registro é modificado:

> **Registros Grandes em Sistemas Reais:** no ASE Sybase, um registro pode ter no máximo 1.962 bytes. Esse limite é estabelecido pelo tamanho de página de log de 2 KB, já que os registros não podem ser maiores que uma página. As exceções a essa regra são BLOBs e CLOBs, que consistem em um conjunto de páginas encadeadas bidirecionalmente. O IBM DB2 e o Microsoft SQL Server também não permitem que registros se espalhem por páginas, embora objetos grandes possam se espalhar por páginas e sejam manipulados separadamente dos outros tipos de dados. No DB2, o tamanho do registro é limitado apenas pelo tamanho da página; no SQL Server, um registro pode ter no máximo 8 KB, excluindo LOBs. Informix e Oracle 8 permitem que registros se espalhem por páginas. O Informix permite que os registros tenham no máximo 32 KB, enquanto o Oracle não possui tamanho máximo de registro; registros grandes são organizados como uma lista direcionada individualmente.

- Modificar um campo pode fazer com que ele cresça, o que requer que movamos todos os campos subseqüentes para criar espaço para a modificação em todos os formatos de registros recém-apresentados.

- Um registro modificado pode não caber mais no espaço livre de sua página. Se esse for o caso, ele pode ter de ser movido para outra página. Se os rids, usados para 'apontar' para um registro, incluírem o número da página (veja a Seção 9.6), mover um registro para outra página causa um problema. Podemos ter de deixar um 'endereço de redirecionamento' nesta página identificando a nova localização do registro e, para assegurar que haja sempre espaço disponível para este endereço de redirecionamento, teríamos de alocar algum espaço mínimo para cada registro, independentemente do seu comprimento.

- Um registro pode crescer tanto que não caiba mais em *qualquer* página. Temos de lidar com essa condição quebrando um registro em registros menores. Os registros menores poderiam ser encadeados juntos — parte de cada registro menor é um ponteiro para o próximo registro na cadeia — para permitir a recuperação do registro original inteiro.

9.8 QUESTÕES DE REVISÃO

As respostas às questões de revisão podem ser encontradas nas seções listadas.

- Explique o termo *hierarquia de memória*. Quais as diferenças entre armazenamento primário, secundário e terciário? Dê exemplos de cada. Qual deles é *volátil* e quais são *persistentes*? Por que o armazenamento persistente é mais importante para um SGBD do que, digamos, um programa que gere números primários? **(Seção 9.1)**

- Por que os discos são usados tão amplamente em um SGBD? Quais suas vantagens sobre memória principal e fitas? Quais suas desvantagens relativas? **(Seção 9.1.1)**

- O que é um *bloco de disco* ou *página*? Como os blocos são organizados em um disco? Como isso afeta o tempo de acesso a um bloco? Discuta *tempo de busca, latência rotacional* e *tempo de transferência*. **(Seção 9.1.1)**

- Explique como a colocação cuidadosa de páginas no disco para explorar sua geometria pode minimizar o tempo de busca e a latência rotacional quando as páginas são lidas seqüencialmente. **(Seção 9.1.2)**

- Explique o que é um sistema RAID e como ele melhora o desempenho e a confiabilidade. Discuta *striping* e seu impacto sobre o desempenho, e *redundância* e seu impacto sobre a confiabilidade. Quais os prós e contras entre confiabilidade e desempenho nas diferentes organizações RAID chamadas *níveis de RAID*? **(Seção 9.2)**
- Qual o papel do *gerenciador de espaço em disco* do SGBD? Por que os sistemas de bancos de dados não se baseiam no sistema operacional? **(Seção 9.3.)**
- Por que cada solicitação de página em um SGBD passa pelo gerenciador de buffers?
- O que é o *pool de buffers*? Qual a diferença entre um *quadro* em um pool de buffers, uma *página* em um arquivo e um *bloco* em um disco? **(Seção 9.4)**
- Quais informações o gerenciador de buffers mantém para cada página no pool de buffers? Quais informações são mantidas para cada quadro? Qual o significado do *pin_count* e do flag *dirty* para uma página? Sob quais condições uma página no pool pode ser *substituída*? Sob quais condições uma página substituída deve ser gravada de volta no disco? **(Seção 9.4)**
- Por que o gerenciador de buffer tem de substituir páginas no pool de buffers? Como uma página é escolhida para substituição? O que é *inundação seqüencial* e qual política de substituição a causa? **(Seção 9.4.1)**
- Um gerenciador de buffer do SGBD pode muitas vezes prevê o padrão de acesso para páginas de disco. Como ele utiliza essa capacidade para minimizar os custos de E/S? Discuta *pré-busca*. O que é a capacidade de *impor* e por que é necessária para suportar o protocolo WAL em um SGBD? À luz dessas questões, explique por que sistemas de bancos de dados reimplementam muitos serviços fornecidos pelos sistemas operacionais. **(Seção 9.4.2)**
- Por que a abstração de um *arquivo de registros* é importante? Como o software de um SGBD é colocado em camadas para aproveitar isso? **(Seção 9.5)**
- O que é um *arquivo heap*? Como as páginas são organizadas em um arquivo heap? Discuta organização em lista *versus* em diretório. **(Seção 9.5.1)**
- Descreva como os registros são organizados em uma página. O que é um *slot* e como são usados para identificar registros? Como os slots nos permitem mover registros em uma página sem alterar o identificador do registro? Quais as diferenças nas organizações de páginas para registros de comprimento fixo e variável? **(Seção 9.6)**
- Quais diferenças em como os campos são organizados dentro de registros de comprimento fixo e variável? Para registros de comprimento variável, explique como o array de organização de deslocamentos fornece acesso direto a um campo específico e suporta valores *nulos*. **(Seção 9.7)**

EXERCÍCIOS

Exercício 9.1 Qual a diferença mais importante entre um disco e uma fita?

Exercício 9.2 Explique *tempo de busca*, *latência rotacional* e *tempo da transferência*.

Exercício 9.3 Tanto discos quanto memória principal suportam acesso direto a qualquer local desejado (página). Em média, acessos à memória principal são mais rápidos, é claro. Qual a outra diferença importante (sob a perspectiva do tempo necessário para acessar uma página desejada)?

Exercício 9.4 Se você tiver um arquivo grande que seja freqüentemente varrido seqüencialmente, explique como armazenaria as páginas do arquivo em um disco.

Exercício 9.5 Considere um disco com tamanho de setor igual a 512 bytes, 2.000 trilhas por superfície, 50 setores por trilha, cinco pratos de lado duplo e tempo de busca médio de 10 mseg.

1. Qual a capacidade de uma trilha em bytes? Qual a capacidade de cada superfície? Qual a capacidade do disco?
2. Quantos cilindros o disco tem?
3. Dê exemplos de tamanhos válidos de bloco. 256 bytes é um tamanho válido de bloco? 2.048? 51.200?
4. Se os pratos do disco rotacionarem a 5.400 rpm (rotações por minuto), qual a latência rotacional máxima?
5. Se uma trilha de dados puder ser transferida por rotação, qual a taxa de transferência?

Exercício 9.6 Considere novamente as especificações de disco do Exercício 9.5 e suponha que um tamanho de bloco de 1.024 bytes seja escolhido. Suponha que um arquivo contendo 100.000 registros de 100 bytes cada deva ser armazenado em tal disco e que nenhum registro possa ser espalhado por dois blocos.

1. Quantos registros cabem em um bloco?
2. Quantos blocos são necessários para armazenar o arquivo inteiro? Se o arquivo estiver organizado seqüencialmente em disco, quantas superfícies serão necessárias?
3. Quantos registros de 100 bytes cada podem ser armazenados usando este disco?
4. Se as páginas forem armazenadas seqüencialmente em disco, com a página 1 no bloco 1 da trilha 1, qual página será armazenada no bloco 1 da trilha 1 da próxima superfície de disco? Como sua resposta mudaria se o disco fosse capaz de ler e gravar de todos os cabeçotes em paralelo?
5. Que tempo é necessário para ler um arquivo de 100.000 registros de 100 bytes cada seqüencialmente? Novamente, como sua resposta mudaria se o disco fosse capaz de ler/gravar de todos os cabeçotes em paralelo (e os dados estivessem organizados de modo ótimo)?
6. Que tempo é necessário para ler um arquivo contendo 100.000 registros de 100 bytes em uma ordem aleatória? Para ler um registro, o bloco contendo o registro tem de ser trazido do disco. Suponha que cada solicitação de bloco incorra no tempo de busca e latência rotacional médios.

Exercício 9.7 Explique o que o gerenciador de buffer deve fazer para processar uma solicitação de leitura de uma página.

O que acontece se a página solicitada estiver no pool, mas não seu pin_count for 0?

Exercício 9.8 Quando um gerenciador de buffer grava uma página no disco?

Exercício 9.9 O que significa que uma página está com pin_count maior que 0 no pool de buffers? Quem é responsável por incrementar pin_count? Quem é responsável por incrementar o pin_count das páginas?

Exercício 9.10 Quando uma página no pool de buffers é modificada, como o SGBD assegura que a mudança seja propagada para o disco? (Explique o papel do gerenciador de buffer, assim como o do modificador da página.)

Exercício 9.11 O que acontece se uma página for solicitada quando todas as páginas do pool de buffers estiverem marcadas como dirty?

Exercício 9.12 O que é *inundação seqüencial* do pool de buffers?

Armazenando Dados: Discos e Arquivos 279

Exercício 9.13 Nomeie uma importante capacidade de um gerenciador de buffers de SGBD que não seja suportada pelo gerenciador de buffer de um sistema operacional típico.

Exercício 9.14 Explique o termo *pré-busca*. Por que ela é importante?

Exercício 9.15 Discos modernos possuem suas próprias caches de memória principal, geralmente em torno de 1 MB, e usam isso para pré-busca de páginas. O raciocínio dessa técnica é a observação empírica que, se uma página do disco for solicitada por alguma (não necessariamente banco de dados!) aplicação, em 80% das vezes a próxima página é solicitada também. Assim, o disco arrisca-se lendo adiante.

1. Dê um motivo não técnico para que o SGBD possa não querer se basear em pré-busca controlada pelo disco.
2. Explique o impacto sobre a cache do disco de diversas consultas sendo executadas concorrentemente, cada uma varrendo um arquivo diferente.
3. Este problema é abordado pelo gerenciador de buffer do SGBD com pré-busca de páginas? Explique.
4. Discos modernos suportam *caches segmentadas*, com em torno de quatro a seis segmentos, cada um dos quais usado para páginas de cache de um arquivo diferente. Essa técnica ajuda, com respeito ao problema anterior? Dada essa técnica, importa se o gerenciador de buffer do SGBD também executa pré-busca?

Exercício 9.16 Descreva dois formatos de registros possíveis. Quais os prós e contras entre eles?

Exercício 9.17 Descreva dois formatos de páginas possíveis. Quais os prós e contras entre eles?

Exercício 9.18 Considere o formato de página para registros de comprimento variável que use um diretório de slots.

1. Uma abordagem para gerenciar o diretório de slots é usar um tamanho máximo (isto é, um número máximo de slots) e alocar o array do diretório quando a página for criada. Discuta os prós e contras dessa abordagem no que diz respeito à abordagem discutida no texto.
2. Sugira uma modificação nesse formato de página que nos permitisse ordenar registros (de acordo com o valor em algum campo) sem mover registros e sem alterar os ids dos registros.

Exercício 9.19 Considere as duas organizações internas para arquivos heap (usando listas de páginas e um diretório de páginas) discutidas no texto.

1. Descreva-as brevemente e explique os prós e contras. Qual organização você escolheria se os registros fossem de comprimento variável?
2. Você pode sugerir um único formato de página para implementar ambas as organizações internas de arquivos?

Exercício 9.20 Considere uma organização baseada em listas das páginas de um arquivo heap no qual duas listas são mantidas: uma lista de *todas* as páginas no arquivo e uma lista de todas as páginas com espaço livre. Em comparação, a organização baseada em listas discutidas no texto mantém uma lista de páginas cheias e uma lista de páginas com espaço livre.

1. Quais os prós e contras, se houver algum? Alguma delas é claramente superior?
2. Para cada uma dessas organizações, descreva um formato de página apropriado.

Exercício 9.21 Unidades de disco modernas armazenam mais setores nas trilhas externas do que nas internas. Como a velocidade de rotação é constante, a taxa de transferência seqüencial de dados também é mais alta nas trilhas externas. O tempo de busca e a latência rotacional não mudam. Com base nessas informações, explique boas estratégias para armazenar arquivos com os seguintes tipos de padrão de acesso:

1. Acessos freqüentes e aleatórios a um arquivo pequeno (por exemplo relações do catálogo).
2. Varreduras seqüenciais de um arquivo grande (por exemplo, seleção de uma relação sem índice).
3. Acessos aleatórios a um arquivo grande por meio de um índice (por exemplo, seleção de uma relação por meio do índice).
4. Varreduras seqüenciais de um arquivo pequeno.

Exercício 9.22 Por que os quadros no pool de buffers têm um contador de (*pin _ count*) em vez de uma *flag pin*?

EXERCÍCIOS BASEADOS EM PROJETO

Exercício 9.23 Estude as interfaces públicas para a camada de arquivo heap, gerenciador de espaço em disco e gerenciador de buffer no Minibase.

1. Os arquivos heap com registros de comprimento variável são suportados?
2. Que formato de página é usado nos arquivos heap Minibase?
3. O que acontece se você inserir um registro cujo comprimento seja maior do que o tamanho da página?
4. Como o espaço livre é manipulado no Minibase?

NOTAS BIBLIOGRÁFICAS

Salzberg [648] e Wiederhold [776] discutem dispositivos de armazenamento secundário e organizações de arquivo em detalhes.

RAID foi originalmente proposto por Patterson, Gibson e Katz [587]. O artigo de Chen et al. fornece uma visão excelente de RAID [171]. Livros sobre RAID incluem a dissertação de Gibson [317] e as publicações do RAID Advisory Board [605].

O projeto e implementação de gerenciadores de armazenamento é discutido em [65, 133, 219, 477, 718]. Com exceção de [219], esses sistemas enfatizam *extensibilidade* e os artigos têm muito interesse sob tal ponto de vista também. Outro artigos que abordam questões de gerenciamento de armazenamento no contexto de significativos sistemas protótipos implementados são [480] e [588]. O gerenciador de armazenamento Dali, otimizado para bancos de dados em memória principal, é descrito em [406]. Três técnicas para implementar campos longos são comparadas em [96]. O impacto de não-acertos em caches de processadores no desempenho do SGBD tem recebido atenção recentemente, já que consultas complexas têm usado cada vez mais CPU. [33] estuda a questão e mostra que o desempenho pode ser significativamente melhorado com o uso de uma nova organização de registros dentro de uma página, na qual registros em uma página são armazenados em um formato orientado a colunas (todos os valores de campos para o primeiro atributo seguidos por valores para o segundo atributo etc.).

Stonebraker discute questões de sistemas operacionais no contexto de bancos de dados [715]. Diversas políticas de gerenciamento de buffers para sistemas de bancos de dados são comparadas em [181]. O gerenciamento de buffers também é estudado em [119, 169, 261, 235].

10
INDEXAÇÃO ESTRUTURADA EM ÁRVORE

☞ Qual a intuição por trás dos índices estruturados em árvore? Por que são bons para seleção por intervalo?

☞ Como um índice ISAM manipula a pesquisa, inserção e exclusão?

☞ Como um índice de árvore B+ manipula a pesquisa, inserção e exclusão?

☞ Qual o impacto de valores de chaves duplicados na implementação de índices?

☞ O que é compressão de chaves e por que é importante?

☞ O que é carregamento em massa e por que é importante?

☞ O que acontece a identificadores de registros quando índices dinâmicos são atualizados? Como isso afeta índices agrupados?

➡ **Conceitos-chave:** ISAM, índices estáticos, páginas de overflow, questões de bloqueio; árvores B+, índices dinâmicos, balanceamento, conjuntos de seqüência, formato de nó; operação de inserção em árvores B+, separação de nó, operação de exclusão, intercalação *versus* redistribuição, ocupação mínima, duplicatas, páginas de overflow, inclusão de rids em chaves de pesquisa; compressão de chaves; carregamento em massa; efeito de separações em rids em índices agrupados.

Quem quiser o fruto deve subir na árvore.

— Thomas Fuller

Agora consideramos duas estruturas de dados de índice, chamadas ISAM e árvores B+, baseadas em organizações em árvore. Essas estruturas fornecem suporte eficiente para pesquisas por intervalo, incluindo varreduras de arquivos ordenados como um caso especial. Diferentemente de arquivos ordenados, as estruturas de índice suportam inserção e exclusão eficientes. Elas também fornecem suporte para seleção por igualdade, embora não sejam tão eficientes neste caso como índices baseados em hash, discutidos no Capítulo 11.

A árvore ISAM[1] é uma estrutura de índice estática, eficaz quando o arquivo não é atualizado com freqüência, mas não se mostra apropriada para arquivos que crescem e encolhem muito. Discutiremos ISAM na Seção 10.2. A árvore B+ é uma estrutura dinâmica que se ajusta a mudanças no arquivo de maneira harmoniosa. É a estrutura de índice mais amplamente usada porque se adapta bem a mudanças e suporta tanto consultas por igualdade quanto por intervalo. Introduzimos árvores B+ na Seção 10.3. Abordaremos árvores B+ em detalhes nas seções restantes. A seção 10.3.1 descreve o formato de um nó de árvore. A Seção 10.4 considera como pesquisar registros usando um índice de árvore B+. A Seção 10.5 apresenta o algoritmo para inserir registros em uma árvore B+ e a Seção 10.6 apresenta o algoritmo de exclusão. A Seção 10.7 discute como as duplicatas são manipuladas. Concluímos com uma discussão sobre algumas questões práticas relativas a árvores B+ na Seção 10.8.

Notação: nas estruturas de árvore B+ e ISAM, páginas folhas contêm *entradas de dados*, de acordo com a terminologia introduzida no Capítulo 8. Por conveniência, denotamos uma entrada de dados com valor de chave de pesquisa k como k^*. Páginas que não sejam folhas contêm *entradas de índices* na forma ⟨*valor da chave de pesquisa, id da página*⟩ e são usadas para direcionar a pesquisa de uma entrada de dados desejada (armazenada em alguma folha). Muitas vezes apenas usamos *entrada* onde o contexto deixa clara a natureza da entrada (índice ou dados).

10.1 INTUIÇÃO DE ÍNDICES DE ÁRVORE

Considere um arquivo de registros de Alunos ordenado por *média*. Para respondermos uma seleção por intervalo como "Encontre todos os alunos com uma média maior que 3,0", devemos identificar o primeiro desses alunos executando uma pesquisa binária no arquivo e então varrendo o arquivo a partir desse ponto. Se o arquivo for grande, a pesquisa binária inicial pode ser bastante custosa, já que o custo é proporcional ao número de páginas trazidas; podemos melhorar este método?

Uma idéia é criar um segundo arquivo com um registro por página no arquivo original (dados), na forma ⟨*primeira chave na página, ponteiro para página*⟩, mais uma vez ordenado pelo atributo da chave (que é *média* no nosso exemplo). O formato de uma página no segundo arquivo de *índice* é ilustrado na Figura 10.1.

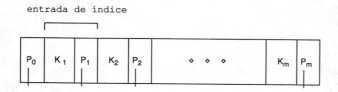

Figura 10.1 Formato de uma página de índice.

Referimo-nos a pares na forma ⟨*chave, ponteiro*⟩ como *entradas de índices* ou apenas *entradas* quando o contexto for claro. Observe que cada página de índice contém um ponteiro a mais do que o número de chaves — cada chave serve como um *separador* dos conteúdos das páginas apontadas pelos ponteiros à sua esquerda e direita.

Podemos executar uma pesquisa binária no arquivo de índice para identificar a página contendo o valor da primeira chave (*média*) que satisfaça à seleção por intervalo (no nosso exemplo, o primeiro aluno com *média* maior que 3,0) e seguir o pontei-

---

[1] ISAM significa método de acesso seqüencial indexado (Indexed Sequential Access Method).

ro para a página contendo o primeiro registro de dados com esse valor de chave. Podemos então varrer o arquivo de dados seqüencialmente a partir desse ponto para recuperar outros registros qualificados. Esse exemplo usa o índice para encontrar a primeira página de dados contendo um registro de Alunos com *média* maior que 3,0 e o arquivo de dados é varrido a partir desse ponto para recuperar outros registros de Alunos como esse.

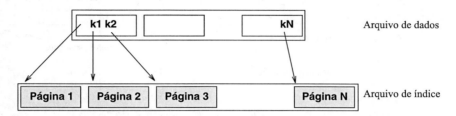

Figura10.2 Estrutura de índice de um nível.

Devido ao tamanho de uma entrada no arquivo de índice (valor da chave e id da página) ser provavelmente muito menor do que o tamanho de uma página e apenas uma entrada como esta existir por página do arquivo de dados, o arquivo de índice é provavelmente muito menor do que o de dados; portanto, uma pesquisa binária no arquivo de índice é muito mais rápida do que uma pesquisa binária no arquivo de dados. Entretanto, uma pesquisa binária no arquivo de índice ainda poderia ser razoavelmente custosa, e o arquivo de índice é geral ainda maior o suficiente para tornar as inserções e exclusões custosas.

O tamanho grande do arquivo de índice em potencial motiva a idéia de indexação de árvore: Por que não aplicar o passo anterior de construção de uma estrutura auxiliar na coleção de registros de *índice* e assim por diante, recursivamente, até que a menor estrutura auxiliar caiba em uma página? Essa construção repetida de índice de um nível leva a uma estrutura de árvore com diversos níveis de páginas não folhas.

Conforme observado na Seção 8.3.2, o poder da abordagem vem do fato de que localizar um registro (segundo um valor de chave de pesquisa) envolve uma travessia da raiz à folha, com uma E/S (no máximo; algumas páginas, por exemplo, a raiz, provavelmente está no pool de buffers) por nível. Dado o valor típico espalhado (mais de 100), as árvores raramente têm mais de 3 a 4 níveis.

A próxima questão é considerar como a estrutura de árvore pode lidar com inserções e exclusões de entradas de dados. Duas abordagens distintas têm sido usadas, levando a estruturas de dados de árvore B+ e ISAM, as quais discutimos em seções subseqüentes.

10.2 MÉTODO DE ACESSO SEQÜENCIAL INDEXADO (ISAM)

A estrutura de dados ISAM é ilustrada na Figura 10.3. As entradas de dados do índice ISAM estão nas páginas folhas da árvore e em páginas de *overflow* adicionais encadeadas a alguma página folha. Sistemas de bancos de dados organizam cuidadosamente a disposição das páginas de maneira que os limites correspondam ao máximo às características físicas do dispositivo de armazenamento correspondente. A estrutura ISAM é completamente estática (exceto pelas páginas de *overflow*, das quais ela sai, haverá poucas) e facilita tais otimizações de baixo nível.

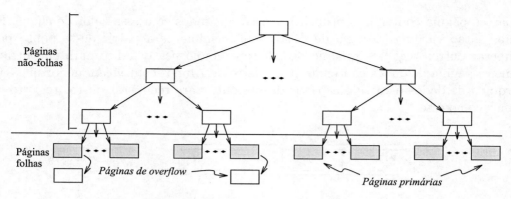

Figura 10.3 Estrutura de índice ISAM.

Cada nó de árvore é uma página de disco, e todos os dados residem nas páginas folhas. Isso corresponde a um índice que usa Alternativa (1) para entradas de dados, em termos das alternativas descritas no Capítulo 8; podemos criar um índice com a Alternativa (2) armazenando os registros de dados em um arquivo separado e armazenando pares ⟨chave, rid⟩ nas páginas folhas do índice ISAM. Quando o arquivo é criado, todas as páginas folhas são alocadas seqüencialmente e ordenadas pelo valor da chave de pesquisa. (Se a Alternativa (2) ou (3) for usada, os registros de dados serão criados e ordenados antes da alocação das páginas folhas do índice ISAM.) As páginas de nível não folhas são então alocadas. Se houver diversas inserções no arquivo subseqüentemente, de modo que mais entradas sejam inseridas em uma folha do que caberá em uma única página, páginas adicionais serão necessárias porque a estrutura de índice é estática. Essas páginas adicionais são alocadas de uma área de overflow. A alocação de páginas é ilustrada na Figura 10.4.

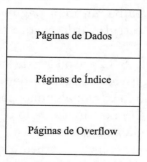

Figura 10.4 Alocação de página em ISAM.

As operações básicas de inserção, exclusão e pesquisa são todas bastante diretas. Para uma pesquisa de seleção por igualdade, começamos no nó-raiz e determinamos qual subárvore pesquisar comparando o valor no campo de pesquisa de um dado registro com os valores de chaves no nó. (O algoritmo de pesquisa é idêntico àquele para uma árvore B+; apresentaremos esse algoritmo em maiores detalhes mais adiante.) Para uma consulta por intervalo, o ponto inicial no nível de dados (ou folha) é determinado de forma semelhante e as páginas de dados são então recuperadas seqüencialmente. Para inserções e exclusões, a página apropriada é determinada como para uma pesquisa e o registro é inserido ou excluído com páginas de overflow adicionadas, caso necessário.

O exemplo a seguir ilustra a estrutura de índice ISAM. Considere a árvore mostrada na Figura 10.5. Todas as pesquisas começam na raiz. Por exemplo, para localizar um registro com o valor da chave 27, iniciamos na raiz e seguimos o ponteiro à esquerda, já que 27 < 40. Depois, seguimos o ponteiro do meio, pois 20 < = 27 < 33. Para uma pesquisa por intervalo, encontramos a primeira entrada de dados qualificada como em uma seleção por igualdade e, então, recuperamos as páginas folhas primárias seqüencialmente (também recuperamos as páginas de overflow conforme necessário pelos ponteiros seguintes a partir das páginas primárias). As páginas folhas primárias são supostas como alocadas seqüencialmente — essa suposição é razoável porque o número de tais páginas é conhecido quando a árvore é criada e não muda subseqüentemente sob inserções e exclusões — e, assim, nenhum ponteiro para uma 'próxima página folha' é necessário.

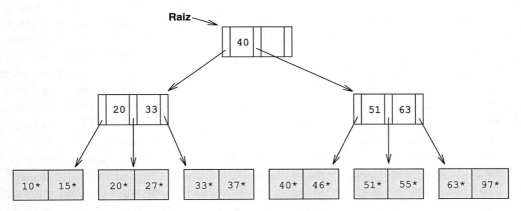

Figura 10.5 Exemplo de árvore ISAM.

Consideramos que cada página folha possa conter duas entradas. Se inserirmos agora um registro com valor de chave 23, a entrada 23* ficará na segunda página de dados, a qual já contém 20* e 27* e não possui mais espaço. Lidamos com essa situação adicionando uma página de overflow e colocando 23* na página de overflow. Cadeias de páginas de overflow podem se desenvolver facilmente. Por exemplo, inserir 48*, 41* e 42* leva a uma cadeia de overflow de duas páginas. A árvore da Figura 10.5 com todas essas inserções é apresentada na Figura 10.6.

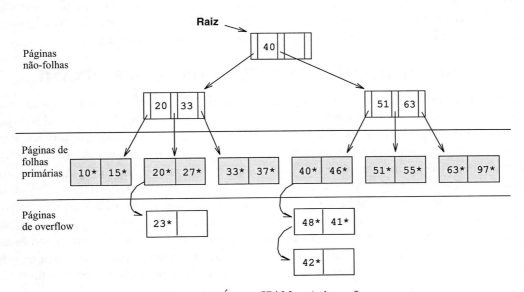

Figure 10.6 Árvore ISAM após inserções.

A exclusão de uma entrada $k*$ é manipulada removendo-se a entrada. Se a entrada estiver em uma página de overflow e a página de overflow ficar vazia, a página poderá ser removida. Se a entrada estiver em uma página primária e a exclusão esvaziar a página primária, a abordagem mais simples é deixar a página primária como está; ela serve como marcador de lugar para futuras inserções (e possivelmente páginas de overflow não vazias, porque não movemos registros das páginas de overflow para a página primária quando exclusões na página primária criam espaços). O número de páginas folhas primárias é fixo no momento da criação do arquivo.

10.2.1 Páginas de Overflow, Considerações de Bloqueio

Observe que, assim que o arquivo ISAM é criado, inserções e exclusões afetam apenas o conteúdo de páginas folhas. Uma conseqüência desse projeto é que longas cadeias de overflow podem se desenvolver se uma quantidade de inserções forem feitas na mesma folha. Essas cadeias podem afetar significativamente o tempo de recuperação de um registro porque a cadeia de overflow tem de ser pesquisada também quando a pesquisa chega a essa folha. (Embora dados na cadeia de overflow possam ser mantidos ordenados, em geral não o são, para tornar as inserções mais rápidas.) Para amenizar o problema, a árvore é inicialmente criada de forma que em torno de 20% de cada página estejam livres. Entretanto, assim que o espaço livre é preenchido com registros inseridos, a menos que espaço seja liberado novamente por meio de exclusões, cadeias de overflow podem ser eliminadas apenas por uma completa reorganização do arquivo.

O fato de que apenas páginas folhas são modificadas possui uma importante vantagem com respeito ao acesso concorrente. Quando uma página é acessada, ela geralmente é 'bloqueada' pelo solicitante para assegurar que não seja modificada concorrentemente por outros usuários da página. Para modificar uma página, ela deve estar bloqueada no modo 'exclusivo', o que só é permitido quando ninguém mais possui um bloqueio sobre a página. Bloquear pode levar a filas de usuários (*transações*, para ser mais preciso) esperando para obter acesso a uma página. Filas podem ser um gargalo significativo para o desempenho, especialmente para páginas muito acessadas próximas das raízes de uma estrutura de índice. Na estrutura ISAM, já que sabemos que as páginas em nível de índice nunca são modificadas, podemos seguramente omitir o passo do bloqueio. Não bloquear páginas em nível de índice é uma vantagem importante da ISAM sobre uma estrutura dinâmica como uma árvore B+. Se a distribuição de dados e tamanho forem relativamente estáticos, o que significa que cadeias de overflow são raras, ISAM poderá ser preferível a árvores B+ devido a essa vantagem.

10.3 ÁRVORES B+: UMA ESTRUTURA DE ÍNDICE DINÂMICA

Uma estrutura estática como o índice ISAM sofre do problema de que longas cadeias de overflow podem se desenvolver à medida que o arquivo cresce, levando a desempenho ruim. Esse problema motivou o desenvolvimento de estruturas dinâmicas mais flexíveis que se adaptam harmoniosamente a inserções e exclusões. A estrutura de pesquisa **árvore B+**, amplamente usada, é uma árvore balanceada na qual os nós internos direcionam a pesquisa e os nós folhas contêm as entradas de dados. Pelo fato de a estrutura de árvore crescer e encolher dinamicamente, não é viável alocar as páginas folhas seqüencialmente como na ISAM, em que o conjunto de páginas folhas primárias era estático. Para recuperarmos todas as páginas folhas eficientemente, temos de conectá-las usando ponteiro de páginas. Organizando-as em uma lista duplamente encadeada, podemos facilmente atravessar a seqüência de páginas folhas (às

Indexação Estruturada em Árvore

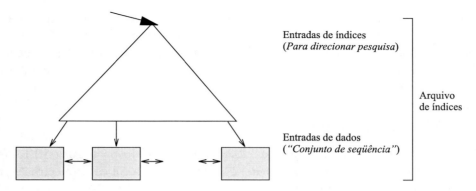

Figura 10.7 Estrutura de uma árvore B+.

vezes chamada de **conjunto de seqüência**) em ambas as direções. Essa estrutura está na Figura 10.7.[2]

A seguir estão algumas das principais características de uma árvore B+:

- Operações (inserção, exclusão) na árvore a mantêm balanceada.

- Uma ocupação mínima de 50% é garantida para cada nó, exceto a raiz se o algoritmo de exclusão discutido na Seção 10.6 for implementado. Entretanto, a exclusão é freqüentemente implementada simplesmente localizando-se a entrada de dados e removendo-o, sem ajustar a árvore conforme necessário para garantir os 50% de ocupação, porque os arquivos geralmente crescem em vez de encolher.

- Pesquisar um registro requer apenas uma travessia da raiz até a folha apropriada. Referimo-nos ao comprimento de um caminho da raiz até uma folha — qualquer folha, porque a árvore é balanceada — como a **altura** da árvore. Por exemplo, uma árvore com apenas um nível folha e um único nível de índice, como a árvore mostrada na Figura 10.9, possui altura 1, e uma árvore que só possua o nó-raiz possui altura 0. Devido ao alto espalhamento, a altura de uma árvore B+ é raramente maior do que 3 ou 4.

Estudaremos árvores B+ nas quais cada nó contém m entradas, onde $d \leq m \leq 2d$. O valor d é um parâmetro da árvore B+, chamado **ordem** da árvore e é uma medida da capacidade de um nó de árvore. O nó-raiz é a única exceção a esse requisito sobre o número de entradas; para a raiz, é apenas requerido que $1 \leq m \leq 2d$.

Se um arquivo de registros é atualizado freqüentemente e o acesso ordenado é importante, manter um índice de árvore B+ com registros de dados ordenados como entradas de dados é quase sempre superior a manter um arquivo ordenado. Para a sobrecarga de armazenamento das entradas de índices, obtemos todas as vantagens de um arquivo ordenado mais algoritmos eficientes de inserção e exclusão. Árvores B+ em geral mantêm 67% de ocupação de espaço. Árvores B+ também são quase sempre preferíveis à indexação ISAM porque as inserções são manipuladas harmoniosamente sem cadeias de overflow. Entretanto, se o tamanho do conjunto de dados e a distribuição permanecerem razoavelmente estáticos, as cadeias de overflow podem não ser um problema importante. Nesse caso, dois fatores favorecem ISAM: as páginas folhas são alocadas em seqüência (tornando as varreduras por um intervalo grande mais eficien-

---

[2] Se a árvore é criada por carregamento em massa (veja a Seção 10.8.2) de um conjunto de dados existentes, o conjunto de seqüência pode ser feito fisicamente seqüencial, mas esta ordenação física é gradualmente destruída toda vez que um novo dado é adicionado e excluído.

tes do que em uma árvore B+, nas quais as páginas provavelmente saiam em seqüência do disco com o decorrer do tempo, mesmo se estivessem em seqüência após o carregamento em massa) e a sobrecarga do bloqueio da ISAM é menor do que nas árvores B+. Como regra geral, entretanto, as árvores B+ provavelmente desempenham melhor do que ISAM.

10.3.1 O Formato de um Nó

O formato de um nó é o mesmo de uma ISAM, apresentado na Figura 10.1. Nó não folha com m *entradas de índice* contêm $m+1$ ponteiros para filhos. Ponteiros P_i apontam para uma subárvore na qual todos os valores de chaves K são tais que $K_i \leq K < K_{i+1}$. Como casos especiais, P_0 aponta para uma árvore na qual todos os valores de chaves são menores que K_1, e P_m aponta para uma árvore na qual todos os valores de chaves são maiores ou iguais a K_m. Para nós folhas, as entradas são denotadas como $k*$, como sempre. Da mesma maneira que em ISAM, os nós folhas (e *apenas* os nós folhas!) contêm *entradas de dados*. No caso comum em que a Alternativa (2) ou (3) é usada, as entradas de folhas são pares $\langle K, I(K) \rangle$, da mesma forma que em entradas não folhas. Independentemente da alternativa escolhida para entradas folhas, as páginas folhas são encadeadas juntas em uma lista duplamente encadeada. Assim, as folhas formam uma seqüência, a qual pode ser usada para responder a consultas por intervalo de modo eficiente.

O leitor deveria considerar cuidadosamente como uma organização de nós pode ser obtida usando-se os formatos de registros apresentados na Seção 9.7; afinal, cada par chave-ponteiro pode ser imaginado como um registro. Se o campo em indexação é de comprimento fixo, essas entradas de índice serão de comprimento fixo; caso contrário, temos registros de comprimento variável. Em qualquer caso, a árvore B+ pode ser vista como um arquivo de registros. Se as páginas folhas não contiverem os registros reais de dados, então a árvore B+ é, de fato, um arquivo de registros distinto do arquivo que contém os dados. Se as páginas folhas contiverem registros de dados, um arquivo conterá a árvore B+, bem como os dados.

10.4 PESQUISA

O algoritmo de pesquisa encontra o nó folha no qual determinada entrada de dados está. Um esboço de pseudocódigo do algoritmo é dado na Figura 10.8. Usamos a notação *ptr para denotar o valor apontado por uma variável ponteiro *ptr* e & (*valor*) para denotar o endereço do *valor*. Observe que encontrar i na *pesquisa de árvore* requer que pesquisemos dentro do nó, o que pode ser feito com uma pesquisa linear ou uma pesquisa binária (por exemplo, dependendo do número de entradas no nó).

Na discussão dos algoritmos de pesquisa, inserção e exclusão para árvores B+, supomos que não existam *duplicatas*. Ou seja, não são permitidas duas entradas de dados com o mesmo valor de chave. É claro, que duplicatas surgem sempre que a chave de pesquisa não contiver uma chave candidata e deve ser lidada na prática. Consideramos como as duplicatas podem ser manipuladas na Seção 10.7.

    func *encontrar* (valor de chave pesquisa K) **returns** ponteironó
    // *Dado um valor de chave de pesquisa, encontra seu nó folha*
    retorno pesquisa de árvore (raiz, K);   // pesquisa a partir da raiz
    fimfunc

Indexação Estruturada em Árvore

func *pesquisa de árvore* (ponteironó, valor de chave pesquisa K) **returns** ponteironó
// Pesquisa a entrada na árvore
se *ponteironó for uma folha, retorna ponteironó;
senão,
    se $K < K_1$ então retorna pesquisa de árvore(P_0, K);
    senão,
        se $K \geq K_m$ então retorna pesquisa de árvore(P_m, K); // $m = \#$ entradas
        senão,
            encontrar i tal que $K_i \leq K < K_{i+1}$;
            retorna pesquisa de árvore(P_i, K)
fimfunc

Figura 10.8 Algoritmo para pesquisa.

Considere a árvore B+ de exemplo apresentada na Figura 10.9. Esta árvore B+ é de ordem d=2, ou seja, cada nó contém entre 2 e 4 entradas. Cada entrada não folha é um par ⟨*valor de chave, ponteironó*⟩; no nível folha, as entradas são registros de dados que denotamos por k^*. Para pesquisar a entrada 5*, seguimos o ponteiro filho mais à esquerda, pois 5 < 13. Para pesquisar as entradas 14* ou 15*, seguimos o segundo ponteiro, pois 13 ≤ 14 < 17 e 13 ≤ 15 < 17. (Não encontramos 15* na folha apropriada e podemos concluir que ele não está presente na árvore.) Para encontrar 24*, seguimos o quarto ponteiro filho, pois 24 ≤ 24 < 30.

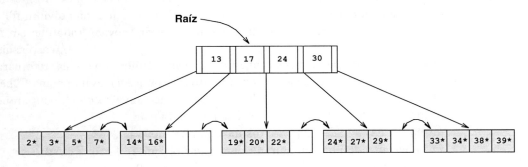

Figura 10.9 Exemplo de uma árvore B+, ordem d=2.

10.5 INSERÇÃO

O algoritmo para inserção recebe uma entrada, encontra o nó folha no qual ela deve ficar e o insere lá. O pseudocódigo para o algoritmo de inserção na árvore B+ é dado na Figura 10.10. A idéia básica por trás do algoritmo é que inserimos recursivamente a entrada chamando o algoritmo de inserção no nó filho apropriado. Em geral, esse procedimento resulta na ida até o nó folha onde a entrada deve ficar, a colocação da entrada lá e o retorno até o nó-raiz. Ocasionalmente, um nó está cheio e deve ser dividido. Quando o nó é dividido, uma entrada apontando para o nó criado pela divisão deve ser inserida no seu pai; essa entrada é apontada pela variável ponteiro *novaentradafilha*. Se o raiz (antigo) for dividido, um novo nó-raiz é criado e a altura da árvore aumenta em 1.

Para ilustrarmos a inserção, vamos continuar com a árvore de exemplo da Figura 10.9. Se inserirmos a entrada 8*, ela deve focar na folha mais à esquerda, que já está cheia. Essa inserção causa uma divisão da página folha; as páginas divididas estão na Figura 10.11. A árvore deve agora ser ajustada para receber a nova página folha em conta, de modo que inserimos uma entrada consistindo no par ⟨5, *ponteiro para nova página*⟩ no nó pai. Observe que a chave 5, que distingue entre a página folha dividida e sua irmã recém-criada, é 'copiada'. Não podemos simplesmente 'empurrar' 5, porque cada entrada de dados deve aparecer em uma página folha.

Desde que o nó pai também esteja cheio, outra divisão ocorre. De modo geral, temos de dividir um nó não folha quando ele estiver cheio, contendo $2d$ chaves e $2d + 1$ ponteiros e temos de adicionar outra entrada de índice para contabilizar uma divisão de filhos. Agora temos $2d + 1$ chaves e $2d + 2$ ponteiros, produzindo dois nós não folhas minimamente cheios, cada um contendo d chaves e $d + 1$ ponteiros e uma chave extra, que escolhemos ser a chave 'do meio'. Essa chave e um ponteiro para o segundo nó não folha constituem uma entrada de índice que deve ser inserida no pai do nó não folha dividido. A chave do meio é então 'empurrada' pela árvore, em comparação com o caso de uma divisão de página folha.

proc *inserir* (ponteironó, entrada, novaentradafilha)
// *Insere a entrada na subárvore com a raiz '*ponteironó'; o grau é d;*
// *'novaentradafilha' nula inicialmente, e nula no retorno a menos que o filho*
// *seja dividido*

se *ponteironó for um nó não folha, digamos N,
    encontrar *i* tal *que* $K_i \leq$ valor de chave da entrada $< K_{i+1}$;   // escolhe subárvore
    inserir(P_i, entrada, novaentradafilha);   // recursivamente, inserir entrada
    se novaentradafilha for nula, retornar;   // caso usual; não dividiu filho
    senão,   // dividimos filho, devemos inserir *novaentradafilha em N
        se N tiver espaço   //caso usual
            colocar *novaentradafilha nele, configurar novaentradafilha como nula, retornar;
        senão,   // observe a diferença na divisão para escrita na página folha!
            dividir *N*:   // $2d + 1$ valores de chave e $2d + 2$ ponteironó
            primeiro *d* valores de chave e $d + 1$ ponteironó ficam,
            última *d* chaves e $d + 1$ ponteiros movem para novo nó, *N2*;
            // *novaentradafilha configurada para guiar pesquisas entre N e N2
            novaentradafilha = & (⟨*menor valor de chave em N2*,
                ponteiro para N2⟩);
            se *N* não for o raiz,   // o nó-raiz foi dividido
                criar nó com ⟨ponteiro para *N*, *novaentradafilha⟩;
                fazer o ponteiro do nó-raiz da árvore apontar para o novo nó;
            retornar;

se *ponteironó for um nó folha, digamos L,
    se *L* tiver espaço,   // caso usual
    colocar entrada nele, configurar novaentradafilha para nula e retornar;
    senão,   // de vez em quando, a folha é cheia
        dividir L: primeiras *d* entradas ficam, o resto move para um novo nó *L2*;
        novaentradafilha = & (⟨menor valor de chave em *L2*, ponteiro para *L2*⟩);
        configurar ponteiros irmãos em *L* e *L2*;
        retornar;
fimproc

Figura 10.10 Algoritmo para inserção em árvore B+ de ordem *d*.

Indexação Estruturada em Árvore

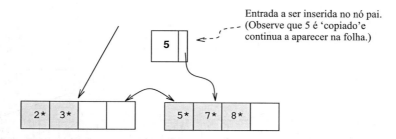

Figura 10.11 Divisão de páginas folhas durante a inserção da entrada 8*.

As páginas divididas no nosso exemplo estão na Figura 10.12. A entrada do índice apontando para o novo nó não folha é o par ⟨*17, ponteiro para nova página em nível de índice*⟩; observe que o valor de chave 17 é 'empurrado' pela árvore, em comparação com o valor de chave dividida 5 na divisão da folha, 'copiada'.

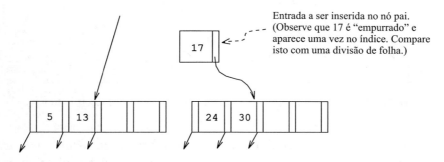

Figura 10.12 Páginas de índice divididas durante a inserção da entrada 8*.

A diferença na manipulação de divisões em nível de índice e de folha surge do requisito da árvore B+ de que todas as entradas de dados k^* devem ficar nas folhas. Esse requisito evita que 'empurremos' 5 e ocorra a leve redundância de ter alguns valores de chave aparecendo no nível folha, assim como em algum nível de índice. Entretanto, consultas por intervalo podem ser mais eficientemente respondidas apenas recuperando-se a seqüência de páginas folhas; a redundância é um pequeno preço a ser pago pela eficiência. Ao lidarmos com os níveis de índice, temos mais flexibilidade e 'empurramos' 17 para evitar termos duas cópias de 17 nos níveis de índice.

Agora, já que o nó dividido era o antigo raiz, precisamos criar um nó-raiz para guardar a inserção da entrada que distingue as duas páginas de índice divididas. A árvore após o término da inserção da entrada 8* é mostrada na Figura 10.13.

Uma variação do algoritmo de inserção tenta redistribuir as entradas de um nó N com um irmão antes de dividir o nó; isdo melhora a ocupação média. O **irmão** de um nó N, neste contexto, é um nó que fica imediatamente à esquerda ou à direita de N *e tem o mesmo pai de N*.

Para ilustrar a redistribuição, reconsidere a inserção da entrada 8* na árvore da Figura 10.9. A entrada fica na folha mais à esquerda, que é cheia. Entretanto, o (único) irmão desse nó folha contém apenas duas entradas e pode acomodar mais entradas. Podemos, portanto, manipular a inserção do 8* com uma redistribuição. Observe como a entrada no nó pai, que aponta para a segunda folha possui um valor de chave novo; podemos 'copiar' o novo valor de chave baixo na segunda folha. Esse processo é ilustrado na Figura 10.14.

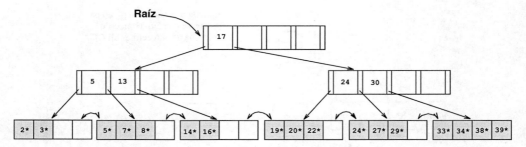

Figura 10.13 Árvore B+ após a inserção da entrada 8*.

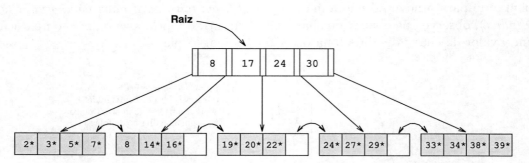

Figura 10.14 Árvore B+ após a inserção da entrada 8* usando redistribuição.

Para determinarmos se a redistribuição é possível, temos de recuperar o irmão. Se esse estiver cheio, temos de dividir o nó. Em média, verificar se a redistribuição é possível aumenta a E/S das divisões de nós índices, especialmente se verificarmos ambos os irmãos. (Verificar se a redistribuição é possível pode reduzir a E/S se a redistribuição for bem-sucedida enquanto uma divisão propaga a árvore para cima, mas esse caso é muito infreqüente.) Se o arquivo estiver crescendo, a ocupação média provavelmente não será afetada muito mesmo se não redistribuirmos. Levando em conta essas considerações, *não* redistribuir entradas em níveis não folhas geralmente compensa.

Se uma divisão ocorrer no nível folha, temos de recuperar um vizinho para ajustar os ponteiros anterior e para o próximo vizinho quanto ao nó folha recém-criado.Uma forma limitada de redistribuição faz sentido: se um nó folha é cheio, traga um nó vizinho; se ele possuir espaço e tiver o mesmo pai, redistribua as entradas. Caso contrário (o vizinho possui um pai diferente, ou seja, não é um irmão ou também está cheio), divida o nó folha e ajuste os ponteiros anterior e o próximo vizinho do nó dividido para o vizinho recém-criado e o vizinho antigo.

10.6 EXCLUSÃO

O algoritmo para exclusão recebe uma entrada, encontra o nó folha onde ela está e a exclui. Pseudocódigo para o algoritmo de exclusão é dado na Figura 10.15. A idéia básica por trás do algoritmo é excluir recursivamente a entrada chamando o algoritmo de exclusão no nó filho apropriado. Em geral descemos até o nó folha onde a entrada se encontra, removemos a entrada de lá e retornamos até o nó raiz. Ocasionalmente, um nó está com ocupação mínima antes da exclusão e a exclusão faz com que ele fique abaixo do nível mínimo de ocupação. Quando isso acontece, devemos redistribuir as entradas a partir de um irmão adjacente ou intercalar o nó com um irmão para obter a ocupação mínima. Se as entradas são redistribuídas entre dois nós, seu nó pai deve ser atualizado para refletir isso; o valor de chave na entrada de índice apontando para o segundo nó deve ser alterado para a chave de pesquisa mais baixa do segundo nó. Se dois nós forem intercalados, seu pai deve ser atualizado para refletir isso por meio da exclusão da entrada de índice para o segundo nó; a entrada de índice é apontada pela variável ponteiro *entradafilhaantiga* quando a chamada da exclusão retorna ao nó pai. Se a última entrada no nó-raiz for excluída dessa maneira porque um de seus filhos foi excluído, a altura da árvore diminui em 1.

Para ilustrarmos a exclusão, consideremos a árvore de exemplo mostrada na Figura 10.13. Para excluirmos a entrada 19*, apenas a removemos da página folha na qual ela aparece, e pronto, pois a folha ainda contém duas entradas. Se subseqüentemente excluirmos o 20*, a folha conterá apenas uma entrada após a exclusão. O (único) irmão do nó folha que continha 20* possui três entradas e podemos, portanto, lidar com a situação por meio da redistribuição; movemos a entrada 24* para a página folha que continha 20* e copiamos a nova chave dividida (27, que é o novo valor baixo de chave da folha da qual pegamos emprestado o 24*) para o pai. Esse processo está na Figura 10.16.

Suponha que agora excluamos a entrada 24*. A folha afetada contém apenas uma entrada (22*) após a exclusão e o (único) irmão contém apenas duas entradas (27* e 29*). Portanto, não podemos redistribuir entradas. Entretanto, esses dois nós folhas juntos contêm apenas três entradas e podem ser intercalados. Enquanto realizamos a intercalação, podemos 'atirar' a entrada (⟨*27, ponteiro para a segunda página folha*⟩) no pai, o qual apontava para a segunda página folha, porque essa fica vazia após a intercalação e pode ser descartada. A subárvore direita da Figura 10.16 após esse passo na exclusão da entrada 24* está na Figura 10.17.

proc *excluir* (ponteiropai, ponteironóentrada, entradafilhaantiga)
// *Exclui a entrada da subárvore com raiz '*ponteironó'; o grau é d;*
// *'entradafilhaantiga' nula inicialmente e nula no retorno a menos que o filho seja excluído*
if *ponteironó for um nó não filho, digamos *N*,
    encontrar *i* tal que K_i < valor de chave da entrada ⟨ K_{i+1}; // escolhe subárvore
    excluir(ponteironó, P_i, entrada, entradafilhaantiga);   // excluir *recursivo*
    se entradafilhaantiga é nula, retornar;   // caso usual: filho não excluído
    senão,   // descartamos o nó filho (veja a discussão)
        remover *entradafilhaantiga de *N*,   //a seguir, verificar underflow
        se *N* possuir entradas disponíveis,   //caso usual
            configurar entradafilhaantiga para nulo, retornar; //excluir não segue adiante
        senão,   // observe a diferença da intercalação para escrita em páginas folhas!
            obter um irmão *S* de *N*: // argumento ponteiropai usado para encontrar *S*
            se *S* possuir entradas extras,
                redistribuir uniformemente entre *N* e *S através* do pai;
                configurar entradafilhaantiga para nula, retornar;
        senão, *intercalar N e S*   // chamar o nó do lado direito de *M*
            entradafilhaantiga = & (entrada corrente no pai para *M*);
            puxar chave de divisão do pai para o nó à esquerda;
            mover todas as entradas de *M* para o nó à esquerda;
            descartar nó *M* vazio, retornar;

se *ponteironó for um nó folha, digamos *L*,

        se L possuir entradas disponíveis,   //caso usual
            remover entrada, configurar entradafilhaantiga para nulo e retornar;
    senão,   // de vez em quando, a folha não fica cheia
        obter um irmão S de L;   // ponteiropai usado para encontrar S
        se S possuir entradas extras,
            redistribuir uniformemente entre L e S;
            encontrar entrada no pai para o nó à direita;   // chame-o de M
            substituir valor de chave na entrada pai pelo novo valor abaixo de chave em M;
            configurar entradafilhaantiga para nulo, retornar;
    senão, *intercalar L e S*   // chamar o nó do lado direito de M
        entradafilhaantiga = & (entrada corrente no pai para M);
        mover todas as entradas de M para o nó à esquerda;
        descartar nó M vazio, ajustar ponteiros irmãos, retornar;
fimproc

Figura 10.15 Algoritmo para exclusão de árvore B+ de ordem d.

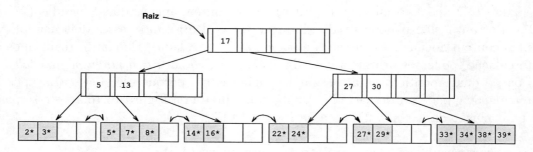

Figura 10.16 Árvore B+ após a exclusão das entradas 19* e 20*.

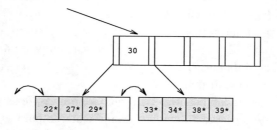

Figura 10.17 Árvore B+ parcial durante a exclusão da entrada 24*.

Excluir a entrada ⟨*27, ponteiro para uma segunda página folha*⟩ criou uma página não folha com apenas uma entrada, a qual está abaixo do mínimo de $d = 2$. Para corrigirmos o problema, devemos redistribuir ou intercalar. Em qualquer um dos casos, devemos trazer um irmão. O único irmão desse nó contém apenas duas entradas (com valores de chave 5 e 13) e, assim, a redistribuição não é possível; devemos portanto intercalar.

A situação quando temos de intercalar dois nós não folhas é exatamente a oposta daquela em que temos de dividir um nó não folha. Precisamos dividir um nó não folha quando ele contém $2d$ chaves e $2d + 1$ ponteiros e adicionar outro par chave-ponteiro. Por usarmos a intercalação de dois nós não folhas apenas quando não podemos redistribuir as entradas entre eles, esses dois nós devem estar minimamente cheios, ou seja, cada um deve conter d chaves e $d + 1$ ponteiros antes da exclusão. Após intercalar os dois nós e remover o par chave-ponteiro a ser excluído, temos $2d - 1$ chaves e $2d + 1$ ponteiros: Intuitivamente, o ponteiro mais à esquerda no segundo nó intercalado não tem um valor de chave. Para saber qual valor de chave deve ser combinado com esse ponteiro para criar uma entrada de índice completa, considere o pai dos dois nós sendo intercalados. A entrada de índice apontando para um dos nós intercalados deve ser excluída do pai porque o nó será descartado. O valor de chave nessa entrada de índice é precisamente o valor de chave que precisamos para completar o novo nó intercalado: as entradas no primeiro nó sendo intercalado, seguidas pelo valor de chave dividido, que é 'puxado' do pai, seguido pelas entradas no segundo nó não folha nos dão um total de $2d$ chaves e $2d + 1$ ponteiros, o que é um nó não folha cheio. Observe agora que o valor de chave de divisão no pai é puxado, em comparação com o caso de intercalação dos dois nós folhas.

Considere a intercalação dos dois nós não folhas no nosso exemplo. Juntos, o nó não folha e o irmão a ser intercalado contêm apenas três entradas e têm um total de cinco ponteiros para nós folhas. Para intercalar os dois nós, também precisamos puxar a entrada de índice no seu pai que correntemente diferencia esses dois nós. Essa entrada de índice possui valor de chave 17, e então criamos uma nova entrada ⟨*17, ponteiro filho mais à esquerda no irmão*⟩. Agora temos um total de quatro entradas e cinco ponteiros filhos, os quais cabem em uma página de uma árvore de ordem $d = 2$. Observe que puxar a chave de divisão 17 significa que ela não aparecerá mais no nó pai seguindo a intercalação. Após intercalarmos o nó não folha afetado e seu irmão colocando todas as entradas em uma página e descartando a página irmã vazia, o novo nó é o único filho da antiga raiz, que pode portanto ser descartado. A árvore após o término de todos esses passos na exclusão da entrada 24* é apresentada na Figura 10.18.

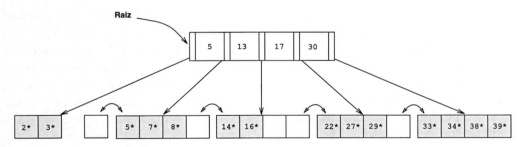

Figura 10.18 Árvore B+ após a exclusão da entrada 24*.

Os exemplos anteriores ilustraram a redistribuição de entradas por folhas e a intercalação de páginas de nível folha e de nível não folha. O caso restante é o da redistribuição de entradas entre páginas não folhas. Para entender esse caso, considere a subárvore intermediária direita está na Figura 10.17. Chegaríamos à mesma subárvore intermediária direita se tentássemos excluir 24* a partir de uma árvore semelhante àquela da Figura 10.16, mas com a subárvore esquerda e o valor de cheve-raiz conforme mostra a Figura 10.19. A árvore na Figura 10.19 ilustra um estágio intermediário durante a exclusão de 24*. (Experimente construir a árvore inicial).

Em comparação com o caso quando excluímos 24* da árvore da Figura 10.16, o nó de nível não folha contendo valor de chave 30 agora possui um irmão que pode disponibilizar entradas (as entradas com valores de chave 17 e 20). Movemos essas entradas[3] do irmão. Observe que, fazendo isso, essencialmente as empurramos através da entrada de divisão no seu nó pai (o raiz), o que cuida do fato de que 17 torna-se o novo valor baixo de chave à direita e, portanto, deve substituir o antigo valor de chave de divisão no raiz (o valor de chave 22). A árvore com todas essas mudanças está na Figura 10.20.

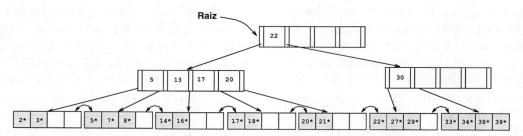

Figura 10.19 A árvore B+ durante a exclusão.

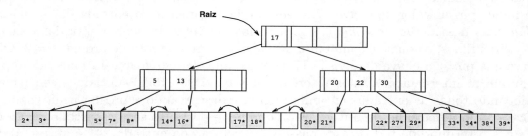

Figura10.20 Árvore B+ após a exclusão.

Ao concluirmos nossa discussão sobre exclusão, observamos que recuperamos apenas um irmão de um nó. Se esse nó tem entradas disponíveis, usamos redistribuição; caso contrário, intercalamos. Se o nó tem um segundo irmão, pode valer a pena recuperar esse irmão também para verificar a possibilidade de redistribuição. A possibilidade da redistribuição ser possível é alta e, ao contrário da intercalação, ela com certeza não propagará para além do nó pai. Além disso, as páginas têm mais espaço nelas, o que reduz a probabilidade de uma divisão em inserções subseqüentes. (Lembre-se de que os arquivos em geral crescem, não encolhem!) Entretanto, o número de vezes que isso acontece (ou seja, o nó tem menos da metade cheia e o primeiro irmão não pode dispor de uma entrada) não é muito alto, de modo que não é essencial implementar tal refinamento do algoritmo básico que apresentamos.

10.7 DUPLICATAS

Os algoritmos de pesquisa, inserção e exclusão que apresentamos ignoram a questão das **chaves duplicadas**, isto é, diversas entradas de dados com o mesmo valor de chave. Agora discutimos como as duplicadas podem ser manipuladas.

---

[3] É suficiente movermos somente sobre a entrada com valor de chave 20, mas moveremos sobre duas entradas para ilustrar o que acontece quando várias entidades são redistribuídas.

> **Manipulação de Duplicatas em Sistemas Comerciais:** em um índice agrupado no Sybase ASE, as linhas de dados são mantidas ordenadas na página e na coleção de páginas de dados. As páginas de dados são conectadas bidirecionalmente e ordenadas. Linhas com chaves duplicadas são inseridas no (ou excluídas do) conjunto ordenado de linhas. Isso pode resultar em páginas de overflow com chaves duplicadas inseridas na cadeia de páginas ou páginas de overflow vazias removidas da cadeia de páginas. A inserção ou exclusão de uma chave duplicada não afeta os níveis de índice mais altos a menos que uma divisão ou intercalação de uma página de não overflow ocorra. No IBM DB2, Oracle 8 e Microsoft SQL Server, as duplicatas são manipuladas pela adição de uma id de linha se necessário para eliminar valores de chaves duplicados.

O algoritmo básico de pesquisa supõe que todas as entradas com um determinado valor de chave residsm em uma única página folha. Uma forma de satisfazer essa suposição é usar *páginas de overflow* para lidar com duplicatas. (Em ISAM, é claro, temos páginas de overflow em qualquer caso e duplicatas são facilmente manipuladas.)

Em geral, usamos uma abordagem alternativa para duplicatas. Manipulamos da mesma forma que outras entradas, e diversas páginas folhas podem conter entradas com determinado valor de chave. Para recuperarmos todas as entradas de dados com determinado valor de chave, devemos pesquisar a entrada de dados *mais à esquerda* com o determinado valor de chave e, então, possivelmente recuperar mais de uma página folha (usando os ponteiros de seqüência de folhas). Modificar o algoritmo de pesquisa para encontrar a entrada de dados mais à esquerda em um índice com duplicatas é um exercício interessante (na verdade, é o Exercício 10.11).

Um problema com essa abordagem é que, quando um registro é excluído, se usarmos a Alternativa (2) para entradas de dados, encontrar a entrada de dados correspondente para excluir no índice de árvore B+ poderia ser ineficiente porque podemos ter de verificar diversas entradas duplicadas ⟨*chave, rid*⟩ com o mesmo valor de *chave*. Este problema pode ser abordado considerando-se o valor *rid* na entrada de dados como *parte da chave de pesquisa*, para propósitos de posicionamento da entrada de dados na árvore. Essa solução efetivamente transforma o índice em um índice *único* (ou seja, sem duplicatas). Lembre-se de que uma chave de pesquisa pode ser qualquer seqüência de campos — nessa variante, o rid do registro de dados é essencialmente tratado como outro campo durante a construção da chave de pesquisa.

A Alternativa (3) para entradas de dados leva a uma solução natural para duplicatas, mas se tivermos um grande número de duplicatas, uma única entrada de dados poderá se espalhar por múltiplas páginas e, é claro, quando um registro de dados for excluído, encontrar o rid para excluir da entrada de dados correspondente poderá ser ineficiente. A solução do problema é semelhante àquela discutida anteriormente para a Alternativa (2): podemos manter a lista de rids dentro de cada entrada de dados ordenadamente (digamos, pelo número da página e, então, o número do slot se um rid consistir em uma id de página e uma id de slot.)

10.8 ÁRVORES B+ NA PRÁTICA

Nesta seção, discutimos diversas questões práticas importantes.

> **Árvores B+ em Sistemas Reais:** IBM DB2, Informix, Microsoft SQL Server, Oracle 8 e Sybase ASE suportam índices de árvore B+ agrupados e não agrupados, com algumas diferenças em como eles manipulam exclusões e valores de chave duplicados. No Sybase ASE, dependendo do esquema de controle de concorrência para o índice, a linha excluída é removida (com intercalação se a ocupação da página estiver abaixo do limite) ou apenas marcada como excluída; um esquema de coleta de lixo é usado para recuperar espaço neste último caso. No Oracle 8, exclusões são manipuladas pela marcação da linha como excluída. Para recuperarmos o espaço ocupado pelos registros excluídos, podemos reconstruir o índice on-line (isto é, enquanto os usuários continuam a usá-lo) ou juntar páginas não cheias (o que não reduz a altura da árvore). A junção ocorre no local, a reconstrução cria uma cópia. O Informix manipula exclusões marcando os registros como excluídos. O DB2 e o SQL Server removem registros excluídos e intercalam páginas quando a ocupação está abaixo do limite.

10.8.1 Compressão de Chaves

A altura de uma árvore B+ depende do *número de entradas de dados* e do *tamanho das entradas de índice*. O tamanho das entradas de índices determina o número de entradas de índice que caberão em uma página e, portanto, o espalhamento da árvore. Desde que a altura da árvore seja proporcional a $log_{fan\text{-}out}$ (# de dados de entrada) e o número de E/S em disco para recuperar uma entrada de dados seja igual à altura (a menos que algumas páginas sejam encontradas no conjunto de buffers), é claramente importante maximizar o espalhamento para minimizar a altura.

Uma entrada de índice contém um valor de chave de pesquisa e um ponteiro de página. Por isso, o tamanho depende primariamente do tamanho do valor de chave de pesquisa. Se valores de chave de pesquisa são muito longos (por exemplo, o nome Devarakonda Venkataramana Sathyanarayana Seshasayee Yellamanchali Murthy ou Donaudampfschifffahrtskapit ansanwärtersmütze), muitas entradas de índice não caberão em uma página: O espalhamento é baixo e a altura da árvore é grande.

Por outro lado, valores de chaves de pesquisa em entradas de índices são usados apenas para direcionar o tráfego para a folha apropriada . Quando queremos localizar entradas de dados com determinado valor de chave de pesquisa, comparamos esse valor de chave de pesquisa com os valores de entradas de índices (em um caminho a partir da raiz até a folha desejada). Durante a comparação em um nó de nível de índice, queremos identificar duas entradas de índice com valores de chave de índice k_1 e k_2 tais que o valor de chave de pesquisa desejado k fique entre k_1 e k_2. Para tantoo, não precisamos armazenar valores de chave de pesquisa na sua integralidade em entradas de índice.

Por exemplo, suponha que tenhamos duas entradas de índice adjacentes em um nó, com valores de chave de pesquisa 'David Smith' e 'Devarakonda . . . ' Para diferenciar os dois valores, é suficiente armazenar as formas abreviadas 'Da' e 'De.' De maneira mais geral, o significado da entrada 'David Smith' na árvore B+ é que cada valor na subárvore apontada pelo ponteiro à esquerda de 'David Smith' é menor que 'David Smith', e cada valor na subárvore apontada pelo ponteiro à direita de 'David Smith' é (maior ou igual a 'David Smith' e) menor que 'Devarakonda . . . '

O Oracle 8 também permite que os registros de múltiplas relações sejam reagrupados na mesma página. A reagrupação pode ser baseada em uma chave de pesquisa de árvore B+ ou por hashing estático, e até 32 relações podem ser armazenadas juntas.

Para assegurarmos que tal semântica para uma entrada seja preservada, durante a compressão da entrada com chave 'David Smith,' devemos examinar o maior valor de chave na subárvore à esquerda de 'David Smith' e o menor valor de chave na subárvore à direita de 'David Smith,' não apenas as entradas de índice ('Daniel Lee' e 'Devarakonda ... ') que vizinhas. Essa questão está na Figura 10.21; o valor 'Davey Jones' é maior que 'Dav' e, assim, 'David Smith' pode ser abreviado apenas para 'Davi', não para 'Dav.'

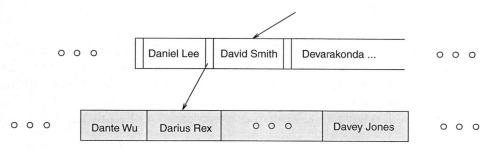

Figura 10.21 Exemplo de compressão de chave de prefixo.

Essa técnica, chamada **compressão de chave de prefixo** ou apenas **compressão de chave**, é suportada em muitas implementações comerciais de árvores B+. Ela pode aumentar substancialmente o espalhamento de uma árvore. Não discutiremos os detalhes dos algoritmos de inserção e exclusão na presença de compressão de chave.

10.8.2 Carregamento em Massa em uma Árvore B+

Entradas são adicionadas a uma árvore B+ de duas maneiras. Primeiro, podemos ter uma coleção existente de registros de dados com um índice de árvore B+ nela; sempre que um registro é adicionado à coleção, uma entrada correspondente deve ser adicionada à árvore B+ também. (É claro que um comentário semelhante se aplica a exclusões.) Em segundo lugar, podemos ter uma coleção de registros de dados para os quais queiramos criar um índice de árvore B+ sobre algum(ns) campo(s) de chave. Nessa situação, podemos começar com uma árvore vazia e inserir uma entrada para cada registro de dados, uma de cada vez, usando o algoritmo padrão de inserção. Entretanto, essa abordagem provavelmente é bastante custosa porque cada entrada requer que iniciemos da raiz e desçamos até a página folha apropriada. Embora as páginas em nível de índice provavelmente permaneçam no conjunto de buffers entre sucessivas solicitações, a sobrecarga ainda é considerável.

Por esse motivo, muitos sistemas fornecem um utilitário de *carregamento em massa (bulk-loading)* para criar um índice de árvore B+ sobre uma coleção existente de registros de dados. O primeiro passo é ordenar as entradas de dados k^* a serem inseridas na árvore B+ (a ser criada) de acordo com a chave de pesquisa k. (Se as entradas são pares chave-ponteiro, ordená-las não significa ordenar os registros de dados apontados, é claro.) Estamos usando um exemplo para ilustrar o algoritmo de carregamento em massa. Supomos que cada página de dados possa armazenar apenas duas entradas e que cada página de índice possa guardar duas entradas e um ponteiro adicional (a árvore B+ é considerada de ordem $d = 1$).

Depois de as entradas de dados terem sido ordenadas, alocamos uma página vazia para servir como a raiz e inserimos nela um ponteiro para a primeira página das entradas (ordenadas). Apresentamos o processo na Figura 10.22, usando um conjunto de exemplo de nove páginas ordenadas de entradas de dados.

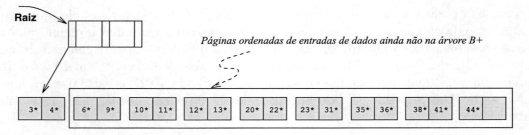

Figura 10.22 Passo inicial no carregamento em massa em árvores B+.

Então adicionamos uma entrada à página-raiz para cada página das entradas de dados ordenadas. A nova entrada consiste em ⟨*valor de chave baixo na página, ponteiro para página*⟩. Prosseguimos até que a página-raiz esteja cheia; veja a Figura 10.23.

Para inserir a entrada para a próxima página de entradas de dados, devemos dividir a raiz e criar uma página-raiz. Mostramos esse passo na Figura 10.24.

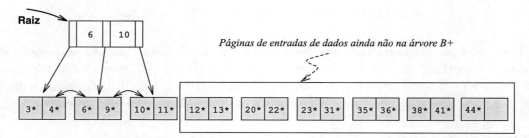

Figura 10.23 Página-raiz preenchida no carregamento em massa de Árvore B+.

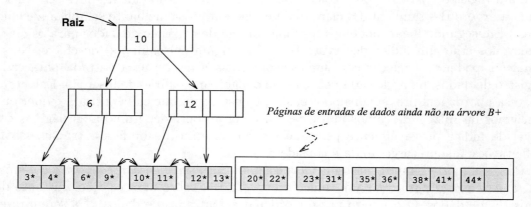

Figura 10.24 Divisão de página durante carregamento em massa em Árvore B+.

Distribuímos as entradas uniformemente entre os dois filhos da raiz, prevendo o fato de que a árvore B+ provavelmente crescerá. Embora seja difícil (!) ilustrar essas opções quando no máximo duas entradas cabem em uma página, poderíamos também ter deixado todas as entradas na página antiga ou preenchido alguma fração desejada dessa página (digamos, 80%). Essas alternativas são variantes simples da idéia básica.

Para continuar com o exemplo de carregamento em massa, as entradas para as páginas folhas são sempre inseridas na página de índice mais à direita logo acima do nível folha. Quando a página de índice mais à direita acima do nível folha ficar cheia, ela será dividida. Tal ação pode causar uma divisão da página de índice mais à direita um passo mais próximo da raiz, conforme estão nas Figuras 10.25 e 10.26.

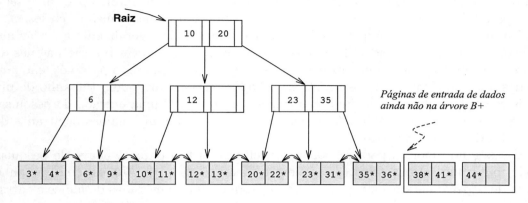

Figura 10.25 Antes de adicionar entrada para página folha contendo 38*.

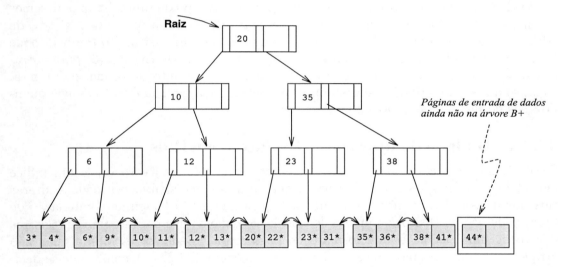

Figura 10.26 Após adicionar entrada para página folha contendo 38*.

Observe que divisões ocorrem apenas no caminho mais à direita da raiz para o nível folha. Deixamos o complemento do exemplo de carregamento em massa como um exercício simples.

Consideremos o custo da criação de um índice sobre uma coleção de registros existentes. Essa operação consiste em três passos: (1) criação das entradas de dados para inserir no índice, (2) ordenação das entradas de dados e (3) construção do índice a partir das entradas ordenadas. O primeiro passo envolve a varredura dos registros e a gravação das entradas de dados correspondentes; o custo é $(R + E)$ E/Ss, onde R é o número de páginas contendo registros e E é o número de páginas contendo entradas de dados. A ordenação é discutida no Capítulo 13; você verá que as entradas de índice podem ser geradas de modo ordenado a um custo de em torno de $3E$ E/Ss. Essas entradas podem então ser inseridas no índice quando geradas, usando-se o algoritmo de carregamento em massa discutido nesta seção. O custo do terceiro passo, ou seja, a inserção das entradas nos índices, é então apenas o custo de gravação de todas as páginas de índice.

10.8.3 O Conceito de Ordem

Apresentamos árvores B+ usando o parâmetro d para denotar a ocupação mínima. Vale a pena observar que o conceito de *ordem* (o parâmetro d), embora útil para ensinar conceitos de árvores B+, deve em geral ser relaxado na prática e substituído por um critério de espaço físico; por exemplo, os nós devem ser mantidos pelo menos metade cheios.

Um motivo para isto é que nós folhas e não folhas podem geralmente guardar números diferentes de entradas. Lembre-se de que os nós de árvores B+ são páginas de disco e nós não folhas contêm apenas chaves de pesquisa e ponteiro para nós, enquanto nós folhas podem conter os registros de dados reais. É claro que o tamanho de um registro de dado provavelmente é maior que o tamanho de uma entrada de pesquisa, de modo que, em uma página de disco, cabe um número muito maior de entradas de pesquisa do que de registros.

Um segundo motivo para relaxar o conceito de ordem é que a chave de pesquisa pode conter um campo string (por exemplo, o campo *nome* de Alunos) cujo tamanho varia de registro para registro; tal chave de pesquisa leva a entradas de índice e entradas de dados de tamanho variável, e o número de entradas que caberá em uma página de disco torna-se variável.

Por fim, mesmo se o índice é construído sobre um campo de tamanho fixo, diversos registros podem ainda ter o mesmo valor de chave de pesquisa (diversos registros de Alunos podem ter o mesmo valor de *média* ou de *nome*). Essa situação também pode levar a entradas folhas de tamanho variável (se usarmos a Alternativa (3) para entradas de dados). Devido a todas essas complicações, o conceito de ordem é em geral substituído por um critério físico simples (por exemplo, a intercalação é possível quando mais da metade do espaço do nó estiver sem uso).

10.8.4 O Efeito de Inserções e Exclusões em Rids

Se a página folha contiver registros de dados — ou seja, a árvore B+ é um índice agrupado — operações como divisões, intercalações e redistribuições podem alterar rids. Lembre-se de que uma representação típica de um rid é alguma combinação de número de página (físico) e número de slot. Esse esquema nos permite mover registros dentro de uma página se um formato de página apropriado for escolhido, mas não através de páginas, como é o caso com operações como divisões. A menos que se decida que os rids sejam independentes dos números de páginas, uma operação como uma divisão ou intercalação em uma árvore B+ agrupada pode requerer atualizações compensatórias em outros índices nos mesmos dados.

Um comentário semelhante é feito para qualquer índice agrupado dinâmico, independentemente se é baseado em árvore ou em hash. É claro que o problema não surge com índices não agrupados, porque apenas entradas de índices são movidas.

10.9 QUESTÕES DE REVISÃO

As respostas às questões de revisão podem ser encontradas nas seções listadas.

- Por que índices estruturados em árvore são bons para pesquisas, especialmente para seleções por intervalo? **(Seção 10.1)**
- Descreva como as operações de pesquisa, inserção e exclusão funcionam em índices ISAM. Discuta a necessidade de páginas de overflow e seu impacto em potencial sobre o desempenho. A que tipos de cargas de trabalho de atualização os índices ISAM são mais vulneráveis e com que tipo de cargas de trabalho eles lidam bem? **(Seção 10.2)**

- Apenas páginas folhas são afetadas em atualizações em índices ISAM. Discuta as implicações para o bloqueio e acessos concorrentes. Compare árvores B+ e ISAM a esse respeito. **(Seção 10.2.1)**
- Quais as principais diferenças entre índices de árvore B+ e ISAM? **(Seção 10.3)**
- O que é a *ordem* de uma árvore B+? Descreva o formato de nós em uma árvore B+. Por que os nós no nível folha são conectados? **(Seção 10.3)**
- Quantos nós devem ser examinados para pesquisa por igualdade em uma árvore B+? Quantos para uma seleção por intervalo? Compare isso com ISAM. **(Seção 10.4)**
- Descreva o algoritmo de inserção em árvore B+ e explique como ele elimina páginas de overflow. Sob quais condições uma inserção pode aumentar a altura da árvore? **(Seção 10.5)**
- Durante a exclusão, um nó poderia ficar abaixo do limite mínimo de ocupação. Como se lida com isso? Sob quais condições uma exclusão poderia diminuir a altura da árvore? **(Seção 10.6)**
- Por que chaves de pesquisa duplicadas requerem modificações na implementação das operações básicas de árvores B+? **(Seção 10.7)**
- O que é *compressão de chaves* e por que é importante? **(Seção 10.8.1)**
- Como um novo índice de árvore B+ pode ser construído eficientemente para um conjunto de registros? Descreva o algoritmo de *carregamento em massa*. **(Seção 10.8.2)**
- Discuta o impacto das divisões em índices de árvores B+ agrupados. **(Seção 10.8.4)**

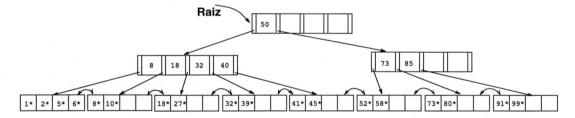

Figura 10.27 Árvore para o Exercício 10.1.

EXERCÍCIOS

Exercício 10.1 Considere o índice de árvore B+ de ordem $d = 2$ apresentado na Figura 10.27.

1. Mostre a árvore que resultaria da inserção de uma entrada de dados com chave 9 nesta árvore.
2. Mostre a árvore B+ que resultaria da inserção de uma entrada de dados com chave 3 na árvore original. Quantas leituras e gravações na página a inserção requer?
3. Mostre a árvore B+ que resultaria da exclusão de uma entrada de dados com chave 8 da árvore original, supondo que o irmão à esquerda esteja marcado para possível redistribuição.
4. Mostre a árvore B+ que resultaria da exclusão de uma entrada de dados com chave 8 da árvore original, supondo que o irmão à direita esteja marcado para possível redistribuição.
5. Mostre a árvore B+ que resultaria iniciando-se com a árvore original, inserindo-se uma entrada de dados com chave 46 e a seguir excluindo-se a entrada de dados com chave 52.
6. Mostre a árvore B+ que resultaria da exclusão de uma entrada de dados com chave 91 da árvore original.

7. Mostre a árvore B+ que resultaria iniciando-se com a árvore original, inserindo-se uma entrada de dados com chave 59 e a seguir excluindo-se a entrada de dados com chave 91.

8. Mostre a árvore B+ que resultaria da sucessiva exclusão de entradas de dados com chaves 32, 39, 41, 45 e 73 da árvore original.

Exercício 10.2 Considere o índice de árvore B+ apresenta na Figura 10.28, que usa a Alternativa (1) para entradas de dados. Cada nó intermediário pode guardar até cinco ponteiros e quatro valores de chave. Cada folha pode guardar até quatro registros, e os nós folhas são duplamente encadeados como de costume, embora essas conexões não sejam mostradas na Figura. Responda às seguintes questões.

1. Cite todos os nós da árvore que devem ser trazidos para responder à seguinte consulta: "Obtenha todos os registros com chave de pesquisa maior que 38".

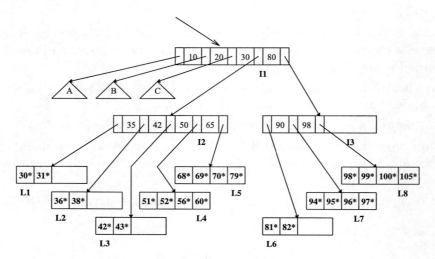

Figura 10.28 Árvore para o Exercício 10.2.

2. Insira um registro com chave de pesquisa 109 nesta árvore.

3. Exclua o registro com chave de pesquisa 81 da árvore (original).

4. Cite um valor de chave de pesquisa tal que sua inserção na árvore (original) cause um aumento na sua altura.

5. Observe que as subárvores A, B e C não estão integralmente especificadas. Apesar disso, o que você pode deduzir sobre o conteúdo e a forma dessas árvores?

6. Como você responderia às mudanças das questões precedentes se este fosse um índice ISAM?

7. Suponha que este seja um índice ISAM. Qual o número mínimo de inserções necessárias para criar uma cadeia de três páginas de overflow?

Exercício 10.3 Responda às seguintes questões:

1. Qual a utilização mínima de espaço para um índice de árvore B+?
2. Qual a utilização mínima de espaço para um índice ISAM?
3. Se o seu sistema de banco de dados suportasse tanto um índice de árvore estático quanto dinâmico (digamos, ISAM e árvores B+), você consideraria o uso do índice *estático* preferencialmente em relação ao *dinâmico*?

Exercício 10.4 Suponha que uma página possa conter no máximo quatro valores de dados e que todos os valores de dados sejam números inteiros. Usando apenas árvores B+ de ordem 2, dê exemplos de cada uma das seguintes:

1. Uma árvore B+ cuja altura mude de 2 para 3 quando o valor 25 é inserido. Mostre sua estrutura antes e depois da inserção.

2. Uma árvore B+ na qual a exclusão do valor 25 leve a uma redistribuição. Mostre sua estrutura antes e depois da exclusão.

3. Uma árvore B+ na qual a exclusão do valor 25 cause uma intercalação de dois nós, mas sem alterar a altura da árvore.

4. Uma estrutura ISAM com quatro *buckets*, nenhum dos quais possui uma página de overflow. Além disso, cada *bucket* possui espaço para exatamente mais uma entrada. Mostre sua estrutura antes e depois da inserção de dois valores adicionais, escolhidos de modo que uma página de overflow seja criada.

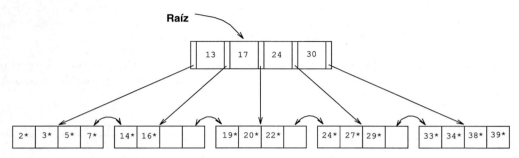

Figura 10.29 Árvore para o Exercício 10.5.

Exercício 10.5 Considere a árvore B+ da Figura 10.29.

1. Identifique uma lista de cinco entradas de dados tais que:

   (a) Inserindo as entradas na ordem mostrada e depois as excluindo na ordem oposta (inserir *a*, inserir *b*, excluir *b*, excluir *a*) resulte na árvore original.

   (b) Inserindo as entradas na ordem mostrada e depois as excluindo na ordem oposta (inserir *a*, inserir *b*, excluir *a*, excluir *b*) resulte em uma árvore diferente.

2. Qual o número mínimo de inserções de entradas de dados com chaves distintas que fará com que a altura da árvore (original) mude do seu valor corrente (de 1) para 3?

3. O número mínimo de inserções que fará com que a árvore original aumente sua altura para 3 mudaria se você pudesse inserir duplicatas (múltiplas entradas de dados com a mesma chave), supondo que páginas de overflow não sejam usadas para manipular duplicatas?

Exercício 10.6 Responda o Exercício 10.5, supondo que a árvore seja uma árvore ISAM! (Alguns dos exemplos solicitados podem não existir — se este for o caso, explique brevemente.)

Exercício 10.7 Suponha que você tenha um arquivo ordenado e queira construir um índice de árvore B+ primário denso neste arquivo.

1. Uma forma de obter essa tarefa é varrer o arquivo, registro por registro, inserindo cada um usando o procedimento de inserção na árvore B+. Que problemas de utilização de armazenamento e desempenho existem nesta abordagem?

2. Explique como o algoritmo de carregamento em massa descrito no texto aperfeiçoa esse esquema.

Exercício 10.8 Suponha que tenha recém-construído um índice de árvore B+ usando a Alternativa (2) em um arquivo heap contendo 20.000 registros. O campo de chave para esse índice de árvore B+ é uma string de 40 bytes e é uma chave candidata. Ponteiros (ids de registros e ids de páginas) são (no máximo) valores de 10 bytes. O tamanho de uma página de disco é de 1.000 bytes. O índice foi criado de baixo para cima por meio do algoritmo de carga de volume, e os nós em cada nível foram preenchidos tanto quanto possível.

1. Quantos níveis a árvore resultante possui?

2. Para cada nível da árvore, quantos nós ficam nesse nível?

3. Quantos níveis a árvore resultante teria se compressão de chave fosse usada e reduzisse o tamanho médio de cada chave em uma entrada para 10 bytes?

4. Quantos níveis a árvore resultante teria sem compressão de chave, mas com todas as páginas 70% cheias?

Exercício 10.9 Os algoritmos para inserção e exclusão em uma árvore B+ são apresentados como recursivos. No código de *inserir*, por exemplo, uma chamada é feita no pai de um nó N para inserir no (a subárvore cujo raiz está no) nó N e quando essa chamada retorna, o nó corrente é o pai de N. Assim, não mantemos nenhum 'ponteiros de pais' em nós de árvore B+. Tais ponteiros não são parte da estrutura de árvore B+ por um bom motivo, como este exercício demonstra. Uma abordagem alternativa que usa ponteiros de pais — novamente, lembre-se de que tais ponteiros *não* são parte da estrutura de árvore B+ padrão! — em cada nó parece ser mais simples:

> Pesquise até a folha apropriada usando o algoritmo de pesquisa; a seguir, insira a entrada e divida caso necessário, com as divisões propagadas para pais se preciso (usando os ponteiros de pais para encontrar os pais).

Id-aluno	nome	login	idade	média
53831	Madayan	madayan@music	11	1,8
53832	Guldu	guldu@music	12	3,8
53666	Jones	jones@cs	18	3,4
53901	Jones	jones@toy	18	3,4
53902	Jones	jones@physics	18	3,4
53903	Jones	jones@english	18	3,4
53904	Jones	jones@genetics	18	3,4
53905	Jones	jones@astro	18	3,4
53906	Jones	jones@chem	18	3,4
53902	Jones	jones@sanitation	18	3,8
53688	Smith	smith@ee	19	3,2
53650	Smith	smith@math	19	3,8
54001	Smith	smith@ee	19	3,5
54005	Smith	smith@cs	19	3,8
54009	Smith	smith@astro	19	2,2

Figura 10.30 Uma instância da relação Alunos.

Considere esta abordagem alternativa (insatisfatória):

1. Suponha que um nó interno N seja dividido nos nós N e $N2$. O que você pode dizer sobre os ponteiros de pais nos filhos do nó original N?
2. Sugira duas formas para lidar com os ponteiros de pais inconsistentes nos filhos do nó N.
3. Para cada uma dessas sugestões, identifique uma desvantagem em potencial (importante).
4. Que conclusões você pode tirar deste exercício?

Exercício 10.10 Considere a instância da relação Alunos apresentada na Figura 10.30. Mostre uma árvore B+ de ordem 2 em cada um desses casos, supondo que duplicatas sejam manipuladas usando-se páginas de overflow. Indique claramente quais são as entradas de dados (não use a convenção k^*).

1. Um índice de árvore B+ sobre *idade* usando a Alternativa (1) para entradas de dados.
2. Um índice de árvore B+ sobre *média* usando a Alternativa (2) para entradas de dados. Para esta questão, suponha que as tuplas estejam armazenadas em um arquivo ordenado na ordem mostrada na figura: a primeira tupla está na página 1, slot 1; a segunda tupla está na página

Indexação Estruturada em Árvore

1, slot 2 e assim por diante. Cada página pode armazenar até três registros de dados. Você pode usar ⟨*id-página, slot*⟩ para identificar uma tupla.

Exercício 10.11 Suponha que duplicatas sejam manipuladas usando-se a abordagem sem páginas de overflow discutida na Seção10.7. Descreva um algoritmo para pesquisar a ocorrência mais à esquerda de uma entrada de dados com valor de chave de pesquisa K.

Exercício 10.12 Responda o Exercício 10.10 supondo que duplicatas sejam manipuladas sem o uso de páginas de overflow, usando a abordagem alternativa sugerida na Seção 9.7.

EXERCÍCIOS BASEADOS EM PROJETO

Exercício 10.13 Compare as interfaces públicas para arquivos heap, índices de árvores B+ e índices hash lineares. Quais as semelhanças e diferenças? Explique por que essas semelhanças e diferenças existem.

Exercício 10.14 Este exercício envolve o uso do Minibase para explorar mais os primeiros exercícios (não de projeto).

1. Crie as árvores mostradas nos exercícios iniciais e visualize-as usando o visualizador de árvore B+ no Minibase.
2. Verifique suas respostas para os exercícios que requerem a inserção e exclusão de entradas de dados executando as inserções e exclusões no Minibase e examinando as árvores resultantes por meio do visualizador.

Exercício 10.15 (*Nota para instrutores: detalhes adicionais devem ser fornecidos se este exercício for atribuído; veja o Apêndice 30.*) Implemente árvores B+ sobre o código de nível mais baixo no Minibase.

NOTAS BIBLIOGRÁFICAS

A versão original da árvore B+ foi apresentada por Bayer e McCreight [69]. A árvore B+ é descrita em [442] e [194]. Índices de árvores B para distribuições de dados distorcidos são estudados em [260]. A estrutura de indexação VSAM é descrita em [764]. Diversas estruturas de árvore para suportar consultas por intervalo são examinadas em [79]. Um artigo inicial sobre chaves de pesquisa multiatributos é [498].

Referências a acesso concorrente a árvores B+ estão na bibliografia para o Capítulo 17.

11
INDEXAÇÃO BASEADA EM HASH

☞ Qual é intuição por trás dos índices estruturados com hash? Por que eles são especialmente bons para pesquisas de igualdade mas inúteis para seleções por intervalo?

☞ O que é Hashing Extensível? Como ele lida com a pesquisa, inserção e exclusão?

☞ O que é Hashing Linear? Como ele lida com a pesquisa, inserção e exclusão?

☞ Quais são as semelhanças e diferenças entre Hashing Extensível e Linear?

➡ **Conceitos-chave:** função hash, bucket, páginas primárias e de overflow, índices de hash dinâmicos versus estáticos; Hashing Extensível, diretório de buckets, divisão de um bucket, profundidade local e global, duplicação de diretório, páginas de overflow e colisões; Hashing Linear, rodadas de divisão, família de funções hash; páginas de overflow, escolha do bucket para divisão e tempo de divisão; relacionamento entre diretório de Hashing Extensível de Hashing Linear de e família funções hash de Hashing Linear, necessidade de páginas de overflow em ambos os esquemas na prática, uso de um diretório para Hashing Linear.

Não como um caos, ferido e esmagado junto,
Mas, como o mundo harmoniosamente confuso:
Onde a ordem nós vemos em diversidade.

—Alexander Pope, *Windsor Forest*

Neste capítulo, analisamos organizações de arquivos que são excelentes para seleções de igualdade. A idéia básica é usar uma *função de hashing*, que mapeia valores em um campo de pesquisa com um intervalo de *números de buckets* para encontrar a página na qual uma entrada de dados desejada se encontra. Usamos um esquema simples chamado *Hashing Estático* para introduzir a idéia. Este esquema, como o ISAM, sofre do problema de longas cadeias de overflow, o que pode afetar o desempenho. Duas soluções para o problema são apresentadas. O esquema de *Hashing Extensível* usa um diretório para suportar inserções e exclusões eficientemente sem páginas de overflow. O esquema de *Hashing Linear* usa uma política inteligente para criar novos *buckets* e

Indexação Baseada em Hash 309

suporta inserções e exclusões de forma eficiente sem o uso de um diretório. Embora páginas de overflow sejam usadas, o comprimento das cadeias de overflow raramente é maior que dois.

Técnicas de indexação baseadas em Hash não podem suportar pesquisas por intervalo, infelizmente. Técnicas de indexação baseadas em árvores, discutidas no Capítulo 10, podem suportar pesquisas por intervalo eficientemente e são quase tão boas quanto a indexação baseada em hash em seleções por igualdade. Assim, muitos sistemas comerciais decidem suportar apenas índices baseados em árvores. Apesar disso, técnicas de hashing provam ser muito úteis na implementação de operações relacionais como junções, como veremos no Capítulo 14. Em especial, o método de junção de loops aninhado indexado gera muitas consultas de seleção por igualdade e a diferença em custo entre um índice baseado em hash e um índice baseado em árvore pode se tornar significativa neste contexto.

O restante deste capítulo está organizado da seguinte maneira: A Seção 11.1 apresenta o Hashing Estático. Assim como ISAM, sua desvantagem é que o desempenho se degrada quando os dados aumentam e encolhem. Discutimos uma técnica dinâmica de hashing, chamada *Hash Extensível*, na Seção 11.2 e outra técnica dinâmica, chamada *Hashing Linear*, na Seção 11.3. Comparamos o Hashing Extensível com o Linear na seção 11.4.

11.1 HASHING ESTÁTICO

O esquema de Hashing Estático é ilustrado na Figura 11.1. As páginas contendo os dados podem ser vistas como uma coleção de **buckets**, com uma página **primária** e possivelmente páginas de **overflow** adicionais por bucket. Um arquivo consiste de buckets 0 até $N-1$, com uma página primária por bucket inicialmente. Os buckets contêm *entradas de dados*, as quais podem ser de qualquer uma das três alternativas discutidas no Capítulo 8.

Para pesquisa uma entrada de dados, aplicamos uma **função hash** h para identificar o bucket ao qual ela pertence e, então, pesquisamos este bucket. Para acelerar a pesquisa de um bucket, podemos manter entradas de dados ordenadas pelo valor da chave de pesquisa; neste capítulo, não ordenamos entradas e a ordem das entradas dentro de um bucket não tem importância. Para inserir uma entrada de dados, usamos a função hash para identificar o bucket correto e depois colocamos a entrada de dados lá. Se não houver espaço para esta entrada de dados, alocamos uma nova páginas de *overflow*, colocamos a entrada de dados nesta página e adicionamos a página à **cadeia de overflow** do bucket. Para excluir uma entrada de dados, usamos a função de hashing para identificar o bucket correto, localizamos a entrada de dados pesquisando o bucket e, então, o removemos ela. Se esta entrada de dados é a última em uma página de overflow, esta página de overflow é removida da cadeia de overflow do bucket e adicionada a uma lista de *páginas livres*.

A função hash é um componente importante da abordagem hashing. Ele deve distribuir valores no domínio do campo de pesquisa uniformemente sobre uma coleção de buckets. Se tivermos N buckets, numerados de 0 até $N-1$, uma função hash h da forma $h(valor)=(a * valor + b)$ funciona bem na prática. (O bucket identificado é $h(valor)$ mod N.) As constantes a e b podem ser escolhidas para 'ajustar' a função hash.

Já que o número de buckets em um arquivo de Hash Estático é conhecido quando o arquivo é criado, as páginas primárias podem ser armazenadas em sucessivas páginas de disco. Assim, uma pesquisa requer idealmente apenas uma E/S em disco e as operações de inserção requerem duas E/S (leitura e escrita na página), embora o custo possa ser maior na presença de páginas de overflow. Quando o arquivo cresce, cadeias longas de overflow podem se desenvolver. Já que pesquisar em um bucket requer que

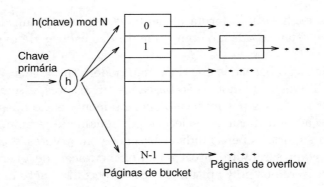

Figura11.1 Hashing estático.

pesquisemos (de modo geral) todas as páginas na sua cadeia de overflow, é fácil ver como o desempenho pode se deteriorar. Mantendo inicialmente 80 porcento das páginas cheias, podemos evitar páginas de overflow se o arquivo não crescer demais mas, de modo geral, a única forma de se livrar de cadeias de overflow é criar um novo arquivo com mais buckets.

O principal problema com o Hashing Estático é que o número de buckets é fixo. Se um arquivo diminuir muito, muito espaço é desperdiçado; mais importante, se um arquivo crescer muito, longas cadeias de overflow se desenvolvem, resultando em desempenho ruim. Portanto, Hashing Estático pode ser comparado com a estrutura ISAM (Seção 10.2), que também pode desenvolver longas cadeias de overflow no caso de inserções na mesma folha. O Hashing Estático também tem as mesmas vantagens de ISAM quanto ao acesso concorrente (veja a Seção 10.2.1).

Uma alternativa simples ao Hashing Estático é executar um "hash" periodicamente sobre o arquivo para restaurar a situação ideal (sem cadeias de overflow, ocupação em torno de 80 porcento). Entretanto, executar o "rehashing" consome tempo e o índice não pode ser usado enquanto o "rehashing" estiver sendo executado. Outra alternativa é usar técnicas de **hashing dinâmico** como Hashing Linear e Extansível, que lidam com inserções e exclusões harmoniosamente. Analisamos estas técnicas no restante deste capítulo.

11.1.1 Notação e Convenções

No restante deste capítulo, usamos as seguintes convenções. Assim como no capítulo anterior, para um registro com chave de pesquisa k, denotamos o índice da entrada de dados por $k*$. Para índices baseados em hash, o primeiro passo na pesquisa, inserção ou exclusão de uma entrada de dados com chave de pesquisa k é aplicar uma função hash h em k, denotamos esta operação como $h(k)$ e o valor $h(k)$ identifica o bucket para a entrada de dados $k*$. Observe que duas chaves de pesquisa diferentes podem ter o mesmo valor hash.

11.2 HASHING EXTENSÍVEL

Para entender o Hashing Extensível, começaremos analisando um arquivo de Hashing Estático. Se tivermos que inserir uma nova entrada de dados em um bucket cheio, precisamos adicionar uma página de overflow. Se não quisermos adicionar páginas de overflow, uma solução é reorganizar o arquivo neste ponto dobrando o número de buckets e redistribuindo as entradas pelo novo conjunto de buckets. Esta solução sofre de uma importante deficiência — o arquivo inteiro tem que ser lido e duas vezes mais páginas têm que ser gravadas para se obter a reorganização. Este problema, entretanto, pode ser superado com uma idéia simples: Use um **diretório** de ponteiros para buckets e duplique o tamanho do número de buckets duplicando apenas o diretório e dividindo *apenas* o bucket que sofreu o overflow.

Para entender a idéia, analise o arquivo de exemplo mostrado na Figura 11.2. O diretório consiste de uma matriz de tamanho 4, com cada elemento sendo um ponteiro para um bucket. (Os campos *profundidade global* e *profundidade local* são discutidos em breve, ignore-os por enquanto). Para localizar uma entrada de dados, aplicamos uma função hash ao campo de pesquisa e pegamos os dois últimos bits da sua representação binária para obter um número entre 0 e 3. O ponteiro nesta posição da matriz nos dá o bucket desejado; supondo que cada bucket possa guardar quatro entradas de dados. Portanto, para localizar uma entrada de dados com valor hash igual a 5 (binário 101), examinamos no diretório o elemento 01 do diretório e seguimos o ponteiro até a página de dados (bucket B na figura).

Para inserir uma entrada de dados, pesquisamos para encontrar o bucket apropriado. Por exemplo, para inserir uma entrada de dados com valor hash igual a 13 (denotado como 13*), examinamos o diretório do elemento 01 do diretório e vamos até a página contendo entradas de dados 1*, 5* e 21*. Já que a página possui espaço para uma entrada de dados adicional, terminamos após inserir a entrada (Figura 11.3).

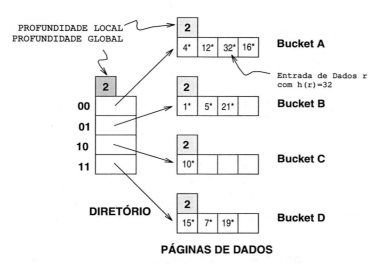

Figura 11.2 Exemplo de um arquivo hashing extensível.

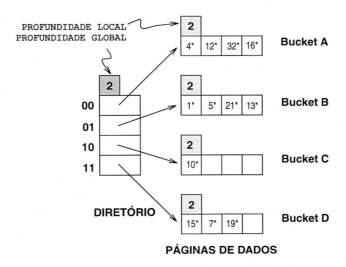

Figura 11.3 Após inserir entrada r com $h(r) = 13$.

A seguir, analisarmos a inserção de uma entrada de dados em um bucket cheio. A essência da idéia de Hashing Extensível está em como lidamos com este caso. Analise a inserção da entrada de dados 20* (binário 10100). Examinando o elemento do diretório 00, somos levados ao bucket A, que já está cheio. Devemos primeiro **dividir** o bucket alocando um novo bucket[1] e redistribuindo os conteúdos (incluindo a nova entrada a ser inserida) pelo bucket antigo e sua 'imagem dividida'. Para redistribuir entradas pelo bucket antigo e sua imagem dividida, consideramos os últimos *três* bits de $h(r)$; os dois últimos bits são 00, indicando uma entrada de dados pertence a um destes dois buckets e o terceiro bit diferencia entre estes buckets. A redistribuição de entradas é ilustrada na Figura 11.4.

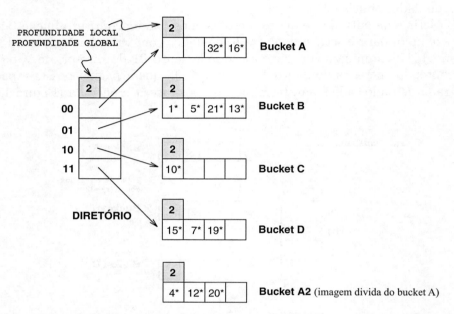

Figura 11.4 Durante a inserção da entrada com r com $h(r) = 20$.

Observe um problema que devemos resolver agora — precisamos de três bits para diferenciar entre duas das nossas páginas de dados (A e A2), porém o diretório possui apenas slots suficientes para armazenar todos os padrões de dois bits. A solução é *duplicar o diretório*. Elementos que sejam diferentes em apenas no terceiro bit a partir do final são ditos correspondentes: *Elementos correspondentes* do diretório apontam para o mesmo bucket com exceção dos elementos correspondendo ao bucket de divisão. No nosso exemplo, o bucket era 0 foi dividido; assim, o novo elemento de diretório 000 aponta para uma das versões divididas e o novo elemento de diretório 100 aponta para a outra. O arquivo exemplo, após completar todos os passos da inserção de 20*, é mostrado na Figura 11.5.

Desta maneira, duplicar o arquivo requer a alocação de uma nova página bucket, gravar nesta página e na página bucket antiga que está sendo dividida e duplicar da matriz do diretório. O diretório provavelmente é muito menor do que o próprio arquivo porque cada elemento é apenas uma id de página e pode ser duplicada simplesmente copiando-a (e ajustando os elementos dos buckets divididos). O custo da duplicação agora é bastante aceitável.

---

[1] Já que não há páginas de overflow no hashing extensível, um bucket pode ser pensado como sendo uma única página.

Indexação Baseada em Hash

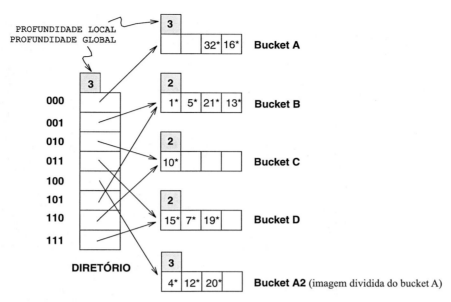

Figura 11.5 Após a inserção da entrada r com $h(r) = 20$

Observamos que a técnica básica usada no Hashing Extensível é tratar o resultado da aplicação da função de hash h como um número binário e interpretar os últimos d bits, onde d depende do tamanho do diretório, como um deslocamento no diretório. Em nosso exemplo, d originalmente é 2 porque temos apenas quatro buckets; após a divisão, d se torna 3 porque agora temos oito buckets. Um corolário é que, ao se distribuir entradas por um bucket e sua imagem dividida, devemos fazê-lo com base no bit número d. (Observe como as entradas são redistribuídas no nosso exemplo; veja a Figura 11.5). O número d, chamado de **profundidade global** do arquivo que sofreu hash, é mantido como parte do cabeçalho do arquivo. Ele é usado cada vez que precisamos localizar uma entrada de dados.

Uma questão importante que surge é se a divisão de um bucket necessita de uma duplicação de diretório. Analise nosso exemplo, conforme mostrado na Figura 11.5. Se agora inserirmos 9*, ele deve ficar no bucket B; este bucket já está cheio. Podemos lidar com esta situação dividindo o bucket e usando os elementos de diretórios 001 e 101 para apontar para o bucket e sua imagem dividida, conforme mostrado na Figura 11.6.

Assim, uma divisão de bucket não requer necessariamente uma duplicação de diretório. Entretanto, se o bucket A ou o A2 ficarem cheios e uma inserção então forçar uma divisão de bucket, somos forçados a duplicar o diretório novamente.

Para diferenciar entre estes casos e determinar se uma duplicação de diretório é necessária, mantemos uma **profundidade local** para cada bucket. Se um bucket com profundidade local igual à profundidade global for dividido, o diretório deve ser duplicado. Voltando ao exemplo, quando inserimos 9* no índice mostrado na Figura 11.5, ele pertencia ao bucket B com profundidade local 2, enquanto que a profundidade global era 3. Embora o bucket tenha sido dividido, o diretório não teve que ser duplicado. Os buckets A e A2, por outro lado, possuem profundidade local igual à profundidade global e, se ficarem cheios e forem divididos, o diretório deve então ser duplicado.

Inicialmente, todas as profundidades locais são iguais à profundidade global (que é o número de bits necessários para expressar o número total de buckets). Incrementamos a profundidade global em 1 cada vez que o diretório dobrar, é claro. Além disso,

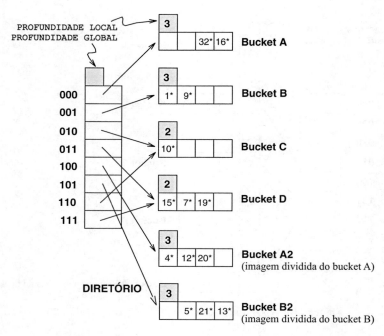

Figura 11.6 Após a inserção da entrada r com $h(r) = 9$

sempre que um bucket é dividido (se a divisão levar ou não a uma duplicação de diretório), incrementamos em 1 a profundidade local do bucket dividido e atribuímos a mesma profundidade local (incrementada) à sua (recém criada) imagem dividida. Intuitivamente, se um bucket tiver profundidade local igual a l, os valores hash das entradas de dados nele concordam com os últimos l bits; além disso, nenhuma entrada de dados em qualquer outro bucket do arquivo possui um valor hash com os mesmos últimos l bits. Um total de 2^{d-2} elementos de diretório apontam para um bucket com profundidade local l; se $d = l$, exatamente um elemento de diretório aponta para o bucket e dividir tal; bucket requer a duplicação do diretório.

Uma questão final a ser observada é que também podemos usar os primeiros d bits (os bits *mais significativos*) ao invés dos últimos d (bits menos significativos) mas, na prática, os *últimos* d bits são usados. O motivo é que um diretório pode então ser duplicado simplesmente pela sua cópia.

Resumindo, uma entrada de dados pode ser localizada pelo cálculo do seu valor hash, pegando os últimos d bits, e examinando o bucket apontado por este elemento do diretório. Para inserções, a entrada de dados é colocada no bucket no qual ela deve ficar e o bucket é dividido caso seja necessário mais espaço. Uma divisão de bucket leva a um aumento na profundidade local e, se a profundidade local se tornar maior do que a profundidade global como resultado, a uma duplicação do diretório (e um aumento na profundidade global) também.

Para exclusões, a entrada de dados é localizada e removida. Se a exclusão deixar o bucket vazio, ele pode sofrer uma fusão com sua imagem dividida, embora esta etapa é muitas vezes omitida na prática. Realizar a fusão de buckets diminui a profundidade local. Se cada elemento de diretório apontar para o mesmo bucket como sua imagem dividida (i.e., 0 e 2^{d-1} apontarem para o mesmo bucket, isto é, A; 1 and $2^{d-1}+1$ apontam para o mesmo bucket, isto é, B, que pode ou não ser idêntico a A; etc.), podemos dividir em duas partes iguais o diretório e reduzir a profundidade global, embora este passo não é necessário para motivo de correção.

Indexação Baseada em Hash

Os exemplos de inserção podem ser trabalhados para trás como exemplos de exclusão. (Comece com a estrutura mostrada após a inserção e exclua o elemento inserido. Em todos os casos, a estrutura original deve ser a resultante.)

Se o diretório couber na memória, uma seleção de igualdade pode ser respondida em um único acesso ao disco, assim como para Hashing Estático (na ausência de páginas de overflow), mas, caso contrário, duas E/S em disco são necessárias. Como exemplo típico, um arquivo de 100MB com 100 bytes por entrada de dados e um tamanho de página de 4KB contém 1 milhão de entradas de dados e apenas em torno de 25.000 elementos no diretório. (Cada página /bucket contém aproximadamente 40 entradas de dados e temos um elemento de diretório por bucket). Assim, embora seleções de igualdade possam ser duas vezes mais lentas do que para arquivos com Hashing Estático, as chances são grandes de que o diretório caberá na memória e que o desempenho seja o mesmo que para arquivos com Hashing Estático.

Por outro lado, o diretório cresce em fluxos e pode se tornar grande para *distribuições de dados distorcidas* (onde nossa suposição de que as páginas de dados contêm números aproximadamente iguais de entradas de dados não é válida). No contexto dos arquivos com hash, em uma **distribuição de dados distorida**, a distribuição de *valores hash de valores de campo de pesquisa* (ao invés da distribuição dos próprios valores de campo de pesquisa) é distorcida (muito 'fraturada' ou não uniforme). Mesmo se a distribuição de valores de pesquisa é distorcida, a escolha de uma boa função hash geralmente produz uma distribuição razoavelmente uniforme de valores hash; a distorção não é portanto um problema na prática.

Além disso, **colisões**, ou entradas de dados com o mesmo valor hash, causam um problema e devem ser lidadas de forma especial: Quando mais entradas de dados do que as que caberão em uma página têm o mesmo valor hash, precisamos de páginas de overflow.

11.3 HASHING LINEAR

Hashing Linear é uma técnica dinâmica de hashing, como o Hashing Extensível, ajustando harmoniosamente as inserções e exclusões. Em comparação com o Hashing Extensível, ele não requer um diretório, lida naturalmente com colisões e oferece muita flexibilidade com respeito ao tempo das divisões de buckets (permitindo-nos trocar cadeias de overflow um pouco maiores por maior utilização média de espaço). Se a distribuição dos dados é muito assimétrica, entretanto, as cadeias de overflow podem fazer com que o desempenho do Hashing Linear seja pior do que o do Hashing Extensível.

O esquema usa uma *família* de funções hash $h_0, h_1, h_2, \ldots$, com a propriedade de que cada intervalo da função é duas vezes aquela do seu predecessor. Ou seja, se h_i mapear uma entrada de dados para um dos buckets M, h_{i+1} mapeia uma entrada de dados em um dos buckets $2M$. Tal família geralmente é obtida pela escolha de uma função hash h e um número inicial de N buckets[2] e definindo $h_i(valor) = h(valor) \bmod (2^i N)$.

Se N for escolhido como uma potência de 2, então aplicamos h e examinamos os últimos d_i bits; d_0 é o número de bits necessários para representar N e $d_i = d_0 + i$. Geralmente escolhemos h para ser a função que mapeia uma entrada de dados para algum número inteiro. Suponha que tenhamos estabelecido o número inicial N de buckets como 32. Neste caso d_0 é 5 e h_0 é, portanto, $h \bmod 32$, ou seja, um número no intevalo de 0 a 31. O valor de d_1 é $d_0 + 1 = 6$ e h_1 é $h \bmod (2 * 32)$, ou seja, um número no

---

[2] Observe que 0 a $N - 1$ *não* é o intervalo de h!

intervalo de 0 a 63. A seguir, h_2 produz um número no intervalo de 0 a 127, e assim por diante.

A idéia é melhor entendida em termos de **rodadas** de divisão. Durante a rodada número *Nível*, apenas funções hash $h_{Nível}$ e $h_{Nível+1}$ estão em uso. Os buckets de um arquivo no início da rodada são divididos, um a um do primeiro até o último bucket, duplicando assim o número de buckets. Em um determinado ponto dentro de uma rodada, temos buckets que foram divididos simplismente olhamos lá. Se nos levar a um bucket dividido, uma entrada pode estar lá ou pode ter sido movida para um novo bucket criado anteriormente nesta rodada pela divisão deste buckets que ainda estão para ser divididos e buckets criados por divisões nesta rodada, conforme ilustrado na Figura 11.7.

Analise como pesquisamos uma entrada de dados com um determinado valor de chave de pesquisa. Aplicamos a função hash $h_{Nível}$ e, se esta nos levar a um dos buckets não divididos, a entrada pode estar lá ou pode ter sido movido para um novo bucket criado anteriormente nesta rodada pela divisão deste bucket; para determinar qual dos dois buckets contém a entrada, aplicamos $h_{Nível+1}$.

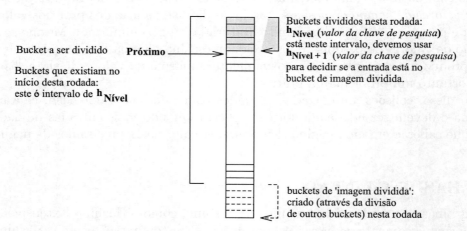

Figura 11.7 Buckets durante uma rodada no hashing linear.

Diferentemente do Hashing Extensível, quando uma inserção dispara uma divisão, o bucket no qual a entrada de dados é inserida não é necessariamente o bucket que é dividido. Uma página de overflow é adicionada para armazenar a entrada de dados recém inserida (que disparou a divisão), como no Hashing Estático. Entretanto, já que o bucket a ser dividido é escolhido do modo *round-robin*, no final todos os buckets serão divididos, redistribuindo desta forma as entradas de dados em cadeias de overflow antes que as cadeias possam ter mais de uma ou duas páginas de comprimento.

Agora descrevemos o Hashing Linear em maiores detalhes. Um contador *Nível* é usado para indicar o número da rodada corrente e é inicializado como 0. O bucket a dividir é denotado como *Próximo* e é o bucket 0 inicialmente (o primeiro bucket). Denotamos o número de bucketsno arquivo no início da rodada *Nível* como $N_{Nível}$. Podemos facilmente verificar que $N_{Nível} = N * 2^{Nível}$. Faz com que o número de buckets no início da rodada 0, denotado por N_0, seja N. Mostramos um arquivo pequeno com hash linear na Figura 11.8. Cada bucket pode armazenar quatro entradas de dados e o arquivo inicialmente contém quatro buckets, conforme mostrado na figura.

Indexação Baseada em Hash 317

Temos considerável flexibilidade em como disparar uma divisão, graças ao uso de páginas de overflow. Podemos dividir sempre que uma nova página de overflow é adicionada ou podemos impor condições adicionais baseadas em condições como utilização de espaço. Para nossos exemplos, uma divisão é 'disparada' quando a inserção de uma nova entrada de dados causa a criação de uma página de overflow.

Sempre que uma divisão for disparada, o bucket *Próximo* é dividido e a função hash $h_{Nível+1}$ redistribui as entradas entre este bucket (digamos, o bucket número b) e sua imagem dividida; a imagem dividida é, portanto, o bucket número $b + N_{Nível}$. Após dividir um bucket, o valor de *Próximo* é incrementado em 1. No arquivo exemplo, a inserção da entrada de dados 43* dispara uma divisão. O arquivo após o término da inserção é mostrado na Figura 11.9.

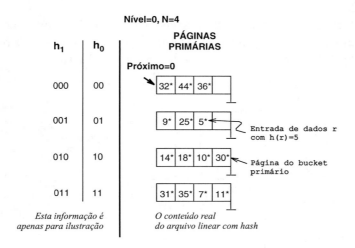

Figura11.8 Exemplo de um arquivo com hash linear.

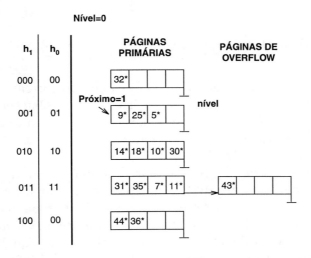

Figura 11.9 Após a inserção do registro r com $h(r) = 43$.

A qualquer momento, no meio de uma rodada *Nível*, todos os buckets acima do bucket *Próximo* foram divididos e o arquivo contém buckets que são suas imagens divididas, conforme ilustrado na Figura 11.7. Buckets de *Próximo* até $N_{Nível}$ ainda não foram divididos. Se usarmos $h_{Nível}$ em uma entrada de dados e obtivermos um número b no intervalo de *Next* até $N_{Nível}$, a entrada de dados deve ficar no bucket b. Por exemplo, $h_0(18)$ é 2 (binário 10); já que este valor fica entre os valores correntes de *Próximo* ($= 1$) e N_1 ($= 4$), este bucket não foi dividido. Entretanto, se obtivermos um número b no intervalo de 0 até *Próximo*, a entrada de dados pode estar neste bucket ou na sua imagem dividida (que é o bucket número $b + N_{Nível}$); temos que usar $h_{Nível+1}$ para determinar à qual destes dois buckets a entrada de dados pertence. Em outras palavras, temos que examinar mais um bit do valor hash da entrada de dados. Por exemplo, $h_0(32)$ e $h_0(44)$ são ambos 0 (binário 00). Já que *Next* corrente é igual a 1, o que indica que um bucket que dividido, temos que aplicar h_1. Temos $h_1(32) = 0$ (binário 000) e $h_1(44) = 4$ (binário 100). Assim, 32 pertence ao bucket A e 44 à sua imagem dividida, o bucket A2.

Nem todas as inserções disparam uma divisão, é claro. Se inserirmos 37* no arquivo mostrado na Figura 11.9, o bucket apropriado possui espaço para a nova entrada de dados. O arquivo após a inserção é mostrado na Figura 11.10.

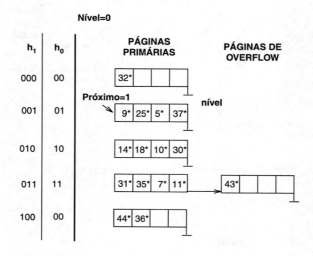

Figura 11.10 Após a inserção do registro r com $h(r) = 37$.

Às vezes o bucket apontado por *Próximo* (o candidato corrente para divisão) está cheio e uma nova entrada de dados deve ser inserida neste bucket. Neste caso, uma divisão é disparada, é claro, mas não precisamos de um novo bucket de overflow. Esta situação é ilustrada pela inserção de 29* no arquivo mostrado na Figura 11.10. O resultado é mostrado na Figura 11.11.

Quando *Próximo* é igual a $N_{Nível} - 1$ e uma divisão é disparada, dividimos o último dos buckets presentes no arquivo no início de uma rodada *Nível*. O número de buckets após a divisão é duas vezes o número no início da rodada e começamos uma nova rodada com *Nível* incrementado em 1 e *Próximo* reinicializado como 0. Incrementar *Nível* corresponde a dobrar o intervalo efetivo para a qual as chaves sofrem hash. Analise o arquivo exemplo na Figura 11.12, que foi obtido do arquivo da Figura 11.11 inserindo 22*, 66* e 34*. (O leitor é incentivado a tentar trabalhar nos detalhes destas inserções). Inserir 50* causa uma divisão que leva ao incremento de *Nível*, conforme discutido previamente; o arquivo após esta inserção é mostrado na Figura 11.13.

Indexação Baseada em Hash

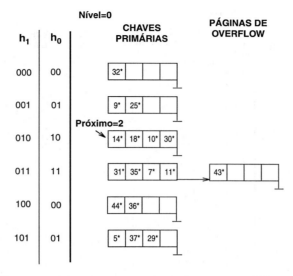

Figura 11.11 Após a inserção do registro r com $h(r) = 29$.

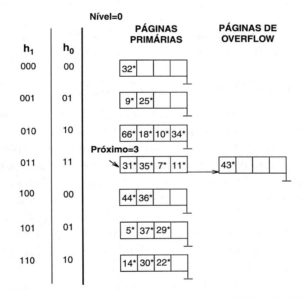

Figura 11.12 Após a inserção de registros com $h(r) = 22$, 66 e 34.

Resumindo, uma seleção de igualdade custa apenas uma E/S em disco, a menos que o bucket tenha páginas de overflow; na prática, o custo em média é em torno de 1,2 acesso a disco para distribuições de dados razoavelmente uniforme. (O custo pode ser consideravelmente pior — linear no número de entradas de dados no arquivo — se a distribuição for muito assimétrica. A utilização de espaço também é muito ruim com distribuições assimétricas de dados). Inserções requerem a leitura e gravação de uma única página, a menos que uma divisão é disparada.

Não discutimos a exclusão em detalhes, mas é basicamente o inverso da inserção. Se o último bucket no arquivo estiver vazio, ele pode ser removido e *Próximo* pode ser decrementado. (Se *Próximo* for 0 e o último bucket ficar vazio, *Próximo* é apontado para um bucket $(M/2)$-1, onde M é o número corrente de buckets, *Nível* é decrementado e o bucket vazio é removido.) Se desejarmos, podemos combinar o último bucket com sua imagem dividida mesmo quando ele não estiver vazio, usando algum critério para

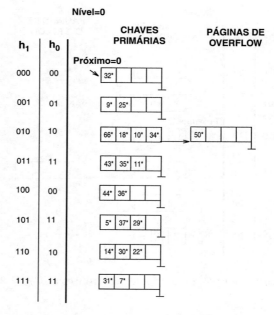

Figura 11.13 Após a inserção do registro r com $h(r) = 50$

disparar esta fusão basicamente da mesma forma. Este critério é geralmente baseado na ocupação do arquivo e a fusão pode ser feita para melhorar a utilização de espaço.

11.4 HASHING EXTENSÍVEL VS. LINEAR

Para entender o relacionamento entre o Hashing Linear e o Extensível, imagine que também tenhamos um diretório no Hashing Linear com elementos 0 a $N - 1$. A primeira divisão ocorre no bucket = 0, e então adicionamos o elemento *de diretório N*. No princípio, podemos imaginar que o diretório inteiro foi duplicado neste ponto; entretanto, devido ao fato do elemento 1 ser o mesmo do elemento $N + 1$, o elemento 2 é o mesmo do elemento $N + 2$ e assim por diante, podemos evitar a cópia real para o restante do diretório. A segunda divisão ocorre no bucket 1; agora o elemento *de diretório N+1* se torna significativo e é adicionado. No final da rodada, todos os buckets originais N são divididos e o diretório é duplicado em tamanho (porque todos os elementos apontam para buckets distintos).

Observamos que a escolha das funções hash é, na verdade, muito semelhante ao que acontece no Hashing Extensível — de fato, mover de h_i para h_{i+1} em Hashing Linear corresponde a duplicar o diretório no Hashing Extensível. Ambas as operações duplicam o intervalo efetivo no qual os valores chave sofrem hash; porém, enquanto o diretório é duplicado em uma única passagem do Hashing Extensível, a movimentação de h_i para h_{i+1}, junto com uma duplicação correspondente no número de buckets, ocorre gradualmente durante uma rodada no Hashing Linear. A nova idéia por trás do Hashing Linear é que um diretório pode ser evitado por uma escolha inteligente do bucket a ser dividido. Por outro lado, sempre dividindo o bucket apropriado, o Hashing Extensível pode levar a um número reduzido de divisões e a maior ocupação de bucket.

A analogia do diretório é útil para entender as idéias por trás do Hashing Linear e Extensível. Entretanto, a estrutura de diretório pode ser evitada para Hashing Linear (mas não para Hashing Extensível) pela alocação de páginas de bucket primárias consecutivamente, o que nos permite localizar a página para o bucket i por um simples cálculo de offset. Para distribuição uniforme, esta implementação de Hashing Linear possui um custo médio mais baixo para seleções de igualdade (porque o nível do diretório é eliminado). Para distribuições assimétricas, esta implementação poderia resultar em alguns buckets vazios ou quase vazios, cada um dos quais é alocada em pelo menos uma página, levando a um desempenho fraco relativamente ao Hashing Extensível, o qual provavelmente terá uma ocupação de bucket maior.

Uma implementação diferente do Hashing Linear, no qual um diretório é realmente mantido, oferece a flexibilidade da não alocação de uma página por bucket; elementos de diretório nulos podem ser usados como no Hashing Extensível. Entretanto, esta implementação ao sobrecarga overhead de um nível de diretório e poderia se provar custoso para arquivos grandes e uniformemente distribuídos. (Além disso, embora esta implementação diminua o potencial problema de baixa ocupação de buckets pela não alocação de páginas para buckets vazios, não é uma solução completa porque ainda podemos ter muitas páginas com muitas poucas entradas).

11.5 QUESTÕES DE REVISÃO

As respostas às questões de revisão podem ser encontradas nas seções listadas.

- Como um índice baseado em hash lida com uma consulta de igualdade? Discuta o uso da função hash na identificação de um bucket a pesquisar. Dado um número de bucket, explique como o registro está localizado no disco.
- Explique como operações de inserção e exclusão são lidadas em um índice hash estático.
- Discuta como as páginas de overflow são usadas e seu impacto sobre o desempenho.
- Quantas E/Ss em disco uma pesquisa de igualdade requer na ausência de cadeias de overflow? Que tipos de carga de trabalho um índice hash estático lida bem e quando ele é especialmente fraco? **(Seção 11.1)**
- Como o Hashing Extensível usa um diretório de buckets? Como o Hashing Extensível lida com uma consulta de igualdade? Como ele lida com operações de inserção e exclusão? Discuta a *profundidade global* do índice e a *profundidade local* de um bucket na sua resposta. Sob quais condições o diretório pode ficar grande? **(Seção 11.2)**
- O que são *colisões*? Por que precisamos de páginas de overflow para lidar com elas? **(Seção 11.2)**
- Como o *Hashing Linear* evita um diretório? Discuta a divisão *round-robin* de buckets. Explique como o bucket dividido é escolhido e o que dispara uma divisão. Explique o papel da família de funções hash e o papel dos contadores *Nível* e *Próximo*. Quando uma rodada de divisão termina? **(Seção 11.3)**
- Discuta o relacionamento entre Hashing Extensível e Linear. Quais são seus méritos relativos? Considere a utilização de espaço para distribuições assimétricas, o uso de páginas de overflow para lidar com colisões em Hashing Extensível e o uso de um diretório em Hashing Linear. **(Seção 11.4)**

EXERCÍCIOS

Exercício 11.1 Considere o índice de Hashing Extensível mostrado na Figura 11.14. Responda às questões a seguir sobre este índice:

1. O que você pode dizer sobre a última entrada que foi inserida no índice?
2. O que você pode dizer sobre a última entrada que foi inserida no índice se você souber que não houve exclusões neste índice até agora?
3. Suponha que você tenha sido informado que não houve exclusões neste índice até agora. O que você pode dizer sobre a última entrada cuja inserção no índice tenha causado uma divisão?

4. Mostre o índice após a inserção de uma entrada com valor hash igual a 68.
5. Mostre o índice original após a inserção de entradas com valores hash 17 e 69.
6. Mostre o índice original após a exclusão da entrada com valor hash igual a 21. (Suponha que o algoritmo de exclusão completo é usado.)
7. Mostre o índice original após a exclusão da entrada com valor hash igual a 10. Uma fusão é disparada por esta exclusão? Se não, explique o porquê. (Suponha que o algoritmo de exclusão completo é usado.)

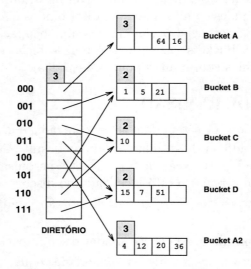

Figura 11.14 Figura para o Exercício 11.1.

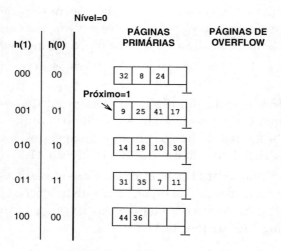

Figura 11.15 Figura para o Exercício 11.2.

Exercício 11.2 Considere o índice de Hashing Linear mostrado na Figura 11.15. Suponha que dividimos sempre que uma página de overflow é criada. Responda às seguintes questões sobre este índice:

1. O que você pode dizer sobre a última entrada que foi inserida no índice?
2. O que você pode dizer a última entrada que foi inserida no índice se você souber que não houve exclusões neste índice até agora?

Indexação Baseada em Hash 323

3. Suponha que você saiba que nenhuma exclusão tenha sido feita neste índice até agora. O que você pode dizer sobre a última entrada cuja inserção no índice causou uma divisão?
4. Mostre o índice após inserir uma entrada com valor hash 4.
5. Mostre o índice original após a inserção de uma entrada com valor hash 15.
6. Mostre o índice original após a exclusão de entradas com valores hash 36 e 44. (Suponha que o algoritmo de exclusão completo tenha sido usado.)
7. Encontre uma lista de entradas cuja inserção no índice original levaria a um bucket com duas páginas de overflow. Use o menor número de entradas possível para fazer isso. Qual é o número máximo de entradas que podem ser inseridas neste bucket antes que uma divisão ocorra que reduza o comprimento desta cadeia de overflow?

Exercício 11.3 Responda às seguintes questões sobre Hashing Extensível:

1. Explique por quê a profundidade local e global são necessárias.
2. Após uma inserção que faça com que o tamanho do diretório duplique, quantos buckets possuem exatamente uma entrada apontando para eles? Se uma entrada for então excluída de um desses buckets, o que acontece com o tamanho do diretório? Explique suas respostas brevemente.
3. O Hashing Extensível garante no máximo um acesso a disco para recuperar um registro com um determinado valor de chave?
4. Se a função hash distribuir entradas de dados pelo espaço dos números de buckets de uma forma muito assimétrica (não uniforme), o que você pode dizer sobre o tamanho do diretório? O que você pode dizer sobre a utilização de espaço em páginas de dados (i.e., páginas de não diretório)?
5. A duplicação do diretório requer que examinemos todos os buckets com profundidade local igual à profundidade global?
6. Por que a manipulação de valores de chaves duplicados no Hashing Extensível é mais difícil do que em ISAM?

Exercício 11.4 Responda às seguintes questões sobre Hashing Linear:

1. Como o Hashing Linear fornece um custo de pesquisa no caso médio de apenas um pouco mais de uma E/S em disco, dado que os buckets de overflow são parte de sua estrutura de dados?
2. O Hashing Linear garante no máximo um acesso a disco para recuperar um registro com um determinado valor de chave?
3. Se um índice de Hashing Linear usando a Alternativa (1) para entradas de dados contiver N registros, com P registros por página e uma utilização média de armazenamento de 80 porcento, qual é o pior caso de custo para uma pesquisa de igualdade? Sob quais condições este custo seria o custo real de pesquisa?
4. Se a função hash distribuir entradas de dados sobre espaço de números de buckets de uma forma muito assimétrica (não uniforme), o que você pode dizer sobre a utilização de espaço em páginas de dados?

Exercício 11.5 Dado um exemplo de quando você usaria cada elemento (A ou B) para cada um do seguintes pares 'A versus B':

1. Um índice com hash usando a Alternativa (1) versus organização de arquivo heap.
2. Hashing Extensível versus Hashing Linear.
3. Hashing Estático versus Hashing Linear.
4. Hashing Estático versus ISAM.
5. Hashing Linear versus árvores B+.

Exercício 11.6 Dê exemplos do seguinte:

1. Um índice com Hashing Linear e um índice com Hashing Extensível com as mesmas entradas de dados, de modo que o índice com Hashing Linear possua mais páginas.

2. Um índice de Hashing Linear e um índice de Hashing Extensível com as mesmas entradas de dados, de modo que o índice de Hashing Extensível possua mais páginas.

Exercício 11.7 Considere uma relação R(a, b, c, d) contendo 1 milhão de registros, onde cada página da relação armazene 10 registros. R está organizada como um arquivo de heap com índices não agrupados e os registros em R estão ordenados aleatoriamente. Suponha que o atributo a é uma chave candidata para R com os valores ficando no intervalo de 0 a 999.999. Para cada uma das seguintes consultas, mencione a abordagem que mais provavelmente requereria menos E/S para processar a consulta. As abordagens a considerar são:

- Varredura procurando R por todo o arquivo heap.
- Uso de um índice de árvore B+ sobre o atributo R.a.
- Uso de um índice hash sobre o atributo R.a.

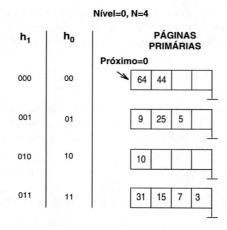

Figura 11.16 Figura para o Exercício 11.9.

As consultas são:
1. Encontre todas as tuplas R.
2. Encontre todas as tuplas R com $a < 50$.
3. Encontre todas as tuplas R com $a = 50$.
4. Encontre todas as tuplas R com $a > 50$ e $a < 100$.

Exercício 11.8 Como as suas respostas no Exercício 11.7 mudariam se a não é uma chave candidata para R? Como elas mudariam se supuséssemos que os registros em R estivessem ordenados por a?

Exercício 11.9 Considere o instantâneo do índice de Hashing Linear mostrado na Figura 11.16. Suponha que uma divisão de bucket ocorra sempre que uma página de overflow seja criada.

1. Qual é o número *máximo* de entradas de dados que podem ser inseridas (dada a melhor distribuição possível de chaves) antes que você tenha que dividir um bucket? Explique brevemente.
2. Mostre o arquivo após a inserção de um *único* registro cuja inserção cause uma divisão de bucket.
3. (a) Qual o número *mínimo* de inserções de registros que causará uma divisão de todos os quatro buckets? Explique brevemente.
   (b) Qual é o valor de *Próximo* após fazer essas inserções?
   (c) O que você pode dizer sobre o número de páginas no quarto bucket mostradas após esta série de inserções de registros?

Indexação Baseada em Hash

Exercício 11.10 Considere as entradas de dados no índice de Hashing Linear para o Exercício 11.9.

1. Mostre um índice de Hashing Extensível com as mesmas entradas de dados.
2. Reponda às questões no Exercício 11.9 com respeito a este índice.

Exercício 11.11 Na resposta às questões a seguir, suponha que o algoritmo de exclusão completo seja usado. Suponha que a fusão seja executada quando um bucket ficar vazio.

1. Dê um exemplo de Hashing Extensível onde a exclusão de uma entrada reduz a profundidade global.
2. Dê um exemplo de Hashing Linear no qual a exclusão de uma entrada decrementa o *Próximo* mas deixa *Nível* inalterado. Mostre o arquivo antes e depois da exclusão.
3. Dê um exemplo de Hashing Linear no qual a exclusão de uma entrada decrementa o *Nível*. Mostre o arquivo antes e depois da exclusão.
4. Dê um exemplo de Hashing Extensível e uma lista de entradas e_1, e_2, e_3 tal que a inserção das entradas em ordem leve a três divisões e a exclusão delas na ordem inversa produza o índice original. Se tal exemplo não existir, explique.
5. Dê um exemplo de um índice de Hashing Linear e uma lista de entradas e_1, e_2, e_3 tal que a inserção em ordem leve a três divisões e a exclusão delas na ordem inversa produza o índice original, Se tal exemplo não existir, explique.

EXERCÍCIOS BASEADOS EM PROJETO

Exercício 11.12 (*Nota para os instrutores: Detalhes adicionais devem ser fornecidos se esta questão for designada. Veja o Apêndice 30.*) Implemente Hashing Linear ou Hashing Extensível em Minibase.

NOTAS BIBLIOGRÁFICAS

Hashing é discutido em detalhes em [442]. Hahsing Extensível é proposto em [256]. Litwin propôs o Hashing Linear em [483]. Uma generalização do Hashing Linear para ambientes distribuídos é descrita em [487]. Tem havido extensivas pesquisas nas técnicas de indexação baseada em hash. Larson descreve duas variações de Hashing Linear em [469] e [470]. Ramakrishna apresenta uma análise de técnicas de hashing em [607]. Funções hash que não produzem overflow de buckets são estudados em [608]. Técnicas de hashing que preservem a ordem são discutidas em [484] e [308]. Hahsing particionado, no qual cada campo sofre hash para obter alguns bits do endereço do bucket, estende o hash para o caso de consultas nas quais condições de igualdade são especificadas apenas para alguns dos campos chave. Esta abordagem foi proposta por Rivest [628] e é discutida em [747]; um desenvolvimento mais além é descrito em [616].

PARTE IV

AVALIAÇÃO DE CONSULTAS

12
VISÃO GERAL DA AVALIAÇÃO DE CONSULTAS

- ☞ Quais informações descritivas um SGBD armazena no seu catálogo?
- ☞ Quais alternativas são consideradas para a recuperação de linhas de uma tabela?
- ☞ Por que um SGBD implementa diversos algoritmos para cada operação de álgebra? Quais fatores afetam o desempenho relativo de diferentes algoritmos?
- ☞ O que são os planos de avaliação de consultas e como eles são representados?
- ☞ Por que é importante encontrar um bom plano de avaliação para uma consulta? Como isto é feito em um SGBD relacional?
- ➠ **Conceitos-chaves:** catálogo, estatísticas de sistema; técnicas fundamentais, indexação, iteração e particionamento; caminhos de acesso, índices correspondentes e condições de seleção; operador de seleção, índices *versus* varreduras, impacto do agrupamento; operador de projeção, eliminação de duplicatas; operador de junção, junção de loop aninhado indexado, junção de sort-merge; plano de avaliação de consultas; materialização *vs.* pipelining; interface de iteradora; otimização de consultas, equivalências de álgebra, enumeração de planos; estimativa de custos.

Este homem notável recomenda um plano mais prático:
Você pode fazer o que quiser, se não achar que não pode.
Assim, não pense que não pode fazer, se puder.

—Charles Inge

Neste capítulo, apresentamos uma visão geral de como as consultas são avaliadas em um SGBD relacional. Começamos com uma discussão de como um SGBD descreve os dados que gerencia, incluindo tabelas e índices, na Seção 12.1. Esses dados descritivos, ou **metadados**, armazenados em tabelas especiais chamadas de **catálogos do sistema**, são usadas para encontrar a melhor forma de avaliar uma consulta.

Consultas SQL são traduzidas em uma forma estendida da álgebra relacional e os planos de avaliação de consultas são representados como árvores de operadores relacionais, junto com rótulos que identificam o algoritmo para usar em cada nó. Assim, operadores relacionais servem como blocos para construir avaliações de consultas e a implementação desses operadores é cuidadosamente otimizada para obter um bom desempenho. Introduzimos a avaliação de operadores na Seção 12.2 e descrevemos algoritmos de avaliação para diversos operadores na Seção 12.3.

De modo geral, consultas são compostas de diversos operadores e os algoritmos para operadores individuais podem ser combinados de muitas formas para avaliar uma consulta. O processo de encontrar um bom plano de avaliação é chamado de *otimização de consulta*. Introduzimos a otimização de consultas na Seção 12.4. A tarefa básica na otimização de consultas, considerar diversos planos de avaliação alternativos para uma consulta, é motivada através de exemplos na Seção 12.5. Na Seção 12.6, descrevemos o espaço de planos considerados por um otimizador relacional típico.

As idéias são apresentadas em detalhes suficientes para permitir aos leitores entender como sistemas de bancos de dados correntes avaliam consultas típicas. Este capítulo fornece os fundamentos necessários em avaliação de consultas para a discussão de projeto físico de bancos de dados e sintonização no Capítulo 20. A implementação de operadores relacionais e a otimização de consultas são discutidas com mais detalhes nos Capítulos 13, 14 e 15; esta cobertura completa descreve como sistemas correntes são implementados. Consideramos vários exemplos de consultas usando o seguinte esquema:

Marinheiros (*id_marin*: `integer`, *nome_marin:* `string`, *avaliação:* `integer`, *idade:* `real`)
Reservas(*id_marin:* `integer`, *id_barco:* `integer`, *dia:* `dates`, *nome_resp:* `string`)

Supomos que cada tupla de Reservas tenha o comprimento de 40 bytes, que uma página possa armazenar 100 tuplas de Reservas e que tenhamos 1000 páginas de tais tuplas. De forma semelhante, supomos que cada tupla de Marinheiros tenha comprimento de 50 bytes, que uma página possa armazenar 80 tuplas de Marinheiros e que tenhamos 500 páginas de tais tuplas.

12.1 O CATÁLOGO DO SISTEMA

Podemos armazenar uma tabela usando uma das diversas estruturas alternativas de arquivos e podemos criar um ou mais índices — cada um armazenado como um arquivo — em cada tabela. De modo oposto, em um SGBD relacional, cada arquivo contém as tuplas de uma tabela ou as entradas de um índice. A coleção de arquivos correspondendo às tabelas e índices dos usuários representa os *dados* do banco de dados.

Um SGBD relacional mantém as informações sobre cada tabela e índice que contém. As próprias informações descritivas são armazenadas em uma coleção de tabelas especiais chamadas de **tabelas de catálogo**. Um exemplo de uma tabela de catálogo é mostrado na Figura 12.1. As tabelas de catálogo também são chamadas de **dicionário de dados de catálogo do sistema** ou simplesmente *catálogo*.

12.1.1 Informações no Catálogo

Analisaremos o que é armazenado no catálogo do sistema. No mínimo, temos informações de todo o sistema, como o tamanho do conjunto de buffers e o tamanho da página e as seguintes informações sobre tabelas, índices e visões individuais:

- Para cada tabela:
  - Seu *nome de tabela*, o *nome do arquivo* (ou algum identificador) e a *estrutura de arquivo* (por exemplo, arquivo heap) do arquivo no qual ela está armazenada.
  - O *nome e tipo de atributo* de cada um de seus atributos.
  - O *nome de índice* de cada índice da tabela.
  - As *restrições de integridade* (restrições de chave primária e de chave estrangeira) da tabela.

- Para cada índice:
  - O *nome de índice* e a *estrutura* (árvore B+) do índice.
  - Os atributos da *chave de pesquisa*.

- Para cada visão:
  - Seu *nome de visão* e *definição*.

Além disso, estatísticas sobre tabelas e índices são armazenadas nos catálogos de sistema e atualizadas periodicamente (*não* cada vez que as tabelas correspondentes forem modificadas).

As seguintes informações são comumente armazenadas:

- **Cardinalidade:** O número de tuplas *NTuplas(R)* para cada tabela *R*.
- **Tamanho:** O número de páginas *NPáginas(R)* para cada tabela *R*.
- **Cardinalidade do Índice:** O número de valores chaves distintos *NChaves(I)* para cada índice *I*.
- **Tamanho do Índice:** O número de páginas *INPáginas(I)* para cada índice *I*. (Para um índice de árvore B+ *I*, pegamos *INPáginas* para ser o número de páginas folhas.)
- **Altura do Índice:** O número de níveis não folhas *IAltura(I)* para cada índice de árvore *I*.
- **Faixa de Índice:** O mínimo valor de chave presente *IBaixo(I)* e o valor máximo de chave *IAlto(I)* para cada índice *I*.

Supomos que a arquitetura de bancos de dados apresentada no Capítulo 1 seja usada. Além disso, supomos que cada arquivo de registros seja implementado como um arquivo separado de páginas. Outras organizações de arquivo são possíveis, é claro. Por exemplo, um arquivo de páginas pode conter páginas que armazenam registros de mais de um arquivo de registros. Se tal organização de arquivo for usada, estatísticas adicionais devem ser mantidas, como a fração de páginas em um arquivo que contenha registros de uma determinada coleção de registros. O catálogo também contém informações sobre *usuários*, como informações de contabilidade e informações de *autorização* (Joe User pode modificar a tabela Reservas mas só ler a tabela Marinheiros).

Como os Catálogos São Armazenados

Um aspecto elegante de um SGBD relacional é que o catálogo de sistemas é ele próprio uma coleção de tabelas. Por exemplo, poderíamos armazenar informações sobre os atributos de tabelas em uma tabela de catálogo chamada de Cat_Atributos:

Cat_Atributos(*nome_atrib:* string, *nome_rel:* string, *tipo:* string, *posição:* integer)

Suponha que o banco de dados contenha as duas tabelas que introduzimos no início deste capítulo:

Marinheiros(*id_marin:* `integer`, *nome-marin:* `string`, *avaliação:* `integer`, *idade:* `real`)
Reservas(*id_marin:* `integer`, *id_barco:* `integer`, *dia:* `dates`, *nome_resp:* `string`)

A Figura 12.1 mostra as tuplas da tabela Cat_Atributos que descreve os atributos destas duas tabelas. Observe que, além das tuplas descrevendo Marinheiros e Reservas, outras tuplas (as primeiras quatro listadas) descrevem os quatro atributos da própria tabela Cat_Atributo! Estas outras tuplas ilustram uma questão importante: as tabelas de catálogo descrevem todas as tabelas do banco de dados, *incluindo* as próprias tabelas de catálogo. Quando informações sobre uma tabela são necessárias, elas são obtidas a partir do catálogo do sistema. É claro que, no nível de implementação, sempre que um SGBD precisar descobrir o esquema de uma tabela de *catálogo*, o código que recupera estas informações deve ser manipulado de forma especial. (Caso contrário, o código tem de recuperar estas informações das tabelas de catálogo sem, presumivelmente, conhecer o esquema das tabelas de catálogo.)

atrib_nome	*rel_nome*	*tipo*	*posição*
nome_atrib	Cat_Atributos	string	1
nome_rel	Cat_Atributos	string	2
tipo	Cat_Atributos	string	3
posição	Cat_Atributos	integer	4
id-marin	Marinheiros	integer	1
nome_marin	Marinheiros	string	2
avaliação	Marinheiros	integer	3
idade	Marinheiros	real	4
id-marin	Reservas	integer	1
id_barco	Reservas	integer	2
dia	Reservas	dates	3
nome-resp	Reservas	string	4

Figura 12.1 Uma instância da relação Cat_Atributos.

O fato de que o catálogo do sistema também é uma coleção de tabelas é muito útil. Por exemplo, tabelas de catálogo podem ser consultadas da mesma forma que qualquer outra tabela, usando a linguagem de consulta do SGBD! Além disso, todas as técnicas disponíveis para a implementação e gerenciamento de tabelas se aplicam diretamente a tabelas de catálogos. A escolha de tabelas de catálogo e seus esquemas não é única e é feita pelo implementador do SGBD. Sistemas reais variam no seu projeto de esquema de catálogo, mas o catálogo é sempre implementado como uma coleção de tabelas e basicamente descreve todos os dados armazenados no banco de dados.[1]

---

[1] Alguns sistemas podem armazenar informação em uma forma não-relacional. Por exemplo, um sistema com um otimizador de consultas sofisticado pode manter histogramas ou outras informações estatísticas sobre a distribuição de valores em algum atributo de uma tabela. Podemos pensar em tal informação, quando é mantida, como um suplemento para as tabelas de catálogos.

12.2 INTRODUÇÃO À AVALIAÇÃO DE OPERADOR

Diversos algoritmos alternativos estão disponíveis para implementar cada operador relacional e, para a maioria dos operadores, nenhum algoritmo é universalmente superior. Diversos fatores influenciam qual algoritmo desempenha melhor, incluindo os tamanhos das tabelas envolvidas, índices e ordenações existentes, o tamanho do conjunto de buffers disponível e a política de substituição de buffers.

Nesta seção, descrevemos algumas técnicas comuns usadas no desenvolvimento de algoritmos de avaliação para operadores relacionais e introduzimos o conceito de *caminhos de acesso*, que são formas diferentes na quais linhas de uma tabela podem ser recuperadas.

12.2.1 Três Técnicas Comuns

Os algoritmos para diversos operadores relacionais na verdade têm muito em comum. Algumas técnicas simples são usadas para desenvolver algoritmos para cada operador:

- **Indexação:** Se uma condição de junção ou seleção for especificada, use um índice para examinar apenas as tuplas que satisfaçam à condição.
- **Iteração:** Examine todas as tuplas de uma tabela de entrada, uma após a outra. Se precisarmos de apenas alguns campos de cada tupla e houver um índice cuja chave contenha todos esses campos, ao invés de examinar tuplas de dados, podemos varrer todas as entradas de dados do índice. (Varrer todas as entradas de dados seqüencialmente não faz uso de uma estrutura de pesquisa de índice com base em árvore ou em hash; em um índice de árvore por exemplo, simplesmente examinaríamos todas as páginas folhas em seqüência.)
- **Particionamento:** Examinando tuplas em uma chave ordenada, podemos muitas vezes decompor uma operação em uma coleção menos custosa de operações sobre partições. *Ordenação* e *hashing* são duas técnicas de particionamento comumente usadas.

Discutiremos o papel da indexação na Seção 12.2.2. As técnicas de iteração e particionamento serão vistas na Seção 12.3.

12.2.2 Caminhos de Acesso

Um **caminho de acesso** é uma forma de recuperar tuplas de uma tabela e consiste de (1) uma varredura de arquivo ou (2) um índice mais uma condição de seleção. Cada operador relacional aceita uma ou mais tabelas como entrada, e os métodos de acesso usados para recuperar tuplas contribuem significativamente para o custo do operador. Considere uma seleção simples que é uma conjunção de condições da forma *atrib* **op** *valor*, onde **op** é um dos operadores de comparação $<, \leq, =, \neq, \geq$ ou $>$. Tais seleções são ditas estando na **forma normal conjuntiva (CNF)** e cada condição é chamada de **conjunção**.[2] Intuitivamente, um índice **satisfaz** a uma condição de seleção se puder ser utilizado para recuperar apenas as tuplas que satisfaçam à condição.

- Um índice hash **satisfaz** uma seleção CNF se houver um termo da forma *atributo=valor* na seleção para cada atributo na chave de pesquisa do índice.
- Um índice de árvore **satisfaz** uma seleção CNF se houver um termo da forma *atributo* **operador** *valor* para cada atributo em um *prefixo* da chave de pesquisa do índice. ($\langle a \rangle$ e $\langle a, b \rangle$ são prefixos da chave $\langle a, b, c \rangle$, mas $\langle a, c \rangle$ e $\langle b, c \rangle$ não.)

---
[2] Consideramos condições de seleção mais complexas na Seção 14.2.

Observe que **op** pode ser qualquer comparação; ele não fica restrito a ser de igualdade como é em seleções de equivalência em um índice hash.

Um índice pode satisfazer a um sub-conjunto de conjunção em uma condição de seleção (na CNF), embora ele não satisfaça à condição inteira. Referimo-nos às conjunções que os índices satisfazem como **conjunções primárias** da seleção.

Os exemplos a seguir ilustram caminhos de acesso.

- Se tivermos um índice hash H sobre a chave de pesquisa $\langle$*nome-resp, id_barco, id-marin*$\rangle$, podemos usar o índice para recuperar apenas as tuplas de Marinheiros que satisfaçam à condição *nome-resp='Joe'* $\wedge$ *id_barco=5* $\wedge$ *id-marin=3*. O índice satisfaz à condição inteira *nome-resp='Joe'* $\wedge$ *id_barco=5* $\wedge$ *id-marin=3*. Por outro lado, se a condição de seleção for *nome-resp='Joe'* $\wedge$ *id_barco=5* ou alguma outra condição sobre *data*, este índice não satisfaz, ou seja, ele não pode ser usado para recuperar apenas as tuplas que satisfaçam a estas condições.

  Em comparação, se o índice fosse uma árvore B+, ele satisfaria tanto a *nome-resp='Joe'* $\wedge$ *id_barco=5* $\wedge$ *id-marin=3* quanto a *nome-resp='Joe'* $\wedge$ *id_barco=5*. Entretanto, ele não satisfaria a *id_barco=5* $\wedge$ *id-marin=3* (já que as tuplas estão ordenadas primariamente por *nome-resp*).

- Se tivermos um índice (hash ou árvore) sobre a chave de pesquisa $\langle$*id_barco, id-marin*$\rangle$ e a condição de seleção *nome-resp='Joe'* $\wedge$ *id_barco=5* $\wedge$ *id-marin=3*, podemos usar o índice para recuperar tuplas que satisfaçam a *id_barco=5* $\wedge$ *id-marin=3*; estes são os conjuntos primários.

- A fração de tuplas que satisfazem a estes conjuntos (e se o índice é clusterizado) determina o número de páginas que são recuperadas. A condição adicional sobre *nome-resp* deve então ser aplicada em cada tupla recuperada e eliminará algumas delas do resultado.

- Se tivermos um índice sobre a chave de pesquisa $\langle$*id_barco, id-marin*$\rangle$ e também tivermos um índice de árvore B+ sobre *dia*, a condição de seleção *dia < 8/9/2002* $\wedge$ *id_barco=5* $\wedge$ *id-marin=3* nos oferece uma escolha. Ambos os índices satisfazem a (parte da) condição de seleção e podemos usar qualquer um dos dois para recuperar tuplas de Reservas. Seja qual for o índice que usarmos, as conjunções na condição de seleção que não forem satisfeitos pelo índice (*id_barco=5* $\wedge$ *id-marin=3* se usarmos o índice de árvore B+ sobre *dia*) deve ser verificado para cada tupla recuperada.

Seletividade de Caminhos de Acesso

A **seletividade** de um caminho de acesso é o número de páginas recuperadas (páginas de índice mais páginas de dados) se usarmos este caminho de acesso para recuperar todas as tuplas desejadas. Se uma tabela contiver um índice que satisfaça a uma determinada seleção, há pelo menos dois caminhos de acesso: o índice e uma varredura do arquivo de dados. Às vezes, é claro, podemos varrer o próprio índice (em vez do arquivo de dados ou usando o índice para examinar o arquivo), nos dando um terceiro caminho de acesso.

O caminho de acesso **mais seletivo** é o que recupera o menor número de páginas; usar o caminho de acesso mais seletivo minimiza o custo da recuperação de dados. A seletividade de um caminho de acesso depende das conjunções primárias na condição de seleção (com respeito ao índice envolvido). Cada conjunção age como um filtro sobre a tabela. A fração de tuplas na tabela de uma determinada conjunção é chamada de **fator de redução**. Quando há diversas conjunções primárias, a fração de tuplas que satisfaz todas elas pode ser aproximada pelo produto dos seus fatores de redução; isto efetivamente as trata como filtros independentes e, embora possam na verdade não ser independentes, a aproximação é amplamente usada na prática.

Suponha que tenhamos um índice hash H sobre Marinheiros com chave de pesquisa $\langle nome\text{-}resp, id\_barco, id\text{-}marin \rangle$, e recebamos a condição de seleção $nome\text{-}resp='Joe' \wedge id\_barco=5 \wedge id\text{-}marin=3$. Podemos usar o índice para recuperar as tuplas que satisfaçam a todas as três conjunções. O catálogo contém o número de valores-chaves distintos, $NChaves(H)$, no índice hash, assim como o número de páginas, $NPáginas$, na tabela Marinheiros. A fração das páginas que satisfazem a conjunção primária é $Npáginas(Marinheiros) \cdot \frac{1}{NChaves(H)}$.

Se o índice possuir chave de pesquisa $\langle id\_barco, id\text{-}marin \rangle$, as conjunções primárias são $id\_barco=5 \wedge id\text{-}marin=3$. Se soubermos o número de valores distintos na coluna id_barco, podemos estimar o fator de redução para conjunção primária. Esta informação está disponível no catálogo se houver um índice com id_barco como a chave de pesquisa; se não houver, otimizadores geralmente usam um valor padrão como 1/10. Multiplicar os fatores de redução por $id\_barco=5$ e $id\text{-}marin=3$ nos dá (sob a suposição simplificadora de independência) a fração de tuplas recuperadas; se o índice é agrupado, esta também é a fração de páginas recuperadas. Se o índice é agrupado, cada tupla recuperada poderia estar em uma página diferente. (Reveja a Seção 8.4 agora).

Avaliamos o fator de redução para uma condição de faixa como $dia > 8/9/2002$ supondo que os valores na coluna estejam uniformemente distribuídos. Se houver uma árvore B+ T com chave dia, o fator de redução é $\frac{Maior(T) - valor}{Maior(T) - Menor(T)}$.

12.3 ALGORITMOS PARA OPERAÇÕES RELACIONAIS

Agora discutimos brevemente algoritmos de avaliação para os principais operadores relacionais. Embora as idéias importantes sejam introduzidas aqui, um tratamento em maior profundidade é adiado para o Capítulo 14. Assim como no Capítulo 8, consideramos apenas os custos de E/S e medimos os custos de E/S em termos do número de E/S de páginas. Neste capítulo, usamos exemplos detalhados para ilustrar como calcular o custo de um algoritmo. Embora não apresentemos fórmulas de custos rigorosas, o leitor deve ser capaz de aplicar as idéias correspondentes para executar os cálculos de custos em outros exemplos semelhantes.

12.3.1 Seleção

A operação de seleção é uma recuperação simples de tuplas de uma tabela e sua implementação é essencialmente coberta na nossa discussão sobre caminhos de acesso. Para resumir, dada uma seleção na forma $\sigma_{R.atrib\ \mathbf{op}\ valor}(R)$, se não houver índice sobre $R.atrib$, temos de varrer R.

Se um ou mais índices sobre R satisfizerem a seleção, podemos usar o índice para recuperar as tuplas e aplicar quaisquer condições de seleção restantes para restringir mais o conjunto de resultados. Como exemplo, considere a seleção na forma $nome\text{-}resp < 'C\%'$ sobre a tabela Reservas. Supondo que os nomes estejam distribuídos uniformemente quanto à letra inicial, por motivo de simplicidade, avaliamos que em torno de 10% das tuplas de Reservas estejam no resultado. Isto significa um total de 10.000 tuplas, ou 100 páginas. Se tivermos um índice de árvore B+ agrupado sobre o campo $nome\text{-}resp$ de Reservas, podemos recuperar as tuplas qualificadas com 100 E/S (mais algumas E/S para atravessar da raiz até a página folha apropriada para começar a varredura). Entretanto, se o índice não for agrupado, poderíamos ter até 10.000 E/S no pior caso, já que cada tupla faria poderia causar a leitura de uma página.

Como regra geral, é provavelmente menos custoso simplesmente varrer a tabela inteira (ao invés de usar um índice não clusterizado) se mais de 5% das tuplas forem recuperadas.

Veja na Seção 14.1 mais detalhes sobre a implementação de seleções.

12.3.2 Projeção

A operação de projeção requer que tiremos alguns campos da entrada, o que é uma tarefa fácil. O aspecto caro da operação é garantir que nenhuma duplicata apareça no resultado. Por exemplo, se só queremos os campos *id-marin* e *id_barco* de Reservas, poderíamos ter duplicatas se um marinheiro tiver reservado um determinado barco em diversos dias.

Se as duplicatas não precisarem ser eliminadas (ex., a palavra chave DISTINCT não estiver incluída na cláusula SELECT), a projeção consiste em simplesmente recuperar um subconjunto de campos de cada tupla da tabela de entrada. Isto pode ser conseguido através de uma simples iteração na tabela ou em um índice cuja chave contenha todos os campos necessários. (Observe que não nos importamos se o índice está agrupado, já que os valores que queremos estão nas entradas de dados do próprio índice!)

Se tivermos de eliminar duplicatas, geralmente temos de usar particionamento. Suponha que queiramos obter ⟨*id-marin, id_barco*⟩ projetando de Reservas. Podemos particionar (1) varrendo Reservas para obter pares ⟨*id-marin, id_barco*⟩ e (2) ordenando estes pares usando ⟨*id-marin, id_barco*⟩ como chave de ordenação. Podemos então varrer os pares ordenados e descartar facilmente as duplicatas, as quais agora estão adjacentes.

Ordenar grandes conjuntos de dados em disco é uma operação muito importante em sistemas de banco de dados e é discutida no Capítulo 13. Ordenar uma tabela geralmente requer duas ou três passagens; cada uma das quais lê e grava a tabela inteira.

A operação de projeção pode ser otimizada pela combinação da varredura inicial de Reservas com a varredura na primeira passagem da ordenação. De forma semelhante, a varredura de pares ordenados pode ser combinada com a última passagem da ordenação. Com tal implementação otimizada, a projeção com eliminação de duplicatas requer (1) uma primeira passagem na qual a tabela inteira é varrida e apenas os pares ⟨*id-marin, id_barco*⟩ são gravadas e (2) uma passagem final na qual todos os pares são varridos, mas apenas uma cópia de cada par é gravada. Além disso, pode haver uma passagem intermediária na qual todos os pares são lidos e gravados no disco.

A disponibilidade de índices apropriados pode levar a planos menos custosos do que ordenar para eliminar duplicatas. Se tivermos um índice cuja chave de pesquisa contenha todos os campos retidos pela projeção, podemos ordenar as entradas de dados no índice em vez dos próprios registros de dados. Se todos os atributos retidos aparecerem em um prefixo da chave de pesquisa para um índice agrupado, podemos fazer até melhor; podemos simplesmente recuperar entradas de dados usando o índice e as duplicatas são facilmente detectadas, já que são adjacentes. Estes planos são exemplos de estratégias de avaliação *somente de índice*, que abordamos na Seção 8.5.2. Veja mais detalhes sobre implementação de projeções na Seção 14.3.

12.3.3 Junção

Junções são operações custosas e muito comuns. Portanto, elas foram amplamente estudadas e os sistemas geralmente suportam diversos algoritmos para executar junções.

Considere a junção de Reservas e Marinheiros, com a condição de junção *Reservas.id-marin=Marinheiros.id-marin*. Suponha que uma das tabelas, digamos Marinheiros, possua um índice na coluna *id-marin*. Podemos varrer Reservas e, para cada tupla, usar o índice para *examinar* em Marinheiros quanto a tuplas que satisfaçam à condição. Esta abordagem é chamada de **junção de loops aninhados indexados**.

Suponha que tenhamos um índice baseado em hash usando a Alternativa (2) sobre o atributo *id-marin* de Marinheiros e que use em torno de 1,2 E/S em média[3] para recuperar a página apropriada do índice. Já que *id-marin* é uma chave de Marinheiros, temos no máximo uma tupla que satisfaz a condição. De fato, *id-marin* em Reservas é uma chave estrangeira referindo-se a Marinheiros e, portanto, temos *exatamente* uma tupla de Marinheiros correspondendo a cada tupla de Reservas. Analisaremos o custo de varrer Reservas usando o índice para recuperar as tuplas de Marinheiros correspondentes a tupla de Reservas. O custo de varrer Reservas é 1000. Há 100 * 1000 tuplas em Reservas. Para cada uma destas tuplas, recuperar a página de índice contendo o *rid* das tuplas correspondentes de Marinheiros custa 1,2 E/S (em média); além disso, temos de recuperar a página de Marinheiros contendo a tupla qualificada. Portanto, temos 100.000 * (1 + 1,2) E/Ss para recuperar as tuplas de Marinheiros correspondentes. O custo total é de 221.000 E/Ss.[4]

Se não tivermos um índice que satisfaça à condição de junção nas tabelas, não podemos usar loops indexados de índices. Neste caso, podemos ordenar ambas as tabelas sobre a coluna da junção e, então, varrê-las para encontrar correspondências. Isto é chamado de junção **sort-merge**. Supondo que possamos ordenar Reservas em duas passagens e Marinheiros em duas passagens também, analisaremos o custo da junção sort-merge. Considere a junção das tabelas Reservas e Marinheiros. Devido ao fato de lermos e gravarmos Reservas em cada passagem, o custo de ordenação é 2 * 2 * 1000 = 4000 E/Ss. De forma semelhante, podemos ordenar Marinheiros a um custo de 2 * 2 * 500 = 2000 E/Ss. Além disso, a segunda fase do algoritmo de junção sort-merge requer uma varredura adicional de ambas as tabelas. Assim, o custo total é 4000 + 2000 + 1.000 + 500 = 7500 E/Ss.

Observe que o custo da junção sort-merge, que não requer um índice preexistente, é mais baixo que o da junção de loops aninhados indexados. Além disso, o resultado da junção sort-merge é ordenado sobre a(s) coluna(s) da junção. Outros algoritmos de junção que não se baseiam em um índice existente e são muitas vezes menos custosos do que a junção de loops aninhados indexados são também conhecidos (junções por *hashing* e *loops aninhados de blocos*; veja o Capítulo 14). Com isso, por que considerar os loops aninhados indexados?

Loops aninhados indexados possuem a boa propriedade de serem **incrementais**. O custo da nossa junção exemplo é incremental no número de tuplas de Reservas que processamos. Portanto, se alguma seleção adicional na consulta nos permitir considerar apenas um pequeno sub-conjunto de tuplas de Reservas, podemos evitar calcular a junção de Reservas e Marinheiros integralmente. Por exemplo, suponha que só queiramos o resultado da junção para o barco 101 e que existam poucas reservas como estas. Para cada destas tuplas de Reservas, examinamos Marinheiros e está pronto. Se usarmos uma junção sort-merge, por outro lado, temos de varrer toda a tabela Marinheiros pelo menos uma vez e o custo apenas deste passo provavelmente será muito mais alto do que o custo total da junção de loops aninhados indexados.

Observe que a escolha da junção de loops aninhados indexados é baseada na avaliação da consulta como um todo, incluindo a seleção extra sobre Reservas, em vez de

---

[3] Este é um custo típico para índices baseados em hash.

[4] Para exercitar, o leitor deveria escrever fórmulas para estimar os custos deste exemplo em termos de propriedades — por exemplo, Npáginas — das tabelas e índices envolvidos.

apenas na operação de junção. Isto nos leva ao próximo tópico, a otimização de consultas, que é o processo de encontrar um bom plano para a consulta inteira.

Veja mais detalhes na Seção 14.4.

12.3.4 Outras Operações

Uma consulta SQL contém agrupamentos e agregações além das operações relacionais básicas. Diferentes blocos de consultas podem ser combinados com uniões, intersecção e diferença de conjuntos.

O aspecto caso de operações de conjuntos como união e intersecção é a eliminação de duplicatas, da mesma forma que na projeção. A abordagem usada para implementar a projeção é facilmente adaptada para estas operações também. Veja mais detalhes na Seção 14.5.

O agrupamento é geralmente implementado através de ordenação. Às vezes, a tabela de entrada possui um índice de árvore com uma chave de pesquisa que corresponda aos atributos de agrupamento. Neste caso, podemos recuperar tuplas usando o índice na ordem apropriada sem um passo explícito de ordenação. Operações de agregação são executadas usando-se contadores temporários em memória principal à medida em que as tuplas são recuperadas. Veja mais detalhes na Seção 14.6.

12.4 INTRODUÇÃO À OTIMIZAÇÃO DE CONSULTAS

A otimização de consultas é uma das tarefas mais importantes de um SGBD relacional. Um dos pontos fortes das linguagens de consulta relacional é a ampla variedade de formas pelas quais um usuário pode se expressar e assim o sistema poder avaliar uma consulta. Embora esta flexibilidade torne fácil a escrita de consultas, um bom desempenho se baseia muito na qualidade do otimizador de consultas — uma determinada consulta pode ser avaliada de muitas formas e a diferença no custo entre o melhor e o pior plano pode ser de diversas ordens de magnitude. Realisticamente, não podemos esperar encontrar sempre o melhor plano, mas esperamos encontrar consistentemente um plano que seja bastante bom.

Uma visão mais detalhada da camada de otimização e execução de consultas na arquitetura SGBD da Seção 1.8 é mostrada na Figura 12.2. As consultas são analisadas e então apresentadas a um **otimizador de consultas**, que é responsável pela identificação de um plano eficiente de execução. O otimizador gera planos alternativos e escolhe o que tiver com o menor custo estimado.

O espaço dos planos considerados por um otimizador de consultas relacionais típico pode ser entendido pelo reconhecimento de que *uma consulta é tratada essencialmente como uma expressão algébrica* $\sigma - \pi - \bowtie$, com as operações restantes (se houver alguma, em uma determinada consulta) executadas sobre o resultado da expressão $\sigma - \pi - \bowtie$. Otimizar tal álgebra relacional envolve dois passos básicos:

- Enumerar planos alternativos para avaliação da expressão. Geralmente, um otimizador considera um subconjunto de todos os planos possíveis porque o número de planos possíveis é muito grande.

- Avaliar o custo de cada plano enumerado e escolhendo o plano com o custo estimado mais baixo.

Nesta seção, estabelecemos as fundações para nossa discussão de otimização de consultas introduzindo planos de avaliação.

Otimizadores Comerciais: Otimizadores de SGBDs relacionais atuais são softwares muito complexos com muitos detalhes bem guardados e geralmente representam 40 a 50 anos-homem de trabalho de desenvolvimento!

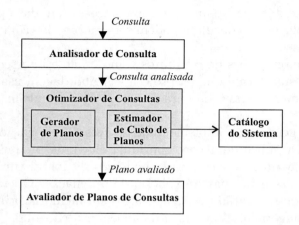

Figura 12.2 Análise, Otimização e Execução de Consultas.

12.4.1 Planos de Avaliação de Consultas

Um **plano de avaliação de consultas** (ou simplesmente **plano**) consiste de uma árvore de álgebra relacional estendida, com anotações adicionais em cada nó indicando os métodos de acesso a usar por cada tabela e o método de implementação por cada operador relacional. Considere a seguinte consulta SQL:

```
SELECT   M.nome-marin
FROM     Reservas R, Marinheiros M
WHERE    R.id-marin = M.id-marin
         AND R.id_barco = 100 AND M.avaliação > 5
```

Esta consulta pode ser expressa em álgebra relacional da seguinte maneira:

$$\pi_{nome\text{-}marin}(\sigma_{id\text{-}barco=100 \wedge avaliação>5}(Reservas \bowtie_{id\text{-}marin=id\text{-}marin} Marinheiros))$$

Esta expressão é mostrada na forma de uma árvore na Figura 12.3. A expressão relacional especifica parcialmente como avaliar a consulta — primeiro calculamos a junção natural de Reservas e Marinheiros e então executamos as seleções e finalmente projetamos o campo *nome-marin*.

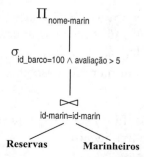

Figura 12.3 Consulta expressa como uma árvore de álgebra relacional.

Para obter um plano de avaliação integralmente especificado, devemos decidir sobre uma implementação para cada uma das operações algébricas envolvidas. Por exemplo, podemos usar uma junção de loops aninhados indexados, orientada a páginas com Reservas como a tabela externa e aplicar seleções e projeções em cada tupla no resultado da junção enquanto ela é produzida; o resultado da junção antes das seleções e projeções nunca é armazenado integralmente. Este plano de avaliação de consultas é mostrado na Figura 12.4.

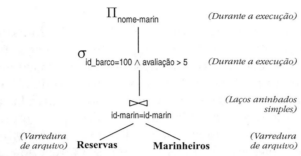

Figura 12.4 Plano de avaliação de consultas para consulta exemplo.

No desenho do plano de avaliação de consultas, temos usado a convenção de que a *tabela externa* é a *filha à esquerda* do operador de junção. Adotamos esta convenção daqui em diante.

12.4.2 Consultas Multi-Operadores: Avaliação Pipeline

Quando uma consulta é composta de diversos operadores, o resultado de um operador é às vezes **encadeado** com outro operador sem criar uma tabela temporária para armazenar o resultado intermediário. O plano na Figura 12.4 encadeia a saída da junção de Marinheiros e Reservas para as seleções e projeções que se seguem. Encadear a saída de um operador para o próximo economiza o custo de gravar o resultado intermediário e de lê-lo de volta, e a economia de custos pode ser significativa. Se o resultado de um operador é gravado em uma tabela temporária para processamento pelo próximo operador, dizemos que as tuplas são **materializadas**. A avaliação encadeada possui menor sobrecarga de custos do que a materialização, e é escolhida sempre que o algoritmo para a avaliação do operador permitir. Há muitas oportunidades para pipelining em planos de consultas típicas, mesmo planos simples que só envolvam seleções. Analise a consulta de seleção na qual apenas parte da condição de seleção satisfaça um índice. Podemos pensar em tal consulta como contendo *duas* instâncias do operador de seleção: a primeira contém a parte primária, ou a correspondente, da condição de seleção original e a segunda contém o resto da condição de seleção. Podemos avaliar tal consulta aplicando a seleção primária e gravando o resultado em uma tabela temporária e então aplicando a segunda seleção na tabela temporária. Em comparação, uma avaliação encadeada consiste da aplicação da segunda seleção a cada tupla no resultado da seleção primária enquanto ela é produzida e adicionando tuplas que se qualificam para o resultado final. Quando a tabela de entrada para um operador unário (seleção ou projeção) é encadeada nele, às vezes dizemos que o operador é aplicado **durante a execução**.

Como um segundo e mais genérico exemplo, analise uma junção na forma $(A \bowtie B) \bowtie C$, mostrada na Figura 12.5 como uma árvore de operações de junção.

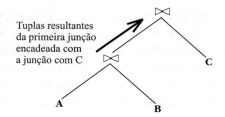

Figura 12.5 Uma árvore de consulta ilustrando pipelining.

Ambas as junções podem ser avaliadas no modo encadeado usando alguma versão de uma junção de loops aninhados. Conceitualmente, a avaliação é iniciada da raiz e o nó juntando A e B produz tuplas como e quando elas são solicitadas pelo seu nó pai. Quando o nó raiz obtém uma página de tuplas a partir do filho à esquerda (a tabela externa), todas as tuplas internas correspondentes são recuperadas (usando um índice ou uma varredura) e juntadas com tuplas externas correspondentes; a página corrente de tuplas externas é então descartada. Uma solicitação é então feita para o filho à esquerda para a próxima página de tuplas e o processo é repetido. A avaliação encadeada é assim uma *estratégia de controle* governando a taxa na qual diferentes junções no plano prosseguem. Ela possui a grande virtude de não gravar o resultado de junções intermediárias em um arquivo temporário porque os resultados são produzidos, consumidos e descartados uma página por vez.

12.4.3 A Interface Iteradora

Um plano de avaliação de consulta é uma árvore de operadores relacionais e é executado pela chamada dos operadores em alguma ordem (possivelmente intercalada). Cada operador possui uma ou mais entradas e uma saída, que também são nós no plano, e as tuplas devem ser passadas entre os operadores de acordo com a estrutura de árvore do plano.

Para simplificar o código responsável pela coordenação da execução de um plano, os operadores relacionais que formam os nós de uma árvore de plano (que está para ser avaliada usando pipelining) geralmente suportam uma interface **iteradora** uniforme, escondendo detalhes internos da implementação de cada operador. A interface iteradora para um operador inclui as funções **open, get_next** e **close**. A função *open* inicializa o estado do iterador alocando buffers para suas entradas e saída e também é usada para passar argumentos como condições de seleção que modificam o comportamento do operador. O código para a função *get_next* chama a função *get_next* em cada nó de entrada e chama o código específico do operador para processar as tuplas de entrada. As tuplas de saída geradas pelo processamento são colocadas no buffer de saída do operador e o estado do iterador é atualizado para registrar quantas entradas foram consumidas. Quando todas as tuplas de entrada tiverem sido produzidas através de repetidas chamadas a *get_next*, a função *close* é chamada (pelo código que iniciou a execução deste operador) para desalocar informações sobre o estado.

A interface iteradora suporta pipelining de resultados naturalmente; a decisão de encadear ou materializar tuplas de entrada é encapsulada no código específico de operador que processa tuplas de entrada. Se o algoritmo implementado para o operador permitir que tuplas sejam processadas completamente quando forem recebidas, as tuplas de entrada não são materializadas e a avaliação é encadeada. Se o algoritmo examinar as mesmas tuplas de entrada diversas vezes, elas são materializadas. Esta decisão, como outros detalhes da implementação do operador, é escondida pela interface iteradora para o operador.

A interface iteradora também é usada para encapsular métodos de acesso como índices de árvores B+ e baseados em hash. Externamente, métodos de acesso podem ser vistos simplesmente como operadores que produzem um fluxo de tuplas de saída. Neste caso, a função *open* pode ser usada para passar as condições de seleção que satisfaçam o caminho de acesso.

12.5 PLANOS ALTERNATIVOS: UM EXEMPLO MOTIVADOR

Analise a consulta de exemplo da Seção 12.4. Consideraremos o custo da avaliação do plano mostrado na Figura 12.4. Ignoramos o custo da gravação do resultado final, já que isto é comum para todos os algoritmos e não afeta seus custos relativos. O custo da junção é 1000 + 1000 * 500 = 501.000 E/Ss de páginas. As seleções e a projeção são feitas durante a execução e não incorrem em E/Ss adicionais. O custo total deste plano é, portanto, de 501.000 E/Ss de páginas. Este plano é reconhecidamente simples; entretanto, é possível ser ainda mais simples tratando a junção como um produto cartesiano seguido por uma seleção.

Agora analisamos diversos planos alternativos para avaliar esta consulta. Cada alternativa melhora o plano original de uma forma diferente e introduz algumas idéias de otimização que são examinadas em maiores detalhes no restante deste capítulo.

12.5.1 Empurrando Seleções

Uma junção é uma operação relativamente custosa e uma boa heurística é reduzir os tamanhos das tabelas a serem juntadas tanto quanto possível. Uma abordagem é aplicar as seleções no início; se um operador de seleção aparecer após um operador de junção, vale a pena examinar se a seleção pode ser "empurrada" para a frente da junção. Como exemplo, a seleção *id_barco=100* envolve apenas os atributos de Reservas e pode ser aplicada a Reservas *antes* da junção. De forma semelhante, a seleção *avaliação>5* envolve apenas atributos de Marinheiros e pode ser aplicada a Marinheiros antes da junção. Supomos que as seleções sejam executadas usando uma simples varredura de arquivo, que o resultado de cada seleção seja gravado em uma tabela temporária em disco e que as tabelas temporárias sejam então juntadas usando uma junção sort-merge. O plano de avaliação de consulta resultante é mostrado na Figura 12.6.

Suponhamos que cinco páginas de buffer estejam disponíveis e estimemos o custo deste plano de avaliação de consultas. (É provável que mais páginas de buffer estejam disponíveis na prática. Escolhemos um número pequeno apenas para ilustração neste exemplo.) O custo da aplicação de *id_barco=100* em Reservas é o custo de varrer Reservas (1000 páginas) mais o custo de gravar o resultado em uma tabela temporária, digamos T1.

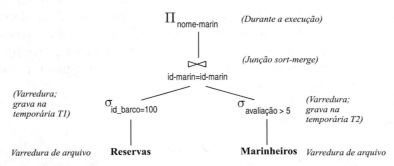

Figura 12.6 Um segundo plano de avaliação de consulta.

(Observe que o custo de gravação na tabela temporária não pode ser ignorado — podemos ignorar apenas o custo de gravar o resultado *final* da consulta, que é o único componente do custo que é o mesmo para todos os planos.) Para avaliar o tamanho de T1, requeremos informações adicionais. Por exemplo, se supormos que o número máximo de reservas de um determinado navio é um, apenas uma tuplas aparece no resultado. De forma alternativa, se soubermos que há 100 navios, podemos supor que reservas estejam espalhadas uniformemente por todos os navios e avaliar o número de páginas em T1 como 10. Para concretude, suponha que o número de páginas em T1 seja mesmo 10.

O custo de aplicar *avaliação* > 5 em Marinheiros é o custo de varrer Marinheiros (500 páginas) mais o custo de gravar o resultado em uma tabela temporária, digamos, T2. Se supormos que as avaliações estejam distribuídas uniformemente pela faixa de 1 a 10, podemos avaliar aproximadamente o tamanho de T2 como 250 páginas.

Para executar uma junção sort-merge de T1 e T2, suporemos que uma implementação direta seja usada na qual duas tabelas são primeiro completamente ordenadas e então mescladas. Já que cinco páginas de buffers estão disponíveis, podemos ordenar T1 (que possui 10 páginas) em duas passagens. Duas execuções de cinco páginas cada são produzidas na primeira passagem e estas sofrem mesclas na segunda passagem. Em cada passagem, lemos e gravamos 10 páginas; assim, o custo da ordenação de T1 é $2 * 2 * 10 = 40$ E/Ss de página. Precisamos de quatro passagens para ordenar T2, que possui 250 páginas. O custo é $2 * 4 * 250 = 2000$ E/Ss de páginas. Para executar mesclas das versões ordenadas de T1 e T2, precisamos varrer essas tabelas e o custo desta etapa é $10+250 = 260$. A projeção final é feita durante a execução e, por convenção, ignoramos o custo de gravar o resultado final.

O custo total do plano mostrado na Figura 12.6 é a soma do custo da seleção ($1000+10+500+250 = 1760$) e o custo da junção ($40+2000+260 = 2300$), ou seja, 4060 E/Ss de páginas.

A junção sort-merge é um de diversos métodos de junção. Podemos conseguir reduzir o custo deste plano escolhendo um método de junção diferente. Como alternativa, supomos que usamos junção de loops aninhados de blocos em vez de junção de ordenação sort-merge. Usando T1 como a tabela externa, para cada bloco de três páginas de T1, varremos toda T2; assim, varremos T2 quatro vezes. O custo da junção é, portanto, o custo de varrer T1 (10) mais o custo de varrer T2 ($4 * 250 = 1000$). O custo do plano é agora $1760 + 1010 = 2770$ E/Ss de páginas.

Um refinamento adicional é empurrar a projeção, da mesma forma que empurramos as seleções pela junção. Observe que apenas o atributo *id-marin* de T1 e *id-marin* e *nome-marin* de T2 são realmente necessários. Quando varremos Reservas e Marinheiros para executar as seleções, poderíamos também eliminar colunas não desejadas. Esta projeção durante a execução reduz os tamanhos das tabelas temporárias T1 e T2. A redução no tamanho de T1 é substancial porque apenas um campo do tipo inteiro é retido. Na verdade, T1 agora cabe dentro de três páginas de buffers e podemos executar uma junção de loops aninhados de blocos com uma única varredura de T2. O custo do passo de junção cai para menos de 250 E/Ss de páginas e o custo total do plano cai para em torno de 2000 E/Ss.

12.5.2 Usando Índices

Se índices estiverem disponíveis nas tabelas Reservas e Marinheiros, planos de avaliação de consultas ainda melhores podem estar disponíveis. Por exemplo, suponha que tenhamos um índice de hash estático agrupado sobre o campo *id_barco* de Reservas e

Visão Geral da Avaliação de Consultas 343

outro índice hash sobre o campo *id-marin* de Marinheiros. Podemos então usar o plano de avaliação de consultas mostrado na Figura 12.7.

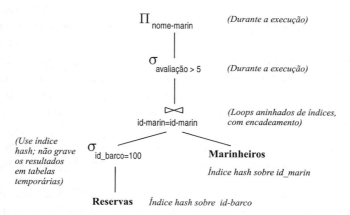

Figura 12.7 Um Plano de avaliação de consultas usando índices.

A seleção *id_barco*=100 é executada sobre Reservas usando o índice hash sobre *id_barco* para recuperar apenas tuplas que satisfaçam à condição. Como antes, se soubermos que 100 navios estão disponíveis e supormos que as reservas estão espalhadas uniformemente por todos os navios, podemos avaliar o número de tuplas selecionadas como 100.000/100 = 1000. Já que o índice sobre *id_barco* é agrupado, estas 1000 tuplas parecem consecutivamente dentro do mesmo bucket; portanto, o custo é de 10 E/Ss de páginas.

Para cada tupla selecionada, recuperamos tuplas de Marinheiros correspondentes usando o índice hash sobre o campo *id-marin*; tuplas selecionadas de Reservas não são materializadas e a junção é encadeada. Para cada tupla no resultado da junção, executamos a seleção *avaliação* > 5 e a projeção de *nome-marin* durante a execução. Há diversas questões importantes a serem observadas aqui:

1. Já que o resultado da seleção sobre Reservas não é materializada, a otimização da projeção de campos que não são necessários subseqüentemente é desnecessária (e não é usada no plano mostrado na Figura 12.7).

2. O campo da junção *id-marin* é uma chave de Marinheiros. Portanto, no máximo uma tupla de Marinheiros corresponde a uma determinada tupla de Reservas. O custo da recuperação desta tupla correspondente depende do diretório do índice hash sobre a coluna *id-marin* de Marinheiros caber na memória e da presença de páginas de overflow (se houver alguma). Entretanto, o custo *não* depende de se este índice é clusterizado porque há no máximo uma tupla correspondente em Marinheiros e solicitações para tuplas de Marinheiros são feitas em ordem aleatória por *id-marin* (porque tuplas de Reservas são recuperadas por *id_barco* e portanto são consideradas em ordem aleatória por *id-marin*). Para um índice hash, 1,2 E/S de página (em média) é uma boa estimativa do custo de recuperação de uma entrada de dados. Supondo que o índice hash *id-marin* em Marinheiros usa a Alternativa (1) para entradas de dados, 1,2 E/S é o custo para recuperar uma tupla correspondente de Marinheiros (e se uma das outras duas alternativas for usadas, o custo seria de 2,2 E/Ss).

3. Decidimos não empurrar a seleção *avaliação* > 5 para a frente da junção e há uma razão importante para esta decisão. Se executássemos a seleção antes da junção, a

seleção envolveria a varredura de Marinheiros, supondo que nenhum índice esteja disponível sobre o campo *avaliação* de Marinheiros. Além disso, se tal índice estiver disponível ou não, assim que aplicarmos tal seleção, não temos índice sobre o campo *id-marin* do resultado da seleção (a menos que escolhamos criar tal índice apenas para a junção subseqüente.) Assim, empurrar seleções para a frente de junções é uma boa heurística, mas nem sempre a melhor estratégia. Geralmente, como neste exemplo, a existência de índices úteis é o motivo pelo qual uma seleção *não* é empurrada. (Caso contrário, as seleções são empurradas.) Avaliaremos o custo do plano mostrado na Figura 12.7. A seleção de tuplas de Reservas custa 10 E/Ss, conforme vimos anteriormente. Há 1000 dessas tuplas e, para cada, o custo de encontrar a tupla correspondente em Marinheiros é de 1,2 E/Ss, em média. O custo deste passo (a junção) é, portanto, de 1200 E/Ss. Todas as seleções e projeções restantes são realizadas durante a execução. O custo total do plano é de 1210 E/Ss.

Conforme observado anteriormente, este plano não utiliza agrupamento do índice de Marinheiros. O plano pode ser mais refinado se o índice sobre o campo *id-marin* de Marinheiros for agrupado. Suponhamos que materializemos o resultado da execução da seleção *id_barco*=100 sobre Reservas e ordenemos esta tabela temporária. Esta tabela contém 10 páginas. Selecionar as tuplas custa 10 E/Ss de páginas (como antes), gravar o resultado em uma tabela temporária custa outras 10 E/Ss e, com cinco páginas de buffers, ordenar esta temporária custa 2 * 2 * 10 = 40 E/Ss. (O custo deste passo é reduzido se empurrarmos a projeção sobre *id-marin*. A coluna *id-marin* de tuplas materializadas de Reservas só requer três páginas e pode ser ordenada na memória com cinco páginas de buffers.) As tuplas selecionadas de Reservas agora podem ser recuperadas em ordem por *id-marin*.

Se um marinheiro tiver reservado o mesmo navio muitas vezes, todas as tuplas correspondentes de Reservas agora são recuperadas consecutivamente; as tuplas de Marinheiros correspondentes serão encontradas no conjunto de buffers em todas, exceto na primeira solicitação. Este plano melhorado também demonstra que o pipelining nem sempre é a melhor estratégia.

A combinação de empurrar seleções e usar índices ilustrada por este plano é muito poderosa. Se as tuplas selecionadas da tabela externa forem juntadas com uma única tupla interna, a operação de junção pode se tornar trivial e os ganhos de desempenho em relação ao plano simples da Figura 12.6 se tornam ainda mais dramáticos. A seguinte variante da nossa consulta exemplo ilustra esta situação:

```
SELECT   M.nome-marin
FROM     Reservas R, Marinheiros M
WHERE    R.id-marin = M.id-marin
         AND R.id_barco = 100 AND M.avaliação > 5
         AND R.dia = '8/9/2002'
```

Uma pequena variante do plano mostrado na Figura 12.7, projetada para responder a esta consulta, é mostrada na Figura 12.8. A seleção *dia='8/9/2002'* é aplicada durante a execução ao resultado da seleção *id_barco=100* sobre a tabela Reservas.

Suponha que *id_barco* e *dia* formem uma chave para Reservas. (Observe que esta suposição difere do esquema apresentado anteriormente neste capítulo.) Avaliaremos o custo do plano mostrado na Figura 12.8. A seleção *id_barco = 100* custa 10 E/Ss de páginas, como antes, e a seleção adicional *dia = '8/9/2002'* é aplicada durante a execução, eliminando todas exceto (no máximo) uma tupla de Reservas. Há no máximo uma tupla corresponde em Marinheiros e esta é recuperada em 1,2 E/Ss (um valor médio). A seleção sobre *avaliação* e a projeção sobre *nome-marin* são então aplicadas durante a execução sem custo adicional. O custo total do plano da Figura 12.8 é desta forma em torno de 11 E/Ss. Em comparação, se modificarmos o plano simples da Figura 12.6 para executar a seleção adicional sobre *dia* junto com a seleção *id_barco = 100*, o custo permanece em 501.000 E/Ss.

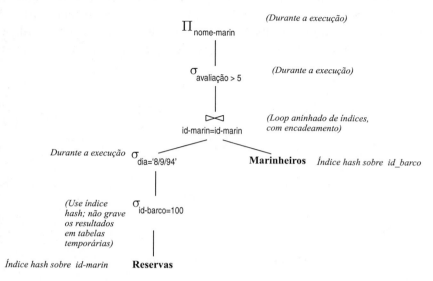

Figura 12.8 Um plano de avaliação de consulta para o segundo exemplo.

12.6 O QUE UM OTIMIZADOR TÍPICO FAZ

Um otimizador de consultas relacional usa equivalências de álgebra relacional para identificar muitas expressões equivalentes para uma determinada consulta. Para cada versão equivalente da consulta, todas as técnicas de implementação disponíveis são consideradas para os operadores relacionais envolvidos, gerando assim diversos planos alternativos de avaliação de consultas. O otimizador avalia o custo de cada um de tais planos e escolhe o que possuir o menor custo estimado.

12.6.1 Planos Alternativos Considerados

Duas expressões algébricas relacionais sobre o mesmo conjunto de tabelas de entrada são chamadas de **equivalentes** se produzirem o mesmo resultado em todas as instâncias das tabelas de entrada. Equivalências de álgebra relacional desempenham um papel central na identificação de planos alternativos.

Considere uma consulta SQL básica consistindo de uma cláusula SELECT, uma cláusula FROM e uma cláusula WHERE. Isto é facilmente representado como uma expressão algébrica; os campos mencionados em SELECT são projetados do produto cartesiano de tabelas na cláusula FROM, após aplicar as seleções na cláusula WHERE. O uso de equivalências nos permite converter esta representação inicial em expressões equivalentes. Em particular:

- Seleções e produtos cartesianos podem ser combinadas em junções.
- Junções podem ser reordenadas extensivamente.
- Seleções e projeções, que reduzem o tamanho da entrada, podem ser "empurradas" para a frente das junções.

A consulta discutida na Seção 12.5 ilustra estes pontos; empurrar a seleção nessa consulta para a frente da junção produziu um plano de avaliação dramaticamente melhor. Discutimos equivalências de álgebra relacional em detalhes na Seção 15.3.

Planos de Propriedade à Esquerda

Analise uma consulta na forma $A \bowtie B \bowtie C \bowtie D$; ou seja, a junção natural de quatro tabelas. Três árvores de operadores algébricos relacionais que sejam equivalentes a esta consulta (com base em equivalências de álgebra) são mostradas na Figura 12.9. Por convenção, o filho à esquerda de um nó de junção é a tabela externa e o filho à direita é a tabela interna. Adicionando detalhes como o método de junção para cada nó de junção, é direto obter diversos planos de avaliação de consultas a partir destas árvores.

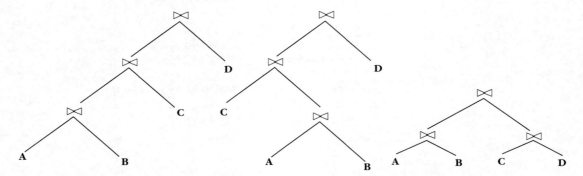

Figura 12.9 Três árvores de junção.

As primeiras duas árvores na Figura 12.9 são exemplos de árvores **lineares**. Em uma árvore linear, pelo menos um filho de um nó de junção é uma tabela base. A primeira árvore é um exemplo de uma árvore *de profundidade à esquerda* — o filho *direito* de cada nó de junção é uma tabela base. A terceira árvore é um exemplo de árvore não linear ou **cheia**.

Os otimizadores geralmente usam uma abordagem de programação dinâmica (veja a Seção 15.4.2) para pesquisar eficientemente a classe de todos os planos **de profundidade à esquerda**. O segundo e terceiro tipos de árvores, portanto, nunca são considerados. Intuitivamente, a primeira árvore representa um plano no qual juntamos A e B primeiro, e então juntamos o resultado com C, e depois o resultado com D. Há 23[5] outros planos de profundidade à esquerda que diferem apenas na ordem na qual as tabelas são juntadas. Se algum destes planos tem outras condições de seleção e projeção além das próprias junções, estas condições são aplicadas tão cedo quanto possível (consistentes com equivalentes algébricas) dada a escolha de uma ordem de junção para as tabelas.

É claro que esta decisão elimina muitos planos alternativos que podem custar menos do que o melhor plano usando uma árvore de profundidade à esquerda; temos de conviver com o fato de que o otimizador nunca encontrará tais planos. Há duas razões principais para esta decisão se concentrar em **planos de profundidade à esquerda** ou planos baseados em árvores de profundidade à esquerda:

1. À medida que o número de junções aumenta, o número de planos alternativos aumenta rapidamente e torna-se necessário podar o espaço de planos alternativos.

2. Árvores de profundidade à esquerda nos permitem generalizar todos os planos **integralmente encadeados**, ou seja, planos nos quais todas as junções são avaliadas usando pipelining. (Tabelas internas devem sempre ser materializadas porque devemos examinar a tabela interna inteira para cada tupla da tabela externa. Assim, um plano no qual uma tabela interna seja o resultado de uma junção nos obriga a materializar o resultado desta junção.)

---

[5] O leitor pode considerar o número 23 neste exemplo.

12.6.2 Avaliando o Custo de um Plano

O custo de um plano é a soma dos custos para os operadores que ele contém. O custo de um operador relacional individual no plano é avaliado usando informações obtidas do catálogo do sistema sobre propriedades (por exemplo, tamanho, ordenação) das suas tabelas de entrada. Ilustramos como avaliar o custo de planos com um único operador nas Seções 12.2 e 12.3 e como avaliar o custo de planos com múltiplos operadores na Seção 12.5.

Se nos concentrarmos na métrica de custos de E/S, o custo de um plano pode ser dividido em três partes: (1) a leitura das tabelas de entrada (possivelmente múltiplas vezes no caso de alguns algoritmos de junção e ordenação, (2) a gravação de tabelas intermediárias e (possivelmente) (3) a ordenação do resultado final (se a consulta especificar a eliminação de duplicatas ou uma ordem de saída). A terceira parte é comum a todos os planos (a menos que um dos planos produza saída na ordem requerida) e, no caso comum de um plano totalmente encadeado ser escolhido, nenhuma tabela intermediária é gravada. Assim, o custo de um plano totalmente encadeado é dominado pela parte (1). Este custo depende muito dos caminhos de acesso usados para ler tabelas de entrada; é claro que os caminhos de acesso que são usados repetidamente para recuperar tuplas correspondentes em um algoritmo de junção são particularmente importantes.

Para planos que não sejam totalmente encadeados, o custo da materialização de tabelas temporárias pode ser significativo. O custo da materialização de um resultado intermediário depende do seu tamanho e o tamanho também influencia o custo do operador para o qual a temporária é uma tabela de entrada. O número de tuplas no resultado de uma seleção é avaliado pela multiplicação do tamanho da entrada pelo fator de redução para as condições de seleção. O número de tuplas no resultado de uma projeção é o mesmo da entrada, supondo que as duplicatas não sejam eliminadas; é claro que cada tupla do resultado é menor, já que contém menos campos. O tamanho do resultado pode ser avaliado pela multiplicação do tamanho máximo do resultado, que é o produto dos tamanhos das tabelas de entrada, pelo fator de redução da condição de junção. O fator de redução para a condição de junção *coluna1 = coluna2* pode ser aproximado pela fórmula $\frac{1}{\text{MAX}(NChaves(I1), NChaves(I2))}$ se houver índices *I1* e *I2* sobre *coluna1* e *coluna2*, respectivamente. Esta fórmula supõe que cada valor de chave no índice menor, digamos *I1*, possui um valor correspondente no outro índice. Dado um valor para *coluna1*, supomos que cada um dos valores de *NChaves(I2)* para *coluna2* seja igualmente provável. Assim, o número de tuplas que tem o mesmo valor na *coluna2* de um determinado valor na *coluna1* é $\frac{1}{NChaves(I2)}$.

12.7 QUESTÕES DE REVISÃO

As respostas das questões de revisão podem ser encontradas nas seções listadas.

- O que é um *metadado*? Quais metadados são armazenados no *catálogo do sistema*? Descreva as informações armazenadas por relação e por índice. **(Seção 12.1)**

- O catálogo é ele próprio armazenado como uma coleção de relações. Explique por quê. **(Seção 12.1)**

- Quais três técnicas são comumente usadas em algoritmos para avaliar operadores relacionais? **(Seção 12.2)**

- O que é um caminho de acesso? Quando um índice *satisfaz* a uma condição de pesquisa? **(Seção 12.2.2)**

- Quais são as principais abordagens para a avaliação de seleções? Discuta o uso de índices, em especial. **(Seção 12.3.1)**
- Quais são as principais abordagens para a avaliação de projeções? O que torna as projeções especialmente custosas? **(Seção 12.3.2)**
- Quais são as principais abordagens para a avaliação de junções? Por que as junções são custosas? **(Seção 12.3.3)**
- Qual o objetivo de uma otimização de consulta? É encontrar o melhor plano? **(Seção 12.4)**
- Como um SGBD representa um plano de avaliação de consulta relacional? **(Seção 12.4.1)**
- O que é uma *avaliação encadeada*? Qual seu benefício? **(Seção 12.4.2)**
- Descreva a interface iteradora para métodos de acesso e operadores. Qual seu propósito? **(Seção 12.4.3)**
- Discuta por que a diferença de custo entre planos alternativos para uma consulta pode ser muito grande. Dê exemplos específicos para ilustrar o impacto de empurrar seleções, a escolha de métodos de junção e a disponibilidade de índices apropriados. **(Seção 12.5)**
- Qual o papel de equivalências algébricas relacionais na otimização de consultas? **(Seção 12.6)**
- Qual o espaço de planos considerado por um otimizador de consultas relacionais típico? Justifique a escolha deste espaço de planos. **(Seção 12.6.1)**
- Como o custo de um plano é avaliado? Qual é o papel do catálogo do sistema? O que é a *seletividade* de um caminho de acesso e como ela influencia o custo de um plano? Por que é importante poder avaliar o tamanho do resultado de um plano? **(Seção 12.6.2)**

EXERCÍCIOS

Exercício 12.1 Responda brevemente às questões seguintes:

1. Descreva três técnicas comumente usadas durante o desenvolvimento de algoritmos para operadores relacionais. Explique como estas técnicas podem ser usadas para projetar algoritmos para os operadores de seleção, projeção e junção.
2. O que é um caminho de acesso? Quando um índice *satisfaz* a um caminho de acesso? O que é uma *conjunção primária* e por que ela é importante?
3. Que informação é armazenada nos catálogos do sistema?
4. Quais os benefícios de fazer os catálogos do sistema ser relações?
5. Qual o objetivo da otimização de consultas? Por que a otimização é importante?
6. Descreva *pipelining* e suas vantagens.
7. Dê uma consulta e plano de exemplo no qual o encadeamento *não pode* ser usado.
8. Descreva a interface *iteradora* e explique suas vantagens.
9. Qual o papel das estatísticas colhidas da execução do banco de dados na otimização da consulta?
10. Quais foram as importantes decisões de projeto tomadas no otimizador System R?
11. Por que otimizadores de consultas consideram apenas árvores de junção *de profundidade à esquerda*? Dê um exemplo de uma consulta e plano que não seriam considerados devido a esta restrição.

Exercício 12.2 Considere uma relação R(a,b,c,d,e) contendo 5.000.000 registros, onde cada página de dados da relação armazena 10 registros. R é organizada como um arquivo ordenado com índices secundários.

Suponha que $R.a$ seja uma chave candidata para R, com valores na faixa de 0 a 4.999.999 e que R esteja armazenada em ordem de $R.a$. Para cada uma das seguintes consultas algébricas relacionais, declare quais das três abordagens seguintes é provavelmente a menos custosa:

- Acesse o arquivo ordenado por R diretamente.
- Use um índice de árvore B+ (clusterizado) sobre o atributo $R.a$.
- Use um índice hash linear sobre o atributo $R.a$.

1. $\sigma_{a<50.000}(R)$
2. $\sigma_{a=50.000}(R)$
3. $\sigma_{a>50.000 \land a<50.010}(R)$
4. $\sigma_{a \neq 50.000}(R)$

Exercício 12.3 Para cada uma das seguintes consultas SQL, para cada relação envolvida, liste os atributos que devem ser examinados para calcular a resposta. Todas as consultas se referem às seguintes relações:

Func(*fid:* `integer`, *did:* `integer`, *sal:* `integer`, *hobby:* `char(20)`)
Dept(*did:* `integer`, *dnome:* `char(20)`, *floor:* `integer`, *orçamento:* `real`)

1. SELECT * FROM Func
2. SELECT * FROM Func, Dept
3. SELECT * FROM Func F, Dept D WHERE F.did = D.did
4. SELECT F.fid, D.dnome FROM Func F, Dept D WHERE F.did = D.did

Exercício 12.4 Considere o seguinte esquema com a relação Marinheiros:

Marinheiros(*id_marin:* `integer`, *nome-marin:* `string`, *avaliação:* `integer`, *idade:* `real`)

Para cada um dos seguintes índices, liste se o índice satisfaz às condições de seleção dadas. Se houver correspondência, liste os conjuntos primários.

1. Um índice de árvore B+ sobre a chave de pesquisa ⟨ Marinheiros.id-marin ⟩.
    (a) $\sigma_{Marinheiros.id\text{-}marin<50.000}(Marinheiros)$
    (b) $\sigma_{Marinheiros.id\text{-}marin=50.000}(Marinheiros)$
2. Um índice hash sobre a chave de pesquisa ⟨ Marinheiros.id-marin ⟩.
    (a) $\sigma_{Marinheiros.id\text{-}marin<50.000}(Marinheiros)$
    (b) $\sigma_{Marinheiros.id\text{-}marin=50.000}(Marinheiros)$
3. Um índice de árvore B+ sobre a chave de pesquisa ⟨ Marinheiros.id-marin, Marinheiros.idade ⟩
    (a) $\sigma_{Marinheiros.id\text{-}marin<50.000 \land Marinheiros.idade=21}(Marinheiros)$
    (b) $\sigma_{Marinheiros.id\text{-}marin=50.000 \land Marinheiros.idade>21}(Marinheiros)$
    (c) $\sigma_{Marinheiros.id\text{-}marin=50.000}(Marinheiros)$
    (d) $\sigma_{Marinheiros.idade=21}(Marinheiros)$
4. Um índice de árvore hash sobre a chave de pesquisa ⟨Marinheiros.id-marin, Marinheiros.idade⟩.
    (a) $\sigma_{Marinheiros.id\text{-}marin=50.000 \land Marinheiros.idade=21}(Marinheiros)$
    (b) $\sigma_{Marinheiros.id\text{-}marin=50.000 \land Marinheiros.idade>21}(Marinheiros)$
    (c) $\sigma_{Marinheiros.id\text{-}marin=50.000}(Marinheiros)$
    (d) $\sigma_{Marinheiros.idade=21}(Marinheiros)$

Exercício 12.5 Considere novamente o esquema com a relação Marinheiros:

Marinheiros(*id_marin* `integer`, *nome-marin:* `string`, *avaliação:* `integer`, *idade:* `real`)

Suponha que cada tupla de Marinheiros tenha comprimento de 50 bytes, que uma página possa armazenar 80 tuplas de Marinheiros e que tenhamos 500 páginas de tais tuplas. Para cada uma das seguintes condições de seleção, avalie o número de páginas recuperadas, dadas as informações de catálogo na questão.

1. Suponha que tenhamos um índice de árvore B+ T sobre a chave de pesquisa ⟨Marinheiros.id-marin⟩, e suponha que $IAltura(T) = 4$, $INPáginas(T) = 50$, $Menor(T) = 1$ e $Maior(T) = 100.000$.

   (a) $\sigma_{Marinheiros.id\text{-}marin<50.000}(Marinheiros)$

   (b) $\sigma_{Marinheiros.id\text{-}marin=50.000}(Marinheiros)$

2. Suponha que tenhamos um índice hash T sobre a chave de pesquisa ⟨Marinheiros.id-marin⟩, e suponha que $IAltura(T) = 2$, $INPáginas(T) = 50$, $Menor(T) = 1$ e $Maior(T) = 100.000$.

   (a) $\sigma_{Marinheiros.id\text{-}marin<50.000}(Marinheiros)$

   (b) $\sigma_{Marinheiros.id\text{-}marin=50.000}(Marinheiros)$

Exercício 12.6 Considere os dois métodos de junção descritos na Seção 12.3.3. Suponha que juntemos duas relações, R e S, e que o catálogo do sistema contenha estatísticas apropriadas sobre R e S. Escreva fórmulas para as estimativas de custos da junção de loops indexados de índices e junção sort-merge usando as variáveis apropriadas do catálogo do sistema na Seção 12.1. Para junções de loops aninhados indexados, considere tanto um índice de árvore B+ quanto um índice hash. (Para o índice hash, você pode supor que possa recuperar a página de índice contendo a rid da tupla correspondente com 1,2 E/S em média.)

Observação: Exercícios adicionais sobre o assunto abordado neste capítulo podem ser encontrados nos exercícios para os Capítulos 14 e 15.

NOTAS BIBLIOGRÁFICAS

Veja as notas bibliográficas dos Capítulos 14 e 15.

13
ORDENAÇÃO EXTERNA

- Por que a ordenação é importante em um SGBD?
- Por que a ordenação de dados em disco difere da ordenação de dados na memória?
- Como funciona o merge-sort externo?
- Como as técnicas como o bloqueio de E/S e E/S sobrepostas afetam o projeto de algoritmos de ordenação externa?
- Quando podemos usar uma árvore B+ para recuperar registros em ordem?
- **Conceitos-chave:** motivação, carregamento em massa, eliminação de duplicatas, junções sort-merge; merge-sort externo, séries ordenadas, séries intercaladas; ordenação de substituição, aumento do comprimento da série; custo de E/S versus número de E/Ss, E/S bloqueadas, buferização dupla, árvores B+ para ordenação, impacto de agrupamento.

A boa ordenação é a base de tudo.

—Edmund Burke

Neste capítulo analisamos uma operação amplamente usada e relativamente custosa, a ordenação de registros de acordo com uma chave de pesquisa. Começamos analisando os muitos usos da ordenação em um sistema de banco de dados na Seção 13.1. Introduzimos a idéia de ordenação externa analisando um algoritmo muito simples na Seção 13.2; usando repetidas passagens sobre os dados, até mesmo conjuntos de dados muito grandes podem ser ordenados com uma pequena quantidade de memória. Este algoritmo é generalizado para desenvolver um algoritmo de ordenação externa realista na Seção 13.3. Três refinamentos importantes são discutidos. O primeiro, discutido na Seção 13.3.1, nos permite reduzir o número de passagens. Os próximos dois refinamentos, cobertos na Seção 13.4, requerem que analisemos um modelo mais detalhado de custos de E/S do que o número de E/S nas páginas. A Seção 13.4.1 discute o efeito da E/S *bloqueada*, ou seja, a leitura e gravação de diversas páginas ao mesmo tempo; a Seção 13.4.2 analisa como usar uma técnica chamada de *buferização dupla* para mini-

> **Ordenando em SGBDRs Comerciais:** IBM DB2, Informix, Microsoft SQL Server, Oracle 8 e Sybase ASE usam merge-sort externo. O Sybase ASE usa uma partição de memória chamada *cache de procedimentos* para a ordenação. Esta é uma área da memória principal usada para compilação e execução assim como para "cachear" os planos para procedimentos armazenadas recentemente executados; ela não é parte do conjunto de buffers. IBM, Informix e Oracle também usam uma área separada da memória principal para executar a ordenação. Em comparação, Microsoft e Sybase IQ usam quadros de conjuntos de buffers para a ordenação. Nenhum desses sistemas usa otimização que produza execuções maiores do que a memória disponível, em parte porque é difícil implementá-las eficientemente na presença de registros de comprimento variável. Em todos os sistema, a E/S é assíncrona e usa pré-busca. Microsoft e Sybase ASE usam merge-sort como o algoritmo de ordenação na memória; IBM e Sybase IQ usam ordenação de raiz. Oracle usa ordenação por inserção para ordenar na memória.

mizar o tempo gasto esperando que uma operação de E/S seja terminada. A Seção 13.5 discute o uso de árvores B+ para ordenação.

Com exceção da Seção 13.4, consideramos apenas custos de E/S, dos quais nos aproximamos contando o número de páginas lidas ou gravadas, como o modelo de custo discutido no Capítulo 8. Nosso objetivo é usar um modelo de custos simples para expressar as principais idéias, em vez de fornecer uma análise detalhada.

13.1 QUANDO UM SGBD ORDENA DADOS?

Ordenar uma coleção de registros sobre uma chave (de pesquisa) é uma operação muito útil. A chave pode ser um único atributo ou uma lista ordenada de atributos, é claro. A ordenação é necessária em uma diversidade de situações, incluindo as seguintes situações importantes:

- Os usuários podem querer respostas em alguma ordem; por exemplo, por idade crescente (Seção 5.2).
- Ordenar registros é o primeiro passo no carregamento em massa de um índice de árvore (Seção 10.8.2).
- A ordenação é útil para eliminar cópias *duplicadas* em uma coleção de registros (Seção 14.3).

Um algoritmo amplamente usado para executar uma operação de álgebra relacional muito importante, chamada *junção*, requer um passo de ordenação (Seção 14.4.2).

Embora os tamanhos de memória principal estejam aumentando rapidamente, a onipresença de sistemas de bancos de dados tem levado a conjuntos de dados cada vez maiores também. Quando os dados a serem ordenados forem grandes demais para caber na memória principal disponível, precisamos de um algoritmo de *ordenação externa*. Tais algoritmos buscam minimizar o custo de acessos a disco.

13.2 MERGE-SORT DE DUAS VIAS SIMPLES

Começamos apresentando um algoritmo simples para ilustrar as idéias por trás da ordenação externa. Este algoritmo utiliza apenas três páginas de memória principal e é apresentado apenas para propósitos pedagógicos. Na prática, muito mais páginas de memória

Ordenação Externa

estão disponíveis e queremos que nosso algoritmo de ordenação use a memória adicional de forma eficiente; tal algoritmo é apresentado na Seção 13.3. Durante a ordenação de um arquivo, diversos sub-arquivos ordenados são geralmente gerados em passos intermediários. Neste capítulo, referimo-nos a cada sub-arquivo ordenado como uma **série**.

Mesmo se o arquivo inteiro não couber na memória principal disponível, podemos ordená-lo dividindo-o em sub-arquivos menores, ordenando esses sub-arquivos e então intercalando-os usando uma quantidade mínima de memória principal a qualquer momento. Na primeira passagem, as páginas no arquivo são lidas uma de cada vez. Após uma página ser lida, os registros nela são ordenados e a página ordenada (uma série ordenada de uma página) é gravada. *Quicksort* ou qualquer outra técnica de ordenação em memória pode ser usado para ordenar os registros de uma página. Em passagens subseqüentes, pares de séries da saída da passagem anterior são lidos e *sofrem intercalação* para produzir séries que tenham o dobro do comprimento. Este algoritmo é mostrado na Figura 13.1.

Se o número de páginas no arquivo de entrada é 2^k, para algum k, então:

A passagem 0 produz 2^k séries ordenadas de uma página cada,

A passagem 1 produz 2^{k-1} séries ordenadas de duas páginas cada,

A passagem 1 produz 2^{k-2} séries ordenadas de quatro páginas cada e assim por diante, até que a

Passagem k produza uma série ordenada de 2^k páginas.

Em cada passagem, lemos, processamos e gravamos cada página do arquivo. Portanto, temos duas E/Ss em disco por página, por passagem. O número de passagens é $\lceil log_2 N \rceil + 1$, onde N é o número de páginas no arquivo. O custo geral é $2N(\lceil log_2 N \rceil + 1)$ E/Ss.

O algoritmo é ilustrado em um exemplo de arquivo de entrada contendo sete páginas na Figura 13.2. A ordenação tem quatro passagens e, em cada uma, lemos e gravamos sete páginas, para um total de 56 E/S. Este resultado está de acordo com a análise precedente porque $2 \cdot 7(\lceil log_2 7 \rceil + 1]) = 56$. As páginas escuras na figura ilustram o que aconteceria em um arquivo de oito páginas; o número de passagens permanece em quatro ($\lceil log_2 8 \rceil + 1 = 4$), mas lemos e gravamos uma página adicional em cada passagem para um total de 64 E/Ss. (Tente exercitar o que aconteceria com um arquivo de, digamos, cinco páginas.)

    proc *ord_ ext 2vias* (arquivo)
    // *Dado um arquivo em disco, ordena-o usando três páginas de buffers*
    // Produza séries do tamanho de uma página: passagem 0
    Leia cada página para a memória, ordene e grave-a.
    // Execute a intercalação de séries para produzir séries maiores até que reste apenas
    // uma série (contendo todos os registros do arquivo de entrada)
    Enquanto o número de séries no final da passagem anterior for > 1:
        // passagem i = 1, 2, ...
        Enquanto existirem séries da passagem anterior para serem intercaladas:
            Escolha as próximas duas séries (da passagem anterior).
            Leia cada série para um buffer de entrada; uma página por vez.
            Execute a intercalação das séries e grave no buffer de saída;
            force o buffer de saída para o disco uma página por vez.
fimproc

Figura 13.1 Merge-sort por fusão de 2 vias.

Este algoritmo requer apenas três páginas de buffer na memória principal, como a Figura 13.3 ilustra. Esta observação traz uma questão importante: Mesmo se tivermos mais espaço em buffer disponível, este algoritmo simples não o utiliza efetivamente. O algoritmo de merge-sort externo que discutiremos a seguir aborda este problema.

13.3 MERGE-SORT EXTERNO

Suponha que B páginas de buffer estão disponíveis na memória e que precisemos ordenar um arquivo grande com N páginas. Como podemos melhorar o merge-sort de duas vias da seção anterior? A percepção por trás do algoritmo generalizado que apresentamos agora é conservar a estrutura básica de executar múltiplas passagens enquanto se tenta minimizar o número de passagens. Há duas modificações importantes no algoritmo de merge-sort de duas vias:

1. Na Passagem 0, leia B páginas de cada vez e ordene-as internamente para produzir $\lceil N/B \rceil$ séries de B páginas cada (exceto pela última série, que pode conter menos páginas). Esta modificação é ilustrada na Figura 13.4, usando o arquivo de entrada da Figura 13.2 e um conjunto de buffers com quatro páginas.

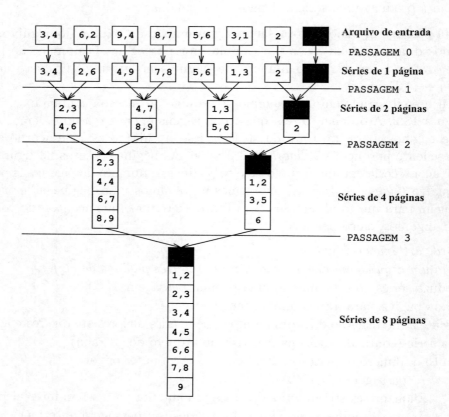

Figura 13.2 Merge-sort de duas vias de um arquivo de sete páginas.

Ordenação Externa

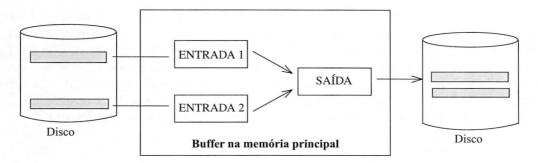

Figura 13.3 Merge-sort de duas vias com três páginas de buffer.

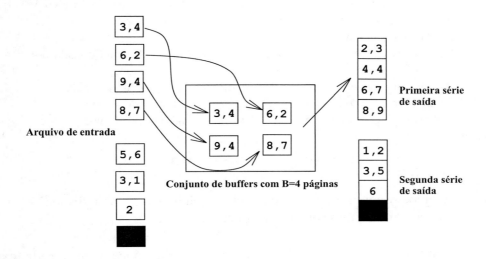

Figura 13.4 Merge-sort externo com B páginas de buffers: passagem 0.

2. Nas passagens $i = 1, 2, \ldots$ use $B - 1$ páginas de buffers para entrada e use a página restante para saída; assim, você executa uma intercalação de $(B - 1)$ vias em cada passagem. A utilização de páginas de buffers nas passagens de intercalação é ilustrada na Figura 13.5.

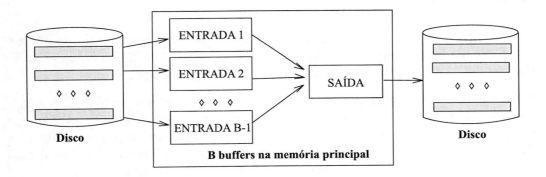

Figura 13.5 Merge-sort externo com B páginas de buffers: passagem $i > 0$.

O primeiro refinamento reduz o número de séries produzidas pela Passagem 1 para $N1 = \lceil N/B \rceil$, versus N para a intercalação de duas vias.[1] O segundo refinamento é ainda mais importante. Executando uma intercalação de $(B - 1)$ vias, o número de passagens é reduzido dramaticamente — incluindo a passagem inicial, ele se torna $\lceil log_{B-1} N1 \rceil + 1$ versus $\lceil log_2 N \rceil + 1$ para o algoritmo de intercalação de duas vias apresentado anteriormente. Devido a B geralmente ser bastante grande, a economia pode ser substancial. O algoritmo de merge sort externo é mostrado na Figura 13.6.

proc *ordext* (arquivo)
// *Dado um arquivo em disco, ordena-o usando três páginas de buffers*
// Produza séries do tamanho de B páginas: Passagem 0
Leia B páginas para a memória, ordene-as e grave uma série.
// Execute a intercalação de $B - 1$ séries de uma vez para produzir séries
// maiores até que reste apenas uma série (contendo todos os registros do arquivo de entrada)
Enquanto o número de série no final da passagem anterior for > 1:
    // Passagem $i = 1, 2, \ldots$
        Enquanto existirem séries da passagem anterior para sofrerem intercalações:
            Escolha as *próximas B - 1* séries (da passagem anterior).
            Leia cada série para um buffer de entrada; uma página por vez.
            Execute a intercalação das séries e grave no buffer de saída;
            grave o buffer de saída para o disco uma página de cada vez.
fimproc

Figura 13.6 Merge sort externo.

Como exemplo, suponha que tenhamos cinco páginas de buffer disponíveis e que queremos ordenar um arquivo com 108 páginas.

A Passagem 0 produz $\lceil 108/5 \rceil = 22$ séries ordenadas de cinco páginas cada, exceto pela última execução, que tem apenas três páginas.

A Passagem 1 executa uma intercalação de quatro vias para produzir $\lceil 22/4 \rceil = $ seis série ordenadas de 20 páginas cada, exceto pela última série, que tem comprimento de oito páginas apenas.

A Passagem 2 produz $\lceil 6/4 \rceil = $ duas série ordenadas; uma com 80 páginas e uma com 28 páginas.

A Passagem 3 intercala as duas série produzidas na Passagem 2 para produzir o arquivo ordenado.

Em cada passagem, lemos e gravamos 108 páginas; assim, o custo total é de 2*108*4 = 864 E/Ss. Aplicando nossa fórmula, temos $N1 = \lceil 108/5 \rceil = 22$ e o custo=$2 * N * (\lceil log_{B-1} N1 \rceil + 1) = 2 * 108 * (\lceil log_4 22 \rceil + 1) = 864$, conforme esperado.

Para enfatizar os potenciais ganhos obtidos no uso de todos os buffers disponíveis, na Figura 13.7 mostramos o número de passagens, computados usando nossa fórmula, para diversos valores de N e B. Para obter o custo, o número de passagens deve ser multiplicado por *2N*. Na prática, esperar-se-ia ter mais de 257 buffers, mas esta tabela ilustra a importância de um grande *fan-in* durante a intercalação.

---

[1] Observe que a técnica usada para ordenar dados em páginas de buffers é ortogonal à ordenação externa. Você poderia usar, digamos, o Quicksort para ordenar dados em páginas de buffers.

Ordenação Externa

N	B = 3	B = 5	B = 9	B = 17	B = 129	B = 257
100	7	4	3	2	1	1
1000	10	5	4	3	2	2
10.000	13	7	5	4	2	2
100.000	17	9	6	5	3	3
1.000.000	20	10	7	5	3	3
10.000.000	23	12	8	6	4	3
100.000.000	26	14	9	7	4	4
1.000.000.000	30	15	10	8	5	4

Figura 13.7 Número de passagens do merge sort externo.

É claro que o custo de CPU de uma intercalação multi-vias pode ser maior do que o da intercalação de duas vias mas, de modo geral, os custos de E/S tendem a predominar. Durante a realização de uma intercalação de $(B - 1)$ vias, temos de pegar repetidamente o registro "mais baixo" nas séries $B - 1$ sofrendo intercalação e gravá-lo no buffer de saída. Esta operação pode ser implementada simplesmente examinando-se o primeiro elemento (restante) em cada um dos $B - 1$ buffers de entrada. Na prática, para valores grandes de B, técnicas mais sofisticadas podem ser usadas, embora não sejam discutidas aqui. Além disso, como veremos em breve, há outras formas de se utilizar páginas de buffer para reduzir custos de E/S; essas técnicas envolvem a alocação de páginas adicionais para cada série de entrada (e saída), diminuindo consideravelmente o número de séries sofrendo intercalação em cada passagem em relação ao número B de páginas de buffers.

13.3.1 Minimizando o Número de Séries

Na Passagem 0 lemos B páginas por vez e as ordenamos internamente para produzir $\lceil N/B \rceil$ séries de B páginas cada (exceto a última série, que pode conter menos páginas). Com uma implementação mais agressiva, chamada **ordenação de substituição**, podemos gravar séries de aproximadamente $2 \cdot B$ ordenadas internamente, em média.

Esta melhora é obtida como se segue. Começamos lendo páginas do arquivo de tuplas a ser ordenado, digamos R, até que o buffer esteja cheio, reservando (digamos) uma página para uso como um buffer de entrada e uma página para uso como um buffer de saída. Referimo-nos às $B - 2$ páginas de R tuplas que não estão no buffer de entrada ou de saída como o *conjunto corrente*. Suponha que o arquivo será ordenado em ordem ascendente sobre alguma chave de pesquisa k. As tuplas são anexadas à saída em ordem ascendente pelo valor de k.

A idéia é pegar repetidamente a tupla no conjunto corrente com o menor valor de k que ainda é maior que o maior valor de k no buffer de saída e inseri-lo no buffer de saída. Para o buffer de saída permanecer ordenado, a tupla escolhida deve satisfazer à condição de que seu valor k seja maior ou igual ao maior valor de k correntemente no buffer de saída; de todas as tuplas no conjunto corrente que satisfaçam a esta condição, pegamos a com o menor valor de k e a inserimos no buffer de saída. Movendo esta tupla para o buffer de saída cria-se algum espaço no conjunto corrente, que usamos para adicionar a próxima entrada de tupla neste conjunto. (Supomos, por motivo de simplicidade, que todas as tuplas tenham o mesmo tamanho.) Este processo é ilustrado na Figura 13.8. A tupla no conjunto corrente que será anexada à próxima saída é destacada, como é a tupla de saída anexada mais recentemente.

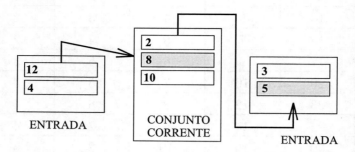

Figura 13.8 Gerando execuções maiores.

Quando todas as tuplas no buffer de entrada tiverem sido usadas desta maneira, a próxima página do arquivo é lida. É claro que o buffer de saída é gravado quando ele está cheio, estendendo assim a execução corrente (que é construída gradualmente no disco).

A questão importante é esta: Quando temos de terminar a série corrente e começar uma nova? Desde que alguma tupla t no conjunto corrente tenha um valor de k maior do que a tupla de saída mais recentemente anexada, podemos anexar t ao buffer de saída e a execução corrente pode ser estendida.[2] Na Figura 13.8, embora uma tupla ($k = 2$) no conjunto corrente tenha um valor de k menor do que a maior tupla de saída ($k = 5$), a série corrente pode ser estendida porque o conjunto corrente também possui uma tupla ($k = 8$) que é maior do que a maior tupla de saída.

Quando todas as tuplas do conjunto corrente forem menores que a maior tupla do buffer de saída, este é gravado e se torna a última página da série corrente. Começamos então uma nova série e continuamos o ciclo de gravação de tuplas do buffer de entrada para o conjunto corrente e para o buffer de saída. É sabido que este algoritmo produz execuções de tamanho $2 \cdot B$ páginas, em média.

Este refinamento não foi implementado em sistemas de bancos de dados comerciais porque gerenciar a memória principal disponível para ordenação se torna difícil com a ordenação de substituição, especialmente na presença de registros de comprimento variável. Trabalhos recentes sobre esta questão, entretanto, se mostram promissores e poderiam levar ao uso de ordenação de substituição em sistemas comerciais.

13.4 MINIMIZANDO O CUSTO DE E/S *VERSUS* O NÚMERO DE E/S

Até aqui usamos o número de E/S em página como uma métrica de custos. Esta métrica é apenas uma aproximação dos verdadeiros custos de E/S porque ela ignora o efeito da E/S *bloqueada* — executar uma única solicitação para ler (ou gravar) diversas páginas consecutivas pode ser muito menos custoso do que ler (ou gravar) o mesmo número de páginas através de solicitações independentes de E/S, conforme discutido no Capítulo 8. A diferença acaba tendo algumas consequências muito importantes para o nosso algoritmo de ordenação externa.

---

[2] Se B for grande, o custo de CPU para encontrar tal tupla t pode ser significativo, a menos que estruturas de dados apropriadas na memória sejam usadas para organizar as tuplas no conjunto de buffers. Não discutiremos esta questão além deste comentário.

Além disso, o tempo gasto para executar E/S é apenas parte do tempo gasto pelo algoritmo; devemos considerar os custos de CPU também. Até mesmo se o tempo gasto para executar cálculos de E/S for a maioria do tempo total, o tempo gasto para processar registros não é trivial e com certeza vale a pena ser reduzido. Em especial, podemos usar uma técnica chamada de *buferização dupla* para manter a CPU ocupada enquanto uma operação de E/S está ocorrendo.

Nesta seção, analisamos como o algoritmo de ordenação externa pode ser definido usando E/Ss bloqueadas e buferização dupla. A motivação para estas otimizações requer que olhemos além do número de E/S como uma métrica de custo. Estas otimizações também podem ser aplicadas a outras operações com muita E/S como as junções, que estudamos no Capítulo 14.

13.4.1 E/S Bloqueada

Se o número de E/Ss de páginas for usado como a métrica de custo, o objetivo é claramente minimizar o número de passagens no algoritmo de ordenação porque cada página neste arquivo é lida e gravada em cada passagem. Portanto faz sentido maximizar o *fan-in* durante a intercalação alocando apenas uma página de conjunto de buffers por série (a que sofrerá intercalação) e uma página de buffer para a saída da intercalação. Assim, podemos executar a intercalação de $B - 1$ séries, onde B é o número de páginas no conjunto de buffers. Se levarmos em consideração o efeito do acesso bloqueado, que reduz o custo médio para ler ou gravar *uma única página*, somos levados a considerar se poderia ser melhor ler e gravar em unidades de mais de uma página.

Suponha que tenhamos decidido ler e gravar em unidades, as quais chamamos de **blocos de buffer**, de b páginas. Devemos agora separar um bloco de buffer por execução de entrada e um bloco de buffer para a saída da intercalação, o que significa que podemos executar a intercalação de no máximo $\lfloor \frac{B-b}{b} \rfloor$ série em cada passo. Por exemplo, se tivermos 10 páginas de buffers, podemos executar a intercalação de nove séries de cada vez com blocos de buffer de saída e de entrada de uma página, ou então podemos realizar a intercalação de quatro séries de cada vez com blocos de buffer de saída e entrada de duas páginas. Se escolhermos blocos de buffer maiores, entretanto, o número de passagens aumenta, embora continuemos a ler e gravar cada página do arquivo em cada passagem! No exemplo, cada passagem da intercalação reduz o número de séries em um fator de 4, em vez de um fator de 9. Portanto, o número de E/Ss de páginas aumenta. Este é o preço que pagamos por diminuir o custo de E/S por página e é um balanceamento que devemos considerar quando projetamos um algoritmo de ordenação externa.

Na prática, entretanto, tamanhos de memória principal correntes são grandes o suficiente para que todos, exceto os maiores arquivos, possam ser ordenados em apenas duas passagens, mesmo usando E/S bloqueada. Suponha que tenhamos B páginas de buffer e decidamos usar um fator de bloqueio de b páginas. Ou seja, lemos e gravamos b páginas de cada vez e todos os nossos blocos de buffers de entrada e saída tenham o tamanho de b páginas. A primeira passagem produz em torno de $N2 = \lceil N/2B \rceil$ séries ordenadas, cada uma com comprimento de 2^B páginas, se usarmos a otimização descrita na Seção 13.3.1, e em torno de $N1 = \lceil N/B \rceil$ séries ordenadas, cada uma do comprimento de B páginas, em caso contrário. Para o propósito desta seção, supomos que a otimização é usada.

Em passagens subseqüentes, podemos executar a intercalação de $F = \lfloor B/b \rfloor - 1$ séries por vez. O número de passagens é portanto $1 + \lceil log_F N2 \rceil$ e em cada passagem lemos e gravamos todas as páginas no arquivo. A Figura 13.9 mostra o número de passagens necessárias para ordenar arquivos de diversos tamanhos de N, dadas B

páginas de buffer, usando um fator de boqueio b de 32 páginas. É bastante razoável esperar que 5000 páginas estejam disponíveis para propósitos de ordenação; com páginas de 4KB, 5000 páginas é apenas 20MB. (Com 50.000 páginas de buffer, podemos executar intercalações de 1561 vias; com 10.000 páginas de buffer, podemos executar intercalações de 311 vias; com 5000 páginas de buffer, podemos executar intercalações de 155 vias; e com 1000 páginas de buffer, podemos executar intercalações de 30 vias.)

N	$B = 1000$	$B = 5000$	$B = 10.000$	$B = 50.000$
100	1	1	1	1
1000	1	1	1	1
10.000	2	2	1	1
100.000	3	2	2	2
1.000.000	3	2	2	2
10.000.000	4	3	3	2
100.000.000	5	3	3	2
1.000.000.000	5	4	3	3

Figura 13.9 Número de passagens do merge-sort externo com tamanho de bloco $b=32$.

Para calcular o custo de E/S, precisamos calcular o número de blocos de 32 páginas lidos ou gravados e multiplicar esse número pelo custo de executar uma E/S de bloco de 32 páginas. Para encontrar o número de E/S de bloco, podemos achar o número total de E/S de páginas (o número de passagens multiplicado pelo número de páginas no arquivo) e dividir pelo tamanho do bloco, 32. O custo de uma E/S de bloco de 32 páginas é o tempo de busca e atraso rotacional para a primeira página mais o tempo de transferência de todas as 32 páginas, conforme discutido no Capítulo 8. O leitor é convidado a calcular o custo total de E/S da ordenação de arquivos dos tamanhos mencionados na Figura 13.9 com 5000 páginas de buffer para diferentes tamanhos de bloco (digamos, $b = 1$, 32 e 64) para ter uma idéia dos benefícios do uso de E/S bloqueada.

13.4.2 Buferização Dupla

Analise o que acontece no algoritmo de ordenação externa quando todas as tuplas de um bloco de entrada tiverem sido usadas: uma solicitação de E/S é executada para o próximo bloco de tuplas na execução de entrada correspondente e a execução é forçada a ser suspensa até que a E/S tenha terminado. Ou seja, durante o tempo gasto para ler um bloco, a CPU permanece ociosa (supondo que nenhuma outra tarefa esteja sendo executada). O tempo geral gasto por um algoritmo pode ser aumentado consideravelmente porque a CPU é repetidamente forçada a esperar por uma operação de E/S completa. Este efeito se torna cada vez mais e mais importante quando as velocidades de CPU aumentam relativamente às velocidades de E/S, o que é uma tendência que existe há muito tempo em velocidades relativas. É, portanto, desejável manter a CPU ocupada enquanto uma solicitação de E/S está sendo executada; ou seja, sobrepor o processamento de E/S e CPU. O hardware atual suporta este tipo de computação sobreposta e, portanto, é desejável projetar algoritmos para aproveitar tal capacidade.

Ordenação Externa

No contexto da ordenação externa, podemos obter esta sobreposição alocando páginas extras para cada buffer de entrada. Suponha que um tamanho de bloco de $b = 32$ seja escolhido. A idéia é alocar um bloco adicional de 32 páginas para cada buffer de entrada (e de saída). Agora, quando todas as tuplas em um bloco de 32 páginas tiverem sido usadas, a CPU pode processar as próximas 32 páginas da série alternando para o segundo bloco, "duplo", para esta série. Enquanto isso, uma solicitação de E/S é executada para preencher o bloco vazio. Assim, supondo que o tempo para usar um bloco seja maior do que o tempo para ler um bloco, a CPU nunca fica ociosa! Por outro lado, o número de páginas alocadas para um buffer é dobrado (para um determinado tamanho de bloco, o que significa que o custo total de E/S permanece o mesmo). Esta técnica, chamada **buferização dupla**, pode reduzir consideravelmente o tempo total gasto para ordenar um arquivo. O uso de páginas de buffer é ilustrado na Figura 13.10.

Observe que, embora a buferização dupla possa reduzir consideravelmente o tempo de resposta para uma determinada consulta, ela pode não ter um impacto significativo sobre o *throughput*, porque a CPU pode ser mantida ocupada trabalhando em outras consultas enquanto espera que uma operação de E/S de uma consulta seja terminada.

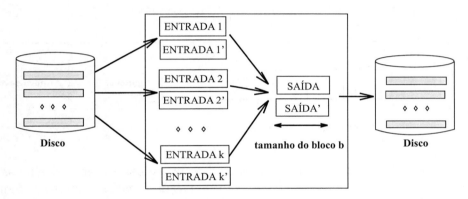

Figura 13.10 Buferização dupla.

13.5 USANDO ÁRVORES B+ PARA ORDENAÇÃO

Suponha que tenhamos um índice de árvore B+ sobre a chave (de pesquisa) a ser usada para ordenar um arquivo de registros. Em vez de usar um algoritmo de ordenação externa, poderíamos atravessar o índice de árvore B+ para recuperar os registros na ordem da chave de pesquisa atravessando o conjunto de seqüência (por exemplo, a seqüência das páginas folhas). Dependendo da natureza do índice, esta pode ou não ser boa estratégia.

13.5.1 Índice Agrupado

Se o índice de árvore B+ é agrupado, então a travessia do conjunto de seqüência é muito eficiente. A ordem da chave de pesquisa corresponde à ordem na qual os registros de dados estão armazenados e, para cada página de registros de dados recuperados, podemos ler todos os registros em seqüência. Esta correspondência entre a ordenação da chave de pesquisa e a ordenação de registros de dados é ilustrada na Figura 13.11, com a suposição de que as entradas de dados são pares $\langle chave, rid \rangle$ (ou seja, a Alternativa (2) é usada para entradas de dados).

O custo de usar o índice de árvore B+ agrupado para recuperar registros de dados na ordem da chave de pesquisa é o custo de atravessar a árvore da raiz até a folha mais à esquerda (que geralmente é menos que quatro E/Ss) mais o custo de recuperar as páginas do conjunto de seqüência, mais o custo de recuperar as (digamos, N) páginas contendo os registros de dados. Observe que nenhuma página de dados é recuperada duas vezes, graças ao fato da ordenação de entradas de dados ser a mesma da ordenação dos registros de dados. O número de páginas no conjunto de seqüência provavelmente é muito menor do que o número de página de dados, porque as entradas de dados provavelmente são menores do que os registros de dados típicos. Assim, a estratégia de usar um índice de árvore B+ agrupado para recuperar os registros ordenadamente é boa e deve ser usada sempre que tal índice estiver disponível.

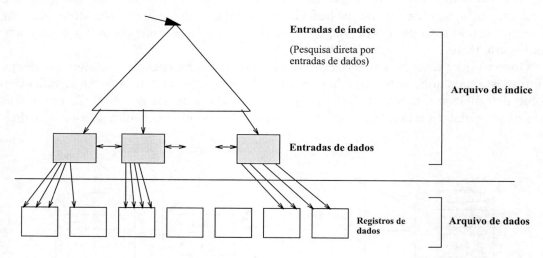

Figura 13.11 Árvore B+ agrupada para ordenação.

E se a Alternativa (1) é usada para entradas de dados? Então, as páginas folha conteriam os registros de dados reais e recuperariam as páginas no conjunto de seqüência (um total de N páginas) seria o único custo. (Observe que a utilização de espaço é em torno de 67% em uma árvore B+; o número de páginas folha é maior do que o número de páginas necessárias para armazenar os registros de dados em um arquivo ordenado, onde, a princípio, 100% de utilização de espaço pode ser obtida.) Neste caso, a escolha da árvore B+ para ordenação é excelente!

13.5.2 Índice Não Agrupado

E se o índice de árvore B+ sobre a chave a ser usada para ordenação não for agrupado? Veja a ilustração na Figura 13.12, com a suposição de que entradas de dados são $\langle chave, rid \rangle$.

Neste caso, cada rid em uma página folha poderia apontar para uma página de dados diferente. Se isso acontecesse, o custo (em E/Ss em disco) de recuperar todos os dados poderia igualar o número de registros de dados. Ou seja, o custo do pior caso é igual ao número de registros de dados, porque trazer cada registro poderia requerer uma E/S em disco. Este custo é adicionado ao custo de recuperação de páginas folha da árvore B+ para obter as entradas de dados (que apontam para os registros de dados).

Se p for o número médio de registros por página de dados e houver N páginas de dados, o número de registros de dados é $p \cdot N$. Se f for a proporção do tamanho de uma entrada de dados com relação ao tamanho de um registro de dados, podemos fazer uma aproximação do número de páginas folha na árvore por $f \cdot N$. O custo total da recuperação de registros ordenados usando uma árvore B+ não agrupada é portanto

Ordenação Externa

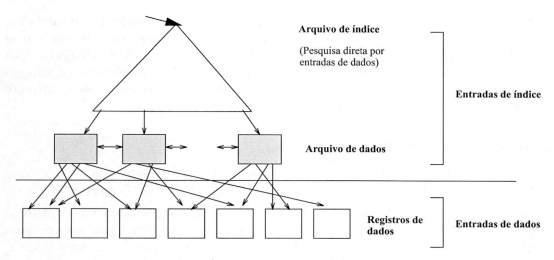

Figura 13.12 Árvore B+ não agrupada para ordenação.

$(f + p) \cdot N$. Já que f geralmente é 0,1 ou menos e p é normalmente muito maior que 10, $p \cdot N$ é uma boa aproximação. Na prática, o custo pode ser um pouco menor porque alguns rids em uma página folha levam à mesma página de dados e, além disso, algumas páginas são encontradas no conjunto de buffers, evitando assim uma E/S. Apesar disso, a utilidade de um índice de árvore B+ não agrupado para a recuperação ordenada depende muito da extensão na qual a ordem das entradas de dados corresponde e — esta é uma questão apenas de sorte — da ordenação física dos registros de dados.

Ilustramos o custo da ordenação de um arquivo usando ordenação externa e índices de árvores B+ não agrupados na Figura 13.13. Os custos mostrados para o índice não agrupado são números para o pior caso, com base na fórmula aproximada $p \cdot N$. Para comparação, observe que o custo de um índice agrupado é aproximadamente igual a N, o número de páginas de registros de dados.

N	Ordenando	$p = 1$	$p = 10$	$p = 100$
100	200	100	1000	10.000
1000	2000	1000	10.000	100.000
10.000	40.000	10.000	100.000	1.000.000
100.000	600.000	100.000	1.000.000	10.000.000
1.000.000	8.000.000	1.000.000	10.000.000	100.000.000

Figura 13.13 Custo da ordenação externa ($B = 1000$, $b = 32$) versus índice não agrupado.

Tenha em mente que p provavelmente é mais próximo de 100 e B provavelmente é maior que 1000, na prática. A proporção do custo da ordenação versus o custo de usar um índice não agrupado provavelmente é até menor que a indicada pela Figura 13.13 porque a E/S para ordenação ocorre em blocos de buffer de 32 páginas, enquanto a E/S para os índices não agrupados é uma página de cada vez. O valor de p é determinado pelo tamanho da página e o tamanho de um registro de dados; para p ser 10, com páginas de 4KB, o tamanho médio do registro de dados deve ser em torno de 400 bytes. Na prática, p provavelmente é maior que 10.

Para tamanhos ainda mais modestos de arquivos, portanto, a ordenação usando um índice não agrupado é claramente inferior à ordenação externa. De fato, mesmo se queiramos recuperar apenas aproximadamente 10-20% dos registros de dados, por exemplo, em resposta a uma consulta por intervalo como "Encontre todos os marinheiros cuja avaliação seja maior que 7", ordenar o arquivo pode provar ser mais eficiente do que usar um índice não agrupado.

13.6 QUESTÕES DE REVISÃO

As respostas das questões podem ser encontradas nas seções indicadas.

- Quais operações de bancos de dados utilizam ordenação? **(Seção 13.1)**
- Descreva como o algoritmo de *merge sort de duas vias* pode ordenar um arquivo de comprimento arbitrário usando apenas três páginas na memória principal em qualquer momento. Explique o que são séries e como elas são criadas e sofrem intercalação. Discuta o custo do algoritmo em termos do número de *passagens* e o custo de E/S por passagem. **(Seção 13.2)**
- Como o algoritmo geral de *merge sort externo* melhora a merge sort de duas vias? Discuta o comprimento de séries iniciais e como a memória é utilizada em passagens de intercalação subseqüentes. Discuta o custo do algoritmo em termos do número de passagens e o custo de E/S por passagem. **(Seção 13.3)**
- Discuta o uso da *ordenação de substituição* para aumentar o comprimento das séries iniciais e assim reduzir o número de séries a sofrerem intercalação. Como isso afeta o custo da ordenação externa? **(Seção 13.3.1)**
- O que é *E/S bloqueada*? Por que é menos custoso ler uma seqüência de páginas usando E/S bloqueada do que lê-las através de diversas solicitações independentes? Como o uso do bloqueio afeta o algoritmo de ordenação externa e como ele muda a fórmula do custo? **(Seção 13.4.1)**
- O que é *buferização dupla*? Qual é a motivação para seu uso? **(Seção 13.4.2)**
- Se você quiser ordenar um arquivo e houver uma árvore B+ com a mesma chave de pesquisa, temos a opção de recuperar registros em ordem através do índice. Compare os custos desta abordagem com a recuperação de registros aleatoriamente e depois ordenando-os. Considere tanto árvores B+ agrupadas como não agrupadas. Quais conclusões você pode tirar desta comparação? **(Seção 13.5)**

EXERCÍCIOS

Exercício 13.1 Suponha que você tenha um arquivo com 10.000 páginas e três páginas de buffer. Responda às seguintes questões para cada um desses cenários, supondo que nosso algoritmo de ordenação externa mais geral é usado:

(a) Um arquivo com 10.000 páginas e três páginas de buffer disponíveis.
(b) Um arquivo com 20.000 páginas e cinco páginas de buffer disponíveis.
(c) Um arquivo com 2.000.000 páginas e 17 páginas de buffer disponíveis.

1. Quantas séries você produzirá na primeira passagem?
2. Quantas passagens serão necessárias para ordenar o arquivo completamente?
3. Qual o custo de E/S total para ordenar o arquivo?
4. Quantas páginas de buffer você precisa para ordenar o arquivo completamente em apenas duas passagens?

Ordenação Externa

Exercício 13.2 Responda o Exercício 13.1 supondo que um merge sort de duas vias seja usado.

Exercício 13.3 Suponha que você tenha acabado de inserir diversos registros em um arquivo heap e agora queira ordenar esses registros. Suponha que o SGBD use ordenação externa e que faça uso eficiente do espaço em buffers disponível quando ordena um arquivo. Aqui estão algumas informações potencialmente úteis sobre o arquivo recém carregado e o software SGBD disponível para operar sobre ele:

O número de registros no arquivo é 4.500. A chave de ordenação para o arquivo tem comprimento de 4 bytes.

Você pode supor que os rids tenham comprimento de 8 bytes e os ids de páginas tenham comprimento de 4 bytes. Cada registro tem um comprimento total de 48 bytes. O tamanho da página é de 521 bytes. Cada página possui 12 bytes de informações de controle. Quatro páginas de buffer estão disponíveis.

1. Quantos sub-arquivos ordenados haverá após a passagem inicial da ordenação e que comprimento cada sub-arquivo terá?
2. Quantas passagens (incluindo a passagem inicial recém considerada) são necessárias para ordenar este arquivo?
3. Qual é o custo de E/S total para ordenar este arquivo?
4. Qual é o maior arquivo, em termos de número de registros, que você pode ordenar com apenas quatro páginas de buffers em duas passagens? Como a sua resposta mudaria se você tivesse 257 páginas de buffer?
5. Suponha que você tenha um índice de árvore B+ com a chave de pesquisa sendo a mesma da chave de ordenação desejada. Encontre o custo de usar o índice para recuperar os registros ordenados para cada um dos seguintes casos:

- O índice usa a Alternativa (1) para entradas de dados.
- O índice usa a Alternativa (2) e não é agrupado. (Você pode calcular o custo do pior caso neste caso.)

Como os custos de usar o índice mudariam se o arquivo fosse o maior que você pode ordenar em duas passagens de ordenação externa com 257 páginas de buffer? Dê sua resposta tanto para índices agrupados quanto para não agrupados.

Exercício 13.4 Considere um disco com um tempo médio de busca de 10 ms, atraso rotacional médio de 5 ms e um tempo de transferência de 1 ms para uma página de 4K. Suponha que o custo de leitura/gravação de uma página seja a soma desses valores (ou seja, 16 ms), a menos que uma *seqüência* de páginas seja lida/gravada. Neste caso, o custo é o tempo médio de busca mais o atraso rotacional (para encontrar a primeira página na seqüência) mas 1 ms por página (para transferência de dados). Você recebe 320 páginas de buffers e é solicitado a ordenar um arquivo com 10.000.000 páginas.

1. Por que é uma má idéia usar as 320 páginas para suportar memória virtual, ou seja, para "novos" 10.000.000 · 4K bytes de memória e para usar um algoritmo de ordenação em memória como o Quicksort?
2. Suponha que você comece criando séries ordenadas de 320 páginas cada na primeira passagem. Avalie o custo das seguintes abordagens para as subseqüentes passagens de ordenação:
   (a) Executar intercalações de 319 vias.
   (b) Criar 256 buffers de "entrada" de 1 página cada, criar um buffer de "saída" de 64 páginas e executar intercalações de 256 vias.
   (c) Criar 16 buffers de "entrada" de 16 páginas cada, criar um buffer de "saída" de 64 páginas e executar intercalações de 16 vias.
   (d) Criar oito buffers de "entrada" de 32 páginas cada, criar um buffer de "saída" de 64 páginas e executar intercalações de oito vias.
   (e) Criar quatro buffers de "entrada" de 64 páginas cada, criar um buffer de "saída" de 64 páginas e executar intercalações de quatro vias.

Exercício 13.5 Considere o refinamento do algoritmo de ordenação externa que produz séries de comprimento $2B$ em média, onde B é o número de páginas de buffer. Este refinamento foi descrito na Seção 11.2.1 sob a suposição de que todos os registros sejam do mesmo tamanho. Explique por que esta suposição é necessária e estenda a resposta para incluir o caso de registros de comprimento variável.

EXERCÍCIOS BASEADOS EM PROJETO

Exercício 13.6 (*Observação para instrutores: se este exercício for designado detalhes adicionais devem ser fornecidos; veja o Apêndice 30.*) Implemente ordenação externa no Minibase.

NOTAS BIBLIOGRÁFICAS

O texto de Knuth [442] é a referência clássica para algoritmos de ordenação. O gerenciamento de memória para ordenação de substituição é discutido em [471]. Uma quantidade de artigos discute algoritmos de ordenação externa, incluindo [66, 71, 223, 494, 566, 647].

14
AVALIANDO OPERADORES RELACIONAIS

- Quais são os algoritmos alternativos para seleção? Quais alternativas são melhores sob diferentes condições? Como as condições de seleção complexas são tratadas?
- Como podemos eliminar duplicatas na projeção? Como as estratégias de ordenação e hashing se comparam?
- Quais são os algoritmos de avaliação de junção alternativos? Quais alternativas são melhores sob diferentes condições?
- Como as operações de conjunto (união, intersecção, diferença de conjuntos, produto cartesiano) são implementadas?
- Como as operações agregadas e o agrupamento são tratados?
- Como o tamanho do pool de buffers e a política de substituição de buffer afetam os algoritmos de avaliação de operadores relacionais?
- **Conceitos-chave:** seleções, FNC; projeções, ordenação *versus* hashing; junções, loops aninhados de bloco, loops aninhados indexados, sort-merge, hashing; união, diferença de conjuntos, eliminação de duplicatas; operações agregadas, informações correntes, particionamento em grupos, uso de índices; gerenciamento de buffer, execução concorrente, padrões de acesso repetido.

> Agora, *aqui*, bem, é necessário que você corra o máximo que puder para ficar no mesmo lugar. Se você quiser ir para alguma outra parte, deve correr pelo menos duas vezes mais rápido do que isso!
>
> — Lewis Carrol, *Através do espelho*

Neste capítulo, consideramos a implementação de operadores relacionais individuais com detalhes suficientes para entendermos como os SGBDs são implementados. A discussão baseia-se nos fundamentos expostos no Capítulo 12. Apresentaremos alternativas de implementação para o operador de seleção, nas seções 14.1 e 14.2. É instrutivo ver a variedade de alternativas e a grande variação no desempenho dessas alternativas, mesmo para um operador simples assim. Na Seção 14.3, consideramos o outro operador unário da álgebra relacional, a projeção.

Em seguida, discutiremos a implementação de operadores binários, começando com as junções, na Seção 14.4. As junções estão entre os operadores mais dispendiosos em um sistema de banco de dados relacional, e sua implementação tem um impacto enorme sobre o desempenho. Após discutirmos o operador de junção, consideraremos a implementação dos operadores binários produto cartesiano, intersecção, união e diferença de conjunto na Seção 14.5. Na Seção 14.6, discutiremos a implementação dos operadores de agrupamento e agregação, que são extensões da álgebra relacional. Concluiremos com uma discussão sobre como o gerenciamento de buffers afeta os custos da avaliação de operador, na Seção 14.7.

A discussão de cada operador é bastante independente da discussão de outros operadores. Várias técnicas de implementação alternativas serão apresentadas para cada operador; o leitor que quiser estudar este material com menos profundidade pode pular algumas dessas alternativas sem perda de continuidade.

Preliminares: Exemplos e Cálculos de Custo

Apresentamos vários exemplos de consulta usando o mesmo esquema do Capítulo 12:

Marinheiros(*id-marin:* integer, *nome-marin:* string, *avaliação:* integer, *idade:* real)
Reservas(*id-marin*: integer, *id-barco*: integer, *dia:* date, *nome-resp:* string)

Esse esquema é uma variante daquele que usamos no Capítulo 5; acrescentamos um campo de string *nome-resp* em Reservas. Intuitivamente, esse campo é o nome da pessoa que fez a reserva (e pode ser diferente do nome do *id-marin* do marinheiro para quem a reserva foi feita; uma reserva pode ser feita por uma pessoa que não é um marinheiro, em nome de um marinheiro). A inclusão desse campo nos proporciona mais flexibilidade na escolha de exemplos ilustrativos. Supomos que cada tupla de Reservas tenha 40 bytes de comprimento, que uma página possa conter 100 tuplas de Reservas e que tenhamos 1.000 páginas de tais tuplas. Analogamente, supomos que cada tupla de Marinheiros tenha 50 bytes de comprimento, que uma página possa conter 80 tuplas de Marinheiros e que tenhamos 500 páginas de tais tuplas.

Dois pontos devem ser lembrados para entender nossa discussão sobre custos:

- Conforme discutido no Capítulo 8, consideramos apenas os custos de E/S e medimos o custo da E/S em termos do número de E/Ss de página. Também usamos a notação do O maiúsculo para expressar a complexidade de um algoritmo em termos de um parâmetro de entrada e supomos que o leitor esteja familiarizado com essa notação. Por exemplo, o custo de uma varredura de arquivo é de $O(M)$, onde M é o tamanho do arquivo.

- Discutimos vários algoritmos alternativos para cada operação. Como cada alternativa acarreta o mesmo custo na gravação do resultado, se for necessário ignoraremos uniformemente esse custo na comparação das alternativas.

14.1 A OPERAÇÃO DE SELEÇÃO

Nesta seção, descreveremos vários algoritmos para avaliar o operador de seleção. Para motivar a discussão, considere a consulta de seleção mostrada na Figura 14.1, que tem a condição de seleção *nome-resp='Joe'*.

Avaliando Operadores Relacionais

```
SELECT    *
FROM      Reservas R
WHERE     R.nome-resp='Joe'
```
Figura 14.1 Consulta de seleção simples.

Podemos avaliar essa consulta percorrendo a seleção inteira, verificando a condição em cada tupla e adicionando a tupla ao resultado, caso a condição seja satisfeita. O custo dessa estratégia é de 1.000 E/Ss, pois Reservas contém 1.000 páginas. Se apenas algumas tuplas têm *nome-resp='Joe'*, essa estratégia é dispendiosa, pois não utiliza a seleção de nenhuma maneira para reduzir o número de tuplas recuperadas. Como podemos melhorar essa estratégia? O segredo é utilizar informações da condição de seleção e usar um índice, caso esteja disponível um índice conveniente. Por exemplo, um índice de árvore B+ em *nome-resp* poderia ser usado para responder a essa consulta de forma consideravelmente rápida, mas um índice em *id-barco* não seria útil.

No restante desta seção, consideraremos várias situações com relação à organização de arquivo usada para a relação e à disponibilidade de índices, e discutiremos algoritmos apropriados para a operação de seleção. Discutiremos apenas operações de seleção simples, da forma $\sigma_{R.atr} \text{ op}_{valor}(R)$, até a Seção 14.2, onde consideraremos as seleções em geral. Em termos das técnicas gerais listadas na Seção 12.2, os algoritmos para seleção usam iteração ou indexação.

14.1.1 Nenhum Índice, Dados Não Ordenados

Dada uma seleção da forma $\sigma_{R.atr} \text{ op }_{valor}(R)$, se não houver nenhum índice em $R.atr$ e R não estiver ordenada em $R.atr$, precisamos percorrer a relação inteira. Portanto, o caminho de acesso mais seletivo é uma varredura de arquivo. Para cada tupla, devemos testar a condição $R.atr$ **op** *valor* e adicionar a tupla ao resultado, caso a condição seja satisfeita.

14.1.2 Nenhum Índice, Dados Ordenados

Dada uma seleção da forma $\sigma_{R.atr} \text{ op}_{valor}(R)$, se não houver nenhum índice em $R.atr$, mas R for ordenada fisicamente em $R.atr$, podemos utilizar a ordem de classificação fazendo uma pesquisa binária para localizar a primeira tupla que satisfaça a condição de seleção. Além disso, podemos então recuperar todas as tuplas que satisfazem a condição de seleção, iniciando nessa posição e percorrendo R até que a condição de seleção não seja mais satisfeita. Nesse caso, o método de acesso é uma varredura de arquivo ordenado, com a condição de seleção $\sigma_{R.atr} \text{ op}_{valor}(R)$.

Por exemplo, suponha que a condição de seleção seja $R.atr1 > 5$ e que R seja ordenada em *atr1*, em ordem ascendente. Após uma pesquisa binária para localizar a posição em R correspondente a 5, simplesmente percorremos todos os registros restantes.

O custo da pesquisa binária é de $O(log_2 M)$. Além disso, temos o custo da varredura para recuperar as tuplas qualificadas. O custo da varredura depende do número de tais tuplas e pode variar de zero a M. Em nossa seleção em Reservas (Figura 14.1), o custo da pesquisa binária é de $log_2 1000 \approx 10$ E/Ss.

Na prática, é improvável que uma relação se mantenha ordenada se o SGBD suportar a Alternativa (1) para entradas de dados de índice; isto é, permitir que registros de dados sejam ordenados como entradas de dados de índice. Se a ordenação de registros de dados é importante, uma maneira melhor de mantê-la é por meio de um índice de árvore B+ que utilize a Alternativa (1).

14.1.3 Índice de Árvore B+

Se um índice de árvore B+ agrupado estiver disponível para $R.atr$, a melhor estratégia para condições de seleção $\sigma_{R.atr\ \mathbf{op}\ valor}(R)$, onde **op** não é a igualdade, será usar o índice. Essa estratégia também é um bom caminho de acesso para seleções de igualdade, embora um índice de hashing em $R.atr$ fosse um pouco melhor. Se o índice de árvore B+ não é agrupado, o custo do uso do índice depende do número de tuplas que satisfaz a seleção, conforme discutido posteriormente.

Podemos usar o índice como se segue: pesquisamos a árvore para encontrar a primeira entrada de índice que aponta para uma tupla qualificada de R. Então, percorremos as páginas de folha do índice para recuperar todas as entradas nas quais o valor da chave satisfaça a condição de seleção. Para cada uma dessas entradas, recuperamos a tupla correspondente de R. (Para tornar esta discussão completa, supomos que as entradas de dados usem as Alternativas (2) ou (3); se a Alternativa (1) for usada, a entrada de dados contém a tupla real e não há nenhum custo adicional — além do custo de recuperar entradas de dados — para recuperação de tuplas.)

O custo da identificação da página de folha inicial para a varredura normalmente é de duas ou três E/Ss. O custo da varredura da página em nível de folha para qualificar entradas de dados depende do número de tais entradas. O custo da recuperação de tuplas qualificadas de R depende de dois fatores:

- Do número de tuplas qualificadas.
- De o índice ser agrupado ou não. (Índices de árvore B+ agrupados e não agrupados estão ilustrados nas Figuras 13.11 e 13.12. As figuras devem dar ao leitor uma idéia do impacto do agrupamento, independentemente do tipo de índice envolvido.)

Se o índice é agrupado, o custo da recuperação de tuplas qualificadas provavelmente é de apenas uma E/S de página (pois é provável que todas as tuplas estejam contidas em uma única página). Se o índice não é agrupado, cada entrada de índice poderá apontar para uma tupla qualificada em uma página diferente, e o custo da recuperação de tuplas qualificadas, de uma maneira simples e direta, poderia ser de uma E/S de página por tupla qualificada (a menos que tenhamos sorte no uso do buffer). Podemos reduzir significativamente o número de E/Ss para recuperar tuplas qualificadas de R, primeiro ordenando os *rids* (nas entradas de dados do índice) pelos seus componentes *id-página*. Essa ordenação garante que, quando trouxermos uma página de R, todas as tuplas qualificadas nessa página serão recuperadas, uma após a outra. O custo da recuperação de tuplas qualificadas agora é o número de páginas de R que contêm tuplas qualificadas.

Considere uma seleção da forma *nome-resp* < *'C%'* na relação Reservas. Supondo que os nomes estejam uniformemente distribuídos com relação à letra inicial, por simplicidade, estimamos que aproximadamente 10% das tuplas de Reservas estejam no resultado. Isso dá um total de 10.000 tuplas ou 100 páginas. Se tivermos um índice de árvore B+ agrupado no campo *nome-resp* de Reservas, poderemos recuperar as tuplas qualificadas com 100 E/Ss (mais algumas E/Ss para ir da raiz até a página de folha apropriada para iniciar a varredura). Entretanto, se o índice não for agrupado, poderemos ter até 10.000 E/Ss, no pior caso, pois cada tupla poderia nos fazer ler uma página. Se ordenarmos os *rids* das tuplas de Reservas pelo número da página e depois recuperarmos as páginas de Reservas, evitaremos a recuperação da mesma página múltiplas vezes; contudo, as tuplas a serem recuperadas provavelmente estariam espalhadas em muito mais do que 100 páginas. Portanto, o uso de um índice não agrupado para uma seleção de intervalo poderia ser dispendioso; poderia ser mais barato simplesmente percorrer a seleção inteira (que é de 1.000 páginas, em nosso exemplo).

14.1.4 Índice de Hashing, Seleção de Igualdade

Se um índice de hashing estiver disponível em $R.atr$ e **op** for uma igualdade, a melhor maneira de implementar a seleção $\sigma_{R.atr}$ **op**$_{valor}(R)$ obviamente será usar o índice para recuperar as tuplas qualificadas.

O custo inclui algumas E/Ss (normalmente, uma ou duas) para recuperar a página de buckets apropriada no índice, mais o custo da recuperação de tuplas qualificadas de R. O custo da recuperação de tuplas qualificadas de R depende do número de tais tuplas e de o índice ser agrupado ou não. Como **op** é a igualdade, há exatamente uma tupla qualificada se $R.atr$ for uma chave (candidata) para a relação. Caso contrário, poderíamos ter várias tuplas com o mesmo valor nesse atributo.

Considere a seleção da Figura 14.1. Suponha que exista um índice de hashing não agrupado no atributo *nome-resp*, que tenhamos 10 páginas de buffer e que foram feitas 100 reservas por pessoas chamadas Joe. O custo da recuperação da página de índice que contém os *rids* dessas reservas é de uma ou duas E/Ss. O custo da recuperação das 100 tuplas de Reservas pode variar entre 1 e 100, dependendo de como esses registros estão distribuídos pelas páginas de Reservas e da ordem na qual recuperamos esses registros. Se esses 100 registros estão contidos em, digamos, umas cinco páginas de Reservas, temos apenas cinco E/Ss adicionais, se ordenarmos os *rids* pelos seus componentes de página. Caso contrário, é possível trazermos uma dessas cinco páginas e, depois, examinarmos algumas das outras páginas e verificarmos que a primeira página foi retirada do buffer quando precisarmos dela novamente. (Lembre-se de que vários usuários e várias operações de SGBD compartilham o pool de buffers.) Essa situação poderia nos fazer recuperar a mesma página várias vezes.

14.2 CONDIÇÕES DE SELEÇÃO GERAIS

Em nossa discussão sobre a operação de seleção até aqui, consideramos as condições de seleção da forma $\sigma_{R.atr}$ **op** $_{valor}(R)$. Em geral, uma condição de seleção é uma combinação booleana (isto é, uma expressão usando os conectivos lógicos $\wedge$ e $\vee$) de **termos** que têm a forma *atributo* **op** *constante* ou *atributo1* **op** *atributo2*. Por exemplo, se a cláusula WHERE na consulta mostrada na Figura 14.1 contivesse a condição $R.nome\text{-}resp=\text{`Joe'}$ AND $R.id\text{-}barco=r$, a expressão algébrica equivalente seria $\sigma_{R.nome\text{-}resp=\text{`Joe'} \wedge R.id\text{-}barco=r}(R)$.

Na Seção 14.2.1, forneceremos uma definição mais rigorosa de FNC, que apresentamos na Seção 12.2.2. Consideraremos algoritmos para aplicar condições de seleção sem disjunção na Seção 14.2.2 e, então, discutiremos as condições com conjunção, na Seção 14.2.3.

14.2.1 FNC e Correspondência de Índice

Para processarmos uma operação de seleção com uma condição de seleção qualquer, primeiro expressamos a condição na **forma normal conjuntiva (FNC)**, isto é, como uma coleção de *conjunções* conectadas através do uso do operador $\wedge$. Cada **conjunção** consiste em um ou mais *termos* (da forma descrita anteriormente) conectados por $\vee$.[1] Diz-se que as conjunções que contêm $\vee$ são **disjuntivas** ou **contêm disjunção**.

---

[1] Toda condição de seleção pode ser expressa em FNC. Para detalhes, sugerimos ao leitor qualquer texto padrão sobre lógica matemática.

Como exemplo, suponha que tenhamos uma seleção em Reservas com a condição *(dia < 8/9/02 ∧ nome-resp = 'Joe') ∨ id-barco=5 ∨ id-marin=3*. Podemos reescrever isso na forma normal conjuntiva como *(dia < 8/9/02 ∨ id-barco=5 ∨ id-marin=3) ∧ (nome-resp = 'Joe' ∨ id-barco=5 ∨ id-marin=3)*.

Discutimos quando um índice corresponde a uma seleção FNC na Seção 12.2.2 e introduzimos a seletividade dos caminhos de acesso. Recomenda-se que o leitor reveja esse material agora.

14.2.2 Avaliando Seleções sem Disjunção

Quando a seleção não contém disjunção, isto é, ela é uma conjunção de termos, temos duas opções de avaliação a considerar:

- Podemos recuperar tuplas usando uma varredura de arquivo ou um único índice que corresponda a algumas conjunções (e que avaliamos ser o caminho de acesso mais seletivo) e aplicar todas as conjunções não primárias da seleção para cada tupla recuperada. Essa estratégia é muito parecida com o modo como usamos índice para condições de seleção simples, e não vamos discuti-la com mais detalhes. (Enfatizamos que o número de tuplas recuperadas depende da seletividade das conjunções primárias da seleção e as conjunções restantes só reduzem a cardinalidade do resultado da seleção.)

- Podemos tentar utilizar vários índices. Examinaremos essa estratégia no restante desta seção.

Se vários índices contendo entradas de dados com *rids* (isto é, Alternativas (2) ou (3)) corresponderem a conjunções da seleção, podemos usar esses índices para calcular conjuntos de *rids* de tuplas candidatas. Podemos, então, fazer a intersecção desses conjuntos de *rids*, normalmente primeiro ordenando-os e depois recuperando os registros cujos *rids* estão na intersecção. Se conjunções adicionais estiverem presentes na seleção, podemos aplicar essas conjunções para descartar do resultado algumas das tuplas candidatas.

Como exemplo, dada a condição *dia < 8/9/02 ∧ id-barco=5 ∧ id-marin=3*, podemos recuperar os *rids* dos registros que satisfazem a condição *dia < 8/9/02* usando um índice de árvore B+ em *dia*, recuperar os *rids* dos registros que satisfazem a condição *id-marin=3* usando um índice de hashing em *id-marin* e fazer a intersecção desses dois conjuntos de *rid*. (Se ordenarmos esses conjuntos pelo componente de id da página para fazer a intersecção, uma vantagem a mais será que os *rids* na intersecção serão

---

Intersecção de Conjuntos de *Rids*: Oracle 8 utiliza várias técnicas para fazer a intersecção de conjuntos de *rids* para seleções com AND. Uma delas é usar a operação AND em mapas de bits. Outra é fazer uma junção com hashing de índices. Por exemplo, dados *sal < 5 ∧ preço > 30* e índices em *sal* e *preço*, podemos unir os índices na coluna *rid*, considerando apenas as entradas que satisfazem as condições de seleção dadas. O Microsoft SQL Server implementa intersecção de conjunto de *rids* por meio de junções de índice. O IBM DB2 implementa intersecção de conjuntos de *rids* usando filtros de Bloom (que serão discutidos na Seção 22.10.2). O Sybase ASE não faz intersecção de conjunto de *rids* para seleções com AND; o Sybase ASIQ faz, usando operações de mapa de bits. O Informix também faz intersecção de conjunto de *rids*.

obtidos na ordem classificada pelas páginas que contêm as tuplas correspondentes, o que garante não fazermos a busca da mesma página duas vezes, enquanto recuperamos as tuplas usando seus *rids*.) Podemos agora recuperar as páginas necessárias de Reservas para recuperar as tuplas e verificar *id-barco=5* para obter as tuplas que satisfazem a condição *dia < 8/9/02* ∧ *id-barco=5* ∧ *id-marin=3*.

14.2.3 Seleções com Disjunção

Agora, vamos considerar que uma das conjunções na condição de seleção seja uma *disjunção de termos*. Se mesmo um único desses termos exige uma varredura de arquivo, porque não estão disponíveis índices ou ordens de classificação convenientes, testar essa conjunção sozinha (isto é, sem tirar proveito de outras conjunções) exige uma varredura de arquivo. Por exemplo, suponha que os únicos índices disponíveis sejam um índice de hashing em *nome-resp* e um índice de hashing em *id-marin*, e que a condição de seleção contenha apenas a conjunção (disjuntiva) *(dia < 8/9/02* ∨ *nome-resp='Joe')*. Podemos recuperar as tuplas que satisfazem a condição *nome-resp='Joe'* usando o índice em *nome-resp*. Entretanto, *dia < 8/9/02* exige uma varredura de arquivo. Assim, também poderíamos fazer uma varredura de arquivo e verificar a condição *nome-resp='Joe'* para cada tupla recuperada. Portanto, o caminho de acesso mais seletivo nesse exemplo é uma varredura de arquivo.

Por outro lado, se a condição de seleção for *(dia < 8/9/02* ∨ *nome-resp='Joe')* ∧ *id-marin=3*, o índice em *id-marin* corresponde à conjunção *id-marin=3*. Podemos usar esse índice para encontrar as tuplas qualificadas e aplicar *dia < 8/9/02* ∨ *nome-resp='Joe'* apenas nessas tuplas. O melhor caminho de acesso nesse exemplo é o índice em *id-marin* com a conjunção primária *id-marin=3*.

Finalmente, se todo termo em uma disjunção tem um índice correspondente, podemos recuperar as tuplas candidatas usando os índices e, então, pegar a união. Por exemplo, se a condição de seleção é a conjunção *(dia < 8/9/02* ∨ *nome-resp='Joe')* e temos índices de árvore B+ em *dia* e em *nome-resp*, podemos recuperar todas as tuplas tais que *dia < 8/9/02*, usando o índice em *dia*, recuperar todas as tuplas tais que *nome-resp='Joe'*, usando o índice em *nome-resp*, e então pegar a união das tuplas recuperadas. Se todos os índices correspondentes usam a Alternativa (2) ou (3) para entradas de dados, uma estratégia melhor é pegar a união de *rids* e ordená-los antes de recuperar os registros de dados qualificados. Assim, no exemplo, podemos encontrar *rids* de tuplas tais que *dia < 8/9/02*, usando o índice em *dia*, encontrar os *rids* das

---

Disjunções: O Microsoft SQL Server considera o uso de uniões e mapas de bits para tratar condições disjuntivas. O Oracle 8 considera quatro maneiras de tratar condições disjuntivas: (1) converter a consulta em uma união de consultas sem OR; (2) se as condições envolvem o mesmo atributo, como *sal < 5* ∨ *sal > 30*, usar uma consulta aninhada com uma lista IN e um índice no atributo para recuperar as tuplas correspondentes a um valor na lista; (3) usar operações de mapa de bits; por exemplo, avaliar *sal < 5* ∨ *sal > 30*, gerando mapas de bits para os valores 5 e 30 e usar a operação lógica OR nos mapas de bits para encontrar as tuplas que satisfazem uma das condições (discutiremos os mapas de bits no Capítulo 25); e (4) simplesmente aplicar a condição disjuntiva como filtro no conjunto de tuplas recuperadas. O Sybase ASE considera o uso de uniões para tratar consultas disjuntivas e o Sybase ASIQ utiliza operações de mapa de bits.

tuplas tais que *nome-resp='Joe'*, usando o índice em *nome-resp*, pegar a união desses conjuntos de *rids* e ordená-los pelo número de página, e então recuperar as tuplas reais de Reservas. Essa estratégia pode ser considerada um caminho de acesso (complexo) que corresponde à condição de seleção *(dia < 8/9/02 ∨ nome-resp='Joe')*.

Os sistemas mais atuais não tratam condições de seleção com disjunção de forma eficiente e concentram-se na otimização das seleções sem disjunção.

14.3 A Operação de Projeção

Considere a consulta mostrada na Figura 14.2. O otimizador transforma essa consulta na expressão da álgebra relacional $\pi_{id\text{-}marin,id\text{-}barco}Reservas$. Em geral, o operador de projeção é da forma $\pi_{atr1,atr2,...atrm}(R)$. Para implementarmos projeção, temos que fazer o seguinte:

1. Remover os atributos indesejados (isto é, aqueles não especificados na projeção).
2. Eliminar todas as tuplas duplicadas produzidas.

```
SELECT   DISTINCT R.id-marin, R.id-barco
FROM     Reservas R
```
Figura 14.2 Consulta de projeção simples.

O segundo passo é o mais difícil. Existem dois algoritmos básicos, um baseado em ordenação e outro baseado em hashing. Em termos das técnicas genéricas listadas na Seção 12.2, os dois algoritmos são exemplos de particionamento. Embora a técnica de uso de um índice para identificar um subconjunto de tuplas úteis não seja aplicável para a projeção, os algoritmos de ordenação ou de hashing podem ser aplicados para entradas de dados em um índice, em vez de aplicar em registros de dados, sob certas condições descritas na Seção 14.3.4.

14.3.1 Projeção Baseada em Ordenação

O algoritmo baseado em ordenação tem os seguintes passos (pelo menos conceitualmente):

1. Percorrer R e produzir um conjunto de tuplas que contenha apenas os atributos desejados.
2. Ordenar esse conjunto de tuplas usando a combinação de todos os seus atributos como chave da ordenação.
3. Percorrer o resultado ordenado, comparando tuplas adjacentes, e descartar as duplicatas.

Se usarmos relações temporárias em cada passo, o primeiro passo custará M E/Ss para percorrer R, onde M é o número de páginas de R, e T E/Ss para gravar a relação temporária, onde T é o número de páginas da relação temporária; T é $O(M)$. (O valor exato de T depende do número de campos mantidos e dos tamanhos desses campos.) O segundo passo custará $O(TlogT)$ (que também é $O(MlogM)$, naturalmente). O último passo custará T. O custo total é de $O(MlogM)$. O primeiro e o terceiro passos são simples e relativamente baratos. (Conforme observado no capítulo sobre ordenação, na prática, o custo da ordenação cresce linearmente com o tamanho do conjunto de

Avaliando Operadores Relacionais 375

dados, considerando os tamanhos de conjunto de dados e os tamanhos de memória principal típicos.)

Considere a projeção sobre Reservas mostrada na Figura 14.2. Podemos percorrer Reservas a um custo de 1.000 E/Ss. Se assumirmos que cada tupla na relação temporária criada no primeiro passo tem 10 bytes de tamanho, o custo da gravação dessa relação temporária será de 250 E/Ss. Suponha que tenhamos 20 páginas de buffer. Podemos ordenar a relação temporária em duas passagens, a um custo de $2 \cdot 2 \cdot 250 = 1000$ E/Ss. A varredura exigida no terceiro passo custa mais 250 E/Ss. O custo total é de 2500 E/Ss.

Essa estratégia pode ser aprimorada modificando-se o algoritmo de ordenação para fazer a projeção com eliminação de duplicatas. Lembre-se da estrutura do algoritmo de ordenação externa apresentada no Capítulo 13. O primeiro passo (Passo 0) envolve uma varredura dos registros que devem ser ordenados para produzir o conjunto inicial de séries ordenadas (internamente). Subseqüentemente, um ou mais passos intercalam séries. Duas modificações importantes no algoritmo de ordenação o adaptam para projeção:

- Podemos projetar atributos indesejados durante o primeiro passo (Passo 0) da ordenação. Se B páginas de buffer estiverem disponíveis, podemos ler B páginas de R e gravar $(T/M) \cdot B$ páginas *ordenadas internamente* da relação temporária. Na verdade, com uma implementação mais agressiva, podemos gravar aproximadamente $2 \cdot B$ páginas ordenadas internamente da relação temporária, em média. (A idéia é semelhante ao refinamento da ordenação externa, discutido na Seção 13.3.1.)

- Podemos eliminar duplicatas durante os passos de intercalação. Na verdade, essa modificação reduz o custo dos passos de intercalação, pois menos tuplas são gravadas em cada passo. (A maioria das duplicatas é eliminada no primeiro passo de intercalação.)

Vamos considerar nosso exemplo outra vez. No primeiro passo, percorremos Reservas a um custo de 1000 E/Ss e gravamos 250 páginas. Com 20 páginas de buffer, as 250 páginas são gravadas como sete séries ordenadas internamente, cada uma (exceto a última) com cerca de 40 páginas. No segundo passo, lemos as séries a um custo de 250 E/Ss e as intercalamos. O custo total é de 1500 E/Ss, que é muito menor do que o custo da primeira estratégia usada para implementar a projeção.

14.3.2 Projeção Baseada em Hashing

Se tivermos um número muito grande (digamos, B) de páginas de buffer em relação ao número de páginas de R, vale a pena considerar uma estratégia baseada em hashing. Existem duas fases: particionamento e eliminação de duplicatas.

Na fase de *particionamento*, temos uma página de buffer *de entrada* e $B - 1$ páginas de buffer *de saída*. A relação R é lida na página de buffer de entrada, uma página por vez. A página de entrada é processada como segue: para cada tupla, projetamos os atributos indesejados e, então, aplicamos uma função de hashing h na combinação de todos os atributos restantes. A função h é escolhida de modo que as tuplas sejam distribuídas uniformemente em uma das $B - 1$ partições; existe uma página de saída por partição. Após a projeção, a tupla é gravada na página de buffer de saída, que passa pela função de hashing h.

No final da fase de particionamento, temos $B - 1$ partições, cada uma das quais contendo um conjunto de tuplas que compartilham um valor de hashing comum (calculado pela aplicação de h em todos os campos), e temos apenas os campos desejados. A fase de particionamento está ilustrada na Figura 14.3.

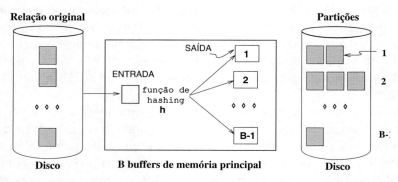

Figura 14.3 Fase de particionamento da projeção baseada em hashing.

É garantido que duas tuplas que pertencem a partições diferentes não são duplicatas, pois têm valores de hashing diferentes. Assim, se duas tuplas são duplicatas, elas estão na mesma partição. Na fase de *eliminação de duplicatas*, lemos as $B-1$ partições, uma por vez, para eliminar duplicatas. A idéia básica é construir uma tabela de hashing na memória à medida que processamos as tuplas, para detectar duplicatas.

Para cada partição produzida na primeira fase:

1. Leia a partição, uma página por vez. Misture cada tupla aplicando a função de hashing $h2$ ($\neq h$) na combinação de todos os campos e, então, a insira em uma tabela de hashing na memória. Se uma nova tupla tiver o mesmo valor de hashing de alguma tupla já existente, compare as duas para verificar se a nova tupla é uma duplicata. Descarte as duplicatas à medida que elas são detectadas.
2. Depois de a partição inteira ser lida, grave as tuplas da tabela de hashing (que está livre de duplicatas) no arquivo resultante. Então, limpe a tabela de hashing na memória para preparar para a próxima partição.

Note que $h2$ se destina a distribuir as tuplas em uma partição entre muitos buckets para minimizar as *colisões* (duas tuplas com os mesmos valores de $h2$). Como todas as tuplas em determinada partição têm o mesmo valor de h, $h2$ não pode ser igual a h!

Essa estratégia de projeção baseada em hashing não funcionará bem se o tamanho da tabela de hashing para uma partição (produzida na fase de particionamento) for maior do que o número de páginas de buffer B disponíveis. Uma maneira de tratar esse problema de *estouro de partição* é aplicar a técnica de projeção baseada em hashing recursivamente, para eliminar as duplicatas em cada partição que estoura. Isto é, dividimos uma partição estourada em subpartições e, então, lemos cada subpartição na memória para eliminar as duplicatas.

Se assumirmos que h distribui as tuplas com uniformidade perfeita e que o número de páginas de tuplas *após* a projeção (mas antes da eliminação de duplicatas) é T, cada partição conterá $\frac{T}{B-1}$ páginas. (Note que o número de partições é $B-1$, porque uma das páginas de buffer é usada para ler a relação durante a fase de particionamento.) Portanto, o tamanho de uma partição é $\frac{T}{B-1}$ e o tamanho da tabela de hashing para uma partição é $\frac{T}{B-1} \cdot f$, onde f é um *fator de compensação*, usado para capturar o (pequeno) aumento no tamanho entre a partição e uma tabela de hashing para a partição. O número de páginas de buffer B deve ser maior do que o tamanho da partição

$\frac{T}{B-1} \cdot f$, para evitar estouro de partição. Essa observação implica que precisamos de aproximadamente $B > \sqrt{f \cdot T}$ páginas de buffer.

Agora, vamos considerar o custo da projeção baseada em hashing. Na fase de particionamento, lemos R a um custo de M E/Ss. Também gravamos as tuplas projetadas, um total de T páginas, onde T é alguma fração de M, dependendo dos campos que são projetados. Portanto, o custo dessa fase é de $M + T$ E/Ss; o custo do hashing é um custo de CPU e não o levamos em conta. Na fase de eliminação de duplicatas, precisamos ler cada partição. O número total de páginas em todas as partições é T. Também gravamos a tabela de hashing na memória para cada partição, após a eliminação de duplicatas; essa tabela de hashing faz parte do resultado da projeção e ignoramos o custo da gravação das tuplas resultantes, como sempre. Assim, o custo total das duas fases é de $M + 2T$. Em nossa projeção sobre Reservas (Figura 14.2), esse custo é de $1000 + 2 \cdot 250 = 1500$ E/Ss.

14.3.3 Ordenação *versus* Hashing para Projeções

A estratégia baseada em ordenação é superior ao hashing se temos muitas duplicatas ou se a distribuição dos valores (hashing) for muito não uniforme. Nesse caso, algumas partições poderiam ser muito maiores do que a média, e uma tabela de hashing para tais partições não caberia na memória durante a fase de eliminação de duplicatas. Além disso, um efeito colateral útil do uso da estratégia baseada em ordenação é que o resultado é ordenado. Ademais, como a ordenação externa é exigida por uma variedade de motivos, a maioria dos sistemas de banco de dados tem um utilitário de ordenação, o qual pode ser usado para implementar a projeção de maneira relativamente fácil. Por essas razões, a ordenação é a estratégia padrão para projeção. E, talvez em razão de um uso simplista do utilitário de ordenação, a remoção de atributos indesejados e a eliminação de duplicatas são passos separados em muitos sistemas (isto é, o algoritmo de ordenação básico é freqüentemente usado sem os refinamentos que delineamos).

Observamos que, se temos $B > \sqrt{T}$ páginas de buffer, onde T é o tamanho da relação projetada antes da eliminação de duplicatas, as duas estratégias têm o mesmo custo de E/S. A ordenação exige dois passos. No primeiro, lemos M páginas da relação original e gravamos T páginas. No segundo passo, lemos T páginas e produzimos a saída do resultado da projeção. Usando hashing, na fase de partição, lemos M páginas e gravamos T páginas de partições. Na segunda fase, lemos T páginas e geramos a saída do resultado da projeção. Assim, considerações como custos de CPU, necessidade de ordem classificada no resultado e desvio na distribuição de valores influem na escolha do método de projeção.

Projeção em Sistemas Comerciais: o Informix usa hashing. O IBM DB2, o Oracle 8 e o Sybase ASE usam ordenação. O Microsoft SQL Server e o Sybase ASIQ implementam os algoritmos baseados em hashing e em ordenação.

14.3.4 Uso de Índices para Projeções

Nem a estratégia de hashing nem a de ordenação utilizam quaisquer índices existentes. Um índice já existente é útil se a chave inclui todos os atributos que queremos manter na projeção. Nesse caso, podemos simplesmente recuperar os valores de chave do índice — sem nem mesmo acessar a relação real — e aplicar nossas técnicas de projeção nesse conjunto de páginas (muito menor). Essa técnica, chamada de *varredura somente com índice*, foi discutida nas seções 8.5.2 e 12.3.2. Se tivermos um índice ordenado (isto é, uma árvore), cuja chave de busca inclui os atributos desejados como *prefixo*, poderemos fazer ainda melhor: basta recuperar as entradas de dados em ordem, descartar os campos indesejados e comparar as entradas adjacentes para verificar a existência de duplicatas. A técnica de varredura somente com índice será mais bem discutida na Seção 15.4.1.

14.4 A OPERAÇÃO DE JUNÇÃO

Considere a seguinte consulta:

```
SELECT   *
FROM     Reservas R, Marinheiros M
WHERE    R.id-marin = M.id-marin
```

Essa consulta pode ser expressa em álgebra relacional usando-se a operação de junção: $R \bowtie S$. A operação de *junção*, uma das mais úteis na álgebra relacional, é a principal maneira de combinar informações de duas ou mais relações.

Embora uma junção possa ser definida como um produto cartesiano seguido de seleções e projeções, na prática, as junções surgem com muito mais freqüência do que os produtos cartesianos puros. Além disso, o resultado de um produto cartesiano normalmente é muito maior do que o resultado de uma junção, de modo que é muito importante reconhecer as junções e implementá-las sem materializar o produto cartesiano subjacente. Portanto, as junções têm recebido muita atenção.

Consideraremos agora várias técnicas alternativas para implementar junções. Começaremos discutindo dois algoritmos (loops aninhados simples e loops aninhados de bloco) que, basicamente, enumeram todas as tuplas no produto cartesiano e descartam as tuplas que não atendem a uma condição de junção. Esses algoritmos são exemplos da técnica de iteração simples, mencionada na Seção 12.2.

Os algoritmos de junção restantes evitam a enumeração do produto cartesiano. Eles são exemplos das técnicas de indexação e particionamento mencionadas na Seção 12.2. Intuitivamente, se a condição de junção consiste em igualdades, as tuplas nas duas relações podem ser consideradas pertencentes a *partições*, de modo que apenas as tuplas na mesma partição podem se associar umas às outras por junção; as tuplas em uma partição contêm os mesmos valores nas colunas de junção. A junção de loops aninhados indexados percorre uma das relações e, para cada tupla nela existente, utiliza um índice na segunda relação (suas colunas de junção) para localizar tuplas na mesma

---

Junções em Sistemas Comerciais: O Sybase ASE suporta junção de loop aninhado indexado e junção sort-merge. O Sybase ASIQ suporta junção de loop aninhado orientado a páginas, de loop aninhado indexado, por hashing simples e sort-merge, além de índices de junção (que discutiremos no Capítulo 25). O Oracle 8 suporta junção de loops aninhados orientados a páginas, junção sort-merge e uma variante da junção por hashing híbrida. O IBM DB2 suporta junção de loop aninhado de bloco, sort-merge e por hashing híbrida. O Microsoft SQL Server suporta junção de loops aninhados de bloco, de loops aninhados indexados, sort-merge, por hashing e uma técnica chamada *equipes de hashing*. O Informix suporta junção de loops aninhados de bloco, de loops aninhados indexados e por hashing híbrida.

partição. Assim, apenas um subconjunto da segunda relação é comparado com determinada tupla da primeira relação e o produto cartesiano inteiro não é enumerado. Os dois últimos algoritmos (junção sort-merge e junção por hashing) também tiram proveito das condições de junção para particionar tuplas nas relações a serem associadas por junção e comparam apenas tuplas na mesma partição enquanto calculam a junção, mas não contam com um índice previamente existente. Em vez disso, eles ordenam ou fazem o hashing das relações a serem associadas por junção para obter o particionamento.

Discutiremos a junção de duas relações R e S, com a condição de junção $R_i = S_j$, usando notação posicional. (Se tivermos condições de junção mais complexas, a idéia básica por trás de cada algoritmo permanece essencialmente a mesma. Discutiremos os detalhes na Seção 14.4.4.) Supomos M páginas em R, com p_R tuplas por página, e N páginas em S, com p_S tuplas por página. Usamos R e S em nossa apresentação dos algoritmos e as relações Reservas e Marinheiros para exemplos específicos.

14.4.1 Junção de Loops Aninhados

O algoritmo de junção mais simples é uma avaliação de loops aninhados de uma tupla por vez. Percorremos a relação *externa* R e, para cada tupla $r \in R$, percorremos a relação *interna* S inteira. O custo da varredura de R é de M E/Ss. Percorremos S um total de $p_R \cdot M$ vezes e cada varredura custa N E/Ss. Assim, o custo total é de $M + pR \cdot M \cdot N$.

```
foreach tupla r ∈ R do
    foreach tupla s ∈ S do
        if r_i == s_j then adiciona ⟨r, s⟩ ao resultado
```
Figura 14.4 Junção de loops aninhados simples.

Suponha que escolhamos R para ser Reservas e S para ser Marinheiros. Então, o valor de M é 1000, de p_R é 100 e de N é 500. O custo da junção de loops aninhados simples é de $1000 + 100 \cdot 1000 \cdot 500$ E/Ss de página (mais o custo da gravação do resultado; lembramos ao leitor, novamente, que ignoramos uniformemente esse componente do custo). O custo é absurdo: $1000 + (5 \cdot 10^7)$ E/Ss. Note que cada E/S custa cerca de 10 ms em hardware atual, o que significa que essa junção demorará cerca de 140 horas!

Um refinamento simples é fazer essa junção *uma página por vez*: para cada página de R, podemos recuperar cada página de S e gravar tuplas $\langle r, s \rangle$ para todas as tuplas qualificadas $r \in$ *página-R* e $s \in$ *página-S*. Desse modo, o custo é de M para percorrer R, como antes. Entretanto, S é percorrida apenas M vezes e, assim, o custo total é de $M + M \cdot N$. Portanto, o refinamento de uma página por vez nos proporciona uma melhoria de um fator de p_R. No exemplo de junção das relações Reservas e Marinheiros, o custo seria reduzido para $1000 + 1000 \cdot 500 = 501.000$ E/Ss e demoraria 1,4 hora. Essa melhoria substancial sublinha a importância das operações orientadas a páginas para minimizar a E/S de disco.

Com base nessas fórmulas de custo, uma observação simples e direta é que devemos escolher a relação externa R para ser a menor das duas relações ($R \bowtie B = B \bowtie R$, contanto que monitoremos os nomes de campo). Entretanto, essa escolha não altera os custos significativamente. Se escolhermos a relação menor, Marinheiros, como a relação externa, o custo do algoritmo de uma página por vez será $500 + 500 \cdot 1000 = 500.500$ E/Ss, que é apenas marginalmente melhor do que o custo da junção de loops aninhados simples orientados a páginas com Reservas como a relação externa.

Junção de Loops Aninhados de Bloco

O algoritmo de junção de loops aninhados simples não utiliza páginas de buffer efetivamente. Suponha que tenhamos memória suficiente para conter a relação menor, digamos, R, com pelo menos duas páginas de buffer extras de sobra. Podemos ler a relação menor e usar uma das páginas de buffer extras para percorrer a relação maior S. Para cada tupla $s \in S$, verificamos R e geramos a saída de uma tupla $\langle r, s \rangle$ para as tuplas qualificadas s (isto é, $r_i = s_j$). A segunda página de buffer extra é usada como buffer de saída. Cada relação é percorrida apenas uma vez, para um custo de E/S total de $M + N$, o que é ótimo.

Se houver memória suficiente disponível, um refinamento importante é construir uma *tabela de hashing* na memória para a relação menor R. O custo da E/S ainda será de $M + N$, mas o custo de CPU normalmente é muito mais baixo com o refinamento da tabela de hashing.

E se tivermos muito pouca memória para conter a relação menor inteira? Podemos generalizar a idéia anterior, dividindo a relação R em *blocos* que caibam nas páginas de buffer disponíveis e percorrendo tudo de S para cada bloco de R. R é a relação *externa*, pois é percorrida apenas uma vez, e S é a relação *interna*, pois é percorrida várias vezes. Se tivermos B páginas de buffer, podemos ler $B - 2$ páginas da relação externa R e percorrer a relação interna S usando uma das duas páginas restantes. Podemos gravar tuplas $\langle r, s \rangle$, onde $r \in$ *bloco-R*, $s \in$ *página-S* e $r_i = s_j$, usando a última página de buffer para saída.

Uma maneira eficiente de encontrar **pares correspondentes** de tuplas (isto é, tuplas que satisfazem a condição de junção $r_i = s_j$) é construir uma tabela de hashing na memória principal para o bloco de R. Como uma tabela de hashing para um conjunto de tuplas exige um pouco mais de espaço do que apenas as tuplas em si, a construção de uma tabela de hashing envolve uma contrapartida: o tamanho do bloco efetivo de R, em termos do número de tuplas por bloco, é reduzido. Construir uma tabela de hashing é um trabalho que vale a pena. O algoritmo de loops aninhados de bloco está descrito na Figura 14.5. A utilização de buffers nesse algoritmo está ilustrada na Figura 14.6.

```
foreach bloco de B - 2 páginas de R do
    foreach página de S do
        para todas as tuplas r ∈ bloco-R e s ∈ página-S correspondentes na memória,
        adiciona ⟨r, s⟩ ao resultado
}
```

Figura 14.5 Junção de loops aninhados de bloco.

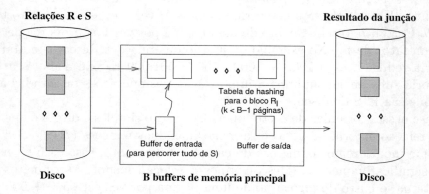

Figura 14.6 Utilização de buffers na junção de loops aninhados de bloco.

Avaliando Operadores Relacionais

O custo dessa estratégia é de M E/Ss para ler R (que é percorrida apenas uma vez). S é percorrida um total de $\lceil \frac{M}{B-2} \rceil$ vezes — ignorando o espaço extra exigido por página, em razão da tabela de hashing na memória — e cada varredura custa N E/Ss. Assim, o custo total é de $M + N \cdot \lceil \frac{M}{B-2} \rceil$.

Considere a junção das relações Reservas e Marinheiros. Vamos escolher Reservas como relação externa e supor que tenhamos buffers suficientes para conter uma tabela de hashing na memória para 100 páginas de Reservas (com pelo menos dois buffers adicionais, é claro). Temos que percorrer Reservas a um custo de 1000 E/Ss. Para cada bloco de 100 páginas de Reservas, temos que percorrer Marinheiros. Portanto, realizamos 10 varreduras de Marinheiros, cada uma custando 500 E/Ss. O custo total é de $1000 + 10 \cdot 500 = 6000$ E/Ss. Se tivéssemos buffers suficientes apenas para conter 90 páginas de Reservas, teríamos que varrer Marinheiros $\lceil 1000/90 \rceil = 12$ vezes e o custo total seria de $1000 + 12 \cdot 500 = 7000$ E/Ss.

Suponha que, em vez disso, escolhamos Marinheiros como a relação externa. Percorrer Marinheiros custa 500 E/Ss. Percorreríamos Reservas $\lceil 500/100 \rceil = 5$ vezes. O custo total é de $500 + 5 \cdot 1000 = 5500$ E/Ss. Se, em vez disso, tivéssemos buffers suficientes apenas para 90 páginas de Marinheiros, percorreríamos Reservas por um total de $\lceil 500/90 \rceil = 6$ vezes. O custo total, neste caso, seria de $500 + 6 \cdot 1000 = 6500$ E/Ss. Notamos que o algoritmo de junção de loops aninhados de bloco demora pouco mais de um minuto em nosso exemplo corrente, supondo 10 ms por E/S, como antes.

Impacto de Acesso Bloqueado

Se considerarmos o efeito do acesso bloqueado a várias páginas, haverá uma alteração fundamental na maneira como alocamos buffers para loops aninhados de bloco. Em vez de usar apenas uma página de buffer para a relação interna, a melhor estratégia é dividir o pool de buffers igualmente entre as duas relações. Essa alocação resulta em mais passagens pela relação interna, levando a mais buscas de página. Contudo, o tempo gasto na *busca* de páginas é substancialmente reduzido.

A técnica de buffer duplo (discutida no Capítulo 13, no contexto da ordenação) também pode ser usada, mas não a discutiremos mais.

Junção de Loops Aninhados Indexados

Se houver um índice em uma das relações sobre o(s) atributo(s) da junção, podemos tirar proveito do índice fazendo a relação indexada ser a interna. Suponha que tenhamos um índice conveniente em S; a Figura 14.7 descreve o algoritmo de junção de loops aninhados indexados.

```
foreach tupla r ∈ R do
    foreach tupla s ∈ S, where r_i == s_j
        adiciona ⟨r, s⟩ ao resultado
```

Figura 14.7 Junção de loops aninhados anexados.

Para cada tupla $r \in R$, usamos o índice para recuperar as tuplas correspondentes de S. Intuitivamente, comparamos r apenas com tuplas de S que estão na mesma *partição*, pois elas têm o mesmo valor na coluna de junção. Portanto, ao contrário dos outros algoritmos de junção de loops aninhados, o algoritmo de junção de loops aninhados indexados não enumera o produto cartesiano de R e S. O custo da varredura de R é M, como antes. O custo da recuperação de tuplas correspondentes de S

depende do tipo de índice e do número de tuplas correspondentes; para cada tupla de R, o custo é o seguinte:

1. Se o índice em S é um índice de árvore B+, o custo para encontrar a folha apropriada normalmente é de 2 a 4 E/Ss. Se o índice é um índice de hashing, o custo para encontrar o bucket apropriado é de 1 a 2 E/Ss.

2. Uma vez que encontremos a folha ou o bucket apropriado, o custo da recuperação de tuplas correspondentes de S dependerá de o índice ser agrupado. Se for, o custo por tupla externa $r \in R$ normalmente será de apenas mais uma E/S. Se ele não for agrupado, o custo poderá ser de uma E/S por tupla de S correspondente (pois, no pior caso, cada uma delas poderia estar em uma página diferente).

Como exemplo, suponha que tenhamos um índice baseado em hashing usando a Alternativa (2) no atributo *id-marin* de Marinheiros e que são necessárias, em média[2], cerca de 1,2 E/Ss para recuperar a página apropriada do índice. Como *id-marin* é uma chave para Marinheiros, temos no máximo uma tupla correspondente. Na verdade, *id-marin* em Reservas é uma chave estrangeira que se refere a Marinheiros e, portanto, temos *exatamente* uma tupla de Marinheiros correspondente a cada tupla de Reservas. Vamos considerar o custo da varredura de Reservas e usar o índice para recuperar a tupla de Marinheiros correspondente a cada tupla de Reservas. O custo da varredura de Reservas é 1000. Existem 100 · 1000 tuplas em Reservas. Para cada uma dessas tuplas, recuperar a página de índice que contém o *rid* da tupla de Marinheiros correspondente custa 1,2 E/Ss, em média; além disso, temos que recuperar a página de Marinheiros que contém a tupla qualificada. Portanto, temos 100.000 · (1 + 1,2) E/Ss para recuperar tuplas de Marinheiros correspondentes. O custo total é de 221.000 E/Ss.

Como outro exemplo, suponha que tenhamos um índice baseado em hashing usando a Alternativa (2) no atributo *id-marin* de Reservas. Agora, podemos percorrer Marinheiros (500 E/Ss) e, para cada tupla, usar o índice para recuperar tuplas de Reservas correspondentes. Temos um total de 80 · 500 tuplas de Marinheiros e cada tupla poderia corresponder a zero ou mais tuplas de Reservas; um marinheiro pode não ter nenhuma reserva ou ter várias. Para cada tupla de Marinheiros, podemos recuperar a página de índice que contém os *rids* das tuplas de Reservas correspondentes (supondo que tenhamos no máximo uma página de índice, o que é uma suposição razoável) em 1,2 E/Ss, em média. O custo total até aqui é de 500 + 40.000 · 1,2 = 48.500 E/Ss.

Além disso, temos o custo da recuperação das tuplas de Reservas correspondentes. Como temos 100.000 reservas para 40.000 marinheiros, supondo uma distribuição uniforme, podemos estimar que cada tupla de Marinheiros corresponde a 2,5 tuplas de Reservas, em média. Se o índice em Reservas é agrupado e essas tuplas correspondentes normalmente estão na mesma página de Reservas para determinado marinheiro, o custo da recuperação delas é de apenas uma E/S por tupla de Marinheiros, o que acrescenta mais 40.000 E/Ss. Se o índice não é agrupado, cada tupla de Reservas correspondente pode muito bem estar em uma página diferente, levando a um total de 2,5 · 40.000 E/Ss para recuperar tuplas qualificadas. Portanto, o custo total pode variar de 48.500 + 40.000 = 88.500 a 48.500 + 100.000=148.000 E/Ss. Supondo 10 ms por E/S, isso levaria de 15 a 25 minutos.

Então, mesmo com um índice não agrupado, se o número de tuplas internas correspondentes a cada tupla externa for pequeno (em média), o custo do algoritmo de

---

[2] Esse é um custo típico para índices baseados em hashing.

junção de loops aninhados indexados provavelmente será muito menor do que o custo de uma junção de loops aninhados simples.

14.4.2 Junção Sort-Merge

A idéia básica por trás do algoritmo de **junção sort-merge** é *ordenar* as duas relações no atributo de junção e depois procurar tuplas qualificadas $r \in R$ e $s \in S$, basicamente *intercalando* as duas relações. A etapa de ordenação agrupa todas as tuplas com o mesmo valor na coluna de junção e, assim, torna fácil identificar partições ou grupos de tuplas com o mesmo valor nessa coluna. Exploraremos esse particionamento, comparando as tuplas de R em uma partição apenas com as tuplas de S na mesma partição (em vez de comparar com todas as tuplas de S), evitando com isso a enumeração do produto cartesiano de R e S. (Essa estratégia baseada em partição só funciona para condições de junção de igualdade.)

O algoritmo de ordenação externa discutido no Capítulo 13 pode ser usado para fazer a ordenação e, é claro, se uma relação já estiver ordenada no atributo de junção, não precisamos ordená-la novamente. Consideraremos agora a etapa de intercalação em detalhes: percorremos as relações R e S, procurando tuplas qualificadas (isto é, tuplas Tr em R e Ts em S, tais que $Tr_i = Ts_j$). As duas varreduras começam na primeira tupla em cada relação. Avançamos a varredura de R, contanto que a tupla corrente de R seja menor do que a tupla corrente de S (com relação aos valores no atributo de junção). Analogamente, avançamos a varredura de S, contanto que a tupla corrente de S seja menor do que a tupla atual de R. Alternamos entre esses avanços até encontrarmos uma tupla Tr de R e uma tupla Ts com $Tr_i = Ts_j$.

Quando encontramos tuplas Tr e Ts tais que $Tr_i = Ts_j$, precisamos gerar a saída da tupla associada por junção. Na verdade, poderíamos ter várias tuplas de R e várias tuplas de S com o mesmo valor nos atributos de junção que as tuplas Tr e Ts correntes. Referimo-nos a essas tuplas como *partição de R corrente* e *partição de S corrente*. Para cada tupla r na partição de R corrente, percorremos todas as tuplas s na partição S corrente e geramos a saída da tupla associada por junção $\langle r, s \rangle$. Então, retomamos a varredura de R e S, começando com as primeiras tuplas que vierem após as partições de tuplas que acabamos de processar.

O algoritmo de junção sort-merge aparece na Figura 14.8. Atribuímos valores de tupla apenas às variáveis Tr, Ts e Gs, e usamos o valor especial *eof* para denotar que não existem mais tuplas na relação que está sendo percorrida. Subscritos identificam campos; por exemplo, Tr_i denota o i-ésimo campo da tupla Tr. Se Tr tem o valor *eof*, qualquer comparação envolvendo Tr_i é definida para ser avaliada como `falso`.

Ilustramos a junção sort-merge nas instâncias de Marinheiros e Reservas mostradas nas Figuras 14.9 e 14.10, com a condição de junção sendo a igualdade nos atributos *id-marin*.

Essas duas relações já são ordenadas em *id-marin* e a fase de intercalação do algoritmo de junção sort-merge começa com as varreduras posicionadas na primeira tupla de cada instância da relação. Avançamos a varredura de Marinheiros, pois seu valor de *id-marin*, agora 22, é menor do que o valor de *id-marin* de Reservas, que agora é 28. A segunda tupla de Marinheiros tem *id-marin*=28, que é igual ao valor de *id-marin* da tupla de Reservas corrente. Portanto, agora geramos a saída de uma tupla de resultado para cada par de tuplas, uma de Marinheiros e uma de Reservas, na partição corrente (isto é, com *id-marin* = 28). Como temos apenas uma única tupla de Marinheiros com *id-marin* = 28 e duas de Reservas, gravamos duas tuplas de resultado. Após essa etapa, posicionamos a varredura de Marinheiros na primeira tupla após a partição com *id-marin* = 28, a qual tem *id-marin* = 31. Analogamente, posicionamos a varredura de Reservas na primeira tupla com $id\text{-}marin = 31$. Como essas duas tuplas têm os mesmos valores de $id\text{-}marin$, encontramos a próxima partição correspondente e devemos gravar as tuplas de resultado geradas por meio dessa partição (existem três delas). Depois disso, a varredura de Marinheiros é posicionada na tupla com $id\text{-}marin = 36$ e a varredura de Reservas é posicionada na tupla com $id\text{-}marin = 58$. O restante da fase de intercalação prossegue de maneira semelhante.

```
proc smjoin(R,S,'R_i = S'_j)

    if R não ordenada no atributo i, ordena-a;
    if S não ordenada no atributo j, ordena-a;

    Tr = primeira tupla em R;                              // percorre R
    Ts = primeira tupla em S;                              // percorre S
    Gs = primeira tupla em S                // início da partição de S corrente

    while Tr ≠ eof and Gs ≠ eof do {

        while Tr_i < Gs_j do
            Tr = próxima tupla em R após Tr;   // continua a varredura de R
        while Tr_i > Gs_j do
            Gs = próxima tupla em S após Gs;   // continua a varredura de S

        Ts = Gs;                               // Necessário, no caso de Tr_i ≠ Gs_j
        while Tr_i == Gs_j do {                // processa a partição R corrente
            Ts = Gs;                           // reconfigura a varredura da partição S
            while Ts_j == Tr_i do {            // processa a tupla de R corrente
                adiciona ⟨Tr,Ts⟩ ao resultado; // gera a saída das tuplas
                                               // associadas por junção
            Ts = próxima tupla em S após Ts;}  // avança a varredura da partição S
            Tr = próxima tupla em R após Tr;   // avança varredura de R
        }                                      // terminou a partição R corrente

        Gs = Ts;                               // inicializa a busca da próxima partição S
    }
```

Figura 14.8 Junção sort-merge.

id-marin	nome-marin	avaliação	idade
22	dustin	7	45.0
28	yuppy	9	35.0
31	lubber	8	55.5
36	lubber	6	36.0
44	guppy	5	35.0
58	rusty	10	35.0

Figura 14.9 Uma instância de Marinheiros.

id-marin	id-barco	dia	nome-resp
28	103	12/04/96	guppy
28	103	11/03/96	yuppy
31	101	10/10/96	dustin
31	102	10/12/96	lubber
31	101	10/11/96	lubber
58	103	11/12/96	dustin

Figura 14.10 Uma instância de Reservas.

Em geral, temos que percorrer uma partição de tuplas na segunda relação tantas vezes quanto for o número de tuplas na partição correspondente na primeira relação.

A primeira relação no exemplo, Marinheiros, tem apenas uma tupla em cada partição. (Isso não é uma coincidência, mas uma conseqüência do fato de que *id-marin* é uma chave — este exemplo é uma junção de chave estrangeira.) Em contraste, suponha que a condição de junção seja alterada para *nome-marin=nome-resp*. Agora, as duas relações contêm mais de uma tupla na partição com *nome-marin=nome-resp='lubber'*. As tuplas com *nome-resp='lubber'* em Reservas precisam ser percorridas para cada tupla de Marinheiros com *nome-marin='lubber'*.

Custo da Junção Merge-Sort

O custo da ordenação de R é de $O(MlogM)$ e o custo da ordenação de S é de $O(NlogN)$. O custo da fase de intercalação é de $M + N$, se nenhuma partição de S for percorrida várias vezes (ou as páginas necessárias forem encontradas no buffer após o primeiro passo). Essa estratégia é particularmente atraente se pelo menos uma relação já estiver ordenada no atributo de junção ou tiver um índice agrupado no atributo de junção.

Considere a junção das relações Reservas e Marinheiros. Supondo que tenhamos 100 páginas de buffer (aproximadamente o mesmo número que tínhamos suposto estarem disponíveis em nossa discussão sobre a junção de loops aninhados de bloco), podemos ordenar Reservas em apenas dois passos. O primeiro passo produz 10 séries ordenadas internamente de 100 páginas cada uma. O segundo passo intercala essas 10 séries para produzir a relação ordenada. Como lemos e gravamos Reservas em cada passo, o custo da ordenação é de $2 \cdot 2 \cdot 1000 = 4000$ E/Ss. Analogamente, podemos ordenar Marinheiros em dois passos, a um custo de $2 \cdot 2 \cdot 500 = 2000$ E/Ss. Além disso, a segunda fase do algoritmo de junção sort-merge exige uma varredura adicional das duas relações. Assim, o custo total é de $4000 + 2000 + 1000 + 500 = 7500$ E/Ss, que é semelhante ao custo do algoritmo de loops aninhados de bloco.

Suponha que tenhamos apenas 35 páginas de buffer. Ainda podemos ordenar Reservas e Marinheiros em dois passos, e o custo do algoritmo de junção sort-merge permanece igual a 7500 E/Ss. Entretanto, o custo do algoritmo de junção de loops aninhados de bloco é de mais de 15.000 E/Ss. Por outro lado, se tivermos 300 páginas de buffer, o custo da junção sort-merge permanecerá em 7500 E/Ss, enquanto o custo da junção de loops aninhados de bloco cairá para 2500 E/Ss. (Deixamos para o leitor verificar esses valores.)

Notamos que múltiplas varreduras de uma partição da segunda relação são potencialmente dispendiosas. Em nosso exemplo, se o número de tuplas de Reservas em uma partição repetidamente percorrida for pequeno (digamos, apenas algumas páginas), a probabilidade de encontrar a partição inteira no pool de buffers em varreduras repetidas será muito alta e o custo de E/S permanecerá basicamente o mesmo que para uma única varredura. Entretanto, se muitas páginas de tuplas de Reservas estiverem em determinada partição, a primeira página dessa partição poderá não estar mais no pool de buffers quando a solicitarmos uma segunda vez (após a primeira varredura de todas as páginas na partição; lembre-se de que cada página é liberada depois que a varredura passa por ela). Nesse caso, o custo de E/S poderia ser tão alto quanto o número de páginas na partição de Reservas vezes o número de tuplas na partição de Marinheiros correspondente!

No cenário de pior caso, a fase de intercalação poderia exigir a leitura da segunda relação completa para cada *tupla* na primeira relação, e o número de E/Ss seria de $O(M \cdot N)$ E/Ss! (Esse cenário ocorre quando todas as tuplas nas duas relações contêm o mesmo valor no atributo de junção; isso é extremamente improvável.)

Na prática, o custo de E/S da fase de intercalação normalmente é de apenas uma única varredura de cada relação. Uma única varredura pode ser garantida, se pelo menos uma das relações envolvidas não tiver duplicatas no atributo de junção; felizmente, esse é o caso para junções de chave estrangeira, que são muito comuns.

Um Refinamento

Supusemos que as duas relações sejam primeiro ordenadas e depois intercaladas em um passo distinto. É possível aprimorar o algoritmo de junção sort-merge combinando a fase de intercalação da ordenação com a fase de intercalação da junção. Primeiro, produzimos séries ordenadas de tamanho B para R e para S. Se $B > \sqrt{L}$, onde L é o tamanho da relação maior, o número de séries por relação será menor do que $\sqrt{L}$. Suponha que o número de buffers disponíveis para a fase de intercalação seja de pelo menos $2\sqrt{L}$; isto é, mais do que o número total de séries de R e S. Alocamos uma página de buffer para cada série de R e uma para cada série de S. Então, intercalamos as séries de R (para gerar a versão ordenada de R), intercalamos as séries de S e intercalamos as seqüências de R e S resultantes à medida que elas são geradas; aplicamos a condição de junção à medida que intercalamos as seqüências de R e S e descartamos as tuplas no produto cartesiano que não satisfazem à condição de junção.

Infelizmente, essa idéia aumenta o número de buffers exigidos para $2\sqrt{L}$. Entretanto, usando a técnica discutida na Seção 13.3.1, podemos produzir séries ordenadas de tamanho aproximadamente igual a $2 \cdot B$ para R e para S. Conseqüentemente, temos menos do que $\sqrt{L}/2$ séries de cada relação, dada a suposição de que $B > \sqrt{L}$. Assim, o número total de séries é menor do que $\sqrt{L}$, isto é, menor do que B, e podemos combinar as fases de intercalação sem precisar de buffers adicionais.

Essa estratégia nos permite realizar uma junção sort-merge ao custo de ler e gravar R e S no primeiro passo e ler R e S no segundo passo. Assim, o custo total é de $3 \cdot (M + N)$. Em nosso exemplo, o custo cai de 7500 para 4500 E/Ss.

Acesso Bloqueado e Buffers Duplos

As otimizações de E/S bloqueada e de buffers duplos, discutidas no Capítulo 13, no contexto da ordenação, podem ser usadas para acelerar o passo de intercalação, assim como a ordenação das relações a serem associadas por junção; não discutiremos esses refinamentos.

14.4.3 Junção por Hashing

O algoritmo de **junção por hashing**, assim como o algoritmo de junção sort-merge, identifica partições em R e S em uma **fase de particionamento** e, em uma **fase de investigação** subseqüente, compara tuplas em uma partição de R somente com tuplas na partição de S correspondente para testar condições de junção de igualdade. Ao contrário da junção sort-merge, a junção por hashing utiliza hashing para identificar partições, em vez de ordenação. A fase de particionamento (também chamada de **construção**) da junção por hashing é semelhante ao particionamento na projeção por hashing e está ilustrada na Figura 14.3. A fase de investigação (às vezes chamada de **correspondência**) está ilustrada na Figura 14.11.

Avaliando Operadores Relacionais

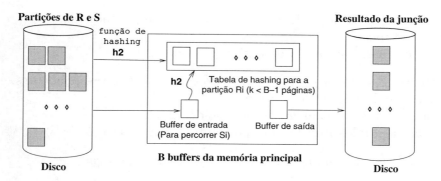

Figura 14.11 Fase de investigação da junção por hashing.

A idéia é fazer hashing das *duas* relações no atributo de junção, usando a *mesma* função de hashing h. Se fizermos hashing de cada relação (de preferência, uniformemente) em k partições, teremos a certeza de que as tuplas de R na partição i poderão se associar por junção apenas às tuplas de S na mesma partição i. Pode-se tirar proveito dessa observação: podemos ler uma partição (completa) da relação menor R e percorrer apenas a partição correspondente de S em busca de combinações. Nunca precisamos considerar essas tuplas de R e S novamente. Assim, uma vez que R e S sejam particionadas, podemos realizar a junção lendo R e S apenas uma vez, desde que haja memória suficiente disponível para conter todas as tuplas em qualquer partição dada de R.

Na prática, construímos uma tabela de hashing na memória para a partição R, usando uma função de hashing $h2$ que é diferente de h (pois $h2$ é destinada a distribuir tuplas em uma partição com base em h), para reduzir os custos de CPU. Precisamos de memória suficiente para conter essa tabela de hashing, que é um pouco maior do que a partição de R em si.

O algoritmo de junção por hashing aparece na Figura 14.12. (Existem diversas variantes dessa idéia; na literatura, esta versão é chamada de *junção por hashing de Grace*.) Considere o custo do algoritmo de junção por hashing. Na fase de particionamento, precisamos percorrer R e S uma vez e gravá-las uma vez. Portanto, o custo dessa fase é de $2(M + N)$. Na segunda fase, percorremos cada partição uma vez, supondo que nenhuma partição estoure, a um custo de $M + N$ E/Ss. Portanto, o custo total é de $3(M + N)$, dada nossa suposição de que cada partição cabe na memória na segunda fase. Em nosso exemplo de junção de Reservas e Marinheiros, o custo total é de $3 \cdot (500 + 1000) = 4500$ E/Ss e, supondo 10 ms por E/S, a junção por hashing demora menos de um minuto. Compare isso com a junção de loops aninhados simples, que demorava cerca de 140 *horas* — essa diferença enfatiza a importância de usar um bom algoritmo de junção.

```
// Particiona R em k partições
foreach tupla r ∈ R do
    lê r e adiciona na página de buffer h(r_i);   // descarregado quando a página enche

// Particiona S em k partições
foreach tupla s ∈ S do
    lê s e adiciona na página de buffer h(s_j);   // descarregado quando a página enche

// Fase de investigação
for l = 1,...,k do{
```

// Constrói tabela de hashing na memória para R_l, usando $h2$
foreach tupla $r \in$ partição R_l do
   lê r e insere na tabela de hashing usando $h2(r_i)$;

// Percorre S_l e investiga a existência de tuplas de R_l correspondentes
foreach tupla $s \in$ partição S_l do {
   lê s e a tabela de investigação usando $h2(s_j)$;
   para as tuplas r de R correspondentes, gera a saída de $\langle r, s \rangle$ };

limpa a tabela de hashing para preparar a próxima partição;
}

Figura 14.12 Junção por hashing.

Requisitos de Memória e Tratamento de Estouro

Para aumentar as chances de determinada partição caber na memória disponível na fase de investigação, devemos minimizar o tamanho de uma partição, maximizando o número de partições. Na fase de particionamento, para particionarmos R (analogamente, S) em k partições, precisamos de pelo menos k buffers de saída e um buffer de entrada. Portanto, dadas B páginas de buffer, o número máximo de partições é $k = B - 1$. Supondo que as partições têm tamanho igual, isso significa que o tamanho de cada partição de R é $\frac{M}{B-1}$ (como sempre, M é o número de páginas de R). Assim, o número de páginas na tabela de hashing (na memória) construída durante a fase de investigação para uma partição é de $\frac{f \cdot M}{B-1}$, onde f é um *fator de compensação* usado para capturar o (pequeno) aumento em tamanho entre a partição e uma tabela de hashing para a partição.

Durante a fase de investigação, além da tabela de hashing para a partição de R, precisamos de uma página de buffer para percorrer a partição de S e de um buffer de saída. Portanto, precisamos de $B > \frac{f \cdot M}{B-1} + 2$. *Precisamos de aproximadamente* $B > \sqrt{f \cdot M}$ para que o algoritmo de junção por hashing funcione bem.

Como as partições de R provavelmente têm tamanho parecido, mas não idêntico, a maior partição é bem maior do que $\frac{M}{B-1}$, e o número de páginas de buffer exigidas é um pouco mais do que $B > \sqrt{f \cdot M}$. Também existe o risco de que, se a função de hashing h não particionar R uniformemente, a tabela de hashing de uma ou mais partições de R não caiba na memória durante a fase de investigação. Essa situação pode degradar o desempenho significativamente.

Conforme observamos no contexto da projeção baseada em hashing, uma maneira de tratar esse problema de *estouro de partição* é aplicar recursivamente a técnica de junção por hashing na junção da partição de R que está estourando com a partição de S correspondente. Isto é, primeiro dividimos as partições de R e S em subpartições. Então, juntamos as subpartições aos pares. Todas as subpartições de R provavelmente cabem na memória; se não couberem, aplicamos a técnica da junção por hashing recursivamente.

Utilizando Memória Extra: Junção por Hashing Híbrida

A quantidade mínima de memória exigida para a junção por hashing é de $B > \sqrt{f \cdot M}$. Se mais memória estiver disponível, uma variante da junção por hashing, chamada de **junção por hashing híbrida**, oferece um desempenho melhor. Suponha que $B > f \cdot (M/k)$, para algum k inteiro. Isso significa que, se dividirmos R em k partições de tamanho

M/k, uma tabela de hashing na memória poderá ser construída para cada partição. Para particionar R (analogamente, S) em k partições, precisamos de k buffers de saída e um buffer de entrada; isto é, $k + 1$ páginas. Isso nos deixa com $B - (k + 1)$ páginas extras durante a fase de particionamento.

Suponha que $B - (k + 1) > f \cdot (M/k)$. Isto é, temos memória extra suficiente durante a fase de particionamento para manter uma tabela de hashing em memória para uma partição de R. A idéia por trás da junção por hashing híbrida é construir uma tabela de hashing em memória para a primeira partição de R, durante a fase de particionamento, o que significa que não gravamos essa partição no disco. Analogamente, ao particionarmos S, em vez de gravar as tuplas da primeira partição de S, podemos investigar diretamente a tabela em memória para a primeira partição de R e gravar os resultados. No final da fase de particionamento, teremos concluído a junção das primeiras partições de R e S, além de particionar as duas relações; na fase de investigação, juntamos as partições restantes, como na junção por hashing.

A economia obtida na junção por hashing híbrida é que evitamos a gravação das primeiras partições de R e S no disco, durante a fase de particionamento, e sua leitura novamente, durante a fase de investigação. Considere nosso exemplo, com 500 páginas na relação menor R e 1000 páginas em S.[3] Se temos $B = 300$ páginas, podemos construir facilmente uma tabela de hashing em memória para a primeira partição de R, enquanto dividimos R em duas partições. Durante a fase de particionamento de R, percorremos R e gravamos uma partição; o custo é de 500 + 250, se considerarmos que as partições têm tamanho igual. Então, percorremos S e gravamos uma partição; o custo é de 1000 + 500. Na fase de investigação, percorremos a segunda partição de R e de S; o custo é de 250 + 500. O custo total é de 750 + 1500 + 750 = 3000. Em contraste, o custo da junção por hashing é de 4500.

Se tivermos memória suficiente para manter uma tabela de hashing em memória para toda a R, a economia será ainda maior. Por exemplo, se $B > f \cdot N + 2$; isto é, $k = 1$, podemos construir uma tabela de hashing na memória para toda a R. Isso significa que lemos R apenas uma vez, para construir essa tabela de hashing, e lemos S uma vez, para investigar a tabela de hashing de R. O custo é de 500 + 1000 = 1500.

Junção por Hashing *versus* Junção de Loops Aninhados de Bloco

Ao apresentarmos o algoritmo de junção de loops aninhados de bloco, discutimos brevemente a idéia da construção de uma tabela de hashing na memória para a relação interna. Agora, compararemos essa versão (mais eficiente quanto ao uso da CPU) da junção de loops aninhados de bloco com a junção por hashing híbrida.

Se uma tabela de hashing para a relação menor inteira couber na memória, os dois algoritmos serão idênticos. Se as duas relações forem grandes em comparação ao tamanho do buffer disponível, precisaremos de vários passos sobre uma das relações na junção de loops aninhados de bloco; a junção por hashing é uma aplicação mais eficiente das técnicas de hashing, nesse caso. A E/S economizada nesse caso, usando o algoritmo de junção por hashing, em comparação com uma junção de loops aninhados de bloco, está ilustrada na Figura 14.13. Nesta última, lemos tudo de S para cada bloco de R; o custo de E/S corresponde ao retângulo inteiro. No algoritmo de junção por hashing, para cada bloco de R, lemos apenas o bloco de S correspondente; o custo de E/S corresponde às áreas sombreadas na figura. Essa diferença na E/S em razão das varreduras de S está destacada na figura.

---

[3] Foi uma infelicidade o fato de que, em nosso exemplo corrente, a relação menor (que denotamos pela variável R em nossa discussão sobre junção por hashing) seja, na verdade, a relação Marinheiros, que é mais naturalmente denotada por S!

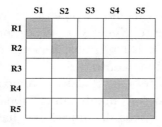

Figura 14.13 Junção por hashing *versus* loops aninhados de bloco para relações grandes.

Notamos que esse quadro é bastante simplista. Ele não captura os custos da varredura de R na junção de loops aninhados de bloco e a fase de particionamento na junção por hashing, e focaliza o custo da fase de investigação.

Junção por Hashing *versus* Junção Sort-Merge

Vamos comparar a junção por hashing com a junção sort-merge. Se temos $B > \sqrt{M}$ páginas de buffer, onde M é o número de páginas na relação *menor* e supomos um particionamento uniforme, o custo da junção por hashing é de $3(M + N)$ E/Ss. Se temos $B > \sqrt{N}$ páginas de buffer, onde N é o número de páginas na relação *maior*, o custo da junção sort-merge também é de $3(M + N)$, conforme discutido na Seção 14.4.2. Portanto, uma escolha entre essas técnicas é governada por outros fatores, notadamente:

- Se as partições na junção por hashing não têm tamanho uniforme, a junção pode custar mais. A junção sort-merge é menos sensível a tal desvio de dados.
- Se o número de buffers disponíveis cai entre $\sqrt{M}$ e $\sqrt{N}$, a junção por hashing custa menos do que a junção sort-merge, pois precisamos de memória suficiente apenas para conter partições da relação menor, enquanto, na junção sort-merge, os requisitos de memória dependem do tamanho da relação maior. Quanto maior for a diferença de tamanho entre as duas relações, mais importante torna-se esse fator.
- As considerações adicionais incluem o fato de que o resultado é ordenado na junção sort-merge.

14.4.4 Condições de Junção Gerais

Discutimos vários algoritmos de junção para o caso de uma condição de junção de igualdade. Outros casos importantes incluem uma condição de junção que envolva igualdades em vários atributos e condições de desigualdade. Para ilustrarmos o caso de várias igualdades, consideraremos a junção de Reservas R e Marinheiros M com a condição de junção $R.id\text{-}marin=S.id\text{-}marin \wedge R.nome\text{-}resp=S.nome\text{-}marin$:

- Para junção de loops aninhados indexados, podemos construir um índice em Reservas na combinação de campos $\langle R.id\text{-}marin, R.nome\text{-}resp \rangle$ e tratar Reservas como a relação interna. Também podemos usar um índice já existente nessa combinação de campos, ou em $R.id\text{-}marin$ ou em $R.nome\text{-}resp$. (Comentários semelhantes valem para a escolha de Marinheiros como relação interna, é claro.)
- Para junção sort-merge, ordenamos Reservas na combinação de campos $\langle id\text{-}marin, nome\text{-}resp \rangle$ e Marinheiros na combinação de campos $\langle id\text{-}marin, nome\text{-}marin \rangle$. Analogamente, para junção por hashing, particionamos nessas combinações de campos.
- Os outros algoritmos de junção que discutimos basicamente não são afetados.

Se tivermos uma comparação de desigualdade, por exemplo, uma junção de Reservas R e Marinheiros M com a condição de junção $R.nome\text{-}resp < S.nome\text{-}marin$:

- Precisamos de um índice de árvore B+ para a junção de loops aninhados indexados.
- A junção por hashing e a junção sort-merge não são aplicáveis.
- Os outros algoritmos de junção que discutimos basicamente não são afetados.

É claro que, independentemente do algoritmo, o número de tuplas qualificadas em uma junção de desigualdade provavelmente será muito maior do que em uma junção de igualdade.

Concluímos nossa apresentação de junções com a observação de que nenhum algoritmo de junção é uniformemente superior aos outros. A escolha de um bom algoritmo depende do tamanho das relações que estão sendo associadas por junção, dos métodos de acesso disponíveis e do tamanho do pool de buffers. Essa escolha pode ter um impacto considerável sobre o desempenho, pois a diferença entre um algoritmo bom e um ruim para determinada junção pode ser enorme.

14.5 AS OPERAÇÕES DE CONJUNTO

Agora, consideraremos brevemente a implementação das operações de conjunto $R \cap S$, $R \times S$, $R \cup S$ e $R - S$. Do ponto de vista da implementação, a intersecção e o produto cartesiano podem ser vistos como casos especiais de junção (com igualdade em todos os campos como a condição de junção para intersecção e sem nenhuma condição de junção para o produto cartesiano). Portanto, não os discutiremos mais a fundo.

O ponto principal a tratar na implementação da união é a eliminação de duplicatas. A diferença de conjuntos também pode ser implementada usando uma variação das técnicas de eliminação de duplicatas. (As consultas de união e diferença em uma única relação podem ser consideradas uma consulta de seleção com uma condição de seleção complexa. As técnicas discutidas na Seção 14.2 são aplicáveis a tais consultas.)

Existem dois algoritmos de implementação para união e diferença de conjuntos, novamente baseados em ordenação e hashing. Os dois algoritmos são exemplos da técnica de particionamento mencionada na Seção 12.2.

14.5.1 Ordenação para União e Diferença

Para implementar $R \cup S$:

1. Ordene R usando a combinação de todos os campos; da mesma maneira, ordene S.
2. Percorra as relações R e S ordenadas em paralelo e as intercale, eliminado as duplicatas.

Como um refinamento, podemos produzir séries ordenadas de R e S e intercalar essas séries em paralelo. (Esse refinamento é semelhante àquele discutido em detalhes para projeção.) A implementação de $R - S$ é semelhante. Durante o passo de intercalação, gravamos apenas as tuplas de R no resultado, após verificarmos se elas não aparecem em S.

14.5.2 Hashing para União e Diferença

Para implementar $R \cup S$:

1. Particione R e S usando uma função de hashing h.

2. Processe cada partição l como a seguir:

- Construa uma tabela de hashing na memória (usando a função de hashing $h2 \neq h$) para S_l.

- Percorra R_l. Para cada tupla, investigue a tabela de hashing de S_l. Se a tupla estiver na tabela de hashing, descarte-a; caso contrário, adicione-a na tabela.

- Grave a tabela de hashing e depois a limpe para prepará-la para a próxima partição.

Para implementarmos $R - S$, procedemos de modo semelhante. A diferença está no processamento de uma partição. Após construirmos uma tabela de hashing na memória para S_l, percorremos R_l. Para cada tupla de R_l, investigamos a tabela de hashing; se a tupla não estiver na tabela, a gravamos no resultado.

14.6 OPERAÇÕES AGREGADAS

A consulta em SQL mostrada na Figura 14.14 envolve uma *operação agregada*, AVG. As outras operações agregadas suportadas no SQL-92 são MIN, MAX, SUM e COUNT.

```
SELECT   AVG(S.idade)
FROM     Marinheiros M
```

Figura 14.14 Consulta de agregação simples.

O algoritmo básico dos operadores agregados consiste em percorrer a relação Marinheiros inteira e manter alguma **informação corrente** sobre as tuplas percorridas; os detalhes são simples. As informações correntes de cada operação agregada aparecem na Figura 14.15. O custo dessa operação é o de percorrer todas as tuplas de Marinheiros.

Operação agregada	*Informação corrente*
SUM	*Total* dos valores recuperados
AVG	$\langle Total, Contagem \rangle$ dos valores recuperados
COUNT	*Contagem* dos valores recuperados
MIN	O menor valor recuperado
MAX	O maior valor recuperado

Figura 14.15 Informações correntes de operações agregadas.

Os operadores agregados também podem ser usados em conjunto com uma cláusula GROUP BY. Se adicionássemos GROUP BY *avaliação* na consulta da Figura 14.14, precisaríamos calcular a idade média dos marinheiros para cada grupo de *avaliação*. Para consultas com agrupamento, existem dois bons algoritmos de avaliação que não contam com um índice já existente. Os dois algoritmos são exemplos da técnica de particionamento mencionada na Seção 12.2.

A estratégia de *ordenação* é simples — ordenamos a relação no atributo de agrupamento (*avaliação*) e, então, a percorremos novamente para calcular o resultado da operação agregada para cada grupo. O segundo passo é semelhante à maneira como implementamos operações agregadas sem agrupamento, apenas com o ponto adicional de que precisamos observar os limites do grupo. (É possível refinar a estratégia fazendo a agregação como parte da etapa de ordenação; deixamos isso como um exercício para o leitor.) O custo de E/S dessa estratégia é apenas o custo do algoritmo de ordenação.

Na estratégia do *hashing* construímos uma tabela de hashing (na memória principal, se possível) no atributo de agrupamento. As entradas têm a forma ⟨*valor-agrupamento, info-corrente*⟩. A informação corrente depende da operação agregada, conforme a discussão sobre operações agregadas sem agrupamento. Quando percorremos a relação, para cada tupla, investigamos a tabela de hashing para encontrar a entrada do grupo ao qual a tupla pertence e atualizamos a informação corrente. Quando a tabela de hashing estiver completa, a entrada de um valor de agrupamento poderá ser usada para calcular a tupla de resposta para o grupo correspondente, da maneira óbvia. Se a tabela de hashing couber na memória, o que é provável, pois cada entrada é muito pequena e há apenas uma entrada por valor de agrupamento, o custo da estratégia de hashing será de $O(M)$, onde M é o tamanho da relação.

Se a relação é tão grande que a tabela de hashing não cabe na memória, podemos particionar a relação usando uma função de hashing h em *valor-agrupamento*. Como todas as tuplas com determinado valor de agrupamento estão na mesma partição, podemos então processar cada partição independentemente, construindo uma tabela de hashing na memória para as tuplas nela existentes.

14.6.1 Implementando Agregação Usando um Índice

A técnica de usar um índice para selecionar um subconjunto de tuplas úteis não é aplicável à agregação. Entretanto, sob certas condições, podemos avaliar as operações agregadas eficientemente usando as entradas de dados em um índice em vez dos registros de dados:

- Se a chave de pesquisa para o índice inclui todos os atributos necessários para a consulta de agregação, podemos aplicar as técnicas descritas anteriormente nesta seção no conjunto de entradas de dados no índice em vez de aplicar no conjunto de registros de dados e, com isso, evitamos a busca de registros de dados.

- Se a lista de atributos da cláusula GROUP BY forma um prefixo da chave de pesquisa de índice e se trata de um índice de árvore, podemos recuperar entradas de dados (e registros de dados, se necessário) na ordem exigida para a operação de agrupamento e, com isso, evitamos uma etapa de ordenação.

Um determinado índice pode suportar uma das técnicas ou as duas; ambas são exemplos de planos *somente para índice*. Discutiremos o uso de índices para consultas com agrupamento e agregação no contexto de consultas que também incluem seleções e projeções na Seção 15.4.1.

14.7 O IMPACTO DO USO DE BUFFERS

Nas implementações de operadores relacionais, o uso eficiente do pool de buffers é muito importante, e consideramos explicitamente o tamanho do pool de buffers ao determinarmos os parâmetros dos vários algoritmos discutidos. Existem três pontos principais a notar:

1. Se várias operações são executadas concomitantemente, elas compartilham o pool de buffers. Isso reduz efetivamente o número de páginas de buffer disponíveis para cada operação.

2. Se as tuplas são acessadas usando-se um índice, especialmente um índice não agrupado, a probabilidade de encontrar uma página no pool de buffers, caso ela seja solicitada várias vezes, depende (de uma maneira bastante imprevisível, infelizmente) do tamanho do pool de buffers e da política de substituição. Além disso,

se as tuplas são acessadas usando-se um índice não agrupado, é provável que cada tupla recuperada nos obrigue a trazer uma nova página; portanto, o pool de buffers é preenchido rapidamente, levando a um alto nível de atividade de paginação.

3. Se uma operação tem um *padrão* de acessos repetidos à página, podemos aumentar a probabilidade de encontrar uma página na memória por meio de uma boa escolha de política de substituição ou *reservando* um número suficiente de buffers para a operação (se o gerenciador de buffer oferecer essa capacidade). Vários exemplos desses padrões de acesso repetido aparecem a seguir:

- Considere uma junção de loops aninhados simples. Para cada tupla da relação externa, percorremos repetidamente todas as páginas da relação interna. Se tivermos páginas de buffer suficientes para conter a relação interna inteira, a política de substituição será irrelevante. Caso contrário, a política de substituição se tornará crítica. Com LRU, *nunca* encontraremos uma página quando ela for solicitada, pois ela foi retirada da memória. Esse é o problema de *inundação seqüencial*, discutido na Seção 9.4.1. Com MRU, obtemos a melhor utilização de buffer — as primeiras $B - 2$ páginas da relação interna sempre permanecem no pool de buffers. (B é o número de páginas de buffer; usamos uma página para percorrer a relação externa[4] e sempre substituímos a última página usada para percorrer a relação interna.)

- Em uma junção de loops aninhados de bloco, para cada bloco da relação externa percorremos a relação interna inteira. Entretanto, como apenas uma página desprendida está disponível para a varredura da relação interna, a política de substituição não faz diferença.

- Em uma junção de loops aninhados indexados, para cada tupla da relação externa usamos o índice para encontrar as tuplas internas correspondentes. Se várias tuplas da relação externa têm o mesmo valor no atributo de junção, então existe um padrão de acesso repetido na relação interna; podemos maximizar a repetição ordenando a relação externa nos atributos de junção.

14.8 QUESTÕES DE REVISÃO

As respostas às questões de revisão podem ser encontradas nas seções listadas.

- Considere uma consulta de seleção simples da forma $\sigma_{R.atr\ \mathbf{op}_{valor}}(R)$. Quais são os caminhos de acesso alternativos em cada um destes casos: (i) não há nenhum índice e o arquivo não é ordenado, (ii) não há nenhum índice, mas o arquivo é ordenado. (**Seção 14.1**)

- Se um índice de árvore B+ corresponde à condição de seleção, como o agrupamento afeta o custo? Discuta isso em termos da seletividade da condição. (**Seção 14.1**)

- Descreva a *forma normal conjuntiva* para seleções gerais. Defina os termos *conjunção* e *disjunção*. Sob quais condições uma condição de seleção geral corresponde a um índice?
(**Seção 14.2**)

- Descreva as várias opções de implementação para seleções gerais. (**Seção 14.2**)

- Descreva o uso de ordenação *versus* hashing para eliminar duplicatas durante a projeção. (**Seção 14.3**)

---

[4] Pense na seqüência de ações de prender e desprender usada para conseguir isso.

Avaliando Operadores Relacionais

- Quando um índice pode ser usado para implementar projeções, sem recuperar os registros de dados reais? Quando o índice nos permite, além disso, eliminar duplicatas sem ordenação nem hashing? (**Seção 14.3**)
- Considere a junção das relações R e S. Descreva a *junção de loops aninhados simples* e a *junção de loops aninhados de bloco*. Quais são as semelhanças e diferenças? Como esta última reduz os custos de E/S? Discuta como você utilizaria buffers em loops aninhados de bloco. (**Seção 14.4.1**)
- Descreva a *junção de loops aninhados indexados*. Como ela difere da junção de loops aninhados de bloco? (**Seção 14.4.1**)
- Descreva a junção sort-merge de R e S. Quais condições de junção são suportadas? Quais otimizações são possíveis, além da ordenação de R e de S nos atributos de junção e, então, a realização da intercalação das duas? Em particular, discuta como as etapas da ordenação podem ser combinadas com o passo de intercalação. (**Seção 14.4.2**)
- Qual é a idéia por trás da *junção por hashing*? Qual é a otimização adicional na *junção por hashing híbrida*? (**Seção 14.4.3**)
- Discuta como a escolha do algoritmo de junção depende do número de páginas de buffer disponíveis, dos tamanhos de R e S e dos índices disponíveis. Seja específico em sua discussão e faça referência às fórmulas do custo de E/S de cada algoritmo. (**Seções 14.12 e 14.13**)
- Como as condições de junção gerais são tratadas? (**Seção 14.4.4**)
- Por que as operações de conjunto $R \cap S$ e $R \times S$ são casos especiais de junções? Qual é a semelhança entre as operações de conjunto $R \cup S$ e $R - S$? (**Seção 14.5**)
- Discuta o uso de ordenação *versus* hashing na implementação de $R \cup S$ e $R - S$. Compare isso com a ordenação *versus* hashing para tratar com agrupamento. (**Seção 14.5**)
- Discuta o uso de *informação corrente* na implementação de operadores agregados. Discuta o uso de ordenação *versus* hashing para tratar agrupamento. (**Seção 14.6**)
- Sob quais condições podemos usar um índice para implementar operações agregadas sem recuperar registros de dados? Sob quais condições os índices nos permitem evitar a ordenação ou o hashing? (**Seção 14.6**)
- Usando as fórmulas de custo dos vários algoritmos de avaliação de operador relacional, discuta quais operadores são mais sensíveis ao número de páginas de pool de buffers disponíveis. Como esse número é influenciado pelo número de operadores que estão sendo avaliados concomitantemente? (**Seção 14.7**)
- Explique como a escolha de uma boa política de substituição para o pool de buffers pode influenciar o desempenho global. Identifique os padrões de acesso na avaliação de operadores relacionais típicos e como eles influenciam a escolha da política de substituição. (**Seção 14.7**)

EXERCÍCIOS

Exercício 14.1 Responda sucintamente às seguintes perguntas:

1. Considere as três técnicas básicas, *iteração, indexação* e *particionamento*, e os operadores da álgebra relacional *seleção, projeção* e *junção*. Para cada par técnica-operador, descreva um algoritmo baseado na técnica para avaliar o operador.
2. Defina o termo *caminho de acesso mais seletivo para uma consulta*.
3. Descreva a *forma normal conjuntiva* e explique por que ela é importante no contexto da avaliação de consulta relacional.

4. Quando é que uma condição de seleção geral *corresponde* a um índice? O que é um *termo primário* em uma condição de seleção com relação a determinado índice?
5. Como a junção por hashing híbrida melhora o algoritmo de junção por hashing básico?
6. Discuta os prós e os contras de junção por hashing, da junção sort-merge e da junção de loops aninhados de bloco.
7. Se a condição de junção não é a igualdade, você pode usar junção sort-merge? Você pode usar junção por hashing? Você pode usar junção de loops aninhados indexados? Você pode usar junção de loops aninhados de bloco?
8. Descreva como se faz para avaliar uma consulta de agrupamento com o operador agregado MAX, usando uma estratégia baseada em ordenação.
9. Suponha que você esteja construindo um SGBD e queira adicionar um novo operador agregado, chamado SECOND LARGEST (segundo maior), que é uma variação do operador MAX. Descreva como você o implementaria.
10. Dê um exemplo de como as políticas de substituição de buffer podem afetar o desempenho de um algoritmo de junção.

Exercício 14.2 Considere uma relação R(a,b,c,d,e) contendo 5.000.000 de registros, onde cada página de dados da relação contém 10 registros. R é organizada como um arquivo ordenado com índices secundários. Suponha que $R.a$ seja uma chave candidata para R, com valores residindo no intervalo de 0 a 4.999.999, e que R esteja armazenada na ordem de $R.a$. Para cada uma das consultas da álgebra relacional a seguir, indique qual das seguintes estratégias (ou combinação delas) provavelmente é a mais barata:

- Acessar diretamente o arquivo ordenado de R.
- Usar um índice de árvore B+ agrupado no atributo $R.a$.
- Usar um índice de hashing linear no atributo $R.a$.
- Usar um índice de árvore B+ agrupado nos atributos ($R.a, R.b$).
- Usar um índice de hashing linear nos atributos ($R.a, R.b$).
- Usar um índice de árvore B+ não agrupado no atributo $R.b$.

1. $\sigma_{a<50.000 \wedge b<50.000}(R)$
2. $\sigma_{a=50.000 \wedge b<50.000}(R)$
3. $\sigma_{a>50.000 \wedge b=50.000}(R)$
4. $\sigma_{a=50.000 \wedge a=50.010}(R)$
5. $\sigma_{a \neq 50.000 \wedge b=50.000}(R)$
6. $\sigma_{a<50.000 \vee b=50.000}(R)$

Exercício 14.3 Considere o processamento da seguinte consulta de projeção em SQL:

SELECT DISTINCT E.título, E.nome-exec FROM Executivos E

Você recebe as seguintes informações:

Executivos tem atributos *nome-exec, título, nome-depto* e *endereço*; todos são campos de string do mesmo comprimento.
O atributo *nome-exec* é uma chave candidata.
A relação contém 10.000 páginas.
Existem 10 páginas de buffer.

Considere a versão otimizada do algoritmo de projeção baseado em ordenação: o passo de ordenação inicial lê a relação de entrada e cria séries ordenadas de tuplas contendo apenas os atributos *nome-exec* e *título*. Os passos de intercalação subseqüentes eliminam as duplicatas, enquanto intercalam as séries iniciais para obter um único resultado ordenado (em oposição a fazer um passo separado para eliminar duplicatas de um resultado ordenado contendo duplicatas).

1. Quantas séries ordenadas são produzidas no primeiro passo? Qual é o comprimento médio dessas séries? (Suponha que a memória seja bem utilizada e que seja usada qualquer otimização disponível para aumentar o tamanho da série.) Qual é o custo de E/S desse passo de ordenação?
2. Quantos passos de intercalação adicionais são exigidos para se calcular o resultado final da consulta de projeção? Qual é o custo de E/S desses passos adicionais?

3. (a) Suponha que esteja disponível um índice de árvore B+ agrupado em *título*. É provável que esse índice ofereça uma alternativa mais barata do que a ordenação? Sua resposta mudaria se o índice fosse não agrupado? Sua resposta mudaria se fosse um índice de hashing?

   (b) Suponha que esteja disponível um índice de árvore B+ agrupado em *nome-exec*. É provável que esse índice ofereça uma alternativa mais barata do que a ordenação? Sua resposta mudaria se o índice fosse não agrupado? Sua resposta mudaria se fosse um índice de hashing?

   (c) Suponha que esteja disponível um índice de árvore B+ agrupado em ⟨*nome-exec, título*⟩. É provável que esse índice ofereça uma alternativa mais barata do que a ordenação? Sua resposta mudaria se o índice fosse não agrupado? Sua resposta mudaria se fosse um índice de hashing?

4. Suponha que a consulta seja a seguinte:

SELECT E.título, E.nome-exec FROM Executivos E

Isto é, você não é obrigado a fazer eliminação de duplicatas. Como suas respostas das questões anteriores mudariam?

Exercício 14.4 Considere a junção $R \bowtie_{R.a=S.b} S$, dadas as informações a seguir sobre as relações a serem associadas por junção. A métrica de custo é o número de E/Ss de página, a não ser que seja denotado de outra forma, e o custo da gravação do resultado deve ser uniformemente ignorado.

A relação R contém 10.000 tuplas e tem 10 tuplas por página.

A relação S contém 2000 tuplas e também tem 10 tuplas por página.

O atributo *b* da relação S é a chave primária de S.

As duas relações são ordenadas como arquivos heap simples.

Nenhuma das relações tem qualquer índice incorporado.

Estão disponíveis 52 páginas de buffer.

1. Qual é o custo da junção de R e S usando uma junção de loops aninhados simples orientada a página? Qual é o número mínimo de páginas de buffer exigidas para que esse custo permaneça inalterado?

2. Qual é o custo da junção de R e S usando uma junção de loops aninhados de bloco? Qual é o número mínimo de páginas de buffer exigidas para que esse custo permaneça inalterado?

3. Qual é o custo da junção de R e S usando uma junção sort-merge? Qual é o número mínimo de páginas de buffer exigidas para que esse custo permaneça inalterado?

4. Qual é o custo da junção de R e S usando uma junção por hashing? Qual é o número mínimo de páginas de buffer exigidas para que esse custo permaneça inalterado?

5. Qual seria o menor custo de E/S possível para associar R e S por junção usando *qualquer* algoritmo de junção e quanto espaço de buffer seria necessário para se obter esse custo? Explique sucintamente.

6. Quantas tuplas a junção de R e S produz no máximo e quantas páginas são exigidas para armazenar o resultado da junção no disco?

7. Suas respostas para qualquer uma das questões anteriores neste exercício mudariam se você fosse informado de que $R.a$ é uma chave estrangeira que se refere a $S.b$?

Exercício 14.5 Considere a junção de R e S descrita no Exercício 14.4.

1. Com 52 páginas de buffer, se existissem índices de B+ não agrupados em $R.a$ e $S.b$, um dos dois ofereceria uma alternativa mais barata para realizar a junção (usando uma junção de loops aninhados indexados) do que uma junção de loops aninhados de bloco? Explique.

   (a) Sua resposta mudaria se estivessem disponíveis apenas cinco páginas de buffer?

   (b) Sua resposta mudaria se S contivesse apenas 10 tuplas em vez de 2.000?

2. Com 52 páginas de buffer, se existissem índices de B+ *agrupados* em $R.a$ e $S.b$, um dos dois ofereceria uma alternativa mais barata para realizar a junção (usando o algoritmo de *loops aninhados indexados*) do que uma junção de loops aninhados de bloco? Explique.

(a) Sua resposta mudaria se estivessem disponíveis apenas cinco páginas de buffer?

(b) Sua resposta mudaria se S contivesse apenas 10 tuplas em vez de 2.000?

3. Se apenas 15 buffers estivessem disponíveis, qual seria o custo de uma junção sort-merge? Qual seria o custo de uma junção por hashing?

4. Se o tamanho de S fosse aumentado para também ser de 10.000 tuplas, mas apenas 15 páginas de buffer estivessem disponíveis, qual seria o custo de uma junção sort-merge? Qual seria o custo de uma junção por hashing?

5. Se o tamanho de S fosse aumentado para também ser de 10.000 tuplas e estivessem disponíveis 52 páginas de buffer, qual seria o custo de uma junção sort-merge? Qual seria o custo de uma junção por hashing?

Exercício 14.6 Responda novamente cada uma das questões — se alguma questão não for aplicável, explique o porquê — do Exercício 14.4, mas usando as seguintes informações sobre R e S:

A relação R contém 200.000 tuplas e 20 tuplas por página.

A relação S contém 4.000.000 tuplas e também tem 20 tuplas por página.

O atributo a da relação R é a chave primária de R.

Cada tupla de R é associada a exatamente 20 tuplas de S.

Estão disponíveis 1002 páginas de buffer.

Exercício 14.7 Descrevemos variações da operação de junção chamadas de *junções externas*, na Seção 5.6.4. Uma estratégia para implementar uma operação de junção externa é primeiro avaliar a junção (interna) correspondente e, então, adicionar tuplas preenchidas com valores *nulos* no resultado, de acordo com a semântica do operador de junção externa dado. Entretanto, isso exige que comparemos o resultado da junção interna com as relações de entrada para determinarmos as tuplas adicionais a serem adicionadas. O custo dessa comparação pode ser evitado, modificando-se o algoritmo de junção para adicionar essas tuplas extras no resultado enquanto as tuplas de entrada estão sendo processadas durante a junção. Considere os seguintes algoritmos de junção: *junção de loops aninhados de bloco, junção de loops aninhados indexados, junção sort-merge* e *junção por hashing*. Descreva como você modificaria cada um desses algoritmos para calcular as seguintes operações nas tabelas Marinheiros e Reservas discutidas neste capítulo:

1. Marinheiros NATURAL LEFT OUTER JOIN Reservas
2. Marinheiros NATURAL RIGHT OUTER JOIN Reservas
3. Marinheiros NATURAL FULL OUTER JOIN Reservas

EXERCÍCIOS BASEADOS EM PROJETO

Exercício 14.8 (*Nota para os instrutores: os detalhes adicionais devem ser fornecidos, caso este exercício seja prescrito; consulte o Capítulo 30.*) Implemente em Minibase os vários algoritmos de junção descritos neste capítulo. (Como exercícios adicionais, talvez você queira implementar algoritmos selecionados também para os outros operadores.)

NOTAS BIBLIOGRÁFICAS

As técnicas de implementação usadas para operadores relacionais no System R são discutidas em [101]. As técnicas de implementação usadas no PRTV, que utilizam transformações da álgebra relacional e uma forma de otimização de consulta múltipla, são discutidas em [358]. As técnicas usadas para operações agregadas no Ingres são descritas em [246]. [324] traz um levantamento excelente dos algoritmos para implementar operadores relacionais e é recomendado como leitura complementar.

As técnicas baseadas em hashing são investigadas (e comparadas com as técnicas baseadas em ordenação) em [110], [222], [325] e [677]. A eliminação de duplicatas é discutida em [99]. [277] discute os padrões de acesso a armazenamento secundário que aparecem nas implementações de junção. Os algoritmos paralelos para implementar operações relacionais são discutidos em [99, 168, 220, 224, 233, 293, 534].

15
UM OTIMIZADOR DE CONSULTAS RELACIONAL TÍPICO

☛ Como as consultas SQL são transformadas em álgebra relacional? Como conseqüência, em qual classe de consultas da álgebra relacional um otimizador de consultas se concentra?

☛ Quais informações são armazenadas no catálogo do sistema de um SGBD e como são usadas na otimização de consultas?

☛ Como um otimizador calcula o custo de um plano de avaliação de consulta?

☛ Como um otimizador gera planos alternativos para uma consulta? Qual é o espaço de planos considerado? Qual é a função das equivalências da álgebra relacional na geração de planos?

☛ Como as consultas SQL aninhadas são otimizadas?

➽ **Conceitos-chave:** SQL para álgebra, bloco de consulta; catálogo de sistema, dicionário de dados, metadados, estatísticas do sistema, representação relacional de catálogos; estimativa de custo, estimativa de tamanho, fatores de redução; histogramas, igualdade de largura, igualdade de profundidade, compactado; equivalências da álgebra, expansão de seleções, ordenação de junção; espaço de plano, planos de relação única, planos de múltiplas relações de profundidade à esquerda; enumeração de planos, estratégia de programação dinâmica, estratégias alternativas.

A vida é o que acontece enquanto você está ocupado fazendo outros planos.

—John Lennon

Neste capítulo, apresentaremos em detalhes um otimizador de consultas relacional típico. Começaremos discutindo como as consultas SQL são convertidas em unidades chamadas *blocos* e como os blocos são transformados em expressões (estendidas) da álgebra relacional (Seção 15.1). A principal tarefa de um otimizador é encontrar um bom plano para avaliar essas expressões. A otimização de uma expressão da álgebra relacional envolve duas etapas básicas:

- Enumerar planos alternativos para avaliar a expressão. Normalmente, o otimizador considera um subconjunto de todos os planos possíveis, pois o número deles é muito grande.
- Estimar o custo de cada plano enumerado e escolher o plano com o custo estimado mais baixo.

Na Seção 15.2, discutiremos como se faz para usar estatísticas do sistema para calcular as propriedades do resultado de uma operação relacional, em particular os tamanhos do resultado. Após discutirmos como se faz para estimar o custo de determinado plano, descreveremos, nas Seções 15.3 e 15.4, o espaço dos planos considerados por um otimizador de consultas relacional típico. Na Seção 15.5, discutiremos como são tratadas as consultas SQL aninhadas. Na Seção 15.6, discutiremos brevemente algumas das escolhas influentes feitas no otimizador de consultas System R. Concluiremos, na Seção 15.7, com uma breve discussão sobre outras estratégias de otimização de consultas.

Consideraremos vários exemplos de consulta usando o seguinte esquema:

Marinheiros(*id-marin:* integer, *nome-marin:* string, *avaliação:* integer, *idade:* real)
Barcos(*id-barco:* integer, *nome-barco:* string, *cor:* string)
Reservas(*id-marin:* integer, *id-barco:* integer, *dia:* date, *nome-resp:* string)

Assim como no Capítulo 14, pressupomos que cada tupla de Reservas tem 40 bytes de comprimento, que uma página pode conter 100 tuplas de Reservas e que temos 1000 páginas dessas tuplas. Analogamente, pressupomos que cada tupla de Marinheiros tem 50 bytes de comprimento, que uma página pode conter 80 tuplas de Marinheiros e que temos 500 páginas dessas tuplas.

15.1 TRANSFORMANDO CONSULTAS SQL EM ÁLGEBRA

As consultas SQL são otimizadas pela sua decomposição em um conjunto de unidades menores chamadas *blocos*. Um otimizador de consultas relacional típico se concentra na otimização de um único bloco por vez. Nesta seção, descreveremos como uma consulta é decomposta em blocos e como a otimização de um único bloco pode ser compreendida em termos de planos constituídos de operadores da álgebra relacional.

15.1.1 Decomposição de uma Consulta em Blocos

Quando um usuário envia uma consulta SQL, ela é decomposta em um conjunto de blocos e depois enviada para o otimizador de consultas. Um **bloco de consulta** (ou simplesmente **bloco**) é uma consulta SQL sem nenhum aninhamento e com exatamente uma cláusula SELECT, uma cláusula FROM e no máximo uma cláusula WHERE, uma cláusula GROUP BY e uma cláusula HAVING. Supõe-se que a cláusula WHERE esteja na forma normal conjuntiva, conforme a discussão da Seção 14.2. Usamos a consulta a seguir como exemplo de funcionamento:

```
SELECT     M.id-marin, MIN (R.dia)
FROM       Marinheiros M, Reservas R, Barcos B
WHERE      S.id-marin = R.id-marin AND R.id-barco = B.id-barco AND
           B.cor = 'vermelho' AND
           S.avaliação = ( SELECT MAX (M2.avaliação)
                           FROM Marinheiros M2)
GROUP BY   S.id-marin
HAVING     COUNT (*) > 1
```

Figura 15.1 Marinheiros reservando barcos vermelhos.

Um Otimizador de Consultas Relacional Típico

Para cada marinheiro com a classificação mais alta (em relação a todos os marinheiros) e com pelo menos duas reservas para barcos vermelhos, encontre o id do marinheiro e a data mais próxima na qual ele tem uma reserva para um barco vermelho.

A versão SQL dessa consulta aparece na Figura 15.1. A consulta tem dois blocos. O **bloco aninhado** é:

```
SELECT   MAX (M2.avaliação)
FROM     Marinheiros M2
```

O bloco aninhado calcula a classificação de marinheiro mais alta. O **bloco externo** aparece na Figura 15.2. Toda consulta SQL pode ser decomposta em um conjunto de blocos sem aninhamento:

```
SELECT     S.id-marin, MIN (R.dia)
FROM       Marinheiros S, Reservas R, Barcos B
WHERE      S.id-marin = R.id-marin AND R.id-barco = B.id-barco AND
           B.cor = 'vermelho' AND
           S.avaliação = Referência ao bloco aninhado
GROUP BY   S.id-marin
HAVING     COUNT (*) > 1
```

Figura 15.2 Bloco externo da consulta de barcos vermelhos.

O otimizador examina os catálogos do sistema para recuperar informações sobre os tipos e comprimentos dos campos, estatísticas sobre as relações referenciadas e os caminhos de acesso (índices) disponíveis para elas. Depois, o otimizador considera cada bloco de consulta e escolhe um plano de avaliação de consulta para esse bloco. Focalizaremos principalmente a otimização de um único bloco de consulta e deixaremos a discussão sobre as consultas aninhadas para a Seção 15.5.

15.1.2 Um Bloco de Consulta como uma Expressão da Álgebra Relacional

A primeira etapa na otimização de um bloco de consulta é representá-lo como uma expressão da álgebra relacional. Por uniformidade, vamos supor que GROUP BY e HAVING também sejam operadores usados para planos na álgebra estendida, e que operações agregadas podem aparecer na lista de argumentos do operador de projeção. O significado dos operadores deve estar claro com base na nossa discussão sobre a SQL. A consulta SQL da Figura 15.2 pode ser expressa na álgebra estendida como:

$\pi_{S.id\text{-}marin, MIN(R.dia)}($
$HAVING_{COUNT(*)>2}($
$GROUP\ BY_{S.id\text{-}marin}($
$\sigma_{S.id\text{-}marin=R.id \land marin=R.id\text{-}barco=B.id\text{-}barco \land B.cor='vermelho' \land S.avaliação=valor\_do\_bloco\_aninhado}($
$Marinheiros \times Reservas \times Barcos))))$

Por brevidade, usamos *S*, *R* e *B* (em vez de Marinheiros, Reservas e Barcos) para prefixar atributos. Intuitivamente, a seleção é aplicada no produto cartesiano das três relações. Então as tuplas qualificadas são agrupadas por *S.id-marin* e a condição da cláusula HAVING é usada para descartar alguns grupos. Para cada grupo restante, é gerada uma tupla de resultado contendo os atributos (e a contagem) mencionados na lista de projeção. Essa expressão algébrica é um resumo fiel da semântica de uma consulta SQL, que discutimos no Capítulo 5.

Todo bloco de consulta SQL pode ser expresso como uma expressão algébrica estendida tendo essa forma. A cláusula SELECT corresponde ao operador de projeção, a cláusula WHERE corresponde ao operador de seleção, a cláusula FROM corresponde ao produto cartesiano das relações e as cláusulas restantes são mapeadas diretamente nos operadores correspondentes.

Os planos alternativos examinados por um otimizador de consultas relacional típico podem ser entendidos reconhecendo-se que *uma consulta é tratada basicamente como uma expressão algébrica* $\sigma\pi\times$, com as operações restantes (se houver, em determinada consulta) executadas no resultado da expressão $\sigma\pi\times$. A expressão $\sigma\pi\times$ da consulta da Figura 15.2 é:

$$\pi_{S.id\text{-}marin, R.dia}(\\
\sigma_{S.id\text{-}marin=R.id\text{-}marin \wedge R.id\text{-}barco=B.id\text{-}barco \wedge B.cor='vermelho' \wedge S.avaliação=valor\_do\_bloco\_aninhado}(\\
Marinheiros \times Reservas \times Barcos))$$

Para garantir que as operações GROUP BY e HAVING da consulta possam ser executadas, os atributos mencionados nessas cláusulas são adicionados à lista de projeção. Além disso, visto que as operações agregadas da cláusula SELECT, como a operação MIN*(R.dia)* em nosso exemplo, são calculadas após se calcular primeiro a parte IDEM$\pi\times$ da consulta, as expressões agregadas da lista de projeção são substituídas pelos nomes dos atributos aos quais se referem. Assim, a otimização da parte $\sigma\pi\times$ da consulta basicamente ignora essas operações agregadas.

O otimizador encontra o melhor plano para a expressão $\sigma\pi\times$ obtida dessa maneira de uma consulta. Esse plano é avaliado e as tuplas resultantes são ordenadas (alternativamente, passam pela função de hashing) para implementar a cláusula GROUP BY. A cláusula HAVING é aplicada para eliminar alguns grupos e as expressões agregadas da cláusula SELECT são calculadas para cada grupo restante. Esse procedimento está resumido na expressão algébrica estendida a seguir:

$$\pi_{S.id\text{-}marin, MIN(R.dia)}(\\
HAVING_{COUNT(*)>2}(\\
GROUP\ BY_{S.id\text{-}marin}(\\
\pi_{S.id\text{-}marin, MIN(R.dia)}(\\
\sigma_{S.id\text{-}marin=R.id\text{-}marin \wedge R.id\text{-}barco=B.id\text{-}barco \wedge B.cor='vermelho' \wedge S.avaliação=valor\_do\_bloco\_aninhado}(\\
Marinheiros \times Reservas \times Barcos)))))$$

Algumas otimizações serão possíveis se a cláusula FROM contiver apenas uma relação e a relação tiver alguns índices que possam ser usados para executar a operação de agrupamento. Discutiremos melhor essa situação na Seção 15.4.1.

Portanto, para uma primeira aproximação, os planos alternativos examinados por um otimizador típico podem ser entendidos em termos dos planos considerados para consultas $\sigma\pi\times$. Um otimizador enumera planos aplicando várias equivalências entre as expressões da álgebra relacional, as quais apresentaremos na Seção 15.3. Discutiremos o espaço dos planos enumerados por um otimizador na Seção 15.4.

15.2 ESTIMANDO O CUSTO DE UM PLANO

Para cada plano enumerado, precisamos estimar seu custo. Existem duas partes para estimar o custo de um plano de avaliação de um bloco de consulta:

1. Para cada nó na árvore, devemos *estimar o custo* da execução da operação correspondente. Os custos são afetados significativamente pelo fato de se usar pipelining ou se relações temporárias são criadas para passar a saída de um operador para seu ascendente.

2. Para cada nó na árvore, devemos *estimar o tamanho do resultado* e verificar se ele está ordenado. Esse resultado é a entrada para a operação que corresponde ao ascendente do nó corrente e, por sua vez, o tamanho e a ordem afetam a estimativa de tamanho, o custo e a ordem do ascendente.

Discutimos o custo das técnicas de implementação de operadores relacionais no Capítulo 14. Conforme foi visto, estimar custos exige o conhecimento de vários parâmetros das relações de entrada, como o número de páginas e os índices disponíveis. Tais estatísticas são mantidas nos catálogos de sistema do SGBD. Nesta seção, descrevemos as estatísticas mantidas por um SGBD típico e discutimos como os tamanhos do resultado são estimados. Assim como no Capítulo 14, usamos o número de E/S de página como métrica do custo e, por simplicidade, ignoramos problemas como acesso bloqueado.

As estimativas usadas por um SGBD para tamanhos e custos do resultado são, na melhor das hipóteses, aproximações dos tamanhos e custos reais. Não é realístico esperar que um otimizador encontre o melhor plano possível; é mais importante evitar os piores planos e encontrar um bom plano.

15.2.1 Estimando os Tamanhos do Resultado

Agora, discutiremos como um otimizador típico avalia o tamanho do resultado calculado por um operador em entradas dadas. A estimativa do tamanho também desempenha uma função importante na estimativa de custo, pois a saída de um operador pode ser a entrada de outro, e o custo de um operador depende do tamanho de suas entradas.

Considere um bloco de consulta da forma:

```
SELECT   lista de atributos
FROM     lista de relações
WHERE    termo₁ ∧ termo₂ ∧ ... ∧ termoₙ
```

O número máximo de tuplas no resultado dessa consulta (sem eliminação de duplicatas) é o produto das cardinalidades das relações na cláusula FROM. Entretanto, cada termo na cláusula WHERE elimina algumas dessas tuplas de resultado em potencial. Podemos modelar o efeito da cláusula WHERE no tamanho do resultado associando um **fator de redução** a cada termo, que é a proporção do tamanho do resultado (esperado) em relação ao tamanho da entrada, considerando apenas a seleção representada pelo termo. O tamanho real do resultado pode ser estimado como o tamanho máximo vezes o produto dos fatores de redução dos termos na cláusula WHERE. Naturalmente, essa estimativa reflete a suposição — irreal, mas simplificadora — de que as condições testadas por cada termo são estatisticamente independentes.

Agora, consideraremos como os fatores de redução podem ser calculados para diferentes tipos de termos na cláusula WHERE, usando as estatísticas disponíveis nos catálogos:

- *coluna = valor*: para um termo dessa forma, o fator de redução pode ser aproximado por $\frac{1}{NChaves(I)}$, caso haja um índice I em *coluna* para a relação em questão. Essa fórmula presume uma distribuição uniforme das tuplas entre os valores de chave de índice; isso é feito freqüentemente para se chegar às estimativas de custo em um otimizador de consultas relacional típico. Se não houver nenhum índice em *coluna*, o otimizador System R presumirá, arbitrariamente, que o fator de redução é de $\frac{1}{10}$. Claro que é possível manter estatísticas, como o número de valores distintos presentes, para qualquer atributo, haja ou não um índice nesse atributo. Se tais estatísticas forem mantidas, podemos fazer melhor do que a escolha arbitrária de $\frac{1}{10}$.

- *coluna1 = coluna2*: neste caso, o fator de redução pode ser aproximado por $\frac{1}{\text{MAX}(NChaves(I1), NChaves(I2))}$, caso existam os índices *I1* e *I2* em *coluna1* e em *coluna2*, respectivamente. Essa fórmula presume que cada valor de chave no índice menor, digamos, *I1*, tem um valor correspondente no outro índice. Dado um valor para a *coluna1*, supomos que cada um dos valores de *NChaves(I2)* da *coluna2* seja igualmente provável. Portanto, o número de tuplas que têm o mesmo valor na *coluna2* que um determinado valor da *coluna1* é $\frac{1}{NChaves(I2)}$. Se apenas uma das duas colunas tiver um índice *I*, utilizamos o fator de redução 1/NChaves (I); se nenhuma das colunas tiver um índice, aproximamos isso para o onipresente $\frac{1}{10}$. Estas fórmulas são usadas se as duas colunas aparecem ou não na mesma relação.

- *coluna > valor*: o fator de redução é aproximado por $\frac{Maior(I) - valor}{Maior(I) - Menor(I)}$, quando existe um índice *I* em *coluna*. Se a coluna não for de um tipo aritmético ou se não houver nenhum índice, uma fração menor do que a metade é escolhida arbitrariamente. Fórmulas semelhantes para o fator de redução podem ser extraídas de outras seleções de intervalo.

- *Coluna* IN (*lista de valores*): o fator de redução é tomado como o fator de redução de *coluna = valor*, multiplicado pelo número de itens presentes na lista. Entretanto, ele só pode ser no máximo a metade, refletindo a confiança heurística de que cada seleção elimina pelo menos metade das tuplas candidatas.

Essas estimativas de fatores de redução são, na melhor das hipóteses, aproximações que contam com suposições como uma distribuição uniforme de valores e distribuição de valores independente em diferentes colunas. Recentemente, técnicas mais sofisticadas, baseadas no armazenamento de estatísticas mais detalhadas (por exemplo, histogramas dos valores em uma coluna, o que consideraremos posteriormente nesta seção), têm sido propostas e estão encontrando seu lugar nos sistemas comerciais.

Os fatores de redução também podem ser aproximados para termos da forma *coluna* IN *subconsulta* (proporção do tamanho estimado do resultado da subconsulta em relação ao número de valores distintos na *coluna* na relação externa); NOT *condição* (1–fator de redução da *condição*); *valor1<coluna<valor2*; a disjunção de duas condições, entre outros, mas não discutiremos tais fatores de redução.

Resumindo, independentemente do plano escolhido, podemos estimar o tamanho do resultado final tomando o produto dos tamanhos das relações na cláusula FROM e os fatores de redução dos termos presentes na cláusula WHERE. Analogamente, podemos estimar o tamanho do resultado de cada operador em uma árvore de planos usando fatores de redução, pois a própria subárvore, cuja raiz está no nó desse operador, é um bloco de consulta.

Note que, se a eliminação de duplicatas não for realizada, o número de tuplas no resultado não será afetado pelas projeções. Contudo, as projeções reduzem o número de páginas no resultado, pois as no resultado de uma projeção são menores do que as

> **Estimando Características da Consulta**: O IBM DB2, o Informix, o Microsoft SQL Server, o Oracle 8 e o Sybase ASE usam histogramas para estimar características de consulta, como tamanho do resultado e custo. Por exemplo, o Sybase ASE usa histogramas unidimensionais com igualdade de profundidade, com certa atenção especial aos valores de freqüência altos, para que sua contagem seja estimada com precisão. O ASE também mantém a contagem média de duplicatas a fim de cada prefixo de um índice a fim de estimar correlações entre histogramas para chaves compostas (embora não mantenha tais histogramas). O ASE também mantém estimativas do grau de agrupamento em tabelas e índices. O IBM DB2, o Informix e o Oracle também usam histogramas unidimensionais com igualdade de profundidade; o Oracle comuta automaticamente para manter uma contagem de duplicatas para cada valor, quando existem poucos valores em uma coluna. O Microsoft SQL Server usa histogramas unidimensionais com igualdade de área, com algumas otimizações (às vezes, os buckets adjacentes com distribuições semelhantes são combinados para compactar o histograma). No SQL Server, a criação e a manutenção de histogramas são feitas automaticamente, sem necessidade de entrada do usuário.
>
> Embora técnicas de amostragem tenham sido estudadas para estimar tamanhos do resultado e custos, nos sistemas atuais a amostragem é usada apenas por utilitários do sistema, para estimar estatísticas ou construir histogramas, mas não diretamente pelo otimizador para estimar características da consulta. Às vezes, a amostragem é usada para fazer balanceamento de carga em implementações paralelas.

tuplas originais; a proporção dos tamanhos de tupla pode ser usada como um **fator de redução para projeção**, a fim de estimar o tamanho do resultado em páginas, dado o tamanho da relação de entrada.

Estatísticas Melhoradas: Histogramas

Considere uma relação com N tuplas e uma seleção da forma *coluna > valor* em uma coluna com um índice I. O fator de redução r é aproximado por $Maior(I) - valor/Maior(I) - Menor(I)$ e o tamanho do resultado é estimado como rN. Essa estimativa conta com a suposição de que a distribuição de valores é uniforme.

As estimativas podem ser melhoradas consideravelmente pela manutenção de estatísticas mais detalhadas do que apenas os valores superior e inferior no índice I. Intuitivamente, queremos aproximar a distribuição dos valores de chave I o mais precisamente possível. Considere as duas distribuições de valores mostradas na Figura 15.3. A primeira é uma distribuição de valores não uniforme D (digamos, para um atributo chamado *idade*). A *freqüência* de um valor é o número de tuplas com esse valor de *idade*; uma distribuição é representada mostrando-se a freqüência de cada valor de *idade* possível. Em nosso exemplo, o valor de *idade* mais baixo é 0, o mais alto é 14 e todos os valores de *idade* registrados são inteiros no intervalo de 0 a 14. A segunda distribuição aproxima D pressupondo que cada valor de *idade* no intervalo de 0 a 14 aparece com igual freqüência na coleção de tuplas subjacente. Essa aproximação pode ser armazenada de forma compacta, pois só precisamos registrar os valores superior e inferior do intervalo de *idade* (0 e 14 respectivamente) e a contagem total de todas as freqüências (que é 45 em nosso exemplo).

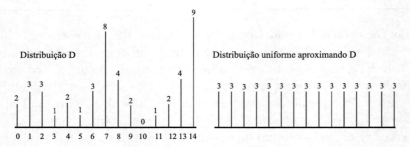

Figura 15.3 Distribuições uniforme *versus* não uniforme.

Considere a seleção *idade* > 13. Com base na distribuição D na Figura 15.3, vemos que o resultado tem 9 tuplas. Por outro lado, usando a aproximação da distribuição uniforme, estimamos o tamanho do resultado como $\frac{1}{15} \cdot 45 = 3$ tuplas. Claramente, a estimativa é muito imprecisa.

O **histograma** é uma estrutura de dados mantida por um SGBD para aproximar uma distribuição de dados. Na Figura 15.4, mostramos como a distribuição de dados da Figura 15.3 pode ser aproximada dividindo o intervalo de valores de *idade* em subintervalos chamados buckets e, para cada bucket, contando o número de tuplas com valores de *idade*. A Figura 15.4 mostra dois tipos diferentes de histogramas chamados *com igualdade de largura* e *com igualdade de profundidade*, respectivamente.

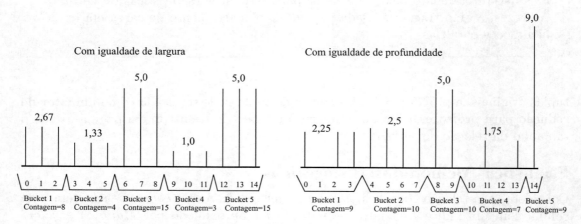

Figura 15.4 Histogramas aproximando a distribuição D.

Considere a consulta de seleção *idade* > 13 novamente e o primeiro histograma (com igualdade de largura). Podemos estimar o tamanho do resultado como 5, pois o intervalo selecionado inclui um terço do intervalo do bucket 5. Como o bucket 5 representa um total de 15 tuplas, o intervalo selecionado corresponde a $\frac{1}{3} \cdot 15 = 5$ tuplas. Conforme esse exemplo mostra, supomos que a distribuição *dentro* de um bucket do histograma é uniforme. Portanto, quando simplesmente mantemos os valores superior e inferior do índice I, efetivamente usamos um "histograma" com um único bucket. Usar, em vez disso, histogramas com um pequeno número de buckets leva a estimativas muito mais precisas, ao custo de algumas centenas de bytes por histograma. (Assim como todas as estatísticas em um SGBD, os histogramas são atualizados periodicamente e não quando os dados são alterados.)

Uma questão importante é como dividir o intervalo de valores no bucket. Em um histograma **com igualdade de largura**, dividimos o intervalo em subintervalos de tamanho igual (em termos do intervalo do valor de *idade*). Também poderíamos escolher subintervalos de modo que o número de tuplas dentro de cada subintervalo (isto é, bucket) fosse igual. Tal histograma, chamado **com igualdade de profundidade**, também está ilustrado na Figura 15.4. Considere a seleção *idade* > 13 novamente. Usando o histograma com igualdade de profundidade, somos levados ao bucket 5, o qual contém apenas o valor de *idade* 14; assim, chegamos na resposta exata, 9. Embora o bucket (ou buckets) relevante geralmente contenha mais de uma tupla, os histogramas com igualdade de profundidade fornecem estimativas melhores do que os histogramas com igualdade de largura. Intuitivamente, os buckets com valores que ocorrem muito freqüentemente contêm menos valores e, assim, a suposição da distribuição uniforme é aplicada a um intervalo de valores menor, levando a aproximações melhores. Inversamente, os buckets com valores não freqüentes são aproximados com menor precisão em um histograma com igualdade de profundidade, mas, para se ter uma boa estimativa, os valores freqüentes são importantes.

Prosseguindo ainda com a intuição a respeito da importância dos valores freqüentes, outra alternativa é manter contagens separadas para um pequeno número de valores muito freqüentes, digamos, os valores de *idade* 7 e 14 em nosso exemplo, e manter um histograma com igualdade de profundidade (ou outro) para cobrir os valores restantes. Tal histograma é chamado de **compactado**. Atualmente, a maioria dos SGBDs comerciais usa histogramas com igualdade de profundidade e alguns usam histogramas compactados.

15.3 EQUIVALÊNCIAS DA ÁLGEBRA RELACIONAL

Nesta seção, apresentamos várias equivalências entre expressões da álgebra relacional; na Seção 15.4 discutiremos o espaço dos planos alternativos considerados por um otimizador.

Nossa discussão sobre equivalências tem como objetivo explicar a função que elas têm em um otimizador do estilo System R. Basicamente, um bloco de consulta SQL básico pode ser considerado uma expressão algébrica consistindo no produto cartesiano de todas as relações da cláusula FROM, nas seleções da cláusula WHERE e nas projeções da cláusula SELECT. O otimizador pode optar por avaliar qualquer expressão equivalente e ainda obter o mesmo resultado. As equivalências algébricas nos permitem converter produtos cartesianos em junções, escolher diferentes ordens de junção e colocar seleções e projeções na frente das junções. Por simplicidade, consideremos que nunca surgem conflitos de nomes e que não precisamos considerar o operador renomear ρ.

15.3.1 Seleções

Duas equivalências importantes envolvem a operação de seleção. A primeira contém **seleções em cascata**:

$$\sigma_{C_1 \wedge C_2 \wedge ... C_n}(R) \equiv \sigma_{C_1}(\sigma_{C_2}(...(\sigma_{C_n}(R))...))$$

Da direita para a esquerda, essa equivalência nos permite combinar várias seleções em apenas uma. Intuitivamente, podemos testar se uma tupla satisfaz cada uma das condições $c_1...c_n$ ao mesmo tempo. Na outra direção, essa equivalência nos permite tomar uma condição de seleção envolvendo vários conjuntos e substituí-la por várias operações de seleção menores. A substituição de uma seleção por várias seleções menores mostra-se muito útil em combinação com outras equivalências, especialmente a comutação de seleções com junções ou produtos cartesianos, o que discutiremos em breve. Intuitivamente, tal substituição é útil nos casos em que apenas parte de uma condição de seleção complexa pode ser avaliada numa seqüência diferente de operações.

A segunda equivalência diz que as seleções são **comutativas**:

$$\sigma_{C_1}(\sigma_{C_2}(R)) \equiv \sigma_{C_2}(\sigma_{C_1}(R))$$

Em outras palavras, podemos testar as condições c_1 e c_2 em qualquer ordem.

15.3.2 Projeções

A regra das **projeções em cascata** diz que eliminar sucessivamente as colunas de uma relação é equivalente a simplesmente eliminar todas as colunas, menos a mantida pela projeção final:

$$\pi_{a_1}(R) \equiv \pi_{a_1}(\pi_{a_2}(...(\pi_{a_n}(R))...))$$

Cada a_i é um conjunto de atributos da relação R e $a_i \subseteq a_{i+1}$ para $i = 1...n-1$. Essa equivalência é útil em conjunto com outras equivalências, como a comutação de projeções com junções.

15.3.3 Produtos Cartesianos e Junções

Duas importantes equivalências envolvem produtos cartesianos e junções. Por simplicidade, apresentam-nos em termos de junções naturais, mas elas também valem para junções gerais.

Primeiro, supondo que os campos sejam identificados pelo nome, em vez da posição, essas operações são **comutativas**:

$$R \times S \equiv S \times R$$
$$R \bowtie S \equiv S \bowtie R$$

Essa propriedade é muito importante. Ela nos permite escolher qual relação vai ser a interna e qual vai ser a externa em uma junção de duas relações.

A segunda equivalência diz que as junções e os produtos cartesianos são **associativos**:

$$R \times (S \times T) \equiv (R \times S) \times T$$
$$R \bowtie (S \bowtie T) \equiv (R \bowtie S) \bowtie T$$

Assim, podemos juntar primeiro R e S e depois juntar T ao resultado, ou juntar S e T primeiro e depois juntar R ao resultado. A intuição por trás da associatividade de produtos cartesianos é que, independentemente da ordem em que as três relações são consideradas, o resultado final contém as mesmas colunas. A associatividade da junção é baseada na mesma intuição, com a observação adicional de que as seleções que especificam as condições de junção podem ser dispostas em cascata. Assim, as mesmas linhas aparecem no resultado final, independentemente da ordem em que as relações são associadas por junção.

Junto com a comutatividade, a associatividade diz fundamentalmente que podemos optar por juntar qualquer par dessas relações e depois juntar o resultado com a terceira relação, e sempre obter o mesmo resultado final. Por exemplo, vamos verificar que

$$R \bowtie (S \bowtie T) \equiv (T \bowtie R) \bowtie S$$

Por meio da comutatividade, temos:

$$R \bowtie (S \bowtie T) \equiv R \bowtie (T \bowtie S)$$

Por meio da associatividade, temos:

$$R \bowtie (T \bowtie S) \equiv (R \bowtie T) \bowtie S$$

Usando a comutatividade novamente, temos:

$$(R \bowtie T) \bowtie S \equiv (T \equiv R) \bowtie S$$

Em outras palavras, ao associarmos várias relações por junção, estamos livres para associá-las em qualquer ordem que escolhermos. Essa independência da ordem é fundamental para o modo como o otimizador gera planos de avaliação de consulta alternativos.

15.3.4 Seleções, Projeções e Junções

Algumas equivalências importantes envolvem dois ou mais operadores.

Podemos **comutar** uma seleção com uma projeção caso a operação de seleção envolva apenas atributos mantidos pela projeção:

$$\pi_a(\sigma_c(R)) \equiv \sigma_c(\pi_a(R))$$

Todo atributo mencionado na condição de seleção c deve ser incluído no conjunto de atributos a.

Podemos **combinar** uma seleção com um produto cartesiano para formar uma junção, conforme a definição de junção:

$$R \bowtie_c S \equiv \sigma_c(R \times S)$$

Podemos **comutar** uma seleção com um produto cartesiano ou com uma junção, se a condição de seleção envolver apenas atributos de um dos argumentos do produto cartesiano ou da junção:

$$\sigma_c(R \times S) \equiv \sigma_c(R) \times S$$
$$\sigma_c(R \bowtie S) \equiv \sigma_c(R) \bowtie S$$

Os atributos mencionados em c devem aparecer apenas em R e não em S. Naturalmente, equivalências semelhantes são válidas caso c envolva apenas atributos de S e não de R.

Em geral, uma seleção σ_c em $R \times S$ pode ser substituída por seleções em cascata σ_{c_1}, σ_{c_2} e σ_{c_3}, tal que c_1 envolva atributos de R e de S, c_2 envolva apenas atributos de R e c_3 envolva apenas atributos de S:

$$\sigma_c(R \times S) \equiv \sigma_{c_1 \wedge c_2 \wedge c_3}(R \times S)$$

Usando a regra da cascata para seleções, essa expressão é equivalente a

$$\sigma_{c_1}(\sigma_{c_2}(\sigma_{c_3}(R \times S)))$$

Usando a regra para comutar seleções e produtos cartesianos, essa expressão é equivalente a

$$\sigma_{c_1}(\sigma_{c_2}(R) \times \sigma_{c_3}(S))$$

Assim, podemos colocar parte da condição de seleção c na frente do produto cartesiano. É claro que essa observação também vale para seleções em combinação com junções.

Podemos **comutar** uma projeção com um produto cartesiano:

$$\pi_a(R \times S) \equiv \pi_{a_1}(R) \times \pi_{a_2}(S)$$

onde a_1 é o subconjunto de atributos em a que aparecem em R, e a_2 é o subconjunto de atributos em a que aparecem em S. Podemos também **comutar** uma projeção com uma junção se a condição de junção envolver apenas atributos mantidos pela projeção:

$$\pi_a(R \bowtie_c S) \equiv \pi_{a_1}(R) \bowtie_c \pi_{a_2}(S)$$

onde a_1 é o subconjunto de atributos de a que aparecem em R, e a_2 é o subconjunto de atributos de a que aparecem em S. Além disso, todo atributo mencionado na condição de junção c deve aparecer em a.

Intuitivamente, precisamos manter apenas os atributos de R e S mencionados na condição de junção c ou incluídos no conjunto de atributos a mantido pela projeção. Claramente, se a inclui todos os atributos mencionados em c, as regras de comutação anteriores valem. Se a *não* inclui todos os atributos mencionados em c, podemos generalizar as regras de comutação, primeiro removendo os atributos que não são mencionados em c nem em a, realizando a junção e depois removendo todos os atributos que não estão em a:

$$\pi_a(R \bowtie_c S) \equiv \pi_a(\pi_{a_1}(R) \bowtie_c \pi_{a_2}(S))$$

Agora, a_1 é o subconjunto dos atributos de R que aparecem em a ou em c, e a_2 é o subconjunto dos atributos de S que aparecem em a ou em c.

Na verdade, podemos inferir a regra de comutação mais geral usando a regra das projeções em cascata e a regra de comutação simples, e deixamos isso como exercício para o leitor.

15.3.5 Outras Equivalências

Equivalências adicionais valem quando consideramos operações como diferença de conjunto, união e intersecção. A união e a intersecção são associativas e comutativas. As seleções e projeções podem ser comutadas com cada uma das operações de conjunto (diferença de conjunto, união e intersecção). Não discutiremos essas equivalências mais a fundo.

15.4 ENUMERAÇÃO DE PLANOS ALTERNATIVOS

Chegamos agora a um problema que é o centro de um otimizador, a saber, o espaço dos planos alternativos considerados para determinada consulta. Dada uma consulta, basicamente um otimizador enumera determinado conjunto de planos e escolhe aquele com o menor custo estimado; a discussão na Seção 15.2 mostrou como o custo de um plano é estimado. As equivalências algébricas discutidas na Seção 15.3 formam a base da geração de planos alternativos, em conjunto com a escolha da técnica de implementação dos operadores relacionais (por exemplo, as junções) presentes na consulta. Entretanto, nem todos os planos algebricamente equivalentes são considerados, pois isso tornaria o custo da otimização proibitivamente caro para todas as consultas, exceto as mais simples. Esta seção descreve o subconjunto dos planos considerados por um otimizador típico.

Existem dois casos importantes a considerar: consultas nas quais a cláusula FROM contém uma única relação e consultas nas quais a cláusula FROM contém duas ou mais relações.

```
SELECT     S.avaliação, COUNT (*)
FROM       Marinheiros M
WHERE      S.avaliação > 5 AND S.idade = 20
GROUP BY   S.avaliação
HAVING     COUNT DISTINCT (S.nome-marin) > 2
```

Figura 15.5 Uma consulta de relação única.

15.4.1 Consultas com uma Única Relação

Caso a consulta contenha uma única relação na cláusula FROM, então **apenas** estão envolvidas operações de seleção, projeção, agrupamento e agregadas; não existem junções. Se tivermos somente uma operação de seleção, projeção ou agregada aplicada a uma relação, as técnicas de implementação alternativas e as estimativas de custo discutidas no Capítulo 14 cobrem todos os planos que devem ser considerados. Agora, consideraremos como se faz para otimizar consultas que envolvam uma combinação de várias dessas operações, usando a consulta a seguir como exemplo:

Para cada valor de avaliação maior do que 5, imprima a classificação e o id dos marinheiros de 20 anos com essa classificação, desde que exista pelo menos dois deles com nomes diferentes.

A versão SQL dessa consulta aparece na Figura 15.5. Usando a notação da álgebra estendida introduzida na Seção 15.1.2, podemos escrever essa consulta como:

$\pi_{S.avaliação,COUNT(*)}($
$HAVING_{COUNTDISTINCT(S.nome-marin)>2}($
$GROUP\ BY_{S.avaliação}($
$\pi_{S.avaliação,S.nome-marin}($
$\sigma_{S.avaliação>5 \wedge S.idade=20}($
$Marinheiros)))))$

Note que *S.nome-marin* é adicionado à lista de projeção, mesmo não estando na cláusula SELECT, pois é obrigatório testar a condição da cláusula HAVING.

Agora, estamos prontos para discutir os planos que um otimizador consideraria. A principal decisão a ser tomada é qual caminho de acesso usar na recuperação de tuplas de Marinheiros. Se considerássemos apenas as seleções, escolheríamos simplesmente o caminho de acesso mais seletivo, com base em quais índices disponíveis *corresponderiam* às condições da cláusula WHERE (conforme a definição da Seção 14.2.1). Dados os operadores adicionais nessa consulta, também devemos levar em conta o custo das etapas de ordenação subseqüentes e considerar se essas operações podem ser executadas sem ordenação, explorando algum índice. Primeiro, discutiremos os planos gerados quando não existem índices convenientes e depois examinaremos os planos que utilizam algum índice.

Planos sem Índices

A estratégia básica na ausência de um índice conveniente é percorrer a relação Marinheiros e aplicar as operações de seleção e projeção (sem eliminação de duplicatas) em cada tupla recuperada, conforme indicado pela expressão algébrica a seguir:

$$\pi_{S.avaliação,S.nome\text{-}marin}(\sigma_{S.avaliação>5 \wedge S.idade=20}(Marinheiros))$$

As tuplas resultantes são assim ordenadas de acordo com a cláusula GROUP BY (no exemplo de consulta, em *avaliação*) e uma única tupla de resposta é gerada para cada grupo que satisfaz a condição da cláusula HAVING. O cálculo das funções agregadas nas cláusulas SELECT e HAVING é feito para cada grupo usando uma das técnicas descritas na Seção 14.6.

O custo dessa estratégia consiste nos custos de cada uma destas etapas:

1. Realizar uma varredura de arquivo para recuperar tuplas e aplicar as seleções e projeções.
2. Gravar as tuplas, após as seleções e projeções.
3. Ordenar essas tuplas para implementar a cláusula GROUP BY.

Note que a cláusula HAVING não causa E/S adicional. Os cálculos agregados podem ser efetuados dinamicamente (com relação à E/S), à medida que geramos as tuplas em cada grupo, no final da etapa de ordenação da cláusula GROUP BY.

No exemplo de consulta, o custo inclui o da varredura de um arquivo em Marinheiros mais o custo da gravação de pares ⟨*S.avaliação. S.nome-marin*⟩, além do custo da ordenação, conforme a cláusula GROUP BY. O custo da varredura de arquivo é de *Npáginas(Marinheiros)*, que é de 500 E/Ss; e o custo da gravação de pares ⟨*S.avaliação. S.nome-marin*⟩ é de *Npáginas(Marinheiros)* vezes a proporção do tamanho de tal par com relação ao tamanho de uma tupla de Marinheiros vezes os fatores de redução das duas condições de seleção. Em nosso exemplo, a proporção do tamanho da tupla de resultado é de cerca de 0,8, a seleção de *avaliação* tem um fator de redução igual a 0,5 e usamos o fator padrão de 0,1 para a seleção de *idade*. Portanto, o custo dessa etapa é de 20 E/Ss. O custo da ordenação dessa relação intermediária (que chamamos de *Temp*) pode ser estimado como *3*Npáginas(Temp)*, que dá 60 E/Ss, se supusermos que páginas suficientes estão disponíveis no pool de buffers para ordená-la em dois passos. (Os otimizadores relacionais freqüentemente presumem que uma relação pode ser ordenada em dois passos, para simplificar a estimativa dos custos de ordenação. Se essa suposição não for atendida em tempo de execução, o custo real da ordenação poderá ser maior do que a estimativa.) Portanto, o custo total do exemplo de consulta é de 500 + 20 + 60 = 580 E/Ss.

Planos Utilizando um Índice

Os índices podem ser utilizados de várias maneiras e levar a planos significativamente mais rápidos do que qualquer outro que não os utilize:

1. **Caminho de acesso com um único índice:** se vários índices correspondem às condições de seleção na cláusula WHERE, cada índice correspondente oferece um caminho de acesso alternativo. Um otimizador pode escolher o caminho de acesso que, segundo sua estimativa, vai resultar na recuperação do menor número de páginas, pode aplicar projeções e termos de seleção não primários (isto é, partes da condição de seleção que não correspondem ao índice) e pode passar a calcular as operações de agrupamento e agregação (ordenando nos atributos de GROUP BY).

2. **Caminho de acesso com vários índices:** se vários índices usando as alternativas (2) ou (3) para entradas de dados corresponderem à condição de seleção, cada índice poderá ser usado para recuperar um conjunto de rids. Podemos fazer a *intersecção* desses conjuntos de rids e, depois, ordenar o resultado pelo id da página (supondo que a representação de rid inclua o id da página) e recuperar as tuplas que satisfazem os termos da seleção primária de todos os índices correspondentes. Todas as projeções e termos de seleção não primários podem, então, ser aplicados, seguidos das operações de agrupamento e agregação.

3. **Caminho de acesso com índice ordenado:** se a lista de atributos de agrupamento for um prefixo de um índice de árvore, o índice pode ser usado para recuperar as tuplas na ordem exigida pela cláusula GROUP BY. Todas as condições de seleção podem ser aplicadas em cada tupla recuperada, os campos indesejados podem ser removidos e as operações agregadas podem ser calculadas para cada grupo. Essa estratégia funciona bem para índices agrupados.

4. **Caminho de acesso somente de índice:** se todos os atributos mencionados na consulta (nas cláusulas SELECT, WHERE, GROUP BY ou HAVING) estiverem incluídos na chave de pesquisa para algum índice *denso* na relação da cláusula FROM, uma **varredura somente de índice** poderá ser usada para calcular as respostas. Como as entradas de dados no índice contêm todos os atributos de uma tupla necessários para essa consulta e há apenas uma entrada de índice por tupla, nunca precisamos recuperar tuplas reais da relação. Usando apenas as entradas de dados do índice, podemos executar os passos a seguir, conforme for necessário, em determinada consulta: aplicar as condições de seleção, remover os atributos indesejados, ordenar o resultado para obter agrupamento e calcular as funções agregadas dentro de cada grupo. Essa estratégia *somente de índice* funciona mesmo que o índice não corresponda às seleções da cláusula WHERE. Se o índice corresponder à seleção, precisamos examinar apenas um subconjunto das entradas de índice; caso contrário, devemos percorrer todas as entradas de índice. Em qualquer caso, podemos evitar a recuperação de registros de dados reais; portanto, o custo desta estratégia não depende de o índice ser agrupado. Além disso, se é um índice de árvore e a lista de atributos na cláusula GROUP BY forma um prefixo da chave do índice, podemos recuperar as entradas de dados na ordem necessária para a cláusula GROUP BY e, com isso, evitar a ordenação!

Ilustraremos agora cada um desses quatro casos usando a consulta mostrada na Figura 15.5 como exemplo de funcionamento. Supomos que estão disponíveis os índices a seguir, todos usando a Alternativa (2) para entradas de dados: um índice de árvore B+ em *avaliação*, um índice de hashing em *idade* e um índice de árvore B+ em ⟨*avaliação, nome-marin, idade*⟩. Por brevidade, não apresentaremos os cálculos de custo detalhados, mas o leitor deve conseguir calcular o custo de cada plano. As etapas desses planos são varreduras (uma varredura de arquivo, uma varredura recuperando tuplas usando um índice ou uma varredura apenas de entradas de índice), ordenação e gravação de relações temporárias; e já discutimos como fazer para estimar os custos dessas operações.

> **Utilizando Índices:** Todos os principais SGBDRs reconhecem a importância dos planos somente de índice e, quando possível, procuram tais planos. No IBM DB2, ao criar um índice, o usuário pode especificar um conjunto de colunas 'de inclusão' que devem ser mantidas no índice, mas que *não* fazem parte da chave do índice. Isso possibilita que um conjunto mais rico de consultas somente de índice seja manipulado, pois as colunas acessadas freqüentemente são incluídas no índice, mesmo que não façam parte da chave. No Microsoft SQL Server, é considerada uma classe interessante de planos somente de índice. Suponha uma consulta que seleciona atributos *salário* e *idade* a partir de uma tabela, dado um índice em *salário* e outro em *idade*. O SQL Server usa os índices associando as entradas por junção no rid dos registros de dados para identificar os pares ⟨*salário, idade*⟩ que aparecem na tabela.

Como exemplo do primeiro caso, poderíamos optar por recuperar tuplas de marinheiros tais que *M.idade*=20, usando o índice de hashing em *idade*. O custo dessa etapa é o da recuperação das entradas de índice mais o custo da recuperação das tuplas de Marinheiros correspondentes, que depende de o índice ser agrupado ou não. Podemos então aplicar a condição *S.avaliação* > 5 em cada tupla recuperada, remover os campos não mencionados nas cláusulas SELECT, GROUP BY e HAVING, e gravar o resultado em uma relação temporária. No exemplo, apenas os campos *avaliação* e *nome-marin* precisam ser mantidos. Assim, a relação temporária é ordenada no campo *avaliação* para identificar os grupos, e alguns grupos são eliminados pela aplicação da condição de HAVING.

Como exemplo do segundo caso, podemos recuperar rids de tuplas que satisfazem *avaliação*>5 usando o índice em *avaliação*, recuperar rids de tuplas que satisfazem *idade*=20 usando o índice em *idade*, ordenar os rids recuperados pelo número de página e recuperar as tuplas de Marinheiros correspondentes. Podemos manter apenas os campos *avaliação* e *nome* e gravar o resultado em uma relação temporária, a qual ordenaremos em *avaliação* para implementar a cláusula GROUP BY. (Um bom otimizador poderia usar pipeline nas tuplas projetadas para o operador de ordenação, sem criar uma relação temporária.) A cláusula HAVING é manipulada como antes.

Como exemplo do terceiro caso, podemos recuperar tuplas de Marinheiros nas quais *S.avaliação* > 5, ordenadas por *avaliação*, usando o índice de árvore B+ em *avaliação*. Podemos calcular dinamicamente as funções agregadas nas cláusulas HAVING e SELECT, pois as tuplas são recuperadas na ordem de *avaliação*.

Como exemplo do quarto caso, podemos recuperar *entradas de dados* do índice de ⟨*avaliação, nome-marin, idade*⟩ nas quais *avaliação* > 5. Essas entradas são ordenadas por *avaliação* (e, depois, por *nome-marin* e *idade*, embora essa ordenação adicional não seja relevante para essa consulta). Podemos escolher entradas com *idade=20* e calcular dinamicamente as funções agregadas nas cláusulas HAVING e SELECT, pois as entradas de dados são recuperadas na ordem de *avaliação*. Nesse caso, em contraste com o caso anterior, não recuperamos quaisquer tuplas de Marinheiros. Essa propriedade de não recuperar registros de dados torna a estratégia de usar somente índice particularmente útil com índices não agrupados.

15.4.2 Consultas com Várias Relações

Os blocos de consulta que contêm duas ou mais relações na cláusula FROM exigem junções (ou produtos cartesianos). É muito importante encontrar um bom plano para tais consultas, pois elas podem ser muito dispendiosas. Independentemente do plano escolhido, o tamanho do resultado final pode ser estimado tomando-se o produto dos tamanhos das relações na cláusula FROM e os fatores de redução dos termos na cláusula WHERE. Mas, dependendo da ordem na qual as relações são associadas por junção, podem ser criadas relações intermediárias de tamanhos amplamente variáveis, levando a planos com custos muito diferentes.

Enumeração de Planos de Profundidade à Esquerda

Conforme vimos no Capítulo 12, os sistemas relacionais atuais, acompanhando a liderança do otimizador System R, consideram apenas planos de profundidade à esquerda. Discutiremos agora como essa classe de planos é pesquisada eficientemente usando programação dinâmica.

Considere um bloco de consulta da forma:

SELECT   *lista de atributos*
FROM   *lista de relações*
WHERE $termo_1 \wedge termo_2 \wedge ... \wedge termo_n$

Um otimizador de consultas de estilo System R enumera todos os planos de profundidade à esquerda, com seleções e projeções consideradas (mas não necessariamente aplicadas!) o mais cedo possível. A enumeração de planos pode ser entendida como um Magic Sets de múltiplos passos, no qual procedemos como se segue:

Passo 1: enumeramos todos os planos de uma única relação (sobre alguma relação na cláusula FROM). Intuitivamente, cada plano de uma única relação é um plano de profundidade à esquerda parcial para avaliar a consulta na qual a relação dada é a primeira (na ordem de junção linear do plano de profundidade à esquerda do qual ela faz parte). Ao considerarmos os planos que envolvem uma relação A, identificamos os termos de seleção na cláusula WHERE que mencionam apenas atributos de A. Essas são as seleções que podem ser realizadas no primeiro acesso a A, antes de quaisquer junções que envolvam A. Identificamos também os atributos de A não mencionados na cláusula SELECT ou nos termos da cláusula WHERE que envolvem atributos de outras relações. Esses atributos podem ser removidos no primeiro acesso a A, antes de quaisquer junções que envolvam A. Escolhemos o melhor método de acesso para A, para executar essas seleções e projeções, conforme a discussão da Seção 15.4.1.

Para cada relação, se encontrarmos planos que produzam tuplas em ordens diferentes, mantemos o plano mais barato para cada ordem de tuplas. Uma ordem de tuplas poderia ser útil em uma etapa subseqüente, digamos, para uma junção sort-merge ou para uma implementação de uma cláusula GROUP BY ou ORDER BY. Assim, para uma única relação, podemos manter uma varredura de arquivo (como o plano global mais barato para buscar todas as tuplas) e um índice de árvore B+ (como o plano mais barato para buscar todas as tuplas na ordem da chave de pesquisa).

Passo 2: geramos todos os planos de duas relações, considerando cada plano de uma única relação mantido após o Passo 1 como a relação externa e (sucessivamente) cada outra relação como relação interna. Suponha que A seja a relação externa e B seja a relação interna de um plano de duas relações em particular. Examinamos a lista de seleções na cláusula WHERE e identificamos:

1. As seleções que envolvem apenas atributos de B e podem ser aplicadas antes da junção.

2. As seleções que definem a junção (isto é, as condições que envolvem atributos de A e de B e nenhuma outra relação).

3. As seleções que envolvem atributos de outras relações e podem ser aplicadas apenas após a junção.

Os dois primeiros grupos de seleções podem ser considerados ao se escolher um caminho de acesso para a relação interna B. Também identificamos os atributos de B que não aparecem na cláusula SELECT ou em quaisquer condições de seleção no segundo ou no terceiro grupo e, portanto, podem ser projetados antes da junção.

Note que nossa identificação de atributos que podem ser removidos antes da junção e das seleções que podem ser aplicadas antes da junção é baseada nas equivalências da álgebra relacional discutidas anteriormente. Em particular, contamos com as equivalências que nos permitem colocar seleções e projeções na frente das junções. Conforme veremos, o fato de realizarmos realmente essas seleções e projeções na frente de determinada junção depende das considerações de custo. As únicas seleções que são realmente aplicadas *antes* da junção são aquelas que correspondem aos caminhos de acesso escolhidos para A e B. As seleções e projeções restantes são realizadas dinamicamente, como parte da junção.

Um ponto importante a notar é que se presume que as tuplas geradas pelo plano externo sejam *enviadas* para a junção em pipeline. Isto é, evitamos que o plano externo grave seu resultado em um arquivo que é lido subseqüentemente pela junção (para obter as tuplas externas). Para alguns métodos de junção, o operador de junção pode exigir a materialização das tuplas externas. Por exemplo, uma junção por hashing particionaria as tuplas recebidas, e uma junção sort-merge as ordenaria, se ainda não estivessem na ordem de classificação apropriada. Entretanto, as junções de loops aninhados podem usar as tuplas externas à medida que elas são geradas e evitar sua materialização. Analogamente, as junções sort-merge podem usar as tuplas externas à medida que elas são geradas, caso sejam geradas na ordem de classificação exigida pela junção. Incluímos o custo da materialização da relação externa, se isso for necessário no custo da junção. Os ajustes nos custos da junção discutidos no Capítulo 14, para refletir o uso de pipelining ou materialização da relação externa, são simples.

Para cada plano de uma única relação de A mantido após o Passo 1, para cada método de junção que considerarmos, devemos determinar o melhor método de acesso a ser usado para B. O método de acesso escolhido para B recupera (em geral) um subconjunto das tuplas presentes em B, possivelmente com alguns campos eliminados, conforme discutido posteriormente. Considere a relação B.

Temos uma coleção de seleções (algumas das quais são as condições de junção) e projeções em uma única relação, e a escolha do melhor método de acesso é feita conforme a discussão da Seção 15.4.1. A única consideração adicional é que o método de junção pode exigir que as tuplas sejam recuperadas na mesma ordem. Por exemplo, em uma junção sort-merge, queremos as tuplas internas na ordem classificada na(s) coluna(s) de junção. Se determinado método de acesso não recupera tuplas internas nessa ordem, devemos acrescentar ao custo do método de acesso o custo de uma etapa de ordenação adicional.

Passo 3: geramos todos os planos de três relações. Procedemos como no Passo 2, exceto que, agora, consideramos como relações externas os planos mantidos após esse passo, em vez dos planos mantidos após o Passo 1.

Passos adicionais: este processo é repetido com passos adicionais, até que tenhamos produzido planos que contenham todas as relações da consulta. Agora, temos o plano

Um Otimizador de Consultas Relacional Típico

> **Otimização em Sistemas Comerciais:** O IBM DB2, o Informix, o Microsoft SQL Server, o Oracle 8 e o Sybase ASE, todos pesquisam árvores de profundidade à esquerda usando programação dinâmica, conforme foi descrito aqui, com diversas variações. Por exemplo, o Oracle sempre considera a troca das duas relações em uma junção por hashing, o que poderia levar a árvores de profundidade à direita ou híbridas. O DB2 também gera algumas árvores com muitas folhas. Os sistemas freqüentemente usam uma variedade de estratégias para gerar planos, indo além da enumeração sistemática de baixo para cima que descrevemos, em conjunto com uma estratégia de programação dinâmica para avaliar custos dos planos e recordar planos interessantes (para evitar a análise repetida do mesmo plano). Os sistemas também variam no grau de controle que proporcionam aos usuários. O Sybase ASE e o Oracle 8 permitem que os usuários imponham a escolha das ordens de junção e os índices — o Sybase ASE permite até que os usuários editem explicitamente o plano de execução — enquanto o IBM DB2 não permite que os usuários controlem o otimizador, a não ser configurando um "nível de otimização", o qual influencia o número de planos alternativos que o otimizador considera.

global mais barato para a consulta, assim como o plano mais barato para produzir as respostas em alguma ordem interessante.

Se uma consulta de múltiplas relações contém uma cláusula GROUP BY e funções agregadas como MIN, MAX e SUM na cláusula SELECT, elas são tratadas no final. Se o bloco de consulta inclui uma cláusula GROUP BY, um conjunto de tuplas é calculado com base no restante da consulta, conforme descrito anteriormente, e esse conjunto é ordenado de acordo com a cláusula GROUP BY. Naturalmente, se houver um plano de acordo com o qual o conjunto de tuplas é produzido na ordem desejada, o custo desse plano é comparado com o custo do plano mais barato (supondo que os dois sejam diferentes) mais o custo da ordenação. Dado o conjunto de tuplas ordenadas, são identificadas partições e todas as funções agregadas da cláusula SELECT são aplicadas de acordo com a partição, conforme a discussão do Capítulo 14.

Exemplos de Otimização de Consulta de Múltiplas Relações

Considere a árvore de consulta mostrada na Figura 12.3. A Figura 15.6 mostra a mesma consulta levando em conta o modo como as seleções e projeções são consideradas antecipadamente.

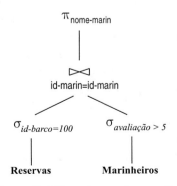

Figura 15.6 Uma árvore de consulta.

Ao examinarmos essa figura, é interessante enfatizarmos que as seleções mostradas nas folhas não são necessariamente realizadas em uma etapa distinta que precede a junção — em vez disso, conforme vimos, elas são consideradas como predicados de correspondência em potencial ao considerarmos os caminhos de acesso disponíveis nas relações.

Suponha que tenhamos os índices a seguir, todos não agrupados e usando a Alternativa (2) para entradas de dados: um índice de árvore B+ no campo *avaliação* de Marinheiros, um índice de hashing no campo *id-marin* de Marinheiros e um índice de árvore B+ no campo *id-barco* de Reservas. Além disso, supomos que podemos fazer uma varredura seqüencial em Reservas e em Marinheiros. Vamos considerar como o otimizador procede.

No Passo 1, consideramos três métodos de acesso para Marinheiros (árvore B+, índice de hashing e varredura seqüencial), levando em conta a seleção $\sigma_{avaliação > 5}$. Essa seleção corresponde à árvore B+ em *avaliação* e, portanto, reduz o custo da recuperação de tuplas que satisfazem essa seleção. O custo da recuperação de tuplas usando o índice de hashing e a varredura seqüencial provavelmente será muito maior do que o custo de usar a árvore B+. Portanto, o plano mantido para Marinheiros é o acesso por meio do índice de árvore B+, e ele recupera as tuplas na ordem classificada por *avaliação*. Analogamente, consideramos dois métodos de acesso para Reservas levando em conta a seleção $\sigma_{id\text{-}barco=100}$. Essa seleção corresponde ao índice de árvore B+ em Reservas, e o custo da recuperação de tuplas correspondentes por meio desse índice provavelmente será muito menor do que o custo da recuperação de tuplas usando uma varredura seqüencial; portanto, o acesso por meio do índice de árvore B+ é o único plano mantido para Reservas após o Passo 1.

No Passo 2, consideramos tomar o plano (a relação calculada por ele) para Reservas e associá-lo por junção (como a relação externa) com Marinheiros. Ao fazermos isso, reconhecemos que, agora, precisamos apenas das tuplas de Marinheiros que satisfazem $\sigma_{avaliação > 5}$ e $\sigma_{id\text{-}barco=valor}$, onde *valor* é algum valor de uma tupla externa. A seleção $\sigma_{id\text{-}marin=valor}$ corresponde ao índice de hashing no campo *id-marin* de Marinheiros, e a seleção $\sigma_{avaliação > 5}$ corresponde ao índice de árvore B+ no campo *avaliação*. Como a seleção de igualdade tem um fator de redução muito mais baixo, o índice de hashing provavelmente será o método de acesso mais barato. Além dos métodos de acesso alternativos, consideramos métodos de junção alternativos; por exemplo, considere uma junção sort-merge. As entradas devem ser ordenadas por *id-marin*; como nem a entrada é ordenada por *id-marin* nem há um método de acesso que possa retornar tuplas nessa ordem, o custo da junção sort-merge, neste caso, deve incluir o custo do armazenamento das duas entradas em relações temporárias e sua ordenação. Uma junção sort-merge fornece resultados em ordem classificada por *id-marin*, mas essa não é uma ordenação útil neste exemplo, pois a projeção $\pi_{nome\text{-}marin}$ é aplicada (dinamicamente) ao resultado da junção, eliminando com isso o campo *id-marin* da resposta. Portanto, o plano que usa junção sort-merge só será mantido após o Passo 2 se for o menos dispendioso envolvendo Reservas e Marinheiros.

Analogamente, também tomamos o plano para Marinheiros mantido após o Passo 1 e os associamos por junção (como a relação externa) a Reservas. Agora, reconhecemos que precisamos apenas das tuplas de Reservas que satisfazem $\sigma_{id\text{-}barco=100}$ e $\sigma_{id\text{-}marin=valor}$, onde *valor* é algum valor de uma tupla externa. Novamente, consideramos todos os métodos de junção disponíveis.

Finalmente, mantemos o plano global mais barato.

Como outro exemplo, ilustrando o caso em que mais de duas relações são associadas por junção, veja a consulta a seguir:

Um Otimizador de Consultas Relacional Típico

```
SELECT    S.id-marin, COUNT(*) AS numres
FROM      Barcos B, Reservas R, Marinheiros M
WHERE     R.id-marin = M.id-marin AND B.id-barco=R.id-barco AND B.cor = 'vermelho'
GROUP BY  M.id-marin
```

Essa consulta encontra o número de barcos vermelhos reservados por cada marinheiro. Ela aparece na forma de uma árvore, na Figura 15.7.

Figura 15.7 Uma árvore de consulta.

Suponha que estejam disponíveis os seguintes índices: para Reservas, uma árvore B+ no campo *id-marin* e uma árvore B+ agrupada no campo *id-barco*; para Marinheiros, um índice de árvore B+ no campo *id-marin* e um índice de hashing no campo *id-marin*; e, para Barcos, um índice de árvore B+ no campo *cor* e um índice de hashing no campo *cor*. (A lista de índices disponíveis foi planejada para criar um exemplo ilustrativo relativamente simples.) Vamos considerar como essa consulta é otimizada. O foco inicial está nas cláusulas SELECT, FROM e WHERE.

No Passo 1, é encontrado o melhor plano para acessar cada relação, considerada a primeira em um plano de execução. Para Reservas e Marinheiros, o melhor plano é, obviamente, uma varredura de arquivo, pois nenhuma seleção corresponde a um índice disponível. O melhor plano para Barcos é usar o índice de hashing em *cor*, que corresponde à seleção *B.cor* = 'vermelho'. A árvore B+ em *cor* também corresponde a essa seleção e é mantida, mesmo sendo o índice de hashing mais barato, pois ela retorna tuplas na ordem classificada por *cor*.

No Passo 2, para cada um dos planos gerados no Passo 1, tomado como a relação externa, consideramos a junção de outra relação como a interna. Assim, tomamos cada uma das seguintes junções: varredura de arquivo em Reservas (externa) com Barcos (interna), varredura de arquivo em Reservas (externa) com Marinheiros (interna), varredura de arquivo em Marinheiros (externa) com Barcos (interna), varredura de arquivo de Marinheiros (externa) com Reservas (interna), Barcos acessada por meio de um índice de árvore B+ em *cor* (externa) com Marinheiros (interna), Barcos acessada por meio de um índice de hashing em *cor* (externa) com Marinheiros (interna), Barcos acessada por meio de um índice de árvore B+ em *cor* (externa) com Reservas (interna) e Barcos acessada por meio do índice de hashing em *cor* (externa) com Reservas (interna).

Para cada um desses pares, consideramos cada método de junção e, para cada método de junção, tomamos cada caminho de acesso disponível para a relação interna. Para cada par de relações, mantemos o mais barato dos planos considerados para cada ordem nas quais as tuplas são geradas. Por exemplo, com Barcos acessada por meio do índice de hashing em *cor* como relação externa, uma junção de loops aninhados indexados acessando Reservas por meio do índice de árvore B+ em *id-barco* provavelmente será um bom plano; observe que não existe nenhum índice de hashing nesse campo de Reservas. Outro plano para juntar Reservas e Barcos é acessar Barcos usando o índice de hashing em *cor*, acessar Reservas usando a árvore B+ em *id-barco* e usar uma junção sort-merge; esse plano, em contraste com o anterior, gera tuplas ordenadas por *id-barco*. Ele é mantido mesmo que o plano anterior seja mais barato, a não ser que um plano ainda mais barato produza as tuplas ordenadas por *id-barco*. Entretanto, o plano anterior, que produz tuplas sem nenhuma ordem específica, não seria mantido se este plano fosse mais barato.

Uma boa heurística é não considerar os produtos cartesianos, se possível. Se aplicássemos essa heurística, não tomaríamos as "junções" a seguir no Passo 2 deste exemplo: varredura de arquivo em Marinheiros (externa) com Barcos (interna), Barcos acessada por meio de índice de árvore B+ em *cor* (externa) com Marinheiros (interna) e Barcos acessada por meio de índice de hashing em *cor* (externa) com Marinheiros (interna).

No Passo 3, para cada plano mantido no Passo 2, tomado como a relação externa, consideramos como juntar a relação restante como a interna. Um exemplo de plano gerado nesta etapa é o seguinte: acessar Barcos por meio do índice de hashing em *cor*, acessar Reservas por meio de índice de árvore B+ em *id-barco*, juntá-las usando uma sort-merge e, depois, tomar o resultado dessa junção como a relação externa e juntar com Marinheiros usando uma sort-merge, acessando Marinheiros por meio do índice de árvore B+ no campo *id-marin*. Note que, como o resultado da primeira junção é produzido na ordem de classificação por *id-barco*, enquanto a segunda junção exige que suas entradas sejam ordenadas por *id-marin*, o resultado da primeira deve ser ordenado por *id-marin* antes de ser usado na segunda junção. As tuplas no resultado da segunda junção são geradas na ordem classificada por *id-marin*.

A cláusula GROUP BY é considerada depois de todas as junções e exige ordenação no campo *id-marin*. Para cada plano mantido no Passo 3, se o resultado não estiver ordenado em *id-marin*, adicionamos o custo da ordenação no campo *id-marin*. O exemplo de plano gerado no Passo 3 produz tuplas na ordem de *id-marin*; portanto, ele pode ser o mais barato para a consulta, mesmo que um plano mais barato associe por junção todas as três relações, mas não produza tuplas na ordem de *id-marin*.

15.5 SUBCONSULTAS ANINHADAS

A unidade de otimização em um sistema típico é o *bloco de consulta* e as consultas aninhadas são tratadas usando-se alguma forma de avaliação de loops aninhados. Considere a consulta aninhada em SQL a seguir: *Encontre os nomes dos marinheiros com a avaliação mais alta*:

```
SELECT   S.nome-marin
FROM     Marinheiros M
WHERE    S.avaliação = (SELECT MAX (S2.avaliação)
                        FROM    Marinheiros M2)
```

Nessa consulta simples, a subconsulta aninhada pode ser avaliada apenas uma vez, gerando um único valor. Esse valor é incorporado na consulta de nível superior como se fizesse parte da declaração original da consulta. Por exemplo, se o marinheiro de avaliação mais alta tem um valor de avaliação igual a 8, a cláusula WHERE é efetivamente modificada para WHERE *S.avaliação = 8*.

Entretanto, às vezes a subconsulta retorna uma relação ou, mais precisamente, uma tabela, no sentido da SQL (isto é, possivelmente com linhas duplicadas). Considere a seguinte consulta: *Encontre os nomes dos marinheiros que reservaram o barco número 103:*

```
SELECT   S.nome-marin
FROM     Marinheiros M
WHERE    S.id-marin IN (SELECT   R.id-marin
                        FROM     Reservas R
                        WHERE    R.id-barco = 103)
```

Novamente, a subconsulta aninhada pode ser avaliada apenas uma vez, gerando uma coleção de *id-marins*. Para cada tupla de Marinheiros, devemos agora verificar se o valor de *id-marin* está na coleção calculada de *id-marins*; essa verificação envolve uma junção de Marinheiros e a coleção de *id-marins* calculada e, em princípio, temos toda a gama de métodos para escolher. Por exemplo, se houver um índice no campo *id-marin* de Marinheiros, um índice de junção de loops aninhados com a coleção de *id-marins* calculada como relação externa e Marinheiros como a interna poderia ser o método de junção mais eficiente. Contudo, em muitos sistemas, o otimizador de consultas não é inteligente o suficiente para encontrar essa estratégia — uma estratégia comum é sempre fazer uma junção de loops aninhados na qual a relação interna é a coleção de *id-marins* calculada por meio da subconsulta (e essa coleção pode não ser indexada).

A motivação para essa estratégia é que se trata de uma variante simples da técnica usada para tratar *consultas correlacionadas*, como a versão a seguir da consulta anterior:

```
SELECT   S.nome-marin
FROM     Marinheiros M
WHERE    EXISTS (SELECT *
                 FROM     Reservas R
                 WHERE    R.id-barco = 103
                          AND S.id-marin = R.id-marin)
```

Essa consulta é *correlacionada* — a variável de tupla S da consulta de nível superior aparece na subconsulta aninhada. Portanto, não podemos avaliar a subconsulta apenas uma vez. Nesse caso, a estratégia de avaliação típica é avaliar a subconsulta aninhada para cada tupla de Marinheiros.

Um ponto importante a notar sobre as consultas aninhadas é que um otimizador típico provavelmente fará um mau trabalho em razão da estratégia limitada de otimização de consulta aninhada. Isso está destacado a seguir:

- Em uma consulta aninhada com correlação, o método de junção é efetivamente o de loops aninhados indexados, com a relação interna sendo normalmente uma subconsulta (e, portanto, potencialmente dispendiosa para computar). Essa estratégia gera dois problemas distintos. Primeiro, a subconsulta aninhada é avaliada uma vez por tupla externa; se o mesmo valor aparecer no campo de correlação (*S.id-marin* em nosso exemplo) de várias tuplas externas, a mesma subconsulta será avaliada muitas vezes. O segundo problema é que a estratégia das subconsultas aninhadas não é *orientada a conjuntos*. Na verdade, uma junção é vista como uma varredura da relação externa com uma seleção na subconsulta interna para cada tupla externa. Isso impede que tomemos métodos alternativos, como uma junção sort-merge ou uma junção por hashing, que poderiam levar a planos melhores.

> **Consultas Aninhadas:** o IBM DB2, o Informix, o Microsoft SQL Server, o Oracle 8 e o Sybase ASE usam todos alguma versão de avaliação correlacionada para manipular consultas aninhadas, as quais são uma parte importante do benchmark TCP-D; o IBM e o Informix suportam uma versão na qual os resultados das subconsultas são armazenados em uma tabela "memo" e a mesma subconsulta não é executada várias vezes. Todos esses SGBDs consideram como opção a eliminação da correlação e o "nivelamento" de consultas aninhadas. O Microsoft SQL Server, o Oracle 8 e o IBM DB2 também usam técnicas de reescrita; por exemplo, Magic Sets (consulte o Capítulo 24) ou variantes, em conjunto com a eliminação da correlação.

- Mesmo que os loops aninhados indexados sejam o método de junção apropriado, a avaliação da consulta aninhada pode ser ineficiente. Por exemplo, se houver um índice no campo *id-marin* de Reservas, uma boa estratégia poderia ser a junção de loops aninhados indexados, com Marinheiros como a relação externa e Reservas como a relação interna, e aplicar a seleção em *id-barco* dinamicamente. Entretanto, essa opção não é considerada ao se otimizar a versão da consulta que usa IN, pois a subconsulta aninhada é totalmente avaliada como uma primeira etapa; isto é, as tuplas de Reservas que satisfazem a seleção de *id-barco* são recuperadas primeiro.

- Oportunidades para encontrar um bom plano de avaliação também podem ser perdidas por causa da ordenação implícita imposta pelo aninhamento. Por exemplo, se houver um índice no campo *id-marin* de Marinheiros, uma junção de loops aninhados indexados com Reservas como a relação externa e Marinheiros como a interna poderia ser o plano mais eficiente para nosso exemplo de consulta correlacionada. Entretanto, essa ordem de junção nunca é considerada por um otimizador.

Uma consulta aninhada freqüentemente tem uma consulta equivalente sem aninhamento e uma consulta correlacionada freqüentemente tem uma consulta equivalente sem correlação. Já vimos versões correlacionadas e não correlacionadas do exemplo de consulta aninhada. Também existe uma consulta equivalente sem aninhamento:

```
SELECT    S.nome-marin
FROM      Marinheiros M, Reservas R
WHERE     S.id-marin = R.id-marin AND R.id-barco=103
```

Um otimizador SQL típico provavelmente encontrará uma estratégia de avaliação muito melhor se for fornecida a versão não aninhada ou 'sem correlação' da consulta de exemplo do que se fosse fornecida uma das versões aninhadas da consulta. Muitos otimizadores atuais não conseguem reconhecer a equivalência dessas consultas e transformar uma das versões aninhadas para a forma não aninhada. Infelizmente, isso fica por conta do usuário instruído. Do ponto de vista da eficiência, os usuários são aconselhados a levar em conta tais formulações alternativas de uma consulta.

Concluímos nossa discussão sobre consultas aninhadas observando que poderia haver vários níveis de aninhamento. Em geral, a estratégia que esboçamos é estendida pela avaliação de tais consultas dos níveis mais internos para os mais externos, em ordem, na ausência de correlação. Uma subconsulta correlacionada deve ser avaliada para cada tupla candidata da (sub)consulta de nível mais alto à que se refere. Portanto, a idéia básica é semelhante ao caso das consultas aninhadas de um nível; omitimos os detalhes.

15.6 O OTIMIZADOR SYSTEM R

Os otimizadores de consultas relacionais atuais foram bastante influenciados pelas escolhas feitas no projeto do otimizador de consultas System R da IBM. As escolhas de projeto importantes no otimizador System R incluem:

1. O uso de *estatísticas* sobre a instância do banco de dados para estimar o custo de um plano de avaliação de consulta.
2. A decisão de considerar apenas os planos com junções binárias nas quais a relação interna é uma relação de base (isto é, não uma relação temporária). Essa heurística reduz o número (potencialmente muito grande) de planos alternativos que devem ser considerados.
3. A decisão de focar a otimização na classe de consultas SQL sem aninhamento e tratar as consultas aninhadas de uma maneira relativamente *ad hoc*.
4. A decisão de não realizar eliminação de duplicatas para projeções (exceto quanto à última etapa na avaliação da consulta, quando exigido por uma cláusula DISTINCT).
5. Um modelo de custo que levou em conta os custos de CPU, bem como de E/S.

Nossa discussão sobre otimização reflete essas escolhas de projeto, exceto quanto ao último ponto da lista anterior, que ignoramos para manter nosso modelo de custo simples, baseado no número de E/S de página.

15.7 OUTRAS ESTRATÉGIAS DE OTIMIZAÇÃO DE CONSULTA

Descrevemos a otimização de consultas baseada em uma pesquisa exaustiva de um espaço de planos grande para determinada consulta. O espaço de todos os planos possíveis cresce rapidamente com o tamanho da expressão de consulta, em particular com relação ao número de junções, pois a otimização pela ordem de junção é um aspecto fundamental. Portanto, são usadas heurísticas para limitar o espaço de planos considerados por um otimizador. Uma heurística amplamente usada é a de que apenas os planos de profundidade à esquerda são considerados, o que funciona bem para a maioria das consultas. Entretanto, quando o número de junções torna-se maior do que cerca de 15, o custo da otimização usando essa estratégia exaustiva torna-se proibitivamente alto, mesmo que consideremos apenas os planos de profundidade à esquerda.

Tais consultas complexas estão se tornando importantes nos ambientes de apoio à decisão e outras estratégias de otimização de consulta têm sido propostas. Elas incluem os **otimizadores baseados em regras**, que usam um conjunto de regras para conduzir a geração de planos candidatos, e a **geração de planos aleatórios**, que usa algoritmos probabilísticos, como o *simulated anmaling*, para explorar um grande espaço de planos rapidamente, com uma probabilidade razoável de encontrar um bom plano.

A pesquisa atual nessa área também envolve técnicas para estimar o tamanho das relações intermediárias com maior precisão; a **otimização de consulta paramétrica**, que procura encontrar bons planos para determinada consulta para cada uma das diferentes condições que poderiam ser encontradas em tempo de execução, e a **otimização de múltiplas consultas**, na qual o otimizador leva em conta a execução concomitante de várias consultas.

15.8 QUESTÕES DE REVISÃO

As respostas às questões de revisão podem ser encontradas nas seções listadas.

- O que é um *bloco de consulta SQL*? Por que ele é importante no contexto da otimização de consultas? **(Seção 15.1)**
- Descreva como um bloco de consulta é transformado em álgebra relacional estendida. Descreva e dê a motivação para as extensões da álgebra relacional. Por que as expressões σ π × são o foco de um otimizador? **(Seção 15.1)**
- Quais são as duas partes para estimar o custo de um plano de consulta? **(Seção 15.2)**
- Como o tamanho do resultado é estimado para uma expressão σ π ×? Descreva o uso de *fatores de redução* e explique como são calculados para diferentes tipos de seleções. **(Seção 15.2.1)**
- O que são *histogramas*? Como eles ajudam na estimativa do custo? Explique as diferenças entre os diferentes tipos de histogramas, com atenção particular à função dos valores de dados freqüentes. **(Seção 15.2.1)**
- Quando duas expressões da álgebra relacional são consideradas *equivalentes*? Como a equivalência é usada na otimização de consultas? Quais equivalências da álgebra justificam as otimizações comuns de colocar as seleções na frente das junções e de reordenar expressões de junção? **(Seção 15.3)**
- Descreva os planos *de profundidade à esquerda* e explique por que os otimizadores normalmente consideram apenas esses planos. **(Seção 15.4)**
- Quais planos são considerados para (sub)consultas com uma única relação? Desses planos, quais são mantidos na estratégia da programação dinâmica de enumeração de planos de profundidade à esquerda? Discuta os métodos de acesso e a ordem da saída em sua resposta. Em particular, explique os *planos somente de índice* e por que eles são interessantes. **(Seção 15.4)**
- Explique como os planos de consulta são gerados para consultas com múltiplas relações. Discuta a complexidade de espaço e tempo da estratégia de programação dinâmica e como o processo de geração de planos incorpora heurísticas como expansão do reposicionamento de seleções e a ordenação de junções. Como são identificados os planos somente de índice para consultas com múltiplas relações? Como são identificadas as oportunidades de pipelining? **(Seção 15.5)**
- Como as subconsultas aninhadas são otimizadas e avaliadas? Discuta as consultas correlacionadas e os desafios de otimização adicionais que elas apresentam. Por que os planos para consultas aninhadas normalmente são de baixa qualidade? Qual é a lição para programadores de aplicativos? **(Seção 15.5)**
- Discuta algumas escolhas de projeto importantes feitas no otimizador System R. **(Seção 15.6)**
- Faça um breve levantamento das técnicas de otimização que vão além da estrutura de programação dinâmica discutida neste capítulo. **(Seção 15.7)**

EXERCÍCIOS

Exercício 15.1 Responda sucintamente às seguintes perguntas:

1. No contexto da otimização de consultas, o que é um *bloco de consulta SQL*?
2. Defina o termo *fator de redução*.

3. Descreva uma situação na qual a projeção deve preceder a seleção no processamento de uma consulta de projeção-seleção e descreva uma situação em que a ordem de processamento oposta é melhor. (Suponha que a eliminação de duplicatas para a projeção seja feita por meio de ordenação.)

4. Se existem índices de árvore B+ não agrupados (secundários) em $R.a$ e em $S.b$, a junção $R \bowtie_{a=b} S$ poderia ser processada fazendo-se um tipo de junção sort-merge — sem realizar nenhuma ordenação — usando esses índices.

   (a) Isso seria uma boa idéia se R e S tivessem cada uma apenas uma tupla por página ou seria melhor ignorar os índices e ordenar R e S? Explique.

   (b) E se R e S tivessem cada uma várias tuplas por página? Novamente, explique.

5. Explique a função das *ordens interessantes* no otimizador System R.

Exercício 15.2 Considere uma relação com o seguinte esquema:

Funcionários(*id-funcion:* `integer`, *nome-funcion:* `string`, *salário:* `integer`, *título:* `string`, *idade:* `integer`)

Suponha que existam os seguintes índices, todos usando a Alternativa (2) para entradas de dados: um índice de hashing em *id-funcion*, um índice de árvore B+ em *salário*, um índice de hashing em *idade* e um índice de árvore B+ agrupado em ⟨*idade, salário*⟩. Cada registro de Funcionários tem 100 bytes de comprimento e você pode considerar que cada entrada de dados de índice tem 20 bytes de comprimento. A relação Funcionários contém 10.000 páginas.

1. Considere cada uma das seguintes condições de seleção e, supondo que o fator de redução (FR) para cada termo que corresponde a um índice seja de 0,1, calcule o custo do caminho de acesso mais seletivo para recuperar todas as tuplas de Funcionários que satisfazem a condição:

   (a) *salário* > 100

   (b) *idade* = 25

   (c) *idade* > 20

   (d) *id-funcion* = 1000

   (e) *salário* > 200 ∧ *idade* > 30

   (f) *salário* > 200 ∧ *idade* = 20

   (g) *salário* > 200 ∧ *título* = '*CFO*'

   (h) *salário* > 200 ∧ *idade* > 30 ∧ *título* = '*CFO*'

2. Suponha que, para cada uma das condições de seleção anteriores, você queira recuperar o salário médio das tuplas qualificadas. Em cada condição de seleção, descreva o método de avaliação menos dispendioso e indique seu custo.

3. Suponha que, para cada uma das condições de seleção anteriores, você queira calcular o salário médio para cada grupo de *idade*. Em cada condição de seleção, descreva o método de avaliação menos dispendioso e indique seu custo.

4. Suponha que, para cada uma das condições de seleção anteriores, você queira calcular a idade média para cada nível de *salário* (isto é, agrupado por *salário*). Em cada condição de seleção, descreva o método de avaliação menos dispendioso e indique seu custo.

5. Para cada uma das condições de seleção a seguir, descreva o melhor método de avaliação:

   (a) *salário* > 200 ∨ *idade* = 20

   (b) *salário* > 200 ∨ *título* = '*CFO*'

   (c) *título* = '*CFO*' ∧ *nome-funcion* = '*Joe*'

Exercício 15.3 Em cada uma das consultas SQL a seguir, para cada relação envolvida, liste os atributos que devem ser examinados para calcular a resposta. Todas as consultas se referem às seguintes relações:

Func(*id-funcion:* `integer`, *id-depto:* `integer`, *salário:* `integer`, *passatempo:* `char(20)`)

Depto(*id-depto:* `integer`, *nome-depto:* `char(20)`, *andar:* `integer`, *orçamento:* `real`)

1. SELECT COUNT(*) FROM Func F, Depto D WHERE F.id-depto = D.id-depto
2. SELECT MAX(F.salário) FROM Func F, Depto D WHERE F.id-depto = D.id-depto
3. SELECT MAX(F.salário) FROM Func F, Depto D WHERE F.id-depto = D.id-depto AND D.andar = 5
4. SELECT F.id-depto, COUNT(*) FROM Func F, Depto D WHERE E.id-depto = D.id-depto GROUP BY D.id-depto
5. SELECT D.andar, AVG(D.orçamento) FROM Depto D GROUP BY D.andar HAVING COUNT(*) > 2
6. SELECT D.andar, AVG(D.orçamento) FROM Depto D GROUP BY D.andar ORDER BY D.andar

Exercício 15.4 Você recebe as seguintes informações:

Executivos tem os atributos *nome-exec*, *título*, *nome-depto* e *endereço*, todos são campos de string de mesmo comprimento.

O atributo *nome-exec* é uma chave candidata.

A relação contém 10.000 páginas.

Existem 10 páginas de buffer.

1. Considere a seguinte consulta:

   SELECT E.título, E.nome-exec FROM Executivos E WHERE E.título='CFO'

   Suponha que apenas 10% das tuplas de Executivos satisfaçam a condição de seleção.
   (a) Suponha que esteja disponível um índice de árvore B+ agrupado em *título* (o único índice). Qual é o custo do melhor plano? (Nesta e nas questões subseqüentes, descreva o plano que você tem em mente.)
   (b) Suponha que esteja disponível um índice de árvore B+ não agrupado em *título* (o único índice). Qual é o custo do melhor plano?
   (c) Suponha que esteja disponível um índice de árvore B+ agrupado em *nome-exec* (o único índice). Qual é o custo do melhor plano?
   (d) Suponha que esteja disponível um índice de árvore B+ agrupado em *endereço* (o único índice). Qual é o custo do melhor plano?
   (e) Suponha que esteja disponível um índice de árvore B+ agrupado em ⟨*nome-exec,título*⟩ (o único índice). Qual é o custo do melhor plano?

2. Suponha que a consulta seja a seguinte:

   SELECT E.nome-exec FROM Executivos E WHERE E.título='CFO' AND E.nome-depto='Toy'

   Suponha que apenas 10% das tuplas de Executivos satisfaçam a condição $E.título ='CFO'$, que apenas 10% satisfaçam $E.nome\text{-}depto ='Toy'$ e que apenas 5% satisfaçam as duas condições.
   (a) Suponha que esteja disponível um índice de árvore B+ agrupado em *título* (o único índice). Qual é o custo do melhor plano?
   (b) Suponha que esteja disponível um índice de árvore B+ agrupado em *nome-depto* (o único índice). Qual é o custo do melhor plano?
   (c) Suponha que esteja disponível um índice de árvore B+ agrupado em ⟨*título, nome-depto*⟩ (o único índice). Qual é o custo do melhor plano?
   (d) Suponha que esteja disponível um índice de árvore B+ agrupado em ⟨*título, nome-exec*⟩ (o único índice). Qual é o custo do melhor plano?
   (e) Suponha que esteja disponível um índice de árvore B+ agrupado em ⟨*nome-depto, título, nome-exec*⟩ (o único índice). Qual é o custo do melhor plano?
   (f) Suponha que esteja disponível um índice de árvore B+ agrupado em ⟨*nome-exec, título, nome-depto*⟩ (o único índice). Qual é o custo do melhor plano?

3. Suponha que a consulta seja a seguinte:

SELECT E.título, COUNT(*) FROM Executivos E GROUP BY E.título

   (a) Suponha que esteja disponível um índice de árvore B+ agrupado em *título* (o único índice). Qual é o custo do melhor plano?
   (b) Suponha que esteja disponível um índice de árvore B+ não agrupado em *título* (o único índice). Qual é o custo do melhor plano?
   (c) Suponha que esteja disponível um índice de árvore B+ agrupado em *nome-exec* (o único índice). Qual é o custo do melhor plano?
   (d) Suponha que esteja disponível um índice de árvore B+ agrupado em ⟨*nome-exec, título*⟩ (o único índice). Qual é o custo do melhor plano?
   (e) Suponha que esteja disponível um índice de árvore B+ agrupado em ⟨*título, nome-exec*⟩ (o único índice). Qual é o custo do melhor plano?

4. Suponha que a consulta seja a seguinte:

   SELECT E.título, COUNT(*) FROM Executivos E
   WHERE E.nome-depto > 'W%' GROUP BY E.título

   Suponha que apenas 10% das tuplas de Executivos satisfaçam a condição de seleção.

   (a) Suponha que esteja disponível um índice de árvore B+ agrupado em *título* (o único índice). Qual é o custo do melhor plano? Se um índice adicional (em qualquer chave de pesquisa que você quiser) estivesse disponível, ele ajudaria a produzir um plano melhor?
   (b) Suponha que esteja disponível um índice de árvore B+ não agrupado em *título* (o único índice). Qual é o custo do melhor plano?
   (c) Suponha que esteja disponível um índice de árvore B+ agrupado em *nome-depto* (o único índice). Qual é o custo do melhor plano? Se um índice adicional (em qualquer chave de pesquisa que você quiser) estivesse disponível, ele ajudaria a produzir um plano melhor?
   (d) Suponha que esteja disponível um índice de árvore B+ agrupado em ⟨*nome-depto, título*⟩ (o único índice). Qual é o custo do melhor plano?
   (e) Suponha que esteja disponível um índice de árvore B+ agrupado em ⟨*título, nome-depto*⟩ (o único índice). Qual é o custo do melhor plano?

Exercício 15.5 Considere a consulta $\pi_{A,B,C,D}(R \bowtie_{A=C} S)$. Suponha que a rotina de projeção seja baseada em ordenação e que seja inteligente o bastante para eliminar todos os atributos, menos os desejados, durante a passagem inicial da ordenação, e também se desfaça dinamicamente das tuplas duplicadas enquanto faz a ordenação, eliminando, assim, dois passos extras em potencial. Por fim, suponha que você saiba o seguinte:

   R tem 10 páginas de comprimento e as tuplas de R têm 300 bytes de comprimento.

   S tem 100 páginas de comprimento e as tuplas de S têm 500 bytes de comprimento.

   C é uma chave para S e A é uma chave para R.

   O tamanho da página é de 1.024 bytes.

   Cada tupla de S se associa por junção com exatamente uma tupla de R.

   O tamanho combinado dos atributos A, B, C e D é de 450 bytes.

   A e B estão em R e têm um tamanho combinado de 200 bytes; C e D estão em S.

1. Qual é o custo da gravação do resultado final? (Como sempre, você deve ignorar esse custo ao responder às questões subseqüentes.)
2. Suponha que estejam disponíveis três páginas de buffer e que o único método de junção implementado seja o de loops aninhados (orientados a página) simples.
   (a) Calcule o custo para fazer a projeção seguida da junção.
   (b) Calcule o custo para fazer a junção seguida da projeção.
   (c) Calcule o custo para fazer a junção primeiro e, depois, dinamicamente, a projeção.
   (d) Suas respostas mudariam se estivessem disponíveis 11 páginas de buffer?

Exercício 15.6 Responda sucintamente às seguintes perguntas:

1. Explique a função das equivalências da álgebra relacional no otimizador System R.
2. Considere uma expressão da álgebra relacional da forma $\sigma_c(\pi_l(R \times S))$. Suponha que a expressão equivalente com seleções e projeções antecipadas o máximo possível, levando em conta apenas equivalências da álgebra relacional, tenha uma das formas a seguir. Em cada caso, dê um exemplo ilustrativo das condições de seleção e das listas de projeção (c, l, $c1$, $l1$ etc.).

    (a) *Forma expandida ao máximo equivalente:* $\pi_{l1}(\sigma_{c1}(R) \times S)$.

    (b) *Forma expandida ao máximo equivalente:* $\pi_{l1}(\sigma_{c1}(R) \times \sigma_{c2}(S))$.

    (c) *Forma expandida ao máximo equivalente:* $\sigma_c(\pi_{l1}(\pi_{l2}(R) \times S))$.

    (d) *Forma expandida ao máximo equivalente:* $\sigma_{c1}(\pi_{l1}(\sigma_{c2}(\pi_{l2}(R)) \times S))$.

    (e) *Forma expandida ao máximo equivalente:* $\sigma_{c1}(\pi_{l1}(\pi_{l2}(\sigma(R)) \times S))$.

    (f) *Forma expandida ao máximo equivalente:* $\pi_l(\sigma_{c1}(\pi_{l1}(\pi_{l2}(\sigma_{c2}(R)) \times S)))$.

Exercício 15.7 Considere o esquema relacional e a consulta SQL a seguir. O esquema captura informações sobre funcionários, departamentos e finanças da empresa (organizadas de acordo com o departamento).

Func(<u>*id-funcion:* `integer`</u>, *id-depto:* `integer`, *salário:* `integer`, *passatempo* `char(20)`)

Depto(<u>*id-depto:* `integer`</u>, *nome-depto:* `char(20)`, *andar:* `integer`, *phone* `char(10)`)

Finanças(<u>*id-depto:* `integer`</u>, *orçamento:* `real`, *vendas:* `real`, *despesas* `real`)

Considere a seguinte consulta:

```
SELECT   D.nome-depto, F.orçamento
FROM     Func F, Depto D, Finanças F
WHERE    F.id-depto=D.id-depto AND  D.id-depto=F.id-depto AND D.andar=1
AND      F.salário ≥ 59.000 AND F.passatempo = 'cantarolar'
```

1. Identifique uma árvore da álgebra relacional (ou uma expressão da álgebra relacional, se você preferir) que reflita a ordem de operações que um otimizador de consultas decente escolheria.
2. Liste as ordens de junção (isto é, as ordens nas quais pares de relações podem ser associados por junção para calcular o resultado da consulta) que um otimizador de consultas considerará. (Suponha que o otimizador siga a heurística de nunca considerar planos que exigem o cálculo de produtos cartesianos.) Explique sucintamente como você chegou à sua lista.
3. Suponha que as seguintes informações adicionais estejam disponíveis: existem índices de árvore B+ não agrupados em *Func.id-depto*, *Func.salário*, *Depto.andar*, *Depto.id-depto* e *Finanças.id-depto*. As estatísticas do sistema indicam que os salários dos funcionários variam de 10.000 a 60.000, que os funcionários gostam de 200 passatempos diferentes e que a empresa tem dois andares no edifício. Existe um total de 50.000 funcionários e 5.000 departamentos (cada um com informações financeiras correspondentes) no banco de dados. O SGBD usado pela empresa tem apenas um método de junção disponível: loops aninhados indexados.

    (a) Para cada uma das relações básicas da consulta (Func, Depto e Finanças), estime o número de tuplas que seriam selecionadas inicialmente dessa relação se todos os seus predicados que não são de junção fossem aplicados a ela antes do início de qualquer processamento de junção.

    (b) Dada sua resposta para a pergunta anterior, qual das ordens de junção consideradas pelo otimizador tem o menor custo estimado?

Exercício 15.8 Considere o esquema relacional e a consulta SQL a seguir:

Fornecedores(<u>*id-forn:* `integer`</u>, *nome-forn:* `char(20)`, *cidade:* `char(20)`)

Fornecimento(<u>*id-forn:* `integer`</u>, <u>*id-peça:* `integer`</u>)

Peças(<u>*id-peça:* `integer`,</u> *nome-peça:* `char(20)`, *preço:* `real`)

```
SELECT   S.nome-forn, P.nome-peça
FROM     Fornecedores S, Peças P, Fornecimento Y
WHERE    S.id-forn = Y.id-forn AND Y.id-peça = P.id-peça AND
         S.cidade = 'Madison' AND P.preço ≤ 1,000
```

1. De quais informações a respeito dessas relações o otimizador de consultas precisa para selecionar um bom plano de execução para a consulta dada?
2. Quantas ordens de junção diferentes, supondo que os produtos cartesianos sejam rejeitados, um otimizador de consultas estilo System R considera ao decidir como vai processar a consulta dada? Liste cada uma dessas ordens de junção.
3. Quais índices poderiam ajudar no processamento dessa consulta? Explique sucintamente.
4. Como a adição de DISTINCT na cláusula SELECT afeta os planos produzidos?
5. Como a adição de ORDER BY *nome-forn* na consulta afeta os planos produzidos?
6. Como a adição de GROUP BY *nome-forn* na consulta afeta os planos produzidos?

Exercício 15.9 Considere o seguinte cenário:

Func(*id-funcion:* integer, *salário:* integer, *idade:* real, *id-depto:* integer)
Depto(*id-depto:* integer, *id-projeto:* integer, *orçamento:* real, *estado:* char(10))
Projetos(*id-projeto:* integer, *código:* integer, *relatório:* varchar)

Suponha que cada registro de Func tenha 20 bytes de comprimento, que cada registro de Depto tenha 40 bytes de comprimento e que cada registro de Projetos tenha 2.000 bytes de comprimento, em média. Existem 20.000 tuplas em Func, 5000 tuplas em Depto (note que *id-depto* não é uma chave) e 1000 tuplas em Projetos. Cada departamento, identificado por *id-depto*, tem 10 projetos, em média. O sistema de arquivos suporta páginas de 4000 bytes e estão disponíveis 12 páginas de buffer. Todas as perguntas a seguir são baseadas nessas informações. Você pode supor uma distribuição de valores uniforme. Declare quaisquer suposições adicionais. A métrica de custo a ser usada é *o número de E/Ss de página*. Ignore o custo de gravação do resultado final.

1. Considere as duas consultas a seguir: "Encontre todos os funcionários com *idade* = 30" e "Encontre todos os projetos com *código* = 20". Suponha que o número de tuplas qualificadas seja o mesmo em cada caso. Se você estiver construindo índices nos atributos selecionados para acelerar essas consultas, para qual consulta um índice *agrupado* (em comparação a um índice *não agrupado*) é mais importante?
2. Considere a seguinte consulta: "Encontre todos os funcionários com *idade* > 30". Suponha que exista um índice não agrupado em *idade*. Seja o número de tuplas qualificadas igual a *N*. Para quais valores de *N* uma varredura seqüencial é mais barata do que usar o índice?
3. Considere a seguinte consulta:

```
SELECT   *
FROM     Func F, Depto D
WHERE    F.id-depto=D.id-depto
```

   (a) Suponha que exista um índice de hashing agrupado em *id-depto*, em Func. Liste todos os planos que são considerados e identifique o plano com o menor custo estimado.
   (b) Suponha que as duas relações sejam ordenadas na coluna de junção. Liste todos os planos que são considerados e mostre o plano com o menor custo estimado.
   (c) Suponha que exista um índice de árvore B+ agrupado em *id-depto*, em Func, e que Depto seja ordenada em *id-depto*. Liste todos os planos que são considerados e identifique o plano com o menor custo estimado.

4. Considere a seguinte consulta:

```
SELECT   D.id-depto, COUNT(*)
FROM     Depto D, Projetos P
WHERE    D.id-projeto=P.id-projeto
GROUP BY D.id-depto
```

(a) Suponha que não existam índices disponíveis. Mostre o plano com o menor custo estimado.

(b) Se houver um índice de hashing em *P.id-projeto*, qual é o plano com o menor custo estimado?

(c) Se houver um índice de hashing em *D.id-projeto*, qual é o plano com o menor custo estimado?

(d) Se houver um índice de hashing em *D.id-projeto* e em *P.id-projeto*, qual é o plano com o menor custo estimado?

(e) Suponha que exista um índice de árvore B+ agrupado em *D.id-depto* e um índice de hashing em *P.id-projeto*. Mostre o plano com o menor custo estimado.

(f) Suponha que exista um índice de árvore B+ agrupado em *D.id-depto*, um índice de hashing em *D.id-projeto* e um índice de hashing em *P.id-projeto*. Mostre o plano com o menor custo estimado.

(g) Suponha que exista um índice de árvore B+ agrupado em ⟨*D.id-depto, D.id-projeto*⟩ e um índice de hashing em *P.id-projeto*. Mostre o plano com o menor custo estimado.

(h) Suponha que exista um índice de árvore B+ agrupado em ⟨*D.id-projeto, D.id-depto*⟩ e um índice de hashing em *P.id-projeto*. Mostre o plano com o menor custo estimado.

5. Considere a seguinte consulta:

```
SELECT    D.id-depto, COUNT(*)
FROM      Depto D, Projetos P
WHERE     D.id-projeto=P.id-projeto AND D.orçamento>99.000
GROUP BY  D.id-depto
```

Suponha que os orçamentos do departamento sejam distribuídos uniformemente no intervalo de 0 a 100.000.

(a) Mostre o plano com o menor custo estimado se nenhum índice estiver disponível.

(b) Se houver um índice de hashing em *P.id-projeto*, mostre o plano com o menor custo estimado.

(c) Se houver um índice de hashing em *D.orçamento*, mostre o plano com o menor custo estimado.

(d) Se houver um índice de hashing em *D.id-projeto* e em *D.orçamento*, mostre o plano com o menor custo estimado.

(e) Suponha que exista um índice de árvore B+ agrupado em ⟨*D.id-depto, D.orçamento*⟩ e um índice de hashing em *P.id-projeto*. Mostre o plano com o menor custo estimado.

(f) Suponha que exista um índice de árvore B+ agrupado em *D.id-depto*, um índice de hashing em *D.orçamento* e um índice de hashing em *P.id-projeto*. Mostre o plano com o menor custo estimado.

(g) Suponha que exista um índice de árvore B+ agrupado em ⟨*D.id-depto, D.orçamento, D.id-projeto*⟩ e um índice de hashing em *P.id-projeto*. Mostre o plano com o menor custo estimado.

(h) Suponha que exista um índice de árvore B+ agrupado em ⟨*D.id-depto, D.id-projeto, D.orçamento*⟩ e um índice de hashing em *P.id-projeto*. Mostre o plano com o menor custo estimado.

6. Considere a seguinte consulta:

```
SELECT  F.id-funcion, D.id-depto, P.id-projeto
FROM    Func F, Depto D, Projetos P
WHERE   F.salário=50.000 AND D.orçamento>20.000
        F.id-depto=D.id-depto AND D.id-projeto=P.id-projeto
```

Suponha que os salários dos funcionários sejam distribuídos uniformemente no intervalo de 10.009 a 110.008 e que os orçamentos dos projetos sejam distribuídos uniformemente no intervalo de 10.000 a 30.000. Existe um índice agrupado em *salário* para Func, um índice agrupado em *id-depto* para Depto e um índice agrupado em *id-projeto* para Projetos.

    (a) Liste todos os subplanos de uma, duas e três relações considerados na otimização dessa consulta.

    (b) Mostre o plano com o menor custo estimado para essa consulta.

    (c) Se o índice em Projetos fosse não agrupado, o custo do plano anterior mudaria significativamente? E se o índice em Func ou em Depto fosse não agrupado?

NOTAS BIBLIOGRÁFICAS

A otimização de consultas é fundamental em um SGBD relacional e, portanto, tem sido estudada extensivamente. Neste capítulo, nos concentramos na estratégia adotada no System R, conforme descrito em [668], embora nossa discussão incorpore refinamentos subseqüentes da estratégia. [784] descreve a otimização de consultas no Ingres. Bons levantamentos podem ser encontrados em [410] e em [399]. [434] contém vários artigos sobre processamento e otimização de consultas.

Do ponto de vista teórico, [155] mostra que determinar se duas *consultas conjuntivas* (consultas envolvendo apenas seleções, projeções e produtos cartesianos) são equivalentes é um problema de NP completo; se as relações são de *multiconjuntos*, em vez de conjuntos de tuplas, não se sabe se o problema pode ser decidido, embora seja Π_2^p difícil. Em [643], é mostrado que o problema da equivalência pode ser decidido para consultas envolvendo seleções, projeções, produtos cartesianos e uniões; surpreendentemente, esse problema não pode ser decidido se as relações forem de multiconjuntos [404]. A equivalência de consultas conjuntivas na presença de restrições de integridade é estudada em [30] e a equivalência de consultas conjuntivas com seleções de desigualdade é estudada em [440].

Um problema importante na otimização de consultas é estimar o tamanho do resultado de uma expressão de consulta. Estratégias baseadas em amostragem são exploradas em [352, 353, 384, 481, 569]. O uso de estatísticas detalhadas, na forma de histogramas, para estimar tamanho é estudado em [405, 558, 598]. A menos que se tome cuidado, os erros na estimativa de tamanho podem se propagar rapidamente e tornar as estimativas de custo inúteis para expressões com vários operadores. Esse problema é examinado em [400]. [512] faz um levantamento de várias técnicas para estimar tamanhos de resultado e correlações entre valores nas relações. Existem vários outros artigos nessa área; por exemplo, [26, 170, 594, 725] e nossa lista está longe de ser completa.

A *otimização de consulta semântica* é baseada em transformações que preservam a equivalência apenas quando certas restrições de integridade são mantidas. A idéia foi apresentada em [437] e mais bem desenvolvida em [148, 682, 688].

Recentemente, tem havido um interesse cada vez maior em consultas complexas para aplicativos de apoio à decisão. A otimização de consultas SQL aninhadas é discutida em [298, 426, 430, 557, 760]. O uso da técnica de Magic Sets para otimizar consultas SQL é estudado em [553, 554, 555, 670, 673]. Os otimizadores de consulta baseados em regras são estudados em [287, 326, 490, 539, 596]. O problema de encontrar uma boa ordem de junção para consultas com um grande número de junções é estudado em [401, 402, 453, 726]. A otimização de múltiplas consultas para execução simultânea é considerada em [585, 633, 669]. A determinação de planos de consulta em tempo de execução é discutida em [327, 403]. A reotimização de consultas em execução, baseada em estatísticas reunidas durante a execução da consulta, é considerada por Kabra e DeWitt [413]. A otimização probabilística de consultas é proposta em [183, 229].

PARTE V
GERENCIAMENTO DE TRANSAÇÃO

16
VISÃO GERAL DO GERENCIAMENTO DE TRANSAÇÕES

☛ Quais as quatro propriedades das transações garantidas por um SGBD?

☛ Por que um SGBD intercala transações?

☛ Qual o critério de correção para a execução intercalada?

☛ Quais tipos de anomalias as transações intercaladas podem causar?

☛ Como um SGBD usa bloqueios para garantir intercalações corretas?

☛ Qual o impacto do bloqueio no desempenho?

☛ Quais comandos da SQL permitem que os programadores selecionem características da transação e reduzam a sobrecarga do bloqueio?

☛ Como um SGBD garante a atomicidade da transação e a recuperação de falhas de sistema?

➥ **Conceitos-chave:** propriedades ACID, atomicidade, consistência, isolamento, durabilidade; planos de execução, serialidade, capacidade de recuperação, evitando cancelamentos em cascata; anomalias, leituras sujas, leituras não repetíveis, atualizações perdidas; protocolos de bloqueio, bloqueios exclusivos e compartilhados, bloqueio de duas fases restrito; desempenho de bloqueio, thrashing, pontos ativos; características das transações SQL, pontos de salvamento, reversões, fantasmas, modo de acesso, nível de isolamento; gerenciador de transações, gerenciador de recuperação, log, falha de sistema, falha de mídia; roubo de frames, imposição de páginas; fases de recuperação, análise, refazer e desfazer.

Eu sempre digo: mantenha um diário e algum dia ele manterá você.

—Mae West

Neste capítulo, abordaremos o conceito de *transação*, que é a base da execução concorrente e da recuperação de falhas de sistema em um SGBD. Uma transação é definida como *qualquer execução única* de um programa de usuário em um SGBD e difere da execução de um programa fora do SGBD (por exemplo, um programa em C executando no Unix) em aspectos importantes. (Executar o mesmo programa várias vezes gera várias transações.)

Por motivos de desempenho, um SGBD precisa intercalar as ações de várias transações. (Na Seção 16.3.1, damos os detalhes da motivação da intercalação de transações.) Entretanto, para oferecer aos usuários uma maneira simples de entender o efeito da execução de seus programas, a intercalação é feita cuidadosamente para garantir que o resultado de uma execução concorrente de transações seja, contudo, equivalente (em seu efeito sobre o banco de dados) a alguma execução em série, ou de uma por vez, do mesmo conjunto de transações. O modo como o SGBD trata de execuções concorrentes é um aspecto importante do gerenciamento de transações e o assunto do *controle de concorrência*. Uma questão intimamente relacionada é o modo como o SGBD trata de transações parciais ou transações interrompidas antes de serem executadas até o término normal. O SGBD garante que as alterações feitas por tais transações parciais não sejam vistas por outras transações. O modo como isso é obtido é o assunto da *recuperação de falhas*. Neste capítulo, apresentaremos uma introdução ampla ao controle de concorrência e à recuperação de falhas em um SGBD. Os detalhes serão mais bem desenvolvidos nos próximos dois capítulos.

Na Seção 16.1, discutiremos quatro propriedades fundamentais das transações de banco de dados e como o SGBD garante essas propriedades. Na Seção 16.2, apresentaremos uma maneira abstrata de descrever uma execução intercalada de várias transações, chamada *plano de execução*. Na Seção 16.3, discutiremos vários problemas que podem surgir em razão da execução intercalada. Na Seção 16.4, apresentaremos o controle de concorrência baseado em bloqueio, a estratégia mais amplamente usada. Na Seção 16.5, discutiremos as questões de desempenho associadas ao controle de concorrência baseado em bloqueio. Na Seção 16.6, consideraremos o bloqueio e as propriedades das transações no contexto da SQL. Finalmente, na Seção 16.7, apresentaremos um panorama sobre como um sistema de banco de dados se recupera de falhas e quais passos são dados durante a execução normal para suportar a recuperação de falhas.

16.1 AS PROPRIEDADES ACID

Apresentamos o conceito das transações de banco de dados na Seção 1.7. Para recapitularmos brevemente, transação é uma execução de um programa de usuário, vista pelo SGBD como uma série de operações de leitura e gravação.

Um SGBD deve garantir quatro propriedades importantes das transações para manter os dados mediante acesso concorrente e falhas de sistema:

1. Os usuários devem ser capazes de enxergar a execução de cada transação como **atômica**: ou todas as ações são executadas ou nenhuma delas é executada. Os usuários não devem se preocupar com o efeito de transações incompletas (digamos, quando ocorre uma falha de sistema).

2. Cada transação, executada sozinha, sem nenhuma execução concorrente de outras transações, deve preservar a **consistência** do banco de dados. O SGBD presume que a consistência é preservada por transação. Garantir essa propriedade de uma transação é responsabilidade do usuário.

3. Os usuários devem ser capazes de entender uma transação sem considerar o efeito de outras transações em execução concorrente, mesmo que o SGBD intercale as ações de várias transações por motivos de desempenho. Essa propriedade é algumas vezes chamada de **isolamento**: as transações são isoladas (ou protegidas) dos efeitos do plano de execução concorrente de outras transações.

4. Uma vez que o SGBD informe ao usuário que uma transação foi concluída com êxito, seus efeitos devem persistir, mesmo que o sistema falhe antes que todas as suas alterações sejam refletidas no disco. Essa propriedade é chamada de **durabilidade**.

Às vezes, o acrônimo ACID é usado para referir-se a essas quatro propriedades das transações: atomicidade, consistência, isolamento e durabilidade. Consideraremos agora como cada uma dessas propriedades é garantida em um SGBD.

16.1.1 Consistência e Isolamento

Os usuários são responsáveis por garantir a consistência de uma transação. Isto é, o usuário que submete uma transação deve garantir que, ao ser executada sozinha, até o fim, em uma instância "consistente" do banco de dados, a transação deixará o banco de dados em um estado "consistente". Por exemplo, o usuário pode (naturalmente) ter o critério de consistência de que as transferências de fundos entre contas bancárias não deve mudar a quantidade total de dinheiro nas contas. Para transferir dinheiro de uma conta para outra, uma transação deve debitar de uma delas, deixando o banco de dados inconsistente temporariamente, em um sentido global, mesmo que o novo saldo da conta possa satisfazer a todas as restrições de integridade com relação ao intervalo de saldos de conta aceitáveis. A noção do usuário de um banco de dados consistente é preservada quando a segunda conta é creditada com o valor transferido. Se um programa de transferência defeituoso sempre creditar a segunda conta com um real a menos do que o valor debitado da primeira, não se poderá esperar que o SGBD detecte inconsistências resultantes de tais erros na lógica do programa do usuário.

A propriedade do isolamento é assegurada garantindo-se que, mesmo que ações de várias transações possam ser intercaladas, o resultado será idêntico a executar todas as transações, uma após a outra, em alguma ordem serial. (Discutiremos como o SGBD implementa essa garantia na Seção 16.4.) Por exemplo, se duas transações $T1$ e $T2$ forem executadas concorrentemente, é garantido que o resultado será equivalente a executar (tudo de) $T1$, seguida da execução de $T2$ ou a executar $T2$ seguida da execução de $T1$. (O SGBD não dá garantias sobre qual dessas ordens é efetivamente escolhida.) Se cada transação fizer o mapeamento de uma instância consistente do banco de dados em outra instância consistente, a execução de várias transações, uma após a outra (em uma instância inicial consistente do banco de dados), resulta em uma instância final consistente do banco de dados.

Consistência do banco de dados é a propriedade de que toda transação enxerga uma instância consistente do banco de dados. A consistência do banco de dados resulta da atomicidade da transação, do isolamento e da consistência da transação. A seguir, discutiremos como a atomicidade e a durabilidade são garantidas em um SGBD.

16.1.2 Atomicidade e Durabilidade

As transações podem ser incompletas por três motivos. Primeiro, uma transação pode ser **cancelada** ou terminada sem sucesso pelo SGBD, porque alguma anomalia surge durante a execução. Se uma transação for cancelada pelo SGBD por alguma razão interna, ela é reiniciada automaticamente e executada outra vez. Segundo, o sistema pode falhar (por exemplo, porque a fonte de alimentação é interrompida), enquanto uma ou mais transações estão em andamento. Terceiro, uma transação pode encontrar uma situação inesperada (por exemplo, ler um valor de dados inesperado ou ser incapaz de acessar algum disco) e decidir pelo cancelamento (isto é, terminar a si mesma).

É claro que, como os usuários consideram as transações atômicas, uma transação interrompida no meio pode deixar o banco de dados em um estado inconsistente. Portanto, um SGBD deve encontrar uma maneira de remover do banco de dados os efeitos das transações parciais. Ou seja, ele deve garantir a atomicidade da transação: ou todas as ações de uma transação são executadas ou nenhuma é executada. Um SGBD garante a atomicidade da transação *desfazendo* as ações de transações incompletas. Isso significa que os usuários podem ignorar as transações incompletas ao pensarem em como o banco de dados é modificado pelas transações com o passar do tempo. Para fazer isso, o SGBD mantém um registro, chamado *log*, de todas as gravações feitas no banco de dados. O log também é usado para garantir a durabilidade: se o sistema falhar antes que as alterações feitas por uma transação concluída sejam gravadas no disco, o log é usado para recordar e restaurar essas alterações, quando o sistema for reiniciado.

O componente do SGBD que garante a atomicidade e a durabilidade, chamado de *gerenciador de recuperação*, será mais bem discutido na Seção 16.7.

16.2 TRANSAÇÕES E PLANO DE EXECUÇÃO (SCHEDULES)

Uma transação é vista pelo SGBD como uma série ou *lista* de **ações**. As ações que podem ser executadas por uma transação incluem **leituras** e **gravações** de *objetos de banco de dados*. Para mantermos nossa notação simples, supomos que um objeto O é sempre lido em uma variável de programa também denominada O. Portanto, podemos denotar a ação de uma transação T lendo um objeto O como $R_T(O)$; analogamente, podemos denotar a gravação como $W_T(O)$. Quando a transação T é clara com base no do contexto, omitimos o subscrito.

Além de ler e gravar, cada transação *deve* especificar como ação final ou a **efetivação** (isto é, concluir com sucesso) ou **cancelamento** (isto é, terminar e desfazer todas as ações executadas até o momento). $Abort_T$ denota a ação de T cancelando e $Commit_T$ denota T sendo efetivada.

Fazemos duas suposições importantes:

1. As transações interagem umas com as outras *apenas* por meio de operações de leitura e gravação do banco de dados; por exemplo, elas não podem trocar mensagens.

2. Um banco de dados é uma coleção *fixa* de objetos *independentes*. Quando objetos são adicionados ou excluídos de um banco de dados ou quando existem relacionamentos entre objetos do banco de dados que queremos explorar por motivos de desempenho, surgem algumas questões adicionais.

Se a primeira suposição for violada, o SGBD não terá como detectar ou evitar inconsistências causadas por tais interações externas entre as transações, e fica por conta do programador de aplicativos garantir que o programa tenha bom comportamento. Relaxamos a segunda suposição na Seção 16.6.2.

Um **plano de execução** é uma lista de ações (leitura, gravação, cancelamento ou efetivação) de um conjunto de transações, e a ordem na qual duas ações de uma transação T aparecem em um plano de execução deve ser a mesma em que elas aparecem em T. Intuitivamente, um plano de execução representa uma seqüência de execução real ou em potencial. Por exemplo, o plano de execução da Figura 16.1 mostra uma ordem de execução para ações de duas transações $T1$ e $T2$. Quando passamos de uma linha para a seguinte, avançamos no tempo. Enfatizamos que um plano de execução descreve as ações de transações *conforme vistas pelo SGBD*. Além dessas ações, uma transação pode executar outras, como ler e gravar arquivos do sistema operacional, avaliar expressões aritméticas etc. Entretanto, supomos que essas ações não afetam outras transações; isto é, o efeito de uma transação sobre outra transação pode ser entendido unicamente em termos dos objetos de banco de dados comuns que elas lêem e gravam.

$T1$	$T2$
$R(A)$	
$W(A)$	
	$R(B)$
	$W(B)$
$R(C)$	
$W(C)$	

Figura 16.1 Um plano de execução envolvendo duas transações.

Note que o plano de execução da Figura 16.1 não contém uma ação de cancelamento nem de efetivação para nenhuma das transações. Um plano de execução que contém um cancelamento ou uma efetivação para cada transação cujas ações estão listadas nele é chamado de **plano de execução completo**. Um plano de execução completo deve conter todas as ações de cada transação que aparece nele. Se as ações de diferentes transações não são intercaladas — isto é, as transações são executadas do início ao fim, uma por uma — chamamos de **plano de execução serial**.

16.3 EXECUÇÃO CONCORRENTE DE TRANSAÇÕES

Agora que já apresentamos o conceito de plano de execução, temos uma maneira conveniente de descrever as execuções intercaladas de transações. O SGBD intercala as ações de diferentes transações para melhorar o desempenho, mas nem todas as intercalações devem ser permitidas. Nesta seção, discutiremos quais intercalações ou planos de execução um SGBD deve permitir.

16.3.1 Motivação da Execução Concorrente

O plano de execução mostrado na Figura 16.1 representa uma execução intercalada das duas transações. Garantir o isolamento da transação enquanto se permite tal execução concorrente é difícil, mas é necessário, por motivos de desempenho. Primeiro, enquanto uma transação está esperando que uma página seja lida do disco, a CPU pode processar outra transação. Isso acontece porque a atividade de E/S pode ser realizada em paralelo com a atividade da CPU em um computador. Sobrepor E/S e atividade de CPU reduz o tempo durante o qual os discos e os processadores ficam ociosos e aumenta o **throughput do sistema** (o número médio de transações completadas em determinado tempo). Segundo, a execução intercalada de uma transação curta com uma longa normalmente permite que a transação curta termine rapidamente. Em uma execução serial, uma transação curta poderia ficar presa atrás de uma longa, levando

Visão Geral do Gerenciamento de Transações 439

a atrasos imprevisíveis no **tempo de resposta**, ou tempo médio usado para concluir uma transação.

16.3.2 Serialidade

Um **plano de execução serializável** sobre um conjunto S de transações efetivadas é um plano de execução cujo efeito em qualquer instância consistente do banco de dados é idêntico ao de algum plano de execução serial completo sobre S. Isto é, a instância do banco de dados que resulta da execução do plano dado é idêntica à instância do banco de dados resultante da execução das transações em *alguma* ordem serial.[1]

Como exemplo, o plano de execução mostrado na Figura 16.2 é serializável. Mesmo que as ações $T1$ e $T2$ sejam intercaladas, o resultado deste plano de execução é equivalente a executar $T1$ (em sua totalidade) e, depois, executar $T2$. Intuitivamente, a leitura e a gravação de B realizadas por $T1$ não são influenciadas pelas ações de $T2$ em A, e o resultado é o mesmo se essas ações são "trocadas" para obter o plano de execução serial $T1; T2$.

$T1$	$T2$
$R(A)$	
$W(A)$	
	$R(A)$
	$W(A)$
$R(B)$	
$W(B)$	
	$R(B)$
	$W(B)$
	Efetivação
Efetivação	

Figura 16.2 Um plano de execução serializável.

A execução de transações em série, em ordens diferentes, pode produzir resultados diferentes, mas é presumido que todos são aceitáveis; o SGBD não dá garantias sobre qual delas será o resultado de uma execução intercalada. Para ver isso, note que as duas transações do exemplo da Figura 16.2 podem ser intercaladas, como mostra a Figura 16.3. Esse plano de execução, também capaz de ser disposto em série, é equivalente ao plano de execução serial $T2; T1$. Se $T1$ e $T2$ são enviados concorrentemente para um SGBD, um desses dois planos de execução (dentre outros) poderia ser escolhido.

---

[1] Se uma transação imprime um valor na tela, esse "efeito" não é capturado diretamente no banco de dados. Por simplicidade, supomos que tais valores também são gravados no banco de dados.

A definição anterior de plano de execução serializável não cobre o caso dos planos de execução que contêm transações canceladas. Estenderemos a definição de planos de execução serializáveis para cobrir as transações canceladas na Seção 16.3.4.

T1	T2
	R(A)
	W(A)
R(A)	
	R(B)
	W(B)
W(A)	
R(B)	
W(B)	
	Efetivação
Efetivação	

Figura 16.3 Outro plano de execução serializável.

Por fim, notamos que, às vezes, um SGBD pode executar transações de uma maneira não equivalente a nenhuma execução serial; isto é, usando um plano de execução não serializável. Isso pode acontecer por dois motivos. Primeiro, o SGBD pode usar um método de controle de concorrência garantindo que o plano de execução executado, embora ele mesmo não seja serializável, seja equivalente a algum plano de execução serializável (por exemplo, veja a Seção 17.6.2). Segundo, a SQL proporciona aos programadores de aplicativos a capacidade de instruir o SGBD para que escolha planos de execução não serializáveis (veja a Seção 16.6).

16.3.3 Anomalias em Razão da Execução Intercalada

Agora, ilustraremos as três maneiras principais pelas quais um plano de execução envolvendo duas transações efetivadas e que preservam a consistência poderia ser executado em um banco de dados consistente e deixá-lo em um estado inconsistente. Duas ações sobre o mesmo objeto de dados **entram em conflito** se pelo menos uma delas é uma gravação. As três situações anômalas podem ser descritas em termos de quando as ações de duas transações T1 e T2 entram em conflito entre si: em um **conflito de gravação-leitura (WR)**, T2 lê um objeto de dados gravado anteriormente por T1; definimos os conflitos de **leitura-gravação (RW)** e **gravação-gravação (WW)** analogamente.

Lendo Dados Não Efetivados (Conflitos de WR)

A primeira fonte de anomalias é que uma transação T2 poderia ler um objeto de banco de dados A que foi modificado por outra transação T1, que ainda não foi efetivada. Essa leitura é chamada de **leitura suja**. Um exemplo simples ilustra como um plano de execução poderia levar um banco de dados a um estado inconsistente. Considere duas transações $T1$ e $T2$, sendo que cada uma das quais, executada sozinha, preserva a consistência do banco de dados: $T1$ transfere US$ 100 de A para B e $T2$ acresce A e B em 6% (por exemplo, os juros anuais são depositados nessas duas contas). Suponha que as ações sejam intercaladas de modo que (1) o programa de transferência entre contas $T1$ subtraia US$ 100 da conta A e, então, (2) o programa de depósito de juros $T2$ leia os valores correntes das contas A e B, adicione juros de 6% em cada uma e, em seguida, (3) o programa de transferência entre contas credite US$ 100 na conta B. O plano de execução correspondente, que é a visão que o SGBD tem dessa série de eventos, está ilustrado na Figura 16.4. O resultado desse plano é diferente de qualquer resultado que obteríamos executando primeiro uma das duas transações e depois a outra. O problema pode ser descoberto pelo fato de que o valor de A gravado por $T1$ é lido por $T2$ antes que $T1$ tenha concluído todas as suas alterações.

$T1$	$T2$
$R(A)$	
$W(A)$	
	$R(A)$
	$W(A)$
	$R(B)$
	$W(B)$
$R(B)$	Efetivação
$W(B)$	
Efetivação	

Figura 16.4 Lendo dados não efetivados.

O problema geral ilustrado aqui é que $T1$ pode gravar algum valor em A que torne o banco de dados inconsistente. Contanto que $T1$ sobrescreva seu valor com um valor "correto" de A, antes de efetivar, nenhum dano é causado se $T1$ e $T2$ forem executadas em alguma ordem serial, pois $T2$ não veria a inconsistência (temporária). Por outro lado, a execução intercalada pode expor essa inconsistência e levar o banco de dados a um estado final inconsistente.

Note que, embora uma transação deva deixar um banco de dados em um estado consistente *depois de* ser concluída, ela não é obrigada a mantê-lo consistente enquanto ainda está em andamento. Tal requisito seria restritivo demais: para transferir dinheiro de uma conta para outra, uma transação *deveria* debitar uma conta, deixando o banco de dados temporariamente inconsistente e, depois, creditar na segunda conta, restaurando a consistência.

Leituras Não Repetíveis (Conflitos de RW)

A segunda maneira que poderia resultar em um comportamento anômalo é que uma transação $T2$ poderia alterar o valor de um objeto A, que foi lido por uma transação $T1$, enquanto $T1$ ainda estivesse em andamento.

Se $T1$ tentar ler o valor de A novamente, obterá um resultado diferente, mesmo que, nesse meio tempo, não tenha modificado A. Essa situação não poderia surgir em uma execução serial de duas transações; ela é chamada de **leitura não repetível**.

Para ver por que isso pode causar problemas, considere o exemplo a seguir. Suponha que A seja o número de exemplares disponíveis de um livro. Uma transação que faz um pedido primeiro lê A, verifica se é maior do que 0 e depois o decrementa. A transação $T1$ lê A e vê o valor 1. A transação $T2$ também lê A e vê o valor 1, decrementa A para 0 e é efetivada. Então, a transação $T1$ tenta decrementar A e obtém um erro (se houver uma restrição de integridade que impeça que A se torne negativo).

Essa situação nunca pode surgir em uma execução serial de $T1$ e $T2$; a segunda transação leria A e veria 0; portanto, não prosseguiria com o pedido (assim, não tentaria decrementar A).

Sobrescrevendo Dados Não Efetivados (Conflitos de WW)

A terceira fonte de comportamento anômalo é que uma transação $T2$ poderia sobrescrever o valor de um objeto A, o qual já foi modificado por uma transação $T1$, enquanto $T1$ ainda está em andamento. Mesmo que $T2$ não leia o valor de A gravado por $T1$, existe um problema em potencial, conforme ilustra o exemplo a seguir.

Suponha que Harry e Larry sejam dois funcionários e seus salários devam ser mantidos iguais. A transação $T1$ ajusta os salários deles em $ 2000 e a transação $T2$ ajusta em $ 1000. Se as executarmos na ordem serial $T1$ seguida de $T2$, ambos receberão o salário de $ 1000; a ordem serial $T2$ seguida de $T1$ dá a cada um o salário de $ 2000. Uma dessas duas é aceitável, do ponto de vista da consistência (embora Harry e Larry possam preferir um salário mais alto!). Note que nenhuma das transações lê um valor de salário antes de gravá-lo — tal gravação é chamada de **gravação cega**, por motivos óbvios.

Agora, considere a seguinte intercalação das ações de $T1$ e $T2$: $T2$ ajusta o salário de Harry para $ 1000, $T1$ ajusta o salário de Larry para $ 2000, $T2$ ajusta o salário de Larry para $ 1000 e é efetivada; finalmente, $T1$ ajusta o salário de Harry para $ 2000 e é efetivada. O resultado não é idêntico ao de nenhuma das duas possíveis execuções seriais; portanto, o plano de execução intercalado é não serializável. Ele viola o critério de consistência desejado, de que os dois salários devem ser iguais.

O problema é que temos uma **atualização perdida**. A primeira transação a ser efetivada, $T2$, sobrescreveu o salário de Larry ajustado por $T1$. Na ordem serial $T2$ seguida por $T1$, o salário de Larry deve refletir a atualização de $T1$, em vez de refletir a de $T2$, mas a atualização de $T1$ é "perdida".

16.3.4 Planos de Execução Envolvendo Transações Canceladas

Agora, estenderemos nossa definição de serialidade para incluirmos as transações canceladas.[2] Intuitivamente, todas as ações de transações canceladas devem ser desfeitas; portanto, para começarmos, podemos imaginar que elas nunca foram executadas. Usando essa intuição, estendemos a definição de plano de execução serializável como se segue: um **plano de execução serializável** sobre um conjunto S de transações é aquele cujo efeito em qualquer instância consistente no banco de dados é garantido ser

---

[2] Também devemos considerar as transações incompletas para uma discussão rigorosa sobre falhas de sistema, pois as transações que estão ativas quando o sistema falha não são nem canceladas nem efetivadas. Entretanto, a recuperação do sistema normalmente começa cancelando todas as transações ativas e, para nossa discussão informal, basta considerarmos os planos de execução que envolvem transações efetivadas e canceladas.

idêntico ao de algum plano de execução serial completo sobre o conjunto de transações *efetivadas* em S.

Essa definição de serialidade conta com o fato de as ações das transações canceladas serem completamente desfeitas, o que pode ser impossível em algumas situações. Por exemplo, suponha que (1) um programa de transferência entre contas $T1$ subtraia $ 100 da conta A e (2) um programa de depósito de juros $T2$ lê os valores correntes das contas A e B e adiciona 6% de juros em cada uma, é efetivada e, em seguida, (3) $T1$ é cancelada. O plano de execução correspondente aparece na Figura 16.5.

$T1$	$T2$
$R(A)$	
$W(A)$	
	$R(A)$
	$W(A)$
	$R(B)$
	$W(B)$
	Efetivação
Cancelamento	

Figura 16.5 Um plano de execução irrecuperável.

Agora, $T2$ lê um valor de A que nunca deveria estar lá. (Lembre-se de que os efeitos das transações canceladas não devem ser visíveis para outras transações.) Se $T2$ ainda não tivesse sido efetivada, poderíamos lidar com a situação colocando o cancelamento de $T1$ *em cascata* e também cancelar $T2$; esse processo cancela recursivamente qualquer transação que leia dados gravados por $T2$ e assim sucessivamente. Mas $T2$ já foi efetivada, não podemos desfazer suas ações. Dizemos que esse plano de execução é *irrecuperável*. Em um **plano de execução recuperável**, transações são efetivadas somente depois (e se!) que todas as transações cujas alterações elas lêem forem efetivadas. Se as transações lêem apenas as alterações de transações efetivadas, não apenas o plano de execução é recuperável, como também o cancelamento de uma transação pode ser realizado sem colocar em cascata o cancelamento de outras transações. Diz-se que tal plano de execução **evita cancelamentos em cascata**.

Há outro problema em potencial ao se desfazer as ações de uma transação. Suponha que uma transação $T2$ sobrescreva o valor de um objeto A, que foi modificado por uma transação $T1$, enquanto $T1$ ainda está em andamento, e que, subseqüentemente, $T1$ seja cancelada. Todas as alterações de $T1$ feitas nos objetos do banco de dados são desfeitas, restaurando o valor de qualquer objeto que ela modificou para o que havia antes das alterações de $T1$. (Veremos os detalhes de como o cancelamento de uma transação é tratado no Capítulo 18.) Quando $T1$ é cancelada e suas alterações são desfeitas dessa maneira, as alterações de $T2$ também são perdidas, mesmo que $T2$ decida se efetivar. Assim, por exemplo, se A tivesse originalmente o valor 5 e, então, fosse alterada para 6 por $T1$ e para 7 por $T2$, se agora $T1$ for cancelada, o valor de A se tornará 5 novamente. Mesmo que $T2$ seja efetivada, sua alteração em A é inadvertidamente perdida. Uma técnica de controle de concorrência chamada Strict 2PL, apresentada na Seção 16.4, pode evitar esse problema (conforme foi discutido na Seção 17.1).

16.4 CONTROLE DE CONCORRÊNCIA BASEADO EM BLOQUEIO

Um SGBD deve ser capaz de garantir que apenas planos de execução serializáveis e recuperáveis sejam permitidos e que nenhuma ação de transações efetivadas seja perdida ao desfazer transações canceladas. Normalmente, um SGBD utiliza um *protocolo de bloqueio* para conseguir isso. **Bloqueio** é um pequeno objeto de controle associado a um objeto do banco de dados. **Protocolo de bloqueio** é um conjunto de regras a ser seguidas por transação (e impostas pelo SGBD) para garantir que, mesmo intercalando as ações de várias transações, o resultado seja idêntico à execução de todas as transações em alguma ordem serial. Diferentes protocolos de bloqueio usam diferentes tipos de bloqueios, como bloqueios compartilhados ou exclusivos, conforme veremos a seguir, quando discutirmos o protocolo Strict 2PL.

16.4.1 Bloqueio de Duas Fases Restrito (Strict 2PL)

O protocolo de bloqueio mais amplamente usado, chamado de *bloqueio de duas fases restrito* ou *Strict 2PL* (do inglês, *Strict Two-Phase Locking*), tem duas regras. A primeira é:

1. Se uma transação T quer *ler* (respectivamente, *modificar*) um objeto, ela primeiro solicita um bloqueio **compartilhado** (respectivamente, **exclusivo**) sobre o objeto.

É claro que uma transação que tenha um bloqueio exclusivo também pode ler o objeto; não é exigido um bloqueio compartilhado adicional. Uma transação que solicita um bloqueio é suspensa até que o SGBD seja capaz de garantir-lhe o bloqueio solicitado. O SGBD monitora os bloqueios que concedeu e garante que, se uma transação mantiver um bloqueio exclusivo sobre um objeto, nenhuma outra transação manterá um bloqueio compartilhado ou exclusivo sobre o mesmo objeto. A segunda regra no Strict 2PL é:

2. Todos os bloqueios mantidos por uma transação são liberados quando a transação termina.

Os pedidos para adquirir e liberar bloqueios podem ser inseridos automaticamente nas transações pelo SGBD; os usuários não precisam se preocupar com esses detalhes. (Discutiremos como os programadores de aplicativos podem selecionar propriedades de transações e controlar a sobrecarga de bloqueio na Seção 16.6.3.)

Na verdade, o protocolo de bloqueio só permite intercalações "seguras" de transações. Se duas transações acessam partes completamente independentes do banco de dados, elas obtêm concorrentemente os bloqueios que precisam e seguem seu caminho normalmente. Por outro lado, se duas transações acessam o mesmo objeto e uma quer modificá-lo, suas ações são efetivamente ordenadas em série — todas as ações de uma dessas transações (aquela que recebe primeiro o bloqueio sobre o objeto comum) são concluídas antes (que esse bloqueio seja liberado e) que a outra transação possa prosseguir.

Denotamos a ação de uma transação T solicitando um bloqueio compartilhado (respectivamente, exclusivo) sobre o objeto O, como $S_T(O)$ (respectivamente, $X_T(O)$), e omitimos o subscrito que denota a transação quando isso está claro segundo o contexto. Considere o plano de execução mostrado na Figura 16.4. Essa intercalação poderia resultar em um estado que não acontece por meio de nenhuma execução serial das três transações. Por exemplo, $T1$ poderia mudar A de 10 para 20, assim $T2$ (que lê o valor

20 para A) poderia mudar B de 100 para 200, e $T1$ poderia ler o valor 200 para B. Se fosse executada em série, $T1$ ou $T2$ executaria primeiro e leria os valores 10 para A e 100 para B. Claramente, a execução intercalada não é equivalente a nenhuma execução serial.

Se o protocolo Strict 2PL for usado, tal intercalação é proibida. Vamos ver o porquê. Supondo que as transações ocorram na mesma velocidade relativa como antes, $T1$ obteria um bloqueio exclusivo sobre A primeiro e, então, leria e gravaria A (Figura 16.6); depois $T2$ solicitaria um bloqueio sobre A. Entretanto, esse pedido não poderia ser garantido até que $T2$ liberasse seu bloqueio exclusivo sobre A e, portanto, o SGBD suspenderia $T2$. Agora, $T1$ obtém um bloqueio exclusivo sobre B, lê e grava B e finalmente é efetivada, momento esse em que seus bloqueios são liberados. Agora, o pedido de bloqueio de $T2$ é garantido e ela continua. Nesse exemplo, o protocolo de bloqueio resulta em uma execução serial das duas transações, mostradas na Figura 16.7.

$T1$	$T2$
$X(A)$	
$R(A)$	
$W(A)$	

Figura 16.6 Plano de execução ilustrando o protocolo Strict 2PL.

$T1$	$T2$
$X(A)$	
$R(A)$	
$W(A)$	
$X(B)$	
$R(B)$	
$W(B)$	
Efetivação	
	$X(A)$
	$R(A)$
	$W(A)$
	$X(B)$
	$R(B)$
	$W(B)$
	Efetivação

Figura 16.7 Plano de execução ilustrando o protocolo Strict 2PL com execução serial.

Em geral, entretanto, as ações de diferentes transações poderiam ser intercaladas. Como exemplo, considere a intercalação de duas transações, mostrada na Figura 16.8, que é permitida pelo protocolo Strict 2PL.

$T1$	$T2$
$S(A)$	
$R(A)$	
	$S(A)$
	$R(A)$
	$X(B)$
	$R(B)$
	$W(B)$
	Efetivação
$X(C)$	
$R(C)$	
$W(C)$	
Efetivação	

Figura 16.8 Plano de execução seguindo o protocolo Strict 2PL com ações intercaladas.

Pode ser mostrado que o algoritmo Strict 2PL só permite planos de execução serializáveis. Nenhuma das anomalias discutidas na Seção 16.3.3 pode surgir se o SGBD implementar o protocolo Strict 2PL.

16.4.2 Impasses (Deadlocks)

Considere o exemplo a seguir. A transação $T1$ estabelece um bloqueio exclusivo sobre o objeto A, $T2$ estabelece um bloqueio exclusivo sobre B, $T1$ solicita um bloqueio exclusivo sobre B e é enfileirada, e $T2$ solicita um bloqueio exclusivo sobre A e é enfileirada. Agora, $T1$ está esperando que $T2$ libere seu bloqueio e $T2$ está esperando que $T1$ libere seu bloqueio. Esse ciclo de transações esperando que bloqueios sejam liberados é chamado de **impasse** (*deadlock*). Claramente, essas duas transações não farão nenhum progresso. Pior ainda, elas manterão bloqueios que podem ser solicitados por outras transações. O SGBD deve evitar ou detectar (e resolver) essas situações de impasse; a estratégia comum é detectar e resolver impasses.

Uma maneira simples de identificar impasses é usar um mecanismo de tempo-limite. Se uma transação está esperando por um bloqueio há muito tempo, podemos supor (de forma pessimista) que ela está em um ciclo de impasse e cancelá-la. Discutiremos os impasses com mais detalhes na Seção 17.2.

16.5 DESEMPENHO DO BLOQUEIO

Os esquemas baseados em bloqueio são projetados para resolver conflitos entre transações e usar dois mecanismos básicos: *bloqueio* e *cancelamento*. Os dois mecanismos envolvem uma penalidade no desempenho: as transações bloqueadas podem manter bloqueios que obriguem outras transações a esperar, e o cancelamento e o reinício de uma transação obviamente desperdiçam o trabalho feito até o momento por essa transação. O impasse representa um caso extremo de bloqueio no qual um conjunto de transações fica bloqueado para sempre, a não ser que uma das transações bloqueadas seja cancelada pelo SGBD.

Na prática, pouco menos de 1% das transações é envolvida em um impasse, e há relativamente poucos cancelamentos. Portanto, a sobrecarga do bloqueio vem principalmente de atrasos por causa de bloqueio.[3] Considere como os atrasos dos bloqueios afetam o throughput. As primeiras transações provavelmente não entrarão em conflito e o throughput aumenta proporcionalmente com o número de transações ativas. À medida que mais e mais transações são executadas concorrentemente sobre o mesmo número de objetos de banco de dados, a probabilidade de uma bloquear a outra aumenta. Assim, os atrasos em razão dos bloqueios aumentam com o número de transações ativas. Na verdade, há um ponto no qual adicionar outra transação ativa realmente reduz o throughput; a nova transação é bloqueada e, efetivamente, concorre (e bloqueia) com as transações existentes. Dizemos que nesse ponto há *trash* no sistema, o que está ilustrado na Figura 16.9.

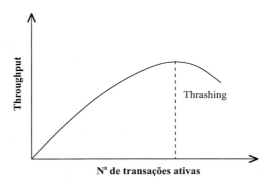

Figura 16.9 Thrashing por bloqueio.

Se começa a ocorrer thrash em um sistema de banco de dados, o administrador do banco de dados deve reduzir o número de transações que podem ser executadas concorrentemente. De modo empírico, thrashing ocorre quando 30% das transações ativas são bloqueadas, e um administrador de banco de dados deve monitorar a fração das transações bloqueadas para ver se o sistema corre o risco de thrashing.

O throughput pode ser aumentado de três maneiras (além da compra de um sistema mais rápido):

- Bloqueando-se os objetos de menor tamanho possível (reduzindo a probabilidade de duas transações precisarem do mesmo objeto).
- Reduzindo-se o tempo durante o qual a transação mantém bloqueios (para que outras transações sejam bloqueadas por um tempo mais curto).
- Reduzindo-se os **pontos ativos** (*hot spots*). O ponto ativo é um objeto de banco de dados freqüentemente acessado e modificado, e que causa muitos atrasos por bloqueio. Os pontos ativos podem afetar significativamente o desempenho.

A granularidade do bloqueio é determinada principalmente pela implementação de bloqueio do sistema de banco de dados, e os programadores de aplicativos e o adminis-

---

[3] Muitos impasses comuns podem ser evitados usando-se uma técnica chamada *rebaixamentos de bloqueio*, implementada na maioria dos sistemas comerciais (Seção 17.3).

> **Transações Aninhadas do SQL:1999:** O conceito de transação como uma seqüência atômica de ações foi estendido no SQL:1999, por meio da introdução do recurso de *ponto de salvamento* (*savepoint*). Isso permite que partes de uma transação sejam revertidas seletivamente. A introdução de pontos de salvamento representa o primeiro suporte da SQL para o conceito de **transações aninhadas**, que tem sido extensivamente estudado na comunidade de pesquisa. A idéia é que uma transação pode ter várias subtransações aninhadas, cada uma das quais podendo ser revertida seletivamente. Os pontos de salvamento suportam uma forma simples de aninhamento em um nível.

trador do banco de dados têm pouco controle sobre ela. Discutiremos, na Seção 20.10, como fazer para melhorar o desempenho minimizando a duração em que os bloqueios são mantidos e usando técnicas para tratar pontos ativos.

16.6 SUPORTE PARA TRANSAÇÃO EM SQL

Até aqui, estudamos as transações e o gerenciamento de transações usando um modelo abstrato de transação, como uma seqüência de ações de leitura, gravação e cancelamento/efetivação. Agora, consideraremos o suporte que a SQL fornece aos usuários para especificar comportamento em nível de transação.

16.6.1 Criando e Terminando Transações

Uma transação é iniciada automaticamente quando um usuário executa uma instrução que acessa o banco de dados ou os catálogos, como uma consulta SELECT, um comando UPDATE ou uma instrução CREATE TABLE.[4]

Uma vez iniciada uma transação, outras instruções podem ser executadas como parte dessa transação, até que ela seja terminada por um comando COMMIT ou por um comando ROLLBACK (a palavra-chave da SQL para cancelar).

No SQL:1999, são fornecidos dois novos recursos para suportar aplicativos que envolvem transações de longa duração ou que precisam executar várias transações, uma após a outra. Para entender essas extensões, lembre-se de que todas as ações de determinada transação são executadas em ordem, independentemente de como as ações de diferentes transações são intercaladas. Podemos considerar cada transação como uma seqüência de etapas.

O primeiro recurso, chamado de **ponto de salvamento**, nos permite identificar um ponto em uma transação e reverter seletivamente as operações executadas após esse ponto. Isso é particularmente útil se a transação executa operações do tipo "e se" e deseja desfazer ou manter as alterações com base nos resultados. Isso pode ser feito definindo-se pontos de salvamento.

Em uma transação de longa duração, podemos querer definir uma série de pontos de salvamento. O comando *savepoint* nos permite dar um nome a cada ponto de salvamento:

SAVEPOINT ⟨*nome do ponto de salvamento*⟩

---

[4] Algumas instruções da SQL — por exemplo, a instrução CONNECT, que conecta um programa aplicativo a um servidor de banco de dados — não exigem a criação de uma transação.

Um comando *roolback* subseqüente pode especificar o ponto de salvamento até o qual vai ser feita a reversão:

ROLLBACK TO SAVEPOINT ⟨*nome do ponto de salvamento*⟩

Se definirmos três pontos de salvamento A, B e C, nessa ordem, e então revertermos até A, todas as operações desde A serão desfeitas, incluindo a criação dos pontos de salvamento B e C. Na verdade, o próprio ponto de salvamento A é desfeito quando revertemos até ele, e devemos restabelecê-lo (por meio de outro comando savepoint), se quisermos ser capazes de reverter até ele novamente. Do ponto de vista de bloqueio, os bloqueios obtidos após o ponto de salvamento A podem ser liberados quando revertemos até A.

É instrutivo comparar o uso de pontos de salvamento com a alternativa de executar uma série de transações (isto é, tratar todas as operações entre dois pontos de salvamento consecutivos como uma nova transação). O mecanismo de ponto de salvamento oferece duas vantagens. Primeiro, podemos reverter para vários pontos de salvamento. Na estratégia alternativa, só podemos reverter a transação mais recente, o que é equivalente a reverter até o ponto de salvamento mais recente. Segundo, a sobrecarga do início de várias transações é evitada.

Mesmo com o uso de pontos de salvamento, certos aplicativos podem exigir que executemos várias transações, uma após a outra. Para minimizar a sobrecarga nessas situações, o SQL:1999 apresenta outro recurso, chamado de **transações encadeadas**. Podemos efetivar ou reverter uma transação e, imediatamente, iniciar outra transação. Isso é feito pelo uso das palavras-chave opcionais AND CHAIN nas instruções COMMIT e ROLLBACK.

16.6.2 O Que Devemos Bloquear?

Até agora, discutimos as transações e o controle de concorrência em termos de modelo abstrato, no qual um banco de dados contém uma coleção fixa de objetos e cada transação é uma série de operações de leitura e gravação em objetos individuais. Uma questão importante a considerar no contexto da SQL é o que o SGBD deve tratar como *objeto* ao estabelecer bloqueios para determinada instrução SQL (isto é, parte de uma transação).

Considere a consulta a seguir:

```
SELECT   M.avaliação, MIN (M.idade)
FROM     Marinheiros M
WHERE    M.avaliação = 8
```

Suponha que essa consulta seja executada como parte da transação $T1$ e que uma instrução SQL que modifica a idade de determinado marinheiro, digamos, Joe, com *avaliação=8* seja executada como parte da transação $T2$. Quais "objetos" o SGBD deve bloquear ao executar essas transações? Intuitivamente, devemos detectar um conflito entre essas transações.

O SGBD poderia estabelecer um bloqueio compartilhado na tabela Marinheiros inteira para $T1$ e estabelecer um bloqueio exclusivo em Marinheiros para $T2$, o que garantiria que as duas transações fossem executadas de maneira serializável. Entretanto, essa estratégia gera baixa concorrência e podemos fazer melhor bloqueando os objetos menores, refletindo o que cada transação realmente acessa. Assim, o SGBD poderia estabelecer um bloqueio compartilhado em cada linha com *avaliação=8* para a transação $T1$ e estabelecer um bloqueio exclusivo apenas na linha da tupla modificada para a transação *T*2. Agora, outras transações somente de leitura que não envolvem *avaliação=8* podem continuar, sem esperar por *T*1 ou *T*2.

Conforme esse exemplo ilustra, o SGBD pode bloquear objetos em diferentes **granularidades**: podemos bloquear tabelas inteiras ou estabelecer bloqueios em nível de linha. Essa última estratégia é adotada nos sistemas atuais, pois oferece um desempenho muito melhor. Na prática, embora o bloqueio em nível de linha geralmente seja melhor, a escolha da granularidade do bloqueio é complicada. Por exemplo, uma transação que examina várias linhas e modifica aquelas que satisfazem alguma condição poderia ser mais bem atendida pelo estabelecimento de bloqueios compartilhados na tabela inteira e pelo estabelecimento de bloqueios exclusivos nas linhas que deseja modificar. Discutiremos melhor esse problema na Seção 17.5.3.

Um segundo ponto a notar é que, conceitualmente, as instruções SQL acessam uma coleção de linhas descritas por um *predicado de seleção*. No exemplo anterior, a transação *T*1 acessa todas as linhas com *avaliação=8*. Sugerimos que se poderia tratar disso por meio do estabelecimento de bloqueios compartilhados em todas as linhas de Marinheiros que tivessem *avaliação=8*. Infelizmente, isso é um pouco simplista demais. Para ver a razão, considere uma instrução SQL que insere um novo marinheiro com *avaliação=8* e é executada como transação *T*3. (Observe que esse exemplo viola nossa suposição de um número fixo de objetos no banco de dados, mas obviamente devemos tratar essas situações na prática.)

Suponha que o SGBD estabelece bloqueios compartilhados em cada linha existente de Marinheiros com *avaliação=8* para *T*1. Isso não impede que a transação *T*3 crie uma linha com *avaliação=8* e estabeleça um bloqueio exclusivo nessa linha. Se essa nova linha tiver um valor de *idade* menor do que as linhas existentes, *T*1 retornará uma resposta que dependerá de quando ela é executada em relação a *T*3. Contudo, nosso esquema de bloqueio não impõe nenhuma ordem relativa para essas duas transações.

Esse fenômeno é chamado de problema do **fantasma**: uma transação recupera uma coleção de objetos (em termos da SQL, uma coleção de tuplas) duas vezes e vê diferentes resultados, mesmo não modificando nenhuma dessas tuplas em si. Para evitar fantasma, o SGBD precisa bloquear conceitualmente *todas* as linhas *possíveis* com *avaliação=8* em nome de *T*1. Uma maneira de fazer isso é bloquear a tabela inteira, à custa de uma baixa concorrência. É possível tirar proveito de índices para fazer melhor, conforme veremos na Seção 17.5.1, mas, em geral, o fato de evitar fantasma pode ter um impacto significativo na concorrência.

Pode muito bem ser que o aplicativo que chama *T*1 aceite a imprecisão em potencial causada pelos fantasmas. Se assim for, a estratégia de estabelecer bloqueios compartilhados nas tuplas existentes de *T*1 é adequada e oferece um melhor desempenho. A SQL permite que um programador faça essa escolha — e outras escolhas semelhantes — explicitamente, conforme veremos a seguir.

16.6.3 Características das Transações em SQL

Para dar aos programadores controle sobre a sobrecarga de bloqueio acarretada por suas transações, a SQL permite que eles especifiquem três características de uma transação: modo de acesso, tamanho do diagnóstico e nível de isolamento. O **tamanho do diagnóstico** determina o número de condições de erro que podem ser registradas; não vamos discutir essa característica mais a fundo.

Se o **modo de acesso** for READ ONLY, a transação não pode modificar o banco de dados. Assim, os comandos INSERT, DELETE, UPDATE e CREATE não podem ser executados. Se tivermos que executar um desses comandos, o modo de acesso deverá ser configurado como READ WRITE. Para transações com modo de acesso READ ONLY, apenas bloqueios compartilhados precisam ser obtidos, aumentando com isso a concorrência.

O **nível de isolamento** controla até que ponto determinada transação é exposta às ações de outras transações que estão sendo executadas concorrentemente. Escolhendo uma das quatro configurações de nível de isolamento possíveis, um usuário pode obter maior concorrência, à custa de um aumento na exposição da transação às alterações não efetivadas de outras transações.

As escolhas de nível de isolamento são READ UNCOMMITTED, READ COMMITTED, REPEATABLE READ e SERIALIZABLE. O efeito desses níveis está resumido na Figura 16.10. Nesse contexto, *leitura suja* e *leitura repetível* são definidas como usuais.

Nível	Leitura suja	Leitura não repetível	Fantasma
READ UNCOMMITTED	Talvez	Talvez	Talvez
READ COMMITTED	Não	Talvez	Talvez
REPEATABLE READ	Não	Não	Talvez
SERIALIZABLE	Não	Não	Não

Figura 16.10 Níveis de isolamento de transação no SQL:92.

O grau mais alto de isolamento dos efeitos de outras transações é obtido configurando-se o nível de isolamento de uma transação T como SERIALIZABLE. Esse nível garante que T leia apenas as alterações feitas pelas transações efetivadas, que nenhum valor lido ou gravado por T seja alterado por qualquer outra transação até que T tenha terminado e, se T ler um conjunto de valores com base em alguma condição de consulta, esse conjunto não será alterado por outras transações até que T tenha terminado (isto é, T evita o fenômeno do fantasma).

Em termos de uma implementação baseada em bloqueios, uma transação SERIALIZABLE obtém bloqueios antes de ler ou gravar objetos, incluindo bloqueios em conjuntos de objetos que ela exige que não sejam alterados (veja a Seção 17.5.1) e os mantém até o fim, de acordo com o protocolo Strict 2PL.

REPEATABLE READ garante que T só leia as alterações feitas por transações efetivadas, e nenhum valor lido ou gravado por T é alterado por qualquer outra transação até que T tenha terminado. Entretanto, T poderia experimentar o fenômeno do fantasma; por exemplo, enquanto T examina todos os registros de Marinheiros com *avaliação=1*, outra transação poderia adicionar um novo registro desses em Marinheiros, o qual seria perdido por T.

Uma transação REPEATABLE READ estabelece os mesmos bloqueios que uma transação SERIALIZABLE, exceto que não faz bloqueio de índices; isto é, ela só bloqueia objetos individuais e não conjuntos de objetos. Discutiremos o bloqueio de índices em detalhes na Seção 17.5.1.

READ COMMITTED garante que T leia apenas as alterações feitas por transações efetivadas e que nenhum valor gravado por T seja alterado por qualquer outra transação até que T tenha terminado. Entretanto, um valor lido por T pode muito bem ser modificado por outra transação, enquanto T ainda está em andamento, e T fica exposta ao problema do fantasma.

Uma transação READ COMMITTED obtém bloqueios exclusivos antes de gravar objetos e mantém esses bloqueios até o fim. Ela também obtém bloqueios compartilhados antes de ler objetos, mas esses bloqueios são liberados imediatamente; seu único efeito é garantir que a última transação que modificou o objeto tenha terminado. (Essa garantia conta com o fato de que *toda* transação SQL obtém bloqueios exclusivos antes de gravar objetos e mantém os bloqueios exclusivos até o fim.)

Uma transação READ UNCOMMITTED T pode ler as alterações feitas em um objeto por uma transação em andamento; obviamente, o objeto pode ser alterado enquanto T está em andamento, e T também é vulnerável ao problema do fantasma.

Uma transação READ UNCOMMITTED não obtém bloqueios compartilhados antes de ler objetos. Esse modo representa a maior exposição às alterações não efetivadas de outras transações; tanto é assim que a SQL proíbe tal transação de fazer alterações — uma transação READ UNCOMMITTED é obrigada a ter o modo de acesso READ ONLY. Como essa transação não obtém bloqueios para ler objetos e não pode gravar objetos (e, portanto, nunca solicita bloqueios exclusivos), ela nunca faz quaisquer pedidos de bloqueio.

De modo geral, o nível de isolamento SERIALIZABLE é o mais seguro e é recomendado para a maioria das transações. Contudo, algumas transações podem ser executadas com um nível de isolamento mais baixo, e o menor número de bloqueios solicitados pode contribuir para melhorar o desempenho do sistema. Por exemplo, uma consulta estatística que encontra a idade média dos marinheiros pode ser executada com nível READ COMMITTED ou mesmo com nível READ UNCOMMITTED, pois alguns poucos valores incorretos ou ausentes não afetam significativamente o resultado, se o número de marinheiros for grande.

O nível de isolamento e o modo de acesso podem ser configurados com o comando SET TRANSACTION. Por exemplo, o comando a seguir declara a transação corrente como SERIALIZABLE e READ ONLY:

```
SET TRANSACTION ISOLATION LEVEL SERIALIZABLE READ ONLY
```

Quando uma transação é iniciada, os padrões são SERIALIZABLE e READ WRITE.

16.7 INTRODUÇÃO À RECUPERAÇÃO DE FALHAS

O **gerenciador de recuperação** de um SGBD é responsável por garantir a *atomicidade* e a *durabilidade* das transações. Ele garante a atomicidade desfazendo as ações das transações que não são efetivadas e a durabilidade, certificando-se de que todas as ações de transações efetivadas sobrevivam às **falhas do sistema** (por exemplo, um core dump causado por um erro no barramento) e às **falhas de mídia** (por exemplo, um disco corrompido).

Quando um SGBD é reiniciado após falhas, o gerenciador de recuperação recebe o controle e deve levar o banco de dados para um estado consistente. O gerenciador de recuperação também é responsável por desfazer as ações de uma transação cancelada. Para saber o que é necessário para implementar um gerenciador de recuperação, é preciso entender o que acontece durante uma execução normal.

O **gerenciador de transações** de um SGBD controla a execução das transações. Durante uma execução normal, antes de ler e gravar objetos, bloqueios precisam ser adquiridos (e liberados em algum momento posterior), de acordo com o protocolo de bloqueio escolhido.[5] Para simplificar a exposição, faremos a seguinte suposição:

Gravações atômicas: gravar uma página no disco é uma ação atômica.

Isso implica que o sistema não falhe enquanto uma gravação esteja em andamento, e essa não é uma suposição realista. Na prática, as gravações no disco não têm essa propriedade, e etapas devem ser cumpridas durante a reinicialização após uma falha

---

[5] Em vez disso, uma técnica de controle de concorrência que não envolve bloqueio poderia ser usada, mas supomos que seja usado bloqueio.

(Seção 18.6), para verificar se a gravação mais recente em determinada página foi concluída com sucesso e para tratar das conseqüências, caso não tenha sido.

16.7.1 Roubo de Frame e Imposição de Páginas

Com relação à gravação de objetos, surgem duas questões adicionais:

1. As alterações feitas em um objeto O no pool de buffers por uma transação T podem ser gravadas no disco antes que T seja efetivada? Tais gravações são executadas quando outra transação quer trazer uma página e o gerenciador de buffer opta por substituir o frame que contém O; naturalmente, essa página deve ter sido liberada por T. Se tais gravações são permitidas, dizemos que é usada uma estratégia de **roubo** (*steal*). (Informalmente, a segunda transação "rouba" um frame de T.)
2. Quando uma transação é efetivada, devemos garantir que todas as alterações que ela fez nos objetos do pool de buffers sejam imediatamente impostas ao disco? Se assim for, dizemos que é usada uma estratégia de **imposição** (*force*).

Do ponto de vista da implementação de um gerenciador de recuperação, é mais simples usar um gerenciador de buffer com uma estratégia sem roubo e com imposição. Se for usada uma estratégia sem roubo, não precisaremos desfazer as alterações de uma transação cancelada (pois essas alterações não foram gravadas no disco), e se for usada uma estratégia com imposição, não precisaremos refazer as alterações de uma transação efetivada, caso haja uma falha subseqüente (pois é garantido que todas essas alterações foram gravadas no disco no momento da efetivação).

Entretanto, essas políticas têm inconvenientes importantes. A estratégia sem roubo pressupõe que todas as páginas modificadas por transações em andamento podem ser acomodadas no pool de buffers e, na presença de transações grandes (normalmente executadas em lotes; por exemplo, processamento de folha de pagamento), essa suposição não é realista. A estratégia com imposição resulta em custos de E/S de página excessivos. Se uma página altamente usada fosse atualizada sucessivamente por 20 transações, ela seria gravada no disco 20 vezes. Por outro lado, com uma estratégia sem imposição, a cópia da página na memória seria modificada sucessivamente e gravada no disco apenas uma vez, refletindo os efeitos de todas as 20 atualizações quando a página fosse finalmente substituída no pool de buffers (de acordo com a política de substituição de página do gerenciador de buffer).

Por esses motivos, a maioria dos sistemas usa uma estratégia com roubo e sem imposição. Assim, se um frame estiver sujo e for escolhido para substituição, a página que ele contém é gravada no disco, mesmo que a transação que está fazendo a modificação ainda esteja ativa (*roubo*); além disso, as páginas no pool de buffers modificadas por uma transação não são impostas ao disco quando a transação é efetivada (*sem imposição*).

16.7.2 Etapas Relacionadas à Recuperação Durante a Execução Normal

O gerenciador de recuperação de um SGBD mantém algumas informações durante a execução normal de transações para permitir a execução de tarefas no caso de uma falha. Em particular, um log de todas as modificações feitas no banco de dados é salvo em **armazenamento estável**, o qual é garantido[6] que vai sobreviver a falhas e defeitos

---

[6] Nada na vida é realmente garantido, exceto a morte e os impostos. Contudo, podemos reduzir muito a chance de falha de log executando etapas como duplicá-lo e armazenar as cópias em diferentes locais seguros.

> **Otimizando o Subsistema de Recuperação:** O desempenho do SGBD pode ser bastante afetado pela sobrecarga imposta pelo subsistema de recuperação. Um administrador de banco de dados executa várias etapas para otimizar esse subsistema, como dimensionar o log corretamente e determinar como ele é gerenciado no disco, controlar a taxa na qual as páginas de buffer são gravadas no disco, escolher uma boa freqüência de estabelecimento de pontos de verificação, entre outras tarefas.

de mídia. O armazenamento estável é implementado mantendo-se várias cópias das informações (talvez em diferentes locais) em dispositivos de armazenamento não-voláteis, como discos ou fitas.

Conforme foi discutido na Seção 16.7, é importante garantir que as entradas do log que descrevem uma alteração no banco de dados sejam gravadas em armazenamento estável *antes* que a alteração seja feita; caso contrário, o sistema poderá falhar imediatamente após a alteração, deixando-nos sem um registro da alteração. (Lembre-se de que essa é a propriedade de Gravação Antecipada do Log ou WAL (do inglês, Write-Ahead Log.)

O log permite que o gerenciador de recuperação desfaça as ações de transações canceladas e incompletas e refaça as ações de transações efetivadas. Por exemplo, uma transação que foi efetivada antes da falha pode ter feito atualizações em uma cópia (de um objeto do banco de dados) no pool de buffers e essa alteração pode não ter sido gravada no disco antes da falha, por causa de uma estratégia sem imposição. Essas alterações precisam ser identificadas usando-se o log e gravadas no disco. Além disso, as alterações de transações que não foram efetivadas antes da falha podem ter sido gravadas no disco, por causa de uma estratégia com roubo. Tais alterações devem ser identificadas usando-se o log e, depois, desfeitas.

O volume de trabalho envolvido durante a recuperação é proporcional às alterações feitas pelas transações efetivadas e que não foram gravadas no disco no momento da falha. A fim de reduzir o tempo para se recuperar de uma falha, o SGBD grava periodicamente páginas do buffer no disco, durante a execução normal, usando um processo de segundo plano (enquanto garante que quaisquer entradas de log que descrevam as alterações nessas páginas sejam gravadas primeiro no disco, isto é, seguindo o protocolo WAL). Um processo chamado de *pontos de verificação*, que salva informações sobre as transações ativas e as páginas do pool de buffers sujas, também ajuda a reduzir o tempo necessário para se recuperar de uma falha. Os pontos de verificação serão discutidos na Seção 18.5.

16.7.3 Visão Geral do ARIES

ARIES é um algoritmo de recuperação projetado para trabalhar com uma estratégia com roubo e sem imposição. Quando o gerenciador de recuperação é ativado, após uma falha, o reinício ocorre em três fases. Na fase **Análise**, ele identifica as páginas sujas no pool de buffers (isto é, as alterações que não foram gravadas no disco) e as transações ativas no momento da falha. Na fase **Refazer**, ele repete todas as ações começando a partir de um ponto apropriado no log, e restaura o estado em que o banco de dados estava no momento da falha. Finalmente, na fase **Desfazer**, ele desfaz as ações de transações que não foram efetivadas, para que o banco de dados reflita apenas as ações de transações efetivadas. O algoritmo ARIES será mais bem discutido no Capítulo 18.

16.7.4 Atomicidade: Implementando a Reversão

É importante reconhecer que o subsistema de recuperação também é responsável por executar o comando ROLLBACK, que cancela uma única transação. Na verdade, a lógica (e o código) envolvida para desfazer uma única transação é idêntica àquela usada durante a fase Desfazer (Undo) na recuperação de uma falha de sistema. Todos os registros de log de determinada transação são organizados em uma lista encadeada e podem ser acessados eficientemente na ordem inversa, para facilitar a reversão da transação.

16.8 QUESTÕES DE REVISÃO

As respostas às questões de revisão podem ser encontradas nas seções listadas.

- O que são as propriedades ACID? Defina *atomicidade, consistência, isolamento* e *durabilidade* e as ilustre por meio de exemplos. (**Seção 16.1**)
- Defina os termos *transação, plano de execução, plano de execução completo* e *plano de execução serial*. (**Seção 16.2**)
- Por que um SGBD intercala transações concorrentes? (**Seção 16.3**)
- Quando duas ações sobre o mesmo objeto de dados *entram em conflito*? Defina as anomalias que podem ser causadas por ações conflitantes (*leituras sujas, leituras não repetíveis, atualizações perdidas*). (**Seção 16.3**)
- O que é um *plano de execução serializável*? O que é um *plano de execução recuperável*? O que é um plano de execução que *evita cancelamentos em cascata*? O que é um *plano de execução restrito*? (**Seção 16.3**)
- O que é um *protocolo de bloqueio*? Descreva o protocolo de *bloqueio de duas fases restrito (Strict 2PL)*. O que você pode dizer sobre os planos de execução permitidos por esse protocolo? (**Seção 16.4**)
- Quais sobrecargas são associadas ao controle de concorrência baseado em bloqueio? Discuta especificamente as sobrecargas de *bloqueio* e de *cancelamento* e explique qual é a mais importante na prática. (**Seção 16.5**)
- O que é thrashing? O que um administrador de banco de dados deve fazer se ocorrer trash no sistema? (**Seção 16.5**)
- Como o throughput pode ser aumentado? (**Seção 16.5**)
- Como as transações são criadas e terminadas na SQL? O que são pontos de salvamento? O que são transações encadeadas? Explique por que os pontos de salvamento e as transações encadeadas são úteis. (**Seção 16.6**)
- Quais são as considerações na determinação da granularidade do bloqueio ao se executar instruções SQL? O que é o problema do fantasma? Qual é o impacto que ele tem no desempenho? (**Seção 16.6.2**)
- Quais características da transação um programador pode controlar na SQL? Discuta os diferentes *modos de acesso* e *níveis de isolamento* em particular. Quais questões devem ser consideradas na escolha de um modo de acesso e de um nível de isolamento para uma transação? (**Seção 16.6.3**)
- Descreva como os diferentes níveis de isolamento são implementados em termos dos bloqueios configurados. O que você diz sobre as sobrecargas de bloqueio correspondentes? (**Seção 16.6.3**)
- Qual funcionalidade o *gerenciador de recuperação* de um SGBD fornece? O que o *gerenciador de transações* faz? (**Seção 16.7**)

- Descreva as políticas de *roubo* e *imposição* no contexto de um gerenciador de buffers. Quais políticas são usadas na prática e como isso afeta a recuperação? **(Seção 16.7.1)**
- Quais passos relacionados à recuperação são dados durante a execução normal? O que um administrador de banco de dados pode controlar para reduzir o tempo de recuperação de uma falha? **(Seção 16.7.2)**
- Como é o log usado na reversão de transações e na recuperação de falhas? **(Seções 16.7.2, 16.7.3 e 16.7.4)**

EXERCÍCIOS

Exercício 16.1 Dê respostas curtas para as seguintes perguntas:

1. O que é uma transação? De que maneira ela é diferente de um programa normal (em uma linguagem como C)?
2. Defina os seguintes termos: *atomicidade, consistência, isolamento, durabilidade, plano de execução, gravação cega, leitura suja, leitura não repetível, plano de execução serializável, plano de execução recuperável, plano de execução que evita cancelamentos em cascata.*
3. Descreva o protocolo Script 2PL.
4. O que é o problema do fantasma? Ele pode ocorrer em um banco de dados em que o conjunto de objetos é fixo e apenas os valores dos objetos podem ser alterados?

Exercício 16.2 Considere as seguintes ações executadas pela transação $T1$ nos objetos de banco de dados X e Y:

R(X), W(X), R(Y), W(Y)

1. Dê um exemplo de outra transação $T2$ que, se fosse executada concorrentemente com a transação $T1$, sem alguma forma de controle de concorrência, poderia interferir em $T1$.
2. Explique como o uso do protocolo Strict 2PL impediria a interferência entre as duas transações.
3. O protocolo Strict 2PL é usado em muitos sistemas de banco de dados. Dê dois motivos para sua popularidade.

Exercício 16.3 Considere um banco de dados com objetos X e Y, e suponha que existam duas transações $T1$ e $T2$. A transação $T1$ lê os objetos X e Y e depois grava o objeto X. A transação $T2$ lê os objetos X e Y e depois grava os objetos X e Y.

1. Dê um exemplo de plano de execução com ações das transações $T1$ e $T2$ sobre os objetos X e Y que resultem em um conflito de gravação-leitura.
2. Dê um exemplo de plano de execução com ações das transações $T1$ e $T2$ sobre os objetos X e Y que resultem em um conflito de leitura-gravação.
3. Dê um exemplo de plano de execução com ações das transações $T1$ e $T2$ sobre os objetos X e Y que resultem em um conflito de gravação-gravação.
4. Para cada um dos três planos de execução, mostre que o protocolo Strict 2PL rejeita o plano de execução.

Exercício 16.4 Chamamos uma transação que só lê objetos de banco de dados de transação **somente de leitura**; caso contrário, a transação é chamada de transação de **leitura-gravação**. Dê respostas breves para as seguintes perguntas:

1. O que é thrashing por bloqueio e quando ela ocorre?
2. O que acontece com o throughput do sistema de banco de dados se o número de transações de leitura-gravação é aumentado?
3. O que acontece com o throughput do sistema de banco de dados se o número de transações somente de leitura é aumentado?
4. Descreva três maneiras de otimizar seu sistema para aumentar o throughput de transações.

Visão Geral do Gerenciamento de Transações

Exercício 16.5 Suponha que um SGBD reconheça as ações *incrementar*, que incrementa um objeto de valor inteiro por 1, e *decrementar*, além de leituras e gravações. Uma transação que incrementa um objeto não precisa conhecer o valor do objeto; incrementar e decrementar são versões de gravações cegas. Além dos bloqueios compartilhados e exclusivos, são suportados dois bloqueios especiais: um objeto deve ser bloqueado no modo *I* antes de ser incrementado e bloqueado no modo *D* antes de ser decrementado. Um bloqueio *I* é compatível com outro bloqueio *I* ou *D* no mesmo objeto, mas não com os bloqueios *S* e *X*.

1. Ilustre como o uso de bloqueios *I* e *D* pode aumentar a concorrência. (Mostre um plano de execução permitido pelo protocolo Strict 2PL que utilize apenas os bloqueios *S* e *X*. Explique como o uso dos bloqueios *I* e *D* possibilita que mais ações sejam intercaladas, enquanto continuam a seguir o protocolo Strict 2PL.)
2. Explique informalmente como o protocolo Strict 2PL garante a serialidade, mesmo na presença dos bloqueios *I* e *D*. (Identifique quais pares de ações entram em conflito, considerando que sua ordem relativa pode afetar o resultado, e mostre que o uso de bloqueios *S*, *X*, *I* e *D*, de acordo com as ordens do protocolo Strict 2PL, são todos pares conflitantes de ações iguais à ordem em algum plano de execução serial.)

Exercício 16.6 A SQL suporta quatro níveis de isolamento e dois modos de acesso, para um total de oito combinações de níveis de isolamento e modos de acesso. Cada combinação define explicitamente uma classe de transações. As perguntas a seguir se referem a essas oito classes:

1. Considere os quatro níveis de isolamento da SQL. Descreva quais dos fenômenos podem ocorrer em cada um desses níveis de isolamento: *leitura suja, leitura não repetível, problema do fantasma*.
2. Para cada um dos quatro níveis de isolamento, dê exemplos de transações que poderiam ser executadas com segurança nesse nível.
3. Por que o modo de acesso de uma transação é importante?

Exercício 16.7 Considere o esquema de banco de dados de matrícula em uma universidade:

Aluno(*nroAlun:* `integer`, *nomeAlun:* `string`, *formação:* `string`, *nível:* `string`, *idade:* `integer`)

Curso(*nome:* `string`, *horário:*`time`, *sala:* `string`, *idProf:*`integer`)

Matriculado(*nroAlun:* `integer`, *nomeCurso:* `string`)

Professor(*idProf:* `integer`, *nomeProf:* `string`, *idDepto:* `integer`)

O significado dessas relações é direto; por exemplo, Matriculado tem um registro pelo par aluno-curso, tal que o aluno está matriculado no curso.

Para cada uma das transações a seguir, indique o nível de isolamento da SQL que você usaria e explique por que o escolheu.

1. Matricular um aluno identificado por seu *nroAlun* no curso chamado "Introdução aos Sistemas de Banco de Dados".
2. Alterar a matrícula de um aluno identificado por seu *nroAlun* de um curso para outro.
3. Designar um novo professor identificado por seu *idProf* para o curso com o menor número de alunos.
4. Para cada curso, mostrar o número de alunos matriculados.

Exercício 16.8 Considere o esquema a seguir:

Fornecedores(*idForn:* `integer`, *nomeForn:* `string`, *endereço:* `string`)

Peças(*idPeça:* `integer`, *nomePeça:* `string`, *cor:* `string`)

Catálogo(*idForn:* `integer`, *idPeça:* `integer`, *custo:* `real`)

A relação Catálogo lista os preços das Peças cobradas pelos Fornecedores.

Para cada uma das transações a seguir, indique o nível de isolamento da SQL que você usaria e explique por que o escolheu.

1. Uma transação que adiciona uma nova peça no catálogo de um fornecedor.
2. Uma transação que aumenta o preço que o fornecedor cobra por uma peça.
3. Uma transação que determina o número total de itens de um fornecedor específico.
4. Uma transação que mostra, para cada peça, o fornecedor que a comercializa com o menor preço.

Exercício 16.9 Considere um banco de dados com o seguinte esquema:

> Fornecedores(*idForn:* `integer`, *nomeForn:* `string`, *endereço:* `string`)
> Peças(*idPeça:* `integer`, *nomePeça:* `string`, *cor:* `string`)
> Catálogo(*idForn:* `integer`, *idPeça:* `integer`, *custo:* `real`)

A relação Catálogo lista os preços das Peças cobradas pelos Fornecedores.

Considere três transações $T1$, $T2$ e $T3$; $T1$ sempre tem o nível de isolamento `SERIALIZABLE` da SQL. Primeiro, executamos $T1$ concorrentemente com $T2$ e, em seguida, executamos $T1$ concorrentemente com $T2$, mas mudamos o nível de isolamento de $T2$, conforme está especificado a seguir. Forneça uma instância do banco de dados e as instruções SQL para $T1$ e $T2$, de modo que o resultado da execução de $T2$ com o primeiro nível de isolamento da SQL seja diferente da execução de $T2$ com o segundo nível de isolamento da SQL. Além disso, especifique o plano de execução comum de $T1$ e $T2$, e explique por que os resultados são diferentes.

1. `SERIALIZABLE` *versus* `REPEATABLE READ`
2. `REPEATABLE READ` *versus* `READ COMMITTED`
3. `READ COMMITTED` *versus* `READ UNCOMMITTED`

NOTAS BIBLIOGRÁFICAS

O conceito de transação e algumas de suas limitações são discutidos em [332]. Um modelo de transação formal que generaliza vários modelos de transação anteriores é proposto em [182].

O bloqueio de duas fases foi introduzido em [252], um artigo fundamental que também discute os conceitos de transações, fantasmas e bloqueios de predicado. Tratamentos formais da serialidade aparecem em [92, 581].

Apresentações excelentes e aprofundadas do processamento de transações podem ser encontradas em [90] e em [770]. [338] é um tratamento enciclopédico clássico sobre o assunto.

17
CONTROLE DE CONCORRÊNCIA

- Como o protocolo Script 2PL garante a serialidade e a capacidade de recuperação?
- Como são implementados bloqueios em um SGBD?
- O que são conversões de bloqueio e por que são importantes?
- Como um SGBD soluciona impasses?
- Como os sistemas atuais tratam do problema do fantasma?
- Por que são usadas técnicas de bloqueio especializadas em índices de árvore?
- Como funciona o bloqueio de granularidade múltipla?
- O que é controle de concorrência otimista?
- O que é controle de concorrência baseado em marca de tempo?
- O que é controle de concorrência de múltiplas versões?
- **Conceitos-chave**: bloqueio de duas fases (2PL), serialidade, capacidade de recuperação, grafo de precedência, plano de execução restrito, equivalência de visões, serialidade de visão, gerenciador de bloqueio, tabela de bloqueios, tabela de transações, trava, comboio, elevação de bloqueio, impasse, grafo de espera-por, 2PL conservador, bloqueio de índice, bloqueio de predicado, bloqueio de granularidade múltipla, escalada de bloqueio, nível de isolamento da SQL, problema do fantasma, controle de concorrência otimista, Regra de Gravação de Thomas, capacidade de recuperação.

Um dia, Pooh estava sentado em sua casa contando seus potes de mel, quando alguém bate à porta.

"14", disse Pooh. "Entre. 14. Ou eram 15? Droga. Me atrapalhei."

"Olá, Pooh", disse o Coelho. "Olá, Coelho. 14, não eram?"

"Eram o quê?" "Meus potes de mel, que eu estava contando."

"14, é isso."

"Tem certeza?"

"Não", disse o Coelho. "Isso importa?"

—A. A. Milne, *The House at Pooh Corner*

Neste capítulo, examinaremos o controle de concorrência com mais detalhes. Começaremos examinando os protocolos de bloqueio e como eles garantem várias propriedades importantes dos planos de execução, na Seção 17.1. A Seção 17.2 tratará como os protocolos de bloqueio são implementados em um SGBD. A Seção 17.3 discutirá a questão das conversões de bloqueio e a Seção 17.4 abordará o tratamento de impasses. A Seção 17.5 discutirá três protocolos de bloqueio especializados — para bloquear conjuntos de objetos identificados por algum predicado, para bloquear nós em índices estruturados em árvore e para bloquear coleções de objetos relacionados. A Seção 17.6 examinará algumas alternativas da estratégia de bloqueio.

17.1 2PL, SERIALIDADE E CAPACIDADE DE RECUPERAÇÃO

Nesta seção, consideraremos como os protocolos de bloqueio garantem algumas propriedades importantes dos planos de execução; a saber, a serialidade e a capacidade de recuperação. Diz-se que dois planos de execução são **equivalentes quanto ao conflito** se eles envolvem as ações (o mesmo conjunto de) das mesmas transações e ordenam cada par de ações conflitantes de duas transações efetivadas da mesma maneira.

Conforme vimos na Seção 16.3.3, duas ações estão em conflito se operam no mesmo objeto de dados e pelo menos uma delas é uma gravação. O resultado de um plano de execução depende apenas da ordem das operações conflitantes; podemos trocar qualquer par de operações não conflitantes sem alterar o efeito do plano de execução sobre o banco de dados. Se dois planos de execução são equivalentes quanto ao conflito, é fácil ver que eles têm o mesmo efeito sobre um banco de dados. Na verdade, como eles ordenam todos os pares de operações conflitantes da mesma maneira, podemos obter um deles por meio do outro, trocando pares de ações não conflitantes repetidamente; isto é, trocando pares de ações cuja ordem relativa não altera o resultado.

Um plano de execução é **serializável quanto ao conflito** se ele for equivalente quanto ao conflito a algum plano de execução serial. Todo plano de execução serializável quanto ao conflito é serializável se considerarmos que o conjunto de itens no banco de dados não cresce nem diminui; isto é, os valores podem ser modificados, mas itens não são adicionados nem excluídos. Por enquanto, faremos essa suposição e consideraremos suas conseqüências na Seção 17.5.1. Entretanto, alguns planos de execução serializáveis não são serializáveis quanto ao conflito, conforme ilustra a Figura 17.1. Esse plano de execução é equivalente a executar as transações em série, na ordem $T1$, $T2$, $T3$, mas ele não é equivalente quanto ao conflito com esse plano de execução serial, pois as gravações de $T1$ e $T2$ são ordenadas de forma diferente.

$T1$	$T2$	$T3$
$R(A)$		
	$W(A)$	
	Efetivação	
$W(A)$		
Efetivação		
		$W(A)$
		Efetivação

Figura 17.1 Plano de execução serializável que não é serializável quanto ao conflito.

Controle de Concorrência

É interessante capturar todos os conflitos em potencial entre as transações de um plano de execução em um **grafo de precedência**, também chamado de **grafo de serialidade**. O grafo de precedência para um plano de execução S contém:

- Um nó para cada transação efetivada em M.
- Um arco de Ti para Tj se uma ação de Ti precede e entra em conflito com uma das ações de Tj.

Os grafos de precedência dos planos de execução mostrados nas Figuras 16.7, 16.8 e 17.1 aparecem na Figura 17.2 (partes a, b e c, respectivamente).

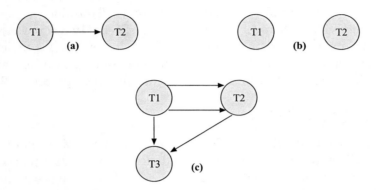

Figura 17.2 Exemplos de grafos de precedência.

O protocolo Strict 2PL (apresentado na Seção 16.4) só permite planos de execução serializáveis quanto ao conflito, conforme se vê por meio dos dois resultados a seguir:

1. Um plano de execução S é serializável quanto ao conflito se e somente se seu grafo de precedência for acíclico. (Nesse caso, um plano de execução serial equivalente é dado por qualquer ordenação topológica sobre o grafo de precedência.)
2. O protocolo Strict 2PL garante que o grafo de precedência de qualquer plano de execução que ele permita seja acíclico.

Uma variante amplamente estudada do protocolo Strict 2PL, chamada de **bloqueio de duas fases (2PL)**, relaxa a segunda regra do protocolo para permitir que as transações liberem os bloqueios antes do final, ou seja, antes da ação de efetivação ou cancelamento. Para o protocolo 2PL, a segunda regra é substituída pela seguinte:

(2PL) (2) Uma transação não pode solicitar bloqueios adicionais, uma vez que libere *qualquer* bloqueio.

Assim, toda transação tem uma fase "de crescimento", na qual adquire bloqueios, seguida de uma fase de "encolhimento", na qual libera os bloqueios.

Pode ser mostrado que até o protocolo 2PL não restrito garante a característica acíclica do grafo de precedência e, portanto, só permite planos de execução serializáveis quanto ao conflito. Intuitivamente, uma ordem serial de transações equivalente é dada pela ordem na qual as transações entram em sua fase de encolhimento: se $T2$ lê ou grava um objeto gravado por $T1$, $T1$ deve ter liberado seu bloqueio sobre o objeto, antes que $T2$ tenha solicitado um bloqueio sobre esse objeto. Assim, $T1$ precede $T2$. (Um argumento semelhante mostra que $T1$ precede $T2$ se $T2$ grava um objeto lido anteriormente por $T1$. Uma prova formal dessa afirmação precisaria mostrar que não há nenhum ciclo de transações que 'precedem' umas às outras por esse argumento.)

Diz-se que um plano de execução é **restrito** se um valor gravado por uma transação T não for lido nem sobrescrito por outras transações até que T seja cancelada ou efetivada. Os planos de execução restritos são recuperáveis, não exigem cancelamentos em cascata e as ações de transações canceladas podem ser desfeitas por meio da restauração dos valores originais dos objetos modificados. (Veja o último exemplo na Seção 16.3.4.) O protocolo Strict 2PL aperfeiçoa o 2PL, garantindo que todo plano de execução permitido seja restrito, além de serializável quanto ao conflito. O motivo é que, quando uma transação T grava um objeto sob o protocolo Strict 2PL, ela mantém o bloqueio (exclusivo) até que seja efetivada ou cancelada. Assim, nenhuma outra transação pode ver nem modificar esse objeto, até que T termine.

O leitor fica convidado a rever os exemplos da Seção 16.3.3 para saber como os planos de execução correspondentes são proibidos pelos protocolos Strict 2PL e 2PL. Analogamente, seria instrutivo ver como os planos de execução dos exemplos da Seção 16.3.4 são proibidos pelo protocolo Strict 2PL, mas não pelo protocolo 2PL.

17.1.1 Serialidade de Visão

A serialidade quanto ao conflito é suficiente, mas não necessária, para a serialidade. Uma condição suficiente mais geral é a serialidade de visão. Dois planos de execução $S1$ e $S2$ sobre o mesmo conjunto de transações — qualquer transação que apareça em $S1$ ou em $S2$ também deve aparecer no outro — são **equivalentes quanto à visão** sob estas condições:

1. Se Ti lê o valor inicial do objeto A em $S1$, também deve ler o valor inicial de A em $S2$.
2. Se Ti lê um valor de A gravado por Tj em $S1$, também deve ler o valor de A gravado por Tj em $S2$.
3. Para cada objeto de dados A, a transação (se houver) que realiza a gravação final de A em $S1$ também deve realizar a gravação final de A em $S2$.

Um plano de execução é **serializável quanto à visão** se for equivalente quanto à visão a algum plano de execução serial. Todo plano de execução serializável quanto ao conflito é serializável quanto à visão, embora o inverso não seja verdadeiro. Por exemplo, o plano de execução mostrado na Figura 17.1 é serializável quanto à visão, embora não seja serializável quanto ao conflito. Incidentalmente, note que esse exemplo contém gravações cegas. Isso não é coincidência; pode ser mostrado que qualquer plano de execução serializável quanto à visão que não seja serializável quanto ao conflito contém uma gravação cega.

Conforme vimos na Seção 17.1, os protocolos de bloqueio eficientes nos permitem garantir que apenas planos de execução serializáveis quanto ao conflito sejam permitidos. Impor ou testar a serialidade de visão mostra-se muito mais dispendioso e, portanto, o conceito tem pouco uso prático, embora aumente nosso entendimento de serialidade.

17.2 INTRODUÇÃO AO GERENCIAMENTO DE BLOQUEIOS

A parte do SGBD que monitora os bloqueios concedidos às transações é chamada de **gerenciador de bloqueio**. Ele mantém uma **tabela de bloqueios**, que é uma tabela de hashing com o identificador de objeto de dados como chave. O SGBD também mantém uma entrada descritiva para cada transação em uma **tabela de transações** e, dentre outras coisas, a entrada contém um ponteiro para uma lista de bloqueios mantidos pela transação. Essa lista é verificada antes da solicitação de um bloqueio, para garantir que uma transação não solicite o mesmo bloqueio duas vezes.

Uma **entrada da tabela de bloqueios** para um objeto — que pode ser uma página, um registro etc., dependendo do SGBD — contém as seguintes informações: o número de transações que correntemente mantêm um bloqueio sobre o objeto (pode ser mais de uma, se o objeto for bloqueado no modo compartilhado), a natureza do bloqueio (compartilhado ou exclusivo) e um ponteiro para uma fila de pedidos de bloqueio.

17.2.1 Implementando Pedidos de Bloqueio e Desbloqueio

De acordo com o protocolo Strict 2PL, antes que uma transação T leia ou grave um objeto de banco de dados O, ela deve obter um bloqueio compartilhado ou exclusivo sobre O e manter o bloqueio até que seja efetivada ou cancelada. Quando uma transação precisa de um bloqueio sobre um objeto, ela emite um pedido de bloqueio para o gerenciador de bloqueio:

1. Se for solicitado um bloqueio compartilhado, a fila de pedidos estiver vazia e o objeto não estiver bloqueado no modo exclusivo, no momento o gerenciador de bloqueio concede o bloqueio e atualiza a entrada da tabela de bloqueios para o objeto (indicando que o objeto está bloqueado no modo compartilhado e incrementando em um o número de transações que estão mantendo um bloqueio).

2. Se for solicitado um bloqueio exclusivo e, no momento, nenhuma transação mantiver um bloqueio sobre o objeto (e, portanto, a fila de pedidos está vazia), o gerenciador de bloqueio concede o bloqueio e atualiza a entrada da tabela de bloqueios.

3. Caso contrário, o bloqueio solicitado não pode ser concedido imediatamente e o pedido de bloqueio é adicionado na fila de pedidos de bloqueio desse objeto. A transação que está solicitando o bloqueio é suspensa.

Quando uma transação é cancelada ou efetivada, ela libera todos os seus bloqueios. Quando um bloqueio sobre um objeto é liberado, o gerenciador de bloqueio atualiza a entrada da tabela de bloqueios do objeto e examina o pedido de bloqueio que está no início da fila desse objeto. Se esse pedido agora puder ser atendido, a transação que fez o pedido é despertada e recebe o bloqueio. Na verdade, se vários pedidos de bloqueio compartilhado para um objeto estiverem no início da fila, todos esses pedidos agora podem ser atendidos em conjunto.

Note que, se $T1$ tiver um bloqueio compartilhado sobre O e $T2$ solicitar um bloqueio exclusivo, o pedido de $T2$ é enfileirado. Agora, se $T3$ solicitar um bloqueio compartilhado, seu pedido entra na fila atrás do de $T2$, mesmo sendo o bloqueio solicitado compatível com o bloqueio mantido por $T1$. Essa regra garante que $T2$ não entre em um estado de inanição (*starvation*), isto é, espere indefinidamente, enquanto um fluxo de outras transações adquirem bloqueios compartilhados e, assim, impeçam $T2$ de obter o bloqueio exclusivo pelo qual está esperando.

Atomicidade do Bloqueio e Desbloqueio

A implementação de comandos de *bloqueio* e *desbloqueio* deve garantir que essas operações sejam atômicas. Para garantir a atomicidade dessas operações quando várias instâncias do código do gerenciador de bloqueio podem ser executadas concorrentemente, o acesso à tabela de bloqueios precisa ser protegido por um mecanismo de sincronismo do sistema operacional, como um semáforo.

Para entender o motivo, suponha que uma transação solicite um bloqueio exclusivo. O gerenciador de bloqueio verifica e descobre que nenhuma outra transação mantém um bloqueio sobre o objeto e, portanto, decide atender ao pedido. Mas, nesse meio-tempo, outra transação poderia ter solicitado e *recebido* um bloqueio conflitante. Para evitar isso, a seqüência de ações inteira em uma chamada de pedido de bloqueio (verificar se o pedido pode ser atendido, atualizar a tabela de bloqueios etc.) deve ser implementada como uma operação atômica.

Outras Questões: Travas, Comboios

Além dos bloqueios, que são mantidos por um longo tempo, um SGBD também suporta **trava** de curta duração. O estabelecimento de uma trava antes de ler ou gravar uma página garante que a operação de leitura ou gravação física seja atômica; caso contrário, duas operações de leitura/gravação poderiam entrar em conflito, se os objetos que estivessem sendo bloqueados não correspondessem às páginas do disco (as unidades de E/S). As travas são desconfiguradas imediatamente após a operação de leitura ou gravação física terminar.

Nós nos concentramos até aqui em como o SGBD programa a execução de transações com base em seus pedidos de bloqueio. Essa intercalação interage com o plano de execução do sistema operacional para o acesso dos processos à CPU e pode levar a uma situação chamada de comboio, em que a maior parte dos ciclos da CPU é gasta na troca de processo. O problema é que uma transação T que esteja mantendo um bloqueio muito usado pode ser suspensa pelo sistema operacional. Até que T seja retomada, qualquer outra transação que precisar desse bloqueio será enfileirada. Essas filas, chamadas **comboios**, podem se tornar muito longas rapidamente; uma vez formado, um comboio tende a ser estável. Os comboios são um dos inconvenientes da construção de um SGBD sobre um sistema operacional de propósito geral com plano de execução preemptivo.

17.3 CONVERSÕES DE BLOQUEIO

Talvez uma transação precise adquirir um bloqueio exclusivo sobre um objeto para o qual já mantém um bloqueio compartilhado. Por exemplo, uma instrução de atualização da SQL poderia resultar na definição de bloqueios compartilhados em cada linha de uma tabela. Se uma linha satisfaz a condição (na cláusula WHERE) para ser atualizada, um bloqueio exclusivo deve ser obtido para essa linha.

Esse pedido de **elevação de bloqueio** deve ser tratado de maneira especial, garantindo o bloqueio exclusivo imediatamente, se nenhuma outra transação mantiver um bloqueio compartilhado sobre o objeto e, caso contrário, inserindo o pedido na frente da fila. O raciocínio para favorecer a transação assim é que ela já mantém um bloqueio compartilhado sobre o objeto, e enfileirá-la atrás de outra transação que quer um bloqueio exclusivo sobre o mesmo objeto causa um impasse para ambas. Embora favorecer as elevações de bloqueio ajude, isso não impede os impasses causados por dois pedidos de elevação conflitantes. Por exemplo, se duas transações que mantêm um bloqueio compartilhado sobre um objeto solicitam uma elevação para um bloqueio exclusivo, isso leva a um impasse.

Uma estratégia melhor é evitar completamente a necessidade de elevações de bloqueio, obtendo inicialmente bloqueios exclusivos e **rebaixando-os** para bloqueios compartilhados, quando estiver claro que isso é suficiente. Em nosso exemplo de instrução de atualização da SQL, as linhas de uma tabela são bloqueadas primeiro no modo exclusivo. Se uma linha *não* satisfaz a condição para ser atualizada, o bloqueio sobre a linha é rebaixado para um bloqueio compartilhado. A estratégia de rebaixamento viola o requisito do protocolo 2PL? Superficialmente, sim, pois o rebaixamento reduz os privilégios de bloqueio mantidos por uma transação e esta pode adquirir outros bloqueios. Entretanto, esse é um caso especial, pois a transação não fez nada, a não ser ler o objeto que rebaixou, mesmo que, conservadoramente, tenha obtido um bloqueio exclusivo. Podemos expandir seguramente nossa definição de 2PL da Seção 17.1 para permitir rebaixamentos de bloqueio na fase de crescimento, desde que a transação não tenha modificado o objeto.

A estratégia do rebaixamento reduz a concorrência, obtendo bloqueios de gravação em alguns casos em que eles não são exigidos. Entretanto, no todo, ela melhora o throughput reduzindo os impasses. Portanto, essa estratégia é amplamente usada nos sistemas comerciais atuais. A concorrência pode ser aumentada pela introdução de um novo tipo de bloqueio, chamado de **bloqueio de atualização**, compatível com os bloqueios compartilhados, mas com nenhum outro bloqueio de atualização ou exclusivo. Definindo inicialmente um bloqueio de atualização, em vez de bloqueios exclusivos, evitamos conflitos com outras operações de leitura. Uma vez que tenhamos certeza de que não precisamos atualizar o objeto, podemos rebaixar para um bloqueio compartilhado. Se precisarmos atualizá-lo, devemos primeiro elevar para um bloqueio exclusivo. Essa elevação não leva a um impasse, pois nenhuma outra transação pode ter um bloqueio de elevação ou exclusivo sobre o objeto.

17.4 TRATANDO DE IMPASSES (*DEADLOCKS*)

Os impasses (*deadlocks*) tendem a ser raros e, normalmente, envolvem muito poucas transações. Portanto, na prática, os sistemas de banco de dados verificam a existência de impasses periodicamente. Quando uma transação Ti é suspensa porque um bloqueio solicitado não pôde ser concedido, ela deve esperar até que todas as transações Tj que atualmente mantêm bloqueios conflitantes os liberem. O gerenciador de bloqueio mantém uma estrutura chamada de **grafo de espera-por** para detectar ciclos de impasse. Os nós correspondem às transações ativas e existe um arco de Ti para Tj se (e somente se) Ti estiver esperando que Tj libere um bloqueio. O gerenciador de bloqueio adiciona setas nesse grafo quando enfileira pedidos de bloqueio, e remove setas quando atende pedidos de bloqueio.

Considere o plano de execução mostrado na Figura 17.3. A última etapa, mostrada abaixo da linha, cria um ciclo no grafo de espera-por. A Figura 17.4 mostra o grafo de espera-por antes e depois dessa etapa.

T1	T2	T3	T4
S(A)			
R(A)			
	X(B)		
	W(B)		
S(B)		S(C)	
		R(C)	
	X(C)		
			X(B)
	X(A)		

Figura 17.3 Plano de execução ilustrando um impasse.

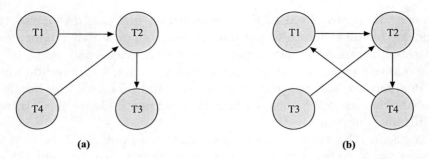

Figura 17.4 Grafo de espera-por, antes e depois do impasse.

Observe que o grafo de espera-por descreve todas as transações ativas, algumas das quais eventualmente são canceladas. Se houver uma seta de Ti para Tj no grafo de espera-por e tanto Ti como Tj finalmente forem efetivadas, haverá uma seta na direção oposta (de Tj para Ti) no grafo de precedência (que envolve apenas transações efetivadas).

Periodicamente, é verificada a existência de ciclos no grafo de espera-por, os quais indicam um impasse. Este é solucionado pelo cancelamento de uma transação que esteja em um ciclo e pela liberação de seus bloqueios; essa ação permite que algumas das transações que estão esperando prossigam. A escolha da transação a ser cancelada pode ser feita usando-se vários critérios: a que tem menos bloqueios, a que fez menos trabalho, a que está mais longe de terminar, entre outros. Além disso, uma transação poderia ter reiniciado repetidamente; se assim o for, ela deve ser finalmente favorecida durante a detecção de impasse e terminar.

Uma alternativa simples para manter um grafo de espera-por é identificar impasses por meio de um mecanismo de tempo-limite (*timeout*): se uma transação está esperando por tempo demais por um bloqueio, supomos (de forma pessimista) que ela esteja em um ciclo de impasse e a cancelamos.

17.4.1 Prevenção de Impasses

Os resultados empíricos indicam que os impasses são relativamente raros e, na prática, os esquemas de detecção de impasse funcionam bem. Entretanto, se houver um alto nível de disputa por bloqueios e, portanto, uma maior probabilidade de impasses, esquemas baseados em prevenção poderiam funcionar melhor. Podemos evitar impasses dando uma prioridade a cada transação e garantindo que as transações de prioridade mais baixa não esperem pelas transações de prioridade mais alta (ou vice-versa). Uma maneira de atribuir prioridades é fornecer a cada transação uma **marca de tempo** (*timestamp*) ao ser iniciada. Quanto mais baixa a marca de tempo, mais alta a prioridade da transação; isto é, a transação mais antiga tem a prioridade mais alta.

Se uma transação Ti solicita um bloqueio e a transação Tj mantém um bloqueio conflitante, o gerenciador de bloqueio pode usar uma das duas políticas a seguir:

- **Esperar-morrer:** se Ti tem prioridade mais alta, ela pode esperar; caso contrário, é cancelada.
- **Ferir-esperar:** se Ti tem prioridade mais alta, cancela Tj; caso contrário, Ti espera.

No esquema esperar-morrer, as transações de prioridade mais baixa nunca podem esperar pelas transações de prioridade mais alta. No esquema ferir-esperar, as transações de prioridade mais alta nunca esperam pelas transações de prioridade mais baixa. Em qualquer caso, nenhum ciclo de impasse se desenvolve.

Um ponto sutil é que também devemos garantir que nenhuma transação seja cancelada perenemente por nunca ter prioridade alta o suficiente. (Note que, nos dois esquemas, a transação de prioridade mais alta nunca é cancelada.) Quando uma transação é cancelada e reiniciada, ela deve receber a mesma marca de tempo que tinha originalmente. Emitir novamente as marcas de tempo dessa maneira garante que cada transação finalmente se torne a mais antiga e, portanto, a que tem a prioridade mais alta, recebendo todos os bloqueios que solicitar.

O esquema esperar-morrer é não preemptivo; apenas uma transação que esteja solicitando um bloqueio pode ser cancelada. À medida que uma transação fica mais velha (e sua prioridade aumenta), ela tende a esperar por cada vez transações mais novas. Uma transação mais nova que entre em conflito com uma transação mais antiga pode ser cancelada repetidamente (uma desvantagem com relação ao esquema ferir-esperar), mas, por outro lado, uma transação que tenha todos os bloqueios de que necessita nunca é cancelada por motivos de impasse (uma vantagem com relação ao esquema ferir-esperar, que é preemptivo).

Uma variante do protocolo 2PL, chamada de **2PL conservador**, também pode evitar impasses. Sob o protocolo 2PL conservador, uma transação obtém todos os bloqueios de que precisará ao começar ou fica suspensa esperando que esses bloqueios se tornem disponíveis. Esse esquema garante que não existam impasses e, talvez o mais importante, que uma transação que já mantém alguns bloqueios não seja suspensa, esperando por outros bloqueios. Se a disputa por bloqueios for pesada, o protocolo 2PL conservador pode reduzir o tempo médio durante o qual os bloqueios são mantidos, pois as transações que mantêm bloqueios nunca são suspensas. A contrapartida é que uma transação adquire bloqueios antecipadamente e, se a disputa por bloqueios for baixa, no protocolo 2PL conservador os bloqueios serão mantidos por mais tempo. A partir de uma perspectiva prática, é difícil saber exatamente quais bloqueios serão necessários com antecedência e essa estratégia leva ao estabelecimento de mais bloqueios do que o necessário. Ela também tem uma sobrecarga maior para estabelecer bloqueios, pois uma transação precisa liberar todos os bloqueios e tentar obtê-los novamente se não conseguir adquirir mesmo que seja apenas um dos que necessita. Portanto, essa estratégia não é usada na prática.

17.5 TÉCNICAS DE BLOQUEIO ESPECIALIZADAS

Até aqui, em nossa apresentação dos protocolos de bloqueio, tratamos o banco de dados como uma coleção *fixa* de objetos de dados *independentes*. Agora, flexibilizaremos cada uma dessas restrições e discutiremos as conseqüências.

Se a coleção de objetos de banco de dados não for fixa, mas puder aumentar e diminuir por meio da inserção e exclusão de objetos, devemos tratar de uma complicação sutil, conhecida como *problema do fantasma*, já ilustrado na Seção 16.6.2. Discutiremos esse problema na Seção 17.5.1.

Embora seja adequado tratar o banco de dados como uma coleção de objetos independentes para uma discussão sobre serialidade e capacidade de recuperação, às vezes um desempenho muito melhor pode ser obtido usando-se protocolos que reconhecem e exploram os relacionamentos entre os objetos. Discutiremos dois casos, a saber: bloqueio em índices estruturados em árvore (Seção 17.5.2) e bloqueio de uma coleção de objetos com relacionamentos de inclusão entre eles (Seção 17.5.3).

17.5.1 Bancos de Dados Dinâmicos e o Problema do Fantasma

Considere o exemplo a seguir: a transação $T1$ percorre a relação Marinheiros para encontrar o marinheiro mais velho para os níveis de *avaliação* 1 e 2. Primeiro, $T1$ identifica e bloqueia todas as páginas (supondo que sejam estabelecidos bloqueios em nível de página) contendo marinheiros com avaliação 1 e, então, encontra a idade do marinheiro mais velho, que é, digamos, 71. Em seguida, a transação $T2$ insere um novo marinheiro com avaliação 1 e idade 96. Observe que esse novo registro de Marinheiros pode ser inserido em uma página que não contém outros marinheiros com avaliação 1; assim, um bloqueio exclusivo nessa página não entra em conflito com nenhum dos bloqueios mantidos por $T1$. $T2$ também bloqueia a página contendo o marinheiro mais velho com avaliação 2 e exclui esse marinheiro (cuja idade é, digamos, 80). Então, $T2$ é efetivada e libera seus bloqueios. Finalmente, a transação $T1$ identifica e bloqueia as páginas contendo os marinheiros (todos os restantes) com avaliação 2 e encontra a idade do mais velho deles, que é, digamos, 63.

O resultado da execução intercalada é que as idades 71 e 63 são impressas em resposta à consulta. Se $T1$ fosse executada primeiro e, depois, $T2$, teríamos obtido as idades 71 e 80; se $T2$ tivesse executado primeiro e, depois, $T1$, teríamos obtido as idades 96 e 63. Assim, o resultado da execução intercalada não é idêntica a nenhuma execução serial de $T1$ e $T2$, mesmo que as duas transações sigam o protocolo Strict 2PL e sejam efetivadas. O problema é que $T1$ presume que as páginas que bloqueou incluem *todas* as páginas contendo registros de Marinheiros com avaliação 1, e essa suposição é violada quando $T2$ insere um novo marinheiro com avaliação 1 em uma página diferente.

A falha não está no protocolo Strict 2PL. Em vez disso, está na suposição implícita de $T1$ de que bloqueou o conjunto de todos os registros de Marinheiros com valor de *avaliação* igual a 1. A semântica de $T1$ exige que ela identifique todos esses registros, mas o bloqueio das páginas que contêm tais registros *em dado momento* não impede que novos registros "fantasmas" sejam adicionados em outras páginas. Portanto, $T1$ *não* bloqueou o conjunto de registros de Marinheiros desejado.

O protocolo Strict 2PL garante seriabilidade quanto ao conflito; na verdade, não existem ciclos no grafo de precedência deste exemplo, pois os conflitos são definidos com relação aos objetos (neste exemplo, páginas) lidos/gravados pelas transações. Entretanto, como o conjunto de objetos que *deveriam* ter sido bloqueados por $T1$ foi alterado pelas ações de $T2$, o resultado do plano de execução foi diferente do resultado de qualquer execução serial. Este exemplo mostra um ponto importante sobre a serialidade quanto ao conflito: se novos itens são adicionados no banco de dados, a serialidade quanto ao conflito não garante a serialidade.

Um exame mais detalhado de como uma transação identifica as páginas contendo registros de Marinheiros com *avaliação* 1 sugere o modo como o problema pode ser tratado:

- Se não existe nenhum índice e todas as páginas do arquivo precisam ser percorridas, de alguma forma $T1$ deve garantir que nenhuma página nova seja adicionada ao arquivo, além de bloquear todas as páginas existentes.

- Se há um índice no campo *avaliação*, $T1$ pode obter um bloqueio na página de índice — novamente, supondo que o bloqueio físico seja feito em nível de página — que contém a entrada de dados com *avaliação=1*. Se não existem tais entradas de dados, isto é, nenhum registro com esse valor de *avaliação*, a página que *conteria* uma entrada de dados para *avaliação=1* é bloqueada para impedir que um registro assim seja inserido. Qualquer transação que tente inserir um registro com *avaliação=1* na relação Marinheiros deve inserir uma entrada de dados apontando para o novo registro nessa página de índice e é suspensa até que $T1$ libere seus bloqueios. Esta técnica é chamada de **bloqueio de índice**.

As duas técnicas fornecem efetivamente um bloqueio para $T1$ sobre o conjunto de registros de Marinheiros com *avaliação=1*: cada registro existente com *avaliação=1* é protegido contra alterações de outras transações e, além disso, não podem ser inseridos novos registros com *avaliação=1*.

Uma questão independente é como a transação $T1$ pode identificar e bloquear eficientemente a página de índice que contém *avaliação=1*. Discutiremos essa questão para o caso de índices estruturados em árvore, na Seção 17.5.2.

Observamos que o bloqueio de índice é um caso especial de um conceito mais geral, chamado de **bloqueio de predicado**. Em nosso exemplo, o bloqueio sobre a página de índice bloqueou implicitamente todos os registros de Marinheiros que satisfazem o predicado lógico *avaliação=1*. De modo mais geral, podemos suportar o bloqueio implícito de todos os registros que correspondam a um predicado arbitrário. O bloqueio de predicado geral é dispendioso para implementar e, portanto, não é comumente usado.

17.5.2 Controle de Concorrência em Árvores B+

Uma estratégia simples e direta de controle de concorrência para árvores B+ e índices ISAM é ignorar a estrutura de índice, tratar cada página como um objeto de dados e usar alguma versão do protocolo 2PL. Essa estratégia de bloqueio simplista levaria a uma disputa por bloqueios muito grandes nos níveis mais altos da árvore, pois toda pesquisa de árvore começa na raiz e prossegue ao longo de algum caminho até um nó folha. Felizmente, são conhecidos protocolos de bloqueio muito mais eficientes, que exploram a estrutura hierárquica de um índice de árvore para reduzir a sobrecarga de bloqueio, enquanto garantem a serialidade e a capacidade de recuperação. Discutiremos algumas dessas estratégias sucintamente, nos concentrando nas operações de pesquisa e inserção.

Duas observações fornecem o discernimento necessário:

1. Os níveis mais altos da árvore só permitem pesquisas diretas. Todos os dados "reais" estão nos níveis de folha (no formato de uma das três alternativas para entradas de dados).

2. Para inserções, um nó deve ser bloqueado (no modo exclusivo, é claro) somente se uma divisão puder ser propagada até ele, a partir da folha modificada.

As pesquisas devem obter bloqueios compartilhados sobre nós, começando na raiz e prosseguindo ao longo de um caminho até a folha desejada. A primeira observação sugere que um bloqueio sobre o nó pode ser liberado assim que um bloqueio sobre o nó filho for obtido, pois as pesquisas nunca retrocedem na árvore.

Uma estratégia de bloqueio conservadora para inserções seria obter bloqueios exclusivos sobre todos os nós, à medida que descemos da raiz para o nó folha a ser modificado, pois as divisões podem se propagar desde uma folha até a raiz. Entretanto, uma vez que tenhamos bloqueado o filho de um nó, o bloqueio sobre o nó só é exigido no caso de uma divisão se propagar até ele. Em particular, se o filho desse nó (no caminho até a folha modificada) não estiver cheio quando este for bloqueado, qualquer divisão que se propague até o filho pode ser solucionada no filho, e não se propaga até o nó corrente. Portanto, quando bloqueamos um nó filho, podemos liberar o bloqueio sobre o pai, caso o filho não esteja cheio. Assim, os bloqueios mantidos por uma inserção obrigam qualquer outra transação que siga o mesmo caminho a esperar no ponto mais adiantado (isto é, o nó mais próximo à raiz) que possa ser afetado pela inserção. A técnica de bloquear um nó filho e (se possível) liberar o bloqueio sobre o pai é chamada de **acoplamento de bloqueio** ou **caranguejar** (pense em como um caranguejo anda e compare com o modo como descemos em uma árvore, alternadamente liberando um bloqueio sobre um pai e estabelecendo um bloqueio sobre um filho).

Ilustramos o bloqueio de árvore B+ usando a árvore da Figura 17.5. Para pesquisar a entrada de dados 38*, uma transação Ti deve obter um bloqueio S sobre o nó A, ler o conteúdo e determinar que precisa examinar o nó B, obter um bloqueio S sobre o nó B e liberar o bloqueio sobre A; em seguida, obter um bloqueio S sobre o nó C e liberar o bloqueio sobre B, depois obter um bloqueio S sobre o nó D e liberar o bloqueio sobre C.

Ti sempre mantém um bloqueio sobre um nó no caminho, para obrigar as novas transações, que queiram ler ou modificar nós no mesmo caminho, a esperar até que a transação corrente termine. Se a transação Tj quiser excluir 38*, por exemplo, também deverá percorrer o caminho da raiz até o nó D, e será obrigada a esperar até que Ti termine. É claro que, se alguma transação Tk mantiver um bloqueio sobre, digamos, o nó C, antes que Ti chegue a esse nó, analogamente, Ti será obrigada a esperar que Tk termine.

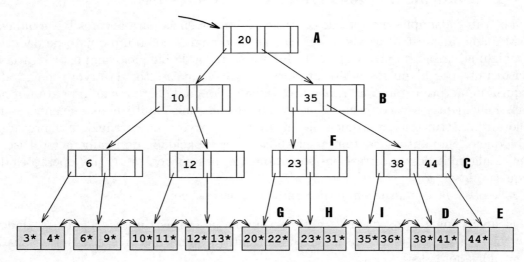

Figura 17.5 Exemplo de bloqueio de árvore B+.

Para inserir a entrada de dados 45*, uma transação precisa obter um bloqueio S sobre o nó A, obter um bloqueio S sobre o nó B e liberar o bloqueio sobre A, então obter um bloqueio S sobre o nó C (observe que o bloqueio sobre B *não* é liberado, pois C está cheio), depois obter um bloqueio X sobre o nó E e liberar os bloqueios sobre C e depois sobre B. Como o nó E tem espaço para a nova entrada, a inserção é realizada pela modificação desse nó.

Em contraste, considere a inserção da entrada de dados 25*. Procedendo como na inserção de 45*, obtemos um bloqueio X sobre o nó H. Infelizmente, esse nó está cheio e deve ser dividido. Dividir H exige que também modifiquemos o nó pai F, mas a transação só tem um bloqueio S sobre F. Assim, ela deve solicitar uma elevação desse bloqueio para um bloqueio X. Se nenhuma outra transação mantiver um bloqueio S sobre F, a elevação será garantida; e como F tem espaço, a divisão não se propaga mais e a inserção de 25* pode prosseguir (dividindo H e bloqueando G para modificar o ponteiro irmão em G, para apontar para o nó recentemente criado). Contudo, se outra transação mantiver um bloqueio S sobre o nó F, a primeira transação será suspensa até que essa transação libere seu bloqueio S.

Observe que, se outra transação mantiver um bloqueio S sobre F e também quiser acessar o nó H, teremos um impasse, pois a primeira transação tem um bloqueio X

sobre H. O exemplo anterior também ilustra um ponto interessante sobre ponteiros irmãos: quando dividimos o nó folha H, o novo nó *deve* ser adicionado à *esquerda* de H, pois, de outro modo, o nó cujo ponteiro irmão precisa ser alterado seria o nó I, que tem um pai diferente. Para modificar um ponteiro irmão em I, teríamos de bloquear seu pai, o nó C (e, possivelmente, os ancestrais de C, para bloquear C).

Exceto quanto aos bloqueios nos nós intermediários, que poderiam ser liberados com antecedência, alguma variante do protocolo 2PL deve ser usada para controlar quando os bloqueios podem ser liberados, para garantir a serialidade e capacidade de recuperação.

Essa estratégia melhora consideravelmente o uso simples de 2PL, mas vários bloqueios exclusivos ainda são estabelecidos desnecessariamente e, embora sejam liberados rapidamente, afetam o desempenho de modo significativo. Uma maneira de melhorar o desempenho é fazer que as inserções obtenham bloqueios compartilhados, em vez de bloqueios exclusivos, exceto quanto à folha, que é bloqueada no modo exclusivo. Na ampla maioria dos casos, não é exigida uma divisão, e essa estratégia funciona muito bem. Entretanto, se a folha estiver cheia, devemos fazer a elevação de bloqueios compartilhados para exclusivos para todos os nós aos quais a divisão se propaga. Note que tais pedidos de elevação de bloqueio também podem levar a impasses.

As idéias de bloqueio de árvore que descrevemos ilustram o potencial para protocolos de bloqueio eficientes, nesse caso especial muito importante, mas elas não são o que há de mais avançado. O leitor que estiver interessado deve procurar informações na Bibliografia.

17.5.3 Bloqueio de Granularidade Múltipla

Outra estratégia de bloqueio especializada, chamada de **bloqueio de granularidade múltipla**, permite-nos estabelecer bloqueios eficientemente sobre objetos que contêm outros objetos.

Por exemplo, um banco de dados contém vários arquivos; o arquivo é uma coleção de páginas, e a página é uma coleção de registros. Uma transação que espera acessar a maioria das páginas em um arquivo provavelmente deve estabelecer um bloqueio sobre o arquivo inteiro, em vez de bloquear páginas (ou registros) individuais, quando precisar delas. Fazer isso reduz consideravelmente a sobrecarga de bloqueio. Por outro lado, outras transações que exigem acesso a partes do arquivo — mesmo às partes não necessárias por essa transação — ficam suspensas. Se uma transação acessa relativamente poucas páginas do arquivo, é melhor bloquear apenas essas páginas. Analogamente, se uma transação acessa vários registros em uma página, ela deve bloquear a página inteira e, se ela acessa apenas alguns registros, deve bloquear somente esses registros.

A questão a ser resolvida é: como um gerenciador de bloqueio pode garantir eficientemente que uma página, por exemplo, não seja bloqueada por uma transação, enquanto outra transação mantém um bloqueio conflitante sobre o arquivo que contém a página (e, portanto, implicitamente, sobre a página)?

A idéia é explorar a natureza hierárquica do relacionamento "contém". Um banco de dados contém um conjunto de arquivos, cada arquivo contém um conjunto de páginas e cada página contém um conjunto de registros. Essa hierarquia de inclusão pode ser considerada uma árvore de objetos em que cada nó contém todos os seus filhos. (A estratégia pode ser facilmente estendida para cobrir hierarquias que não sejam árvores, mas não discutiremos essa extensão.) Um bloqueio sobre um nó bloqueia esse nó e, implicitamente, todos os seus descendentes. (Note que essa interpretação de bloqueio

> **Granularidade de Bloqueio:** Alguns sistemas de banco de dados permitem que os programadores ignorem o mecanismo padrão para escolher uma granularidade de bloqueio. Por exemplo, o Microsoft SQL Server permite que os usuários selecionem bloqueio de página, em vez de bloqueio de tabela, usando a palavra-chave PAGLOCK. O DB2 UDB da IBM permite bloqueio em nível de tabela explícito.

é muito diferente do bloqueio de árvore B+, em que o bloqueio de um nó *não* bloqueia os descendentes implicitamente.)

Além dos bloqueios compartilhado (S) e exclusivo (X), os protocolos de bloqueio de granularidade múltipla também usam dois novos tipos, chamados de bloqueio **compartilhado de intenção** (IS) e **exclusivo de intenção** (IX). Os bloqueios IS só entram em conflito com bloqueios X. Os bloqueios IX entram em conflito com bloqueios S e X. Para bloquear um nó no modo IS (respectivamente, X), uma transação precisa primeiro bloquear todos os seus ancestrais no modo IS (respectivamente, IX). Assim, se uma transação bloqueia um nó no modo S, nenhuma outra pode ter bloqueado qualquer ancestral no modo X; analogamente, se uma transação bloqueia um nó no modo X, nenhuma outra pode ter bloqueado qualquer ancestral no modo S ou X. Isso garante que nenhuma outra transação mantenha um bloqueio sobre um ancestral que conflite com o bloqueio S ou X solicitado no nó.

Uma situação comum é uma transação precisar ler um arquivo inteiro e modificar alguns dos seus registros; isto é, ela precisa de um bloqueio S sobre o arquivo e de um bloqueio IX, para que possa, subseqüentemente, bloquear no modo X alguns dos objetos contidos. É interessante definir um novo tipo de bloqueio, chamado de SIX, que é logicamente equivalente a manter um bloqueio S e um bloqueio IX. Uma transação pode obter um único bloqueio SIX (que entra em conflito com qualquer bloqueio que conflite com S ou com X), em vez de um bloqueio X e um bloqueio IX.

Um ponto sutil é que, para que esse protocolo funcione corretamente, os bloqueios devem ser liberados na ordem da folha para a raiz. Para ver isso, considere o que acontece quando uma transação Ti bloqueia todos os nós em um caminho da raiz (correspondendo ao banco de dados inteiro) até o nó correspondente a alguma página p no modo IS, bloqueia p no modo S e depois libera o bloqueio sobre o nó-raiz. Agora, outra transação Tj poderia obter um bloqueio X sobre a raiz. Esse bloqueio fornece implicitamente um bloqueio X para Tj sobre a página p, o qual entra em conflito com o bloqueio S mantido por Ti.

O bloqueio de granularidade múltipla deve ser usado com o protocolo 2PL para garantir a serialidade. O protocolo 2PL diz quando os bloqueios podem ser liberados. Nesse momento, os bloqueios obtidos por meio do bloqueio de granularidade múltipla podem e devem ser liberados na ordem da folha para a raiz.

Finalmente, há a questão de como decidir qual granularidade de bloqueio é apropriada para determinada transação. Uma estratégia é começar obtendo bloqueios de granularidade fina (por exemplo, no nível de registro) e, depois que a transação solicitar certo número de bloqueios nessa granularidade, começar a obter bloqueios na próxima granularidade mais alta (por exemplo, em nível de página). Esse procedimento é chamado de **escalada de bloqueio**.

17.6 CONTROLE DE CONCORRÊNCIA SEM BLOQUEIO

O bloqueio é a estratégia mais amplamente usada no controle de concorrência em um SGBD, mas não é a única. Consideraremos agora algumas estratégias alternativas.

17.6.1 Controle de Concorrência Otimista

Os protocolos de bloqueio adotam uma estratégia pessimista para conflitos entre transações e usam cancelamento ou bloqueio de transações para solucionar conflitos. Contudo, em um sistema com disputa relativamente leve por objetos de dados, a sobrecarga da obtenção de bloqueios e de seguir um protocolo de bloqueio deve ser paga.

No controle de concorrência otimista, a premissa básica é que a maioria das transações não entra em conflito com outras transações, e a idéia é ser o mais permissivo possível ao permitir que as transações sejam executadas. As transações ocorrem em três fases:

1. **Leitura:** a transação é executada, lendo valores do banco de dados e gravando em um espaço de trabalho privado.
2. **Validação:** se a transação decide que deseja ser efetivada, o SGBD verifica se ela poderia estar em conflito com qualquer outra transação que esteja em execução concorrente. Se houver um possível conflito, a transação é cancelada; seu espaço de trabalho privado é limpo e ela é reiniciada.
3. **Gravação:** se a validação determina que não existem conflitos possíveis, as alterações feitas nos objetos de dados pela transação em seu espaço de trabalho privado são copiadas no banco de dados.

Na verdade, se houver poucos conflitos e a validação puder ser feita eficientemente, essa estratégia deve levar a um desempenho melhor do que o bloqueio. Se houver muitos conflitos, o custo de reiniciar transações repetidamente (desperdiçando com isso o trabalho que elas fizeram) prejudica o desempenho significativamente.

Cada transação Ti recebe uma marca de tempo $TS(Ti)$ no início de sua fase de validação, e o critério de validação verifica se a ordem da marca de tempo das transações é uma ordem serial equivalente. Para cada par de transações Ti e Tj, tal que $TS(Ti) < TS(Tj)$, uma das seguintes **condições de validação** deve valer:

1. Ti termina (todas as três fases) antes que Tj comece.
2. Ti termina antes que Tj comece sua fase de Gravação e Ti não grava nenhum objeto de banco de dados lido por Tj.
3. Ti termina sua fase de Leitura antes que Tj termine a sua fase de Leitura, e Ti não grava nenhum objeto de banco de dados que seja lido ou gravado por Tj.

Para validarmos Tj, precisamos verificar se uma dessas condições vale com relação a cada transação efetivada Ti, tal que $TS(Ti) < TS(Tj)$. Cada uma dessas condições garante que as modificações feitas por Tj não sejam visíveis para Ti.

Além disso, a primeira condição permite que Tj veja algumas das alterações de Ti, mas claramente elas são executadas por completo em ordem serial, uma com relação à outra. A segunda condição permite que Tj leia objetos, enquanto Ti ainda está modificando objetos, mas não há nenhum conflito, pois Tj não lê nenhum objeto modificado por Ti. Embora Tj possa sobrescrever alguns objetos gravados por Ti, todas as gravações de Ti precedem todas as gravações de Tj. A terceira condição permite que Ti e Tj gravem objetos ao mesmo tempo e, assim, tenham ainda mais sobreposição no tempo do que a segunda condição, mas os conjuntos de objetos gravados pelas duas transações não podem se sobrepor. Assim, nenhum conflito de RW, WR ou WW é possível, se qualquer uma dessas três condições for satisfeita.

Verificar esses critérios de validação exige que mantenhamos listas de objetos lidos e gravados por transação. Além disso, enquanto uma transação está sendo validada, nenhuma outra pode ser efetivada; caso contrário, a validação da primeira transação poderá perder conflitos com relação à transação recentemente efetivada. A fase de Gravação de uma transação validada também deve ser concluída (para que seus efeitos sejam visíveis fora de seu espaço de trabalho privado), antes que outras transações possam ser validadas.

Um mecanismo de sincronismo, como uma **seção crítica**, pode ser usado para garantir que no máximo uma transação esteja em sua fase (combinada) de Validação/Gravação em dado momento. (Quando um processo está executando uma seção crítica em seu código, o sistema suspende todos os outros processos.) Obviamente, é importante manter essas fases o mais curtas possível para minimizar o impacto sobre a concorrência. Se cópias de objetos modificados tiverem de ser copiadas do espaço de trabalho privado, isso pode tornar a fase de Gravação longa. Uma estratégia alternativa (que traz consigo a penalidade da localidade física deficiente de objetos, como páginas folhas de uma árvore B+, que devem ser agrupadas) é usar um nível de indireção. Nesse esquema, todo objeto é acessado por meio de um ponteiro lógico e, na fase de Gravação, simplesmente trocamos o ponteiro lógico para que aponte para a versão do objeto que está no espaço de trabalho privado, em vez de copiar o objeto.

Claramente, não é que o controle de concorrência otimista não tenha sobrecargas; em vez disso, as sobrecargas das estratégias baseadas em bloqueio são substituídas pelas sobrecargas da gravação de listas de leitura e listas de gravação de transações, verificação de conflitos e cópia das alterações a partir do espaço de trabalho privado. Analogamente, o custo implícito do bloqueio em uma estratégia baseada em bloqueio é substituído pelo custo implícito do trabalho desperdiçado pelas transações reiniciadas.

Solução de Conflito Melhorada[1]

O controle de concorrência otimista usando as três condições de validação descritas anteriormente é com freqüência conservador demais, e cancela e reinicia transações desnecessariamente. Em particular, de acordo com as condições de validação, Ti não pode gravar nenhum objeto lido por Tj. Entretanto, como a validação tem como objetivo garantir que Ti seja executada logicamente antes de Tj, não haverá nenhum dano se Ti gravar todos os itens de dados exigidos por Tj, antes que Tj os leia.

O problema surge porque não temos nenhuma maneira de saber quando Ti gravou o objeto (em relação à sua leitura por Tj) no momento em que validamos Tj, pois tudo que temos é a lista de objetos gravados por Ti e a lista lida por Tj. Esses conflitos falsos podem ser diminuídos por uma solução mais refinada de conflitos de dados, usando mecanismos muito parecidos com o bloqueio.

A idéia básica é que cada transação na fase de Leitura informa ao SGBD sobre os itens que está lendo e, quando uma transação Ti é efetivada (e suas gravações são aceitas), o SGBD verifica se quaisquer dos itens gravados por Ti estão sendo lidos por qualquer transação Tj (ainda a ser validada). Se assim for, saberemos que a validação de Tj deve finalmente falhar. Podemos permitir que Tj descubra isso ao ser validada (a política **morrer**) ou eliminá-la e reiniciá-la imediatamente (a política **matar**).

Os detalhes são os seguintes. Antes de ler um item de dados, uma transação T insere uma **entrada de acesso** em uma tabela de hashing. A entrada de acesso contém o *id da transação*, o *id de objeto de dados* e o flag *modificado* (inicialmente configurado como false), e as entradas passam por uma função de hashing com o id do objeto de dados. Um bloqueio exclusivo temporário é obtido sobre o bucket de hashing que

---

[1] Agradecemos a Alexander Thomasian por escrever esta seção.

contém a entrada, e o bloqueio é mantido enquanto o item de dados lido é copiado do buffer do banco de dados para o espaço de trabalho privado da transação.

Durante a validação de T, os buckets de hashing de todos os objetos de dados acessados por T são novamente bloqueados (no modo exclusivo) para verificar se T encontrou quaisquer conflitos de dados. T encontrou um conflito se o flag *modificado* estiver configurado como true em uma de suas entradas de acesso. (Isso presume que a política "morrer" está sendo usada; se for usada a política 'matar', T será reiniciada quando o flag estiver configurado como true.)

Se T for bem-sucedida na validação, bloqueamos o bucket de hashing de cada objeto modificado por T, recuperamos todas as entradas de acesso desse objeto, configuramos o flag *modificado* como true e liberamos o bloqueio sobre o bucket. Se for usada a política "matar", as transações que inseriram essas entradas de acesso serão reiniciadas. Então, completamos a fase de Gravação de T.

Parece que a política "matar" é sempre melhor do que a política "morrer", pois ela reduz o tempo de resposta global e o processamento desperdiçado. Entretanto, executar T até o fim tem a vantagem de que todos os itens de dados exigidos para sua execução são previamente buscados no buffer do banco de dados, e as execuções reiniciadas de T não exigirão E/S de disco para leituras. Isso presume que o buffer do banco de dados seja grande o bastante para que as páginas buscadas previamente não sejam substituídas e, o mais importante, que a **invariância do acesso** prevaleça; isto é, sucessivas execuções de T exigem os mesmos dados para execução. Quando T é reiniciada, seu tempo de execução é muito mais curto do que antes, pois nenhuma E/S de disco é exigida e, assim, suas chances de validação são mais altas. (É claro que, se uma transação já tiver completado sua fase de Leitura uma vez, os conflitos subseqüentes devem ser tratados usando-se a política "matar", pois todos os seus objetos de dados já estão no pool de buffers.)

17.6.2 Controle de Concorrência Baseado em Marca de Tempo

No controle de concorrência baseado em bloqueio, as ações conflitantes de diferentes transações são ordenadas pela disposição na qual os bloqueios são obtidos e o protocolo de bloqueio estende essa ordem para as ações das transações, garantindo com isso a serialidade. No controle de concorrência otimista, uma ordem de marca de tempo (*timestamp*) é imposta às transações e a validação verifica se todas as ações conflitantes ocorreram na mesma ordem.

As marcas de tempo também podem ser usadas de outra maneira: cada transação pode receber uma marca de tempo na inicialização, e podemos garantir, no momento da execução, que se a ação ai da transação Ti entrar em conflito com a ação aj da transação Tj, ai ocorrerá antes de aj, se $TS(Ti) < TS(Tj)$. Se uma ação violar essa ordem, a transação é cancelada e reiniciada.

Para implementar esse esquema de controle de concorrência, todo objeto de banco de dados O recebe uma **marca de tempo de leitura** $RTS(O)$ e uma **marca de tempo de gravação** $WTS(O)$. Se a transação T quisesse ler o objeto O e $TS(T) < WTS(O)$, a ordem dessa leitura com relação à gravação mais recente em O violaria a ordem da marca de tempo entre essa transação e a gravadora. Portanto, T é cancelada e reiniciada *com uma marca de tempo nova e maior*. Se $TS(O) > WTS(O)$, T lê O e $RTS(O)$ é configurada como o maior de $RTS(O)$ e $TS(T)$. (Note que uma alteração física — a alteração em $RTS(O)$ — é gravada no disco e registrada no log para propósitos de recuperação, mesmo nas leituras. Essa operação de gravação é uma sobrecarga significativa.)

Observe que, se T é reiniciada com a mesma marca de tempo, é garantido que ela vai ser cancelada novamente, em razão do mesmo conflito. Compare esse comportamento com o uso de marcas de tempo no protocolo 2PL para prevenção de impasses, em que as transações são reiniciadas com a *mesma* marca de tempo de antes, para evitar reinícios repetidos. Isso mostra que os dois usos de marcas de tempo são muito diferentes e não devem ser confundidos.

Em seguida, considere o que acontece quando a transação T quer gravar o objeto O:

1. Se $TS(O) < RTS(O)$, a ação de gravação entra em conflito com a ação de leitura mais recente de O e, portanto, T é cancelada e reiniciada.
2. Se $TS(T) < WTS(O)$, uma estratégia simples seria cancelar T, pois sua ação de gravação entra em conflito com a gravação mais recente de O e está fora da ordem da marca de tempo. Entretanto, podemos ignorar com segurança essas gravações e continuar. Ignorar gravações obsoletas é o que diz a **Regra de Gravação de Thomas**.
3. Caso contrário, T grava O e $WTS(O)$ é configurada como $TS(T)$.

A Regra de Gravação de Thomas

Agora, vamos considerar a justificativa da Regra de Gravação de Thomas. Se $TS(T) < WTS(O)$, a ação de gravação corrente, na verdade, tornou-se obsoleta por causa da gravação mais recente de O, que *vem após* a gravação corrente, de acordo com a ordem da marca de tempo. Podemos considerar como se a ação de gravação de T tivesse ocorrido imediatamente *antes* da gravação mais recente de O e nunca fora lida por ninguém.

Se a Regra de Gravação de Thomas não é usada, isto é, T é cancelada no caso (2), o protocolo de marca de tempo, como o 2PL, só permitirá planos de execução serializáveis quanto ao conflito. Se a Regra de Gravação de Thomas é usada, são permitidos alguns planos de execução não serializáveis quanto ao conflito, conforme ilustra o plano de execução da Figura 17.6.[2] Como a gravação de $T2$ vem após a leitura de $T1$ e precede a gravação de $T1$ do mesmo objeto, esse plano de execução não é serializável quanto ao conflito.

$T1$	$T2$
$R(A)$	
	$W(A)$
	Efetivação
$W(A)$	
Efetivação	

Figura 17.6 Um plano de execução serializável que não é serializável quanto ao conflito.

A Regra de Gravação de Thomas conta com a observação de que a gravação de $T2$ nunca é vista por qualquer transação e, portanto, o plano de execução da Figura 17.6 é equivalente ao plano de execução serializável obtido pela exclusão dessa ação de gravação, que é mostrado na Figura 17.7.

---

[2] Na outra direção, o protocolo 2PL permite alguns planos de execução que não são permitidos pelo algoritmo de marca de tempo com a Regra de Gravação de Thomas; veja o Exercício 17.7.

Controle de Concorrência

T1	T2
R(A)	
	Efetivação
W(A)	
Efetivação	

Figura 17.7 Um plano de execução serializável quanto ao conflito.

Capacidade de Recuperação

Infelizmente, o protocolo de marca de tempo que acabamos de apresentar permite planos de execução que não são recuperáveis, conforme está ilustrado pelo plano de execução da Figura 17.8. Se $TS(T1) = 1$ e $TS(T2) = 2$, esse plano de execução é permitido pelo protocolo de marca de tempo (com ou sem a Regra de Gravação de Thomas). O protocolo de marca de tempo pode ser modificado para não permitir tais planos de execução, colocando-se em **buffer** todas as ações de gravação até que a transação seja efetivada. No exemplo, quando $T1$ quer gravar A, $WTS(A)$ é atualizada para refletir essa ação, mas a alteração em A não é realizada imediatamente; em vez disso, ela é gravada em um espaço de trabalho privado ou buffer. Quando, subseqüentemente, $T2$ quer ler A, sua marca de tempo é comparada com $WTS(A)$ e a leitura é vista como permitida. Entretanto, $T2$ é bloqueada até que $T1$ termine. Se $T1$ for efetivada, sua alteração em A será copiada do buffer; caso contrário, as alterações que estão no buffer serão descartadas. Então, $T2$ poderá ler A.

Esse bloqueio de $T2$ é semelhante ao efeito de $T1$ obtendo um bloqueio exclusivo sobre A. Contudo, mesmo com essa modificação, o protocolo de marca de tempo possibilita alguns planos de execução não permitidos pelo protocolo 2PL; os dois protocolos não são exatamente iguais. (Veja o Exercício 17.7.)

T1	T2
W(A)	
	R(A)
	W(B)
	Efetivação

Figura 17.8 Um plano de execução irrecuperável.

Como a capacidade de recuperação é fundamental, tal modificação deve ser usada para que o protocolo de marca de tempo tenha uso prático. Dada a sobrecarga que isso acarreta sobre o custo (considerável) para manter marcas de tempo de leitura e gravação, é improvável que, em sistemas centralizados, o controle de concorrência por marca de tempo supere os protocolos baseados em bloqueio. Na verdade, ele tem sido usado principalmente no contexto de sistemas de banco de dados distribuídos (Capítulo 22).

17.6.3 Controle de Concorrência de Múltiplas Versões

Este protocolo representa uma outra maneira de usar marcas de tempo atribuídas no momento da inicialização, para obter serialidade. O objetivo é garantir que uma

> **O Que os Sistemas Reais Fazem?** O IBM DB2, o Informix, o Microsoft SQL Server e o Sybase ASE usam Strict 2PL ou variantes (se uma transação solicita um nível de isolamento mais baixo do que SERIALIZABLE da SQL; veja a Seção 16.6). O Microsoft SQL Server também suporta marcas de tempo de modificação, de modo que uma transação pode ser executada sem estabelecer bloqueios e validar a si mesma (controle de concorrência otimista do tipo faça você mesmo!). O Oracle 8 usa um esquema de controle de concorrência de múltiplas versões no qual os leitores nunca esperam; na verdade, os leitores nunca são bloqueados e detectam conflitos verificando se um bloco mudou desde que o leram. Todos esses sistemas suportam bloqueio de granularidade múltipla, com suporte para bloqueios em nível de tabela, página e linha. Todos resolvem impasses usando grafos de espera-por. O Sybase ASIQ suporta apenas bloqueios em nível de tabela e cancela uma transação se um pedido de bloqueio falhar — as atualizações (e, portanto, os conflitos) são raras em um data warehouse e esse esquema simples é suficiente.

transação nunca tenha que esperar para ler um objeto do banco de dados, e a idéia é manter várias versões de cada objeto do banco de dados, cada uma com uma marca de tempo de gravação, e permitir que a transação Ti leia a versão mais recente cuja marca de tempo preceda $TS(Ti)$.

Se a transação Ti quer gravar um objeto, devemos garantir que o objeto ainda não tenha sido lido por alguma outra transação Tj, tal que $TS(Ti) < TS(Tj)$. Se permitirmos que Ti grave esse objeto, sua alteração deverá ser vista por Tj para se obter a serialidade, mas, obviamente, Tj, que leu o objeto em algum momento no passado, não verá a alteração de Ti.

Para verificar essa condição, todo objeto também tem uma marca de tempo de leitura associada e, quando uma transação lê o objeto, a marca de tempo de leitura é configurada como o máximo entre a marca de tempo de leitura corrente e a marca de tempo do leitor. Se Ti quer gravar um objeto O e $TS(Ti) < RTS(O)$, Ti é cancelada e reiniciada com uma nova marca de tempo maior. Caso contrário, Ti cria uma versão de O e configura as marcas de tempo de leitura e gravação da nova versão como $TS(Ti)$.

Os inconvenientes desse esquema são semelhantes aos do controle de concorrência por marca de tempo e, além disso, existe o custo da manutenção das versões. Por outro lado, as leituras nunca são bloqueadas, o que pode ser importante para cargas de trabalho dominadas por transações que apenas lêem valores do banco de dados.

17.7 QUESTÕES DE REVISÃO

As respostas às questões de revisão podem ser encontradas nas seções listadas.

- Quando dois planos de execução são *equivalentes quanto ao conflito*? O que é um plano de execução serializável *quanto ao conflito*? O que é um plano de execução *restrito*? (**Seção 17.1**)

- O que é um *grafo de precedência* ou *grafo de serialidade*? Como ele se relaciona com a serialidade quanto ao conflito? Como ele se relaciona com o bloqueio de duas fases? (**Seção 17.1**)

Controle de Concorrência 479

- O que o *gerenciador de bloqueio* faz? Descreva as estruturas de dados *tabela de bloqueios* e *tabela de transações* e sua função no gerenciamento de bloqueios. (**Seção 17.2**)
- Discuta os méritos relativos das *elevações de bloqueio* e dos *rebaixamentos de bloqueio*. (**Seção 17.3**)
- Descreva e compare os esquemas de detecção de impasse e prevenção de impasse. Por que os esquemas de detecção são mais comumente usados? (**Seção 17.4**)
- Se a coleção de objetos de banco de dados não é fixa, mas pode aumentar e diminuir por meio da inserção e exclusão de objetos, devemos lidar com uma complicação sutil conhecida como *problema do fantasma*. Descreva esse problema e a estratégia de bloqueio de índice para resolvê-lo. (**Seção 17.5.1**)
- Nas estruturas de índice de árvore, o bloqueio dos níveis mais altos da árvore pode se tornar um gargalo de desempenho. Explique o porquê. Descreva técnicas de bloqueio especializadas que tratam do problema e explique por que elas funcionam corretamente, apesar de não terem duas fases. (**Seção 17.5.2**)
- O *bloqueio de granularidade múltipla* nos permite estabelecer bloqueios sobre objetos que contêm outros objetos, assim, bloqueando implicitamente todos os objetos contidos. Por que essa estratégia é importante e como ela funciona? (**Seção 17.5.3**)
- No *controle de concorrência otimista*, nenhum bloqueio é estabelecido e as transações lêem e modificam objetos de dados em um espaço de trabalho privado. Como os conflitos entre as transações são detectados e solucionados nessa estratégia? (**Seção 17.6.1**)
- No *controle de concorrência baseada em marca de tempo*, as transações recebem uma marca de tempo na inicialização; como ela é usada para garantir a serialidade? Como a *Regra de Gravação de Thomas* melhora a concorrência? (**Seção 17.6.2**)
- Explique por que o controle de concorrência baseado em marca de tempo permite planos de execução que não são recuperáveis. Descreva como ele pode ser modificado por meio do uso de *buffer* para impedir esses planos de execução. (**Seção 17.6.2**)
- Descreva o *controle de concorrência de múltiplas versões*. Quais são suas vantagens e desvantagens em comparação com o bloqueio? (**Seção 17.6.3**)

EXERCÍCIOS

Exercício 17.1 Responda às seguintes perguntas:

1. Descreva como um gerenciador de bloqueio típico é implementado. Por que o bloqueio e o desbloqueio devem ser operações atômicas? Qual é a diferença entre um bloqueio e uma *trava*? O que são *comboios* e como um gerenciador de bloqueio deve tratá-los?
2. Compare os *rebaixamentos de bloqueio* com as elevações. Explique por que os rebaixamentos violam o protocolo 2PL, mas, apesar disso, são aceitáveis. Discuta o uso de bloqueios de *atualização* em conjunto com os rebaixamentos de bloqueio.
3. Contraste as marcas de tempo atribuídas a transações reiniciadas quando são usadas para prevenção de impasse e quando são usadas para controle de concorrência.
4. Apresente e justifique a Regra de Gravação de Thomas.
5. Mostre que, se dois planos de execução são equivalentes quanto ao conflito, eles são equivalentes quanto à visão.
6. Dê um exemplo de plano de execução serializável que não seja restrito.

7. Dê um exemplo de plano de execução restrito não serializável.
8. Dê a motivação e descreva o uso de bloqueios para obter uma solução de conflito melhorada no controle de concorrência otimista.

Exercício 17.2 Considere as seguintes classes de planos de execução: *serializáveis, serializáveis quanto ao conflito, serializáveis quanto à visão, recuperáveis, que evitam cancelamentos em cascata* e *restritos*. Para cada um dos seguintes planos de execução, indique a qual das classes anteriores ele pertence. Se você não puder decidir se um plano de execução pertence a uma determinada classe, com base nas ações listadas, explique sucintamente.

As ações estão listadas na ordem de seu plano de execução e são prefixadas com o nome da transação. Se uma efetivação ou um cancelamento não for mostrado, o plano de execução é incompleto; suponha que o cancelamento ou a efetivação devam vir após todas as ações listadas.

1. T1:R(X), T2:R(X), T1:W(X), T2:W(X)
2. T1:W(X), T2:R(Y), T1:R(Y), T2:R(X)
3. T1:R(X), T2:R(Y), T3:W(X), T2:R(X), T1:R(Y)
4. T1:R(X), T1:R(Y), T1:W(X), T2:R(Y), T3:W(Y), T1:W(X), T2:R(Y)
5. T1:R(X), T2:W(X), T1:W(X), T2:Cancelamento, T1:Efetivação
6. T1:R(X), T2:W(X), T1:W(X), T2:Efetivação, T1:Efetivação
7. T1:W(X), T2:R(X), T1:W(X), T2:Cancelamento, T1:Efetivação
8. T1:W(X), T2:R(X), T1:W(X), T2:Efetivação, T1:Efetivação
9. T1:W(X), T2:R(X), T1:W(X), T2:Efetivação, T1:Cancelamento
10. T2:R(X), T3:W(X), T3:Efetivação, T1:W(Y), T1:Efetivação, T2:R(Y), T2:W(Z), T2:Efetivação
11. T1:R(X), T2:W(X), T2:Efetivação, T1:W(X), T1:Efetivação, T3:R(X), T3:Efetivação
12. T1:R(X), T2:W(X), T1:W(X), T3:R(X), T1:Efetivação, T2:Efetivação, T3:Efetivação

Exercício 17.3 Considere os seguintes protocolos de controle de concorrência: 2PL, Strict 2PL, 2PL conservador, otimista, marca de tempo sem a Regra de Gravação de Thomas, marca de tempo com a Regra de Gravação de Thomas e múltiplas versões. Para cada um dos planos de execução do Exercício 17.2, indique quais desses protocolos ele permite, isto é, permite que as ações ocorram exatamente na ordem mostrada.

Para os protocolos baseados em marca de tempo, presuma que a marca de tempo da transação T_i seja i e que seja usada uma versão do protocolo que garanta a capacidade de recuperação. Além disso, se a Regra de Gravação de Thomas for usada, mostre o plano de execução serial equivalente.

Exercício 17.4 Considere as seguintes seqüências de ações, listadas na ordem em que são enviadas para o SGBD:

- **Seqüência S1:** T1:R(X), T2:W(X), T2:W(Y), T3:W(Y), T1:W(Y), T1:Efetivação, T2:Efetivação, T3:Efetivação
- **Seqüência S2:** T1:R(X), T2:W(Y), T2:W(X), T3:W(Y), T1:W(Y), T1:Efetivação, T2:Efetivação, T3:Efetivação

Para cada seqüência e para cada um dos mecanismos de controle de concorrência a seguir, descreva como o mecanismo manipula a seqüência.

Suponha que a marca de tempo da transação T_i seja i. Para mecanismos de controle de concorrência baseados em bloqueio, adicione pedidos de bloqueio e desbloqueio na seqüência de ações anterior, de acordo com o protocolo de bloqueio. O SGBD processa as ações na ordem mostrada. Se uma transação for bloqueada, suponha que todas as suas ações sejam enfileiradas até que ela seja retomada; o SGBD continua com a próxima ação (de acordo com a seqüência listada) de uma transação desbloqueada.

1. Strict 2PL com marcas de tempo usadas para prevenção de impasse.
2. Strict 2PL com detecção de impasse. (Mostre o grafo de espera-por, em caso de impasse.)

Controle de Concorrência

3. 2PL conservador (e Strict; isto é, com bloqueios mantidos até o fim da transação).
4. Controle de concorrência otimista.
5. Controle de concorrência por marca de tempo com uso de buffer para leituras e gravações (para garantir a capacidade de recuperação) e a Regra de Gravação de Thomas.
6. Controle de concorrência com múltiplas versões.

Exercício 17.5 Para cada um dos protocolos de bloqueio a seguir, supondo que cada transação siga esse protocolo de bloqueio, indique quais destas propriedades desejáveis são garantidas: serialidade, serialidade quanto ao conflito, capacidade de recuperação, prevenção de cancelamentos em cascata.

1. Sempre obtém um bloqueio exclusivo antes da gravação; mantém os bloqueios exclusivos até o fim da transação. Nenhum bloqueio compartilhado é obtido.
2. Além de (1), obtém um bloqueio compartilhado antes da leitura; os bloqueios compartilhados podem ser liberados a qualquer momento.
3. Como em (2) e, além disso, o bloqueio é de duas fases.
4. Como em (2) e, além disso, todos os bloqueios são mantidos até o fim da transação.

Exercício 17.6 O diagrama de Venn (de [76]) da Figura 17.9 mostra as inclusões entre várias classes de planos de execução. Dê um exemplo de plano de execução para cada uma das regiões $S1$ a $S12$ no diagrama.

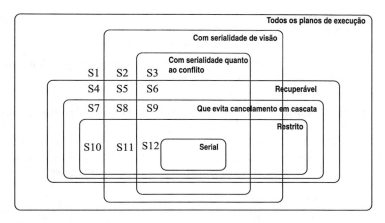

Figura 17.9 Diagrama de Venn para classes de planos de execução.

Exercício 17.7 Responda sucintamente às seguintes questões:

1. Desenhe um diagrama de Venn que mostre as inclusões entre as classes de planos de execução permitidas pelos seguintes protocolos de controle de concorrência: *2PL, Strict 2PL, 2PL conservador, otimista, marca de tempo sem a Regra de Gravação de Thomas, marca de tempo com a Regra de Gravação de Thomas* e *múltiplas versões*.
2. Dê um exemplo de plano de execução para cada região no diagrama.
3. Estenda o diagrama de Venn para incluir planos de execução serializáveis e serializáveis quanto ao conflito.

Exercício 17.8 Responda sucintamente a cada uma das questões a seguir. As questões são baseadas no seguinte esquema relacional:

Func(*id-funcion:* integer, *nome-funcion:* string, *idade:* integer, *salário:* real, *id-depto:*integer)
Depto(*id-depto:*, integer *nome-depto:* string, *andar:* integer)

e no seguinte comando de atualização:

replace (salário = 1.1 * Func.salário) where Func. nome-funcion = 'Santa'

1. Dê um exemplo de consulta que entraria em conflito com esse comando (no sentido de um controle de concorrência), caso ambos fossem executados ao mesmo tempo. Explique o que poderia dar errado e como o bloqueio de tuplas resolveria o problema.
2. Dê um exemplo de consulta ou comando que entraria em conflito com esse comando, de modo que o conflito não possa ser solucionado apenas bloqueando-se tuplas ou páginas individuais, mas que exija bloqueio de índice.
3. Explique o que é bloqueio de índice e como ele soluciona o conflito anterior.

Exercício 17.9 A SQL suporta quatro níveis de isolamento e dois modos de acesso, para um total de oito combinações de nível de isolamento e modo de acesso. Cada combinação define implicitamente uma classe de transações; as questões a seguir referem-se a essas oito classes:

1. Para cada uma das oito classes, descreva um protocolo de bloqueio que permita apenas transações nessa classe. O protocolo de bloqueio de determinada classe faz quaisquer suposições sobre os protocolos de bloqueio usados para outras classes? Explique sucintamente.
2. Considere um plano de execução gerado pela execução de várias transações SQL. É garantido que ele seja serializável quanto ao conflito? Que seja serializável? Que seja recuperável?
3. Considere um plano de execução gerado pela execução de várias transações SQL, cada uma das quais tendo o modo de acesso READ ONLY. É garantido que ele seja realizável quanto ao conflito? Que tenha capacidade de disposição em série? Que seja recuperável?
4. Considere um plano de execução gerado pela execução de várias transações SQL, cada uma das quais tendo o nível de isolamento SERIALIZABLE. É garantido que ele seja serializável quanto ao conflito? Que seja serializável? Que seja recuperável?
5. Você consegue imaginar um esquema de controle de concorrência baseado em marca de tempo que possa suportar as oito classes de transações SQL?

Exercício 17.10 Considere a árvore ilustrada na Figura 17.5. Descreva as etapas envolvidas na execução de cada uma das operações a seguir, de acordo com o algoritmo de controle de concorrência de índice de árvore discutido na Seção 17.5.2, em termos da ordem em que os nós são bloqueados, desbloqueados, lidos e gravados. Seja específico quanto ao tipo de bloqueio obtido e responda a cada parte independentemente das outras, sempre começando com a árvore mostrada na Figura 17.5.

1. Pesquisa da entrada de dados 40*.
2. Pesquisa de todas as entradas de dados k^* com $k \leq 40$.
3. Inserção da entrada de dados 62*.
4. Inserção da entrada de dados 40*.
5. Inserção das entradas de dados 62* e 75*.

Exercício 17.11 Considere um banco de dados organizado em termos da hierarquia de objetos a seguir: o próprio banco de dados é um objeto (D) e contém dois arquivos ($F1$ e $F2$), cada um dos quais contém 1.000 páginas ($P1...P1000$ e $P1001...P2000$, respectivamente). Cada página contém 100 registros e os registros são identificados como $p : i$, onde p é o identificador de página e i é a entrada do registro nessa página.

É usado bloqueio de granularidade múltipla, com bloqueios S, X, IS, IX e SIX, e bloqueios em nível de banco de dados, em nível de arquivo, em nível de página e em nível de registro. Para cada uma das operações a seguir, indique a seqüência de pedidos de bloqueio que deve ser gerada por uma transação que queira executar (apenas) essas operações:

1. Ler o registro $P1200 : 5$.
2. Ler os registros $P1200 : 98$ até $P1205 : 2$.
3. Ler todas as páginas (e todos os registros) no arquivo $F1$.

Controle de Concorrência

   4. Ler as páginas de $P500$ a $P520$.
   5. Ler as páginas de $P10$ a $P980$.
   6. Ler todas as páginas em $F1$ e (com base nos valores lidos) modificar 10 páginas.
   7. Excluir o registro $P1200:98$. (Esta é uma gravação cega.)
   8. Excluir o primeiro registro de cada página. (Novamente, essas são gravações cegas.)
   9. Excluir todos os registros.

Exercício 17.12 Suponha que tenhamos apenas dois tipos de transações, $T1$ e $T2$. As transações preservam a consistência do banco de dados quando executadas individualmente. Definimos várias *restrições de integridade*, de modo que o SGBD nunca execute nenhuma instrução SQL que leve o banco de dados para um estado inconsistente. Suponha que o SGBD não realize *nenhum* controle de concorrência. Dê um exemplo de plano de execução de duas transações $T1$ e $T2$ que satisfaça todas essas condições e ainda produza uma instância do banco de dados que não é o resultado de qualquer execução serial de $T1$ e $T2$.

NOTAS BIBLIOGRÁFICAS

O acesso concorrente às árvores B é considerado em vários artigos, incluindo [70, 456, 472, 505, 678]. As técnicas de controle de concorrência para hashing linear são apresentadas em [240] e [543]. O bloqueio de granularidade múltipla é apresentado em [336] e mais bem estudado em [127, 449].

Um método de controle de concorrência que funciona com o método de recuperação ARIES é apresentado em [545]. Outro artigo que considera questões do controle de concorrência no contexto da recuperação é [492]. Algoritmos para a construção de índices sem interromper o SGBD são apresentados em [548] e em [9]. O desempenho dos algoritmos de controle de concorrência de árvore B é estudado em [704]. O desempenho de vários algoritmos de controle de concorrência é discutido em [16, 729, 735]. Um bom levantamento dos métodos de controle de concorrência e seu desempenho estão em [734]. [455] é uma coleção de artigos abrangente sobre esse assunto.

O controle de concorrência de múltiplas versões baseado em marca de tempo é estudado em [620]. Os algoritmos de controle de concorrência de múltiplas versões é formalmente estudado em [87]. Técnicas de múltiplas versões baseadas em bloqueio são consideradas em [460]. O controle de concorrência otimista é apresentado em [457]. O uso de invariância de acesso para melhorar a solução de conflitos em ambientes de alta disputa é discutido em [281] e em [280]. As questões de gerenciamento de transação para sistemas de banco de dados de tempo real são discutidas em [1, 15, 368, 382, 386, 448]. Existe um grande corpo de resultados teóricos sobre controle de concorrência de banco de dados; [582, 89] oferecem apresentações de livro-texto completas desse material.

18
RECUPERAÇÃO DE FALHAS

- Quais passos são executados no método ARIES para a recuperação de uma falha de um SGBD?
- Como o log é mantido durante a operação normal?
- Como o log é usado para recuperação de uma falha?
- Quais informações, além do log, são usadas durante a recuperação?
- O que é um ponto de verificação (*checkpoint*) e por que ele é usado?
- O que acontece se ocorrem falhas repetidas durante a recuperação?
- Como é tratada a falha de mídia?
- Como o algoritmo de recuperação interage com o controle de concorrência?

➨ **Conceitos-chave:** passos na recuperação, análise, refazer, desfazer; ARIES, repetição da história; log, NSL, imposição de páginas, WAL; tipos de registros de log, atualização, efetivação, cancelamento, final, compensação; tabela de transações, último NSL; tabela de páginas sujas, NSLrec; ponto de verificação, ponto de verificação *fuzzy*, registro de log mestre; recuperação de mídia; interação com controle de concorrência; paginação de sombra.

Cabeça de ovo sentou em um muro
Cabeça de ovo teve uma queda feia
Todos os cavalos do rei e todos os homens do rei
Não conseguiram montar o cabeça de ovo de novo.

— Cantiga infantil antiga

O **gerenciador de recuperação** de um SGBD é responsável por garantir duas propriedades importantes das transações: atomicidade e durabilidade. Ele garante a *atomicidade* desfazendo as ações das transações que não foram efetivadas e a *durabilidade* garantindo que todas as ações das transações efetivadas sobrevivam às **falhas de sistema** (por exemplo, um core dump causado por um erro de barramento) e às **falhas de mídia** (por exemplo, um disco corrompido).

O gerenciador de recuperação é um dos componentes do SGBD mais difíceis de projetar e implementar. Ele precisa tratar com uma variedade de estados do banco de dados, pois é chamado durante as falhas do sistema. Neste capítulo, apresentaremos o algoritmo de recuperação **ARIES**, que é conceitualmente simples, funciona bem com uma ampla variedade de mecanismos de controle de concorrência e está sendo usado em um número cada vez maior de sistemas de banco de dados.

Começaremos com uma introdução ao ARIES na Seção 18.1. Na Seção 18.2, discutiremos o log, que é uma estrutura de dados fundamental na recuperação, e, na Seção 18.3, examinaremos outras estruturas de dados relacionadas à recuperação. Completaremos nossa abordagem da atividade relacionada à recuperação durante o processamento normal apresentando o protocolo Log de Gravação Antecipada na Seção 18.4, e os pontos de verificação, na Seção 18.5.

Na Seção 18.6, discutiremos a recuperação de falha. O cancelamento (ou reversão) de uma única transação é um caso especial da fase Desfazer, discutida na Seção 18.6.3. Discutiremos as falhas de mídia na Seção 18.7 e concluiremos, na Seção 18.8, com uma discussão sobre a interação entre controle de concorrência e recuperação, e outras estratégias de recuperação. Neste capítulo, consideraremos a recuperação apenas em um banco de dados centralizado; a recuperação em um SGBD distribuído será discutida no Capítulo 22.

18.1 INTRODUÇÃO AO ARIES

O **ARIES** é um algoritmo de recuperação projetado para trabalhar com uma estratégia de roubo, sem imposição. Quando o gerenciador de recuperação é ativado, após uma falha, o reinício ocorre em três fases:

1. **Análise:** identifica as páginas sujas no pool de buffers (isto é, alterações que não foram gravadas no disco) e as transações ativas no momento da falha.
2. **Refazer:** repete todas as ações, partindo de um ponto apropriado no log, e restaura o banco de dados para o estado em que ele estava no momento da falha.
3. **Desfazer:** desfaz as ações das transações que não foram efetivadas, para que o banco de dados reflita apenas as ações das transações efetivadas.

Considere o histórico de execução simples ilustrado na Figura 18.1. Quando o sistema é reiniciado, a fase Análise identifica $T1$ e $T3$ como transações ativas no momento da falha e, portanto, a serem desfeitas; identifica $T2$ como uma transação efetivada e, portanto, todas as suas ações a serem gravadas no disco; e $P1$, $P3$ e $P5$ como páginas possivelmente sujas. Todas as atualizações (incluindo as de $T1$ e $T3$) são reaplicadas na ordem mostrada, durante a fase Refazer. Finalmente, as ações de $T1$ e $T3$ são desfeitas na ordem inversa, durante a fase Desfazer; ou seja, a gravação de $P3$ realizada por $T3$ é desfeita, a gravação de $P1$ realizada por $T3$ é desfeita e, então, a gravação de $P5$ realizada por $T1$ é desfeita.

Três princípios fundamentais estão por trás do algoritmo de recuperação ARIES:

- **Gravação Antecipada do Log** (*Write-Ahead Logging*, WAL): qualquer alteração em um objeto de banco de dados é primeiramente gravada no log; o registro que está no log deve ser gravado em um meio de armazenamento estável, antes que a alteração no objeto de banco de dados seja gravada no disco.
- **Repetição do Histórico Durante a Fase Refazer:** na inicialização após uma falha, o ARIES refaz todas as ações do SGBD antes da falha e coloca o sistema de volta

> **Recuperação de Falhas:** O IBM DB2, o Informix, o Microsoft SQL Server, o Oracle 8 e o Sybase ASE usam todos um esquema WAL de recuperação. O IBM DB2 usa ARIES e os outros usam esquemas que, na verdade, são bastante semelhantes ao ARIES (por exemplo, todas as alterações são reaplicadas e não apenas aquelas feitas por transações 'vencedoras'), embora existam diversas variações.

Figura 18.1 Histórico de execução com uma falha.

no estado exato em que se encontrava no momento da falha. Então, ele desfaz as ações das transações que ainda estavam ativas no momento da falha (cancelando-as efetivamente).

- **Registro das Alterações Durante a Fase Desfazer:** as alterações feitas no banco de dados, enquanto uma transação é desfeita, são registradas para garantir que essa ação não seja repetida no caso de reinícios (causando falhas) repetidos.

O segundo ponto distingue o ARIES dos outros algoritmos de recuperação e é a base de grande parte de sua simplicidade e flexibilidade. Em particular, o ARIES pode aceitar protocolos de controle de concorrência que envolvem bloqueios de granularidade mais precisa do que uma página (por exemplo, bloqueios em nível de registro). O segundo e o terceiro pontos também são importantes ao se tratar com operações em que refazer e desfazer a operação não são as inversas exatas uma da outra. Discutiremos a interação entre controle de concorrência e recuperação de falhas na Seção 18.8, na qual também discutiremos brevemente outras estratégias de recuperação.

18.2 O LOG

O log, às vezes chamado de **trilha** ou **periódico**, é um histórico das ações executadas pelo SGBD. Fisicamente, o log é um arquivo de registros armazenado em um meio de armazenamento estável, que supostamente deve sobreviver a falhas; essa durabilidade pode ser obtida por meio da manutenção de duas ou mais cópias do log em discos diferentes (talvez em locais diferentes), para que a chance de que todas as cópias do log sejam perdidas ao mesmo tempo torna-se insignificantemente pequena.

Recuperação de Falhas 487

A parte mais recente do log, chamada de **cauda do log**, é mantida na memória principal e é periodicamente gravada no armazenamento estável. Desse modo, os registros do log e os registros de dados são gravados no disco com a mesma granularidade (páginas ou conjuntos de páginas).

Todo **registro de log** recebe um *id* exclusivo, chamado de **número de seqüência de log (NSL)**. Assim como acontece com qualquer id de registro, dado o NSL, podemos buscar um log gravado com um único acesso a disco. Além disso, os NSLs devem ser atribuídos em ordem monotonicamente crescente; essa propriedade é obrigatória para o algoritmo de recuperação ARIES. Se o log é um arquivo seqüencial, em princípio crescendo indefinidamente, o NSL pode simplesmente ser o endereço do primeiro byte do registro de log.[1]

Para propósitos de recuperação, cada página no banco de dados contém o NSL do registro de log mais recente que descreve uma alteração nessa página. Esse NSL é chamado de **NSLpágina** (NSL de página).

Um registro de log é gravado para cada uma das seguintes ações:

- **Atualizar uma página:** após a modificação de uma página, um registro do tipo *atualização* (descrito posteriormente nesta seção) é anexado à cauda do log. Então, o NSLpágina da página é configurado com o NSL do registro de log de atualização. (A página deve ficar presa no pool de buffers, enquanto essas ações são executadas.)

- **Efetivar:** quando uma transação decide efetivar, ela faz uma **gravação imposta** de um registro de log do tipo *efetivação*, contendo seu id. Isto é, o registro de log é anexado ao log e a cauda do log é gravada no armazenamento estável, até (e incluindo) o registro de efetivação.[2] A transação é considerada efetivada no instante em que seu registro de log de efetivação é gravado no armazenamento estável. (Alguns passos adicionais devem ser dados; por exemplo, remover a entrada da transação na tabela de transações. Isso vem após a gravação do registro de log de efetivação.)

- **Cancelar:** quando uma transação é cancelada, um registro de log do tipo *cancelamento*, contendo o id da transação, é anexado ao log e a fase Desfazer é iniciada para essa transação (Seção 18.6.3).

- **Final:** conforme observado anteriormente, quando uma transação é cancelada ou efetivada, algumas ações adicionais devem ser executadas, além da gravação do registro de log de cancelamento ou de efetivação. Depois que todas essas etapas adicionais são concluídas, um registro de log do tipo *final*, contendo o id da transação, é anexado ao log.

- **Desfazer uma atualização:** quando uma transação é revertida (porque é cancelada ou durante a recuperação de uma falha), suas atualizações são desfeitas. Quando a ação descrita por um registro de log de atualização é desfeita, um *registro de log de compensação* ou RLC é gravado.

Todo registro de log tem certos campos: **NSLant**, **idTrans** e **tipo**. O conjunto de todos os registros de log de determinada transação é mantido como uma lista encadeada

---

[1] Na prática, várias técnicas são usadas para identificar partes do log que são "velhas demais" para ser necessárias novamente, para limitar a quantidade de armazenamento estável usada para o log. Dado esse limite, o log pode ser implementado como um arquivo "circular", caso em que o NSL pode ser o id do registro de log mais uma *contagem circular*.

[2] Note que esse passo exige que o gerenciador de buffer consiga *impor* páginas seletivamente no armazenamento estável.

retrocedendo no tempo, usando o campo **NSLant**; essa lista deve ser atualizada quando um registro de log é adicionado. O campo idTrans é o id da transação que está gerando o registro de log, e o campo tipo, obviamente, indica o tipo do registro de log.

A existência de campos adicionais depende do tipo do registro de log. Já mencionamos o conteúdo adicional dos vários tipos de registro de log, com exceção dos tipos de registro de log de atualização e de compensação, que descreveremos a seguir.

Registros de Log de Atualização

Os campos de um registro de log de **atualização** estão ilustrados na Figura 18.2. O campo **idPágina** é o id da página modificada; também são incluídos o comprimento em bytes e o deslocamento da alteração. A **imagem-antes** é o valor dos bytes modificados antes da alteração; a **imagem-depois** é o valor após a alteração. Um registro de log de atualização que contém as imagens antes e depois pode ser usado para refazer a alteração e desfazê-la. Em certos contextos, que não discutiremos mais a fundo, podemos reconhecer que a alteração nunca será desfeita (ou, talvez, refeita). Um registro de log de **atualização somente refazer** contém apenas a imagem-depois; analogamente, um registro de **atualização somente desfazer** contém apenas a imagem-antes.

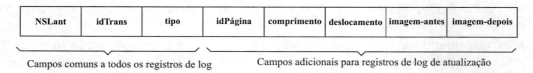

Figura 18.2 Conteúdo de um registro de log de atualização.

Registros de Log de Compensação

Um **registro de log de compensação (RLC)** é gravado imediatamente antes que a alteração gravada em um registro de log de atualização U seja desfeita. (Essa operação de desfazer pode acontecer durante a execução normal do sistema, quando uma transação é cancelada ou durante a recuperação de uma falha.) Um registro de log de compensação C descreve a ação executada para desfazer as ações registradas no registro de log de atualização correspondente e é anexado à cauda do log, exatamente como qualquer outro registro de log. O registro de log de compensação C também contém um campo chamado **desfazerPróximoNSL**, que é o NSL do próximo registro de log a ser desfeito para a transação que gravou o registro de atualização U; esse campo em C é configurado com o valor de NSLant em U.

Como exemplo, considere o quarto registro de log de atualização da Figura 18.3. Se essa atualização fosse desfeita, um RLC seria gravado e as informações nele constantes incluiriam os campos idTrans, idPágina, comprimento, deslocamento e imagem-antes do registro de atualização. Note que o RLC registra a ação (desfazer) da alteração dos bytes afetados de volta para o valor da imagem-antes; assim, esse valor e o local dos bytes afetados constituem as informações da operação de refazer para a ação descrita pelo RLC. O campo desfazerPróximoNSL é configurado com o NSL do primeiro registro de log na Figura 18.3.

Ao contrário de um registro de log de atualização, um RLC descreve uma ação que nunca será *desfeita*; ou seja, nunca desfazemos uma ação de desfazer. O motivo é simples: um registro de log de atualização descreve uma alteração feita por uma transação durante a execução normal e, subseqüentemente, a transação pode ser cancelada, enquanto um RLC descreve uma ação executada para reverter uma transação para a

Recuperação de Falhas   489

qual a decisão de cancelar já foi tomada. Portanto, a transação *deve* ser revertida, e a ação de desfazer descrita pelo RLC é definitivamente exigida. Essa observação é muito útil, pois ela limita a quantidade de espaço necessário para o log durante o reinício a partir de uma falha: o número de RLCs que podem ser gravados durante a fase Desfazer não é maior do que o número de registros de log de atualização das transações ativas no momento da falha.

Um RLC pode ser gravado no armazenamento estável (segundo WAL, é claro), mas a ação de desfazer que ele descreve pode ainda não ter sido gravada no disco quando o sistema falhar novamente. Nesse caso, a ação de desfazer descrita no RLC é reaplicada durante a fase Refazer, exatamente como a ação descrita nos registros de log de atualização.

Por esses motivos, um RLC contém as informações necessárias para reaplicar ou refazer a alteração descrita, mas não para revertê-la.

18.3 OUTRAS ESTRUTURAS RELACIONADAS À RECUPERAÇÃO

Além do log, as duas tabelas a seguir contêm importantes informações relacionadas à recuperação:

- **Tabela de transações:** essa tabela contém uma entrada para cada transação ativa. A entrada contém (dentre outras coisas) o id da transação, o *status* e um campo chamado **último NSL**, que é o NSL do registro de log mais recente dessa transação. O **status** de uma transação pode indicar que ela está em andamento, foi efetivada ou foi cancelada. (Nos dois últimos casos, a transação será removida da tabela quando certas etapas de 'limpeza' forem completadas.)

- **Tabela de páginas sujas:** essa tabela contém uma entrada para cada página suja no pool de buffers; isto é, cada página com alterações ainda não refletidas no disco. A entrada contém um campo **NSLreg**, que é o NSL do primeiro registro de log que fez a página tornar-se suja. Note que esse NSL identifica o registro de log mais recente que talvez tenha que ser refeito para essa página durante o reinício a partir de uma falha.

Durante a operação normal, essas tabelas são mantidas, respectivamente, pelo gerenciador de transação e pelo gerenciador de buffer; durante o reinício, após uma falha, elas são reconstruídas na fase Análise.

Considere o exemplo simples a seguir. A transação *T*1000 altera o valor dos bytes 21 a 23 na página *P*500 de 'ABC' para 'DEF'; a transação *T*2000 altera 'HIJ' para 'KLM' na página *P*600; a transação *T*2000 altera os bytes 20 a 22 de 'GDE' para 'QRS' na página *P*500; e, depois, a transação *T*1000 altera 'TUV' para 'WXY' na página *P*505. A tabela de páginas sujas, a tabela de transações[3] e o log nesse instante aparecem na Figura 18.3. Observe que o log aparece crescendo de cima para baixo; os registros mais antigos estão na parte superior. Embora os registros de cada transação sejam vinculados usando-se o campo NSLant, o log como um todo também tem uma ordem seqüencial que é importante — por exemplo, a alteração de *T*2000 na página *P*500 vem após a alteração de *T*1000 na página *P*500 e, no caso de uma falha, essas alterações precisam ser refeitas na mesma ordem.

---

[3] O campo de *status* não aparece na figura por motivos de espaço; todas as transações estão em andamento.

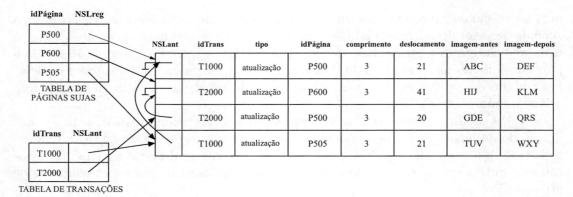

Figura 18.3 Instância do log e da tabela de transações.

18.4 O PROTOCOLO DE GRAVAÇÃO ANTECIPADA DO LOG (WRITE-AHEAD LOG, WAL)

Antes de gravar uma página no disco, todo registro de log de atualização que descreve uma alteração nessa página precisa ser gravado em armazenamento estável. Isso é feito gravando-se em armazenamento estável todos os registros de log até (e incluindo) aquele com o NSL igual a NSLpágina, antes de gravar a página no disco.

A importância do protocolo WAL não é enfatizada mais que o suficiente — WAL é a regra fundamental que garante que um registro de cada alteração no banco de dados esteja disponível enquanto se tenta recuperar de uma falha. Se uma transação fez alterações e foi efetivada, a estratégia sem imposição significa que algumas dessas alterações podem não ter sido gravadas no disco no momento de uma falha subseqüente. Sem um registro delas, não haveria como garantir que as alterações de uma transação efetivada sobrevivessem às falhas. Note que a definição de *transação efetivada* é, efetivamente, 'uma transação cujos registros de log, incluindo um registro efetivado, foram todos gravados no armazenamento estável'.

Quando uma transação é efetivada, a cauda do log é gravada em armazenamento estável, mesmo que esteja sendo usada uma estratégia sem imposição. É interessante contrastar essa operação com as ações executadas sob uma estratégia com imposição: se uma estratégia com imposição é usada, todas as páginas modificadas pela transação (em vez de uma parte do log que inclua todos os registros) devem ser gravadas no disco quando a transação for efetivada. Normalmente, o conjunto de todas as páginas alteradas é muito maior do que a cauda do log, pois o tamanho de um registro de log de atualização é próximo (duas vezes) ao tamanho dos bytes alterados, os quais provavelmente serão muito menores do que o tamanho da página. Além disso, o log é mantido como um arquivo seqüencial e todas as gravações no log são seqüenciais. Conseqüentemente, o custo da gravação da cauda do log é muito menor do que o custo da gravação no disco de todas as páginas alteradas.

18.5 PONTOS DE VERIFICAÇÃO

Um **ponto de verificação** (*checkpoint*) é como uma fotografia instantânea do estado do SGBD e, conforme veremos, tomando pontos de verificação periodicamente, o SGBD pode reduzir a quantidade de trabalho a ser feito durante o reinício, no caso de uma falha subseqüente.

O uso de pontos de verificação no ARIES tem três etapas. A primeira, é gravar um registro **início_ponto-de-verificação** para indicar quando o ponto de verificação começa. A segunda etapa é construir um registro **final_ponto-de-verificação** contendo o conteúdo corrente da tabela de transações e da tabela de páginas sujas, e anexado ao log. A terceira etapa é executada depois que o registro **final_ponto-de-verificação** é gravado em armazenamento estável: um registro **mestre** especial, contendo o NSL do registro de log *início_ponto-de-verificação*, é gravado em um local conhecido no armazenamento estável. Enquanto o registro final_ponto-de-verificação é construído, o SGBD continua a executar transações e a gravar outros registros de log; a única garantia que temos é de que a tabela de transações e a tabela de páginas sujas são precisas *a partir do momento do registro início_ponto-de-verificação*.

Esse tipo de ponto de verificação, chamado de **ponto de verificação fuzzy**, não é dispendioso, pois não exige o repouso do sistema nem a gravação de páginas no pool de buffers (ao contrário de algumas outras formas de uso de ponto de verificação). Por outro lado, a eficácia dessa técnica de ponto de verificação é limitada pelos NSLreg de páginas mais antigos na tabela de páginas sujas, pois, durante o reinício, devemos refazer as alterações a partir do registro de log cujo NSL é igual a esse NSLreg. Ter um processo de segundo plano que grave páginas sujas periodicamente no disco ajuda a limitar esse problema.

Quando o sistema volta a funcionar, após uma falha, o processo de reinício começa localizando o registro de ponto de verificação mais recente. Por uniformidade, o sistema sempre inicia a execução normal tomando um ponto de verificação no qual a tabela de transações e a tabela de páginas sujas estejam vazias.

18.6 RECUPERANDO DE UMA FALHA DE SISTEMA

Quando o sistema é reiniciado, após uma falha, o gerenciador de recuperação prossegue em três fases, como mostra a Figura 18.4.

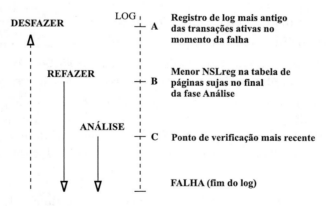

Figura 18.4 Três fases do reinício no ARIES.

A fase Análise começa examinando o registro início_ponto-de-verificação mais recente, cujo NSL está denotado como *C* na Figura 18.4, e avança no log até o último registro. A fase Refazer vem após a Análise e refaz todas as alterações em qualquer página que poderia estar suja no momento da falha; esse conjunto de páginas e o ponto inicial da fase Refazer (o menor NSLreg de qualquer página suja) são determinados durante a fase Análise. A fase Desfazer vem após a fase Refazer e desfaz as alterações de todas as transações ativas no momento da falha; novamente, esse conjunto de transações é identificado durante a fase Análise. Note que a fase Refazer reaplica as alterações na ordem em que foram executadas originalmente; a fase Desfazer reverte as alterações na ordem oposta, revertendo primeiro a alteração mais recente.

Observe que a ordem relativa dos três pontos A, B e C no log pode diferir daquela mostrada na Figura 18.4. As três fases do reinício serão descritas com mais detalhes nas seções a seguir.

18.6.1 Fase Análise

A fase **Análise** executa três tarefas:

1. Determina o ponto no log em que vai iniciar o passo Refazer.
2. Determina (um superconjunto conservador das) páginas do pool de buffers que estavam sujas no momento da falha.
3. Identifica as transações que estavam ativas no momento da falha e que devem ser desfeitas.

A fase Análise começa examinando o registro de log início_ponto-de-verificação mais recente e inicializando a tabela de páginas sujas e a tabela de transações com as cópias dessas estruturas no próximo registro final_ponto-de-verificação. Assim, essas tabelas são inicializadas com o conjunto de páginas sujas e transações ativas no momento do ponto de verificação. (Se houver registros de log adicionais entre os registros início_ponto-de-verificação e final_ponto-de-verificação, as tabelas deverão ser ajustadas para refletir as informações presentes nesses registros, mas omitimos os detalhes dessa etapa. Veja o Exercício 18.9.) Então, a fase Análise percorre o log para frente até chegar ao seu final:

- Se for encontrado um registro de log final para uma transação T, T será removida da tabela de transações, pois não está mais ativa.
- Se for encontrado um registro de log que não seja um registro final para uma transação T, uma entrada para T será adicionada na tabela de transações, caso ainda não esteja lá. Além disso, a entrada de T é modificada:
  1. O campo últimoNSL é configurado com o NSL desse registro de log.
  2. Se o registro de log for um registro de efetivação, o *status* é configurado como C; caso contrário, é configurado como U (indicando que ele precisa ser desfeito).
- Se for encontrado um registro de log a ser refeito que afete a página P e P não estiver na tabela de páginas sujas, será inserida uma entrada nessa tabela com o id da página P e com NSLreg igual ao NSL desse registro de log a ser refeito. Esse NSL identifica a alteração mais antiga que afeta a página P e que pode não ter sido gravada no disco.

No final da fase Análise, a tabela de transações contém uma lista precisa de todas as transações que estavam ativas no momento da falha — esse é o conjunto de transações com *status* U. A tabela de páginas sujas contém todas as páginas que estavam sujas no momento da falha, mas pode conter também algumas páginas que foram gravadas no disco. Se um registro de log *final_gravação* fosse gravado na conclusão de cada operação de gravação, a tabela de páginas sujas construída durante a fase Análise poderia se tornar mais precisa, mas, no ARIES, o custo adicional para gravar registros de log final_gravação não é considerado justificável.

Como exemplo, considere a execução ilustrada na Figura 18.3. Vamos estender essa execução, supondo que $T2000$ seja efetivada e, então, $T1000$ modifique outra página (digamos, $P700$), anexe um registro de atualização à cauda do log e, depois, o sistema falhe (antes que esse registro de log de atualização seja gravado em armazenamento estável).

A tabela de páginas sujas e a tabela de transações, mantidas na memória, são perdidas na falha. O ponto de verificação mais recente foi obtido no início da execução, com as tabelas de transações e de páginas sujas vazias; isso não aparece na Figura 18.3. Após examinar esse registro de log, o qual supomos estar imediatamente antes do primeiro registro de log mostrado na figura, a fase Análise inicializa as duas tabelas como vazias. Avançando no log, $T1000$ é adicionada na tabela de transações; além disso, $P500$ é adicionada na tabela de páginas sujas com NSLreg igual ao NSL do primeiro registro de log mostrado. Analogamente, $T2000$ é adicionada na tabela de transações e $P600$ é adicionada na tabela de páginas sujas. Não há nenhuma alteração baseada no terceiro registro de log e o quarto registro resulta na adição de $P505$ na tabela de páginas sujas. Agora, o registro de efetivação de $T2000$ (não aparece na figura) é encontrado e $T2000$ é removida da tabela de transações.

Agora a fase Análise está concluída e é reconhecido que a única transação ativa no momento da falha era $T1000$, com últimoNSL igual ao NSL do quarto registro na Figura 18.3. A tabela de páginas sujas reconstruída na fase Análise é idêntica à que aparece na figura. O registro de log de atualização da alteração em $P700$ é perdido na falha e não é visto durante a passagem da fase Análise. Entretanto, graças ao protocolo WAL, tudo está bem — a alteração correspondente na página $P700$ também não pode ter sido gravada no disco!

Algumas das atualizações podem ter sido gravadas no disco; para sermos concretos, vamos supor que a alteração em $P600$ (e apenas essa atualização) foi gravada no disco antes da falha. Portanto, $P600$ não está suja, mas é incluída na tabela de páginas sujas. Entretanto, o NSLpágina na página $P600$ reflete a gravação, pois agora é igual ao NSL do segundo registro de log de atualização mostrado na Figura 18.3.

18.6.2 Fase Refazer

Durante a fase **Refazer**, o ARIES reaplica as atualizações de *todas* as transações, efetivadas ou não. Além disso, se uma transação foi cancelada antes da falha e suas atualizações foram desfeitas, conforme indicado pelos RLCs, as ações descritas nos RLCs também são reaplicadas. Esse paradigma de **repetição da história** distingue o ARIES de outros algoritmos de recuperação baseados em WAL propostos e faz com que o banco de dados seja levado ao mesmo estado em que se encontrava no momento da falha.

A fase Refazer começa com o registro de log que tem o menor NSLreg de todas as páginas na tabela de páginas sujas construída pela fase Análise, pois esse registro de log identifica a atualização mais antiga que pode não ter sido gravada no disco antes da falha. Partindo desse registro de log, a fase Refazer avança até o final do log. Para cada registro de log a ser refeito (atualização ou RLC) encontrado, a fase Refazer verifica se a ação registrada deve ser refeita. A ação deve ser refeita a menos que uma das seguintes condições seja válida:

- A página afetada não está na tabela de páginas sujas.
- A página afetada está na tabela de páginas sujas, mas o NSLreg da entrada é *maior do que* o NSL do registro de log que está sendo verificado.
- O NSLpágina (armazenado na página que deve ser recuperada para verificar essa condição) é *maior ou igual* ao NSL do registro de log que está sendo verificado.

Obviamente, a primeira condição significa que todas as alterações nessa página foram gravadas no disco. Como NSLreg é a primeira atualização nessa página que pode não ter sido gravada no disco, a segunda condição significa que a atualização que está sendo verificada foi realmente propagada para o disco. A terceira condição, que é verificada por último, porque exige que recuperemos a página, também garante que a atualização que está sendo verificada foi gravada no disco, pois ou essa atualização ou uma atualização posterior na página foi gravada. (Lembre-se que nossa suposição é a de que uma gravação em uma página é atômica; essa suposição é importante aqui!)

Se a ação registrada precisa ser refeita:

1. A ação é reaplicada.
2. O NSLpágina da página é configurado como o NSL do registro de log refeito. Nenhum registro de log adicional é gravado nesse momento.

Vamos continuar com o exemplo discutido na Seção 18.6.1. Verifica-se, na tabela de páginas sujas, que o menor NSLreg é o NSL do primeiro registro de log mostrado na Figura 18.3. Claramente, as alterações gravadas por registros de log anteriores (por acaso não há nenhum neste exemplo) foram gravadas no disco. Agora, a fase Refazer busca a página afetada, *P*500, e compara o NSL desse registro de log com o NSLpágina na página e, como supomos que essa página não foi gravada no disco antes da falha, verifica que o NSLpágina é menor. Portanto, a atualização é reaplicada; os bytes 21 a 23 são alterados para 'DEF' e o NSLpágina é configurado com o NSL desse registro de log de atualização.

Em seguida, a fase Refazer examina o segundo registro de log. Novamente, a página afetada, *P*600, é buscada e o NSLpágina é comparado com o NSL do registro de log de atualização. Nesse caso, como supomos que *P*600 foi gravada no disco antes da falha, eles são iguais e a atualização não precisa ser refeita.

Os registros de log restantes são processados de maneira semelhante, trazendo o sistema de volta para o estado exato em que estava no momento da falha. Note que as duas primeiras condições, indicando que é desnecessário refazer, nunca existem neste exemplo. Intuitivamente, elas entram em ação quando a tabela de páginas sujas contém um NSLreg muito antigo, retrocedendo para antes do ponto de verificação mais recente. Nesse caso, como a fase Refazer avança a partir do registro de log com esse NSL, ela encontra registros de log de páginas que foram gravadas no disco antes do ponto de verificação e, portanto, não estão na tabela de páginas sujas no ponto de verificação. Algumas dessas páginas podem ficar sujas novamente, após o ponto de verificação; contudo, as atualizações nessas páginas, antes do ponto de verificação, não precisam ser refeitas. Embora a terceira condição sozinha seja suficiente para reconhecer que essas atualizações não precisam ser refeitas, ela exige que busquemos a página afetada. As duas primeiras condições nos permitem reconhecer essa situação sem buscar a página. (Incentivamos o leitor a construir exemplos que ilustrem o uso de cada uma dessas condições; veja o Exercício 18.8.)

No final da fase Refazer, registros do tipo final são gravados para todas as transações com *status* C, as quais são removidas da tabela de transações.

18.6.3 Fase Desfazer

A fase Desfazer, ao contrário das outras duas, retrocede a partir do final do log. O objetivo desta fase é desfazer as ações de todas as transações ativas no momento da falha; ou seja, efetivamente cancelá-las. Esse conjunto de transações é identificado na tabela de transações construída pela fase Análise.

O Algoritmo da Fase Desfazer

A fase Desfazer começa com a tabela de transações construída pela fase Análise, a qual identifica todas as transações ativas no momento da falha e inclui o NSL do registro de log mais recente (o campo últimoNSL) de cada transação. Essas transações são chamadas de **perdedoras**. Todas as ações das perdedoras devem ser desfeitas e, além disso, essas ações devem ser desfeitas na ordem inversa em que aparecem no log.

Considere o conjunto de valores de últimoNSL de todas as transações perdedoras. Vamos chamar esse conjunto de **ADesfazer**. A fase Desfazer escolhe repetidamente o maior valor de NSL (isto é, o mais recente) nesse conjunto e o processa até que o conjunto ADesfazer esteja vazio. Para processar um registro de log:

1. Se for um RLC e o valor de desfazerPróximoNSL não for *nulo*, esse valor será adicionado ao conjunto ADesfazer; se o valor de desfazerPróximoNSL for *nulo*, um registro final será gravado para a transação, pois ela será completamente desfeita e o RLC será descartado.
2. Se for um registro de atualização, um RLC será gravado e a ação correspondente será desfeita, conforme descrito na Seção 18.2, e o valor de NSLant no registro de log de atualização será adicionado no conjunto ADesfazer.

Quando o conjunto ADesfazer estiver vazio, a fase Desfazer estará concluída. Agora o reinício está terminado e o sistema pode prosseguir com as operações normais.

Vamos continuar com o cenário discutido nas seções 18.6.1 e 18.6.2. Foi determinado que a única transação ativa no momento da falha era $T1000$. Com base na tabela de transações, obtemos o NSL de seu registro de log mais recente, que é o quarto registro de log de atualização na Figura 18.3. A atualização é desfeita e um RLC é gravado com desfazerPróximoNSL igual ao NSL do primeiro registro de log na figura. O próximo registro a ser desfeito para a transação $T1000$ é o primeiro registro de log na figura. Depois que ele é desfeito, um RLC e um registro de log final para $T1000$ são gravados e a fase Desfazer está concluída.

Nesse exemplo, desfazer a ação registrada no primeiro registro de log faz a ação do terceiro registro de log (em razão da transação efetivada) ser sobrescrita e, com isso, perdida! Essa situação surge porque $T2000$ sobrescreveu um item de dados gravado por $T1000$ enquanto $T1000$ estava ativa; se fosse seguido o protocolo Strict 2PL, $T2000$ não poderia sobrescrever esse item de dados.

Cancelando uma Transação

O cancelamento de uma transação é apenas um caso especial da fase Desfazer do Reinício, no qual uma única transação é desfeita, em vez de um conjunto de transações. O exemplo da Figura 18.5, discutido a seguir, ilustra esse ponto.

Falhas Durante o Reinício

É importante entender como o algoritmo Desfazer, apresentado na Seção 18.6.3, trata de falhas de sistema repetidas. Como os detalhes de precisamente como a ação descrita em um registro de log de atualização é desfeita são simples, discutiremos a fase Desfazer na presença de falhas de sistema usando um histórico de execução, mostrado na Figura 18.5, que abstrai os detalhes desnecessários. Esse exemplo ilustra como o cancelamento de uma transação é um caso especial da fase Desfazer e como o uso de RLCs garante que a ação de Desfazer para um registro de log de atualização não é aplicada duas vezes.

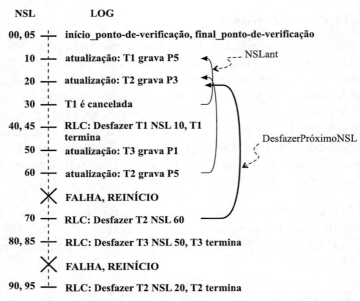

Figura 18.5 Exemplo da fase Desfazer com falhas repetidas.

O log mostra a ordem na qual o SGBD executou várias ações; note que os NSLs estão em ordem ascendente e que cada registro de log de uma transação tem um campo NSLant apontando para o log de registro anterior dessa transação. Não mostramos os campos NSLant *nulos*; ou seja, algum valor especial usado no campo NSLant do primeiro registro de log de uma transação para indicar que não há nenhum registro de log anterior. Também compactamos a figura, mostrando ocasionalmente dois registros de log (separados por uma vírgula) em uma única linha.

O registro de log (com NSL) 30 indica que $T1$ é cancelada. Todas as ações dessa transação devem ser desfeitas na ordem inversa e a única ação de $T1$, descrita pelo registro de log de atualização 10, é realmente desfeita, conforme indicado por RLC 40.

Após a primeira falha, a fase Análise identifica $P1$ (com NSLreg 50), $P3$ (com NSLreg 20) e $P5$ (com NSLreg 10) como páginas sujas. O registro de log 45 mostra que $T1$ é uma transação concluída; assim, a tabela de transações identifica $T2$ (com últimoNSL 60) e $T3$ (com últimoNSL 50) como ativas no momento da falha. A fase Refazer começa com o registro de log 10, que é o mínimo NSLreg na tabela de páginas sujas, e reaplica todas as ações (para os registros de atualização e RLC), de acordo com o algoritmo Refazer apresentado na Seção 18.6.2.

O conjunto ADesfazer consiste nos NSLs 60, de $T2$, e 50, de $T3$. Agora, a fase Desfazer começa processando o registro de log com NSL 60, pois 60 é o maior NSL no conjunto ADesfazer. A atualização é desfeita e um RLC (com NSL 70) é gravado no log. Esse RLC tem o campo desfazerPróximoNSL igual a 20, que é o valor de NSLant no registro de log 60; 20 é a próxima ação a ser desfeita para $T2$. Agora, o maior NSL restante no conjunto ADesfazer é 50. A gravação correspondente ao registro de log 50 é desfeita agora e um RLC descrevendo a alteração é gravado. Esse RLC tem NSL 80 e seu campo desfazerPróximoNSL é *nulo*, pois 50 é o único registro de log da transação $T3$. Portanto, $T3$ é completamente desfeita e um registro final é gravado. Os registros de log 70, 80 e 85 são gravados em armazenamento estável, antes que o sistema falhe uma segunda vez; entretanto, as alterações descritas por esses registros podem não ter sido gravadas no disco.

Quando o sistema é reiniciado, após a segunda falha, a fase Análise determina que a única transação ativa no momento da falha era $T2$; além disso, a tabela de páginas sujas é idêntica ao que era durante o reinício anterior. Os registros de log 10 até 85 são processados novamente durante a fase Refazer. (Se algumas das alterações feitas durante a fase Refazer anterior foram gravadas no disco, os campos NSLpágina nas páginas afetadas são usados para detectar essa situação e não deixam que essas páginas sejam novamente gravadas.) A fase Desfazer considera o único NSL no conjunto ADesfazer, 70, e o processa, adicionando o valor de desfazerPróximoNSL (20) nesse conjunto. Em seguida, o registro de log 20 é processado, desfazendo a gravação da página P3 realizada por T2, e um RLC é gravado (NSL 90). Como 20 é o primeiro dos registros de log de T2 — e, portanto, o último de seus registros a ser desfeito —, o campo desfazerPróximoNSL nesse RLC é *nulo*, um registro final é gravado para T2 e o conjunto ADesfazer agora está vazio.

Agora a recuperação está concluída e a execução normal pode ser retomada com a gravação de um registro de ponto de verificação.

Esse exemplo ilustrou falhas repetidas durante a fase Desfazer. Para vermos tudo, vamos considerar o que acontece se o sistema falha enquanto o reinício está na fase Análise ou na fase Refazer. Se ocorrer uma falha durante a fase Análise, todo o trabalho feito nessa fase é perdido e, no reinício, a fase Análise começa outra vez, com as mesmas informações anteriores. Se ocorrer uma falha durante a fase Refazer, o único efeito que sobrevive à falha é que algumas das alterações feitas durante essa fase podem ter sido gravadas no disco antes da falha. O reinício começa novamente com a fase Análise e depois com a fase Refazer, e alguns registros de log de atualização que foram refeitos na primeira vez não serão refeitos uma segunda vez, pois o NSLpágina é igual ao NSL do registro de atualização (embora as páginas tenham de ser buscadas novamente para detectar isso).

Podemos usar os pontos de verificação durante o reinício para minimizar o volume de trabalho repetido no caso de uma falha, mas não discutiremos esse ponto.

18.7 RECUPERAÇÃO DE MÍDIA

A recuperação de mídia é baseada em fazer periodicamente uma cópia do banco de dados. Como copiar um objeto de banco de dados grande, por exemplo, um arquivo, pode demorar bastante e o SGBD precisa continuar com suas operações nesse meio-tempo, a criação de uma cópia é tratada de maneira semelhante a usar um ponto de verificação fuzzy.

Quando um objeto de banco de dados, como um arquivo ou uma página, é corrompido, a cópia desse objeto é atualizada usando-se o log para identificar e reaplicar as alterações das transações efetivadas e desfazer as alterações das transações não efetivadas (no momento da operação de recuperação da mídia).

O NSL início_ponto-de-verificação do ponto de verificação mais recente concluído é registrado junto com a cópia do objeto de banco de dados, para minimizar o trabalho na reaplicação das alterações das transações efetivadas. Vamos comparar o menor NSLreg de uma página suja no registro final_ponto-de-verificação com o NSL do registro início_ponto-de-verificação e chamar de *I* o menor desses dois NSLs. Observamos que as ações registradas em todos os registros de log com NSLs menores do que *I* devem ser refletidas na cópia. Assim, apenas os registros de log com NSLs maiores do que *I* precisam ser reaplicados na cópia.

Finalmente, as atualizações das transações que estão incompletas no momento da recuperação da mídia ou que foram canceladas depois que a cópia fuzzy foi concluída precisam ser desfeitas para garantir que a página reflita apenas as ações das transações efetivadas. O conjunto de tais transações pode ser identificado como é feito no passo da fase Análise e omitiremos os detalhes.

18.8 OUTRAS ESTRATÉGIAS E INTERAÇÃO COM O CONTROLE DE CONCORRÊNCIA

Assim como o ARIES, os algoritmos de recuperação alternativos mais populares também mantêm um log das ações de banco de dados de acordo com o protocolo WAL. Uma distinção importante entre o ARIES e essas variantes é que a fase Refazer no ARIES *repete a história*; isto é, refaz as ações de *todas* as transações e não apenas as das não-perdedoras. Outros algoritmos refazem apenas as transações não perdedoras, e a fase Refazer vem após a fase Desfazer, na qual as ações das perdedoras são revertidas.

Graças ao paradigma da repetição da história e ao uso de RLCs, o ARIES suporta bloqueios de granularidade mais fina (bloqueios em nível de registro) e registro de operações lógicas, em vez de apenas modificações em nível de byte. Por exemplo, considere uma transação T que insere uma entrada de dados 15* em um índice de árvore B+. Entre o momento em que essa inserção é feita e o momento em que T é eventualmente cancelada, outras transações também podem inserir e excluir entradas da árvore. Se forem configurados bloqueios em nível de registro, em vez de bloqueios em nível de página, quando T for cancelada, a entrada 15* poderá estar em uma página física diferente daquela em que T a inseriu. Nesse caso, a operação de desfazer para a inserção de 15* deve ser registrada em termos lógicos, pois as ações físicas (em nível de byte) envolvidas no ato de desfazer essa operação não são o inverso das ações físicas envolvidas na inserção da entrada.

O registro de operações lógicas produz concorrência consideravelmente mais alta, embora o uso de bloqueios de granularidade fina possa levar a uma atividade de bloqueio maior (porque mais bloqueios precisam ser estabelecidos). Por isso, há um balanceamento de fatores entre os diferentes esquemas de recuperação baseados em WAL. Optamos por abordar o ARIES porque ele tem diversas propriedades atraentes; em particular, sua simplicidade e sua capacidade de suportar bloqueios de granularidade mais fina e o registro de operações lógicas.

Um dos primeiros algoritmos de recuperação, usado no protótipo do System R na IBM, adota uma estratégia muito diferente. Não há nenhum registro de log e, é claro, nenhum protocolo WAL. Em vez disso, o banco de dados é tratado como uma coleção de páginas e acessado por meio de uma **tabela de páginas**, a qual faz o mapeamento de ids de página para endereços de disco. Quando uma transação faz alterações em uma página de dados, ela realmente faz uma cópia da página, chamada de **sombra** da página, e altera a página sombra. A transação copia a parte apropriada da tabela de páginas e altera a entrada da página alterada para que aponte para a sombra, de modo que possa ver as alterações. Entretanto, outras transações continuam a ver a tabela de páginas original e, portanto, a página original, até que essa transação seja efetivada. O cancelamento de uma transação é simples: basta descartar suas versões sombra da tabela de páginas e das páginas de dados. A efetivação de uma transação envolve tornar pública sua versão da tabela de páginas e descartar as páginas de dados originais, substituídas por páginas sombra.

Esse esquema tem diversos problemas. Primeiro, os dados tornam-se altamente fragmentados, em razão da substituição de páginas por versões sombra, as quais podem estar localizadas longe da página original. Esse fenômeno reduz o agrupamento dos dados e torna imperativo ter uma boa coleta de lixo. Segundo, os esquemas não produzem um grau de concorrência suficientemente alto. Terceiro, há uma sobrecarga de armazenamento substancial por causa do uso de páginas sombra. Quarto, o próprio processo que está cancelando uma transação pode gerar impasses, e essa situação precisa ser tratada de forma especial, pois a semântica do cancelamento de uma transação de cancelamento torna-se obscura.

Recuperação de Falhas

Por esses motivos, mesmo no System R, a paginação sombra foi finalmente substituída por técnicas de recuperação baseadas em WAL.

18.9 QUESTÕES DE REVISÃO

As respostas às questões de revisão podem ser encontradas nas seções listadas.

- Quais são as vantagens do algoritmo de recuperação ARIES? **(Seção 18.1)**
- Descreva as três etapas na recuperação de falha no ARIES. Qual é o objetivo da fase Análise? E da fase Refazer? E da fase Desfazer? **(Seção 18.1)**
- O que é um NSL de um registro de log? **(Seção 18.2)**
- Quais são os diferentes tipos de registros de log e quando eles são gravados? **(Seção 18.2)**
- Quais informações são mantidas na tabela de transações e na tabela de páginas sujas? **(Seção 18.3)**
- O que é Gravação Antecipada do Log (WAL)? O que é gravado no disco no momento em que uma transação é efetivada? **(Seção 18.4)**
- O que é um ponto de verificação fuzzy? Por que ele é útil? O que é um registro de log mestre? **(Seção 18.5)**
- Em qual direção a fase Análise da recuperação percorre o log? Em que ponto no log ela começa e termina a varredura? **(Seção 18.6.1)**
- Descreva quais informações são reunidas na fase Análise e como. **(Seção 18.6.1)**
- Em qual direção a fase Refazer da recuperação processa o log? Em que ponto no log ela começa e termina? **(Seção 18.6.2)**
- O que é um registro de log a ser refeito? Sob quais condições a ação registrada é refeita? Quais etapas são executadas quando uma ação registrada é refeita? **(Seção 18.6.2)**
- Em qual direção a fase Desfazer da recuperação processa o log? Em que ponto no log ela começa e termina? **(Seção 18.6.3)**
- O que são transações perdedoras? Como elas são processadas na fase Desfazer e em que ordem? **(Seção 18.6.3)**
- Explique o que acontece se ocorrerem falhas durante a fase Desfazer da recuperação. Qual é a função dos RLCs? E se ocorrerem falhas durante as fases Análise e Refazer? **(Seção 18.6.3)**
- Como um SGBD se recupera de falhas de mídia sem ler o log completo? **(Seção 18.7)**
- O log em nível de registro aumenta a concorrência. Quais são os problemas em potencial e como o ARIES trata deles? **(Seção 18.8)**
- O que é paginação sombra? **(Seção 18.8)**

EXERCÍCIOS

Exercício 18.1 Responda sucintamente às seguintes perguntas:

1. Como o gerenciador de recuperação garante a atomicidade das transações? Como ele garante a durabilidade?
2. Qual é a diferença entre armazenamento estável e disco?
3. Qual é a diferença entre uma falha de sistema e uma falha de mídia?
4. Explique o protocolo WAL.
5. Descreva as políticas de roubo e sem imposição.

Exercício 18.2 Responda sucintamente às seguintes perguntas:

1. Quais são as propriedades exigidas dos NSLs?
2. Quais são os campos em um registro de log de atualização? Explique o uso de cada campo.
3. O que são registros de log que podem ser refeitos?
4. Quais são as diferenças entre registros de log de atualização e RLCs?

Exercício 18.3 Responda sucintamente às seguintes perguntas:

1. Quais são as funções das fases Análise, Refazer e Desfazer no ARIES?
2. Considere a execução mostrada na Figura 18.6.

Figura 18.6 Execução com uma falha.

(a) O que é feito durante a fase Análise? (Seja preciso quanto aos pontos nos quais a fase começa e termina, e descreva o conteúdo de todas as tabelas construídas nessa fase.)
(b) O que é feito durante a fase Refazer? (Seja preciso quanto aos pontos nos quais a fase começa e termina.)
(c) O que é feito durante a fase Desfazer? (Seja preciso quanto aos pontos nos quais a fase começa e termina.)

Exercício 18.4 Considere a execução mostrada na Figura 18.7.

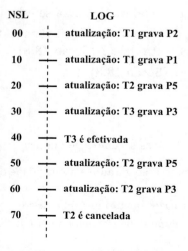

Figura 18.7 Cancelamento de uma transação.

Recuperação de Falhas

1. Estenda a figura para mostrar os valores de NSLant e desfazerPróximoNSL.
2. Descreva as ações executadas para reverter a transação $T2$.
3. Mostre o log depois de $T2$ ser revertida, incluindo todos os valores de NSLant e desfazerPróximoNSL nos registros de log.

Exercício 18.5 Considere a execução mostrada na Figura 18.8. Além disso, o sistema falha durante a recuperação após gravar dois registros de log no armazenamento estável e, novamente, após gravar outros dois registros de log.

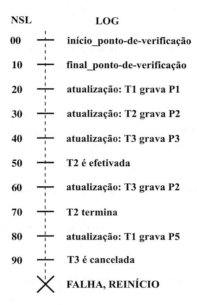

Figura 18.8 Execução com várias falhas.

1. Qual é o valor do NSL armazenado no registro de log mestre?
2. O que é feito durante a fase Análise?
3. O que é feito durante a fase Refazer?
4. O que é feito durante a fase Desfazer?
5. Mostre o log de quando a recuperação está concluída, incluindo todos os valores não-nulos de NSLant e desfazerPróximoNSL nos registros de log.

Exercício 18.6 Responda sucintamente às seguintes perguntas:

1. Como são feitos os pontos de verificação no ARIES?
2. Os pontos de verificação também podem ser feitos como se segue: coloque o sistema em repouso, de modo que apenas a atividade de ponto de verificação possa estar em andamento, grave cópias de todas as páginas sujas e inclua a tabela de páginas sujas e a tabela de transações no registro de ponto de verificação. Quais são os prós e contras dessa estratégia em relação à estratégia de ponto de verificação do ARIES?
3. O que acontece se um segundo registro início_ponto-de-verificação é encontrado durante a fase Análise?
4. Um segundo registro final_ponto-de-verificação pode ser encontrado durante a fase Análise?
5. Por que o uso de RLCs é importante para o uso de ações de desfazer que não são fisicamente inversas à atualização original?
6. Dê um exemplo que ilustre como o paradigma da repetição da história e o uso de RLCs permitem ao ARIES suportar bloqueios de granularidade mais fina do que uma página.

Exercício 18.7 Responda sucintamente às seguintes perguntas:

1. Se um sistema falha repetidamente durante a recuperação, qual é o número máximo de registros de log que podem ser gravados (como uma função do número de registros de log de atualização e outros gravados antes da falha), antes que o reinício termine com sucesso?
2. Qual é o registro de log mais antigo que precisamos manter?
3. Se for usada uma quantidade limitada de armazenamento estável para o log, como podemos sempre garantir armazenamento estável para conter todos os registros de log gravados durante o reinício?

Exercício 18.8 Considere as três condições sob as quais uma operação de refazer é desnecessária (Seção 18.6.2).

1. Por que é mais barato testar as duas primeiras condições?
2. Descreva uma execução que ilustre o uso da primeira condição.
3. Descreva uma execução que ilustre o uso da segunda condição.

Exercício 18.9 A descrição na Seção 18.6.1 da fase Análise adotou a suposição simplificada de que nenhum registro de log aparecia entre os registros início_ponto-de-verificação e final_ponto-de-verificação para o ponto de verificação concluído mais recente. As perguntas a seguir exploram como esses registros devem ser tratados.

1. Explique por que os registros de log poderiam ser gravados entre os registros início_ponto-de-verificação e final_ponto-de-verificação.
2. Descreva como a fase Análise poderia ser modificada para tratar de tais registros.
3. Considere a execução mostrada na Figura 18.9. Mostre o conteúdo do registro final_ponto-de-verificação.
4. Ilustre sua fase Análise modificada na execução mostrada na Figura 18.9.

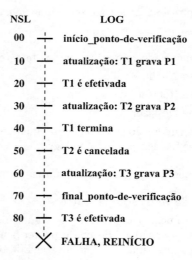

Figura 18.9 Registros de log entre registros de ponto de verificação.

Exercício 18.10 Responda sucintamente às seguintes perguntas:

1. Explique como a recuperação de mídia é manipulada no ARIES.
2. Quais são os prós e contras do uso de fuzzy dumps para recuperação de mídia?
3. Quais são as semelhanças e diferenças entre pontos de verificação e fuzzy dumps?
4. Compare o ARIES com outros esquemas de recuperação baseados em WAL.
5. Compare o ARIES com a recuperação baseada em página sombra.

NOTAS BIBLIOGRÁFICAS

Nossa discussão sobre o algoritmo de recuperação ARIES foi baseada em [544]. [282] é um levantamento que contém uma descrição do ARIES sucinta e muito fácil de ler. [541 e 545] também discutem o ARIES. O bloqueio de granularidade fina aumenta a concorrência, mas ao custo de mais atividade de bloqueio; [542] sugere uma técnica baseada em NSLs para atenuar esse problema. [458] apresenta uma verificação formal do ARIES.

[355] é um levantamento excelente que fornece um tratamento dos algoritmos de recuperação mais amplo do que nossa abordagem, na qual optamos por nos concentrarmos em um algoritmo em particular. [17] considera o desempenho dos algoritmos de controle de concorrência e recuperação, levando em conta suas interações. O impacto da recuperação no controle de concorrência também é discutido em [769]. [625] contém uma análise do desempenho de várias técnicas de recuperação. [236] compara técnicas de recuperação para sistemas de banco de dados de memória principal, que são otimizados para o caso em que a maioria dos conjuntos de dados ativos cabe na memória principal.

[478] apresenta uma descrição de um algoritmo de recuperação baseado em log de gravação antecipada, no qual as transações 'perdedoras' são desfeitas primeiro e depois são refeitas (apenas) as transações que foram efetivadas antes da falha. A paginação sombra está descrita em [493 e 337]. Um esquema que usa uma combinação de paginação sombra e atualização no local está descrito em [624].

PARTE VI

PROJETO E OTIMIZAÇÃO DE BANCOS DE DADOS

19
REFINAMENTO, SINTONIZAÇÃO E FORMAS NORMAIS

☞ Quais problemas são causados pelo armazenamento redundante de informações?

☞ O que são dependências funcionais?

☞ O que são formas normais e qual é seu objetivo?

☞ Quais são as vantagens da FNBC e da 3FN?

☞ Quais são as considerações na decomposição de relações nas formas normais apropriadas?

☞ Onde a normalização se encaixa no processo do projeto de bancos de dados?

☞ As dependências mais gerais são úteis no projeto de bancos de dados?

➥ **Conceitos-chave:** redundância, anomalias de inserção, de exclusão e de atualização; dependência funcional, Axiomas de Armstrong; fechamento de dependência, fechamento de atributo; formas normais, FNBC, 3FN; decomposições, junção sem perda, preservação de dependência; dependências multivaloradas, dependências de junção, dependências de inclusão, 4FN, 5FN.

> É uma triste realidade que até os melhores homens tenham suas relações desprezíveis.
>
> —Charles Dickens

O projeto conceitual de banco de dados nos fornece um conjunto de esquemas de relação e restrições de integridade (RIs) que pode ser visto como um bom ponto de partida para o projeto final do banco de dados. Esse projeto inicial deve ser refinado, considerando as RIs de maneira mais completa do que é possível apenas com as construções do modelo ER e também considerando critérios de desempenho e cargas de trabalho típicas. Neste capítulo, discutiremos como as RIs podem ser usadas para refinar o esquema conceitual produzido pela transformação de um projeto de modelo ER em uma coleção de relações. As considerações sobre a carga de trabalho e sobre o desempenho serão discutidas no Capítulo 20.

Nos concentraremos em uma classe importante de restrições, chamadas *dependências funcionais*. Outros tipos de RIs, por exemplo, *dependências multivaloradas* e *dependências de junção*, também fornecem informações úteis. Às vezes, elas conseguem revelar redundâncias que não podem ser detectadas usando-se apenas dependências funcionais. Discutiremos essas outras restrições sucintamente.

Este capítulo está organizado como segue. A Seção 19.1 é um panorama da estratégia de refinamento de esquema discutida neste capítulo. Apresentaremos as dependências funcionais na Seção 19.2. Na Seção 19.3, mostraremos como raciocinar com informações de dependência funcional para inferir dependências adicionais a partir de determinado conjunto de dependências. Apresentaremos as formas normais para relações na Seção 19.4; a forma normal satisfeita por uma relação é uma medida da redundância nessa relação. Uma relação com redundância pode ser refinada por sua *decomposição* ou sua substituição por relações menores que contêm as mesmas informações, mas sem redundância. Discutiremos as decomposições e suas propriedades desejáveis na Seção 19.5 e mostraremos como as relações podem ser decompostas em relações menores, em formas normais desejáveis, na Seção 19.6.

Na Seção 19.7, apresentaremos vários exemplos que ilustram como os esquemas relacionais obtidos pela transformação de um projeto de modelo ER podem, contudo, ter redundância, e discutiremos como refinar tais esquemas para eliminar os problemas. Na Seção 19.8, descreveremos outros tipos de dependências do projeto de bancos de dados. Concluiremos com uma discussão sobre a normalização de nosso estudo de caso, a loja na Internet, na Seção 19.9.

19.1 INTRODUÇÃO AO REFINAMENTO DE ESQUEMA

Apresentaremos um panorama dos problemas que o refinamento de esquema se destina a tratar e uma estratégia de refinamento com base em decomposições. O armazenamento redundante de informações é a causa-raiz desses problemas. Embora a decomposição possa eliminar a redundância, ela pode acarretar seus próprios problemas e deve ser usada com cautela.

19.1.1 PROBLEMAS CAUSADOS PELA REDUNDÂNCIA

O armazenamento das mesmas informações de forma redundante, isto é, em mais de um lugar dentro de um banco de dados, pode acarretar vários problemas:

- **Armazenamento redundante:** algumas informações são armazenadas repetidamente.
- **Anomalias de atualização:** se uma cópia de tais dados redundantes é atualizada, é gerada uma inconsistência, a não ser que todas as cópias sejam atualizadas de forma semelhante.
- **Anomalias de inserção:** pode não ser possível armazenar certas informações, a não ser que outras informações não relacionadas também sejam armazenadas.
- **Anomalias de exclusão:** pode não ser possível excluir certas informações sem perder também algumas outras informações não relacionadas.

Considere a relação obtida pela transformação de uma variante da entidade Fucion_Horistas definida no Capítulo 2:

Funcion_Horistas(*cpf*, *nome*, *vaga*, *avaliação*, *salário_hora*, *horas_trabalhadas*)

Neste capítulo, omitimos as informações de tipo de atributo por brevidade, pois nosso foco é o agrupamento de atributos em relações. Freqüentemente, abreviamos um nome de atributo com uma única letra e nos referimos a um esquema de relação por meio de uma string de letras, uma por atributo. Por exemplo, nos referimos ao esquema Funcion_Horistas como $SNLRWH$ (W denota o atributo *salário_hora*).

A chave de Funcion_Horistas é *cpf*. Além disso, suponha que o atributo *salário_hora* seja determinado pelo atributo *avaliação*. Isto é, para determinado valor de *avaliação*, existe apenas um valor de *salário_hora* permitido. Essa RI é um exemplo de *dependência funcional*. Ela leva a uma possível redundância na relação Funcion_Horistas, conforme ilustrado na Figura 19.1.

cpf	*nome*	*vaga*	*avaliação*	*salário_hora*	*horas_trabalhadas*
123-22-3666	Attishoo	48	8	10	40
231-31-5368	Smiley	22	8	10	30
131-24-3650	Smethurst	35	5	7	30
434-26-3751	Guldu	35	5	7	32
612-67-4134	Madayan	35	8	10	40

Figura 19.1 Uma instância da relação Funcion_Horistas.

Se o mesmo valor aparece na coluna *avaliação* de duas tuplas, a RI nos informa que o mesmo valor deve aparecer também na coluna *salário_hora*. Essa redundância tem as mesmas conseqüências negativas de antes:

- *Armazenamento redundante:* o valor de avaliação 8 corresponde a salário/hora 10 e essa associação é repetida três vezes.
- *Anomalias de atualização:* o valor de *salário_hora* na primeira tupla poderia ser atualizado sem se fazer uma alteração semelhante na segunda tupla.
- *Anomalias de inserção:* não podemos inserir uma tupla para um funcionário, a menos que saibamos o salário/hora do valor de avaliação desse funcionário.
- *Anomalias de exclusão:* se excluirmos todas as tuplas com determinado valor de avaliação (por exemplo, excluirmos as tuplas de Smethurst e de Guldu), perderemos a associação entre esse valor de *avaliação* e seu valor de *salário_hora*.

Idealmente, queremos esquemas que não permitam redundância, mas no mínimo queremos identificar os esquemas que permitem. Mesmo que optemos por aceitar um esquema com alguns desses inconvenientes, talvez por causa de considerações quanto ao desempenho, queremos tomar uma decisão abalizada.

Valores Nulos

Vale a pena considerar se o uso de valores *nulos* pode resolver alguns desses problemas. Conforme veremos no contexto de nosso exemplo, eles não podem fornecer uma solução completa, mas podem dar alguma ajuda. Neste capítulo, não discutiremos o uso de valores *nulos* além deste único exemplo.

Considere o exemplo da relação Funcion_Horistas. Claramente, valores *nulos* não podem ajudar a eliminar o armazenamento redundante ou as anomalias de atualização. Parece que eles podem tratar das anomalias de inserção e de exclusão. Por exemplo, para tratar do exemplo de anomalia de inserção, podemos inserir uma tupla de funcionário com valores *nulos* no campo de salário/hora. Entretanto, valores *nulos* não podem tratar de todas as anomalias de inserção. Por exemplo, não podemos registrar o salário/hora para uma avaliação, a não ser que exista um funcionário com essa avaliação, pois não podemos armazenar um valor nulo no campo *cpf*, que é um campo de chave primária. Analogamente, para tratar do exemplo de anomalia de exclusão, poderíamos considerar o armazenamento de uma tupla com valores *nulos* em todos os campos, exceto *avaliação* e *salário_hora*, se a última tupla com determinada *avaliação* fosse eliminada de outra forma. Entretanto, essa solução não funciona, pois exige que o valor de *cpf* seja *nulo* e campos de chave primária não podem ser *nulos*. Assim, valores *nulos* não fornecem uma solução geral para os problemas de redundância, mesmo ajudando em alguns casos.

19.1.2 Decomposições

Intuitivamente, a redundância surge quando um esquema relacional impõe uma associação entre atributos que não é natural. As dependências funcionais (e, quanto a isso, outras RIs) podem ser usadas para identificar tais situações e sugerir refinamentos para o esquema. A idéia básica é que muitos problemas provenientes da redundância podem ser resolvidos substituindo-se uma relação por uma coleção de relações "menores".

Uma **decomposição de um esquema de relação** R consiste na substituição do esquema de relação por dois (ou mais) esquemas de relação, cada um contendo um subconjunto dos atributos de R e, juntos, incluindo todos os atributos presentes em R. Intuitivamente, queremos armazenar as informações em qualquer instância dada de R, armazenando projeções da instância. Esta seção examina o uso de decomposições por meio de vários exemplos.

Podemos decompor Funcion_Horistas em duas relações:

Funcion_Horistas2(*cpf*, nome, vaga, avaliação, horas_trabalhadas)
Salários(*avaliação*, horas_trabalhadas)

As instâncias dessas relações correspondentes à instância da relação Funcion_Horistas da Figura 19.1 aparece na Figura 19.2.

cpf	nome	vaga	avaliação	horas_trabalhadas
123-22-3666	Attishoo	48	8	40
231-31-5368	Smiley	22	8	30
131-24-3650	Smethurst	35	5	30
434-26-3751	Guldu	35	5	32
612-67-4134	Madayan	35	8	40

avaliação	horas_trabalhadas
8	10
5	7

Figura 19.2 Instâncias de Funcion_Horistas2 e Salários.

Note que podemos registrar facilmente o salário/hora para qualquer avaliação, simplesmente adicionando uma tupla em Salários, mesmo que nenhum funcionário com essa avaliação apareça na instância corrente de Funcion_Horistas. Mudar o salário associado a uma avaliação envolve atualizar uma única tupla de Salários. Isso é mais eficiente do que atualizar várias tuplas (como no projeto original) e elimina a inconsistência em potencial.

19.1.3 Problemas Relacionados à Decomposição

A menos que tomemos cuidado, decompor um esquema de relação pode criar mais problemas do que resolver. Duas perguntas importantes devem ser feitas repetidamente:

1. Precisamos decompor uma relação?
2. Quais problemas (se houver) determinada decomposição causa?

Para ajudar com a primeira pergunta, várias *formas normais* foram propostas para relações. Se um esquema de relação está em uma dessas formas normais, sabemos que certos tipos de problemas não podem surgir. Considerar a forma normal de determinado esquema de relação pode nos ajudar a decidir se vamos decompô-lo ainda mais ou não. Se decidirmos que um esquema de relação deve ser decomposto ainda mais, devemos escolher uma decomposição em particular (isto é, uma coleção específica de relações menores para substituir a relação dada).

Com respeito à segunda pergunta, duas propriedades das decomposições têm particular interesse. A propriedade da *junção sem perda* nos permite recuperar qualquer instância da relação decomposta, a partir das instâncias correspondentes das relações menores. A propriedade da *preservação da dependência* nos permite impor qualquer restrição na relação original simplesmente impondo algumas restrições em cada uma das relações menores. Ou seja, não precisamos realizar junções das relações menores para verificar se uma restrição na relação original é violada.

Do ponto de vista do desempenho, consultas na relação original podem exigir que juntemos as relações decompostas. Se tais consultas são comuns, a penalidade sobre o desempenho da decomposição da relação pode não ser aceitável. Nesse caso, podemos optar por conviver com alguns dos problemas de redundância e não decompor a relação. É importante saber dos problemas em potencial causados por tal redundância residual no projeto e tomar medidas para evitá-los (por exemplo, adicionando algumas verificações no código do aplicativo). Em algumas situações, a decomposição poderia realmente *melhorar* o desempenho. Isso acontece, por exemplo, se a maioria das consultas e atualizações examinam apenas uma das relações decompostas, que é menor do que a relação original. Não discutiremos o impacto das decomposições sobre o desempenho de consultas neste capítulo; esse problema será abordado na Seção 20.8.

Nosso objetivo neste capítulo é explicar alguns conceitos poderosos e diretrizes de projeto fundamentados na teoria das dependências funcionais. Um bom projetista de banco de dados deve ter um firme entendimento das formas normais e dos problemas que elas atenuam (ou não), da técnica de decomposição e dos problemas em potencial das decomposições. Por exemplo, um projetista freqüentemente faz perguntas como estas: uma relação está em determinada forma normal? Uma decomposição está preservando a dependência? Nosso objetivo é explicar quando surgem essas perguntas e o significado das respostas.

19.2 DEPENDÊNCIAS FUNCIONAIS

Uma **dependência funcional** (DF) é um tipo de RI que generaliza o conceito de *chave*. Seja R um esquema de relação e X e Y conjuntos não-vazios de atributos em R. Dizemos que uma instância r de R satisfaz a DF $X \to Y$[1] se o seguinte vale para todo par de tuplas t_1 e t_2 em r:

Se $t1.X = t2.X$, então $t1.Y = t2.Y$.

Usamos a notação $t1.X$ para nos referirmos à projeção da tupla t_1 nos atributos em X, em uma extensão natural de nossa notação CRT (consulte o Capítulo 4), $t.a$ para nos referirmos ao atributo a da tupla t. Uma DF $X \to Y$ basicamente diz que se duas tuplas concordam nos valores dos atributos X, elas também devem concordar nos valores dos atributos Y.

A Figura 19.3 ilustra o significado da DF $AB \to C$, mostrando uma instância que satisfaz a essa dependência. As duas primeiras tuplas mostram que uma DF não é o mesmo que uma restrição de chave: embora a DF não seja violada, claramente AB não é uma chave para a relação. A terceira e quarta tuplas ilustram que, se duas tuplas diferem no campo A ou no campo B, elas podem diferir no campo C sem violar a DF. Por outro lado, se adicionássemos uma tupla $\langle a1, b1, c2, d1 \rangle$ na instância mostrada nessa figura, a instância resultante violaria a DF; para visualizar essa violação, compare a primeira tupla na figura com a nova tupla.

A	B	C	D
a1	b1	c1	d1
a1	b1	c1	d2
a1	b2	c2	d1
a2	b1	c3	d1

Figura 19.3 Uma instância que satisfaz $AB \to C$.

Lembre-se de que uma instância *válida* de uma relação deve satisfazer todas as RIs especificadas, incluindo as DFs especificadas. Conforme observado na Seção 3.2, as RIs devem ser identificadas e especificadas com base na semântica do negócio do mundo real que está sendo modelado. Examinando uma instância de uma relação, podemos identificar que determinada DF *não* vale. Entretanto, nunca podemos deduzir que uma DF *vale* examinando uma ou mais instâncias da relação, pois a DF, assim como outras RIs, é uma declaração sobre *todas* as instâncias válidas possíveis da relação.

Uma restrição de chave primária é um caso especial de DF. Os atributos na chave desempenham o papel de X e o conjunto de todos os atributos na relação desempenha o papel de Y. Note, entretanto, que a definição de uma DF não exige que o conjunto X seja mínimo; a condição adicional de ser mínimo deve ser satisfeita para que X seja uma chave. Se $X \to Y$ vale, onde Y é o conjunto de todos os atributos, e existe algum subconjunto (estritamente contido) V de X, tal que $V \to Y$ vale, então X é uma *superchave*.

No restante deste capítulo, veremos diversos exemplos de DFs que não são restrições de chave.

19.3 RACIOCÍNIO SOBRE AS DFS

Dado um conjunto de DFs sobre um esquema de relação R, tipicamente várias DFs adicionais valem sobre R quando todas as DFs dadas valem. Como exemplo, considere:

---

[1] $X \to Y$ é lido como X *determina funcionalmente* Y ou, simplesmente, X *determina* Y.

Funcionários(cpf, nome, vaga, id_depto, desde)

Sabemos que $cpf \to id\_depto$ vale, pois *cpf* é a chave, e a DF $id\_depto \to vaga$ é dada como válida. Portanto, em qualquer instância válida de Funcionários, se duas tuplas têm o mesmo valor de *cpf*, elas devem ter o mesmo valor de *id_depto* (da primeira DF) e como elas têm o mesmo valor de *id_depto*, também devem ter o mesmo valor de *vaga* (da segunda DF). Portanto, a DF $cpf \to vaga$ também vale em Funcionários.

Dizemos que uma DF f **é implicada por** determinado conjunto F de DFs se f vale em cada instância de relação que satisfaz todas as dependências em F; isto é, f vale quando todas as DFs em F valem. Note que não é suficiente que f seja válida em alguma instância que satisfaça todas as dependências em F; em vez disso, f deve valer em *toda* instância que satisfaz todas as dependências em F.

19.3.1 Fechamento de um Conjunto de DFs

O conjunto de todas as DFs implicadas por determinado conjunto F de DFs é chamado de **fechamento de F**, denotado por F^+. Uma pergunta importante é: como podemos inferir ou calcular o fechamento de determinado conjunto F de DFs? A resposta é simples e elegante. As três regras a seguir, chamadas de **Axiomas de Armstrong**, podem ser aplicadas repetidamente para inferir todas as DFs implicadas por um conjunto F de DFs. Usamos X, Y e Z para denotar *conjuntos* de atributos sobre um esquema de relação R:

- **Reflexividade:** Se $X \supseteq Y$, então $X \to Y$.
- **Aumento:** Se $X \to Y$, então $XZ \to YZ$ para qualquer Z.
- **Transitividade:** Se $X \to Y$ e $Y \to Z$, então $X \to Z$.

Teorema 1 *Os Axiomas de Armstrong são* **corretos***, no sentido de que eles geram apenas DFs em F^+ quando aplicados a um conjunto F de DFs. Eles também são* **completos***, no sentido de que a aplicação repetida dessas regras gerará todas as DFs no fechamento F^+.*

A correção dos Axiomas de Armstrong é simples de provar. A completeza é mais difícil de mostrar; veja o Exercício 19.17.

É conveniente usar algumas regras adicionais ao raciocinar sobre F^+:

- **União:** Se $X \to Y$ e $X \to Z$, então $X \to YZ$.
- **Decomposição:** Se $X \to YZ$, então $X \to Y$ e $X \to Z$.

Essas regras adicionais não são essenciais; sua correção pode ser provada usando-se os Axiomas de Armstrong.

Para ilustrar o uso dessas regras de inferência para DFs, considere um esquema de relação ABC com DFs $A \to B$ e $B \to C$. Em uma **DF trivial**, o lado direito contém apenas atributos que também aparecem no lado esquerdo; tais dependências sempre valem, devido à reflexividade. Usando reflexividade, podemos gerar todas as dependências triviais, que são da forma:

$$X \to Y, \text{ onde } Y \subseteq X, X \subseteq ABC \text{ e } Y \subseteq ABC.$$

Da transitividade, obtemos $A \to C$. Do aumento, obtemos as dependências não-triviais:

$$AC \to BC, AB \to AC, AB \to CB$$

Como outro exemplo, usamos uma versão mais elaborada de Contratos:

Contratos(<u>id-contrato</u>, id-fornecedor, id-projeto, id-depto, id-peça, qtidade, valor)

Denotamos o esquema de Contratos como $CSJDPQV$. O significado de uma tupla é que o contrato com *id-contrato* C é um acordo de que o fornecedor S (*id-fornecedor*) fornecerá Q itens da peça P (*id-peça*) para o projeto J (*id-projeto*), associado ao departamento D (*id-depto*); o valor V desse contrato é igual a *valor*.

Sabe-se que as seguintes RIs valem:

1. O id de contrato C é uma chave: $C \to CSJDPQV$.
2. Um projeto adquire determinada peça usando um único contrato: $JP \to C$.
3. Um departamento adquire no máximo uma peça de um fornecedor: $SD \to P$.

Diversas DFs adicionais valem no fechamento do conjunto de DFs dadas:

De $JP \to C$, $C \to CSJDPQV$ e da transitividade, inferimos $JP \to CSJDPQV$.

De $SD \to P$ e do aumento, inferimos $SDJ \to JP$.

De $SDJ \to JP$, $JP \to CSJDPQV$ e da transitividade, inferimos $SDJ \to CSJDPQV$. (A propósito, embora possa parecer tentador, *não podemos* concluir $SD \to CSDPQV$, cancelando J nos dois lados. A inferência de DF não é como a multiplicação aritmética!)

Podemos inferir várias DFs adicionais que estão no fechamento, usando aumento ou decomposição. Por exemplo, de $C \to CSJDPQV$, usando decomposição, podemos inferir:

$$C \to C, \quad C \to S, \quad C \to J, \quad C \to D \text{ e assim por diante}$$

Finalmente, temos várias DFs triviais a partir da regra da reflexividade.

19.3.2 Fechamento de Atributo

Se quisermos apenas verificar se determinada dependência, digamos, $X \to Y$, está no fechamento de um conjunto F de DFs, podemos fazer isso eficientemente sem calcular F^+. Primeiramente, calculamos o **fechamento de atributo** X^+ com relação a F, que é o conjunto de atributos A tal que $X \to A$ pode ser inferido usando-se os Axiomas de Armstrong. O algoritmo para calcular o fechamento de atributo de um conjunto X de atributos aparece na Figura 19.4.

```
fechamento = X;
repete até que não haja alteração: {
    se houver uma DF U → V em F, tal que U ⊆ fechamento,
        então configura fechamento = fechamento ∪ V
}
```

Figura 19.4 Calculando o fechamento de atributo do conjunto de atributos X.

Teorema 2 *O algoritmo mostrado na Figura 19.4 calcula o fechamento de atributo X^+ do conjunto de atributos X, com relação ao conjunto de DFs F.*

A prova desse teorema é considerada no Exercício 19.15. Esse algoritmo pode ser modificado para encontrar chaves, começando com o conjunto X que contém um único atributo e parando assim que o *fechamento* contiver todos os atributos no esquema de relação. Variando o atributo inicial e a ordem em que o algoritmo considera as DFs, podemos obter todas as chaves candidatas.

19.4 FORMAS NORMAIS

Dado um esquema de relação, precisamos decidir se ele é um bom projeto ou se precisamos decompô-lo em relações menores. Tal decisão deve ser conduzida por um entendimento de quais problemas (se houver) surgem a partir do esquema corrente. Para fornecer tal condução, diversas **formas normais** foram propostas. Se um esquema de relação está em uma dessas formas normais, sabemos que certos tipos de problemas não podem surgir.

As formas normais baseadas em DFs são a *primeira forma normal (1FN), segunda forma normal (2FN), terceira forma normal (3FN)* e *forma normal de Boyce-Codd (FNBC)*. Essas formas têm requisitos cada vez mais restritivos: toda relação na FNBC também está na 3FN, toda relação na 3FN também está na 2FN e toda relação na 2FN está na 1FN. Uma relação está na **primeira forma normal** se todo campo contém apenas valores atômicos; isto é, nenhuma lista nem conjuntos. Esse requisito está implícito em nossa definição de modelo relacional. Embora alguns dos sistemas de banco de dados mais recentes estejam abrandando esse requisito, neste capítulo supomos que ele sempre vale. A 2FN tem interesse principalmente histórico. A 3FN e a FNBC são importantes do ponto de vista do projeto de banco de dados.

Enquanto estudamos as formas normais, é importante apreciar o papel desempenhado pelas DFs. Considere um esquema de relação R com atributos ABC. Na ausência de quaisquer RIs, qualquer conjunto de tuplas ternárias é uma instância válida e não há potencial para redundância. Por outro lado, suponha que tenhamos a DF $A \to B$. Agora, se várias tuplas têm o mesmo valor de A, elas também devem ter o mesmo valor de B. Essa redundância em potencial pode ser prevista usando-se as informações da DF. Se forem especificadas RIs mais detalhadas, também podemos detectar redundâncias mais sutis.

Discutiremos primeiramente a redundância revelada pelas informações da DF. Na Seção 19.8, discutiremos RIs mais sofisticadas, chamadas *dependências multivaloradas* e *dependências de junção*, e as formas normais nelas baseadas.

19.4.1 Forma Normal de Boyce-Codd

Seja R um esquema de relação, seja F o conjunto de DFs dadas como válidas sobre R, seja X um subconjunto dos atributos de R e seja A um atributo de R. R está na **forma normal de Boyce-Codd** se para toda DF $X \to A$ em F, uma das seguintes declarações é verdadeira:

- $A \in X$; isto é, trata-se de uma DF trivial, ou
- X é uma superchave.

Intuitivamente, em uma relação na FNBC, as únicas dependências não-triviais são aquelas nas quais uma chave determina algum(ns) atributo(s). Portanto, cada tupla pode ser considerada como uma entidade ou relacionamento, identificado por uma chave e descrito pelos atributos restantes. Kent (em [425]) expressa isso de forma pitoresca, se bem que um pouco vagamente: "Cada atributo deve descrever [uma entidade ou relacionamento identificado pela] chave, pela chave toda e nada mais que a chave". Se usarmos elipses para denotar atributos ou conjuntos de atributos e desenharmos setas para indicar DFs, uma relação na FNBC terá a estrutura ilustrada na

Figura 19.5, considerando apenas uma chave por simplicidade. (Se existem várias chaves candidatas, cada chave candidata pode desempenhar o papel de CHAVE na figura, com os outros atributos sendo aqueles que não estão na chave candidata escolhida.)

Figura 19.5 DFs em uma relação na FNBC.

A FNBC garante que nenhuma redundância pode ser detectada usando-se apenas as informações da DF. Assim, ela é a forma normal mais desejável (do ponto de vista da redundância), se levarmos em conta apenas as informações da DF. Esse ponto está ilustrado na Figura 19.6.

X	Y	A
x	y_1	a
x	y_2	?

Figura 19.6 Instância ilustrando a FNBC.

Essa figura mostra (duas tuplas em) uma instância de uma relação com três atributos, X, Y e A. Existem duas tuplas com o mesmo valor na coluna X. Agora, suponha que saibamos que essa instância satisfaz uma DF $X \to A$. Podemos ver que uma das tuplas tem o valor a na coluna A. O que podemos inferir sobre o valor da coluna A na segunda tupla? Usando a DF, podemos concluir que a segunda tupla também tem o valor a nessa coluna. (Note que, na verdade, esse é o único tipo de inferência que podemos fazer sobre valores nos campos de tuplas usando DFs.)

Mas essa situação não é um exemplo de redundância? Parece que armazenamos o valor a duas vezes. Uma situação assim pode surgir em uma relação na FNBC? A resposta é: não! Se essa relação está na FNBC, porque A é diferente de X, segue-se que X deve ser uma chave. (Caso contrário, a DF $X \to A$ violaria a FNBC.) Se X é uma chave, então $y_1 = y_2$, o que significa que as duas tuplas são idênticas. Como uma relação é definida como um *conjunto* de tuplas, não podemos ter duas cópias da mesma tupla e a situação mostrada na Figura 19.6 não pode surgir.

Portanto, se uma relação está na FNBC, todo campo de toda tupla registra uma informação que não pode ser inferida (usando-se apenas DFs) a partir dos valores presentes em todos os outros campos na (em todas as tuplas da) instância da relação.

19.4.2 Terceira Forma Normal

Seja R um esquema de relação, seja F o conjunto de DFs dadas como válidas sobre R, seja X um subconjunto dos atributos de R e seja A um atributo de R. R está na **terceira forma normal** se para toda DF $X \to A$ em F, uma das seguintes declarações é verdadeira:

- $A \in X$; isto é, trata-se de uma DF trivial, ou
- X é uma superchave, ou
- A faz parte de alguma chave de R.

A definição da 3FN é semelhante à da FNBC, sendo a única diferença a terceira condição. Toda relação na FNBC também está na 3FN. Para entender a terceira condição, lembre-se de que uma chave para uma relação é um conjunto *mínimo* de atributos que determina exclusivamente todos os outros atributos. A deve fazer parte de uma chave (qualquer chave, se houver várias). Não é suficiente que A faça parte de uma superchave, pois a última condição é satisfeita por todo atributo! O ato de encontrar todas as chaves de um esquema de relação é conhecido como problema NP completo e assim também é o problema de determinar se um esquema de relação está na 3FN.

Suponha que uma dependência $X \to A$ cause uma violação da 3FN. Existem dois casos:

- X *é um subconjunto de alguma chave* K. Às vezes, essa dependência é chamada de **dependência parcial**. Neste caso, armazenamos pares (X, A) de forma redundante. Como exemplo, considere a relação Reservas com atributos $SBDC$ da Seção 19.7.4. A única chave é SBD e temos a DF $S \to C$. Armazenamos o número do cartão de crédito de um marinheiro tantas vezes quantas houver reservas para esse marinheiro.

- X *não é subconjunto de nenhuma chave*. Às vezes, essa dependência é chamada de **dependência transitiva**, pois significa que temos um encadeamento de dependências $K \to X \to A$. O problema é que não podemos associar um valor de X a um valor de K, a não ser que também associemos um valor de A a um valor de X. Como exemplo, considere a relação Funcion-Horistas com atributos $SNLRWH$ da Seção 19.7.1. A única chave é S, mas existe uma DF $R \to W$, a qual acarreta o encadeamento $S \to R \to W$. A conseqüência é que não podemos registrar o fato de que o funcionário S tem a avaliação R, sem saber o salário-hora para essa avaliação. Essa condição leva às anomalias de inserção, exclusão e atualização.

As dependências parciais estão ilustradas na Figura 19.7 e as dependências transitivas estão ilustradas na Figura 19.8. Note que, na Figura 19.8, o conjunto X de atributos pode ou não ter alguns atributos em comum com CHAVE; o diagrama deve ser interpretado como indicando apenas que X não é um subconjunto de CHAVE.

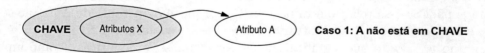

Figura 19.7 Dependências parciais.

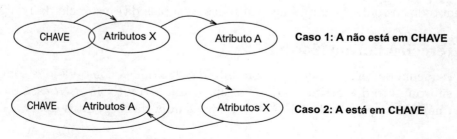

Figura 19.8 Dependências transitivas.

A motivação para a 3FN é bastante técnica. Fazendo uma exceção para certas dependências envolvendo atributos de chave, podemos garantir que todo esquema de relação pode ser decomposto em um conjunto de relações 3FN usando apenas decomposições que tenham certas propriedades desejáveis (Seção 19.5). Tal garantia não existe para relações na FNBC; a definição da 3FN atenua os requisitos da FNBC apenas o suficiente para tornar essa garantia possível. Portanto, podemos transigir, estabelecendo um projeto em 3FN. Conforme veremos no Capítulo 20, às vezes também podemos fazer essa concessão (ou mesmo estabelecer um esquema não-3FN) por outros motivos.

Entretanto, ao contrário da FNBC, na 3FN alguma redundância é possível. Os problemas associados às dependências parciais e transitivas persistirão se houver uma dependência não-trivial $X \to A$ e X não for uma superchave, mesmo que a relação esteja na 3FN, pois A faz parte de uma chave. Para entendermos esse ponto, vamos rever a relação Reservas com atributos $SBDC$ e a DF $S \to C$, que diz que um marinheiro usa um cartão de crédito exclusivo para pagar as reservas. S não é uma chave e C não faz parte de uma chave. (Na verdade, a única chave é SBD.) Assim, essa relação não está na 3FN; os pares (S, C) são armazenados de forma redundante. Entretanto, se soubermos também que os cartões de crédito identificam o proprietário univocamente, temos a DF $C \to S$, o que significa que CBD também é uma chave de Reservas. Portanto, a dependência $S \to C$ não viola a 3FN e Reservas está na 3FN. Contudo, em todas as tuplas contendo o mesmo valor de S, o mesmo par (S, C) é gravado de forma redundante.

Para sermos completos, observamos que a definição de **segunda forma normal** é basicamente que as dependências parciais não são permitidas. Assim, se uma relação está na 3FN (que impede dependências parciais e transitivas), ela também está na 2FN.

19.5 PROPRIEDADES DAS DECOMPOSIÇÕES

A decomposição é uma ferramenta que nos permite eliminar a redundância. No entanto, conforme observado na Seção 19.1.3, é importante verificar se uma decomposição não introduz novos problemas. Em particular, devemos verificar se uma decomposição nos permite recuperar a relação original e se ela nos permite verificar restrições de integridade eficientemente. Discutiremos essas propriedades a seguir.

19.5.1 Decomposição sem Perda de Junção

Seja R um esquema de relação e seja F o conjunto de DFs sobre R. Diz-se que uma decomposição de R em dois esquemas com conjuntos de atributo X e Y é uma **decomposição sem perda de junção com relação a F** se, para cada instância r de R que satisfaz as dependências em F, $\pi_X(r) \bowtie \pi_Y(r) = r$. Em outras palavras, podemos recuperar a relação original a partir das relações decompostas.

Essa definição pode ser facilmente estendida para compreender uma decomposição de R em mais de duas relações. É fácil ver que $r \subseteq \pi_X(r) \bowtie \pi_Y(r)$ sempre vale. Contudo, em geral, a outra direção não vale. Se pegarmos projeções de uma relação e as recombinarmos usando junção natural, normalmente obteremos algumas tuplas que não estavam na relação original. Essa situação está ilustrada na Figura 19.9.

Substituindo a instância r mostrada na Figura 19.9 pelas instâncias $\pi_{SP}(r)$ e $\pi_{PD}(r)$, perdemos algumas informações. Em particular, suponha que as tuplas em r denotam relacionamentos. Não podemos mais dizer que os relacionamentos (s_1, p_1, d_3) e (s_3, p_1, d_1) não valem. Portanto, a decomposição do esquema SPD em SP e PD é com perda se a instância *r* mostrada na figura é válida; ou seja, se essa instância puder surgir no negócio que está sendo modelado. (Observe as semelhanças entre esse exemplo e o relacionamento Contratos estabelecido na Seção 19.3.1)

S	P	D
s1	p1	d1
s2	p2	d2
s3	p1	d3

Instância *r*

S	P
s1	p1
s2	p2
s3	p1

$\pi_{SP}(r)$

P	D
p1	d1
p2	d2
p1	d3

$\pi_{PD}(r)$

S	P	D
s1	p1	d1
s2	p2	d2
s3	p1	d3
s1	p1	d3
s3	p1	d1

$\pi_{SP}(r) \bowtie \pi_{PD}(r)$

Figura 19.9 Instâncias ilustrando decomposições sem perda.

Todas as decomposições usadas para eliminar a redundância **devem** *ser sem perda*. O teste simples a seguir é muito útil:

Teorema 3 *Seja* R *uma relação e seja* F *um conjunto de DFs que valem sobre* R. *A decomposição de* R *em relações com conjuntos de atributo* R_1 *e* R_2 *é sem perda se e somente se* F^+ *contém a DF* $R_1 \cap R_2 \to R_1$ *ou a DF* $R_1 \cap R_2 \to R_2$.

Em outras palavras, os atributos comuns a R_1 e R_2 devem conter uma chave para R_1 ou R_2.[1] Se uma relação é decomposta em mais de duas relações, um algoritmo eficiente (de tempo polinomial no tamanho do conjunto de dependências) está disponível para testar se a decomposição é sem perda ou não, mas não o discutiremos.

Considere novamente a relação Funcion_horistas. Ela tem atributos *SNLRWH* e a DF $R \to W$ causa uma violação da 3FN. Tratamos dessa violação decompondo a relação em *SNLRH* e *RW*. Como *R* é comum às duas relações decompostas e $R \to W$ vale, essa decomposição é sem perda de junção.

Esse exemplo ilustra uma observação geral que se segue do Teorema 3:

> *Se uma DF* $X \to Y$ *vale sobre uma relação* R *e* $X \cap Y$ *é vazio, a decomposição de* R *em* $R - Y$ *e* XY *é sem perda*.

X aparece em $R - Y$ (pois $X \cap Y$ é vazio) e em *XY*, e é uma chave para *XY*.

Outra observação importante, que afirmamos sem prova, está relacionada às decomposições repetidas. Suponha que uma relação *R* seja decomposta em *R1* e *R2* por meio de uma decomposição sem perda de junção e que *R1* seja decomposta em *R11* e *R12* por meio de outra decomposição sem perda de junção. Então, a decomposição de *R* em *R11*, *R12* e *R2* é sem perda de junção; juntando *R11* e *R12*, podemos recuperar *R1*; e, então, juntando *R1* e *R2*, podemos recuperar *R*.

19.5.2 Decomposição com Preservação da Dependência

Considere a relação Contratos com atributos *CSJDPQV* da Seção 19.3.1. As DFs dadas são $C \to CSJDPQV$, $JP \to C$ e $SD \to P$. Como *SD* não é uma chave, a dependência $SD \to P$ causa uma violação da FNBC.

---

[1] Veja uma prova do Teorema 3 no Exercício 19.19. O Exercício 19.11 ilustra que a afirmação "somente se" depende da suposição de que apenas dependências funcionais podem ser especificadas como restrições de integridade.

Podemos decompor Contratos em duas relações com esquemas *CSJDQV* e *SDP* para tratar dessa violação; a decomposição é sem perda de junção. Contudo, há um problema sutil. Podemos impor a restrição de integridade $JP \to C$ facilmente quando uma tupla é inserida em Contratos, garantindo que nenhuma tupla existente tenha os mesmos valores (que a tupla inserida) de *JP*, mas valores de *C* diferentes. Uma vez que decompomos Contratos em *CSJDQV* e *SDP*, garantir essa restrição exige uma junção dispendiosa das duas relações, quando uma tupla é inserida em *CSJDQV*. Dizemos que essa decomposição não está preservando a dependência.

Intuitivamente, uma *decomposição com preservação de dependência* nos permite impor todas as DFs examinando uma única instância da relação em cada inserção ou modificação de uma tupla. (Note que as exclusões não podem causar a violação de DFs.) Para definirmos precisamente as decomposições com preservação de dependência, precisamos introduzir o conceito de projeção de DFs.

Seja *R* um esquema de relação decomposto em dois esquemas com conjuntos de atributo *X* e *Y*, e seja *F* um conjunto de DFs sobre *R*. A **projeção de *F* em *X*** é o conjunto de DFs no fechamento F^+ (e não apenas *F*!) que envolve apenas os atributos em *X*. Denotamos a projeção de *F* nos atributos *X* como F_X. Note que uma dependência $U \to V$ em F^+ está em F_X somente se *todos* os atributos em *U* e *V* estão em *X*.

A decomposição de um esquema de relação *R* com DFs *F* em esquemas com conjuntos de atributo *X* e *Y* está **preservando a dependência** se $(F_X \cup F_Y)^+ = F^+$. Isto é, se pegarmos as dependências em F_X e F_Y e calcularmos o fechamento de sua união, obteremos todas as dependências no fechamento de *F*. Portanto, precisamos garantir apenas as dependências em F_X e F_Y; então, com certeza todas as DFs em F^+ são satisfeitas. Para impor F_X, precisamos examinar apenas a relação *X* (em inserções nessa relação). Para impor F_Y, precisamos examinar apenas a relação *Y*.

Para apreciar a necessidade de considerar o fechamento F^+ enquanto se calcula a projeção de *F*, suponha que uma relação *R* com atributos *ABC* seja decomposta em relações com atributos *AB* e *BC*. O conjunto *F* de DFs sobre *R* inclui $A \to B$, $B \to C$ e $C \to A$. Dessas, $A \to B$ está em F_{AB} e $B \to C$ está em F_{BC}. Mas essa decomposição está preservando a dependência? E quanto a $C \to A$? Essa dependência não é implicada pelas dependências listadas (até aqui) para F_{AB} e F_{BC}.

O fechamento de *F* contém todas as dependências em *F*, mais $A \to C$, $B \to A$ e $C \to B$. Conseqüentemente, F_{AB} também contém $B \to A$ e F_{BC} contém $C \to B$. Portanto, $F_{AB} \cup F_{BC}$ contém $A \to B$, $B \to C$, $B \to A$ e $C \to B$. Agora, o fechamento das dependências em F_{AB} e F_{BC} inclui $C \to A$ (que se segue de $C \to B$, $B \to A$ e da transitividade). Assim, a decomposição preserva a dependência $C \to A$.

Uma aplicação direta da definição nos fornece um algoritmo simples para testar se uma decomposição está preservando a dependência. (Esse algoritmo é exponencial no tamanho do conjunto de dependências. Está disponível um algoritmo polinomial; veja o Exercício 19.9.)

Iniciamos esta seção com um exemplo de decomposição sem perda de junção que não estava preservando a dependência. Outras decomposições preservam a dependência, mas não são sem perda. Um exemplo simples consiste em uma relação *ABC* com DF $A \to B$, que é decomposta em *AB* e *BC*.

19.6 NORMALIZAÇÃO

Tendo abordado os conceitos necessários para entendermos a função das formas normais e das decomposições no projeto de bancos de dados, consideraremos agora os algoritmos para converter relações para a FNBC e para a 3FN. Se um esquema de relação não está na FNBC, é possível obter uma decomposição sem perda de junção em uma coleção de esquemas de relação na FNBC. Infelizmente, pode não existir nenhuma decomposição com preservação de dependência em uma coleção de esquemas de relação na FNBC. Entretanto, existe sempre uma decomposição com preservação de dependência e sem perda de junção em uma coleção de esquemas de relação na 3FN.

19.6.1 Decomposição na FNBC

Apresentaremos agora um algoritmo para decompor um esquema de relação R com um conjunto de DFs F em uma coleção de esquemas de relação na FNBC:

1. Suponha que R não esteja na FNBC. Seja $X \subset R$, seja A um único atributo em R e seja $X \to A$ uma DF que causa uma violação da FNBC. Decomponha R em $R - A$ e XA.

2. Se $R - A$ ou XA não está na FNBC, decomponha-os ainda mais, pela aplicação recursiva desse algoritmo.

$R - A$ denota o conjunto de atributos que não são A em R e XA denota a união dos atributos em X e A. Como $X \to A$ viola a FNBC, ela não é uma dependência trivial; além disso, A é um único atributo. Portanto, A não está em X; isto é, $X \cap A$ é vazio. Assim, cada decomposição realizada na Etapa 1 é sem perda de junção.

O conjunto de dependências associadas a $R - A$ e XA é a projeção de F em seus atributos. Se uma das novas relações não está na FNBC, a decompomos ainda mais na Etapa 2. Como uma decomposição resulta em relações com rigorosamente menos atributos, esse processo termina, nos deixando com uma coleção de esquemas de relação todos na FNBC. Além disso, a junção das instâncias das (duas ou mais) relações obtidas por meio desse algoritmo produz precisamente a instância correspondente da relação original (isto é, a decomposição em uma coleção de relações, cada uma das quais na FNBC, é uma decomposição sem perda de junção).

Considere a relação Contratos com atributos $CSJDPQV$ e a chave C. Recebemos as DFs $JP \to C$ e $SD \to P$. Usando a dependência $SD \to P$ para conduzir a decomposição, obtemos os dois esquemas SDP e $CSJDQV$. SDP está na FNBC. Suponha que também tenhamos a restrição de que cada projeto trata com apenas um fornecedor: $J \to S$. Isso significa que o esquema $CSJDQV$ não está na FNBC. Então, o decompomos ainda mais, em JS e $CJDQV$. $C \to JDQV$ vale sobre $CJDQV$; as únicas outras DFs que valem são aquelas obtidas dessa DF por aumento e, portanto, todas as DFs contêm uma chave no lado esquerdo. Assim, cada um dos esquemas SDP, JS e $CJDQV$ está na FNBC e essa coleção de esquemas também representa uma decomposição sem perda de junção de $CSJDQV$.

As etapas nesse processo de decomposição podem ser visualizadas como uma árvore, como se vê na Figura 19.10. A raiz é a relação original $CSJDPQV$ e as folhas são as relações na FNBC que resultam do algoritmo de decomposição: SDP, JS e $CPDQV$. Intuitivamente, cada nó interno é substituído por seus filhos por meio de uma única etapa de decomposição, conduzida pela DF mostrada imediatamente abaixo do nó.

Redundância na FNBC Revisitada

A decomposição de $CSJDQV$ em SDP, JS e $CJDQV$ não preserva a dependência. Intuitivamente, a dependência $JP \to C$ não pode ser garantida sem uma junção. Uma maneira de lidar com essa situação é adicionar uma relação com atributos CJP. Na verdade, essa solução significa armazenar alguma informação de forma redundante para tornar a imposição da dependência mais barata.

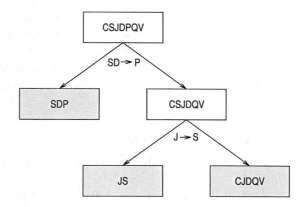

Figura 19.10 Decomposição de $CSJDQV$ em SDP, JS e $CJDQV$.

Esse é um ponto sutil: cada um dos esquemas CJP, SDP, JS e $CJDQV$ está na FNBC; contudo, alguma redundância pode ser prevista pelas informações da DF. Em particular, se juntarmos as instâncias de relação de SDP e $CJDQV$ e projetarmos o resultado nos atributos CJP, deveremos obter exatamente a instância armazenada na relação com o esquema CJP. Vimos, na Seção 19.4.1, que não existe tal redundância dentro de uma única relação na FNBC. Esse exemplo mostra que ainda pode ocorrer redundância entre relações, mesmo que não haja nenhuma redundância dentro de uma relação.

Alternativas na Decomposição para FNBC

Suponha que várias dependências violem a FNBC. Dependendo de qual dessas dependências escolhemos para conduzir a próxima etapa da decomposição, podemos chegar a coleções bastante diferentes de relações na FNBC. Considere a relação Contratos. A decompusemos apenas em SDP, JS e $CJDQV$. Suponha que optemos por decompor a relação original $CSJDPQV$ em JS e $CJDPQV$, com base na DF $J \to S$. As únicas dependências que valem sobre $CJDPQV$ são $JP \to C$ e a dependência de chave $C \to CJDPQV$. Como JP é uma chave, $CJDPQV$ está na FNBC. Assim, os esquemas JS e $CJDPQV$ representam uma decomposição sem perda de junção de Contratos em relações da FNBC.

A lição a ser aprendida aqui é que a teoria das dependências pode nos informar quando há uma redundância e nos dar indícios sobre as possíveis decomposições para tratar do problema, mas ela não pode discriminar entre as alternativas de decomposição. Um projetista precisa considerar as alternativas e escolher uma com base na semântica da aplicação.

FNBC e Preservação de Dependência

Às vezes, simplesmente não existe nenhuma decomposição na FNBC que preserve a dependência. Como exemplo, considere o esquema de relação SBD, no qual uma tupla denota que o marinheiro S reservou o barco B na data D. Se temos as DFs $SB \to D$ (um marinheiro pode reservar determinado barco no máximo por um dia) e $D \to B$ (em determinado dia, no máximo um barco pode ser reservado), SBD não está na FNBC, pois D não é uma chave. Entretanto, se tentarmos decompô-la, não poderemos preservar a dependência $SB \to D$.

19.6.2 Decomposição na 3FN

Claramente, a estratégia que esboçamos para decomposição sem perda de junção na FNBC também nos fornece uma decomposição sem perda de junção na 3FN. (Normalmente, podemos parar um pouco antes, se estivermos satisfeitos com uma coleção de relações na 3FN.) Mas essa estratégia não garante a preservação da dependência.

Contudo, uma modificação simples produz uma decomposição em relações na 3FN que é sem perda de junção e preserva a dependência. Antes de descrevermos essa modificação, precisamos introduzir o conceito de cobertura mínima de um conjunto de DFs.

Cobertura Mínima de um Conjunto de DFs

Uma **cobertura mínima** de um conjunto F de DFs é um conjunto G de DFs tal que:

1. Cada dependência em G é da forma $X \to A$, onde A é um único atributo.
2. O fechamento F^+ é igual ao fechamento G^+.
3. Se obtemos um conjunto H de dependências de G, excluindo uma ou mais dependências ou excluindo atributos de uma dependência em G, então $F^+ \neq H^+$.

Intuitivamente, uma cobertura mínima de um conjunto F de DFs é um conjunto equivalente de dependências que é *mínimo* sob dois aspectos: (1) Toda dependência é a menor possível; isto é, cada atributo no lado esquerdo é necessário e o lado direito é um único atributo. (2) Toda dependência nele é exigida para que o fechamento seja igual a F^+.

Como exemplo, seja F o conjunto de dependências:

$$A \to B, \quad ABCD \to E, \quad EF \to G, \quad EF \to H \text{ e } ACDF \to EG.$$

Primeiro, vamos reescrever $ACDF \to EG$ para que todo lado direito seja apenas um atributo:

$$ACDF \to E \quad \text{e} \quad ACDF \to G.$$

Em seguida, considere $ACDF \to G$. Essa dependência é implicada pelas seguintes DFs:

$$A \to B, \quad ABCD \to E \text{ e } EF \to G.$$

Portanto, podemos excluí-la. Analogamente, podemos excluir $ACDF \to E$. Em seguida, considere $ABCD \to E$. Como $A \to B$ vale, podemos substituí-la por $ACD \to E$. (Neste ponto, o leitor deve verificar que cada DF restante é mínima e exigida.) Assim, uma cobertura mínima para F é o conjunto:

$$A \to B, \quad ACD \to E, \quad EF \to G \text{ e } EF \to H.$$

O exemplo anterior ilustra um algoritmo geral para obter uma cobertura mínima de um conjunto F de DFs:

1. **Coloque as DFs em uma forma padrão:** obtenha uma coleção G de DFs equivalentes, com um único atributo no lado direito (usando o axioma da decomposição).
2. **Minimize o lado esquerdo de cada DF:** para cada DF em G, verifique cada atributo no lado direito para ver ser ele pode ser excluído, enquanto preserva a equivalência com F^+.
3. **Exclua as DFs redundantes:** verifique cada DF restante em G para ver se pode ser excluída, enquanto preserva a equivalência com F^+.

Note que a ordem na qual consideramos as DFs, enquanto aplicamos essas etapas, poderia produzir coberturas mínimas diferentes; poderia haver várias coberturas mínimas para determinado conjunto de DFs.

Mais importante ainda, é necessário minimizar os lados esquerdos das DFs *antes* de verificar se existem DFs redundantes. Se essas duas etapas forem invertidas, o conjunto final de DFs ainda poderá conter algumas DFs redundantes (isto é, não ser uma cobertura mínima), como ilustra o exemplo a seguir. Seja F o conjunto de dependências, cada uma das quais já estando na forma padrão:

$$ABCD \rightarrow E, \quad E \rightarrow D, \quad A \rightarrow B \quad \text{e} \quad AC \rightarrow D.$$

Observe que nenhuma dessas DFs é redundante; se verificássemos a existência de DFs redundantes primeiro, obteríamos o mesmo conjunto de DFs F. O lado esquerdo de $ABCD \rightarrow E$ pode ser substituído por AC, enquanto preserva a equivalência com F^+, e pararíamos aqui, se verificássemos a existência de DFs redundantes em F antes de minimizarmos os lados esquerdos. Entretanto, o conjunto de DFs que temos não é uma cobertura mínima:

$$AC \rightarrow E, \quad E \rightarrow D, \quad A \rightarrow B \quad \text{e} \quad AC \rightarrow D.$$

Da transitividade, as duas primeiras DFs implicam a última DF, a qual pode, portanto, ser excluída, enquanto preserva a equivalência com F^+. O ponto importante a notar é que $AC \rightarrow D$ torna-se redundante somente depois que substituímos $ABCD \rightarrow E$ por $AC \rightarrow E$. Se minimizarmos os lados esquerdos das DFs primeiro e depois verificarmos a existência de DFs redundantes, ficaremos com as três primeiras DFs da lista anterior, a qual é realmente uma cobertura mínima para F.

Decomposição com Preservação de Dependência na 3FN

Voltando ao problema da obtenção de uma decomposição sem perda de junção com preservação da dependência em relações na 3FN, seja R uma relação com um conjunto F de DFs que é uma cobertura mínima e seja $R_1, R_2, ..., R_n$ uma decomposição sem perda de junção R. Para $1 \leq i \leq n$, suponha que cada R_i esteja na 3FN e F_i denote a projeção de F nos atributos de R_i. Faça o seguinte:

- Identifique o conjunto N de dependências em F que não sejam **preservadas**; isto é, não sejam incluídas no fechamento da união de F_is.
- Para cada DF $X \rightarrow A$ em N, crie um esquema de relação XA e adicione-o na decomposição de R.

Obviamente, toda dependência em F é preservada se substituímos R pelos R_is mais os esquemas da forma XA adicionados nessa etapa. É dado que os R_is estão na 3FN. Podemos mostrar que cada um dos esquemas XA está na 3FN, como segue: como $X \rightarrow A$ está na cobertura mínima F, $Y \rightarrow A$ não vale para nenhum Y que seja um subconjunto estrito de X. Portanto, X é uma chave para XA. Além disso, se quaisquer outras dependências valem sobre XA, o lado direito pode envolver apenas atributos em X, pois A é um único atributo (porque $X \rightarrow A$ é uma DF em uma cobertura mínima). Como X é uma chave para XA, nenhuma dessas dependências adicionais causa uma violação da 3FN (embora elas possam causar uma violação da FNBC).

Como uma otimização, se o conjunto N contém várias DFs com o mesmo lado esquerdo, digamos, $X \rightarrow A_1, X \rightarrow A_2, ..., X \rightarrow A_n$, podemos substituí-las por uma única

DF equivalente $X \to A_1 ... A_n$. Portanto, produzimos um único esquema de relação $XA_1 ... A_n$, em vez de vários esquemas $XA_1, ..., XA_n$, o que geralmente é preferível.

Considere a relação Contratos com atributos $CSJDPQV$ e DFs $JP \to C$, $SD \to P$ e $J \to S$. Se decompomos $CSJDPQV$ em SDP e $CSJDQV$, então SDP está na FNBC, mas $CSJDQV$ não está nem mesmo na 3FN. Portanto, decompomos ainda mais, em JS e $CJDQV$. Os esquemas de relação SDP, JS e $CJDQV$ estão na 3FN (na verdade, na FNBC) e a decomposição é sem perda de junção. Entretanto, a dependência $JP \to C$ não é preservada. Esse problema pode ser tratado adicionando-se um esquema de relação CJP na decomposição.

Síntese da 3FN

Assumimos que o processo de projeto começa com um diagrama ER e que nosso uso de DFs serve principalmente para conduzir nossas decisões sobre decomposição. O algoritmo para obter uma decomposição sem perda de junção com preservação de dependência foi apresentado na seção anterior a partir dessa perspectiva — uma decomposição sem perda de junção 3FN é simples e o algoritmo trata da preservação da dependência adicionando esquemas de relação extras.

Uma estratégia alternativa, chamada de **síntese**, é pegar todos os atributos sobre a relação original R, uma cobertura mínima F das DFs que valem sobre ela e adicionar um esquema de relação XA na decomposição de R para cada DF $X \to A$ em F.

A coleção resultante de esquemas de relação está na 3FN e preserva todas as DFs. Se ela não é uma decomposição sem perda de junção de R, podemos torná-la, adicionando um esquema de relação que contenha apenas os atributos que aparecem em alguma chave. Esse algoritmo nos fornece uma decomposição sem perda de junção com preservação de dependência na 3FN e tem complexidade polinomial — estão disponíveis algoritmos polinomiais para calcular coberturas mínimas e uma chave pode ser encontrada no tempo polinomial (mesmo sabendo que encontrar todas as chaves seja um problema NP completo). A existência de um algoritmo polinomial para obter decomposição sem perda de junção com preservação de dependência na 3FN é surpreendente, quando consideramos que testar se determinado esquema está na 3FN é NP completo.

Como exemplo, considere uma relação ABC com DFs $F = \{A \to B, C \to B\}$. A primeira etapa produz os esquemas de relação AB e BC. Essa não é uma decomposição sem perda de junção de ABC; $AB \cap BC$ é B, e nem $B \to A$ nem $B \to C$ estão em F^+. Se adicionarmos um esquema AC, teremos também a propriedade da junção sem perda. Embora a coleção de relações AB, BC e AC seja uma decomposição com preservação de dependência e sem perda de junção de ABC, a obtivemos por meio de um processo de *síntese*, em vez de obter por um processo de decomposição repetida. Notamos que a decomposição produzida pela estratégia da síntese depende fortemente da cobertura mínima usada.

Como outro exemplo da estratégia da síntese, considere a relação Contratos com atributos $CSJDPQV$ e as seguintes DFs:

$$C \to CSJDPQV, \quad JP \to C, \quad SD \to P \text{ e } J \to S.$$

Esse conjunto de DFs não é uma cobertura mínima e, assim, precisamos encontrar uma. Primeiro, substituímos $C \to CSJDPQV$ pelas DFs:

$$C \to S, \quad C \to J, \quad C \to D, \quad C \to P, \quad C \to Q \text{ e } C \to V.$$

A DF $C \to P$ é implicada por $C \to S$, $C \to D$ e $SD \to P$; portanto, podemos excluí-la. A DF $C \to S$ é implicada por $C \to J$ e $J \to S$; portanto, podemos excluí-la. Isso nos deixa com uma cobertura mínima:

$$C \to J, \quad C \to D, \quad C \to Q, \quad C \to V, \quad JP \to C, \quad SD \to P \quad e \quad J \to S.$$

Usando o algoritmo para garantir a preservação da dependência, obtemos o esquema relacional *CJ, CD, CQ, CV, CJP, SDP* e *JS*. Podemos melhorar esse esquema combinando as relações para as quais *C* é a chave em *CDJPQV*. Além disso, temos *SDP* e *JS* em nossa decomposição. Como uma dessas relações (*CDJPQV*) é uma superchave, terminamos.

Comparando essa decomposição com aquela obtida anteriormente nesta seção, verificamos que elas são parecidas, sendo a única diferença o fato de que uma delas tem *CDJPQV*, em vez de *CPJ* e *CJDQV*. Em geral, contudo, poderia haver diferenças significativas.

19.7 REFINAMENTO DE ESQUEMA NO PROJETO DE BANCOS DE DADOS

Vimos como a normalização pode eliminar a redundância e discutimos várias estratégias para normalizar uma relação. Agora, consideraremos como essas idéias são aplicadas na prática.

Normalmente, os projetistas de banco de dados usam uma metodologia de projeto conceitual, como ER, para chegar a um projeto de banco de dados inicial. Isso posto, a estratégia da decomposição repetida para retificar instâncias de redundância provavelmente é o uso mais natural das DFs e das técnicas de normalização.

Nesta seção, motivamos a necessidade de uma etapa de refinamento do esquema, após o projeto de ER. É natural perguntar se precisamos mesmo decompor as relações produzidas pela transformação de um diagrama ER. Um bom projeto ER não leva a uma coleção de relações livres de problemas de redundância? Infelizmente, o projeto ER é um processo complexo e subjetivo, e certas restrições não podem ser expressas em termos de diagramas ER. Os exemplos desta seção são destinados a ilustrar por que a decomposição das relações produzidas por meio do projeto ER pode ser necessária.

19.7.1 Restrições em um Conjunto de Entidades

Considere novamente a relação Funcion_Horistas. A restrição de que o atributo *cpf* é uma chave pode ser expressa como uma DF:

$$\{cpf\} \to \{cpf, \text{ nome, vaga, avaliação, salário\_hora, horas\_trabalhadas}\}$$

Por brevidade, escrevemos essa DF como $S \to SNLRWH$, usando uma única letra para denotar cada atributo e omitindo as chaves de conjunto, mas o leitor deve lembrar que os dois lados de uma DF contêm conjuntos de atributos. Além disso, a restrição de que o atributo *salário_hora* é determinado pelo atributo *avaliação* é uma DF: $R \to W$.

Conforme vimos na Seção 19.1.1, essa DF levou ao armazenamento redundante de associações avaliação-salário. *Ela não pode ser expressa em termos do modelo ER. Apenas as DFs que determinam todos os atributos de uma relação (isto é, restrições de chave) podem ser expressas no modelo ER.* Portanto, não poderíamos detectar isso quando consideramos Funcion_Horistas como um conjunto de entidades durante a modelagem ER.

Poderíamos argumentar que o problema do projeto original era um artefato de um projeto ER deficiente, que poderia ser evitado pela introdução de um conjunto de entidades chamado Tabela_Salários (com atributos *avaliação* e *salário_hora*) e um conjunto de relacionamentos Tem_Salários associando Salário_Hora e Tabela_Salários. A questão, entretanto, é que poderíamos chegar facilmente no projeto original, dada a natureza subjetiva da modelagem ER. É muito útil ter técnicas formais para identificar o problema nesse projeto e nos levar a um projeto melhor. O valor de tais técnicas não pode ser subestimado no projeto de esquemas maiores — esquemas com mais de cem tabelas não são incomuns.

19.7.2 Restrições em um Conjunto de Relacionamentos

O exemplo anterior ilustrou como as DFs podem ajudar a refinar as decisões subjetivas tomadas durante o projeto ER, mas alguém poderia dizer que o melhor diagrama ER possível teria levado ao mesmo conjunto final de relações. Nosso próximo exemplo mostra como as informações de DF podem levar a um conjunto de relações improvável de ser obtido unicamente por meio do projeto ER.

Revemos um exemplo do Capítulo 2. Suponha que tenhamos os conjuntos de entidades Peças, Fornecedores e Departamentos, assim como um conjunto de relacionamentos Contratos que envolve todos eles. Nos referimos ao esquema de Contratos como $CQPSD$. Um contrato com id C especifica que um fornecedor S fornecerá alguma quantidade Q de uma peça P para um departamento D. (Adicionamos o campo id de contrato C na versão da relação Contratos discutida no Capítulo 2.)

Poderíamos ter uma política dizendo que um departamento compra no máximo uma peça de qualquer fornecedor dado. Portanto, se existem vários contratos entre os mesmos fornecedores e departamentos, sabemos que a mesma peça deve estar envolvida em todos eles. Essa restrição é uma DF, $DS \to P$.

Novamente, temos uma redundância e seus problemas associados. Podemos tratar dessa situação decompondo Contratos em duas relações com atributos $CQSD$ e SDP. Intuitivamente, a relação SDP registra a peça fornecida para um departamento por um fornecedor e a relação $CQSD$ registra informações adicionais sobre um contrato. É improvável que cheguemos a esse projeto unicamente por meio da modelagem ER, pois é difícil formular uma entidade ou um relacionamento que corresponda naturalmente a $CQSD$.

19.7.3 Identificando Atributos de Entidades

Esse exemplo ilustra como um exame cuidadoso das DFs pode levar a um entendimento melhor das entidades e relacionamentos subjacentes às tabelas relacionais; em particular, ele mostra que os atributos podem ser facilmente associados ao conjunto de entidades "errado", durante o projeto ER. O diagrama ER da Figura 19.11 mostra um conjunto de relacionamentos chamado Trabalha_em, que é semelhante ao conjunto de relacionamentos Trabalha_em do Capítulo 2, mas com uma restrição de chave adicional indicando que um funcionário pode trabalhar no máximo em um departamento. (Observe a seta conectando Funcionários com Trabalha_em.)

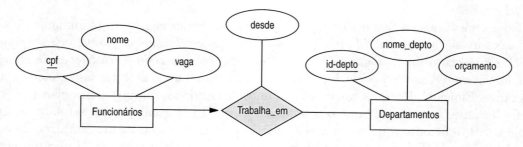

Figura 19.11 O conjunto de relacionamentos Trabalha_em.

Usando a restrição de chave, podemos transformar esse diagrama ER em duas relações:

> Funcionários(*cpf*, nome, peça, id-depto, desde)
> Departamentos(*id-depto*, nome_depto, orçamento)

O conjunto de entidades Funcionários e o conjunto de relacionamentos Trabalha_em são mapeados em uma única relação, Funcionários. Essa transformação é baseada na segunda estratégia discutida na Seção 3.5.3.

Agora, suponha que os funcionários recebam vagas de estacionamento com base em seus departamentos e que todos os funcionários de determinado departamento recebam a mesma vaga. Essa restrição não pode ser expressa no diagrama ER da Figura 19.11. Esse é outro exemplo de DF: id-depto → peça. A redundância nesse projeto pode ser eliminada pela decomposição da relação Funcionários em duas relações:

> Funcionários2(*cpf*, nome, id-depto, desde)
> Vagas_Depto(*id-depto*, peça)

O novo projeto tem muito para ser recomendado. Podemos alterar as vagas associadas a um departamento atualizando uma única tupla na segunda relação (isto é, sem anomalias de atualização). Podemos associar uma vaga a um departamento, mesmo que correntemente ele não tenha nenhum funcionário, sem usar valores *nulos* (isto é, sem anomalias de exclusão). Podemos adicionar um funcionário em um departamento inserindo uma tupla na primeira relação, mesmo que não haja nenhuma vaga associada ao departamento do funcionário (isto é, sem anomalias de inserção).

Examinando as duas relações, Departamentos e Vagas_Depto, que têm a mesma chave, percebemos que uma tupla de Departamentos e uma tupla de Vagas_Depto com o mesmo valor de chave descrevem a mesma entidade. Essa observação é refletida no diagrama ER mostrado na Figura 19.12.

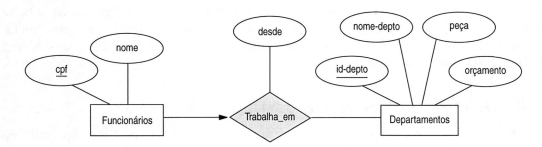

Figura 19.12 O conjunto de relacionamentos Trabalha_em refinado.

A transformação desse diagrama para o modelo relacional geraria:

> Funcionários2(*cpf*, nome, id-depto, desde)
> Departamentos(*id-depto*, nome-depto, orçamento, peça)

Parece intuitivo associar vagas a funcionários; por outro lado, as RIs revelam que, nesse exemplo, as vagas são na realidade associadas aos departamentos. O processo subjetivo da modelagem ER poderia perder esse ponto. O processo rigoroso da normalização não perderia.

19.7.4 Identificando Conjuntos de Entidades

Considere uma variante do esquema Reservas usado em capítulos anteriores. Façamos Reservas conter os atributos S, B e D, como antes, indicando que o marinheiro S tem uma reserva para o barco B no dia D. Além disso, façamos existir um atributo C, denotando o cartão de crédito no qual a reserva é debitada. Usamos esse exemplo para ilustrar como as informações de DF podem ser usadas para refinar um projeto de ER. Em particular, discutimos como as informações de DF podem ajudar a decidir se um conceito deve ser modelado como uma entidade ou como um atributo.

Suponha que todo marinheiro utilize um único cartão de crédito para fazer reservas. Essa restrição é expressa pela DF $S \to C$. Ela indica que, na relação Reservas, armazenamos o número do cartão de crédito de um marinheiro com a mesma freqüência com que temos reservas para ele e temos redundância e anomalias de atualização em potencial. Uma solução é decompor Reservas em duas relações, com atributos SBD e SC. Intuitivamente, uma contém informações sobre reservas e a outra contém informações sobre cartões de crédito.

É instrutivo pensar sobre um projeto ER que levasse a essas relações. Uma estratégia é introduzir um conjunto de entidades chamado Cartão_Crédito, com o atributo único *num-cartão*, e um conjunto de relacionamentos Tem_Cartão, associando Marinheiros e Cartão_Crédito. Observando que cada cartão de crédito pertence a um único marinheiro, podemos fazer o mapeamento de Tem_Cartão e Cartão_Crédito em uma única relação com atributos SC. Provavelmente, não modelaríamos números de cartão de crédito como entidades, se nosso principal interesse nos números dos cartões fosse indicar como uma reserva deve ser paga; nessa situação, bastaria usar um atributo para modelar números de cartão.

Uma segunda estratégia é tornar *num-cartão* um atributo de Marinheiros. Mas essa estratégia não é muito natural — um marinheiro pode ter vários cartões e não estamos interessados em todos eles. Nosso interesse é no cartão usado para pagar pelas reservas, o qual é melhor modelado como um atributo do relacionamento Reservas.

Uma maneira útil de pensar sobre o problema de projeto nesse exemplo é que, primeiro, tornamos *num-cartão* um atributo de Reservas e, então, refinamos as tabelas resultantes, levando em conta as informações de DF. (Se refinamos o projeto adicionando *num-cartão* na tabela obtida de Marinheiros ou criando uma nova tabela com atributos SC é outra questão.)

19.8 OUTROS TIPOS DE DEPENDÊNCIAS

As DFs provavelmente são o tipo de restrição mais comum e importante do ponto de vista do projeto de bancos de dados. Contudo, existem vários outros tipos de dependências. Em particular, há uma teoria bem desenvolvida para o projeto de bancos de dados usando *dependências multivaloradas* e *dependências de junção*. Levando essas dependências em conta, podemos identificar problemas de redundância em potencial que não podem ser detectados usando-se apenas DFs.

Esta seção ilustra os tipos de redundância que podem ser detectados usando-se dependências *multivaloradas*. Nossa principal observação, entretanto, é que diretrizes simples (que podem ser verificadas usando-se apenas raciocínio de DF) podem nos dizer se precisamos mesmo nos preocupar com restrições complexas, como as dependências *multivaloradas* e de junção. Também comentamos a função das *dependências de inclusão* no projeto de bancos de dados.

19.8.1 Dependências *Multivaloradas*

Suponha que temos uma relação com os atributos *curso*, *professor* e *livro*, que denotamos como *CTB*. O significado de uma tupla é que o professor T pode lecionar no curso C e o livro B é um texto recomendado para o curso. Não há nenhuma DF; a chave é *CTB*. Entretanto, os textos recomendados para um curso são independentes do professor. A instância mostrada na Figura 19.13 ilustra essa situação.

curso	professor	livro
Física101	Green	Mecânica
Física101	Green	Ótica
Física101	Brown	Mecânica
Física101	Brown	Ótica
Matemática301	Green	Mecânica
Matemática301	Green	Vetores
Matemática301	Green	Geometria

Figura 19.13 Relação FNBC com redundância revelada por DMVs.

Observe três pontos aqui:

- O esquema de relação *CTB* está na FNBC; portanto, não considerararíamos decompô-la ainda mais, se examinássemos apenas as DFs que valem sobre *CTB*.
- Existe redundância. O fato de que Green pode ensinar Física101 é registrado uma vez por texto recomendado para o curso. Analogamente, o fato de que Ótica é o texto para Física101 é registrado uma vez por professor em potencial.
- A redundância pode ser eliminada pela decomposição de *CTB* em *CT* e *CB*.

A redundância nesse exemplo é devida à restrição de que os textos de um curso são independentes dos professores, o que não pode ser expresso em termos de DFs. Essa restrição é um exemplo de *dependência multivalorada* ou DMV. De preferência, devemos modelar essa situação usando dois conjuntos de relacionamentos binários, Professores, com atributos *CT*, e livro, com atributos *CB*. Como esses dois relacionamentos são basicamente independentes, é inadequado modelá-los com um único conjunto de relacionamentos ternários com atributos *CTB*. (Consulte a Seção 2.5.3 para ver mais discussões sobre relacionamentos ternários *versus* binários.) Entretanto, dada a subjetividade do projeto ER, poderíamos criar um relacionamento ternário. Então, uma análise cuidadosa das informações da DMV revelaria o problema.

Seja R um esquema de relação e sejam X e Y subconjuntos dos atributos de R. Intuitivamente, diz-se que a **dependência *multivalorada*** $X \rightarrow\rightarrow Y$ é válida sobre R se, em cada instância válida r de R, cada valor de X está associado a um conjunto de valores de Y e esse conjunto é independente dos valores nos outros atributos.

Formalmente, se a DMV $X \rightarrow\rightarrow Y$ é válida sobre R e $Z = R - XY$, o seguinte deve ser verdadeiro para cada instância válida r de R:

Se $t_1 \in r$, $t_2 \in r$ e $t_1.X = t_2.X$, então deve existir algum $t_3 \in r$ tal que $t_1.XY = t_3.XY$ e $t_2.Z = t_3.Z$.

A Figura 19.14 ilustra essa definição. Se forem dadas as duas primeiras tuplas e for informado que a DMV $X \twoheadrightarrow Y$ é válida sobre essa relação, podemos inferir que a instância da relação também deve conter a terceira tupla. Na verdade, trocando as funções das duas primeiras tuplas — tratando a primeira tupla como t_2 e a segunda como t_1 —, podemos deduzir que a tupla t_4 também deve estar na instância da relação.

X	Y	Z	
a	b_1	c_1	— tupla t_1
a	b_2	c_2	— tupla t_2
a	b_1	c_2	— tupla t_3
a	b_2	c_1	— tupla t_4

Figura 19.14 Ilustração da definição de DMV.

Essa tabela sugere outra maneira de pensar sobre as DMVs: se $X \twoheadrightarrow Y$ vale sobre R, então $\pi_{YZ}(\sigma_{X=x}(R)) = \pi_Y(\sigma_{X=x}(R)) \times \pi_Z(\sigma_{X=x}(R))$ em cada instância válida de R, para qualquer valor x que apareça na coluna X de R. Em outras palavras, considere grupos de tuplas em R com o mesmo valor de X. Em cada grupo, considere a projeção nos atributos YZ. Essa projeção deve ser igual ao produto cartesiano das projeções em Y e Z. Isto é, para determinado valor de X, os valores de Y e de Z são independentes. (A partir dessa definição, é fácil ver que $X \twoheadrightarrow Y$ deve valer quando $X \to Y$ vale. Se a DF $X \to Y$ vale, existe exatamente um valor de Y para determinado valor de X e é trivial que as condições na definição da DMV são válidas. O inverso não vale, conforme ilustra a Figura 19.14.)

Voltando ao nosso exemplo de CTB, a restrição de que os textos dos cursos são independentes dos professores pode ser expressa como $C \twoheadrightarrow T$. Em termos da definição de DVMs, essa restrição pode ser lida como segue:

Se (existe uma tupla mostrando que) C é lecionado pelo professor T,
e (existe uma tupla mostrando que) C tem o livro B como texto,
então (existe uma tupla mostrando que) C é lecionado por T e tem o texto B.

Dado um conjunto de DFs e DMVs, em geral, podemos inferir que várias DFs e DMVs adicionais são válidas. Um conjunto correto e completo de regras de inferência consiste nos três Axiomas de Armstrong, mais cinco regras adicionais. Três das regras adicionais envolvem apenas DMVs:

- **Complementação da DMVs:** se $X \twoheadrightarrow Y$, então $X \twoheadrightarrow R - XY$.
- **Aumento da DMV:** se $X \twoheadrightarrow Y$ e $W \supseteq Z$, então $WZ \twoheadrightarrow YZ$.
- **Transitividade da DMV:** se $X \twoheadrightarrow Y$ e $Y \twoheadrightarrow Z$, então $X \twoheadrightarrow (Z - Y)$.

Como exemplo do uso dessas regras, como temos $C \twoheadrightarrow T$ sobre CTB, a complementação da DMV também nos permite inferir que $C \twoheadrightarrow CTB - CT$; isto é, $C \twoheadrightarrow B$. As duas regras restantes relacionam-se com DFs e DMVs:

- **Replicação:** se $X \to Y$, então $X \twoheadrightarrow Y$.
- **Coalescência:** se $X \twoheadrightarrow Y$ e existe um W tal que $W \cap Y$ é vazio, $W \to Z$ e $Y \supseteq Z$, então $X \to Z$.

Observe que a replicação diz que toda DF também é uma DMV.

19.8.2 Quarta Forma Normal

A quarta forma normal é uma generalização direta da FNBC. Seja R um esquema de relação, sejam X e Y subconjuntos não vazios dos atributos de R e seja F um conjunto de dependências que inclui tanto DFs como DMVs. Diz-se que R está na **quarta forma normal (4FN)** se para toda DMVs $X \twoheadrightarrow Y$ que vale sobre R, uma das seguintes declarações é verdadeira:

- $Y \subseteq X$ ou $XY = R$ ou
- X é uma superchave.

Ao se ler essa definição, é importante entender que a definição de *chave* não mudou — a chave deve determinar univocamente todos os atributos apenas por meio das DFs. $X \twoheadrightarrow Y$ é uma **DVM trivial**, se $Y \subseteq X \subseteq R$ ou $XY = R$; tais DVMs sempre valem.

A relação CTB não está na 4FN, pois $C \twoheadrightarrow T$ é uma DVM não-trivial e C não é uma chave. Podemos eliminar a redundância resultante decompondo CTB em CT e CB; então, cada uma dessas relações estará na 4FN.

Para usar totalmente as informações da DVM, devemos entender a teoria das DVMs. Entretanto, o resultado a seguir, devido a Date e Fagin, identifica condições — detectadas usando-se apenas informações da DF! — sob as quais podemos ignorar com segurança as informações da DVM. Isto é, usar informações da DVM, além das informações da DF, não revelará nenhuma redundância. Portanto, se essas condições são válidas, nem mesmo precisamos identificar todas as DVMs.

Se um esquema de relação está na FNBC e pelo menos uma de suas chaves consiste em um único atributo, ele também está na 4FN.

Uma suposição importante está implícita em qualquer aplicação do resultado anterior: *o conjunto de DFs identificado até aqui é, na realidade, o conjunto de todas as DFs que valem sobre a relação*. Essa suposição é importante porque o resultado conta com o fato de a relação estar na FNBC, a qual, por sua vez, depende do conjunto de DFs que valem sobre a relação.

Ilustramos esse ponto usando um exemplo. Considere um esquema de relação $ABCD$ e suponha que sejam dadas a DF $A \to BCD$ e a DVM $B \twoheadrightarrow C$. Considerando apenas essas dependências, esse esquema de relação parece ser um contra-exemplo do resultado. A relação tem uma chave simples, parece estar na FNBC e ainda não está na 4FN porque $B \twoheadrightarrow C$ causa uma violação das condições da 4FN. Vamos examinar detalhadamente.

B	C	A	D	
b	c_1	a_1	d_1	— tupla t_1
b	c_2	a_2	d_2	— tupla t_2
b	c_1	a_2	d_2	— tupla t_3

Figura 19.15 Três tuplas de uma instância válida de $ABCD$.

A Figura 19.15 mostra três tuplas de uma instância de $ABCD$ que satisfazem a DVM dada $B \twoheadrightarrow C$. A partir da definição de DVM, dadas as tuplas t_1 e t_2, segue-se que a tupla t_3 também deve estar incluída na instância. Considere as tuplas t_2 e t_3. A partir da DF dada $A \to BCD$ e do fato de que essas tuplas têm o mesmo valor de A, podemos deduzir que $c_1 = c_2$. Portanto, vemos que a DF $B \to C$ deve valer sobre

$ABCD$, quando a DF $A \to BCD$ e a DVM $B \twoheadrightarrow C$ valem. Se $B \to C$ vale, a relação $ABCD$ não está na FNBC (a menos que DFs adicionais transformem B em uma chave)!

Assim, na verdade, o aparente contra-exemplo não é um contra-exemplo — em vez disso, ele ilustra a importância de se identificar corretamente todas as DFs que valem sobre uma relação. Nesse exemplo, $A \to BCD$ não é a única DF; a DF $B \to C$ também vale, mas não foi identificada inicialmente. Dado um conjunto de DFs e DVMs, as regras de inferência podem ser usadas para se inferir DFs (e DVMs) adicionais; para aplicarmos o resultado de Date-Fagin sem primeiro utilizarmos as regras de inferência de DVM, devemos ter certeza de que identificamos todas as DFs.

Em resumo, o resultado de Date-Fagin oferece uma maneira conveniente de verificar se uma relação está na 4FN (sem raciocinarmos sobre as DVMs), se tivermos certeza de termos identificado todas as DFs. Neste ponto, o leitor fica convidado a estudar os exemplos que discutimos neste capítulo e ver se há uma relação que não está na 4FN.

19.8.3 Dependências de Junção

Uma dependência de junção é uma generalização maior das DVMs. Diz-se que uma **dependência de junção** (DJ) $\bowtie \{R_1, ..., R_n\}$ vale sobre uma relação R, se $R_1, ... R_n$ é uma decomposição sem perda de junção de R.

Uma DVM $X \twoheadrightarrow Y$ sobre uma relação R pode ser expressa como a dependência de junção $\bowtie \{XY, X(R–Y)\}$. Como exemplo, na relação CTB, a DVM $C \twoheadrightarrow T$ pode ser expressa como a dependência de junção $\bowtie \{CT, CB\}$.

Ao contrário das DFs e DVMs, não há nenhuma regra de inferência correta e completa para DJs.

19.8.4 Quinta Forma Normal

Diz-se que um esquema de relação R está na **quinta forma normal (5FN)** se, para cada DJ $\bowtie \{R_1, ..., R_n\}$ que vale sobre R, uma das seguintes declarações é verdadeira:

- $R_i = R$ para algum i, ou
- A DJ é implicada pelo conjunto das DFs sobre R nas quais o lado esquerdo é uma chave para R.

A segunda condição merece alguma explicação, pois não apresentamos regras de inferência para DFs e DVMs tomadas em conjunto. Intuitivamente, devemos ser capazes de mostrar que a decomposição de R em $\{R_1, ..., R_n\}$ é sem perda de junção quando as **dependências de chave** (DFs nas quais o lado esquerdo é uma chave para R) são válidas. A DJ $\bowtie \{R_1, ..., R_n\}$ é **trivial** se $R_i = R$ para algum i; tal DJ sempre vale.

O resultado a seguir, também devido a Date e Fagin, identifica as condições — novamente, detectadas usando-se apenas informações de DF — sob as quais podemos ignorar com segurança as informações da DJ:

> Se um esquema de relação está na 3FN e cada uma de suas chaves consiste em um único atributo, ela também está na 5FN.

As condições identificadas nesse resultado são suficientes para que uma relação esteja na 5FN, mas não são necessárias. O resultado pode ser muito útil na prática, pois ele nos permite concluir que uma relação está na 5FN *sem jamais identificar as DVMs e DJs que podem valer sobre a relação*.

19.8.5 Dependências de Inclusão

Conforme vimos, as DVMs e DJs podem ser usadas para guiar o projeto de bancos de dados, embora sejam menos comuns do que as DFs e mais difíceis de reconhecer e raciocinar a respeito. Em contraste, as dependências de inclusão são muito intuitivas e bastante comuns. Entretanto, elas normalmente têm pouca influência sobre o projeto de bancos de dados (além do estágio do projeto ER).

Informalmente, uma dependência de inclusão é uma declaração da forma que algumas colunas de uma relação estão contidas em outras colunas (normalmente de uma segunda relação). Um restrição de chave estrangeira é um exemplo de dependência de inclusão; a(s) coluna(s) de referência em uma relação deve(m) estar contida(s) na(s) coluna(s) de chave primária da relação referenciada. Como outro exemplo, se R e S fossem duas relações obtidas pela transformação de dois conjuntos de entidades em que toda entidade de R também é uma entidade de S, teríamos uma dependência de inclusão; projetar R em seus atributos de chave gera uma relação contida na relação obtida pela projeção de S em seus atributos de chave.

O ponto principal a ser lembrado é que não devemos dividir os grupos de atributos que participam de uma dependência de inclusão. Por exemplo, se temos uma dependência de inclusão $AB \subseteq CD$, ao decompormos o esquema de relação que contém AB, devemos garantir que pelo menos um dos esquemas obtidos na decomposição contenha A e B. Caso contrário, não poderemos verificar a dependência de inclusão $AB \subseteq CD$ sem reconstruir a relação que contém AB.

Na prática, a maioria das dependências de inclusão é *baseada em chave*; isto é, envolve apenas chaves. As restrições de chave estrangeira são bons exemplos de dependências de inclusão baseadas em chave. Um diagrama ER que envolve hierarquias ISA (veja a Seção 2.4.4) também leva a dependências de inclusão baseadas em chave. Se todas as dependências de inclusão são baseadas em chave, raramente precisamos nos preocupar com a divisão de grupos de atributo que participam das dependências de inclusão, pois as decomposições normalmente não dividem a chave primária. Note, entretanto, que ir da 3FN para a FNBC sempre envolve a divisão de alguma chave (de preferência, não a chave primária!), pois a dependência que guia a divisão é da forma $X \rightarrow A$, onde A faz parte de uma chave.

19.9 ESTUDO DE CASO: A LOJA NA INTERNET

Lembre-se, da Seção 3.8, que a DBDudes estabeleceu o seguinte esquema:

Livros(*isbn:* CHAR(10), *título:* CHAR(8), *autor:* CHAR(80),
    qtidade_em_estoque: INTEGER, *preço:* REAL, *ano_publicação:* INTEGER)
Clientes(*id-cliente:* INTEGER, *nome-cliente:* CHAR(80), *endereço:* CHAR(200))
Pedidos(*num-pedido:* INTEGER, *isbn:* CHAR(10), *id-cliente:* INTEGER,
    num-cartão: CHAR(16), *qtidade:* INTEGER, *data_pedido:* DATE, *data_remessa:* DATE)

A DBDudes analisa o conjunto de relações para identificar uma possível redundância. A relação Livros tem apenas uma chave (*isbn*) e nenhuma outra dependência funcional vale sobre a tabela. Assim, Livros está na FNBC. A relação Clientes também tem apenas uma chave (*id-cliente*) e nenhuma outra dependência funcional vale sobre a tabela. Assim, Clientes também está na FNBC.

A DBDudes já identificou o par ⟨*num-pedido, isbn*⟩ como chave para a tabela Pedidos. Além disso, como cada pedido é feito por um cliente em uma data específica, com um número de cartão de crédito específico, as três dependências funcionais a seguir são válidas:

num-pedido → *id-cliente*, *num-pedido* → *data_pedido* e *num-pedido* → *num-cartão*

Os especialistas da DBDudes concluem que Pedidos não está nem mesmo na 3FN. (Você consegue ver por que?) Eles decidem decompor Pedidos nas duas relações a seguir:

Pedidos(<u>num-pedido</u>, id-cliente, data_pedido, num-cartão) e
Lista_Pedidos(<u>num-pedido, isbn</u>, qtidade, data_remessa)

As duas relações resultantes, Pedidos e Lista_Pedidos, estão ambas na FNBC e a decomposição é sem perda de junção, pois *num-pedido* é uma chave para (a nova) Pedidos. O leitor fica convidado a verificar que essa decomposição também preserva a dependência. Para sermos completos, fornecemos a seguir a DLL em SQL das relações Pedidos e Lista_Pedidos:

```
CREATE TABLE Pedidos ( num-pedido    INTEGER,
                       id-cliente    INTEGER,
                       data_pedido   DATE,
                       num-cartão    CHAR(16),
                       PRIMARY KEY (num-pedido)
                       FOREIGN KEY (id-cliente) REFERENCES Clientes )

CREATE TABLE Lista_Pedidos ( num-pedido    INTEGER,
                             isbn          CHAR(10),
                             qtidade       INTEGER,
                             data_remessa  DATE,
                             PRIMARY KEY (num-pedido, isbn)
                             FOREIGN KEY (isbn) REFERENCES Livros )
```

A Figura 19.16 mostra um diagrama ER atualizado que reflete o novo projeto. Note que a DBDudes poderia ter chegado a esse diagrama imediatamente, se desde o início tivesse tornado Pedidos um conjunto de entidades, em vez de um conjunto de relacionamentos. Mas naquele momento ela não tinha entendido os requisitos completamente e parecia natural modelar Pedidos como um conjunto de relacionamentos. Esse processo de refinamento iterativo é típico dos processos de projeto de bancos de dados reais. Conforme a DBDudes aprendeu com o passar do tempo, é raro obter um projeto inicial que não seja alterado à medida que um projeto progride.

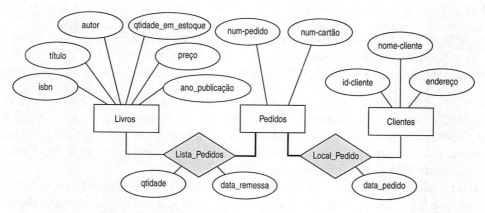

Figura 19.16 Diagrama ER refletindo o projeto final.

Refinamento, Sintonização e Formas Normais 535

A equipe da DBDudes celebra a conclusão bem-sucedida do projeto lógico do banco de dados e do refinamento do esquema abrindo uma garrafa de champanha e fazendo a B&N pagar. Após se recuperar da celebração, eles partem para a fase do projeto físico.

19.10 QUESTÕES DE REVISÃO

As respostas das questões de revisão podem ser encontradas nas seções listadas.

- Ilustre a redundância e os problemas que ela pode causar. Dê exemplos de anomalias de *inserção, exclusão* e *atualização*. Valores *nulos* podem ajudar a tratar desses problemas? Eles são uma solução completa? **(Seção 19.1.1)**

- O que é *decomposição* e como ela trata da redundância? Quais problemas podem ser causados pelo uso de decomposições? **(Seções 19.1.2 e 19.1.3)**

- Defina *dependências funcionais*. Como as *chaves primárias* se relacionam com as DFs? **(Seção 19.2)**

- Quando uma DF f é *implicada por* um conjunto F de DFs? Defina os *Axiomas de Armstrong* e explique a declaração de que "eles são um conjunto correto e completo de regras de inferência de DF". **(Seção 19.3)**

- O que é o *fechamento de dependência* F^+ de um conjunto F de DFs? O que é o *fechamento de atributo* X^+ de um conjunto de atributos X com relação a um conjunto de DFs F? **(Seção 19.3)**

- Defina 1FN, 2FN, 3FN e FNBC. Qual é a motivação para se colocar uma relação na FNBC? Qual é a motivação para a 3FN? **(Seção 19.4)**

- Quando se diz que a decomposição de um esquema de relação R em dois esquemas de relação X e Y é *sem perda de junção*? Por que essa propriedade é tão importante? Dê a condição necessária e suficiente para testar se uma decomposição é sem perda de junção. **(Seção 19.5.1)**

- Quando se diz que uma decomposição está *preservando a dependência*? Por que essa propriedade é útil? **(Seção 19.5.2)**

- Descreva como podemos obter uma decomposição sem perda de junção de uma relação na FNBC. Dê um exemplo para mostrar que pode não haver uma decomposição com preservação da dependência na FNBC. Ilustre como determinada relação poderia ser decomposta de diferentes maneiras para chegar a várias decomposições alternativas e discuta as implicações no projeto de bancos de dados. **(Seção 19.6.1)**

- Dê um exemplo que ilustre como uma coleção de relações na FNBC poderia ter redundância mesmo que cada relação, por si só, esteja livre de redundância. **(Seção 19.6.1)**

- O que é a *cobertura mínima* de um conjunto de DFs? Descreva um algoritmo para calcular a cobertura mínima de um conjunto de DFs e ilustre com um exemplo. **(Seção 19.6.2)**

- Descreva como o algoritmo para decomposição sem perda de junção para FNBC pode ser adaptado para se obter uma decomposição sem perda de junção com preservação da dependência na 3FN. Descreva a estratégia de *síntese* alternativa para se obter tal decomposição na 3FN. Ilustre as duas estratégias usando um exemplo. **(Seção 19.6.2)**

- Discuta como o refinamento de esquema por meio de análise de dependência e normalização pode aprimorar os esquemas obtidos por meio do projeto ER. **(Seção 19.7)**

- Defina *dependências multivaloradas, dependências de junção* e *dependências de inclusão*. Discuta o uso dessas dependências no projeto de bancos de dados. Defina

4FN e 5FN e explique como elas evitam certos tipos de redundância que a FNBC não elimina. Descreva testes para 4FN e 5FN que utilizem apenas DFs. Qual suposição importante está envolvida nesses testes? **(Seção 19.8)**

EXERCÍCIOS

Exercício 19.1 Responda sucintamente às seguintes perguntas:

1. Defina o termo *dependência funcional*.
2. Por que algumas dependências funcionais são chamadas de *triviais*?
3. Forneça um conjunto de DFs para o esquema de relação *R(A,B,C,D)* com chave primária *AB* sob o qual *R* está na 1FN, mas não na 2FN.
4. Forneça um conjunto de DFs para o esquema de relação *R(A,B,C,D)* com chave primária *AB* sob o qual *R* está na 2FN, mas não na 3FN.
5. Considere o esquema de relação *R(A,B,C)*, o qual tem a DF $B \to C$. Se *A* é uma chave candidata para *R*, é possível que *R* esteja na FNBC? Se assim for, sob quais condições isso acontece? Se não for, explique por que.
6. Suponha que tenhamos um esquema de relação *R(A,B,C)*, representando um relacionamento entre dois conjuntos de entidades com chaves *A* e *B* respectivamente, e suponha que *R* tenha (dentre outras) as DFs $A \to B$ e $B \to A$. Explique o que esse par de dependências significa (isto é, o que eles implicam a respeito do relacionamento que a relação modela).

Exercício 19.2 Considere uma relação *R* com cinco atributos, *ABCDE*. Você recebe as seguintes dependências: $A \to B$, $BC \to E$ e $ED \to A$.

1. Liste todas as chaves para *R*.
2. *R* está na 3FN?
3. *R* está na FNBC?

Exercício 19.3 Considere a relação mostrada na Figura 19.17.

X	Y	Z
x_1	y_1	z_1
x_1	y_1	z_2
x_2	y_1	z_1
x_2	y_1	z_3

Figura 19.17 Relação para o Exercício 19.3.

1. Liste todas as dependências funcionais que essa instância de relação satisfaz.
2. Suponha que o valor do atributo *Z* do último registro da relação seja alterado de z_3 para z_2. Agora, liste todas as dependências funcionais que essa instância de relação satisfaz.

Exercício 19.4 Suponha que você receba uma relação com atributos *ABCD*.

1. Suponha que nenhum registro tenha valores NULL. Escreva uma consulta em SQL que verifique se a dependência funcional $A \to B$ vale.
2. Suponha novamente que nenhum registro tenha valores NULL. Escreva uma declaração em SQL que verifique a dependência funcional $A \to B$.

3. Vamos supor agora que os registros possam ter valores NULL. Repita as duas questões anteriores sob essa suposição.

Exercício 19.5 Considere a seguinte coleção de relações e dependências. Para cada questão, suponha que cada relação seja obtida por meio da decomposição de uma relação com atributos *ABCDEFGHI* e que todas as dependências conhecidas sobre essa relação sejam listadas. (Obviamente, as questões são independentes umas das outras, pois as dependências dadas sobre *ABCDEFGHI* são diferentes.) Para cada (sub)relação: (a) Indique a forma normal mais forte em que a relação está. (b) Se ela não estiver na FNBC, decomponha-a em uma coleção de relações na FNBC.

1. $R1(A,C,B,D,E)$, $A \to B$, $C \to D$
2. $R2(A,B,F)$, $AC \to E$, $B \to F$
3. $R3(A,D)$, $D \to G$, $G \to H$
4. $R4(D,C,H,G)$, $A \to I$, $I \to A$
5. $R5(A,I,C,E)$

Exercício 19.6 Suponha que tenhamos as três tuplas a seguir em uma instância válida de um esquema de relação S, com três atributos ABC (listados em ordem): (1,2,3), (4,2,3) e (5,3,3).

1. Quais das seguintes dependências você pode inferir que *não* valem sobre o esquema S?

    (a) $A \to B$, (b) $BC \to A$, (c) $B \to C$

2. Você consegue identificar quaisquer dependências que sejam válidas sobre S?

Exercício 19.7 Suponha que você receba uma relação R com quatro atributos, $ABCD$. Para cada um dos seguintes conjuntos de DFs, supondo que essas sejam as únicas dependências que valem para R, faça o seguinte: (a) Identifique a(s) chave(s) candidata(s) para R. (b) Identifique a melhor forma normal que R satisfaz (1FN, 2FN, 3FN ou FNBC). (c) Se R não estiver na FNBC, decomponha-a em um conjunto de relações na FNBC que preservem as dependências.

1. $C \to D$, $C \to A$, $B \to C$
2. $B \to C$, $D \to A$
3. $ABC \to D$, $D \to A$
4. $A \to B$, $BC \to D$, $A \to C$
5. $AB \to C$, $AB \to D$, $C \to A$, $D \to B$

Exercício 19.8 Considere o conjunto de atributos $R = ABCDEGH$ e o conjunto de DFs $F = \{AB \to C, AC \to B, AD \to E, B \to D, BC \to A, E \to G\}$.

1. Para cada um dos conjuntos de atributos a seguir, faça o seguinte: (i) Calcule o conjunto de dependências que valem sobre o conjunto e indique a cobertura mínima. (ii) Cite a forma normal mais forte que não é violada pela relação que contém esses atributos. (iii) Decomponha-o em uma coleção de relações da FNBC, se não estiver nessa forma.

    (a) ABC, (b) $ABCD$, (c) $ABCEG$, (d) $DCEGH$, (e) $ACEH$

2. Quais das seguintes decomposições de $R= ABCDEG$, com o mesmo conjunto de dependências F, (a) preservam a dependência? (b) são sem perda de junção?

    (a) $\{AB, BC, ABDE, EG\}$
    (b) $\{ABC, ACDE, ADG\}$

Exercício 19.9 Seja R decomposta em $R_1, R_2, ..., R_n$. Seja F um conjunto de DFs em R.

1. Defina o que significa *F ser preservado* no conjunto de relações decompostas.
2. Descreva um algoritmo de tempo polinomial para testar a preservação da dependência.
3. Projetar as DFs definidas sobre um conjunto de atributos X em um subconjunto de atributos Y exige que consideremos o fechamento das DFs. Dê um exemplo onde considerar o fecha-

mento seja importante no teste de preservação da dependência; isto é, considerar apenas as DFs dadas fornece resultados incorretos.

Exercício 19.10 Suponha que você receba uma relação $R(A,B,C,D)$. Para cada um dos seguintes conjuntos de DFs, supondo que elas sejam as únicas dependências válidas para R, faça o seguinte: (a) Identifique a(s) chave(s) candidata(s) para R. (b) Indique se a decomposição proposta de R em relações menores é uma boa decomposição ou não e explique sucintamente por que sim ou por que não.

1. $B \to C$, $D \to A$; decomponha em BC e AD.
2. $AB \to C$, $C \to A$, $C \to D$; decomponha em ACD e BC.
3. $A \to BC$, $C \to AD$; decomponha em ABC e AD.
4. $A \to B$, $B \to C$, $C \to D$; decomponha em AB e ACD.
5. $A \to B$, $B \to C$, $C \to D$; decomponha em AB, AD e CD.

Exercício 19.11 Considere uma relação R que tem três atributos, ABC. Ela é decomposta nas relações R_1, com atributos AB, e R_2, com atributos BC.

1. Apresente a definição de uma decomposição sem perda de junção com relação a esse exemplo. Responda esta questão concisamente, escrevendo uma equação da álgebra relacional envolvendo R, R_1 e R_2.
2. Suponha que $B \twoheadrightarrow C$. A decomposição de R em R_1 e R_2 é sem perda de junção? Harmonize sua resposta com a observação de que nem a DF $R_1 \cap R_2 \to R_1$ nem a DF $R_1 \cap R_2 \to R_2$ valem, de acordo com o teste simples, oferecendo uma condição necessária e suficiente para a decomposição sem perda de junção em duas relações da Seção 19.5.1.
3. Se você recebe as instâncias de R_1 e R_2 a seguir, o que pode dizer a respeito da instância de R, a partir da qual elas foram obtidas? Responda esta pergunta listando tuplas que estejam definitivamente em R e tuplas que possivelmente estejam em R.

   Instância de $R_1 = \{(5,1), (6,1)\}$
   Instância de $R_2 = \{(1,8), (1,9)\}$

Você pode dizer que o atributo B definitivamente *é* ou *não é* uma chave para R?

Exercício 19.12 Suponha que temos as quatro tuplas a seguir, em uma relação S com três atributos, ABC: (1,2,3), (4,2,3), (5,3,3), (5,3,4). Quais das seguintes dependências funcionais ($\to$) e multivaloradas ($\twoheadrightarrow$) você pode inferir que *não* valem sobre a relação S?

1. $A \to B$
2. $A \twoheadrightarrow B$
3. $BC \to A$
4. $BC \twoheadrightarrow A$
5. $B \to C$
6. $B \twoheadrightarrow C$

Exercício 19.13 Considere uma relação R com cinco atributos, $ABCDE$.

1. Para cada uma das instâncias de R a seguir, indique se ela viola (a) a DF $BC \to D$ e (b) a DMV $BC \twoheadrightarrow D$:

   (a) {} (isto é, uma relação vazia)
   (b) $\{(a,2,3,4,5), (2,a,3,5,5)\}$
   (c) $\{(a,2,3,4,5), (2,a,3,5,5), (a,2,3,4,6)\}$
   (d) $\{(a,2,3,4,5), (2,a,3,4,5), (a,2,3,6,5)\}$
   (e) $\{(a,2,3,4,5), (2,a,3,7,5), (a,2,3,4,6)\}$
   (f) $\{(a,2,3,4,5), (2,a,3,4,5), (a,2,3,6,5), (a,2,3,6,6)\}$
   (g) $\{(a,2,3,4,5), (2,a,3,6,5), (a,2,3,6,6), (a,2,3,4,6)\}$

2. Se cada instância de R listada anteriormente é válida, o que você pode dizer sobre a DF $A \to B$?

Exercício 19.14 As DJs são motivadas pelo fato de que, às vezes, uma relação que não pode ser decomposta em duas relações menores de modo a serem sem perda de junção, pode ser decomposta com essa característica em três ou mais relações. Um exemplo é uma relação com atributos fornecedor, peça e projeto, denotados por *SPJ*, sem nenhuma DF nem DMV. A DJ $\bowtie \{SP, PJ, JS\}$ é válida.

A partir da DJ, o conjunto de esquemas de relação *SP*, *PJ* e *JS* é uma decomposição sem perda de junção de *SPJ*. Construa uma instância de *SPJ* para ilustrar que apenas dois desses esquemas não são suficientes.

Exercício 19.15 Responda às seguintes perguntas

1. Prove que o algoritmo mostrado na Figura 19.4 calcula corretamente o fechamento de atributo do conjunto de atributos de entrada X.
2. Descreva um algoritmo de tempo linear (no tamanho do conjunto de DFs, onde o tamanho de cada DF é o número de atributos envolvidos) para encontrar o fechamento de atributo de um conjunto de atributos com relação a um conjunto de DFs. Prove que seu algoritmo calcula corretamente o fechamento de atributo do conjunto de atributos de entrada.

Exercício 19.16 Digamos que uma DF $X \to Y$ seja *simples* se Y é um único atributo.

1. Substitua a DF $AB \to CD$ pela menor coleção equivalente de DFs simples.
2. Prove que toda DF $X \to Y$ em um conjunto de DFs F pode ser substituída por um conjunto de DFs simples, tal que F^+ é igual ao fechamento do novo conjunto de DFs.

Exercício 19.17 Prove que os Axiomas de Armstrong são corretos e completos para a inferência de DF. Isto é, mostre que a aplicação repetida desses axiomas em um conjunto F de DFs produz exatamente as dependências em F^+.

Exercício 19.18 Considere uma relação R com atributos $ABCDE$. Sejam dadas as seguintes DFs: $A \to BC$, $BC \to E$ e $E \to DA$. Analogamente, seja S uma relação com atributos $ABCDE$ e sejam dadas as seguintes DFs: $A \to BC$, $B \to E$ e $E \to DA$. (Somente a segunda dependência difere daquelas que valem sobre R.) Você não sabe se (ou quais) outras dependências (de junção) valem.

1. R está na FNBC?
2. R está na 4FN?
3. R está na 5FN?
4. S está na FNBC?
5. S está na 4FN?
6. S está na 5FN?

Exercício 19.19 Seja R um esquema de relação com um conjunto F de DFs. Prove que a decomposição de R em R_1 e R_2 é sem perda de junção se e somente se F^+ contém $R_1 \cap R_2 \to R_1$ ou $R_1 \cap R_2 \to R_2$.

Exercício 19.20 Considere um esquema R com DFs F que é decomposto em esquemas com atributos X e Y. Mostre que isso está preservando a dependência se $F \subseteq (F_X \cup F_Y)^+$.

Exercício 19.21 Prove que a otimização do algoritmo de decomposição sem perda de junção com preservação de dependência em relações na 3FN (Seção 19.6.2) está correta.

Exercício 19.22 Prove que o algoritmo de síntese da 3FN produz uma decomposição sem perda de junção da relação que contém todos os atributos originais.

Exercício 19.23 Prove que uma DMV $X \twoheadrightarrow Y$ sobre uma relação R pode ser expressa como a dependência de junção $\bowtie \{XY, X(R - Y)\}$.

Exercício 19.24 Prove que, se R tem apenas uma chave, ela está na FNBC se e somente se está na 3FN.

Exercício 19.25 Prove que, se R está na 3FN e toda chave é simples, então R está na FNBC.

Exercício 19.26 Prove as seguintes afirmativas.

1. Se um esquema de relação está na FNBC e pelo menos uma de suas chaves consiste em um único atributo, ele também está na 4FN.
2. Se um esquema de relação está na 3FN e cada chave tem um atributo único, ele também está na 5FN.

Exercício 19.27 Forneça um algoritmo para testar se um esquema de relação está na FNBC. O algoritmo deve ser polinomial no tamanho do conjunto de DFs dado. (O *tamanho* é a soma, sobre todas as DFs, do número de atributos que aparecem na DF.) Existe um algoritmo polinomial para testar se um esquema de relação está na 3FN?

Exercício 19.28 Forneça um algoritmo para testar se um esquema de relação está na FNBC. O algoritmo deve ser polinomial no tamanho do conjunto de DFs dado. (O "tamanho" é a soma, sobre todas as DFs, do número de atributos que aparecem na DF.) Existe um algoritmo polinomial para testar se um esquema de relação está na 3FN?

Exercício 19.29 Prove que o algoritmo para decomposição de um esquema de relação com um conjunto de DFs em uma coleção de esquemas de relação na FNBC, conforme descrito na Seção 19.6.1, está correto (isto é, produz uma coleção de relações na FNBC e é sem perda de junção) e termina.

NOTAS BIBLIOGRÁFICAS

As apresentações em livro-texto da teoria da dependência e seu uso no projeto de bancos de dados incluem [3, 45, 501, 509, 747]. Bons artigos de levantamento sobre o assunto incluem [755, 415].

As DFs foram introduzidas em [187], junto com o conceito de 3FN, e axiomas para inferir DFs foram apresentados em [38]. A FNBC foi apresentada em [188]. O conceito de instância de relação válida e satisfação de dependência são estudados formalmente em [328]. As DFs foram generalizadas para modelos de dados semânticos em [768].

O fato de uma chave ser NP completo está mostrado em [497]. As decomposições sem perda de junção foram estudadas em [28, 502, 627]. As decomposições com preservação da dependência foram estudadas em [74]. [81] apresentou as coberturas mínimas. A decomposição na 3FN é estudada por [81, 98] e a decomposição na FNBC é tratada em [742]. [412] mostra que testar se uma relação está na 3FN é NP completo. [253] apresentou a 4FN e discutiu a decomposição na 4FN. Fagin apresentou outras formas normais em [254] (forma normal de junção de projeto) e em [255] (forma normal de chave de domínio). Em contraste com o amplo estudo das decomposições verticais, houve relativamente pouca investigação formal das decomposições horizontais. [209] investiga as decomposições horizontais.

As DMVs foram descobertas independentemente por Delobel [211], Fagin [253] e Zaniolo [789]. Os axiomas para DFs e DMVs foram apresentados em [73]. [593] mostra que não há nenhuma axiomatização para DJs, embora [662] forneça uma axiomatização para uma classe mais geral de dependências. As condições suficientes para a 4FN e para a 5FN, em termos de DFs que foram discutidas na Seção 19.8, são de [205]. Uma abordagem do projeto de bancos de dados que utiliza informações de dependência para construir exemplos de instâncias de relação está descrita em [508, 509].

20
PROJETO FÍSICO DE BANCO DE DADOS E SINTONIZAÇÃO

- ☞ O que é projeto físico de banco de dados?
- ☞ O que é carga de trabalho de uma consulta?
- ☞ Como escolhemos índices? Quais ferramentas estão disponíveis?
- ☞ O que é co-agrupamento e como é usado?
- ☞ Quais são as opções na sintonização (tuning) de um banco de dados?
- ☞ Como sintonizamos consultas e visões?
- ☞ Qual é o impacto da concorrência sobre o desempenho?
- ☞ Como podemos reduzir a disputa por bloqueio e pontos ativos?
- ☞ Quais são os benchnarks de banco de dados populares e como são usados?
- ➡ **Conceitos-chave:** projeto físico de banco de dados, sintonização de banco de dados, carga de trabalho, co-agrupamento, sintonização de índice, assistente de sintonização, configuração de índices, ponto ativo, disputa por bloqueio, benchmarks de banco de dados, transações por segundo,

> Conselho a um cliente que reclamou de goteira no telhado sobre a mesa de jantar: "Mude a mesa de lugar".
>
> —Arquiteto Frank Lloyd Wright

O desempenho de um SGBD em consultas feitas comumente e operações de atualização típicas é a medida definitiva do projeto de um banco de dados. Um administrador de banco de dados pode melhorar o desempenho identificando gargalos e ajustando alguns parâmetros do SGBD (por exemplo, o tamanho do pool de buffers ou a freqüência dos pontos de verificação) ou adicionando hardware para eliminar tais gargalos. Entretanto, o primeiro passo para se obter um bom desempenho é fazer boas escolhas para o projeto do banco de dados, que é o foco deste capítulo.

Após projetarmos os esquemas *conceitual* e *externo*, isto é, criarmos uma coleção de relações e visões, junto com um conjunto de restrições de integridade, devemos tratar dos objetivos de desempenho por meio do **projeto físico do banco de dados**, no qual projetamos o esquema *físico*. À medida que os requisitos do usuário evoluem, normalmente é necessário **sintonizar**, ou ajustar, todos os aspectos do projeto de um banco de dados para obter um bom desempenho.

Este capítulo é organizado como segue. Mostramos um panorama do projeto físico e da sintonização do banco de dados na Seção 20.1. As decisões sobre o projeto físico mais importantes se relacionam com a escolha de índices. Apresentamos diretrizes para decidir quais índices devem ser criados na Seção 20.2. Essas diretrizes são ilustradas por meio de vários exemplos e melhor desenvolvidas na Seção 20.3. Na Seção 20.4, examinamos de perto o importante problema do agrupamento; discutimos como se faz para escolher índices agrupados e se tuplas de diferentes relações serão armazenadas próximas umas das outras (uma opção suportada por alguns SGBDs). Na Seção 20.5, enfatizamos como índices bem escolhidos podem permitir que algumas consultas sejam respondidas sem nem mesmo examinar os registros de dados reais. A Seção 20.6 discute as ferramentas que podem ajudar o administrador de banco de dados a selecionar índices automaticamente.

Na Seção 20.7, fazemos um levantamento dos principais problemas de sintonização do banco de dados. Além de sintonizar índices, talvez tenhamos que sintonizar o esquema conceitual, assim como as consultas e definições de visões freqüentemente utilizadas. Discutimos como se faz para refinar o esquema conceitual, na Seção 20.8, e como refinar definições de consultas e definições de visões, na Seção 20.9. Discutimos brevemente o impacto sobre o desempenho do acesso concorrente, na Seção 20.10. Ilustramos a sintonização de nosso exemplo de loja na Internet na Seção 20.11. Concluimos o capítulo com uma breve discussão sobre benchmarks de SGBD na Seção 20.12; os benchmarks ajudam a avaliar o desempenho de produtos de SGBD alternativos.

20.1 INTRODUÇÃO AO PROJETO FÍSICO DE BANCO DE DADOS

Assim como todos os outros aspectos do projeto de banco de dados, o projeto físico deve ser guiado pela natureza dos dados e seu uso pretendido. Em particular, é importante entender a **carga de trabalho** típica que o banco de dados deve suportar; a carga de trabalho consiste em uma mistura de consultas e atualizações. Os usuários também têm certos requisitos sobre a rapidez com que determinadas consultas ou atualizações devem ser executadas ou quantas transações devem ser processadas por segundo. A descrição da carga de trabalho e os requisitos de desempenho dos usuários são a base na qual várias decisões precisam ser tomadas durante o projeto físico do banco de dados.

Para criar um bom projeto físico de banco de dados e sintonizar o desempenho do sistema, em resposta à evolução dos requisitos do usuário, um projetista deve entender o funcionamento de um SGBD, especialmente as técnicas de indexação e de processamento de consultas suportadas. Se o banco de dados será acessado concorrentemente por muitos usuários, ou seja, um *banco de dados distribuído*, a tarefa torna-se mais complicada e outros recursos de um SGBD entram em ação. Discutiremos o impacto da concorrência no projeto de banco de dados na Seção 20.10 e os bancos de dados distribuídos no Capítulo 22.

Projeto Físico de Banco de Dados e Sintonização 543

> **Identificando Gargalos de Desempenho:** Todos os sistemas comerciais fornecem um conjunto de ferramentas para monitorar uma ampla variedade de parâmetros de sistema. Essas ferramentas, se usadas corretamente, podem ajudar a identificar gargalos de desempenho e sugerir aspectos do projeto do banco de dados e do código aplicativo que precisam ser sintonizados para desempenho. Por exemplo, podemos pedir ao SGBD para que monitore a execução do banco de dados por certo período de tempo e relate o número de varreduras agrupadas, cursores abertos, pedidos de bloqueio, pontos de verificação, varreduras de buffer, tempo médio de espera por bloqueios e muitas outras estatísticas que dão uma noção detalhada de um *snapshot* do sistema ativo. No Oracle, um relatório contendo essa informação pode ser gerado executando-se um script chamado UTLBSTAT.SQL para iniciar o monitoramento e um script UTLBSTAT.SQL para terminá-lo. O catálogo do sistema contém detalhes sobre o tamanho das tabelas, a distribuição de valores em chaves de índice e coisas assim. O plano gerado pelo SGBD para determinada consulta pode ser visto em uma tela gráfica que mostra o custo estimado de cada operador do plano. Embora os detalhes sejam específicos de cada fabricante, todos os principais produtos de SGBD que estão no mercado atualmente fornecem um conjunto de tais ferramentas.

20.1.1 Cargas de Trabalho de Banco de Dados

O segredo de um bom projeto físico é chegar a uma descrição precisa da carga de trabalho esperada. A **descrição da carga de trabalho** inclui o seguinte:

1. Uma lista das consultas (com sua freqüência, como uma proporção de todas as consultas / atualizações).
2. Uma lista das atualizações e sua freqüência.
3. Objetivos de desempenho para cada tipo de consulta e atualização.

Para cada consulta presente na carga de trabalho, devemos identificar:

- Quais relações são acessadas.
- Quais atributos são mantidos (na cláusula SELECT).
- Quais atributos estão em condições de seleção ou junção (na cláusula WHERE) e quanto essas condições provavelmente serão seletivas.

Analogamente, para cada atualização presente na carga de trabalho, devemos identificar:

- Quais atributos estão em condições de seleção ou junção (na cláusula WHERE) e quanto essas condições provavelmente serão seletivas.
- O tipo de atualização (INSERT, DELETE ou UPDATE) e a relação atualizada.
- Para comandos UPDATE, os campos modificados pela atualização.

Lembre-se de que, normalmente, as consultas e atualizações têm parâmetros; por exemplo, uma operação de débito ou crédito envolve um número de conta em particular. Os valores desses parâmetros determinam a seletividade das condições de seleção e junção.

As atualizações têm um componente de consulta que é usado para localizar as tuplas de destino. Esse componente pode tirar proveito de um bom projeto físico e da presença de índices. Por outro lado, normalmente as atualizações exigem trabalho adicional para manter índices sobre os atributos que modificam. Assim, embora as consultas só possam tirar proveito da presença de um índice, um índice pode acelerar ou retardar determinada atualização. Os projetistas devem ter esse compromisso em mente ao criarem índices.

20.1.2 Projeto Físico e Decisões de Sintonização

As decisões importantes tomadas durante o projeto físico do banco de dados e a sintonização do banco de dados incluem as seguintes:

1. *Escolha dos índices a serem criados:*
   - Quais relações serão indexadas e qual campo ou combinação de campos serão escolhidos como chaves de pesquisa do índice.
   - Para cada índice, ele deve ser agrupado ou não agrupado?
2. Sintonização *do esquema conceitual:*
   - *Esquemas normalizados alternativos:* normalmente, temos mais de uma maneira de decompor um esquema em uma forma normal desejada (FNBC ou 3FN). Uma escolha pode ser feita com base em critérios de desempenho.
   - *Desnormalização:* talvez queiramos reconsiderar decomposições de esquema realizadas para normalização, durante o processo de projeto do esquema conceitual, para melhorar o desempenho de consultas que envolvem atributos de várias relações decompostas anteriormente.
   - *Particionamento vertical:* sob certas circunstâncias, talvez queiramos decompor as relações ainda mais, para melhorar o desempenho de consultas que envolvem apenas alguns atributos.
   - *Visões:* talvez queiramos adicionar algumas visões para ocultar dos usuários as alterações feitas no esquema conceitual.
3. Sintonização *de consulta e transação:* as consultas e transações executadas freqüentemente podem ser reescritas para serem executadas mais rapidamente.

Em bancos de dados paralelos ou distribuídos, os quais discutiremos no Capítulo 22, existem escolhas adicionais a considerar, como particionar uma relação entre diferentes locais ou armanezar cópias de uma relação em vários locais.

20.1.3 Necessidade de Sintonização do Banco de Dados

Informações de carga de trabalho precisas e detalhadas podem ser difíceis de obter enquanto se faz o projeto inicial do sistema. Conseqüentemente, é importante sintonizar um banco de dados depois de ter sido projetado e distribuído — devemos refinar o projeto inicial de acordo com os padrões de utilização reais, para obter o melhor desempenho possível.

A distinção entre projeto de banco de dados e sintonização de banco de dados é um tanto arbitrária. Poderíamos considerar o processo de projeto terminado uma vez que o esquema conceitual inicial esteja projetado e um conjunto de decisões de indexação e agrupamento estejam tomadas. Quaisquer alterações subseqüentes no esquema conceitual ou nos índices, digamos, seriam então consideradas como sintonização. Como alternativa, poderíamos considerar algum refinamento do esquema conceitual (e as decisões de projeto físico afetadas por esse refinamento) como parte do processo do projeto físico.

Onde traçamos a linha entre projeto e sintonização não é muito importante e discutiremos simplesmente os problemas da seleção de índices e da sintonização do banco de dados, sem nos preocuparmos com o momento em que a sintonização é feita.

20.2 Diretrizes para Seleção de Índice

Ao considerarmos quais índices devem ser criados, começamos com a lista de consultas (incluindo as consultas que aparecem como parte de operações de atualização). Obviamente, apenas as relações acessadas por alguma consulta precisam ser consideradas como candidatas à indexação e a escolha dos atributos a indexar é guiada pelas condições que aparecem nas cláusulas WHERE das consultas presentes na carga de trabalho. A exigência de índices convenientes pode melhorar significativamente o plano de avaliação de uma consulta, conforme vimos nos Capítulos 8 e 12.

Uma estratégia de seleção de índices é considerar cada uma das consultas mais importantes por sua vez e, para cada uma, determinar qual plano o otimizador escolheria, dados os índices que estão correntemente em nossa lista de índices (a serem criados). Em seguida, consideramos se podemos chegar a um plano significativamente melhor por meio da adição de mais índices; se assim for, esses índices adicionais são candidatos à inclusão em nossa lista de índices. Em geral, as recuperações por intervalo tiram proveito de um índice de árvore B+ e as recuperações por correspondência exata tiram proveito de um índice de hashing. O agrupamento beneficia consultas por intervalo e, se várias entradas de dados contiverem o mesmo valor de chave, beneficia consultas por correspondência exata.

Entretanto, antes de adicionarmos um índice na lista, devemos considerar o impacto de ter esse índice nas atualizações em nossa carga de trabalho. Conforme observado anteriormente, embora um índice possa acelerar o componente de consulta de uma atualização, todos os índices de um atributo atualizado — em *qualquer* atributo, no caso de inserções e exclusões — devem ser atualizados quando o valor do atributo for alterado. Portanto, às vezes devemos considerar o custo-benefício de diminuir a velocidade de algumas operações de atualização na carga de trabalho para acelerar algumas consultas.

Claramente, a escolha de um bom conjunto de índices para determinada carga de trabalho exige um entendimento das técnicas de indexação disponíveis e do funcionamento do otimizador de consultas. As diretrizes a seguir para seleção de índice resumem nossa discussão:

Se é preciso indexar (diretriz 1): os pontos óbvios freqüentemente são os mais importantes. Não construa um índice a não ser que alguma consulta — incluindo os componentes de consulta de atualizações — tire proveito dele. Quando possível, escolha índices que acelerem mais de uma consulta.

Escolha da chave de pesquisa (diretriz 2): os atributos mencionados em uma cláusula WHERE são candidatos à indexação.

- Uma condição de seleção por correspondência exata sugere que consideremos um índice nos atributos selecionados, de preferência um índice de hashing.

- Uma condição de seleção por intervalo sugere que consideremos um índice de árvore B+ (ou ISAM) nos atributos selecionados. Normalmente, um índice de árvore B+ é preferível a um índice ISAM. Pode valer a pena considerar um índice ISAM se a relação for pouco atualizada, mas, por simplicidade, presumimos que um índice de árvore B+ é sempre escolhido, em detrimento de um índice ISAM.

Chaves de pesquisa com vários atributos (diretriz 3): os índices com chaves de pesquisa com vários atributos devem ser considerados nas duas situações a seguir:

- Uma cláusula WHERE inclui condições em mais de um atributo de uma relação.
- Eles permitem o uso de estratégias de avaliação somente de índice (isto é, o acesso à relação pode ser evitado) para consultas importantes. (Essa situação poderia levar à existência de atributos na chave de pesquisa, que não aparecem em cláusulas WHERE.)

Ao criar índices em chaves de pesquisa com vários atributos, se forem esperadas consultas por intervalo, tome o cuidado de ordenar os atributos na chave de pesquisa de acordo com as consultas.

Se é preciso agrupar (diretriz 4): no máximo um índice em determinada relação pode ser agrupado e o agrupamento afeta muito o desempenho; assim, a escolha do índice agrupado é importante.

- Como regra geral, as consultas por intervalo provavelmente tirarão o maior proveito dos agrupamentos. Se várias consultas por intervalo são propostas em uma relação, envolvendo diferentes conjuntos de atributos, considere a seletividade das consultas e sua freqüência relativa na carga de trabalho ao decidir qual índice deve ser agrupado.
- Se um índice permite o uso de uma estratégia de avaliação somente de índice para a consulta que pretende acelerar, o índice não precisa ser agrupado. (O agrupamento só importa quando o índice é usado para recuperar tuplas da relação subjacente.)

Índice de hashing *versus* de árvore (diretriz 5): normalmente, um índice de árvore B+ é preferível porque suporta consultas por intervalo, assim como consultas por igualdade. Um índice de hashing é melhor nas seguintes situações:

- O índice é destinado a suportar junção de loop aninhado indexado; a relação indexada é a interna e a chave de pesquisa inclui as colunas de junção. Nesse caso, a ligeira melhoria de um índice de hashing em relação a uma árvore B+ para seleções de igualdade é ampliada, pois uma seleção por igualdade é gerada para cada tupla da relação externa.
- Existe uma consulta por igualdade muito importante (e nenhuma consulta por intervalo) envolvendo os atributos da chave de pesquisa.

Balanceando o custo da manutenção de índice (diretriz 6): após fazer uma "lista dos desejos" de índices a serem criados, considere o impacto de cada índice nas atualizações da carga de trabalho.

- Se a manutenção do índice diminuir a velocidade de operações de atualizações freqüentes, considere a eliminação do índice.
- Entretanto, lembre-se de que adicionar um índice pode acelerar determinada operação de atualização. Por exemplo, um índice sobre IDs de funcionários poderia acelerar a operação de aumento de salário de determinado empregado (especificado pelo ID).

20.3 EXEMPLOS BÁSICOS DE SELEÇÃO DE ÍNDICE

Os exemplos a seguir ilustram como se faz para escolher índices durante o projeto do banco de dados, continuando a discussão do Capítulo 8, onde focalizamos a seleção de índices para consultas de uma única tabela. Os esquemas usados nos exemplos não estão descritos em detalhes; em geral, eles contêm os atributos nomeados nas consultas. Informações adicionais são apresentadas quando necessário.

Vamos começar com uma consulta simples:

SELECT   F.nome-funcion, D.gerente
FROM   Funcionários F, Departamentos D
WHERE   D.nome-depto='Brinquedos' AND F.num-depto=D.num-depto

As relações mencionadas na consulta são Funcionários e Departamentos, e as duas condições na cláusula WHERE envolvem igualdades. Nossas diretrizes sugerem que devemos construir índices de hashing nos atributos envolvidos. Parece claro que devemos construir um índice de hashing no atributo *nome-depto* de Departamentos. Mas considere a igualdade *F.num-depto=D.num-depto*. Devemos construir um índice (de hashing, é claro) no atributo *num-depto* de Departamentos ou de Funcionários (ou ambos)? Intuitivamente, queremos recuperar tuplas de Departamentos usando o índice em *nome-depto*, pois provavelmente poucas tuplas satisfarão a seleção de igualdade *D.nome-depto='Brinquedos'*.[1] Para cada tupla qualificada de Departamentos, localizamos então as tuplas de Funcionários correspondentes, usando um índice no atributo *num-depto* de Funcionários. Assim, devemos construir um índice no campo *num-depto* de Funcionários. (Note que não se ganha nada construindo um índice adicional no campo *num-depto* de Departamentos, pois as tuplas de Departamentos são recuperadas usando-se o índice de *nome-depto*.)

Nossa escolha de índices foi guiada pelo plano de avaliação de consulta que queríamos utilizar. Essa consideração de um plano de avaliação em potencial é comum quando se toma decisões sobre o projeto físico. É muito útil entender a otimização da consulta para o projeto físico. Mostramos o plano desejado para essa consulta na Figura 20.1.

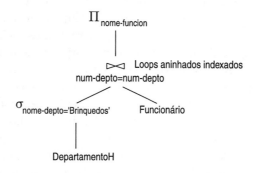

Figura 20.1 Um plano de avaliação de consulta desejável.

Como uma variante dessa consulta, suponha que a cláusula WHERE seja modificada para WHERE *D.nome-depto='Brinquedos'* AND *F.num-depto=D.num-depto* AND *F.idade=25*. Vamos considerar planos de avaliação alternativos. Um bom plano é recuperar tuplas de Departamentos que satisfaçam a seleção em *nome-depto* e recuperar as tuplas de Funcionários correspondentes usando um índice no campo *num-depto*; então, a seleção em *idade* é aplicada dinamicamente. Entretanto, ao contrário da variante anterior dessa consulta, não precisamos ter um índice no campo *num-depto* de Funcionários, se tivermos um índice em *idade*. Nesse caso, podemos recuperar tuplas

---

[1] Essa é apenas uma heurística. Se *nome-depto* não é a chave e não temos estatísticas para verificar essa afirmação, é possível que várias tuplas satisfaçam a essa condição.

de Funcionários que satisfaçam à seleção em *nome-depto* (usando o índice em *nome-depto*, como antes), recuperar as tuplas de Funcionários que satisfaçam a seleção em *idade* usando o índice em *idade* e juntar esses conjuntos de tuplas. Como os conjuntos de tuplas que juntamos são pequenos, eles cabem na memória e o método de junção não é importante. Esse plano provavelmente será um pouco mais deficiente do que usar um índice em *num-depto*, mas é uma alternativa razoável. Portanto, se já tivermos um índice em *idade* (sugerido por alguma outra consulta na carga de trabalho), essa variante da mesma consulta não justifica a criação de um índice no campo *num-depto* de Funcionários.

Nossa próxima consulta envolve uma seleção por intervalo:

```
SELECT   F.nome-funcion, D.nome-depto
FROM     Funcionários F, Departamentos D
WHERE    F.salário BETWEEN 10000 AND 20000
AND      F.passatempo= 'Selos' AND F.num-depto=D.num-depto
```

Essa consulta ilustra o uso do operador BETWEEN para expressar seleções por intervalo. Ele é equivalente à condição:

$$10000 \leq \text{F.salário AND F.salário} \leq 20000$$

O uso de BETWEEN para expressar condições de intervalo é recomendado; ele torna mais fácil para o usuário e para o otimizador reconhecerem as duas partes da seleção por intervalo.

Voltando ao exemplo de consulta, as duas seleções (que não são de junção) estão na relação Funcionários. Portanto, é claro que um plano no qual Funcionários seja a relação externa e Departamentos seja a relação interna é o melhor, como na consulta anterior, e devemos construir um índice de hashing no atributo *num-depto* de Departamentos. Mas qual índice devemos construir em Funcionários? Um índice de árvore B+ no atributo *salário* ajudaria na seleção por intervalo, especialmente se for agrupado. Um índice de hashing no atributo *passatempo* ajudaria na seleção por igualdade. Se um desses índices estivesse disponível, poderíamos recuperar tuplas de Funcionários usando esse índice, recuperar as tuplas de Departamentos correspondentes usando o índice em *num-depto* e aplicar todas as seleções e projeções restantes dinamicamente. Se os dois índices estivessem disponíveis, o otimizador escolheria o mais seletivo para a consulta dada; isto é, ele consideraria a seleção que (a condição de intervalo em *salário* ou a igualdade em *passatempo*) tivesse menos tuplas qualificadas. Em geral, o índice que é mais seletivo depende dos dados. Se houver poucas pessoas com salários no intervalo dado e muitas pessoas colecionando selos, o índice de árvore B+ será melhor. Caso contrário, o índice de hashing em *passatempo* será melhor.

Se as constantes de consulta são conhecidas (como em nosso exemplo), as seletividades podem ser estimadas, caso haja estatísticas disponíveis sobre os dados. Caso contrário, como regra geral, uma seleção de igualdade provavelmente será mais seletiva e uma decisão razoável seria criar um índice por hashing em *passatempo*. Às vezes, as constantes de consulta não são conhecidas — poderíamos obter uma consulta expandindo outra em uma visão em tempo de execução ou poderíamos ter uma consulta em SQL Dinâmico, que permite que as constantes sejam especificadas como *variáveis curingas* (por exemplo, %X) e instanciadas no momento da execução (consulte as Seções 6.1.3 e 6.2). Nesse caso, se a consulta for muito importante, poderemos optar por criar um índice de árvore B+ em *salário*, um índice de hashing em *passatempo* e deixar a escolha para ser feita pelo otimizador, em tempo de execução.

20.4 AGRUPAMENTO E INDEXAÇÃO

Os índices agrupados podem ser particularmente importantes ao se acessar a relação interna em uma junção de loops aninhados indexados. Para entendermos o relacionamento entre índices agrupados e junções, vamos rever nosso primeiro exemplo:

```
SELECT    F.nome-funcion, D.gerente
FROM      Funcionários F, Departamentos D
WHERE     D.nome-depto='Brinquedos' AND F.num-depto=D.num-depto
```

Concluímos que um bom plano de avaliação é usar um índice em *nome-depto* para recuperar tuplas de Departamentos que satisfazem a condição em *nome-depto* e localizar as tuplas de Funcionários correspondentes usando um índice em *num-depto*. Esses índices devem ser agrupados? Dada nossa suposição de que o número de tuplas que satisfazem *D.nome-depto='Brinquedos'* provavelmente é pequeno, devemos construir um índice não agrupado em *num-depto*. Por outro lado, Funcionários é a relação interna em uma junção de loops aninhados indexados e *num-depto* não é uma chave candidata. Essa situação é um forte argumento a favor de que o índice no campo *num-depto* de Funcionários deve ser agrupado. Na verdade, como a junção consiste em colocar repetidamente seleções por igualdade no campo *num-depto* da relação interna, esse tipo de consulta é uma justificativa mais forte para tornar o índice em *num-depto* agrupado, em vez de uma simples consulta de seleção, como a seleção anterior em *passatempo*. (É claro que fatores como seletividades e freqüência de consultas também precisam ser levados em conta.)

O exemplo a seguir, muito parecido com o anterior, ilustra como índices agrupados podem ser usados para junções sort-merge:

```
SELECT    F.nome-funcion, D.gerente
FROM      Funcionários F, Departamentos D
WHERE     F.passatempo='Selos' AND F.num-depto=D.num-depto
```

Essa consulta difere da anterior porque a condição *E.passatempo='Selos'* substitui *D.nome-depto='Brinquedos'*. Com base na suposição de que existem poucos funcionários no departamento Brinquedos, escolhemos índices que facilitariam uma junção de loops aninhados indexados, com Departamentos como relação externa. Agora, vamos supor que muitos funcionários colecionam selos. Nesse caso, uma junção de loops aninhados em bloco ou sort-merge poderia ser mais eficiente. Uma junção sort-merge pode tirar proveito de um índice de árvore B+ agrupado no atributo *num-depto* de Departamentos para recuperar tuplas e, com isso, evitar a ordenação de Departamentos. Note que um índice não agrupado não é útil — como todas as tuplas são recuperadas, realizar uma E/S por tupla provavelmente será proibitivamente dispendioso. Se não houvesse nenhum índice no campo *num-depto* de Funcionários, poderíamos recuperar tuplas de Funcionários (possivelmente usando um índice em *passatempo*, especialmente se o índice fosse agrupado), aplicar a seleção *E.passatempo='Selos'* dinamicamente e ordenar as tuplas qualificadas em *num-depto*.

Conforme nossa discussão indicou, quando recuperamos tuplas usando um índice, o impacto do agrupamento depende do número de tuplas recuperadas; ou seja, o número de tuplas que satisfazem às condições de seleção correspondentes ao índice. Um índice não agrupado é tão bom quanto um índice agrupado para uma seleção que recupera uma única tupla (por exemplo, uma seleção por igualdade em uma chave candidata). À medida que o número de tuplas recuperadas aumenta, o índice não agrupado torna-se rapidamente mais dispendioso até do que uma varredura seqüencial da relação inteira. Embora a varredura seqüencial recupere todas as tuplas, cada página é recuperada exatamente uma vez, enquanto com um índice não agrupado uma página pode ser recuperada com a mesma freqüência que o número de tuplas que ela contém. Se for realizada E/S bloqueada (como é comum), a vantagem relativa da varredura seqüencial em relação a um índice não agrupado aumenta ainda mais. (Naturalmente, a E/S bloqueada também acelera o acesso usando um índice agrupado.)

Ilustramos o relacionamento entre o número de tuplas recuperadas, visto como uma porcentagem do número total de tuplas da relação, e o custo de vários métodos de acesso, na Figura 20.2. Por simplicidade, supomos que a consulta é uma seleção em uma única relação. (Note que essa figura reflete o custo da gravação do resultado; caso contrário, a linha da varredura seqüencial seria plana.)

Figura 20.2 O impacto do agrupamento.

20.4.1 Co-agrupando Duas Relações

Em nossa descrição de arquitetura de sistema de banco de dados típica, no Capítulo 9, explicamos como uma relação é armazenada como um arquivo de registros. Embora um arquivo normalmente contenha apenas os registros de uma única relação, alguns sistemas permitem que registros de mais de uma relação sejam armazenados em um arquivo. O usuário do banco de dados pode solicitar que os registros de duas relações sejam entremeados fisicamente dessa maneira. Às vezes, esse layout de dados é referido como **co-agrupamento** das duas relações. Discutiremos agora quando o co-agrupamento pode ser vantajoso.

Como exemplo, considere duas relações com os seguintes esquemas:

Peças(*id-p:* integer, *nome-peça:* string, *custo:* integer, *id-fornecedor:* integer)
Montagem(*id-peça:* integer, *id-componente:* integer, *qtidade:* integer)

Nesse esquema, o campo *id-componente* de Montagem se destina a ser o *id-p* de alguma peça usada como componente na montagem da peça com *id-p* igual a *id-peça*. Portanto, a tabela Montagem representa um relacionamento de 1:N entre peças e suas sub-peças; uma peça pode ter muitas sub-peças, mas cada peça é a sub-peça de no máximo uma peça. Na tabela Peças, *id-p* é a chave. Para peças compostas (aquelas montadas a partir de outras peças, conforme indicado pelo conteúdo de Montagem), o campo *custo* é considerado como o custo da montagem da peça, a partir de suas sub-peças.

Suponha que uma consulta freqüente seja localizar as sub-peças (imediatas) de todas as peças fornecidas por determinado fornecedor:

```
SELECT      P.id-p, M.id-componente
FROM        Peças P, Montagem M
WHERE       P.id-p = M.id-peça AND P.id-fornecedor = 13
```

Um bom plano de avaliação é aplicar a condição de seleção em Peças e depois recuperar as tuplas de Montagem correspondentes por meio de um índice no campo *id-peça*. De preferência, o índice em *id-peça* deve ser agrupado. Esse plano é razoavelmente bom. Entretanto, se tais seleções são comuns e queremos otimizá-las ainda mais, podemos *co-agrupar* as duas tabelas. Nessa estratégia, armazenamos registros das duas tabelas juntos, com cada registro P de Peças seguido de todos os registros M de Montagem, de modo que $P.id\text{-}p = M.id\text{-}peça$. Essa estratégia é um aprimoramento do armazenamento separado das duas relações e do uso de um índice agrupado em *id-peça*, pois ela não precisa de uma pesquisa de índice para localizar os registros de Montagem que correspondem a determinado registro de Peças. Assim, para cada consulta de seleção, economizamos algumas (normalmente, duas ou três) operações de E/S de página de índice.

Se estivermos interessados em localizar as sub-peças imediatas de *todas* as peças (isto é, a consulta anterior, sem seleção em *id-fornecedor*), criar um índice agrupado em *id-peça* e fazer uma junção de loops aninhados indexador com Montagem como a relação interna oferece bom desempenho. Uma estratégia ainda melhor é criar um índice agrupado no campo *id-peça* de Montagem e no campo *id-p* de Peças e, então, fazer uma junção sort-merge, usando os índices para recuperar as tuplas ordenadas. Essa estratégia é comparável a fazer a junção usando uma organização co-agrupada, que envolve apenas uma varredura do conjunto de tuplas (de Peças e Montagem, que são armazenadas juntas, de maneira entremeada).

A vantagem real do co-agrupamento é ilustrada pela consulta a seguir:

```
SELECT      P.id-p, M.id-componente
FROM        Peças P, Montagem M
WHERE       P.id-p = M.id-peça AND P.custo=10
```

Suponha que muitas peças tenham *custo* = 10. Basicamente, essa consulta significa uma coleção de consultas nas quais recebemos um registro de Peças e queremos encontrar os registros de Montagem correspondentes. Se tivermos um índice no campo *custo* de Peças, poderemos recuperar as tuplas qualificadas de Peças. Para cada tupla qualificada, precisamos usar o índice em Montagem para localizar os registros com o *id-p* dado. O acesso de índice a Montagem é evitado se temos uma organização co-agrupada. (É claro que ainda precisamos de um índice no atributo *custo* das tuplas de Peças.)

Essa otimização é particularmente importante se queremos atravessar vários níveis da hierarquia peça-sub-peça. Por exemplo, uma consulta comum é encontrar o custo total de uma peça, o que exige realizarmos repetidamente junções de Peças e Montagem. A propósito, se não soubermos antecipadamente o número de níveis existentes na hierarquia, o número de junções variará e a consulta não poderá ser expressa em SQL. A consulta pode ser respondida incorporando-se uma instrução SQL para a junção, dentro de um programa interativo em linguagem hospedeira. O modo de expressar a consulta é ortogonal ao nosso ponto principal aqui, que é o fato de o co-agrupamento ser especialmente vantajoso quando a junção em questão é realizada muito freqüentemente (ou porque ela surge repetidamente em uma consulta importante, como encontrar o custo total, ou porque a própria consulta de junção é solicitada freqüentemente).

Para resumir o co-agrupamento:

- Ele pode acelerar as junções, em particular as junções chave-chave estrangeira correspondentes a relacionamentos 1:N.
- Uma varredura seqüencial de uma das relações torna-se mais lenta. (Em nosso exemplo, como várias tuplas de Montagem são armazenadas entre tuplas consecutivas de Peças, uma varredura de todas as tuplas de Peças torna-se mais lenta do que se as tuplas de Peças fossem armazenadas separadamente. Analogamente, uma varredura seqüencial das tuplas de Montagem também é mais lenta.)
- Todas as inserções, exclusões e atualizações que alteram comprimentos de registro tornam-se mais lentas, graças às sobrecargas envolvidas na manutenção do agrupamento. (Não discutiremos os problemas de implementação envolvidos no co-agrupamento.)

20.5 ÍNDICES QUE POSSIBILITAM PLANOS SOMENTE DE ÍNDICE

Esta seção considera várias consultas para as quais podemos encontrar planos eficientes que evitam a recuperação de tuplas de uma das relações referenciadas; em vez disso, esses planos percorrem um índice associado (que provavelmente será muito menor). Um índice usado (apenas) para varreduras somente de índice *não* precisa ser agrupado, pois as tuplas da relação indexada não são recuperadas.

Esta consulta recupera os gerentes de departamentos com pelo menos um funcionário:

```
SELECT    D.gerente
FROM      Departamentos D, Funcionários F
WHERE     D.num-depto=F.num-depto
```

Observe que nenhum atributo de Funcionários é mantido. Se tivermos um índice no campo *num-depto* de Funcionários, a otimização de fazer uma junção de loops aninhados indexados usando uma varredura somente de índice para a relação interna é aplicável. Dada essa variação da consulta, a decisão correta é construir um índice não agrupado no campo *num-depto* de Funcionários, em vez de um índice agrupado.

A próxima consulta leva essa idéia um passo adiante:

```
SELECT    D.gerente, F.id-funcion
FROM      Departamentos D, Funcionários F
WHERE     D.num-depto=F.num-depto
```

Se tivermos um índice no campo *num-depto* de Funcionários, poderemos usá-lo para recuperar tuplas de Funcionários durante a junção (com Departamentos como a relação externa), mas a não ser que o índice seja agrupado, esta estratégia não será eficiente. Por outro lado, suponha que temos um índice de árvore B+ em ⟨*num-depto, id-funcion*⟩. Agora, todas as informações de que precisamos sobre uma tupla de Funcionários estão contidas na entrada de dados dessa tupla no índice. Podemos usar o índice para encontrar a primeira entrada de dados com determinado *num-depto*; todas as entradas de dados com o mesmo *num-depto* são armazenadas juntas no índice. (Note que um índice de hashing na chave composta ⟨*num-depto, id-funcion*⟩ não pode ser usado para localizar uma entrada com apenas um *num-depto* dado!) Portanto, podemos avaliar essa consulta usando uma junção de loops aninhados indexados, com Departamentos como a relação externa, e uma varredura somente de índice da relação interna.

Projeto Físico de Banco de Dados e Sintonização

20.6 FERRAMENTAS PARA AJUDAR NA SELEÇÃO DE ÍNDICES

O número de índices possíveis para considerar a construção é potencialmente muito grande: para cada relação, podemos considerar todos os subconjuntos de atributos possíveis como chave de índice; precisamos tomar uma decisão sobre a ordem dos atributos no índice e também precisamos decidir quais índices devem ser agrupados e quais devem ser não agrupados. Muitos aplicativos de grande porte — por exemplo, sistemas de planejamento de recursos empresariais — criam dezenas de milhares de relações diferentes e a sintonização manual de um esquema grande assim é um esforço assustador.

A dificuldade e a importância da tarefa de seleção de índices motivou o desenvolvimento de ferramentas que ajudam os administradores de banco de dados a selecionar índices apropriados para determinada carga de trabalho. A primeira geração de tais **assistentes de sintonização de índice** ou **consultores de índice** era composta de ferramentas separadas, fora do mecanismo do banco de dados; eles sugeriam índices a serem construídos, dada uma carga de trabalho de consultas em SQL. O principal inconveniente desses sistemas era que eles precisavam duplicar o modelo de custo do otimizador de consultas do banco de dados na ferramenta de sintonização, para garantir que o otimizador escolhesse os mesmos planos de avaliação de consulta que a ferramenta de projeto. Como os otimizadores de consulta mudam de uma versão para outra de sistema de banco de dados comercial, um esforço considerável era necessário para manter a ferramenta de sintonização e o otimizador do banco de dados sincronizados. A geração mais recente de ferramentas de otimização é integrada no mecanismo do banco de dados e usa seu otimizador de consultas para estimar o custo de uma carga de trabalho, dado um conjunto de índices, evitando a duplicação do modelo de custo do otimizador de consultas em uma ferramenta externa.

20.6.1 Seleção Automática de Índice

Chamamos um conjunto de índices para determinado esquema de banco de dados de **configuração de índices**. Supomos que uma carga de trabalho de consultas é um conjunto de consultas sobre um esquema de banco de dados, onde cada consulta tem uma freqüência de ocorrência atribuída. Dados um esquema de banco de dados e uma carga de trabalho, o **custo de uma configuração de índices** é o custo esperado da realização das consultas presentes na carga de trabalho, dada a configuração de índices—levando em conta as diferentes freqüências de consultas na carga de trabalho. Dados um esquema de banco de dados e uma carga de trabalho de consultas, podemos agora definir o problema da **seleção automática de índice** como o fato de encontrar uma configuração de índices com custo mínimo. Assim como na otimização de consultas, na prática nosso objetivo é encontrar uma *boa* configuração de índices, em vez da configuração realmente ótima.

Por que a seleção automática de índice é um problema difícil? Vamos calcular o número de índices diferentes com c atributo, supondo que a tabela tenha n atributos. Para o primeiro atributo no índice, existem n escolhas; para o segundo atributo, $n-1$; e, assim, para um índice com c atributo, existem no total $n \cdot (n-1)...(n-c+1) = \frac{n!}{(n-c)!}$ diferentes índices possíveis. O número total de índices diferentes com até c atributos é

$$\sum_{i=1}^{c} \frac{n!}{(n-i)!}$$

Para uma tabela com 10 atributos, existem 10 diferentes índices de um atributo, 90 diferentes índices de dois atributos e 30.240 diferentes índices com cinco atributos.

> **O DB2 Index Advisor:** O DB2 Index Advisor é uma ferramenta para recomendação de índice automática, dada uma carga de trabalho. A carga de trabalho é armazenada no sistema de banco de dados, em uma tabela chamada ADVISE_WORKLOAD. Ela é preenchida (1) por instruções SQL a partir da cache dinâmica de instruções SQL do DB2, uma cache de instruções SQL recentemente executadas, (2) com instruções SQL de pacotes—grupos de instruções SQL compiladas estaticamente—ou (3) com instruções SQL de um monitor on-line, chamado Query Patroller. O DB2 Advisor permite que o usuário especifique a quantidade máxima de espaço em disco para novos índices e um tempo máximo para a computação da configuração de índices recomendada.
>
> O DB2 Index Advisor consiste em um programa que pesquisa um subconjunto de configurações de índices de forma inteligente. Dada uma configuração candidata, ele chama o otimizador de consultas para cada consulta presente na tabela ADVISE_WORKLOAD, primeiro no modo RECOMMEND_INDEXES, onde o otimizador recomenda um conjunto de índices e os armazena na tabela ADVISE_INDEXES. No modo EVALUATE_INDEXES, o otimizador avalia a vantagem da configuração de índices de cada consulta presente na tabela ADVISE_WORKLOAD. A saída da etapa de sintonização de índices são as instruções da DDL SQL, cuja execução cria os índices recomendados.

> **O Index Tuning Wizard do Microsoft SQL Server 2000:** A Microsoft foi pioneira na implementação de um assistente de sintonização integrado com o otimizador de consultas de banco de dados. O Tuning Wizard da Microsoft tem três modos de sintonização que permitem ao usuário ponderar o custo-benefício entre o tempo de execução da análise e o número de configurações de índices candidatas examinadas: *fast, medium* e *thorough*, com *fast* tendo o menor tempo de execução e *thorough* examinando o maior número de configurações. Para reduzir ainda mais o tempo de execução, a ferramenta tem um modo de amostragem no qual o assistente de sintonização exibe consultas aleatoriamente, a partir da carga de trabalho de entrada, para acelerar a análise. Outros parâmetros incluem o espaço máximo permitido para os índices recomendados, o número máximo de atributos por índice considerado e as tabelas nas quais os índices podem ser gerados. O Index Tuning Wizard da Microsoft também permite *tabela scaling*, em que o usuário pode especificar um número antecipado de registros para as tabelas envolvidas na carga de trabalho. Isso permite que o usuário planeje o crescimento futuro das tabelas.

Claramente, para uma carga de trabalho complexa, envolvendo centenas de tabelas, o número de configurações de índices possíveis é muito grande.

A eficiência das ferramentas de seleção automática de índice pode ser separada em dois componentes: (1) o número considerado de configurações de índices candidatas e (2) o número de chamadas ao otimizador necessárias para avaliar o custo de uma configuração. Note que reduzir o espaço de pesquisa de índices candidatos é análogo a restringir o espaço de pesquisa do otimizador de consultas para planos de profundida-

Projeto Físico de Banco de Dados e Sintonização 555

de à esquerda. Em muitos casos, o plano ótimo não é o de profundidade à esquerda, mas dentre todos os planos de profundidade à esquerda normalmente existe um cujo custo fica próximo ao do plano ótimo.

Podemos reduzir facilmente o tempo gasto pela seleção automática de índice, reduzindo o número de configurações de índices candidatas, mas quanto menor o espaço de configurações de índices considerado, mais distante a configuração de índices final ficará da configuração ótima. Portanto, diferentes assistentes de sintonização de índice cortam o espaço de pesquisa diferentemente, por exemplo, considerando apenas índices com um ou dois atributos.

20.6.2 Como Funcionam os Assistentes de Sintonização de Índice?

Todos os assistentes de sintonização de índice pesquisam um conjunto de índices candidatos em busca de uma configuração de índices com o menor custo. As ferramentas diferem no espaço das configurações de índices candidatas que consideram e no modo como pesquisam esse espaço. Descreveremos um algoritmo representativo; as ferramentas existentes implementam variantes desse algoritmo, mas suas implementações têm a mesma estrutura básica.

Antes de descrevermos o algoritmo de sintonização de índice, vamos considerar o problema da estimativa do custo de uma configuração. Note que não é possível criar o conjunto de índices em uma configuração candidata e depois otimizar a carga de trabalho de consultas, dada a configuração física de índices. A criação, mesmo de uma única configuração candidata com vários índices, poderia demorar horas para um banco de dados grande e impor uma carga considerável para o sistema de banco de dados em si. Como queremos examinar um grande número de configurações candidatas possíveis, essa estratégia não é praticável.

Portanto, os algoritmos de sintonização de índice normalmente *simulam* o efeito dos índices em uma configuração candidata (a não ser que tais índices já existam). Para o otimizador de consultas, tais índices "e se" se parecem com qualquer outro índice e são levados em conta no cálculo do custo da carga de trabalho de determinada configuração, mas a criação de índices "e se" não acarreta a sobrecarga da criação de índice real. Os sistemas de banco de dados comerciais têm sido estendidos com um módulo que permite a criação e exclusão de índices "e se", com as estatísticas necessárias sobre os índices (que são usadas ao se estimar o custo de um plano de consulta).

Descreveremos agora um algoritmo de sintonização de índice representativo. O algoritmo tem duas etapas: *seleção de índice candidato* e *enumeração de configuração*. Na primeira etapa, selecionamos um conjunto de índices candidatos para considerar, durante a segunda etapa, como blocos de construção das configurações de índices. Vamos discutir essas duas etapas com mais detalhes.

Seleção de Índice Candidato

Vimos na seção anterior que é impossível considerar cada índice possível, devido ao enorme número de índices candidatos disponíveis para esquemas de banco de dados maiores. Uma heurística para diminuir o grande espaço de índices possíveis é primeiro sintonizar cada consulta da carga de trabalho independentemente e, então, selecionar a união dos índices selecionados nessa primeira etapa, como entrada da segunda fase.

Para uma consulta, vamos introduzir a noção de atributo indexável, que é um atributo cuja presença em um índice poderia alterar o custo da consulta. Um **atributo indexável** é um atributo para o qual a parte WHERE da consulta tem uma condição (por exemplo, um predicado de igualdade) ou o atributo que aparece em uma cláusula GROUP BY ou ORDER BY da consulta SQL. Um **índice admissível** de uma consulta é aquele que contém apenas atributos indexáveis na consulta.

Como selecionamos índices candidatos para uma consulta individual? Uma estratégia é uma enumeração básica de todos os índices com até k atributos. Começamos com todos os atributos indexáveis como índices candidatos de um atributo e, então, adicionamos todas as combinações de dois atributos indexáveis como índices candidatos e repetimos esse procedimento até um tamanho limite k, definido pelo usuário. Obviamente, esse procedimento é muito dispendioso quando adicionamos, no total, $n + n \cdot (n - 1) + ... + n \cdot (n - 1) ... (n - k + 1)$ índices candidatos, mas ele garante que o melhor índice com até k atributos esteja entre os índices candidatos. As referências que aparecem no final deste capítulo contêm indicações de algoritmos de pesquisa heurística mais rápidos (porém menos exaustivos).

Enumerando Configurações de Índice

Na segunda fase, usamos os índices candidatos para enumerar as configurações de índices. Assim como na primeira fase, podemos enumerar exaustivamente todas as configurações de índices, até o tamanho k, desta vez combinando índices candidatos. Assim como na fase anterior, são possíveis estratégias de pesquisa mais sofisticadas que diminuem o número de configurações consideradas, enquanto ainda geram uma configuração final de alta qualidade (isto é, baixo custo de execução para a carga de trabalho final).

20.7 PANORAMA DA SINTONIZAÇÃO DE BANCO DE DADOS

Após a fase inicial de projeto do banco de dados, o uso real do banco de dados fornece uma valiosa fonte de informações detalhadas que podem ser usadas para refinar o projeto inicial. Muitas das suposições originais sobre a carga de trabalho esperada podem ser substituídas pelos padrões de utilização observados; em geral, parte da especificação de carga de trabalho inicial é validada e parte se revela errada. As suposições iniciais sobre o tamanho dos dados podem ser substituídas por estatísticas reais dos catálogos do sistema (embora essa informação mude à medida que o sistema evolui). Um monitoramento cuidadoso das consultas pode revelar problemas inesperados; por exemplo, o otimizador pode não estar usando alguns índices conforme o pretendido para produzir bons planos.

A sintonização continuada do banco de dados é importante para se obter o melhor desempenho possível. Nesta seção, apresentamos três tipos de sintonização: sintonização *de índices,* sintonização *do esquema conceitual* e sintonização *de consultas.* Nossa discussão sobre a seleção de índices também se aplica nas decisões de sintonização de índice. As otimizações do esquema conceitual e de consultas serão melhor discutidas nas Seções 20.8 e 20.9.

20.7.1 Sintonização de Índices

A escolha inicial de índices pode ser refinada por vários motivos. O mais simples é que a carga de trabalho observada revela que algumas consultas e atualizações consideradas importantes na especificação de carga de trabalho inicial não são muito freqüentes. A carga de trabalho observada também pode identificar algumas consultas e atualizações novas que *são* importantes. A escolha inicial de índices precisa ser revista perante essa nova informação. Alguns dos índices originais podem ser eliminados e outros novos adicionados. O raciocínio envolvido é semelhante àquele usado no projeto inicial.

Pode-se descobrir que o otimizador de determinado sistema não está encontrando alguns dos planos esperados. Por exemplo, considere a consulta a seguir, que discutimos anteriormente:

```
SELECT    D.gerente
FROM      Funcionários F, Departamentos D
WHERE     D.nome-depto='Brinquedos' AND F.num-depto=D.num-depto
```

Um bom plano aqui seria usar um índice em *nome-depto* para recuperar tuplas de Departamentos com *nome-depto='Briquedos'* e usar um índice no campo *num-depto* de Funcionários como a relação interna, usando uma varredura somente de índice. Antecipando que o otimizador poderia encontrar tal plano, poderíamos ter criado um índice não agrupado no campo *num-depto* de Funcionários.

Agora, suponha que consultas dessa forma demorem um tempo inesperadamente longo para serem executadas. Podemos pedir para ver o plano produzido pelo otimizador. (A maioria dos sistemas comerciais fornece um comando simples para isso). Se o plano indicar que não está sendo usada varredura somente de índice, mas que as tuplas de Funcionários estão sendo recuperadas, precisaremos repensar sobre nossa escolha inicial de índice, dada essa revelação sobre as limitações (lamentáveis) de nosso sistema. Uma alternativa a ser considerada aqui seria eliminar o índice não agrupado no campo *num-depto* de Funcionários e substituí-lo por um índice agrupado.

Outra limitação comum da sintonização é que ela não manipula eficientemente seleções que envolvem expressões de string, aritméticas e valores *null*. Discutiremos melhor esses pontos quando considerarmos a otimização de consultas, na Seção 20.9.

Além de examinar novamente nossa escolha de índices, é interessante reorganizar alguns índices periodicamente. Por exemplo, um índice estático, como um índice ISAM, pode ter desenvolvido longos encadeamentos de overflow. Eliminar o índice e reconstruí-lo — se possível, dado o acesso interrompido à relação indexada — pode melhorar significativamente, os tempos de acesso, por meio desse índice. Mesmo para uma estrutura dinâmica, como uma árvore B+, se a implementação não fundir (meger) páginas em exclusões, a ocupação do espaço pode diminuir consideravelmente em algumas situações. Isso, por sua vez, torna o tamanho do índice (em páginas) maior do que o necessário e poderia aumentar a altura e, portanto, o tempo de acesso. A reconstrução do índice deve ser considerada. Atualizações amplas em um índice agrupado também podem levar à alocação de páginas de overflow, diminuindo com isso o grau de agrupamento. Novamente, pode valer a pena reconstruir o índice.

Finalmente, note que o otimizador de consultas conta com estatísticas mantidas nos catálogos de sistema. Essas estatísticas só são atualizadas quando um programa utilitário especial é executado; certifique-se de executar o utilitário com freqüência suficiente para manter as estatísticas razoavelmente atualizadas.

20.7.2 Sintonização do Esquema Conceitual

No curso do projeto do banco de dados, podemos perceber que nossa escolha atual de esquemas de relação não nos permite atingir os objetivos de desempenho para a carga de trabalho dada, com qualquer conjunto (possível) de escolhas de projeto físico. Se assim for, precisamos reprojetar nosso esquema conceitual (e examinar novamente as decisões de projeto físico afetadas pelas alterações feitas).

Podemos perceber que um reprojeto é necessário durante o processo de projeto inicial ou depois, após o sistema estar sendo usado por algum tempo. Uma vez que o banco de dados tenha sido projetado e preenchido com tuplas, alterar o esquema conceitual exige um esforço significativo, em termos do mapeamento do conteúdo das relações afetadas. Contudo, pode ser necessário revisar o esquema conceitual, levando em consideração a experiência com o sistema. (Às vezes, tais alterações no esquema de um sistema em operação são referidas como **evolução do esquema**.) Consideraremos agora os problemas envolvidos no (re)projeto do esquema conceitual, do ponto de vista do desempenho.

O principal ponto a entender é que *nossa escolha de esquema conceitual deve ser guiada por uma consideração das consultas e atualizações feitas em nossa carga de trabalho*, além dos problemas de redundância que motivam a normalização (o que discutimos no Capítulo 19). Várias opções devem ser consideradas ao sintonizarmos o esquema conceitual:

- Podemos estabelecer um projeto na 3FN, em vez de na FNBC.
- Se houver duas maneiras de decompor determinado esquema na 3FN ou na FNBC, nossa escolha deverá ser guiada pela carga de trabalho.
- Às vezes, podemos optar por decompor ainda mais uma relação que *já* está na FNBC.
- Em outras situações, podemos *desnormalizar*. Isto é, poderíamos optar por substituir uma coleção de relações obtidas com a decomposição de uma relação maior pela relação original (maior), mesmo que ela tenha alguns problemas de redundância. Como alternativa, poderíamos optar por adicionar alguns campos em certas relações para acelerar algumas consultas importantes, mesmo que isso leve a um armazenamento redundante de algumas informações (e, conseqüentemente, a um esquema que não está nem na 3FN nem na FNBC).
- Esta discussão sobre normalização se concentrou na técnica de *decomposição*, a qual significa um particionamento vertical de uma relação. Outra técnica a considerar é o *particionamento horizontal* de uma relação, que levaria a duas relações com esquemas idênticos. Note que não estamos falando sobre o particionamento físico das tuplas de uma única relação; em vez disso, queremos criar duas relações distintas (possivelmente com diferentes restrições e índices em cada uma).

A propósito, quando reprojetamos o esquema conceitual, especialmente se estamos sintonizando um esquema de banco de dados já existente, vale a pena considerar se devemos criar visões para ocultar essas alterações de usuários para os quais o esquema original é mais natural. Discutiremos as escolhas envolvidas na sintonização do esquema conceitual na Seção 20.8.

20.7.3 Sintonização de Consultas e Visões

Se observarmos que uma consulta está sendo executada muito mais lentamente do que esperávamos, precisaremos examiná-la cuidadosamente para localizar o problema. Reescrever uma parte da consulta, talvez em conjunto com alguma sintonização de índice, freqüentemente pode corrigir o problema. Uma sintonização semelhante pode ser necessária se as consultas de alguma visão forem executadas mais lentamente do que o esperado. Não discutiremos a sintonização de visões separadamente; basta tratar as consultas nas visões como consultas normais (afinal, as consultas nos modos visão são expandidas para levar em conta a definição do modo de visualização, antes de serem otimizadas) e considerar como otimizá-las.

Quando sintonizamos uma consulta, a primeira coisa a verificar é se o sistema usa o plano esperado. Talvez o sistema não esteja encontrando o melhor plano por diversos motivos. Algumas situações comuns, não tratadas eficientemente por muitos otimizadores, são as seguintes:

Projeto Físico de Banco de Dados e Sintonização

- Uma condição de seleção envolvendo valores *null*.
- Condições de seleção envolvendo expressões aritméticas ou de string ou condições usando o conectivo OR. Por exemplo, se tivermos uma condição *F.idade = 2*D.idade* na cláusula WHERE, o otimizador poderá utilizar corretamente um índice disponível em *F.idade*, mas não utilizar um índice disponível em *D.idade*. Substituir a condição por *E.idade/2 = D.idade* inverteria a situação.
- A incapacidade de reconhecer um plano sofisticado, como uma varredura somente de índice, para uma consulta de agregação envolvendo uma cláusula GROUP BY. É claro que praticamente nenhum otimizador procura planos fora do espaço de plano descrito nos Capítulos 12 e 15, como árvores de junção de profundidade não à esquerda. Portanto, é importante um bom entendimento do que um otimizador normalmente faz. Além disso, quanto mais você sabe a respeito das vantagens e limitações de determinado sistema, melhor.

Se o otimizador não é esperto o suficiente para encontrar o melhor plano (usando métodos de acesso e estratégias de avaliação suportados pelo SGBD), alguns sistemas permitem que os usuários conduzam a escolha de plano, fornecendo dicas para o otimizador; por exemplo, os usuários podem impor o uso de um índice em particular ou escolher a ordem e o método de junção. Um usuário que queira conduzir a otimização dessa maneira deve ter um entendimento completo da otimização e dos recursos de determinado SGBD. Discutiremos melhor a sintonização de consultas na Seção 20.9.

20.8 ESCOLHAS NA SINTONIZAÇÃO DO ESQUEMA CONCEITUAL

Ilustraremos agora as escolhas envolvidas na sintonização do esquema conceitual por meio de vários exemplos, usando os seguintes esquemas:

Contratos(*id-contrato:* `integer`, *id-fornecedor:* `integer`, *id-projeto:* `integer`,
　　id-depto: `integer`, *id-peça:* `integer`, *qtidade:* `integer`, *valor:* `real`)
Departamentos(*id-dp:* `integer`, *orçamento:* `real`, *relatório-anual:* `varchar`)
Peças(*id-p:* `integer`, *custo:* `integer`)
Projetos(*id-pj:* `integer`, *gerente:* `char(20)`)
Fornecedores(*id-fd:* `integer`, *endereço:* `char(50)`)

Por brevidade, freqüentemente usamos a convenção comum de denotar atributos com um único caractere e esquemas de relação com uma seqüência de caracteres. Considere o esquema da relação Contratos, o qual denotamos como CSJDPQV, com cada letra denotando um atributo. O significado de uma tupla nessa relação é que o contrato com *id-contrato* C é um acordo dizendo que o fornecedor S (com *id-fd* igual a *id-fornecedor*) fornecerá Q itens da peça P (com *id-p* igual a *id-peça*) para o projeto J (com *id-pj* igual a *id-projeto*) associado ao departamento D (com *id-depto* igual a *id-dp*) e que o valor V desse contrato é igual a *valor*.[2]

Existem duas restrições de integridade conhecidas com relação a Contratos. Um projeto adquire determinada peça usando um único contrato; assim, não pode haver dois contratos distintos nos quais o mesmo projeto compra a mesma peça. Essa restrição é representada usando-se a DF *JP → C*. Além disso, um departamento compra no máximo uma peça de determinado fornecedor. Essa restrição é representada usando-se

---

[2] Se esse esquema parece complicado, note que situações da vida real freqüentemente exigem esquemas consideravelmente mais complexos!

a DF $SD \to P$. É claro também que o ID do contrato C é uma chave. O significado das outras relações deve ser óbvio e não as descreveremos mais, pois focalizaremos a relação Contratos.

20.8.1 Estabelecendo uma Forma Normal Mais Fraca

Considere a relação Contratos. Devemos decompô-la em relações menores? Vamos ver em qual forma normal ela está. As chaves candidatas dessa relação são C e JP. (É dado que C é uma chave e, funcionalmente, JP determina C.) A única dependência que não é de chave é $SD \to P$ e P é um atributo *primário*, pois faz parte da chave candidata JP. Assim, a relação não está na FNBC — pois existe uma dependência que não é de chave —, mas está na 3FN.

Usando a dependência $SD \to P$ para conduzir a decomposição, obtemos os dois esquemas SDP e CSJDQV. Essa decomposição é sem perda, mas não preserva a dependência. Entretanto, adicionando o esquema de relação CJP, obtemos uma decomposição sem perda de junção com preservação da dependência na FNBC. Usando a diretriz de que tal decomposição na FNBC é boa, podemos substituir Contratos por três relações, com esquemas CJP, SDP e CSJDQV.

Entretanto, suponha que a consulta a seguir seja feita freqüentemente: localizar o número de cópias Q da peça P pedidas no contrato C. Essa consulta exige uma junção das relações decompostas CJP e CSJDQV (ou SDP e CSJDQV), embora possa ser respondida diretamente, usando-se a relação Contratos. O custo adicional dessa consulta pode nos persuadir a estabelecer um projeto na 3FN e não decompor Contratos ainda mais.

20.8.2 Desnormalização

As razões que nos motivam a estabelecer uma forma normal mais fraca podem nos levar a dar um passo ainda mais extremo: introduzir alguma redundância deliberadamente. Como exemplo, considere a relação Contratos, que está na 3FN. Agora, suponha que uma consulta freqüente seja verificar se o valor de um contrato é menor do que o orçamento do departamento contratante. Poderíamos optar por adicionar um campo de orçamento B em Contratos. Como *id-dp* é uma chave para Departamentos, temos agora a dependência $D \to B$ em Contratos, o que significa que Contratos não está mais na 3FN. Contudo, poderíamos optar por ficar com esse projeto, se a consulta motivadora fosse suficientemente importante. Tal decisão é claramente subjetiva e tem o custo de uma redundância significativa.

20.8.3 Escolha da Decomposição

Considere a relação Contratos novamente. Várias escolhas são possíveis para tratar da redundância nessa relação:

- Podemos deixar Contratos como está e aceitar a redundância associada ao fato de estar na 3FN em vez da FNBC.
- Poderíamos decidir que queremos evitar as anomalias resultantes dessa redundância, decompondo Contratos na FNBC, usando um dos métodos a seguir:
    - Temos uma decomposição sem perda de junção em Info-Peça, com atributos SDP, e Info-Contrato, com atributos CSJDQV. Conforme observado anteriormente, essa decomposição não preserva a dependência e, para que faça isso, exigiria adicionarmos uma terceira relação CJP, cujo único objetivo seria permitir a verificação da dependência $JP \to C$.

– Poderíamos optar por substituir Contratos apenas por Info-Peça e Info-Contrato, mesmo que essa decomposição não preserve a dependência.

Substituir Contratos apenas por Info-Peça e Info-Contrato não evita o fato de impormos a restrição $JP \rightarrow C$, mas apenas torna isso mais dispendioso. Poderíamos criar uma assertiva em SQL-92 para verificar essa restrição:

```
CREATE ASSERTION checarDepto
CHECK ( NOT EXISTS
        ( SELECT   *
          FROM     Info-Peça IP, InfoContrato IC
          WHERE    PI.id-fornecedor=IC.id-fornecedor
                   AND IP.id-depto=IC.id-depto
          GROUP BY IC.id-projeto, IP.id-peça
          HAVING   COUNT (id-contrato) > 1) )
```

Essa assertiva é dispendiosa para avaliar, pois envolve uma junção, seguida de uma ordenação (para fazer o agrupamento). Em comparação, o sistema pode verificar se JP é uma chave primária da tabela CJP, mantendo um índice em JP. Essa diferença no custo da verificação da integridade é a motivação da preservação da dependência. Por outro lado, se atualizações são raras, esse custo maior pode ser aceitável; portanto, poderíamos optar por não manter a tabela CJP (e, muito provavelmente, um índice nela).

Como outro exemplo ilustrando escolhas de decomposição, considere a relação Contratos novamente e suponha que também temos a restrição de integridade de que um departamento usa determinado fornecedor para no máximo um de seus projetos: $SPQ \rightarrow V$. Procedendo como antes, temos uma decomposição sem perda de junção de Contratos em SDP e CSJDQV. Como alternativa, poderíamos começar usando a dependência $SPQ \rightarrow V$ para conduzir nossa decomposição e substituir Contratos por SPQV e CSJDPQ. Então, poderíamos decompor CSJDPQ, conduzidos por $SD \rightarrow P$, para obtermos SDP e CSJDQ.

Agora, temos duas decomposições sem perda de junção alternativas de Contratos na FNBC, nenhuma delas preservando a dependência. A primeira alternativa é substituir Contratos pelas relações SDP e CSJDQV. A segunda alternativa é substituí-la por SPQV, SDP e CSJDQ. A adição de CJP faz a segunda decomposição (mas não a primeira) preservar a dependência. Novamente, o custo de manutenção das três relações CJP, SPQV e CSJDQ (em vez de apenas CSJDQV) pode nos levar a escolher a primeira alternativa. Nesse caso, impor as DFs dadas se torna mais dispendioso. Poderíamos considerar não fazer sua imposição, mas então arriscaríamos violar a integridade de nossos dados.

20.8.4 Particionamento Vertical de Relações na FNBC

Suponha que decidimos decompor Contratos em SDP e CSJDQV. Esses esquemas estão na FNBC e não há nenhum motivo para decompô-las ainda mais, do ponto de vista da normalização. Entretanto, suponha que as seguintes consultas sejam muito freqüentes:

- Localizar os contratos mantidos pelo fornecedor S.
- Localizar os contratos feitos pelo departamento D.

Essas consultas poderiam nos levar a decompor CSJDQV em CS, CD e CJQV. A decomposição é sem perda, é claro, e as duas consultas importantes podem ser respondidas examinando-se relações muito menores. Outro motivo para considerar tal decomposição são os *pontos ativos* de controle de concorrência. Se essas consultas são comuns e a maioria das atualizações comuns envolve alterar a quantidade de produtos (e o valor) envolvidos nos contratos, a decomposição melhora o desempenho, reduzindo a disputa por bloqueio. Agora, os bloqueios exclusivos são configurados principalmente na tabela CJQV e as leituras feitas em CS e CD não entram em conflito com esses bloqueios.

Quando decompomos uma relação, precisamos considerar quais consultas a decomposição poderia afetar adversamente, especialmente se a única motivação para a decomposição é um desempenho melhor. Por exemplo, se outra consulta importante fosse localizar o valor total dos contratos mantidos por um fornecedor, ela envolveria uma junção das relações decompostas CS e CJQV. Nessa situação, poderíamos decidir contra a decomposição.

20.8.5 Decomposição Horizontal

Até aqui, consideramos basicamente como substituir uma relação por uma coleção de decomposições verticais. Às vezes, é interessante considerar se devemos substituir uma relação por duas que tenham os mesmos atributos da original, cada uma contendo um subconjunto das tuplas da relação original. Intuitivamente, essa técnica é útil quando diferentes subconjuntos de tuplas são consultados de maneiras muito distintas.

Por exemplo, diferentes regras podem governar contratos grandes, os quais são definidos como contratos com valores maiores do que 10.000. (Talvez tais contratos tenham de ser fechados por meio de um processo de licitação.) Essa restrição poderia levar a várias consultas, nas quais tuplas de Contratos são selecionadas usando-se uma condição da forma *valor* > 10.000. Uma maneira de encarar essa situação é construir um índice de árvore B+ agrupado no campo *valor* de Contratos. Como alternativa, poderíamos substituir Contratos por duas relações, chamadas ContratosGrandes e ContratosPequenos, com o significado óbvio (grandes contratos e pequenos contratos, respectivamente). Se essa consulta é a única motivação para o índice, a decomposição horizontal oferece todas as vantagens do índice, sem a sobrecarga da sua manutenção. Essa alternativa é particularmente atraente se outras consultas importantes em Contratos também exigem índices agrupados (em outros campos que não *valor*).

Se substituíssemos Contratos por duas relações ContratosGrandes e ContratosPequenos, poderíamos mascarar essa alteração definindo uma visão chamada Contratos:

```
CREATE VIEW Contratos(id-contrato, id-fornecedor, id-projeto, id-depto, id-peça, qtidade, valor)
    AS ((SELECT *
        FROM    ContratosGrandes)
        UNION
        (SELECT *
        FROM    ContratosPequenos))
```

Entretanto, qualquer consulta que trate apenas com ContratosGrandes deve ser expressa diretamente em ContratosGrandes e não na visão. Expressar a visão Contratos com a condição de seleção *valor* > 10.000 é equivalente a expressá-la em ContratosGrandes, mas menos eficiente. Esse ponto é bastante geral: embora possamos mascarar alterações no esquema conceitual, adicionando definições visão, os usuários preocupados com o desempenho precisam saber da alteração.

Como outro exemplo, se Contratos tivesse um campo *ano* adicional e as consultas normalmente tratassem com os contratos feitos em algum ano, poderíamos optar por particionar Contratos pelo ano. Naturalmente, as consultas que envolvessem contratos de mais de um ano poderiam exigir que fizéssemos consultas em cada uma das relações decompostas.

20.9 ESCOLHAS NA SINTONIZAÇÃO DE CONSULTAS E VISÕES

O primeiro passo na sintonização de uma consulta é entender o plano usado pelo SGBD para avaliar a consulta. Os sistemas normalmente fornecem algum recurso para identificar o plano usado para avaliar uma consulta. Uma vez que tenhamos entendido o plano selecionado pelo sistema, podemos considerar como fazer para melhorar o desempenho. Podemos considerar uma escolha de índices diferente ou, talvez, co-agrupar duas relações para consultas de junção, conduzidos por nosso entendimento do plano antigo e por um plano melhor que queremos que o SGBD utilize. Os detalhes são semelhantes ao processo de projeto inicial.

Um ponto que vale a pena destacar é que, antes de criarmos novos índices, devemos considerar se a reescrita da consulta obtém resultados aceitáveis com os índices existentes. Por exemplo, considere a consulta a seguir com um conectivo OR:

```
SELECT    F.num-depto
FROM      Funcionários F
WHERE     F.passatempo='Selos' OR F.idade=10
```

Se tivermos índices em *passatempo* e em *idade*, poderemos usar esses índices para recuperar as tuplas necessárias, mas um otimizador poderia não reconhecer essa oportunidade. O otimizador poderia ver as condições na cláusula WHERE como um todo, como não correspondendo a nenhum índice, fazer uma varredura seqüencial de Funcionários e aplicar as seleções dinamicamente. Suponha que reescrevamos a consulta como a união de duas consultas, uma com a cláusula WHERE *F.passatempo= 'Selos'* e a outra com a cláusula WHERE *F.idade=10*. Agora, cada consulta é respondida eficientemente, com a ajuda dos índices em *passatempo* e *idade*.

Também devemos considerar a reescrita da consulta para evitar algumas operações dispendiosas. Por exemplo, incluir DISTINCT na cláusula SELECT leva à eliminação de duplicatas, o que pode ser dispendioso. Assim, quando possível, devemos omitir DISTINCT. Por exemplo, para uma consulta em uma única relação, podemos omitir DISTINCT quando uma das seguintes condições for válida:

- Não nos preocupamos com a presença de duplicatas.
- Os atributos mencionados na cláusula SELECT incluem uma chave candidata para a relação.

Às vezes, uma consulta com GROUP BY e HAVING pode ser substituída por uma consulta sem essas cláusulas, eliminando assim uma operação de ordenação. Por exemplo, considere:

```
SELECT     MIN (F.idade)
FROM       Funcionários F
GROUP BY   F.num-depto
HAVING     F.num-depto=102
```

Essa consulta é equivalente a

```
SELECT    MIN (F.idade)
FROM      Funcionários F
WHERE     F.num-depto=102
```

Consultas complexas freqüentemente são escritas em etapas, usando uma relação temporária. Normalmente, podemos reescrever tais consultas sem a relação temporária, para fazê-las serem executadas mais rapidamente. Considere a consulta a seguir, para calcular o salário médio dos departamentos gerenciados por Robinson:

```
SELECT      *
INTO        Temp
FROM        Funcionários F, Departamentos D
WHERE       F.num-depto=D.num-depto AND D.gerente='Robinson'

SELECT      T.num-depto, AVG (T.salário)
FROM        Temp T
GROUP BY    T.num-depto
```

Essa consulta pode ser reescrita como

```
SELECT      F.num-depto, AVG (F.salário)
FROM        Funcionários F, Departamentos D
WHERE       F.num-depto=D.num-depto AND D.gerente='Robinson''
GROUP BY    F.num-depto
```

A consulta reescrita não materializa a relação intermediária Temp e, portanto, provavelmente será mais rápida. Na verdade, o otimizador pode até encontrar um plano somente de índice muito eficiente, que nunca recupera tuplas de Funcionários, caso exista um índice de árvore B+ composto em ⟨num-depto, salário⟩. Esse exemplo ilustra uma observação geral: *reescrever consultas para evitar relações temporárias desnecessárias, não apenas evita a criação das relações temporárias como também abre mais possibilidades de otimização para o otimizador explorar.*

Em algumas situações, entretanto, se o otimizador não for capaz de encontrar um bom plano para uma consulta complexa (normalmente uma consulta aninhada, com correlação), pode ser interessante reescrever a consulta usando relações temporárias para conduzir o otimizador para um bom plano.

Na verdade, as consultas aninhadas são uma fonte de ineficiência comum, pois muitos otimizadores tratam delas deficientemente, conforme discutido na Seção 15.5. Quando possível, é melhor reescrever uma consulta aninhada sem aninhamento e uma consulta correlacionada sem correlação. Conforme já foi observado, uma boa reformulação da consulta pode exigir a introdução de novas relações temporárias e técnicas para se fazer isso sistematicamente (de preferência, a ser feito pelo otimizador) têm sido amplamente estudadas. Contudo, freqüentemente é possível reescrever consultas aninhadas sem aninhamento ou o uso de relações temporárias, conforme ilustrado na Seção 15.5.

20.10 IMPACTO DA CONCORRÊNCIA

Em um sistema com muitos usuários concorrentes, vários pontos adicionais devem ser considerados. As transações obtêm *bloqueios* sobre as páginas que acessam e outras transações podem ficar bloqueadas, esperando por bloqueios nos objetos que desejam acessar.

Observamos, na Seção 16.5, que os atrasos causados por bloqueio devem ser minimizados para se obter um bom desempenho e identificamos duas maneiras específicas de reduzir os bloqueios:

- Reduzir o tempo durante o qual as transações mantêm bloqueios.
- Reduzir os pontos ativos.

Discutiremos agora técnicas para se atingir esses objetivos.

20.10.1 Reduzindo a Duração dos Bloqueios

Adie os pedidos de bloqueio: sintonize as transações, gravando em variáveis de programa locais e adiando as alterações no banco de dados até o final da transação. Isso adia a aquisição dos bloqueios correspondentes e reduz o tempo durante o qual os bloqueios são mantidos.

Torne as transações mais rápidas: quanto antes uma transação terminar, mais cedo seus bloqueios serão liberados. Já discutimos várias maneiras de acelerar consultas e atualizações (por exemplo, sintonizando índices, reescrevendo consultas). Além disso, um particionamento cuidadoso das tuplas de uma relação e seus índices associados em uma coleção de discos pode melhorar significativamente o acesso concorrente. Por exemplo, se tivermos a relação em um disco e um índice em outro, os acessos ao índice poderão prosseguir sem interferir nos acessos à relação, pelo menos no nível das leituras de disco.

Substitua transações longas por curtas: às vezes, simplesmente trabalho demais é feito dentro de uma transação e ela demora muito tempo e mantém bloqueios por um longo período. Considere a reescrita da transação como duas ou mais transações menores; cursores que podem ser mantidos (consulte a Seção 6.1.2) podem ser úteis para se fazer isso. A vantagem é que cada nova transação termina mais rapidamente e libera os bloqueios mais cedo. A desvantagem é que a lista original de operações não é mais executada de forma atômica e o código aplicativo precisa tratar com situações em que uma ou mais das novas transações falham.

Construa um data warehouse: as consultas complexas podem manter bloqueios compartilhados por um longo tempo. Freqüentemente, entretanto, essas consultas envolvem análise estatística de tendências comerciais e é aceitável executá-las em uma cópia dos dados que esteja um pouco desatualizada. Isso levou à popularidade dos *data warehouse*, que são bancos de dados que complementam o banco de dados operacional, mantendo uma cópia dos dados usados em consultas complexas (Capítulo 25). Executar essas consultas no data warehouse diminui a carga de consultas longas no banco de dados operacional.

Considere um nível de isolamento mais baixo: em muitas situações, como no caso de consultas que geram informações agregadas ou resumos estatísticos, podemos usar um nível de isolamento mais baixo da SQL, como REPEATABLE READ ou READ COMMITTED (Seção 16.6). Os níveis de isolamento mais baixos acarretam sobrecargas de bloqueio menores e o programador de aplicativo deve estabelecer bons compromissos de projeto.

20.10.2 Reduzindo os Pontos Ativos

Adie as operações em pontos ativos: já discutimos o valor do adiamento de pedidos de bloqueio. Obviamente, isso é particularmente importante para pedidos que envolvem objetos usados freqüentemente.

Otimize os padrões de acesso: o *padrão* das atualizações em uma relação também pode ser significativo. Por exemplo, se tuplas são inseridas na relação Funcionários na ordem de *id-funcion* e temos um índice de árvore B+ em *id-funcion*, cada inserção vai até a última página de folha da árvore B+. Isso leva a pontos ativos ao longo do caminho da raiz até a página de folha mais à direita. Tais considerações podem levar-nos a escolher um índice de hashing, em detrimento de um índice de árvore B+, ou a um índice em um campo diferente. Note que esse padrão de acesso também leva a um desempenho ruim de índices ISAM, pois a última página de folha torna-se um ponto ativo. Isso não é problema para índices de hashing, pois o processo de hashing torna aleatório o bucket no qual um registro é inserido.

Particione as operações sobre pontos ativos: considere uma transação de entrada de dados que anexe novos registros em um arquivo (por exemplo, inserções em uma tabela armazenada como um arquivo de heap). Em vez de anexar registros, um por transação, e obter um bloqueio na última página para cada registro, podemos substituir a transação por várias outras transações, cada uma das quais gravando registros em um arquivo local e periodicamente anexando um lote de registros no arquivo principal. Embora façamos mais trabalho no total, isso reduz a disputa por bloqueio na última página do arquivo original.

Como mais uma ilustração de particionamento, suponha que monitoremos o número de registros inseridos em um contador. Em vez de atualizar esse contador uma vez por registro, a estratégia anterior resulta na atualização de vários contadores e na atualização periódica do contador principal. Essa idéia pode ser adaptada para muitos usos de contadores, com variados graus de trabalho. Por exemplo, considere um contador que monitora o número de reservas, com a regra de que uma nova reserva só é permitida se o contador estiver abaixo de um valor máximo. Podemos substituir isso por três contadores, cada um com um terço do limite máximo original, e três transações que usam esses contadores, em vez do original. Obtemos maior concorrência, mas precisamos tratar o caso em que um dos contadores está no valor máximo, mas algum outro ainda pode ser incrementado. Assim, o preço da maior concorrência é a maior complexidade na lógica do código aplicativo.

Escolha de índice: se uma relação é atualizada freqüentemente, índices de árvore B+ podem se tornar um gargalo do controle de concorrência, pois todos os acessos por meio do índice precisam passar pela raiz. Assim, a raiz e as páginas de índice imediatamente abaixo dela podem tornar-se pontos ativos. Se o SGBD usa protocolos de bloqueio especializados para índices de árvore e, em particular, configura bloqueios de granularidade fina, esse problema é bastante atenuado. Muitos sistemas atuais usam essas técnicas.

Contudo, essa consideração pode nos levar a escolher um índice ISAM em algumas situações. Como os níveis de um índice ISAM são estáticos, não precisamos obter bloqueios nessas páginas; apenas as páginas de folha precisam ser bloqueadas. Um índice ISAM pode ser preferível a um índice de árvore B+, por exemplo, se ocorrem atualizações freqüentes, mas esperamos que a distribuição relativa dos registros e o número (e tamanho) de registros com determinado intervalo de valores de chave de pesquisa permaneçam aproximadamente os mesmos. Nesse caso, o índice ISAM oferece uma sobrecarga de bloqueio menor (e reduz a disputa por bloqueios) e a distribuição de registros é tal que menos páginas de overflow são criadas.

Os índices de hashing não criam tal gargalo de concorrência, a não ser que a distribuição de dados seja muito deformada e muitos itens de dados fiquem concentrados em alguns poucos buckets. Nesse caso, as entradas de diretório para esses buckets podem tornar-se um ponto ativo.

20.11 ESTUDO DE CASO: A LOJA NA INTERNET

Revendo nosso estudo de caso, a DBDudes considera a carga de trabalho esperada para a livraria B&N. O dono da livraria espera que a maioria de seus clientes pesquise livros pelo número de ISBN, antes de fazer um pedido. Fazer um pedido envolve inserir um registro na tabela Pedidos e inserir um ou mais registros na relação ListaPedidos.

Se um número suficiente de livros estiver disponível, uma remessa é preparada e é configurado um valor para *data_remessa* na relação ListaPedidos. Além disso, as quantidades disponíveis de livros em estoque mudam o tempo todo, pois são feitos pedidos que diminuem a quantidade disponível e novos livros chegam de fornecedores e aumentam a quantidade disponível.

A equipe da DBDudes começa considerando pesquisas de livros pelo ISBN. Como *isbn* é uma chave, uma consulta por igualdade em *isbn* retorna no máximo um registro. Portanto, para acelerar as consultas de clientes que procuram livros com determinado ISBN, a DBDudes decide construir um índice de hashing não agrupado em *isbn*.

Em seguida, ela considera as atualizações nas quantidades de livros. Para atualizar o valor de *qtidade_em_estoque* para um livro, devemos primeiro pesquisar o livro pelo ISBN; o índice em *isbn* acelera isso. Como o valor de *qtidade_em_estoque* de um livro é atualizado muito freqüentemente, a DBDudes também considera particionar a relação Books verticalmente, nas duas relações a seguir:

QtdLivros(*isbn*, qtidade)
RestLivros(*isbn*, título, autor, preço, ano_publicação)

Infelizmente, esse particionamento vertical diminui a velocidade de outra consulta muito popular: a pesquisa por igualdade sobre ISBN para recuperar todas as informações sobre um livro agora exige uma junção entre QtdLivros e RestLivros. Assim, a DBDudes decide não particionar Livros verticalmente.

A DBDudes acha que é provável que os clientes também desejarão pesquisar livros pelo título e pelo autor, e decide adicionar índices de hashing não agrupados em *títulos* e em *autor* — esses índices são baratos para manter, pois o conjunto de livros raramente é alterado, mesmo que a quantidade em estoque de um livro mude freqüentemente.

Em seguida, a DBDudes considera a relação Clientes. Um cliente é primeiro identificado pelo número de identificação único. Assim, a maioria das consultas comuns em Clientes é de igualdade, envolvendo o número de identificação do cliente, e a DBDudes decide construir um índice de hashing agrupado em *id-contrato* para obter a máxima velocidade para essa consulta.

Passando para a relação Pedidos, a DBDudes verifica que ela está envolvida em duas consultas: inserção de novos pedidos e recuperação de pedidos existentes. As duas consultas envolvem o atributo *num-pedido* como chave de pesquisa e, assim, a DBDudes decide construir um índice nele. Que tipo de índice ele deve ser — um índice de árvore B+ ou de hashing? Como os números de pedido são atribuídos em seqüência e correspondem à data do pedido, ordenar por *num-pedido* efetivamente ordena também pela data do pedido. Assim, a DBDudes decide construir um índice de árvore B+ agrupado em *num-pedido*. Embora os requisitos operacionais mencionados até agora não favoreçam nem um índice de árvore B+ nem um índice de hashing, a B&N provavelmente desejará monitorar as atividades diárias e o índice de árvore B+ agrupado é uma escolha melhor para tais consultas por intervalo. Naturalmente, isso significa que recuperar todos os pedidos de determinado cliente poderia ser dispendioso para clientes com muitos pedidos, pois o agrupamento por *num-pedido* impede o agrupamento por outros atributos, como *id-contrato*.

A relação ListaPedidos envolve principalmente inserções, com uma atualização ocasional de uma data de remessa ou uma consulta para listar todos os componentes de determinado pedido. Se ListaPedidos for mantida ordenada em *num-pedido*, todas as inserções serão realizações no final da relação e, assim, serão muito eficientes. Um índice de árvore B+ agrupado em *num-pedido* mantém essa ordem e também acelera a recuperação de todos os itens de determinado pedido. Para atualizarmos uma data de remessa, precisamos pesquisar uma tupla por *num-pedido* e *isbn*. O índice em *num-pedido* ajuda aqui também. Embora um índice em ⟨*num-pedido, isbn*⟩ fosse melhor para esse propósito, as inserções não seriam tão eficientes como com um índice apenas em *num-pedido*; portanto, a DBDudes decide indexar Orderlists apenas em *num-pedido*.

20.11.1 Sintonização do Banco de Dados

Vários meses após o lançamento do site da B&N, a DBDudes é chamada e fica sabendo que as perguntas dos clientes sobre pedidos pendentes estão sendo processadas muito lentamente. A B&N teve muito sucesso e as tabelas Pedidos e ListaPedidos ficaram enormes.

Pensando mais sobre o projeto, a DBDudes percebe que existem dois tipos de pedidos: *pedidos completos*, para os quais todos os livros já foram enviados, e *pedidos parcialmente completos*, para os quais alguns livros ainda serão enviados. A maioria das requisições de cliente para pesquisar um pedido envolve pedidos parcialmente completos, os quais são uma pequena fração de todos os pedidos. Portanto, a DBDudes decide particionar horizontalmente, tanto a tabela Pedidos como a tabela ListaPedidos, por *num-pedido*. Isso resulta em quatro novas relações: PedidosNovos, PedidosAntigos, ListaPedidosNovos e ListaPedidosAntigos.

Um pedido e seus componentes estão sempre em exatamente um par de relações — e podemos determinar qual par, antigo ou novo, com uma simples verificação em *num-pedido* — e as consultas envolvendo esse pedido são sempre avaliadas usando apenas as relações relevantes. Agora, algumas consultas são mais lentas, como aquelas que solicitam todos os pedidos de um cliente, pois exigem que pesquisemos dois conjuntos de relações. Entretanto, essas consultas são raras e seu desempenho é aceitável.

20.12 BENCHMARKS DE SGBD

Até aqui, consideramos como se faz para melhorar o projeto de um banco de dados para obter um desempenho melhor. Entretanto, à medida que o banco de dados cresce, o SGBD subjacente pode não mais conseguir fornecer um desempenho adequado, mesmo com o melhor projeto possível, e precisamos considerar a migração de nosso sistema, normalmente comprando hardware mais rápido e mais memória. Também podemos considerar a migração de nosso banco de dados para um novo SGBD.

Ao se avaliar produtos de SGBD, o desempenho é uma consideração importante. Um SGBD é um software complexo e diferentes fabricantes podem destinar seus sistemas para segmentos diferentes do mercado, colocando mais esforço na otimização de certas partes do sistema ou escolhendo diferentes projetos de sistema. Por exemplo, alguns sistemas são projetados para executar muitas transações simples por segundo. Dentro de cada categoria de sistemas, existem muitos produtos concorrentes. Para ajudar os usuários na escolha de um SGBD conveniente para suas necessidades, vários **benchmarks de desempenho** foram desenvolvidos. Eles incluem benchmarks para medir o desempenho de certa classe de aplicações (por exemplo, os benchmarks TPC) e para medir e quão bem um SGBD executa várias operações (por exemplo, o benchmarks Wisconsin).

Os benchmarks devem ser portáveis, fáceis de entender e mudar de escala naturalmente para instâncias maiores do problema. Eles devem medir o *desempenho de pico* (por exemplo, *transações por segundo* ou *tps*), assim como *razões preço/desempenho* (por exemplo, $/*tps*) para cargas de trabalho típicas em determinado domínio de aplicação. O TPC (Transaction Processing Council) foi criado para definir benchmarks para processamento de transação e sistemas de banco de dados. Outros benchmarks conhecidos foram propostos por pesquisadores acadêmicos e organizações do setor. Os benchmarks patenteados por fabricante fornecedor não são muito úteis para comparar sistemas diferentes (embora possam ser úteis para determinar o quanto certo sistema manipularia bem uma carga de trabalho em particular).

20.12.1 Benchmarks de SGBD Conhecidos

Benchmarks de processamento de transação on-line: os benchmarks TPC-A e TPC-B constituem as definições padrão das medidas *tps* e $/*tps*. O TPC-A mede o desempenho e o preço de uma rede de computadores, além do SGBD, enquanto o benchmark TPC-B considera o SGBD sozinho. Esses benchmarks envolvem uma transação simples que atualiza três registros de dados de três tabelas diferentes e anexa um registro em uma quarta tabela. Diversos detalhes (por exemplo, distribuição da chegada de transações, método de interconexão, propriedades do sistema) são rigorosamente especificados, garantindo que os resultados de diferentes sistemas possam ser comparados significativamente. O benchmark TPC-C é um conjunto de tarefas transacionais mais complexo do que o TPC-A e o TPC-B. Ele modela um data warehouse que monitora itens fornecidos aos clientes e envolve cinco tipos de transações. Cada transação do TPC-C é muito mais dispendiosa do que uma transação do TPC-A ou do TPC-B, e o TPC-C testa uma gama muito maior de recursos do sistema, como o uso de índices secundários e cancelamentos de transação. Ele tem substituído quase completamente o TPC-A e o TPC-B como benchmarks de processamento de transação padrão.

Benchmarks de consulta: o benchmark Wisconsin é amplamente usado para medir o desempenho de consultas relacionais simples. O benchmark Set Query mede o desempenho de um conjunto de consultas mais complexas e o benchmark AS^3AP mede o desempenho de uma carga de trabalho mista de transações, consultas relacionais e funções utilitárias. O benchmark TPC-D é um conjunto de consultas SQL complexas, destinadas a serem representativas do domínio de aplicação de apoio à decisão. O OLAP Council também desenvolveu um benchmark para consultas de apoio à decisão complexas, incluindo algumas que não podem ser expressas facilmente em SQL; isso se destina a medir sistemas de *processamento analítico on-line (OLAP — online analytic processing)*, que discutiremos no Capítulo 25, em vez de sistemas SQL tradicionais. O benchmark Sequoia 2000 é projetado para comparar suporte de SGBD para sistemas de informações geográficas.

Benchmarks de banco de dados de objeto: os benchmarks 001 e 007 medem o desempenho de sistemas de banco de dados orientados a objetos. O benchmark Bucky mede o desempenho de sistemas de banco de dados objeto-relacionais. (Discutiremos os sistemas objeto-relacionais no Capítulo 23.)

20.12.2 Usando um Benchmark

Os benchmarks devem ser usados com um bom entendimento do que são projetados para medir e do ambiente de aplicação no qual um SGBD deve ser usado. Quando você usar benchmarks para guiar sua escolha de SGBD, lembre-se das seguintes diretrizes:

- **O quanto determinado benchmark é significativo?** Os benchmarks que tentam extrair o desempenho em um único número podem ser demasiadamente simplistas. Um SGBD é um software complexo, usado em uma variedade de aplicações. Um bom benchmark deve ter um conjunto de tarefas cuidadosamente escolhidas para cobrir um domínio de aplicação em particular e testar recursos do SGBD importantes para esse domínio.

- **O quanto um benchmark reflete bem sua carga de trabalho?** Considere sua carga de trabalho esperada e compare-a com o benchmark. Dê mais peso ao desempenho das tarefas do benchmark (isto é, consultas e atualizações) que são semelhantes às tarefas importantes de sua carga de trabalho. Considere também como são medidos os números do benchmark. Por exemplo, o tempo decorrido para consultas individuais pode ser enganoso, se considerado em uma configuração multiusuário: um sistema pode ter tempos decorridos mais altos por causa de E/S mais lenta. Em uma carga de trabalho multiusuário, dados discos suficientes para E/S paralela, tal sistema poderia superar o desempenho de um sistema com um tempo decorrido menor.

- **Crie seu próprio benchmark:** os fabricantes freqüentemente otimizam seus sistemas para obter bons números em benchmarks importantes. Para opor-se a isso, crie seu próprio benchmark, modificando ligeiramente os benchmarks padrão ou substituindo as tarefas de um benchmark padrão por tarefas semelhantes de sua carga de trabalho.

20.13 QUESTÕES DE REVISÃO

As respostas das questões de revisão podem ser encontradas nas seções listadas.

- Quais são os componentes de uma descrição de carga de trabalho? **(Seção 20.1.1)**
- Quais decisões precisam ser tomadas durante o projeto físico? **(Seção 20.1.2)**
- Descreva seis diretrizes de alto nível para seleção de índice. **(Seção 20.2)**
- Quando devemos criar índices agrupados? **(Seção 20.4)**
- O que é co-agrupamento e quando devemos usá-lo? **(Seção 20.4.1)**
- O que é um plano somente de índice e como criamos índices para ele? **(Seção 20.5)**
- Por que a sintonização automática de índices é um problema difícil? Dê um exemplo. **(Seção 20.6.1)**
- Dê um exemplo de algoritmo de sintonização automática de índices. **(Seção 20.6.2)**
- Por que a sintonização do banco de dados é importante? **(Seção 20.7)**
- Como sintonizar índices, o esquema conceitual e consultas e visões? **(Seções 20.7.1 a 20.7.3)**
- Quais são nossas escolhas na sintonização do esquema conceitual? O que são as técnicas a seguir e quando devemos aplicá-las: estabelecimento de uma forma normal mais fraca, desnormalização e decomposições horizontais e verticais. **(Seção 20.8)**
- Quais escolhas temos na sintonização de consultas e visões? **(Seção 20.9)**
- Qual é o impacto do bloqueio no desempenho do banco de dados? Como podemos reduzir a disputa por bloqueio e pontos ativos? **(Seção 20.10)**
- Por que temos benchmarks de banco de dados padronizados e quais métricas comuns são usadas para avaliar sistemas de banco de dados? Você consegue descrever alguns benchmarks de banco de dados populares? **(Seção 20.12)**

EXERCÍCIOS

Exercício 20.1 Considere o esquema na FNBC a seguir, de uma parte de um banco de dados corporativo simples (as informações de tipo não são relevantes para esta questão e foram omitidas):

Fun(*id-func, nome-func, endereço, salário, idade, anos, id-depto*)

Dept(*id-depto, nome-depto, andar, orçamento*)

Projeto Físico de Banco de Dados e Sintonização

Suponha que você saiba que as consultas a seguir são as seis mais comuns na carga de trabalho dessa empresa e que todas elas são aproximadamente equivalentes em freqüência e importância:

- Listar a id, o nome e o endereço de funcionários em um intervalo de idade especificado pelo usuário.
- Listar o id, o nome e o endereço de funcionários que trabalham no departamento cujo nome é especificado pelo usuário.
- Listar o id e o endereço de funcionários cujo nome é especificado pelo usuário.
- Listar o salário médio global dos funcionários.
- Listar o salário médio dos funcionários de cada idade; isto é, para cada idade no banco de dados, liste a idade e o salário médio correspondente.
- Listar todas as informações de departamento ordenadas pelos números de andar.

1. Dadas essas informações e supondo que essas consultas sejam mais importantes do que quaisquer atualizações, projete um esquema físico para o banco de dados corporativo que forneça bom desempenho para a carga de trabalho esperada. Em particular, decida quais atributos serão indexados e se cada índice será agrupado ou não agrupado. Suponha que índices de árvore B+ sejam o único tipo suportado pelo SGBD e que são permitidas chaves de um e de vários atributos. Especifique seu projeto físico identificando os atributos que você recomenda indexar por meio de árvores B+ agrupadas ou não agrupadas.
2. Reprojete o esquema físico, supondo que o conjunto de consultas importantes tenha mudado para o seguinte:

- Listar o id e o endereço de funcionários cujos nomes são especificados pelo usuário.
- Listar o salário máximo global dos funcionários.
- Listar o salário médio dos funcionários por departamento; isto é, para cada valor de *id-depto*, listar o valor de *id-depto* e o salário médio de funcionários nesse departamento.
- Listar a soma dos orçamentos de todos os departamentos por andar; isto é, para cada andar, listar o andar e a soma.
- Suponha que essa carga de trabalho deve ser sintonizada com um assistente de sintonização automática de índice. Esboce as principais etapas da execução do algoritmo de sintonização de índice e o conjunto de configurações candidatas que seriam consideradas.

Exercício 20.2 Considere o esquema relacional na FNBC a seguir, de uma parte do banco de dados de uma universidade (as informações de tipo não são relevantes para esta questão e foram omitidas):

Professor(*cpf*, *nome-prof*, *gabinete*, *idade*, *sexo*, *especialidade*, *id-depto*)
Departamento(*id-depto*, *nome-depto*, *orçamento*, *no_cadeiras*, *chefe*)

Suponha que você saiba que as consultas a seguir são as cinco mais comuns na carga de trabalho dessa universidade e que todas elas são aproximadamente equivalentes em freqüência e importância:

- Listar os nomes, idades e gabinetes de professores de um sexo especificado pelo usuário (masculino ou feminino), que tenham uma especialidade de pesquisa especificada pelo usuário (por exemplo, *processamento de consulta recursivo*). Suponha que a universidade tem um conjunto variado de membros do corpo docente, tornando muito incomum o fato de mais de um professor ter a mesma especialidade de pesquisa.
- Listar todas as informações dos departamentos com professores em um intervalo de idade especificado pelo usuário.
- Listar o id do departamento, o nome do departamento e o nome do chefe dos departamentos com número de cadeiras especificado pelo usuário.
- Listar o menor orçamento para um departamento na universidade.
- Listar todas as informações sobre professores que são chefes de departamento.

Essas consultas ocorrem muito mais freqüentemente do que atualizações; portanto, você deve construir os índices que precisar para acelerar essas consultas. Entretanto, você não deve construir índices desnecessários, pois ocorrerão atualizações (e terão sua velocidade diminuída por índices desnecessários). Dadas essas informações, projete um esquema físico para o banco de dados da universidade que forneça bom desempenho para a carga de trabalho esperada. Em particular, decida quais atributos devem ser indexados e se cada índice deve ser agrupado ou não agrupado. Suponha que índices de árvore B+ e índices de hashing sejam ambos suportados pelo SGBD e que são permitidas chaves de pesquisa de índice de um e de vários atributos.

1. Especifique seu projeto físico identificando os atributos que você recomenda indexar, indicando se cada índice deve ser agrupado ou não agrupado e se deve ser um índice de árvore B+ ou de hashing.
2. Suponha que essa carga de trabalho deve ser sintonizada com um assistente de sintonização automática de índice. Esboçe as principais etapas do algoritmo e o conjunto de configurações candidatas consideradas.
3. Reprojete o esquema físico, supondo que o conjunto de consultas importantes tenha mudado para o seguinte:
- Listar o número de diferentes especialidades abrangidas pelos professores em cada departamento, por departamento.
- Encontrar o departamento com menos cadeiras.
- Encontrar o professor mais jovem que seja chefe de departamento.

Exercício 20.3 Considere o esquema relacional na FNBC a seguir, de uma parte do banco de dados de uma empresa (as informações de tipo não são relevantes para esta questão e foram omitidas):

Projeto(*id-proj*, *nome_proj, depto_proj, gerente_proj, tópico, orçamento*)
Gerente(*id-gerente*, *nome_gerente, depto_gerente, salário, idade, sexo*)

Note que cada projeto é vinculado em algum departamento, cada gerente é funcionário de algum departamento e o gerente de um projeto não precisa ser funcionário do mesmo departamento (ao qual o projeto é vinculado). Suponha que você saiba que as consultas a seguir são as cinco mais comuns na carga de trabalho dessa empresa e que todas elas são aproximadamente equivalentes em freqüência e importância:

- Listar os nomes, idades e salários de gerentes de um sexo especificado pelo usuário (masculino ou feminino), que trabalhem em determinado departamento. Você pode supor que, embora existam muitos departamentos, cada um contém muito poucos gerentes de projeto.
- Listar os nomes de todos os projetos com gerentes cujas idades estão em um intervalo especificado pelo usuário (por exemplo, mais jovens do que 30 anos).
- Listar os nomes de todos os departamentos tais que um gerente nesse departamento gerencie um projeto vinculado a esse departamento.
- Listar o nome do projeto com menor orçamento.
- Listar os nomes de todos os gerentes no mesmo departamento de determinado projeto.

Essas consultas ocorrem muito mais freqüentemente do que atualizações; portanto, você deve construir os índices que precisar para acelerar essas consultas. Entretanto, você não deve construir índices desnecessários, pois ocorrerão atualizações (e terão sua velocidade diminuída por índices desnecessários). Dadas essas informações, projete um esquema físico para o banco de dados da empresa que forneça bom desempenho para a carga de trabalho esperada. Em particular, decida quais atributos devem ser indexados e se cada índice deve ser agrupado ou não agrupado. Suponha que índices de árvore B+ e índices de hashing sejam ambos suportados pelo SGBD e que são permitidas chaves de índice de um e de vários atributos.

1. Especifique seu projeto físico identificando os atributos em que você recomenda indexar, indicando se cada índice deve ser agrupado ou não agrupado e se deve ser um índice de árvore B+ ou de hashing.
2. Suponha que essa carga de trabalho deve ser sintonizado com um assistente de sintonização automática de índice. Esboçe as principais etapas do algoritmo e o conjunto de configurações candidatas consideradas.
3. Reprojete o esquema físico, supondo que o conjunto de consultas importantes tenha mudado para o seguinte:
- Encontrar o total dos orçamentos para projetos gerenciados por cada gerente; isto é, listar *gerente_proj* e o total dos orçamentos de projetos gerenciados por esse gerente, para todos os valores de *gerente_proj*.
- Encontrar o total dos orçamentos dos projetos gerenciados por cada gerente, mas apenas para aqueles que estão em um intervalo de idade especificado pelo usuário.

Projeto Físico de Banco de Dados e Sintonização 573

- Encontrar o número de gerentes masculinos.
- Encontrar a idade média dos gerentes.

Exercício 20.4 O Globetrotters Club é organizado em sedes. O presidente de uma sede nunca pode ser o presidente de qualquer outra sede e cada sede paga um salário ao seu presidente. As sedes ficam mudando para novos locais e um novo presidente é eleito quando (e somente quando) uma sede muda. Esses dados são armazenados em uma relação $G(C,S,L,P)$, onde os atributos são sedes (C), salários (S), locais (L) e presidentes (P). Consultas da forma a seguir são feitas freqüentemente e você *deve* respondê-las sem calcular uma junção: "Quem foi o presidente da sede X, quando ela estava no local Y?"

1. Liste as DFs que são dadas como válidas sobre G.
2. Quais são as chaves candidatas da relação G?
3. Em que forma normal está o esquema G?
4. Projete um bom esquema de banco de dados para cada clube. (Lembre-se de que seu projeto *deve* satisfazer o requisito de consulta declarado!)
5. Em que forma normal está seu esquema bom? Dê um exemplo de consulta que provavelmente será executada mais lentamente nesse esquema do que na relação G.
6. Existe uma decomposição sem perda de junção com preservação de dependência de G na FNBC?
7. Existe algum bom motivo para aceitar algo a menos do que a 3FN, ao se projetar um esquema para um banco de dados relacional? Use este exemplo, se necessário adicionando mais restrições, para ilustrar sua resposta.

Exercício 20.5 Considere a relação na FNBC a seguir, que lista os ids, os tipos (por exemplo, porcas e parafusos) e os custos de várias peças, junto com o número disponível ou em estoque:

Peças(*id-peça, nome-peça, custo, no_ disponível*)

Você é informado de que as duas consultas a seguir são extremamente importantes:

- Localizar o número total disponível por tipo de peça, para todos os tipos. (Isto é, a soma do valor de *no_ disponível* de todas as porcas, a soma do valor de *no_ disponível* de todos os parafusos e assim por diante.)
- Listar os *id-peça* das peças com o custo mais alto.

1. Descreva o projeto físico que você escolheria para essa relação. Isto é, que tipo de estrutura de arquivo você escolheria para o conjunto de registros de Peças e quais índices criaria?
2. Suponha que, subseqüentemente, seus clientes reclamem que o desempenho ainda não é satisfatório (dados os índices e a organização de arquivo que você escolheu para a relação Peças, em resposta à pergunta anterior). Como você não pode comprar hardware novo nem software, precisa considerar um reprojeto do esquema. Explique como você tentaria obter um desempenho melhor, descrevendo o esquema para a(s) relação(ões) que usaria e sua escolha de organizações de arquivo e índices nessas relações.
3. Como suas respostas para as duas questões mudariam, se é que mudariam, se seu sistema não suportasse índices com chaves de pesquisa de vários atributos?

Exercício 20.6 Considere as relações na FNBC a seguir, que descrevem funcionários e os departamentos em que eles trabalham:

Funcionário(*id-funcion, salário, id-depto*)

Departamento(*id-depto, localização, orçamento*)

Você é informado de que as consultas a seguir são extremamente importantes:

- Encontrar a localização onde trabalha um funcionário especificado pelo usuário.
- Verificar se o orçamento de um departamento é maior do que o salário de cada funcionário nesse departamento.

1. Descreva o projeto físico que você escolheria para essa relação. Isto é, que tipo de estrutura de arquivo você escolheria para essas relações e quais índices criaria?

2. Suponha que, subseqüentemente, seus clientes reclamem que o desempenho ainda não é satisfatório (dados os índices e a organização de arquivo que você escolheu para as relações, em resposta à pergunta anterior). Como você não pode comprar hardware novo nem software, precisa considerar um reprojeto do esquema. Explique como você tentaria obter um desempenho melhor, descrevendo o esquema para a(s) relação(ões) que usaria e sua escolha de organizações de arquivo e índices nessas relações.

3. Suponha que seu sistema de banco de dados tenha implementações muito ineficientes de estruturas de índice. Que tipo de projeto você tentaria nesse caso?

Exercício 20.7 Considere as relações na FNBC a seguir, que descrevem departamentos e funcionários de uma empresa:

Departamento(*id-dp*, *nome-depto*, *localização*, *id-gerente*)

Funcionários(*id-contrato*, *salário*)

Você é informado de que as consultas a seguir são extremamente importantes:

- Listar os nomes e ids dos gerentes de cada departamento em um local especificado pelo usuário, em ordem alfabética por nome de departamento.
- Encontrar o salário médio dos funcionários que gerenciam departamentos em um local especificado pelo usuário. Você pode supor que ninguém gerencia mais de um departamento.

1. Descreva as estruturas de arquivo e os índices que você escolheria.
2. Subseqüentemente, você percebe que atualizações nessas relações são freqüentes. Como índices acarretam uma alta sobrecarga, você consegue imaginar uma maneira de melhorar o desempenho nessas consultas sem usar índices?

Exercício 20.8 Para cada uma das consultas a seguir, identifique uma possível razão pela qual um otimizador poderia não encontrar um bom plano. Reescreva a consulta de modo que um bom plano provavelmente seja encontrado. Todos os índices disponíveis ou restrições conhecidas estão listados antes de cada consulta; suponha que os esquemas de relação sejam coerentes com os atributos referidos na consulta.

1. Um índice está disponível no atributo *idade*:

    ```
    SELECT   F.num-depto
    FROM     Funcionário F
    WHERE    F.idade=20 OR F.idade=10
    ```

2. Um índice de árvore B+ está disponível no atributo *idade*:

    ```
    SELECT   F.num-depto
    FROM     Funcionário F
    WHERE    F.idade<20 AND F.idade>10
    ```

3. Um índice está disponível no atributo *idade*:

    ```
    SELECT   F.num-depto
    FROM     Funcionário F
    WHERE    2*F.idade<20
    ```

4. Nenhum índice está disponível:

    ```
    SELECT DISTINCT *
    FROM     Funcionário F
    ```

5. Nenhum índice está disponível:

    ```
    SELECT AVG   (F.salário)
    FROM         Funcionário F
    GROUP BY     F.num-depto
    HAVING       F.num-depto=22
    ```

6. O *id-marin* em Reservas é uma chave estrangeira que se refere a Marinheiros:

    SELECT   M.id-marin
    FROM   Marinheiros S, Reservas R
    WHERE   M.id-marin=R.id-marin

Exercício 20.9 Considere duas maneiras de computar os nomes de funcionários que ganham mais de $100.000 e cuja idade seja igual à idade de seus gerentes. Primeiro, uma consulta aninhada:

SELECT   E1.nome-func
FROM   Funcionário F1
WHERE   F1.salário > 100 AND F1.idade = (SELECT F2.idade
                                             FROM Funcionário F2, Departamento D2
                                             WHERE F1.nome = D2.dnome
                                             AND D2.gerente = F2.nome-func

Segundo, uma consulta que usa uma definição de visão:

SELECT   F1.nome-func
FROM   Funcionário F1, IdadeGerente I
WHERE   F1.nome-depto = I.nome-depto AND F1.salário > 100 AND F1.idade = I.idade
CREATE VIEW IdadeGerente (nome-depto, idade)
        AS SELECT D.nome-depto, F.idade
           FROM Funcionário F, Departamento D
           WHERE D.gerente = F.nome-func

1. Descreva uma situação na qual a primeira consulta provavelmente supera o desempenho da segunda.
2. Descreva uma situação na qual a segunda consulta provavelmente supera o desempenho da primeira.
3. Você consegue construir uma consulta equivalente que provavelmente seja superior a essas duas consultas, quando cada funcionário que ganha mais de $100.000 e tem 35 ou 40 anos? Explique sucintamente.

NOTAS BIBLIOGRÁFICAS

[658] é uma discussão inicial sobre o projeto físico de banco de dados. [659] discute as implicações da normalização sobre o desempenho e observa que a desnormalização pode melhorar o desempenho de certas consultas. As idéias subjacentes a uma ferramenta de projeto físico da IBM estão descritas em [272]. A ferramenta AutoAdmin da Microsoft, que realiza seleção automática de índice de acordo com uma sobrecarga de consulta, está descrita em vários artigos [163, 164]. O DB2 Advisor está descrito em [750]. Outras estratégias de projeto físico de banco de dados estão descritas em [146, 639]. [679] considera a *sintonização de transação*, que discutimos apenas brevemente. O problema é como um aplicativo deve ser estruturado em uma coleção de transações para maximizar o desempenho.

Os livros a seguir sobre projeto de banco de dados abordam os problemas do projeto físico em detalhes; eles são recomendados como leitura adicional. [274] é amplamente independente de produtos específicos, embora muitos exemplos sejam baseados nos sistemas DB2 e Teradata. [779] trata principalmente do DB2. Shasha e Bonnet fornecem uma introdução aprofundada e fácil de ler da *sintonização* de banco de dados [104].

[334] contém vários artigos sobre benchmarkings de sistemas de banco de dados e tem software acompanhando. Inclui artigos sobre os benchmarks AS^3AP, Set Query, TPC-A, TPC-B, Wisconsin e 001, escritos pelos desenvolvedores originais. O benchmark Bucky está descrito em [132], o benchmark 007 está descrito em [131] e o benchmark TPC-D está descrito em [739]. O benchmark Sequoia 2000 está descrito em [720].

21
SEGURANÇA E AUTORIZAÇÃO

- ☞ Quais são as principais considerações sobre a segurança no projeto de um aplicativo de banco de dados?
- ☞ Quais mecanismos um SGBD fornece para controlar o acesso de um usuário aos dados?
- ☞ O que é controle de acesso discricionário e como ele é suportado na SQL?
- ☞ Quais são as deficiências do controle de acesso discricionário? Como elas são tratadas no controle de acesso obrigatório?
- ☞ O que são canais secretos e como eles comprometem o controle de acesso obrigatório?
- ☞ O que o administrador de banco de dados deve fazer para garantir a segurança?
- ☞ Qual é a ameaça contra a segurança quando um banco de dados é acessado de forma remota?
- ☞ Qual é o papel da criptografia na garantia de acesso seguro? Como ela é usada para certificar servidores e criar assinaturas digitais?
- ➡ **Conceitos-chave:** segurança, integridade, disponibilidade; controle de acesso discricionário, privilégios, GRANT, REVOKE; controle de acesso obrigatório, objetos, sujeitos, classes de segurança, tabelas multinível, polinstanciação; canais secretos, níveis de segurança do DoD; bancos de dados estatísticos, inferindo informações seguras; autenticação de acesso remoto, tornando servidores seguros, assinaturas digitais; criptografia, criptografia de chave pública.

Eu sei que é um segredo porque etá sussurrado por todos os lugares.

—*William Congreve*

Os dados armazenados em um SGBD freqüentemente são vitais para os interesses comerciais da organização e são considerados um componente do ativo corporativo. Além de proteger o valor intrínseco dos dados, as empresas devem considerar maneiras de garantir a privacidade e o controle de acesso aos dados que não devem ser revelados para certos grupos de usuários, por vários motivos.

Neste capítulo, discutimos os conceitos subjacentes ao controle de acesso e à segurança em um SGBD. Após apresentarmos os problemas de segurança de banco de dados, na Seção 21.1, consideramos duas estratégias distintas, chamadas discricionária e *obrigatória*, para especificar e gerenciar controles de acesso. Um mecanismo de **controle de acesso** é uma maneira de controlar os dados acessíveis a determinado usuário. Após apresentarmos os controles de acesso, na Seção 21.2, abordamos o controle de acesso discricionário, que é suportado na SQL, na Seção 21.3. Abordaremos brevemente o controle de acesso obrigatório, que não é suportado na SQL, na Seção 21.4.

Na Seção 21.6, discutimos alguns aspectos adicionais da segurança do banco de dados, como a segurança em um banco de dados estatístico e a função do administrador de banco de dados. Em seguida, na Seção 21.5, consideramos alguns dos desafios exclusivos no suporte do acesso seguro a um SGBD pela Internet, que é um problema fundamental no comércio eletrônico e em outros aplicativos de banco de dados de Internet. Concluímos este capítulo com uma discussão sobre os aspectos da segurança do estudo de caso da Barns and Nobble, na Seção 21.7.

21.1 INTRODUÇÃO À SEGURANÇA DE BANCOS DE DADOS

Existem três objetivos principais ao se projetar um aplicativo de banco de dados seguro:

1. **Sigilo:** as informações não devem ser reveladas para usuários não autorizados. Por exemplo, um aluno não pode examinar as notas de outros alunos.

2. **Integridade:** apenas usuários autorizados podem modificar dados. Por exemplo, os alunos devem ver suas notas, embora (obviamente) não possam modificá-las.

3. **Disponibilidade:** os usuários autorizados não devem ter o acesso negado. Por exemplo, um professor que queira alterar uma nota deve poder fazer isso.

Para atingir esses objetivos, uma **política de segurança** clara e consistente deve ser desenvolvida para descrever quais medidas de segurança devem ser impostas. Em particular, devemos determinar qual parte dos dados deve ser protegida e quais usuários obtêm acesso a quais partes dos dados. Em seguida, os **mecanismos de segurança** do SGBD e do sistema operacional subjacentes, assim como mecanismos externos, como a segurança no acesso aos prédios, devem ser utilizados para impor a política. Enfatizamos que medidas de segurança devem ser tomadas em vários níveis.

Brechas de segurança no sistema operacional ou em conexões de rede podem inutilizar os mecanismos de segurança do banco de dados. Por exemplo, essas brechas poderiam permitir que um intruso se conectasse como administrador do banco de dados, com todos os conseqüentes direitos de acesso ao SGBD. Fatores humanos são outra fonte de brechas de segurança. Por exemplo, um usuário pode escolher uma senha fácil de adivinhar ou um usuário autorizado a ver dados sigilosos pode fazer uso impróprio deles. Tais erros são responsáveis por uma grande porcentagem das brechas de segurança. Não discutiremos esses aspectos da segurança, apesar de sua importância, pois não são específicos dos sistemas de gerenciamento de banco de dados; nosso foco principal são os mecanismos de controle de acesso ao banco de dados para suportar uma política de segurança.

Observamos que as visões são uma ferramenta valiosa para impor políticas de segurança. O mecanismo de visões pode ser usado para criar uma "janela" sobre uma coleção de dados, apropriada para algum grupo de usuários. As visões nos permitem limitar o acesso a dados sigilosos, fornecendo acesso a uma versão restrita (definida por meio de uma visão) desses dados, em vez do acesso aos dados em si.

Usaremos os seguintes esquemas em nossos exemplos:

Marinheiros(*id-marin:* `integer`, *nome-marin:* `string`, *avaliação:* `integer`, *idade:* `real`)
Barcos(*id-barco:* `integer`, *nome-barco:* `string`, *cor:* `string`)
Reservas(*id-marin:* `integer`, *id-barco:* `integer`, *dia:* `dates`)

Cada vez mais, à medida que os sistemas de banco de dados se tornam a espinha dorsal dos aplicativos de comércio eletrônico, os pedidos se originam pela Internet. Isso torna importante **autenticar** um usuário no sistema de banco de dados. Afinal, impor uma política de segurança que permita ao usuário Sam ler uma tabela e a Elmer gravar na tabela não terá muita utilidade se Sam puder disfarçar-se de Elmer. Inversamente, devemos garantir aos usuários que eles estão se comunicando com um sistema legítimo (por exemplo, o servidor Amazon.com real e não um aplicativo espúrio, destinado a roubar informações sigilosas, como um número de cartão de crédito). Embora os detalhes da autenticação estejam fora dos objetivos de nossa abordagem, discutiremos a função da autenticação e as idéias básicas envolvidas na Seção 21.5, após abordarmos os mecanismos de controle de acesso a banco de dados.

21.2 CONTROLE DE ACESSO

Um banco de dados de uma empresa contém muitas informações e, normalmente, vários grupos de usuários. A maioria dos usuários só precisa de uma pequena parte do banco de dados para realizar suas tarefas. Permitir aos usuários acesso irrestrito a todos os dados pode ser indesejável e um SGBD deve fornecer mecanismos para controlar o acesso aos dados.

Um SGBD oferece duas estratégias principais de controle de acesso. O **controle de acesso dicricionário (discretionary access control)** é baseado no conceito dos direitos de acesso ou **privilégios** e em mecanismos para dar aos usuários tais privilégios. Um privilégio permite que um usuário acesse algum objeto de dado de certa maneira (por exemplo, para ler ou modificar). Um usuário que crie um objeto de banco de dados, como uma tabela ou uma visão, recebe automaticamente todos os privilégios aplicáveis a esse objeto. Subseqüentemente, o SGBD monitora como esses privilégios são concedidos (e, possivelmente, revogados) a outros usuários e garante que, o tempo todo, apenas os usuários com os privilégios necessários possam acessar um objeto. A SQL suporta o controle de acesso discricionário por meio dos comandos GRANT e REVOKE. O comando GRANT concede privilégios aos usuários e o comando REVOKE revoga privilégios. Discutiremos o controle de acesso discricionário na Seção 21.3.

Os mecanismos de controle de acesso discricionário, embora geralmente sejam eficazes, têm certas deficiências. Em particular, um usuário não autorizado e desonesto pode enganar um usuário autorizado, fazendo-o revelar dados sigilosos. O **controle de acesso obrigatório (mandatory acess control)** é baseado em políticas em nível de sistema que não podem ser alteradas por usuários individuais. Nessa estratégia, cada objeto do banco de dados é atribuído a uma *classe de segurança*, cada usuário recebe uma *liberação* para uma classe de segurança e são impostas regras para a leitura e gravação de objetos do banco de dados por parte dos usuários. O SGBD define se determinado usuário pode ler ou gravar certo objeto, com base em certas regras que envolvem o nível de segurança do objeto e a liberação do usuário. Essas regras procuram garantir que dados sigilosos nunca possam ser "passados" para um usuário sem a liberação necessária. O padrão SQL não inclui nenhum suporte para controle de acesso obrigatório. Discutiremos o controle de acesso obrigatório na Seção 21.4.

21.3 CONTROLE DE ACESSO DISCRICIONÁRIO

A SQL suporta controle de acesso discricionário por meio dos comandos GRANT e REVOKE. O comando GRANT concede privilégios de usuário às tabelas base e às visões. A sintaxe desse comando é a seguinte:

GRANT **privilégios** ON **objeto** To **usuários** [WITH GRANT OPTION]

Para nossos propósitos, **objeto** é uma tabela base ou uma visão. A SQL reconhece outros tipos de objetos, mas não os discutiremos. Vários privilégios podem ser especificados, incluindo os seguintes:

- SELECT: o direito de acessar (ler) todas as colunas da tabela especificada como **objeto**, *incluindo colunas adicionadas posteriormente* por meio de comandos ALTER TABLE.
- INSERT(*nome-da-coluna*): o direito de inserir linhas com valores (não-*nulos* ou não-padrões) na coluna nomeada da tabela nomeada como **objeto**. Se esse direito precisar ser concedido com relação a todas as colunas, incluindo colunas que possam ser adicionadas posteriormente, podemos usar simplesmente INSERT. Os privilégios UPDATE(*nome-da-coluna*) e UPDATE são semelhantes.
- DELETE: o direito de excluir linhas da tabela nomeada como **objeto**.
- REFERENCES(*nome-da-coluna*): o direito de definir chaves estrangeiras (em outras tabelas) que se refiram à coluna especificada da tabela **objeto**. REFERENCES sem um nome de coluna especificado denota esse direito com relação a todas as colunas, incluindo as que forem adicionadas posteriormente.

Se um usuário tem um privilégio com **grant option**, ele pode passá-lo para outro usuário (com ou sem GRANT option) usando o comando GRANT. Um usuário que crie uma tabela base tem automaticamente todos os privilégios aplicáveis a ela, junto com o direito de conceder esses privilégios para outros usuários. Um usuário que crie uma visão tem sobre a visão precisamente os privilégios que possui em *todas* as visões ou tabelas base usadas para definir a visão. É claro que o usuário que está criando a visão deve ter o privilégio SELECT em cada tabela subjacente e, assim, é sempre garantido o privilégio SELECT na visão. O criador da visão tem o privilégio SELECT com GRANT OPTION somente se tiver o privilégio SELECT com GRANT OPTION em cada tabela subjacente. Além disso, se a visão admite atualização e o usuário tem privilégios INSERT, DELETE ou UPDATE (com ou sem GRANT OPTION) sobre a (única) tabela subjacente, ele recebe automaticamente os mesmos privilégios sobre a visão.

Apenas o proprietário de um esquema pode executar as instruções de definição de dados CREATE, ALTER e DROP nesse esquema. O direito de executar essas instruções não pode ser concedido nem revogado.

Em conjunto com os comandos GRANT e REVOKE, as visões são componentes importantes dos mecanismos de segurança fornecidos por um SGBD relacional. Definindo visões nas tabelas base, podemos apresentar as informações necessárias para um usuário, enquanto *ocultamos* outras informações a que ele não deve ter acesso. Por exemplo, considere a seguinte definição de visão:

```
CREATE VIEW   MarinheirosAtivos (nome, idade, dia)
     AS SELECT   M.nome-marin, M.idade, R.dia
     FROM        Marinheiros M, Reservas R
     WHERE       S.id-marin = R.id-marin AND M.avaliação > 6
```

Um usuário que possa acessar MarinheirosAtivos, mas não Marinheiros nem Reservas, sabe os nomes dos marinheiros que têm reservas, mas não pode descobrir o *id-barco* dos barcos reservados por determinado marinheiro.

Na SQL, os privilégios são atribuídos a **IDs de autorização**, os quais podem denotar um único usuário ou um grupo de usuários; um usuário deve especificar um ID de

> **Autorização Baseada em Papéis na SQL:** Os privilégios são atribuídos aos usuários (IDs de autorização, para sermos precisos) na SQL-92. No mundo real, os privilégios são freqüentemente associados ao trabalho de um usuário ou *papel* dentro da organização. Muitos SGBDs suportam há muito tempo o conceito de **papel** e permitem que os privilégios sejam atribuídos aos papéis. Então, os papéis podem ser concedidos aos usuários e a outros papéis. (Naturalmente, os privilégios também podem ser concedidos diretamente aos usuários.) O padrão SQL: 1999 inclui suporte para papéis. Os papéis podem ser criados e destruídos com os comandos CREATE ROLE e DROP ROLE. Os usuários podem receber papéis (opcionalmente, com a capacidade de passar o papel para outros). Os comandos GRANT e REVOKE padrão podem atribuir privilégios a (e revogar de) papéis ou IDs de autorização.
>
> Qual é a vantagem de incluir um recurso que muitos sistemas já suportam? Isso garante que, com o passar do tempo, todos os fabricantes que obedeçam o padrão suportem esse recurso. Assim, os usuários podem utilizar o recurso sem se preocuparem com a portabilidade de seus aplicativos entre os SGBDs.

autorização e, em muitos sistemas, uma *senha* correspondente, antes que o SGBD aceite quaisquer comandos da parte dele. Assim, tecnicamente, nos exemplos a seguir, *Joe, Michael* etc., são IDs de autorização, em vez de nomes de usuário.

Suponha que o usuário Joe tenha criado as tabelas Barcos, Reservas e Marinheiros. Alguns exemplos do comando GRANT que agora Joe pode executar são os seguintes:

```
GRANT INSERT, DELETE ON Reservas TO Yuppy WITH GRANT OPTION
GRANT SELECT ON Reservas TO Michael
GRANT SELECT ON Marinheiros TO Michael WITH GRANT OPTION
GRANT UPDATE (avaliação) ON Marinheiros TO Leah
GRANT REFERENCES (id-barco) ON Barcos TO Bill
```

Yuppy pode inserir ou excluir linhas de Reservas e autorizar mais alguém a fazer o mesmo. Michael pode executar consultas SELECT em Marinheiros e Reservas e pode passar esse privilégio a outros para Marinheiros, mas não para Reservas. Com o privilégio SELECT, Michael pode criar um uma visão que acesse as tabelas Marinheiros e Reservas (por exemplo, a visão MarinheirosAtivos), mas não pode conceder SELECT em MarinheirosAtivos para outros.

Por outro lado, suponha que Michael crie a seguinte visão:

```
CREATE VIEW MarinheirosJovens (id-marin, idade, avaliação)
    AS SELECT M.id-marin, M.idade, M.avaliação
    FROM      Marinheiros M
    WHERE     M.idade < 18
```

A única tabela subjacente é Marinheiros, para a qual Michael tem SELECT com GRANT OPTION. Portanto, ele tem SELECT com GRANT OPTION em MarinheirosJovens e pode passar o privilégio SELECT em MarinheirosJovens para Eric e Guppy:

```
GRANT SELECT ON MarinheirosJovens TO Eric, Guppy
```

Eric e Guppy podem agora executar consultas SELECT na visão MarinheirosJovens — note, entretanto, que Eric e Guppy *não* têm o direito de executar consultas SELECT diretamente na tabela Marinheiros subjacente.

Michael também pode definir restrições com base nas informações das tabelas Marinheiros e Reservas. Por exemplo, Michael pode definir a tabela a seguir, que tem uma restrição de tabela associada:

```
CREATE TABLE Sorrateiro ( max-avaliação INTEGER,
                CHECK ( max-avaliação >=
                        ( SELECT MAX (M.avaliação )
                          FROM Marinheiros M )))
```

Inserindo linhas repetidamente na tabela Sorrateiro, com valores gradualmente maiores de *max-avaliação* até que uma inserção finalmente tenha êxito, Michael pode descobrir o maior valor de *avaliação* na tabela Marinheiros. Esse exemplo ilustra por que a SQL exige que o criador de uma restrição de tabela que se refere a Marinheiros possua o privilégio SELECT em Marinheiros.

Voltando aos privilégios concedidos por Joe, Leah pode atualizar apenas a coluna *avaliação* das linhas de Marinheiros. Ela pode executar o comando a seguir, que configura todas as avaliações como 8:

```
UPDATE  Marinheiros M
SET     M.avaliação = 8
```

Entretanto, ela não pode executar o mesmo comando, se a cláusula SET for alterada para SET *M.idade = 25*, pois não tem permissão para atualizar o campo *idade*. Um ponto mais sutil é ilustrado pelo comando a seguir, que decrementa a avaliação de todos os marinheiros:

```
UPDATE  Marinheiros M
SET     M.avaliação = M.avaliação - 1
```

Leah não pode executar esse comando porque ele exige o privilégio SELECT na coluna *M.avaliação* e Leah não tem esse privilégio.

Bill pode se referir à coluna *id-barco* de Barcos como uma chave estrangeira em outra tabela. Por exemplo, Bill pode criar a tabela Reservas por meio do seguinte comando:

```
CREATE TABLE Reservas ( id-marin      INTEGER,
                        id-barco      INTEGER,
                        dia           DATE,
                        PRIMARY KEY (id-barco, dia),
                        FOREIGN KEY (id-marin) REFERENCES Marinheiros),
                        FOREIGN KEY (id-barco) REFERENCES Barcos)
```

Se Bill não tivesse o privilégio REFERENCES na coluna *id-barco* de Barcos, não poderia executar essa instrução CREATE, pois a cláusula FOREIGN KEY exige esse privilégio. (Um ponto semelhante é válido com relação à referência de chave estrangeira para Marinheiros.)

Especificar apenas o privilégio INSERT (analogamente, REFERENCES e outros privilégios) em um comando GRANT não é o mesmo que especificar SELECT(*nome-da-coluna*) para cada coluna correntemente na tabela. Considere o comando a seguir sobre a tabela Marinheiros, que tem as colunas *id-marin, nome-marin, avaliação* e *idade*:

```
GRANT INSERT ON Marinheiros TO Michael
```

Suponha que esse comando seja executado e depois uma coluna seja adicionada na tabela Marinheiros (executando-se um comando ALTER TABLE). Note que Michael tem o privilégio INSERT com relação à coluna recentemente adicionada. Se tivéssemos executado o comando GRANT a seguir, em vez do anterior, Michael não teria o privilégio INSERT na nova coluna:

GRANT INSERT ON Marinheiros(*id-marin*), Marinheiros(*nome-marin*), Marinheiros(*avaliação*), Marinheiros(*idade*) TO Michael

Existe um comando complementar a GRANT que permite a retirada de privilégios. A sintaxe do comando REVOKE é a seguinte:

REVOKE [GRANT OPTION FOR] **privilégios**
ON **objeto** FROM **usuários** { RESTRICT | CASCADE }

O comando pode ser usado para revogar um privilégio ou apenas o GRANT OPTION em um privilégio (usando-se a cláusula opcional GRANT OPTION FOR). Uma das duas alternativas, RESTRICT ou CASCADE, deve ser especificada; veremos o que essa escolha significa, em breve.

A intuição por trás do comando GRANT é clara: o criador de uma tabela base ou de uma visão recebe todos os privilégios apropriados com relação a ela e pode passar esses privilégios — incluindo o direito de passar um privilégio — para outros usuários. O comando REVOKE é, conforme esperado, destinado a obter o inverso: um usuário que concedeu um privilégio a outro usuário pode mudar de idéia e querer retirar o privilégio concedido. A intuição por trás do efeito exato que um comando REVOKE tem é complicada pelo fato de que um usuário pode receber o mesmo privilégio várias vezes, possivelmente de usuários diferentes.

Quando um usuário executa um comando REVOKE com a palavra-chave CASCADE, o efeito é retirar os privilégios nomeados ou GRANT OPTION de todos os usuários que atualmente possuem esses privilégios *apenas* por meio de um comando GRANT, executado anteriormente pelo mesmo usuário que agora está executando o comando REVOKE. Se esses usuários receberam os privilégios com GRANT OPTION e o passaram para frente, por sua vez, os destinatários perderão seus privilégios como conseqüência do comando REVOKE, a não ser que tenham recebido esses privilégios por meio de um comando GRANT adicional.

Ilustramos o comando REVOKE por meio de vários exemplos. Primeiro, considere o que acontece após a seguinte seqüência de comandos, onde Joe é o criador de Marinheiros.

GRANT SELECT ON Marinheiros TO Art WITH GRANT OPTION (*executado por Joe*)
GRANT SELECT ON Marinheiros TO Bob WITH GRANT OPTION (*executado por Art*)
REVOKE SELECT ON Marinheiros FROM Art CASCADE (*executado por Joe*)

Art perde o privilégio SELECT em Marinheiros, é claro. Então, Bob, que recebeu esse privilégio de Art e somente de Art, também perde o privilégio. Diz-se que o privilégio de Bob foi **abandonado** quando o privilégio a partir do qual foi derivado (o privilégio SELECT de Art com GRANT OPTION, neste exemplo) é revogado. Quando a palavra-chave CASCADE é especificada, todos os privilégios abandonados também são revogados (possivelmente fazendo os privilégios mantidos por outros usuários tornarem-se abandonados e, por isso, revogados recursivamente). Se a palavra-chave RESTRICT for especificada no comando REVOKE, o comando será rejeitado se a revogação dos privilégios *apenas* dos usuários especificados no comando resultar no abandono de outros privilégios.

Considere a seqüência a seguir como outro exemplo:

Segurança e Autorização 583

GRANT SELECT ON Marinheiros TO Art WITH GRANT OPTION (*executado por Joe*)
GRANT SELECT ON Marinheiros TO Bob WITH GRANT OPTION (*executado por Joe*)
GRANT SELECT ON Marinheiros TO Bob WITH GRANT OPTION (*executado por Art*)
REVOKE SELECT ON Marinheiros FROM Art CASCADE (*executado por Joe*)

Como antes, Art perde o privilégio SELECT em Marinheiros. Mas e quanto a Bob? Bob recebeu esse privilégio de Art, mas também o recebeu independentemente (coincidentemente, diretamente de Joe). Assim, Bob mantém esse privilégio. Considere um terceiro exemplo:

GRANT SELECT ON Marinheiros TO Art WITH GRANT OPTION (*executado por Joe*)
GRANT SELECT ON Marinheiros TO Art WITH GRANT OPTION (*executado por Joe*)
REVOKE SELECT ON Marinheiros FROM Art CASCADE (*executado por Joe*)

Como Joe concedeu o privilégio para Art duas vezes e só o revogou uma, Art mantém o privilégio? De acordo com o padrão SQL, não. Mesmo que Joe tenha concedido distraidamente o mesmo privilégio a Art várias vezes, ele pode revogá-lo com um único comando REVOKE.

É possível revogar apenas GRANT OPTION em um privilégio:

GRANT SELECT ON Marinheiros TO Art WITH GRANT OPTION (*executado por Joe*)
REVOKE GRANT OPTION FOR SELECT ON Marinheiros
      FROM Art CASCADE (*executado por Joe*)

Esse comando deixaria Art com o privilégio SELECT em Marinheiros, mas Art não tem mais GRANT OPTION nesse privilégio e, portanto, não pode passá-lo para outros usuários.

Esses exemplos revelam a intuição por trás do comando REVOKE e destacam a interação complexa entre os comandos GRANT e REVOKE. Quando um comando GRANT é executado, um **descritor de privilégio** é adicionado em uma tabela desses descritores, mantida pelo SGBD. O descritor de privilégio especifica o seguinte: o *cedente* do privilégio, o *receptor* do privilégio, o *privilégio concedido* (incluindo o nome do objeto envolvido) e se GRANT OPTION está incluído. Quando um usuário cria uma tabela ou uma visão e recebe certos privilégios "automaticamente", um descritor de privilégio com *sistema* como cedente é inserido nessa tabela.

O efeito de uma série de comandos GRANT pode ser descrito em termos de um **grafo de autorização**, no qual os nós são usuários — tecnicamente, eles são IDs de autorização — e as setas indicam como os privilégios são passados. Existe uma seta do (nó do) usuário 1 para o usuário 2, se o usuário 1 executou um comando GRANT fornecendo um privilégio para o usuário 2; a seta é rotulada com o descritor do comando GRANT. Um comando GRANT não terá efeito se os mesmos privilégios já foram concedidos ao mesmo receptor pelo mesmo cedente. A seqüência de comandos a seguir ilustra a semântica dos comandos GRANT e REVOKE quando existe um *ciclo* no grafo de autorização:

GRANT SELECT ON Marinheiros TO Art WITH GRANT OPTION (*executado por Joe*)
GRANT SELECT ON Marinheiros TO Bob WITH GRANT OPTION (*executado por Art*)
GRANT SELECT ON Marinheiros TO Art WITH GRANT OPTION (*executado por Bob*)
GRANT SELECT ON Marinheiros TO Cal WITH GRANT OPTION (*executado por Joe*)
GRANT SELECT ON Marinheiros TO Bob WITH GRANT OPTION (*executado por Cal*)
REVOKE SELECT ON Marinheiros FROM Art CASCADE (*executado por Joe*)

O grafo de autorização desse exemplo aparece na Figura 21.1. Note que indicamos como Joe, o criador de Marinheiros, adquiriu o privilégio SELECT do SGBD, introduzindo um nó *Sistema* e desenhando uma seta desse nó até o nó de Joe.

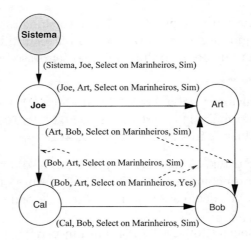

Figura 21.1 Exemplo de grafo de autorização.

Conforme o grafo claramente indica, a concessão de Bob para Art e a concessão de Art para Bob (do mesmo privilégio) cria um ciclo. Subseqüentemente, Bob recebe o mesmo privilégio de Cal, que o recebeu independentemente de Joe. Nesse ponto, Joe decide revogar o privilégio que concedeu a Art.

Vamos rastrear o efeito dessa revogação. A seta de Joe para Art é removida, pois corresponde à ação de concessão revogada. Todos os nós restantes têm a seguinte propriedade: *se o nó N tem uma seta para fora, rotulada com um privilégio, existe um caminho do nó Sistema para o nó N no qual cada rótulo de seta contém o mesmo privilégio, mais GRANT OPTION*. Ou seja, toda ação de concessão restante é justificada por um privilégio recebido (direta ou indiretamente) do Sistema. Portanto, a execução do comando REVOKE de Joe pára nesse ponto, com todo mundo continuando com o privilégio SELECT em Marinheiros.

Esse resultado pode parecer não intuitivo, pois Art continua a ter o privilégio apenas porque o recebeu de Bob e no momento que Bob concedeu o privilégio para Art, ele o tinha recebido apenas de Art. Embora Bob tenha adquirido o privilégio subseqüentemente através de Cal, não devemos desfazer o efeito de sua concessão para Art ao executarmos o comando REVOKE de Joe? O efeito da concessão de Bob para Art *não* é desfeito na SQL. Na verdade, se um usuário adquire um privilégio várias vezes, de diferentes cedentes, a SQL trata cada uma dessas concessões para o usuário como tendo ocorrido *antes* que ele tivesse passado o privilégio para outros usuários. Essa implementação de REVOKE é conveniente em muitas situações do mundo real. Por exemplo, se um gerente é demitido após passar alguns privilégios para subordinados (que, por sua vez, podem ter passado os privilégios para outros), podemos garantir que apenas os privilégios do gerente sejam removidos, primeiro refazendo todas as ações de concessão do gerente e depois revogando seus privilégios. Isto é, não precisamos refazer recursivamente as ações de concessão dos subordinados.

Para voltarmos à saga de Joe e seus amigos, vamos supor que Joe também decida revogar o privilégio SELECT de Cal. Claramente, a seta de Joe para Cal, correspondendo à concessão desse privilégio, é removida. A seta de Cal para Bob é removida também, pois não existe mais nenhum caminho de Sistema para Cal que dê a Cal o

Segurança e Autorização

direito de passar o privilégio SELECT em Marinheiros para Bob. O grafo de autorização em seu ponto intermediário aparece na Figura 21.2.

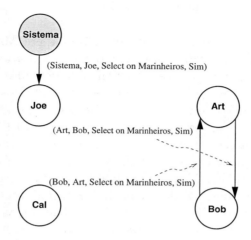

Figura 21.2 Exemplo de grafo de autorização durante a revogação.

Agora o grafo contém dois nós (Art e Bob) para os quais existem setas para fora, com rótulos contendo o privilégio SELECT em Marinheiros; portanto, esses usuários têm esse privilégio garantido. Entretanto, embora cada nó contenha um arco para dentro, portando o mesmo privilégio, *não existe nenhum caminho de Sistema para nenhum desses nós*; assim, o direito desses usuários de conceder o privilégio foi abandonado. Portanto, removemos também as setas para fora. Em geral, esses nós poderiam ter outras setas incidindo neles, mas, neste exemplo, elas agora não têm nenhuma seta incidente. Joe é deixado como o único usuário com privilégio SELECT em Marinheiros; Art e Bob perderam seus privilégios.

21.3.1 Grant e Revoke em Visões e Restrições de Integridade

Os privilégios mantidos pelo criador de uma visão (com relação à visão) mudam com o passar do tempo, à medida que ele ganha ou perde privilégios nas tabelas subjacentes. Se o criador perde um privilégio mantido com GRANT OPTION, os usuários que receberam esse privilégio na visão também o perdem. Existem alguns aspectos sutis nos comandos GRANT e REVOKE quando eles envolvem visões ou restrições de integridade. Consideraremos alguns exemplos que destacam os seguintes pontos importantes:

1. Uma visão pode ser eliminada porque um privilégio SELECT é revogado do usuário que criou a visão.
2. Se o criador de uma visão ganha mais privilégios nas tabelas subjacentes, ele ganha automaticamente privilégios adicionais na visão.
3. A distinção entre os privilégios REFERENCES e SELECT é importante.

Suponha que Joe tenha criado Marinheiros e dado a Michael o privilégio SELECT nela com GRANT OPTION e, então, Michael tenha criado a visão MarinheirosJovens e dado a Eric o privilégio SELECT em MarinheiroJovens. Agora, Eric define uma visão chamada MarinheirosJovensBons:

```
CREATE VIEW JovensMarinheirosBons (nome, idade, avaliação)
    AS SELECT  M.nome-marin, M.idade, M.avaliação
    FROM       MarinheirosJovens M
    WHERE      M.avaliação > 6
```

O que acontece se Joe revoga o privilégio SELECT em Marinheiros de Michael? Michael não tem mais a autoridade para executar a consulta usada para definir MarinheirosJovens, pois a definição refere-se a Marinheiros. Portanto, a visão MarinheirosJovens é eliminada (isto é, destruída). Por sua vez, MarinheirosJovensBons também é eliminada. As duas definições de visão são removidas dos catálogos do sistema; mesmo que Joe, arrependido, decida dar novamente o privilégio SELECT em Marinheiros a Michael, as visões desapareceram e devem ser criadas outra vez, se forem exigidas.

Em uma observação mais alegre, suponha que tudo ocorra conforme acabamos de descrever, até que Eric define MarinheirosJovensBons; então, em vez de revogar o privilégio SELECT em Marinheiros de Michael, Joe decide também dar a ele o privilégio INSERT em Marinheiros. Os privilégios de Michael na visão JovensMarinheiros são migrados para o que ele teria se criasse a visão *agora*. Portanto, ele também adquire o privilégio INSERT em JovensMarinheiros. (Note que essa visão admite atualização.) E quanto a Eric? Seus privilégios ficam inalterados.

Se Michael tem o privilégio INSERT em JovensMarinheiros com GRANT OPTION ou não, depende de Joe dar a ele esse privilégio em Marinheiros com GRANT OPTION ou não. Para entender essa situação, considere Eric novamente. Se Michael tem o privilégio INSERT em JovensMarinheiros com GRANT OPTION, ele pode passá-lo para Eric. Eric poderia então inserir linhas na tabela Marinheiros, pois as inserções em JovensMarinheiros são afetadas pela modificação da tabela base subjacente, Marinheiros. Claramente, não queremos que Michael possa autorizar Eric a fazer tais alterações, a menos que Michael tenha o privilégio INSERT em Marinheiros com GRANT OPTION.

O privilégio REFERENCES é muito diferente do privilégio SELECT, conforme ilustra o exemplo a seguir. Suponha que Joe seja o criador de Barcos. Ele pode autorizar outro usuário, digamos, Fred, a criar Reservas com uma chave estrangeira que se refira à coluna *id-barco* de Barcos, dando a Fred o privilégio REFERENCES com relação a essa coluna. Por outro lado, se Fred tem o privilégio SELECT na coluna *id-barco* de Barcos, mas não o privilégio REFERENCES, ele *não pode* criar Reservas com uma chave estrangeira que se refira a Barcos. Se Fred criar Reservas com uma chave estrangeira que se refira a *id-barco* em Barcos e, posteriormente, perder o privilégio REFERENCES nessa coluna, a restrição de chave estrangeira em Reservas será eliminada; entretanto, a tabela Reservas *não* será eliminada.

Para entender por que o padrão SQL optou por introduzir o privilégio REFERENCES, em vez de simplesmente permitir que o privilégio SELECT fosse usado nessa situação, considere o que aconteceria se a definição de Reservas especificasse a opção NO ACTION com a chave estrangeira — Joe, o proprietário de Barcos, poderia ser impedido de excluir uma linha dessa tabela, pois uma linha em Reservas refere-se a essa linha de Barcos. Dar a Fred, o criador de Reservas, o direito de restringir atualizações em Barcos dessa maneira, vai além de simplesmente permitir que ele leia os valores presentes em Barcos, que é tudo que o privilégio SELECT autoriza.

21.4 CONTROLE DE ACESSO OBRIGATÓRIO

Os mecanismos de controle de acesso discricionário, embora geralmente sejam eficazes, têm certas deficiências. Em particular, eles são suscetíveis a esquemas tipo *cavalo de Tróia*, por meio dos quais um usuário não autorizado e desonesto pode enganar um usuário autorizado, fazendo-o revelar dados sigilosos. Por exemplo, suponha que o aluno Dick Vigarista queira violar as tabelas de notas do professor Justino Justo. Dick faz o seguinte:

- Ele cria uma nova tabela chamada MeuTudoMeu e fornece privilégios INSERT nessa tabela a Justino (que alegremente não percebe toda essa atenção, é claro).
- Ele modifica o código de algum aplicativo de SGBD que Justino usa freqüentemente para fazer mais duas coisas: primeiro, ler a tabela Notas e, em seguida, gravar o resultado em MeuTudoMeu.

Então, ele se senta e espera que as notas sejam copiadas em MeuTudoMeu, e depois desfaz as modificações no aplicativo, para garantir que Justino não descubra de algum modo que foi tapeado. Assim, apesar do SGBD impor todos os controles de acesso discricionário — apenas o código autorizado de Justino podia acessar Notas —, dados sigilosos foram expostos a um intruso. O fato de que Dick poderia modificar o código de Justino clandestinamente está fora do alcance do mecanismo de controle de acesso do SGBD.

Os mecanismos de controle de acesso obrigatório destinam-se a tratar dessas brechas no controle de acesso discricionário. O modelo popular de controle de acesso obrigatório, chamado modelo de Bell-LaPadula, é descrito em termos de **objetos** (por exemplo, tabelas, visões, linhas, colunas), **sujeitos** (por exemplo, usuários, programas), **classes de segurança** e **liberações**. A cada objeto do banco de dados é atribuída uma *classe de segurança* e cada sujeito recebe uma *liberação* para uma classe de segurança; denotamos a classe de um objeto ou sujeito A como *classe(A)*. As classes de segurança de um sistema são organizadas de acordo com uma ordem parcial, com uma **classe mais segura** e uma **classe menos segura**. Por simplicidade, supomos que existem quatro classes: *ultra secreta (TS-Top secret), secreta (S-Secret), confidencial (C-confidential) e não classificada (U-unclassified)*. Nesse sistema, $TS > S > C > U$, onde $A > B$ significa que os dados da classe A são mais sigilosos do que os dados da classe B.

O modelo de Bell-LaPadula impõe duas restrições em todas as leituras e gravações de objetos do banco de dados:

1. **Propriedade de segurança simples:** o sujeito S pode ler o objeto O somente se $classe(S) \geq classe(O)$. Por exemplo, um usuário com liberação TS pode ler uma tabela com liberação C, mas um usuário com liberação C não pode ler uma tabela com classificação TS.

2. **Propriedade-*:** o sujeito S pode gravar o objeto O somente se $classe(S) \leq classe(O)$. Por exemplo, um usuário com liberação S pode gravar apenas objetos com classificação S ou TS.

Se controles de acesso discricionário também forem especificados, essas regras representarão restrições adicionais. Portanto, para ler ou gravar um objeto do banco de dados, um usuário deve ter os privilégios necessários (obtidos por meio de comandos GRANT) e as classes de segurança do usuário e do objeto devem satisfazer às restrições anteriores. Vamos considerar como um mecanismo de controle obrigatório poderia ter frustrado Dick Vigarista. A tabela Notas poderia ser classificada como S, Justino poderia receber liberação para S e Dick Vigarista poderia receber uma liberação mais baixa (C). Dick só poderia criar objetos de classificação C ou menor; portanto, a tabela MeuTudoMeu poderia ter no máximo a classificação C. Quando o programa aplicativo executado em nome de Justino (e, portanto, com liberação S) tentasse copiar Notas em MeuTudoMeu, não poderia fazer isso, pois *classe(MeuTudoMeu)* < *classe(aplicativo)* e a Propriedade*- seria violada.

21.4.1 Relações Multinível e Polinstanciação

Para aplicar políticas de controle de acesso obrigatório em um SGBD relacional, uma classe de segurança deve ser atribuída a cada objeto do banco de dados. Os objetos podem estar na granularidade de tabelas, linhas ou mesmo valores de coluna individuais. Vamos supor que a cada linha seja atribuída uma classe de segurança. Essa situação leva ao conceito de **tabela multinível**, que é uma tabela com a surpreendente propriedade de que usuários com diferentes liberações de segurança vêem uma coleção de linhas diferente quando acessam a mesma tabela.

Considere a instância da tabela Barcos mostrada na Figura 21.3. Os usuários com liberação S e TS obtêm as duas linhas na resposta quando pedem para ver todas as linhas de Barcos. Um usuário com liberação C recebe apenas a segunda linha e um usuário com liberação U não recebe nenhuma.

id-barco	*nome-barco*	*cor*	**Classe de Segurança**
101	Salsa	Vermelho	S
102	Pinto	Marrom	C

Figura 21.3 Uma instância *B1* de Barcos.

A tabela Barco é definida de modo a ter *id-barco* como chave primária. Suponha que um usuário com liberação C queira inserir a linha ⟨*101, Picante, Scarlet, C*⟩. Temos um dilema:

- Se a inserção for permitida, duas linhas distintas na tabela terão a chave 101.

- Se a inserção não for permitida, porque a restrição de chave primária é violada, o usuário que está tentando inserir a nova linha, que tem liberação C, pode inferir que existe um barco com *id-barco=101*, cuja classe de segurança é mais alta do que C. Essa situação compromete o princípio de que os usuários não devem inferir quaisquer informações sobre objetos que tenham uma classificação de segurança mais alta.

Esse dilema é resolvido tratando-se a segurança efetivamente como parte da chave. Assim, a inserção pode continuar e a instância da tabela é modificada, como se vê na Figura 21.4.

id-barco	*nome-barco*	*cor*	**Classe de Segurança**
101	Salsa	Vermelho	S
101	Picante	Laranja	C
102	Pinto	Marrom	C

Figura 21.4 A instância *B1* após a inserção.

Os usuários com liberação C vêem apenas as linhas de Picante e Pinto, mas os usuários com liberação S ou TS vêem todas as três linhas. As duas linhas com *id-barco=101* podem ser interpretadas de duas maneiras: apenas a linha com classificação mais alta (Salsa, com classificação S) realmente existe ou ambas existem e sua presença é revelada para os usuários de acordo com seu nível de liberação. A escolha da interpretação fica por conta dos desenvolvedores de aplicativo e usuários.

A presença de objetos de dados que parecem ter valores diferentes para usuários com liberações diferentes (por exemplo, o barco com *id-barco* 101) é chamada de **polinstanciação**. Se considerarmos as classificações de segurança associadas às colunas individuais, a intuição da polinstanciação subjacente pode ser generalizada de maneira simples e direta, mas alguns detalhes adicionais devem ser tratados. Observamos que o principal inconveniente dos esquemas de controle de acesso obrigatório é sua rigidez; as políticas são estabelecidas pelos administradores de sistema e os mecanismos de classificação não são flexíveis o bastante. Uma combinação satisfatória de controles de acesso discricionário e obrigatório ainda precisa ser obtida.

21.4.2 Canais Secretos, Níveis de Segurança do DoD

Mesmo que um SGBD imponha o esquema de controle de acesso obrigatório que acabamos de discutir, as informações podem fluir de um nível de classificação mais alto para um nível de classificação mais baixo, através de meios indiretos, chamados **canais secretos**. Por exemplo, se uma transação acessa dados em mais de um site em um SGBD distribuído, as ações nos dois sites devem ser coordenadas. O processo de um site pode ter uma liberação mais baixa (digamos, C) do que o processo do outro site (digamos, S) e ambos precisam concordar com a efetivação, antes que a transação possa ser efetivada. Esse requisito pode ser explorado para passar informações com uma classificação S para o processo com liberação C: a transação é executada repetidamente e o processo com a liberação C sempre concorda com a efetivação, enquanto o processo com a liberação S concorda com a efetivação se quiser transmitir um bit 1 e não concorda se quiser transmitir um bit 0.

Dessa maneira (admitidamente tortuosa), informações com liberação S podem ser enviadas como um fluxo de bits para um processo com liberação C. Esse canal secreto é uma violação indireta da intenção existente por trás da Propriedade-*. Mais exemplos de canais secretos podem ser facilmente encontrados em bancos de dados estatísticos, os quais discutiremos na Seção 21.6.2.

Recentemente, os fabricantes de SGBD começaram a implementar mecanismos de controle de acesso obrigatório (embora eles não façam parte do padrão SQL), pois o Departamento de Defesa (DoD) dos Estados Unidos exige tal suporte para seus sistemas. Os requisitos do DoD podem ser descritos em termos dos **níveis de segurança** A, B, C e D, dos quais A é o mais seguro e D é o menos seguro.

O nível C exige suporte para controle de acesso discricionário. Ele é dividido nos sub-níveis $C1$ e $C2$; o nível $C2$ também exige algum grau de responsabilidade, por meio de procedimentos como verificação de login e rastreamentos de auditoria. O nível B exige suporte para controle de acesso obrigatório. Ele é subdividido nos níveis $B1$, $B2$ e $B3$. O nível $B2$ exige, adicionalmente, a identificação e eliminação de canais secretos. O nível $B3$ exige adicionalmente a manutenção de rastreamentos de auditoria e a designação de um **administrador de segurança** (normalmente, mas não necessariamente, o administrador do banco de dados). O nível A, o mais seguro, exige uma prova matemática de que o mecanismo de segurança impõe a política de segurança!

> **Sistemas Atuais:** Estão disponíveis SGBDRs comerciais que suportam controles discricionários no nível *C2* e controles obrigatórios no nível *B1*. O DB2 da IBM, o Informix, o SQL Server da Microsoft, o Oracle 8 e o ASE da Sybase, todos suportam recursos da SQL para controle de acesso discricionário. Em geral, eles não suportam controle de acesso obrigatório; a Oracle oferece uma versão de seu produto com suporte para controle de acesso obrigatório.

21.5 SEGURANÇA DE APLICATIVOS DE INTERNET

Quando um SGBD é acessado a partir de um local seguro, podemos contar com um mecanismo de senha simples para autenticar usuários. Entretanto, suponha que nosso amigo Sam queira fazer um pedido de um livro pela Internet. Isso apresenta alguns desafios únicos: Sam nem mesmo é um usuário conhecido (a não ser que já seja cliente). Do ponto de vista da Amazon, temos um indivíduo pedindo um livro e se oferecendo para pagar com um cartão de crédito registrado para Sam, mas esse indivíduo é realmente Sam? Do ponto de vista de Sam, ele vê um formulário solicitando informações de cartão de crédito, mas isso é uma parte legítima do site da Amazon e não um aplicativo nocivo, projetado para enganá-lo, fazendo-o revelar seu número de cartão de crédito?

Esse exemplo ilustra a necessidade de uma estratégia de autenticação mais sofisticada do que um simples mecanismo de senha. As técnicas de criptografia fornecem a base da autenticação moderna.

21.5.1 Criptografia

A idéia básica por trás da criptografia é aplicar um **algoritmo de criptografia** nos dados, usando uma **chave de criptografia** especificada pelo usuário ou pelo administrador do banco de dados. A saída do algoritmo é a versão criptografada dos dados. Também existe um **algoritmo de descriptografia**, que recebe os dados criptografados e uma **chave de descriptografia** como entrada e, então, retorna os dados originais. Sem a chave de descriptografia correta, o algoritmo de descriptografia produz lixo. Os algoritmos de criptografia e descriptografia em si são admitidos como publicamente conhecidos, mas uma ou ambas as chaves são secretas (dependendo do esquema de criptografia).

Na **criptografia simétrica**, a chave de criptografia também é usada como chave de descriptografia. O DES (**Data Encryption Standard**) ANSI, que está em uso desde 1977, é um exemplo bem conhecido de criptografia simétrica. Ele usa um algoritmo de criptografia que consiste em substituições e permutações de caracteres. A principal deficiência da criptografia simétrica é que todos os usuários autorizados devem conhecer a chave, aumentando a probabilidade de se tornar conhecida de um intruso (por exemplo, por um simples erro humano).

Outra estratégia de criptografia, chamada **criptografia de chave pública**, tem se tornado cada vez mais popular nos últimos anos. O esquema de criptografia proposto por Rivest, Shamir e Adleman, chamado RSA, é um exemplo bem conhecido de criptografia de chave pública. Cada usuário autorizado tem uma **chave de criptografia pública**, conhecida de todos, e uma **chave de descriptografia** privada, conhecida apenas por ele. Como as chaves de descriptografia privadas são conhecidas apenas por seus proprietários, a deficiência do DES é evitada.

Um problema fundamental da criptografia de chave pública é o modo como as chaves de criptografia e descriptografia são escolhidas. Tecnicamente, os algoritmos de

> **DES e AES:** O padrão DES, adotado em 1977, tem uma chave de criptografia de 56 bits. Com o passar do tempo, os computadores tornaram-se tão rápidos que, em 1999, um chip de propósito específico e uma rede de PCs foram usados para violar o DES em menos de um dia. O sistema estava testando 245 bilhões de chaves por segundo, quando a chave correta foi encontrada! Estima-se que um dispositivo de hardware de propósito específico possa ser construído por menos de um milhão de dólares, o qual pode violar o DES em menos de quatro horas. Apesar da crescente preocupação com sua vulnerabilidade, o DES ainda é amplamente usado. Em 2000, um sucessor do DES, chamado **AES (Advanced Encryption Standard)**, foi adotado como novo padrão de criptografia (simétrica). O AES tem três tamanhos de chave possíveis: 128, 192 e 256 bits. Com um tamanho de chave de 128 bits, existem mais de $3 \cdot 10^{38}$ chaves AES possíveis, o que é da ordem de 10^{24} a mais do que o número de chaves DES de 56 bits. Suponha que pudéssemos construir um computador suficientemente rápido para violar o DES em 1 segundo. Esse computador faria cálculos por cerca de 149 trilhões de anos para violar uma chave AES de 128 bits. (Os especialistas acham que o universo tem menos de 20 bilhões de anos.)

> **Por Que o RSA Funciona:** O ponto fundamental do esquema é que é fácil calcular d, dados e, p e q, mas é *muito* difícil calcular d, dados apenas e e L. Por sua vez, essa dificuldade depende do fato de que é difícil determinar os fatores primos de L, que por acaso são p e q. *Um aviso:* acredita-se que fatorar é difícil, mas não há nenhuma prova de que seja. Também não há nenhuma prova de que fatorar seja a única maneira de violar o RSA; isto é, calcular d a partir de e e L.

criptografia de chave pública contam com a existência de **funções unilaterais**, cujos inversos são muito difíceis de determinar em termos de computação. O algoritmo RSA, por exemplo, é baseado na observação de que, embora seja fácil verificar se certo número é primo, determinar os fatores primos de um número que não é primo é extremamente difícil. (Determinar os fatores primos de um número com mais de 100 dígitos pode exigir anos de tempo da CPU nos computadores mais rápidos disponíveis atualmente.)

Esboçaremos agora a idéia por trás do algoritmo RSA, supondo que o dado a ser criptografado é um inteiro I. Para escolher uma chave de criptografia e uma chave de descriptografia para determinado usuário, primeiro escolhemos um inteiro L muito grande, maior do que o maior inteiro que jamais precisaremos codificar.[1] Então, selecionamos um número e como chave de criptografia e calculamos a chave de descriptografia d com base em e e L; o modo como isso é feito é fundamental para a estratégia, conforme veremos em breve. Tanto L como e se tornam públicos e são usados pelo algoritmo de criptografia. Entretanto, d é mantida em segredo e é necessária para a descriptografia.

---

[1] Uma mensagem que precise ser criptografada é decomposta em blocos, de modo que cada bloco possa ser tratado como um inteiro menor do que L.

- A função de criptografia é $S = I^e \bmod L$.
- A função de descriptografia é $I = S^d \bmod L$.

Escolhemos L como o produto de dois números grandes (por exemplo, de 1024 bits), primos e distintos, $p * q$. A chave de criptografia e é um número escolhido aleatoriamente entre 1 e L, que é relativamente primo a $(p-1) * (q-1)$. A chave de descriptografia d é calculada de modo que $d * e = 1 \bmod ((p-1) * (q-1))$. Dadas essas escolhas, resultados da teoria dos números podem ser usados para provar que a função de descriptografia recupera a mensagem original a partir de sua versão criptografada.

Uma propriedade muito importante dos algoritmos de criptografia e descriptografia é que os papéis das chaves de criptografia e descriptografia podem ser invertidos:

$$decrypt(d, (encrypt(e, I))) = I = decrypt(e, (encrypt(d, I)))$$

Como muitos protocolos contam com essa propriedade, daqui em diante vamos nos referir simplesmente às chaves públicas e privadas (pois ambas podem ser usadas para criptografia, assim como para descriptografia).

Embora tenhamos apresentado a criptografia no contexto da autenticação, observamos que ela é uma ferramenta fundamental para impor a segurança. Um SGBD pode usar *criptografia* para proteger informações em situações em que os mecanismos de segurança normais do SGBD não são adequados. Por exemplo, um intruso pode roubar fitas contendo alguns dados ou interceptar uma linha de comunicação. Armazenando e transmitindo dados em uma forma criptografada, o SGBD garante que tais dados roubados não sejam inteligíveis para o intruso.

21.5.2 Certificando Servidores: o Protocolo SSL

Suponha que associemos uma chave pública e uma chave de descriptografia à Amazon. Qualquer um, digamos, o usuário Sam, pode enviar um pedido para a Amazon, criptografando-o com a chave pública da Amazon. Somente a Amazon pode descriptografar esse pedido secreto, pois o algoritmo de descriptografia exige a chave privada da Amazon, conhecida apenas pela Amazon.

Isso depende da capacidade de Sam de descobrir de forma fidedigna a chave pública da Amazon. Várias empresas servem como **autoridades de certificação**, por exemplo, a Verisign. A Amazon gera uma chave de criptografia pública e_A (e uma chave de descriptografia privada) e a envia para a Verisign. Então, a Verisign emite um **certificado** para a Amazon, contendo a seguinte informação:

⟨*Verisign, Amazon, https://www.amazon.com, e_A*⟩

O certificado é criptografado usando a chave *privada* da própria Verisign, a qual é conhecida do (isto é, armazenada) Internet Explorer, Netscape Navigator e outros navegadores.

Quando Sam entra no site da Amazon e quer fazer um pedido, seu navegador, executando o protocolo SSL[2], solicita o certificado da Verisign. Então, o navegador valida o certificado descriptografando-o (usando a chave pública da Verisign) e verificando se o resultado é um certificado com o nome Verisign, e se o URL que ele contém é o do servidor com que está se comunicando. (Note que uma tentativa de falsificar um certificado falhará, pois os certificados são criptografados usando a chave privada da Verisign, que é conhecida apenas pela Verisign.) Em seguida, o navegador gera uma

---

[2] Um navegador usa o protocolo SSL se o URL de destino começa com https.

chave de sessão aleatória, a criptografa usando a chave pública da Amazon (que é obtida do certificado validado e, portanto, confiável) e a envia para o servidor da Amazon.

Desse ponto em diante, o servidor da Amazon e o navegador podem usar a chave de sessão (que ambos conhecem e têm confiança de que apenas eles conhecem) e um protocolo de criptografia *simétrica*, como AES ou DES, para trocar mensagens criptografadas com segurança: as mensagens são criptografadas pelo remetente e descriptografadas pelo destinatário usando a mesma chave de sessão. As mensagens criptografadas viajam pela Internet e podem ser interceptadas, mas não podem ser descriptografadas sem a chave de sessão. É interessante considerar por que precisamos de uma chave de sessão; afinal, o navegador poderia simplesmente ter criptografado o pedido original de Sam usando a chave pública da Amazon e o enviado com segurança para o servidor da Amazon. O motivo é que, sem a chave de sessão, o servidor da Amazon não tem nenhuma maneira segura de enviar informações de volta para o navegador. Uma outra vantagem das chaves de sessão é que a criptografia simétrica é muito mais rápida do que a criptografia de chave pública em termos de computação. A chave de sessão é descartada no final da sessão.

Assim, Sam pode ter certeza de que apenas a Amazon pode ver as informações que digita no formulário mostrado a ele pelo servidor da Amazon e as informações enviadas de volta para ele nas respostas do servidor. Entretanto, nesse ponto, a Amazon não tem certeza de que o usuário que está executando o navegador é realmente Sam e não alguém que tenha roubado o cartão de crédito de Sam. Normalmente, os comerciantes aceitam essa situação, que também surge quando um cliente faz um pedido por telefone.

Se quisermos ter certeza da identidade do usuário, isso pode ser conseguido exigindo-se adicionalmente que ele faça um login. Em nosso exemplo, Sam deve primeiro estabelecer uma conta na Amazon e escolher uma senha. (A identidade de Sam é originalmente estabelecida por meio de uma ligação telefônica para verificar as informações da conta ou enviando-se um e-mail para um endereço de correio eletrônico; neste último caso, tudo que estabelecemos é que o proprietário da conta é o indivíduo que possui o endereço de e-mail dado.) Quando ele visita o site e a Amazon precisa verificar sua identidade, esta o redireciona para um formulário de login usando SSL para estabelecer uma chave de sessão. A senha digitada é transmitida com segurança, criptografando-a com a chave de sessão.

Um inconveniente restante nessa estratégia é que agora a Amazon conhece o número do cartão de crédito de Sam e ele precisa confiar que a Amazon não vá utilizá-lo de forma imprópria. O protocolo **Secure Electronic Transaction** trata dessa limitação. Agora, todo cliente deve obter um certificado, com suas próprias chaves privadas e públicas, e cada transação envolve o servidor da Amazon, o navegador do cliente e o servidor de um terceiro confiável, como a Visa, para transações com cartão de crédito. A idéia básica é que o navegador codifica informações que não são do cartão de crédito usando chave pública da Amazon e as informações do cartão usando a chave pública da Visa e as envia para o servidor da Amazon, o qual encaminha as informações do cartão de crédito (que ele não pode descriptografar) para o servidor da Visa. Se o servidor da Visa aprovar as informações, a transação prosseguirá.

21.5.3 Assinaturas Digitais

Suponha que Elmer, que trabalha na Amazon, e Betsy, que trabalha na McGraw-Hill, precisem se comunicar para falar sobre inventário. A criptografia de chave pública pode ser usada para criar **assinaturas digitais** para mensagens. Isto é, as mensagens podem ser codificadas de tal modo que, se Elmer receber uma mensagem supostamente de Betsy, poderá verificar se é mesmo de Betsy (além de ser capaz de descriptografar a mensagem) e, além disso, *provar* que ela é de Betsy da McGraw-Hill, mesmo que a mensagem seja enviada a partir de uma conta do Hotmail, quando Betsy estiver viajando. Analogamente, Betsy pode autenticar o originador de mensagens de Elmer.

Se Elmer criptografar mensagens para Betsy usando a chave pública dela e vice-versa, eles poderão trocar informações com segurança, mas não poderão autenticar o remetente. Alguém que queira personificar Besty poderia usar a chave pública dela para enviar uma mensagem para Elmer, fingindo ser Betsy.

Entretanto, o uso inteligente do esquema de criptografia permite que Elmer verifique se a mensagem foi mesmo enviada por Betsy. Betsy criptografa a mensagem usando sua chave *privada* e depois criptografa o resultado usando a chave pública de Elmer. Quando Elmer recebe essa mensagem, ele primeiro a descriptografa usando sua chave privada e depois descriptografa o resultado usando a chave pública de Betsy. Essa etapa produz a mensagem descriptografada original. Além disso, Elmer pode ter certeza de que a mensagem foi composta e criptografada por Betsy, pois um falsificador não poderia conhecer a chave privada dela e, sem ela, o resultado final não faria sentido, em vez de ser uma mensagem legível. Além disso, também, como Elmer não conhece a chave privada de Betsy, esta não pode dizer que Elmer falsificou a mensagem.

Se o objetivo é autenticar o remetente e não é importante ocultar a mensagem, podemos reduzir o custo da criptografia usando uma **assinatura de mensagem**. Uma assinatura é obtida aplicando-se uma função unilateral (por exemplo, um esquema de hashing) na mensagem e é consideravelmente menor. Codificamos a assinatura como na estratégia de assinatura digital básica e enviamos a assinatura codificada junto com a mensagem completa, não codificada. O destinatário pode verificar o remetente da assinatura, conforme acabamos de descrever, e validar a mensagem em si aplicando a função unilateral e comparando o resultado com a assinatura.

21.6 PROBLEMAS ADICIONAIS RELACIONADOS À SEGURANÇA

A segurança é um assunto amplo e nossa abordagem é necessariamente limitada. Esta seção toca brevemente em alguns problemas adicionais importantes.

21.6.1 Função do Administrador de Banco de Dados

O administrador de banco de dados (DBA) desempenha um papel importante na imposição dos aspectos relacionados à segurança de um projeto de banco de dados. Em conjunto com os proprietários dos dados, o administrador também contribui no desenvolvimento de uma política de segurança. O administrador tem uma conta especial, a qual chamamos de **conta de sistema**, e é responsável pela segurança global do sistema. Em particular, o administrador trata do seguinte:

1. **Criação de novas contas:** cada novo usuário ou grupo de usuários deve receber um ID de autorização e uma senha. Note que os programas aplicativos que acessam o banco de dados têm o mesmo ID de autorização que o usuário que está executando o programa.

2. **Problemas do controle obrigatório:** se o SGBD suporta controle obrigatório — alguns sistemas personalizados para aplicações com requisitos de segurança muito altos (por exemplo, dados militares) fornecem esse suporte —, o administrador deve atribuir classes de segurança a cada objeto do banco de dados e designar liberações

de segurança a cada ID de autorização, de acordo com a política de segurança escolhida.

O administrador de banco de dados também é responsável por manter o **rastreamento de auditoria**, que é basicamente o log de atualizações com o ID de autorização (do usuário que está executando a transação) adicionada a cada entrada do log. Esse log é apenas uma extensão secundária do mecanismo de log usado para recuperação de falhas. Além disso, o administrador pode optar por manter um log de *todas* as ações realizadas por um usuário, incluindo leituras. A análise de tais históricos de como o SGBD foi acessado pode ajudar a impedir violações da segurança, identificando padrões suspeitos antes que um intruso finalmente consiga invadir, ou pode ajudar a monitorar um intruso, após uma violação ter sido detectada.

21.6.2 Segurança em Bancos de Dados Estatísticos

Um **banco de dados estatístico** contém informações específicas sobre indivíduos ou eventos, mas se destina a permitir apenas consultas estatísticas. Por exemplo, se mantivéssemos um banco de dados estatístico de informações sobre marinheiros, permitiríamos consultas estatísticas sobre avaliações médias, idade máxima etc., mas não consultas sobre marinheiros individuais. Em tais bancos de dados, a segurança apresenta novos problemas, pois é possível **inferir** informações protegidas (como a avaliação de um marinheiro) a partir das respostas às consultas estatísticas permitidas. Tais oportunidades de inferência representam canais secretos que podem comprometer a política de segurança do banco de dados.

Suponha que o marinheiro Pete Furtivo queira saber a avaliação do almirante Tocacornetas, o respeitado presidente do clube náutico, e saiba que Tocacornetas é o marinheiro mais velho do clube. Pete faz consultas repetidamente, da forma "quantos marinheiros existem cuja idade é maior do que X?", para vários valores de X, até que a resposta seja 1. Obviamente, esse marinheiro é Tocacornetas, o marinheiro mais velho. Note que cada uma dessas consultas é uma consulta estatística válida e permitida. Seja o valor de X nesse ponto, digamos, 65. Agora, Pete faz a consulta, "qual é a avaliação máximo de todos os marinheiros cuja idade é maior do que 65?" Novamente, essa consulta é permitida, pois é uma consulta estatística. Entretanto, a resposta dessa consulta revela a avaliação de Tocacornetas a Pete e a política de segurança do banco de dados foi violada.

Uma estratégia para evitar tais violações é exigir que cada consulta envolva pelo menos algum número mínimo, digamos, N, de linhas. Com uma escolha razoável de N, Pete não poderia isolar as informações sobre Tocacornetas, pois a consulta sobre a avaliação máxima falharia. Essa restrição, entretanto, é fácil de superar. Fazendo repetidamente consultas da forma "quantos marinheiros existem cuja idade é maior do que X?", até que o sistema rejeite essa consulta, Pete identifica um conjunto de N marinheiros, incluindo Tocacornetas. Seja 55 o valor de X nesse ponto. Agora, Pete pode fazer duas consultas:

- "Qual é a soma das avaliações de todos os marinheiros cuja idade é maior do que 55?". Como N marinheiros têm idade maior do que 55, essa consulta é permitida.
- "Qual é a soma das avaliação de todos os marinheiros, além de Tocacornetas, cuja idade é maior do que 55, e o marinheiro Pete?" Como o conjunto de marinheiros cujas avaliações são somadas agora inclui Pete, em vez de Tocacornetas, mas fora isso é a mesma, o número de marinheiros envolvidos ainda é N e essa consulta também é permitida.

A partir das respostas dessas duas consultas, digamos, A_1 e A_2, Pete, que sabe sua avaliação, pode calcular facilmente a avaliação de Tocacornetas como $A_1 - A_2 +$ *avaliação de Pete*.

Pete teve êxito porque foi capaz de fazer duas consultas que envolviam muitos dos mesmos marinheiros. O número de linhas examinadas em comum pelas duas consultas é chamado de **interseção**. Se fosse colocado um limite para a quantidade de interseção permitida entre quaisquer duas consultas feitas pelo mesmo usuário, Pete poderia ser frustrado. Na verdade, um usuário realmente perverso (e paciente) geralmente consegue descobrir informações sobre indivíduos específicos, mesmo que o sistema imponha um limite no número mínimo de consultas (N) e um limite na interseção máxima (M) sobre consultas, mas o número de consultas exigidas para fazer isso cresce na proporção de N/M. Podemos tentar, além disso, limitar o número total de consultas que um usuário pode fazer, mas dois usuários poderiam conspirar para violar a segurança. Mantendo um log de toda atividade (incluindo acessos somente para leitura), tais padrões de consulta podem ser detectados, de preferência antes que ocorra uma violação da segurança. Contudo, esta discussão deve tornar claro que a segurança em bancos de dados estatísticos é difícil de impor.

21.7 ESTUDO DE CASO DE PROJETO: A LOJA NA INTERNET

Voltamos ao nosso estudo de caso e aos nossos amigos da DBDudes, para considerarmos os problemas de segurança. Existem três grupos de usuários: clientes, funcionários e o dono da livraria. (É claro que também existe o administrador do banco de dados, que tem acesso universal a todos os dados e é responsável pela operação normal do sistema de banco de dados.)

O dono da loja tem privilégios totais em todas as tabelas. Os clientes podem consultar a tabela Livros e fazer pedidos on-line, mas não devem ter acesso aos registros de outros clientes nem aos pedidos deles. A DBDudes restringe o acesso de duas maneiras. Primeiro, ela projeta uma página Web simples, com vários formulários semelhantes à página mostrada na Figura 7.1, no Capítulo 7. Isso permite aos clientes enviarem uma pequena coleção de pedidos válidos, sem dar a eles a capacidade de acessar diretamente o SGBD subjacente, por meio de uma interface SQL. Segundo, a DBDudes usa os recursos de segurança do SGBD para limitar o acesso a dados sigilosos.

A página Web permite que os clientes consultem a relação Livros pelo número do ISBN, pelo nome do autor e pelo título de um livro. A página também tem dois botões. O primeiro recupera uma lista de todos os pedidos do cliente que ainda não foram completamente cumpridos. O segundo botão exibe uma lista de todos os pedidos concluídos desse cliente. Note que os clientes não podem especificar consultas em SQL por meio da Web, mas apenas preencher alguns parâmetros em um formulário, para instanciar uma consulta SQL gerada automaticamente. Todas as consultas geradas por meio de entrada em formulário têm uma cláusula WHERE que inclui o valor do atributo *id-cliente* do cliente corrente e a avaliação das consultas geradas pelos dois botões exige conhecimento do número de identificação do cliente. Como todos os usuários precisam se conectar no site antes de navegarem no catálogo, a lógica do negócio (discutida na Seção 7.7) deve manter informações de estado sobre um cliente (isto é, o número de identificação do cliente) durante a visita dele no site.

O segundo passo é configurar o banco de dados para limitar o acesso de acordo com o que cada grupo de usuários precisa saber. A DBDudes cria uma conta cliente especial, que tem os seguintes privilégios:

```
SELECT ON  Livros, PedidosNovos, PedidosAntigos, ListasPedidosNovos, ListasPedidosAntigos
INSERT ON  PedidosNovos, PedidosAntigos, ListasPedidosNovos, ListasPedidosAntigos
```

Os funcionários podem adicionar novos livros no catálogo, atualizar a quantidade de um livro no estoque, revisar pedidos de cliente, se necessário, e atualizar todas as informações do cliente, *exceto as informações do cartão de crédito*. Na verdade, os funcionários nem mesmo devem ver o número do cartão de crédito de um cliente. Portanto, a DBDudes cria a seguinte visão:

```
CREATE VIEW InfoClientes (id-cliente, nomecliente, endereço)
    AS SELECT    C.id-cliente, C.nome-cliente, C.endereço
       FROM      Clientes C
```

A DBDudes dá à conta `employee` os seguintes privilégios:

```
SELECT ON InfoClientes, Livros,
          PedidosNovos, PedidosAntigos, ListaPedidosNovos, ListaPedidosAntigos
INSERT ON InfoClientes, Livros,
          PedidosNovos, Pedidos Antigos, ListaPedidosNovos, ListaPedidosAntigos
UPDATE ON InfoClientes, Livros,
          PedidosNovos, PedidosAntigos, ListaPedidosNovos, ListaPedidosAntigos
DELETE ON Livros, PedidosNovos, PedidosAntigos, ListaPedidosNovos, ListaPedidosAntigos
```

Observe que os funcionários podem modificar InfoClientes e até inserir tuplas nela. Isso é possível porque eles têm os privilégios necessários e, além disso, a visão admite atualização e inserção. Embora pareça razoável que os funcionários possam atualizar o endereço de um cliente, parece estranho que possam inserir uma tupla em InfoCliente, mesmo que não possam ver informações relacionadas sobre o cliente (isto é, o número do cartão de crédito) na tabela Clientes. O motivo disso é que a loja quer pegar pedidos de clientes novos pelo telefone, sem solicitar informações do cartão de crédito nesse momento. Os funcionários podem fazer inserções em InfoClientes, efetivamente criando um novo registro de Clientes sem informações de cartão de crédito, e os clientes podem, subseqüentemente, fornecer o número do cartão por meio de uma interface do site. (Obviamente, o pedido não é enviado enquanto eles não fizerem isso.)

Além disso, existem problemas de segurança quando o usuário se conecta pela primeira vez no site usando o número de identificação de cliente. Enviar o número pela Internet sem criptografar é um risco de segurança deve ser usado; um protocolo seguro, como o SSL.

Empresas como a CyberCash e a DigiCash oferecem soluções de pagamento de comércio eletrônico, incluindo até *dinheiro eletrônico*. Discussões sobre como incorporar tais técnicas no site estão fora dos objetivos deste livro.

21.8 QUESTÕES DE REVISÃO

As respostas das questões de revisão podem ser encontradas nas seções listadas.

- Quais são os principais objetivos no projeto de um aplicativo de banco de dados seguro? Explique os termos *sigilo, integridade, disponibilidade* e *autenticação*. (**Seção 21.1**)

- Explique os termos *política de segurança* e *mecanismo de segurança* e como eles estão relacionados. (**Seção 21.1**)

- Qual é a principal idéia por trás do *controle de acesso discricionário*? Qual é a idéia por trás do *controle de acesso obrigatório*? Quais são os méritos relativos dessas duas estratégias? **(Seção 21.2)**
- Descreva os privilégios reconhecidos na SQL. Em particular, descreva SELECT, INSERT, UPDATE, DELETE e REFERENCES. Para cada privilégio, indique quem o adquire automaticamente em determinada tabela. **(Seção 21.3)**
- Como os proprietários de privilégios são identificados? Em particular, discuta os *IDs de autorização* e os papéis. **(Seção 21.3)**
- O que é um *grafo de autorização*? Explique os comandos GRANT e REVOKE da SQL em termos de seus efeitos sobre esse grafo. Em particular, discuta o que acontece quando usuários passam privilégios que recebem de outra pessoa. **(Seção 21.3)**
- Discuta a diferença entre ter um privilégio em uma tabela e em uma visão definida sobre a tabela. Em particular, como um usuário pode ter um privilégio (digamos, SELECT) sobre uma visão sem o ter também em todas as tabelas subjacentes? Quem deve ter privilégios apropriados em todas as tabelas subjacentes da visão? **(Seção 21.3.1)**
- O que são *objetos, sujeitos, classes de segurança* e *liberações* no controle de acesso obrigatório? Discuta as restrições de Bell-LaPadula em termos desses conceitos. Especificamente, defina a *propriedade de segurança simples* e a *propriedade-**. **(Seção 21.4)**
- O que é um ataque tipo *cavalo de Tróia* e como ele pode comprometer o controle de acesso discricionário? Explique como o controle de acesso obrigatório protege contra ataques tipo cavalo de Tróia. **(Seção 21.4)**
- O que significam os termos *tabela multinível* e *polistanciação*? Explique seu relacionamento e como eles surgem no contexto do controle de acesso obrigatório. **(Seção 21.4.1)**
- O que são *canais secretos* e como eles surgem quando os controles de acesso discricionário e obrigatório estão em vigor? **(Seção 21.4.2)**
- Discuta os níveis de segurança do DoD para sistemas de banco de dados. **(Seção 21.4.2)**
- Explique porque um mecanismo de senha simples é insuficiente para autenticação de usuários que acessam um banco de dados de forma remota, digamos, pela Internet. **(Seção 21.5)**
- Qual é a diferença entre *criptografia simétrica* e *de chave pública*? Dê exemplos de algoritmos de criptografia conhecidos dos dois tipos. Qual é a deficiência da criptografia simétrica e como isso é tratado na criptografia de chave pública? **(Seção 21.5.1)**
- Discuta a escolha de chaves de criptografia e descriptografia na criptografia de chave pública e como elas são usadas para criptografar e descriptografar dados. Explique o papel das *funções unilaterais*. Qual garantia temos de que o esquema RSA não pode ser comprometido? **(Seção 21.5.1)**
- O que são *autoridades de certificação* e por que elas são necessárias? Explique como *certificados* são emitidos para sites e validados por um navegador usando o *protocolo SSL*; discuta a função da *chave de sessão*. **(Seção 21.5.2)**
- Se um usuário se conecta em um site usando o protocolo SSL, explique por que ainda há a necessidade de ele fazer login. Explique o uso de SSL para proteger senhas e outras informações sigilosas que estejam sendo trocadas. O que é o *protocolo de transação eletrônica segura*? Qual é a vantagem sobre o SSL? **(Seção 21.5.2)**

- Uma *assinatura digital* facilita a troca segura de mensagens. Explique o que ela é e como vai além de simplesmente criptografar mensagens. Discuta o uso de *assinaturas de mensagem* para reduzir o custo da criptografia. **(Seção 21.5.3)**
- Qual é o papel do administrador de banco de dados com relação à segurança? **(Seção 21.6.1)**
- Discuta as brechas de segurança adicionais introduzidas nos *bancos de dados estatísticos*. **(Seção 21.6.2)**

EXERCÍCIOS

Exercício 21.1 Responda sucintamente às seguintes perguntas:

1. Explique a intuição por trás das duas regras no modelo de Bell-LaPadula de controle de acesso obrigatório.
2. Dê um exemplo de como canais secretos podem ser usados para anular o modelo de Bell-LaPadula.
3. Dê um exemplo de polinstanciação.
4. Descreva um cenário no qual controles de acesso obrigatórios impedem uma brecha na segurança que não pode ser evitada por meio de controles discricionários.
5. Descreva um cenário no qual controles de acesso discricionários são exigidos para impor uma política de segurança que não pode ser imposta usando-se apenas controles obrigatórios.
6. Se um SGBD já suporta controles de acesso discricionários e obrigatórios, há necessidade de criptografia?
7. Explique a necessidade de cada um dos limites a seguir em um sistema de banco de dados estatístico:
    (a) Um valor máximo para o número de consultas que um usuário pode fazer.
    (b) Um valor mínimo para o número de tuplas envolvidas na resposta de uma pergunta.
    (c) Um valor máximo para a interseção de duas consultas (isto é, para o número de tuplas que as duas consultas examinam).
8. Explique o uso de um rastreamento de auditoria, com referência especial a um sistema de banco de dados estatístico.
9. Qual é a função do administrador de banco de dados com relação à segurança?
10. Descreva o AES e seu relacionamento com o DES.
11. O que é criptografia de chave pública? Como ela difere da estratégia de criptografia adotada no padrão DES (Data Encryption Standard) e de que maneiras é melhor do que o DES?
12. Explique como uma empresa que oferece serviços na Internet poderia usar técnicas baseadas em criptografia para tornar seu processo de entrada de pedidos seguro. Discuta a função do DES, AES, SSL, SET e das assinaturas digitais. Pesquise a Internet para descobrir mais a respeito de técnicas relacionadas, como *dinheiro eletrônico*.

Exercício 21.2 Você é o administrador de banco de dados da VeryFine Toy Company e cria uma relação chamada Funcionários com os campos *nome-funcion*, *depto* e *salário*. Por motivos de autorização, você também define as visões NomesFuncionários (com *nome-funcion* como único atributo) e InfoDepto, com os campos *depto* e *salário-médio*. Este último lista o salário médio de cada departamento.

1. Mostre as instruções de definição de visão para NomesFuncionários e InfoDepto.
2. Quais privilégios devem ser concedidos a um usuário que precise saber apenas os salários médios dos departamentos Brinquedos e CS?
3. Você quer autorizar seu secretário a despedir pessoas (você provavelmente vai dizer quem deve ser despedido, mas quer delegar essa tarefa), a verificar quem é funcionário e a verificar a média dos salários dos departamentos. Quais privilégios você deve conceder?

4. Continuando com o cenário anterior, você não quer que seu secretário veja os salários das pessoas. Sua resposta para a questão anterior garante isso? Seja específico: é possível que seu secretário possa descobrir os salários de *algumas* pessoas (dependendo do conjunto de tuplas) ou sempre pode descobrir o salário de qualquer pessoa que deseje?

5. Você quer dar ao seu secretário a autoridade para permitir que outras pessoas leiam a visão NomesFuncionários. Mostre o comando apropriado.

6. Seu secretário define duas novas visões, usando a visão NomesFuncionários. A primeira é chamada NomesAaR e simplesmente seleciona nomes que começam com uma letra no intervalo de A a R. A segunda é chamada QuantosNomes e conta o número de nomes. Você fica tão satisfeito com isso que decide dar ao seu secretário o direito de inserir tuplas na visão NomesFuncionários. Mostre o comando apropriado e descreva quais privilégios seu secretário terá depois que esse comando for executado.

7. Seu secretário permite que Todd leia a relação NomesFuncionários e depois pede demissão. Então, você revoga os privilégios do secretário. O que acontece com os privilégios de Todd?

8. Dê um exemplo de atualização na visão do esquema anterior que não pode ser implementada por meio de atualizações em Funcionários.

9. Você decide tirar férias prolongadas e, para garantir que as emergências possam ser resolvidas, quer autorizar seu chefe, Joe, a ler e modificar a relação Funcionários e a visão NomesFuncionários (e Joe deve delegar a autoridade, é claro, pois está muito acima na hierarquia gerencial para fazer realmente qualquer trabalho). Mostre as instruções SQL apropriadas. Joe pode ler a visão InfoDepto?

10. Após voltar de suas férias (maravilhosas), você vê uma nota de Joe indicando que ele autorizou seu secretário, Mike, a ler a relação Funcionários. Você quer revogar o privilégio SELECT de Mike em Funcionários, mas não quer revogar os direitos que deu a Joe, mesmo temporariamente. Você pode fazer isso na SQL?

11. Posteriormente, você percebe que Joe tem estado muito ocupado. Ele definiu uma visão chamada TodosNomes usando a visão NomesFuncionários, definiu outra relação chamada NomesEquipes, à qual ele tem acesso (mas você não pode acessar) e deu ao seu secretário Mike o direito de ler a visão TodosNomes. Mike passou esse direito para sua amiga Susan. Você decide que, mesmo ao custo de incomodar Joe, revogando alguns de seus privilégios, simplesmente tem de retirar os direitos de Mike e Susan de verem seus dados. Qual instrução REVOKE você executaria? Quais direitos Joe terá em Funcionários, depois que essa instrução for executada? Quais visões serão eliminadas como conseqüência?

Exercício 21.3 Você é pintor e tem uma loja na Internet onde vende seus quadros diretamente para o público. Você gostaria que os clientes pagassem suas compras com cartões de crédito e gostaria de garantir que essas transações eletrônicas fossem seguras.

Suponha que Mary queira comprar sua recente tela da Cornell Uris Library. Responda as seguintes perguntas.

1. Como você pode garantir que a usuária que está comprando o quadro é realmente Mary?
2. Explique como o protocolo SSL garante que a comunicação do número do cartão de crédito é segura. Qual é o papel de uma autoridade de certificação nesse caso?
3. Suponha que você quisesse que Mary pudesse verificar se todas as suas mensagens de e-mail são realmente enviadas por você. Como você pode autenticar suas mensagens sem criptografar o texto?
4. Suponha que seus clientes também possam negociar o preço de certos quadros e suponha que Mary queira negociar o preço da tela Madison Terrace. Você gostaria que o texto dessa comunicação ficasse restrito a você e Mary. Explique as vantagens e desvantagens dos diferentes métodos de criptografia de sua comunicação com Mary.

Exercício 21.4 Considere os Exercícios de 6.6 a 6.9 do Capítulo 6. Para cada exercício, identifique quais dados devem estar acessíveis para diferentes grupos de usuários e escreva as instruções SQL para impor essas políticas de controle de acesso.

Exercício 21.5 Considere os Exercícios de 7.7 a 7.10 do Capítulo 7. Para cada exercício, discuta onde são apropriados criptografia, SSL e assinaturas digitais.

EXERCÍCIOS BASEADOS EM PROJETO

Exercício 21.6 Há algum suporte para visões ou autorização no Minibase?

NOTAS BIBLIOGRÁFICAS

O mecanismo de autorização do System R, que influenciou bastante o paradigma GRANT e REVOKE na SQL, está descrito em [341]. Um bom tratamento geral de segurança e criptografia é apresentado em [213] e uma visão geral da segurança de banco de dados pode ser encontrada em [140] e [467]. A segurança em bancos de dados estatísticos é investigada em vários artigos, incluindo [212] e [178]. A segurança multinível é discutida em vários artigos, incluindo [409, 499, 694, 710].

Uma referência clássica sobre criptografia é o livro de Schneier [661]. Diffie e Hellman propuseram a primeira técnica de criptografia de chave pública [227]. O amplamente usado esquema de criptografia RSA foi apresentado por Rivest, Shamir e Adleman [629]. O AES é baseado no algoritmo Rijndael, de Daemen e Rijmen [200]. Existem muitos livros introdutórios sobre SSL, como [623] e [733]. Mais informações sobre assinaturas digitais podem ser encontradas no livro de Ford e Baum [276].

PARTE VII

TÓPICOS ADICIONAIS

22
BANCOS DE DADOS PARALELOS E DISTRIBUÍDOS

- Qual é a motivação para SGBDs paralelos e distribuídos?
- Quais são as arquiteturas alternativas para sistemas de banco de dados paralelos?
- Como o pipeline e o particionamento de dados são usados para se obter paralelismo?
- Como os conceitos de fluxo de dados são usados para tornar paralelo um código seqüencial já existente?
- Quais são as arquiteturas alternativas para SGBDs distribuídos?
- Como os dados são distribuídos pelos sites?
- Como podemos avaliar e otimizar consultas em dados distribuídos?
- Quais são as vantagens da replicação síncrona *versus* assíncrona?
- Como as transações são gerenciadas em um ambiente distribuído?
- **Conceitos-chave:** arquiteturas de SGBD paralelo; desempenho, aumento de velocidade e aumento de escala; paralelismo em pipeline *versus* dados particionados, bloqueio; estratégias de particionamento; operadores de fluxo de dados; arquiteturas de SGBD distribuído; sistemas heterogêneos; protocolos de gateway; distribuição de dados, catálogos distribuídos; semijunções, envio de dados; replicação síncrona *versus* assíncrona; transações distribuídas, gerenciamento de bloqueio, detecção de impasse, efetivação de duas fases, Cancelamento Presumido.

Nenhum homem é uma ilha, completo em si mesmo; todo homem é uma parte do continente, uma parte do principal.

—John Donne

Neste capítulo, examinaremos os problemas do paralelismo e da distribuição de dados em um SGBD. Começamos apresentando os sistemas de banco de dados paralelos e distribuídos na Seção 22.1. Na Seção 22.2, discutimos configurações de hardware alternativas para um SGBD paralela. Na Seção 22.3, apresentamos o conceito de particionamento de dados e consideramos sua influência na avaliação de consulta paralela. Na Seção 22.4, mostramos como o particionamento de dados pode ser usado para tornar paralelas várias operações relacionais. Na Seção 22.5, concluímos nosso tratamento do processamento de consulta paralelo, com uma discussão sobre a otimização de consulta paralela.

O restante do capítulo é dedicado aos bancos de dados distribuídos. Apresentamos uma visão geral dos bancos de dados distribuídos na Seção 22.6. Discutimos algumas arquiteturas alternativas para um SGBD distribuído na Seção 22.7, e descrevemos opções para distribuição de dados na Seção 22.8. Descrevemos o gerenciamento de catálogo distribuído na Seção 22.9 e, na Seção 22.10, discutimos a otimização e a avaliação de consultas para bancos de dados distribuídos. Na Seção 22.11, discutimos a atualização de dados distribuídos e, finalmente, nas seções 22.12 a 22.14, descrevemos o gerenciamento de transações distribuídas.

22.1 INTRODUÇÃO

Até aqui, consideramos os sistemas de gerenciamento de banco de dados centralizados, nos quais todos os dados são mantidos em um único local, e presumimos que o processamento de transações individuais é basicamente seqüencial. Uma das tendências mais importantes nos bancos de dados é o uso cada vez maior de técnicas de avaliação paralela e distribuição de dados.

Um **sistema de banco de dados paralelo** procura melhorar o desempenho por meio da execução em paralelo de várias operações como carregamento de dados, construção de índices e avaliação de consultas. Embora os dados possam ser armazenados de forma distribuída em um sistema assim, a distribuição é governada unicamente pelas considerações sobre o desempenho.

Em um **sistema de banco de dados distribuído**, os dados são fisicamente armazenados em vários sites e cada site normalmente é gerenciado por um SGBD capaz de executar independente dos outros sites. A localização dos itens de dados e o grau de autonomia dos sites individuais têm um impacto significativo sobre todos os aspectos do sistema, incluindo a otimização e o processamento de consultas, o controle de concorrência e a recuperação. Em contraste com os bancos de dados paralelos, a distribuição dos dados é governada por fatores como a posse local e a maior disponibilidade, além das questões de desempenho.

Enquanto o paralelismo é motivado por considerações sobre o desempenho, vários problemas distintos motivam a distribuição de dados:

- **Maior disponibilidade:** se um site contendo uma relação pára de funcionar, a relação continuará a estar disponível se uma cópia for mantida em outro site.
- **Acesso distribuído aos dados:** uma empresa pode ter escritórios em várias cidades. Embora os analistas talvez precisem acessar dados correspondentes a diferentes sites, normalmente encontramos uma característica de localidade nos padrões de acesso (por exemplo, um gerente de banco provavelmente vai pesquisar as contas de clientes na agência local) e essa característica pode ser explorada pela distribuição apropriada dos seus dados.
- **Análise de dados distribuídos:** as empresas querem examinar todos os dados disponíveis para elas, mesmo que estejam armazenados em vários sites e em vários sistemas de banco de dados. O suporte para esse acesso integrado envolve muitos problemas; até mesmo permitir o acesso a dados amplamente distribuídos pode ser um desafio.

22.2 ARQUITETURAS DE BANCOS DE DADOS PARALELOS

A idéia básica por trás dos bancos de dados paralelos é executar etapas de avaliação em paralelo, sempre que possível, e existem muitas oportunidades de se fazer isso em um SGBD relacional; os bancos de dados representam um dos casos mais bem-sucedidos da computação paralela.

Três arquiteturas principais foram propostas para a construção de SGBDs paralelos. Em um sistema de **memória compartilhada**, várias CPUs são ligadas em uma rede de interconexão e podem acessar uma região comum da memória principal. Em um sistema de **disco compartilhado**, cada CPU tem uma memória privada e acesso direto a todos os discos, por meio de uma rede de interconexão. Em um sistema de **nada compartilhado**, cada CPU tem uma memória principal local e um espaço de disco, mas duas CPUs não podem acessar a mesma área de armazenamento; toda comunicação entre as CPUs se dá por meio de uma conexão de rede. As três arquiteturas estão ilustradas na Figura 22.1.

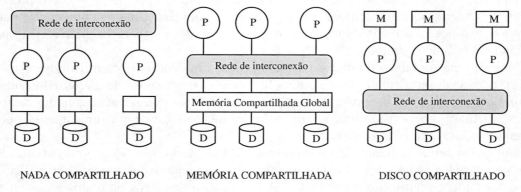

Figura 22.1 Arquitetura física de sistemas de banco de dados paralelos.

A arquitetura de memória compartilhada está mais próxima de uma máquina convencional e muitos sistemas de banco de dados comerciais têm sido portados para plataformas de memória compartilhada com relativa facilidade. A sobrecarga de comunicação é baixa, pois a memória principal pode ser usada para esse propósito, e os serviços do sistema operacional podem ser beneficiados pelo uso das CPUs adicionais. Embora essa estratégia seja atraente para se obter um paralelismo moderado — algumas dezenas de CPUs podem ser exploradas dessa maneira —, a disputa pela memória torna-se um gargalo quando o número de CPUs aumenta. A arquitetura de disco compartilhado enfrenta um problema semelhante, pois grandes volumes de dados são enviados pela rede de interconexão.

O problema básico das arquiteturas de memória e disco compartilhado é a **interferência**: à medida que mais CPUs são adicionadas, as CPUs já existentes perdem velocidade, devido à maior disputa pelos acessos à memória e pela largura de banda de rede. Tem-se observado que mesmo uma média de 1% de atraso por CPU adicional significa que o aumento de velocidade máximo é de um fator de 37 e acrescentar mais CPUs na verdade diminui a velocidade do sistema; um sistema com 1000 CPUs é apenas 4% mais eficiente do que um sistema de *uma única CPU*! Essa observação motivou o desenvolvimento da arquitetura do nada compartilhado, que agora é amplamente considerada como a melhor arquitetura para sistemas de banco de dados paralelos grandes.

A arquitetura do nada compartilhado exige uma reorganização mais ampla do código do SGBD, mas tem mostrado **aumento de velocidade** linear, no sentido de que o tempo gasto pelas operações diminui proporcionalmente ao aumento no número de CPUs e discos, e **aumento de escala** linear, no sentido de que o desempenho é mantido se o número de CPUs e discos aumenta proporcionalmente ao volume de dados. Conseqüentemente, sistemas de banco de dados ainda mais poderosos podem ser construídos, tirando-se proveito do desempenho cada vez melhor dos sistemas de CPU única e conectando-se quantas CPUs forem desejadas.

O aumento de velocidade e o aumento da escala estão ilustrados na Figura 22.2. As curvas do aumento de velocidade mostram como mais transações podem ser executadas por segundo adicionando-se CPUs, para um tamanho de banco de dados fixo. As curvas do aumento de escala mostram como a adição de mais recursos (na forma de CPUs) nos permite processar problemas maiores. O primeiro gráfico de aumento de escala mede o número de transações executadas por segundo à medida que o tamanho do banco de dados aumenta e o número de CPUs é correspondentemente maior. Uma maneira alternativa de medir o aumento de escala é considerar o tempo gasto por transação à medida que mais CPUs são adicionadas para processar um número crescente de transações por segundo; o objetivo aqui é manter o tempo de resposta por transação.

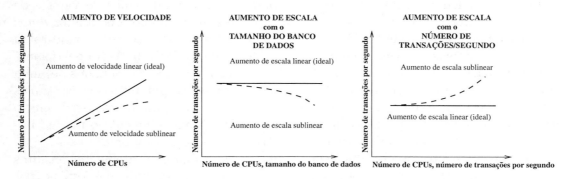

Figura 22.2 Aumento de velocidade e aumento de escala.

22.3 AVALIAÇÃO DE CONSULTA PARALELA

Nesta seção, discutiremos a avaliação paralela de uma consulta relacional em um SGBD com uma arquitetura de nada compartilhado. Embora seja possível considerar a execução paralela de várias consultas, é difícil identificar antecipadamente quais consultas serão executadas concorrentemente. Assim, a ênfase tem sido a execução paralela de uma única consulta.

O plano de execução de uma consulta relacional é um grafo de operadores algébricos relacionais, e os operadores de um grafo podem ser executados em paralelo. Se um operador consome a saída de um segundo operador, temos o **paralelismo em pipeline** (a saída do segundo operador é manipulada pelo primeiro assim que é gerada); caso contrário, os dois operadores podem prosseguir de forma basicamente independente. Diz-se que um operador **bloqueia** se ele não produz nenhuma saída até ter consumido todas as suas entradas. O paralelismo em pipeline é limitado pela presença de operadores (por exemplo, ordenação ou agregação) que bloqueiam.

Além de avaliar diferentes operadores em paralelo, podemos avaliar cada operador individual de um plano de consulta em paralelo. O segredo da avaliação de um operador em paralelo é *particionar* os dados de entrada; podemos então trabalhar em cada partição em paralelo e combinar os resultados. Essa estratégia é chamada de **avaliação em paralelo de dados particionados**. Tomando-se certo cuidado, um código já existente para avaliação seqüencial de operadores relacionais pode ser portado facilmente para a avaliação em paralelo de dados particionados.

Uma observação importante, que explica por que os sistemas de banco de dados paralelos de nada compartilhado têm tido muito sucesso, é que a avaliação de consulta de banco de dados é muito receptiva à avaliação em paralelo de dados particionados. O objetivo é minimizar o envio de dados por meio de seu particionamento e da estruturação dos algoritmos para realizarem a maior parte do processamento em processadores individuais. (Usamos o termo *processador* para nos referirmos a uma CPU juntamente com seu disco local.)

Consideraremos agora com mais detalhes o particionamento dos dados e a disposição em paralelo do código de avaliação de operador já existente.

22.3.1 Particionamento de Dados

O particionamento horizontal de um conjunto de dados grande entre vários discos nos permite explorar a largura de banda de E/S dos discos, lendo-os e gravando-os em paralelo. Existem várias maneiras de particionar uma relação horizontalmente. Podemos atribuir tuplas aos processadores em uma abordagem round-robin, podemos usar hashing, ou podemos atribuir tuplas aos processadores por intervalos de valores de campo. Se houver n processadores, a i-ésima tupla será atribuída ao processador $i \bmod n$, no **particionamento round-robin**. Lembre-se de que o particionamento round-robin é usado em sistemas de armazenamento RAID (consulte a Seção 9.2). No **particionamento por hashing**, uma função de hashing é aplicada a (campos selecionados de) uma tupla para determinar seu processador. No **particionamento por intervalo**, as tuplas são ordenadas (conceitualmente) e n intervalos são escolhidos para os valores de chave de ordenação, de modo que cada intervalo contenha aproximadamente o mesmo número de tuplas; as tuplas no intervalo i são atribuídas ao processador i.

O particionamento round-robin é conveniente para avaliar eficientemente consultas que acessam a relação inteira. Se é exigido apenas um subconjunto das tuplas (por exemplo, aquelas que satisfazem à condição de seleção *idade* = 20), o particionamento por hashing ou o particionamento por intervalo são melhores do que o particionamento round-robin, pois eles nos permitem acessar apenas os discos que contêm tuplas correspondentes. (É claro que essa afirmação presume que as tuplas são particionadas nos atributos da condição de seleção; se for especificado *idade* = 20, as tuplas deverão ser particionadas em *idade*.) Se seleções de intervalo, como $15 < idade < 25$, forem especificadas, o particionamento por intervalo será superior ao particionamento por hashing, pois as tuplas qualificadas provavelmente estarão agrupadas em uns poucos processadores. Por outro lado, o particionamento por intervalo pode levar à **distorção de dados**, isto é, partições com números amplamente variáveis de tuplas entre partições ou discos. A distorção faz os processadores que lidam com partições grandes tornarem-se gargalos de desempenho. O particionamento por hashing tem a vantagem adicional de manter os dados igualmente distribuídos, mesmo que aumentem e diminuam com o passar do tempo.

Para reduzir a distorção no particionamento por intervalo, a principal questão é como escolher os intervalos por meio dos quais as tuplas são distribuídas. Uma estratégia eficiente é tomar amostras de cada processador, coletar e ordenar todas as amostras, e dividir o conjunto ordenado de amostras em subconjuntos de tamanho igual. Se tuplas devem ser particionadas em *idade*, os intervalos de *idade* dos subconjuntos amostrados de tuplas podem ser usados como base para a redistribuição da relação inteira.

22.3.2 Tornando Paralelo um Código Seqüencial de Avaliação de Operador

Uma arquitetura de software elegante para SGBDs paralelos nos permite tornar paralelo prontamente um código já existente para avaliação seqüencial de um operador relacional. A idéia básica é usar fluxos de dados paralelos. Os fluxos (de diferentes discos ou a saída de outros operadores) são intercalados conforme necessário, para fornecer as entradas de um operador relacional, e a saída de um operador é **dividida**, conforme necessário, para tornar paralelo o processamento subseqüente.

Um plano de avaliação paralela consiste em uma rede de fluxos de dados, operadores relacionais, de intercalação e de divisão. Os operadores de intercalação e divisão devem ser capazes de colocar alguns dados no buffer e de interromper os operadores que produzem seus dados de entrada. Assim, eles podem controlar a velocidade da execução de acordo com a velocidade de execução do operador que consome suas saídas.

Conforme veremos, obter boas versões paralelas de algoritmos para avaliação seqüencial de operadores exige consideração cuidadosa; não há nenhuma fórmula mágica para pegar o código seqüencial e produzir uma versão paralela. Entretanto, o bom uso de divisão e intercalação em uma arquitetura de software de fluxo de dados pode reduzir bastante o trabalho de implementação de algoritmos de avaliação de consulta paralelos, conforme ilustraremos na Seção 22.4.3.

22.4 TORNANDO PARALELAS OPERAÇÕES INDIVIDUAIS

Esta seção mostra como várias operações podem ser implementadas em paralelo, em uma arquitetura de nada compartilhado. Supomos que cada relação está particionada horizontalmente entre vários discos, embora esse particionamento possa ser apropriado ou não para determinada consulta. A avaliação de uma consulta deve levar em conta os critérios de particionamento iniciais e refazer a partição, se necessário.

22.4.1 Carregamento em Massa e Varredura

Começamos com duas operações simples: *varredura* de uma relação e *carregamento* de uma relação. As páginas podem ser lidas em paralelo enquanto se percorre uma relação, e as tuplas recuperadas podem então ser intercaladas, se a relação for particionada entre vários discos. De modo mais geral, a idéia também se aplica na recuperação de todas as tuplas que satisfazem a uma condição de seleção. Se for usado particionamento por hashing ou por intervalo, as consultas de seleção poderão ser respondidas usando-se apenas os processadores que contêm tuplas relevantes.

Uma observação semelhante vale para o carregamento em massa (bulk-loading). Além disso, se uma relação tem índices associados, qualquer ordenação de entrada de dados exigida para construir os índices durante o carregamento em massa também pode ser feita em paralelo (veja posteriormente).

22.4.2 Ordenação

Uma idéia simples é permitir que cada CPU ordene a parte da relação que está em seu disco local e, depois, mesclar esses conjuntos ordenados de tuplas. O grau de paralelismo provavelmente será limitado pela fase de intercalação.

Uma idéia melhor é primeiro redistribuir todas as tuplas da relação usando particionamento por intervalo. Por exemplo, se quiséssemos ordenar uma coleção de tuplas de funcionário pelo salário, se os valores de salário variassem de 10 a 210 e tivéssemos 20 processadores, poderíamos enviar todas as tuplas com valores de salário no intervalo de 10 a 20 para o primeiro processador, todas no intervalo de 21 a 30 para o segundo processador e assim por diante. (Antes da redistribuição, enquanto as tuplas estão distribuídas entre os processadores, não podemos supor que elas estejam distribuídas de acordo com intervalos de salário.)

Assim, cada processador ordena as tuplas a ele atribuídas usando algum algoritmo de ordenação seqüencial. Por exemplo, um processador pode coletar tuplas até que sua memória fique cheia e, então, ordenar essas tuplas e gravar uma série, até que todas as tuplas recebidas tenham sido gravadas em tais séries ordenadas no disco local. Essas séries podem ser intercaladas para criar a versão ordenada do conjunto de tuplas atribuídas a esse processador. A relação ordenada inteira pode ser recuperada visitando-se os processadores em uma ordem correspondente aos intervalos atribuídos a eles e simplesmente varrendo-se as tuplas.

O desafio básico na ordenação paralela é fazer o particionamento por intervalo de modo que cada processador receba aproximadamente o mesmo número de tuplas; caso contrário, um processador que receba um número desproporcionalmente grande de tuplas para ordenar torna-se um gargalo e limita a capacidade de mudança de escala da ordenação em paralelo. Uma boa estratégia para o particionamento por intervalo é obter uma amostra da relação inteira tomando amostras em cada processador que inicialmente contém parte da relação. A amostra (relativamente pequena) é ordenada e usada para identificar intervalos com números iguais de tuplas. Esse conjunto de valores de intervalo, chamado de **vetor de divisão**, é distribuído para todos os processadores e usado para particionar por intervalo a relação inteira.

Uma aplicação particularmente importante da ordenação em paralelo é ordenar as entradas de dados em índices estruturados em árvore. A ordenação das entradas de dados pode acelerar significativamente o processo de carregamento em massa de um índice.

22.4.3 Junções

Nesta seção, consideraremos como a operação de junção pode ser paralelizada. Apresentaremos a idéia básica por trás do paralelismo e ilustraremos o uso dos operadores de intercalação e divisão descritos na Seção 22.3.2. Focalizaremos a junção por hashing paralela, que é amplamente usada, e esboçaremos brevemente como a junção sortmerge pode ser paralelizada de forma semelhante. Outros algoritmos de junção também podem se tornar paralelos, embora não tão eficientemente quanto esses dois algoritmos.

Suponha que queiramos juntar duas relações A e B em *idade*. Elas estão inicialmente distribuídas entre vários discos, de alguma maneira que não seja útil para a operação de junção, isto é, o particionamento inicial não é baseado no atributo de junção. A idéia básica para juntar A e B em paralelo é decompor a junção em uma coleção de k junções menores. Podemos decompor a junção particionando A e B em uma coleção de k buckets lógicos ou partições. Usando a mesma função de particionamento para A e B, garantimos que a união das k junções menores calcula a junção de A e B; essa idéia é semelhante à intuição por trás da fase de particionamento de uma junção por hashing seqüencial, descrita na Seção 14.4.3. Como A e B são inicialmente distribuídas entre vários processadores, a etapa de particionamento em si pode ser realizada em paralelo nesses processadores. Em cada processador, todas as tuplas locais são recuperadas e passam pela função de hashing em uma das k partições, com a mesma função de hashing usada em todos os sites, é claro.

Como alternativa, podemos particionar A e B dividindo o intervalo do atributo de junção *idade* em k subintervalos disjuntos e colocando tuplas de A e B em partições de acordo com o sub-intervalo ao qual seus valores de *idade* pertencem. Por exemplo, suponha que tenhamos 10 processadores, que o atributo de junção seja *idade*, com valores de 0 a 100. Supondo uma distribuição uniforme, as tuplas de A e B com $0 \leq idade < 10$ vão para o processador 1, $10 \leq idade < 20$ vão para o processador 2 e assim por diante. Essa estratégia provavelmente será mais suscetível à distorção de dados do que o particionamento por hashing (isto é, o número de tuplas a ser juntadas pode variar muito entre as partições), a não ser que os subintervalos sejam cuidadosamente determinados; não discutiremos como bons limites de subintervalo podem ser identificados.

Tendo decidido sobre uma estratégia de particionamento, podemos atribuir cada partição a um processador e realizar uma junção local em cada processador usando qualquer algoritmo de junção que quisermos. Nesse caso, o número de partições k é escolhido como sendo igual ao número de processadores n disponíveis para realizar a junção e, durante o particionamento, cada processador envia tuplas da i-ésima partição para o processador i. Após o particionamento, cada processador junta as tuplas de A e B atribuídas a ele. Cada processo de junção executa código de junção seqüencial e recebe entrada de tuplas de A e B de vários processadores; um operador de intercalação mescla todas as tuplas de A recebidas, e outro operador de intercalação mescla todas as tuplas de B recebidas. Dependendo de como queremos distribuir o resultado da junção de A e B, a saída do processo de junção pode ser dividida em vários fluxos de dados. A rede de operadores para junção paralela aparece na Figura 22.3. Para simplificar a figura, presumimos que os processadores que estão fazendo a junção são distintos dos processadores que inicialmente contêm tuplas de A e B, e mostramos apenas quatro processadores.

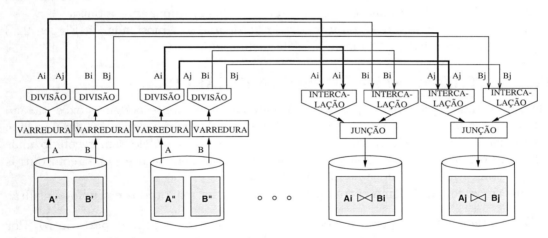

Figura 22.3 Rede de fluxo de dados de operadores de junção paralela.

Se for usado particionamento por intervalo, esse algoritmo levará a uma versão paralela de uma junção sort-merge, com a vantagem de que a saída estará disponível ordenada. Se for usado particionamento por hashing, obteremos uma versão paralela de uma junção por hashing.

Junção por Hashing Paralela Melhorada

Um refinamento baseado em hashing da estratégia oferece melhor desempenho. No entanto, se A e B são muito grandes e o número de partições k escolhido é igual ao número de processadores n, o tamanho de cada partição ainda pode ser grande, levando a um alto custo para cada junção local nos n processadores.

Uma alternativa é executar as junções menores $A_i \bowtie B_i$, para $i = 1 \ldots k$, uma após a outra, mas com cada junção sendo executada em paralelo, usando todos os processadores. Essa estratégia nos permite utilizar toda a memória principal disponível em todos os n processadores em cada junção $A_i \bowtie B_i$, e é descrita em mais detalhes como segue:

1. Em cada site, aplique uma função de hashing $h1$ para particionar as tuplas de A e B desse site, em partições $i = 1 \ldots k$. Seja A a relação menor. O número de partições k é escolhido de modo que cada partição de A caiba na memória *agregada* ou combinada de todos os n processadores.

2. Para $i = 1 \ldots k$, processe a junção das i-ésimas partições de A e B. Para calcular $A_i \bowtie B_i$, faça o seguinte em cada site:

    (a) Aplique uma segunda função de hashing $h2$ em todas as tuplas de A_i para determinar onde elas devem ser juntadas, e envie a tupla t para o site $h2(t)$.

    (b) Quando as tuplas de A_i chegarem para serem juntadas, adicione-as em uma tabela de hashing na memória.

    (c) Depois que todas as tuplas de A_i forem distribuídas, aplique $h2$ nas tuplas de B_i, para determinar onde elas devem ser juntadas, e envie a tupla t para o site $h2(t)$.

    (d) Quando as tuplas de B_i chegarem para serem juntadas, investigue a tabela na memória de tuplas de A_i e mostre na saída as tuplas resultantes.

O uso da segunda função de hashing $h2$ garante que as tuplas sejam (mais ou menos) uniformemente distribuídas por todos os n processadores participantes da junção. Essa estratégia reduz muito o custo de cada uma das junções menores e, portanto, diminui o custo da junção global. Observe que todos os processadores disponíveis são totalmente utilizados, mesmo que as junções menores sejam realizadas uma após a outra.

O leitor fica convidado a adaptar a rede de operadores mostrada na Figura 22.3 para refletir o algoritmo da junção paralela melhorada.

22.5 OTIMIZAÇÃO DE CONSULTA PARALELA

Além de tornar paralelas as operações individuais, obviamente podemos executar em paralelo diferentes operações de uma consulta e executar várias consultas em paralelo. A otimização de uma única consulta para execução em paralelo tem recebido mais atenção; normalmente, os sistemas otimizam consultas sem se preocupar com outras que possam estar em execução ao mesmo tempo.

Dois tipos de paralelismo entre operações podem ser explorados em uma consulta:

- O resultado de um operador pode ser canalizado (em pipeline) para outro. Por exemplo, considere um plano de profundidade à esquerda no qual todas as junções usam loops aninhados indexados. O resultado da primeira junção (isto é, a inferior) são as tuplas da relação externa do próximo nó de junção. À medida que tuplas são produzidas pela primeira junção, elas podem ser usadas para investigar a relação interna na segunda junção. Analogamente, o resultado da segunda junção pode ser canalizado (em pipeline) para a próxima junção e assim por diante.

- Várias operações independentes podem ser executadas concorrentemente. Por exemplo, considere um plano (cheio) no qual as relações A e B são juntadas, as relações C e D são juntadas e os resultados dessas duas junções são finalmente juntados. Claramente, a junção de A e B pode ser executada concorrentemente com a junção de C e D.

Um otimizador que procure tornar paralela a avaliação da consulta precisa considerar vários problemas, contudo e destacamos apenas alguns pontos principais. Obviamente, o custo da execução de operações individuais em paralelo (por exemplo, ordenação paralela) difere da sua execução seqüencial, e o otimizador deve estimar os custos das operações de acordo.

Em seguida, o plano que retorna respostas mais rapidamente pode não ser o plano de menor custo. Por exemplo, o custo de $A \bowtie B$, mais o custo de $C \bowtie D$, mais o custo da junção de seus resultados pode ser maior do que o custo do plano de profundidade à esquerda mais barato. Entretanto, o tempo que demora é o tempo do mais dispendioso de $A \bowtie B$ e $C \bowtie D$, mais o tempo que leva para juntar seus resultados. Esse tempo pode ser menor que o tempo do plano de profundidade à esquerda mais barato. Essa observação sugere que um otimizador que utiliza a estratégia do paralelismo não deve se restringir às árvores de profundidade à esquerda, e também deve considerar árvores *cheias* as quais aumentam significativamente o espaço dos planos a ser considerados.

Finalmente, vários parâmetros, como o espaço em buffer disponível e o número de processadores livres, são conhecidos apenas no momento da execução. Esse comentário vale em um ambiente multiusuário, mesmo que sejam considerados apenas planos seqüenciais; um ambiente multiusuário é um caso simples de paralelismo entre consultas.

22.6 INTRODUÇÃO AOS BANCOS DE DADOS DISTRIBUÍDOS

Conforme observamos anteriormente, em um sistema de banco de dados distribuído, os dados são armazenados em vários sites e, normalmente, cada site é gerenciado por um SGBD executado independentemente dos outros sites. A visão clássica de um sistema de banco de dados distribuído é que o sistema deve tornar o impacto da distribuição dos dados **transparente**. Em particular, as seguintes propriedades são consideradas desejáveis:

- **Independência dos dados distribuídos:** os usuários devem ser capazes de fazer consultas sem especificar onde as relações referenciadas (ou cópias ou fragmentos das relações) estão localizadas. Esse princípio é uma extensão natural da independência física e lógica dos dados; discutiremos isso na Seção 22.8. Além disso, as consultas que abrangem vários sites devem ser sistematicamente otimizadas, com base no custo, levando em conta os custos de comunicação e as diferenças nos custos da computação local. Discutiremos a otimização de consulta distribuída na Seção 22.10.

- **Atomicidade da transação distribuída:** os usuários devem ser capazes de escrever transações que acessam e atualizam dados em vários sites, exatamente como se escrevessem transações em dados puramente locais. Em particular, os efeitos de uma transação entre os sites devem continuar a ser atômicos; isto é, todas as alterações persistem se a transação é efetivada e nenhuma persiste se ela é cancelada. Discutiremos esse processamento de transação distribuído nas Seções 22.11, 22.13 e 22.14.

Embora a maioria das pessoas concorde que essas propriedades são desejáveis em geral, em certas situações, como quando os sites são conectados por meio de uma rede de longa distância lenta, essas propriedades não são eficientemente atingíveis. Na verdade, tem-se argumentado que, quando os sites são globalmente distribuídos, essas propriedades nem mesmo são desejáveis. Basicamente, a sobrecarga administrativa do suporte de um sistema com independência de dados distribuídos e atomicidade de transação — na verdade, coordenar todas as atividades entre todos os sites para suportar a visão do todo como uma coleção de dados unificada — é proibitiva, além das considerações sobre o desempenho do SGBD.

Lembre-se dessas observações sobre os bancos de dados distribuídos quando abordarmos o assunto com mais detalhes no restante deste capítulo. Não existe nenhum consenso real sobre quais devem ser os objetivos de projeto dos bancos de dados distribuídos, e o setor está evoluindo em resposta às necessidades dos usuários.

22.6.1 Tipos de Bancos de Dados Distribuídos

Se os dados são distribuídos, mas todos os servidores executam o mesmo software de SGBD, temos um **sistema de banco de dados distribuído homogêneo**. Se diferentes sites são executados sob o controle de diferentes SGBDs, de forma basicamente autônoma, e são conectados que de algum modo permita o acesso aos dados a partir de vários sites, temos um **sistema de banco de dados distribuído heterogêneo**, também referido como **sistema de múltiplos bancos de dados (multidatabase)**.

O segredo da construção de sistemas heterogêneos é ter padrões bem aceitos para **protocolos de gateway**. O protocolo de gateway é uma API que expõe funcionalidade de SGBD para os aplicativos externos; seus exemplos incluem ODBC e JDBC (consulte a Seção 6.2). Acessando-se servidores de banco de dados por meio de protocolos de gateway, suas diferenças (na capacidade, formato de dados etc.) são mascaradas, e as diferenças entre os diferentes servidores em um sistema distribuído são bastante atenuadas.

Contudo, os gateways não são uma panacéia. Eles acrescentam uma camada de processamento que pode ser dispendiosa e não mascaram completamente as diferenças entre os servidores. Por exemplo, um servidor pode não ser capaz de fornecer os serviços exigidos para o gerenciamento de transação distribuída (consulte as Seções 22.13 e 22.14) e, mesmo que seja capaz, a padronização dos protocolos de gateway até esse nível de interação impõe desafios que ainda não foram resolvidos satisfatoriamente.

O gerenciamento de dados distribuídos, na análise final, tem um custo significativo em termos de desempenho, complexidade do software e dificuldade de administração. Essa observação é particularmente verdadeira para os sistemas heterogêneos.

22.7 ARQUITETURAS DE SGBD DISTRIBUÍDO

Três estratégias alternativas são usadas para separar funcionalidade entre diferentes processos relacionados ao SGBD; essas arquiteturas de SGBD distribuído são chamadas *cliente-servidor*, *servidor colaborador* e *middleware*.

22.7.1 Sistemas Cliente-Servidor

O sistema **cliente-servidor** tem um ou mais processos clientes e um ou mais processos servidores, e um processo cliente pode enviar uma consulta para qualquer processo servidor. Os clientes são responsáveis por questões da interface com o usuário e os servidores gerenciam dados e executam transações. Assim, um processo cliente poderia ser executado em um computador pessoal e enviar consultas para um servidor sendo executado em um computador de grande porte.

Essa arquitetura tornou-se muito popular por vários motivos. Primeiramente, ela é relativamente simples de implementar, devido à separação clara da funcionalidade e porque o servidor é centralizado. Segundo, as máquinas servidoras caras não ficam sub-utilizadas, lidando com interações simples dos usuários, que agora ficam relegadas às máquinas clientes baratas. Terceiro, os usuários podem executar uma interface gráfica com a qual estão familiarizados, em vez da (possivelmente desconhecida e pouco amigável) interface com o usuário do servidor.

Ao escrever aplicativos cliente-servidor, é importante lembrar o limite entre o cliente e o servidor, e manter a comunicação entre eles orientada a conjunto máximo possível. Em particular, abrir um cursor e buscar uma tupla por vezes gera muitas mensagens e isso deve ser evitado. (Mesmo que busquemos várias tuplas e as coloquemos na cache do cliente, mensagens devem ser trocadas quando se avança o cursor, para garantir que a linha corrente seja bloqueada.) Técnicas para explorar a cache da arquitetura cliente-servidor para reduzir a sobrecarga de comunicação têm sido amplamente estudadas, embora não as discutamos mais.

22.7.2 Sistemas de Servidor Colaborador

A arquitetura cliente-servidor não permite que uma única consulta abranja vários servidores, pois o processo cliente teria de ser capaz de subdividir tal consulta nas subconsultas apropriadas, para serem executadas em diferentes sites e, depois, reunir as respostas das subconsultas. Portanto, o processo cliente seria muito complexo e seus recursos começariam a se sobrepor ao servidor; torna-se mais difícil distinguir entre clientes e servidores. A eliminação dessa distinção nos leva a uma alternativa para a arquitetura cliente-servidor: um sistema de **servidor colaborador**. Podemos ter uma coleção de servidores de banco de dados, cada um capaz de executar transações com dados locais, os quais executam cooperativamente as transações que abrangem vários servidores.

Quando um servidor recebe uma consulta que exige acesso aos dados que estão em outros servidores, ele gera subconsultas apropriadas para serem executadas pelos outros servidores e reúne os resultados para computar as respostas da consulta original. De preferência, a decomposição da consulta deve ser feita usando-se otimização baseada em custo levando em conta o custo da comunicação na rede, assim como os custos do processamento local.

22.7.3 Sistemas de Middleware

A arquitetura middleware é projetada para permitir que uma única consulta abranja vários servidores, sem exigir que todos os servidores de banco de dados sejam capazes de gerenciar tais estratégias de execução em vários sites. Ela é particularmente atraente ao se tentar integrar vários sistemas legados, cujos recursos básicos não podem ser estendidos.

A idéia é que precisamos de apenas um servidor de banco de dados capaz de gerenciar consultas e transações que abranjam vários servidores; os servidores restantes só precisam manipular consultas e transações locais. Podemos considerar esse servidor especial como uma camada de software que coordena a execução de consultas e transações em um ou mais servidores de banco de dados independentes; tal software é freqüentemente chamado de **middleware**. A camada de middleware é capaz de executar junções e outras operações relacionais em dados obtidos de outros servidores, mas normalmente ela própria não mantém dados.

22.8 ARMAZENANDO DADOS EM UM SGDB DISTRIBUÍDO

Em um SGBD distribuído, as relações são armazenadas em vários sites. O acesso a uma relação armazenada em um site remoto acarreta custos de passagem de mensagem e, para reduzir essa sobrecarga, uma única relação pode ser *particionada* ou *fragmentada* entre vários sites, com os fragmentos armazenados nos sites onde são mais freqüentemente acessados ou *replicados* em cada site onde a relação tem alta demanda.

22.8.1 Fragmentação

A **fragmentação** consiste em subdividir uma relação em relações menores ou fragmentos e armazenar os fragmentos (em vez da relação em si), possivelmente em diferentes sites. Na **fragmentação horizontal**, cada fragmento consiste em um subconjunto de *linhas* da relação original. Na **fragmentação vertical**, cada fragmento consiste em um subconjunto de *colunas* da relação original. Os fragmentos horizontais e verticais estão ilustrados na Figura 22.4.

TID	eid	nome	cidade	idade	sal
t1	53666	Jones	Madras	18	35
t2	53688	Smith	Chicago	18	32
t3	53650	Smith	Chicago	19	48
t4	53831	Madayan	Bombaim	11	20
t5	53832	Guldu	Bombaim	12	20

Fragmento Vertical   **Fragmento Horizontal**

Figura 22.4 Fragmentações horizontal e vertical.

Normalmente, as tuplas pertencentes a determinado fragmento horizontal são identificadas por uma consulta de seleção; por exemplo, as tuplas de funcionários poderiam ser organizadas em fragmentos por cidade, com todos os funcionários de determinada cidade atribuídos ao mesmo fragmento. O fragmento horizontal mostrado na Figura 22.4 corresponde a Chicago. Armazenando fragmentos no site do banco de dados na cidade correspondente, obtemos a localidade de referência — os dados de Chicago provavelmente serão atualizados e consultados a partir de Chicago, e armazenar esses dados nessa cidade os torna locais (e reduz os custos de comunicação) para a maioria das consultas. Analogamente, as tuplas de determinado fragmento vertical são identificadas por uma consulta de projeção. O fragmento vertical na figura resulta da projeção nas duas primeiras colunas da relação de funcionários.

Quando uma relação é fragmentada, devemos ser capazes de recuperar a relação original a partir dos fragmentos:

- **Fragmentação horizontal:** a união dos fragmentos horizontais deve ser igual à relação original. Normalmente, os fragmentos também são obrigados a ser disjuntos.
- **Fragmentação vertical:** a coleção de fragmentos verticais deve ser uma decomposição sem perda de junção, conforme a definição do Capítulo 19.

Para garantir que uma fragmentação vertical seja sem perda de junção, os sistemas freqüentemente atribuem um único id a cada tupla da relação original, como mostra a Figura 22.4, e anexam esse id na projeção da tupla em cada fragmento. Se considerarmos a relação original contendo um campo de id de tupla adicional que é uma chave, esse campo será adicionado em cada fragmento vertical. É garantido que tal decomposição é sem perda de junção.

Em geral, uma relação pode ser fragmentada (horizontal ou verticalmente) e cada fragmento resultante pode ser ainda mais fragmentado. Para simplicidade na exposição, no restante deste capítulo vamos supor que os fragmentos não são particionados recursivamente dessa maneira.

22.8.2 Replicação

Replicação significa que armazenamos várias cópias de uma relação ou fragmento de relação. Uma relação inteira pode ser replicada em um ou mais sites. Analogamente, um ou mais fragmentos de uma relação podem ser replicados em outros sites. Por exemplo, se uma relação R é fragmentada em $R1$, $R2$ e $R3$, poderia haver apenas uma cópia de $R1$, enquanto $R2$ seria replicada em dois outros sites e $R3$ seria replicada em todos os sites.

A motivação para a replicada é dupla:

- **Maior disponibilidade dos dados:** se um site que contém uma réplica fica inativo, podemos encontrar os mesmos dados em outros sites. Analogamente, se cópias locais de relações remotas estão disponíveis, ficamos menos vulneráveis à falha de links de comunicação.
- **Avaliação de consulta mais rápida:** as consultas podem ser executadas mais rapidamente usando uma cópia local de uma relação, em vez de ir até um site remoto.

Os dois tipos de replicação, chamados de replicação *síncrona* e *assíncrona*, diferem principalmente no modo como as réplicas são mantidas atualizadas quando a relação é modificada (consulte a Seção 22.11).

22.9 GERENCIAMENTO DE CATÁLOGO DISTRIBUÍDO

Monitorar dados distribuídos por vários sites pode ser complicado. Devemos monitorar como as relações são fragmentadas e replicadas, isto é, como os fragmentos da relação são distribuídos entre os vários sites e onde as cópias dos fragmentos são armazenadas —, além do esquema, autorização e informações estatísticas usuais.

22.9.1 Atribuindo Nomes a Objetos

Se uma relação é fragmentada e replicada, devemos ser capazes de identificar univocamente cada réplica de cada fragmento. A geração de tais nomes únicos exige certo cuidado. Se usarmos um servidor de nomes global para atribuir nomes globalmente únicos, a autonomia local ficará comprometida; queremos que (os usuários de) cada site seja capaz de atribuir nomes a objetos locais sem fazer referência a nomes do sistema.

A solução usual para o problema da atribuição de nomes é usar nomes compostos de vários campos. Por exemplo, poderíamos ter:

- Um campo de *nome local*, que é o nome atribuído de forma local no lugar onde a relação é criada. Dois objetos em diferentes sites poderiam ter o mesmo nome local, mas dois objetos em determinado site não podem ter o mesmo nome local.
- Um campo de *site de nascimento*, identificando o site onde a relação foi criada e onde são mantidas as informações sobre todos os fragmentos e réplicas da relação.

Esses dois campos identificam uma relação univocamente; podemos chamar a combinação de **nome global da relação**. Para identificarmos uma réplica (de uma relação ou do fragmento de uma relação), pegamos o nome global da relação e adicionamos um campo *id-réplica*; chamamos a combinação de **nome global da réplica**.

22.9.2 Estrutura do Catálogo

Um catálogo de sistema centralizado pode ser usado, mas é vulnerável à falha do site que o contém. Uma alternativa é manter uma cópia do catálogo de sistema global, a qual descreve todos os dados de cada site. Embora essa estratégia não seja vulnerável à falha de um único site, ela compromete a sua autonomia, exatamente como a primeira solução, pois cada alteração em um catálogo local agora deve ser divulgada para todos os sites.

Uma estratégia melhor, que preserva a autonomia local e não é vulnerável à falha de um único site, foi desenvolvida no projeto de banco de dados distribuído R*, sucessor do projeto System R da IBM. Cada lugar mantém um catálogo local descrevendo todas as cópias dos dados armazenados nesse site. Além disso, o catálogo no site de nascimento de uma relação é responsável por monitorar onde são armazenadas as réplicas da relação (em geral, de fragmentos da relação). Em particular, uma descrição precisa do conteúdo de cada réplica — uma lista de colunas de um fragmento vertical ou uma condição de seleção para um fragmento horizontal — é armazenada no catálogo do site de nascimento. Quando uma nova réplica é criada ou quando uma réplica é movida entre sites, as informações do catálogo do site de nascimento da relação devem ser atualizadas.

Para se localizar uma relação, o catálogo de seu site de nascimento deve ser pesquisado. As informações desse catálogo podem ser colocadas em cache para acesso mais rápido, mas elas podem se tornar desatualizadas se, por exemplo, um fragmento for movido. Vamos descobrir que as informações colocadas na cache local estão desatualizadas quando as usarmos para acessar a relação e, nesse ponto, devemos atualizar a cache pesquisando o site de nascimento da relação. (O site de nascimento de uma relação é gravado em cada cache local, que descreve a relação e nunca muda, mesmo que a relação seja movida.)

22.9.3 Independência de Dados Distribuídos

Independência de dados distribuídos implica que os usuários devem ser capazes de escrever consultas sem considerar como uma relação está fragmentada ou replicada; é responsabilidade do SGBD computar a relação, conforme necessário (localizando cópias convenientes dos fragmentos, juntando fragmentos verticais e pegando a união dos fragmentos horizontais).

Em particular, essa propriedade implica que os usuários não devem ter de especificar o nome completo dos objetos de dados acessados, durante a avaliação de uma consulta. Vamos ver como os usuários podem acessar relações sem considerar como elas estão distribuídas. O *nome local* de uma relação no catálogo do sistema (Seção 22.9.1) é, na realidade, a combinação de um *nome de usuário* e um *nome de relação* definido pelo usuário. Os usuários podem dar os nomes que desejarem às suas relações, sem considerar as relações criadas por outros usuários. Quando o usuário escreve um programa ou instrução SQL que se refere a uma relação, ele simplesmente usa o nome da relação. O SGBD adiciona o nome de usuário no nome da relação para obter um nome local e, então, adiciona o id do site do usuário como site de nascimento (padrão), para obter um nome global da relação global. Pesquisando o nome global da relação — no catálogo local, se foi colocado na cachê, ou no catálogo do site de nascimento —, o SGBD pode localizar réplicas da relação.

Talvez um usuário queira criar objetos em vários sites ou se referir a relações criadas por outros usuários. Para fazer isso, ele pode criar um **sinônimo** para um nome global da relação usando um comando do estilo SQL (embora atualmente tal comando não faça parte do padrão SQL:1999) e, subseqüentemente, referir-se à relação usando o sinônimo. Para cada usuário conhecido em um site, o SGBD mantém uma tabela de sinônimos como parte do catálogo do sistema nesse site e utiliza essa tabela para localizar o nome global da relação. Note que um programa de usuário é executado sem alteração, mesmo que réplicas da relação sejam movidas, pois o nome de relação global nunca é alterado até que a relação em si seja destruída.

Talvez os usuários queiram executar consultas em réplicas específicas, especialmente se for usada replicação assíncrona. Para suportar isso, o mecanismo do sinônimo pode ser adaptado para também permitir que os usuários criem sinônimos para nomes globais de réplica.

22.10 PROCESSAMENTO DE CONSULTA DISTRIBUÍDA

Discutiremos primeiramente, por meio de exemplos, os problemas envolvidos na avaliação de operações da álgebra relacional em um banco de dados distribuído e, depois, destacaremos a otimização de consulta distribuída. Considere as duas relações a seguir:

Marinheiros(*id-marin:* `integer`, *nome-marin:* string, *avaliação:* integer, *idade:* real)
Reservas(*id-marin:* `integer`, *id-barco:* `integer`, *dia:* `date`, *nome-resp:* string)

Assim como no Capítulo 14, suponha que cada tupla de Reservas tenha 40 bytes de comprimento, que uma página pode conter 100 tuplas de Reservas e que temos 1000 páginas dessas tuplas. Analogamente, suponha que cada tupla de Marinheiros tenha 50 bytes de comprimento, que uma página pode conter 80 tuplas de Marinheiros e que temos 500 páginas dessas tuplas.

Para estimarmos o custo de uma estratégia de avaliação, além de contarmos o número de E/S de página, precisamos contar o número de páginas enviadas de um site para outro, pois os custos de comunicação representam um componente significativo do custo global em um banco de dados distribuído. Também devemos alterar nosso modelo de custo para levar em conta o custo do envio das tuplas resultantes para o site onde a consulta é feita, a partir do site onde o resultado é montado! Neste capítulo, denotamos o tempo gasto para ler uma página do disco (ou para gravar uma página no disco) como t_d e o tempo gasto para enviar uma página (de qualquer site para outro site) como t_s.

22.10.1 Consultas sem Junção em um SGBD Distribuído

Mesmo operações simples, como percorrer uma relação, seleção e projeção, são afetadas pela fragmentação e pela replicação. Considere a consulta a seguir:

```
SELECT    M.idade
FROM      Marinheiros M
WHERE     M.avaliação > 3 AND M.avaliação < 7
```

Suponha que a relação Marinheiros seja fragmentada horizontalmente, com todas as tuplas tendo um valor de avaliação menor do que 5 em Xangai e todas as tuplas tendo um valor de avaliação maior do que 5 em Tóquio.

O SGBD deve responder a esta consulta avaliando-a nos dois sites e pegando a união das respostas. Se a cláusula `SELECT` contivesse AVG (*M.idade*), a combinação das respostas não poderia ser feita simplesmente pegando-se a união — o SGBD precisaria calcular a soma e a contagem de valores de *idade* nos dois sites e usar essa informação para calcular a idade média de todos os marinheiros.

Por outro lado, se a cláusula `WHERE` contivesse apenas a condição *M.avaliação > 6*, o SGBD deveria reconhecer que essa consulta poderia ser respondida apenas executando-a em Tóquio.

Como outro exemplo, suponha que a relação Marinheiros fosse fragmentada verticalmente, com os campos *id-marin* e *avaliação* em Xangai e os campos *nome-marin* e *idade* em Tóquio. Nenhum campo seria armazenado nos dois sites. Portanto, essa fragmentação vertical seria uma decomposição com perda, exceto pelo fato de um campo contendo o id da tupla de Marinheiros correspondente ser incluído pelo SGBD nos dois fragmentos! Agora, o SGBD precisa reconstruir a relação Marinheiros juntando os dois fragmentos no campo de id de tupla comum e executando a consulta nessa relação reconstruída.

Finalmente, suponha que a relação Marinheiros inteira fosse armazenada em Xangai e Tóquio. Poderíamos responder a qualquer uma das consultas anteriores executando-a em Xangai ou Tóquio. Onde a consulta deve ser executada? Isso depende do custo do envio da resposta para o site da consulta (que pode ser Xangai, Tóquio ou algum outro site), assim como do custo da execução da consulta em Xangai e Tóquio — os custos do processamento local podem diferir, dependendo do índices que estejam disponíveis em Marinheiros nos dois sites, por exemplo.

22.10.2 Junções em um SGBD Distribuído

As junções de relações em site diferentes podem ser muito dispendiosas e consideraremos agora as opções de avaliação que devem ser levadas em conta em um ambiente distribuído. Suponha que a relação Marinheiros estivesse armazenada em Londres e que a relação Reservas estivesse armazenada em Paris. Consideraremos o custo de várias estratégias para calcular *Marinheiros* ⋈ *Reservas*.

Busca Quando Necessário

Poderíamos fazer uma junção de loops aninhados orientada a página em Londres, com Marinheiros como a relação externa e, para cada página de Marinheiros, buscar todas as páginas de Reservas de Paris. Se colocarmos na cache, em Londres, as páginas buscadas de Reservas até que a junção esteja completa, as páginas serão buscadas apenas uma vez; mas suponha que as páginas de Reservas não sejam colocadas na cache, apenas para ver como as coisas podem ficar complicadas. (A situação pode ficar muito pior se usarmos uma junção de loops aninhados orientada a tupla!)

O custo é de $500 t_d$ para percorrer Marinheiros, mais (para cada página de Marinheiros) o custo de percorrer e enviar todas as tuplas de Reservas, que é de $1000(t_d + t_s)$. Portanto, o custo total é de $500 t_d + 500.000(t_d + t_s)$.

Além disso, se a consulta não foi submetida em Londres, devemos adicionar o custo do envio do resultado para o site da consulta; esse custo vai depender do tamanho do resultado. Como *id-marin* é uma chave para Marinheiros, o número de tuplas no resultado é de 100.000 (o número de tuplas em Reservas) e cada tupla tem 40 + 50 = 90 bytes de comprimento; assim, 4000/90 = 44 tuplas resultantes cabem em uma página e o tamanho do resultado é de 100.000/44=2273 páginas. O custo do envio da resposta para outro site, se necessário, é de 2273 t_s. No restante desta seção, supomos que a consulta é feita no site onde o resultado é calculado; se não for, o custo do envio do resultado para o local da consulta deverá ser somado ao custo.

Neste exemplo, observe que, se o site de consulta for não for Londres nem Paris, o custo do envio do resultado será maior do que o custo do envio de Marinheiros e de Reservas para o site da consulta! Portanto, seria mais barato enviar as duas relações para o site da consulta e calcular lá a junção.

Como alternativa, poderíamos fazer uma junção de loops aninhados indexados em Londres buscando todas as tuplas de Reservas correspondentes para cada tupla de Marinheiros. Suponha que tenhamos um índice de hashing não agrupado na coluna *sid* de Reservas. Como existem 100.000 tuplas de Reservas e 40.000 tuplas de Marinheiros, cada marinheiro tem 2,5 reservas em média. O custo para localizar as 2,5 tuplas de Reservas que correspondem a determinada tupla de Marinheiros é de $(1,2 + 2,5)t_d$, supondo 1,2 E/S para localizar o bucket apropriado no índice. O custo total é o custo da varredura de Marinheiros, mais o custo para localizar e buscar as tuplas de Reservas correspondentes para cada tupla de Marinheiros, $500t_d + 40.000(3{,}7t_d + 2{,}5t_s)$.

Os dois algoritmos buscam as tuplas de Reservas exigidas a partir de um site remoto, conforme for necessário. Claramente, essa não é uma boa idéia; o custo do envio de tuplas domina o custo total, mesmo para uma rede rápida.

Envio para um Site

Podemos enviar Marinheiros de Londres para Paris e realizar lá a junção, enviar Reservas para Londres e executar lá a junção ou enviar ambas para o site onde a consulta foi feita e lá calcular a junção. Observe, novamente, que a consulta poderia ter sido feita em Londres, Paris ou, talvez, em um terceiro site, digamos, Timbuktu!

O custo para varrer e enviar Marinheiros, salvá-la em Paris e, depois, fazer a junção em Paris é de $500(2t_d + t_s) + 4500t_d$, supondo que seja usada a versão da junção sort-merge descrita na Seção 14.4.2, e que temos um número adequado de páginas de buffer. No restante desta seção, supomos que a junção sort-merge é o método usado quando as duas relações estão no mesmo site.

O custo para enviar Reservas e fazer a junção em Londres é de $1000(2t_d + t_s) + 4500t_d$.

Semijunções e Bloomjoins

Considere a estratégia de enviar Reservas para Londres e calcular lá a junção. Algumas tuplas em (na instância corrente de) Reservas não se juntam com nenhuma tupla de (na instância corrente de) Marinheiros. Se pudéssemos identificar de algum modo as tuplas de Reservas que, com certeza, não se juntam com nenhuma tupla de Marinheiros, poderíamos evitar seu envio.

Duas técnicas, *Semijunção* e *Bloomjoin*, foram propostas para reduzir o número de tuplas de Reservas a ser enviadas. A primeira delas é chamada de **Semijunção**. A idéia é proceder em três etapas:

1. Em Londres, calcular a projeção de Marinheiros nas colunas de junção (neste caso, apenas o campo *id-marin*) e enviar essa projeção para Paris.

2. Em Paris, calcular a junção natural da projeção recebida do primeiro site com a relação Reservas. O resultado dessa junção é chamado de **redução** de Reservas com relação a Marinheiros. Claramente, apenas as tuplas de Reservas que estão na redução serão juntadas com as tuplas da relação Marinheiros. Portanto, enviamos a redução de Reservas para Londres, em vez da Reservas inteira.

3. Em Londres, calcular a junção da redução de Reservas com Marinheiros.

Vamos calcular o custo do uso dessa técnica para nosso exemplo de consulta de junção. Suponha que tenhamos uma implementação simples e direta de projeção, baseada primeiro na varredura de Marinheiros e criemos uma relação temporária com tuplas que têm apenas um campo *id-marin*, depois ordenamos a relação temporária e percorramos essa relação temporária ordenada para eliminar duplicatas. Se supusermos que o tamanho do campo *id-marin* é de 10 bytes, o custo da projeção será de $500t_d$ para percorrer Marinheiros, mais $100t_d$ para criar a relação temporária, $400t_d$ para ordená-la (em duas passagens), $100t_d$ para a varredura final, $100t_d$ para gravar o resultado em outra relação temporária, dando um total de $1200t_d$. [Como *sid* é uma chave, nenhuma duplicata precisa ser eliminada; se o otimizador for suficientemente bom para reconhecer isso, o custo da projeção será de apenas $(500 + 100)t_d$.]

Portanto, o custo do cálculo da projeção e do seu envio para Paris é de $1200t_d + 100t_s$. O custo do cálculo da redução de Reservas é de $3 \cdot (100 + 1000) = 3300t_d$, supondo que seja usada uma junção sort-merge. (O custo não reflete o fato de Marinheiros já ser ordenada; o custo diminuiria ligeiramente, se a junção sort-merge refinada explorasse isso.)

Qual é o tamanho da redução? Se todo marinheiro mantiver pelo menos uma reserva, a redução incluirá cada tupla de Reservas! O esforço investido no envio da projeção e na redução de Reservas é um desperdício total. Na verdade, por causa dessa observação, notamos que a Semijunção é particularmente útil em conjunto com uma seleção em uma das relações. Por exemplo, se quiséssemos calcular a junção das tuplas de Marinheiros com um valor de *rating* maior do que 8 com a relação Reservas, o tamanho da projeção em *sid* para as tuplas que satisfazem a seleção seria de apenas 20% da projeção original, ou seja, 20 páginas.

Vamos agora continuar o exemplo de junção supondo que temos a seleção adicional em *rating*. (O custo do cálculo da projeção de Marinheiros cai um pouco, o custo do seu envio cai para $20t_s$ e o custo da redução de Reservas também cai um pouco, mas ignoraremos essas reduções, por simplicidade.)

Supomos que apenas 20% das tuplas de Reservas são incluídas na redução, graças à seleção. Assim, a redução contém 200 páginas e o custo de seu envio é de $200t_s$.

Finalmente, em Londres, a redução de Reservas é juntada com Marinheiros, a um custo de $3 \cdot (200 + 500) = 2100t_d$. Observe que, usando essa técnica, são mais de 6500 E/S de página *versus* cerca de 200 páginas enviadas. Em contraste, enviar Reservas para Londres e fazer a junção lá custa $1000t_s$ mais $4500t_d$. Com uma rede de alta velocidade, o custo da Semijunção pode ser maior do que o custo do envio de Reservas em sua totalidade, mesmo que o custo do envio seja menor ($200t_s$ *versus* $1000t_s$).

A segunda técnica, chamada de **Bloomjoin**, é muito parecida. A principal diferença é que um vetor de bits é enviado na primeira etapa, em vez da projeção de Marinheiros. Um vetor de bits de tamanho (algum escolhido) k é calculado por meio do hashing de cada tupla de Marinheiros no intervalo de 0 a $k - 1$, e configurando o bit i como 1 se alguma tupla for mapeada por hashing em i, e 0, caso contrário. Na segunda etapa, a redução de Reservas é calculada por meio do hashing de cada tupla de Reservas (usando o campo *sid*) no intervalo de 0 a $k - 1$, usando a mesma função de hashing utilizada para construir o vetor de bits, e descartando as tuplas cujo valor de hashing i corresponder a um bit 0. Como nenhuma das tuplas de Marinheiros é mapeada por hashing para tal i, nenhuma delas poderia se juntar com alguma tupla de Reservas que não esteja na redução.

O custo da redução de Reservas é apenas o custo de sua varredura, ou seja, $1000t_d$. O tamanho da redução de Reservas provavelmente será quase igual ou um pouco maior do que o tamanho da redução na estratégia da Semijunção; em vez de 200, supomos que esse tamanho é de 220 páginas. (Supomos que a seleção em Marinheiros é incluída, para permitir uma comparação direta com o custo da Semijunção.) Portanto, o custo do envio da redução é de $220t_s$. O custo da junção final em Londres é de $3 \cdot (500 + 220) = 2160t_d$.

Assim, na comparação com a Semijunção, o custo do envio dessa estratégia é praticamente o mesmo, embora pudesse ser mais alto se o vetor de bits não fosse tão seletivo quanto a projeção de Marinheiros, em termos da redução de Reservas. Normalmente, contudo, a redução de Reservas não é maior do que 10% a 20% do que o tamanho da redução na Semijunção. Em troca por esse custo de envio ligeiramente mais alto, a Bloomjoin atinge um custo de processamento significativamente menor: menos de $3700t_d$ *versus* mais de $6500t_d$ para a Semijunção. Na verdade, a Bloomjoin tem um custo de E/S menor e um custo de envio menor do que a estratégia de envio de tudo de Reservas para Londres! Esses números indicam por que a Bloomjoin é um método de junção distribuída atraente; mas a sensibilidade do método quanto à eficácia do hashing do vetor de bits (na redução de Reservas) deve ser lembrada.

22.10.3 Otimização de Consulta Baseada em Custo

Vimos como a distribuição dos dados pode afetar a implementação de operações individuais como seleção, projeção, agregação e junção. Em geral, é claro, uma consulta envolve várias operações, e a otimização de consultas em um banco de dados distribuído apresenta os seguintes desafios adicionais:

- Os custos de comunicação devem ser considerados. Se temos várias cópias de uma relação, também precisamos decidir qual cópia vamos usar.
- Se sites individuais estão sob o controle de diferentes SGBDs, a autonomia de cada site deve ser respeitada ao se fazer um planejamento de consulta global.

Basicamente, a otimização de consultas ocorre como em um SGBD centralizado, conforme descrito no Capítulo 12, com informações sobre as relações em sites remotos obtidas a partir dos catálogos de sistema. Naturalmente, existem mais métodos alternativos a considerar para cada operação (por exemplo, considerar as novas opções para junções distribuídas), e a métrica do custo também deve levar em conta os custos de comunicação, mas o processo de planejamento global fica basicamente inalterado, se consideramos a métrica do custo como o custo total de todas as operações. (Se considerássemos o tempo de resposta, o fato de que certas consultas podem ser executadas em paralelo, em diferentes sites, exigiria alterar o otimizador, como vimos na Seção 22.5.)

No plano global, a manipulação local de relações no site onde elas estão armazenadas (visando a computar uma relação intermediária para ser enviada a algum lugar) é encapsulada em um plano local *sugerido*. O plano global inclui vários desses planos locais, os quais podemos considerar como subconsultas sendo executadas em diferentes locais. Na geração do plano global, os planos locais sugeridos fornecem estimativas de custo realistas para o cálculo das relações intermediárias; os planos locais sugeridos são construídos pelo otimizador, principalmente para fornecer essas estimativas de custo local. Um site está livre para ignorar o plano local sugerido a ele, se for capaz de encontrar um plano mais barato, usando informações mais atualizadas dos catálogos locais. Assim, a autonomia do site é respeitada na otimização e na avaliação de consultas distribuídas.

22.11 ATUALIZAÇÃO DE DADOS DISTRIBUÍDOS

A visão clássica de um SGBD distribuído é a de que, do ponto de vista do usuário, ele deve se comportar exatamente como um SGBD centralizado; os problemas que surgem com a distribuição dos dados devem ser transparentes para o usuário, embora, é claro, eles devam ser tratados na implementação.

Com relação às consultas, essa visão de um SGBD distribuído significa que os usuários devem ser capazes de fazer consultas sem se preocuparem com onde e como as relações estarão armazenadas; já vimos as implicações desse requisito na avaliação de consultas.

Com relação às atualizações, essa visão significa que as transações devem continuar a ser ações atômicas, independentemente da fragmentação e da replicação de dados. Em particular, todas as cópias de uma relação modificada devem ser atualizadas antes que a transação modificadora seja efetivada. Referimo-nos à replicação, como **replicação síncrona**, ou seja, antes que uma transação de atualização seja efetivada, ela sincroniza todas as cópias dos dados modificados.

Uma estratégia alternativa à replicação, chamada de **replicação assíncrona**, tornou-se amplamente usada nos SGBDs distribuídos comercialmente. Nessa estratégia, as cópias de uma relação modificada são atualizadas apenas periodicamente e uma transação que leia cópias diferentes da mesma relação pode ver valores diferentes. Assim, a replicação assíncrona compromete a independência dos dados distribuídos, mas pode ser implementada mais eficientemente do que a replicação síncrona.

22.11.1 Replicação Síncrona

Existem duas técnicas básicas para garantir que as transações vejam o mesmo valor, independentemente da cópia de um objeto que acessam. Na primeira técnica, chamada de **votação**, uma transação deve gravar a maioria das cópias para modificar um objeto e ler pelo menos cópias suficientes para garantir que uma das cópias esteja atualizada. Por exemplo, se existem 10 cópias e 7 são gravadas por transações de atualização, então pelo menos 4 cópias devem ser lidas. Cada cópia tem um número de versão e a cópia com o número de versão mais alto está atualizada. Essa técnica não é atraente na maioria das situações, pois ler um objeto exige ler várias cópias; na maioria das aplicações, os objetos são lidos muito mais freqüentemente do que são atualizados e um desempenho eficiente nas leituras é muito importante.

Na segunda técnica, chamada de **ler qualquer uma, gravar todas**, para ler um objeto, uma transação pode ler qualquer cópia, mas para gravar um objeto, ela deve gravar todas as cópias. As leituras são rápidas, especialmente se tivermos uma cópia local, mas as gravações são mais lentas em relação à primeira técnica. Esta técnica é atraente quando as leituras são muito mais freqüentes do que as gravações e é normalmente adotada na implementação de replicação síncrona.

22.11.2 Replicação Assíncrona

A replicação síncrona tem um custo significativo. Antes que uma transação de atualização possa ser efetivada, ela deve obter bloqueios exclusivos sobre todas as cópias de dados modificados — supondo que seja usada a técnica de ler qualquer uma, gravar todas. Talvez a transação precise enviar pedidos de bloqueio para sites remotos, esperar que os bloqueios sejam concedidos e, durante esse período potencialmente longo, continuar a manter todos os seus outros bloqueios. Se os sites ou os links de comunicação falharem, a transação não poderá ser efetivada até que todos os sites em que ela tenha modificado dados se recuperem e possam ser acessados. Finalmente, mesmo que os bloqueios sejam obtidos prontamente e não haja nenhuma falha, a efetivação de uma transação exige o envio de várias mensagens adicionais, como parte de um *protocolo de efetivação* (Seção 22.14.1).

Por esses motivos, a replicação síncrona é indesejável ou mesmo impossível em muitas situações. A replicação assíncrona está ganhando popularidade, mesmo permitindo que diferentes cópias do mesmo objeto tenham valores diferentes por curtos períodos de tempo. Essa situação viola o princípio da independência de dados distribuídos; os usuários precisam saber qual cópia estão acessando, reconhecer que cópias são atualizadas apenas periodicamente e conviver com esse nível de consistência de dados reduzido. Contudo, esse parece ser um compromisso prático, aceitável em muitas situações.

Duplicação de Site Primário *versus* Ponto-a-ponto

Exitem dois tipos de replicação assíncrona. Na duplicação assíncrona de **site primário**, a cópia de uma relação é designada como **primária** ou **mestra**. Réplicas da relação inteira ou fragmentos da relação podem ser criados em outros sites; essas são cópias **secundárias** e, ao contrário da cópia primária, não podem ser atualizadas. Um mecanismo comum para configurar as cópias primária e secundária é os usuários primeiro **registrarem** ou **publicarem** a relação no site primário e, subseqüentemente, se **inscreverem-se** para um fragmento de uma relação registrada a partir de outro site (secundário).

Na replicação assíncrona **ponto-a-ponto**, mais de uma cópia (embora, talvez, não todas) pode ser designada como atualizável, ou seja, uma cópia mestra. Além de propagar as alterações, uma estratégia de **solução de conflitos** deve ser usada para tratar das alterações conflitantes feitas em diferentes sites. Por exemplo, a idade de Joe pode ser alterada para 35 em um local e para 38, em outro. Qual é o valor "correto"? Tipos muito mais sutis de conflitos podem surgir na replicação ponto-a-ponto e, em geral, ela leva à solução de conflitos *ad hoc*. Algumas situações especiais, nas quais a replicação ponto-a-ponto não leva a conflitos, surgem muito freqüentemente e, nesse caso, ela é utilizada em sua melhor forma. Por exemplo:

- Cada mestre pode atualizar apenas um fragmento (normalmente, um fragmento horizontal) da relação e quaisquer dois fragmentos atualizáveis por diferentes cópias mestras são disjuntos. Por exemplo, pode ser que os salários dos funcionários alemães sejam atualizados apenas em Frankfurt e os salários dos funcionários indianos sejam atualizados apenas em Madras, mesmo que a relação inteira esteja armazenada em Frankfurt e em Madras.
- Os direitos de atualização são mantidos por apenas um mestre por vez. Por exemplo, um site é designado como *backup* de outro site. As alterações feitas no site mestre são propagadas para outros e não são permitidas atualizações em outros sites (incluindo o de backup). Mas se o site mestre falhar, o site de backup assumirá o controle e, agora, as atualizações serão permitidas (apenas) nesse site.

Não vamos discutir mais a replicação ponto-a-ponto.

Implementação de Replicação Assíncrona de Site Primário

O principal problema na implementação da replicação de site primário é determinar como as alterações feitas na cópia primária são propagadas nas cópias secundárias. Normalmente, as alterações são propagadas em duas etapas, chamadas de *Captura* e *Aplicação*. As alterações feitas por transações efetivadas na cópia primária são identificadas de algum modo durante a etapa de Captura e, subseqüentemente, propagadas para as cópias secundárias, durante a etapa de Aplicação.

Em contraste com a replicação síncrona, uma transação que modifique diretamente uma relação replicação bloqueia e altera apenas a cópia primária. Normalmente, ela é efetivada muito antes que a etapa de Aplicação seja executada. Os sistemas variam consideravelmente na implementação dessas etapas. Apresentaremos um panorama de algumas das alternativas.

Captura

A etapa de **Captura** é implementada usando-se uma de duas estratégias. Na Captura **baseada em log**, o log mantido para propósitos de recuperação é usado para gerar um registro de atualizações. Basicamente, o final do log é gravado no armazenamento estável, e todos os registros do log que afetam relações replicação também são gravados em uma **Tabela de Alteração de Dados (TAD — CDT, do inglês Change Data Table)**. Como a transação que gerou o registro de log de atualização ainda pode estar ativa quando o registro é gravado na TAD, subseqüentemente ela pode ser cancelada. Os registros de log de atualização gravados por transações que depois são canceladas devem ser removidos da TAD, para se obter um fluxo de atualizações devidas (apenas) às transações efetivadas. Esse fluxo pode ser obtido como parte da etapa de Captura ou, subseqüentemente, na etapa de Aplicação, se registros de log de efetivação forem adicionados à TAD. Para sermos concretos, supomos que o fluxo de atualizações efetivadas é obtido como parte da etapa de Captura e que a TAD enviada para a etapa de Aplicação contém apenas registros de log de atualização de transações efetivadas.

Na Captura **procedural**, um procedimento ativado automaticamente pelo SGBD ou por um programa aplicativo inicia o processo de captura, o qual normalmente consiste em tirar um **snapshot** da cópia primária. O snapshot é apenas uma cópia da relação, conforme ela existia em algum instante no tempo. (Um procedimento ativado automaticamente pelo SGBD, como o que inicia a Captura, é chamado de *gatilho*. Abordamos os gatilhos no Capítulo 5.)

A Captura baseada em log tem uma sobrecarga menor do que a Captura procedural e, como é dirigida por alterações nos dados, resulta em um atraso menor entre o tempo em que a cópia primária é alterada e o tempo em que a alteração é propagada para as cópias secundárias. (Naturalmente, esse atraso também depende de como a etapa de Aplicação é implementada.) Em particular, apenas alterações são propagadas, e alterações relacionadas (por exemplo, atualizações em duas tabelas com uma restrição de integridade referencial entre elas) são propagadas juntas. A desvantagem é que a implementação da Captura baseada em log exige um entendimento detalhado da estrutura do log, a qual é muito específica do sistema. Portanto, um fabricante não pode implementar facilmente um mecanismo de Captura baseado em log que capture as alterações feitas nos dados no SGBD de outro fabricante.

Aplicação

A etapa de **Aplicação** pega as alterações coletadas pela etapa de Captura, que estão na tabela TAD ou em um snapshot, e as propaga nas cópias secundárias. Isso pode ser realizado fazendo o site primário enviar continuamente a TAD ou solicitando periodicamente a TAD (a parte mais recente) ou um snapshot ao primário. Normalmente, cada site secundário executa uma cópia do processo de Aplicação e "puxa" as alterações feitas na TAD a partir do site primário, usando solicitações periódicas. O intervalo entre tais solicitações pode ser controlado por um cronômetro ou por um programa aplicativo do usuário. Uma vez que as alterações estejam disponíveis no site secundário, elas podem ser aplicadas diretamente na réplica.

Em alguns sistemas, a réplica não precisa ser apenas um fragmento da relação original, pode ser uma visão definida usando-se SQL, e o mecanismo de replicação é suficientemente sofisticado para manter tal visão em um site remoto de forma incremental (reavaliando apenas a parte da visão afetada pelas alterações gravadas na TAD).

A Captura baseada em log, em conjunto com a Aplicação contínua, minimiza o atraso na propagação das alterações. Essa é a melhor combinação em situações em que as cópias primária e secundária são usadas como parte de um SGBD operacional e as réplicas devem ser o mais sincronizadas possível com a cópia primária. Basicamente, a Captura baseada em log com Aplicação contínua é uma substituta menos dispendiosa para a replicação síncrona. A Captura procedural e a Aplicação dirigida por aplicativo oferecem a maior flexibilidade no processamento de dados de origem e alterações, antes de alterar a réplica; freqüentemente, essa flexibilidade é útil em aplicações de data warehousing, onde a capacidade de "limpar" e filtrar dados recuperados é mais importante do que o fato de a réplica ser atualizada.

Data Warehousing: um Exemplo de Replicação

As consultas complexas de apoio à decisão que examinam dados de vários sites estão se tornando muito importantes. No entanto, o paradigma de execução de consultas que abrangem vários sites é simplesmente inadequado, por motivos de desempenho. Uma maneira de fornecer tal suporte para consultas complexas em dados de várias origens é criar uma cópia de todos os dados em um site e usá-la, em vez de ir até as origens individuais. Tal coleção de dados copiados é chamada de **data warehouse**. Os sistemas especializados para construir, manter e consultar data warehouses se tornaram ferramentas importantes no mercado.

Os data warehouses podem ser vistos como um caso de replicação assíncrona, em que as cópias são atualizadas de forma relativamente não freqüente. Quando falamos de replicação, normalmente queremos nos referir às cópias mantidas sob controle de um único SGBD, enquanto nos data warehouses, os dados originais podem estar em diferentes plataformas de software (incluindo sistemas de banco de dados e sistemas de arquivo do SO) e até pertencerem a diferentes organizações. Entretanto, essa distinção provavelmente desaparecerá, à medida que os fabricantes adotarem estratégias de replicação mais "abertas". Por exemplo, alguns produtos já suportam a manutenção de réplicas de relações armazenadas no SGBD de um fabricantes em um SGBD de outro fabricante.

Observamos que os data warehouses envolvem mais do que apenas a replicação. Discutiremos outros aspectos no Capítulo 25.

22.12 TRANSAÇÕES DISTRIBUÍDAS

Em um SGBD distribuído, determinada transação é submetida em algum site, mas também pode acessar dados em outros site. Neste capítulo, referimo-nos à atividade de uma transação em determinado site como **subtransação**. Quando uma transação é submetida em algum site, o gerenciador de transações desse site a subdivide em um conjunto de uma ou mais subtransações que são executadas em diferentes sites, submete-as aos gerenciadores de transação nos outros sites e coordena suas atividades.

Consideraremos agora os aspectos do controle de concorrência e recuperação, que exigem mais atenção, por causa da distribuição dos dados. Conforme vimos no Capítulo 16, existem muitos protocolos de controle de concorrência; neste capítulo, para sermos concretos, supomos que seja usado o Strict 2PL com detecção de impasse. Discutiremos as seguintes questões nas seções subseqüentes:

- **Controle de concorrência distribuído:** como os bloqueios de objetos armazenados em vários sites podem ser gerenciados? Como os impasses podem ser detectados em um banco de dados distribuído?
- **Recuperação distribuída:** a atomicidade da transação deve ser garantida; quando uma transação é efetivada, todas as suas ações, em todos os sites nos quais ela é executada, devem persistir. Analogamente, quando uma transação é cancelada, nenhuma de suas ações deve persistir.

22.13 CONTROLE DE CONCORRÊNCIA DISTRIBUÍDO

Na Seção 22.11.1, descrevemos duas técnicas para implementar replicação síncrona e na Seção 22.11.2, discutimos várias técnicas para implementar replicação assíncrona. A escolha da técnica determina *quais* objetos devem ser bloqueados. *Quando* os bloqueios são obtidos e liberados é determinado pelo protocolo de controle de concorrência. Consideraremos agora como os pedidos de bloqueio e desbloqueio são implementados em um ambiente distribuído.

O gerenciamento de bloqueios pode ser distribuído entre os sites de muitas maneiras:

- **Centralizado:** um único site é responsável por tratar dos pedidos de bloqueio e desbloqueio de todos os objetos.
- **Cópia primária:** uma cópia de cada objeto é designada como cópia primária. Todos os pedidos de bloqueio ou desbloqueio de uma cópia desse objeto são manipulados pelo gerenciador de bloqueios do site onde a cópia primária está armazenada, independentemente de onde a cópia esteja armazenada.
- **Totalmente distribuído:** os pedidos de bloqueio e desbloqueio de uma cópia de um objeto armazenado em um site são manipulados pelo gerenciador de bloqueios do site onde a cópia está armazenada.

O esquema centralizado é vulnerável à falha do site único que controla o bloqueio. O esquema da cópia principal evita esse problema, mas, em geral, ler um objeto exige a comunicação com dois sites: o site onde a cópia primária reside e o site onde reside a cópia a ser lida. Esse problema é evitado no esquema totalmente distribuído, pois o bloqueio é feito no site onde a cópia a ser lida reside. Entretanto, no esquema totalmente distribuído, durante a gravação, bloqueios devem ser estabelecidos em todos os sites onde as cópias são modificadas, enquanto nos dois outros esquemas os bloqueios só precisam ser estabelecidos em um site.

Claramente, o esquema de bloqueio totalmente distribuído é o mais atraente, se leituras são muito mais freqüentes do que gravações, como normalmente acontece.

22.13.1 Impasse Distribuído

Uma questão que exige atenção especial ao se usar cópia primária ou bloqueio totalmente distribuído é a detecção de impasses. (É claro que um esquema de prevenção de impasses pode ser usado em vez disso, mas focalizamos a detecção de impasses, que é amplamente usada.) Assim como em um SGBD centralizado, os impasses devem ser detectados e solucionados (por meio do cancelamento de alguma transação que esteja em impasse).

Cada site mantém um grafo de "espera por" e um ciclo em um grafo local indica um impasse. Entretanto, pode haver um impasse mesmo que nenhum grafo local contenha um ciclo. Por exemplo, suponha que dois sites, A e B, contenham cópias de objetos $O1$ e $O2$ e que seja usada a técnica de ler qualquer uma, gravar todas. $T1$, que quer ler $O1$ e gravar $O2$, obtém um bloqueio S em $O1$ e um bloqueio X em $O2$ no Site A, então, solicita um bloqueio em $O2$ no Site B. Nesse meio tempo, $T2$, que quer ler $O2$ e gravar $O1$, obtém um bloqueio S em $O2$ e um bloqueio X em $O1$ no Site B, então, solicita um bloqueio X em $O1$ no Site A. Conforme ilustra a Figura 22.5, $T2$ está esperando por $T1$ no Site A e $T1$ está esperando por $T2$ no Site B; assim, temos um impasse, o qual nenhum dos dois sites pode detectar com base unicamente em seu grafo de "espera por" local.

Bancos de Dados Paralelos e Distribuídos 629

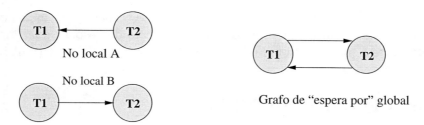

Figura 22.5 Impasse distribuído.

Para detectar tais impasses, deve ser usado um algoritmo de **detecção de impasse distribuído**. Descreveremos três desses algoritmos.

O primeiro algoritmo, que é centralizado, consiste em enviar periodicamente todos os grafos de "espera por" locais para um único site, que é responsável pela detecção de impasse global. Nesse site, é gerado o grafo de "espera por" global, pela combinação de todos os grafos locais; o conjunto de nós é a união de nós nos grafos locais, e existe uma aresta de um nó para outro se existe uma aresta assim em qualquer um dos grafos locais.

O segundo algoritmo, que é hierárquico, agrupa os sites em uma hierarquia. Por exemplo, os sites poderiam ser agrupados por estado e depois por país e, finalmente, em um único grupo contendo todos os sites. Cada nó nessa hierarquia constrói um grafo de "espera por" que revela impasses envolvendo apenas os sites contidos nesse nó (a subárvore com raiz nele). Periodicamente (por exemplo, a cada 10 segundos), todos os sites enviam seus grafos de "espera por" para o site responsável por construir o grafo de "espera por" de seus estados. Os site que constróem o grafo de "espera por" em nível de estado enviam periodicamente (por exemplo, a cada minuto) o grafo de "espera por" de estado para o site que está construindo o grafo de "espera por" de seus países. Os sites que estão construindo os grafos de "espera por" em nível de país enviam periodicamente (por exemplo, a cada 10 minutos) o grafo de "espera por" de país para o site que está construindo o grafo de "espera por" global. Esse esquema é baseado na observação de que mais impasses são prováveis entre sites intimamente relacionados do que entre sites não relacionados, e se esforça mais em detectar impasses entre sites relacionados. Todos os impasses são detectados em algum momento, mas um impasse envolvendo dois países diferentes pode demorar para ser detectado.

O terceiro algoritmo é simples: se uma transação espera mais tempo do que algum intervalo de tempo de espera escolhido, ela é cancelada. Embora esse algoritmo possa causar muitos reinícios desnecessários, a sobrecarga da detecção de impasses é (obviamente!) baixa e, em um banco de dados distribuído heterogêneo, se os sites participantes não puderem cooperar para ampliar o compartilhamento de seus grafos de "espera por", ele pode ser a única opção.

Um ponto sutil a observar com relação à detecção de impasse distribuído é que os atrasos na propagação de informações locais poderiam fazer o algoritmo de detecção de impasses identificar "impasses" que na realidade não existem. Tais situações, chamadas de **impasses fantasmas**, levam a cancelamentos desnecessários. Para sermos concretos, discutiremos o algoritmo centralizado, embora o algoritmo hierárquico apresente o mesmo problema.

Considere uma modificação do exemplo anterior. Como antes, as duas transações esperam uma pela outra, gerando os grafos de "espera por" locais mostrados na Figura 22.5, e esses grafos são enviados para o site de detecção de impasse global. Entretanto, *T*2 agora é cancelada por motivos que não são o impasse. (Por exemplo, *T*2 também pode estar sendo executada em um terceiro site, onde lê um valor de dados inesperado e decide cancelar.) Nesse ponto, os grafos de "espera por" locais mudaram, de modo que não há nenhum ciclo "verdadeiro" no grafo de "espera por" global; contudo, o grafo de "espera por" global construído conterá um ciclo e *T*1 também poderá ser escolhida como vítima!

22.14 RECUPERAÇÃO DISTRIBUÍDA

A recuperação em um SGBD distribuído é mais complicada do que em um SGBD centralizado, pelos seguintes motivos:

- Podem surgir novos tipos de falha: falha de links de comunicação e falha de um site remoto no qual uma subtransação está sendo executada.
- Ou todas as subtransações de determinada transação devem ser efetivadas ou nenhuma deve ser efetivada: esta propriedade deve ser garantida, a despeito de qualquer combinação de falhas de site e de link. Essa garantia é obtida usando-se um **protocolo de efetivação**.

Assim como em um SGBD centralizado, certas ações são executadas como parte da execução normal para fornecer as informações necessárias para se recuperar de falhas. Um log é mantido em cada site e, além dos tipos de informações mantidas em um SGBD centralizado, as ações executadas como parte do protocolo de efetivação também são registradas no log. O protocolo de efetivação mais amplamente usado é chamado — *Efetivação de Duas Fases* (*2PC*, do original em inglês e Two-Phasr Commit). Uma variante, chamada *2PC com Cancelamento Presumido*, que discutiremos a seguir, tem sido adotada como padrão do setor.

Nesta seção, descrevemos primeiro os passos dados durante a execução normal, concentrando-nos no protocolo de efetivação, e depois discutimos a recuperação de falhas.

22.14.1 Execução Normal e Protocolos de Efetivação

Durante a execução normal, cada site mantém um log e as ações de uma subtransação são registradas no site onde ela é executada. A atividade de registro normal, descrita no Capítulo 18, é executada e, além disso, um protocolo de efetivação é seguido para garantir que todas as subtransações de determinada transação sejam efetivadas ou canceladas uniformemente. O gerenciador de transações no site onde a transação originou é chamado de **coordenador** da transação; os gerenciadores de transação nos sites onde suas subtransações são executadas são chamados de **subordinados** (com relação à coordenação dessa transação).

Descreveremos agora o protocolo de **Efetivação de Duas Fases (2PC)** em termos das mensagens trocadas e dos registros de log gravados. Quando o usuário decide efetivar uma transação, o comando de efetivação é enviado para o coordenador da transação. Isso inicia o protocolo 2PC:

1. O coordenador envia uma mensagem *preparar* para cada subordinado.
2. Quando o subordinado recebe uma mensagem *preparar*, ele decide se vai cancelar ou efetivar sua subtransação. Ele impõe a gravação (force-Writes) de um registro de log de cancelamento ou **preparação** e, *então*, envia uma mensagem *não* ou *sim* para o coordenador. Note que um registro de log de preparação não é usado em um SGBD centralizado; ele é exclusivo do protocolo de efetivação distribuído.
3. Se o coordenador receber mensagens *sim* de todos os subordinados, ele imporá a gravação de um registro de log de efetivação e depois enviará uma mensagem *efe-*

tivar para todos eles. Se ele receber, mesmo que seja uma única mensagem *não*, ou se não receberá nenhuma resposta de algum subordinado por um intervalo de tempo de espera especificado, ele imporá a gravação de um registro de log de cancelamento e depois enviará uma mensagem *cancelar* para todos os subordinados.[1]

4. Quando um subordinado recebe uma mensagem *cancelar*, ele impõe a gravação de um registro de log de cancelamento, envia uma mensagem de *confirmação* para o coordenador e cancela a subtransação. Quando um subordinado recebe uma mensagem *efetivar*, ele impõe a gravação de um registro de log de efetivação, envia uma mensagem de *confirmação* para o coordenador e efetiva a subtransação.

5. Após o coordenador ter recebido mensagens de *confirmação* de todos os subordinados, ele grava um registro de log final para a transação.

O nome *Efetivação de Duas Fases* reflete o fato de que duas rodadas de mensagens são trocadas: primeiro, uma fase de votação, e depois uma fase de finalização, ambas iniciadas pelo coordenador. O princípio básico é que qualquer um dos gerenciadores de transação envolvidos (incluindo o coordenador) pode cancelar uma transação unilateralmente, enquanto deve haver unaminidade para efetivar uma transação. Quando uma mensagem é enviada no 2PC, ela sinaliza uma decisão tomada pelo remetente. Para garantir que essa decisão sobreviva a uma falha no site do remetente, o registro de log que descreve a decisão é sempre imposto no armazenamento estável *antes* que a mensagem seja enviada.

Uma transação está oficialmente efetivada no momento em que o registro de log de efetivação do coordenador chega ao armazenamento estável. Falhas subseqüentes não podem afetar o resultado da transação; ela está irrevogavelmente efetivada. Os registros de log gravados para registrar as ações do protocolo de efetivação contêm o tipo do registro, a identificação da transação e a identidade do coordenador. O registro de log de efetivação ou de cancelamento do coordenador também contém as identidades dos subordinados.

22.14.2 Reinício após uma Falha

Quando um site volta a funcionar após uma falha, ativamos um processo de recuperação que lê o log e processa todas as transações que estavam executando o protocolo de efetivação no momento da falha. O gerenciador de transações desse site poderia ter sido o coordenador de algumas dessas transações e subordinado de outras. Fazemos o seguinte no processo de recuperação:

- Se temos um registro de log de efetivação ou de cancelamento para a transação T, seu status é claro; refazemos ou desfazemos T, respectivamente. Se esse site é o coordenador, o que pode ser determinado a partir do registro de log de efetivação ou de cancelamento, devemos reenviar periodicamente (pois pode haver outras falhas de link ou de site no sistema) uma mensagem *efetivar* ou *cancelar* para cada subordinado, até recebermos uma mensagem de *confirmação*. Após termos recebido mensagens de *confirmação* de todos os subordinados, gravamos um registro de log final para T.

- Se temos um registro de log de preparação para T, mas nenhum registro de log de efetivação ou de cancelamento, esse site é um subordinado, e o coordenador pode ser determinado a partir do registro de preparação. Devemos entrar em contato

---
[1] Para otimizar a operação, o coordenador não precisa enviar mensagens *cancelar* para os subordinados que votaram *não*.

com o site coordenador repetidamente, para determinarmos o status de T. Quando o coordenador responder com efetivar ou cancelar, gravamos um registro de log correspondente, refazemos ou desfazemos a transação e, depois, gravamos um registro de log final para T.

- Se não temos nenhum registro de log de preparação, efetivação nem cancelamento para a transação T, certamente T não poderia ter votado na efetivação antes da falha; portanto, podemos cancelar e desfazer T unilateralmente e gravar um registro de log final. Nesse caso, não temos nenhuma maneira de determinar se o site corrente é o coordenador ou um subordinado de T. Entretanto, se esse site é o coordenador, ele poderia ter enviado uma mensagem *preparar* antes da falha e, se assim, for, outros sites podem ter votado *sim*. Se tal site subordinado entrar em contato com o processo de recuperação no site corrente, saberemos agora que o site corrente é o coordenador de T e, como não existe nenhum registro de log de efetivação nem de cancelamento, a resposta para o subordinado deve ser cancelar T.

Observe que, se o site coordenador de uma transação T falha, os subordinados que votaram *sim* não podem decidir se vão efetivar ou cancelar T, até que o site coordenador se recupere; dizemos que T está **bloqueada**. Em princípio, os locais subordinados ativos poderiam se comunicar e, se pelo menos um deles contiver um registro de log de cancelamento ou de efetivação para T, seu status se tornará conhecido globalmente. Para se comunicarem, todos os subordinados devem ser informados da identidade dos outros subordinados no momento em que recebem a mensagem *preparar*. Contudo, o 2PC ainda é vulnerável à falha do coordenador durante a recuperação, pois mesmo que todos os subordinados tenham votado *sim*, o coordenador (que também tem um voto!) pode ter decidido cancelar T, e essa decisão não pode ser determinada até que o site coordenador se recupere.

Abordamos o modo como um site se recupera de uma falha, mas o que deve fazer um site que esteja envolvido no protocolo de efetivação se o site com que está se comunicando falhar? Se o site corrente é o coordenador, ele deve simplesmente cancelar a transação. Se o site corrente é um subordinado e ainda não tiver respondido à mensagem *preparar* do coordenador, ele pode (e deve) cancelar a transação. Se ele é um subordinado e votou *sim*, então não pode cancelar a transação unilateralmente e também não pode efetivar; ele está bloqueado. Ele deve entrar em contato periodicamente com o coordenador até receber uma resposta.

As falhas de links de comunicação são vistas pelos sites ativos como falhas de outros sites com que estão se comunicando e, portanto, as soluções que acabamos de esboçar também se aplicam a esse caso.

22.14.3 Efetivação de Duas Fases Revisitada

Agora que examinamos como um site se recupera de uma falha e vimos a interação entre o protocolo 2PC e o processo de recuperação, é instrutivo considerarmos como o 2PC pode ser refinado. Ao fazermos isso, chegaremos a uma versão mais eficiente do 2PC, mas talvez igualmente importante seja o fato de que entenderemos mais claramente a função de suas várias etapas. Considere três observações básicas:

1. As mensagens de *confirmação* no 2PC são usadas para determinar quando um coordenador (ou o processo de recuperação em um site coordenador, após uma falha) pode "esquecer" de uma transação T. Até que o coordenador saiba que todos os subordinados estão cientes da decisão de efetivar ou cancelar T, ele deve manter informações sobre T na tabela de transações.

2. Se o site coordenador falha após enviar mensagens *preparar*, mas antes de gravar um registro de log de efetivação ou de cancelamento, quando ele volta, não tem nenhuma informação sobre o status de efetivação da transação antes da falha. Entretanto, ele ainda está livre para cancelar a transação unilateralmente (como não gravou um registro de efetivação, ele ainda pode votar *não* para si mesmo). Se outro site perguntar sobre o status da transação, o processo de recuperação, como vimos, responderá com uma mensagem *cancelar*. Portanto, na ausência de informações, uma transação é *presumida como cancelada*.
3. Se uma subtransação não faz atualizações, ela não tem alterações para refazer ou desfazer; em outras palavras, seu status de efetivação ou cancelamento é irrelevante.

As duas primeiras observações sugerem vários refinamentos:

- Quando um coordenador cancela uma transação T, ele pode desfazer T e removê-la da tabela de transações imediatamente. Afinal, remover T da tabela resulta em um estado de "nenhuma informação" com relação a T, e a resposta padrão (a uma pergunta sobre T) nesse estado, que é *cancelar*, é a resposta correta para uma transação cancelada.
- Além disso, se um subordinado recebe uma mensagem *cancelar*, ele não precisa enviar uma mensagem de *confirmação*. O coordenador não está esperando nada dos subordinados, após enviar uma mensagem *cancelar*! Se, por algum motivo, o subordinado que recebe uma mensagem *preparar* (e tenha votado *sim*) não recebe uma mensagem *cancelar* ou *efetivar* por um intervalo de tempo de espera especificado, ele entra em contato com o coordenador novamente. Se o coordenador decidiu cancelar, não pode haver mais nenhuma entrada para essa transação na tabela de transações, mas o subordinado recebe a mensagem *cancelar* padrão, que é a resposta correta.
- Como o coordenador não está esperando nada dos subordinados após decidir cancelar uma transação, os nomes dos subordinados não precisam ser gravados no registro de log de cancelamento do coordenador.
- Todos os registros de log de cancelamento (do coordenador, assim como dos subordinados) podem simplesmente ser anexados no final do log, em vez de fazer uma gravação imposta. Afinal, se eles não são gravados no armazenamento estável antes de uma falha, a decisão padrão é cancelar a transação.

A terceira observação básica sugere mais alguns refinamentos:

- Se uma subtransação não faz atualizações (o que pode ser facilmente detectado mantendo-se uma contagem dos registros de log de atualização), o subordinado pode responder a uma mensagem *preparar* do coordenador com uma mensagem *leitor*, em vez de *sim* ou *não*. Nesse caso, o subordinado não grava nenhum registro de log.
- Quando o coordenador recebe uma mensagem *leitor*, ele trata a mensagem como um voto *sim*, mas com a otimização de que não enviará mais nenhuma mensagem para o subordinado, pois o status de efetivação ou cancelamento do subordinado é irrelevante.
- Se todas as subtransações, incluindo a subtransação no site coordenador, enviam uma mensagem *leitor*, não precisamos da segunda fase do protocolo de

efetivação. Na verdade, podemos simplesmente remover a transação da tabela de transações, sem gravar quaisquer registros de log em qualquer site para essa transação.

O protocolo de Efetivação de Duas Fases com refinamentos discutido nesta seção é chamado de **Efetivação de Duas Fases com Cancelamento Presumido**.

22.14.4 Efetivação de Três Fases

Um protocolo de efetivação chamado **Efetivação de Três Fases (3PC)** pode evitar o bloqueio, mesmo que o site coordenador falhe durante a recuperação. A idéia básica é que, quando o coordenador envia mensagens *preparar* e recebe votos *sim* de todos os subordinados, ele envia uma mensagem *pré-efetivar* para todos os sites, em vez de uma mensagem *efetivar*. Quando um número suficiente — mais do que o número máximo de falhas que devem ser manipuladas — de mensagens de *confirmação* tiverem sido recebidas, o coordenador impõe a gravação de um registro de log de *efetivação* e envia uma mensagem *efetivar* para todos os subordinados. No 3PC, o coordenador adia a decisão de efetivar até ter certeza de que sites suficientes saibam sobre a decisão de efetivar; se, subseqüentemente, o coordenador falhar, esses sites poderão se comunicar e detectar que a transação deve ser efetivada (inversamente, cancelada, se nenhum deles recebeu uma mensagem *pré-efetivar*), sem esperar que o coordenador se recupere.

O protocolo 3PC impõe um custo adicional significativo durante a execução normal e exige que falhas de link de comunicação não levem a uma partição da rede (na qual alguns sites não podem acessar alguns outros sites por meio de nenhum caminho) para garantir liberdade de bloqueio. Por esses motivos, ele não é usado na prática.

22.15 QUESTÕES DE REVISÃO

As respostas das questões de revisão podem ser encontradas nas seções listadas.

- Discuta as diferentes motivações por trás dos bancos de dados paralelos e distribuídos. **(Seção 22.1)**
- Descreva as três principais arquiteturas para SGBDs paralelos. Explique por que as estratégias de *memória compartilhada* e *disco compartilhado* sofrem de *interferência*. O que você pode dizer sobre *aumento de velocidade* e *aumento de escala* da arquitetura *nada compartilhado*? **(Seção 22.2)**
- Descreva e diferencie *paralelismo em pipeline* e *paralelismo de dados particionados*. **(Seção 22.3)**
- Discuta as seguintes técnicas de particionamento de dados: *round-robin*, *hashing* e *intervalo*. **(Seção 22.3.1)**
- Explique como um código já existente pode ser paralelizado com a introdução de operadores de *divisão* e *intercalação*. **(Seção 22.3.2)**
- Discuta como cada um dos operadores a seguir pode ser paralelizado usando particionamento de dados: *varredura, ordenação, junção*. Compare o uso de ordenação *versus* hashing para particionamento. **(Seção 22.4)**
- O que precisamos considerar na otimização de consultas para execução em paralelo? Discuta o paralelismo entre operações, árvores de profundidade à esquerda *versus* cheia de ramos, e estimativa de custo. **(Seção 22.5)**

- Defina os termos *independência de dados distribuídos* e *atomicidade de transação distribuída*. Esses conceitos são suportados nos sistemas comerciais atuais? Por que não? Qual é a diferença entre bancos de dados distribuídos *homogêneos* e *heterogêneos*? **(Seção 22.6)**

- Descreva as três principais arquiteturas para SGBDs distribuídos. **(Seção 22.7)**

- Uma relação pode ser distribuída por *fragmentação* e por *replicação* entre vários locais. Explique esses conceitos e como eles diferem. Além disso, distinga entre fragmentação *horizontal* e *vertical*. **(Seção 22.8)**

- Se uma relação é fragmentada e replicada, cada partição precisa de um nome globalmente único, chamado de *nome de relação*. Explique como tais nomes globais são criados e a motivação por trás da estratégia de atribuição de nomes descrita. **(Seção 22.9.1)**

- Explique como metadados sobre tais dados distribuídos são mantidos em um *catálogo distribuído*. **(Seção 22.9.2)**

- Descreva um esquema de atribuição de nomes que suporte independência de dados distribuídos. **(Seção 22.9.3)**

- Ao se processar consultas em um SGBD distribuído, a localização das partições da relação precisa ser levada em conta. Discuta as alternativas ao se juntar duas relações que residem em sites diferentes. Em particular, explique e descreva a motivação por trás das técnicas de *Semijunção* e *Bloomjoin*. **(Seção 22.10.2)**

- Quais problemas devem ser considerados na otimização de consultas sobre dados distribuídos, e onde os dados estão localizados? **(Seção 22.10.3)**

- Qual é a diferença entre replicação *síncrona* e a *assíncrona*? Por que a replicação assíncrona ganhou popularidade? **(Seção 22.11)**

- Descreva as estratégias de *votação* e *ler qualquer uma, gravar todas* para replicação assíncrona. **(Seção 22.11.1)**

- Resuma as estratégias *ponto-a-ponto* e *de site primário* para replicação assíncrona. **(Seção 22.11.2)**

- Na replicação de site primário, as alterações feitas na cópia primária devem ser propagadas para as cópias secundárias. O que é feito nas etapas de *Captura* e *Aplicação*? Descreva as estratégias *baseada em log* e *procedural* da Captura e as compare. Quais são as variações na programação de execução da etapa de Aplicação? Ilustre o uso de replicação assíncrona em um data warehouse. **(Seção 22.11.2)**

- O que é uma *subtransação*? **(Seção 22.12)**

- Quais são as opções de gerenciamento de bloqueios em um SGBD distribuído? **(Seção 22.13)**

- Discuta a detecção de impasses em um banco de dados distribuído. Contraste as estratégias *centralizada, hierárquica* e de *tempo de espera*. **(Seção 22.13.1)**

- Por que a recuperação em um SGBD distribuído é mais complicada do que em um sistema centralizado? **(Seção 22.14)**

- O que é *protocolo de efetivação* e por que ele é exigido em um banco de dados distribuído? Descreva e compare *Efetivação de Duas Fases* e *de Três Fases*. O que é *bloqueio* e como o protocolo de Três Fases o evita? Por que, apesar disso, ele não é usado na prática? **(Seção 22.14)**

EXERCÍCIOS

Exercício 22.1 Responda sucintamente as seguintes perguntas:

1. Quais são as semelhanças e diferenças entre os sistemas de gerenciamento de banco de dados paralelos e distribuídos?
2. Você esperaria ver um banco de dados paralelo construído usando uma rede remota? Você esperaria ver um banco de dados distribuído construído usado uma rede remota? Explique.
3. Defina os termos *aumento de velocidade* e *aumento de escala*.
4. Por que uma arquitetura de nada compartilhado é atraente para sistemas de banco de dados paralelos?
5. A idéia de construir hardware especializado para executar aplicativos de banco de dados paralelos recebeu considerável atenção, mas foi deixada de lado. Comente essa tendência.
6. Quais são as vantagens de um SGBD distribuído em relação a um SGBD centralizado?
7. Descreva e compare brevemente as arquiteturas Cliente-Servidor e Servidores Colaboradores.
8. Na arquitetura Servidores Colaboradores, quando uma transação é enviada para o SGBD, descreva sucintamente como suas atividades nos vários sites são coordenadas. Em particular, descreva a função dos gerenciadores de transação nos diferentes sites, o conceito de *subtransações* e o conceito de *atomicidade de transação distribuída*.

Exercício 22.2 Responda sucintamente as seguintes perguntas:

1. Defina os termos *fragmentação* e *replicação*, em termos de onde os dados são armazenados.
2. Qual é a diferença entre replicação *síncrona* e a *assíncrona*?
3. Defina o termo *independência de dados distribuídos*. O que isso significa com relação à consulta e à atualização de dados na presença de fragmentação e replicação de dados?
4. Considere as técnicas de *votação* e *ler qualquer uma, gravar todas*, para implementação de replicação síncrona. Quais são seus respectivos prós e contras?
5. Forneça um panorama de como a replicação assíncrona pode ser implementada. Em particular, explique os termos *Captura* e *Aplicação*.
6. Qual é a diferença entre as implementações baseada em log e procedural da captura?
7. Por que dar nomes únicos a objetos de banco de dados é mais complicado em um SGBD distribuído?
8. Descreva uma organização de catálogo que permita a qualquer réplica (de uma relação inteira ou de um fragmento) receber um nome único e forneça a infra-estrutura de atribuição de nomes exigida para garantir a independência dos dados distribuídos.
9. Se as informações de catálogos remotos são colocadas na cache em outros sites, o que acontecerá se tornarem desatualizadas? Como essa condição pode ser detectada e resolvida?

Exercício 22.3 Considere um SGBD paralelo no qual cada relação é armazenada pelo particionamento horizontal de suas tuplas em todos os discos:

Funcionários(*id-funcion:* integer, *id-depto:* integer, *sal:* real)

Departamentos(*id-depto:* integer, *id-gerente:* integer, *orçamento:* integer)

O campo *mgrid* de Departamentos é o *eid* do gerente. Cada relação contém tuplas de 20 bytes e os campos *sal* e *orçamento* contêm valores uniformemente distribuídos no intervalo de 0 a 1 milhão. A relação Funcionários contém 100.000 páginas, a relação Departamentos contém 5.000 páginas e cada processador tem 100 páginas de buffer de 4.000 bytes cada. O custo de uma E/S de página é t_d e o custo do envio de uma página é t_s; as tuplas são enviadas em unidades de uma página, esperando que uma página seja preenchida antes de enviar uma mensagem do processador i para o processador j. Não existem índices e todas as junções locais a um processador são realizadas usando junção sort-merge. Suponha que as relações sejam inicialmente particionadas usando um algoritmo de round-robin e que existam 10 processadores.

Para cada uma das consultas a seguir, descreva sucintamente o plano de avaliação e forneça seu custo em termos de t_d e t_s. Você deve computar o custo total entre todos os sites, assim como o custo do "tempo decorrido" (isto é, se várias operações são executadas concorrentemente, o tempo gasto é o máximo sobre essas operações).

1. Encontre o funcionário de salário mais alto.
2. Encontre o funcionário de salário mais alto no departamento com *id-depto* 55.
3. Encontre o funcionário de salário mais alto de todos os departamentos com *orçamento* menor do que 100.000.
4. Encontre o funcionário de salário mais alto de todos os departamentos com *orçamento* menor do que 300.000.
5. Encontre o salário médio de todos os departamentos com *orçamento* menor do que 300.000.
6. Encontre os salários de todos os gerentes.
7. Encontre os salários de todos os gerentes que gerenciam um departamento com um orçamento menor do que 300.000 e ganham mais de 100.000.
8. Imprima os campos *id-funcion* de todos os funcionários, classificados por salários em ordem crescente. Cada processador está conectado a uma impressora separada e a resposta pode aparecer como várias listas ordenadas, cada uma impressa por um processador diferente, desde que possamos obter uma lista completamente ordenada, concatenando as listas impressas (em alguma ordem).

Exercício 22.4 Considere o mesmo cenário do Exercício 22.3, exceto que as relações são originalmente particionadas usando particionamento por intervalo nos campos *sal* e *orçamento*.

Exercício 22.5 Repita os Exercícios 22.3 e 22.4 com (i) 1 processador e (ii) 100 processadores.

Exercício 22.6 Considere as relações Funcionários e Departamentos descritas no Exercício 22.3. Agora, elas estão armazenadas em um SGBD distribuído, com tudo de Funcionários armazenado em Naples e tudo de Departamentos armazenado em Berlim. Não existem índices nessas relações. O custo de várias operações é o descrito no Exercício 22.3. Considere a consulta:

```
SELECT *
FROM    Funcionários F, Departamentos D
WHERE   F.id-funcion = D.id-funcion
```

A consulta é feita em Delhi e você fica sabendo que apenas 1% dos funcionários são gerentes. Encontre o custo da resposta para essa consulta usando cada um dos planos a seguir:

1. Enviar Departamentos para Naples, calcular a consulta em Naples e depois enviar o resultado para Delhi.
2. Enviar Funcionários para Berlim, calcular a consulta em Berlim e depois enviar o resultado para Delhi.
3. Calcular a consulta em Delhi, enviando as duas relações para Delhi.
4. Calcular a consulta em Naples usando Bloomjoin e, depois, enviar o resultado para Delhi.
5. Calcular a consulta em Berlim usando Bloomjoin e, depois, enviar o resultado para Delhi.
6. Calcular a consulta em Naples usando Semijunção e, depois, enviar o resultado para Delhi.
7. Calcular a consulta em Berlim usando Semijunção e, depois, enviar o resultado para Delhi.

Exercício 22.7 Considere suas respostas para o Exercício 22.6. Qual plano minimiza os custos de envio? Ele é necessariamente o plano mais barato? Qual você espera que seja o mais barato?

Exercício 22.8 Considere as relações Funcionários e Departamentos descritas no Exercício 22.3. Agora elas estão armazenadas em um SGBD distribuído, com 10 sites. As tuplas de Departamentos estão particionadas horizontalmente por *id-depto* entre os 10 sites, com o mesmo número de tuplas atribuídas a cada site e nenhuma ordem em particular sobre como as tuplas são atribuídas aos sites.

As tuplas de Funcionários estão particionadas de forma semelhante, por intervalos de *sal*, com $sal \leq 100.000$ atribuídas ao primeiro site, $100.000 < sal \leq 200.000$ atribuídas ao segundo site, e assim por diante. Além disso, a partição $sal \leq 100.000$ é acessada freqüentemente e atualizada raramente; portanto, ela é replicação em cada site. Nenhuma outra partição de Funcionários é duplicada.

1. Descreva o melhor plano (a não ser que um plano seja especificado) e forneça seu custo:
    (a) Calcule a junção natural de Funcionários e Departamentos, enviando todos os fragmentos da relação menor para cada site que contenha tuplas da relação maior.
    (b) Encontre o funcionário melhor pago.
    (c) Encontre o funcionário melhor pago com salário menor do que 100.000.
    (d) Encontre o funcionário melhor pago com salário entre 400.000 e 500.000.
    (e) Encontre o funcionário melhor pago com salário entre 450.000 e 550.000.
    (f) Encontre o gerente melhor pago dos departamentos armazenados no site da consulta.
    (g) Encontre o gerente melhor pago.
2. Supondo a mesma distribuição de dados, descreva os sites visitados e os bloqueios obtidos para as seguintes transações de atualização, admitindo que seja usada replicação *síncrona* das tuplas de Funcionários com $sal \leq 100.000$:
    (a) Dê um aumento de 10% aos funcionários com salário menor do que 100.000, com um salário máximo de 100.000 (isto é, o aumento não pode fazer que o salário seja maior do que 100.000).
    (b) Dê um aumento de 10% para todos os funcionários. As condições do particionamento original de Funcionários ainda devem ser satisfeitas após a atualização.
3. Supondo a mesma distribuição de dados, descreva os sites visitados e os bloqueios obtidos para as seguintes transações de atualização, admitindo que seja usada replicação *assíncrona* das tuplas de Funcionários com $sal \leq 100.000$.
    (a) Dê um aumento de 10% para todos os funcionários com salário menor do que 100.000, com um salário máximo de 100.000.
    (b) Dê um aumento de 10% para todos os funcionários. Depois que a atualização estiver concluída, as condições do particionamento original de Funcionários ainda devem ser satisfeitas.

Exercício 22.9 Considere as tabelas Funcionários e Departamentos do Exercício 22.3. Você é um administrador de banco de dados e precisa decidir como vai distribuir essas duas tabelas entre dois sites, Manilha e Nairobi. Seu SGBD suporta apenas índices de árvore B+ não agrupados. Você tem a opção entre replicação síncrona e assíncrona. Para cada um dos cenários a seguir, descreva como distribuiria as tabelas e quais índices construiria em cada site. Se achar que não dispõe de informações suficientes para tomar uma decisão, explique sucintamente.

1. Metade dos departamentos está localizada em Manilha e a outra metade em Naiorobi. As informações dos departamentos, incluindo as dos funcionários dos departamentos, são alteradas apenas no site onde o departamento está localizado, mas tais alterações são muito freqüentes. (Embora a localização de um departamento não seja incluída no esquema Departamentos, essa informação pode ser obtida de outra tabela.)
2. Metade dos departamentos está localizada em Manilha e a outra metade em Nairobi. As informações dos departamentos, incluindo as dos funcionários dos departamentos, são alteradas apenas no site onde o departamento está localizado, mas tais alterações não são freqüentes. Encontrar o salário médio de cada departamento é uma consulta feita freqüentemente.
3. Metade dos departamentos está localizada em Manilha e a outra metade em Nairobi. As tuplas de Funcionários são alteradas freqüentemente (apenas) no site onde o departamento correspondente está localizado, mas a relação Departamentos quase nunca é alterada. Encontrar o gerente de determinado funcionário é uma consulta feita freqüentemente.
4. Metade dos funcionários trabalha em Manilha e a outra metade em Nairobi. As tuplas de Funcionários são alteradas freqüentemente (apenas) no site onde eles trabalham.

Bancos de Dados Paralelos e Distribuídos 639

Exercício 22.10 Suponha que a relação Funcionários esteja armazenada em Madison e as tuplas com $sal \leq 100.000$ são replicação em Nova Iorque. Considere as três opções a seguir para gerenciamento de bloqueio: todos os bloqueios gerenciados em um *único site*, digamos, Milwaukee; *cópia primária*, com Madison sendo o primário para Funcionários; e *totalmente distribuído*. Para cada uma das opções de gerenciamento de bloqueio, explique quais bloqueios são estabelecidos (e em que site) para as consultas a seguir. Além disso, indique de qual site a página é lida.

1. Uma consulta em Austin quer ler uma página de tuplas de Funcionários com $sal \leq 50.000$.
2. Uma consulta em Madison quer ler uma página de tuplas de Funcionários com $sal \leq 50.000$.
3. Uma consulta em Nova York quer ler uma página de tuplas de Funcionários com $sal \leq 50.000$.

Exercício 22.11 Responda sucintamente as seguintes perguntas:

1. Compare as vantagens relativas da detecção de impasse centralizada e hierárquica em um SGBD distribuído.
2. O que é um *impasse fantasma*? Dê um exemplo.
3. Dê um exemplo de SGBD distribuído com três sites, de modo que os grafos de "espera por" de dois sites não revelem um impasse, ainda que haja um impasse global.
4. Considere a seguinte modificação no grafo de "espera por" local: adicione um novo nó T_{texto} e, para cada transação T_i que esteja esperando por um bloqueio em outro site, adicione uma aresta $T_i \to T_{texto}$. Além disso, adicione uma aresta $T_{texto} \to T_i$, se uma transação em execução em outro site estiver esperando que T_i libere um bloqueio nesse site.
    (a) Se houver um ciclo no grafo de "espera por" local que não envolva T_{texto}, o que você pode concluir? Se todo ciclo envolve T_{texto}, o que você pode concluir?
    (b) Suponha que a todo site seja atribuído um inteiro único *id-local*. Quando o grafo de "espera por" local sugerir que pode haver um impasse global, envie o grafo para o site com o próximo id-site mais alto. Nesse site, combine o grafo recebido com o grafo de "espera por" site. Se esse grafo combinado não indicar um impasse, envie-o para o próximo local e assim por diante, até que um impasse seja detectado ou que voltemos ao local que originou essa rodada de detecção de impasse. É garantido que esse esquema encontre um impasse global, caso exista um?

Exercício 22.12 Esquemas de controle de concorrência baseados em marca de tempo podem ser usados em um SGBD distribuído, mas devemos ser capazes de gerar marcas de tempo globalmente únicas e monotonicamente crescentes, sem tender a favor de nenhum site. Uma estratégia é atribuir marcas de tempo em um único local. Outra é usar a hora do clock local e anexar o id-site. Um terceiro esquema é usar um contador em cada sites. Compare essas três estratégias.

Exercício 22.13 Considere o protocolo de bloqueio de granularidade múltipla descrito no Capítulo 17. Em um SGBD distribuído, o site que contém o objeto-raiz na hierarquia pode se tornar um gargalo. Você contrata um consultor de banco de dados que sugere modificar seu protocolo para permitir apenas bloqueios de intenção na raiz e, implicitamente, conceder todos os bloqueios de intenção possíveis para cada transação.

1. Explique por que essa modificação funciona corretamente, no sentido de que as transações continuam a estabelecer bloqueios nas partes desejadas da hierarquia.
2. Explique como ela reduz a demanda na raiz.
3. Por que essa idéia não é incluída como parte do protocolo de bloqueio de granularidade múltipla padrão para um SGBD centralizado?

Exercício 22.14 Responda sucintamente as seguintes perguntas:

1. Explique a necessidade de um protocolo de efetivação em um SGBD distribuído.
2. Descreva o 2PC. Explique a necessidade de gravações impostas.
3. Por que as mensagens de *confirmção* são exigidas no 2PC?

4. Quais são as diferenças entre o 2PC e o 2PC com Cancelamento Presumido?

5. Dê um exemplo de seqüência de execução de modo que o 2PC e o 2PC com Cancelamento Presumido gerem uma seqüência de ações idêntica.

6. Dê um exemplo de seqüência de execução de modo que o 2PC e o 2PC com Cancelamento Presumido gerem uma seqüência de ações diferente.

7. Qual é a intuição por trás do 3PC? Quais são os prós e contras em relação ao 2PC?

8. Suponha que um site não receba nenhuma resposta de outro, por um longo tempo. O primeiro site pode saber se o link de conexão falhou ou se o outro site falhou? Como essa falha é tratada?

9. Suponha que o coordenador inclua uma lista de todos os subordinados na mensagem *preparar*. Se o coordenador falhar após enviar uma mensagem *cancelar* ou *efetivar*, você pode sugerir uma maneira para os sites ativos terminarem essa transação, sem esperar que o coordenador se recupere? Suponha que algumas (mas não todas) das mensagens *cancelar* ou *efetivar* do coordenador sejam perdidas.

10. Suponha que 2PC com Cancelamento Presumido seja usado como protocolo de efetivação. Explique como o sistema se recupera de falha e trata de uma transação *T* em particular, em cada um dos casos a seguir:

    (a) Um site subordinado de *T* falha antes de receber uma mensagem *preparar*.

    (b) Um site subordinado de *T* falha após receber uma mensagem *preparar*, mas antes de tomar uma decisão.

    (c) Um site subordinado de *T* falha após receber uma mensagem *preparar* e impor a gravação de um registro de log de cancelamento, mas antes de responder à mensagem *preparar*.

    (d) Um site subordinado de *T* falha após receber uma mensagem *preparar* e impor a gravação de um registro de log de preparação, mas antes de responder à mensagem *preparar*.

    (e) Um site subordinado de *T* falha após receber uma mensagem *preparar*, impor a gravação de um registro de log de cancelamento e enviar um voto *não*.

    (f) O site coordenador de *T* falha antes de enviar uma mensagem *preparar*.

    (g) O site coordenador de *T* falha após enviar uma mensagem *preparar*, mas antes de coletar todos os votos.

    (h) O site coordenador de *T* falha após gravar um registro de log de *cancelamento*, mas antes de enviar quaisquer mensagens para seus subordinados.

    (i) O site coordenador de *T* falha após gravar um registro de log de *efetivação*, mas antes de enviar quaisquer mensagens para seus subordinados.

    (j) O site coordenador de *T* falha após gravar um registro de log *final*. É possível que o processo de recuperação receba uma pergunta sobre o status de *T* de um subordinado?

Exercício 22.15 Considere um SGBD distribuído heterogêneo.

1. Defina os termos *sistema de múltiplos bancos de dados* e *gateway*.

2. Descreva como as consultas que abrangem vários sites são executadas em um sistema de múltiplos bancos de dados. Explique a função do gateway com relação

3. Descreva como as transações que atualizam dados em vários locais são executadas em um sistema de banco de dados múltiplo. Explique a função do gateway com relação ao gerenciamento de bloqueio, à detecção de impasse distribuído, à Efetivação de Duas Fases e à recuperação.

4. Em um sistema de múltiplos bancos de dados, os esquemas em diferentes sites provavelmente são projetados de forma independente. Essa situação pode levar à *heterogeneidade semântica*, isto é, as unidades de medida podem diferir entre os sites (por exemplo, polegadas *versus* centímetros), relações contendo basicamente o mesmo tipo de informação (por exemplo, salários e idades dos funcionários) podem ter esquemas ligeiramente diferentes etc. Que impacto essa heterogeneidade tem sobre o usuário final? Em particular, comente o conceito da independência de dados distribuídos em tal sistema.

NOTAS BIBLIOGRÁFICAS

Trabalhos sobre algarismos paralelos para ordenação e várias operações relacionais estão discutidos nas bibliografias dos Capítulos 13 e 14. Nossa discussão sobre junções paralelas segue [220] e nossa discussão sobre ordenação paralela segue [223]. DeWitt e Gray dão justificativas para o fato de que, para os futuros sistemas de banco de dados de alto desempenho, o paralelismo será a chave [221]. Planos de execução em sistemas de banco de dados paralelos estão discutidos em [522]. [496] contém uma boa coleção de artigos sobre processamento de consultas em sistemas de banco de dados paralelos.

Discussões em livro-texto sobre banco de dados distribuídos incluem [78, 144, 580]. Bons artigos de levantamento bibliográficos incluem [85], que focaliza o controle de concorrência; [637], que fala sobre bancos de dados distribuídos em geral; e [785], que se concentra no processamento de consulta distribuído. Dois projetos importantes na área foram o SDD-1 [636] e o R* [777]. A fragmentação em bancos de dados distribuídos é considerada em [157, 207]. A replicação é considerada em [11, 14, 137, 239, 238, 388, 385, 335, 552, 600]. Para bons panoramas sobre as tendências atuais na replicação assíncrona, consulte [234, 709, 772]. Os artigos sobre manutenção de visão mencionados nas notas bibliográficas do Capítulo 25 também são relevantes neste contexto. Olston considera técnicas para avaliar custo-benefício de desempenho por precisão em um ambiente duplicado [571, 572, 573].

O processamento de consultas no banco de dados distribuído SDD-1 está descrito em [88]. Um dos aspectos notáveis do processamento de consultas do SDD-1 era o uso extensivo de Semijunções. Estudos teóricos das Semijunções são apresentados em [83, 86, 414]. O processamento de consultas no R* está descrito em [667]. O otimizador de consultas do R* é validado em [500]; grande parte de nossa discussão sobre processamento de consulta distribuído foi extraída dos resultados relatados nesse artigo. O processamento de consultas no Distributed Ingres está descrito em [247]. A otimização de consultas para execução paralela está discutida em [297, 323, 383]. Franklin, Jonsson e Kossman discutem os compromissos entre o *envio de consulta*, a estratégia mais tradicional nos bancos de dados relacionais, e o *envio de dados*, que consiste em enviar dados para processamento no cliente e é amplamente usado em sistemas orientados a objetos [284]. Um bom levantamento bibliográfico recente das técnicas de processamento de consulta distribuído pode ser encontrado em [450].

O controle de concorrência no banco de dados distribuído SDD-1 está descrito em [91]. O gerenciamento de transações no R* está descrito em [547]. O controle de concorrência no Distributed Ingres está descrito em [714]. [740] fornece uma introdução ao gerenciamento de transação distribuída e várias noções de independência de dados distribuídos. Otimizações de transações somente para leitura são discutidas em [306]. Algoritmos de controle de concorrência de múltiplas versões, baseados em marcas de tempo, foram propostos em [620]. O controle de concorrência baseado em marca de tempo está discutido em [84, 356]. Algoritmos de controle de concorrência baseados em votação estão discutidos em [303, 318, 408, 452, 732]. O esquema de cópia primária rotativa está descrito em [538]. O controle de concorrência otimista em bancos de dados distribuídos é discutido em [660] e o controle de concorrência adaptativo é discutido em [488].

A Efetivação de Duas Fases foi apresentada em [466, 331]. O 2PC com Cancelamento Presumido está descrito em [546], junto com uma alternativa chamada de *2PC com Efetivação Presumida*. Uma variação da Efetivação Presumida é proposta em [465]. A Efetivação de Três Fases está descrita em [692]. Os algoritmos de detecção de impasse do R* estão descritos em [567]. Muitos artigos discutem os impasses; por exemplo, [156, 243, 526, 632]. [441] é um levantamento de vários algoritmos nessa área. O sincronismo de clock distribuído é discutido por [464]. [333] argumenta que a independência de dados distribuídos nem sempre é uma boa idéia, devido às sobrecargas de processamento e administrativas. O algoritmo ARIES é aplicável na recuperação distribuída, mas os detalhes sobre como as mensagens devem ser manipuladas não são discutidos em [544]. A estratégia adotada para recuperação no SDD-1 está descrita em [43]. [114] também trata da recuperação distribuída. [444] é um levantamento que discute o controle de concorrência e a recuperação em sistemas distribuídos. [95] contém vários artigos sobre esses assuntos.

Os sistemas de múltiplos bancos de dados são discutidos em [10, 113, 230, 231, 242, 476, 485, 519, 520, 599, 641, 765, 797]; para levantamentos bibliográficos, consulte [112, 486, 684].

23
SISTEMAS DE BANCO DE DADOS DE OBJETOS

- ☛ O que são sistemas de banco de dados de objetos e quais recursos novos eles suportam?
- ☛ Quais tipos de aplicações eles beneficiam?
- ☛ Quais tipos de dados os usuários podem definir?
- ☛ O que são tipos de dados abstratos e quais são suas vantagens?
- ☛ O que é herança de tipo e por que ela é útil?
- ☛ Qual é o impacto da introdução de identificadores de objeto em um banco de dados?
- ☛ Como podemos utilizar os novos recursos no projeto de banco de dados?
- ☛ Quais são os novos desafios de implementação?
- ☛ O que diferencia os SGBDs objeto-relacionais dos orientados a objetos?
- ➡ **Conceitos-chave:** tipos de dados definidos pelo usuário, tipos estruturados, tipos de coleção; abstração de dados, métodos, encapsulamento; herança, vinculação precoce e tardia de métodos, hierarquias de coleção; identidade de objeto, tipos de referência, igualdades rasa e profunda.

Com Joseph M. Hellerstein

Universidade da Califórnia-Berkeley

Você conhece meus métodos, Watson. Aplique-os.

—Arthur Conan Doyle, *Memórias de Sherlock Holmes*

Os sistemas de banco de dados relacionais suportam uma pequena coleção fixa de tipos de dados (por exemplo, inteiros, datas, strings), os quais têm-se mostrado adequados para domínios de aplicação tradicionais como o processamento de dados administrativo. Entretanto, em muitos domínios de aplicação, tipos muito mais complexos precisam ser manipulados. Normalmente, esses dados complexos têm sido armazenados em sistemas de arquivo do sistema operacional ou em estruturas de dados especializadas, em vez de ser usado um SGBD. Exemplos de domínios com dados complexos incluem o projeto e modelagem auxiliadas por computador (CAD/CAM), repositórios multimídia e gerenciamento de documentos.

À medida que o volume de dados aumenta, os muitos recursos oferecidos por um SGBD — por exemplo, tempo de desenvolvimento de aplicativo reduzido, controle de concorrência e recuperação, suporte para indexação e recursos de consulta — tornam-se cada vez mais atraentes e, em última análise, necessários. Para suportar tais aplicações, um SGBD precisa aceitar tipos de dados complexos. Os conceitos de orientação a objetos influenciaram fortemente os esforços para melhorar o suporte de banco de dados para dados complexos e levaram ao desenvolvimento de sistemas de banco de dados de objetos, os quais discutiremos neste capítulo.

Os sistemas de banco de dados de objetos foram desenvolvidos ao longo de dois caminhos distintos:

- **Sistemas de banco de dados orientados a objetos:** os sistemas de banco de dados orientados a objetos foram propostos como uma alternativa aos sistemas relacionais e se destinam aos domínios de aplicação onde os objetos complexos desempenham um papel fundamental. A estratégia é fortemente influenciada pelas linguagens de programação orientadas a objetos e pode ser entendida como uma tentativa de acrescentar funcionalidade de SGBD em um ambiente de linguagem de programação. O ODMG (Object Database Management Group) desenvolveu um modelo e uma linguagem padrão, **ODM (Object Data Model)** e **OQL (Object Query Language)**, respectivamente, que são os equivalentes do padrão SQL para sistemas de banco de dados relacionais.

- **Sistemas de banco de dados objeto-relacionais:** os sistemas de banco de dados objeto-relacionais podem ser considerados como uma tentativa de estender os sistemas de banco de dados relacionais com funcionalidade necessária para suportar uma classe mais ampla de aplicações e, de muitas formas, estabelecer uma ligação entre os paradigmas relacional e orientado a objetos. O padrão SQL:1999 estende a SQL para incorporar suporte ao modelo de dados objeto-relacional.

Usamos acrônimos para os sistemas de gerenciamento de banco de dados relacionais, orientados a objetos e objeto-relacionais (**SGBDR, SGBDOO, SGBDOR**). Neste capítulo, focalizamos os SGBDORs e destacamos como eles podem ser vistos como um desenvolvimento dos SGBDRs, em vez de um paradigma totalmente diferente, conforme exemplificado pela evolução do padrão SQL:1999.

Concentraremos no desenvolvimento dos conceitos fundamentais, em vez de apresentarmos o padrão SQL:1999; alguns dos recursos que discutiremos não estão incluídos no padrão SQL:1999.

Contudo, optamos por dar ênfase aos conceitos relevantes ao padrão SQL:1999 e suas prováveis extensões futuras. Também tentamos ser consistentes com o padrão SQL:1999 quanto à notação, embora ocasionalmente discordemos ligeiramente, para manter a clareza. É importante reconhecer que os principais conceitos discutidos são comuns aos SGBDORs e SGBDOOs; discutiremos como eles são suportados no padrão ODL/OQL proposto para SGBDOOs na Seção 23.9.

Os fabricantes de SGBDR, incluindo IBM, Informix e Oracle, estão adicionando funcionalidade de SGBDOR (em grau variado) em seus produtos, e é importante reconhecer como o conhecimento existente sobre projeto e implementação de bancos de dados relacionais pode ser alavancado para tratar as extensões de SGBDOR. Também é importante entender os desafios e as oportunidades que essas extensões apresentam para usuários, projetistas e implementadores de banco de dados.

Neste capítulo, as Seções 23.1 a 23.6 apresentam os conceitos de orientação a objetos. Os conceitos discutidos nessas seções são comuns aos SGBDOOs e SGBDORs. Começaremos apresentando, na Seção 23.1, um exemplo que ilustra por que as extensões no modelo relacional são necessárias para suportar alguns novos domínios de aplicação. Ele será usado em todo o capítulo. Discutimos o uso de construtores de tipo para suportar tipos de dados estruturados definidos pelo usuário na Seção 23.2. Consideramos quais operações são suportadas nesses novos tipos de dados na Seção 23.3. Em seguida, discutimos o encapsulamento de dados e os tipos de dados abstratos (binding) na Seção 23.4. Abordamos a herança e questões relacionadas, como a vinculação de método e as hierarquias de coleção, na Seção 23.5, e depois estudamos os objetos e a identidade de objeto na Seção 23.6.

Consideramos como se faz para tirar proveito dos novos conceitos de orientação a objetos para fazer o projeto de banco de dados SGBDOR na Seção 23.7. Na Seção 23.8, discutimos alguns novos desafios de implementação apresentados pelos sistemas objeto-relacionais. Discutimos o ODL e a OQL, os padrões para SGBDOOs na Seção 23.9, e então apresentamos uma breve comparação dos SGBDORs e SGBDOOs, na Seção 23.10.

23.1 EXEMPLO PARA MOTIVAÇÃO

Como um exemplo específico da necessidade de sistemas objeto-relacionais, focalizamos um novo problema do processamento de dados comerciais que é tanto difícil quanto (em nosso modo de ver) mais interessante do que a contabilidade dos reais e centavos das décadas passadas. Hoje, as empresas em setores como o do entretenimento estão no negócio de vender *bits*; seus bens corporativos básicos não são produtos tangíveis, mas artefatos de software como vídeo e áudio.

Consideramos a empresa fictícia Dinky Entertainment Company, um grande conglomerado de Hollywood, cujos principais bens são uma coleção de personagens de desenho animado, especialmente o afável e internacionalmente amado "Herbert, o Verme". A Dinky tem vários filmes de Herbert, muitos dos quais estão sendo exibidos em cinemas de todo o mundo a todo momento. A Dinky também ganha muito dinheiro licenciando imagens, voz e vídeo de Herbert para vários propósitos: desenhos animados, videogames, endosso de produto etc. Seu banco de dados é usado para gerenciar as vendas e os registros de arrendamento dos vários produtos relacionados a Herbert, assim como dados de vídeo e áudio que compõem muitos filmes do personagem.

23.1.1 Novos Tipos de Dados

O problema básico que os projetistas de banco de dados da Dinky enfrentam é que eles precisam suportar tipos de dados consideravelmente mais ricos do que os que estão disponíveis em um SGBD relacional:

- **Tipos de dados definidos pelo usuário:** os bens ativos da Dinky incluem imagem, voz e vídeo de Herbert, e eles devem ser armazenados no banco de dados. Para manipular esses novos tipos, precisamos representar uma estrutura mais rica. (Consulte a Seção 23.2.) Além disso, precisamos de funções especiais para manipular esses objetos. Por exemplo, talvez queiramos escrever funções que produzam uma versão compactada de uma imagem ou uma imagem de resolução mais baixa. Ocultando os detalhes da estrutura de dados por meio das funções que capturam o comportamento, obtemos, *abstração de dados*, levando a um projeto de código mais limpo. (Consulte a Seção 23.4.)

- **Herança:** à medida que o número de tipos de dados aumenta, é importante tirar proveito da característica comum entre os diferentes tipos. Por exemplo, em algum nível, tanto as imagens compactadas como as de resolução mais baixa são apenas imagens. Portanto, é desejável *herdar* algumas características dos objetos imagem, enquanto se definem (e, posteriormente, se manipulam) objetos imagem compactados e de resolução mais baixa. (Consulte a Seção 23.5.)

- **Identidade de objeto:** visto que alguns dos novos tipos de dados contêm instâncias muito grandes (por exemplo, vídeos), é importante não armazenar cópias de objetos; em vez disso, devemos armazenar *referências* ou *ponteiros* para tais objetos. Por sua vez, isso sublinha a necessidade de fornecer aos objetos uma *identidade* única, a qual pode ser usada para se referir ou "apontar" para eles a partir de qualquer lugar nos dados. (Consulte a Seção 23.6.)

Como podemos tratar esses problemas em um SGBDR? Poderíamos armazenar imagens, vídeos etc. como BLOBs nos sistemas relacionais atuais. Um **BLOB** (Binary Large Object) é apenas um longo fluxo de bytes, e o suporte do SGBD consiste em armazenar e recuperar BLOBs de tal maneira que o usuário não precise se preocupar com o tamanho do BLOB; um BLOB pode abranger várias páginas, ao contrário de um atributo tradicional. Todo processamento adicional do BLOB precisa ser feito pelo programa aplicativo do usuário, na linguagem hospedeira à qual o código SQL está incorporado. Essa solução não é eficiente, pois somos obrigados a recuperar todos os BLOBs em uma coleção, mesmo que a maioria deles possa ser filtrada da resposta pela aplicação de funções definidas pelo usuário (dentro do SGBD). Isso também não é satisfatório do ponto de vista da consistência dos dados, pois a sua semântica agora depende muito do código aplicativo da linguagem hospedeira e não pode ser imposta pelo SGBD.

Quanto aos tipos estruturados e à herança, simplesmente não existe nenhum suporte no modelo relacional. Somos obrigados a mapear dados com tal estrutura complexa em uma coleção de tabelas simples. (Vimos exemplos desses mapeamentos quando discutimos a transformação de diagramas ER com herança em relações, no Capítulo 2.)

Essa aplicação claramente exige recursos não encontrados no modelo relacional. Como uma ilustração desses recursos, a Figura 23.1 apresenta instruções da DDL do

1. CREATE TABLE Quadros
   (*no-quadro* integer, *imagem* jpeg_image, *categoria* integer);
2. CREATE TABLE Categories
   (*id-categoria* integer, *nome* text, *preço_arrendamento* float, *comentários* text);
3. CREATE TYPE t_cinema AS
   ROW(*no-cinema* integer, *nome* text, *endereço* text, *telefone* text)
   REF IS SYSTEM GENERATED;
4. CREATE TABLE Cinemas OF t_cinema REF is id-cinema SYSTEM GENERATED;
5. CREATE TABLE EmCartaz
   (*filme* integer, *cinema* REF(t_cinema) SCOPE Cinemas, *início* date, *fim* date);
6. CREATE TABLE Filmes
   (*no-filme* integer, *título* text, *estrelas* VARCHAR(25) ARRAY [10]), *diretor* text,
   orçamento float);
7. CREATE TABLE Países
   (*nome* text, *encontro* polygon, *população* integer, *linguagem* text);

Figura 23.1 Instruções da DDL do padrão SQL:1999 do esquema da Dinky.

> **O Padrão SQL/MM:** O SQL/MM baseia-se nos novos tipos de dados do padrão SQL:1999 para definir extensões ao SQL: 1999 que facilitam o tratamento de tipos de dados multimídia complexos. É um padrão composto de várias partes. A parte 1, SQL/MM Framework, identifica os conceitos do padrão SQL:1999 que são a base das extensões SQL/MM. Cada uma das partes restantes trata de um tipo específico de dados complexos: **Full Text**, **Spatial**, **Still Image** e **Data Mining**. O padrão SQL/MM antecipa que esses novos tipos complexos podem ser usados em colunas de tabelas como valores de campo.

> **Objetos Grandes:** O padrão SQL:1999 inclui um novo tipo de dados chamado `LARGE OBJECT` ou `LOB`, com duas variantes, chamadas de `BLOB` (binary large object) e `CLOB` (character large object — objeto grande de caractere 1). Isso padroniza o suporte para objetos grandes encontrado em muitos SGBDs relacionais atuais. Os LOBs não podem ser incluídos em chaves primárias, cláusulas `GROUP BY` ou `ORDER BY`. Eles podem ser comparados usando-se operações de igualdade, desigualdade e substring. Um LOB tem um **localizador** que, basicamente, é uma identificação exclusiva e permite aos LOBs serem manipulados sem cópia extensiva.
>
> Normalmente, os LOBs são armazenados separadamente dos registros de dados em cujos campos aparecem. O IBM DB2, o Informix, o Microsoft SQL Server, o Oracle 8 e o Sybase ASE suportam LOBs.

SQL:1999, de uma parte do esquema SGBDOR da Dinky, usadas em exemplos subseqüentes. Embora a DDL seja muito parecida com a de um sistema relacional tradicional, algumas distinções importantes destacam os novos recursos de modelagem de dados em um SGBDOR. Um exame rápido das instruções da DDL é suficiente por enquanto; vamos estudá-las em detalhes na próxima seção, após apresentarmos alguns dos conceitos básicos que nosso exemplo de aplicação sugere serem necessários em um SGBD da próxima geração.

23.1.2 Manipulando os Novos Dados

Até aqui, descrevemos os novos tipos de dados que devem ser armazenados no banco de dados da Dinky. Ainda não dissemos nada sobre como *usar* esses novos tipos em consultas; portanto, vamos estudar duas consultas que o banco de dados da Dinky precisa suportar. A sintaxe das consultas não é crítica; é suficiente entender o que elas expressam. Voltaremos aos detalhes da sintaxe das consultas posteriormente.

Nosso primeiro desafio vem da empresa de cereais para café da manhã, a Clog, que produz um cereal chamado Delirios e quer arrendar a imagem de "Herbert, o Verme" em frente a um nascer do sol no design da caixa de Delirios. Uma consulta para apresentar uma coleção de imagens possíveis e seus preços de arrendamento pode ser expressa em sintaxe similar à SQL, como na Figura 23.2. A Dinky tem vários métodos escritos em uma linguagem imperativa, como Java, e registrados no sistema de banco de dados. Esses métodos podem ser usados em consultas da mesma maneira que os métodos nativos, como =, +, -, < e > são usados na linguagem relacional SQL. O método *miniatura* na cláusula Select produz uma versão pequena de sua imagem de entrada em tamanho original. O método *e-amanhecer* é uma função booleana que analisa uma imagem e retorna *verdadeiro*, se a imagem contiver um nascer do sol; o método *é_herbert* retorna *verdadeiro* se a imagem contiver uma imagem de Herbert. A consulta produz o número de código do quadro, a miniatura da imagem e o preço de todos os quadros que contêm Herbert e um nascer do sol.

```
SELECT  Q.no-quadro, miniatura(Q.imagem), P.preço_arrendamento
FROM    Quadros Q, Categorias P
WHERE   F.categoria = P.id-categoria AND e_amanhecer(F.image) AND e_herbert(F.image)
```
Figura 23.2 SQL estendida para encontrar imagens de Herbert ao nascer do sol.

O segundo desafio vem dos executivos da Dinky. Eles sabem que o cereal Delirios é extremamente popular no minúsculo país de Andorra, de modo que desejam garantir que vários filmes de Herbert estejam passando nos cinemas próximos a Andorra quando o cereal chegar nas prateleiras. Para verificar o estado atual das coisas, os executivos querem descobrir os nomes de todos os cinemas que estão exibindo filmes de Herbert em um raio de 100 quilômetros de Andorra. A Figura 23.3 mostra essa consulta em uma sintaxe parecida com a SQL.

```
SELECT  F.cinema->nome, E.cinema->endereço, Q.título
FROM    EmCartaz E, Filmes, Filmes F, Países C
WHERE   E.filme = F.no-filme AND
        sobrepõe(P.contorno, raio(E.cinema->endereço, 100)) AND
        C.nome = 'Andorra' AND 'Herbert, o Verme' = Q.estrelas[1]
```
Figura 23.3 SQL estendida para encontrar filmes de Herbert passando perto de Andorra.

O atributo *cinema* da tabela EmCartaz é uma referência para um objeto em outra tabela, a qual tem atributos *nome*, *endereço* e *Telefone*. Essa referência a objeto possibilita o uso das notações *E.cinema->nome* e *E.cinema->endereço*, cada uma das quais se refere a atributos do objeto theater_t indicado na linha *E* de EmCartaz. O atributo *estrelas* da tabela *filmes* é um conjunto de nomes das estrelas de cada filme. O método *raio* retorna um círculo centralizado em seu primeiro argumento, com raio igual ao seu segundo argumento. O método overlaps testa a sobreposição espacial. EmCartaz e Filmes são juntadas pela cláusula de equijunção, enquanto EmCartaz e Países são juntadas pela cláusula de sobreposição espacial. As seleções de 'Andorra' e filmes contendo 'Herbert' o 'Verme' completam a consulta.

Essas duas consultas objeto-relacionais são semelhantes às consultas em SQL-92, mas têm algumas características incomuns:

- **Métodos definidos pelo usuário:** tipos abstratos definidos pelo usuário são manipulados por meio de seus métodos; por exemplo, *e_herbert* (Seção 23.2).
- **Operadores para tipos estruturados:** junto com os tipos estruturados disponíveis no modelo de dados, os SGBDORs fornecem os métodos naturais para esses tipos. Por exemplo, o tipo ARRAY suporta a operação padrão de array, para acessar um elemento especificando o índice; *Q.estrelas*[1] retorna o primeiro elemento do array na coluna *estrelas* do filme Q (Seção 23.3).

- **Operadores para tipos de referência:** os tipos de referência *acessados(dereferenced)* por meio de uma notação de seta (–>) (Seção 23.6.2).

Para resumirmos os pontos destacados por nosso exemplo de motivação, os sistemas relacionais tradicionais oferecem flexibilidade limitada nos tipos de dados disponíveis. Os dados são armazenados em tabelas e o tipo de cada valor de campo é limitado a um tipo atômico simples (por exemplo, inteiro ou string), com um pequeno conjunto fixo desses tipos para se escolher. Esse sistema de tipos limitados pode ser estendido de três maneiras principais: tipos de dados abstratos definidos pelo usuário, tipos estruturados e tipos de referência. Coletivamente, nos referimos a esses novos tipos como **tipos complexos**. No restante deste capítulo, consideraremos como um SGBD pode ser estendido para fornecer suporte para a definição de novos tipos complexos e manipular objetos desses tipos novos.

23.2 TIPOS DE DADOS ESTRUTURADOS

O padrão SQL:1999 permite que os usuários definam novos tipos de dados, além dos tipos nativos (por exemplo, integers). Na Seção 5.7.2, discutimos a definição de novos tipos *distintos*. Estes permanecem dentro do modelo relacional padrão, pois os valores desses tipos devem ser atômicos.

O padrão SQL:1999 também introduziu dois **construtores de tipo**, que nos permitem definir novos tipos com estrutura interna. Os tipos definidos usando-se construtores de tipo são chamados de **tipos estruturados**. Isso nos leva além do modelo relacional, pois os valores de campo não precisam mais ser atômicos:

- ROW(n_1 t_1, ..., n_n t_n): um tipo representando uma linha ou tupla de n campos, com campos n_1, ..., n_n de tipos t_1, ..., t_n respectivamente.
- base ARRAY [i]): um tipo representando um array de (até) i itens de tipo base.

O tipo t_cinema, na Figura 23.1, ilustra o novo tipo de dados ROW. No padrão SQL:1999, o tipo ROW tem uma função especial, pois toda tabela é uma coleção de linhas — toda tabela é um conjunto de linhas ou um multiconjunto de linhas. Valores de outros tipos só podem aparecer como valores de campo.

O campo *stars* da tabela Films ilustra o novo tipo ARRAY. Trata-se de um array de até 10 elementos, cada um dos quais sendo de tipo VARCHAR(25). Note que 10 é o número máximo de elementos no array; a qualquer momento, o array (ao contrário do que acontece, digamos, em C) pode conter menos elementos. Como o padrão SQL:1999 não suporta arrays multidimensionais, *vetor* poderia ter sido um nome mais preciso para o construtor de array.

O poder dos construtores de tipo vem do fato de que eles podem ser compostos. O tipo row a seguir contém um campo que é um array de, no máximo, 10 strings:

ROW(*filmno:* integer, *stars:* VARCHAR(25) ARRAY [10])

O tipo row no padrão SQL:1999 é muito geral; seus campos podem ser de qualquer tipo de dados do padrão. Infelizmente, o tipo array é restrito; os elementos de um array não podem ser arrays. Portanto, a definição a seguir é inválida:

(integer ARRAY [5]) ARRAY [10]

Sistemas de Banco de Dados de Objetos 649

> **Tipos de Dados estruturados do Padrão SQL:1999:** Vários sistemas comerciais, incluindo IBM DB2, Informix UDS e Oracle 9i, suportam os construtores ROW e ARRAY. Os construtores de tipo listof, bagof e setof não estão incluídos no padrão SQL:1999. Contudo, os sistemas comerciais suportam alguns desses construtores em graus variados. O Oracle suporta relações aninhadas e arrays, mas não suporta a composição completa desses construtores. O Informix suporta os construtores setof, bagof e listof e permite que eles sejam compostos. O suporte nessa área varia muito entre os fabricantes.

23.2.1 Tipos de Coleção

O padrão SQL:1999 suporta apenas os construtores de tipo ROW e ARRAY. Outros construtores de tipo comuns incluem:

- listof(base): um tipo representando uma seqüência de itens de tipo base.
- setof(base): um tipo representando um *conjunto* de itens de tipo base. Os conjuntos não podem conter elementos duplicados.
- bagof(base): um tipo representando uma *sacola* (bag) ou *multiconjunto* de itens de tipo base.

Os tipos que usam listof, ARRAY, bagof ou setof como construtor de tipo mais externo às vezes são referidos como **tipos de coleção** ou **tipos de dados de massa**.

A falta de suporte para esses tipos de coleção é reconhecida como uma deficiência do suporte do padrão SQL:1999 para objetos complexos, e é muito provável que alguns desses tipos de coleção sejam adicionados em futuras revisões do padrão SQL.[1]

23.3 OPERAÇÕES EM DADOS ESTRUTURADOS

O SGBD fornece métodos nativos para os tipos definidos usando construtores de tipo. Esses métodos são análogos às operações nativas, como adição e multiplicação, para tipos atômicos como os inteiros. Nesta seção, apresentaremos os métodos de vários construtores de tipo e ilustraremos como as consultas em SQL podem criar e manipular valores com tipos estruturados.

23.3.1 Operações em Linhas

Dado um item i, cujo tipo é ROW(n_1 t_1, ..., n_n t_n), o método de extração de campo nos permite acessar um campo n_k individual usando a tradicional notação de ponto $i.n_k$. Se construtores de linha são aninhados em uma definição de tipo, os pontos podem ser aninhados para acessar os campos da linha aninhada; por exemplo, $i.n_k.m_l$. Se temos uma coleção de linhas, a notação de ponto nos fornece uma coleção como resultado. Por exemplo, se i é uma lista de linhas, $i.n_k$ nos fornece uma lista de itens de tipo t_k; se i é um conjunto de linhas, $i.n_k$ nos fornece um conjunto de itens de tipo t_k.

Essa notação de ponto aninhada é freqüentemente chamada de **expressão de caminho**, pois descreve um caminho pela estrutura aninhada.

---

[1] De acordo com Jim Melton, o editor do padrão SQL:1999, a inclusão desses tipos de coleção foi considerada, mas eles foram omitidos porque alguns problemas em suas especificações foram descobertos tarde demais para correção no cronograma do padrão SQL:1999.

23.3.2 Operações em Arrays

Os tipos de array suportam um método de "índice de array" para permitir aos usuários acessarem itens do array em um deslocamento em particular. Uma sintaxe de "colchetes" posfixada é normalmente usada. Como o número de elementos pode variar, existe um operador (CARDINALITY) que retorna o número de elementos existentes no array. O número variável de elementos também motiva a existência de um operador para concatenar dois arrays. O exemplo a seguir ilustra essas operações em arrays do padrão SQL:1999.

```
SELECT    F.no-filme, (F.estrelas || ['Brando', 'Pacino'])
FROM      Filme F
WHERE     CARDINALITY(F.estrelas) < 3 AND F.estrelas[1]='Redford'
```

Para cada filme com Redford como primeira estrela[2] e menos do que três estrelas, o resultado da consulta contém o array de estrelas do filme, concatenado com o array que contém os dois elementos 'Brando' e 'Pacino'. Observe como um valor do tipo array (contendo Brando e Pacino) é construído por meio do uso de colchetes na cláusula SELECT.

23.3.3 Operações em Outros Tipos de Coleção

Embora apenas arrays sejam suportados no padrão SQL:1999, espera-se que as futuras versões de SQL suportem outros tipos de coleção, e consideraremos quais operações são apropriadas sobre esses tipos de dados. Nossa discussão é ilustrativa e não pretende ser abrangente. Por exemplo, alguém poderia, adicionalmente, permitir que operadores agregados *count, sum, avg, max* e *min* fossem aplicados em qualquer objeto de um tipo de coleção, com um tipo de base apropriado (por exemplo, INTEGER). Alguém também poderia suportar operadores para conversões de tipo. Por exemplo, poderiam ser fornecidos operadores para converter um objeto multiconjunto em um objeto de conjunto eliminando duplicatas.

Conjuntos e Multiconjuntos

Os objetos conjunto podem ser comparados usando-se os métodos de conjunto tradicionais $\subset, \subseteq, =, \supseteq, \supset$. Um item de tipo setof(foo) pode ser comparado com um item de tipo foo usando-se o método $\in$, conforme ilustrado na Figura 23.3, contendo a comparação *'Herbert o Verme'* $\in$ *F.estrelas*. Dois objetos conjunto (tendo elementos do mesmo tipo) podem ser combinados para formar um novo objeto, usando-se os operadores $\cup, \cap$ e $-$.

Cada um dos métodos para conjuntos pode ser definido para multiconjuntos, levando-se em conta o número de cópias de elementos. A operação $\cup$ simplesmente soma o número de cópias de um elemento, a operação $\cap$ conta o menor número de vezes que determinado elemento aparece nos dois multiconjuntos de entrada, e — subtrai o número de vezes que determinado elemento aparece no segundo multiconjunto, do número de vezes que ele aparece no primeiro multiconjunto. Por exemplo, usando a semântica de multiconjunto $\cup$ ({1,2,2,2}, {2,2,3}) = {1,2,2,2,2,2,3}; $\cap$ (1,2,2,2}, {2,2,3}) = {2,2}; e $-$ ({1,2,2,2}, {2,2,3}) = {1,2}.

---

[2] Observe que o primeiro elemento em um array SQL tem valor de índice 1 (não), como em algumas linguagens.

Listas

As operações de lista tradicionais incluem *head*, que retorna o primeiro elemento; *tail*, que retorna a lista obtida pela remoção do primeiro elemento; *prepend*, que pega um elemento e o insere como primeiro elemento em uma lista; e *append*, que anexa uma lista em outra.

23.3.4 Consultas Sobre Coleções Aninhadas

Apresentaremos agora alguns exemplos para ilustrar como relações que contêm coleções aninhadas podem ser consultadas usando sintaxe SQL. Em particular, extensões do modelo relacional com conjuntos e multiconjuntos aninhados foram amplamente estudadas, e focalizaremos esses tipos de coleção.

Consideraremos nesta seção uma variante da relação Filmes da Figura 23.1, com o campo *estrelas* definido como `setof (VARCHAR[25])`, em vez de um array. Cada tupla descreve um filme, identificado univocamente por *no-filme*, e contém um conjunto (de estrelas participantes no filme) como valor de campo.

Nosso primeiro exemplo ilustra como podemos aplicar um operador agregado em um conjunto aninhado. Ele identifica filmes com mais de duas estrelas contando o número de estrelas; o operador `CARDINALITY` é aplicado uma vez por tupla de Filmes.[3]

```
SELECT  F.no-filme
FROM    Filmes F
WHERE   CARDINALITY(F.estrelas) > 2
```

Nossa segunda consulta ilustra uma operação chamada **desaninhamento**. Considere a instância de Filmes mostrada na Figura 23.4; omitimos os campos *diretor* e *orçamento* (incluídos no esquema Filmes da Figura 23.1) por simplicidade. Uma versão não estruturada das mesmas informações aparece na Figura 23.5; para cada filme e estrela participante, temos uma tupla em Filmes_exp.

no-filme	título	estrelas
98	Casablanca	{Bogart, Bergman}
54	Earth Worms Are Juicy	{Herbert, Wanda}

Figura 23.4 Uma relação aninhada, Filmes.

A consulta a seguir gera a instância de Filmes_exp de Filmes:

```
SELECT  F.filme-no, F.título, E AS estrelas
FROM    Filmes F, F.estrelas AS E
```

---

[3] O padrão SQL:1999 não suporta valores conjunto ou multiconjunto, conforme observamos anteriormente. Se suportasse, seria natural permitir que o operador `CARDINALITY` fosse aplicado a um valor conjunto para contar o número de elementos; usamos o operador nesse sentido.

no-filme	título	estrelas
98	Casablanca	Bogart
98	Casablanca	Bergman
54	Earth Worms Are Juicy	Herbert
54	Earth Worms Are Juicy	Wanda

Figura 23.5 Uma versão não estruturada, Filmes_exp.

A variável F é sucessivamente ligada às tuplas de Filmes e, para cada valor de F, a variável E é sucessivamente ligada ao conjunto no campo *estrelas* de F. Inversamente, talvez queiramos gerar a instância de Filmes a partir de Filmes_exp. Podemos gerar a instância de Filmes usando uma forma generalizada da construção GROUP BY da SQL, conforme ilustra a consulta a seguir:

```
SELECT    F.no-filme, F.título, set_gen(F.estrelas)
FROM      Filmes_exp F
GROUP BY  F.no-filme, F.título
```

Esse exemplo introduz um novo operador, *set_gen*, para ser usado com GROUP BY, que exige alguma explicação. A cláusula GROUP BY particiona a tabela Films_flat, ordenando pelo atributo *no-filme*; todas as tuplas em determinada partição têm o mesmo valor de *no-filme* (e, portanto, o mesmo valor de *título*). Considere o conjunto de valores na coluna *estrelas* de determinada partição. Em uma consulta da SQL-92, esse conjunto deve ser resumido por meio da aplicação de um operador agregado, como COUNT. Entretanto, agora que permitimos que as relações contenham conjuntos como valores de campo, podemos retornar o conjunto de valores de *estrelas* como um valor de campo em uma única tupla de resposta, que também contém o valor de *no-filme* da partição correspondente. O operador *set_gen* reúne o conjunto de valores de *stars* em uma partição e cria um objeto com valor conjunto. Essa operação é chamada de **aninhamento**. Podemos imaginar funções geradoras semelhantes para criar multiconjuntos, listas etc. Contudo, tais funções geradoras não estão incluídas no padrão SQL:1999.

23.4 ENCAPSULAMENTO E TADS

Considere a tabela Frames da Figura 23.1. Ela tem uma coluna *imagem* do tipo jpeg_image, que armazena uma imagem compactada representando o quadro de um filme. O tipo jpeg_image não é um dos tipos nativos do SGBD e foi definido por um usuário para o aplicativo da Dinky, para armazenar dados de imagem compactados usando o padrão JPEG. Como outro exemplo, a tabela Countries, definida na linha 7 da Figura 23.1, tem uma coluna *contorno* do tipo polygon, que contém representações dos formatos dos contornos dos países em um mapa-múndi.

Permitir que os usuários definam novos tipos de dados arbitrários é uma característica fundamental dos SGBDORs. O SGBD permite que os usuários armazenem e recuperem objetos do tipo jpeg_image, exatamente como um objeto de qualquer outro tipo, como integer. Normalmente, novos tipos de dados atômicos precisam ter operações específicas para o tipo, definidas pelo usuário que os cria. Por exemplo, alguém poderia definir operações sobre um tipo de dados de imagem como compactar, girar, reduzir e recortar. A combinação de um tipo de dados atômico e seus métodos associados é chamada de **tipo abstrato de dado** ou **TAD**. A SQL tradicional vem com TDAs internos, como nativos (com os métodos aritméticos associados) ou strings (com os métodos de igualdade, comparação e LIKE). Os sistemas objeto-relacionais incluem esses TADs e também permitem que os usuários definam seus próprios TADs.

O rótulo *abstrato* é aplicado a esses tipos de dados, porque o sistema de banco de dados não precisa saber como os dados de um TAD são armazenados nem como funcionam os métodos do TAD. O GBD só precisa saber quais métodos estão disponíveis e os tipos de entrada e saída dos métodos. A ocultação dos detalhes internos do TAD é chamada de **encapsulamento**.[4] Note que, mesmo em um sistema relacional, os tipos atômicos, como os inteiros, têm métodos associados que os encapsulam. No caso dos inteiros, os métodos-padrão para o TAD são os operadores aritméticos normais e os comparadores. Para avaliar o operador de adição em inteiros, o sistema de banco de dados não precisa entender as leis da adição — ele só precisa saber como faz para ativar o código do operador de adição e qual tipo de dados deve esperar em retorno.

Em um sistema objeto-relacional, a simplificação resultante do encapsulamento é fundamental, pois ela oculta as distinções importantes entre os tipos de dados e permite que um SGBDOR seja implementado sem antecipar os tipos e métodos que os usuários desejarão adicionar. Por exemplo, a adição de inteiros e a sobreposição de imagens podem ser tratadas uniformemente pelo sistema, sendo as únicas distinções significativas o fato de que um código diferente é ativado para cada uma das duas operações, e objetos de tipos diferentes são esperados no retorno desses códigos.

23.4.1 Definindo Métodos

Para registrar um novo método para um tipo de dados definido pelo usuário, é preciso escrever o código do método e depois informar ao sistema de banco de dados sobre o método. O código a ser escrito depende das linguagens suportadas pelo SGBD e, possivelmente, do sistema operacional em questão. Por exemplo, o SGBDOR pode manipular o código Java no sistema operacional Linux. Nesse caso, o código do método deve ser escrito em Java e compilado em um arquivo de bytecode Java, armazenado em um sistema de arquivos Linux. Então, um comando de registro de método, de estilo SQL, é fornecido ao SGBDOR, para que ele reconheça o novo método:

```
CREATE FUNCTION is_sunrise(imagem_jpeg) RETURNS boolean
       AS EXTERNAL NAME '/a/b/c/dinky.class' LANGUAGE 'java';
```

Essa instrução define os aspectos evidentes do método: o tipo do TAD associado, o tipo de retorno e a localização do código. Uma vez registrado o método, o SGBD utiliza uma máquina virtual Java para executar o código.[5] A Figura 23.6 apresenta vários comandos de registro de método para nosso banco de dados da Dinky.

```
1. CREATE FUNCTION miniatura(imagem_jpeg) RETURNS imagem_jpeg
        AS EXTERNAL NAME '/a/b/c/dinky.class' LANGUAGE 'java';
2. CREATE FUNCTION e_amanhecer(imagem_jpeg) RETURNS boolean
        AS EXTERNAL NAME '/a/b/c/dinky.class' LAN,GUAGE 'java';
```

---

[4] Alguns SGBDORs se referem aos TADs como **tipos opacos**, pois eles são encapsulados, assim, não se pode ver seus detalhes.

[5] No caso de código compilado não-portável escrito, por exemplo, em uma linguagem como a C++, o SGBD usa o recurso de ligação dinâmica (*dynamic liking*) do sistema operacional para ligar o código do método no sistema de banco de dados, para que ele possa ser ativado.

> **Extensões de SGBDOR Empacotadas:** O desenvolvimento de um conjunto de tipos e métodos definidos pelo usuário para uma aplicação em particular como gerenciamento de imagens, pode envolver um volume de trabalho significativo e experiência no domínio específico. Como resultado, a maioria dos fabricantes de SGBDOR faz parceria com outros para vender conjuntos de TADs previamente empacotados para domínios específicos. A Informix chama essas extensões de *DataBlades*, a Oracle as chama de *Data Cartriges*, a IBM chama de *DB2 Extenders*, e assim por diante. Esses pacotes incluem o código do método do TAD, scripts de DDL para automatizar o carregamento dos TADs no sistema e, em alguns casos, métodos de acesso especializados para o tipo de dados. As extensões de TAD empacotadas são análogas às bibliotecas de classe disponíveis para linguagens de programação orientadas a objetos: elas fornecem um conjunto de objetos que, juntos, tratam de uma tarefa comum.
>
> O padrão SQL:1999 tem uma extensão chamada SQL/MM que consiste em várias partes independentes, e cada uma das quais especifica uma biblioteca de tipos para um tipo de dados em particular. Estão disponíveis, ou próximas da publicação, partes da SQL/MM para Full-Text, Spatial, Still Image e Data Mining.

```
3. CREATE FUNCTION e_herbert(imagem_jpeg) RETURNS boolean
      AS EXTERNAL NAME '/a/b/c/dinky.class' LANGUAGE 'java';
4. CREATE FUNCTION raio(polígono, float) RETURNS polígono
      AS EXTERNAL NAME '/a/b/c/dinky.class' LANGUAGE 'java';
5. CREATE FUNCTION sobrepõe(polígono, polígono) RETURNS boolean
      AS EXTERNAL NAME '/a/b/c/dinky.class' LANGUAGE 'java';
```

Figura 23.6 Comandos de registro de método para o banco de dados da Dinky.

As instruções de definição de tipo para os tipos de dados atômicos definidos pelo usuário no esquema Dinky são dados na Figura 23.7.

1. CREATE ABSTRACT DATA TYPE imagem_jpeg
    (*internallength* = VARIABLE, *input* = entr_jpeg, *output* = saída_jpeg);
2. CREATE ABSTRACT DATA TYPE polygon
    (*internallength* = VARIABLE, *input* = polig_entr, *output* = polig_saída);

Figura 23.7 Comandos de declaração de tipo atômico para o banco de dados da Dinky.

23.5 HERANÇA

Consideramos o conceito de herança no contexto do modelo ER, no Capítulo 2, e discutimos como os diagramas ER com herança eram transformados em tabelas. Nos sistemas de banco de dados de objetos, ao contrário dos sistemas relacionais, a herança é suportada diretamente e permite que definições de tipo sejam reutilizadas e refinadas muito facilmente. Ela pode ser muito útil ao se modelar classes de objetos semelhantes, mas ligeiramente diferentes. Nos sistemas de banco de dados de objetos, a herança pode ser usada de duas maneiras: para reutilizar e refinar tipos e para criar hierarquias de coleções de objetos semelhantes, mas não idênticos.

23.5.1 Definindo Tipos com Herança

No banco de dados da Dinky, modelamos cinemas com o tipo t_cinema. A Dinky também quer que seu banco de dados represente uma nova técnica de marketing no ramo dos cinemas: o *café_cinema*, que serve pizza e outros alimentos enquanto exibe os filmes. Essas lanchonetes exigem que informações adicionais sejam representadas no banco de dados. Em particular, uma lanchonete assim é como um cinema, mas tem um atributo adicional representando o cardápio do cinema. A herança nos permite capturar essa 'especialização' explicitamente no projeto do banco de dados, com a seguinte instrução de DDL:

> CREATE TYPE t_cafécinema UNDER t_cinema (*menu* text);

Essa instrução cria um novo tipo, t_cafécinema, que tem os mesmos atributos e métodos de t_cinema, além de um atributo *menu* adicional, de tipo text. Os métodos definidos em t_cinema se aplicam aos objetos de tipo t_cafécinema, mas o contrário não é verdade. Dizemos que t_cafécinema **herda** os atributos e métodos de t_cinema.

Note que o mecanismo da herança não é apenas uma macro para abreviar instruções CREATE. Ele cria um relacionamento explícito no banco de dados entre o **subtipo** (t_cafécinema) e o **supertipo** (t_cinema): *um objeto do subtipo também é considerado como um objeto do supertipo*. Esse tratamento significa que todas as operações que se aplicam ao supertipo (tanto métodos, quando operadores de consulta, como projeção ou junção) também se aplicam ao subtipo. Geralmente, isso é expresso no seguinte princípio:

> **O Princípio da Substituição:** dados um supertipo A e um subtipo B, é sempre possível substituir um objeto de tipo B em uma expressão válida escrita para objetos de tipo A, sem produzir erros de tipo.

Esse princípio permite fácil reutilização de código, pois as consultas e métodos escritos para o supertipo podem ser aplicados no subtipo sem modificação.

Note que, além dos tipos de linha, a herança também pode ser usada para tipos atômicos. Dado um supertipo t_imagem, com métodos *title()*, *number_of_colors()* e *display()*, podemos definir um subtipo t_miniatura_imagem para imagens pequenas que herdam os métodos de t_imagem.

23.5.2 Vinculando Métodos

Na definição de um subtipo, às vezes é interessante substituir um método do supertipo por uma nova versão que opere de forma diferente no subtipo. Considere o tipo t_imagem e o subtipo t_imagem_jpeg, do banco de dados da Dinky. Infelizmente, o método *display()* para imagens padrão não funciona para imagens JPEG, que têm compactação especial. Portanto, na criação do tipo t_imagem_jpeg, escrevemos um método *display()* especial para imagens JPEG e o registramos no sistema de banco de dados usando o comando CREATE FUNCTION:

> CREATE FUNCTION *display*(imagem_jpeg) RETURNS imagem_jpeg
>   AS EXTERNAL NAME '/a/b/c/jpeg.class' LANGUAGE 'java';

O registro de um novo método com o mesmo nome de um método antigo é chamado de **sobrecarga** do nome do método.

Por causa da sobrecarga, o sistema precisa entender qual método é desejado em uma expressão em particular. Por exemplo, quando o sistema precisa chamar o método *display()* em um objeto de tipo `t-imagem_jpeg`, ele usa o método *display* especializado. Quando ele precisa chamar *display* em um objeto de tipo `t_imagem`, que não se tornou um subtipo de, ele chama o método *display* padrão. O processo de decidir qual método vai ser chamado é denominado **vinculação** (binding) do método no objeto. Em certas situações, essa vinculação pode ser feita quando uma expressão é analisada (**vinculação precoce — early binding**), mas em outros casos, o tipo mais específico de um objeto não pode ser conhecido até o momento da execução, de modo que o método não pode ser vinculado até esse momento (**vinculação tardia — late binding**). A vinculação tardia facilita o aumento da flexibilidade, mas pode tornar mais difícil para o usuário raciocinar sobre os métodos que são chamados para determinada expressão de consulta.

23.5.3 Hierarquias de Coleção

A herança de tipo foi inventada para linguagens de programação orientadas a objetos e, até este ponto, nossa discussão sobre ela difere um pouco da discussão que se poderia encontrar em um livro sobre uma linguagem orientada a objetos, como C++ ou Java.

Entretanto, como os sistemas de banco de dados fornecem linguagens de consulta sobre conjuntos de dados tabulares, os mecanismos das linguagens de programação são aprimorados nos bancos de dados de objetos para tratar também de tabelas e consultas. Em particular, nos sistemas objeto-relacionais, podemos definir uma tabela contendo objetos de um tipo específico, como a tabela Theaters do esquema Dinky. Dado um novo subtipo, como `t_cafecinema`, gostaríamos de criar outra tabela Café_cinema para armazenar as informações sobre lanchonetes em cinema. Mas, ao se escrever uma consulta sobre a tabela Theaters, às vezes é desejável fazer a mesma consulta sobre a tabela Café_cinema; afinal, se removermos as colunas adicionais, uma instância da tabela Café_cinema pode ser vista como uma instância da tabela Cinema.

Em vez de exigir que o usuário especifique uma consulta separada para cada tabela, podemos informar ao sistema que uma nova tabela do subtipo deve ser tratada como parte de uma tabela do supertipo, com relação às consultas sobre esta última tabela. Em nosso exemplo, podemos escrever

```
CREATE TABLE Café_cinema OF TYPE t_cafécinema UNDER Cinemas;
```

Essa instrução diz ao sistema que as consultas sobre a tabela Cinemas, na verdade, devem ser executadas sobre todas as tuplas das tabelas Cinemas e Café_cinema. Nesse caso, se a definição do subtipo envolve sobrecarga de método, a vinculação tardia é usada para garantir que os métodos apropriados sejam chamados para cada tupla.

Em geral, a cláusula UNDER pode ser usada para gerar uma árvore arbitrária de tabelas, chamada de **hierarquia de coleção**. As consultas sobre uma tabela T em particular na hierarquia são executadas sobre todas as tuplas de T e de suas descendentes. Às vezes, um usuário pode querer que a consulta seja executada apenas em T e não nas descendentes; sintaxe adicional (por exemplo, a palavra-chave ONLY) pode ser usada na cláusula FROM da consulta para se obter esse efeito.

23.6 OBJETOS, OIDS E TIPOS DE REFERÊNCIA

Nos sistemas de banco de dados de objetos, os objetos de dados podem receber um **identificador de objeto (OID-Object Identifier)**, que é algum valor único no banco de dados no decorrer do tempo. O SGBD é responsável por gerar OIDs e garantir que um

> **OIDs:** O IBM DB2, o Informix UDS e o Oracle 9i suportam tipos REF.

OID identifique univocamente um objeto por todo seu tempo de vida. Em alguns sistemas, todas as tuplas armazenadas em qualquer tabela são objetos e recebem OID únicos automaticamente; em outros sistemas, um usuário pode especificar as tabelas para as quais as tuplas devem receber OIDs. Freqüentemente, também existem recursos para gerar OIDs para estruturas maiores (por exemplo, tabelas), assim como para estruturas menores (por exemplo, instâncias de valores de dados, como uma cópia do inteiro 5 ou uma imagem JPEG).

O OID de um objeto pode ser usado para se referir a ele a partir de qualquer lugar nos dados. Um OID tem um tipo semelhante ao de um ponteiro em uma linguagem de programação.

No padrão SQL:1999, cada tupla em uma tabela pode receber um OID por meio da definição da tabela baseada em um tipo estruturado e declarando-se que um tipo REF está associado a ela, como na definição da tabela Theaters, na linha 4 da Figura 23.1. Contraste isso com a definição da tabela Countries na linha 7; as tuplas de Countries não têm OIDs associados. (O padrão SQL:1999 também atribui "OIDs" a objetos grandes: esse é o localizador do objeto.)

Os tipos REF têm valores que são identificadores únicos (ou OIDs). O padrão SQL:1999 exige que um tipo REF seja associado a uma tabela específica. Por exemplo, a linha 5 da Figura 23.1 define uma coluna *cinema* de tipo REF(t_cinema). A cláusula SCOPE especifica que os itens nessa coluna são referências às linhas na tabela Cinema, as quais são definidas na linha 4.

23.6.1 Noções de Igualdade

A distinção entre tipos de referência e tipos estruturados livres de referência levanta uma questão: a definição de igualdade. Dois objetos tendo o mesmo tipo são definidos como sendo de **igualdade profunda** (deep equal) se e somente se:

1. Os objetos forem de tipo atômico e tiverem o mesmo valor.
2. Os objetos forem de tipo de referência e o operador *deep equals* for verdadeiro para os dois objetos referenciados.
3. Os objetos forem de tipo estruturado e o operador *deep equals* for verdadeiro para todas as subpartes correspondentes dos dois objetos.

Dois objetos que têm o mesmo tipo de referência são definidos como sendo de **igualdade rasa** (shallow equal) se ambos se referem ao mesmo objeto (isto é, as duas referências usam o mesmo OID). A definição de igualdade rasa pode ser estendida para objetos de tipo arbitrário, pegando-se a definição de igualdade profunda e substituindo-se *deep equals* por *shallow equals* nas partes (2) e (3).

Como exemplo, considere os objetos complexos ROW(538, *t89*, 6-3-97, 8-7-97) e ROW(538, *t33*, 6-3-97, 8-7-97), cujo tipo é o das linhas na tabela EmCartaz (linha 5 da Figura 23.1). Esses dois objetos não têm igualdade rasa, pois diferem no valor do segundo atributo. Contudo, eles poderiam ter igualdade profunda se, por exemplo, os OIDs *t89* e *t33* se referissem a objetos de tipo t_cinema que tivessem o mesmo valor; por exemplo, tuple(54, 'Majestic', 115 King, 2556698).

Embora dois objetos com igualdade profunda possam não ter igualdade rasa, conforme o exemplo ilustra, evidentemente dois objetos com igualdade rasa têm sempre igualdade profunda. A escolha padrão de igualdade profunda *versus* igualdade rasa para tipos de referência é diferente entre os sistemas, embora normalmente encontremos sintaxe para especificar uma ou outra semântica.

23.6.2 Indireção em Tipos de Referência

Um item de tipo de referência REF(tipo-base) não é igual ao item de tipo-base para o qual aponta. Para acessar o item tipo-base referenciado, é fornecido um método nativo deref(), junto com o construtor de tipo REF. Por exemplo, dada uma tupla da tabela EmCartaz, pode-se acessar o campo *name* do objeto referenciado theater_t com a sintaxe EmCartaz.deref*(cinema).nome*. Como referências para tipos de tupla são comuns, o padrão SQL:1999 usa um operador seta de estilo Java, o qual combina uma versão posfixada do operador de indireção (dereference) com um operador ponto do tipo tupla. O nome do cinema referenciado pode ser acessado com a sintaxe equivalente EmCartaz.*cinema –>nome*, como na Figua 23.3.

Neste ponto, abordamos todas as extensões de tipo básicas usadas no esquema Dinky da Figura 23.1. O leitor fica convidado a rever o esquema e examinar a estrutura e o conteúdo de cada tabela, e como os novos recursos são usados nos vários exemplos de consulta.

23.6.3 URLs e OIDs no Padrão SQL:1999

É instrutivo notar as diferenças entre os URLs da Internet e os OIDs nos sistemas de objeto. Primeiramente, os OIDs identificam univocamente um único objeto em todo o decorrer do tempo (pelo menos até que o objeto seja excluído, quando o OID fica indefinido), enquanto o recurso da Web apontado por um URL pode mudar com o passar do tempo. Segundo, os OIDs são simplesmente identificadores e não carregam nenhuma informação física sobre os objetos que identificam; isso torna possível alterar o local de armazenamento de um objeto sem modificar ponteiros para o objeto. Em contraste, os URLs incluem endereços de rede e freqüentemente também incluem nomes de sistema de arquivo, significando que, se o recurso identificado pelo URL precisar mudar para outro arquivo ou outro endereço de rede, todos os links para esse recurso estarão incorretos ou exigirão um mecanismo de "encaminhamento". Terceiro, os OIDs são gerados automaticamente pelo SGBD para cada objeto, enquanto os URLs são gerados pelo usuário. Como os usuários geram URLs, eles freqüentemente incorporam informações semânticas no URL, por meio de nomes de máquina, diretório ou arquivo; isso pode se tornar confuso, se as propriedades do objeto mudarem com o passar do tempo.

Para URLs, as exclusões podem ser problemáticas: isso leva ao notório erro "404 Page Not Found". Para OIDs, o padrão SQL:1999 nos permite escrever REFERENCES ARE CHECKED, como parte da cláusula SCOPE, e escolher uma de várias ações quando um objeto referenciado é excluído. Essa é uma extensão direta da integridade referencial que cobre os OIDs.

23.7 PROJETO DE BANCO DE DADOS PARA UM SGBDOR

A ampla variedade de tipos de dados em um SGBDOR oferece ao projetista de banco de dados muitas oportunidades para um projeto mais natural ou eficiente. Nesta seção, ilustraremos as diferenças entre projeto de banco de dados de SGBDR e SGBDOR, por meio de vários exemplos.

23.7.1 Tipos de Coleção e TADs

Nosso primeiro exemplo envolve várias sondas espaciais, cada uma das quais gravando um vídeo continuamente. Um único fluxo de vídeo é associado a cada sonda e, embora esse fluxo tenha sido coletado em determinado período de tempo, supomos que agora ele é um objeto completo associado à sonda. Durante o período de tempo em que o vídeo foi coletado, a localização da sonda era registrada periodicamente (tal informação pode ser facilmente transportada na parte do cabeçalho de um fluxo de vídeo, obedecendo o padrão MPEG). A informação associada a uma sonda tem três partes: (1) uma *identificação de sonda* que identifica uma sonda exclusivamente, (2) um *fluxo de vídeo* e (3) uma *seqüência de localização* com pares <*tempo, localização*>. Que tipo de esquema de banco de dados devemos usar para armazenar essas informações?

Um Projeto de Banco de Dados de SGBDR

Em um SGBDR, devemos armazenar cada fluxo de vídeo como um BLOB e cada seqüência de localização como tuplas em uma tabela. Um possível projeto de banco de dados de SGBDR aparece a seguir:

Sondas(*id-sonda:* integer, *tempo:* timestamp, *latitude:* real, *longitude:* real, *câmera:* string, *vídeo:* BLOB)

Existe uma única tabela chamada Sondas e ela tem várias linhas para cada sonda. Cada uma dessas linhas tem os mesmos valores de *id-sonda, câmera* e *vídeo*, mas diferentes valores de *tempo, latitude* e *longitude*. (Usamos latitude e longitude para denotar a localização.) A chave dessa tabela pode ser representada como uma dependência funcional: $STLN \rightarrow CV$, onde N significa longitude. Existe outra dependência: $S \rightarrow CV$. Portanto, essa relação não está na FNBC; na verdade, ela não está nem mesmo na 3FN. Podemos decompor Probes para obter um esquema na FNBC:

Local_Sondas(*id-sonda:* integer, *tempo:* timestamp, *latitude:* real, *longitude:* real)
Vídeo_Sondas(*id-sonda:* integer, *câmera:* string, *vídeo:* BLOB)

Esse projeto é o melhor que podemos obter em um SGBDR. Entretanto, ele tem vários inconvenientes.

Primeiro, representar vídeos como BLOBs significa que precisamos escrever um código de aplicativo em uma linguagem externa para manipular um objeto vídeo no banco de dados. Considere esta consulta: "Para a sonda 10, exibir o vídeo gravado entre 13:10 e 13:15 horas, no dia 10 de maio de 1996". Precisamos recuperar o objeto vídeo inteiro associado à sonda 10, gravado durante várias horas, para exibir um segmento gravado durante cinco minutos.

Em seguida, o fato de que cada sonda tem uma seqüência associada de leituras de localização é obscurecido e as informações de seqüência associadas a uma sonda ficam dispersas em várias tuplas. Um terceiro inconveniente é que somos obrigados a separar as informações de vídeo das informações de seqüência de uma sonda. Essas limitações são expostas por consultas que nos exigem considerar todas as informações associadas a cada sonda; por exemplo, "Para cada sonda, imprimir o tempo mais antigo no qual ela gravou e o tipo de câmera". Agora essa consulta envolve uma junção de Local_Sondas e Vídeo_Sondas no campo *id-sonda*.

Um Projeto de Banco de Dados de SGBDOR

Um SGBDOR suporta uma solução muito melhor. Primeiro, podemos armazenar o vídeo como um objeto TAD e escrever métodos que capturam qualquer manipulação especial que queiramos executar. Segundo, podemos armazenar tipos estruturados como listas, e armazenar a seqüência de localização de uma sonda em uma única tupla, junto com as informações do vídeo. Esse projeto elimina a necessidade de junções nas consultas que envolvem as informações de seqüência e de vídeo. Um projeto de SGB-DOR para nosso exemplo consiste em uma única relação chamada Sondas_Tudo:

Sondas_Tudo(*id-sonda:* `integer`, *locseq:* `location_seq`, *camera:* `string`, *viídeo:* `mpeg_stream`)

Essa definição envolve dois tipos novos: `local_seqüência` e `luxo_mpeg`. O tipo `fluxo_mpeg` é definido como um TAD, com um método *display()* que recebe um tempo de início e um tempo de fim, e exibe a parte do vídeo gravada durante esse intervalo. Esse método pode ser implementado eficientemente, examinando-se a duração total da gravação e o comprimento total do vídeo, e interpolando para extrair o segmento gravado durante o intervalo especificado na consulta.

Nossa primeira consulta em SQL estendida usando esse método *display* aparece a seguir. Agora, recuperamos apenas o segmento exigido do vídeo, em vez do vídeo inteiro.

```
SELECT  display(P.vídeo, 1:10 S.M. 10 Mai 1996, 1:15 S.M. 10 Mai 1996)
FROM    Sondas_AllInfo P
WHERE   S.id-Sonda = 10
```

Agora, considere o tipo `local_seqüência`. Poderíamos defini-lo como um tipo `list` contendo uma lista de objetos de tipo `ROW`:

```
CREATE TYPE local_seqüência listof
    (row (tempo: timestamp, latitude: real, longitude: real))
```

Considere o campo *locseq* em uma linha de determinada sonda. Esse campo contém uma lista de linhas, cada uma das quais com três campos. Se o SGBDOR implementa tipos de coleção em toda sua generalidade, devemos conseguir extrair a coluna *time* dessa lista, para obtermos uma lista de valores `timestamp` e aplicarmos o operador agregado `MIN` nessa lista, para encontrarmos o tempo mais antigo no qual determinada sonda gravou. Tal suporte para tipos de coleção nos permitiria expressar nossa segunda consulta como:

```
SELECT  S.sond, MIN(P.locseq.tempo)
FROM    Sondas_Tudo P
```

Os SGBDORs atuais não são tão gerais e limpos como esse exemplo de consulta sugere. Por exemplo, o sistema pode não reconhecer que projetar a coluna *time* de uma lista de linhas nos fornece uma lista de valores de indicação de tempo (timestamp); ou o sistema pode permitir que apliquemos um operador agregado apenas em uma tabela e não em um valor de lista aninhada.

Continuando com nosso exemplo, talvez queiramos executar em nossas seqüências de localização operações especializadas que vão além dos operadores agregados padrão. Por exemplo, talvez queiramos definir um método que receba um intervalo de tempo e calcule a distância percorrida pela sonda durante esse intervalo. O código desse método deve entender os detalhes da trajetória de uma sonda e de sistemas de coordenadas geoespaciais. Por esses motivos, poderíamos optar por definir local_seqüência como um TAD.

Claramente, um SGBDOR (ideal) fornece-nos muitas opções de projeto úteis que não estão disponíveis em um SGBDR.

23.7.2 Identidade de Objeto

Vamos discutir agora algumas das conseqüências do uso de tipos de referência ou OIDs. O uso de OIDs é especialmente significativo quando o tamanho do objeto é grande, ou se trata de um tipo de dados estruturado ou de um objeto grande, como uma imagem.

Embora os tipos de referência e os tipos estruturados pareçam semelhantes, na verdade são muito diferentes. Por exemplo, considere um tipo estruturado my_theater tuple(*tno* integer, *nome* text, *endereço* text, *telefone* text) e o tipo de referência theater ref(t_cinema) da Figura 23.1. Existem diferenças importantes na maneira como as atualizações do banco de dados afetam esses dois tipos:

- **Exclusão:** os objetos com referências podem ser afetados pela exclusão dos objetos que eles referenciam, enquanto os objetos estruturados livres de referência não são afetados pela exclusão de outros objetos. Por exemplo, se a tabela Cinemas fosse eliminada do banco de dados, um objeto de tipo theater poderia alterar o valor para *nulo*, porque o objeto t_cinema a que se refere foi excluído, enquanto um objeto semelhante de tipo meu_cinema não mudaria de valor.

- **Atualização:** os objetos de tipos de referência mudam de valor se o objeto referenciado é atualizado. Os objetos estruturados livres de referência só mudam de valor se são atualizados diretamente.

- **Compartilhamento *versus* cópia:** um objeto identificado pode ser referenciado por vários itens de tipo de referência, de modo que cada atualização no objeto é refletida em muitos lugares. Para se obter um efeito semelhante nos tipos livres de referência é necessário atualizar todas as "cópias" de um objeto.

Também existem importantes distinções no armazenamento entre os tipos de referência e os que não são de referência, as quais podem afetar o desempenho:

- **Sobrecarga de armazenamento:** o armazenamento de cópias de um valor grande em vários tipos estruturados pode utilizar muito mais espaço do que armazenar o valor uma vez e se referir a ele em qualquer lugar, por meio de objetos de tipo de referência. Esse requisito de armazenamento adicional pode afetar a utilização de disco e o gerenciamento de buffer (se muitas cópias são acessadas simultaneamente).

- **Agrupamento:** normalmente, as subpartes de um objeto estruturado são armazenadas juntas no disco. Os objetos com referências podem apontar para outros objetos que estejam muito distantes no disco e pode ser necessária uma movimentação significativa do braço do disco para agrupar o objeto e suas referências. Assim, os objetos estruturados podem ser mais eficientes do que os tipos de referência se forem normalmente acessados em sua totalidade.

Muitos desses problemas também surgem em linguagens de programação tradicionais, como C ou Pascal, que distigüem entre as noções de se referir a objetos *por valor* e *por referência*. No projeto de banco de dados, a escolha entre usar um tipo estruturado ou um tipo de referência normalmente inclui a consideração dos custos de armazenamento, problemas de agrupamento e o efeito das atualizações.

> **OIDs e Integridade Referencial:** No padrão SQL:1999, todos os OIDs que aparecem em uma coluna de uma relação são obrigados a referenciar a mesma relação de destino. Esse "escopo" torna possível verificar a "integridade referencial" de referências de OIDs, exatamente como são verificadas as referências de chave estrangeira. Embora os produtos de SGBDOR que suportam OIDs atualmente não suportem tais verificações, é provável que façam isso em versões futuras. Isso tornará muito mais seguro usar OIDs.

Identidade de Objeto *versus* Chaves Estrangeiras

Usar um OID para se referir a um objeto é semelhante a usar uma chave estrangeira para se referir a uma tupla em outra relação, mas não é exatamente igual: um OID pode apontar para um objeto de t_cinema que esteja armazenado *em qualquer lugar* no banco de dados, mesmo em um campo, enquanto uma referência de chave estrangeira fica restrita a apontar para um objeto em uma relação referenciada em particular. Essa restrição torna possível para o SGBD fornecer suporte muito melhor para integridade referencial do que para ponteiros de OID arbitrários. Em geral, se um objeto é excluído enquanto ainda existem ponteiros de OID para ele, o melhor que o SGBD pode fazer é reconhecer a situação mantendo uma contagem de referência. (Mesmo esse suporte limitado torna-se impossível se os OIDs puderem ser copiados livremente.) Portanto, a responsabilidade por evitar referências pendentes fica amplamente a cargo do usuário, se OIDs forem usados para se referir a objetos. Essa responsabilidade incômoda sugere que devemos usar OIDs com muito cuidado e usar chaves estrangeiras em seu lugar, quando possível.

23.7.3 Estendendo o Modelo ER

O modelo ER, conforme descrito no Capítulo 2, não é adequado para o projeto de SGBDOR. Temos de usar um modelo ER estendido que suporte atributos estruturados (isto é, conjuntos, listas, arrays como valores de atributo), distinga se as entidades têm identificações de objeto e nos permita modelar entidades cujos atributos incluam métodos. Ilustraremos esses comentários usando um diagrama ER estendido para descrever os dados de sonda espacial da Figura 23.8; nossas convenções notacionais são *ad hoc* e servem apenas para propósitos ilustrativos.

A definição de Sondas na Figura 23.8 tem dois aspectos novos. Primeiro, ela tem um atributos de tipo estruturado listof(row(*tempo, latitude, longitude*)); cada valor atribuído a esse atributo em uma entidade de Sondas é uma lista de tuplas com três campos. Segundo, Sondas tem um atributo chamado *vídeo* que é um objeto de tipo abstrato de dado, o qual está indicado por uma elipse escura para esse atributo, com uma linha escura ligando-a a Sondas. Além disso, esse próprio atributo tem um "atributo", que é um método do TAD.

Como alternativa, poderíamos modelar cada vídeo como uma entidade, usando um conjunto de entidades chamado Vídeos. A associação entre as entidades de Sondas e as entidades de Vídeos poderia então ser capturada pela definição de um conjunto de relacionamentos que as vinculasse. Como cada vídeo é coletado por precisamente uma sonda e todo vídeo é coletado por alguma sonda, esse relacionamento pode ser mantido pelo simples armazenamento de uma referência para um objeto sonda com cada entidade de Vídeos; essa técnica é basicamente a segunda estratégia de transformação de diagramas ER em tabelas, discutida na Seção 3.5.3.

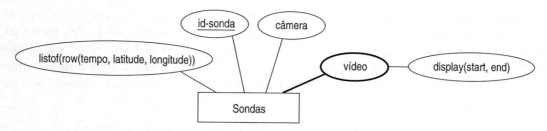

Figura 23.8 O conjunto de entidades Sonda Espacial.

Se também tornarmos Vídeos um conjunto de entidades fraco nesse projeto alternativo, poderemos adicionar uma restrição de integridade referencial que faça uma entidade de Vídeos ser excluída quando a entidade correspondente de Sondas for excluída. De maneira mais geral, esse projeto alternativo ilustra uma forte semelhança entre o armazenamento de referências a objetos e chaves estrangeiras; o mecanismo de chave estrangeira obtém o mesmo efeito do armazenamento de OIDs, mas de maneira controlada. Se são usados OIDs, o usuário precisa garantir que não existam referências pendentes quando um objeto for excluído, com muito pouco suporte do SGBD.

Finalmente, observamos que uma extensão significativa do modelo ER é exigida para suportar o projeto de coleções aninhadas. Por exemplo, se uma seqüência de localização é modelada como uma entidade e queremos definir um atributo de Probes que contenha um conjunto de tais entidades, não há como fazer isso sem estender o modelo ER. Não discutiremos esse ponto mais a fundo, no nível de diagramas ER, mas consideraremos um exemplo, a seguir, que ilustra quando se deve usar uma coleção aninhada.

23.7.4 Coleções Aninhadas

As coleções aninhadas oferecem muito poder de modelagem, mas também levantam difíceis decisões de projeto. Considere a seguinte maneira de modelar seqüências de localização (outras informações sobre sonda foram omitidas aqui, para simplificar a discussão):

Sondas(*id-sonda:* integer, *local_seqüência:* location_seq)

Essa é uma boa escolha, se as consultas importantes na carga de trabalho exigem que examinemos a seqüência de localização de uma sonda em particular, como na consulta "Para cada sonda, imprimir o tempo mais antigo no qual ela gravou e o tipo de câmara". Por outro lado, considere uma consulta que exige examinarmos todas as seqüências de localização: "Encontrar o tempo mais antigo no qual existe uma gravação para *latitude=5, longitude=90*". Essa consulta poderá ser respondida mais eficientemente se for usado o seguinte esquema:

Sondas2(*id-sonda:* integer, *tempo:* timestamp, *latitude:* real, *longitude:* real)

Portanto, a escolha do esquema deve ser conduzida pela carga de trabalho esperada (como sempre). Como outro exemplo, considere o esquema a seguir:

Pode_Ensinar1(*id-curso:* integer, *professores:* setof(*cpf:* string), *salário:* integer)

Se as tuplas dessa tabela precisam ser interpretadas como "O curso *id-curso* pode ser lecionado por qualquer um dos professores no campo *professores*, a um custo de *sal*", então, temos a opção de usar o seguinte esquema em seu lugar:

Pode_Ensinar2(*id-curso:* integer, *professores_cpf:* string), *salário:* integer)

Uma escolha entre essas duas alternativas pode ser feita com base em como esperamos consultar essa tabela. Por outro lado, suponha que as tuplas de Pode_Ensinar1 precisam ser interpretadas como "O curso *id-curso* pode ser lecionado por uma equipe *professores*, a um custo combinado de *sal*". Pode_Ensinar2 não é mais uma alternativa viável. Se quiséssemos tornar Pode_Ensinar1 não estruturada, teríamos de usar uma tabela separada para codificar as equipes:

>Pode_Ensinar3(*id-curso*: `integer`, *id_eq:* `oid`, *salário:* `integer`)
>Equipes(*id_equipe:* `oid`, *cpf:* `string`)

Conforme esses exemplos ilustram, as coleções aninhadas são apropriadas em certas situações, mas esse recurso pode ser mal utilizado facilmente; portanto, as coleções aninhadas devem ser usadas com cuidado.

23.8 DESAFIOS DA IMPLEMENTAÇÃO DE SGBDORS

A maior funcionalidade dos SGBDORs traz consigo vários desafios de implementação. Alguns deles são bem entendidos e foram implementadas soluções nos produtos; outros são assuntos de pesquisas atuais. Nesta seção, examinaremos alguns dos principais desafios que surgem na implementação de um SGBDOR eficiente e totalmente funcional. Estão envolvidos muito mais desafios do que aqueles discutidos aqui; estimulamos o leitor que estiver interessado a rever os capítulos anteriores deste livro e considerar se as técnicas de implementação descritas se aplicam naturalmente aos SGBDORs ou não.

23.8.1 Armazenamento e Métodos de Acesso

Como os bancos de dados objeto-relacionais armazenam novos tipos de dados, os implementadores de SGBDOR precisam rever alguns dos problemas de armazenamento e indexação discutidos em capítulos anteriores. Em particular, o sistema deve armazenar objetos de TAD e objetos estruturados eficientemente, e fornecer acesso indexado eficiente para ambos.

Armazenando Objetos de TAD e de Tipo Estruturado Grandes

Os objetos de TAD e os objetos estruturados grandes complicam o layout dos dados no disco. Esse problema é bem entendido e foi resolvido em praticamente todos os SGBDORs e SGBDOOs. Apresentamos aqui alguns dos principais problemas.

Os TADs definidos pelo usuário podem ser muito grandes; em particular, podem ser maiores do que uma página de disco. Os TADs grandes, como os BLOBs, exigem armazenamento especial, normalmente em um local no disco diferente do das tuplas que os contêm. São mantidos ponteiros baseados em disco, das tuplas para os objetos que elas contêm.

Os objetos estruturados também podem ser grandes, mas, ao contrário dos objetos de TAD, freqüentemente variam no tamanho durante a vida de um banco de dados. Por exemplo, considere o atributo *estrelas* da tabela *filmes* da Figura 23.1. À medida que os anos passam, alguns dos "pontas" em um filme antigo podem se tornar famosos.[6] Quando um ponta se torna famoso, a Dinky pode querer anunciar sua presença nos filmes anteriores. Isso envolve uma inserção no atributo *estrelas* de uma tupla individual em *filmes*. Como esses atributos de massa podem crescer arbitrariamente, são exigidos mecanismos flexíveis de layout de disco.

---

[6] Um exemplo famoso foi Marilyn Monroe, que fez uma ponta no clássico *All about Eve*, de Bette Davis.

Uma complicação adicional surge com tipos de array. Tradicionalmente, os elementos de um array são armazenados seqüencialmente no disco, linha por linha; por exemplo:

$$A_{11}, ..., A_{1n}, A_{21}, ..., A_{2n}, ..., A_{m1}, ..., A_{mn}$$

Entretanto, freqüentemente as consultas podem exigir subarrays que não estão armazenados de forma adjacente no disco (por exemplo, $A_{11}, A_{21}, ..., A_{m1}$). Tais pedidos podem resultar em um custo de E/S muito alto para recuperar o sub-array. Para reduzir o número de E/Ss exigidas, os arrays são freqüentemente divididos em *trechos* adjacentes, os quais são armazenados em alguma ordem no disco. Embora cada trecho seja alguma região adjacente do array, os trechos não precisam ser linha por linha nem coluna por coluna. Por exemplo, um trecho de tamanho 4 poderia ser $A_{11}, A_{12}, A_{21}, A_{22}$, que é uma região quadrada, se pensarmos no array sendo organizado linha por linha, em duas dimensões.

Indexando Tipos Novos

Um motivo importante para os usuários colocarem seus dados em um banco de dados é permitir o acesso eficiente por meio de índices. Infelizmente, as estruturas de índice de SGBDR padrão suportam apenas condições de igualdade (índices de árvores B+ e de hashing) e condições de intervalo (árvores B+). Uma questão importante para os SGBDORs é fornecer índices eficientes para métodos de TAD e operadores em objetos estruturados.

Muitas estruturas de índice especializadas foram propostas pelos pesquisadores para aplicações específicas como cartografia, pesquisa de genoma, repositórios multimídia, pesquisa na Web etc. O SGBDOR de uma empresa não pode implementar cada índice que foi inventado. Em vez disso, o conjunto de estruturas de índice em um SGBDOR deve ser extensível pelo usuário. A capacidade de extensão permitiria que um especialista em cartografia, por exemplo, não apenas registrasse um TAD para pontos em um mapa (isto é, pares latitude-longitude), mas também implementasse uma estrutura de índice que suportasse consultas naturais de mapa (por exemplo, a árvore R, que busca correspondência para condições como "Localizar todos os cinemas em um raio de 3,6 km em torno de Andorra"). (Consulte o Capítulo 28 para ver mais informações sobre árvores R e outros índices espaciais.)

Uma maneira de tornar o conjunto de estruturas de índice extensível é publicar uma *interface de método de acesso* que permita aos usuários implementarem uma estrutura de índice *fora* do SGBD. O índice e os dados podem ser armazenados em um sistema de arquivos e o SGBD simplesmente envia os pedidos de iterador *open, next* e *close* (abrir, próximo, fechar) para o código de índice externo do usuário. Tal funcionalidade torna possível conectar um SGBD a um mecanismo de pesquisa da Web, por exemplo. Um inconveniente importante dessa estratégia é que os dados em um índice externo não estão protegidos pelo suporte do SGBD para concorrência e recuperação. Uma alternativa é o SGBDOR fornecer uma estrutura de índice "template" genérica, suficientemente geral para abranger a maioria das estruturas de índice que os usuários possam inventar. Como tal estrutura é implementada dentro do SGBD, ela pode suportar alta concorrência e recuperação. A GiST (Generalized Search Tree) é uma estrutura assim. Ela é uma estrutura de índice templati baseada em árvores B+ que permite que a maioria das estruturas de índice de árvore inventadas até agora seja implementada com apenas algumas linhas de código de TAD definido pelo usuário.

23.8.2 Processamento de Consulta

Os TADs e os tipos estruturados exigem nova funcionalidade no processamento de consultas em SGBDORs. Eles também alteram o número de suposições que afetam a eficiência das consultas. Nesta seção, examinaremos dois problemas de funcionalidade (funções agregadas definidas pelo usuário e segurança) e dois problemas de eficiência (cache de método e pointer swizzling).

Funções de Agregação Definidas pelo Usuário

Como os usuários podem definir novos métodos para seus TADs, não é absurdo esperar que eles também queiram definir novas funções de agregação para seus TADs. Por exemplo, as funções agregadas normais da SQL — COUNT, SUM, MIN, MAX, AVG — não são particularmente apropriadas para o tipo image no esquema Dinky.

A maioria dos SGBDORs permite que os usuários registrem novas funções de agregação no sistema. Para registrar uma função de agregação, o usuário precisa implementar três métodos, os quais chamamos de *initialize, iterate* e *terminate*. O método *initialize* inicia o estado interno da agregação. O método *iterate* atualiza esse estado para cada tupla visitada, enquanto o método *terminate* calcula o resultado da agregação com base no estado final e, depois, faz a limpeza. Como exemplo, considere uma função de agregação para calcular o segundo valor mais alto em um campo. A chamada de *initialize* alocaria espaço de armazenamento para os dois valores superiores, a chamada de *iterate* compararia o valor da tupla corrente com os dois superiores e os atualizaria, conforme fosse necessário, e a chamada de *terminate* excluiria o espaço de armazenamento dos dois valores superiores, retornando uma cópia do segundo valor mais alto.

Segurança de Método

Os TADs fornecem aos usuários o poder de adicionar código no SGBD; eles podem abusar desse poder. Um método de TAD com defeito ou malicioso pode derrubar o servidor do banco de dados ou mesmo corromper o banco de dados. O SGBD deve ter mecanismos para evitar que um código de usuário defeituoso ou malicioso cause problemas. Pode fazer sentido anular esses mecanismos, por motivos de eficiência, em ambientes de produção com métodos fornecidos pelo vendedor. Entretanto, é importante que os mecanismos existam, no mínimo para suportar a depuração de métodos de TAD; caso contrário, os escritores de métodos teriam de escrever código livre de erros, antes de registrar seus métodos no SGBD — esse não seria um ambiente de programação muito condescendente.

Um mecanismo para evitar problemas é fazer os métodos de usuário serem *interpretados*, em vez de *compilados*. O SGBD pode verificar se o método comporta-se bem, restringindo o poder da linguagem interpretada ou garantindo que cada passo dado por um método seja seguro antes de executá-lo. As linguagens interpretadas típicas para esse propósito incluem Java e as partes procedurais do SQL:1999.

Um mecanismo alternativo é permitir que os métodos de usuário sejam compilados a partir de uma linguagem de programação de propósito geral, como a C++, mas executar esses métodos em um espaço de endereços diferente do espaço do SGBD. Nesse caso, o SGBD envia comunicações entre processos (IPCs) explícitas para o método do usuário, o qual envia IPCs de volta, em retorno. Essa estratégia evita que erros nos métodos de usuário (por exemplo, ponteiros perdidos) corrompam o estado do SGBD ou o banco de dados e também impede que métodos maliciosos leiam ou modifiquem o estado do SGBD ou o banco de dados. Note que o usuário que está escrevendo o método não precisa saber que o SGBD está executando o método em um processo separado: o código do usuário pode ser vinculado a um "wrapper" que transforme as chamadas de método e os valores de retorno em IPCs.

Cache de Método

Os métodos de TAD definidos pelo usuário podem ser muito dispendiosos para executar e ser responsáveis pela maior parte do tempo no processamento de uma consulta. Durante a consulta, pode fazer sentido colocar na cache os resultados de métodos, no caso de eles serem chamados várias vezes com o mesmo argumento. Dentro do escopo de uma única consulta, pode-se evitar a chamada de um método duas vezes em valores duplicados de uma coluna, ordenando-se a tabela nessa coluna ou usando um esquema baseado em hashing muito parecido com aquele usado para agregação (consulte a Seção 14.6). Uma alternativa é manter uma *cache* de entradas de método e as saídas correspondentes como uma tabela no banco de dados. Assim, para localizar o valor de um método em entradas específicas, basicamente juntamos as tuplas de entrada com a tabela da cache. Essas duas estratégias também podem ser combinadas.

Pointer Swizzling

Em algumas aplicações, os objetos são recuperados na memória e acessados freqüentemente por meio de seus OIDs; a indireção deve ser implementada de forma muito eficiente. Alguns sistemas mantêm uma tabela de OIDs de objetos que estão (correntemente) na memória. Quando um objeto O é levado para a memória, eles verificam cada OID contido em O e substituem os OIDs dos objetos que estão na memória por ponteiros na memória para esses objetos. Essa técnica, chamada de **pointer swizzling** torna as referências para objetos que estão na memória muito rápidas. O inconveniente é que, quando um objeto é retirado da memória por causa da paginação, as referências para ele que estão na memória devem ser invalidadas de algum modo e substituídas por seus OIDs.

23.8.3 Otimização de Consulta

Novos índices e técnicas de processamento de consulta ampliam as escolhas disponíveis para um otimizador de consulta. Para tratar da nova funcionalidade de processamento de consulta, o otimizador precisa conhecer a nova funcionalidade e utilizá-la adequadamente. Nesta seção, discutiremos dois problemas na exposição de informações para o otimizador (novos índices e estimativa de método de TAD) e um problema no planejamento de consulta que foi ignorado nos sistemas relacionais (otimização de seleção custosa).

Registrando Índices no Otimizador

À medida que novas estruturas de índice são adicionadas em um sistema, por meio de interfaces externas ou estruturas template nativas, como as GiSTs, o otimizador deve ser informado de sua existência e de seus custos de acesso. Em particular, para determinada estrutura de índice, o otimizador deve saber (1) quais condições da cláusula WHERE correspondem ao índice e (2) qual é o custo da busca de uma tupla para esse índice. Dadas essas informações, o otimizador pode usar qualquer estrutura de índice na construção de um plano de consulta. Diferentes SGBDORs variam na sintaxe para registrar novas estruturas de índice. A maioria dos sistemas exige que os usuários infor-

> **Capacidade de Extensão do Otimizador:** Como exemplo, considere o otimizador do Oracle 9i, que é extensível e suporta índices e métodos de "domínio" definidos pelo usuário. O suporte inclui estatísticas definidas pelo usuário e funções de custo que o otimizador utiliza atreladas às estatísticas do sistema. Suponha que exista um índice de domínio para texto na coluna *currículo* e um índice de árvore B normal do Oracle em *datacontratação*. Uma consulta com uma seleção nesses dois campos pode ser avaliada pela conversão dos rids dos dois índices em mapas de bits, executando uma função lógica AND no mapa de bits e convertendo o mapa de bits resultante em rids, antes de acessar a tabela. Naturalmente, o otimizador também considera o uso dos dois índices individualmente, assim como uma varredura completa da tabela.

mem um número representando o custo do acesso, mas uma alternativa é o SGBD medir a estrutura na medida em que ela é usada e manter estatísticas correntes sobre o custo.

Fator de Redução e Estimativa de Custo para Métodos de TAD

Na Seção 15.2.1, discutimos como se faz para estimar o fator de redução de diversas condições de seleção e junção, incluindo =, < etc. Para condições definidas pelo usuário, como *is_herbert()*, o otimizador também precisa calcular fatores de redução. A estimativa de fatores de redução para condições definidas pelo usuário é um problema difícil e ativamente estudado. A estratégia popular corrente é deixar isso por conta do usuário; um usuário que registre um método também pode registrar uma função auxiliar para estimar o fator de redução do método. Se tal função não é registrada, o otimizador utiliza um valor arbitrário, como $\frac{1}{10}$.

Os métodos de TAD são muito custosos e é importante que o otimizador saiba exatamente qual é o custo de execução desses métodos. Novamente, a estimativa de custo de método é uma pesquisa em aberto. Nos sistemas atuais, os usuários que registram um método podem especificar o custo do método como um número, normalmente em unidades do custo de uma E/S no sistema. É difícil para os usuários fazerem tal estimativa precisamente. Uma alternativa atraente é o SGBDOR executar o método em objetos de vários tamanhos e tentar estimar o custo do método automaticamente, mas essa estratégia não foi investigada em detalhes e não é implementada nos SGBDORs comerciais.

Otimização de Seleção Custosa

Nos sistemas relacionais, espera-se que a seleção seja uma operação de tempo zero. Por exemplo, não é exigida nenhuma E/S e são necessários poucos ciclos de CPU para testar se *funcionário-salário < 10*. Entretanto, condições como *e_herbert(Quadros.imagem)* podem ser muito custosas, pois podem buscar objetos grandes do disco e processá-los na memória de maneiras complicadas.

Os otimizadores de SGBDOR devem considerar cuidadosamente como vão ordenar as condições de seleção. Por exemplo, considere uma consulta de seleção que testa tuplas na tabela Quadros com duas condições: *Quadros.no-quadro < 100 ∧ is-herbert(Quadro.imagem)*. Provavelmente é preferível verificar a condição *no-quadro* antes de testar *e_herbert*. A primeira condição é rápida e freqüentemente pode retornar falso, evitando o problema de verificar a segunda condição. Em geral, a melhor ordem entre seleções é uma função de seus custos e fatores de redução. Pode ser mostrado que as seleções devem ser ordenadas por uma *classificação* em ordem crescente, onde classificação = (fator de redução – 1)/custo. Se uma seleção com uma classificação muito alta aparece em uma consulta que envolve várias tabelas, pode até fazer sentido adiar a seleção para depois de se efetuar as junções. Note que essa estratégia é o oposto da heurística de antecipação de seleções, apresentada na Seção 15.3. Os detalhes da colocação de seleções custosas de forma otimizada entre junções são bastante complicados, aumentando a complexidade da otimização nos SGBDORs.

23.9 SGBDOO

Na introdução deste capítulo, definimos um SGBDOO como uma linguagem de programação com suporte a objetos persistentes. Embora essa definição reflita precisamente as origens e, até certo ponto, o foco da implementação de SGBDOOs, o fato de eles suportarem *tipos de coleção* (consulte a Seção 23.2.1) torna possível fornecer uma linguagem de consulta sobre coleções. Na verdade, uma linguagem padrão foi desenvolvida pelo Object Database Management Group e é chamada de **Object Query Language**.

A OQL é semelhante à SQL, com uma sintaxe do estilo SELECT-FROM-WHERE (até GROUP BY, HAVING e ORDER BY são suportados) e muitas das extensões propostas no padrão SQL:1999. Notadamente, a OQL suporta tipos estruturados, incluindo conjuntos, sacolas(bags), arrays e listas. O tratamento da OQL para coleções é mais uniforme do que o padrão SQL:1999, pois não há tratamento especial para coleções de linhas; por exemplo, a OQL permite que a operação agregada COUNT seja aplicada a uma lista para calcular o comprimento da lista. A OQL também suporta tipos de referência, expressões de caminho, TDAs e herança, extensões de tipo e consultas aninhadas do estilo SQL. Também existe uma Linguagem de Definição de Dados (**Object Data Language** ou **ODL**) para SGBDOOs, que é semelhante ao subconjunto da DDL da SQL, mas suporta os recursos adicionais encontrados nos SGBDOOs, como as definições de TDA.

23.9.1 Os Modelos de Dados ODMG e ODL

O modelo de dados ODMG é a base de um SGBDOO, exatamente como o modelo de dados relacional é a base de um SGBDR. Um banco de dados contém uma coleção de **objetos**, os quais são semelhantes às entidades no modelo ER. Cada objeto tem um OID único e um banco de dados contém coleções de objetos com propriedades semelhantes; tais coleções são chamadas de **classes**.

As propriedades de uma classe são especificadas usando-se a ODL, e são de três tipos: atributos, relacionamentos e métodos. Os **atributos** têm um tipo atômico ou um tipo estruturado. A ODL suporta os construtores de tipo set, bag, list, array e struct; eles são apenas setof, bagof, listof, ARRAY e ROW, na terminologia da Seção 23.2.1.

Os **relacionamentos** têm um tipo que se refere a um objeto ou uma coleção dessas referências. O relacionamento captura o modo como um objeto se relaciona com um ou mais objetos da mesma classe ou de uma classe diferente. O relacionamento no modelo ODMG é, na verdade, apenas um relacionamento binário, no sentido do modelo ER. Um relacionamento tem um **relacionamento inverso** correspondente; intuitivamente, trata-se do relacionamento "na outra direção". Por exemplo, se um filme está sendo exibido em vários cinemas e cada cinema exibe vários filmes, temos dois relacionamentos que são inversos um do outro: *exibido-em* está associado à classe de filmes e é o conjunto de cinemas nos quais o filme está sendo exibido, e *em-cartaz* está associado à classe de cinemas e é o conjunto de filmes que estão sendo exibidos nesse cinema.

> **Classe = Interface + Implementação:** Corretamente falando, uma classe consiste em uma interface, junto com uma implementação da interface. Uma definção de interface da ODL é implementada em um SGBDOO pela sua transformação em declarações da linguagem orientada a objetos (por exemplo, C++, Smalltalk ou Java) suportada pelo SGBDOO. Se considerarmos a linguagem C++, por exemplo, existe uma biblioteca de classes que implementam as construções da ODL. Também existe uma **Linguagem de Manipulação de Objetos (OML — Object Manipulation Language)** específica da linguagem de programação (em nosso exemplo, C++), que define como os objetos do banco de dados são manipulados na linguagem de programação. O objetivo é integrar a linguagem de programação e os recursos do banco de dados de forma transparente.

Os **métodos** são funções que podem ser aplicadas aos objetos da classe. Não há nenhum análogo aos métodos nos modelos ER ou relacional.

A palavra-chave `interface` é usada para definir uma classe. Para cada interface, podemos declarar uma **extensão**, que é o nome do conjunto de objetos correntes dessa classe. A extensão é análoga à instância de uma relação e a interface é análoga ao esquema. Se o usuário não antecipar a necessidade de trabalhar com o conjunto de objetos de determinada classe — é suficiente manipular objetos individuais — a declaração da extensão pode ser omitida.

As definições da ODL a seguir, das classes Movie e Theater, ilustram esses conceitos. (Embora essas classes tenham alguma semelhança com o esquema de banco de dados da Dinky, o leitor não deve procurar um paralelo exato, pois modificamos o exemplo para destacar os recursos da ODL.)

```
interface Filme
    (extent Filmes key nome-filme)
    { attribute date início;
    attribute date fim;
    attribute string nome-filme;
    relationship Set<Cinema> exibido-em inverse Cinema::em-cartaz;
    }
```

A coleção de objetos do banco de dados cuja classe é Filme é chamada de Filmes. Dois objetos em Filmes não podem ter o mesmo valor de *nome-filme*, conforme indica a declaração key. Cada filme é exibido em um conjunto de cinemas e é exibido durante o período especificado. (Seria mais realista associar um período diferente a cada cinema, pois normalmente um filme é exibido em vários cinemas em diversos períodos. Embora possamos definir uma classe que capture esse detalhe, escolhemos uma definição mais simples para nossa discussão.) Um cinema é um objeto da classe Cinema, definida como:

```
interface Cinema
    (extent Cinemas key nome-cinema)
    { attribute string nome-cinema;
    attribute string endereço;
    attribute integer preço-ingresso;
    relationship Set<Cinema> em-cartaz inverse Filme::exibido-em;
    float em-cartaz() raise(erroContagemFilmes);
    }
```

Cada cinema exibe vários filmes e cobra o mesmo preço na bilheteria para cada filme. Observe que o relacionamento *exibido-em* de Filme e o relacionamento *em-cartaz* de Cinema são declarados como inversos um do outro. Cinema também tem um método *qtde-em-cartaz()*, que pode ser aplicado a um objeto cinema para se descobrir o número de filmes que estão sendo exibidos nesse cinema.

A ODL também nos permite especificar hierarquias de herança, como ilustra a definição de classe a seguir:

```
interface ExibiçõesEspeciais extends Cinema
    (extent ExibiçõesEspeciais)
    { attribute integer max-espectadores;
    attribute string entidade-beneficiada;
    }
```

Um objeto da classe ExibiçõesEspeciais é um objeto da classe Filme, com algumas propriedades adicionais, conforme foi discutido na Seção 23.5.

23.9.2 OQL

A linguagem de consulta do ODMG, a OQL, foi deliberadamente projetada para ter uma sintaxe semelhante à SQL, facilitando para os usuários familiarizados com a SQL aprenderem a OQL. Vamos começar com uma consulta que encontra pares de filmes e cinemas em que o filme é exibido no cinema e o cinema está exibindo mais de um filme:

```
SELECT    nome-f: F.nome-filme, nome-c: nome-cinema C
FROM      Filmes F, F.exibido-em C
WHERE     C.em-cartaz() > 1
```

A cláusula SELECT indica como podemos dar nomes aos campos no resultado: os dois campos de resultado são chamados de *nome-c* e *nome-f*. A parte dessa consulta que difere da SQL é a cláusula FROM. A variável F é vinculada, em ordem, a cada filme na extensão Movies. Para determinado filme F, vinculamos a variável C, em ordem, a cada cinema na coleção *F.exibido-em*. Assim, o uso da expressão de caminho *F.exibido-em* nos permite expressar facilmente uma consulta aninhada. A consulta a seguir ilustra a construção de agrupamento na OQL:

```
SELECT    C.preço-ingresso,
          Média: AVG(SELECT P.T.numshowing() FROM partition P)
FROM      Cinema C
GROUP BY  T. preço-ingresso
```

Para cada preço de ingresso, criamos um grupo de cinemas com esse preço. Esse grupo de cinemas é a partição para esse preço de ingresso, referido com o uso da palavra-chave da OQL partition. Na cláusula SELECT, para cada preço de ingresso, calculamos o número médio de filmes exibidos em cinemas na partição para esse valor de ticketPrice. A OQL suporta uma variação interessante da operação de agrupamento, que está ausente na SQL:

```
SELECT    baixo, alto,
          Média: AVG(SELECT P.C.em-cartaz() FROM partition P)
FROM      Cinemas T
GROUP BY  baixo: C.preço-ingresso < 5, alto: C.preço-ingresso >= 5
```

Agora, a cláusula GROUP BY cria apenas duas partições, chamadas *baixo* e *alto*. Cada objeto cinema *C* é colocado em uma dessas partições, com base em seu preço de ingresso. Na cláusula SELECT, *baixo* e *alto* são variáveis booleanas, exatamente uma das quais é true em determinada tupla de saída; partition é instanciada na partição correspondente de objetos cinema. Em nosso exemplo, obtemos duas tuplas de resultado. Uma delas tem *baixo* igual a true e *Médio* igual ao número médio de filmes exibidos em cinemas com preço de ingresso baixo. A segunda tupla tem *alto* igual a true e *Médio* igual ao número médio de filmes exibidos em cinemas com preço de ingresso alto.

A próxima consulta ilustra o suporte da OQL para consultas que retornam coleções que não são conjuntos nem multiconjuntos:

```
(SELECT     C.nome-cinema
 FROM       Cinema C
 ORDER BY   C.preço-ingresso DESC) [0:4]
```

A cláusula ORDER BY transforma o resultado em uma lista de nomes de cinema ordenados pelo preço do ingresso. Os elementos de uma lista podem ser referenciados pela posição, começando na posição 0. Portanto, a expressão [0:4] extrai uma lista contendo os nomes dos cinco cinemas com os preços de ingresso mais altos.

A OQL também suporta DISTINCT, HAVING, aninhamento explícito de subconsultas, definições de visão e outros recursos da SQL.

23.10 COMPARANDO SGBDR, SGBDOO E SGBDOR

Agora que já abordamos as principais extensões do SGBD orientado a objetos, é hora de considerarmos as duas variantes mais importantes dos bancos de dados de objetos, SGBDOOs e SGBDORs, e compararmos com os SGBDRs. Embora tenhamos apresentado os conceitos subjacentes aos bancos de dados de objetos, ainda precisamos definir os termos SGBDOO e SGBDOR.

Um **SGBDOR** é um SGBD relacional com as extensões discutidas neste capítulo. (Nem todos os sistemas de SGBDOR suportam todas as extensões na forma geral que as discutimos, mas nossa preocupação nesta seção é o paradigma em si e não os sistemas específicos.) Um **SGBDOO** é uma linguagem de programação com um sistema de tipos que suporta os recursos discutidos neste capítulo e permite que qualquer objeto de dados seja **persistente**, isto é, sobreviva a diferentes execuções de programa. Muitos sistemas atuais não são totalmente compatíveis com nenhuma das definições, mas estão muito mais próximos de um ou de outro e podem ser classificados de acordo com isso.

23.10.1 SGBDR *versus* SGBDOR

Comparar SGBDR com SGBDOR é simples. Um SGBDR não suporta as extensões discutidas neste capítulo. A simplicidade resultante do modelo de dados torna mais fácil otimizar consultas para se obter uma execução eficiente, por exemplo. Um sistema relacional também é mais fácil de usar, pois existem menos recursos para dominar. Por outro lado, ele é menos versátil do que um SGBDOR.

23.10.2 SGBDOO *versus* SGBDOR: Semelhanças

Os SGBDOOs e os SGBDORs suportam TADs definidos pelo usuário, tipos estruturados, identidade de objeto, tipos de referência e herança. Ambos suportam uma linguagem de consulta para manipular tipos de coleção. Os SGBDORs suportam uma forma estendida de SQL e os SGBDOOs suportam ODL/OQL. As semelhanças não são acidentais: os SGBDORs tentam conscientemente adicionar recursos de SGBDOO em um SGBDR, e os SGBDOOs, por sua vez, desenvolveram linguagens de consulta baseadas nas linguagens de consulta relacionais. Tanto os SGBDOOs como os SGBDORs fornecem funcionalidade de SGBD, como controle de concorrência e recuperação.

23.10.3 SGBDOO *versus* SGBDOR: Diferenças

A diferença fundamental é, na realidade, uma filosofia difundida por todas as partes: os SGBDOOs tentam adicionar funcionalidade de SGBD em uma linguagem de programação, enquanto os SGBDORs tentam adicionar tipos de dados mais ricos em um SGBD relacional. Embora os dois tipos de bancos de dados de objetos estejam convergindo em termos de funcionalidade, essa diferença em sua filosofia subjacente (e, para a maioria dos sistemas, em sua estratégia de implementação) tem conseqüências importantes em termos dos aspectos enfatizados no projeto desses SGBDs e na eficiência com que vários recursos são suportados, conforme indica a comparação a seguir:

- Os SGBDOOs pretendem obter integração transparente com uma linguagem de programação, como C++, Java ou Smalltalk. Tal integração não é um objetivo importante para um SGBDOR. O padrão SQL:1999, assim como o SQL-92, permite-nos incorporar comandos da SQL em uma linguagem hospedeira, mas a interface é muito evidente para o programador de SQL. (O padrão SQL:1999 também fornece suas próprias construções de linguagem de programação estendidas, conforme vimos no Capítulo 6.)

- Um SGBDOO se destina a aplicações onde um ponto de vista centrado no objeto é apropriado; isto é, as sessões de usuário normais consistem em recuperar alguns objetos e trabalhar neles por longos períodos de tempo, com objetos relacionados (por exemplo, objetos referenciados pelos objetos originais) buscados ocasionalmente. Os objetos podem ser extremamente grandes e talvez tenham de ser buscados em partes; portanto, deve-se prestar atenção à colocação de partes de objetos em buffer. Espera-se que a maioria das aplicações possa manter os objetos que precisa em memória, uma vez que os objetos sejam recuperados do disco. Portanto, deve-se prestar muita atenção à eficiência das referências a objetos que estão na memória. As transações provavelmente serão de duração muito longa, e manter bloqueios até o final de uma transação pode levar a um desempenho fraco; portanto, devem ser usadas alternativas ao Bloqueio de Duas Fases.

   Um SGBDOR é otimizado para aplicações nas quais grandes coleções de dados são o foco, mesmo que os objetos possam ter uma estrutura rica e serem muito grandes. Espera-se que as aplicações recuperem dados do disco extensivamente e, portanto, otimizar o acesso ao disco ainda é a principal preocupação para se obter uma execução eficiente. São presumidas transações relativamente curtas e normalmente são usadas técnicas de SGBDR tradicionais para o controle de concorrência e recuperação.

- Os recursos de consulta da OQL não são suportados eficientemente na maioria dos SGBDOOs, ao passo que recursos de consulta são a peça central de um SGBDOR. Até certo ponto, essa situação é o resultado de diferentes concentrações de esforço no desenvolvimento desses sistemas. De modo geral, ela também é uma conseqüência dos sistemas serem otimizados para tipos muito diferentes de aplicações.

23.11 QUESTÕES DE REVISÃO

As respostas das questões de revisão podem ser encontradas nas seções listadas.

- Considere o exemplo estendido da Dinky, da Seção 23.1. Explique como ele motiva a necessidade de cada um dos seguintes recursos de banco de dados de objetos: *tipos estruturados definidos pelo usuário*, *tipos abstratos de dados (TADs)*, *herança* e *identidade de objeto*. **(Seção 23.1)**

- O que são *tipos de dados estruturados*? O que são *tipos de coleção*, em particular? Discuta até que ponto esses conceitos são suportados no padrão SQL:1999. Quais importantes construtores de tipo estão faltando? Quais são as limitações dos construtores ROW e ARRAY? **(Seção 23.2)**

- Quais tipos de operações devem ser fornecidas para cada um dos tipos de dados estruturados? Até que ponto tal suporte é incluído no padrão SQL:1999? **(Seção 23.3)**

- O que é um *tipo abstrato de dado*? Como os métodos de um tipo abstrato de dados são definidos em uma linguagem de programação externa? **(Seção 23.4)**

- Explique a *herança* e como os novos tipos (chamados de *subtipos*) estendem os tipos existentes (chamados de *supertipos*). O que são *sobrecarga de método* e *vinculação tardia*? O que é uma *hierarquia de coleção*? Contraste isso com a herança nas linguagens de programação. **(Seção 23.5)**

- Como um *identificador de objeto (OID)* é diferente de uma identificação de registro em um SGBD relacional? Como ele é diferente de um URL? O que é *tipo de referência*? Defina igualdade *profunda* e *rasa* e ilustre-as por meio de um exemplo. **(Seção 23.6)**

- A grande quantidade de tipos de dados em um SGBDOR nos permite projetar um esquema de banco de dados mais natural e eficiente, mas introduz algumas novas escolhas de projeto. Discuta os problemas do projeto de banco de dados SGBDOR e ilustre sua discussão usando um exemplo de aplicação. **(Seção 23.7)**

- A implementação de um SGBDOR apresenta novos desafios. O sistema precisa armazenar TADs grandes e tipos estruturados que podem ser muito grandes. Devem ser fornecidos mecanismos de índice extensíveis e eficientes. Exemplos de nova funcionalidade incluem as *funções de agregação definidas pelo usuário* (podemos definir novas funções de agregação para nossos TADs) e *segurança de método* (o sistema precisa impedir que métodos definidos pelo usuário comprometam a segurança do SGBD). Exemplos de novas técnicas para aumentar o desempenho incluem o uso de *cache de método* e *pointer swizzling*. O otimizador deve saber a respeito da nova funcionalidade e usá-la adequadamente. Ilustre cada um desses desafios por meio de um exemplo. **(Seção 23.8)**

- Compare os SGBDOOs com os SGBDORs. Em particular, compare a OQL e o padrão SQL:1999 e discuta o modelo de dados subjacente. **(Seções 23.9 e 23.10)**

EXERCÍCIOS

Exercício 23.1 Responda sucintamente as seguintes perguntas:

1. Quais são os novos tipos de dados suportados em sistemas de banco de dados de objetos? Dê um exemplo de cada um e discuta como a situação exemplificada seria tratada, se estivesse disponível apenas um SGBDR.
2. O que um usuário deve fazer para definir um novo TAD?
3. Permitir que os usuários definam métodos pode levar a ganhos de eficiência. Dê um exemplo.

4. O que é vinculação tardia de métodos? Dê um exemplo de herança que ilustre a necessidade de vinculação dinâmica.
5. O que são hierarquias de coleção? Dê um exemplo que ilustre como as hierarquias de coleção facilitam as consultas.
6. Discuta como um SGBD explora o encapsulamento no suporte à implementação de TADs.
7. Dê um exemplo ilustrando as operações de aninhamento e desaninhamento.
8. Descreva dois objetos que tenham igualdade profunda mas não igualdade rasa, ou explique por que isso não é possível.
9. Descreva dois objetos que tenham igualdade rasa, mas não igualdade profunda ou explique por que isso não é possível.
10. Compare os SGBDRs com os SGBDORs. Descreva um cenário de aplicação para o qual você escolheria um SGBDR e explique por quê. Analogamente, descreva um cenário de aplicação para o qual você escolheria um SGBDOR e explique por quê.

Exercício 23.2 Considere o esquema da Dinky mostrado na Figura 23.1 e todos os métodos relacionados definidos no capítulo. Escreva as seguintes consultas em SQL:1999:

1. Quantos filmes foram exibidos no cinema $tno = 5$, entre 1° de janeiro e 1° de fevereiro de 2002?
2. Qual é o menor orçamento para um filme com pelo menos duas estrelas?
3. Considere os cinemas nos quais um filme dirigido por Steven Spielberg começou a ser exibido em 1° de janeiro de 2002. Para cada cinema, imprima os nomes de todos os países dentro de um raio de 160 km. (Você pode usar os métodos *sobrepõe* e *radio*, ilustrados na Figura 23.3.)

Exercício 23.3 No banco de dados de uma empresa, você precisa armazenar informações sobre funcionários, departamentos e filhos dos funcionários. Para cada funcionário, identificado por *cpf*, você deve registrar as informações *anos* (o número de anos que o funcionário trabalhou na empresa), *telefone* e *foto*. Existem duas subclasses de funcionários: contratados e regulares. O salário é calculado chamando-se um método que recebe *anos* como parâmetro; esse método tem uma implementação diferente para cada subclasse. Além disso, para cada funcionário regular, você deve registrar o nome e a idade de cada filho. As consultas mais comuns envolvendo filhos são semelhantes a "Encontrar a idade média dos filhos de Bob" e "Imprimir os nomes de todos os filhos de Bob".

Uma foto é um objeto imagem grande, que pode ser armazenado em um de vários formatos de imagem (por exemplo, gif, jpeg). Você quer definir um método *display* para objetos imagem; esse método deve ser definido diferentemente para cada formato de imagem. Para cada departamento, identificado por *no-depto*, você deve registrar as informações *nome-depto, orçamento* e *funcionários*. *Funcionários* é o conjunto dos funcionários que trabalham em determinado departamento. As consultas típicas envolvendo trabalhadores incluem "Encontrar o salário médio de todos os trabalhadores (em todos os departamentos)".

1. Usando SQL estendida, projete um esquema de SGBDOR para o banco de dados da empresa. Mostre todas as definições de tipo, incluindo as definições de método.
2. Se você precisar armazenar essas informações em um SGBDR, qual é o melhor projeto possível?
3. Compare os projetos de SGBDOR e SGBDR.
4. Se você fosse informado de que um pedido comum é exibir as imagens de todos os funcionários de determinado departamento, como usaria essa informação para o projeto físico do banco de dados?
5. Se você fosse informado de que a imagem de um funcionário deve ser exibida quando qualquer informação sobre ele for recuperada, isso afetaria o projeto de seu esquema?
6. Se você fosse informado de que uma consulta comum é encontrar todos os funcionários semelhantes a determinada imagem e fosse fornecido um código que permitisse criar um índice sobre todas as imagens para suportar a recuperação de imagens semelhantes, o que faria para utilizar esse código em um SGBDOR?

Exercício 23.4 Os SGBDORs precisam suportar acesso eficiente sobre hierarquias de coleção. Considere a hierarquia de coleção de Cinemas e Café_cinema, apresentadas no exemplo da Dinky. Em sua função de implementador de SGBD (e não administrador de banco de dados), você precisa avaliar três alternativas de armazenamento para essas tuplas:

- Todas as tuplas de todos os tipos de cinemas são armazenadas em conjunto no disco, em uma ordem arbitrária.
- Todas as tuplas de todos os tipos de cinemas são armazenadas em conjunto no disco, com as tuplas de Café_cinema armazenadas imediatamente após a última das tuplas que não são de café.
- As tuplas de Café_cinema são armazenadas separadamente do restante das tuplas de cinema (que não são de café).

1. Para cada opção de armazenamento, descreva um mecanismo para distinguir tuplas de cinema puras de tuplas de Café_cinema.
2. Para cada opção de armazenamento, descreva como se faz para manipular a inserção de uma nova tupla que não é de café.
3. Qual opção de armazenamento é mais eficiente para consultas sobre todos os cinemas? E apenas sobre Café_cinema? Em termos do número de E/Ss, o quanto a melhor técnica é mais eficiente para cada tipo de consulta, comparado com as outras duas técnicas?

Exercício 23.5 Diferentes SGBDORs usam diversos técnicas para construir índices para avaliar consultas sobre hierarquias de coleção. No nosso exemplo da Dinky, para indexar os cinemas pelo nome, existem duas opções comuns:

- Construir um índice de árvore B+ sobre Cinemas.*nome* e outro índice de árvore B+ sobre Café_cinema.*nome*.
- Construir um índice de árvore B+ sobre a união de Cinemas.*nome* e Café_cinema.*nome*.

1. Descreva como se faz para avaliar eficientemente a consulta a seguir, usando cada opção de indexação (essa consulta é sobre todos os tipos de tuplas de cinema):

    SELECT * FROM Cinema C WHERE C.nome = 'Majestic'

    Dada uma estimativa do número de E/Ss exigidas nos dois diferentes cenários, supondo que existam 1 milhão de cinemas padrão e 1000 cinemas com café. Qual opção é mais eficiente?

2. Efetue a mesma análise sobre a seguinte consulta:

    SELECT * FROM Café_cinema T WHERE C.nome = 'Majestic'

3. Para índices agrupados, a escolha da técnica de indexação influi na escolha de opções de armazenamento? E para índices não agrupados?

Exercício 23.6 Considere a consulta a seguir:

    SELECT   miniatura(Imagem.I)
    FROM   Imagem I

Dado que a coluna *I.image* pode conter valores duplicados, descreva como se faz para usar hashing para evitar o cálculo da função *miniatura* mais de uma vez por valor distinto no processamento dessa consulta.

Exercício 23.7 Você recebe um array bidimensional $n \times n$ de objetos. Suponha que 100 objetos caibam em uma página do disco. Descreva uma maneira de dispor (em trechos) o array nas páginas, de modo que as recuperações de subregiões quadradas $m \times m$ do array sejam eficientes. (Diferentes consultas solicitam subregiões de diversos tamanhos, isto é, diferentes valores de m, e sua organização do array nas páginas deve fornecer um bom desempenho, em média, para todas as consultas.)

Exercício 23.8 Um otimizador de SGBDOR recebe uma consulta envolvendo uma tabela, com n condições de seleção custosas, $\sigma_n(...(\sigma_1(T)))$. Para cada condição σ_i, o otimizador pode estimar o

Sistemas de Banco de Dados de Objetos

custo c_i da avaliação da condição em uma tupla e o fator de redução da condição r_i. Suponha que existam t tuplas em T.

1. Quantas tuplas aparecem na saída dessa consulta?
2. Supondo que a consulta seja avaliada como está mostrado (sem reordenar seleções), qual é o custo total da consulta? Inclua o custo de varredura da tabela e da aplicação das seleções.
3. Na Seção 23.8.2, foi dito que o otimizador deve reordenar as seleções para que elas sejam aplicadas na tabela em ordem ascendente de classificação, onde classificação$_i = (r_i - 1)/c_i$. Prove que essa afirmativa é ótima, isto é, mostre que nenhuma outra ordenação poderia resultar em uma consulta de custo menor. (*Dica*: pode ser mais fácil considerar primeiro o caso especial, onde $n = 2$, e generalizar a partir daí.)

Exercício 23.9 Os SGBDORs suportam referências como um tipo de dados. Freqüentemente é dito que usar referências em vez de relacionamentos de chave estrangeira fornece um desempenho muito mais alto para junções. Esta questão pede para que você explore esse problema.

- Considere a seguinte DDL do padrão SQL:1999, que utiliza apenas construções relacionais diretas:

    CREATE TABLE R(*chave-r* integer, *dado-r* text);
    CREATE TABLE S(*chave-s* integer, *chave-s* integer);

Suponha que tenhamos a seguinte consulta de junção simples:

    SELECT S.chave-s, R.dado-r
    FROM   S, R
    WHERE S.ch-estrangeira-r = R.chave-r

Agora, considere o seguinte esquema de SGBDOR do padrão SQL:1999:

    CREATE TYPE r_t AS ROW(*chave-r* integer, *dado-r* text);
    CREATE TABLE R OF r_t REF is SYSTEM GENERATED;
    CREATE TABLE S (chave-s integer, r REF(r_t) SCOPE R);

Suponha que tenhamos a seguinte consulta:

    SELECT   S.chave-s, S.chave-r
    FROM   S

Que algoritmo você sugeriria para avaliar a junção de ponteiro no esquema SGBDOR? Como você acha que será seu desempenho em relação a uma junção relacional no esquema anterior?

Exercício 23.10 Muitos sistemas objeto-relacionais suportam atributos com valor de conjunto usando alguma variante do construtor `setof`. Por exemplo, supondo que tivéssemos um tipo `person_t`, poderíamos ter criado a tabela Films no esquema Dinky da Figura 23.1, como segue:

    CREATE TABLE Films(*no-filme* integer, *título* text, *estrelas* setof Pessoa);

1. Descreva duas maneiras de implementar atributos com valor de conjunto. Uma maneira exige registros de comprimento variável, mesmo que todos os elementos do conjunto tenham comprimento fixo.
2. Discuta o impacto das duas estratégias na otimização de consultas com atributos com valor de conjunto.
3. Suponha que você quisesse criar um índice na coluna estrelas para pesquisar filmes pelo nome da estrela que participou do filme. Para as duas estratégias de implementação, discuta as estruturas de índice alternativas que poderiam ajudar a acelerar essa consulta.
4. Quais tipos de estatísticas o otimizador de consultas deve manter para atributos com valor de conjunto?

NOTAS BIBLIOGRÁFICAS

Vários recursos orientados a objetos descritos aqui são baseados, em parte, em idéias bastante antigas da comunidade das linguagens de programação. [42] fornece um bom panorama dessas idéias no contexto de um banco de dados. O livro de Stonebraker [719] descreve a visão dos SGBDORs incorporados pelo antigo produto de sua empresa, o Illustra (agora um produto da Informix). Os SGBDs comerciais atuais com suporte objeto-relacional incluem o Informix Universal Server, o IBM DB/2 CS V2 e o UniSQL. Uma nova versão do Oracle também deverá incluir recursos de SGBDOR.

Muitas das idéias presentes nos sistemas objeto-relacionais atuais vieram de alguns protótipos construídos nos anos 1980, especialmente o POSTGRES [723], o Starburst [351] e o O2 [218].

A idéia de um banco de dados orientado a objetos foi articulada pela primeira vez em [197], que descrevia o protótipo do sistema GemStore. Outros protótipos incluem DASDBS [657], EXODUS [130], IRIS [273], ObjectStore [463], ODE [18], ORION [432], SHORE [129] e THOR [482]. O O2 é, na verdade, um exemplo inicial de sistema que estava começando a mesclar os temas dos SGBDORs e SGBDOOs — ele também poderia se encaixar nesta lista. [41] lista uma coleção de recursos que são geralmente considerados como pertencentes a um SGBDOO. Os SGBDOOs comercialmente disponíveis atualmente incluem GemStone, Itasca, O2, Objectivity, ObjectStore, Ontos, Poet e Versant. [431] compara os SGBDOOs e os SGBDRs.

O suporte de banco de dados para TADs foi explorado pela primeira vez nos projetos INGRES e POSTGRES na U. C. Berkeley. As idéias básicas estão descritas em [716], incluindo mecanismos para processamento de consulta e otimização com TADs, assim como indexação extensível. O suporte para TADs também foi investigado no sistema de banco de dados Darmstadt, [480]. Usar corretamente a capacidade de extensão de índice do POSTGRES exigia um conhecimento profundo dos mecanismos de transação interna do SGBD. Foram propostas árvores de pesquisa generalizadas para resolver esse problema; elas estão descritas em [376], com os detalhes de concorrência e de recuperação baseada no ARIES apresentados em [447]. [672] propõe que se deve permitir que os usuários definam operadores sobre objetos de TAD e propriedades desses operadores que possam ser utilizadas para otimização de consulta, em vez de apenas uma coleção de métodos.

O uso de trechos de array está descrito em [653]. Técnicas para colocação de métodos em cache e otimização de consultas com métodos custosos são apresentadas em [373, 165]. A colocação de dados em cache no lado do cliente, em um SGBDOO cliente-servidor é estudada em [283]. O agrupamento de objetos no disco é estudado em [741]. O trabalho em relações aninhadas foi precursor da pesquisa recente sobre objetos complexos nos SGBDOOs e SGBDORs. Uma das primeiras propostas de relação aninhada é [504]. As DMVs desempenham um papel importante no raciocínio sobre redundância em relações aninhadas; veja, por exemplo, [579]. As estruturas de armazenamento para relações aninhadas foram estudadas em [215].

Modelos formais e linguagens de consulta para bancos de dados orientados a objetos foram amplamente estudados; os artigos incluem [4, 56, 75, 125, 391, 392, 428, 578, 724]. [427] propõe extensões da SQL para consultar bancos de dados orientados a objetos. Uma antiga e elegante extensão da SQL com expressões de caminho e herança foi desenvolvida no GEM [791]. Tem havido muito interesse na combinação de recursos dedutivos e orientados a objetos. Os artigos nessa área incluem [44, 288, 495, 556, 706, 793]. Consulte [3] para ver uma discussão em livro-texto completa dos aspectos formais da orientação a objetos e das linguagens de consulta.

[433, 435, 721, 796] incluem artigos sobre SGBDs que agora seriam denominados objeto-relacionais e/ou orientados a objetos. [794] contém um panorama detalhado da evolução do esquema e do banco de dados em sistemas de banco de dados orientados a objetos. Uma apresentação completa do padrão SQL:1999 pode ser encontrada em [525] e recursos avançados, incluindo as extensões de objeto, são abordados em [523]. Um breve levantamento dos novos recursos do padrão SQL:1999 pode ser encontrado em [237]. A incorporação de vários recursos do padrão SQL:1999 no IBM DB2 está descrita em [128]. A OQL está descrita em [141]. De modo geral, ela é baseada na linguagem de consulta O2, que é descrita, junto com outros aspectos da O2, na coleção de artigos [55].

24
BANCOS DE DADOS DEDUTIVOS

- Qual é a motivação para estender a SQL com consultas recursivas?
- Quais importantes propriedades os programas recursivos devem satisfazer para serem práticos?
- O que são modelos mínimos e pontos fixos mínimos e como eles fornecem a base teórica das consultas recursivas?
- Quais complicações são introduzidas pelas operações de negação e agregadas? Como elas são tratadas?
- Quais são os desafios na avaliação eficiente de consultas recursivas?
- **Conceitos-chave:** Datalog, bancos de dados dedutivos, recursividade, regras, inferências, segurança, restrição de intervalo; modelo mínimo, semântica declarativa; ponto fixo mínimo, semântica operacional, operador de ponto fixo; negação, programas estratificados; operadores agregados, geração de multiconjunto, agrupamento; avaliação eficiente, evitando inferências repetidas, avaliação de ponto fixo semi-ingênua; antecipação de seleções na consulta, reescrita de Magic Sets.

Para "É" e "Não É", mesmo com Régua e Linha,
E 'Acima e Abaixo' pela Lógica que defino,
De tudo que se deve preocupar e esquadrinhar, eu
Nunca me aprofundei em nada, a não ser, no Vinho.

— *Rubaiyat de Omar Khayyman*, traduzido por Edward Fitzgerald

Os sistemas de gerenciamento de banco de dados relacionais têm enorme sucesso no processamento de dados administrativos. Entretanto, nos últimos anos, à medida que as pessoas tentavam usar sistemas de banco de dados em aplicações cada vez mais complexas, foram expostas algumas limitações importantes desses sistemas. Para algumas aplicações, a linguagem de consulta e os recursos de definição de restrições se mostraram inadequados. Como exemplo, algumas empresas mantêm um banco de dados enorme de inventário de peças e freqüentemente desejam fazer perguntas como:

"Existe alguma peça necessária para construir um carro esportivo ZX600 que esteja com estoque baixo?" ou "Qual é o custo total de componentes e montagem para se construir um ZX600 com os preços atuais das peças?". Essas consultas não podem ser expressas em SQL-92.

Iniciamos este capítulo discutindo consultas que não podem ser expressas na álgebra relacional ou em SQL e apresentamos uma linguagem relacional mais poderosa, chamada *Datalog*. As consultas e visões na SQL podem ser entendidas como regras **se-então**: "**Se** existem algumas tuplas nas tabelas mencionadas na cláusula FROM que satisfazem as condições listadas na cláusula WHERE, **então** a tupla descrita na cláusula SELECT é incluída na resposta". As definições da Datalog mantêm essa interpretação se-então, com a nova e significativa característica de que as definições podem ser *recursivas*; isto é, uma tabela pode ser definida em termos de si mesma. O padrão SQL:1999, sucessor do padrão SQL-92, exige suporte para consultas recursivas, e um grande subconjunto de alguns sistemas, notadamente o SGBD DB2 da IBM, já as suportam.

A avaliação de consultas em Datalog apresenta alguns desafios adicionais, além daqueles encontrados na avaliação de consultas da álgebra relacional, e discutiremos algumas técnicas de implementação e otimização importantes, desenvolvidas para tratar esses desafios. É interessante notar que algumas dessas técnicas melhoram o desempenho até de consultas SQL não recursivas e, portanto, foram implementadas em vários produtos de SGBD relacionais atuais.

Na Seção 24.1, apresentamos as consultas recursivas e a notação da Datalog, por meio de um exemplo. Na Seção 24.2, apresentamos as bases teóricas das consultas recursivas, os pontos fixos mínimos e os modelos mínimos. Discutimos as consultas que envolvem o uso de negação ou diferença de conjunto, na Seção 24.3. Finalmente, consideramos as técnicas para avaliação eficiente de consultas recursivas na Seção 24.5.

24.1 INTRODUÇÃO ÀS CONSULTAS RECURSIVAS

Começamos com um exemplo simples que ilustra os limites das consultas em SQL-92 e o poder das definições recursivas. Seja Montagem uma relação com três campos: *peça, subpeça* e *qtd*. Um exemplo de instância de Montagem aparece na Figura 24.1. Cada tupla em Montagem indica quantos exemplares de uma subpeça em particular estão contidos em determinada peça. A primeira tupla indica, por exemplo, que um velocípede tem três rodas. A relação Montagem pode ser visualizada como uma árvore, como se vê na Figura 24.2. Uma tupla é mostrada como uma seta indo da peça para a subpeça, com o valor de *qtd* como rótulo da seta.

peça	subpeça	qtd
velocípede	roda	3
velocípede	quadro	1
quadro	assento	1
quadro	pedal	1
roda	raio	2
roda	pneu	1
pneu	aro	1
pneu	tubo	1

Figura 24.1 Uma instância de Montagem.

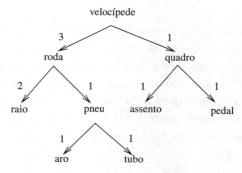

Figura 24.2 Instância de Montagem vista como uma árvore.

Uma pergunta natural a ser feita é "Quais são os componentes de um velocípede?". Surpreendentemente, é impossível escrever essa consulta em SQL-92. Naturalmente, se examinarmos determinada instância da relação Montagem, podemos escrever uma 'consulta' que pega a união das peças usadas em um velocípede. Mas tal consulta não é interessante — queremos uma consulta que identifique todos os componentes de um velocípede para *qualquer* instância de Montagem e tal consulta não pode ser escrita em álgebra relacional nem em SQL-92. Intuitivamente, o problema é que somos obrigados a juntar a relação Montagem com ela mesma, para reconhecer que *velocípede* contém r*aio* e *pneu*; ou seja, descer um nível na árvore Montagem. Para cada nível adicional, precisamos de uma junção adicional; duas junções são necessárias para reconhecer que *velocípede* contém *aro*, que é uma subpeça de *pneu*. Assim, o número de junções necessárias para identificar todas as subpeças de *velocípede* depende da altura da árvore Montagem; isto é, da instância da relação Montagem. Nenhuma consulta da álgebra relacional funciona para todas as instâncias; dada qualquer consulta, podemos construir uma instância cuja altura é maior do que o número de junções presentes na consulta.

24.1.1 Datalog

Definiremos agora uma relação chamada Componentes, que identifica os componentes de cada peça. Considere o seguinte **programa** ou coleção de **regras**:

```
Componentes(Peça, Subpeça)  :-    Montagem(Peça, Subpeça, Qtd).
Componentes(Peça, Subpeça)  :-    Montagem(Peça, Peça2, Qtd),
                                  Componentes(Peça2, Subpeça).
```

Essas regras estão em **Datalog**, uma linguagem de consulta relacional inspirada na Prolog, a conhecida linguagem de programação lógica; na verdade, a notação segue a Prolog. A primeira regra deve ser lida como se segue:

Para todos os valores de Peça, Subpeça e Qtd,
se houver uma tupla ⟨Peça, Subpeça, Qtd⟩ em Montagem,
então deve haver uma tupla ⟨Peça, Subpeça⟩ em Componentes.

A segunda regra deve ser lida como se segue:

Para todos os valores de Peça, Peça2, Subpeça e Qtd,
se houver uma tupla ⟨Peça, Peça2, Qtd⟩ em Montagem e
uma tupla ⟨Peça2, Subpeça⟩ em Componentes,
então deve haver uma tupla ⟨Peça, Subpeça⟩ em Componentes.

A parte à direita do símbolo :- é chamada de **corpo** da regra e a parte à esquerda é chamada de **cabeça**. O símbolo :- denota implicação lógica; se as tuplas mencionadas no corpo existem no banco de dados, fica implícito que a tupla mencionada na cabeça da regra também deve estar no banco de dados. (Note que o corpo poderia estar vazio; nesse caso, a tupla mencionada na cabeça da regra deve ser incluída no banco de dados.) Portanto, se recebermos um conjunto de tuplas de Montagem e Componentes, cada regra poderá ser usada para **inferir** ou **deduzir** algumas novas tuplas pertencentes a Componentes. É por isso que os sistemas de banco de dados que suportam regras da Datalog são freqüentemente chamados de **sistemas de banco de dados dedutivos**.

Atribuindo constantes às variáveis que aparecem em uma regra, podemos inferir uma tupla específica de Componentes. Por exemplo, configurando Peça=*velocípede*, Subpeça=*roda* e Qtd=*3*, podemos inferir que ⟨*velocípede, roda*⟩ está em Componentes.

Cada regra é, na verdade, um *template* para fazer **inferências**: inferência é o uso de uma regra para gerar uma nova tupla (para a relação que está na cabeça da regra) por meio da substituição de constantes por variáveis, de tal maneira que toda tupla presente no corpo da regra (após a substituição) esteja na instância da relação correspondente.

Considerando cada tupla de Montagem por vez, a primeira regra nos permite inferir que o conjunto de tuplas obtido pela projeção de Montagem em seus dois primeiros campos está em Componentes.

A segunda regra, então, nos permite combinar as tuplas de Componentes descobertas anteriormente, com as tuplas de Montagem, para inferir novas tuplas de Componentes. Podemos aplicar a segunda regra considerando o produto cartesiano de Montagem e (a instância corrente de) Componentes e atribuir valores às variáveis da regra para cada linha do produto cartesiano, uma linha por vez. Observe como o uso repetido da variável Peça2 evita que certas linhas do produto cartesiano contribuam com novas tuplas; na verdade, ela especifica uma condição de junção por igualdade sobre Montagem e Componentes. As tuplas obtidas por uma aplicação dessa regra aparecem na Figura 24.3. (Além disso, Componentes contêm as tuplas obtidas pela aplicação da primeira regra; essas não estão mostradas.)

peça	*subpeça*
velocípede	raio
velocípede	pneu
velocípede	assento
velocípede	pedal
roda	aro
roda	tubo

Figura 24.3 Tuplas de Componentes obtidas pela aplicação da segunda regra uma vez.

As tuplas obtidas por uma segunda aplicação dessa regra aparecem na Figura 24.4. Note que cada tupla mostrada na Figura 24.3 é novamente inferida. Apenas as duas últimas tuplas são novas.

peça	*subpeça*
velocípede	raio
velocípede	pneu
velocípede	assento
velocípede	pedal
roda	aro
roda	tubo
velocípede	aro
velocípede	tubo

Figura 24.4 Tuplas de Componentes obtidas pela aplicação da segunda regra duas vezes.

A aplicação da segunda regra uma terceira vez não gera tuplas adicionais. O conjunto de tuplas de Componentes, mostrado na Figura 24.4, inclui todas as tuplas que podem ser inferidas usando-se as duas regras da Datalog que definem Componentes e a instância dada de Montagem. Agora, os componentes de um velocípede podem ser obtidos pela seleção de todas as tuplas de Componentes com o valor *velocípede* no primeiro campo.

Cada aplicação de uma regra da Datalog pode ser entendida em termos da álgebra relacional. A primeira regra em nosso exemplo de programa simplesmente aplica projeção na relação Montagem e adiciona as tuplas resultantes na relação Componentes, que é inicialmente vazia. A segunda regra junta Montagem com Componentes e, então, faz uma projeção. O resultado da aplicação de cada regra é combinado com o conjunto existente de tuplas de Componentes, usando-se união.

A única operação da Datalog que vai além da álgebra relacional é a aplicação *repetida* das regras que definem Componentes até que nenhuma tupla nova seja gerada. Essa aplicação repetida de um conjunto de regras é chamada de operação de *ponto fixo* e desenvolveremos melhor essa idéia na próxima seção.

Concluiremos esta seção reescrevendo a definição em Datalog de Componentes, usando sintaxe SQL:1999:

```
WITH RECURSIVE Componentes(Peça, Subpeça) AS
     (SELECT A1.Peça, A1.Subpeça FROM Montagem A1)
     UNION
     (SELECT A2.Peça, C1.Subpeça
     FROM Montagem A2, Componentes C1
     WHERE A2.Subpeça = C1.Peça)

SELECT  FROM Componentes C2
```

A cláusula WITH introduz uma relação que faz parte de uma definição de consulta; essa relação é semelhante a uma visão, mas o escopo de uma relação introduzida usando WITH é local à definição da consulta. A palavra-chave RECURSIVE sinaliza que a tabela (em nosso exemplo, Componentes) é definida recursivamente. A estrutura da definição tem um paralelo próximo às regras da Datalog. A propósito, se quiséssemos encontrar os componentes de uma peça em particular, por exemplo, *velocípede*, poderíamos simplesmente substituir a última linha pelo seguinte:

```
SELECT   * FROM Componentes C2
WHERE    C2.Peça = 'velocípede'
```

24.2 FUNDAMENTOS TEÓRICOS

Classificamos as relações de um programa em Datalog como relações de saída ou relações de entrada. As **relações de saída** são definidas por regras (por exemplo, Componentes) e as **relações de entrada** têm um conjunto de tuplas explicitamente listadas (por exemplo, Montagem). Dadas instâncias das relações de entrada, devemos calcular instâncias das relações de saída. Normalmente, o significado de um programa em Datalog é definido de duas maneiras diferentes, ambas descrevendo basicamente as instâncias das relações de saída. Tecnicamente, uma **consulta** é uma seleção sobre uma das relações de saída (por exemplo, todas as tuplas C de Componentes, com $C.peça$ = *velocípede*). Entretanto, o significado de uma consulta fica claro quando entendemos como as instâncias de relação são associadas às relações de saída em um programa em Datalog.

A primeira estratégia para definir a semântica de um programa em Datalog, chamada de *semântica do modelo mínimo*, fornece aos usuários uma maneira de entender o programa sem pensar sobre como ele deve ser executado. Isto é, a semântica é *declarativa*, assim como a semântica do cálculo relacional, e não *operacional*, como a da álgebra relacional. Isso é importante, pois regras recursivas tornam difícil entender um programa em termos de estratégia de avaliação.

A segunda estratégia, chamada de *semântica do ponto fixo mínimo*, fornece um modo de avaliação conceitual para calcular as instâncias desejadas da relação. Isso serve como base para a avaliação de consulta recursiva em um SGBD. Estratégias de avaliação mais eficientes são usadas em uma implementação real, mas sua correção é mostrada pela demonstração de sua equivalência com a estratégia do ponto fixo mínimo. Assim, a semântica do ponto fixo mínimo é operacional e desempenha um papel análogo ao da semântica da álgebra relacional para consultas não recursivas.

24.2.1 Semântica do Modelo Mínimo

Queremos que os usuários possam entender um programa em Datalog, compreendendo cada regra independente de outras regras, com o significado: *se o corpo é verdadeiro, então a cabeça também é verdadeira*. Essa interpretação intuitiva de uma regra sugere que, dadas certas instâncias de relação para os nomes de relação que aparecem no corpo de uma regra, a instância da relação mencionada na cabeça da regra deve conter certo conjunto de tuplas. Se um nome de relação R aparece nas cabeças de várias regras, a instância de relação de R deve satisfazer a interpretação intuitiva de todas essas regras. Entretanto, não queremos que tuplas sejam incluídas na instância de R a não ser que elas sejam necessárias para satisfazer uma das regras que definem R. Isto é, queremos calcular apenas as tuplas de R que são suportadas por alguma regra de R.

Para tornarmos essas idéias precisas, precisamos introduzir os conceitos de modelos e modelos mínimos. Um **modelo** é uma coleção de instâncias de relação, uma instância para cada relação no programa, que satisfaz a condição a seguir. Para toda regra do programa, quando substituímos cada variável presente na regra por uma constante correspondente, o seguinte vale:

Se toda tupla no corpo (obtido por nossa substituição de variáveis por constantes) está na instância de relação correspondente,

Então, a tupla gerada para a cabeça (pela atribuição de constantes a variáveis que aparecem na cabeça) também está na instância de relação correspondente.

Observe que as instâncias das relações de entrada são dadas e a definição de modelo basicamente restringe as instâncias das relações de saída.

Considere a regra

```
Componentes(Peça, Subpeça) :- Montagem(Peça, Peça2, Qtd),
                              Componentes(Peça2, Subpeça).
```

Suponha que substituamos a variável Peça pela constante *roda*, Peça2 por *pneu*, Qtd por 1 e Subpeça por *aro*:

```
Componentes(roda, aro) :- Montagem(roda, pneu, 1),
                          Componentes(pneu, aro).
```

Seja A uma instância de Montagem e C uma instância de Componentes. Se A contém a tupla ⟨*roda, pneu,* 1⟩ e C contém a tupla ⟨*pneu, aro*⟩, então C também deve

Bancos de Dados Dedutivos

conter a tupla ⟨*roda, aro*⟩ para o par de instâncias A e C para ser um modelo. É claro que as instâncias A e C devem satisfazer o requisito de inclusão que acabamos de ilustrar para *toda* atribuição de constantes a variáveis presentes na regra: se as tuplas no corpo da regra estão em A e em C, então a tupla na cabeça deve estar em C.

Como exemplos, as instâncias de Montagem mostradas na Figura 24.1 e de Componentes mostradas na Figura 24.4 formam, juntas, um modelo para o programa Componentes.

Dada a instância de Montagem mostrada na Figura 24.1, não há nenhuma justificativa para incluirmos a tupla ⟨*raio, pedal*⟩ na instância de Componentes. Na verdade, se adicionarmos essa tupla na instância de Componentes, na Figura 24.1, não teremos mais um modelo para nosso programa, conforme demonstra a instância a seguir da regra recursiva, pois ⟨*roda, pedal*⟩ não está na instância de Componentes:

```
Componentes(roda, pedal) :-    Montagem(roda, raio, 2),
                               Componentes(raio, pedal).
```

Entretanto, adicionando também a tupla ⟨*roda, pedal*⟩ na instância de Componentes, obtemos outro modelo do programa Componentes. Intuitivamente, isso é insatisfatório, pois não há nenhuma justificativa para adicionarmos a tupla ⟨*raio, pedal*⟩, dadas as tuplas da instância de Montagem e as regras presentes no programa.

Tratamos desse problema usando o conceito de modelo mínimo. Um **modelo mínimo** de um programa é um modelo M tal que para cada outro modelo M2 do mesmo programa, para cada relação R presente no programa, a instância de R em M está contida na instância de R de M2. O modelo formado pelas instâncias de Montagem e Componentes, mostradas nas Figuras 24.1 e 24.4, é o modelo mínimo para o programa Componentes com a instância de Montagem dada.

24.2.2 O Operador de Ponto Fixo

Um **ponto fixo** de uma função f é um valor v tal que a função aplicada ao valor retorna o mesmo valor, isto é, $f(v) = v$. Considere uma função aplicada a um conjunto de valores que também retorna um conjunto de valores. Por exemplo, podemos definir *double* como uma função que multiplica cada elemento do conjunto de entrada por dois e *double+* como *double* ∪ *identity*. Assim, *double*({1,2,5}) = {2,4,10} e *double+*({1,2,5}) = {1,2,4,5,10}. O conjunto de todos os inteiros pares — que é um conjunto infinito — é um ponto fixo da função *double+*. Outro ponto fixo da função *double+* é o conjunto de todos os inteiros. O primeiro ponto fixo (o conjunto de todos os valores pares) é *menor* do que o segundo ponto fixo (o conjunto de todos os inteiros), pois está contido neste último.

O **ponto fixo mínimo** de uma função é aquele que é menor do que todos os outros pontos fixos dessa função. Em geral, não é garantido que uma função tenha um ponto fixo mínimo. Por exemplo, podem existir dois pontos fixos, nenhum dos quais é menor do que o outro. (*Double* tem um ponto fixo mínimo? Qual é ele?)

Agora, vamos ver as funções sobre conjuntos de tuplas, em particular, as funções definidas usando-se expressões da álgebra relacional. A relação Componentes pode ser definida por uma equação da forma

$$Componentes = \pi_{1,5}(Montagem \bowtie_{2=1} Componentes) \cup \pi_{1,2}(Montagem)$$

Essa equação tem a forma

$$Componentes = f(Componentes,\ Montagem)$$

onde a função f é definida usando-se uma expressão da álgebra relacional. Para determinada instância da relação de entrada Montagem, isso pode ser simplificado para

$$Componentes = f(Componentes)$$

O ponto fixo mínimo de f é uma instância de Componentes que satisfaz essa equação. Claramente, a projeção dos dois primeiros campos das tuplas na instância dada da relação de entrada Montagem deve estar incluída no ponto fixo mínimo (na instância que é o ponto fixo mínimo) de Componentes. Além disso, qualquer tupla obtida pela junção de Componentes com Montagem e pela projeção dos campos apropriados também deve estar em Componentes.

Um pouco de raciocínio mostra que a instância de Componentes que é o ponto fixo mínimo de f pode ser calculada usando-se aplicações repetidas das regras da Datalog mostradas na seção anterior. Na verdade, aplicar as duas regras da Datalog é idêntico a avaliar a expressão relacional usada na definição de Componentes. Se uma aplicação gera tuplas de Componentes que não estão na instância corrente da relação Componentes, a instância corrente não pode ser o ponto fixo. Portanto, adicionamos as novas tuplas em Componentes e avaliamos a expressão relacional (equivalentemente, as duas regras da Datalog) novamente. Esse processo é repetido até que toda tupla gerada já esteja na instância corrente de Componentes. Quando a aplicação das regras no conjunto de tuplas corrente não produzir tuplas novas, chegamos a um ponto fixo. Se Componentes for inicializada com o conjunto vazio de tuplas, intuitivamente inferimos apenas as tuplas necessárias pela definição de um ponto fixo, e o ponto fixo calculado é o ponto fixo mínimo.

24.2.3 Programas Seguros em Datalog

Considere o programa a seguir:

```
Peças_Complexas(Peça) :- Montagem(Peça, Subpeça, Qtd), Qtd > 2.
```

De acordo com essa regra, uma peça complexa é definida como qualquer peça que tenha mais de dois exemplares de qualquer subpeça. Para cada peça mencionada na relação Montagem, podemos verificar facilmente se ela é uma peça complexa. Em contraste, considere o programa a seguir:

```
Preço_Peças(Peça, Preço) :-
        Montagem(Peça, Subpeça, Qtd), Qtd > 2.
```

Essa variação procura associar um preço a cada peça complexa. Entretanto, a variável *Preço* não aparece no corpo da regra. Isso significa que um número infinito de tuplas devem ser incluídas em qualquer modelo desse programa. Para ver isso, suponha que substituamos a variável Peça pela constante *velocípede*, Subpeça por *roda* e Qtd por 3. Isso nos fornece uma versão da regra, sendo *Preço* a única variável restante:

```
Preço_Peças(velocípede,Preço) :- Montagem(velocípede, roda, 3), 3 > 2.
```

Agora, toda atribuição de uma constante a *Preço* nos fornece uma tupla a ser incluída na relação de saída Preço_Peças. Por exemplo, substituir *Preço* por 100 nos fornece a tupla Preço_Peças(velocípede,100). Se o modelo mínimo de um programa não é finito, mesmo para uma única instância de suas relações de entrada, então dizemos que o programa é **inseguro**.

Os sistemas de banco de dados rejeitam os programas inseguros exigindo que toda variável presente na cabeça de uma regra também apareça no corpo. Diz-se que tais programas têm **restrição de intervalo**, e todo programa em Datalog com restrição de intervalo tem um modelo mínimo, caso as instâncias da relação de entrada sejam finitas. No restante deste capítulo, supomos que os programas têm restrição de intervalo.

24.2.4 Modelo Mínimo = Ponto Fixo Mínimo

Um programa em Datalog sempre tem um modelo mínimo? Ou é possível que existam dois modelos, nenhum dos quais esteja contido um no outro? Analogamente, todo programa em Datalog tem um ponto fixo mínimo? Qual é o relacionamento entre o modelo mínimo e o ponto fixo mínimo de um programa em Datalog?

Conforme observado anteriormente, nem toda função tem um ponto fixo mínimo. Felizmente, é garantido que toda função definida em termos de expressões da álgebra relacional que não contêm diferença de conjunto tem um ponto fixo mínimo, e o ponto fixo mínimo pode ser calculado avaliando-se a função repetidamente. Isso nos diz que todo programa em Datalog tem um ponto fixo mínimo e que ele pode ser calculado aplicando-se repetidamente as regras do programa nas instâncias dadas das relações de entrada.

Além disso, é garantido que todo programa em Datalog tem um modelo mínimo e o modelo mínimo é igual ao ponto fixo mínimo do programa. Esses resultados (cujas provas não discutiremos) fornecem a base do processamento de consultas em Datalog. Os usuários podem entender um programa em termos de 'Se o corpo é verdadeiro, a cabeça também é verdadeira', graças à semântica do modelo mínimo. O SGBD pode calcular a resposta aplicando repetidamente as regras do programa, graças à semântica do ponto fixo mínimo e ao fato de que o modelo mínimo e o ponto fixo mínimo são idênticos.

24.3 CONSULTAS RECURSIVAS COM NEGAÇÃO

Infelizmente, uma vez que a diferença de conjunto é permitida no corpo de uma regra, pode não haver nenhum modelo mínimo ou ponto fixo mínimo para um programa. Considere as regras a seguir:

```
Grande(Peça) :- Montagem(Peça, Subpeça, Qtd), Qtd > 2,
                NOT Pequena(Peça).
Pequena(Peça) :- Montagem(Peça, Subpeça, Qtd), NOT Grande(Peça).
```

Essas duas regras podem ser consideradas uma tentativa de dividir as peças (aquelas que são mencionadas na primeira coluna da tabela Montagem) em duas classes. Grande e Pequena. A primeira regra define Grande como o conjunto de peças que usam pelo menos três exemplares de alguma subpeça e não são classificadas como peças pequenas. A segunda regra define Pequena como o conjunto de peças não classificadas como peças grandes.

Se aplicarmos essas regras na instância de Montagem mostrada na Figura 24.1, *velocípede* será a única peça que utiliza pelo menos três exemplares de alguma subpeça. A tupla ⟨*velocípede*⟩ deve estar em Grande ou em Pequena? Se aplicarmos a primeira regra e, depois, a segunda, essa tupla estará em Grande. Para aplicarmos a primeira regra, consideramos as tuplas em Montagem, escolhemos aquelas com Qtd > 2 (que é apenas ⟨velocípede⟩), descartamos as que estão na instância corrente de Pequena (tanto Grande como Pequena são inicialmente vazias) e adicionamos as tuplas restantes em Grande. Portanto, uma aplicação da primeira regra adiciona ⟨velocípede⟩ em Grande. Procedendo de maneira semelhante, podemos ver que, se a segunda regra for aplicada antes da primeira, ⟨velocípede⟩ será adicionada em Pequena, em vez de Grande.

Esse programa tem dois pontos fixos, nenhum dos quais é menor do que o outro, como se vê na Figura 24.5. O primeiro ponto fixo tem uma tupla de Grande que não aparece no segundo ponto fixo; portanto, ele não é menor do que o segundo ponto fixo. O segundo ponto fixo tem uma tupla de Pequena que não aparece no primeiro ponto fixo; portanto, ele não é menor do que o primeiro ponto fixo. A ordem na qual aplicamos as regras determina qual ponto fixo é calculado; essa situação é muito insatisfatória. Queremos que os usuários entendam suas consultas sem pensarem sobre como exatamente a avaliação ocorre.

Figura 24.5 Dois pontos fixos para o programa Grande/Pequena.

A raiz do problema é o uso de NOT. Quando aplicamos a primeira regra, algumas inferências são rejeitadas por causa da presença de tuplas em Pequena. As peças que satisfazem as outras condições do corpo da regra são candidatas à adição em Grande; removemos as peças que estão em Pequenas desse conjunto de candidatas. Assim, algumas inferências que são possíveis se Pequena está vazia (como acontece antes da segunda regra ser aplicada) são rejeitadas se Pequena contém tuplas (geradas pela aplicação da segunda regra antes da primeira). Aqui está a dificuldade: se NOT é usado, a adição de tuplas em uma relação pode *impedir* a inferência de outras tuplas. Sem NOT, essa situação nunca surge; a adição de tuplas em uma relação *nunca* pode impedir a inferência de outras tuplas.

Restrição de Intervalo e Negação

Se for permitido que as regras contenham NOT no corpo, a definição de restrição de intervalo deve ser estendida para garantir que todos os programas com restrição de intervalo sejam seguros. Se uma relação aparece no corpo de uma regra precedida por NOT, chamamos isso de **ocorrência negada**. As ocorrências de relação no corpo que não são negadas são chamadas de **ocorrências positivas**. Um programa tem **restrição de intervalo** se toda variável na cabeça da regra aparece em alguma ocorrência de relação positiva no corpo.

24.3.1 Estratificação

Uma solução amplamente usada para o problema causado pela negação ou o uso de NOT é impor certas restrições sintáticas nos programas. Essas restrições podem ser verificadas facilmente e os programas que as satisfazem têm um significado natural.

Dizemos que uma tabela T **depende de** uma tabela S se alguma regra com T na cabeça contém S ou (recursivamente) contém um predicado que depende de S no corpo. Um predicado definido recursivamente sempre depende de si mesmo. Por exemplo, Grande depende de Pequena (e de si mesma). Na verdade, as tabelas Grande e Pequena são **mutuamente recursivas**; isto é, a definição de Grande depende de Pequena e vice-versa. Dizemos que uma tabela T **depende negativamente de** uma tabela S se alguma regra com T na cabeça contém NOT S ou (recursivamente) um predicado que depende negativamente de S no corpo.

Suponha que classifiquemos as tabelas de um programa em **estratos** ou **camadas**, como se segue. As tabelas que não dependem de nenhuma outra tabela estão no estrato 0. Em nosso exemplo de Grande/Pequena, Montagem é a única tabela no estrato 0. Em seguida, identificamos as tabelas que estão no estrato 1; são as tabelas que dependem apenas das tabelas que estão no estrato 0 ou no estrato 1 e dependem negativamente apenas das tabelas do estrato 0. Os estratos mais altos são definidos analogamente: as tabelas que estão no estrato i são aquelas que não pertecem aos estratos mais baixos, dependem apenas das tabelas que estão no estrato i ou em estratos mais baixos e dependem negativamente apenas das tabelas que estão nos estratos mais baixos. Um **programa estratificado** é aquele cujas tabelas podem ser classificadas em estratos, de acordo com o algoritmo anterior.

O programa Grande/Pequena não é estratificado. Como Grande e Pequena dependem uma da outra, elas devem estar no mesmo estrato. Contudo, elas dependem negativamente uma da outra, violando o requisito de que uma tabela só pode depender negativamente de tabelas que estão em estratos mais baixos. Considere a variação a seguir do programa Grande/Pequena, na qual a primeira regra foi modificada:

```
Grande2(Peça)  :- Montagem(Peça, Subpeça, Qtd), Qtd > 2.
Pequena2(Peça) :- Montagem(Peça, Subpeça, Qtd), NOT Grande2(Peça).
```

Esse programa é estratificado. Pequena2 depende de Grande2, mas Grande2 não depende de Pequena2. Montagem está no estrato 0, Grande está no estrato 1 e Pequena2 está no estrato 2.

Um programa estratificado é avaliado estrato por estrato, começando no estrato 0. Para avaliarmos um estrato, calculamos o ponto fixo de todas as regras que definem tabelas nesse estrato. Ao se avaliar um estrato, toda ocorrência de NOT envolve uma tabela de um estrato mais baixo, o qual, portanto, agora já foi completamente avaliado. As tuplas da tabela negada ainda rejeitam algumas inferências, mas o efeito é completamente determinístico, dada a avaliação estrato por estrato. No exemplo, Grande2 é calculada antes de Pequena2, pois está em um estrato mais baixo do que Pequena2; ⟨*velocípede*⟩ é adicionada em Grande2. Em seguida, quando calculamos Pequena2, reconhecemos que ⟨*velocípede*⟩ não está em Pequena2, pois já está em Grande2.

A propósito, note que o programa Grande/Pequena estratificado nem mesmo é recursivo. Se substituirmos Montagem por Componentes, obteremos um programa estratificado e recursivo: Montagem está no estrato 0, Componentes está no estrato 1, Grande2 também está no estrato 1 e Pequena2 está no estrato 2.

Intuição por Trás da Estratificação

Considere a versão estratificada do programa Grande/Pequena. A regra que define Grande2 nos obriga a adicionar ⟨velocípede⟩ em Grande2 e é natural supor que ⟨velocípede⟩ é a única tupla em Grande2, pois não temos nenhuma evidência que sustente a existência de alguma outra tupla em Grande2. O ponto fixo mínimo calculado pela avaliação de ponto fixo estratificado é coerente com essa intuição. Entretanto, existe outro ponto fixo mínimo: podemos colocar cada peça em Grande2 e tornar Pequena2 vazia. Embora essa atribuição de tuplas em relações não pareça intuitiva, trata-se, contudo, de um ponto fixo mínimo.

O requisito de que os programas devem ser estratificados nos fornece uma ordem natural para avaliar regras. Quando as regras são avaliadas nessa ordem, o resultado é um ponto fixo único, que é um dos pontos fixos mínimos do programa. O ponto fixo calculado pela avaliação de ponto fixo estratificado normalmente corresponde bem à nossa interpretação intuitiva de um programa estratificado, mesmo que o programa tenha mais de um ponto fixo mínimo.

Para programas em Datalog não estratificados, é mais difícil identificar um modelo natural entre os modelos mínimos alternativos, especialmente quando consideramos que o significado de um programa deve ser claro, mesmo para usuários que não tenham experiência em lógica matemática. Embora muitas pesquisas tenham sido feitas sobre a identificação de modelos naturais para programas não estratificados, as implementações práticas de Datalog têm se concentrado em programas estratificados.

Álgebra Relacional e Datalog Estratificada

Toda consulta da álgebra relacional pode ser escrita como um programa em Datalog estratificado e com restrição de intervalo. (É claro que nem todos os programas em Datalog podem ser expressos na álgebra relacional; por exemplo, o programa Componentes.) Esboçamos a transformação de álgebra em Datalog estratificada escrevendo um programa em Datalog para cada uma das operações algébricas básicas, em termos de duas tabelas de exemplo, R e S, cada uma com dois campos:

Seleção:	Resultado(Y) :- R(X,Y), X=c.
Projeção:	Resultado(Y) :- R(X,Y).
Produto cartesiano:	Resultado(X,Y,U,V) :- R(X,Y), S(U,V).
Diferença de conjunto:	Resultado(X,Y) :- R(X,Y), NOT S(U,V).
União:	Resultado(X,Y) :- R(X,Y).
	Resultado(X,Y) :- S(X,Y).

Concluímos nossa discussão sobre estratificação observando que o padrão SQL:1999 exige que os programas sejam estratificados. O programa Grande/Pequena estratificado aparece a seguir, na notação SQL:1999, com uma seleção final adicional em Grande2:

```
WITH
Grande2(Peça) AS
    (SELECT A1.Peça FROM Montagem A1 WHERE Qtd > 2)
Pequena2(Peça) AS
    ((SELECT A2.Peça FROM Montagem A2)
    EXCEPT
    (SELECT B1.Peça FROM Grande2 B1))

SELECT * FROM Grande2 B2
```

Bancos de Dados Dedutivos

> **SQL:1999 e Consultas em Datalog:** Uma regra da Datalog é **recursiva linear** se o corpo contém no máximo uma ocorrência de qualquer tabela que dependa da tabela que está na cabeça da regra. Um **programa recursivo linear** contém apenas regras recursivas lineares. Todos os programas em Datalog recursivos lineares podem ser expressos usando-se os recursos recursivos do padrão SQL:1999. Contudo, esses recursos não estão na Core SQL.

24.4 DE DATALOG PARA SQL

Para suportarmos consultas recursivas em SQL, devemos levar em conta os recursos da SQL que não são encontrados na Datalog. Dois recursos importantes da SQL que estão ausentes na Datalog são (1) a SQL trata as tabelas como *multiconjuntos* de tuplas, em vez de conjuntos, e (2) a SQL permite operações de agrupamento e agregadas.

A semântica de multiconjunto das consultas SQL pode ser preservada se não verificarmos a existência de duplicatas após aplicarmos as regras. Toda instância de relação, incluindo instâncias das tabelas definidas recursivamente, é um multiconjunto. O número de ocorrências de uma tupla em uma relação é igual ao número de inferências distintas que geram essa tupla.

O segundo ponto pode ser tratado estendendo-se a Datalog com operações de agrupamento e agregação. Isso deve ser feito tendo-se em mente a semântica do multiconjunto, conforme ilustraremos agora. Considere o programa a seguir:

```
NumPeças(Peça, SUM(⟨Qtd⟩)) :- Montagem(Peça, Subpeça, Qtd).
```

Esse programa é equivalente à consulta SQL

```
SELECT     A.Peça, SUM (A.Qtd)
FROM       Montagem A
GROUP BY   A.Peça
```

A notação ⟨...⟩ foi introduzida no sistema dedutivo LDL, um dos protótipos de banco de dados dedutivo pioneiro, desenvolvido na MCC, no final dos anos 80. Utilizamos esta anotação para denotar *geração de multiconjunto* ou a criação de valores de *multiconjunto*. Em princípio, a regra que define NumPeças é avaliada primeiramente criando-se a relação temporária mostrada na Figura 24.6. Criamos a relação temporária ordenando no atributo *peça* (que aparece no lado esquerdo da regra, junto com o termo ⟨...⟩) e coletando o *multiconjunto* de valores de *qtd* para cada valor de *peça*. Então, aplicamos a operação agregada SUM em cada valor de *multiconjunto* da segunda coluna para obtermos a resposta, que aparece na Figura 24.7.

peça	⟨qtd⟩
velocípede	{3,1}
quadro	{1,1}
roda	{2,1}
pneu	{1,1}

peça	SUM(⟨qtd⟩)
velocípede	4
quadro	2
roda	3
pneu	2

Figura 24.6 Relação temporária.

Figura 24.7 As tuplas em NumPeças.

A relação temporária mostrada na Figura 24.6 não precisa ser materializada para se calcular NumPeças; por exemplo, SUM pode ser aplicada dinamicamente ou Montagem pode simplesmente ser ordenada e agregada, conforme descrito na Seção 14.6.

O uso de operações de agrupamento e agregação, assim como a negação, causa complicações quando aplicadas em uma relação parcialmente calculada. A dificuldade é superada pela adoção da mesma solução usada para negação, a estratificação. Considere o programa a seguir:[1]

```
TotPeças(Peça, Subpeça, SUM(⟨Qtd⟩)) :- BOM(Peça, Subpeça, Qtd).
BOM(Peça, Subpeça, Qtd) :- Montagem(Peça, Subpeça, Qtd).
BOM(Peça, Subpeça, Qtd) :- Montagem(Peça, Peça2, Qtd2),
        BOM(Peça2, Subpeça, Qtd3), Qtd=Qtd2*Qtd3.
```

A idéia é contar o número de exemplares de Subpeça para cada Peça. Pela agregação sobre BOM, em vez de Montagem, contamos subpeças em qualquer nível da hierarquia, em vez de apenas as subpeças imediatas. Esse programa é uma versão de um conhecido problema chamado *Bill-of-Materials*, e variantes dele provavelmente são as consultas recursivas mais amplamente usadas na prática.

O ponto importante a notar nesse exemplo é que devemos esperar até que a relação BOM tenha sido completamente avaliada, antes de aplicarmos a regra TotPeças. Caso contrário, obteremos contagens incompletas. Essa situação é análoga ao problema com que nos deparamos com a negação; precisamos avaliar a relação negada completamente, antes de aplicarmos uma regra que envolva o uso de NOT. Se um programa é estratificado com relação aos usos de ⟨...⟩, assim como de NOT, a avaliação de ponto fixo estratificado nos fornece resultados significativos.

Existem mais dois aspectos nesse exemplo. Primeiro, precisamos entender a cardinalidade de cada tupla em BOM, com base na semântica de *multiconjunto* da aplicação da regra. Segundo, precisamos entender a cardinalidade do *multiconjunto* de valores de *Qtd* para cada grupo ⟨*Peça, Subpeça*⟩ em TotPeças.

peça	subpeça	qtd
velocípede	quadro	1
velocípede	assento	1
quadro	assento	1
quadro	pedal	2
assento	capa	1

Figura 24.8 Outra instância de Montagem.

Figura 24.9 Instância de Montagem vista como um grafo.

Ilustramos esses dois pontos usando a instância de Montagem mostrada nas Figuras 24.8 e 24.9. Aplicando a primeira regra BOM, adicionamos (uma cópia de) cada tupla de Montagem em BOM. Aplicando a segunda regra BOM, adicionamos as quatro tuplas a seguir em BOM: ⟨*velocípede, assento, 1*⟩, ⟨*velocípede, pedal, 2*⟩, ⟨*velocípede, capa, 1*⟩ e ⟨*quadro, capa, 1*⟩. Observe que a tupla ⟨*velocípede, assento, 1*⟩ já estava

---

[1] Como um exercício simples, o leitor deve escrever isso na sintaxe do padrão SQL:1999.

Bancos de Dados Dedutivos 693

> **Detecção de Ciclo do Padrão SQL:1999:** As consultas em Datalog seguras que não usam operações aritméticas têm respostas finitas e é garantido que a avaliação de ponto fixo termine. Infelizmente, as consultas recursivas em SQL podem ter infinitos conjuntos de resposta e a avaliação da consulta pode não terminar. Existem duas razões independentes para isso: (1) o uso de operadores aritméticos para gerar valores de dados que não estão armazenados nas tabelas de entrada de uma consulta e (2) a semântica de *multiconjunto* para aplicações de regra; intuitivamente, surgem problemas de *ciclos* nos dados. (Considere o programa Componentes na instância de Montagem mostrada na Figura 24.1, mais a da tupla ⟨*tubo, roda, 1*⟩.) O padrão SQL:1999 fornece construções especiais para verificar a existência de tais ciclos.

em BOM, pois foi gerada pela aplicação da primeira regra; portanto, a semântica de multiconjunto para a aplicação da regra nos fornece duas cópias dessa tupla. Aplicando a segunda regra BOM nas novas tuplas, geramos a tupla ⟨*velocípede, capa, 1*⟩ (usando a tupla ⟨*quadro, capa, 1*⟩ para BOM no corpo da regra); essa é nossa segunda cópia da tupla. Aplicar a segunda regra novamente nessa tupla não gera nenhuma tupla, e o cálculo da relação BOM agora está concluído. A instância de BOM nesse estágio aparece na Figura 24.10.

peça	subpeça	qtd
velocípede	quadro	1
velocípede	assento	1
quadro	assento	1
quadro	pedal	2
assento	capa	1
velocípede	assento	1
velocípede	pedal	2
velocípede	capa	1
quadro	capa	1
velocípede	capa	1

Figura 24.10 Instância da tabela BOM.

peça	subpeça	qtd
velocípede	quadro	{1}
velocípede	assento	{1,1}
velocípede	capa	{1,1}
velocípede	pedal	{2}
quadro	assento	{1}
quadro	pedal	{2}
assento	capa	{1}
quadro	capa	{1}

Figura 24.11 Relação temporária.

O agrupamento de multiconjunto nessa instância gera a instância de relação temporária mostrada na Figura 24.11. (Esta etapa é apenas conceitual; a agregação pode ser feita dinamicamente, sem materializar essa relação temporária.) A aplicação de SUM nos multiconjuntos da terceira coluna dessa relação temporária nos fornece a instância de TotPeças.

24.5 AVALIANDO CONSULTAS RECURSIVAS

A avaliação de consultas recursivas foi amplamente estudada. Embora todos os problemas da avaliação de consultas não recursivas continuem a estar presentes, a recentemente introduzida operação de ponto fixo cria dificuldades adicionais. Uma estratégia simples para avaliar consultas recursivas é calcular o ponto fixo aplicando repetidamente as regras, conforme ilustrado na Seção 24.1.1. Uma aplicação de todas as regras do programa é chamada de **iteração**; realizamos tantas iterações quantas forem necessárias para atingir o ponto fixo mínimo. Essa estratégia tem duas desvantagens principais:

- **Inferências repetidas:** conforme ilustram as Figuras 24.3 e 24.4, as inferências são repetidas entre as iterações. Isto é, a mesma tupla é inferida repetidamente *da mesma maneira*, usando a mesma regra e as mesmas tuplas das tabelas que estão no corpo da regra.
- **Inferências desnecessárias:** suponha que queiramos encontrar os componentes de apenas uma *roda*. Computar a tabela Componentes inteira é um desperdício e não tira proveito das informações presentes na consulta.

Nesta seção, discutiremos como cada uma dessas dificuldades pode ser superada. Consideraremos apenas programas em Datalog sem negação.

24.5.1 Avaliação de Ponto Fixo sem Inferências Repetidas

Calcular o ponto fixo repetidamente, aplicando todas as regras, é chamado de **avaliação de ponto fixo ingênua**. É garantido que a avaliação ingênua calcula o ponto fixo mínimo, mas toda aplicação de uma regra repete todas as inferências feitas pelas aplicações anteriores dessa regra. Ilustramos esse ponto usando a regra a seguir:

```
Componentes(Peça, Subpeça) :- Montagem(Peça, Peça2, Qtd),
                              Componentes(Peça2, Subpeça).
```

Quando essa regra é aplicada pela primeira vez, após a aplicação da primeira regra que define Componentes, a tabela Componentes contém a projeção de Montagem nos dois primeiros campos. Usando essas tuplas de Componentes no corpo da regra, geramos as tuplas mostradas na Figura 24.3. Por exemplo, a tupla ⟨*roda, aro*⟩ é gerada por intermédio da seguinte inferência:

```
Componentes(roda, aro) :- Montagem(roda, pneu, 1),
                          Componentes(pneu, aro).
```

Quando essa regra é aplicada uma segunda vez, a tabela Componentes contém as tuplas mostradas na Figura 24.3, além das tuplas que continha antes da primeira aplicação. Usar as tuplas de Componentes mostradas na Figura 24.3 leva a novas inferências; por exemplo,

```
Componentes(velocípede, aro) :- Montagem(velocípede, roda, 3),
                                Componentes(roda, aro).
```

Entretanto, toda inferência feita na primeira aplicação dessa regra também é repetida na segunda aplicação, pois todas as tuplas de Montagem e de Componentes usadas na primeira aplicação da regra são consideradas novamente. Por exemplo, a inferência de ⟨*roda, aro*⟩ mostrada anteriormente é repetida na segunda aplicação dessa regra.

A solução para essa repetição de inferências consiste em lembrar quais inferências foram feitas nas aplicações anteriores da regra e não fazê-las novamente. Podemos 'lembrar' inferências feitas anteriormente com eficiência, simplesmente monitorando quais tuplas de Componentes foram geradas pela primeira vez na aplicação mais recente da regra recursiva. Suponha que façamos o monitoramento introduzindo uma nova relação, chamada *delta_Componentes*, e armazenando nela apenas as tuplas de Componentes recentemente geradas. Agora, podemos usar apenas as tuplas de *delta_Componentes* na próxima aplicação da regra recursiva; toda inferência usando outras tuplas de Componentes deve ter sido feita em aplicações anteriores da regra.

Esse refinamento da avaliação de ponto fixo é chamado de **avaliação de ponto fixo semi-ingênua** (Seminaive). Vamos acompanhar a avaliação de ponto fixo semi-ingênua em nosso exemplo de programa. A primeira aplicação da regra recursiva produz as tuplas de Componentes mostradas na Figura 24.3, exatamente como a avaliação de ponto fixo ingênua, e essas tuplas são colocadas em *delta_Componentes*. Na segunda aplicação, no entanto, apenas as tuplas de *delta_Componentes* são consideradas, o que significa que somente as inferências a seguir são feitas na segunda aplicação da regra recursiva:

```
Componentes(velocípede, aro)  :- Montagem(velocípede, roda, 3),
                                 delta_Componentes(roda, aro).
Componentes(velocípede, tubo) :- Montagem(velocípede, roda, 3),
                                 delta_Componentes(roda, tubo).
```

Em seguida, a relação de "contabilidade" *delta_Componentes* é atualizada para conter apenas essas duas tuplas de Componentes. Na terceira aplicação da regra recursiva, apenas essas duas tuplas de *delta_Componentes* são consideradas e, portanto, nenhuma inferência adicional pode ser feita. O ponto fixo de Componentes foi atingido.

Para implementarmos a avaliação de ponto fixo semi-ingênua para programas em geral, aplicamos todas as regras recursivas de um programa juntas, em uma **iteração**. A aplicação iterativa de todas as regras recursivas é repetida, até que nenhuma tupla nova seja gerada em alguma iteração. Para resumir como é feita a avaliação de ponto fixo semi-ingênua, existem duas diferenças importantes com relação à avaliação de ponto fixo ingênua:

- Mantemos uma versão *delta* de cada predicado recursivo para monitorar as tuplas geradas para esse predicado na iteração mais recente; por exemplo, *delta_Componentes* para Componentes. As versões *delta* são atualizadas no final de cada iteração.
- As regras originais do programa são reescritas para garantir que toda inferência utilize pelo menos uma tupla *delta*; ou seja, uma tupla que não era conhecida antes da iteração anterior. Essa propriedade garante que a inferência não poderia ter sido feita em iterações anteriores.

Não discutiremos os detalhes da avaliação de ponto fixo semi-ingênua (como o algoritmo para reescrever regras de programa para garantir o uso de uma tupla *delta* em cada inferência).

24.5.2 Antecipando Seleções para Evitar Inferências Irrelevantes

Considere uma definição de visão não recursiva. Se quisermos apenas as tuplas da visão que satisfazem uma condição de seleção adicional, a seleção pode ser acrescentada no plano como uma operação final e as transformações da álgebra relacional para comutar seleções com outros operadores relacionais nos permitem 'antecipar' a seleção às operações mais custosas, como produtos cartesianos e junções. Na verdade, restringimos o cálculo utilizando seleções na especificação da consulta. O problema é mais complicado para consultas definidas recursivamente.

Usaremos o programa a seguir como exemplo nesta seção:

```
MesmoNível(S1, S2) :- Montagem(P1, S1, Q1),
                      Montagem(P1, S2, Q2).
MesmoNível(S1, S2) :- Montagem(P1, S1, Q1),
                      MesmoNível(P1, P2), Montagem, P2,S2, Q2).
```

Considere a representação em árvore das tuplas de Montagem, ilustrada na Figura 24.2. Existe uma tupla ⟨S1, S2⟩ em MesmoNível se há um caminho de S1 para S2 que sobe um certo número de setas na árvore e, então, desce o mesmo número de setas.

Suponha que queiramos encontrar todas as tuplas de MesmoNível com o primeiro campo igual a *raio*. Como as tuplas de MesmoNível podem ser usadas para calcular outras tuplas de MesmoNível, não podemos apenas computar as tuplas com *raio* no primeiro campo. Por exemplo, a tupla ⟨*roda, quadro*⟩ em MesmoNível nos permite inferir uma tupla de MesmoNível com *raio* no primeiro campo:

```
        MesmoNível(raio, assento) :- Montagem(roda, raio, 2),
                                     MesmoNível(roda, quadro),
                                     Montagem(quadro, assento, 1).
```

Intuitivamente, precisamos calcular todas as tuplas de MesmoNível cujo primeiro campo contém um valor no caminho de *raio* até a raiz na Figura 24.2. Cada tupla dessa tem o potencial de contribuir para respostas à consulta dada. Por outro lado, é desperdício computar a tabela MesmoNível inteira; por exemplo, a tupla de MesmoNível ⟨*pneu, assento*⟩ não pode ser usada para inferir qualquer resposta à consulta dada (ou, na verdade, para inferir qualquer tupla que possa, por sua vez, ser usada para inferir uma tupla de resposta). Definimos uma nova tabela, que chamamos de Mágico_MesmoNível, tal que cada tupla nessa tabela identifica um valor m para o qual precisamos calcular todas as tuplas de MesmoNível com m na primeira coluna, para responder à consulta dada:

```
Mágico_MesmoNível(P1) :- Mágico_MesmoNível(S1),Montagem(P1, S1, Q1).
Mágico_MesmoNível(raio) :- .
```

Considere as tuplas em Mágico_MesmoNível. Obviamente, temos ⟨*raio*⟩. Usando essa tupla de Mágico_MesmoNível e a tupla de Montagem ⟨*roda, raio,* 2⟩, podemos inferir que a tupla ⟨*roda*⟩ está em Mágico_MesmoNível. Usando essa tupla e a tupla de Montagem ⟨*velocípede, roda,* 3⟩, podemos inferir que a tupla ⟨*velocípede*⟩ está em Mágico_MesmoNível. Assim, Mágico_MesmoNível contém cada nó que está no caminho de *raio* até a raiz na Figura 24.2. A tabela Mágico_MesmoNível pode ser usada como filtro para restringir o cálculo:

```
MesmoNível(S1, S2) :- Mágico_MesmoNível(S1),
         Montagem(P1, S1, Q1), Montagem(P2, S2, Q2).
MesmoNível(S1, S2) :- Mágico_MesmoNível(S1), Montagem(P1, S1, Q1),
         MesmoNível(P1, P2), Montagem(P2, S2, Q2).
```

Essas regras, junto com as regras que definem Mágico_MesmoNível, nos fornecem um programa para calcular todas as tuplas de MesmoNível com *raio* na primeira coluna. Note que o novo programa depende da constante de consulta *raio* apenas na segunda regra que define Mágico_MesmoNível. Portanto, o programa para calcular todas as tuplas de MesmoNível com *assento* na primeira coluna, por exemplo, é idêntico, exceto que a segunda regra de Mágico_MesmoNível é

```
Mágico_MesmoNível(assento) :- .
```

O número de inferências feitas usando o programa mágico pode ser bem menor do que o número de inferências feitas usando o programa original, dependendo apenas do quanto a seleção da consulta restringe o cálculo.

24.5.3 O Algoritmo Magic Sets

Ilustramos a intuição por trás do algoritmo **Magic Sets** no programa MesmoNível, que contém apenas uma relação de saída e uma regra recursiva.

A intuição por trás da reescrita é que as linhas nas tabelas mágicas correspondem às subconsultas cujas respostas são relevantes para a consulta original. Avaliando o programa reescrito, em vez do programa original, podemos restringir o cálculo antecipando intuitivamente a condição de seleção da consulta na recursão.

Contudo, o algoritmo pode ser aplicado a qualquer programa em Datalog. A entrada do algoritmo consiste no programa e em um **padrão de consulta**, que é uma relação que queremos consultar mais os campos para os quais uma consulta fornecerá constantes. A saída do algoritmo é um programa reescrito.

O algoritmo do programa Magic Sets pode ser resumido como se segue:

1. **Gerar o Programa Adornado:** nesta etapa, o programa é reescrito para tornar explícito o padrão das consultas e subconsultas.
2. **Adicionar Filtros Mágicos:** modificar cada regra no programa adornado, adicionando no corpo uma condição mágica que atue como filtro no conjunto de tuplas geradas por essa regra.
3. **Definir as Tabelas Mágicas:** criamos novas regras para definir as tabelas mágicas. Intuitivamente, a partir de cada ocorrência de uma tabela R no corpo de uma regra do programa adornado, obtemos uma regra definindo a tabela Mágica_R.

Quando é feita uma consulta, adicionamos a tupla mágica correspondente no programa reescrito e avaliamos o ponto fixo mínimo do programa (usando avaliação semi-ingênua).

Observamos que o algoritmo Magic Sets se mostrou bastante eficiente para computar consultas SQL aninhadas e correlacionadas, mesmo não havendo recursividade, e é usado para esse propósito em muitos SGBDs comerciais, até em sistemas que atualmente não suportam consultas recursivas.

Descreveremos agora as três etapas do algoritmo Magic Sets usando o programa MesmoNível como exemplo.

Programa Adornado

Consideramos o padrão de consulta *MesmoNível^{vl}*. Assim, dado um valor c, queremos calcular todas as linhas em *MesmoNível* nas quais c aparece na primeira coluna. Geramos o Programa Adornado P^{ad} a partir do programa P dado, gerando repetidamente versões adornadas das regras existentes em P para cada **padrão de consulta alcançável**, com o padrão de consulta dado sendo inicialmente o único padrão alcançável; padrões de consulta alcançáveis adicionais são identificados durante a geração do programa adornado, conforme descrito a seguir.

Considere uma regra em P, cuja cabeça contém a mesma tabela de algum padrão alcançável. A versão adornada da regra depende da ordem na qual consideramos os predicados no corpo da regra. Para simplificarmos nossa discussão, supomos que isso se dá sempre da esquerda para a direita. Primeiro, substituímos a cabeça da regra pelo padrão de consulta correspondente. Depois desse passo, a regra recursiva MesmoNível fica como se segue:

$MesmoNível^{vl}$(S1, S2) :- Montagem(P1, S1, Q1),
    MesmoNível(P1, P2), Montagem(P2, S2, Q2).

Em seguida, procedemos da esquerda para a direita no corpo da regra, até encontrarmos o primeiro predicado recursivo. Todas as colunas que contêm uma constante ou uma variável que aparece à esquerda são marcadas com v (de *vinculadas*) e as restantes são marcadas com l (de *livres*) no padrão de consulta dessa ocorrência do predicado. Adicionamos esse padrão no conjunto de padrões alcançáveis e modificamos a regra de acordo:

$MesmoNível^{vl}$(S1, S2) :- Montagem(P1, S1, Q1),
    $MesmoNível^{vl}$(P1, P2), Montagem(P2, S2, Q2).

Se houver mais ocorrências de predicados recursivos no corpo da regra recursiva, continuamos (adicionando os padrões de consulta no conjunto alcançável e modificando a regra). (Naturalmente, em programas recursivos lineares, há no máximo uma ocorrência de um predicado recursivo no corpo de uma regra.)

Repetimos isso até termos gerado a versão adornada de cada regra em P para cada padrão de consulta alcançável que contenha a mesma tabela que a cabeça da regra. O resultado é o Programa Adornado P^{ad}, que, em nosso exemplo, é

$MesmoNível^{vl}$(S1, S2) :- Montagem(P1, S1, Q1),
    Montagem(P1, S2, Q2).
$MesmoNível^{vl}$(S1, S2) :- Montagem(P1, S1, Q1),
    $MesmoNível^{vl}$(P1, P2), Montagem(P2, S2, Q2).

Em nosso exemplo, existe apenas um padrão de consulta alcançável. Em geral, podem existir vários.[2]

Adicionando Filtros Mágicos

Toda regra no Programa Adornado é modificada pela adição de um predicado de 'Filtro Mágico' para se obter o programa reescrito:

$MesmoNível^{vl}$(S1, S2) :- $Mágico\_MesmoNível^{vl}$(S1),
    Montagem(P1, S1, Q1), Montagem(P2, S2, Q2).
$MesmoNível^{vl}$(S1, S2) :- $Mágico\_MesmoNível^{vl}$(S1),
    Montagem(P1, S1, Q1), $MesmoNível^{vl}$(P1, P2),
    Montagem(P2, S2, Q2).

O predicado de filtro é uma cópia da cabeça da regra, com 'Mágico' como prefixo do nome da tabela e as variáveis nas colunas correspondentes a *livre* excluídas, conforme ilustrado nessas duas regras.

---

[2] Como exemplo, considere uma variante do programa MesmoNível, na qual as variáveis $P1$ e $P2$ são trocadas no corpo da regra recursiva (Exercício 24.5).

Definindo Tabelas de Filtro Mágico

Considere o Programa Adornado depois cada regra ter sido modificada, conforme descrito. A partir de cada ocorrência O de um predicado recursivo no corpo de uma regra nesse programa modificado, geramos uma regra que define um predicado mágico. O algoritmo para gerar essa regra é o seguinte: (1) Excluir tudo que está à direita da ocorrência O no corpo da regra modificada. (2) Adicionar o prefixo 'Mágico' e excluir as colunas livres de O. (3) Mover O, com essas alterações, para a cabeça da regra.

A partir da regra recursiva em nosso exemplo, após as etapas (1) e (2), obtemos:

$MesmoNível^{vl}$(S1, S2) :- $Mágico\_MesmoNível^{vl}$(S1),
                Montagem(P1, S1, Q1), $Mágico\_MesmoNível^{vl}$(P1).

Após a etapa (3), obtemos:

$Mágico\_MesmoNível^{vl}$(P1) :- $Mágico\_MesmoNível^{vl}$(S1),
                Montagem(P1, S1, Q1).

A própria consulta gera uma linha na Tabela Mágica correspondente, por exemplo, $Mágico\_MesmoNível^{vl}$(assento).

24.6 QUESTÕES DE REVISÃO

As respostas às questões de revisão podem ser encontradas nas seções listadas.

- Descreva os programas em *Datalog*. Use um exemplo de programa em Datalog para explicar por que não é possível escrever regras recursivas em SQL-92. **(Seção 24.1)**
- Defina os termos *modelo* e *modelo mínimo*. O que você pode dizer a respeito dos modelos mínimos de programas em Datalog? Por que essa estratégia para definir o significado de um programa em Datalog é chamada de *declarativa*? **(Seção 24.2.1)**
- Defina os termos *ponto fixo* e *ponto fixo mínimo*. O que você pode dizer a respeito dos pontos fixos mínimos de programas em Datalog? Por que essa estratégia para definir o significado de um programa em Datalog é chamada de *operacional*? **(Seção 24.2.2)**
- O que é um programa *seguro*? Por que essa propriedade é importante? O que é *restrição de intervalo* e como ela garante a segurança? **(Seção 24.2.3)**
- Qual é a conexão entre modelos mínimos e pontos fixos mínimos de programas em Datalog? **(Seção 24.2.4)**
- Explique por que os programas com negação podem não ter um modelo mínimo ou um ponto fixo mínimo. Estenda a definição de *restrição de intervalo* para programas com negação. **(Seção 24.3)**
- O que é um programa *estratificado*? Como a estratificação trata o problema de identificação de um ponto fixo desejado? Mostre como toda consulta da álgebra relacional pode ser escrita como um programa estratificado em Datalog. **(Seção 24.3.1)**
- Dois aspectos importantes da SQL, as *tabelas de multiconjunto* e a *agregação com agrupamento*, estão ausentes na Datalog. Como podemos estender a Datalog para suportar esses recursos? Discuta a interação desses dois novos recursos e a necessidade de estratificação de agregação. **(Seção 24.4)**
- Defina os termos *inferência* e *iteração*. Quais são os dois principais desafios na avaliação eficiente de programas recursivos em Datalog? **(Seção 24.5)**

- Descreva a *avaliação de ponto fixo semi-ingênua* e explique como ela evita inferências repetidas. **(Seção 24.5.1)**
- Descreva a transformação de programa *Magic Sets* e explique como ela evita inferências desnecessárias. **(Seções 24.5.2 e 24.5.3)**

EXERCÍCIOS

Exercício 24.1 Considere a relação Vôos:

Vôos(*no:* integer, *de:* string, *para:* string, *distância:* integer,
 saída: time, *chegada:* time)

Escreva as consultas a seguir em sintaxe Datalog e SQL:1999:
1. Encontre o *nro* de todos os vôos que saem de Madison.
2. Encontre o *nro* de todos os vôos que saem de Chicago depois que o Vôo 101 chega a Chicago e não mais de uma hora depois.
3. Encontre o *nro* de todos os vôos que não saem de Madison.
4. Encontre todas as cidades acessíveis a partir de Madison, através de uma série de uma ou mais conexões.
5. Encontre todas as cidades acessíveis a partir de Madison, através de um encadeamento de uma ou mais conexões, com não mais do que uma hora de espera em qualquer conexão. (Isto é, toda conexão deve partir dentro de uma hora da chegada do vôo anterior no encadeamento.)
6. Encontre o menor tempo de vôo de Madison a Madras, usando um encadeamento de uma ou mais conexões.
7. Encontre o *nro* de todos os vôos que não saem de Madison nem de uma cidade que seja acessível a partir de Madison, através de um encadeamento de vôos.

Exercício 24.2 Considere a definição de Componentes da Seção 24.1.1. Suponha que a segunda regra seja substituída por

```
Componentes(Peça, Subpeça) :- Componentes(Peça, Peça2),
                              Componentes(Peça2, Subpeça).
```

1. Se o programa modificado for avaliado na relação Montagem da Figura 24.1, quantas iterações a avaliação de ponto fixo ingênua faz e quais tuplas de Componentes são geradas em cada iteração?
2. Estenda a instância dada de Montagem de modo que a iteração de ponto fixo ingênua faça mais duas iterações.
3. Escreva esse programa em SQL:1999, usando a cláusula WITH.
4. Escreva um programa em sintaxe Datalog para encontrar a peça com as subpeças mais distintas; se várias peças tiverem o mesmo número máximo de subpeças, sua consulta deverá retornar todas essas peças.
5. Como sua resposta para a pergunta anterior mudaria se você também quisesse listar o número de subpeças da peça com as subpeças mais distintas?
6. Reescreva suas respostas das duas perguntas anteriores em sintaxe SQL:1999.
7. Suponha que você queira encontrar a peça com mais subpeças, levando em conta a quantidade de cada subpeça usada em uma peça. Como você modificaria o programa Componentes? (*Dica:* para escrever essa consulta, você raciocina a respeito do número de inferências de uma tupla. Para isso, você precisa considerar que a SQL mantém tantos exemplares de cada tupla quanto for o número de inferências dessa tupla e levar em conta as propriedades da avaliação semi-ingênua.)

Exercício 24.3 Considere a definição de Componentes do Exercício 24.2. Suponha que a regra recursiva seja reescrita como se segue, para avaliação de ponto fixo semi-ingênua:

Bancos de Dados Dedutivos

```
Componentes(Peça, Subpeça) :- delta_Componentes(Peça, Peça2, Qtd),
                              delta_Componentes(Peça2, Subpeça).
```

1. No final de uma iteração, quais passos devem ser dados para atualizar *delta*_Componentes para que contenha apenas as novas tuplas geradas nessa iteração? Você consegue sugerir um índice em Componentes que ajude a tornar isso mais rápido?

2. Mesmo que a relação *delta* seja atualizada corretamente, a avaliação de ponto fixo usando a regra anterior nem sempre produz todas as respostas. Mostre uma instância de Montagem que ilustre o problema.

3. Você consegue sugerir uma maneira de reescrever a regra recursiva em termos de *delta*_Componentes, de modo que a avaliação de ponto fixo semi-ingênua sempre produza todas as respostas e nenhuma inferência seja repetida entre as iterações?

4. Mostre como sua versão do programa reescrito se comporta no exemplo de instância de Montagem que você usou para ilustrar o problema na reescrita da regra recursiva dada.

Exercício 24.4 Considere a definição de MesmoNível da Seção 24.5.2 e a instância de Montagem da Figura 24.1.

1. Reescreva a regra recursiva da avaliação de ponto fixo semi-ingênua e mostre como a avaliação ocorre.

2. Considere as regras que definem a relação Mágica, com *raio* como a constante de consulta. Para a avaliação semi-ingênua da versão 'Mágica' do programa MesmoNível, todas as tuplas em Mágica são calculadas primeiro. Mostre como a avaliação semi-ingênua da relação Mágica ocorre.

3. Depois de ser calculada, a relação Mágica pode ser tratada como uma relação de banco de dados fixa, exatamente como Montagem, na avaliação de ponto fixo semi-ingênua das regras que definem MesmoNível na versão 'Mágica' do programa. Reescreva a regra recursiva da avaliação semi-ingênua e mostre como a avaliação dessas regras ocorre.

Exercício 24.5 Considere a definição de MesmoNível da Seção 24.5.2 e uma consulta na qual o primeiro argumento é vinculado. Suponha que a regra recursiva seja reescrita como se segue, levando a vários padrões de vinculação no programa adornado:

```
MesmoNível(S1, S2) :- Montagem(P1, S1, Q1),
        Montagem(P1, S2, Q2).
MesmoNível(S1, S2) :- Montagem(P1, S1, Q1),
        MesmoNível(P2, P1), Montagem(P1, S2, Q2).
```

1. Mostre o programa adornado.
2. Mostre o programa Mágico.
3. Mostre o programa Mágico após aplicar a reescrita semi-ingênua
4. Construa um exemplo de instância de Montagem tal que a avaliação do programa otimizado gere menos de 1% das tuplas geradas pela avaliação do programa original (e, finalmente, selecionando o resultado da consulta).

Exercício 24.6 Novamente, considere a definição de MesmoNível da Seção 24.5.2 e uma consulta na qual o primeiro argumento é vinculado. Suponha que a regra recursiva seja reescrita como se segue:

```
MesmoNível(S1, S2) :- Montagem(P1, S1, Q1),
         Montagem(P1, S2, Q2).
MesmoNível(S1, S2) :- Montagem(P1, S1, Q1),
         MesmoNível(P1, R1), MesmoNível(R1, P2), Montagem P1, S2, Q2).
```

1. Mostre o programa adornado.
2. Mostre o programa Mágico.
3. Mostre o programa Mágico após aplicar a reescrita semi-ingênua.

4. Construa um exemplo de instância de Montagem tal que a avaliação do programa otimizado gere menos de 1% das tuplas geradas pela avaliação do programa original (e, finalmente, selecionando o resultado da consulta).

NOTAS BIBLIOGRÁFICAS

O uso de lógica como linguagem de consulta é discutido em vários artigos [296, 537], que surgiram de seminários influentes. Boas discussões em livro-texto sobre bancos de dados dedutivos podem ser encontradas em [747, 3, 143, 794, 503]. [614] é um artigo recente com um levantamento bibliografico que fornece um panorama e aborda os principais protótipos na área, incluindo LDL [177], Glue-Nail! [214, 549], EKS-V1 [758], Aditi [615], Coral [612], LOLA [804] e XSB [644].

A semântica de ponto fixo de programas lógicos (e os bancos de dados dedutivos como um caso especial) é apresentada em [751], que também mostra a equivalência da semântica de ponto fixo com a semântica do *modelo mínimo*. O uso de estratificação para fornecer uma semântica natural para programas com negação foi desenvolvido independentemente em [37, 154, 559, 752].

A avaliação eficiente de consultas de banco de dados dedutivo foi amplamente estudada e [58] é um levantamento e uma comparação de várias técnicas iniciais; [611] é um levantamento mais recente. A avaliação de ponto fixo semi-ingênua foi proposta independentemente várias vezes; um bom tratamento aparece em [54]. A técnica Magic-Sets é proposta em [57] e generalizada para cobrir todas as consultas de banco de dados dedutivo sem negação em [77]. O método Alexander [631] foi desenvolvido independentemente e é equivalente a uma variante dos Magic-Sets, chamada *Supplementary Magic Sets*, em [77]. [553] mostra como o Magic-Sets oferece vantagens de desempenho significativas, mesmo para consultas SQL não recursivas. [673] descreve uma versão de Magic-Sets projetada para consultas SQL com correlação e sua implementação no sistema Starburst (que levou à sua implementação no SGBD DB2 da IBM). [670] discute como o Magic-Sets pode ser incorporado em uma estrutura de otimização baseada em custo estilo System R. A técnica Magic-Setsé estendida para programas com negação estratificada em [53, 76]. [121] compara os Magic-Sets com estratégias de avaliação top-down derivadas da linguagem Prolog.

[642] desenvolve uma técnica de reescrita de programas relacionada com Magic-Sets, chamada *Magic Counting*. Outros métodos relacionados que não são baseados em reescrita de programa, mas em estratégias de controle em tempo de execução para avaliação, incluem [226, 429, 756, 757]. As idéias presentes em [226] foram mais bem desenvolvidas para projetar uma *máquina abstrata* para avaliação de programas lógicos usando tabelas em [609, 727]; essa é a base do sistema XSB [644].

25

DATA WAREHOUSING E APOIO À DECISÃO

- Por que os SGBDs tradicionais são inadequados para o apoio à decisão?
- O que é modelo de dados multidimensional e quais tipos de análise ele facilita?
- Quais recursos do padrão SQL:1999 suportam consultas multidimensionais?
- Como o padrão SQL:1999 suporta análise de seqüências e tendências?
- Como os SGBDs estão sendo otimizados para produzir respostas antecipadas à análise interativa?
- Quais tipos de índice e organizações de arquivo os sistemas OLAP exigem?
- O que é data warehousing e por que ele é importante para o apoio à decisão?
- Por que as visões materializadas se tornaram importantes?
- Como podemos manter visões materializadas eficientemente?
- **Conceitos-chave:** OLAP, modelo multidimensional, dimensões, medidas; roll-up, drill-down, rotação, tabulação cruzada, CUBE; consultas de janela, quadros, ordem; consultas N mais, agregação online; índices de mapa de bits, índices de junção; data warehouse, extração, atualização, eliminação; visões materializadas, manutenção incremental, mantendo visões de data warehouse.

> Nada é mais difícil e, portanto, mais precioso, do que ter o poder de decidir.
>
> —Napoleão Bonaparte

Os sistemas de gerenciamento de banco de dados são amplamente usados pelas organizações para manter dados que documentam operações diárias. Em aplicações que atualizam tais *dados operacionais*, as transações normalmente fazem pequenas alterações (por exemplo, adicionar uma reserva ou depositar um cheque) e um grande número de transações devem ser processadas confiável e eficientemente. Tais aplicações de **processamento de transação online (OLTP** — Online Transaction Processing) fomentaram o crescimento do setor de SGBD nas últimas três décadas e, sem dúvida, continuarão a ser importantes. Tradicionalmente, os SGBDs têm sido extensivamente otimizados para terem bom desempenho em tais aplicações.

Recentemente, entretanto, as organizações têm dado cada vez mais ênfase às aplicações nas quais dados atuais e históricos são amplamente analisados e explorados, identificando tendências úteis e criando resumos dos dados para apoiar a tomada de decisões de alto nível. Tais aplicações são referidas como **apoio à decisão**. Os principais fabricantes de SGBD relacional reconheceram a importância desse segmento de mercado e estão adicionando recursos em seus produtos para suportá-lo. Em particular, a SQL foi estendida com novas construções, e novas técnicas de indexação e otimização de consultas estão sendo adicionadas para suportar consultas complexas.

O uso de visões ganhou popularidade rapidamente, devido à sua utilidade em aplicações envolvendo análise complexa de dados. Embora as consultas em visões possam ser respondidas pela avaliação da definição da visão, quando a consulta é feita, o cálculo prévio dessa definição pode tornar as consultas muito mais rápidas. Levando a motivação das visões previamente calculadas um passo adiante, as organizações podem consolidar informações de vários bancos de dados em um *data warehouse*, copiando tabelas de muitas fontes em um único local ou materializando uma visão definida sobre várias fontes. Data warehousing tornou-se difundido e agora estão disponíveis muitos produtos especializados para criar e gerenciar data warehouse de vários bancos de dados.

Iniciamos este capítulo com um panorama do apoio à decisão na Seção 25.1. Apresentamos o modelo de dados multidimensional na Seção 25.2, e consideramos os problemas do projeto de banco de dados na Seção 25.2.1. Na Seção 25.3, discutimos a rica classe de consultas que ele suporta naturalmente. Na Seção 25.3.1, discutimos como as novas construções do padrão SQL:1999 nos permitem expressar consultas multidimensionais. Na Seção 25.4, discutimos as extensões do padrão SQL:1999 que suportam consultas sobre relações como coleções ordenadas. Consideramos a otimização para a geração rápida de respostas iniciais na Seção 25.5. As muitas extensões de linguagem de consulta exigidas no ambiente OLAP inspiraram o desenvolvimento de novas técnicas de implementação; discutimos essas técnicas na Seção 25.6. Na Seção 25.7, examinamos os problemas envolvidos na criação e na manutenção de um data warehouse. Do ponto de vista técnico, um problema importante é como manter as informações do data warehouse (tabelas ou visões replicadas), quando as informações de origem subjacentes mudam. Após abordarmos a importante função desempenhada pelas visões no ambiente OLAP e em data warehousing na Seção 25.8, consideramos a manutenção de visões materializadas, nas Seções 25.9 e 25.10.

25.1 INTRODUÇÃO AO APOIO À DECISÃO

A tomada de decisão organizacional exige uma visão abrangente de todos os aspectos de uma empresa, de modo que muitas organizações criaram **data warehouses** consolidados, que contêm dados extraídos de vários bancos de dados mantidos por diferentes unidades empresariais, com informações históricas e de resumo.

A tendência para o uso de data warehouses é complementada por uma maior ênfase em ferramentas de análise poderosas. Muitas características das consultas de apoio à decisão tornam os sistemas SQL tradicionais inadequados:

- A cláusula WHERE freqüentemente contém muitas condições AND e OR. Conforme vimos na Seção 14.2.3, as condições OR em particular são tratadas deficientemente em muitos SGBDs relacionais.

- As aplicações exigem uso extensivo de funções estatísticas, como desvio padrão, que não são suportadas na SQL-92. Portanto, as consultas em SQL freqüentemente precisam ser incorporadas em um programa de linguagem hospedeira.

- Muitas consultas envolvem condições ao longo do tempo ou exigem agregação ao longo do tempo. O padrão SQL-92 fornece suporte deficiente para tal análise de seqüência de tempo.

- Os usuários freqüentemente precisam fazer várias consultas relacionadas. Como não existe nenhuma maneira conveniente de expressar essas famílias de consultas que ocorrem comumente, os usuários precisam escrevê-las como uma coleção de consultas independentes, o que pode ser maçante. Além disso, o SGBD não tem nenhum modo de reconhecer e explorar as oportunidades de otimização que surgem na execução em conjunto de muitas consultas relacionadas.

Estão disponíveis três classes amplas de ferramentas de análise. Primeiro, alguns sistemas suportam uma classe de consultas estilizadas que normalmente envolvem operadores de agrupamento e agregação, e fornecem excelente suporte para condições booleanas complexas, funções estatísticas e recursos para análise de seqüência de tempo. As aplicações dominadas por tais consultas são chamadas processamento analítico online (**OLAP — Online Analytic Processing**). Esses sistemas suportam um estilo de consulta no qual os dados são melhor considerados como um array multidimensional e são afetados por ferramentas de usuário final, como planilhas eletrônicas, além de linguagens de consulta de banco de dados.

Segundo, alguns SGBDs suportam consultas estilo SQL tradicionais, mas são projetados para também suportar eficientemente consultas OLAP. Tais sistemas podem ser considerados SGBDs relacionais otimizados para aplicações de apoio à decisão. Muitos fabricantes de SGBDs relacionais estão atualmente aprimorando seus produtos nessa direção e, com o passar do tempo, a distinção entre sistemas OLAP especializados e SGBDs relacionais aprimorados para suportar consultas OLAP provavelmente vai diminuir.

A terceira classe de ferramentas de análise é motivada pelo desejo de encontrar tendências e padrões interessantes ou inesperados em grandes conjuntos de dados, em vez das características de consulta complexa que acabamos de listar. Na **análise de dados exploratória**, embora um analista possa reconhecer um 'padrão interessante' ao ver tal padrão, é muito difícil formular uma consulta que capture a essência de um padrão interessante. Por exemplo, talvez um analista que esteja examinando históricos de utilização de cartão de crédito queira detectar atividade incomum, indicando o mau uso de um cartão perdido ou roubado. Talvez um atacadista queira ver os registros de um cliente para identificar prováveis compradores para uma nova promoção; essa identificação dependeria do nível da renda, dos padrões de compra, das áreas de interesse demonstrado etc. Em muitas aplicações, o volume de dados é grande demais para permitir uma análise manual ou mesmo uma análise estatística tradicional, e o objetivo da **mineração de dados** é suportar a análise exploratória sobre conjuntos de dados muito grandes. Discutiremos melhor a mineração de dados no Capítulo 26.

Claramente, é provável que a avaliação de consultas OLAP ou de mineração de dados em dados distribuídos globalmente seja excruciantemente lenta. Além disso, para tal análise complexa, freqüentemente de natureza estatística, não é fundamental que seja usada a versão mais atual dos dados. A solução natural é criar um repositório centralizado de todos os dados; isto é, um data warehouse. Assim, a disponibilidade de um data warehouse facilita a aplicação de ferramentas OLAP e de mineração de dados e, inversamente, o desejo de aplicar tais ferramentas de análise é uma forte motivação para a construção de um data warehouse.

> **SQL:1999 e OLAP:** Neste capítulo, discutimos vários recursos introduzidos no padrão SQL:1999 para suportar OLAP. Para não atrasar a publicação do padrão SQL:1999, esses recursos foram adicionados através de uma *emenda*, chamada SQL/OLAP.

25.2 OLAP: MODELO DE DADOS MULTIDIMENSIONAL

As aplicações de OLAP são dominadas por consultas *ad hoc* complexas. Em termos de SQL, essas consultas envolvem operadores de agrupamento e agregação. No entanto, a maneira natural de pensar sobre consultas OLAP típicas é em termos de um modelo de dados multidimensional. Nesta seção, apresentamos o modelo de dados multidimensional e o comparamos com uma representação relacional dos dados. Nas seções subseqüentes, descreveremos as consultas OLAP em termos do modelo de dados multidimensional e consideraremos algumas novas técnicas de implementação projetadas para suportar tais consultas.

No modelo de dados multidimensional, o foco é e uma coleção de **medidas** numéricas. Cada medida depende de um conjunto de **dimensões**. Usamos um exemplo baseado em dados de vendas. O atributo de medida em nosso exemplo é *vendas*. As dimensões são Produto, Local e Tempo. Dado um produto, um local e um tempo, temos no máximo um valor de vendas associado. Se identificamos um produto por um identificador único *idp* e, analogamente, identificamos o local por *idloc* e o tempo por *idtempo*, podemos considerar as informações de vendas como organizadas em um array tridimensional Vendas. Esse array aparece na Figura 25.1; por clareza, mostramos apenas os valores de um único *idloc*, *idloc*=1, que pode ser considerado um corte ortogonal no eixo *idloc*.

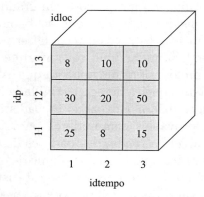

Figura 25.1 Vendas: um conjunto de dados multidimensional.

Essa visão dos dados como um array multidimensional é facilmente generalizada para mais de três dimensões. Em aplicações OLAP, a maior parte dos dados pode ser representada em tal array multidimensional. Na verdade, alguns sistemas OLAP realmente armazenam dados em um array multidimensional (naturalmente, implementado sem a suposição usual de linguagem de programação de que o array inteiro cabe na memória). Os sistemas OLAP que usam arrays para armazenar conjuntos de dados multidimensionais são chamados de sistemas **OLAP multidimensionais (MOLAP — multidimensional OLAP)**.

Em um array multidimensional, os dados também podem ser representados como uma relação, conforme ilustrado na Figura 25.2, que mostra os mesmos dados da Fi-

idloc	cidade	estado	país
1	Madison	WI	EUA
2	Fresno	CA	EUA
5	Chennai	TN	Índia

Locais

idp	nomep	categoria	preço
11	Jeans Lee	Vestuário	25
12	Zord	Brinquedos	18
13	Caneta Biro	Artigos de escritório	2

Produtos

idp	idtempo	idloc	vendas
11	1	1	25
11	2	1	8
11	3	1	15
12	1	1	30
12	2	1	20
12	3	1	50
13	1	1	8
13	2	1	10
13	3	1	10
11	1	2	35
11	2	2	22
11	3	2	10
12	1	2	26
12	2	2	45
12	3	2	20
13	1	2	20
13	2	2	40
13	3	2	5

Vendas

Figura 25.2 Locais, produtos e vendas representados como relações.

gura 25.1, com linhas adicionais correspondendo ao 'corte' *idloc*=2. Essa relação, que relaciona as dimensões com a medida de interesse, é chamada de **tabela de fatos**.

Agora, vamos ver as dimensões. Cada dimensão pode ter um conjunto de atributos associados. Por exemplo, a dimensão Local é identificada pelo atributo *idloc*, que usamos para identificar um local na tabela Vendas. Supomos que ela também tenha os atributos *país, estado* e *cidade*. Supomos ainda que a dimensão Produto tenha os atributos *nomep, categoria* e *preço*, além do identificador *idp*. A *categoria* de um produto indica sua natureza geral; por exemplo, um produto *calça* poderia ter um valor de categoria *vestuário*. Supomos que a dimensão Tempo tenha os atributos *data, semana, mês, trimestre, ano* e *flag_feriado*, além do identificador *idtempo*.

Para cada dimensão, o conjunto de valores associados pode ser estruturado como uma hierarquia. Por exemplo, as cidades pertencem aos estados, os estados pertencem aos países. As datas pertencem às semanas e aos meses, as semanas e os meses estão contidos em trimestres e os trimestres estão contidos nos anos. (Note que uma semana poderia abranger dois meses; portanto, as semanas não estão contidas nos meses.) Alguns dos atributos de uma dimensão descrevem a posição de um valor de dimensão com relação a essa hierarquia de valores de dimensão subjacente. As hierarquias de Produto, Local e Tempo de nosso exemplo aparecem no nível de atributo na Figura 25.3.

Figura 25.3 Hierarquias de dimensão.

As informações sobre dimensões também podem ser representadas como uma coleção de relações:

Locais(*idloc:* `integer`, *cidade:* `string`, *estado:* `string`, *país:* `string`)
Produtos(*idp:* `integer`, *nomep:* `string`, *categoria:* `string`, *preço:* `real`)
Tempos(*idtempo:* `integer`, *data:* `string`, *semana:* `integer`, *mês:* `integer`, *trimestre:* `integer`, *ano:* `integer`, *flag_feriado:* `boolean`)

Essas relações são muito menores do que a tabela de fatos em uma aplicação OLAP típica; elas são chamadas de **tabelas de dimensão**. Os sistemas OLAP que armazenam todas as informações, incluindo as tabelas de fatos, como relações, são chamados de sistemas **OLAP relacionais (ROLAP** — relational OLAP)

A tabela Tempos ilustra a atenção prestada à dimensão Tempo nas aplicações OLAP típicas. Os tipos de dados date e timestamp da SQL não são adequados; para suportar resumos que reflitam operações comerciais, são mantidas informações como trimestres fiscais, feriados etc., para cada valor de tempo.

25.2.1 Projeto de Banco de Dados Multidimensional

A Figura 25.4 mostra as tabelas de nosso exemplo de vendas. Ela sugere uma estrela, centralizada na tabela de fatos Vendas; essa combinação de uma tabela de fatos e tabelas de dimensão é chamada de **esquema estrela**. Esse padrão de esquema é muito comum em bancos de dados projetados para OLAP. Tipicamente, a maior parte dos dados está na tabela de fatos, que não tem redundância; normalmente, ela está na FNBC. Na verdade, para minimizar o tamanho da tabela de fatos, os identificadores de dimensão (como *idp* e *idtempo*) são gerados pelo sistema.

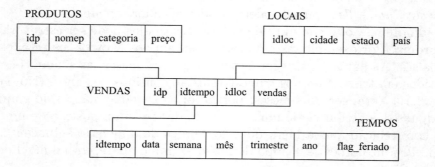

Figura 25.4 Um exemplo de esquema estrela.

As informações sobre valores de dimensão são mantidas nas tabelas de dimensão. Normalmente, as tabelas de dimensão não são normalizadas. O fundamento lógico é que as tabelas de dimensão em um banco de dados usado para OLAP são estáticas e as anomalias de atualização, inserção e exclusão não são importantes. Além disso, como o tamanho do banco de dados é dominado pela tabela de fatos, o espaço economizado pela normalização das tabelas de dimensão é desprezível. Portanto, minimizar o tempo de computação para combinar fatos na tabela de fatos com informações de dimensão é o principal critério de projeto, o que sugere evitarmos a divisão de uma tabela de dimensão em tabelas menores (o que poderia levar a junções adicionais).

Tempos de resposta pequenos para consultas interativas são importantes em OLAP e a maioria dos sistema suporta a materialização de tabelas de resumo (normalmente geradas através de consultas usando agrupamento). As consultas *ad hoc* feitas pelos usuários são respondidas usando-se as tabelas originais, junto com resumos previamente calculados. Um problema de projeto muito importante é saber quais tabelas de resumo devem ser materializadas para se obter o melhor uso da memória disponível e responder as consultas *ad hoc* feitas normalmente, com tempos de resposta interativos. Nos sistemas OLAP atuais, decidir quais tabelas de resumo devem ser materializadas pode ser a decisão de projeto mais importante.

Finalmente, novas estruturas de armazenamento e técnicas de indexação foram desenvolvidas para suportar OLAP e elas apresentam mais opções de projeto físico para o projetista de banco de dados. Nós cobrimos algumas destas técnicas de implementação na Seção 25.6.

25.3 CONSULTAS DE AGREGAÇÃO MULTIDIMENSIONAIS

Agora que já vimos o modelo de dados multidimensional, vamos considerar como tais dados podem ser consultados e manipulados. As operações suportadas por esse modelo são fortemente influenciadas pelas ferramentas de usuário final, como as planilhas eletrônicas. O objetivo é fornecer aos usuários finais que não são especialistas uma interface intuitiva e poderosa para tarefas de análise comuns orientadas ao negócio. Espera-se que os usuários façam consultas *ad hoc* diretamente, sem contarem com os programadores de aplicativo de banco de dados.

Nesta seção, supomos que o usuário esteja trabalhando com um conjunto de dados multidimensional e que cada operação retorna uma apresentação diferente ou um resumo; o conjunto de dados subjacente está sempre disponível para o usuário manipular, independentemente do nível de detalhes em que é visto correntemente. Na Seção 25.3.1, discutiremos como o padrão SQL:1999 fornece construções para expressar os tipos de consultas apresentadas nesta seção sobre dados tabulares relacionais.

Uma operação muito comum é agregar uma medida sobre uma ou mais dimensões. As consultas a seguir são típicas:

- Encontrar o total das vendas.
- Encontrar o total das vendas de cada cidade.
- Encontrar o total das vendas de cada estado.

Essas consultas podem ser expressas como consultas SQL sobre as tabelas de fatos e de dimensões. Quando agregamos uma medida em uma ou mais dimensões, a medida agregada depende de menos dimensões do que a medida original. Por exemplo, quando calculamos o total das vendas por cidade, a medida agregada é *vendas totais* e ela depende apenas da dimensão Local, enquanto a medida *vendas* original depende das dimensões Local, Tempo e Produto.

Outro uso de agregação é fazer um resumo em diferentes níveis de uma hierarquia de dimensões. Se recebemos as vendas totais por cidade, podemos agregar na dimensão Local para obtermos as vendas por estado. Essa operação é chamada de **roll-up** na literatura de OLAP. A operação inversa do roll-up é **drill-down**: dado o total de vendas por estado, podemos solicitar uma apresentação mais detalhada analisando Local. Podemos pedir as vendas por cidade ou apenas as vendas por cidade de um estado selecionado (com as vendas apresentadas por estado para os demais estados, como antes). Também podemos fazer drill-down em uma dimensão que não seja Local. Por exemplo, podemos solicitar o total das vendas de cada produto para cada estado, fazendo a análise na dimensão Produto.

Outra operação comum é a **rotação** (*pivoting*). Considere uma apresentação tabular da tabela Vendas. Se a girarmos nas dimensões Local e Tempo, obteremos uma tabela do total de vendas de cada local para cada valor de tempo. Essa informação pode ser apresentada como um gráfico bidimensional, no qual os eixos são rotulados com valores de local e tempo; as entradas do gráfico correspondem ao total de vendas desse local e nesse tempo. Portanto, os valores que aparecem nas colunas da apresentação original tornam-se rótulos de eixos na apresentação resultante. O resultado do giro, chamado de **tabulação cruzada**, está ilustrado na Figura 25.5. Observe que, no estilo planilha eletrônica, além do total de vendas por ano e por estado (tomados em conjunto), também temos resumos adicionais das vendas por ano e das vendas por estado.

	WI	CA	Total
1995	63	81	144
1996	38	107	145
1997	75	35	110
Total	176	223	399

Figura 25.5 Tabulação cruzada de vendas por ano e por estado.

A rotação também pode ser usada para alterar as dimensões da tabulação cruzada; com base em uma apresentação de vendas por ano e por estado, podemos obter uma apresentação das vendas por produto e por ano.

Claramente, a estrutura OLAP torna conveniente a execução de uma ampla classe de consultas. Ela também fornece nomes fáceis de lembrar para algumas operações familiares: **fatiar** (*slice*) um conjunto de dados significa uma seleção por igualdade em uma ou mais dimensões, possivelmente também com algumas dimensões removidas. **Cortar** (*dice*) um conjunto de dados significa uma seleção por intervalo. Esses termos vêm da visualização do efeito dessas operações em um cubo ou representação em tabulação cruzada dos dados.

Uma Nota sobre Bancos de Dados Estatísticos

Muitos conceitos de OLAP estão presentes em trabalhos anteriores sobre **bancos de dados estatísticos (BDEs)**, que são sistemas projetados para suportar aplicações estatísticas, embora essa conexão não tenha sido suficientemente reconhecida por causa das diferenças nos domínios de aplicação e na terminologia. O modelo de dados multidimensional, com as noções de medida associada a dimensões e hierarquias de classificação para valores de dimensão, também é usado nos BDEs. As operações OLAP, como roll-up e drill-down, têm correlatas nos BDEs. Na verdade, algumas técnicas de implementação desenvolvidas para OLAP também são aplicadas nos BDEs.

Contudo, surgem algumas diferenças nos diferentes domínios para os quais OLAP e os BDEs foram desenvolvidos para suportar. Por exemplo, os BDEs são usados em aplicações socioeconômicas, em que hierarquias de classificação e problemas de privacidade são muito importantes. Isso se reflete na maior complexidade das hierarquias de classificação nos BDEs, junto com problemas como violações de privacidade em potencial. (O problema da privacidade está relacionado ao fato de um usuário com acesso aos dados resumidos poder reconstruir os dados não resumidos originais.) Em contraste, o OLAP teve como objetivo as aplicações comerciais com grandes volumes de dados, e o tratamento eficiente de conjuntos de dados muito grandes tem recebido mais atenção do que na literatura sobre BDE.

25.3.1 ROLLUP e CUBE no Padrão SQL:1999

Nesta seção, discutiremos quantos dos recursos de consulta do modelo multidimensional são suportados no padrão SQL:1999. Normalmente, uma única operação OLAP leva a várias consultas SQL intimamente relacionadas, com agregação e agrupamento. Considere, por exemplo, a tabulação cruzada mostrada na Figura 25.5, que foi obtida girando-se a tabela Vendas. Para obtermos a mesma informação, executaríamos as seguintes consultas:

```
SELECT      T.ano, L.estado, SUM (V.vendas)
FROM        Vendas V, Tempos T, Locais L
WHERE       V.idtempo=T.idtempo AND V.idloc=L.idloc
GROUP BY    T.ano, L.estado
```

Essa consulta gera as entradas no corpo do gráfico (destacadas pelas linhas escuras). A coluna de resumo à direita é gerada pela consulta:

```
SELECT      T.ano SUM (V.vendas)
FROM        Vendas V, Tempos T
WHERE       V.idtempo=T.idtempo
GROUP BY    T.ano
```

A linha de resumo na parte inferior é gerada pela consulta:

```
SELECT      L.estado, SUM (V.vendas)
FROM        Vendas V, Locais L
WHERE       V.idloc=L.idloc
GROUP BY    L.estado
```

A soma acumulada no canto inferior direito do gráfico é produzida pela consulta:

```
SELECT      SUM (V.vendas)
FROM        Vendas V, Locais L
WHERE       V.idloc=L.idloc
```

O exemplo de tabulação cruzada pode ser considerado um roll-up no conjunto de dados inteiro (isto é, tratando tudo como um único grupo grande), na dimensão Local, na dimensão Tempo e nas dimensões Local e Tempo juntas. Cada roll-up corresponde a uma única consulta SQL com agrupamento. Em geral, dada uma medida com k dimensões associadas, podemos fazer o roll-up em qualquer subconjunto dessas k dimensões; portanto, temos um total de 2^k dessas consultas SQL.

Por meio de operações de alto nível, como a rotação, os usuários podem gerar muitas dessas 2^k consultas SQL. Reconhecer as características comuns entre essas consultas possibilita um cálculo mais eficiente e coordenado do conjunto de consultas.

O padrão SQL:1999 estende a construção GROUP BY para fornecer um suporte melhor para consultas roll-up e de tabulação cruzada. A cláusula GROUP BY com a palavra-chave CUBE é equivalente a uma coleção de instruções GROUP BY, com uma instrução GROUP BY para cada subconjunto das k dimensões.

Considere a consulta a seguir:

```
SELECT    T.ano, L.estado, SUM (V.vendas)
FROM      Vendas V, Tempos T, Locais L
WHERE     V.idtempo=T.idtempo AND V.idloc=L.idloc
GROUP BY CUBE (T.ano, L.estado)
```

O resultado dessa consulta, mostrado na Figura 25.6, é apenas uma representação tabular da tabulação cruzada da Figura 25.5.

T.ano	L.estado	SUM(V.vendas)
1995	WI	63
1995	CA	81
1995	nulo	144
1996	WI	38
1996	CA	107
1996	nulo	145
1997	WI	75
1997	CA	35
1997	nulo	110
nulo	WI	176
nulo	CA	223
nulo	nulo	399

Figura 25.6 O resultado de GROUP BY em Vendas.

O padrão SQL:1999 também fornece variantes de GROUP BY que permitem o cálculo de subconjuntos da tabulação cruzada calculada usando GROUP BY CUBE. Por exemplo, podemos substituir a cláusula de agrupamento da consulta anterior por

```
GROUP BY ROLLUP (T.ano, L.estado)
```

Em contraste com GROPU BY CUBE, agregamos por todos os pares de valores de ano e estado e por cada ano, e calculamos uma soma global para o conjunto de dados inteiro (a última linha na Figura 25.6), mas não agregamos para cada valor de estado. O resultado é idêntico àquele mostrado na Figura 25.6, exceto que as linhas com *nulo* na coluna *T.ano* e valores não-*nulos* na coluna *L.estado* não são calculadas.

```
CUBE idp, idloc, idtempo BY SUM Vendas
```

Essa consulta aplica roll-up à tabela Vendas em todos os oito subconjuntos do conjunto {idp, idloc, idtempo} (incluindo o subconjunto vazio). Ela é equivalente a oito consultas da forma

```
SELECT    SUM (V.vendas)
FROM      Vendas V
GROUP BY  lista de agrupamento
```

As consultas diferem apenas na *lista de agrupamento*, que é algum subconjunto do conjunto {idp, idloc, idtempo}. Podemos considerar essas oito consultas organizadas em uma treliça, como se vê na Figura 25.7. As tuplas resultantes em um nó podem ser agregadas ainda mais, para calcular o resultado de qualquer filho do nó. Esse relacionamento entre as consultas que surge em uma operação CUBE pode ser explorado para se obter uma avaliação eficiente.

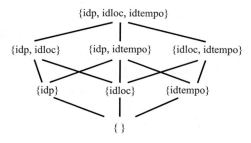

Figura 25.7 A treliça de consultas GROUP BY em uma consulta CUBE.

25.4 CONSULTAS DE JANELA EM SQL:1999

A dimensão tempo é muito importante no apoio à decisão e, tradicionalmente, as consultas que envolvem análise de tendência têm sido difíceis de expressar em SQL. Para tratar disso, o padrão SQL:1999 introduziu uma extensão fundamental, chamada **janela de consulta**. Exemplos de consulta que podem ser escritas usando essa extensão, mas que são difíceis ou impossíveis de escrever em SQL sem ela, incluem:

1. Encontrar o total de vendas por mês.
2. Encontrar o total de vendas por mês para cada cidade.
3. Encontrar a mudança percentual nas vendas mensais totais de cada produto.
4. Encontrar os cinco produtos mais vendidos, classificados pelo total de vendas.
5. Encontrar a média móvel de vendas dos n dias anteriores. (Para cada dia, devemos calcular as vendas médias diárias sobre os n dias anteriores.)
6. Encontrar os cinco porodutos mais vendidos, classificados pelas vendas acumuladas, para cada mês no ano anterior.
7. Classificar todos os produtos pelo total de vendas no ano anterior e, para cada produto, imprimir a diferença no total de vendas relativa ao produto classificado atrás dele.

As duas primeiras consultas podem ser expressas em SQL usando GROUP BY sobre as tabelas de fatos e de dimensões. As duas consultas seguintes também podem ser expressas, mas são muito complicadas em SQL-92. A quinta consulta não pode ser expressa em SQL-92 se n for um parâmetro da consulta. A última consulta não pode ser expressa em SQL-92.

Nesta seção, discutiremos os recursos do padrão SQL:1999 que nos permitem expressar todas essas consultas e, obviamente, uma rica classe de consultas semelhantes.

A principal extensão é a cláusula WINDOW que, intuitivamente, identifica uma 'janela' (window) ordenada de linhas 'em torno' de cada tupla em uma tabela. Isso nos permite aplicar uma rica coleção de funções agregadas na janela de uma linha e estender a linha com os resultados. Por exemplo, podemos associar as vendas médias dos 3 últimos dias a cada tupla de Vendas (cada uma das quais registrando as vendas de um dia). Isso nos fornece uma média móvel das vendas de 3 dias.

Embora exista alguma semelhança com as cláusulas GROUP BY e CUBE, também existem diferenças importantes. Por exemplo, assim como o operador WINDOW, GROUP BY nos permite criar partições de linhas e aplicar funções agregadas, como SUM, nas linhas de uma partição. Entretanto, ao contrário de WINDOW, existe uma única linha de saída por partição, em vez de uma linha de saída por cada linha, e cada partição é uma coleção não ordenada de linhas.

Ilustraremos agora o conceito de janela por meio de um exemplo:

```
SELECT   L.estado, T.mês, AVG (V.vendas) OVER W AS medmov
FROM     Vendas V, Tempos T, Locais L
WHERE    V.idtempo=T.idtempo AND V.idloc=L.idloc
WINDOW   W AS (PARTITION BY L.estado)
         ORDER BY T.mês
         RANGE BETWEEN INTERVAL '1' MONTH PRECEDING
         AND INTERVAL '1' MONTH FOLLOWING)
```

As cláusulas FROM e WHERE são processadas normalmente para gerar (conceitualmente) uma tabela intermediária, à qual nos referimos como Temp. As janelas são criadas sobre a relação Temp.

Há três etapas na definição de uma janela. Primeiro, definimos *partições* da tabela, usando a cláusula PARTITION BY. No exemplo, as partições são baseadas na coluna *L.estado*. As partições são semelhantes aos grupos criados com GROUP BY, mas há uma diferença muito importante no modo como são processadas. Para entender a diferença, observe que a cláusula SELECT contém uma coluna, *T.mês*, que não é usada para definir as partições; diferentes linhas em determinada partição poderiam ter valores diferentes nessa coluna. Tal coluna não pode aparecer na cláusula SELECT em conjunto com agrupamento, mas isso é permitido para partições. O motivo é que existe uma linha de resposta para *cada* linha em uma partição de Temp, em vez de apenas uma linha de resposta por partição. A janela em torno de determinada linha é usada para calcular as funções agregadas na linha de resposta correspondente.

A segunda etapa na definição de uma janela é especificar a *ordem* das linhas dentro de uma partição. Fazemos isso usando a cláusula ORDER BY; no exemplo, as linhas dentro de cada partição são ordenadas por *T.mês*.

A terceira etapa na definição de uma janela é *enquadrar* as janelas; isto é, estabelecer os limites da janela associada a cada linha em termos da ordem das linhas dentro das partições. No exemplo, a janela de uma linha inclui a própria linha mais todas as linhas cujo valor de mês está dentro do mês anterior ou posterior; portanto, uma linha cujo valor de *mês* é junho de 2002 tem uma janela contendo todas as linhas com *mês* igual a maio, junho ou julho de 2002.

A linha de resposta correspondente à linha dada é construída identificando-se primeiro sua janela. Então, para cada coluna de resposta definida usando uma função agregada de janela, calculamos a função agregada usando as linhas da janela.

Em nosso exemplo, cada linha de Temp é basicamente uma linha de Vendas, rotulada com detalhes extras (sobre as dimensões local e tempo). Existe uma partição para cada estado, e cada linha de Tempo pertence a exatamente uma partição. Considere uma linha para uma loja em Wisconsin. A linha expressa as vendas de determinado produto nessa loja, em determinado tempo. A janela dessa linha inclui todas as linhas que descrevem as vendas em Wisconsin dentro do mês anterior ou posterior e *medmov* é a média das vendas (sobre todos os produtos) em Wisconsin dentro desse período.

Observamos que a ordem das linhas dentro de uma partição, para os propósitos da definição da janela, não se estende à tabela de linhas de resposta. A ordem das linhas de resposta não é determinística, a não ser, é claro, que as busquemos por meio de um cursor e usemos ORDER BY para ordenar a saída do cursor.

25.4.1 Enquadrando uma Janela

Existem duas maneiras distintas de enquadrar uma janela em SQL:1999. O exemplo de consulta ilustrou a construção RANGE, que define uma janela baseada nos valores de alguma coluna (*mês*, em nosso exemplo). A coluna de ordenação tem de ser um tipo numérico, um tipo de data-hora ou um tipo de intervalo, pois esses são os únicos tipos para os quais a adição e a subtração estão definidas.

A segunda estratégia é baseada no uso direto de ordenação e na especificação de quantas linhas, antes e depois da linha dada, estão em sua janela. Assim, poderíamos escrever

```
SELECT   L.estado, T.mês, AVG (V.vendas) OVER W AS medmov
FROM     Vendas V, Tempos T, Locais L
WHERE    V.idtempo=T.idtempo AND V.idloc=L.idloc
WINDOW   W AS (PARTITION BY L.estado
         ORDER BY T.mês
         ROWS BETWEEN 1 PRECEDING AND 1 FOLLOWING)
```

Se houver exatamente uma linha para cada mês em Temp, essa consulta será equivalente à anterior. Contudo, se determinado mês não tiver nenhuma linha ou tiver várias linhas, as duas consultas produzirão resultados diferentes. Nesse caso, o resultado da segunda consulta será difícil de entender, pois as janelas de diferentes linhas não serão alinhadas de maneira natural.

A segunda estratégia é apropriada se, em termos de nosso exemplo, há exatamente uma linha por mês. Generalizando a partir disso, ela também é apropriada se há exatamente uma linha para cada valor na seqüência de valores da coluna de ordenação. Ao contrário da primeira estratégia, em que a ordenação precisa ser especificada sobre uma única coluna (de tipo numérico, data-hora ou intervalo), a ordenação pode ser baseada em uma chave composta.

Também podemos definir janelas que incluem todas as linhas que estão antes de determinada linha (UNBOUNDED PRECEDING) ou todas as linhas após determinada linha (UNBOUNDED FOLLOWING) dentro da partição da linha.

25.4.2 Novas Funções Agregadas

Embora as funções agregadas padrão que se aplicam a multiconjuntos de valores (por exemplo, SUM, AVG) possam ser usadas em conjunto com o janelamento, há necessidade de uma nova classe de funções que operem em uma *lista* de valores.

A função RANK retorna a posição de uma linha dentro de sua partição. Se uma partição tem 15 linhas, a primeira linha (de acordo com a ordenação de linhas da definição de janela sobre essa partição) tem a classificação 1 e a última tem a classificação 15. A classificação das linhas intermediárias depende de haver (ou não) várias linhas para determinado valor da coluna de ordenação.

Considere nosso exemplo corrente. Se a primeira linha na partição Wisconsin tem o mês janeiro de 2002 e a segunda e terceira linhas têm ambas o mês fevereiro de 2002, então suas classificações são 1, 2 e 2, respectivamente. Se a linha seguinte tem o mês março de 2002, sua classificação é 4.

Em contraste, a função DENSE_RANK gera classificações sem lacunas. Em nosso exemplo, as quatro linhas recebem as classificações 1, 2, 2 e 3. A única mudança é na quarta linha, cuja classificação agora é 3, em vez de 4.

A função PERCENT_RANK fornece uma medida da posição relativa de uma linha dentro de uma partição. Ela é definida como (RANK-1) dividido pelo número de linhas presentes na partição. CUME_DIST é semelhante, mas baseada na posição real dentro da partição ordenada, em vez da classificação.

25.5 ENCONTRANDO RESPOSTAS RAPIDAMENTE

Uma tendência recente, estimulada em parte pela popularidade da Internet, é uma ênfase em consultas para as quais um usuário deseja apenas as primeiras (ou as 'melhores' primeiras) respostas rapidamente. Quando os usuários fazem consultas em um mecanismo de pesquisa, como o Alta Vista, eles raramente olham além da primeira ou segunda página de resultados. Se não encontram o que estão procurando, eles refinam suas consultas e as reenviam. O mesmo fenômeno ocorre nas aplicações de apoio à decisão e alguns produtos de SGBD (por exemplo, o DB2) já suportam construções estendidas da SQL para especificar tais consultas. Uma tendência relacionada é que, para consultas complexas, os usuários desejam ver uma resposta aproximada rapidamente e depois refiná-la continuamente, em vez de esperarem até que a resposta exata esteja disponível. Discutiremos agora essas duas tendências sucintamente.

25.5.1 Consultas N Mais

Um analista freqüentemente deseja identificar um pequeno número de produtos mais vendidos, por exemplo. Podemos ordenar por vendas para cada produto e retornar respostas nessa ordem. Se tivermos um milhão de produtos e o analista estiver interessado apenas nos 10 mais vendidos, essa estratégia de avaliação simples claramente é um desperdício. É desejável que os usuários possam indicar explicitamente quantas respostas desejam, tornando possível para o SGBD otimizar a execução. O exemplo de consulta a seguir solicita os 10 produtos mais vendidos, ordenados por vendas em determinado local e hora:

```
SELECT    P.idp, P.nomep, V.vendas
FROM      Vendas V, Produtos P
WHERE     V.idp=P.idp AND V.idloc=1 AND V.idtempo=3
ORDER BY  V.vendas DESC
OPTIMIZE  FOR 10 ROWS
```

A construção OPTIMIZE FOR 10 ROWS não está na SQL-92 (ou mesmo no padrão SQL:1999), mas é suportada no produto DB2 da IBM, e outros produtos têm construções semelhantes (por exemplo, o Oracle 9i). Na ausência de uma dica como OPTIMIZE FOR 10 ROWS, o SGBD calcula as vendas de todos os produtos e os retorna em ordem descendente por vendas. O aplicativo pode fechar o cursor de resultado (isto é, terminar a execução da consulta) após consumir 10 linhas, mas um esforço considerável já foi dispendido no cálculo das vendas de todos os produtos e em sua ordenação.

Vamos agora considerar como um SGBD pode usar a dica OPTMIZE FOR para executar a consulta eficientemente. O segredo é calcular, de algum modo, as vendas apenas dos produtos que provavelmente estão nos 10 mais vendidos. Suponha que conheçamos a distribuição dos valores de vendas, porque mantemos um histograma na coluna *vendas* da relação Vendas. Podemos então escolher um valor de *vendas*, digamos, c, tal que apenas 10 produtos tenham um valor de vendas maior. Para as tuplas de Vendas que satisfazem essa condição, também podemos aplicar as condições de local e tempo e ordenar o resultado. A avaliação da consulta a seguir é equivalente a essa estratégia:

```
SELECT    P.idp, P.nomep, V.vendas
FROM      Vendas V, Produtos P
WHERE     V.idp=P.idp AND V.idloc=1 AND V.idtempo=3 AND V.vendas > c
ORDER BY  V.vendas DESC
```

É claro que essa estratégia é muito mais rápida do que a alternativa de calcular todas as vendas de produto e ordená-las, mas existem alguns problemas importantes a resolver:

1. *Como escolhemos o valor de corte de vendas c?* Histogramas e outras estatísticas do sistema podem ser usados para esse propósito, mas esse pode ser um problema complexo. Por exemplo, as estatísticas mantidas por um SGBD são apenas aproximadas. Além disso, mesmo que escolhamos precisamente o corte para refletir os 10 valores de vendas principais, outras condições na consulta podem eliminar algumas das tuplas selecionadas, deixando-nos com menos de 10 tuplas no resultado.

2. *E se tivermos mais de 10 tuplas no resultado?* Como a escolha do corte c é aproximada, poderíamos obter mais do que o número desejado de tuplas no resultado. Isso é resolvido facilmente, retornando-se apenas os 10 mais para o usuário. Ainda economizamos consideravelmente, com relação à estratégia de calcular as vendas de todos os produtos, graças ao corte conservador de informações de vendas irrelevantes, usando o corte c.

3. *E se tivermos menos de 10 tuplas no resultado?* Mesmo que escolhamos o corte de vendas c de forma conservadora, ainda poderíamos computar menos de 10 tuplas de resultado. Nesse caso, podemos executar novamente a consulta, com um valor de corte menor c_2, ou simplesmente executar de novo a consulta original, sem nenhum corte.

A eficácia da estratégia depende do quanto podemos estimar bem o corte e, em particular, da minimização do número de vezes que obtemos menos do que o número desejado de tuplas de resultado.

25.5.2 Agregação Online

Considere a consulta a seguir, que solicita a quantidade de vendas médias por estado:

```
SELECT    L.estado, AVG (V.vendas)
FROM      Vendas V, Locais L
WHERE     V.idloc=L.idloc
GROUP BY  L.estado
```

Essa consulta pode ser custosa, caso Vendas e Locais sejam relações grandes. Não podemos obter tempos de resposta pequenos com a estratégia tradicional do cálculo da resposta em sua totalidade quando a consulta é apresentada. Uma alternativa, conforme vimos, é usar cálculo prévio. Outra alternativa é computar a resposta para a consulta quando ela é apresentada, mas retornar uma resposta aproximada para o usuário assim que possível. À medida que o cálculo progride, a qualidade da resposta é continuamente refinada. Esta estratégia é chamada de **agregação online**. Ela é muito atraente para consultas que envolvem agregação, pois estão disponíveis técnicas eficientes de computação e refinamento de respostas aproximadas.

A agregação online está ilustrada na Figura 25.8: para cada estado — o critério de agrupamento de nosso exemplo de consulta — é exibido o valor corrente das vendas médias, junto com um intervalo de segurança. A entrada de Alaska nos diz que a estimativa corrente de vendas médias por loja nesse estado é de US$ 2.832,50 e que isso está dentro do intervalo de US$ 2.700,30 a US$ 2.964,70, com 93% de probabilidade. A barra de status na primeira coluna indica quanto estamos próximos de chegar a um valor exato para as vendas médias e a segunda coluna indica se calcular as vendas médias para esse estado é prioridade. Estimar as vendas médias para o Alaska não é prioridade, mas estimá-las para o Arizona, é. Conforme a figura indica, o SGBD dedica mais recursos do sistema para estimar as vendas médias dos estados de alta prioridade; a estimativa para o Arizona é muito mais rígida do que para o Alaska e possui uma probabilidade mais alta. Os usuários podem configurar a prioridade de um estado clicando no botão Prioridade a qualquer momento, durante a execução. Esse grau de interatividade, junto com a realimentação contínua fornecida pela exibição visual, torna a agregação online uma técnica atraente.

STATUS	PRIORIDADE	Estado	MED(vendas)	Confidence	INTERVALO
▰▰▱	●	Alabama	5.232,5	97%	103,4
▰▰▱	○	Alaska	2.832,5	93%	132,2
▰▰▰▱	●	Arizona	6.432,5	98%	52,3
▰▰▱	○	Wyoming	4.243,5	92%	152,3

Figura 25.8 Agregação online.

Para implementar a agregação online, um SGBD precisa incorporar técnicas estatísticas para fornecer intervalos de segurança para respostas aproximadas e usar **algoritmos sem bloqueio** para os operadores relacionais. Diz-se que um algoritmo tem bloqueio se ele não produz tuplas de saída até ter consumido todas as suas tuplas de entrada. Por exemplo, o algoritmo de junção sort-merge tem bloqueio, pois a ordenação exige todas as tuplas de entrada, antes de determinar a primeira tupla de saída. Portanto, para a agregação online, a junção de loops aninhados e a junção por hashing são preferíveis em relação à junção sort-merge. Analogamente, a agregação baseada em hashing é melhor do que a agregação baseada em ordenação.

25.6 TÉCNICAS DE IMPLEMENTAÇÃO DE OLAP

Nesta seção, fazemos um levantamento de algumas técnicas de implementação motivadas pelo ambiente OLAP. O objetivo é dar uma idéia de como os sistemas OLAP diferem dos sistemas SQL mais tradicionais; nossa discussão está longe de ser abrangente.

O ambiente principalmente de leitura dos sistemas OLAP torna desprezível a sobrecarga da CPU para a manutenção de índices e o requisito de tempos de resposta interativos para consultas sobre conjuntos de dados muito grandes torna muito importante a disponibilidade de índices convenientes. Essa combinação de fatores levou ao desenvolvimento de novas técnicas de indexação. Discutiremos várias dessas técnicas. Em seguida, consideraremos sucintamente as organizações de arquivo e outros problemas de implementação de OLAP.

Observamos que a ênfase no processamento de consultas e em aplicações de apoio à decisão nos sistemas OLAP está sendo complementada por uma ênfase maior na avaliação de consultas SQL complexas nos sistemas SQL tradicionais. Os sistemas SQL tradicionais estão evoluindo para suportar consultas estilo OLAP mais eficientemente, suportando construções (por exemplo, funções CUBE e de janela) e incorporando técnicas de implementação encontradas anteriormente apenas em sistemas OLAP especializados.

25.6.1 Índices de Mapa de Bits

Considere uma tabela que descreve clientes:

Clientes(*idcli:* integer, *nome:* string, *sexo:* boolean, *avaliação:* integer)

O valor de *avaliação* é um inteiro no intervalo de 1 a 5 e somente dois valores são gravados para *sexo*. As colunas com poucos valores possíveis são chamadas de **esparsas**. Podemos explorar a característica esparsa para construir um novo tipo de índice que acelera bastante as consultas nessas colunas.

A idéia é gravar valores de colunas esparsas como uma seqüência de bits, um para cada valor possível. Por exemplo, um valor de *sexo* é 10 ou 01; um valor 1 na primeira posição denota masculino e um valor 1 na segunda posição denota feminino. Analogamente, 10000 denota o valor de *avaliação* 1 e 00001 denota o valor de *avaliação* 5.

Se considerarmos os valores de *sexo* de todas as linhas na tabela Clientes, podemos tratar isso como uma coleção de dois **vetores de bits**, um dos quais tem o valor associado M(asculino) e o outro, o valor associado F(eminino). Cada vetor de bits tem um bit por linha da tabela Clientes, indicando se o valor nessa linha é o valor associado ao vetor de bits. A coleção de vetores de bits de uma coluna é chamada de **índice de mapa de bits** dessa coluna.

Um exemplo de instância da tabela Clientes, junto com índices de mapa de bits para *sexo* e *avaliação*, aparece na Figura 25.9.

M	F
1	0
1	0
0	1
1	0

idcli	nome	sexo	avaliação
112	Joe	M	3
115	Ram	M	5
119	Sue	F	5
112	Woo	M	4

1	2	3	4	5
0	0	1	0	0
0	0	0	0	1
0	0	0	0	1
0	0	0	1	0

Figura 25.9 Índices de mapa de bits na relação Clientes.

> **Além das Árvores B+:** As consultas complexas motivaram a inclusão de técnicas de indexação poderosas nos SGBDs. Além dos índices de árvore B+, o Oracle 9i suporta índices de mapa de bits e de junção, e os mantém dinamicamente, à medida que as relações indexadas são atualizadas. O Oracle 9i também suporta índices em expressões sobre valores de atributo, como $10 * sal + bônus$. O Microsoft SQL Server usa índices de mapa de bits. O Sybase IQ suporta vários tipos de índices de mapa de bits e, em breve, poderá adicionar suporte para um índice baseado em hashing linear. O Informix UDS suporta árvores R e o Informix XPS suporta índices de mapa de bits.

Os índices de mapa de bits oferecem duas vantagens importantes sobre os índices de hashing e de árvore tradicionais. Primeiro, eles permitem o uso de operações de bit eficientes para responder consultas. Por exemplo, considere a consulta "Quantos clientes masculinos têm uma avaliação igual a 5?". Podemos pegar o primeiro vetor de bits de *sexo* e executar uma operação AND em nível de bits com o quinto vetor de bits de *avaliação*, para obtermos um vetor de bits que tenha 1 para cada cliente masculino com avaliação igual a 5. Então, podemos contar o número de valores 1 nesse vetor de bits para respondermos à consulta. Segundo, os índices de mapa de bits podem ser muito mais compactos do que um índice de árvore B+ tradicional e são muito receptivos ao uso de técnicas de compactação.

Os vetores de bits são muito parecidos com as listas de rid usadas para representar entradas de dados na Alternativa (3) de um índice de árvore B+ tradicional (consulte a Seção 8.2). Na verdade, podemos considerar um vetor de bits para determinado valor de *idade*, digamos, como uma representação alternativa da lista de rids desse valor.

Isso sugere uma maneira de combinar vetores de bits (e suas vantagens do processamento em nível de bit) com índices de árvore B+: podemos usar a Alternativa (3) para entradas de dados, usando uma representação em vetor de bits das listas de rids. Um problema é que, se uma lista de rids for muito pequena, a representação como vetor de bits poderá ser muito maior do que uma lista de valores de rid, mesmo que o vetor de bits seja compactado. Além disso, o uso de compactação leva a custos de descompactação, contrapondo-se a algumas das vantagens computacionais da representação de vetor de bits.

Uma estratégia mais flexível é usar uma representação em lista padrão da lista de rids para alguns valores de chave (intuitivamente, aqueles que contêm poucos elementos) e uma representação em vetor de bits para os outros valores (aqueles que contêm muitos elementos e, portanto, servem para uma representação de vetor de bits compacta).

Essa estratégia híbrida, que pode ser facilmente adaptada para trabalhar com índices de hashing, assim como com índices de árvore B+, tem vantagens e desvantagens em relação à estratégia de uma lista padrão de rids:

1. Ela pode ser aplicada mesmo em colunas que não são esparsas; isto é, nas quais é possível aparecer muitos valores. Os níveis de índice (ou o esquema de hashing) nos permitem encontrar rapidamente a 'lista' de rids, em uma lista padrão ou em uma representação de vetor de bits, para determinado valor de chave.

2. De modo geral, o índice é mais compacto, pois podemos usar uma representação de vetor de bits para listas de rids longas. Também temos a vantagem de um rápido processamento do vetor de bits.

3. Por outro lado, a representação em vetor de bits de uma lista de rids conta com o mapeamento de uma posição no vetor para um rid. (Isso vale para qualquer repre-

sentação de vetor de bits e não apenas para a estratégia híbrida.) Se o conjunto de linhas é estático e não nos preocupamos com inserções e exclusões de linhas, é simples e direto garantir isso, atribuindo rids adjacentes para linhas em uma tabela. Se inserções e exclusões devem ser suportadas, são exigidas etapas adicionais. Por exemplo, podemos continuar a atribuir rids adjacentes de acordo com a tabela e simplesmente monitorar quais rids correspondem às linhas excluídas. Agora, os vetores de bits podem ser maiores do que o número de linhas corrente e é exigida uma organização periódica para compactar as 'lacunas' deixadas na atribuição de rids.

25.6.2 Índices de Junção

Calcular junções com tempos de resposta pequenos é extremamente difícil para relações muito grandes. Uma solução para esse problema é criar um índice projetado para acelerar consultas de junção específicas. Suponha que a tabela Clientes precise ser juntada a uma tabela chamada Compras (registrando as compras feitas pelos clientes) no campo *idcli*. Podemos criar uma coleção de pares $\langle c, p \rangle$, onde p é o rid de um registro de Compras que se junta com um registro de Clientes com *idcli* c.

Essa idéia pode ser generalizada para suportar junções sobre mais de duas relações. Discutimos o caso especial de um esquema estrela, no qual a tabela de fatos provavelmente é juntada a várias tabelas de dimensão. Considere uma consulta de junção que junta a tabela de fatos F com as tabelas de dimensão D1 e D2 e inclui condições de seleção na coluna C_1 da tabela D1 e na coluna C_2 da tabela D2. Armazenamos uma tupla $\langle r_1, r_2, r \rangle$ no índice de junção se r_1 é o rid de uma tupla na tabela D1, com valor c_1 na coluna C_1, r_2 é o rid de uma tupla na tabela D2, com valor c_2 na coluna C_2 e r é o rid de uma tupla na tabela de fatos F, e essas três tuplas se juntam umas nas outras.

O inconveniente de um índice de junção é que o número de índices pode aumentar rapidamente, caso várias colunas em cada tabela de dimensão estejam envolvidas em seleções e junções com a tabela de fatos. Um tipo alternativo de índice de junção evita esse problema. Considere nosso exemplo envolvendo a tabela de fatos F e as tabelas de dimensão D1 e D2. Seja C_1 uma coluna de D1, na qual uma seleção é expressa em alguma consulta que junta D1 com F. Conceitualmente, agora juntamos F com D1 para estender os campos de F com os campos de D1 e indexar F no 'campo virtual' C_1: se uma tupla de D1 com valor c_1 na coluna C_1 é juntada a uma tupla de F com rid r, adicionamos uma tupla $\langle c_1, r \rangle$ no índice de junção. Criamos um índice de junção assim para cada coluna de D1 ou de D2 que envolve uma seleção em alguma junção com F; C_1 é um exemplo de uma coluna assim.

O preço pago com relação à versão anterior de índices de junção é que os índices de junção criados dessa maneira precisam ser combinados (intersecção de rid) para tratar com consultas de junção que nos interessam. Isso pode ser feito de forma eficiente se transformarmos os novos índices em índices de *mapa de bits*; o resultado é chamado de **índice de junção com mapa de bits**. A idéia funciona particularmente bem se as colunas, como C_1, são esparsas e, portanto, convenientes para indexação com mapa de bits.

25.6.3 Organizações de Arquivo

Como muitas consultas OLAP envolvem apenas algumas colunas de uma relação grande, o particionamento vertical se torna atraente. Entretanto, armazenar uma relação por coluna pode degradar o desempenho de consultas que envolvem várias colunas. Uma alternativa em um ambiente principalmente de leitura é armazenar uma relação por linha, mas também armazenar cada coluna separadamente.

> **Consultas complexas:** O otimizador do IBM DB2 reconhece consultas de junção em estrela e executa semi-junções baseadas em rid (usando filtros de Bloom) para filtrar a tabela de fatos. Então, as linhas da tabela de fatos são novamente juntadas às tabelas de dimensão. São suportadas consultas de dimensão complexas (com várias tabelas), chamadas de *consultas floco de neve*. O DB2 também suporta CUBE, usando algoritmos inteligentes que minimizam as ordenações. O Microsoft SQL Server otimiza extensivamente as consultas de junção em estrela. Ele considera a tomada do produto cartesiano de tabelas de dimensão pequenas antes de juntar com a tabela de fatos, o uso de índices de junção e semi-junções baseadas em rid. O Oracle 9i também permite que os usuários criem dimensões para declarar hierarquias e dependências funcionais. Ele suporta o operador CUBE e otimiza consultas de junção em estrela eliminando junções quando nenhuma coluna de uma tabela de dimensão faz parte do resultado da consulta. Também foram desenvolvidos produtos de SGBD especificamente para aplicações de apoio à decisão, como o Sybase IQ.

Uma organização de arquivo mais radical é considerar a tabela de fatos um grande array multidimensional e armazená-la e indexá-la como tal. Essa estratégia é adotada nos sistemas MOLAP. Como o array é muito maior do que a memória principal disponível, ele é dividido em trechos adjacentes, conforme discutido na Seção 23.8. Além disso, índices de árvore B+ tradicionais são criados para permitir uma rápida recuperação de trechos que contêm tuplas com valores em determinado intervalo de uma ou mais dimensões.

25.7 DATA WAREHOUSING

Os data warehouses contêm dados consolidados de muitas fontes, ampliados com informações de resumo e cobrindo um longo período de tempo. Warehouses são muito maiores do que outros tipos de bancos de dados; são comuns tamanhos variando de vários gigabytes até terabytes. As cargas de trabalho típicas envolvem consultas *ad hoc* bastante complexas e tempos de resposta curtos são importantes. Essas características diferenciam as aplicações de data warehouse das aplicações OLTP e diferentes técnicas de projeto e implementação de SGBD devem ser usadas para se obter resultados satisfatórios. Um SGBD distribuído com boa capacidade de mudança de escala e alta disponibilidade (obtida pelo armazenamento de tabelas de forma redundante em mais de um local) é exigido para data warehouses muito grandes.

Uma arquitetura de data warehousing típica está ilustrada na Figura 25.10. As operações diárias de uma organização acessam e modificam **bancos de dados operacionais**. Os dados desses bancos de dados operacionais e de outras fontes externas (por exemplo, perfis de cliente fornecidos por consultores externos) são **extraídos** usando-se interfaces como JDBC (consulte a Seção 6.2).

25.7.1 Criando e Mantendo um Data Warehouse

Muitos desafios devem ser superados na criação e manutenção de um data warehouse grande. Um bom esquema de banco de dados deve ser projetado para conter uma coleção integrada de dados copiados de diversas fontes. Por exemplo, o data warehouse de uma empresa poderia incluir os bancos de dados de inventário e do departamento pessoal, junto com bancos de dados de vendas mantidos por escritórios em diferen-

Data Warehousing e Apoio à Decisão

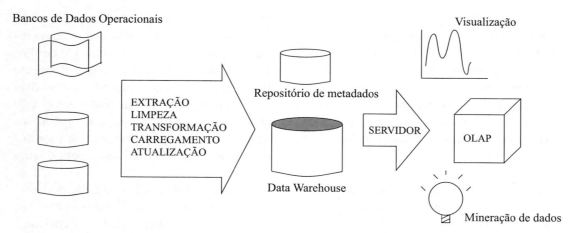

Figura 25.10 Uma arquitetura de data warehousing típica.

tes países. Como os bancos de dados de origem são freqüentemente criados e mantidos por grupos diferentes, existem várias discordâncias semânticas entre esses bancos de dados, como diferentes unidades de moeda corrente, nomes diferentes para o mesmo atributo e diferenças em como as tabelas são normalizadas e estruturadas; essas diferenças precisam ser harmonizadas quando os dados são trazidos para o data warehouse. Depois de seu esquema ser projetado, o data warehouse precisa ser preenchido e, com o passar do tempo, ele deve se manter consistente com os bancos de dados de origem.

Os dados são **extraídos** dos bancos de dados operacionais e de fontes externas, **limpos** para minimizar os erros e preencher as informações ausentes quando possível, e **transformados** para harmonizar discordâncias semânticas. A transformação dos dados normalmente é feita pela definição de uma visão relacional sobre as tabelas nas origens de dados (os bancos de dados operacionais e outras fontes externas). O **carregamento** dos dados consiste em materializar tais visões e armazená-las no data warehouse. Ao contrário de uma visão padrão em um SGBD relacional, portanto, a visão é armazenada em um banco de dados (o data warehouse) que é diferente do(s) banco(s) de dados que contém(êm) as tabelas sobre as quais ela é definida.

Os dados limpos e transformados são finalmente **carregados** no data warehouse. O pré-processamento adicional, como ordenação e geração de informações de resumo, é realizado nesse estágio. Por eficiência, os dados são particionados e índices são construídos. Devido ao grande volume de dados, o carregamento é um processo lento. Carregar um terabyte de dados seqüencialmente pode demorar semanas, e carregar mesmo um gigabyte pode demorar horas. Portanto, o paralelismo é importante para o carregamento de data warehouses.

Após os dados serem carregados em um data warehouse, medidas adicionais precisam ser tomadas para garantir que esses dados sejam **atualizados** periodicamente, para refletir as atualizações feitas nas origens de dados e periodicamente eliminar dados antigos (talvez para uma mídia de arquivamento). Observe a conexão entre o problema de atualizar tabelas do data warehouse e manter réplicas de tabelas de forma assíncrona em um SGBD distribuído. Manter réplicas das relações de origem é uma parte fundamental do data warehousing e esse domínio de aplicação é um fator importante na popularidade da replicação assíncrona (Seção 22.11.2), mesmo que a replicação assíncrona viole o princípio da independência de dados distribuídos. O problema da atualização de tabelas do data warehouse (que são visões materializadas sobre tabelas nos bancos de dados de origem) também tem interesse renovado na manutenção incremental de visões materializadas. (Discutiremos as visões materializadas na Seção 25.8.)

Uma tarefa importante na manutenção de um data warehouse é monitorar os dados correntemente armazenados nele; essa contabilidade é feita pelo armazenamento de informações sobre os dados data warehouse nos catálogos de sistema. Os catálogos de sistema associados a um data warehouse são muito grandes e freqüentemente são armazenados e gerenciados em um banco de dados separado, chamado **repositório de metadados**. O tamanho e a complexidade dos catálogos se dá em parte devido ao tamanho e à complexidade do próprio data warehouse e em parte porque muitas informações administrativas preecisam ser mantidas. Por exemplo, precisamos monitorar a origem de cada tabela do data warehouse e quando ela foi atualizada pela última vez, além de descrever seus campos.

Em última instância, o valor de um data warehouse está na análise que ele permite. Os dados de um data warehouse normalmente são acessados e analisados usando-se uma variedade de ferramentas, incluindo mecanismos de consulta OLAP, algoritmos de mineração de dados, ferramentas de visualização de informações, pacotes estatísticos e geradores de relatório.

25.8 VISÕES E APOIO À DECISÃO

As visões são amplamente usadas em aplicações de apoio à decisão. Diferentes grupos de analistas dentro de uma organização normalmente estão preocupados com diferentes aspectos do negócio e é conveniente definir visões que forneçam a cada grupo idéias dos detalhes do negócio que interessem. Uma vez definida uma visão, podemos escrever consultas ou novas definições de visão que a utilizem, como vimos na Seção 3.6; sob esse aspecto, uma visão é exatamente como uma tabela-base. Avaliar consultas feitas em visões é muito importante para aplicações de apoio à decisão. Nesta seção, consideraremos como essas consultas podem ser avaliadas eficientemente após a criação de visões dentro do contexto das aplicações de apoio à decisão.

25.8.1 Visões, OLAP e Data Warehousing

As visões são intimamente relacionadas com OLAP e data warehousing.

Normalmente, as consultas OLAP são consultas de agregação. Os analistas querem respostas rápidas para essas consultas sobre conjuntos de dados muito grandes e é natural considerar a computação prévia de visões (consulte as Seções 25.9 e 25.10). Em particular, o operador CUBE — discutido na Seção 25.3 — origina várias consultas de agregação intimamente relacionadas. Os relacionamentos existentes entre as muitas consultas de agregação que surgem de uma única operação CUBE podem ser explorados para desenvolver estratégias de computação prévia muito eficientes. A idéia é escolher um subconjunto das consultas de agregação para materialização, de tal modo que as consultas CUBE típicas possam ser respondidas rapidamente, usando visões materializadas e realizando-se algum cálculo adicional. A escolha de visões para materializar é influenciada pela quantidade de consultas que elas poderiam acelerar e pela quantidade de espaço exigido para armazenar a visão materializada (pois temos de trabalhar com determinada quantidade de espaço de armazenamento).

Um data warehouse é apenas uma coleção de tabelas replicadas de forma assíncrona e visões sincronizadas periodicamente. Um data warehouse é caracterizado pelo seu tamanho, pelo número de tabelas envolvidas e pelo fato de a maioria das tabelas subjacentes ser composta de bancos de dados externos, mantidos de forma independente. Contudo, o problema fundamental na manutenção do data warehouse é a manutenção assíncrona de tabelas replicadas e visões materializadas (consulte a Seção 25.10).

Data Warehousing e Apoio à Decisão

25.8.2 Consultas sobre Visões

Considere a visão a seguir, VendasRegionais, que calcula as vendas de produtos por categoria e estado:

```
CREATE VIEW VendasRegionais(categoria, vendas, estado)
    AS SELECT  P.categoria, V.vendas, L.estado
       FROM    Produtos P, Vendas V, Locais L
       WHERE   P.idp = V.idp AND V.idloc = L.idloc
```

A consulta a seguir calcula o total de vendas de cada categoria por estado:

```
SELECT    R.categoria, R.estado, SUM (R.vendas)
FROM      VendasRegionais R
GROUP BY  R.categoria, R.estado
```

Embora o padrão SQL não especifique como se faz para avaliar consultas em visões, é interessante pensar em termos de um processo chamado **modificação de consulta**. A idéia é substituir a ocorrência de VendasRegionais na consulta pela definição da visão. O resultado nessa consulta é

```
SELECT    R.categoria, R.estado, SUM (R.vendas)
FROM      (SELECT  P.categoria, V.vendas, L.estado
           FROM    Produtos P, Vendas V, Locais L
           WHERE   P.idp = V.idp AND V.idloc = L.idloc) AS R
GROUP BY  R.categoria, R.estado
```

25.9 MATERIALIZAÇÃO DE VISÃO

Podemos responder a uma consulta sobre uma visão usando a técnica de modificação de consulta que acabamos de descrever. Entretanto, freqüentemente as consultas feitas em definições de visão complexas devem ser respondidas muito rapidamente, pois os usuários envolvidos em atividades de apoio à decisão exigem tempos de resposta interativos. Mesmo com técnicas de otimização e avaliação sofisticadas, há um limite para a rapidez com que podemos responder a tais consultas. Além disso, se as tabelas subjacentes estão em um banco de dados remoto, a estratégia de modificação de consulta pode nem mesmo ser possível, devido a problemas como conectividade e disponibilidade.

Uma alternativa à modificação de consulta é calcular previamente a definição da visão e armazenar o resultado. Quando uma consulta é feita na visão, a consulta (não modificada) é executada diretamente no resultado calculado previamente. Essa estratégia, chamada de **materialização de visão**, provavelmente é muito mais rápida do que a estratégia de modificação de consulta, pois a visão complexa não precisa ser avaliada quando a consulta é calculada. As visões materializadas podem ser usadas durante o processamento da consulta da mesma maneira que as relações normais; por exemplo, podemos criar índices em visões materializadas para acelerar ainda mais o processamento da consulta. O inconveniente, é claro, é que precisamos manter a consistência da visão previamente calculada (ou *materializada*), quando as tabelas subjacentes são atualizadas.

25.9.1 Problemas na Materialização de Visão

Três perguntas devem ser consideradas com relação à materialização de visão:

1. Quais visões devemos materializar e quais índices devemos construir nas visões materializadas?
2. Dada uma consulta em uma visão e um conjunto de visões materializadas, podemos explorar as visões materializadas para responder à consulta?
3. Como devemos sincronizar as visões materializadas com as alterações nas tabelas subjacentes? A escolha da técnica de sincronismo depende de vários fatores, como o fato de as tabelas subjacentes estarem em um banco de dados remoto. Discutiremos esse problema na Seção 25.10.

As respostas das duas primeiras perguntas são relacionadas. A escolha das visões a materializar e do índice é governada pela carga de trabalho esperada, e a discussão sobre indexação do Capítulo 20 também é relevante para essa questão. Entretanto, a escolha das visões a materializar é mais complexa do que apenas escolher índices em um conjunto de tabelas de banco de dados, pois a gama de visões alternativas a materializar é mais ampla. O objetivo é materializar um pequeno conjunto de visões cuidadosamente escolhido, que possa ser utilizado para responder rapidamente à maioria das consultas importantes. Inversamente, uma vez que escolhemos um conjunto de visões para materializar, precisamos considerar como elas poderão ser usadas para responder a determinada consulta.

Considere a visão VendasRegionais. Ela envolve uma junção de Vendas, Produtos e Locais e provavelmente é custosa para calcular. Por outro lado, se ela for materializada e armazenada com um índice de árvore B+ agrupado na chave de pesquisa (categoria, estado, vendas), poderemos responder ao exemplo de consulta por meio de uma varredura somente de índice.

Dada a visão materializada e esse índice, também podemos responder eficientemente às consultas da forma a seguir:

```
SELECT     R.estado, SUM (R.vendas)
FROM       VendasRegionais R
WHERE      R.categoria = 'Laptop'
GROUP BY   R.estado
```

Para respondermos a essa consulta, podemos usar o índice na visão materializada para encontrar a primeira entrada de folha do índice com *categoria* = 'Laptop' e depois percorrer o nível de folha até chegarmos à primeira entrada com *categoria* não igual a Laptop.

O índice dado é menos eficiente na consulta a seguir, para a qual somos obrigados a percorrer o nível de folha inteiro:

```
SELECT     R.estado, SUM (R.vendas)
FROM       VendasRegionais R
WHERE      R.estado = 'Wisconsin'
GROUP BY   R.categoria
```

Esse exemplo indica como a escolha de visões para materializar e dos índices a criar é afetada pela carga de trabalho esperada. Esse ponto é melhor ilustrado por nosso próximo exemplo.

Considere as duas consultas a seguir:

```
SELECT     P.categoria, SUM (V.vendas)
FROM       Produtos P, Vendas V
WHERE      P.idp = V.idp
GROUP BY   P.categoria
```

```
SELECT      L.estado, SUM (V.vendas)
FROM        Locais L, Vendas V
WHERE       L.idloc = V.idloc
GROUP BY    L.estado
```

Essas duas consultas exigem que juntemos a tabela Vendas (que provavelmente será muito grande) com outra tabela e agreguemos o resultado. Como podemos usar materialização para acelerar essas consultas? A estratégia simples é calcular previamente cada uma das junções envolvidas (Produtos com Vendas e Locais com Vendas) ou calcular previamente cada consulta em sua totalidade. Uma estratégia alternativa é definir a seguinte visão:

```
CREATE VIEW VendasTotais (idp, idloc, total)
    AS SELECT   V.idp, V.idloc, SUM (V.vendas)
       FROM     Vendas V
       GROUP BY V.idp, V.idloc
```

A visão VendasTotais pode ser materializada e usada, em vez de Vendas, em nossos dois exemplos de consulta:

```
SELECT      P.categoria, SUM (T.total)
FROM        Produtos P, VendasTotais T
WHERE       P.idp = T.idp
GROUP BY    P.categoria

SELECT      L.estado, SUM (T.total)
FROM        Locais L, VendasTotais T
WHERE       L.idloc = T.idloc
GROUP BY    L.estado
```

25.10 MANTENDO VISÕES MATERIALIZADAS

Diz-se que uma visão materializada está **atualizada** quando a tornamos consistente com as alterações feitas em suas tabelas subjacentes. O processo de atualização de uma visão para mantê-la consistente com as alterações feitas nas tabelas subjacentes é freqüentemente referido como **manutenção da visão**. Duas perguntas a considerar são:

1. *Como* atualizamos uma visão quando uma tabela subjacente é modificada? Duas questões de particular interesse são: como manter visões de forma *incremental*, ou seja, sem recalcular desde o início, quando há uma alteração em uma tabela subjacente, e como manter visões em um ambiente distribuído, como um data warehouse.
2. *Quando* devemos atualizar uma visão em resposta a uma alteração em uma tabela subjacente?

25.10.1 Manutenção de Visão Incremental

Uma estratégia simples para atualizar uma visão é apenas recalculá-la quando uma tabela subjacente for modificada. Essa pode, na verdade, ser uma estratégia razoável em alguns casos. Por exemplo, se as tabelas subjacentes estão em um banco de dados remoto, a visão pode ser recalculada periodicamente e enviada para o data warehouse onde ela é materializada. Isso tem a vantagem de as tabelas subjacentes não precisarem ser replicadas no data warehouse.

Entretanto, quando possível, os algoritmos para atualizar uma visão devem ser **incrementais**, no sentido de que o custo é proporcional à extensão da alteração, em vez do custo de recalcular a visão desde o início.

Para entender a intuição por trás dos algoritmos de manutenção de visão incrementais, observe que determinada linha na visão materializada pode aparecer várias vezes, dependendo da freqüência com que ela foi derivada. (Lembre-se de que as duplicatas não são eliminadas do resultado de uma consulta SQL, a não ser que a cláusula DISTINCT seja usada. Nesta seção, discutimos a semântica de multiconjunto, mesmo quando é usada a notação da álgebra relacional.) A principal idéia por trás dos algoritmos de manutenção incrementais é calcular eficientemente as alterações feitas nas linhas da visão, sejam novas linhas ou alterações na contagem associada a uma linha; se a contagem de uma linha se torna 0, a linha é excluída da visão.

Apresentaremos um algoritmo de manutenção incremental para visões definidas usando projeção, junção binária e agregação; abordamos essas operações porque elas ilustram as principais idéias. A estratégia pode ser estendida para outras operações, como seleção, união, intersecção e diferença (de multiconjunto), assim como para expressões contendo vários operadores. A idéia principal ainda é manter o número de derivações de cada linha da visão, mas os detalhes sobre como calcular as alterações eficientemente nas linhas da visão e nas contagens associadas diferem.

Visões de Projeção

Considere uma visão V, definida em termos de projeção em uma tabela R; ou seja, $V = \pi(R)$. Toda linha v em V tem uma contagem associada, correspondendo ao número de vezes que ela pode ser derivada, que é o número de linhas em R que geram v quando a projeção é aplicada. Suponha que modifiquemos R, inserindo uma coleção de linhas R_i e excluindo uma coleção de linhas existentes R_d.[1] Calculamos $\pi(R_i)$ e adicionamos em V. Se o multiconjunto $\pi(R_i)$ contém uma linha r com contagem c e r não aparece em V, o adicionamos em V com a contagem c. Se r está em V, adicionamos c em sua contagem. Também calculamos $\pi(R_d)$ e o subtraímos de V. Observe que, se r aparece em $\pi(R_d)$ com contagem c, ele também aparece em V, com uma contagem mais alta;[2] subtraímos c da contagem de r em V.

Como exemplo, considere a visão $\pi_{vendas}(Vendas)$ e a instância de Vendas mostrada na Figura 25.2. Cada linha na visão tem uma única coluna; o valor (da linha com) 25 aparece com contagem 1 e o valor 10 aparece com contagem 3. Se excluirmos uma das linhas de Vendas com *vendas* 10, a contagem do valor (da linha com) 10 na visão se tornará 2. Se inserirmos uma nova linha em Vendas com *vendas* 99, agora a visão terá uma linha com valor 99.

Um ponto importante é que precisamos manter as contagens associadas às linhas, mesmo que a definição da visão use a cláusula DISTINCT, significando que as duplicatas são eliminadas da visão. Considere a mesma visão com semântica de conjunto — a cláusula DISTINCT é usada na definição da visão em SQL — e suponha que excluamos uma das linhas em Vendas com *vendas* 10. Agora a visão contém uma linha com valor 10? Para determinarmos que a resposta é sim, precisamos manter as contagens de linha, mesmo que cada linha (com uma contagem diferente de zero) seja exibida apenas uma vez na visão materializada.

---

[1] Essas coleções podem ser multiconjuntos de linhas. Por simplicidade, podemos tratar da modificação de uma linha como uma inserção seguida de uma exclusão.

[2] Como um exercício simples, considere o motivo pelo qual isso deve ser assim.

Visões de Junção

Em seguida, considere uma visão V definida como uma junção de duas tabelas, $R \bowtie S$. Suponha que modifiquemos R, inserindo uma coleção de linhas R_i e excluindo uma coleção de linhas R_d. Calculamos $R_i \bowtie S$ e adicionamos o resultado em V. Também calculamos $R_d \bowtie S$ e subtraímos o resultado de V. Observe que, se r aparece em $R_d \bowtie S$ com contagem c, também deve aparecer em V com uma contagem mais alta.[3]

Visões com Agregação

Considere uma visão V definida sobre R usando GROUP BY na coluna G e uma operação agregada na coluna A. Cada linha v na visão resume um grupo de tuplas em R e tem a forma $\langle g, resumo \rangle$, onde g é o valor da coluna de agrupamento G e a informação de resumo depende da operação agregada. Para mantermos tal visão de forma incremental, em geral, temos que manter um resumo mais detalhado do que apenas a informação incluída na visão. Se a operação agregada é COUNT, precisamos manter apenas uma contagem c para cada linha v na visão. Se uma linha r é inserida em R e não há nenhuma linha v em V com $v.G = r.G$, adicionamos uma nova linha $\langle r.G, 1 \rangle$. Se existe uma linha v com $v.G = r.G$, incrementamos sua contagem. Se uma linha r é excluída de R, decrementamos a contagem da linha v com $v.G = r.G$; v pode ser excluída se sua contagem se tornar 0, pois então a última linha nesse grupo foi excluída de R.

Se a operação agregada é SUM, precisamos manter uma soma s e também uma contagem c. Se uma linha r é inserida em R e não há nenhuma linha v em V com $v.G = r.G$, adicionamos uma nova linha $\langle r.G, a, 1 \rangle$. Se existe uma linha $\langle r.G, s, c \rangle$, a substituímos por $\langle r.G, s + a, c + 1 \rangle$. Se uma linha r é excluída de R, substituímos a linha $\langle r.G, s, c \rangle$ por $\langle r.G, s - a, c - 1 \rangle$; v pode ser excluída se sua contagem se torna 0. Observe que, sem a contagem, não sabemos quando devemos excluir v, pois a soma de um grupo poderia ser 0, mesmo que o grupo contivesse algumas linhas.

Se a operação agregada é AVG, precisamos manter uma soma s, uma contagem c e a média para cada linha na visão. A soma e a contagem são mantidas de forma incremental, como já descrito, e a média é calculada como s/c.

As operações agregadas MIN e MAX são potencialmente custosas para manter. Considere MIN. Para cada grupo em R, mantemos $\langle g, m, c \rangle$, onde m é o valor mínimo da coluna A no grupo g e c é a contagem do número de linhas r em R com $r.G = g$ e $r.A = m$. Se uma linha r é inserida em R e $r.G = g$, se $r.A$ é maior do que o m mínimo do grupo g, podemos ignorar r. Se $r.A$ é igual ao m mínimo do grupo de r, substituímos a linha de resumo do grupo por $\langle g, m, c + 1 \rangle$. Se $r.A$ é menor do que o m mínimo do grupo de r, substituímos o resumo do grupo por $\langle g, r.A, 1 \rangle$. Se uma linha r é excluída de R e $r.A$ é igual ao m mínimo do grupo de r, então devemos decrementar a contagem do grupo. Se a contagem é maior do que 0, simplesmente substituímos o resumo do grupo por $\langle g, m, c - 1 \rangle$. Entretanto, se a contagem se torna 0, isso significa que a última linha com o valor de A mínimo gravado foi excluída de R e precisamos recuperar o menor valor de A dentre as linhas restantes em R, com valor de grupo $r.G$ — e isso pode exigir a recuperação de todas as linhas em R com valor de grupo $r.G$.

25.10.2 Mantendo Visões de Data Warehouses

As visões materializadas em um data warehouse podem ser baseadas em tabelas de origem de bancos de dados remotos. As técnicas de replicação assíncrona, discutidas na Seção 22.11.2, nos permitem comunicar as alterações feitas na origem para o data

---

[3] Como outro exercício simples, considere o motivo pelo qual isso deve ser assim.

warehouse, mas atualizar visões de forma incremental em um cenário distribuído apresenta alguns desafios exclusivos. Para ilustrarmos isso, consideramos uma visão simples que identifica fornecedores de brinquedos.

```
CREATE VIEW FornecedoresBrinquedo (idf)
    AS SELECT  F.idf
       FROM    Fornecedores F, Produtos P
       WHERE   F.idp = P.idp AND P.categoria = 'Brinquedos'
```

Fornecedores é uma nova tabela, introduzida para este exemplo; vamos supor que ela tenha apenas dois campos, *idf* e *idp*, indicando que o fornecedor *idf* fornece a peça *idp*. A localização das tabelas Produtos e Fornecedores e da visão FornecedoresBrinquedo influencia o modo como mantemos a visão. Suponha que todas as três sejam mantidas em um único site. Podemos manter a visão de forma incremental, usando as técnicas discutidas na Seção 25.10.1. Se uma réplica da visão é criada em outro site, podemos monitorar as alterações feitas na visão materializada e aplicá-las no segundo site usando as técnicas de replicação assíncrona da Seção 22.11.2.

Mas, e se Produtos e Fornecedores estiverem em um site e a visão for materializada (apenas) em um segundo site? Para motivarmos esse cenário, observamos que, se o primeiro site é usado para dados operacionais e o segundo suporta análise complexa, os dois sites podem ser bem administrados por grupos diferentes. A opção de materializar FornecedoresBrinquedo (uma visão de interesse do segundo grupo) no primeiro site (conduzido por um grupo diferente) não é atraente e pode nem mesmo ser possível; os administradores do primeiro site talvez não queiram lidar com as visões de outras pessoas e os administradores do segundo site talvez não queiram coordenar com outras pessoas sempre que modificam as definições das visões. Como outra motivação para materializar visões em um site diferente das tabelas de origem, observe que Produtos e Fornecedores podem estar em dois sites diferentes. Mesmo que materializemos FornecedoresBrinquedo em um desses sites, uma das duas tabelas de origem será remota.

Agora que apresentamos a motivação para manter FornecedoresBrinquedo em um site (digamos, Warehouse) diferente daquele que contém Produtos e Fornecedores (digamos, Origem), vamos considerar as dificuldades apresentadas pela distribuição dos dados. Suponha que um novo registro de Produtos (com *categoria* = 'Brinquedos') seja inserido. Poderíamos tentar manter a visão de forma incremental, como segue:

1. O site de Warehouse envia essa atualização para o site de Origem.
2. Para atualizarmos a visão, precisamos verificar a tabela Fornecedores para encontrar fornecedores do item e, assim, o site de Warehouse solicita essa informação ao site de Origem.
3. O site de Origem retorna o conjunto de fornecedores do item vendido e o site de Warehouse atualiza a visão de forma incremental.

Isso funciona quando não existem alterações adicionais no site de Origem entre as etapas (1) e (3). Contudo, se existem alterações, a visão materializada pode se tornar incorreta — refletindo um estado que pode nunca surgir, exceto devido a anomalias introduzidas pelo algoritmo incremental, simples, anterior. Para observar isso, suponha que Produtos esteja vazia e que, inicialmente, Fornecedores contenha apenas a linha ⟨s1, 5⟩, e considere a seguinte seqüência de eventos:

1. O produto *idp* = 5 é inserido com *categoria* = 'Brinquedos'; Origem notifica Warehouse.

2. Warehouse solicita a Origem os fornecedores do produto $idp = 5$. (*O único fornecedor nesse instante é s1.*)
3. A linha $\langle s2, 5 \rangle$ é inserida em Fornecedores; Origem notifica Warehouse.
4. Para decidirmos se $s2$ deve ser adicionada na visão, precisamos saber a categoria do produto $idp = 5$, e Warehouse pergunta para Origem. (*Warehouse não recebeu resposta de sua pergunta anterior.*)
5. Agora, Origem processa a primeira consulta de Warehouse, encontra dois fornecedores da peça 5 e retorna essa informação para Warehouse.
6. Warehouse recebe a resposta de sua primeira pergunta: fornecedores $s1$ e $s2$, e as adiciona na visão, cada uma com contagem 1.
7. Origem processa a segunda consulta de Warehouse e responde com a informação de que a peça 5 é um brinquedo.
8. Warehouse recebe a resposta de sua segunda pergunta e, de acordo com ela, incrementa a contagem do fornecedor $s2$ na visão.
9. Agora, o produto $idp = 5$ é excluído; Origem notifica Warehouse.
10. Como a peça excluída é um brinquedo, Warehouse decrementa as contagens das tuplas da visão correspondentes; $s1$ tem a contagem 0 e é removida, mas $s2$ tem a contagem 1 e é mantida.

Claramente, $s2$ não deve permanecer na visão depois que a peça 5 é excluída. Esse exemplo ilustra as sutilezas da manutenção de visão incremental em um ambiente distribuído e esse é um assunto de pesquisa em andamento.

25.10.3 Quando Devemos Sincronizar Visões?

Um **plano de manutenção de visão** é uma decisão sobre quando uma visão é atualizada, independentemente de a atualização ser incremental ou não. Uma visão pode ser atualizada dentro da mesma transação que atualiza as tabelas subjacentes (tabela base). Isso é chamado de **manutenção de visão imediata**. A transação é retardada pela etapa de atualização da visão e o impacto ela atualização aumenta com o número de visões materializadas que dependem da tabelas base atualizada.

Como alternativa, podemos adiar a atualização da visão. As atualizações de tabelas base são capturadas em um log e aplicadas subseqüentemente nas visões materializadas. Existem vários **planos de manutenção de visão adiada**:

1. **Preguiçosa:** a visão materializada V é atualizada no momento em que uma consulta é avaliada usando V, se V ainda não é consistente com suas tabelas base subjacentes. Essa estratégia diminui a velocidade das consultas, em vez das atualizações, em contraste com a manutenção de visão imediata.
2. **Periódica:** a visão materializada é atualizada periodicamente, digamos, uma vez por dia. A discussão sobre as etapas de Captura e Aplicação na replicação assíncrona (consulte a Seção 22.11.2) deve ser revista neste ponto, pois é muito relevante para a manutenção de visão periódica. Na verdade, muitos fabricantes estão estendendo seus recursos de replicação assíncrona para suportar visões materializadas. As visões materializadadas atualizadas periodicamente também são chamadas de **snapshots**.
3. **Forçada:** a visão materializada é atualizada após certo número de alterações serem feitas nas tabelas subjacentes.

Nas manutenções de visão periódica e forçada, as consultas podem ver uma instância da visão materializada que não é consistente com o estado corrente das tabelas

> **Visões para Apoio à Decisão:** Os fabricantes de SGBD estão aprimorando seus principais produtos relacionais para suportar consultas de apoio à decisão. O IBM DB2 suporta visões materializadas com manutenção consistente com a transação ou ativada pelo usuário. O Microsoft SQL Server suporta **visões de partição**, que são uniões de (muitas) partições horizontais de uma tabela. Elas têm como alvo um ambiente de data warehousing, onde cada partição poderia ser, por exemplo, uma atualização mensal. As consultas sobre visões de partição são otimizadas de modo que apenas as partições relevantes são acessadas. O Oracle 9i suporta visões materializadas com manutenção consistente com a transação, ativada pelo usuário ou agendada.

subjacentes. Isto é, as consultas veriam um conjunto de linhas diferente, caso a definição da visão fosse recalculada. Esse é o preço pago pelas atualizações e consultas rápidas, e a contrapartida é semelhante àquela do uso de replicação assíncrona.

25.11 QUESTÕES DE REVISÃO

As respostas às questões de revisão podem ser encontradas nas seções listadas.

- O que são aplicações de *apoio à decisão*? Discuta o relacionamento entre *consultas SQL complexas, OLAP, mineração de dados* e *data warehousing.* **(Seção 25.1)**
- Descreva o modelo de dados multidimensional. Explique a distinção entre *medidas* e *dimensões* e entre *tabelas de fatos* e *tabelas de dimensão*. O que é um *esquema estrela*? **(Seções 25.2 e 25.2.1)**
- As operações OLAP comuns receberam nomes especiais: *roll-up, drill-down, rotação, fatiar* e *cortar*. Descreva cada uma dessas operações e ilustre-as usando exemplos. **(Seção 25.3)**
- Descreva os recursos ROLLUP e CUBE do padrão SQL:1999 e seu relacionamento com as operações OLAP. **(Seção 25.3.1)**
- Descreva o recurso WINDOW do padrão SQL:1999, em particular, o enquadramento e a ordenação de janelas. Como ele suporta consultas sobre dados ordenados? Dê exemplos de consultas difíceis de expressar sem esse recurso. **(Seção 25.4)**
- Novos paradigmas de consulta incluem *consultas N mais* e *agregação online*. Explique a motivação existente por trás desses conceitos e ilustre-os por meio de exemplos. **(Seção 25.5)**
- As estruturas de índice particularmente convenientes para sistemas OLAP incluem *índices de mapa de bits* e *índices de junção*. Descreva essas estruturas. Como os índices de mapa de bits se relacionam com as árvores B+? **(Seção 25.6)**
- As informações sobre as operações diárias de uma organização são armazenadas em *bancos de dados operacionais*. Por que é usado um *data warehouse* para armazenar dados de bancos de dados operacionais? Quais problemas surgem em data warehousing? Discuta *extração, limpeza, transformação* e *carregamento de dados*. Discuta os desafios na *atualização* e na *eliminação* eficientes de dados. **(Seção 25.7)**
- Por que as visões são importantes em ambientes de apoio à decisão? Como as visões se relacionam com o data warehousing e com OLAP? Explique a técnica de *modificação de consulta* para responder a consultas sobre visões e discuta por que isso não é adequado em ambientes de apoio à decisão. **(Seção 25.8)**

- Quais são os principais problemas a considerar na manutenção de visões materializadas? Discuta como se faz para selecionar visões para materializar e como se faz para usar visões materializadas para responder a uma consulta. **(Seção 25.9)**
- Como as visões podem ser mantidas *de forma incremental*? Discuta todos os operadores da álgebra relacional e agregação. **(Seção 25.10.1)**
- Use um exemplo para ilustrar as complicações adicionais para manutenção de visão incremental, introduzidas pela distribuição dos dados. **(Seção 25.10.2)**
- Discuta a escolha de um *plano de manutenção* apropriado para quando atualizar uma visão. **(Seção 25.10.3)**

EXERCÍCIOS

Exercício 25.1 Responda sucintamente as seguintes perguntas:

1. Como data warehouse, OLAP e mineração de dados complementam uns aos outros?
2. Qual é o relacionamento entre data warehousing e replicação de dados? Que forma de replicação (síncrona ou assíncrona) é mais conveniente para data warehousing? Por quê?
3. Qual é a função do repositório de metadados em um data warehouse? Como ele difere de um catálogo em um SGBD relacional?
4. Quais considerações estão envolvidas no projeto de um data warehouse?
5. Uma vez que um data warehouse esteja projetado e carregado, como ele se mantém atualizado com relação às alterações feitas nos bancos de dados de origem?
6. Uma das vantagens de um data warehouse é que podemos usá-lo para monitorar como o conteúdo de uma relação muda com o passar do tempo; em contraste, em um SGBD normal, só temos o snapshot corrente de uma relação. Discuta como manteríamos o histórico de uma relação R, levando em conta que as informações 'antigas' devem, de algum modo, serem eliminadas para dar espaço para as informações novas.
7. Descreva as dimensões e medidas no modelo de dados multidimensional.
8. O que é uma tabela de fatos e por que ela é tão importante do ponto de vista do desempenho?
9. Qual é a diferença fundamental entre sistemas MOLAP e ROLAP?
10. O que é um esquema estrela? Ele está normalmente na FNBC? Por que sim ou por que não?
11. Como a mineração de dados é diferente do OLAP?

Exercício 25.2 Considere a instância da relação Vendas mostrada na Figura 25.2.

1. Mostre o resultado da rotação da relação em *idp* e *idtempo*.
2. Escreva um conjunto de consultas SQL para obter o mesmo resultado da parte anterior.
3. Mostre o resultado da rotação da relação em *idp* e *idloc*.

Exercício 25.3 Considere a instância da relação Vendas mostrada na Figura 25.5.

1. Mostre o resultado do roll-up em *idloc* (isto é, estado).
2. Escreva um conjunto de consultas SQL para obter o mesmo resultado da parte anterior.
3. Mostre o resultado do roll-up em *idloc*, seguido de drill-down em *idp*.
4. Escreva um conjunto de consultas SQL para obter o mesmo resultado da parte anterior, começando com a tabulação cruzada mostrada na Figura 25.5.

Exercício 25.4 Responda sucintamente as seguintes perguntas:

1. Quais são as diferenças entre a cláusula WINDOW e a cláusula GROUP BY?
2. Dê um exemplo de consulta que não possa ser expressa em SQL sem a cláusula WINDOW, mas que possa ser expressa com a cláusula WINDOW.
3. O que é o *quadro* de uma janela no padrão SQL:1999?
4. Considere a consulta GROUP BY simples a seguir:

```
SELECT    T.ano, SUM (V.vendas)
FROM      Vendas V, Tempos T
WHERE     V.idtempo=T.idtempo
GROUP BY  T.ano
```

Você consegue escrever essa consulta em SQL:1999 sem usar uma cláusula GROUP BY? (Dica: use a cláusula WINDOW do padrão SQL:1999.)

Exercício 25.5 Considere as relações Locais, Produtos e Vendas mostradas na Figura 25.2. Escreva as consultas a seguir em SQL:1999, usando a cláusula WINDOW quando precisar.

1. Encontre a alteração percentual no total das vendas mensais para cada local.
2. Encontre a alteração percentual no total das vendas trimestrais para cada produto.
3. Encontre as vendas médias diárias sobre os 30 dias anteriores para cada produto.
4. Para cada semana, encontre a média móvel máxima das vendas nas quatro semanas anteriores.
5. Encontre os três locais mais bem classificados pelo total de vendas.
6. Encontre os três locais mais bem classificados pelas vendas acumuladas, para cada mês no ano anterior.
7. Classifique todos os locais pelo total de vendas no último ano e, para cada local, imprima a diferença no total de vendas relativa ao local que está atrás dele.

Exercício 25.6 Considere a relação Clientes e os índices de mapa de bits mostrados na Figura 25.9.

1. Para os mesmos dados, se o conjunto subjacente de valores de avaliação variarem de 1 a 10, mostre como os índices de mapa de bits mudariam.
2. Como você usaria os índices de mapa de bits para responder às perguntas a seguir? Se os índices de mapa de bits não forem úteis, explique o motivo.
   (a) Quantos clientes com uma avaliação menor do que 3 são masculinos?
   (b) Qual a porcentagem de clientes masculinos?
   (c) Quantos clientes existem?
   (d) Quantos clientes se chamam Woo?
   (e) Encontre o valor de avaliação com o maior número de clientes e também o número de clientes com esse valor de avaliação; se vários valores de avaliação têm o número máximo de clientes, liste a informação solicitada para todos eles. (Suponha que muito poucos valores de avaliação têm o mesmo número de clientes.)

Exercício 25.7 Além da tabela Clientes da Figura 25.9, com índices de mapa de bits em *sexo* e *avaliação*, suponha que você tenha uma tabela chamada ProváveisClientes, com os campos *avaliação* e *idprovcli*. Essa tabela é usada para identificar clientes em potencial.

1. Suponha que você também tenha um índice de mapa de bits no campo *avaliação* de ProváveisClientes. Discuta se os índices de mapa de bits ajudariam ou não no cálculo da junção de Clientes e ProváveisClientes em *avaliação*.
2. Suponha que você não tenha *nenhum* índice de mapa de bits no campo *avaliação* de ProváveisClientes. Discuta se os índices de mapa de bits ajudariam ou não no cálculo da junção de Clientes e ProváveisClientes em *avaliação*.
3. Descreva o uso de um índice de junção para suportar a junção dessas duas relações com a condição de junção *idcli=idprovcli*.

Exercício 25.8 Considere as instâncias das relações Locais, Produtos e Vendas mostradas na Figura 25.2.

1. Considere os índices de junção básicos descritos na Seção 25.6.2. Suponha que você queira fazer uma otimização para os dois tipos de consulta a seguir: a Consulta 1 encontra as vendas em determinada cidade e a Consulta 2 encontra as vendas em determinado estado. Mostre os índices que você criaria nos exemplos de instância mostrados na Figura 25.2.
2. Considere os índices de junção com mapa de bits descritos na Seção 25.6.2. Suponha que você queira fazer uma otimização para os dois tipos de consulta a seguir: a Consulta 1 encontra as vendas em determinada cidade e a Consulta 2 encontra as vendas em determinado estado. Mostre os índices que você criaria nos exemplos de instância mostrados na Figura 25.2.

3. Considere os índices de junção básicos descritos na Seção 25.6.2. Suponha que você queira fazer uma otimização para estes dois tipos de consulta: a Consulta 1 encontra as vendas em determinada cidade para determinado nome de produto e a Consulta 2 encontra as vendas em determinado estado para determinada categoria de produto. Mostre os índices que você criaria nos exemplos de instância mostrados na Figura 25.2.

4. Considere os índices de junção com mapa de bits descritos na Seção 25.6.2. Suponha que você queira fazer uma otimização para estes dois tipos de consulta: a Consulta 1 encontra as vendas em determinada cidade para determinado nome de produto e a Consulta 2 encontra as vendas em determinado estado para determinada categoria de produto. Mostre os índices que você criaria nos exemplos de instância mostrados na Figura 25.2.

Exercício 25.9 Considere a visão NumReservas, definida como:

```
CREATE VIEW NumReservas (idm, nomem, numres)
      AS SELECT M.idm, M.nomem, COUNT (*)
         FROM    Marinheiros M, Reservas R
         WHERE   M.idm = R.idsm
         GROUP BY M.idm, M.nomem
```

1. Como a consulta a seguir, destinada a encontrar o número mais alto de reservas feitas por algum marinheiro, é reescrita usando modificação de consulta?

```
SELECT  MAX (N.numres)
FROM    NumReservas N
```

2. Considere as alternativas de cálculo sob demanda e de materialização de visão para a consulta anterior. Discuta os prós e contras da materialização.

3. Discuta os prós e contras da materialização da consulta a seguir:

```
SELECT    N.nomem, MAX (N.numres)
FROM      NumReservas N
GROUP BY  N.nomem
```

Exercício 25.10 Considere as relações Locais, Produtos e Vendas da Figura 25.2.

1. Para decidirmos se a visão deve ser materializada, quais fatores precisamos considerar?
2. Suponha que tenhamos definido a seguinte visão materializada:

```
SELECT  L.estado, V.vendas
FROM    Locais L, Vendas V
WHERE   V.idloc=L.idloc
```

(a) Descreva quais informações auxiliares o algoritmo de manutenção de visão incremental da Seção 25.10.1 mantém e como esses dados ajudam na manutenção incremental da visão.

(b) Discuta os prós e contras da materialização dessa visão.

3. Considere a visão materializada da questão anterior. Suponha que as relações Locais e Vendas estejam armazenadas em um site, mas a visão seja materializada em um segundo local. Por que desejaríamos manter a visão em um segundo site? Dê um exemplo concreto em que a visão poderia se tornar inconsistente.

4. Suponha que tenhamos definido a seguinte visão materializada:

```
SELECT    T.ano, L.estado, SUM (V.vendas)
FROM      Vendas V, Tempos T, Locais L
WHERE     V.idtempo=T.idtempo AND V.idloc=L.idloc
GROUP BY  T.ano, L.estado
```

(a) Descreva quais informações auxiliares o algoritmo de manutenção de visão incremental da Seção 25.10.1 mantém e como esses dados ajudam na manutenção incremental da visão.

(b) Discuta os prós e contras da materialização dessa visão.

NOTAS BIBLIOGRÁFICAS

Um bom levantamento sobre data warehousing e OLAP é apresentado em [161], que é a fonte da Figura 25.10. [686] fornece um panorama do OLAP e da pesquisa de bancos de dados estatísticos, mostrando os fortes paralelos entre conceitos e pesquisas nessas duas áreas. O livro de Kimball [436], um dos pioneiros em data warehousing, e a coleção de artigos de [62] oferecem uma boa introdução prática na área. O termo OLAP foi popularizado pelo artigo de Codd [191]. Para uma discussão recente sobre o desempenho de algoritmos utilizando estruturas de índice de mapa de bits e outras não tradicionais, consulte [575].

Stonebraker discute como as consultas em visões podem ser convertidas em consultas nas tabelas subjacentes, por meio de modificação de consulta [713]. Hanson compara o desempenho da modificação de consulta *versus* manutenção de visão imediata e adiada [365]. Srivastava e Rotem apresentam um modelo analítico de algoritmos de manutenção de visão materializada [707]. Vários artigos discutem como as visões materializadas podem ser mantidas de forma incremental quando as relações subjacentes são alteradas. Recentemente, a pesquisa nessa área tornou-se muito ativa, em parte devido ao interesse em data warehouses, que podem ser considerados coleções de visões sobre relações de várias origens. Uma visão geral excelente do estado da arte pode ser encontrada em [348], que contém vários artigos influentes, junto com material adicional que fornece contexto e formação. A lista parcial a seguir deve fornecer sugestões para leitura adicional: [100, 192, 193, 349, 369, 570, 601, 635, 664, 705, 800].

Gray *et al.* apresentaram o operador CUBE [335], e a otimização de consultas com CUBE e a manutenção eficiente do resultado de uma consulta com CUBE foram tratadas em vários artigos, incluindo [12, 94, 216, 367, 380, 451, 634, 638, 687, 799]. Algoritmos relacionados para processamento de consultas com agregações e agrupamento são apresentados em [160, 166]. Rao, Badia e Van Gucht tratam a implementação de consultas envolvendo quantificadores generalizados, como *maior parte de* [618]. Srivastava, Tan e Lum descrevem um método de acesso para suportar o processamento de consultas agregadas [708]. Shanmugasundaram *et al.* discutem como manter cubos compactados para resposta aproximada de consultas agregadas em [675].

O suporte do padrão SQL:1999 para OLAP, incluindo as construções CUBE e WINDOW, está descrito em [523]. As extensões de janelamento são muito parecidas com a extensão SQL para consulta de dados de seqüência, chamada SRQL, proposta em [610]. As consultas de seqüência têm recebido muita atenção recentemente. A extensão de sistemas relacionais, que lidam com conjuntos de registros, para tratar com seqüências de registros é investigada em [473, 665, 671].

Recentemente, tem havido interesse em algoritmos de avaliação de consulta em um passo e no gerenciamento de banco de dados para fluxos de dados (data streams). Um levantamento recente do gerenciamento de fluxos de dados e algoritmos para processamento de fluxo de dados podem ser encontrados em [49]. Os exemplos incluem cálculo de quantil e estatística de ordem [340, 506], estimativa de momentos de freqüência e tamanhos de junção [34, 35], estimativa de agregados correlacionados [310], análise de regressão multidimensional [173], e cálculo de histogramas unidimensionais (isto é, de um atributo) e decomposições wavelet de Haar [319, 345]. Outro trabalho inclui técnicas para manter histogramas com igualdade de profundidade [313] e wavelets de Haar [515] de forma incremental, manutenção de amostras e estatísticas simples sobre janelas deslizantes [201], assim como arquiteturas de alto nível para sistemas de banco de fluxos de dados [50]. Zdonik *et al.* descrevem a arquitetura de um sistema de banco de dados para monitorar fluxos de dados [795]. Uma infra-estrutura de linguagem para desenvolver aplicativos de fluxo de dados é descrita por Cortes *et al.* [199].

Carey e Kossmann discutem como avaliar consultas para as quais apenas as primeiras respostas são desejadas [135, 136]. Donjerkovic e Ramakrishnan consideram como uma estratégia probabilística para otimização de consulta pode ser aplicada a esse problema [229]. [120] compara várias estratégias de avaliação de consultas N mais. Hellerstein *et al.* discutem como retornar respostas aproximadas para consultas agregadas e refiná-las 'online' [47, 374]. Esse trabalho foi estendido para cálculo online de junções [354], reordenação online [617] e processamento de consulta adaptativo [48].

Recentemente, tem havido interesse em resposta de consulta aproximada, em que uma pequena estrutura de dados de sinopse é usada para fornecer respostas de consulta rápidas e aproximadas para as consultas, com provável garantia de desempenho [7, 8, 61, 159, 167, 314, 759].

26
MINERAÇÃO DE DADOS

- O que é mineração de dados?
- O que é análise de cesta de compras? Quais algoritmos são eficientes para contar ocorrências concomitantes?
- O que é a propriedade *a priori* e por que ela é importante?
- O que é rede bayesiana?
- O que é regra de classificação? O que é regra de regressão?
- O que é árvore de decisão? Como as árvores de decisão são construídas?
- O que é agrupamento? O que é algoritmo de agrupamento de amostra?
- O que é busca por similaridade sobre seqüências? Como ela é implementada?
- Como os modelos de mineração de dados podem ser construídos de forma incremental?
- Quais são os novos desafios da mineração apresentados por data streams?
- **Conceitos-chave:** mineração de dados, processo KDD; análise de cesta de compras, contagem de ocorrência concomitante, árvore de classificação; agrupamento, busca por similaridade em seqüência; manutenção de modelo incremental, data streams, evolução em bloco.

O segredo do sucesso é saber algo que mais ninguém sabe.

—Aristóteles Onassis

A **mineração de dados** consiste em encontrar tendências ou padrões interessantes em grandes conjuntos de dados para orientar decisões sobre atividades futuras. Há uma expectativa geral de que as ferramentas de mineração de dados deverão identificar esses padrões nos dados com entrada de usuário mínima. Os padrões identificados por essas ferramentas podem fornecer ao analista de dados idéias úteis e inesperadas que podem ser melhor investigadas subseqüentemente, talvez se usando outras ferramentas de apoio à decisão. Neste capítulo, discutiremos várias tarefas de mineração de dados amplamente estudadas. Estão disponíveis ferramentas comerciais dos principais fabricantes para cada uma dessas tarefas, e o setor está ganhando importância rapidamente à medida que essas ferramentas são aceitas pela comunidade de usuários.

Começamos, na Seção 26.1, fornecendo uma breve introdução à mineração de dados. Na Seção 26.2, discutimos a importante tarefa de contar itens que apresentam ocorrência concomitante. Na Seção 26.3, discutimos como essa tarefa surge em algoritmos de mineração de dados que descobrem regras a partir dos dados. Na Seção 26.4, discutimos os padrões que representam regras na forma de uma árvore. Na Seção 26.5, apresentamos uma tarefa de mineração de dados diferente, chamada *agrupamento*, e descrevemos como se faz para encontrar agrupamentos em grandes conjuntos de dados. Na Seção 26.6, descrevemos como realizar busca por similaridade sobre seqüências. Discutimos os desafios existentes na exploração de dados que evoluem e de data streams na Seção 26.7. Concluímos, na Seção 26.8, com uma breve visão geral de outras tarefas de mineração de dados.

26.1 INTRODUÇÃO À MINERAÇÃO DE DADOS

A mineração de dados está relacionada à subárea da estatística chamada *análise de dados exploratória*, que tem objetivos semelhantes e conta com medidas estatísticas. Ela também está intimamente relacionada às subáreas da inteligência artificial chamadas *descoberta de conhecimento* e *aprendizado de máquina*. A característica distintiva importante da mineração de dados é que o volume de dados é muito grande; embora as idéias dessas áreas de estudo relacionadas sejam aplicáveis aos problemas da mineração de dados, a *capacidade de mudança de escala com relação ao tamanho dos dados* é um novo critério importante. Um algoritmo tem **capacidade de mudança de escala** se o tempo corrente aumenta (linearmente) em proporção ao tamanho do conjunto de dados, mantendo constantes os recursos do sistema (por exemplo, quantidade de memória principal e velocidade de processamento da CPU) disponíveis. Algoritmos antigos devem ser adaptados ou novos algoritmos precisam ser desenvolvidos para garantir a capacidade de mudança de escala ao se descobrir padrões nos dados.

Encontrar tendências úteis em conjuntos de dados é uma definição bastante imprecisa da mineração de dados: de certo modo, pode-se considerar que todas as consultas de banco de dados fazem exatamente isso. Na verdade, temos ferramentas de análise e exploração com consultas SQL de um lado, consultas OLAP no meio e técnicas de mineração de dados do outro lado. As consultas SQL são construídas usando-se álgebra relacional (com algumas extensões), OLAP fornece idiomas de consulta de nível mais alto, baseados no modelo de dados multidimensional, e a mineração de dados fornece as operações de análise mais abstratas. Podemos pensar nas diferentes tarefas de mineração de dados como 'consultas' complexas, especificadas em um alto nível, com alguns parâmetros definidos pelo usuário, e para as quais são implementados algoritmos especializados.

No mundo real, a mineração de dados é muito mais do que simplesmente aplicar um desses algoritmos. Freqüentemente, os dados contêm ruído ou estão incompletos e, a não ser que isso seja entendido e corrigido, é provável que muitos padrões interessantes sejam perdidos e a confiabilidade dos padrões detectados será baixa. Além disso, o analista precisa decidir quais tipos de algoritmos de mineração são necessários, aplicá-los em um conjunto bem escolhido de amostras de dados e variáveis (isto é, tuplas e atributos), sintetizar os resultados, aplicar outras ferramentas de apoio à decisão e mineração, e iterar o processo.

> **SQL/MM: Data Mining SQL/MM:** A extensão SQL/MM: Data Mining do padrão SQL:1999 suporta quatro tipos de modelos de mineração de dados: *conjuntos de itens freqüentes e regras de associação, agrupamentos de registros, árvores de regressão e árvores de classificação*. Vários novos tipos de dados são introduzidos. Esses tipos de dados desempenham várias funções. Alguns representam uma classe de modelo em particular (por exemplo, DM_RegressionModel, DM_ClusteringModel); alguns especificam os parâmetros de entrada de um algoritmo de mineração (por exemplo, DM_RegTask, DM_ClusTask); alguns descrevem dados de entrada (por exemplo, DM_LogicalDataSpec, DM_MiningData), e alguns representam o resultado da execução de um algoritmo de mineração (por exemplo, DM_RegResult, DM_ClusResult). Juntos, essas classes e seus métodos fornecem uma interface padrão para algoritmos de mineração de dados que podem ser executados de qualquer sistema de banco de dados SQL:1999. Os modelos de mineração de dados podem ser exportados em um formato XML padrão, chamado **PMML (Predictive Model Markup Language)**; os modelos representados usando PMML também podem ser importados.

26.1.1 O Processo de Descoberta de Conhecimento

Grosso modo, o **processo de descoberta de conhecimento e mineração de dados (KDD**, Knowledge Discovery and Data mining) pode ser separado em quatro etapas.

1. **Seleção dos dados:** o subconjunto objetivado dos dados e os atributos de interesse são identificados examinando-se o conjunto de dados bruto inteiro.
2. **Limpeza dos dados:** o ruído e exceções são removidos, valores de campo são transformados em unidades comuns e alguns campos são criados pela combinação de campos já existentes para facilitar a análise. Normalmente, os dados são colocados em um formato relacional e várias tabelas podem ser combinadas em uma etapa de *desnormalização*.
3. **Mineração dos dados:** aplicamos algoritmos de mineração de dados para extrair padrões interessantes.
4. **Avaliação:** os padrão são apresentados para os usuários finais em uma forma inteligível; por exemplo, por meio de visualização.

O resultado de qualquer etapa no processo KDD pode nos levar de volta a uma etapa anterior para refazermos o processo com o novo conhecimento obtido. Neste capítulo, contudo, nos limitaremos a examinar algoritmos para algumas tarefas de mineração de dados específicas. Não discutiremos outros aspectos do processo KDD.

26.2 CONTANDO OCORRÊNCIAS CONCOMITANTES

Começaremos considerando o problema da contagem de itens que apresentam ocorrência concomitante, motivado por problemas como a análise de cesta de compras. Uma **cesta de compras** é uma coleção de itens adquiridos por um cliente em uma única **transação de cliente**. Uma transação de cliente consiste em uma única visita a uma loja, um único pedido por meio de um catálogo de pedido por correspondência ou um pedido em uma loja na Web. (Neste capítulo, freqüentemente abreviamos *transação de cliente* para *transação*, quando não há nenhuma confusão com o significado usual de *transação* no contexto de um SGBD, que é a execução de um programa de usuário.) Um objetivo comum dos varejistas é identificar itens adquiridos em conjunto. Essa informação pode ser usada para melhorar o layout dos bens de consumo em uma loja ou o layout das páginas de um catálogo.

26.2.1 Conjuntos de Itens Freqüentes

Usamos a relação Compras mostrada na Figura 26.1 para ilustrar os conjuntos de itens freqüentes. Os registros aparecem ordenados em grupos, por transação. Todas as tuplas de um grupo têm o mesmo *idtrans* e, juntas, elas descrevem uma transação de cliente, a qual envolve compras de um ou mais itens. Uma transação ocorre em determinada data e o nome de cada item adquirido é registrado, junto com a quantidade comprada. Observe que há redundância em Compras: ela pode ser decomposta armazenando-se triplas *idtrans-idcli-data* em uma tabela separada e eliminando-se *idcli* e *data* de Compras; pode ser assim que os dados estejam realmente armazenados. Entretanto, é conveniente considerar a relação Compras conforme mostrada na Figura 26.1, para calcular conjuntos de itens freqüentes. A criação dessas tabelas 'desnormalizadas' para facilitar a mineração de dados é feita comumente na etapa de limpeza dos dados do processo KDD.

idtrans	*idcli*	*data*	*item*	*qtd*
111	201	5/1/99	caneta	2
111	201	5/1/99	tinta	1
111	201	5/1/99	leite	3
111	201	5/1/99	suco	6
112	105	6/3/99	caneta	1
112	105	6/3/99	tinta	1
112	105	6/3/99	leite	1
113	106	5/10/99	caneta	1
113	106	5/10/99	leite	1
114	201	6/1/99	caneta	2
114	201	6/1/99	tinta	2
114	201	6/1/99	suco	4
114	201	6/1/99	água	1

Figura 26.1 A relação Compras.

Examinando o conjunto de grupos de transação em Compras, podemos fazer observações da forma: "Em 75% das transações, uma caneta e tinta são compradas juntas". Essa afirmação descreve as transações no banco de dados. A extrapolação para futuras transações deve ser feita com cuidado, conforme discutido na Seção 26.3.6. Vamos começar apresentando a terminologia da análise de cesta de compras. Um **conjunto de itens** é um grupo de itens. O **suporte** de um conjunto de itens é a fração de transações no banco de dados que contêm todos os itens do conjunto de itens. Em nosso exemplo, o conjunto de itens {caneta, tinta} tem suporte de 75% em Compras. Portanto, podemos concluir que canetas e tinta são freqüentemente adquiridas em conjunto. Se considerarmos o conjunto de itens {leite, suco}, seu suporte é de apenas 25%; leite e suco não são comprados em conjunto freqüentemente.

Em geral, o número de conjuntos de itens comprados juntos é relativamente pequeno, especialmente à medida que o tamanho dos conjuntos de itens aumenta. Estamos interessados em todos os conjuntos de itens cujo suporte é mais alto do que um suporte mínimo especificado pelo usuário, chamado de *supmin*; chamamos tais conjuntos de itens de **conjuntos de itens freqüentes**. Por exemplo, se o suporte mínimo for configurado como 70%, então os conjuntos de itens freqüentes em nosso exemplo serão {caneta}, {tinta}, {caneta, tinta} e {caneta, leite}. Note que também estamos interessados nos conjuntos de itens que contêm apenas um item, pois eles identificam itens adquiridos freqüentemente.

Mostramos um algoritmo para identificar conjuntos de itens freqüentes na Figura 26.2. Esse algoritmo conta com uma propriedade simples, porém fundamental, dos conjuntos de itens freqüentes:

> **A propriedade *a priori*:** todo subconjunto de um conjunto de itens freqüente também é um conjunto de itens freqüente.

```
para cada item,                                            // Nível 1
    verifica se é um conjunto de itens freqüente // aparece em > supmin
    transações
k = 1
repita         // Identificação iterativa e com reconhecimento de nível de
                  conjuntos de itens freqüentes
    para cada novo conjunto de itens freqüente I_k com k itens  // Nível k + 1
        gera todos os I_{k+1} conjuntos de itens com k + 1 itens, I_k ⊂ I_{k+1}
    Percorre todas as transações uma vez e verifica se
    os k + 1 conjuntos de itens gerados são freqüentes
    k = k + 1
até nenhum novo conjunto de itens freqüente ser identificado
```

Figura 26.2 Um algoritmo para encontrar conjuntos de itens freqüentes.

O algoritmo prossegue iterativamente, primeiro identificando conjuntos de itens freqüentes com apenas um item. Em cada iteração subseqüente, os conjuntos de itens freqüentes identificados na iteração anterior são estendidos com outro item para gerar conjuntos de itens candidatos maiores. Considerando apenas os conjuntos de itens obtidos pela ampliação dos conjuntos de itens freqüentes, reduzimos bastante o número de conjuntos de itens freqüentes candidatos; essa otimização é fundamental para se obter uma execução eficiente. A propriedade *a priori* garante que essa otimização é correta; isto é, não perdemos quaisquer conjuntos de itens freqüentes. Uma única varredura de todas as transações (a relação Compras, em nosso exemplo) basta para determinar quais conjuntos de itens candidatos gerados em uma iteração são freqüentes. O algoritmo termina quando nenhum conjunto de itens freqüente novo é identificado em uma iteração.

Ilustramos o algoritmo na relação Compras da Figura 26.1, com *supmin* configurado para 70%. Na primeira iteração (Nível 1), percorremos a relação Compras e determinamos que cada um destes conjuntos com um item é um conjunto de itens freqüente: {*caneta*} (aparece em todas as quatro transações), {*tinta*} (aparece em três das quatro transações) e {*leite*} (aparece em três das quatro transações).

Na segunda iteração (Nível 2), estendemos cada conjunto de itens freqüente com um item adicional e geramos os seguintes conjuntos de itens candidatos: {*caneta, tinta*}, {*caneta, leite*}, {*caneta, suco*}, {*tinta, leite*}, {*tinta, suco*} e {*leite, suco*}. Percorrendo a relação Compras novamente, determinamos que os seguintes conjuntos de itens são freqüentes: {*caneta, tinta*} (aparece em três das quatro transações) e {*caneta, leite*} (aparece em três das quatro transações).

Na terceira iteração (Nível 3), estendemos esses conjuntos de itens com um item adicional e geramos os seguintes conjuntos de itens candidatos: {*caneta, tinta, leite*}, {*caneta, tinta, suco*} e {*caneta, leite, suco*}. (Observe que {*tinta, leite, suco*} não é gerado.) Uma terceira varredura da relação Compras nos permite determinar que nenhum desses é um conjunto de itens freqüente.

O algoritmo simples apresentado aqui para encontrar conjuntos de itens freqüentes ilustra a principal característica dos algoritmos mais sofisticados, a saber, a geração iterativa e o teste de conjuntos de itens candidatos. Consideramos um refinamento importante desse algoritmo simples. Gerar conjuntos de itens candidatos adicionando um item em um conjunto de itens freqüente conhecido é uma tentativa de limitar o número de conjuntos de itens candidatos usando a propriedade *a priori*. A propriedade *a priori* implica que um conjunto de itens candidato só pode ser freqüente se todos os seus subconjuntos forem freqüentes. Assim, podemos reduzir ainda mais o número de conjuntos de itens candidatos — *a priori*, ou antes de percorrer o banco de dados Compras —, verificando se todos os subconjuntos de um conjunto de itens recentemente gerado são freqüentes. Somente se todos os subconjuntos de um conjunto de itens candidato forem freqüentes é que computamos seu suporte na varredura de banco de dados subseqüente. Comparado com o algoritmo simples, esse algoritmo refinado gera menos conjuntos de itens candidatos em cada nível e, assim, reduz o volume de computação realizada durante a varredura de banco de dados de Compras.

Considere o algoritmo refinado na tabela Compras da Figura 26.1, com *supmin*=70%. Na primeira iteração (Nível 1), determinamos os conjuntos de itens freqüentes de tamanho um: {*caneta*}, {*tinta*} e {*leite*}. Na segunda iteração (Nível 2), apenas os seguintes conjuntos de itens candidatos permanecem ao se percorrer a tabela Compras: {*caneta, tinta*}, {*caneta, leite*} e {*tinta, leite*}. Como {*suco*} não é freqüente, os conjuntos de itens {*caneta, suco*}, {*tinta, suco*} e {*leite, suco*} também não podem ser freqüentes e podemos eliminá-los *a priori*; ou seja, sem os considerar durante a varredura subseqüente da relação Compras. Na terceira iteração (Nível 3), mais nenhum conjunto de itens candidato é gerado. O conjunto de itens {*caneta, tinta, leite*} não pode ser freqüente, pois seu subconjunto {*tinta, leite*} não é freqüente. Assim, a versão melhorada do algoritmo não precisa de uma terceira varredura de Compras.

26.2.2 Consultas Iceberg

Apresentaremos as consultas iceberg por meio de um exemplo. Considere novamente a relação Compras mostrada na Figura 26.1. Suponha que queiramos encontrar pares de clientes e itens, tais que o cliente tenha comprado o item mais de cinco vezes. Podemos expressar essa consulta em SQL como se segue:

```
SELECT      C.idcli, C.item, SUM (C.qtd)
FROM        Compras C
GROUP BY    C.idcli, C.item
HAVING      SUM (C.qtd) > 5
```

Pense sobre como essa consulta seria avaliada por um SGBD relacional. Conceitualmente, para cada par (*idcli, item*), precisamos verificar se a soma do campo *qtd* é maior do que 5. Uma estratégia é fazer uma varredura sobre a relação Compras e manter somas correntes para cada par (*idcli, item*). Essa é uma estratégia de execução plausível, desde que o número de pares seja suficientemente pequeno para caber na memória principal. Se o número de pares for maior do que a memória principal, terão de ser usados planos de avaliação de consulta mais dispendiosos, que envolvem ordenação ou hashing.

A consulta tem uma propriedade importante, não explorada pela estratégia de execução anterior: mesmo que a relação Compras seja potencialmente muito grande e o número de grupos (*idcli, item*) possa ser enorme, provavelmente a saída da consulta será relativamente pequena, por causa da condição na cláusula HAVING. Na saída, aparecem apenas os grupos onde o cliente comprou o item mais do que cinco vezes. Por exemplo, existem nove grupos na consulta sobre a relação Compras mostrada na Figura 26.1, embora a saída contenha apenas três registros. O número de grupos é muito grande, mas a resposta da consulta — a ponta do iceberg — normalmente é muito pequena. Portanto, chamamos tal consulta de **consulta iceberg**. Em geral, dado um esquema relacional R com os atributos $A1, A2, ..., A_k$ e B, e uma função de agregação agreg, uma consulta iceberg tem a seguinte estrutura:

```
SELECT    R.A1, R.A2, ..., R.Ak, agreg(R.B)
FROM      Relação R
GROUP BY  R.A1, ..., R.Ak
HAVING    agreg(R.B) >= constante
```

Os planos de consulta tradicionais para essa consulta, que usam ordenação ou hashing, primeiro calculam o valor da função de agregação para todos os grupos e depois eliminam os grupos que não satisfazem a condição da cláusula HAVING.

Comparando a consulta com o problema de encontrar conjuntos de itens freqüentes, discutido na seção anterior, há uma extraordinária semelhança. Considere novamente a relação Compras mostrada na Figura 26.1 e a consulta iceberg do início desta seção. Estamos interessados em pares (*idcli, item*) que tenham SUM (C.qtd) > 5. Usando uma variação da propriedade *a priori*, podemos dizer que temos de considerar apenas os valores do campo *idcli* onde o cliente adquiriu pelo menos cinco itens. Podemos gerar tais itens por meio da seguinte consulta:

```
SELECT    C.idcli
FROM      Compras C
GROUP BY  C.idcli
HAVING    SUM (C.qtd) > 5
```

Analogamente, podemos restringir os valores candidatos para o campo *item* por meio da seguinte consulta:

```
SELECT    C.item
FROM      Compras C
GROUP BY  C.item
HAVING    SUM (C.qtd) > 5
```

Se restringimos o cálculo da consulta iceberg original a grupos (*idcli, item*) onde os valores de campo estão na saída das duas consultas anteriores, eliminamos um grande número de pares (*idcli, item*) *a priori*. Assim, uma possível estratégia de avaliação é primeiro calcular valores candidatos para os campos *idcli* e *item*, e usar combinações apenas desses valores na avaliação da consulta iceberg original. Primeiro, geramos valores de campo candidatos para campos individuais e usamos apenas os valores que sobrevivam à etapa de corte *a priori*, conforme expresso nas duas consultas anteriores. Assim, a consulta iceberg é receptiva à mesma estratégia de avaliação de baixo para cima usada para encontrar conjuntos de itens freqüentes. Em particular, podemos usar a propriedade *a priori* como se segue: mantemos um contador para um grupo, somente se cada componente individual do grupo satisfaz a condição expressa na cláusula `HAVING`. As melhorias de desempenho dessa estratégia de avaliação alternativa em relação aos planos de consulta tradicionais podem ser muito significativas na prática.

Mesmo que a estratégia de processamento de consulta de baixo para cima elimine muitos grupos *a priori*, na prática, o número de pares (*idcli, item*) ainda pode ser muito grande; maior até do que a memória principal. Foram desenvolvidas estratégias eficientes que usam amostragem e técnicas de hashing sofisticadas; as notas bibliográficas no final do capítulo fornecem indicações para a literatura relevante.

26.3 MINERAÇÃO DE REGRAS

Muitos algoritmos foram propostos para descobrir várias formas de regras que descrevem os dados sucintamente. Veremos agora algumas formas amplamente discutidas de regras e algoritmos para descobri-las.

26.3.1 Regras de Associação

Usamos a relação Compras da Figura 26.1 para ilustrar as regras de associação. Examinando o conjunto de transações em Compras, podemos identificar regras da forma:

$$\{caneta\} \Rightarrow \{tinta\}$$

Essa regra deve ser lida como se segue: "Se uma caneta é comprada em uma transação, é provável que tinta também seja comprada nessa transação". Essa é uma afirmação que descreve as transações no banco de dados; a extrapolação para futuras transações devem ser feitas com cuidado, conforme discutido na Seção 26.3.6. De maneira mais geral, uma **regra de associação** tem a forma $LHS \Rightarrow RHS$, onde LHS (left hand side) e RHS(right hand side) são conjuntos de itens. A interpretação dessa regra é que, se cada item em LHS é comprado em uma transação, então, é provável que os itens em RHS também sejam comprados.

Existem duas medidas importantes para uma regra de associação:

- **Suporte:** o suporte de um conjunto de itens é a porcentagem de transações que contêm todos esses itens. O suporte de uma regra $LHS \Rightarrow RHS$ é o suporte do conjunto de itens $LHS \cup RHS$. Por exemplo, considere a regra $\{caneta\} \Rightarrow \{tinta\}$. O suporte dessa regra é o suporte do conjunto de itens $\{caneta, tinta\}$, que é de 75%.

- **Confiança:** considere as transações que contêm todos os itens em LHS. A confiança de uma regra $LHS \Rightarrow RHS$ é a porcentagem de tais transações que também contêm todos os itens em RHS. Mas precisamente, seja $sup(LHS)$ a porcentagem das transações que contêm LHS e seja $sup(LHS \cup RHS)$ a porcentagem das transações que contêm LHS e RHS. Então, a confiança da regra $LHS \Rightarrow RHS$ é $sup(LHS \cup RHS)$ / $sup(LHS)$. A confiança de uma regra é a indicação de sua força. Como exemplo, considere novamente a regra $\{caneta\} \Rightarrow \{tinta\}$. A confiança dessa regra é de 75%; 75% das transações que contêm o conjunto de itens $\{caneta\}$ também contêm o conjunto de itens $\{tinta\}$.

26.3.2 Um Algoritmo para Encontrar Regras de Associação

Um usuário pode solicitar todas as regras de associação que têm um suporte mínimo *(supmin)* e confiança mínima *(confmin)* especificados, e vários algoritmos foram desenvolvidos para encontrar tais regras eficientemente. Esses algoritmos procedem em duas etapas. Na primeira etapa, todos os conjuntos de itens freqüentes com o suporte mínimo especificado pelo usuário são computados. Na segunda, são geradas regras usando os conjuntos de itens freqüentes como entrada. Discutimos um algoritmo para encontrar conjuntos de itens freqüentes na Seção 26.2; aqui, nos concentraremos na parte da geração de regra.

Uma vez identificados os conjuntos de itens freqüentes, a geração de todas as regras candidatas possíveis com o suporte mínimo especificado pelo usuário é simples. Considere um conjunto de itens freqüente X com suporte s_X identificado na primeira etapa do algoritmo. Para gerarmos uma regra a partir de X, dividimos X em dois conjuntos de itens, LHS e RHS. A confiança da regra $LHS \Rightarrow RHS$ é s_X/s_{LHS}, a razão do suporte de X e do suporte de LHS. Por meio da propriedade a priori, sabemos que o suporte de LHS é maior do que supmin e, assim, computamos o suporte de LHS para a regra candidata, calculando a razão suporte(X)/suporte(LHS) e, então, verificamos como a razão se compara a confmin.

Em geral, a etapa custosa do algoritmo é a computação dos conjuntos de itens freqüentes e muitos algoritmos diferentes foram desenvolvidos para executar essa etapa eficientemente. A geração de regra — dado que todos os conjuntos de itens freqüentes tenham sido identificados — é simples.

No restante desta seção, discutiremos algumas generalizações do problema.

26.3.3 Regras de Associação e Hierarquias É-UM

Em muitos casos, uma **hierarquia É-UM** ou **hierarquia de categorias** é imposta no conjunto de itens. Na presença de uma hierarquia, uma transação contém implicitamente, para cada um de seus itens, todos os ancestrais do item na hierarquia. Por exemplo, considere a hierarquia de categorias mostrada na Figura 26.3. Dada essa hierarquia, a relação Compras é ampliada conceitualmente pelos oito registros mostrados na Figura 26.4. Isto é, a relação Compras tem todas as tuplas mostradas na Figura 26.1, além das tuplas mostradas na Figura 26.4.

Figura 26.3 Uma taxonomia de hierarquia É-UM.

idtrans	idcli	data	item	qtd
111	201	5/1/99	artigos de escritório	3
111	201	5/1/99	bebidas	9
112	105	6/3/99	artigos de escritório	2
112	105	6/3/99	bebidas	1
113	106	5/10/99	artigos de escritório	1
113	106	5/10/99	bebidas	1
114	201	6/1/99	artigos de escritório	4
114	201	6/1/99	bebidas	5

Figura 26.4 Adições conceituais na relação Compras com hierarquia É-UM.

A hierarquia nos permite detectar relacionamentos entre itens de diferentes níveis da hierarquia. Como exemplo, o suporte do conjunto de itens {*tinta, suco*} é de 50%, mas se substituirmos *suco* pela categoria mais geral *bebidas*, o suporte do conjunto de itens resultante {*tinta, bebidas*} aumentará para 75%. Em geral, o suporte de um conjunto de itens só pode aumentar se um item for substituído por um de seus ancestrais na hierarquia É-UM.

Supondo que adicionemos realmente os oito registros mostrados na Figura 26.4 na relação Compras, podemos usar qualquer algoritmo para computar conjuntos de itens freqüentes no banco de dados ampliado. Supondo que a hierarquia caiba na memória principal, como uma otimização, também podemos realizar a adição dinamicamente, enquanto percorremos o banco de dados.

26.3.4 Regras de Associação Generalizadas

Embora as regras de associação tenham sido mais amplamente estudadas no contexto da análise de cesta de compras ou análise de transações de cliente, o conceito é mais geral. Considere a relação Compras, conforme mostrada na Figura 26.5, agrupada por *idcli*. Examinando o conjunto de grupos de cliente, podemos identificar regras de associação como {caneta} ⇒ {leite}. Agora, essa regra deve ser lida como se segue: "Se uma caneta é comprada por um cliente, é provável que leite também seja comprado por esse cliente". Na relação Compras mostrada na Figura 26.5, essa regra tem suporte e confiança de 100%.

idtrans	*idcli*	*data*	*item*	*qtd*
112	105	6/3/99	caneta	1
112	105	6/3/99	tinta	1
112	105	6/3/99	leite	1
113	106	5/10/99	caneta	1
113	106	5/10/99	leite	1
114	201	6/1/99	caneta	2
114	201	6/1/99	tinta	2
114	201	6/1/99	suco	4
114	201	6/1/99	água	1
111	201	5/1/99	caneta	2
111	201	5/1/99	tinta	1
111	201	5/1/99	leite	3
111	201	5/1/99	suco	6

Figura 26.5 A relação Compras ordenada na identificação do cliente.

Analogamente, podemos agrupar tuplas pela data e identificar regras de associação que descrevam comportamento de compra no mesmo dia. Como exemplo, considere novamente a relação Compras. Nesse caso, a regra {caneta} ⇒ {leite} agora é interpretada como se segue: "Em um dia, quando uma caneta é comprada, é provável que leite também seja comprado".

Se usarmos o campo *data* como atributo de agrupamento, poderemos considerar um problema mais geral, chamado **análise de cesta de compras relacionada ao calendário**.

Mineração de Dados 747

Na análise de cesta de compras relacionada ao calendário, o usuário especifica uma coleção de **calendários**. Um calendário é qualquer grupo de datas, como *todo sábado no ano de 1999* ou *todo primeiro dia do mês*. Uma regra vale se ela vale em todo dia do calendário. Dado um calendário, podemos computar regras de associação sobre o conjunto de tuplas cujo campo *data* cai dentro do calendário.

Especificando calendários interessantes, podemos identificar regras que podem não ter suporte e confiança suficientes com relação ao banco de dados inteiro, mas que os têm no subconjunto de tuplas que caem dentro do calendário. Por outro lado, mesmo que uma regra possa ter suporte e confiança suficientes com relação ao banco de dados completo, ela pode obter seu suporte apenas de tuplas que caem dentro de um calendário. Nesse caso, o suporte da regra sobre as tuplas dentro do calendário é significativamente mais alto do que seu suporte com relação ao banco de dados inteiro.

Como exemplo, considere a relação Compras com o calendário *todo primeiro dia do mês*. Dentro desse calendário, a regra de associação *caneta* ⇒ *suco* tem suporte e confiança de 100%, enquanto sobre a relação Compras inteira essa regra tem apenas 50% de suporte. Por outro lado, dentro do calendário, a regra *caneta* ⇒ *leite* tem suporte e confiança de 50%, enquanto sobre a relação Compras inteira ela tem suporte e confiança de 75%.

Também foram propostas especificações mais gerais das condições que devem ser verdadeiras dentro de um grupo para uma regra valer (para esse grupo). Talvez queiramos dizer que todos os itens no conjunto *LHS* tenham de ser comprados em uma quantidade menor do que dois e que todos os itens no conjunto *RHS* tenham de ser comprados em uma quantidade maior do que três.

Usando diferentes escolhas para o atributo de agrupamento e condições sofisticadas, como nos exemplos anteriores, podemos identificar regras mais complexas do que as regras de associação básicas discutidas anteriormente. Contudo, essas regras mais complexas mantêm a estrutura fundamental de uma regra de associação como uma condição sobre um grupo de tuplas, com medidas de suporte e confiança definidas como de costume.

26.3.5 Padrões Seqüenciais

Considere a relação Compras mostrada na Figura 26.1. Cada grupo de tuplas, tendo o mesmo valor de *idcli*, pode ser considerado uma *seqüência* de transações ordenada por *data*. Isso nos permite identificar padrões de compra que surgem freqüentemente com o passar do tempo.

Começaremos apresentando o conceito de seqüência de conjuntos de itens. Cada transação é representada por um conjunto de tuplas e, examinando os valores na coluna *item*, obtemos um conjunto de itens adquiridos nessa transação. Portanto, a seqüência de transações associadas a um cliente corresponde naturalmente a uma seqüência de conjuntos de itens adquiridos pelo cliente. Por exemplo, a seqüência de compras do cliente 201 é ⟨{*caneta, tinta, leite, suco*}, {*caneta, tinta, suco, água*}⟩.

Uma **subseqüência** de uma seqüência de conjuntos de itens é obtida pela exclusão de um ou mais conjuntos de itens e também é uma seqüência de conjuntos de itens. Dizemos que uma seqüência ⟨$a_1, ..., a_m$⟩ está **contida** em outra seqüência S, se S tem uma subseqüência ⟨$b_1, ..., b_m$⟩ tal que $a_i \subseteq b_i$, para $1 \leq i \leq m$. Assim, a seqüência ⟨{*caneta*}, {*tinta, leite*}, {*caneta, suco*}⟩ está contida em ⟨{*caneta, tinta*}, {*blusa*}, {*suco, tinta, leite*}, {*suco, caneta, leite*}⟩. Note que a ordem dos itens dentro de cada conjunto de itens não importa. Entretanto, a ordem dos conjuntos de itens importa: a seqüência ⟨{*caneta*}, {*tinta, leite*}, {*caneta, suco*}⟩ não está contida em ⟨{*caneta, tinta*}, {*blusa*}, {*suco, caneta, leite*}, {*suco, leite, tinta*}⟩.

O **suporte** de uma seqüência S de conjuntos de itens é a porcentagem das seqüências de cliente das quais S é uma subseqüência. O problema da identificação de padrões seqüenciais é encontrar todas as seqüências que tenham um suporte mínimo especificado pelo usuário. Uma seqüência $\langle a_1, a_2, a_3,...,a_m \rangle$ com suporte mínimo nos informa que os clientes compram freqüentemente os itens que estão no conjunto a_1 em uma transação e, então, em alguma transação subseqüente, compram os itens que estão no conjunto a_2, depois os itens que estão no conjunto a_3 em uma transação posterior e assim por diante.

Assim como as regras de associação, os padrões seqüenciais são declarações sobre grupos de tuplas no banco de dados corrente. Em termos de computação, os algoritmos para encontrar padrões seqüenciais que ocorrem freqüentemente são semelhantes aos algoritmos para encontrar conjuntos de itens freqüentes. Seqüências cada vez mais longas com o suporte mínimo exigido são identificadas iterativamente, de maneira muito parecida com a identificação iterativa de conjuntos de itens freqüentes.

26.3.6 O Uso de Regras de Associação para Previsão

As regras de associação são amplamente usadas para previsão, mas é importante reconhecer que tal uso em previsão não é justificado sem uma análise adicional ou conhecimento do domínio. As regras de associação descrevem dados existentes precisamente, mas podem ser enganosas quando usadas ingenuamente para previsão. Considere, por exemplo, a regra a seguir:

$$\{caneta\} \Rightarrow \{tinta\}$$

A confiança associada a essa regra é a probabilidade condicional de uma compra de tinta dada uma compra de caneta, *sobre o banco de dados dado*; ou seja, trata-se de uma medida *descritiva*. Podemos usar essa regra para orientar futuras promoções de vendas. Por exemplo, poderíamos oferecer um desconto nas canetas para aumentar as vendas de caneta e, portanto, aumentar também as vendas de tinta.

Entretanto, tal promoção presume que as compras de caneta são bons indicadores das compras de tinta em *futuras* transações de cliente (além das transações no banco de dados corrente). Essa suposição é justificada se existe um *vínculo causal* entre compras de caneta e compras de tinta; isto é, se a compra de canetas faz com que o comprador também compre tinta. Contudo, podemos inferir regras de associação com suporte e confiança altos em algumas situações em que não existe nenhum vínculo causal entre LHS e RHS. Por exemplo, suponha que canetas sejam sempre adquiridas junto com lápis, talvez por causa da tendência dos clientes de pedir instrumentos de escrita juntos. Então, inferiríamos a regra

$$\{lápis\} \Rightarrow \{tinta\}$$

com o mesmo suporte e confiança que a regra

$$\{caneta\} \Rightarrow \{tinta\}$$

Entretanto, não há nenhum vínculo causal entre lápis e tinta. Se fizermos promoção de lápis, um cliente que adquira vários lápis por causa da promoção não terá nenhum motivo para comprar mais tinta. Portanto, uma promoção de vendas que dê desconto nos lápis para aumentar as vendas de tinta não daria certo.

Mineração de Dados

Na prática, poderíamos se esperar que, examinando um banco de dados grande de transações passadas (coletadas durante um longo tempo e em uma variedade de circunstâncias) e restringindo a atenção às regras que ocorrem freqüentemente (isto é, que têm alto suporte), minimizaríamos a inferência de regras enganosas. Contudo, devemos lembrar que regras enganosas e não causais ainda podem ser geradas. Portanto, devemos tratar as regras geradas como possivelmente, em vez de conclusivamente, identificando relacionamentos causais. Embora as regras de associação não indiquem relacionamentos causais entre o conjunto *LHS* e o conjunto *RHS*, enfatizamos que elas fornecem um ponto de partida útil para identificar tais relacionamentos, usando mais análise ou o julgamento de um especialista no domínio; esse é o motivo de sua popularidade.

26.3.7 Redes Bayesianas

Encontrar relacionamentos causais é uma tarefa desafiadora, conforme vimos na Seção 26.3.6. Em geral, se certos eventos são altamente correlacionados, existem muitas explicações possíveis. Por exemplo, suponha que canetas, lápis e tinta sejam comprados juntos freqüentemente. Pode ser que a compra de um desses itens (por exemplo, tinta) dependa de forma causal da compra de outro item (por exemplo, caneta). Ou então, pode ser que a compra de um desses itens (por exemplo, caneta) esteja fortemente correlacionada com a compra de outro (por exemplo, lápis), por causa de algum fenômeno subjacente (por exemplo, a tendência dos usuários de pensarem sobre instrumentos de escrita juntos) que influencie as duas compras de forma causal. Como podemos identificar os verdadeiros relacionamentos causais que valem entre esses eventos no mundo real?

Uma estratégia é considerar cada combinação possível de relacionamentos causais dentre as variáveis e eventos de interesse e avaliar a probabilidade de cada combinação de acordo com os dados disponíveis. Se pensarmos em cada combinação de relacionamentos causais como um *modelo* do mundo real subjacente aos dados coletados, poderemos atribuir uma pontuação a cada modelo, considerando quanto ele é consistente (em termos de probabilidades, com algumas suposições simplificadoras) com os dados observados. As redes bayesianas são grafos que podem ser usados para descrever uma classe de tais modelos, com um nó por variável ou evento e arcos entre os nós para indicar a causalidade. Por exemplo, um bom modelo para nosso exemplo corrente de canetas, lápis e tinta aparece na Figura 26.6. Em geral, o número de modelos possíveis é exponencial em relação ao número de variáveis e considerar todos os modelos é dispendioso; portanto, algum subconjunto de todos os modelos possíveis é avaliado.

Figura 26.6 Rede bayesiana mostrando causalidade.

26.3.8 Regras de Classificação e de Regressão

Considere a visão a seguir, que contém informações de uma campanha de correspondência realizada por uma campanhia de seguros:

SeguroInfo(*idade:* `integer`, *tipocar:* `string`, *altorisco:* `boolean`)

A visão SeguroInfo tem informações sobre clientes atuais. Cada registro contém a idade e o tipo de carro de um cliente, assim como um flag indicando se a pessoa é considerada um cliente de alto risco. Se o flag é verdadeiro, o cliente é considerado de alto risco. Gostaríamos de usar essas informações para identificar regras que prevejam o risco de seguro de novos pretendentes ao seguro, cuja idade e tipo de carro são conhecidos. Por exemplo, uma das regras poderia ser: "Se *idade* estiver entre 16 e 25 e *tipocar* for Esporte ou Caminhão, então o risco é alto".

Note que as regras que queremos encontrar têm uma estrutura específica. Não estamos interessados em regras que prevejam a idade ou o tipo de carro de uma pessoa; estamos interessados apenas nas regras que prevejam o risco de seguro. Assim, existe um único atributo designado cujo valor queremos prever e o chamamos de atributo **dependente**. Os outros atributos são chamados de **previsores**. Em nosso exemplo, o atributo dependente na visão SeguroInfo é *altorisco* e os atributos previsores são *idade* e *tipocar*. A forma geral dos tipos de regras que queremos descobrir é:

$$P_1(X_1) \land P_2(X_2) ... \land P_k(X_k) \Rightarrow Y = c$$

Os atributos previsores $X_1, ..., X_k$ são usados para prever o valor do atributo dependente Y. Os dois lados de uma regra podem ser interpretados como condições nos campos de uma tupla. Os $P_i(X_i)$ são predicados que envolvem o atributo X_i. A forma do predicado depende do tipo do atributo previsor. Distinguimos dois tipos de atributos: numéricos e categóricos. Para atributos **numéricos**, podemos efetuar cálculos numéricos, como calcular a média de dois valores, enquanto para atributos **categóricos** a única operação permitida é testar se dois valores são iguais. Na visão SeguroInfo, *idade* é um atributo numérico, enquanto *tipocar* e *altorisco* são atributos categóricos. Voltando à forma dos predicados, se X_i é um atributo numérico, seu predicado P_i é da forma $li \leq X_i \leq hi$; se X_i é um atributo categórico, P_i é da forma $X_i \in \{v_1,...,v_j\}$.

Se o atributo dependente é categórico, chamamos tais regras de **regras de classificação**. Se o atributo dependente é numérico, chamamos tais regras de **regras de regressão**.

Por exemplo, considere novamente nosso exemplo de regra: "Se *idade* estiver entre 16 e 25 e *tipocar* for Esporte ou Caminhão, então *altorisco* é verdadeiro". Como *altorisco* é um atributo categórico, essa é uma regra de classificação. Podemos expressá-la formalmente como segue:

$$(16 \leq idade \leq 25) \land (tipocar \in \{\text{Esporte, Caminhão}\}) \Rightarrow altorisco = \texttt{verdadeiro}$$

Podemos definir suporte e confiança para regras de classificação e regras de regressão, como para as regras de associação:

- **Suporte:** o suporte de uma condição C é a porcentagem de tuplas que satisfazem C. O suporte para uma regra $C1 \Rightarrow C2$ é o suporte da condição $C1 \land C2$.
- **Confiança:** considere as tuplas que satisfazem a condição $C1$. A confiança de uma regra $C1 \Rightarrow C2$ é a porcentagem dessas tuplas que também satisfazem a condição $C2$.

Como uma maior generalização, considere o lado direito de uma regra de classificação ou de regressão: $Y = c$. Cada regra prevê um valor de Y para determinada tupla, com base nos valores dos atributos previsores $X1,...Xk$. Podemos considerar regras da forma

$$P_1(X_1) \land ... \land P_k(X_k) \Rightarrow Y = f(X1,...,X_k)$$

onde f é alguma função. Não discutiremos essas regras além disso.

As regras de classificação e de regressão diferem das regras de associação por considerarem campos contínuos e categóricos, em vez de apenas um campo que tem um conjunto de valores. A identificação eficiente dessas regras apresenta um novo conjunto de desafios; não discutiremos o caso geral da descoberta dessas regras. Discutiremos um tipo especial de tais regras na Seção 26.4.

As regras de classificação e de regressão têm muitas aplicações. Exemplos incluem a classificação de resultados de experimentos científicos, em que o tipo do objeto a ser reconhecido depende das medidas tomadas; prospecção de correspondência direta, em que a resposta de determinado cliente a uma promoção é uma função de seu nível de renda e de sua idade; e avaliação de risco de seguro de automóvel, em que um cliente poderia ser classificado como arriscado, dependendo da idade, da profissão e do tipo de carro. Exemplos de aplicações de regras de regressão incluem previsão financeira, em que o futuro preço do café poderia ser alguma função das chuvas na Colômbia no mês anterior, e prognóstico médico, em que a probabilidade de um tumor ser cancerígeno é uma função dos atributos medidos do tumor.

26.4 REGRAS ESTRUTURADAS EM ÁRVORE

Nesta seção, discutiremos o problema da descoberta de regras de classificação e de regressão por meio de uma relação, mas consideraremos apenas as regras que têm uma estrutura muito especial. O tipo das regras que discutiremos pode ser representado por uma árvore e, normalmente, a própria árvore é a saída da atividade de mineração de dados. As árvores que representam regras de classificação são chamadas de **árvores de classificação** ou **árvores de decisão**, e as árvores que representam regras de regressão são chamadas de **árvores de regressão**.

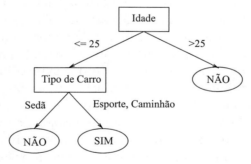

Figura 26.7 Exemplo de árvore de decisão para risco de seguro.

Como exemplo, considere a árvore de decisão mostrada na Figura 26.7. Cada caminho do nó raiz até um nó folha representa uma regra de classificação. Por exemplo, o caminho da raiz até o nó folha mais à esquerda representa a regra de classificação: "Se uma pessoa tem 25 anos ou menos e dirige um sedã, então é provável que ela tenha um risco de seguro baixo". O caminho da raiz até o nó folha mais à direita representa a regra de classificação: "Se uma pessoa tem mais de 25 anos, então é provável que ela tenha um risco de seguro baixo".

As regras estruturadas em árvore são muito populares porque são fáceis de interpretar. A facilidade de entendimento é muito importante, pois o resultado de qualquer atividade de mineração de dados precisa ser compreendido por pessoas não especializadas. Além disso, estudos têm mostrado que, apesar das limitações na estrutura, as regras estruturadas em árvore são muito precisas. Existem algoritmos eficientes para construir

26.4.1 Árvores de Decisão

Uma árvore de decisão é uma representação gráfica de uma coleção de regras de classificação. Dado um registro de dados, a árvore direciona o registro da raiz até uma folha. Cada nó interno da árvore é rotulado com um atributo previsor. Esse atributo é freqüentemente chamado de **atributo de divisão**, pois os dados são 'divididos' com base nas condições sobre esse atributo. As setas que saem de um nó interno são rotuladas com predicados que envolvem o atributo de divisão do nó; todo registro de dados que entra no nó deve satisfazer o predicado que o rotula com exatamente uma seta de saída. A informação combinada sobre o atributo de divisão e os predicados nas setas de saída é chamada de **critério de divisão** do nó. Um nó sem nenhuma seta de saída é chamado de **nó folha**. Cada nó folha da árvore é rotulado com um valor do atributo dependente. Consideraremos apenas árvores binárias, onde os nós internos têm duas setas de saída, embora sejam possíveis árvores de grau mais alto.

Considere a árvore de decisão mostrada na Figura 26.7. O atributo de divisão do nó raiz é idade, o atributo de divisão do filho da esquerda do nó raiz é tipocar. O predicado da seta de saída da esquerda do nó raiz é $idade \leq 25$ e o predicado na seta de saída da direita é $idade > 25$.

Podemos agora associar uma regra de classificação a cada nó folha da árvore, como segue. Considere o caminho da raiz da árvore até o nó folha. Cada seta nesse caminho é rotulada com um predicado. A conjunção de todos esses predicados constitui o lado esquerdo da regra. O valor do atributo dependente do nó folha constitui o lado direito da regra. Assim, a árvore de decisão representa uma coleção de regras de classificação, uma para cada nó folha.

Normalmente, uma árvore de decisão é construída em duas fases. Na fase um, a **fase de crescimento**, é construída uma árvore demasiadamente grande. Essa árvore representa muito precisamente os registros do banco de dados de entrada; por exemplo, a árvore poderia conter nós folha para registros individuais do banco de dados de entrada. Na fase dois, a **fase de poda**, é determinado o tamanho final da árvore. Normalmente, as regras representadas pela árvore construída na fase um são especializadas demais. Reduzindo o tamanho da árvore, geramos um número menor de regras mais gerais que são melhores do que um número muito grande de regras muito especializadas. Os algoritmos para podar a árvore estão fora dos objetivos desta discussão.

Os algoritmos de árvore de classificação constroem a árvore de modo guloso, de cima para baixo, da seguinte maneira. No nó raiz, o banco de dados é examinado e o 'melhor' critério de divisão local é calculado. Então, o banco de dados é dividido em duas partes, de acordo com o critério de divisão do nó raiz, uma partição para o filho da esquerda e uma para o filho da direita. Em seguida, o algoritmo é aplicado recursivamente em cada filho. Esse esquema está representado na Figura 26.8.

O critério de divisão em um nó é encontrado por meio da aplicação de um **método de seleção de divisão**. Um método de seleção de divisão é um algoritmo que recebe como entrada (parte de) uma relação e produz na saída o 'melhor' critério de divisão local. Em nosso exemplo, o método de seleção de divisão examina os atributos *tipocar* e *idade*, seleciona um deles como atributo de divisão e, então, seleciona os predicados de divisão. Foram desenvolvidos muitos métodos de seleção de divisão diferentes e bastante sofisticados; as referências fornecem indicações de literatura relevante.

Mineração de Dados

Entrada: nó n, partição D, método de seleção de divisão S
Saída: árvore de decisão para D com raiz no nó n

Esquema de indução de árvore de decisão de cima para baixo
ConstróiÁrvore(Nó n, partição de dados D, critério de seleção de divisão S)
(1)   Aplica S em D para encontrar o método de divisão
(2)   **se** (for encontrado um bom critério de divisão)
(3)   Cria dois nós filhos n_1 e n_2 de n
(4)   Divide D em D_1 e D_2
(5)   ConstróiÁrvore(n_1, D_1, S)
(6)   ConstróiÁrvore(n_2, D_2, S)
(7)   **fim do if**

Figura 26.8 Esquema de indução de árvore de decisão.

26.4.2 Um Algoritmo para Construir Árvores de Decisão

Se o banco de dados de entrada cabe na memória principal, podemos seguir diretamente o esquema de indução de árvore de classificação mostrado na Figura 26.8. Como podemos construir árvores de decisão quando a relação de entrada é maior do que a memória principal? Nesse caso, o passo (1) da Figura 26.8 falha, pois o banco de dados de entrada não cabe na memória. Mas podemos fazer uma observação importante sobre os métodos de seleção de divisão, que nos ajuda a reduzir os requisitos de memória principal.

Considere um nó da árvore de decisão. O método de seleção de divisão precisa tomar duas decisões após examinar a partição nesse nó: ele precisa selecionar o atributo de divisão e precisa selecionar os predicados de divisão das setas de saída. Após selecionar o critério de divisão em um nó, o algoritmo é aplicado recursivamente em cada um dos filhos do nó. Um método de seleção de divisão precisa realmente da partição do banco de dados completa como entrada? Felizmente, a resposta é não.

Os métodos de seleção de divisão que calculam critérios de divisão que envolvem um único atributo previsor em cada nó avaliam cada atributo previsor individualmente. Como cada atributo é examinado separadamente, podemos fornecer ao método de seleção de divisão informações agregadas sobre o banco de dados, em vez de carregá-lo completamente na memória principal. Escolhidas corretamente, essas informações agregadas nos permitem calcular o mesmo critério de divisão que obteríamos examinando o banco de dados completo.

idade	*tipocar*	*altorisco*
23	Sedã	falso
30	Esporte	falso
36	Sedã	falso
25	Caminhão	verdadeiro
30	Sedã	falso
23	Caminhão	verdadeiro
30	Caminhão	falso
25	Esporte	verdadeiro
18	Sedã	falso

Figura 26.9 A relação SeguroInfo.

Como o método de seleção de divisão examina todos os atributos previsores, precisamos de informações agregadas sobre cada atributo previsor. Chamamos essas informações agregadas de **conjunto AVC** do atributo previsor. O conjunto AVC de um atributo previsor X no nó n é a projeção da partição do banco de dados de n em X e no atributo dependente, onde as contagens dos valores individuais no domínio do atributo dependente são agregadas. (AVC significa **A**tributo-**V**alor, rótulo de **C**lasse, pois os valores do atributo dependente são freqüentemente chamados de **rótulos de classe**.) Por exemplo, considere a relação SeguroInfo mostrada na Figura 26.9. O conjunto AVC do nó raiz da árvore para o atributo previsor *idade* é o resultado da consulta de banco de dados a seguir:

```
SELECT     R.idade, R.altorisco, COUNT (*)
FROM       SeguroInfo R
GROUP BY   R.idade, R.altorisco
```

O conjunto AVC do filho da esquerda do nó raiz para o atributo previsor *tipocar* é o resultado da seguinte consulta:

```
SELECT     R.tipocar, R.altorisco, COUNT (*)
FROM       SeguroInfo R
WHERE      R.idade <= 25
GROUP BY   R.tipocar, R.altorisco
```

Os dois conjuntos AVC do nó raiz da árvore aparecem na Figura 26.10.

Tipo de carro	altorisco verdadeiro	altorisco falso
Sedã	0	4
Esporte	1	1
Caminhão	2	1

Idade	altorisco verdadeiro	altorisco falso
18	0	1
23	1	1
25	2	0
30	0	3
36	0	1

Figura 26.10 Grupo AVC do nó raiz da relação SeguroInfo.

Definimos o **grupo AVC** de um nó n como o conjunto dos conjuntos AVC de todos os atributos previsores no nó n. Nosso exemplo da relação SeguroInfo tem dois atributos previsores; portanto, o grupo AVC de qualquer nó consiste em dois conjuntos AVC.

Qual é o tamanho dos conjuntos AVC? Note que o tamanho do conjunto AVC de um atributo previsor X no nó n depende apenas do número de valores de atributo distintos de X e do tamanho do domínio do atributo dependente. Por exemplo, considere os conjuntos AVC mostrados na Figura 26.10. O conjunto AVC do atributo previsor *tipocar* tem três entradas e o conjunto AVC do atributo previsor *idade* tem cinco entradas, embora a relação SeguroInfo mostrada na Figura 26.9 tenha nove registros. Para bancos de dados grandes, o tamanho dos conjuntos AVC é independente do número de tuplas presentes no banco de dados, exceto se existirem atributos com domínios muito grandes; por exemplo, um campo com valor real gravado com uma precisão muito grande, de muitos dígitos após a vírgula decimal.

Se fizermos a suposição simplificadora de que todos os conjuntos AVC do nó raiz juntos cabem na memória principal, então podemos construir árvores de decisão com base em bancos de dados muito grandes, como se segue: fazemos uma varredura no banco de dados e construímos o grupo AVC do nó raiz na memória. Em seguida, executamos o método de seleção de divisão de nossa escolha, com o grupo AVC como entrada. Após o método de seleção de divisão calcular o atributo de divisão e os predicados de divisão nos nós de saída, particionamos o banco de dados e procedemos recursivamente. Note que esse algoritmo é muito parecido com o algoritmo original mostrado na Figura 26.8; a única modificação necessária está mostrada na Figura 26.11. Além disso, esse algoritmo ainda é independente do método de seleção de divisão envolvido.

Entrada: nó n, partição D, método de seleção de divisão S
Saída: árvore de decisão para D com raiz no nó n

Esquema de indução de árvore de decisão de cima para baixo
ConstróiÁrvore(Nó n, partição de dados D, método de seleção de divisão S)
(1a) Faz uma varredura sobre D e constrói o grupo AVC de n na memória
(1b) Aplica S no grupo AVC para encontrar o critério de divisão

Figura 26.11 Refinamento da indução de árvore de classificação com grupos AVC.

26.5 AGRUPAMENTO

Nesta seção, discutiremos o **problema do agrupamento**. O objetivo é particionar um conjunto de registros em grupos tais que os registros dentro de um grupo sejam similares entre si e os registros pertencentes a dois grupos diferentes sejam diferentes. Cada grupo é chamado de **agrupamento** e cada registro pertence a exatamente um agrupamento.[1] A similaridade entre os registros é medida computacionalmente por uma **função de distância**. Uma função de distância recebe dois registros de entrada e retorna um valor que é uma medida de similaridade entre eles. Diferentes aplicações têm diferentes noções de similaridade e nenhuma medida funciona para todos os domínios.

Como exemplo, considere o esquema da visão ClienteInfo:

ClienteInfo(*idade:* `int`, *salário:* `real`)

Podemos representar os registros da visão graficamente em um plano bidimensional, como se vê na Figura 26.12. As duas coordenadas de um registro são os valores dos campos *salário* e *idade* do registro. Podemos identificar visualmente três agrupamentos: clientes jovens que têm salários baixos, clientes jovens com salários altos e clientes mais velhos com salários altos.

---

[1] Existem algoritmos de agrupamento que permitem sobreposição de agrupamentos, onde um registro poderia pertencer a vários agrupamentos.

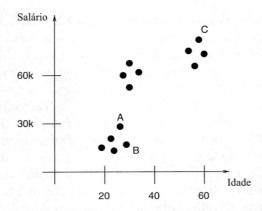

Figura 26.12 Registros em ClienteInfo.

Normalmente, a saída de um algoritmo de agrupamento consiste em uma **representação resumida** de cada agrupamento. O tipo de representação resumida depende fortemente do tipo e do formato dos agrupamentos que o algoritmo calcula. Por exemplo, suponha que tenhamos agrupamentos esféricos, como mostra o exemplo da Figura 26.12. Podemos resumir cada agrupamento por seu *centro* (freqüentemente também chamado de *média*) e seu *raio*, que são definidos como se segue. Dada uma coleção de registros $r_1,...r_n$, seu **centro** C e seu **raio** R são definidos da seguinte maneira:

$$C = \frac{1}{n}\sum_{i=1}^{n} r_i, \quad e \quad R = \sqrt{\frac{\sum_{i=1}^{n}(r_i - C)}{n}}$$

Existem dois tipos de algoritmos de agrupamento. Um algoritmo de agrupamento **particional** divide os dados em k grupos tais que algum critério que avalia a qualidade do agrupamento é otimizado. O número de agrupamentos k é um parâmetro cujo valor é especificado pelo usuário. Um algoritmo de agrupamento **hierárquico** gera uma seqüência de partições dos registros. Começando com uma partição na qual cada agrupamento consiste em um único registro, o algoritmo mescla duas partições em cada etapa, até restar uma única partição no final.

26.5.1 Um Algoritmo de Agrupamento

O agrupamento é um problema muito antigo e numerosos algoritmos foram desenvolvidos para agrupar uma coleção de registros. Tradicionalmente, o número de registros no banco de dados de entrada era suposto como relativamente pequeno e o banco de dados completo deveria caber na memória principal. Nesta seção, descreveremos um algoritmo de agrupamento chamado BIRCH, que manipula bancos de dados muito grandes. O projeto do BIRCH reflete as duas suposições a seguir:

- O número de registros é potencialmente muito grande e, portanto, queremos fazer uma única varredura sobre o banco de dados.
- Apenas uma quantidade limitada da memória principal está disponível.

Um usuário pode configurar dois parâmetros para controlar o algoritmo BIRCH. O primeiro é um valor-limite sobre a quantidade de memória principal disponível. Esse limite de memória principal se traduz em um número máximo k de resumos de agrupamentos que podem ser mantidos na memória. O segundo parâmetro, ϵ, é um limite inicial para o raio de qualquer agrupamento. O valor de ϵ é um limite superior para o raio de qualquer agrupamento e controla o número de agrupamentos que o algoritmo descobre. Se ϵ é pequeno, descobrimos muitos agrupamentos pequenos; se ϵ é grande, descobrimos muito poucos agrupamentos, cada um dos quais relativamente grande. Dizemos que um agrupamento é **compacto** se seu raio é menor do que ϵ.

O algoritmo BIRCH sempre mantém k ou menos resumos de agrupamento (C_i, R_i) na memória principal, onde C_i é o centro do agrupamento i e R_i é o raio do agrupamento i. O algoritmo sempre mantém agrupamentos compactos; isto é, o raio de cada agrupamento é menor do que ϵ. Se essa invariante não pode ser mantida com a quantidade de memória principal dada, ϵ é aumentado conforme descrito a seguir.

O algoritmo lê registros do banco de dados seqüencialmente e os processa como segue:

1. Calcula a distância entre o registro r e cada um dos centros de agrupamento existentes. Seja i o índice do agrupamento, tal que a distância entre r e C_i é a menor.

2. Calcula o valor do novo raio R_i' do i-ésimo agrupamento, sob a suposição de que r está inserido nele. Se $R_i' \leq \epsilon$, então o i-ésimo agrupamento permanece compacto e atribuímos r ao i-ésimo agrupamento, atualizando seu centro e configurando seu raio como R_i'. Se $R_i' > \epsilon$, então o i-ésimo agrupamento não seria mais compacto se inseríssemos r nele. Portanto, começamos um novo agrupamento, contendo apenas o registro r.

A segunda etapa apresenta um problema se já temos o número máximo de resumos de agrupamento, k. Se, agora, lemos um registro que exige a criação de um novo agrupamento, não temos a memória principal exigida para conter seu resumo. Nesse caso, aumentamos o limite de raio ϵ — usando alguma heurística para determinar o aumento — para *mesclar* os agrupamentos existentes: um aumento de ϵ tem duas conseqüências. Primeiro, os agrupamentos existentes podem acomodar mais registros, pois seu raio máximo aumentou. Segundo, pode ser viável mesclar os agrupamentos existentes de modo que o agrupamento resultante ainda seja compacto. Assim, um aumento em ϵ normalmente reduz o número de agrupamentos existentes.

O algoritmo BIRCH completo usa uma árvore balanceada na memória, a qual é estruturalmente semelhante a uma árvore B+, para identificar rapidamente o centro de agrupamento mais próximo para um novo registro. Uma descrição dessa estrutura de dados está fora dos objetivos de nossa discussão.

26.6 BUSCA POR SIMILARIDADE

Muitas informações armazenadas em bancos de dados consistem em seqüências. Nesta seção, apresentamos o problema da busca por similaridade sobre uma coleção de seqüências. Nosso modelo de consulta é muito simples: supomos que o usuário especifica uma **seqüência de consulta** e quer recuperar todas as seqüências de dados similares à seqüência de consulta. A busca por similaridade é diferente das consultas 'normais', pois estamos interessados não apenas nas seqüências que correspondem exatamente à seqüência de consulta, mas também naquelas que diferem ligeiramente.

> **Sistemas de Mineração de Dados Comerciais:** Existem vários produtos de mineração de dados no mercado atualmente, como o SAS Enterprise Miner, o SPSS Clementine, o CART da Salford Systems, o Megaputer PolyAnalyst e o ANGOSS KnowledgeStudio. Destacamos dois que têm fortes ligações com bancos de dados.
>
> O Intellinget Miner da IBM oferece uma ampla variedade de algoritmos, incluindo regras de associação, regressão, classificação e agrupamento. A ênfase do Intelligent Miner está na capacidade de mudança de escala — o produto contém versões de todos os algoritmos para computadores paralelos e é fortemente integrado com o sistema de banco de dados DB2 da IBM. Os recursos objeto-relacionais do DB2 podem ser usados para definir as classes de mineração de dados da SQL/MM. Naturalmente, outros fornecedores de mineração de dados podem usar esses recursos para adicionar seus próprios modelos e algoritmos de mineração de dados no DB2.
>
> O SQL Server 2000 da Microsoft tem um componente chamado Analysis Server que torna possível criar, aplicar e gerenciar modelos de mineração de dados dentro do SGBD. (Os recursos OLAP do SQL Server também estão empacotados no componente Analysis Server.) A estratégia básica adotada é representar um modelo de mineração como uma tabela; atualmente são suportados modelos de agrupamento e árvore de decisão. Conceitualmente, a tabela tem uma linha para cada combinação possível de valores de atributo de entrada (previsor). O modelo é criado usando uma instrução análoga a CREATE TABLE da SQL, que descreve a entrada na qual o modelo deve ser treinado e o algoritmo a ser usado na construção do modelo. Uma característica interessante é que a tabela de entrada pode ser definida, usando-se um mecanismo de visão especializado, como uma *tabela aninhada*. Por exemplo, podemos definir uma tabela de entrada com uma linha por cliente, em que um dos campos é uma tabela aninhada que descreve as compras do cliente. As extensões SQL/MM para mineração de dados não fornecem essa capacidade, pois atualmente o padrão SQL:1999 não suporta tabelas aninhadas (Seção 23.2.1). Várias propriedades de atributos, como se eles são discretos ou contínuos, também podem ser especificadas.
>
> Um modelo é treinado inserindo-se linhas nele, usando o comando INSERT. Ele é aplicado a um novo conjunto de dados para fazer previsões usando um novo tipo de junção, chamada PREDICTION JOIN; em princípio, cada tupla de entrada é combinada com a tupla correspondente no modelo de mineração para determinar o valor do atributo previsto. Assim, os usuários finais podem criar, treinar e aplicar árvores de decisão e agrupamento usando SQL estendida. Também existem comandos para percorrer modelos. Infelizmente, os usuários não podem adicionar novos modelos ou novos algoritmos para modelos, um recurso suportado na proposta SQL/MM.

Começaremos descrevendo as seqüências e a similaridade entre elas. Uma **seqüência de dados** X é uma série de números $X = \langle x_1,...x_k.\rangle$. Às vezes, X também é chamada de **série temporal**. Chamamos k de **comprimento** da seqüência. Uma subseqüência $Z = \langle z_1,...z_j \rangle$ é obtida de outra seqüência $X = \langle x_1,...x_k.\rangle$ pela exclusão de números do início e do final da seqüência X. Formalmente, Z é uma subseqüência de X se $z_1 = x_i$, $z_2 = x_{i+1},..., z_j = z_{i+j-1}$, para algum $i \in \{1,..., k-j+1\}$. Dadas duas seqüências $X = \langle x_1,...x_k.\rangle$

Mineração de Dados

e $Y = \langle y_1,...y_k.\rangle$, podemos definir a **norma euclidiana** como a distância entre as duas seqüências, como se segue:

$$\|X - Y\| = \sum_{i=1}^{k} (x_i - y_i)^2$$

Dada uma seqüência de consulta especificada pelo usuário e um parâmetro de limite ϵ, nosso objetivo é recuperar todas as seqüências de dados que estão dentro da distância ϵ para a seqüência de consulta.

As consultas por similaridade sobre seqüências podem ser classificadas em dois tipos.

- **Correspondência de seqüência completa:** a seqüência de consulta e as seqüências no banco de dados têm o mesmo comprimento. Dado um parâmetro de limite especificado pelo usuário, ϵ, nosso objetivo é recuperar todas as seqüências no banco de dados que estejam dentro da distância ϵ da seqüência de consulta.
- **Correspondência de subseqüência:** a seqüência de consulta é mais curta do que as seqüências no banco de dados. Nesse caso, queremos encontrar todas as subseqüências das seqüências do banco de dados, tais que a subseqüência esteja dentro da distância ϵ da seqüência de consulta. Não discutiremos a correspondência de subseqüência.

26.6.1 Um Algoritmo para Encontrar Seqüências Similares

Dada uma coleção de seqüências de dados, uma seqüência de consulta e um limite de distância ϵ, como podemos encontrar eficientemente todas as subseqüências dentro da distância ϵ da seqüência de consulta?

Uma possibilidade é percorrer o banco de dados, recuperar cada seqüência de dados e calcular sua distância para a seqüência de consulta. Embora esse algoritmo tenha o mérito de ser simples, ele sempre recupera cada seqüência de dados.

Como consideramos o problema da correspondência de seqüência completa, todas as seqüências de dados e a seqüência de consulta têm o mesmo comprimento. Podemos considerar essa busca por similaridade como um problema de indexação de dimensão alta. Cada seqüência de dados e a seqüência de consulta podem ser representadas como um ponto em um espaço de dimensão k. Portanto, se inserirmos todas as seqüências de dados em um índice multidimensional, poderemos recuperar seqüências de dados que correspondem exatamente à seqüência de consulta, consultando o índice. Mas, como queremos recuperar não apenas as seqüências de dados que correspondem exatamente à seqüência, mas também todas as seqüências dentro da distância ϵ da seqüência de consulta, não usamos uma consulta de ponto, conforme definida pela seqüência de consulta. Em vez disso, consultamos o índice com um hiper-retângulo que tem comprimento de lado 2ϵ e a seqüência de consulta como centro, e recuperamos todas as seqüências que caem dentro desse hiper-retângulo. Então, descartamos as seqüências que estão mais distantes do que ϵ da seqüência de consulta.

O uso do índice nos permite reduzir bastante o número de seqüências consideradas e diminui significativamente o tempo gasto para avaliar a consulta por similaridade. As notas bibliográficas no final do capítulo fornecem indicações para mais aprimoramentos.

26.7 MINERAÇÃO INCREMENTAL E DATA STREAMS

Dados da vida real não são estáticos, e estão constantemente evoluindo por meio de adições ou exclusões de registros. Em algumas aplicações, como o monitoramento de redes, os dados chegam em streams de velocidade tão alta que é impraticável armazená-los para análise offline. Descreveremos dados evolutivos e data stream sem termos de um framework chamado **evolução em bloco**. Na evolução em bloco, o conjunto de dados de entrada para o processo de mineração de dados não é estático, mas sim atualizado periodicamente com um novo bloco de tuplas, por exemplo, todo dia, à meia-noite, ou em um fluxo contínuo. Um **bloco** é um conjunto de tuplas adicionadas simultaneamente no banco de dados. Para blocos grandes, esse modelo captura a prática comum em muitas instalações de data warehouse atuais, onde as atualizações dos bancos de dados operacionais são agrupadas e realizadas em uma atualização em bloco. Para blocos pequenos de dados — no extremo, cada bloco consiste em um único registro —, esse modelo captura data streams.

No modelo de evolução em bloco, o banco de dados consiste em uma seqüência (conceitualmente infinita) de blocos de dados $D_1, D_2,...$ que chega nos tempos 1, 2, ..., onde cada bloco D_i consiste em um conjunto de registros.[2] Chamamos de i o *identificador de bloco* do bloco B_i. Portanto, em qualquer tempo t, o banco de dados consiste em uma seqüência finita de blocos de dados $\langle D_1,...D_t \rangle$, que chegaram nos tempos $\{1, 2,..., t\}$. No tempo t, o banco de dados (que denotamos como $D[1, t]$) é a união do banco de dados no tempo $t - 1$ e o bloco que chega no tempo t, D_t.

Para dados evolutivos, duas classes de problemas têm particular interesse: manutenção do modelo e detecção de alteração. O objetivo da **manutenção do modelo** é manter um modelo de mineração de dados sob inserção e exclusões de blocos de dados. Para calcularmos de forma incremental o modelo de mineração de dados no tempo t, que denotamos como $M(D[1, t])$, devemos considerar apenas $M(D[1, t - 1])$ e D_t; não podemos considerar os dados que chegaram antes do tempo t. Além disso, um analista de dados poderia especificar subconjuntos dependentes do tempo de $D[1, t]$, como uma janela de interesse (por exemplo, todos os dados vistos até o momento ou os dados da última semana). Seleções mais gerais também são possíveis; por exemplo, todos os dados de fim de semana do ano passado. Dadas tais seleções, devemos calcular de forma incremental o modelo no subconjunto apropriado de $D[1, t]$, considerando apenas D_t, e o modelo no subconjunto apropriado de $D[1, t - 1]$. Algoritmos 'quase' incrementais, que examinam ocasionalmente dados mais antigos, poderiam ser aceitáveis em aplicações de data warehouse, em que a capacidade incremental é motivada por considerações de eficiência e dados mais antigos estão disponíveis para nós, se necessário. Essa opção não existe para data streams de alta velocidade, em que dados mais antigos podem nem mesmo estar disponíveis.

O objetivo da **detecção de alteração** é quantificar a diferença, em termos das características de seus dados, entre dois conjuntos de dados e determinar se a alteração é significativa (isto é, estatisticamente significativa). Em particular, devemos quantificar a diferença entre os modelos dos dados conforme existiam em algum tempo t_1 e a versão evoluída em um tempo subseqüente t_2; isto é, devemos quantificar a diferença entre $M(D[1, t_1])$ e $M(D[1, t_2])$. Também podemos medir as alterações com relação a subconjuntos de dados selecionados. Existem diversas variantes naturais do problema; por exemplo, a diferença entre $M(D[1, t - 1])$ e $M(D_t)$ indica se o bloco mais recente

---

[2] Em geral, um bloco especifica registros a alterar ou excluir, além dos registros a inserir. Consideramos apenas as inserções.

difere substancialmente dos dados existentes anteriormente. No restante deste capítulo, focalizaremos a manutenção do modelo e não discutiremos a detecção de alteração.

A manutenção do modelo incremental tem recebido muita atenção. Como a qualidade do modelo de mineração de dados é de máxima importância, os algoritmos de manutenção do modelo incremental têm se concentrado em calcular exatamente o mesmo modelo calculado pela execução do algoritmo de construção de modelo básico na união de dados novos e antigos. Uma técnica de capacidade de mudança de escala amplamente usada é tornar locais as alterações causadas por novos blocos. Por exemplo, para algoritmos de agrupamento baseados em densidade, a inserção de um novo registro afeta apenas os agrupamentos que estão na vizinhança do registro e, assim, os algoritmos eficientes podem tornar a alteração *local* em alguns agrupamentos e evitar um novo cálculo de todos os agrupamentos. Como outro exemplo, na construção de árvore de decisão, poderíamos mostrar que o critério de divisão em um nó da árvore muda apenas dentro de intervalos de confiança aceitavelmente pequenos quando registros são inseridos, se supusermos que a distribuição subjacente dos registros de treinamento é estática.

A construção de modelo em uma passagem sobre data streams tem recebido particular atenção, pois os dados chegam e devem ser processados continuamente em vários domínios de aplicação emergentes. Por exemplo, as instalações de rede dos grandes provedores de serviços de telecomunicações e Internet possuem informações de utilização detalhadas (por exemplo, registros de detalhes de chamada, dados de fluxo de pacote e rastreamento do roteador) de diferentes partes da rede subjacente, que precisam ser continuamente analisadas para se detectar tendências interessantes. Outros exemplos incluem logs de servidores da Web, streams de dados transacionais de grandes cadeias de varejo e teleimpressoras de ações financeiras.

Ao se trabalhar com data streams de alta velocidade, os algoritmos devem ser projetados para construir modelos de mineração de dados enquanto examinam os itens de dados relevantes *apenas uma vez e em uma ordem fixa* (determinada pelo padrão de chegada de streams), com uma quantidade limitada de memória principal. A computação de data streams originou vários estudos recentes (teóricos e práticos) sobre algoritmos online ou de uma passagem com memória vinculada. Foram desenvolvidos algoritmos para cálculo em uma passagem de quantis e estatística de ordem, estimativa de momentos de freqüência e tamanhos de junção, agrupamento e construção de árvore de decisão, estimativa de funções agregadas correlacionadas e cálculo de histogramas unidimensionais (isto é, de um só atributo) e decomposições de wavelet de Haar. A seguir, discutiremos um desses algoritmos, para manutenção incremental de conjuntos de itens freqüentes.

26.7.1 Manutenção Incremental de Conjuntos de Itens Freqüentes

Considere a relação Compras mostrada na Figura 26.1 e suponha que o limite de suporte mínimo seja de 60%. Pode-se ver facilmente que o grupo de conjuntos de itens freqüentes de tamanho 1 consiste em {*caneta*}, {*tinta*} e {*leite*}, com suportes de 100%, 75% e 75%, respectivamente. O grupo de conjuntos de itens freqüentes de tamanho 2 consiste em {*caneta, tinta*} e {*caneta, leite*}, ambos com suporte de 75%. A relação Compras é nosso primeiro bloco de dados. Nosso objetivo é desenvolver um algoritmo que mantenha o grupo de conjuntos de itens freqüentes sob inserção de novos blocos de dados.

Como um primeiro exemplo, vamos considerar a adição do bloco de dados mostrado na Figura 26.13 em nosso banco de dados original (Figura 26.1). Sob essa adição, o grupo de conjuntos de itens freqüentes não muda, embora seus valores de suporte mudem: {*caneta*}, {*tinta*} e {*leite*} agora têm valores de suporte de 100%, 60% e 60%, respectivamente, e {*caneta, tinta*} e {*caneta, leite*} agora têm suporte de 60%. Note que poderíamos detectar esse caso de 'nenhuma alteração' simplesmente mantendo o número de cestas de compra nas quais cada conjunto de itens ocorreu. Neste exemplo, atualizamos o suporte (absoluto) do conjunto de itens {*caneta*} em 1.

idtrans	*idcli*	*data*	*item*	*qtd*
115	201	7/1/99	caneta	2

Figura 26.13 O bloco 2 da relação Compras.

Em geral, o grupo de conjuntos de itens freqüentes pode mudar. Como exemplo, considere a adição do bloco mostrado na Figura 26.14 no banco de dados original da Figura 26.1. Vemos uma transação contendo o item água, mas não conhecemos o suporte do conjunto de itens {*água*}, pois água não estava acima do suporte mínimo em nosso banco de dados original. Uma solução simples nesse caso é fazer uma varredura adicional sobre o banco de dados original e calcular o suporte do conjunto de itens {*água*}. Mas, podemos fazer melhor? Outra solução imediata é manter contadores para *todos* os conjuntos de itens possíveis, mas o número de todos os conjuntos de itens possíveis é exponencial ao número de itens — e, de qualquer modo, a maioria desses contadores seria 0. Podemos projetar uma estratégia inteligente que nos informe *quais* contadores devemos manter?

idtrans	*idcli*	*data*	*item*	*qtd*
115	201	7/1/99	água	1
115	201	7/1/99	leite	1

Figura 26.14 O bloco 2a da relação Compras.

Introduzimos a noção da **fronteira negativa** de um grupo de conjuntos de itens freqüentes para ajudar a decidir quais contadores devemos manter. A fronteira negativa de um grupo de conjuntos de itens freqüentes consiste em todos os conjuntos de itens X tais que o próprio X não é freqüente, mas todos os subconjuntos de X são freqüentes. Por exemplo, no caso do banco de dados mostrado na Figura 26.1, os seguintes conjuntos de itens constituem a fronteira negativa: {*suco*}, {*água*} e {*tinta, leite*}. Agora, podemos projetar um algoritmo mais eficiente para manter conjuntos de itens freqüentes, mantendo contadores para todos os conjuntos de itens freqüentes correntes *e* para todos os conjuntos de itens correntes na fronteira negativa. Somente se um conjunto de itens na fronteira negativa se tornar freqüente é que precisaremos ler novamente o conjunto de dados original, para encontrar o suporte dos novos conjuntos de itens candidatos que poderiam ser freqüentes.

Ilustramos esse ponto por meio dos dois exemplos a seguir. Se adicionarmos o bloco 2a, mostrado na Figura 26.14, no banco de dados original da Figura 26.1, aumentaremos o suporte do conjunto de itens freqüentes {*leite*} por um e aumentaremos o suporte do conjunto de itens {*água*}, que está na fronteira negativa, por um também. Mas, como nenhum conjunto de itens na fronteira negativa se tornou freqüente, não precisamos percorrer novamente o banco de dados original.

Mineração de Dados   763

Em contraste, considere a adição do bloco 2b, mostrado na Figura 26.15, no banco de dados original da Figura 26.1. Nesse caso, o conjunto de itens {*suco*}, que originalmente estava na fronteira negativa, se torna freqüente, com um suporte de 60%. Isso significa que, agora, os seguintes conjuntos de itens de tamanho dois entram na fronteira negativa: {*suco, caneta*}, {*suco, tinta*} e {*suco, leite*}. (Sabemos que {*suco, água*} não pode ser freqüente, pois o conjunto de itens {*água*} não é freqüente.)

idtrans	idcli	data	item	qtd
115	201	7/1/99	suco	2
115	201	7/1/99	água	2

Figura 26.15 O bloco 2b da relação Compras.

26.8 TAREFAS DE MINERAÇÃO DE DADOS ADICIONAIS

Focalizamos o problema da descoberta de padrões por meio de um banco de dados, mas existem várias outras tarefas de mineração de dados igualmente importantes. Discutiremos agora algumas delas sucintamente. As referências bibliográficas no final do capítulo fornecem muitas indicações para mais estudo.

- **Seleção de conjuntos de dados e de características:** freqüentemente é importante selecionar o conjunto de dados 'correto' a ser minerado. Seleção de conjuntos de dados é o processo de encontrar quais conjuntos de dados devem ser minerados. Seleção de características é o processo de decidir quais atributos devem ser incluídos no processo de mineração.

- **Amostragem:** uma maneira de explorar um conjunto de dados grande é obter uma ou mais *amostras* e analisá-las. A vantagem da amostragem é que podemos realizar uma análise detalhada em uma amostra, o que, para conjuntos de dados muito grandes, seria impraticável no conjunto de dados inteiro. A desvantagem da amostragem é que é difícil obter uma amostra representativa para determinada tarefa; poderíamos perder tendências ou padrões importantes porque eles não são refletidos na amostra. Os sistemas de banco de dados atuais também fornecem suporte deficiente para obter amostras eficientemente. Melhorar o suporte do banco de dados para obter amostras com várias propriedades estatísticas desejáveis é relativamente simples e provavelmente estará disponível em futuros SGBDs. A aplicação de amostragem para mineração de dados é uma área para mais pesquisa.

- **Visualização:** técnicas de visualização podem ajudar significativamente no entendimento de conjuntos de dados complexos e na detecção de padrões interessantes, e a importância da visualização na mineração de dados é amplamente reconhecida.

26.9 QUESTÕES DE REVISÃO

As respostas das questões de revisão podem ser encontradas nas seções listadas.

- Qual é a função da mineração de dados no processo KDD? **(Seção 26.1)**
- O que é uma propriedade *a priori*? Descreva um algoritmo para encontrar conjuntos de itens freqüentes. **(Seção 26.2.1)**
- Como as consultas iceberg se relacionam com os conjuntos de itens freqüentes? **(Seção 26.2.2)**

- Dê a definição de *regra de associação*. Qual é a diferença entre suporte e confiança de uma regra? **(Seção 26.3.1)**
- Você consegue explicar as extensões das regras de associação nas hierarquias É-UM? Com quais outras extensões das regras de associação você está familiarizado? **(Seções 26.3.3 e 26.3.4)**
- O que é padrão seqüencial? Como podemos computar padrões seqüenciais? **(Seção 26.3.5)**
- Podemos usar regras de associação para previsão? **(Seção 26.3.6)**
- Qual é a diferença entre redes bayesianas e regras de associação? **(Seção 26.3.7)**
- Você consegue dar exemplos de regras de classificação e de regressão? Como é definido o suporte e a confiança para tais regras? **(Seção 26.3.8)**
- Quais são os componentes de uma árvore de decisão? Como as árvores de decisão são construídas? **(Seções 26.4.1 e 26.4.2)**
- O que é agrupamento? Quais informações normalmente produzimos na saída para um agrupamento? **(Seção 26.5)**
- Como podemos definir a distância entre duas seqüências? Descreva um algoritmo para encontrar todas as seqüências similares a uma seqüência de consulta. **(Seção 26.6)**
- Descreva o modelo de evolução de bloco e defina os problemas da manutenção do modelo incremental e da detecção de alteração. Qual é o desafio a mais na mineração de data streams? **(Seção 26.7)**
- Descreva um algoritmo incremental para calcular conjuntos de itens freqüentes. **(Seção 26.7.1)**
- Dê exemplos de outras tarefas relacionadas à mineração de dados. **(Seção 26.8)**

EXERCÍCIOS

Exercício 26.1 Responda sucintamente as seguintes perguntas:

1. Defina *suporte* e *confiança* de uma regra de associação.
2. Explique por que as regras de associação não podem ser usadas diretamente para previsão, sem análise complementar ou conhecimento do domínio.
3. Quais são as diferenças entre *regras de associação, regras de classificação* e *regras de regressão*?
4. Qual é a diferença entre *classificação* e *agrupamento*?
5. Qual é a função da visualização de informações na mineração de dados?
6. Dê exemplos de consultas sobre um banco de dados de cotações de preços de ações, armazenadas como seqüências, uma por ação, que não podem ser expressas em SQL.

Exercício 26.2 Considere a tabela Compras mostrada na Figura 26.1.

1. Simule o algoritmo para encontrar conjuntos de itens freqüentes na tabela da Figura 26.1 com *supmin*=90% e, então, encontre regras de associação com *confmin*=90%.
2. Você consegue modificar a tabela de modo que os mesmos conjuntos de itens freqüentes sejam obtidos com *supmin*=90% e com *supmin*=70%, na tabela mostrada na Figura 26.1?
3. Simule o algoritmo para encontrar conjuntos de itens freqüentes na tabela da Figura 26.1 com *supmin*=10% e, então, encontre regras de associação com *confmin*=90%.
4. Você consegue modificar a tabela de modo que os mesmos conjuntos de itens freqüentes sejam obtidos com *supmin*=10% e com *supmin*=70%, na tabela mostrada na Figura 26.1?

Mineração de Dados

Exercício 26.3 Suponha que tenhamos recebido um conjunto de dados D de cestas de compra e tenhamos calculado o grupo de conjuntos de itens freqüentes X em D para um limite de suporte dado *supmin*. Suponha que queiramos adicionar outro conjunto de dados D' em D e manter o grupo de conjuntos de itens freqüentes com limite de suporte *supmin* em $D \cup D'$. Considere o algoritmo a seguir para manutenção incremental de um grupo de conjuntos de itens freqüentes:

1. Executamos o algoritmo *a priori* em D' e encontramos todos os conjuntos de itens freqüentes em D' e seu suporte. O resultado é um grupo de conjuntos de itens $\mathcal{X}'$. Também calculamos o suporte de todos os conjuntos de itens $X \in \mathcal{X}$ em D'.
2. Então, fazemos uma varredura sobre D para calcular o suporte de todos os conjuntos de itens em $\mathcal{X}'$.

Responda as seguintes perguntas sobre o algoritmo:

- A última etapa do algoritmo está faltando: isto é, o que o algoritmo deve produzir na saída?
- Esse algoritmo é mais eficiente do que aquele descrito na Seção 26.7.1?

Exercício 26.4 Considere a tabela Compras2 mostrada na Figura 26.16.

idtrans	idcli	data	item	qtd
111	201	5/1/2002	tinta	1
111	201	5/1/2002	leite	2
111	201	5/1/2002	suco	1
112	105	6/3/2002	caneta	1
112	105	6/3/2002	tinta	1
112	105	6/3/2002	água	1
113	106	5/10/2002	caneta	1
113	106	5/10/2002	água	2
113	106	5/10/2002	leite	1
114	201	6/1/2002	caneta	2
114	201	6/1/2002	tinta	2
114	201	6/1/2002	suco	4
114	201	6/1/2002	água	1
114	201	6/1/2002	leite	1

Figura 26.16 A relação Compras2.

- Liste todos os conjuntos de itens na fronteira negativa do conjunto de dados.
- Liste todos os conjuntos de itens freqüentes para um limite de suporte de 50%.
- Dê um exemplo de banco de dados no qual a adição desse banco de dados (Figura 26.16) não altera a fronteira negativa.
- Dê um exemplo de banco de dados no qual a adição desse banco de dados (Figura 26.16) alteraria a fronteira negativa.

Exercício 26.5 Considere a tabela Compras mostrada na Figura 26.1. Encontre todas as regras de associação (generalizadas) que indicam a probabilidade de itens serem comprados na mesma data pelo mesmo cliente, com *supmin* = 10% e confmin = 70%

Exercício 26.6 Vamos desenvolver um novo algoritmo para o cálculo de todos os conjuntos de itens grandes. Suponha que tenhamos recebido uma relação D semelhante à tabela Compras mostrada na Figura 26.1. Particionamos a tabela horizontalmente em k partes $D_1,...,D_k$.

1. Mostre que, se o conjunto de itens X é freqüente em D, então ele é freqüente em pelo menos uma das k partes.
2. Use essa observação para desenvolver um algoritmo que calcule todos os conjuntos de itens freqüentes em duas varreduras sobre D. (Dica: na primeira varredura, calcule os conjuntos de itens freqüentes locais para cada parte D_i, $i \in \{1,...,k\}$.)
3. Ilustre seu algoritmo usando a tabela Compras mostrada na Figura 26.1. A primeira partição consiste nas duas transações com *idtrans* 111 e 112, a segunda partição consiste nas duas transações com *idtrans* 113 e 114. Suponha que o suporte mínimo seja de 70%.

Exercício 26.7 Considere a tabela Compras mostrada na Figura 26.1. Encontre todos os padrões seqüenciais com *supmin* configurado como 60%. (O texto apenas esboça o algoritmo para descobrir padrões seqüenciais; portanto, use o método da força bruta ou leia uma das referências para ver um algoritmo completo.)

Exercício 26.8 Considere a relação AssinanteInfo mostrada na Figura 26.17. Ela contém informações sobre a campanha de marketing da revista *DB Aficionado*. As duas primeiras colunas mostram a idade e o salário de um cliente em potencial e a coluna *assinatura* mostra se a pessoa assina a revista. Queremos usar esses dados para construir uma árvore de decisão que ajude a prever se uma pessoa vai assinar a revista.

1. Construa o grupo AVC do nó raiz da árvore.
2. Suponha que o predicado de divisão no nó raiz seja *idade* ≤ 50. Construa os grupos AVC dos dois nós filhos do nó raiz.

idade	salário	assinatura
37	45k	Não
39	70k	Sim
56	50k	Sim
52	43k	Sim
35	90k	Sim
32	54k	Não
40	58k	Não
55	85k	Sim
43	68k	Sim

Figura 26.17 A relação AssinanteInfo.

Exercício 26.9 Suponha que você receba o seguinte conjunto de seis registros: ⟨7, 55⟩, ⟨21, 202⟩, ⟨25, 220⟩, ⟨12, 73⟩, ⟨8, 61⟩ e ⟨22, 249⟩.

1. Supondo que todos os seis registros pertencem a um único agrupamento, calcule seu centro e seu raio.
2. Suponha que os três primeiros registros pertençam a um agrupamento e os três outros pertençam a um agrupamento diferente. Calcule o centro e o raio dos dois agrupamentos.
3. Quais dos dois agrupamentos é 'melhor' em sua opinião e por quê?

Exercício 26.10 Suponha que você receba as três seqüências ⟨1, 3, 4⟩, ⟨2, 3, 2⟩, ⟨3, 3, 7⟩. Calcule a norma euclidiana entre todos os pares de seqüências.

NOTAS BIBLIOGRÁFICAS

Descobrir conhecimento útil por meio de um banco de dados grande é mais do que apenas aplicar uma coleção de algoritmos de mineração de dados, e o ponto de vista de que esse é um processo iterativo conduzido por um analista é enfatizado em [265] e [666]. O trabalho em análise de dados exploratória em estatística, por exemplo [745], e em aprendizado de máquina e descoberta de conhecimento na inteligência artificial foi precursor do foco atual na mineração de dados; a maior ênfase nos grandes volumes de dados é o novo elemento importante. Bons levantamentos recentes de algoritmos de mineração de dados incluem [267, 397, 507]. [266] contém mais levantamentos e artigos sobre muitos aspectos da mineração de dados e descoberta de conhecimento, incluindo um exercício dirigido sobre redes bayesianas [371]. O livro de Piatetsky-Shapiro e Frawley [595] contém uma coleção interessante de artigos sobre mineração de dados. A conferência anual SIGKDD, conduzida pelo grupo de interesse especial da ACM sobre descoberta de conhecimento em bancos de dados, é um bom recurso para os leitores interessados na pesquisa atual sobre mineração de dados [25, 162, 268, 372, 613,691], assim como o *Journal of Knowledge Discovery and Data Mining.* [363, 370, 511, 781] são bons livros-texto aprofundados sobre mineração de dados.

O problema de mineração de regras de associação foi apresentado por Agrawal, Imielinski e Swami [20]. Muitos algoritmos eficientes foram propostos para a computação de grandes conjuntos de itens, incluindo [21, 117, 364, 683, 738, 786].

As consultas iceberg foram apresentadas por Fang *et al.* [264]. Também existe muita pesquisa sobre formas generalizadas de regras de associação; por exemplo, [700, 701, 703]. O problema de encontrar conjuntos de itens freqüentes máximos também tem recebido atenção significativa [13, 67, 126, 346, 347, 479, 787]. Algoritmos para mineração de regras de associação com restrições são considerados em [68, 462, 563, 590, 591, 703].

Os algoritmos paralelos são descritos em [23] e em [655]. Artigos recentes sobre mineração de dados paralela podem ser encontrados em [788] e um trabalho sobre mineração de dados distribuída pode ser encontrado em [417].

[291] apresenta um algoritmo para descobrir regras de associação sobre um atributo numérico contínuo; regras de associação sobre atributos numéricos também são discutidas em [783]. A forma geral das regras de associação, na qual são agrupados atributos que não são a identificação da transação, é desenvolvida em [529]. Regras de associação sobre itens em uma hierarquia são discutidas em [361, 700]. Mais extensões e generalização de regras de associação são propostas em [67, 115, 563]. A integração de mineração de conjuntos de dados freqüentes em sistemas de banco de dados foi tratada em [654, 743]. O problema da mineração de padrões seqüenciais é discutido em [24] e mais algoritmos para mineração de padrões seqüenciais podem ser encontrados em [510, 702].

Introduções gerais às regras de classificação e de regressão podem ser encontradas em [362, 532]. A referência clássica para construção de árvores de decisão e de regressão é o livro CART, de Breiman, Friedman, Olshen e Stone [111]. Uma perspectiva de aprendizado de máquina para construção de árvores de decisão é dada por Quinlan [603]. Recentemente, foram desenvolvidos vários algoritmos com capacidade de mudança de escala para construção de árvores de decisão [309, 311, 521, 619, 674].

O problema do agrupamento foi estudado por décadas em várias disciplinas. Exemplos de livros-texto incluem [232, 407, 418]. Os algoritmos de agrupamento com capacidade de mudança de escala incluem o CLARANS [562], o DBSCAN [249, 250], o BIRCH [798] e o CURE [344]. Bradley, Fayyad e Reina tratam do problema de escala do algoritmo de agrupamento K-Means para bancos de dados grandes [108, 109]. O problema de encontrar agrupamentos em subconjuntos dos campos é tratado em [19]. Ganti *et al.* examinam o problema de agrupar dados em espaços métricos arbitrários [302]. Algoritmos para agrupar dados categóricos incluem o STIRR [315] e o CACTUS [301]. [651] é um algotirmo de agrupamento para dados espaciais.

A identificação de seqüências similares em um grande banco de dados de seqüências é discutido em [22, 262, 446, 606, 680].

O trabalho sobre manutenção incremental de regras de associação é considerado em [174, 175, 736]. Ester *et al.* descrevem como manter agrupamentos de forma incremental [248] e Hidber descreve como manter grandes conjuntos de itens de forma incremental [378]. Também existe trabalho recente sobre mineração em data streams, como a construção de árvores de decisão sobre data streams [228, 309, 393] e agrupamento de data streams [343, 568]. Um framework geral para mineração em dados evolutivos é apresentado em [299]. Um framework para medir alteração em características dos dados é proposto em [300].

27
RECUPERAÇÃO DE INFORMAÇÕES E DADOS XML

- ☞ Como os SGBDs estão evoluindo em resposta ao volume crescente de dados de texto?
- ☞ O que é modelo de espaço vetorial e como ele suporta pesquisa de texto?
- ☞ Como coleções de texto são indexadas?
- ☞ Comparados com os sistemas de RI, o que há de novo na pesquisa da Web?
- ☞ Como os dados XML são diferentes do texto puro e das tabelas relacionais?
- ☞ Quais são os principais recursos da XQuery?
- ☞ Quais são os desafios de implementação apresentados pelos dados XML?
- ➽ **Conceitos-chave:** recuperação de informação, consultas booleanas e classificadas; relevância, precisão, revocação; modelo de espaço vetorial, ponderação de termos TF/IDF, similaridade de documento; índice invertido, arquivo de assinaturas; Web crawler, hubs e autoridades, Pigeon Rank de uma página Web; modelo de dados semi-estruturados, XML; XQuery, expressões de caminho, consultas FLWR; armazenamento e indexação de XML.

Com Raghav Kaushik
Universidade de Wisconsin – Madison – EUA

Um *memex* é um dispositivo no qual uma pessoa guarda todos os seus livros, registros e comunicações, e que é mecanizado para que possa ser consultado com extrema velocidade e flexibilidade.

—Vannevar Bush, *As We May Think, 1945*

O campo da **recuperação de informação (RI)** tem estudado o problema da pesquisa de coleções de documentos de texto desde os anos 50 e se desenvolveu de forma amplamente independente dos sistemas de banco de dados. A proliferação de documentos de texto na Internet ou Web, tornou a pesquisa de documentos uma operação diária para a maioria das pessoas e levou a uma pesquisa renovada sobre o assunto.

O desejo da área de banco de dados de expandir os tipos de dados que podem ser gerenciados em um SGBD está bem estabelecido e refletido em desenvolvimentos como as extensões objeto-relacionais (Capítulo 23). Na Internet, os documentos representam uma das fontes de dados de crescimento mais rápido e o desafio de gerenciar esses documentos em um SGBD tornou-se naturalmente um ponto focal para a pesquisa em banco de dados.

Portanto, a Web reuniu mais do que nunca os campos dos sistemas de gerenciamento de banco de dados e da recuperação de informações e, conforme veremos, a XML situa-se bem no meio dos dois. Apresentamos os sistemas de RI, assim como um modelo de dados e uma linguagem de consulta para dados XML, e discutimos o relacionamento com sistemas de banco de dados objeto-relacionais.

Neste capítulo, apresentamos um panorama da recuperação de informação, da pesquisa na Web e os emergentes modelos de dados XML e padrões de linguagem de consulta XML. Começamos na Seção 27.1 com uma discussão sobre como essas tendências voltadas ao texto se encaixam dentro do contexto dos sistemas de banco de dados objeto-relacionais atuais. Apresentamos os conceitos da recuperação de informação na Seção 27.2 e discutimos as técnicas de indexação especializadas para texto na Seção 27.3. Discutimos os mecanismos de pesquisa na Web na Seção 27.4. Na Seção 27.5, esboçamos brevemente as tendências atuais na extensão dos sistemas de banco de dados para suportar dados de texto e identificamos alguns dos problemas importantes envolvidos. Na Seção 27.6, apresentamos o modelo de dados XML, complementando os conceitos da XML apresentados no Capítulo 7. Descrevemos a linguagem XQuery na Seção 27.7. Na Seção 27.8, consideramos a avaliação eficiente de consultas XQuery.

27.1 MUNDOS EM COLISÃO: BANCOS DE DADOS, RI E XML

A Internet é a coleção de documentos mais utilizada atualmente e a pesquisa na Internet difere da recuperação de documentos estilo RI tradicional de maneiras importantes. Primeiramente, há uma grande ênfase na capacidade de mudança de escala para coleções de documentos muito grandes. Normalmente, os sistemas de RI lidam com dezenas de milhares de documentos, enquanto a Internet contém bilhões de páginas.

Segundo, a Internet mudou significativamente o modo como as coleções de documentos são criadas e usadas. Tradicionalmente, os sistemas de RI eram destinados a profissionais como bibliotecários e pesquisadores jurídicos, que eram treinados no uso de mecanismos de recuperação sofisticados. Os documentos eram cuidadosamente preparados e os documentos de determinada coleção normalmente eram sobre assuntos relacionados. Na Internet, os documentos são criados por uma variedade infinita de pessoas, para propósitos igualmente muito variados e refletem essa diversidade no tamanho e no conteúdo. As pesquisas são realizadas por pessoas normais, sem nenhum treinamento no uso de software de recuperação.

O surgimento da XML acrescentou uma terceira dimensão interessante na pesquisa de texto: agora, todo documento pode ser marcado para refletir informações de interesse adicionais, como autoria, fonte e até detalhes sobre o conteúdo intrínseco. Isso mudou a natureza de um "documento", de texto livre para objetos textuais com campos associados contendo **metadados** (dados sobre dados) ou informações descritivas. Links para outros documentos são um tipo particularmente importante de metadados e eles podem ser de muita valia na pesquisa de coleções de documentos na Internet.

A Web também mudou a noção do que constitui um documento. Os documentos podem ser objetos multimídia, como imagens ou videoclipes, com texto aparecendo apenas em tags descritivas. Devemos gerenciar tais coleções de dados heterogêneas e suportar pesquisas sobre elas.

Tradicionalmente, os sistemas de gerenciamento de banco de dados lidam com dados tabulares simples. Nos últimos anos, foram projetados sistemas de banco de dados objeto-relacionais (SGBDORs) para suportar tipos de dados complexos. Imagens, vídeos e objetos textuais têm sido explicitamente mencionados como exemplos dos tipos de dados que os SGBDORs se destinam a suportar. Contudo, os sistemas de banco de dados atuais têm um longo caminho a seguir, antes de poderem suportar tais tipos de dados complexos satisfatoriamente. No contexto de texto e dados XML, os desafios incluem o suporte eficiente para consultas sobre conteúdo textual e suporte para pesquisas que exploram a estrutura livre dos dados XML.

27.1.1 SGBD *versus* Sistemas de RI

Os sistemas de banco de dados e de RI têm o objetivo comum de suportar pesquisas sobre coleções de dados. Entretanto, muitas diferenças importantes têm influenciado seu desenvolvimento.

- **Pesquisas *versus* consultas:** os sistemas de RI são projetados para suportar uma classe especializada de consultas, que também chamamos de **pesquisas**. As pesquisas são especificadas em relação a alguns **termos de pesquisa** e os dados subjacentes normalmente são uma coleção de documentos de texto desestruturados. Além disso, uma característica importante das pesquisas de RI é que os resultados podem ser **classificados** ou ordenados em termos do quanto os resultados da pesquisa correspondem "bem" aos termos da pesquisa. Em contraste, os sistemas de banco de dados suportam uma classe muito geral de consultas e os dados subjacentes são rigidamente estruturados. Ao contrário dos sistemas de RI, tradicionalmente, os sistemas de banco de dados têm retornado conjuntos de resultados não classificados. (Mesmo as recentes extensões SQL/OLAP que suportam resultados antecipados e pesquisas sobre dados ordenados (consulte o Capítulo 25) não ordenam os resultados em termos do quanto eles correspondem bem à consulta. As consultas relacionais são *precisas*, pois uma linha está na resposta ou não está; não há nenhuma noção de "quanto uma linha corresponde bem" à consulta.) Em outras palavras, uma consulta relacional só atribui duas classificações a uma linha, indicando se ela está na resposta ou não.

- **Atualizações e transações:** os sistemas de RI são otimizados para uma carga de trabalho principalmente de leitura e não suportam a noção de transação. Nos sistemas de RI tradicionais, documentos novos são adicionados na coleção de documentos de tempos em tempos e estruturas de índice que aceleram as pesquisas são reconstruídas ou atualizadas periodicamente. Portanto, os documentos que são altamente relevantes para uma pesquisa podem existir no sistema de RI, mas ainda não serem recuperáveis por causa de estruturas de índice desatualizadas. Em contraste, os sistemas de banco de dados são projetados para lidar com uma ampla gama de cargas de trabalho, incluindo aquelas com processamento de transação com muitas atualizações.

Naturalmente, essas diferenças nos objetivos de projeto levaram a ênfases de trabalhos de pesquisa e projetos de sistema muito diferentes. Os trabalhos em RI estudaram as funções de classificação extensivamente. Por exemplo, dentre outros assuntos, os trabalhos em RI investigaram como incorporar o retorno do comportamento de um usuário para modificar uma função de classificação e como aplicar técnicas de processamento lingüístico para aprimorar as pesquisas. Os trabalhos em banco de dados se concentraram no processamento de consultas, no controle de concorrência e recuperação e em outros tópicos, conforme abordado neste livro.

Do ponto de vista do projeto e da implementação, as diferenças entre um SGBD e um sistema de RI deverão se tornar claras quando apresentarmos os sistemas de RI nas próximas seções.

27.2 INTRODUÇÃO À RECUPERAÇÃO DE INFORMAÇÃO

Existem dois tipos comuns de pesquisas ou consultas sobre coleções de texto: consultas booleanas e consultas classificadas. Em uma **consulta booleana**, o usuário especifica uma expressão construída com termos e operadores booleanos (And, Or, Not). Por exemplo,

$$\text{banco de dados And (Microsoft Or IBM)}$$

Essa consulta solicita todos os documentos que contêm o termo *banco de dados* e, além disso, *Microsoft* ou *IBM*.

Em uma **consulta classificada**, o usuário especifica um ou mais termos e o resultado da consulta é uma lista de documentos classificados por sua relevância para a consulta. Intuitivamente, espera-se que os documentos no início da lista de resultados "correspondam" mais à condição de pesquisa ou sejam "mais relevantes" do que os documentos que estão mais abaixo na lista de resultados. Embora um documento que contenha *Microsoft* satisfaça a pesquisa "*Microsoft, IBM*", um documento que também contenha *IBM* é considerado uma correspondência melhor. Analogamente, um documento que contenha várias ocorrências de *Microsoft* poderia ser uma correspondência melhor do que um documento que contivesse uma única ocorrência. Classificar os documentos que satisfazem à condição da pesquisa booleana é um aspecto importante de um mecanismo de pesquisa de RI e discutiremos como isso é feito nas Seções 27.2.3 e 27.4.2.

Uma extensão importante das consultas classificadas é solicitar documentos que são mais relevantes para determinada sentença em linguagem natural. Como uma sentença tem estrutura lingüística (por exemplo, relacionamentos sujeito-verbo-objeto), ela fornece mais informações do que apenas a lista de palavras que contém. Não discutiremos a **pesquisa em linguagem natural**.

27.2.1 Modelo de Espaço Vetorial

Descreveremos agora um framework amplamente usado para representar documentos e pesquisas sobre coleções de documentos. Considere o conjunto de todos os termos que aparecem em determinada coleção de documentos. Podemos representar cada documento como um vetor, com uma entrada por termo. Na forma mais simples de vetores de documento, se o termo j aparece k vezes no documento i, o **vetor de documento** do documento i contém o valor k na posição j. O vetor de documento de i contém o valor 0 nas posições correspondentes aos termos que não aparecem em i.

Considere o exemplo de coleção de quatro documentos mostrado na Figura 27.1. A representação de vetor de documento está ilustrada na Figura 27.2; cada linha representa um documento. Essa representação de documentos como vetores de termos é chamada de **modelo de espaço vetorial**.

iddoc	Documento
1	agente James Bond bom agente
2	agente móvel computador
3	James Madison filme
4	James Bond filme

Figura 27.1 Um banco de dados de texto com quatro registros.

Iddoc	agente	Bond	computador	bom	James	Madison	móvel	filme
1	2	1	0	1	1	0	0	0
2	1	0	1	0	0	0	1	0
3	0	0	0	0	1	1	0	1
4	0	1	0	0	1	0	0	1

Figura 27.2 Vetores de documento do exemplo de coleção.

27.2.2 Ponderação de Termos TF/IDF

Descrevemos o valor de um termo em um vetor de documento simplesmente como **freqüência do termo (TF — term frequency)** ou o número de ocorrências desse termo no documento dado. Isso reflete a intuição de que um termo que aparece freqüentemente é mais importante na caracterização do documento do que um termo que aparece apenas uma vez (ou um termo que nem mesmo aparece).

Entretanto, alguns termos aparecem muito freqüentemente na coleção de documentos e outros são relativamente raros. Empiricamente, observa-se que a freqüência dos termos segue uma distribuição de Zipfian, conforme ilustrado na Figura 27.3. Nessa figura, cada posição no eixo X corresponde a um termo e o eixo Y corresponde ao número de ocorrências do termo. Os termos são organizados em ordem decrescente no eixo X, pelo número de vezes que ocorrem (na coleção de documentos como um todo).

Conforme se poderia esperar, verifica-se que termos extremamente comuns não são muito úteis em pesquisas. Exemplos de tais termos comuns incluem *a, um, o* etc. Os termos que ocorrem de forma extremamente freqüente são chamados de **palavras de parada (stop words)** e os documentos são previamente processados para eliminar palavras de parada.

Mesmo após a eliminação de palavras de parada, temos o fenômeno de que algumas palavras aparecem muito mais freqüentemente do que outras na coleção de documentos. Considere as palavras *Linux* e *kernel* no contexto de uma coleção de documentos sobre o sistema operacional Linux. Embora nenhuma delas seja suficientemente comum para ser uma palavra de parada, é provável que *Linux* apareça muito mais freqüentemente. Dada uma pesquisa que contenha essas duas palavras-chave, provavelmente obteremos resultados melhores se dermos mais importância aos documentos que contêm *kernel* do que aos documentos que contêm *Linux*.

Podemos capturar essa intuição refinando a representação de vetor de documento como segue. O valor associado ao termo j no vetor de documento do documento i, denotado como w_{ij}, é obtido pela multiplicação da freqüência do termo t_{ij} (o número de vezes que o termo j aparece no documento i) pela **freqüência inversa do documento (IDF — inverse document frequency)** do termo j na coleção de documentos. A IDF de um termo j é definida como $log(N/n_j)$, onde N é o número total de documentos e n_j é o número de documentos em que o termo j aparece. Isso aumenta efetivamente o peso dado a termos raros. Como exemplo, em uma coleção de 10.000 documentos, um termo que aparece na metade dos documentos tem um IDF igual a 0,3 e um termo que ocorre em apenas um documento tem um IDF igual a 4.

Normalização de Comprimento

Considere um documento D. Suponha que o modifiquemos, adicionando um grande número de termos novos. O peso de um termo t que aparece em D deve ser o mesmo nos vetores de documento de D e no documento modificado? Embora o peso FT/IDF de t seja, na verdade, o mesmo nos dois vetores de documento, nossa intuição sugere que o peso deve ser menor no documento modificado. Os documentos maiores tendem a ter mais termos e mais ocorrências de determinado termo. Assim, se dois documentos contêm o mesmo número de ocorrências de determinado termo, a importância do termo na caracterização do documento também depende do comprimento do documento.

Várias estratégias de **normalização de comprimento** foram propostas. Intuitivamente, todas elas reduzem a importância dada a quão frequente um termo ocorre quando a freqüência aumenta. Nos sistemas de RI tradicionais, uma maneira popular de refinar a métrica de similaridade é a **normalização de comprimento pelo coseno**:

$$w_{ij}^* = \frac{w_{ij}}{\sqrt{\sum_{k=1}^{t} w_{ik}^2}}$$

Nessa fórmula, t é o número de termos na coleção de documentos, w_{ij} é o peso TF/IDF sem normalização de comprimento e w_{ij}^* é o peso TF/IDF com comprimento ajustado.

Os termos que ocorrem freqüentemente em um documento são particularmente problemáticos na Internet, pois freqüentemente as páginas Web são deliberadamente modificadas pela adição de muitas cópias de certas palavras — por exemplo, venda, grátis, sexo — para aumentar a probabilidade de serem retornadas em resposta às consultas. Por isso, os mecanismos de pesquisa da Internet normalmente normalizam o comprimento, impondo um valor máximo (normalmente, 2 ou 3) para freqüências de termo.

27.2.3 Classificação de Similaridade de Documento

Consideraremos agora como a representação de espaço vetorial nos permite classificar documentos no resultado de uma consulta classificada. Uma observação importante é a de que uma consulta classificada pode ela própria ser considerada como um documento, pois trata-se apenas de uma coleção de termos. Isso nos permite usar **similaridade de documento** como base para classificar resultados de consulta — o documento mais similar à consulta recebe classificação mais alta e o menos parecido recebe classificação mais baixa.

Se um total de t termos aparece na coleção de documentos (t é 8 no exemplo mostrado na Figura 27.2), podemos visualizar os vetores de documento em um espaço t-dimensional, no qual cada eixo é rotulado com um termo. Isso está ilustrado na Figura 27.4 para um espaço bidimensional. A figura mostra vetores de documento de dois documentos, D_1 e D_2, assim como uma consulta Q.

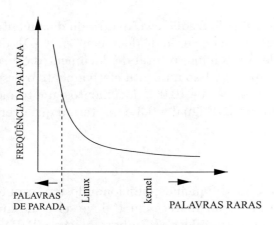
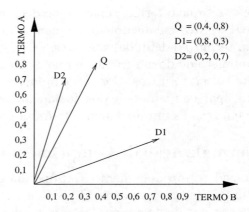

Figura 27.3 Distribuição de Zipfian de freqüências de termos.

Figura 27.4 Similaridade de documento.

A medida tradicional da proximidade entre dois vetores, seu *produto escalar*, é usada como medida de similaridade de documento. A similaridade da consulta Q com um documento D_i é medida pelo seu produto escalar:

$$sim(Q, D_i) = \sum_{j=1}^{t} a_j^* . w_{ij}^*$$

No exemplo mostrado na Figura 27.4, $sim(Q, D_1) = (0{,}4 * 0{,}8) + (0{,}8 * 0{,}3) = 0{,}56$ e $sim(Q, D_2) = (0{,}4 * 0{,}2) + (0{,}8 * 0{,}7) = 0{,}64$. De acordo com isso, D_2 tem classificação mais alta do que D_1 no resultado da pesquisa.

No contexto da Web, a similaridade de documento é uma das várias medidas que podem ser usadas para classificar resultados, mas não deve ser usada exclusivamente. Primeiramente, é questionável se os usuários querem documentos similares à consulta (que normalmente consiste em uma ou duas palavras) ou documentos que contenham informações úteis relacionadas aos termos da consulta. Intuitivamente, queremos dar importância à *qualidade* de uma página da Web ao classificá-la, além de refletir a similaridade da página com uma consulta dada. Os links entre páginas fornecem informações adicionais valiosas que podem ser usadas para se obter resultados de alta qualidade. Discutiremos essa questão na Seção 27.4.2.

27.2.4 Medindo o Sucesso: Precisão e Revocação

Dois critérios são comumente usados para avaliar sistemas de recuperação de informação. **Precisão** é a porcentagem de documentos recuperados que são relevantes para a consulta. **Revocação** é a porcentagem de documentos relevantes no banco de dados que são recuperados em resposta a uma consulta.

A recuperação de todos os documentos em resposta a uma consulta garante uma revocação perfeita de forma trivial, mas resulta em uma precisão muito deficiente. O desafio é obter uma boa revocação, junto com uma alta precisão.

No contexto da pesquisa na Internet, o tamanho da coleção subjacente é da ordem de bilhões de documentos. Assim, é questionável se a medida tradicional de revocação é muito útil. Como os usuários normalmente não olham além da primeira tela de resultados, de modo geral a qualidade de um mecanismo de pesquisa da Web é determinada pelos resultados mostrados na primeira página. As seguintes definições adaptadas de precisão e revocação poderiam ser mais apropriadas para mecanismos de pesquisa da Internet:

- **Precisão de pesquisa na Web:** a porcentagem de resultados na primeira página que são relevantes para a consulta.

- **Revocação de pesquisa na Web:** a fração N/M, expressa como uma porcentagem, onde M é o número de resultados exibidos na página frontal e, dos M documentos mais relevantes, N é o número exibido na página frontal.

27.3 INDEXAÇÃO PARA PESQUISA DE TEXTO

Nesta seção, apresentamos duas técnicas de indexação que suportam a avaliação de consultas booleanas e classificadas. A estrutura de *índice invertido* discutida na Seção 27.3.1 é amplamente usada, devido a sua simplicidade e bom desempenho. Sua principal desvantagem é que ela impõe uma sobrecarga de espaço significativa: o tamanho pode ser de até 300% do tamanho do arquivo original. O índice de *arquivo de assinatura* discutido na Seção 27.3.2 tem uma sobrecarga de espaço pequena e oferece um filtro rápido que elimina a maioria dos documentos não qualificados. Entretanto, não muda bem de escala para tamanhos de banco de dados maiores, pois o índice precisa ser percorrido seqüencialmente.

Antes que um documento seja indexado, normalmente ele é previamente processado para eliminar palavras de parada. Como o tamanho dos índices é muito sensível ao número de termos presentes na coleção de documentos, eliminar palavras de parada pode reduzir bastante o tamanho do índice. Os sistemas de RI também fazem certos outros tipos de processamento prévio. Por exemplo, eles aplicam **stemming** para reduzir os termos relacionados a uma forma canônica. Essa etapa também reduz o número de termos a serem indexados, mas, igualmente importante, nos permite recuperar documentos que podem não conter o termo exato da consulta, mas alguma variante. Como exemplo, os termos *correr, correndo* e *corredor* derivam todos de *correr*. O termo *correr* é indexado e cada ocorrência de uma variante desse termo é tratada como uma ocorrência de *correr*. Uma consulta que especifique *corredor* encontrará documentos que contêm qualquer palavra cuja raiz seja *correr*.

27.3.1 Índices Invertidos

Um **índice invertido** é uma estrutura de dados que permite a rápida recuperação de todos os documentos que contêm um termo de consulta. Para cada termo, o índice mantém uma lista (chamada de **lista invertida**) de entradas descrevendo ocorrências do termo, com uma entrada por documento que contém o termo.

Considere o índice invertido de nosso exemplo corrente, mostrado na Figura 27.5. O termo "James" tem uma lista invertida com uma entrada para cada um dos documentos 1, 3 e 4; o termo "agente" tem entradas para os documentos 1 e 2.

A entrada do documento d na lista invertida para o termo t contém detalhes sobre as ocorrências do termo t no documento d. Na Figura 27.5, essa informação consiste em uma lista de locais dentro do documento que contêm o termo t. Assim, a entrada do documento 1 na lista invertida do termo "agente" lista os locais 1 e 5, pois "agente" é a primeira e a quinta palavra do documento 1. Em geral, podemos armazenar informações adicionais sobre cada ocorrência (por exemplo, em um documento HTML, a ocorrência está na tag TITLE) na lista invertida. Também podemos armazenar o comprimento do documento, caso isso seja usado para normalização de comprimento (veja a seguir).

A coleção de listas invertidas é chamada de **arquivo de ocorrências**. As listas invertidas podem ser muito grandes para coleções de documentos grandes. Na verdade, os mecanismos de pesquisa da Internet normalmente armazenam cada lista invertida em uma página separada e a maioria das listas abrange várias páginas (e se assim for, são mantidas como uma lista encadeada de páginas). Para encontrar rapidamente a lista invertida para um termo de consulta, todos os termos de consulta possíveis são organizados em uma segunda estrutura de índice, como uma árvore B+ ou um índice de hashing.

O segundo índice, chamado de **léxico**, é muito menor do que o arquivo de ocorrências, pois contém apenas uma entrada por termo e, além disso, contém apenas entradas para o conjunto de termos que são mantidos após a eliminação de palavras de parada e a aplicação das regras de stemming. Uma entrada consiste no termo, algumas informações de resumo sobre sua lista invertida e o endereço (no disco) da lista invertida. Na Figura 27.5, as informações de resumo consistem no número de entradas presentes na lista invertida (isto é, o número de documentos em que o termo aparece). Em geral, ela poderia conter informações adicionais, como o IDF do termo, mas é importante manter o tamanho da entrada o menor possível.

O léxico é mantido na memória e permite a rápida recuperação da lista invertida de um termo de consulta. O léxico que aparece na Figura 27.5 usa um índice de hashing e está esboçado mostrando o valor de hashing do termo; as entradas dos termos estão agrupadas em buckets de hashing por seus valores de hashing.

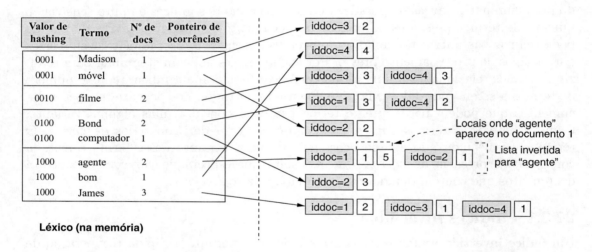

Figura 27.5 Índice invertido para o exemplo de coleção.

Usando um Índice Invertido

Uma consulta contendo um único termo é avaliada primeiramente pesquisando o léxico para encontrar o endereço da lista invertida do termo. Então, a lista invertida é recuperada, os iddocs nela presentes são mapeados nos endereços físicos do documento e os documentos correspondentes são recuperados. Se os resultados precisam ser classificados, é calculada a relevância de cada documento presente na lista invertida para o termo de consulta e, então, os documentos são recuperados na ordem da classificação de sua relevância. Observe que as informações necessárias para calcular a medida de relevância descrita na Seção 27.2 — a freqüência do termo de consulta no documento, o IDF do termo na coleção de documentos e o comprimento do documento, se for usado para normalização de comprimento — estão todas disponíveis no léxico ou na lista invertida.

Quando as listas invertidas são muito longas, como nos mecanismos de pesquisa da Web, é útil considerar se devemos calcular previamente a relevância de cada documento na lista invertida de um termo (com relação a esse termo) e ordenar a lista pela relevância, em vez de usar a identificação do documento. Isso aceleraria a consulta, porque podemos examinar apenas um prefixo da lista invertida, pois os usuários raramente olham além dos primeiros resultados. Entretanto, manter listas ordenadas pela relevância pode ser dispendioso. (Ordenar pela identificação do documento é conveniente, pois novos documentos recebem identificações crescentes e, portanto, podemos simplesmente anexar entradas para novos documentos no final da lista invertida. Além disso, se a função de similaridade for alterada, não precisaremos reconstruir o índice.)

Uma consulta com uma conjunção de vários termos é avaliada por meio da recuperação das listas invertidas dos termos de consulta, uma por vez, e fazendo-se sua intersecção. Para minimizar a utilização de memória, as listas invertidas devem ser recuperadas em ordem crescente de comprimento. Uma consulta com uma disjunção de vários termos é avaliada por meio da mesclagem de todas as listas invertidas relevantes.

Considere o exemplo de índice invertido mostrado na Figura 27.5. Para avaliarmos a consulta "James", investigamos o léxico para encontrar o endereço da lista invertida de "James", o buscamos no disco e, depois, recuperamos o documento 1. Para avaliarmos a consulta "James" AND "Bond", primeiro recuperamos a lista invertida do termo "Bond" e fazemos sua intersecção com a lista invertida do termo "James". (A lista invertida do termo "Bond" tem comprimento dois, enquanto a lista invertida do termo "James" tem comprimento três.) O resultado da intersecção da lista $\langle 1, 4 \rangle$ com a lista $\langle 1, 3, 4 \rangle$ é a lista $\langle 1, 4 \rangle$; portanto, os documentos 1 e 4 são recuperados. Para avaliarmos a consulta "James" OR "Bond", recuperamos as duas listas invertidas em qualquer ordem e mesclamos os resultados.

Para consultas classificadas com vários termos, devemos buscar as listas invertidas de todos os termos, calcular a relevância de cada documento que aparece em uma dessas listas com relação à coleção dada de termos de consulta e, então, ordenar as identificações de documento por sua relevância, antes de buscarmos os documentos na ordem de classificação por relevância. Novamente, se as listas invertidas estão ordenadas pela medida de relevância, podemos suportar consultas classificadas processando normalmente apenas pequenos prefixos das listas invertidas. (Observe que a relevância de um documento com relação à consulta é calculada facilmente a partir de sua relevância com relação a cada termo de consulta.)

27.3.2 Arquivos de Assinaturas

Um **arquivo de assinaturas** é outra estrutura de índice para sistemas de banco de dados de texto que suportam avaliação eficiente de consultas booleanas. Um arquivo de assinatura contém um registro de índice para cada documento presente no banco de dados. Esse registro de índice é chamado de **assinatura** do documento. Cada assinatura tem um tamanho fixo de b bits; b é chamado de **largura da assinatura**. Os bits que são habilitados (configurados para 1) dependem das palavras que aparecem no documento. Mapeamos palavras em bits aplicando uma função de hashing em cada palavra no documento e habilitamos os bits que aparecem no resultado da função de hashing. Note que, a não ser que tenhamos um bit para cada palavra possível no vocabulário, o mesmo bit poderia ser habilitado duas vezes por diferentes palavras, pois a função de hashing faz o mapeamento das duas palavras para o mesmo bit. Dizemos que uma assinatura S_1 corresponde a outra assinatura S_2 se todos os bits que estão habilitados na assinatura S_2 também estão habilitados na assinatura S_1. Se a assinatura S_1 corresponde à assinatura S_2, então a assinatura S_1 tem pelo menos o mesmo número de bits que a assinatura S_2.

Para uma consulta consistindo em uma conjunção de termos, primeiro geramos a assinatura da consulta, aplicando a função de hashing em cada palavra presente na consulta. Depois, percorremos o arquivo de assinaturas e recuperamos todos os documentos cujas assinaturas correspondem à assinatura da consulta, pois cada documento assim é um resultado em potencial da consulta. Como a assinatura não identifica exclusivamente as palavras que um documento contém, precisamos recuperar cada correspondência em potencial e verificar se o documento realmente contém os termos da consulta. Um documento cuja assinatura corresponde à assinatura da consulta, mas que não contêm todos os termos da consulta, é chamado de **falso positivo**. Um falso positivo é um erro custoso, pois é preciso recuperar o documento do disco, analisá-lo, aplicar stemming e percorrê-lo para determinar se ele contém os termos da consulta.

Para uma consulta consistindo em uma disjunção de termos, geramos uma lista de assinaturas da consulta, uma para cada termo presente na consulta. A consulta é avaliada percorrendo-se o arquivo de assinaturas para encontrar os documentos cujas assinaturas correspondem a cada assinatura presente na lista de assinaturas da consulta.

Como exemplo, considere o arquivo de assinaturas de largura 4 de nosso exemplo corrente, mostrado na Figura 27.6. Os bits configurados pelos valores de hashing de todos os termos de consulta aparecem na figura. Para avaliar a consulta "James", primeiro calculamos o valor de hashing do termo; isso dá 1000. Então, percorremos o arquivo de assinaturas e encontramos registros de índice correspondentes. Conforme podemos ver na Figura 27.6, as assinaturas de todos os registros têm o primeiro bit habilitado. Recuperamos todos os documentos e procuramos falsos positivos; o único falso positivo dessa consulta é o documento com rid 2. (Infelizmente, o valor de hashing do termo "agente" também habilitou o primeiro bit na assinatura.) Considere a consulta "James" And "Bond". A assinatura da consulta é 1100 e três assinaturas de documento correspondem à assinatura da consulta. Novamente, recuperamos um falso positivo. Como outro exemplo de consulta conjuntiva, considere a consulta "filme" And "Madison". A assinatura da consulta é 0011 e apenas uma assinatura de documento corresponde à assinatura da consulta. Nenhum falso positivo é recuperado.

iddoc	Documento	Assinatura
1	agente James Bond bom agente	1100
2	agente móvel computador	1101
3	James Madison filme	1011
4	James Bond filme	1110

Figura 27.6 Arquivo de assinaturas do exemplo de coleção.

Note que, para cada consulta, precisamos percorrer o arquivo de assinaturas completo e existem tantos registros no arquivo de assinaturas quantos são os documentos no banco de dados. Para reduzir o volume de dados que precisam ser recuperados para cada consulta, podemos particionar um arquivo de assinaturas verticalmente, em um conjunto de **partições de bits**, e chamamos esse índice de **arquivo de assinaturas particionado por bits**. O comprimento de cada partição de bits ainda é igual ao número de documentos presentes no banco de dados, mas para uma consulta com q bits habilitados na assinatura da consulta, só precisamos recuperar q partições de bits. O leitor fica convidado a construir um arquivo de assinaturas particionado por bits e a avaliar os exemplos de consultas deste parágrafo usando as partições de bits.

27.4 MECANISMOS DE PESQUISA NA WEB

Os mecanismos de pesquisa na Internet precisam suportar números extremamente grandes de documentos e precisam ter alta capacidade de mudança de escala. Os documentos também são vinculados uns aos outros e essas informações de vínculo mostram-se muito valiosas na descoberta de páginas relevantes para determinada pesquisa. Esses fatores fizeram os mecanismos de pesquisa diferirem dos sistemas de RI tradicionais de maneiras importantes. Contudo, eles contam com alguma forma de índices invertidos como mecanismo de indexação básico. Nesta seção, discutiremos os mecanismos de pesquisa na Web, usando o Google como exemplo típico.

27.4.1 Arquitetura de Mecanismo de Pesquisa

Os mecanismos de pesquisa da Web vasculham (crawl) a Web para reunir documentos para indexar. O algoritmo de crawling é simples, mas o software de crawler pode ser complexo, por causa dos detalhes para conectar a milhões de sites, minimizar as latências da rede, tornar o crawling paralelo, lidar com tempos limites e outras falhas de conexão, garantir que os sites visitados não sejam indevidamente sobrecarregados pelo crawler e outras preocupações práticas.

O algoritmo de pesquisa usado por um crawler é um percurso de grafo. A partir de uma coleção de páginas com muitos links (por exemplo, as páginas de diretório do Yahoo), todos os links nas páginas percorridas são seguidos para identificar novas páginas. Ocorre uma iteração nessa etapa, monitorando-se quais páginas foram visitadas para evitar uma nova visita.

A coleção de páginas recuperadas por crawling pode ser enorme, na ordem de bilhões de páginas. Indexá-las é uma tarefa muito custosa. Felizmente, a tarefa é altamente propícia a ser executada em paralelo: cada documento é analisado independentemente para criar listas invertidas para os termos que aparecem no documento. Essas listas por documento são então ordenadas por termo e mescladas para criar listas invertidas completas por termo, que abrangem todos os documentos. Estatísticas de termo, como o IDF, podem ser calculadas durante a fase de mesclagem.

Suportar pesquisas sobre esses índices enormes é outra incumbência gigantesca. Felizmente, novamente, a tarefa torna-se prontamente paralela usando-se um agrupamento de máquinas baratas: podemos lidar com o volume de dados particionando o índice entre várias máquinas. Cada máquina contém o índice invertido dos termos mapeados para essa máquina (por exemplo, usando-se a função de hashing no termo). Talvez as consultas tenham de ser enviadas para várias máquinas, caso os termos que elas contêm sejam manipulados por diferentes máquinas, mas dado que as consultas na Internet raramente contêm mais do que dois termos, na prática esse não é um problema sério.

Também devemos lidar com um volume de consultas enorme; o Google suporta mais de 150 milhões de pesquisas a cada dia e o número está crescendo. Isso é feito replicando os dados em várias máquinas. Já descrevemos como os dados são particionados entre máquinas. Para cada partição, agora atribuímos várias máquinas, cada uma das quais contendo uma cópia exata dos dados dessa partição. As consultas nessa partição podem ser manipuladas por qualquer máquina da partição. As consultas podem ser distribuídas entre as máquinas de acordo com a carga, usando-se hashing nos endereços IP etc. A replicação também resolve o problema da alta disponibilidade, pois a falha de uma máquina apenas aumenta a carga sobre as máquinas restantes na partição, e se as partições contêm várias máquinas, o impacto é pequeno. As falhas podem se tornar transparentes para os usuários, direcionado-se as consultas para outras máquinas por meio do balanceador de carga.

27.4.2 Usando Informações de Link

As páginas da Web são criadas por uma variedade de usuários para uma variedade de propósitos e seu conteúdo nem sempre serve para uma recuperação eficiente. As páginas mais relevantes de uma pesquisa podem não conter os termos de pesquisa e, portanto, não são retornadas por uma pesquisa de palavra-chave booleana! Por exemplo, considere o termo de consulta "navegador web". Uma consulta de texto booleana usando os termos não retorna as páginas relevantes da Netscape Corporation ou da Microsoft, porque essas páginas não contêm o termo "navegador web". Analogamente, a página do Yahoo não contém o termo "mecanismo de pesquisa". O problema é que os sites relevantes não descrevem necessariamente seu conteúdo de uma maneira útil para consultas de texto booleanas.

Até agora, consideramos apenas as informações dentro de uma única página da Internet para estimar sua relevância para uma consulta. Mas as páginas da Internet são conectadas por meio de hyperlinks e é bastante provável que exista uma página da Internet contendo o termo "mecanismo de pesquisa" que tenha um link para a página do Yahoo. Podemos usar as informações ocultas em tais links?

Com base em trabalhos de pesquisa na literatura da sociologia, uma interessante analogia entre links e referências bibliográficas sugere uma maneira de explorar informações de link: assim como autores e publicações influentes são citados freqüentemente, provavelmente as boas páginas da Web freqüentemente terão links para elas. É interessante distinguir entre dois tipos de páginas: *autoridades* e *hubs*. Uma **autoridade** é uma página muito relevante para certo assunto e que é reconhecida por outras páginas como autorizada sobre o assunto. Essas outras páginas, chamadas de hubs, normalmente têm um número significativo de hyperlinks para autoridades, embora elas próprias não sejam muito conhecidas e não ostentem necessariamente muito conteúdo relevante para a consulta dada. As páginas de **hubs** podem ser compilações de recursos sobre um assunto em um site para profissionais, listas de sites recomendados para passatempos de um usuário ou mesmo uma parte dos bookmarks de um usuário, que são relevantes para um dos interesses do usuário; sua principal propriedade é que elas têm muitos links para páginas relevantes. Freqüentemente, boas páginas hub não são muito conhecidas e pode haver poucos links apontando para um bom hub. Em contraste, boas autoridades são "endossadas" por muitos hubs bons e, assim, têm muitos links a partir das boas páginas hub.

Esse relacionamento simbiótico entre hubs e autoridades é a base do algoritmo HITS, um algoritmo de pesquisa baseado em links que descobre páginas de alta qualidade, relevantes aos termos de consulta de um usuário. O algoritmo HITS modela a Internet como um grafo dirigido. Cada página representa um nó no grafo e um hyperlink da página A para a página B é representado como um arco entre os dois nós correspondentes.

Suponha que recebamos uma consulta de usuário, com vários termos. O algoritmo procede em duas etapas. Na primeira etapa, a *etapa de amostragem*, coletamos um conjunto de páginas chamado **conjunto base**. O conjunto base provavelmente inclui páginas muito relevantes para a consulta do usuário, mas ainda pode ser bastante grande. Na segunda etapa, a *etapa de iteração*, encontramos boas autoridades e bons hubs dentre as páginas que estão no conjunto base.

A etapa de amostragem recupera um conjunto de páginas da Web que contém os termos da consulta, usando algumas técnica tradicionais. Por exemplo, podemos avaliar a consulta como uma pesquisa de palavra-chave booleana e recuperar todas as páginas que contêm os termos de consulta. Chamamos o conjunto de páginas resultantes de **conjunto raiz**. O conjunto raiz pode não conter todas as páginas relevantes, pois algumas páginas autorizadas podem não incluir as palavras da consulta do usuário.

Mas esperamos que pelo menos algumas das páginas do conjunto raiz contenham hyperlinks para as páginas autorizadas mais relevantes ou que algumas páginas autorizadas tenham links para páginas no conjunto raiz. Isso motiva nossa noção de **página de link**. Chamamos uma página de página de link se ela tem um hyperlink para alguma página que está no conjunto raiz ou se uma página que está no conjunto raiz tem um hyperlink para ela. Para não perdermos páginas potencialmente relevantes, aumentamos o conjunto raiz com todas as páginas de link e chamamos o conjunto de páginas resultante de **conjunto base**. Assim, o conjunto base inclui todas as páginas raiz e todas as páginas de link; nos referimos a uma página da Web que está no conjunto base como **página base**.

Nosso objetivo na segunda etapa do algoritmo é descobrir quais páginas base são hubs centrais e boas autoridades, e retornar as melhores autoridades e hubs como respostas para a consulta. Para quantificarmos a qualidade de uma página base como hub e como autoridade, associamos a cada página base do conjunto base um **peso de hub** e um **peso de autoridade**. O peso de hub da página indica a qualidade da página como hub e o peso de autoridade da página indica a qualidade da página como autoridade. Calculamos os pesos de cada página de acordo com a intuição de que uma página é uma boa autoridade se muitos hubs bons têm hyperlinks para ela, e de que uma página é um bom hub se ela tem muitos hyperlinks saindo para boas autoridades. Como não temos nenhum conhecimento *a priori* sobre quais páginas são bons hubs e boas autoridades, inicializamos todos os pesos como um. Então, atualizamos os pesos de autoridade e hub das páginas base iterativamente, conforme descrito a seguir.

Considere uma página base p com peso de hub h_p e com peso de autoridade a_p. Em uma iteração, atualizamos a_p como sendo a soma dos pesos de hub de todas as páginas que têm um hyperlink para p. Formalmente:

$$a_p = \sum h_q$$
Todas as páginas base q que têm um link para p

Analogamente, atualizamos h_p como sendo a soma de todos os pesos de todas as páginas para as quais p aponta:

$$h_p \sum a_q$$
Todas as páginas base q tais que p tem um link para q

Comparando o algoritmo com as outras estratégias para consulta de texto que discutimos neste capítulo, notamos que a etapa de iteração do algoritmo HITS — a distribuição dos pesos — não leva em conta as palavras que estão nas páginas base. Na etapa de iteração, estamos preocupados apenas com o relacionamento entre as páginas base, conforme representado pelos hyperlinks.

Normalmente, o algoritmo HITS produz resultados muito bons. Por exemplo, os cinco resultados de classificação mais alta do Google (que usa uma variante do algoritmo HITS) para a consulta "Raghu Ramakrishnan" são as seguintes páginas da Web:

```
www.cs.wisc.edu/~raghu/raghu.html
www.cs.wisc.edu/~dbbook/dbbook.html
www.informatik.uni-trier.de/
       ~ley/db/indices/a-tree/r/Ramakrishnan:Raghu.html
www.informatik.uni-trier.de/
       ~ley/db/indices/a-tree/s/Seshadri:Praveen.html
www.acm.org/awards/fellows_citations_n-z/ramakrishnan.html
```

Calculando Pesos de Hub e de Autoridade: Podemos usar notação de matriz para escrever as atualizações de todos os pesos de hub e de autoridade em uma única etapa. Suponha que numeremos todas as páginas do conjunto base como $\{1, 2, ..., n\}$. A matriz de adjacência B do conjunto base é uma matriz $n \times n$ cujas entradas são 0 ou 1. A entrada (i, j) da matriz é configurada como 1 se a página i tem um hyperlink para a página j; caso contrário, ela é configurada como 0. Também podemos escrever os pesos de hub h e os pesos de autoridade a em notação vetorial: $h = \langle h_1, ..., h_n \rangle$ e $a = \langle a1, ..., a_n \rangle$. Agora, podemos reescrever nossas regras de atualização como segue:

$$h = B \cdot a \quad \text{e} \quad a = B^T \cdot h.$$

Desdobrando essa equação uma vez, correspondendo à primeira iteração, obtemos:

$$h = BB^T h = (BB^T)h \quad \text{e} \quad a = B^T B a = (B^T B)a.$$

Após a segunda iteração, chegamos em:

$$h = (BB^T)^2 h \quad \text{e} \quad a = (B^T B)^2 a.$$

Os resultados da álgebra linear nos dizem que a seqüência de iterações para os pesos de hub (respectivamente, de autoridade) converge para os autovetores principais de BB^T (respectivamente, $B^T B$), se normalizarmos os pesos antes de cada iteração, para que a soma dos quadrados de todos os pesos seja sempre $2 \cdot n$. Além disso, os resultados da álgebra linear nos dizem que essa convergência é independente da escolha dos pesos iniciais, desde que os pesos iniciais sejam positivos. Assim, nossa escolha um tanto arbitrária de pesos iniciais — inicializamos todos os pesos de hub e de autoridade como 1 — não altera o resultado do algoritmo.

Pigeon Rank do Google: O Google calcula o *Pigeon Rank (PR)* de uma página da Web A usando a seguinte fórmula, que é muito parecida com as funções de classificação Hub-Autoridade:

$$PR(A) = (1 - d) + d(PR(T_1)/C(T_1) + ... + PR(T_n)/C(T_n))$$

$T_1 ... T_n$ são as páginas que têm link (ou "apontam") para A, $C(T_i)$ é o número de links que saem da página T_i e d é uma constante escolhida de forma heurística (o Google usa 0,85). Os Pigeon Ranks formam uma distribuição de probabilidade sobre todas as páginas da Web; a soma das classificações sobre todas as páginas é 1. Se considerarmos um modelo de comportamento no qual um usuário escolhe uma página aleatoriamente e, então, clica repetidamente em links até ficar entediado e escolhe aleatoriamente uma nova página, a probabilidade de que o usuário visite uma página é seu Pigeon Rank. As páginas no resultado de uma pesquisa são classificadas usando uma combinação de métrica de relevância estilo RI e Pigeon Rank.

> **SQL/MM: FullText:** "Full text" (texto completo) é descrito como dados que podem ser pesquisados, diferentes de strings de caractere simples, e um novo tipo de dados chamado `FullText` foi introduzido para suportá-lo. Os métodos associados a esse tipo suportam pesquisas de palavras individuais, frases, palavras que "soam como" um termo de consulta, etc. Três métodos têm particular interesse. `CONTAINS` verifica se um objeto `FullText` contém um termo de pesquisa (palavra ou frase) especificado. `RANK` retorna a classificação de relevância de um objeto FullText com relação a um termo de pesquisa especificado. (O modo como a classificação é definida é deixado para a implementação.) `IS ABOUT` determina se o objeto FullText é suficientemente relacionado ao termo de pesquisa especificado. (O comportamento de `IS ABOUT` também é deixado para a implementação.)
> Os SGBDs relacionais da IBM, da Microsoft e da Oracle suportam campos de texto, embora atualmente não obedeçam o padrão SQL/MM.

O primeiro resultado é a página de Ramakrishnan; o segundo é a página de seu livro; o terceiro é a página que lista suas publicações na popular bibliografia DBLP; e o quarto resultado (inicialmente enigmático) é a lista de publicações de um antigo aluno dele.

27.5 GERENCIANDO TEXTO EM UM SGBD

Nas seções anteriores, vimos como as grandes coleções de texto são indexadas e consultadas em sistemas de RI e mecanismos de pesquisa na Web. Consideraremos agora os desafios adicionais levantados pela integração de dados de texto em sistemas de banco de dados.

A estratégia básica que está sendo seguida pela comunidade que trata de padrões SQL é tratar de documentos de texto como um novo tipo de dados, `FullText`, que pode aparecer como o valor de um campo em uma tabela. Se definirmos uma tabela com uma única coluna de tipo `FullText`, cada linha da tabela corresponderá a um documento em uma coleção de documentos. Métodos de FullText podem ser usados na cláusula `WHERE` de consultas SQL para recuperar linhas contendo objetos texto correspondentes ao critério de pesquisa estilo RI. A classificação de relevância de um objeto FullText pode ser recuperada explicitamente usando-se o método `RANK` e isso pode ser usado para ordenar os resultados pela relevância.

Vários pontos devem ser lembrados ao considerarmos essa estratégia:

- Essa é uma estratégia extremamente geral e o desempenho de um sistema SQL que suporta tal extensão provavelmente será inferior ao de um sistema de RI especializado.

- O modelo de dados não reflete adequadamente os documentos com metadados adicionais. Se armazenarmos documentos em uma tabela com uma coluna FullText e usarmos colunas adicionais para armazenar metadados — por exemplo, autor, título, resumo, classificação, popularidade — as medidas de relevância que combinam metadados com medidas de similaridade da RI deverão ser expressas usando-se novos métodos definidos pelo usuário, pois o método RANK só tem acesso ao objeto FullText e não aos metadados. O surgimento de documentos XML, que têm metadados não-uniformes e parciais, complica as coisas ainda mais.

- O tratamento de atualizações não está claro. Como vimos, os índices da RI são complexos e caros para manter. Exigir que um sistema atualize os índices antes que a transação de atualização seja efetivada pode impor uma séria penalidade no desempenho.

27.5.1 Índice Invertido Fracamente Acoplado

A estratégia de implementação usada nos SGBDs relacionais atuais que suportam campos de texto é ter um mecanismo de pesquisa de texto separado pouco acoplado ao SGBD. Periodicamente, o mecanismo atualiza os índices, mas não fornece garantias transacionais. Assim, uma transação poderia inserir (uma linha contendo) um objeto texto e ser efetivada e uma transação subseqüente que executasse uma pesquisa correspondente poderia não recuperar (a linha contendo) o objeto.

27.6 UM MODELO DE DADOS PARA XML

Como vimos na Seção 7.4.1, a XML fornece uma maneira de marcar um documento com tags significativas que conferem alguma estrutura parcial ao documento. Os modelos de dados semi-estruturados, que apresentaremos nesta seção, capturam grande parte da estrutura presente em documentos XML, enquanto abstraem muitos detalhes.[1] Os modelos de dados semi-estruturados têm o potencial de servir como uma base formal para a XML e nos permitem definir rigorosamente a semântica das consultas sobre XML, o que discutiremos na Seção 27.7.

27.6.1 Motivação para a Pouca Estrutura

Considere um conjunto de documentos na Internet que contenham hyperlinks para outros documentos. Esses documentos, embora não sejam completamente desestruturados, não podem ser modelados naturalmente no modelo de dados relacional, pois o padrão dos hyperlinks não é regular entre os documentos. Na verdade, todo documento HTML tem alguma estrutura mínima, como o texto na tag TITLE *versus* o texto no corpo do documento, ou texto destacado *versus* texto sem destaque. Como outro exemplo, um arquivo de bibliografia também tem certo grau de estrutura, devido aos campos como *autor* e *título*, mas é um texto desestruturado sob outros aspectos. Mesmo os dados que são "desestruturados", como texto livre, uma imagem ou um videoclipe, normalmente têm algumas informações associadas, como a marca de tempo ou informações sobre o autor, que contribuem para uma estrutura parcial.

Nos referimos a tal estrutura parcial como **dados semi-estruturados**. Existem muitos motivos para que os dados sejam semi-estruturados. Primeiramente, a estrutura dos dados pode ser implícita, oculta, desconhecida ou o usuário pode optar por ignorá-la. Segundo, ao se integrar dados de várias fontes heterogêneas, a troca e a transformação de dados são problemas importantes. Precisamos de um modelo de dados altamente flexível para integrar dados de todos os tipos de fontes, incluindo arquivos simples e sistemas legados; freqüentemente, um modelo de dados estruturados como o modelo relacional é rígido demais. Terceiro, não podemos consultar um banco de dados estruturado sem conhecer o esquema, mas às vezes queremos consultar os dados sem ter conhecimento total do esquema. Por exemplo, não podemos expressar a consulta "Onde no banco de dados podemos encontrar a string *Malgudi*?" em um sistema de banco de dados relacional, sem conhecer o esquema e sem saber quais campos contêm tais valores de texto.

---

[1] Um aspecto importante da XML que não é capturado é a ordenação de elementos. Um modelo de dados mais completo, chamado XData, foi proposto pelo comitê W3C que está desenvolvendo padrões XML, mas não o discutiremos aqui.

Recuperação de Informações e Dados XML 785

> **Modelos de Dados XML:** Vários modelos de dados para XML estão sendo considerados pelos comitês padronizadores, como ISO e W3C. O **Infoset** do W3C é um modelo estruturado em árvore e cada nó pode ser recuperado por meio de uma **função de acesso**. Uma versão chamada **PSVI (Post-Validation Infoset)** serve como modelo de dados para XML Schema. A linguagem XQuery tem ainda outro modelo de dados associado. A grande quantidade de modelos se deve ao desenvolvimento paralelo, em alguns casos, e aos diferentes objetivos, em outros. Contudo, todos esses modelos têm árvores fracamente estruturadas como sua característica central.

27.6.2 Um Modelo de Grafo

Todos os modelos de dados propostos para dados semi-estruturados representam os dados como algum tipo de grafo rotulado. Os nós do grafo correspondem a objetos compostos ou valores atômicos. Cada arco indica um relacionamento objeto-sub-objeto ou objeto-valor. Os nós folha, isto é, nós sem nenhum arco saindo, têm um valor associado. Não há nenhum esquema separado e nenhuma descrição auxiliar; os dados do grafo são auto-descritivos. Por exemplo, considere o grafo mostrado na Figura 27.7, que representa parte dos dados XML da Figura 7.2. O nó raiz do grafo representa o elemento mais externo, LISTADELIVROS. O nó tem três filhos rotulados com o nome de elemento LIVRO, pois a lista de livros consiste em três livros individuais. Os números dentro dos nós indicam o identificador de objeto associado ao objeto correspondente.

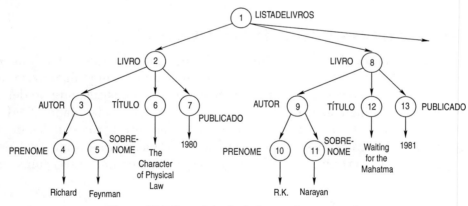

Figura 27.7 O modelo de dados semi-estruturado.

Descreveremos agora um dos modelos de dados propostos para dados semi-estruturados, chamado **OEM (object exchange model)**. Cada objeto é descrito por uma quádrupla consistindo em um *rótulo*, um *tipo*, o *valor* do objeto e um *identificador de objeto* que é um identificador exclusivo para o objeto. Como cada objeto tem um rótulo que pode ser considerado como um nome de coluna no modelo relacional e cada objeto tem um tipo que pode ser considerado como o tipo de coluna no modelo relacional, o OEM é auto-explicativo. Os rótulos no OEM devem ser o mais informativos possível, pois têm dois propósitos — eles podem ser usados para identificar um objeto, assim como para transmitir o significado de um objeto. Por exemplo, podemos representar o sobrenome de um autor como segue:

```
⟨sobreNome, string, "Feynman"⟩
```

> **SQL e XML:** XQuery é um padrão proposto pelo W3C (World-Wide Web Consortium). Em paralelo, comitês padronizadores que desenvolvem padrões SQL têm trabalhado em um sucessor do SQL:1999 que suporta XML. A parte relacionada à XML é experimentalmente chamada de **SQL/XML** e os detalhes podem ser encontrados no endereço http://sqlx.org.

Os objetos mais complexos são decompostos hierarquicamente em objetos menores. Por exemplo, o nome de um autor pode ser composto de um prenome e um sobrenome. Esse objeto é descrito como segue:

⟨nomeAutor, set, {$prenome_1$, $sobrenome_1$}⟩
   $prenome_1$ is ⟨preNome, string, "Richard"⟩
   $sobrenome_1$ is ⟨sobreNome, string, "Feynman"⟩

Como outro exemplo, um objeto representando um conjunto de livros é descrito como segue:

⟨listaLivros, set, {$livro_1$, $livro_2$, $livro_3$}⟩
   $livro_1$ is ⟨livro, set, {$autor_1$, $título_1$, $publicado_1$}⟩
   $livro_2$ is ⟨livro, set, {$autor_2$, $título_2$, $publcado_2$}⟩
   $livro_3$ is ⟨livro, set, {$autor_3$, $título_3$, $publicado_3$}⟩
     $autor_3$ is ⟨autor, set, {$prenome_3$, $sobrenome_3$}⟩
     $título_3$ is ⟨título, string, "The English Teacher"⟩
     $publicado_3$ is ⟨publicado, integer, 1980⟩

27.7 XQUERY: CONSULTANDO DADOS XML

Dado que os documentos XML são codificados de uma maneira que reflete uma quantidade considerável de estrutura, temos a oportunidade de usar uma linguagem de alto nível que explore essa estrutura para recuperar dados convenientemente de dentro de tais documentos. Tal linguagem também nos permitiria transladar dados XML facilmente entre diferentes DTDs, como precisamos fazer ao integrarmos dados de várias fontes. Quando este livro estava sendo produzido, a **XQuery** era a linguagem de consulta padrão do W3C para dados XML. Nesta seção, damos um breve panorama da XQuery.

27.7.1 Expressões de Caminho

Considere o documento XML mostrado na Figura 7.2. O exemplo de consulta a seguir retorna os sobrenomes de todos os autores, supondo que nosso documento XML resida no endereço www.ourbookstore.com/books.xml.

```
FOR
    $l IN doc(www.ourbookstore.com/books.xml)//AUTOR/SOBRENOME
RETURN <RESULT> $l </RESULT>
```

Esse exemplo ilustra algumas das construções básicas da XQuery. A cláusula `FOR` na XQuery é quase análoga à cláusula `FROM` na SQL. A cláusula `RETURN` é semelhante à cláusula `SELECT`. Voltaremos à forma geral das consultas em breve, após apresentarmos o importante conceito chamado **expressão de caminho**.

> **XPath e Outras Linguagens de Consulta XML:** As expressões de caminho na XQuery são derivadas da XPath, um antigo recurso de consulta XML. As expressões de caminho na XPath podem ser qualificadas com condições de seleção e podem utilizar várias funções internas (por exemplo, contar o número de nós que correspondem à expressão). Muitos recursos da XQuery são emprestados de linguagens anteriores, incluindo a XML-QL e a Quilt.

A expressão

```
doc(www.ourbookstore.com/books.xml)//AUTOR/SOBRENOME
```

na cláusula FOR é um exemplo de expressão de caminho. Ela especifica um **caminho** envolvendo três entidades: o documento em si, os elementos AUTOR e os elementos SOBRENOME.

O relacionamento de caminho é expresso por meio de separadores / e //. O separador // especifica que o elemento AUTOR pode ser aninhado em qualquer parte dentro do documento, enquanto o separador / obriga o elemento SOBRENOME a ser aninhado imediatamente sob o elemento AUTOR (em termos da estrutura de grafo do documento). A avaliação de uma expressão de caminho retorna um *conjunto* de elementos que correspondem à expressão. A variável l no exemplo de consulta é vinculada, por sua vez, a cada elemento SOBRENOME retornado pela avaliação da expressão de caminho. (Para distinguir nomes de variável do texto normal, os nomes de variável na XQuery são prefixados por um cifrão $.)

A cláusula RETURN constrói o resultado da consulta—que também é um documento XML — associando cada valor ao qual a variável l é vinculada à tag RESULT. Se o exemplo de consulta fosse aplicado aos dados de amostra ilustrados na Figura 7.2, o resultado seria o seguinte documento XML:

```
<RESULT><SOBRENOME>Feynman </SOBRENOME></RESULT>
<RESULT><SOBRENOME>Narayan </SOBRENOME></RESULT>
```

Usaremos o documento da Figura 7.2 como entrada no restante deste capítulo.

27.7.2 Expressões FLWR

A forma básica de uma XQuery consiste em uma **expressão FLWR**, onde as letras denotam as cláusulas FOR, LET, WHERE e RETURN. As cláusulas FOR e LET vinculam variáveis a valores por meio de expressões de caminho. Esses valores são qualificados pela cláusula WHERE e o fragmento em XML resultante é construído pela cláusula RETURN.

A diferença entre uma cláusula FOR e uma cláusula LET é que, enquanto FOR vincula uma variável a cada elemento especificado pela expressão de caminho, LET vincula uma variável a toda a *coleção* de elementos. Assim, se alterarmos nosso exemplo de consulta para:

```
LET
  $l IN doc(www.ourbookstore.com/books.xml)//AUTOR/SOBRENOME
RETURN <RESULT> $l </RESULT>
```

o resultado da consulta se tornará:

```
<RESULT>
  <SOBRENOME>Feynman</SOBRENOME>
  <SOBRENOME>Narayan</SOBRENOME>
</RESULT>
```

As condições de seleção são expressas com a cláusula WHERE. Além disso, a saída de uma consulta não está limitada a um único elemento. Esses pontos são ilustrados pela consulta a seguir, que encontra os prenomes e sobrenomes de todos os autores que escreveram um livro publicado em 1980:

```
FOR $b IN doc(www.ourbookstore.com/books.xml)/LISTADE LIVROS/LIVRO
WHERE $b/PUBLICADO='1980'
RETURN
  <RESULT> $b/AUTOR/PRENOME, $b/AUTOR/SOBRENOME </RESULT>
```

O resultado da consulta anterior é o seguinte documento XML:

```
<RESULT>
  <PRENOME>Richard </PRENOME><SOBRENOME>Feynman </SOBRENOME>
</RESULT>
<RESULT>
  <PRENOME>R.K. </PRENOME><SOBRENOME>Narayan </SOBRENOME>
</RESULT>
```

Para a DTD específica deste exemplo, onde um elemento LIVRO tem um único AUTOR, a consulta anterior pode ser escrita usando-se uma expressão de caminho diferente na cláusula FOR, como segue.

```
FOR $a IN
  doc(www.ourbookstore.com/books.xml)
    /LISTADELIVROS/LIVRO[PUBLICADO='1980']/AUTOR
RETURN <RESULT> $a/PRENOME, $a/SOBRENOME </RESULT>
```

A expressão de caminho nessa consulta é uma instância de uma **expressão de caminho ramificado**. Agora, a variável *l* é vinculada a cada elemento AUTOR que corresponde ao caminho doc/LISTADELIVROS/LIVRO/AUTOR, onde o elemento LIVRO intermediário está restrito a ter um elemento PUBLICADO aninhado imediatamente dentro dele, com o valor 1980.

27.7.3 Ordenação de Elementos

Os dados XML consistem em documentos *ordenados* e, assim, a linguagem de consulta deve retornar dados em alguma ordem. A semântica da XQuery diz que uma expressão de caminho retorna resultados ordenados na ordem do documento. Assim, as variáveis na cláusula FOR são vinculadas na ordem do documento. Entretanto, se quisermos uma ordem diferente, podemos ordenar a saída explicitamente, conforme mostrado na consulta a seguir, que retorna elementos TÍTULO ordenados lexicograficamente.

```
FOR
  $b IN doc(www.ourbookstore.com/books.xml)/LISTADELIVROS/LIVRO
RETURN <TÍTULOSDELIVRO> $b/TÍTULO </TÍTULOSDELIVRO>
SORT BY TÍTULO
```

27.7.4 Agrupamento e Geração de Valores de Coleção

Nosso próximo exemplo ilustra o agrupamento na XQuery, o qual nos permite gerar um novo valor de coleção para cada grupo. (Compare isso com o agrupamento na SQL, que só nos permite gerar um valor agregado — por exemplo, SUM — por grupo.) Suponha que, para cada ano, queremos encontrar os sobrenomes dos autores que escreveram um livro publicado nesse ano. Agrupamos pelo ano da publicação e geramos uma lista de sobrenomes para cada ano:

```
FOR $p IN DISTINCT
  doc(www.ourbookstore.com/books.xml)/LISTADELIVROS/LIVRO/PUBLICADO
RETURN
  <RESULT>
    $p,
    FOR $a IN DISTINCT /LISTADELIVROS/LIVRO[PUBLICADO=$p]/AUTOR
      RETURN $a
  </RESULT>
```

A palavra-chave *DISTINCT* elimina duplicatas da coleção retornada por uma expressão de caminho. Usando-se o documento XML da Figura 7.2 como entrada, a consulta anterior produz o seguinte resultado:

```
<RESULT> <PUBLICADO>1980</PUBLICADO>
    <SOBRENOME>Feynman</SOBRENOME>
    <SOBRENOME>Narayan</SOBRENOME>
</RESULT>
<RESULT> <PUBLICADO>1981</PUBLICADO>
    <SOBRENOME>Narayan</SOBRENOME>
</RESULT>
```

27.8 AVALIAÇÃO EFICIENTE DE CONSULTAS XML

A XQuery opera sobre dados XML e produz dados XML como saída. Para podermos avaliar consultas eficientemente, precisamos tratar dos seguintes problemas:

- **Armazenamento**: podemos usar um sistema de armazenamento existente, como um sistema relacional ou orientado a objetos, ou projetar um novo formato de armazenamento para documentos XML. Existem várias maneiras de usar um sistema relacional para armazenar XML. Uma delas é armazenar os dados XML como CLOBs (Character Large Objects). (Os CLOBS foram discutidos no Capítulo 23.) Nesse caso, entretanto, não podemos explorar a infraestrutura de processamento de consultas fornecida pelo sistema relacional e, em vez disso, teríamos de processar a XQuery fora do sistema de banco de dados. Para contornar esse problema, precisamos identificar um esquema de acordo com o qual os dados XML possam ser armazenados. Esses pontos serão discutidos na Seção 27.8.1.

- **Indexação**: as expressões de caminho tornam a XQuery mais rica e produzem muitos padrões de acesso novos sobre os dados. Se usarmos um sistema relacional para armazenar dados XML, estaremos restritos a usar apenas índices relacionais, como a árvore B. Entretanto, se usarmos um mecanismo de armazenamento nativo, teremos a opção de construir novas estruturas de índice para expressões de caminho, algumas das quais serão discutidas na Seção 27.8.2.

- **Otimização de consultas**: a otimização de consultas na XQuery é um problema em aberto. Até aqui, o trabalho nessa área pode ser dividido em três partes. A primeira é o desenvolvimento de uma álgebra para a XQuery, análoga à álgebra relacional. A segunda linha de pesquisa é fornecer estatísticas para consultas com expressão de caminho. Finalmente, alguns trabalhos têm tratado da simplificação de consultas, explorando as restrições sobre os dados. Como a otimização de consultas para a XQuery ainda está em um estágio preliminar, não a abordaremos neste capítulo.

Outro problema a ser considerado no projeto de um novo sistema de armazenamento para dados XML é a grande quantidade de tags repetidas. Como veremos na Seção 27.8.1, o uso de um sistema de armazenamento relacional trata desse problema, pois os nomes de tag não são armazenados repetidamente. Por outro lado, se quisermos construir um sistema de armazenamento nativo, então a maneira como os dados XML são compactados torna-se significativa. São conhecidos vários algoritmos de compactação que atingem taxas de compactação próximas ao armazenamento relacional, mas não os discutiremos aqui.

27.8.1 Armazenando XML em SGBDR

Um candidato natural para armazenar dados XML é um sistema de banco de dados relacional. Os principais problemas envolvidos no armazenamento de dados XML em um sistema relacional são:

- *Escolha do esquema relacional*: para usar um SGBDR, precisamos de um esquema. Qual esquema relacional devemos usar, mesmo supondo que os dados XML possuem um esquema associado?
- *Consultas*: as consultas sobre dados XML estão em XQuery, ao passo que um sistema relacional só pode manipular SQL. Portanto, as consultas em XQuery precisam ser *transformadas* em SQL.
- *Reconstrução*: a saída da XQuery é código XML. Assim, o resultado de uma consulta SQL precisa ser convertido de volta para XML.

Mapeando Dados XML em Relações

Ilustraremos o processo de mapeamento por meio de nosso exemplo de livraria. O aninhamento de relacionamentos entre os diferentes elementos da DTD aparece na Figura 27.8. Os arcos indicam a natureza do aninhamento.

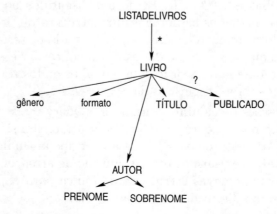

Figura 27.8 Relacionamentos dos elementos da DTD/XML da livraria.

> **Sistemas de Banco de Dados Comerciais e XML:** Muitos fabricantes de sistemas de banco de dados relacionais e objeto-relacionais estão atualmente investigando o suporte para XML em seus mecanismos de banco de dados. Diversos fabricantes de sistemas de gerenciamento de banco de dados orientados a objetos já oferecem mecanismos de banco de dados que podem armazenar dados XML, cujo conteúdo pode ser acessado por meio de interfaces gráficas com o usuário ou de extensões Java no lado do servidor.

Uma maneira de inferir um esquema relacional é como segue. Começamos no elemento LISTADELIVROS e criamos uma relação para armazená-lo. Descendo um nível a partir de LISTADELIVROS, obtemos LIVRO seguindo um arco *. Esse arco indica que armazenamos os elementos LIVRO em uma relação separada. Descendo ainda mais, vemos que todos os elementos e atributos aninhados dentro de LIVRO ocorrem no máximo uma vez. Assim, podemos armazená-los na mesma relação que LIVRO. O esquema relacional resultante *Esquemarel1* está mostrado a seguir.

> LISTADELIVROS(*id*: integer)
> LIVRO(*idlistalivro*: integer, *prenome_autor*: string,
>   *sobrenome_autor*: string, *título*: string,
>   *publicado*: string, *gênero*: string, *formato*: string)

LIVRO.*idlistalivro* conecta LIVRO a LISTADELIVROS. Como uma DTD tem apenas um tipo base (string), o único tipo base usado no esquema anterior é string. As restrições expressas por meio da DTD são expressas no esquema relacional. Por exemplo, como todo LIVRO precisa ter um filho TÍTULO, devemos restringir a coluna *título* a ser *não-nula*.

Como alternativa, se a DTD for alterada para permitir que LIVRO tenha mais de um filho AUTOR, então os elementos AUTOR não poderão ser armazenados na mesma relação que LIVRO. Essa alteração produz o seguinte esquema relacional *Esquemarel2*:

> LISTADELIVROS(*id*: integer)
> LIVRO(*id*: integer, *idlistalivro*: integer,
>   *título*: string, *publicado*: string, *gênero*: string, *formato*: string)
> AUTOR(*idlivro*: integer, *prenome*: string, *sobrenome*: string)

A coluna AUTOR.*idlivro* conecta AUTOR a LIVRO.

Processamento de Consulta

Considere novamente o exemplo de consulta a seguir:

```
FOR
    $b IN doc(www.ourbookstore.com/books.xml)/LISTADE LIVROS/LIVRO
WHERE $b/PUBLICADO='1980'
RETURN
    <RESULT> $b/AUTOR/PRENOME, $b/AUTOR/SOBRENOME </RESULT>
```

Se o mapeamento entre os dados XML e as tabelas relacionais é conhecido, então podemos construir uma consulta SQL que retorna todas as colunas necessárias para reconstruir o documento XML resultante para essa consulta. As condições impostas pelas expressões de caminho e pela cláusula WHERE são transformadas em condições equivalentes na consulta SQL. Obteremos a seguinte consulta SQL equivalente, se usarmos *Esquemarel1* como nosso esquema relacional.

```
SELECT  LIVRO.prenome_autor, LIVRO.sobrenome_autor
FROM    LIVRO, LISTADELIVROS
WHERE   LISTADELIVROS.id = LIVRO.idlistalivro
        AND LIVRO.publicado='1980'
```

Os resultados assim retornados pelo processador de consulta relacional são então formatados com tags, fora do sistema relacional, conforme especificado pela cláusula RETURN. Esse é o resultado da fase de *reconstrução*.

Para entender isso melhor, considere o que acontece se permitirmos que um LIVRO tenha vários filhos AUTOR. Suponha que usemos *Esquemarel2* como nosso esquema relacional. O processamento das cláusulas FOR e WHERE nos informa que é necessário juntar as relações LISTADELIVROS e LIVRO com uma seleção na relação LIVRO correspondente à condição ano na consulta anterior. Como a cláusula RETURN precisa de informações sobre os elementos AUTOR, precisamos juntar ainda a relação LIVRO com a relação AUTOR e projetar as colunas *prenome* e *sobrenome* nesta última. Finalmente, como cada vinculação da variável $b na consulta anterior produz um elemento RESULT e como agora cada LIVRO pode ter mais de um AUTOR, precisamos projetar a coluna *id* da relação LIVRO. Com base nessas observações, obtemos a seguinte consulta SQL equivalente:

```
SELECT   LIVRO.id, AUTOR.prenome, AUTOR.sobrenome
FROM     LIVRO, LISTADELIVROS, AUTOR
WHERE    LISTADELIVROS.id = LIVRO.idlistalivro AND
         LIVRO.id = AUTOR.idlivro AND LIVRO.publicado='1980'
GROUP BY LIVRO.id
```

O resultado é agrupado por LIVRO.id. Agora, o "tagger" fora do sistema de banco de dados recebe resultados agrupados pelo elemento LIVRO e pode inserir as tags nas tuplas resultantes dinamicamente.

Publicando Dados Relacionais como XML

Como a XML surgiu como o formato de troca de dados padrão para aplicações comerciais, é necessário publicar dados comerciais existentes como XML. A maioria dos dados comerciais operacionais é armazenada em sistemas relacionais. Conseqüentemente, foram propostos mecanismos para publicar tais dados como documentos XML. Isso envolve uma linguagem para especificar como inserir tags e estruturar dados relacionais e uma implementação para realizar a conversão. De certo modo, esse mapeamento é o inverso do mapeamento XML-para-relacional usado para armazenar dados XML. O processo de conversão imita a fase de reconstrução quando executamos a XQuery usando um sistema relacional. Os dados XML publicados podem ser considerados como uma visão XML de dados relacionais. Essa visão pode ser consultada usando-se XQuery. Um método para execução da XQuery em tais visões é transformá-las em SQL e, então, construir o resultado em XML.

27.8.2 Indexando Repositórios de XML

As expressões de caminho são o centro de todas as linguagens de consulta XML propostas, em particular, a XQuery. Uma pergunta natural que surge é como indexar dados XML para suportar avaliação de expressão de caminho. O objetivo desta seção é dar uma idéia das técnicas de indexação propostas para esse problema. Consideramos o modelo de dados semi-estruturados OEM, onde os dados são auto-descritivos e não há nenhum esquema separado.

Usando uma Árvore B+ para Indexar Valores

Considere o exemplo de XQuery a seguir, que discutimos anteriormente nos dados XML da livraria, na Figura 7.2. A representação OEM desses dados aparece na Figura 27.7.

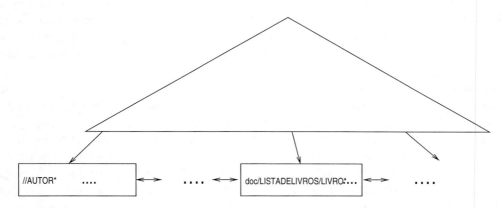

Figura 27.9 Expressões de caminho em uma árvore B.

```
FOR
    $b IN doc(www.ourbookstore.com/books.xml)/LISTADELIVROS/LIVRO
WHERE $b/PUBLICADO='1980'
RETURN
    <RESULT> $b/AUTOR/PRENOME, $b/AUTOR/SOBRENOME </RESULT>
```

Essa consulta especifica junções entre os objetos com rótulos LISTADELIVROS, LIVRO, AUTOR, PRENOME, SOBRENOME e PUBLICADO, com uma condição de seleção sobre objetos PUBLICADO.

Vamos supor que estejamos avaliando essa consulta na ausência de quaisquer índices para expressões de caminho. Entretanto, temos um índice de valor como uma árvore B, que nos permite encontrar as identificações de todos os objetos com rótulo PUBLICADO e valor 1980. Existem várias maneiras de executar essa consulta sob essas suposições.

Por exemplo, poderíamos começar na raiz do documento e descer no grafo de dados pelo objeto LISTADELIVROS até os objetos LIVRO. Descendo ainda mais no grafo de dados, para cada objeto LIVRO podemos verificar se ele satisfaz ao predicado de valor (PUBLICADO='1980'). Finalmente, para os objetos LIVRO que satisfazem ao predicado, podemos encontrar os objetos PRENOME e SOBRENOME relevantes. Essa estratégia corresponde a uma avaliação de cima para baixo da consulta.

Como alternativa, poderíamos começar usando o índice de valor para encontrar todos os objetos PUBLICADO que satisfazem PUBLICADO='1980'. Se o grafo de dados pode ser percorrido na direção inversa — isto é, dado um objeto, podemos encontrar seu pai —, então podemos encontrar todos os pais dos objetos PUBLICADO, mantendo apenas aqueles que têm rótulo LIVRO. Podemos continuar dessa maneira até encontrarmos os objetos PRENOME e SOBRENOME de interesse. Observe que precisamos realizar todas as junções na consulta dinamicamente.

Indexação na Estrutura *versus* no Valor

Agora, vamos nos perguntar se as soluções de indexação tradicionais, como a árvore B, podem ser usadas para indexar expressões de caminho. Podemos usar a árvore B para mapear uma expressão de caminho nas identificações de todos os objetos retornados por ela. A idéia é tratar todas as expressões de caminho como strings e ordená-las lexicograficamente. Cada entrada folha na árvore B contém uma string representando uma expressão de caminho e uma lista de identificações correspondente ao seu resultado. A Figura 27.9 mostra como tal árvore B seria. Vamos contrastar isso com o problema tradicional da indexação de um domínio bem ordenado, como inteiros para consultas pontuais. Neste último caso, o número de consultas pontuais distintas que podem ser feitas é apenas o número de valores de dados e, portanto, é linear no tamanho dos dados.

O cenário na indexação de caminho é fundamentalmente diferente — a variedade de maneiras pelas quais podemos combinar tags para formar expressões de caminho (simples) unida ao poder da colocação de separadores // leva a um número muito maior de expressões de caminho possíveis. Por exemplo, um elemento AUTOR no exemplo da Figura 27.7 é retornado como parte das consultas LISTADELIVROS/LIVRO/AUTOR, //AUTOR, //LIVRO//AUTOR, LISTADELIVROS//AUTOR etc. De fato, no pior caso, o número de consultas distintas pode ser exponencial ao tamanho dos dados (medido em termos do número de elementos XML). Isso é o que motiva a pesquisa de estratégias alternativas para indexar expressões de caminho.

A estratégia adotada é representar o mapeamento entre uma expressão de caminho e seu resultado por meio de um resumo estrutural que assume a forma de outro grafo dirigido e rotulado. A idéia é preservar todos os caminhos do grafo de dados no grafo de resumo, embora tendo bem menos nós e arcos. Uma **extensão** é associada a cada nó no resumo. A extensão de um nó de índice é um subconjunto dos nós de dados. O grafo de resumo, junto com as extensões, constitui um índice de caminho. Uma expressão de caminho é avaliada usando-se o índice, avaliando-o no grafo de resumo e, depois, pegando-se a união das extensões de todos os nós correspondentes. Isso gera o resultado do índice da consulta com expressão de caminho. O índice **cobre** uma expressão de caminho se o resultado do índice é correto; obviamente, só podemos usar um índice para avaliar uma expressão de caminho se houver cobertura do índice.

Considere o resumo estrutural mostrado na Figura 27.10. Esse é um índice de caminho para os dados da Figura 27.7. Os números mostrados ao lado dos nós correspondem às respectivas extensões. Vamos examinar agora como esse índice pode alterar a avaliação de cima para baixo do exemplo de consulta usado anteriormente para ilustrar índices de valor de árvore B+.

A avaliação de cima para baixo, conforme esboçada anteriormente, começa na raiz do documento e desce para os objetos LIVRO. Isso pode ser obtido mais eficientemente pelo índice de caminho. Em vez de percorrer o grafo de dados, podemos percorrer o índice de caminho para baixo até o objeto LIVRO no índice e pesquisar sua extensão, o que nos fornece as identificações de todos os objetos LIVRO que correspondem à expressão de caminho na cláusula FOR. Então, o restante da avaliação prossegue como antes. Assim, o índice de caminho evita que realizemos junções, basicamente compu-

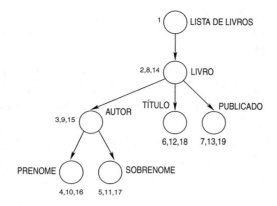

Figura 27.10 Exemplo de índice de caminho.

tando-as previamente. Observamos aqui que o índice de caminho mostrado na Figura 27.10 é isomórfico para o grafo do esquema DTD mostrado na Figura 27.8. Isso enfatiza o ponto de que o índice de caminho sem as extensões é um resumo estrutural dos dados.

O índice de caminho anterior é o **Strong Dataguide**. Se tratarmos as expressões de caminho como strings, então o guia de dados será a **tria** que as representa. A tria é uma estrutura de dados bem conhecida, usada para pesquisar expressões regulares sobre texto. Isso mostra a unidade mais profunda entre os trabalhos de pesquisa na indexação de texto e os trabalhos em indexação de caminho da XML. Vários outros índices de caminho também foram propostos para dados semi-estruturados e essa é uma área de pesquisa ativa.

27.9 QUESTÕES DE REVISÃO

As respostas das questões de revisão podem ser encontradas nas seções listadas.

- O que é recuperação de informação? **(Seção 27.1)**
- Quais são algumas das diferenças entre SGBD e sistemas de RI? Descreva as diferenças entre uma consulta classificada e uma consulta booleana. **(Seção 27.2)**
- O que é o modelo de espaço vetorial e quais são suas vantagens? **(Seção 27.2.1)**
- O que é ponderação de termo TF/IDF e por que pesamos pelos dois? Por que eliminamos as palavras de parada? O que é normalização de comprimento e por que ela é feita? **(Seção 27.2.2)**
- Como podemos medir a similaridade de documentos? **(Sections 27.2.3)**
- O que são *precisão* e *revocação*, e como se relacionam entre si? **(Seção 27.2.4)**
- Descreva as duas estruturas de índice para texto a seguir: índice invertido e arquivo de assinaturas. O que é arquivo de assinaturas particionado por bits? **(Seção 27.3)**
- Como os mecanismos de pesquisa da Internet são arquitetados? Como funciona o algoritmo de "hubs e autoridades"? Você consegue ilustrá-lo em um pequeno conjunto de páginas? **(Seção 27.4)**
- Que suporte existe para gerenciamento de texto em um SGBD? **(Seção 27.5)**
- Descreva o modelo de dados OEM para dados semi-estruturados. **(Seção 27.6)**

- Quais são os elementos da XQuery? O que é expressão de caminho? O que é expressão FLWR? Como podemos ordenar a saída da consulta? Como agrupamos saídas de consulta? **(Seção 27.7)**
- Descreva como os dados XML podem ser armazenados em um SGBD relacional. Como mapeamos dados XML em relações? Podemos usar a infraestrutura de processamento de consulta do SGBD relacional? Como publicamos dados relacionais como XML? **(Seção 27.8.1)**
- Como indexamos coleções de documentos XML? Qual é a diferença entre indexação na estrutura *versus* indexação no valor? O que é índice de caminho? **(Seção 27.8.2)**

EXERCÍCIOS

Exercício 27.1 Execute as tarefas a seguir.

1. Dado um arquivo ASCII, calcule a freqüência de cada palavra e crie um gráfico semelhante à Figura 27.3. (Sinta-se à vontade para usar software de geração de gráficos de domínio público.) Execute o programa na coleção de arquivos existente em seu diretório e veja se a distribuição de freqüências é Zipfian. Como você pode usar esses gráficos para criar listas de palavras de parada?
2. O stemmer Porter é amplamente usado e o código que o implementa está disponível gratuitamente. Faça download de uma cópia e execute-o em sua coleção de documentos.
3. Uma crítica ao modelo de espaço vetorial e seu uso na verificação de similaridade é que ele trata os termos como ocorrendo independentemente uns dos outros. Na prática, muitas palavras tendem a ocorrer juntas (por exemplo, ambulância e emergência). Escreva um programa que percorra um arquivo ASCII e liste todos os pares de palavras que ocorrem dentro de 5 palavras uma da outra. Para cada par de palavras, agora você tem uma freqüência e deve ser capaz de criar um gráfico como o da Figura 27.3, com pares de palavras no eixo X. Execute esse programa em algumas amostras de coleções de documentos. O que os resultados sugerem a respeito de ocorrências concomitantes de palavras?

Exercício 27.2 Suponha que você receba um banco de dados de documentos contendo seis documentos. Após a operação de stemming, os documentos contêm os seguintes termos:

Documento	Termos
1	carro fabricante Honda auto
2	auto computador navegação
3	Honda navegação
4	fabricante computador IBM
5	IBM computador pessoal
6	carro Beetle VW

Responda às seguintes perguntas:

1. Mostre o resultado da criação de um arquivo invertido nos documentos.
2. Mostre o resultado da criação de um arquivo de assinaturas com uma largura de 5 bits. Construa sua própria função de hashing que faça o mapeamento dos termos em posições de bit.
3. Avalie as consultas booleanas a seguir, usando o arquivo invertido e o arquivo de assinaturas que você criou: 'carro','IBM' AND 'computador','IBM' AND 'carro','IBM' OR 'auto' e 'IBM' AND 'computador' AND 'fabricante'.

Recuperação de Informações e Dados XML

4. Suponha que a carga de consulta colocada no banco de dados de documentos consista exatamente nas consultas que declaramos na pergunta anterior. Além disso, suponha que cada uma dessas consultas seja avaliada exatamente uma vez.

   (a) Projete um arquivo de assinaturas com uma largura de 3 bits e projete uma função de hashing que minimize o número global de falsos positivos recuperados na avaliação das consultas.

   (b) Projete um arquivo de assinaturas com uma largura de 6 bits e uma função de hashing que minimize o número global de falsos positivos.

   (c) Suponha que você queira construir um arquivo de assinaturas. Qual é a menor largura da assinatura que permite avaliar todas as consultas sem recuperar falsos positivos?

5. Considere as consultas classificadas a seguir: 'carro', IBM computador','IBM carro', 'IBM auto' e 'IBM computador fabricante'.

   (a) Calcule o IDF de cada termo no banco de dados.

   (b) Para cada documento, mostre seu vetor de documento.

   (c) Para cada consulta, calcule a relevância de cada documento no banco de dados, com e sem a etapa de normalização de comprimento.

   (d) Descreva como você usaria o índice invertido para identificar os dois principais documentos que correspondem a cada consulta.

   (e) Como o fato de ter as listas invertidas ordenadas pela relevância, em vez da identificação de documento, afeta sua resposta da pergunta anterior?

   (f) Substitua cada documento por uma variação que contenha 10 cópias do mesmo documento. Para cada consulta, calcule novamente a relevância de cada documento, com e sem a etapa de normalização de comprimento.

Exercício 27.3 Suponha que você receba o seguinte banco de dados de documentos processados:

Documento	Termos
1	carro carro fabricante carro carro Honda auto
2	auto computador navegação
3	Honda navegação auto
4	fabricante computador IBM gráfico
5	IBM pessoal IBM computador IBM IBM IBM IBM
6	carro Beetle VW Honda

Usando esse banco de dados, repita o exercício anterior.

Exercício 27.4 Você é o responsável pelo mecanismo de pesquisa Genghis ("Executamos rápidamente"). Você está projetando seu cluster de servidores para manipular 500 milhões de visitas por dia e 10 bilhões de páginas de dados indexados. Cada máquina custa $1000 e pode armazenar 10 milhões de páginas e responder a 200 consultas por segundo (nessas páginas).

1. Se você recebesse um orçamento de $500.000 para comprar máquinas e fosse obrigado a indexar todas os 10 bilhões de páginas, poderia fazer isso?

2. Qual é o orçamento mínimo para indexar todas as páginas? Se você presume que cada consulta pode ser respondida examinando-se os dados em apenas uma partição (10 milhões de páginas) e que as consultas estão uniformemente distribuídas pelas partições, qual é a carga de pico (no número de consultas por segundo) que esse cluster pode manipular?

3. Como sua resposta para a pergunta anterior mudaria se cada consulta acessasse, em média, duas partições?

4. Qual é o orçamento mínimo exigido para manipular a carga desejada de 500 milhões de visitas por dia se todas as consultas estão em uma *única partição*? Suponha que as consultas sejam uniformemente distribuídas com relação à hora do dia.

5. Como sua resposta para a pergunta anterior mudaria se o número de consultas por dia passasse para 5 bilhões de visitas? Como ela mudaria se o número de páginas passasse para 100 bilhões?

6. Suponha que cada consulta acessa apenas uma partição, que as consultas sejam uniformemente distribuídas entre as partições, mas que em determinado momento, a carga de pico em uma partição seja de até 10 vezes a carga média. Qual é o orçamento mínimo para adquirir máquinas nesse cenário?

7. Pegue o custo das máquinas da pergunta anterior e multiplique-o por 10 para refletir os custos de manutenção, administração, largura de banda de rede etc. Esse valor é seu custo operacional anual. Suponha que você cobre dos anunciantes 2 centavos por página. Que fração de seu inventário (isto é, o número total de páginas que você serve no curso de um ano) você precisa vender para ter lucro?

Exercício 27.5 Suponha que o conjunto base do algoritmo HITS consista no conjunto de páginas da Web mostrado na tabela a seguir. Uma entrada deve ser interpretada como segue: a página Internet 1 tem hyperlinks para as páginas 5 e 6.

Página da Web	Páginas para as quais essa página tem links
1	5, 6, 7
2	5, 7
3	6, 8
4	
5	1, 2
6	1, 3
7	1, 2
8	4

1. Execute cinco iterações do algoritmo HITS e encontre a autoridade melhor classificada e o hub melhor classificado.

2. Calcule o Pigeon Rank do Google para cada página.

Exercício 27.6 Considere a descrição de itens a seguir, mostrada no catálogo de pedido pelo correio do computador da Eggface.

"A Eggface comercializa hardware e software. Vendemos o novo Palm Pilot V por $400; seu número de identificação é 345. Também vendemos o IBM ThinkPad 570 por apenas $1999; seu número de identificação é 3784. Vendemos software comercial e de entretenimento. O Microsoft Office 2000 acabou de chegar e você pode adquirir a Standard Edition por apenas $140, número de identificação 974; a Professional Edition custa $200, número de identificação 975. O novo software de editoração eletrônica da Adobe, denominado InDesign, está aqui por apenas $200, número de identificação 664. Temos os jogos mais recentes da Blizzard Software. Você pode começar a jogar Diablo II por apenas $30, número de identificação 12, e o Starcraft pode ser adquirido por apenas $10, número de identificação 812. Nossa meta é a satisfação total do cliente — se não tivermos o que você deseja no estoque, daremos um desconto de $10 em sua próxima compra!"

1. Projete um documento em HTML que represente os itens oferecidos pela Eggface.
2. Crie um documento XML bem formado que descreva o conteúdo do catálogo da Eggface.
3. Crie uma DTD para seu documento XML e certifique-se de que o documento criado na última questão seja válido com relação a essa DTD.
4. Escreva uma consulta em XQuery que liste todos os itens de software do catálogo, ordenados pelo preço.

5. Escreva uma consulta em XQuery que liste, para cada fornecedor, todos os itens de software desse fornecedor (isto é, uma linha no resultado por fornecedor).
6. Escreva uma consulta em XQuery que liste os preços de todos os itens de hardware do catálogo.
7. Represente os dados do catálogo no modelo de dados semi-estruturados, conforme mostrado na Figura 27.7.
8. Construa um guia de dados para esses dados. Discuta como ele pode ser usado (ou não) para cada uma das consultas anteriores.
9. Projete um esquema relacional para publicar esses dados.

Exercício 27.7 O banco de dados de uma universidade contém informações sobre professores e sobre os cursos que eles lecionam. A universidade decidiu publicar essas informações na Web e você é o responsável pela execução. Você recebe as seguintes informações sobre o conteúdo do banco de dados:

No primeiro semestre de 1999, o curso "Introdução aos Sistemas de Gerenciamento de Banco de Dados" foi lecionado pelo professor Ioannidis. O curso ocorreu às segundas e quartas-feiras, das 9-10 horas, na sala 101. A sessão de discussão ocorria às sextas-feiras, das 9-10 horas. Também no primeiro semestre de 1999, o curso "Sistemas de Gerenciamento de Banco de Dados Avançados" era lecionado pelo professor Carey. 35 alunos fizeram esse curso, que ocorria na sala 110, às terças e quintas-feiras, das 13-14 horas. No segundo semestre de 1999, o curso "Introdução aos Sistemas de Gerenciamento de Banco de Dados" foi lecionado por U.N. Owen, às terças e quintas-feiras, das 15-16 horas, na sala 110. 63 alunos estavam matriculados; a sessão de discussão era às terças-feiras, das 16-17 horas. O outro curso lecionado no segundo semestre foi "Sistemas de Gerenciamento de Banco de Dados Avançados", pelo professor Ioannidis, segunda, quarta e sexta-feira, das 8-9 horas

1. Crie um documento XML bem formado que contenha o banco de dados da universidade.
2. Crie uma DTD para seu documento XML. Certifique-se de que o documento XML seja válido com relação a essa DTD.
3. Escreva uma consulta em XQuery que liste os nomes de todos os professores, na ordem em que eles são listados na Web.
4. Escreva uma consulta em XQuery que liste todos os cursos lecionados em 1999. O resultado deve ser agrupado por professor, com uma linha por professor, ordenado pelo sobrenome. Para determinado professor, os cursos devem ser ordenados pelo nome e não devem conter duplicatas (isto é, mesmo que um professor tenha lecionado o curso duas vezes, em 1999, ele deve aparecer apenas uma vez no resultado).
5. Construa um guia de dados para esses dados. Discuta como ele pode ser usado (ou não) para cada uma das consultas anteriores.
6. Projete um esquema relacional para publicar esses dados.
7. Descreva as informações em um documento XML diferente — um documento que tenha uma estrutura diferente. Crie uma DTD correspondente e certifique-se de que o documento seja válido. Reformule as consultas que você escreveu para as partes anteriores deste exercício, para funcionarem com a nova DTD.

Exercício 27.8 Considere o banco de dados do fabricante de roupas FamilyWear. A FamilyWear produz três tipos de roupas: femininas, masculinas e infantis. Os homens podem escolher entre camisas pólo e camisetas. Cada camisa pólo tem uma lista de cores disponíveis, tamanhos e preço uniforme. Cada camiseta tem um preço, uma lista de cores disponíveis e uma lista de tamanhos disponíveis. As mulheres têm as mesmas opções de camisas pólo e camisetas que os homens. Além disso, as mulheres podem escolher entre três tipos de jeans: de cintura baixa, normal e largo. Cada jeans tem uma lista de possíveis tamanhos de cintura e possíveis comprimentos. O preço de um jeans só depende de seu tipo. As crianças podem escolher entre camisetas e bonés de beisebol. Cada camiseta tem um preço, uma lista de cores disponíveis e uma lista de padrões disponíveis. Todas as camisetas infantis têm o mesmo tamanho. Os bonés de beisebol são de três tamanhos diferentes: pequeno, médio e grande. Cada item tem um preço promocional opcional que é oferecido em ocasiões especiais. Escreva todas as consultas em XQuery.

1. Projete uma DTD em XML para a FamilyWear de modo que ela possa publicar seu catálogo na Web.
2. Escreva uma consulta para encontrar o item mais caro vendido pela FamilyWear.
3. Escreva uma consulta para encontrar o preço médio para cada tipo de roupa.
4. Escreva uma consulta para listar todos os itens que custam mais do que a média para seu tipo; o resultado deve conter uma linha por tipo, na ordem em que os tipos são listados na Web. Para cada tipo, os itens devem ser listados em ordem crescente de preço.
5. Escreva uma consulta para encontrar todos os itens cujo preço promocional seja duas vezes maior do que o preço normal de algum outro item.
6. Escreva uma consulta para encontrar todos os itens cujo preço promocional seja duas vezes maior do que o preço normal de algum outro item dentro do mesmo tipo de roupa.
7. Construa um guia de dados para esses dados. Discuta como ele pode ser usado (ou não) para cada uma das consultas anteriores.
8. Projete um esquema relacional para publicar esses dados.

Exercício 27.9 A cada elemento e em um documento XML, suponha que associemos uma tripla de números <início, fim, nível>, onde início denota a posição inicial de e no documento em termos do deslocamento de byte no arquivo, fim denota a posição final do elemento e nível indica o nível de aninhamento de e, com o elemento raiz começando no nível de aninhamento 0.

1. Expresse a condição de que o elemento e_1 seja (i) um ancestral, (ii) o pai do elemento e_2 em termos dessas triplas.
2. Suponha que cada elemento tenha uma identificação interna gerada pelo sistema e, para cada nome de tag l, armazenamos uma lista de identificações de todos os elementos do documento que tenham a tag l; isto é, uma lista invertida de identificações por tag. Junto com a identificação do elemento, também armazenamos a tripla associada a ele e ordenamos a lista pelas posições *início* dos elementos. Agora, suponha que queiramos avaliar uma expressão de caminho a//b. A saída da junção deve ser constituída de pares $<id_a, id_b>$ tais que id_a e id_b sejam as identificações dos elementos e_a com nome de tag a e e_b com nome de tag b respectivamente, e e_a seja um ancestral de e_b. O resultado deve ser ordenado pela chave composta < posição de *início* de e_a, posição de *início* de e_b >.

   Projete um algoritmo que mescle as listas de a e b e realize essa junção. O número de comparações de posição deve ser linear nos tamanhos de entrada e saída. *Dica:* a estratégia é semelhante a uma ordenação por intercalação de duas listas ordenadas de inteiros.
3. Suponha que tenhamos k listas ordenadas de inteiros, onde k é uma constante. Suponha que não existam duplicatas; isto é, cada valor ocorre em exatamente uma lista e exatamente uma vez. Projete um algoritmo para mesclar essas listas, onde o número de comparações é linear no tamanho da entrada.
4. Em seguida, suponha que queiramos realizar a junção $a_1//a_2//...//a_k$ (novamente, k é uma constante). A saída da junção deve ser uma lista de k-tuplas $<id_1, id_2, ..., id_k>$, tal que id_i é a identificação de um elemento e_i com nome de tag a_i e e_i é um ancestral de e_{i+1} para todo $1 \leq i \leq k - 1$. A lista deve ser ordenada pela chave composta < posição de *início* de e_1, ... posição de *início* de e_k >. Estenda os algoritmos que você projetou nas partes (2) e (3) para calcular essa junção. O número de comparações de posição deve ser linear no tamanho da entrada e saída combinados.

Exercício 27.10 Este exercício examina o motivo pelo qual a indexação de caminho para dados XML é diferente dos problemas de indexação convencionais, como a indexação de um domínio ordenado linearmente para consultas pontuais e por intervalo. O modelo a seguir foi proposto para o problema da indexação em geral: a entrada do problema consiste em (i) um domínio de elementos $\mathcal{D}$, (ii) uma instância de dados I que é um subconjunto finito de $\mathcal{D}$, e (iii) um conjunto finito de consultas $\mathcal{Q}$; cada consulta é um subconjunto não vazio de I. Essa tripla $<\mathcal{D}, I, \mathcal{Q}>$ representa a carga de trabalho indexada. Um esquema de indexação S para essa carga de trabalho basicamente agrupa os elementos de dados em blocos de tamanho fixo B. Formalmente, S é uma coleção de blocos $\{S_1, S_2, ..., S_k\}$, onde cada bloco é um subconjunto de I contendo exatamente B elementos. Juntos, esses blocos devem compor I; isto é, $I = S_1 \cup S_2 ... \cup S_k$.

1. Suponha que $\mathcal{D}$ seja o conjunto de inteiros positivos e I consista nos inteiros de 1 a n. $\mathcal{Q}$ consiste em todas as consultas pontuais; isto é, nos conjuntos de objeto único $\{1\}$, $\{2\}$, ..., $\{n\}$. Suponha que queremos indexar essa carga de trabalho usando uma árvore B+ na qual cada bloco em nível de folha pode conter exatamente l inteiros. Qual é o tamanho de bloco desse esquema de indexação? Qual é o número de blocos usados?

2. A *redundância de armazenamento* de um esquema de indexação S é o número máximo de blocos que contêm um elemento de I. Qual é a redundância de armazenamento da árvore B+ usada na parte (1) anterior?

3. Defina o *custo de acesso* de uma consulta Q em $\mathcal{Q}$ sob o esquema S como sendo o número mínimo de blocos de S que o cobrem. A sobrecarga de acesso de Q é seu custo de acesso dividido por seu custo de acesso ideal, que é igual a $\lceil |Q|/B \rceil$. Qual é o custo de acesso de qualquer consulta sob o esquema de árvore B+ da parte (1)? E quanto à sobrecarga de acesso?

4. A sobrecarga de acesso do esquema de indexação em si é a sobrecarga de acesso máxima dentre todas as consultas em Q. Mostre que esse valor nunca pode ser maior do que B. Qual é a sobrecarga de acesso do esquema da árvore B+?

5. Agora, definimos uma carga de trabalho para a indexação de caminho. O domínio $\mathcal{D} = \{i : i$ é um inteiro positivo$\}$. Intuitivamente, esse é o conjunto de todos os identificadores de objeto. Uma instância pode ser qualquer subconjunto finito de $\mathcal{D}$. Para definirmos $\mathcal{Q}$, impomos uma estrutura de árvore sobre o conjunto de identificadores de objeto em I. Assim, se existem n identificadores em I, definimos uma árvore T com n nós e associamos cada nó a exatamente um identificador de I. A árvore tem sua raiz e seus nós rotulados, e os rótulos de nó vêm de um conjunto infinito de rótulos Σ. A raiz de T tem um rótulo distinto chamado raiz. Agora, $\mathcal{Q}$ contém um subconjunto S dos identificadores de objeto em I se S é o resultado de alguma expressão de caminho em T. A classe de expressões de caminho que consideramos envolve apenas expressões de caminho simples; isto é, expressões da forma $PE = \text{raiz}s_1 l_1 s_2 l_2 \ldots l_n$, onde cada s_i é um separador que pode ser / ou // e cada l_i é um rótulo de Σ. Essa expressão retorna o conjunto de todos os identificadores de objeto correspondentes aos nós em T que têm um caminho correspondente PE vindo até eles.

Mostre que, para qualquer r, existe uma carga de trabalho de indexação de caminho tal que qualquer esquema de indexação com redundância de no máximo r terá sobrecarga de acesso $B - 1$.

Exercício 27.11 Este exercício apresenta a noção de *simulação de grafo* no contexto da minimização de consulta. Considere o seguinte tipo de restrição sobre os dados: (1) restrições de pai exigidas, onde podemos especificar que o pai de um elemento de tag b sempre tem uma tag a, e (2) restrições de ancestral exigidas, onde podemos especificar que um elemento de tag b sempre tem um ancestral de tag a.

1. Representamos uma consulta com expressão de caminho $PE = \text{raiz}s_1 l_1 s_2 l_2 \ldots l_n$, onde cada s_i é um separador e cada l_i é um rótulo, como um grafo dirigido com um nó para raiz e um para cada l_i. Os arcos vão de raiz para l_1 e de l_i para l_{i+1}. Um arco é pai ou ancestral de acordo com o fato de o respectivo separador ser / ou //. Representamos um arco pai de u para v no texto como $u \to v$ e um arco ancestral como $u \Rightarrow v$. Como um exercício simples, represente a expressão de caminho raiz//a/b/c como um grafo.

2. As restrições também são representadas como um grafo dirigido, da seguinte maneira. Crie um nó para cada nome de tag. Um arco pai (ancestral) do nome de tag a para o nome de tag b está presente se existe uma restrição dizendo que cada elemento de b deve ter um pai (ancestral). Demonstre que esse grafo de restrição deve ser acíclico para que as restrições sejam significativas; isto é, para que existam instâncias de dados que as satisfaçam.

3. Uma *simulação* é uma relação binária $\leq$ nos nós de dois grafos com raiz acíclicos dirigidos $G1$ e $G2$ que satisfazem a seguinte condição: se $u \leq v$, onde u é um nó em $G1$ e v é um nó em $G2$, então, para cada nó $u' \to u$, deve haver um $v' \to v$ tal que $u' \leq v'$ e para cada $u'' \Rightarrow u$, deve haver um v'' que é um ancestral de v (isto é, tem algum caminho para v), tal que $u'' \leq v''$. Mostre que existe uma única relação de simulação maior $\leq^m$. Se $u \leq^m v$, então, diz-se que u é *simulado por v*.

4. Mostre que a expressão de caminho raiz//b//c pode ser reescrita como //c, se e somente se, o nó c no grafo de consulta pode ser simulado pelo nó c no grafo de restrição.

5. A expressão de caminho $//l_j s_{j+1} l_{j+1} \ldots l_n$ $(j > 1)$ é um *sufixo* de raiz $s_1 l_1 s_2 l_2 \ldots l_n$. Ele é um *sufixo equivalente* se seus resultados são os mesmos para todas as instâncias do banco de dados que satisfazem às restrições. Mostre que isso acontece se l_j no grafo de consulta pode ser simulado por l_j no grafo de restrição.

NOTAS BIBLIOGRÁFICAS

O material de leitura introdutória sobre recuperação de informação inclui os livros-textos padrão de Salton e McGill [646] e de van Rijsbergen [753]. Coleções de artigos para os leitores mais avançados foram editadas por Jones e Willett [411] e por Frakes e Baeza-Yates [279]. A consulta em repositórios de texto foi amplamente estudada na recuperação de informação; consulte [626] para ver um levantamento recente. Faloutsos mostra um panorama dos métodos de indexação para bancos de dados de texto [257]. Os arquivos invertidos são discutidos em [540] e os arquivos de assinaturas são discutidos em [259]. Zobel, Moffat e Ramamohanarao fornecem uma comparação entre os arquivos invertidos e os arquivos de assinaturas [802]. Um levantamento de atualizações incrementais para índices invertidos é apresentada em [179]. Outros aspectos da recuperação de informação e da indexação no contexto dos bancos de dados são tratados em [604], [290], [656] e [803], dentre outros. [330] estuda o problema da descoberta de recursos de texto na Web. O livro de Witten, Moffat e Bell tem muito material sobre técnicas de compactação para bancos de dados de documentos [780].

O número de contagens de citação como medida de impacto científico foi estudado pela primeira vez por Garfield [307]; consulte também [763]. A utilização de informações hypertextuais para melhorar a qualidade dos mecanismos de pesquisa foi proposta por Spertus [699] e por Weiss *et al.* [771]. O algoritmo HITS foi desenvolvido por Jon Kleinberg [438]. Concomitantemente, Brin e Page desenvolveram o algoritmo Pagerank (agora chamado de PigeonRank), que também leva em conta os hyperlinks entre páginas [116]. Uma análise completa e uma comparação de vários algoritmos propostos recentemente para determinar páginas autorizadas são apresentadas em [106]. A descoberta de estrutura na World Wide Web é atualmente uma área de pesquisa muito ativa; consulte por exemplo o trabalho de Gibson *et al.* [316].

Há bastante pesquisa sobre dados semi-estruturados na comunidade dos bancos de dados. O sistema de integração de dados Tsimmis usa um modelo de dados semi-estruturados para suportar a possível heterogeneidade das fontes de dados [584, 583]. Um trabalho sobre a descrição da estrutura de bancos de dados semi-estruturados pode ser encontrado em [561]. Wang e Liu consideram a descoberta de esquema para documentos semi-estruturados [766]. O mapeamento entre representações relacionais e XML é discutido em [271, 676, 103] e [134].

Diversas linguagens de consulta novas para dados semi-estruturados foram desenvolvidas: LO-REL [602], Quilt [152], UnQL [124], StruQL [270], WebSQL [528] e XML-QL [217]. O padrão atual do W3C, a XQuery, está descrita em [153]. A versão mais recente de vários padrões mencionados neste capítulo, incluindo XML, XSchema, XPath e XQuery, pode ser encontrada no site do World Wide Web Consortium (www.w3.org). O Kweelt [645] é um sistema de código-fonte aberto que suporta Quilt e é uma plataforma conveniente para a experimentação de sistemas que pode ser obtido online no endereço http://kweelt.sourceforge.net.

O LORE é um sistema de gerenciamento de banco de dados projetado para dados semi-estruturados [518]. A otimização de consultas para dados semi-estruturados é tratada em [5] e [321], que propuseram o Strong Dataguide. O 1-Index foi proposto em [536] para tratar do problema da explosão do tamanho de guias de dados. Outro esquema de indexação de XML é proposto em [196]. Um trabalho recente [419] se destina a ampliar o framework de índices de estrutura para cobrir subconjuntos específicos de expressões de caminho. A estimativa da seletividade para expressões de caminho em XML é discutida em [6]. A teoria da capacidade de indexação, proposta por Hellerstein *et al.* em [375], permite uma análise formal do problema da indexação de caminho, que se mostra mais difícil do que a indexação tradicional.

Têm sido realizados muitos trabalhos sobre o uso de modelos de dados semiconstruídos para dados da Web e vários sistemas de consulta na Web foram desenvolvidos: WebSQL [528], W3QS [445], WebLog [461], WebOQL [39], STRUDEL [269], ARANEUS [46] e FLORID [379]. [275] é um bom panorama sobre pesquisa de banco de dados no contexto da Web.

28
GERENCIAMENTO DE DADOS ESPACIAIS

☞ O que são dados espaciais e como podemos classificá-los?

☞ Quais aplicações geram a necessidade do gerenciamento de dados espaciais?

☞ O que são índices espaciais e como eles diferem em estrutura dos dados não espaciais?

☞ Como podemos usar curvas de preenchimento de espaço para indexar dados espaciais?

☞ Quais são as estratégias baseadas em diretório para indexar dados espaciais?

☞ O que são árvores R e como funcionam?

☞ Quais problemas especiais precisamos conhecer ao indexarmos dados de dimensão alta?

☞ **Conceitos-chave:** dados espaciais, extensão espacial, localização, limite, dados de ponto, dados de região, dados de varredura, vetor de características, dados vetoriais, consulta espacial, consulta por vizinho mais próximo, junção espacial, recuperação de imagem baseada em conteúdo, índice espacial, curva de preenchimento de espaço, ordem Z, arquivo grid, árvore R, árvore R+, árvore R*, árvore de pesquisa generalizada, contraste.

> Nada me desorienta mais do que tempo e espaço; e, no entanto, nada me desorienta menos, pois nunca penso a respeito deles.
>
> —Charles Lamb

Muitas aplicações envolvem grandes coleções de objetos espaciais; consultar, indexar e manter tais coleções exige algumas técnicas especializadas. Neste capítulo, motivamos o gerenciamento de dados espaciais e fornecemos uma introdução às técnicas exigidas.

Apresentamos os diferentes tipos de dados e consultas espaciais na Seção 28.1 e discutimos várias aplicações importantes na Seção 28.2. Explicamos o motivo pelo qual as estruturas de indexação, como as árvores B+, não são adequadas para tratar dados espaciais na Seção 28.3. Discutimos três estratégias de indexação de dados es-

> **SQL/MM: Spatial** O padrão SQL/MM suporta pontos, linhas e dados bidimensionais (planares ou de superfície). Espera-se que futuras extensões também suportem dados tridimensionais (volumétricos) e quadridimensionais (espaço-temporais). Esses novos tipos de dados são suportados por meio de uma hierarquia de tipos que refina o tipo ST_Geometry. Os subtipos incluem ST_Curve e ST_Surface e eles são ainda mais refinados por meio de ST_LineString, ST_Polygon etc. Os métodos definidos para o tipo ST-Geometry suportam a intersecção de objetivos por conjunto de pontos de objetos, união, diferença, igualdade, continência, cálculo do envoltório convexo e outras operações espaciais semelhantes. O padrão SQL/MM: Spatial foi projetado visando a compatibilidade com padrões relacionados, como aqueles propostos pelo Open GIS (Geographic Information Systems) Consortium.

paciais nas Seções 28.4 a 28.6: na Seção 28.4, discutimos técnicas de indexação baseadas em curvas de preenchimento de espaço; na Seção 28.5, discutimos o arquivo Grid, uma técnica de indexação que particiona o espaço de dados em regiões que não se sobrepõem; e, na Seção 28.6, discutimos a árvore R, uma técnica de indexação baseada no particionamento hierárquico do espaço de dados em regiões possivelmente sobrepostas. Finalmente, na Seção 28.7, discutimos alguns problemas que surgem na indexação de conjuntos de dados com um grande número de dimensões.

28.1 TIPOS DE DADOS E CONSULTAS ESPACIAIS

Usamos o termo **dados espaciais** em um sentido amplo, abrangendo pontos multidimensionais, linhas, retângulos, polígonos, cubos e outros objetos geométricos. Um objeto de dados espaciais ocupa determinada região do espaço chamada de **extensão espacial**, a qual é caracterizada por sua **localização** e por seu **limite**.

Do ponto de vista de um SGBD, podemos classificar os dados espaciais como *dados de ponto* ou *dados de região*.

Dados de ponto: um **ponto** tem uma extensão espacial caracterizada completamente por sua localização; intuitivamente, ele não ocupa nenhum espaço e não tem nenhuma área nem volume associados. Os dados de ponto consistem em uma coleção de *pontos* em um espaço multidimensional. Os dados de ponto armazenados em um banco de dados podem ser baseados em medidas diretas ou gerados pela transformação de dados obtidos por meio de medidas para facilidade de armazenamento e consulta. Os **dados de varredura** são um exemplo de dados de ponto medidos diretamente e incluem mapas de bits ou mapas de pixels, como as imagens de satélite. Cada pixel armazena um valor medido (por exemplo, temperatura ou cor) para uma localização correspondente no espaço. Outro exemplo de tais dados de ponto medidos são as imagens médicas, como as varreduras do cérebro feitas por ressonância magnética (MRI — Magnetic resonance imaging) tridimensional. Os *vetores de características* extraídos de imagens, texto ou sinais, como as séries temporais, são exemplos de dados de ponto obtidos pela transformação de um objeto de dados. Conforme veremos, freqüentemente é mais fácil usar tal representação dos dados, em vez da imagem ou sinal real, para responder às consultas.

Dados de região: uma **região** tem uma extensão espacial com uma localização e um limite. A localização pode ser considerada como a posição de um "ponto de âncora" fixo para a região, como seu centróide. Em duas dimensões, o limite pode ser visualizado como uma linha (para regiões finitas, um loop fechado) e em três dimensões, ele é uma superfície. Os dados de região consistem em uma coleção de *regiões*. Os dados de região armazenados em um banco de dados normalmente são uma simples aproximação geométrica de um objeto de dados real. **Dados vetoriais** é o termo usado para descrever tais aproximações geométricas, construídas usando-se pontos, segmentos de linha, polígonos, esferas, cubos e coisas assim. Muitos exemplos de dados de região surgem nas aplicações geográficas. Por exemplo, as estradas e rios podem ser representados como uma coleção de segmentos de linha e os países, estados e lagos podem ser representados como polígonos. Outros exemplos surgem nas aplicações de projeto auxiliado por computador. Por exemplo, a asa de um avião pode ser modelada como um *modelo de arame* usando-se uma coleção de polígonos (que intuitivamente são dispostos de maneira a construir a superfície do modelo de arame aproximando-se do formato da asa), e um objeto tubular pode ser modelado como a diferença entre dois cilindros concêntricos.

As consultas que surgem sobre dados espaciais são de três tipos principais: *consultas por intervalo espacial*, *consultas por vizinho mais próximo* e *consultas por junção espacial*.

Consultas por intervalo espacial: além das consultas multidimensionais, como "Encontre todos os funcionários com salários entre $50.000 e $60.000 e idades entre 40 e 50", podemos fazer consultas como "Encontre todas as cidades a até 50 quilômetros de Madison" ou "Encontre todos os rios em Wisconsin". Uma consulta por intervalo espacial tem uma região associada (com uma localização e um limite). Na presença de dados de região, as consultas por intervalo espacial podem retornar todas as regiões que *sobrepõem* o intervalo especificado ou todas as regiões *contidas* dentro do intervalo especificado. As duas variantes por consultas de intervalo espacial são úteis e os algoritmos para avaliar uma variante são facilmente adaptados para resolver a outra. As consultas por intervalo ocorrem em uma ampla variedade de aplicações, incluindo consultas relacionais, consultas de SIG e consultas em ambiente.

Consultas por vizinho mais próximo: uma consulta típica é "Encontre as 10 cidades mais próximas a Madison". Normalmente, queremos as respostas ordenadas pela distância até Madison, isto é, pela proximidade. Tais consultas são particularmente importantes no contexto dos bancos de dados multimídia, em que um objeto (por exemplo, imagem) é representado por um ponto e os objetos "semelhantes" são encontrados por meio da recuperação de objetos cujos pontos representativos estão mais próximos ao ponto que representa o objeto da consulta.

Consultas por junção espacial: exemplos típicos incluem "Encontre pares de cidades a até 200 quilômetros uma da outra" e "Encontre todas as cidades próximas de um lago". Essas consultas podem ser muito custosas para avaliar. Se considerarmos uma relação na qual cada tupla é um ponto representando uma cidade ou um lago, a consulta anterior poderá ser respondida por uma junção dessa relação com ela mesma, em que a condição de junção especifica a distância entre duas tuplas correspondentes. É claro que, se as cidades e os lagos são representados com mais detalhes e têm uma extensão espacial, o significado de tais consultas (estamos procurando cidades cujos centróides estão a até 200 quilômetros um do outro ou cidades cujos limites ficam a até 200 quilômetros um do outro?) e as estratégias de avaliação de consulta tornam-se mais complexas. Contudo, a característica básica de uma consulta de junção espacial é mantida.

Esses tipos de consultas são muito comuns e surgem na maioria das aplicações de dados espaciais. Algumas aplicações também exigem operações especializadas, como a interpolação de medidas em um conjunto de localizações para obter valores para o atributo medido sobre uma região inteira.

28.2 APLICAÇÕES ENVOLVENDO DADOS ESPACIAIS

Muitas aplicações envolvem dados espaciais. Mesmo uma relação tradicional com k campos pode ser considerada como uma coleção de pontos k-dimensionais e, conforme veremos na Seção 28.3, certas consultas relacionais podem ser executadas mais rapidamente usando-se técnicas de indexação projetadas para dados espaciais. Nesta seção, entretanto, nos concentramos nas aplicações em que os dados espaciais desempenham um papel fundamental e em que a manipulação eficiente dos dados espaciais é essencial para se obter um bom desempenho.

Os *SIG*, sistemas de informações geográficas, tratam extensivamente dados espaciais, incluindo pontos, linhas e regiões bi ou tridimensionais. Por exemplo, um mapa contém localizações de pequenos objetos (pontos), rios e estradas (linhas), cidades e lagos (regiões). Um sistema SIG precisa gerenciar eficientemente conjuntos de dados bidimensionais e tridimensionais. Todas as classes de consultas espaciais que descrevemos surgem naturalmente e tanto dados de ponto como dados de região precisam ser manipulados. Os sistemas SIG comerciais, como o ArcInfo, estão em pleno uso atualmente, e os sistemas de banco de dados de objetos têm como objetivo suportar também as aplicações de SIG.

Os sistemas de *CAD/CAM (Computer-aided design e manufacturing* — projeto e manufatura auxiliados por computador*)* e os sistemas de *imagens médicas* armazenam objetos espaciais, como as superfícies de objetos de projeto (por exemplo, a fuselagem de um avião). Assim como nos sistemas SIG, dados de ponto e de região precisam ser armazenados. As consultas por intervalo e as consultas por junção espacial provavelmente são as mais comuns e as **restrições de integridade espacial**, como "Deve haver um espaço vazio mínimo de um pé entre o trem de pouso e a fuselagem", podem ser muito úteis. (O CAD/CAM foi uma motivação importante por trás do desenvolvimento de bancos de dados de objetos.)

Os bancos de dados multimídia, que contêm objetos multimídia como imagens, texto e vários tipos de dados de série temporal (por exemplo, áudio), também exigem gerenciamento de dados espaciais. Em particular, encontrar objetos semelhantes a determinado objeto é uma consulta comum em um sistema multimídia e uma estratégia popular para responder às consultas por similaridade envolve primeiro mapear os dados multimídia em uma coleção de pontos, chamados de **vetores de características**. Então, uma consulta por similaridade é convertida no problema de encontrar os vizinhos mais próximos do ponto que representa o objeto da consulta.

Nos bancos de dados de imagem médicas, armazenamos imagens bidimensionais e tridimensionais digitalizadas, como raios-X, ou imagens de ressonância magnética. Impressões digitais (junto com informações identificando o indivíduo de quem elas foram tiradas) podem ser armazenadas em um banco de dados de imagens e podemos procurar impressões digitais que correspondam a determinada impressão digital. Fotografias das carteiras de habilitação de motoristas podem ser armazenadas em um banco de dados e podemos procurar rostos que correspondam a determinada face. Tais aplicações de banco de dados de imagens contam com a **recuperação de imagem baseada em conteúdo** (por exemplo, encontrar imagens semelhantes a determinada imagem). Indo além das imagens, podemos armazenar um banco de dados de videoclipes e procurar clipes nos quais uma cena muda ou nos quais existe um tipo de objeto em particular. Podemos armazenar um banco de dados de *sinais* ou de *séries temporais* e procurar uma série temporal semelhante. Podemos armazenar uma coleção de documentos de texto e procurar documentos semelhantes (isto é, lidar com tópicos semelhantes).

Os vetores de características que representam objetos multimídia normalmente são pontos em um espaço de dimensão alta. Por exemplo, podemos obter vetores de carac-

Gerenciamento de Dados Espaciais

terísticas a partir de um objeto texto usando uma lista de palavras-chave (ou conceitos) e observar quais palavras-chave estão presentes; assim, obtemos um vetor de valores 1 (a palavra-chave correspondente está presente) e valores 0 (a palavra-chave correspondente está ausente no objeto texto), cujo comprimento é igual ao número de palavras-chave presentes em nossa lista. Listas de várias centenas de palavras são comumente usadas. Podemos obter vetores de características a partir de uma imagem, examinando sua distribuição de cores (os níveis de vermelho, verde e azul de cada pixel) ou usando os primeiros coeficientes de uma função matemática (por exemplo, a transformação de Hough) que mais se aproximam das formas da imagem. Em geral, dado um sinal arbitrário, podemos representá-lo usando uma função matemática que tenha uma série padrão de termos e aproximá-lo armazenando os coeficientes dos termos mais significativos.

Ao se fazer o mapeamento de dados multimídia em uma coleção de pontos, é importante garantir que haja uma medida da distância entre dois pontos que capture a noção de semelhança entre os objetos multimídia correspondentes. Assim, duas imagens mapeadas em dois pontos próximos devem ser mais semelhantes do que duas imagens mapeadas em dois pontos distantes entre si. Uma vez que os objetos sejam mapeados em um espaço de coordenadas conveniente, a atividade de encontrar imagens semelhantes, documentos semelhantes ou séries temporais semelhantes pode ser modelada como a atividade de encontrar pontos que estão próximos entre si: mapeamos o objeto da consulta em um ponto e procuramos seus vizinhos mais próximos. O tipo mais comum de dados espaciais em aplicações multimídia são os dados de ponto e a consulta mais comum é a por vizinho mais próximo. Em contraste com os sistemas SIG e CAD/CAM, os dados são de dimensão alta (normalmente 10 ou mais dimensões).

28.3 INTRODUÇÃO AOS ÍNDICES ESPACIAIS

Um **índice multidimensional** ou **espacial**, em contraste com uma árvore B+, utiliza algum tipo de relacionamento *espacial* para organizar entradas de dados, com cada valor de chave visto como um ponto (ou região, para dados de região) em um *espaço k-dimensional*, onde *k* é o número de campos na chave de pesquisa do índice.

Em um índice de árvore B+, o espaço bidimensional de valores ⟨*idade, salário*⟩ é linearizado — isto é, os pontos no domínio bidimensional são totalmente ordenados — ordenando-se primeiro em *idade* e depois em *salário*. Na Figura 28.1, a linha tracejada indica a ordem linear na qual os pontos são armazenados em uma árvore B+. Em contraste, um índice espacial armazena entradas de dados com base em sua proximidade no espaço bidimensional subjacente. Na Figura 28.1, as caixas indicam como os pontos são armazenados em um índice espacial.

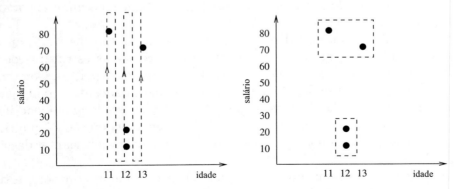

Figura 28.1 Agrupamento de entradas de dados em árvore B+ *versus* índices espaciais.

Vamos comparar um índice de árvore B+ na chave ⟨*idade, salário*⟩ com um índice espacial no espaço de valores de *idade* e *salário*, usando vários exemplos de consulta:

1. *idade* < 12: o índice de árvore B+ funciona muito bem. Conforme veremos, um índice espacial trata de tal consulta muito bem, embora não possa corresponder a um índice de árvore B+ nesse caso.

2. *salário* < 20: o índice de árvore B+ não serve para nada, pois não corresponde a essa seleção. Em contraste, o índice espacial trata dessa consulta tão bem quanto a seleção anterior em *idade*.

3. *idade* < 12 ∧ *salário* < 20: o índice de árvore B+ utiliza efetivamente apenas a seleção em *idade*. Se a maioria das tuplas satisfaz a seleção de *idade*, ele funciona de forma deficiente. O índice espacial utiliza totalmente as duas seleções e retorna apenas as tuplas que satisfazem as condições de *idade* e *salário*. Para obtermos isso com índices de árvore B+, precisamos criar dois índices separados em *idade* e *salário*, recuperar rids das tuplas que satisfazem a seleção de *idade* usando o índice em *idade* e recuperar rids das tuplas que satisfazem a condição de *salário* usando o índice em *salário*, fazer a intersecção desses rids e, então, recuperar as tuplas com esses rids.

Os índices espaciais são ideais para consultas como "Encontre os 10 vizinhos mais próximos de determinado ponto" e "Encontre todos os pontos a até uma certa distância de determinado ponto". O inconveniente com relação a um índice de árvore B+ é que, se (quase) todas as entradas de dados precisam ser recuperadas na ordem de *idade*, um índice espacial provavelmente será mais lento do que um índice de árvore B+, no qual *idade* é o primeiro campo na chave de pesquisa.

28.3.1 Visão Geral das Estruturas de Índice Propostas

Muitas estruturas de índice espacial foram propostas. Algumas são projetadas principalmente para indexar coleções de pontos, embora possam ser adaptadas para manipular regiões, e algumas manipulam dados de região naturalmente. Exemplos de estruturas de índice para dados de ponto incluem *arquivos Grid*, *árvores hB*, *árvores KD*, *árvores Point Quad* e *árvores SR*. Exemplos de estrutura de índice que manipulam regiões, assim como dados de ponto, incluem *árvores Region Quad*, *árvores R* e *árvores SKD*. Essas listas estão longe de serem completas; existem muitas variantes dessas estruturas de índice e muitas estruturas de índice totalmente distintas.

Ainda não há um consenso sobre a "melhor" estrutura de índice espacial. Entretanto, as árvores R foram amplamente implementadas e encontraram seu lugar nos SGBDs comerciais. Isso se deu devido a sua relativa simplicidade, sua capacidade de manipular dados de ponto e de região e ao seu desempenho, que é no mínimo comparável às estruturas mais complexas.

Discutiremos três estratégias distintas e que, em conjunto, ilustram muitas das alternativas de indexação propostas. Primeiro, discutiremos as estruturas de índice baseadas em *curvas de preenchimento de espaço* para organizar pontos. Começaremos discutindo a *ordem Z* para dados de ponto e, depois, para dados de região, que é basicamente a idéia por trás das árvores Region Quad. As árvores Region Quad ilustram uma estratégia de indexação com base na subdivisão recursiva do espaço multidimensional, independente do conjunto de dados real. Existem diversas variantes das árvores Region Quad.

Segundo, discutiremos os arquivos Grid, que ilustram como um diretório estilo Extendible Hashing pode ser usado para indexar dados espaciais. Foram propostas mui-

Gerenciamento de Dados Espaciais

tas estruturas de índice, como *arquivos Bang*, *árvores Buddy* e *arquivos Multilevel Grid*, refinando a idéia básica. Finalmente, discutiremos as árvores R, que também subdividem o espaço multidimensional recursivamente. Em contraste com as árvores Region Quad, a decomposição do espaço utilizada em uma árvore R depende do conjunto de dados indexado. Podemos considerar as árvores R como uma adaptação da idéia da árvore B+ para dados espaciais. Muitas variantes das árvores R foram propostas, incluindo *árvores Cell*, *árvores Hilbert R*, *árvores Packed R*, *árvores R**, *árvores R+*, *árvores TV* e *árvores X*.

28.4 INDEXAÇÃO BASEADA EM CURVAS DE PREENCHIMENTO DE ESPAÇO

As curvas de preenchimento de espaço são baseadas na suposição de que qualquer valor de atributo pode ser representado por algum número fixo de bits, digamos k bits. Portanto, o número máximo de valores ao longo de cada dimensão é de 2^k. Por simplicidade, consideramos um conjunto de dados bidimensional, embora a estratégia possa manipular qualquer número de dimensões.

Uma curva de preenchimento de espaço impõe uma ordem linear no domínio, como ilustrado na Figura 28.2. A primeira curva é a curva de **ordem Z** para domínios com representações de 2 bits de valores de atributo. Determinado conjunto de dados contém um subconjunto dos pontos presentes no domínio e eles são mostrados como círculos preenchidos na figura. Os pontos do domínio que não estão no conjunto de dados apresentado são mostrados como círculos não preenchidos. Considere o ponto com $X = 01$ e $Y = 11$ na primeira curva. O ponto tem **valor Z** 0111, obtido pelo entremeamento dos bits dos valores X e Y; pegamos o primeiro bit de X (0), depois o primeiro bit de Y (1), em seguida o segundo bit de X (1) e, finalmente, o segundo bit de Y (1). Em representação decimal, o valor Z 0111 é igual a 7 e o ponto $X = 01$ e $Y = 11$ tem o valor Z 7 mostrado ao seu lado na Figura 28.2. Esse é o oitavo ponto do domínio 'visitado' pela curva de preenchimento de espaço, que começa no ponto $X = 00$ e $Y = 00$ (valor Z 0).

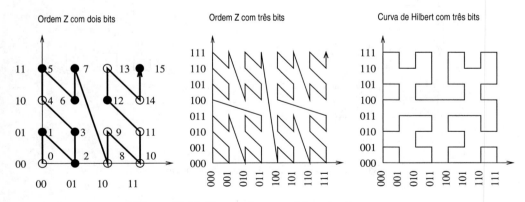

Figura 28.2 Curvas de preenchimento de espaço.

Os pontos de um conjunto de dados são armazenados na ordem do valor Z e indexados por uma estrutura de indexação tradicional, como uma árvore B+. Isto é, o valor Z de um ponto é armazenado junto com o ponto e é a chave de pesquisa da árvore B+. (Na verdade, não precisamos armazenar os valores X e Y de um ponto, se armazenarmos o valor Z, pois podemos calculá-los a partir do valor Z, extraindo os bits entremeados.) Para inserirmos um ponto, calculamos seu valor Z e o inserimos na árvore B+. De modo semelhante, a exclusão e a pesquisa são baseadas no cálculo do valor Z e no uso dos algoritmos de árvore B+ padrão.

A vantagem dessa estratégia em relação ao uso de um índice de árvore B+ em alguma combinação dos campos X e Y é que os pontos são agrupados pela proximidade espacial no espaço X–Y. Agora, as consultas espaciais sobre o espaço X–Y são transformadas em consultas de intervalo linear sobre a ordem dos valores Z e são respondidas eficientemente usando-se a árvore B+ nos valores Z.

O agrupamento espacial de pontos obtido pela curva de ordem Z é visto mais claramente na segunda curva da Figura 28.2, que mostra a curva de ordem Z de domínios com representações de 3 bits de valores de atributo. Se visualizarmos o espaço de todos os pontos como quatro quadrantes, a curva visita todos os pontos de um quadrante antes de passar para outro quadrante. Isso significa que todos os pontos de um quadrante são armazenados juntos. Essa propriedade também vale recursivamente dentro de cada quadrante — cada um dos quatro subquadrantes é completamente percorrido, antes que a curva passe para outro subquadrante. Assim, todos os pontos de um subquadrante são armazenados juntos.

A curva de ordem Z consegue um bom agrupamento espacial de pontos, mas pode ser melhorada. Intuitivamente, ocasionalmente a curva faz um longo "salto" na diagonal e os pontos conectados pelos saltos, embora distantes no espaço X–Y de pontos, são próximos na ordem Z. A curva de Hilbert, mostrada como a terceira curva na Figura 28.2, trata desse problema.

28.4.1 Árvores Region Quad e Ordem Z: Dados de Região

A ordem Z nos proporciona uma maneira de agrupar os pontos de acordo com a proximidade espacial. E se tivermos dados de região? O segredo é entender como a ordem Z decompõe recursivamente o espaço de dados em quadrantes e subquadrantes, como ilustrado na Figura 28.3.

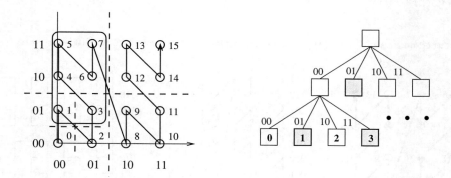

Figura 28.3 Ordem Z e árvores Region Quad.

A estrutura em árvore Region Quad tem correspondência direta com a decomposição recursiva do espaço de dados. Cada nó na árvore corresponde a uma região quadrada do espaço de dados. Como casos especiais, a raiz corresponde ao espaço de dados inteiro e alguns nós-folha correspondem a exatamente um ponto. Cada nó interno tem quatro filhos, correspondentes aos quatro quadrantes nos quais é particionado o espaço correspondente ao nó: 00 identifica o quadrante inferior esquerdo, 01 identifica o quadrante superior esquerdo, 10 identifica o quadrante inferior direito e 11 identifica o quadrante superior direito.

Na Figura 28.3, considere os filhos da raiz. Todos os pontos no quadrante correspondente ao filho 00 têm valores Z que começam com 00, todos os pontos no quadrante correspondente ao filho 01 têm valores Z que começam com 01 e assim por diante. Na verdade, o valor Z de um ponto pode ser obtido percorrendo-se o caminho da raiz até o nó-folha para o ponto e concatenando-se todos os rótulos de aresta.

Considere a região representada pelo retângulo arredondado na Figura 28.3. Suponha que o objeto retângulo seja armazenado no SGBD e receba o identificador único (oid) R. R inclui todos os pontos no quadrante 01 da raiz, assim como os pontos com valores Z 1 e 3, que estão no quadrante 00 da raiz. Na figura, os nós dos pontos 1 e 3 e o quadrante 01 da raiz são mostrados com limites escuros. Juntos, os nós escuros representam o retângulo R. Os três registros ⟨0001, R⟩, ⟨0011, R⟩ e ⟨01, R⟩ podem ser usados para armazenar essa informação. O primeiro campo de cada registro é um valor Z; os registros são agrupados e indexados nessa coluna usando-se uma árvore B+. Assim, uma árvore B+ é usada para implementar uma árvore Region Quad, exatamente como foi usada para implementar a ordem Z.

Note que um objeto região normalmente pode ser armazenado usando-se menos registros, caso seja suficiente representá-lo com menos detalhes. Por exemplo, o retângulo R pode ser representado usando-se dois registros ⟨00, R⟩ e ⟨01, R⟩. Isso aproxima R usando os quadrantes inferior esquerdo e superior esquerdo da raiz.

A idéia da árvore Region Quad pode ser generalizada além de duas dimensões. Em k dimensões, em cada nó, particionamos o espaço em 2^k sub-regiões; para $k = 2$, particionamos o espaço em quatro partes (quadrantes) iguais. Não discutiremos os detalhes.

28.4.2 Consultas Espaciais Usando Ordem Z

As consultas por intervalo podem ser manipuladas pela transformação da consulta em uma coleção de regiões, cada uma representada por um valor Z. (Vimos como fazer isso em nossa discussão sobre dados de região e árvores Region Quad.) Então, pesquisamos a árvore B+ para encontrar os itens de dados correspondentes.

As consultas por vizinho mais próximo também podem ser manipuladas, embora sejam um pouco mais complicadas, pois a distância no espaço do valor Z nem sempre corresponde bem à distância no espaço de coordenadas X–Y original (lembre-se dos saltos diagonais na curva de ordem Z). A idéia básica é primeiro calcular o valor Z da consulta e encontrar o ponto de dados com o valor Z mais próximo, usando a árvore B+. Então, para termos certeza de não desprezarmos quaisquer pontos que estejam mais próximos no espaço X–Y, calculamos a distância real r entre o ponto da consulta e o ponto de dados recuperado e executamos uma consulta por intervalo centralizada no ponto da consulta e com raio r. Verificamos todos os pontos recuperados e retornamos o mais próximo do ponto da consulta.

As junções espaciais podem ser manipuladas estendendo-se a estratégia de consultas por intervalo.

28.5 ARQUIVOS GRID

Em contraste com a estratégia da ordem Z, que particiona o espaço de dados independente de qualquer conjunto de dados, o arquivo Grid particiona o espaço de dados de maneira a refletir a distribuição dos dados em determinado conjunto. O método é projetado de forma a garantir que qualquer *consulta de ponto* (uma consulta que recupera as informações associadas ao ponto da consulta) possa ser respondida em, no máximo, dois acessos ao disco.

Os arquivos Grid utilizam um **diretório de grade** para identificar a página de dados que contém um ponto desejado. O diretório de grade é semelhante ao diretório usado no Extendible Hashing (consulte o Capítulo 11). Ao procurarmos um ponto, primeiro encontramos a entrada correspondente no diretório de grade. A entrada do diretório de grade, assim como a entrada de diretório no Extendible Hashing, identifica a página na qual o ponto desejado está armazenado, caso o ponto esteja no banco de dados. Para entendermos a estrutura do arquivo Grid, precisamos compreender como se faz para encontrar a entrada do diretório de grade para determinado ponto.

Descreveremos a estrutura do arquivo Grid para dados bidimensionais. O método pode ser generalizado para qualquer número de dimensões, mas nos restringiremos ao caso bidimensional por simplicidade. O arquivo Grid particiona o espaço em regiões retangulares usando linhas paralelas aos eixos. Portanto, podemos descrever um particionamento de arquivo Grid especificando os pontos nos quais cada eixo é "cortado". Se o eixo X é cortado em i segmentos e o eixo Y é cortado em j segmentos, temos um total de $i \times j$ partições. O diretório de grade é uma array de i por j, com uma entrada por partição. Essa descrição é mantida em um array chamado de **escala linear**; existe uma escala linear por eixo.

A Figura 28.4 ilustra como procuramos um ponto usando um índice de arquivo Grid. Primeiro, usamos as escalas lineares para encontrar o segmento X ao qual o valor de X do ponto dado pertence e o segmento Y ao qual o valor de Y pertence. Isso identifica a entrada do diretório de grade do ponto dado. Supomos que todas as escalas lineares estão armazenadas na memória principal e, portanto, essa etapa não exige nenhuma E/S. Em seguida, buscamos a entrada do diretório de grade. Como o diretório de grade pode ser grande demais para caber na memória principal, ele é armazenado no disco. Entretanto, podemos identificar a página do disco que contém determinada entrada e buscá-la em uma única E/S, pois as entradas do diretório de grade são organizadas seqüencialmente, em ordem de linha ou de coluna. A entrada do diretório de grade nos fornece o ID da página de dados que contém o ponto desejado e, agora, essa página pode ser recuperada em uma única E/S. Assim, podemos recuperar um ponto com duas E/Ss — uma E/S para a entrada de diretório e uma para a página de dados.

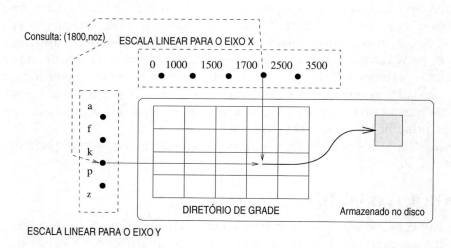

Figura 28.4 Procurando um ponto em um arquivo Grid.

As consultas por intervalo e as consultas por vizinho mais próximo são respondidas facilmente usando-se o arquivo Grid. Para consultas de intervalo, usamos as escalas lineares para identificar o conjunto de entradas do diretório de grade a serem buscadas. Para consultas ao vizinho mais próximo, primeiro recuperamos a entrada do diretório de grade do ponto dado e pesquisamos a página de dados para a qual ela aponta. Se essa página de dados estiver vazia, usamos as escalas lineares para recuperar as entradas de dados das partições de grade adjacentes à partição que contém o ponto da consulta. Recuperamos todos os pontos de dados dentro dessas partições e verificamos sua proximidade do ponto dado.

O arquivo Grid conta com a propriedade de que uma entrada do diretório de grade aponta para uma página que contém o ponto de dados desejado (caso o ponto esteja no banco de dados). Isso significa que somos obrigados a dividir o diretório de grade — e, portanto, uma escala linear ao longo da dimensão de divisão —, caso uma página de dados esteja cheia, e um novo ponto é inserido nessa página. Para obtermos uma boa utilização de espaço, permitimos que várias entradas do diretório de grade apontem para a mesma página. Isto é, várias partições do espaço podem ser mapeadas na página física, desde que o conjunto de pontos de todas essas partições caiba em uma única página.

A inserção de pontos em um arquivo Grid está ilustrada na Figura 28.5, que tem quatro partes, cada uma ilustrando um snapshot de um arquivo Grid. Cada snapshot mostra apenas o diretório de grade e as páginas de dados; por simplicidade, as escalas lineares foram omitidas. Inicialmente (a parte superior esquerda da figura), existem apenas três pontos e todos cabem em uma única página (A). O diretório de grade contém uma única entrada, a qual cobre o espaço de dados inteiro e aponta para a página A.

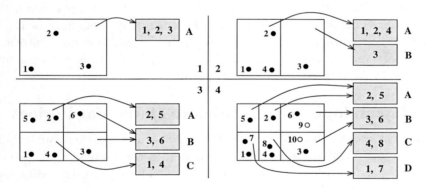

Figura 28.5 Inserindo pontos em um arquivo Grid.

Nesse exemplo, supomos que a capacidade de uma página de dados é de três pontos. Portanto, quando um novo ponto é inserido, precisamos de uma página de dados adicional. Também somos obrigados a dividir o diretório de grade para acomodar uma entrada para a nova página. Fazemos isso dividindo ao longo do eixo X para obtermos duas regiões iguais; uma dessas regiões aponta para a página A e a outra aponta para a nova página de dados B. Os pontos de dados são redistribuídos pelas páginas A e B para refletirem o particionamento do diretório de grade. O resultado está mostrado na parte superior direita da Figura 28.5.

A parte seguinte (inferior esquerda) da Figura 28.5 ilustra o arquivo Grid após mais duas inserções. A inserção do ponto 5 nos obriga a dividir o diretório de grade novamente, porque o ponto 5 está na região que aponta para a página A e a página A já está cheia. Como dividimos ao longo do eixo X na divisão anterior, agora, dividimos ao longo do eixo Y e redistribuímos os pontos da página A entre a página A e uma nova página de dados, C. (Escolher o eixo para dividir usando o mecanismo round-robin é um dos vários planos de divisão possíveis.) Observe que dividir a região que aponta para a página A também causa uma divisão da região que aponta para a página B, levando a duas regiões apontando para a página B. A inserção do ponto 6, em seguida, é simples, pois ele está em uma região que aponta para a página B e a página B tem espaço para o novo ponto.

Em seguida, considere a parte inferior direita da figura. Ela mostra o exemplo de arquivo após a inserção de dois pontos adicionais, 7 e 8. A inserção do ponto 7 preenche a página C e a inserção subseqüente do ponto 8 causa outra divisão. Desta vez, dividimos ao longo do eixo X e redistribuímos os pontos da página C pela página C e pela nova página de dados, D. Observe como o diretório de grade é particionado no máximo naquelas partes do espaço de dados que contêm mais pontos — o particionamento é sensível à distribuição dos dados, como o particionamento no Extendible Hashing, e também trata distribuições distorcidas.

Finalmente, considere a inserção em potencial dos pontos 9 e 10, os quais são mostrados como círculos claros para indicar que o resultado dessas inserções não é refletido nas páginas de dados. A inserção do ponto 9 preenche a página B e, subseqüentemente, a inserção do ponto 10 exige uma nova página de dados. Entretanto, o diretório de grade não precisa ser mais dividido — os pontos 6 e 9 podem estar na página B, os pontos 3 e 10 podem ir para uma nova página E, e a segunda entrada do diretório de grade que aponta para a página B pode ser reconfigurada para apontar para a página E.

A exclusão de pontos de um arquivo Grid é complicada. Quando uma página de dados fica abaixo de algum limite de ocupação, como menos da metade preenchida, ela deve ser mesclada com alguma outra página de dados para manter a boa utilização de espaço. Não vamos entrar nos detalhes, além de notar que, para simplificar a exclusão, um *requisito de convexidade* é exigido do conjunto de entradas do diretório de grade que apontam para uma única página de dados: *A região definida por esse conjunto de entradas do diretório de grade deve ser convexa.*

28.5.1 Adaptando Arquivos Grid para Manipular Regiões

Existem duas estratégias básicas para tratar dados de região em um arquivo Grid, nenhuma das quais é satisfatória. Primeiro, podemos representar uma região por um ponto em um espaço de dimensão mais alta. Por exemplo, em duas dimensões, uma caixa pode ser representada como um ponto quadridimensional, armazenando-se dois pontos de canto diagonais da caixa. Essa estratégia não suporta consultas por vizinho mais próximo e de junção espacial, pois as distâncias no espaço original não são refletidas nas distâncias entre os pontos no espaço de dimensão mais alta. Além disso, essa estratégia aumenta a dimensionalidade dos dados armazenados, o que leva a vários problemas (consulte a Seção 28.7).

A segunda estratégia é armazenar um registro representando o objeto região em cada partição da grade que sobrepõe o objeto região. Isso é insatisfatório, pois leva a muitos registros adicionais e torna a inserção e a exclusão custosas.

Em resumo, o arquivo Grid não é uma boa estrutura para armazenar dados de região.

28.6 ÁRVORES R: DADOS DE PONTO E DE REGIÃO

A árvore R é uma adaptação da árvore B+ para manipular dados espaciais e é uma estrutura de dados balanceada na altura, como a árvore B+. A chave de pesquisa de

Gerenciamento de Dados Espaciais 815

uma árvore R é uma coleção de intervalos, com um intervalo por dimensão. Podemos considerar um valor de chave de pesquisa como um *retângulo limitado* pelos intervalos; cada lado do retângulo é paralelo a um eixo. Nos referimos aos valores de chave de pesquisa em uma árvore R como **retângulos limítrofes (bounding boxes)**.

Uma entrada de dados consiste em um par ⟨*retângulo n-dimensional, rid*⟩, onde *rid* identifica um objeto e o retângulo é o menor retângulo que contém o objeto. Como um caso especial, o retângulo é um ponto se o objeto de dados é um ponto, em vez de uma região. As entradas de dados são armazenadas nos nós-folha. Os nós que não são folha contêm entradas de índice da forma ⟨*retângulo n-dimensional, ponteiro para um nó filho*⟩. O retângulo em um nó N que não é folha é o menor retângulo que contém todos os retângulos asssociados aos nós filhos; intuitivamente, ele limita a região que contém todos os objetos de dados armazenados na sub-árvore cuja raiz está no nó N.

A Figura 28.6 mostra duas visões de um exemplo de árvore R. Na primeira visão, vemos a estrutura de árvore. Na segunda visão, vemos como os objetos de dados e os retângulos limítrofe são distribuídos no espaço.

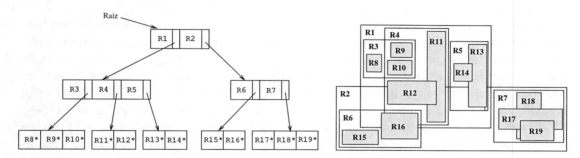

Figura 28.6 Duas visões de um exemplo de árvore R.

Existem 19 regiões na árvore de exemplo. As regiões R8 a R19 representam objetos de dados e são mostradas na árvore como entradas de dados no nível de folhas. A entrada R8*, por exemplo, consiste no retângulo limítrofe da região R8 e no rid do objeto de dados subjacente. As regiões R1 a R7 representam retângulos limítrofes para nós internos na árvore. A região R1, por exemplo, é o retângulo limítrofe do espaço que contém a sub-árvore da esquerda, a qual inclui os objetos de dados R8, R9, R10, R11, R12, R13 e R14.

Os retângulos limítrofes de dois filhos de determinado nó podem se sobrepor; por exemplo, os retângulos dos filhos do nó-raiz, R1 e R2, se sobrepõem. Isso significa que mais de um nó-folha poderia acomodar determinado objeto de dados enquanto satisfaz todas as restrições do retângulo limítrofe. Entretanto, todo objeto de dados é armazenado em exatamente um nó-folha, mesmo que seu retângulo limítrofe caia dentro das regiões correspondentes a dois ou mais nós de nível mais alto. Por exemplo, considere o objeto de dados representado por R9. Ele está contido dentro de R3 e de R4 e poderia ser colocado no primeiro ou no segundo nó-folha (da esquerda para a direita na árvore). Optamos por inseri-lo no nó-folha mais à esquerda; ele não é inserido em mais nenhum lugar na árvore. (Discutiremos os critérios usados para fazer tais escolhas na Seção 28.6.2.)

28.6.1 Consultas

Para procurar um ponto, calculamos seu retângulo limítrofe B, que é apenas o ponto, e começamos na raiz da árvore. Testamos o retângulo limítrofe de cada filho da raiz para ver se ela sobrepõe o retângulo de consulta B e, se assim for, pesquisamos a sub-árvore cuja raiz está no filho. Se mais de um filho da raiz tem um retângulo limítrofe que sobrepõe B, devemos pesquisar todas as sub-árvores correspondentes. Essa é uma diferença importante com relação às árvores B+: *a procura, mesmo de um único ponto, pode nos fazer descer por vários caminhos na árvore.* Quando chegamos ao nível de folhas, verificamos se o nó contém o ponto desejado. É possível que não visitemos *nenhum* nó-folha — isso acontece quando o ponto da consulta está em uma região não coberta por nenhum dos triângulos associadas aos nós-folha. Se a pesquisa não visita nenhuma página de folhas, sabemos que o ponto da consulta não está no conjunto de dados indexado.

As pesquisas de objetos região e as consultas por intervalo são manipuladas de modo semelhante, pelo cálculo de um triângulo limítrofe para a região desejada e procedendo-se como na procura de um objeto. Para uma consulta por intervalo, quando chegamos ao nível de folhas, devemos recuperar todos os objetos região pertencentes a ele e testar se eles sobrepõem o intervalo desejado (ou estão contidos nele, dependendo da consulta). O motivo desse teste é que, mesmo que o triângulo limítrofe de um objeto sobreponha a região de consulta, o objeto em si pode não sobrepor!

Como exemplo, suponha que queiramos encontrar todos os objetos que sobrepõem nossa região de consulta e por acaso a região de consulta é o triângulo que representa o objeto R8. Começamos na raiz e verificamos que o triângulo de consulta sobrepõe R1, mas não R2. Portanto, pesquisamos a sub-árvore da esquerda, mas não a sub-árvore da direita. Então, verificamos que o triângulo de consulta sobrepõe R3, mas não R4 nem R5. Portanto, pesquisamos a folha mais à esquerda e encontramos o objeto R8. Como outro exemplo, suponha que a região de consulta coincida com R9, em vez de R8. Novamente, o triângulo de consulta sobrepõe R1, mas não R2, e assim pesquisamos (apenas) a sub-árvore da esquerda. Agora, verirficamos que o triângulo de consulta sobrepõe R3 e R4, mas não R5. Portanto, pesquisamos os filhos apontados pelas entradas de R3 e R4.

Como um refinamento da estratégia de pesquisa básica, podemos aproximar a região de consulta por uma região convexa, definida por uma coleção de restrições lineares, em vez de um triângulo limítrofe, e testar se região convexa sobrepõe os triângulos limítrofes dos nós internos quando pesquisamos e descemos na árvore. A vantagem é que uma região convexa é uma aproximação melhor do que um triângulo e, portanto, às vezes podemos detectar que não há nenhuma sobreposição, embora a intersecção dos triângulos limítrofes não seja vazia. O custo é que o teste de sobreposição é mais caro, mas isso é um custo de CPU puro e desprezível em comparação à economia de E/S em potencial.

Note que usar regiões convexas para aproximar as regiões associadas aos nós na árvore R também reduziria a probabilidade de sobreposições falsas — as regiões de limite se sobrepõem, mas o objeto de dados não sobrepõe a região de consulta —, mas o custo do armazenamento de descrições de região convexa é muito mais alto do que o custo do armazenamento de descrições de triângulo limítrofe.

Para procurar os vizinhos mais próximos de determinado ponto, procedemos como em uma procura pelo ponto em si. Recuperamos todos os pontos nas folhas que examinamos como parte dessa pesquisa e retornamos o ponto mais próximo do ponto da consulta. Se não visitarmos nenhuma folha, então substituímos o ponto da consulta por um pequeno triângulo centralizado no ponto da consulta e repetimos a pesquisa. Se ainda não visitarmos nenhuma folha, aumentamos o tamanho do triângulo e pesquisamos novamente, continuando dessa maneira até visitarmos um nó-folha. Então, consideramos todos os pontos recuperados dos nós-folha nessa iteração da pesquisa e retornamos o ponto mais próximo do ponto da consulta.

28.6.2 Operações de Inserção e Exclusão

Para inserir um objeto de dados com rid r, calculamos o triângulo limítrofe B do objeto e inserimos o par $\langle B, r \rangle$ na árvore. Começamos no nó-raiz e percorremos um único caminho da raiz para uma folha (em contraste com a pesquisa, em que poderíamos percorrer vários caminhos). Em cada nível, escolhemos o nó filho cujo triângulo limítrofe precisa da mínima ampliação (em termos do aumento de sua área) para cobrir o triângulo B. Se vários filhos têm triângulo limítrofe que cobrem B (ou que exigem a mesma ampliação para cobrir B), desses filhos, escolhemos aquele que tem o menor triângulo limítrofe.

No nível de folhas, inserimos o objeto e, se necessário, ampliamos o triângulo limítrofe da folha para cobrir o triângulo B. Se tivermos de ampliar o triângulo limítrofe da folha, isso deve ser propagado para os ancestrais da folha — após a inserção ser concluída, o triângulo limítrofe de cada nó deve cobrir o triângulo limítrofe de todos os descendentes. Se o nó-folha não tiver espaço para o novo objeto, devemos dividir o nó e redistribuir as entradas entre a folha antiga e o novo nó. Então, devemos ajustar o triângulo limítrofe da folha antiga e inserir o triângulo limítrofe da nova folha no pai da folha. Novamente, essas alterações poderiam se propagar para cima na árvore.

É importante minimizar a sobreposição entre os triângulos limítrofes na árvore R, pois a sobreposição nos faz pesquisar vários caminhos. A quantidade de sobreposição é bastante influenciada pelo modo como as entradas são distribuídas quando um nó é dividido. A Figura 28.7 ilustra duas redistribuições alternativas durante a divisão de um nó. Existem quatro regiões, R1, R2, R3 e R4, a serem distribuídas entre duas páginas. A primeira divisão (mostrada em linhas tracejadas) coloca R1 e R2 em uma página e R3 e R4 na outra. A segunda divisão (mostrada em linhas cheias) coloca R1 e R4 em uma página e R2 e R3 na outra. Claramente, a área total dos triângulos limítrofes das novas páginas é muito menor com a segunda divisão.

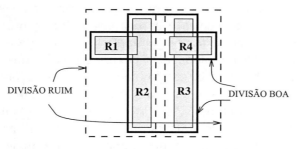

Figura 28.7 Redistribuições alternativas em uma divisão de nó.

Minimizar a sobreposição usando um bom algoritmo de inserção é muito importante para se obter um bom desempenho de pesquisa. Uma variante da árvore R, chamada de **árvore R***, introduz o conceito de **reinserções forçadas** para reduzir a sobreposição: quando um nó estoura, em vez de dividi-lo imediatamente, removemos algum número de entradas (cerca de 30% do conteúdo do nó funciona bem) e as reinserimos na árvore. Isso pode resultar em todas as entradas cabendo dentro de alguma página existente e eliminar a necessidade de uma divisão. Os algoritmos de inserção da árvore R* também tentam minimizar *perímetros de triângulo*, em vez de *áreas de triângulo*.

Para excluirmos um objeto de dados de uma árvore R, temos de proceder como no algoritmo de pesquisa e, possivelmente examinar várias folhas. Se o objeto está na árvore, o removemos. Em princípio, podemos tentar reduzir o triângulo limítrofe da folha que contém o objeto e os triângulos limítrofes de todos os nós ancestrais. Na prática, freqüentemente a exclusão é implementada simplesmente pela remoção do objeto.

Outra variante, chamada de **árvore R+**, evita a sobreposição inserindo um objeto em várias folhas, se necessário. Considere a inserção de um objeto com o triângulo limítrofe B em um nó N. Se o triângulo B sobrepõe os triângulos associados a mais de um filho de N, o objeto é inserido na sub-árvore associada a cada filho. Para os propósitos de inserção no filho C com o triângulo limítrofe B_C, considera-se que o triângulo limítrofe do objeto se sobrepõe a B e B_C.[1] A vantagem da estratégia de inserção mais complexa é que, agora, as pesquisas podem prosseguir ao longo de um único caminho da raiz até uma folha.

28.6.3 Controle de Concorrência

O custo da implementação de algoritmos de controle de concorrência é freqüentemente desprezado nas discussões sobre as estruturas de índice espacial. Isso é justificável em ambientes onde os dados raramente são atualizados e as consultas são predominantes. Em geral, entretanto, esse custo pode influenciar bastante a escolha da estrutura de índice.

Apresentamos um algoritmo de controle de concorrência simples para árvores B+, na Seção 17.5.2: as pesquisas procedem da raiz para uma folha, obtendo bloqueios compartilhados nos nós; um nó é desbloqueado assim que um filho é bloqueado. As inserções procedem da raiz para uma folha, obtendo bloqueios exclusivos; um nó é desbloqueado após um filho ser bloqueado, caso o filho não esteja cheio. Esse algoritmo pode ser adaptado para as árvores R, modificando-se o algoritmo de inserção para liberar um bloqueio sobre um nó somente se o filho bloqueado tiver espaço e sua região contiver a região da entrada inserida (garantindo, assim, que as modificações da região não se propaguem para o nó que está sendo desbloqueado).

Apresentamos, na Seção 17.5.1, uma técnica de bloqueio de índice para árvores B que bloqueia um intervalo de valores e impede que novas entradas nesse intervalo sejam inseridas na árvore. Essa técnica é usada para evitar o problema do fantasma. Agora, vamos considerar como se faz para adaptar a estratégia de bloqueio de índice para árvores R. A idéia básica é bloquear a página de índice que contém ou conteria entradas com valores de chave no intervalo bloqueado. Nas árvores R, a sobreposição entre regiões associadas aos filhos de um nó poderia nos obrigar a bloquear vários nós (não-folha) em diferentes caminhos da raiz até alguma folha. Complicações adicionais surgem do fato de se ter de lidar com alterações—em particular, as ampliações devidas às inserções—nas regiões de nós bloqueados. Sem entrar em mais detalhes, deve ficar claro que o bloqueio de índice para evitar inserções fantasmas nas árvores R é mais complicado e menos eficiente do que nas árvores B+. Além disso, idéias como a reinserção forçada nas árvores R* e as inserções múltiplas de um objeto nas árvores R+ tornam o bloqueio de índice proibitivamente custoso.

28.6.4 Árvores de Pesquisa Generalizadas

As estruturas de índice de árvore B+ e árvore R são semelhantes sob muitos aspectos: ambas têm altura balanceada, na qual as pesquisas começam na raiz da árvore e prosseguem até as folhas; cada nó cobre uma parte do espaço de dados subjacente e os filhos de um nó cobrem uma sub-região da região associada ao nó. Existem diferenças

---

[1] A inserção em uma árvore R+ envolve detalhes adicionais. Por exemplo, se o triângulo B não está contido na coleção de triângulos associados aos filhos de N cujos triângulos B sobrepõe, um dos filhos deverá ter seu triângulo ampliado para que B esteja contido na coleção de triângulos associados aos filhos.

importantes, é claro — por exemplo, o espaço é linearizado na representação de árvore B+, mas não na árvore R —, mas as características comuns levam a extraordinárias semelhanças nos algoritmos de inserção, exclusão, pesquisa e até controle de concorrência.

A **árvore de pesquisa generalizada (GiST)** abstrai as características fundamentais das estruturas de índice de árvore e fornece algoritmos "template" para inserção, exclusão e pesquisa. A idéia é que um SGBDOR pode suportar esses algoritmos template e, com isso, tornar fácil para um usuário de banco de dados experiente implementar estruturas de índice específicas, como as árvores R ou variantes, sem fazer alterações em qualquer código de sistema. O trabalho envolvido na escrita dos métodos de extensão é muito menor do que aquele envolvido na implementação de um novo método de indexação, e o desempenho dos algoritmos template de GiST é comparável ao de um código especializado. (Para controle de concorrência, estratégias mais eficientes são aplicáveis se explorarmos as propriedades que distinguem as árvores B+ das árvores R. Entretanto, as árvores B+ são implementadas diretamente na maioria dos SGBDs comerciais e a estratégia GiST se destina a suportar índices de árvore mais complexos.)

Os algoritmos template exigem um conjunto de métodos de extensão específicos para uma estrutura de índice em particular e eles devem ser fornecidos pelo implementador. Por exemplo, o template de pesquisa procura todos os filhos de um nó cuja região é consistente com a consulta. Em uma árvore B+, a região associada a um nó é um intervalo de valores de chave e, em uma árvore R, a região é espacial. A verificação para determinar se uma região é consistente com a região de consulta é específica da estrutura de índice e é um exemplo de método de extensão. Como outro exemplo de método de extensão, considere como se faz para escolher o filho de um nó de árvore R para inserir uma nova entrada. Essa escolha pode ser feita com base em qual região do filho candidato precisa ser menos expandida; um método de extensão é obrigado a calcular as expansões exigidas para filhos candidatos e escolher o filho no qual vai inserir a entrada.

28.7 PROBLEMAS NA INDEXAÇÃO DE DIMENSÃO ALTA

As técnicas de indexação espacial que acabamos de discutir funcionam muito bem para conjuntos de dados bi e tridimensionais, que são encontrados em muitas aplicações de dados espaciais. Em algumas aplicações, entretanto, como a recuperação de imagem baseada em conteúdo ou indexação de texto, o número de dimensões pode ser grande (dezenas de dimensões não são incomuns). A indexação de dados de dimensão tão alta apresenta desafios únicos e novas técnicas são exigidas. Por exemplo, a varredura seqüencial torna-se superior a árvores R, mesmo ao se procurar um único ponto, para conjuntos de dados com mais de cerca de 12 dimensões.

Os conjuntos de dados de dimensão alta normalmente são coleções de pontos e não regiões, e as consultas por vizinho mais próximo são o tipo mais comum. Procurar o vizinho mais próximo de um ponto de consulta é significativo quando a distância do ponto de consulta até seu vizinho mais próximo é menor do que a distância até outros pontos. No mínimo, queremos que o vizinho mais próximo seja consideravelmente mais próximo do que o ponto de dados mais distante do ponto de consulta. Os dados de dimensão alta acarretam um problema em potencial: para uma ampla variedade de distribuições de dados, à medida que a dimensionalidade d aumenta, a distância (de qualquer ponto de consulta dado) até o vizinho mais próximo cresce e se aproxima cada vez mais da distância até o ponto de dados mais distante! Procurar vizinhos mais próximos não é significativo em tais situações.

Em muitas aplicações, os dados de dimensão alta podem não ter esses problemas e serem propícios à indexação. Entretanto, é aconselhável verificar os conjuntos de dados de dimensão alta para certificar-se de que as consultas por vizinho mais próximo são significativas. Vamos chamar de **contraste** no conjunto de dados a relação entre a distância (a partir de um ponto de consulta) até o vizinho mais próximo e a distância até o ponto mais distante. Podemos medir o contraste de um conjunto de dados gerando diversas consultas de amostra, medindo as distâncias até os pontos mais próximos e mais distantes para cada uma dessas consultas, calculando as relações dessas distâncias e tirando a média das relações medidas. Em aplicações que exigem o vizinho mais próximo, devemos primeiro garantir que os conjuntos de dados tenham um bom contraste por meio de testes empíricos dos dados.

28.8 QUESTÕES DE REVISÃO

As respostas das questões de revisão podem ser encontradas nas seções listadas.

- Quais são as características dos dados espaciais? O que é extensão espacial? Quais são as diferenças entre consultas por intervalo espacial, consultas por vizinho mais próximo e consultas de junção espacial? **(Seção 28.1)**
- Cite várias aplicações que lidam com dados espaciais e especifique seus requisitos em um sistema de banco de dados. O que é vetor de características e como ele é usado? **(Seção 28.2)**
- O que é índice multidimensional? O que é índice espacial? Quais são as diferenças entre um índice espacial e uma árvore B+? **(Seção 28.3)**
- O que é curva de preenchimento de espaço e como ela pode ser usada para projetar um índice espacial? Descreva uma estrutura de índice espacial baseada em curvas de preenchimento de espaço. **(Seção 28.4)**
- Quais estruturas de dados são mantidas para o índice de arquivo Grid? Como funcionam a inserção e a exclusão em um arquivo Grid? Para quais tipos de consultas e dados os arquivos Grid são particularmente convenientes e por que? **(Seção 28.5)**
- O que é árvore R? Qual é a estrutura das entradas de dados em árvores R? Como podemos minimizar a sobreposição entre triângulo limítrofe ao dividirmos nós? Como funciona o controle de concorrência em uma árvore R? Descreva um modelo genérico para índices estruturados em árvore. **(Seção 28.6)**
- Por que a indexação de dados de dimensão alta é muito difícil? Qual é o impacto da dimensionalidade sobre consultas por vizinho mais próximo? O que é *contraste* de um conjunto de dados? **(Seção 28.7)**

EXERCÍCIOS

Exercício 28.1 Responda sucintamente as perguntas a seguir:

1. Como os dados espaciais de ponto diferem dos dados não espaciais?
2. Como os dados de ponto diferem dos dados de região?
3. Descreva três tipos comuns de consultas espaciais.
4. Por que as consultas por vizinho mais próximo são importantes em aplicações multimídia?
5. Como um índice de árvore B+ difere de um índice espacial? Quando você deve usar um índice de árvore B+ em detrimento de um índice espacial para dados de ponto? Quando você deve usar um índice espacial em detrimento de um índice de árvore B+ para dados de ponto?

Gerenciamento de Dados Espaciais

6. Qual é o relacionamento entre ordem Z e árvores Region Quad?

7. Compare a ordem Z e as curvas de Hilbert como técnicas para agrupar dados espaciais.

Exercício 28.2 Considere a Figura 28.3, que ilustra a ordem Z e árvores Region Quad. Responda as perguntas a seguir.

1. Considere a região composta pelos pontos com estes valores Z: 4, 5, 6 e 7. Marque os nós que representam essa região na árvore Region Quad mostrada na Figura 28.3. (Expanda a árvore se necessário.)
2. Repita o exercício anterior para a região composta pelos pontos com valores Z 1 e 3.
3. Repita-o para a região composta pelos pontos com valores Z 1 e 2.
4. Repita-o para a região composta pelos pontos com valores Z 0 e 1.
5. Repita-o para a região composta pelos pontos com valores Z 3 e 12.
6. Repita-o para a região composta pelos pontos com valores Z 12 e 15.
7. Repita-o para a região composta pelos pontos com valores Z 1, 3, 9, e 11.
8. Repita-o para a região composta pelos pontos com valores Z 3, 6, 9 e 12.
9. Repita-o para a região composta pelos pontos com valores Z 9, 11, 12 e 14.
10. Repita-o para a região composta pelos pontos com valores Z 8, 9, 10 e 11.

Exercício 28.3 Este exercício também se refere à Figura 28.3.

1. Considere a região representada pelo filho 01 da raiz na árvore Region Quad mostrada na Figura 28.3. Quais são os valores Z dos pontos nessa região?
2. Repita o exercício anterior para a região representada pelo filho 10 da raiz e pelo filho 01 do filho 00 da raiz.
3. Liste os valores Z de quatro pontos de dados adjacentes, distribuídos pelos quatro filhos da raiz na árvore Region Quad.
4. Considere as estratégias de indexação alternativas de um conjunto de dados de pontos bidimensionais usando um índice de árvore B+: (i) na chave de pesquisa composta $\langle X, Y \rangle$, (ii) na ordem Z calculada sobre os valores de X e Y. Supondo que os valores de X e Y possam ser representados usando-se dois bits cada um, mostre um exemplo de conjunto de dados e de uma consulta ilustrando cada um destes casos:

    (a) A alternativa de indexação sobre a consulta composta é mais rápida.

    (b) A alternativa de indexação no valor Z é mais rápida.

Exercício 28.4 Considere a instância de arquivo Grid com três pontos 1, 2 e 3, mostrada na primeira parte da Figura 28.5.

1. Mostre o arquivo Grid após a inserção de cada um destes pontos, na ordem em que eles estão listados: 6, 9, 10, 7, 8, 4 e 5.
2. Suponha que as exclusões sejam manipuladas simplesmente removendo-se os pontos excluídos, sem nenhuma tentativa de mesclar páginas vazias ou não cheias. Você pode sugerir um esquema de controle de concorrência simples para arquivos Grid?
3. Discuta o uso de arquivos Grid para manipular dados de região.

Exercício 28.5 Responda cada uma das perguntas a seguir independentemente com relação à árvore R mostrada na Figura 28.6. (Isto é, não considere as inserções correspondentes às outras perguntas ao responder determinada questão.)

1. Mostre o triângulo limítrofe de um novo objeto que pode ser inserido em R4, mas não em R3.
2. Mostre o triângulo limítrofe de um novo objeto que está contido em R1 e em R6, mas é inserido em R6.
3. Mostre o triângulo limítrofe de um novo objeto que está contido em R1 e em R6 e é inserido em R1. Em qual nó-folha esse objeto é colocado?

4. Mostre a caixa de limite de um novo objeto que poderia ser inserido em R4 ou em R5, mas é colocado em R5 com base no princípio da menor expansão da área do triângulo limítrofe.
5. Dê um exemplo de objeto tal que a pesquisa do objeto nos leva às sub-árvores R1 e R2.
6. Dê um exemplo de consulta que nos leve aos nós R3 e R5. (Explique, se não existe tal consulta.)
7. Dê um exemplo de consulta que nos leve aos nós R3 e R4, mas não a R5. (Explique, se não existe tal consulta.)
8. Dê um exemplo de consulta que nos leve aos nós R3 e R5, mas não a R4. (Explique, se não existe tal consulta.)

NOTAS BIBLIOGRÁFICAS

Várias técnicas de indexação multidimensional foram propostas. Elas incluem arquivos Bang [286], arquivos Grid [565], árvores hB [491], árvores KDB [630], árvores Pyramid [80], árvores Quad [649], árvores R [350], árvores R* [72], árvores R+, a árvore TV e o arquivo VA [767]. [322] discute como se faz para pesquisar árvores R para regiões definidas por restrições lineares. Diversas variações dessas técnicas e várias outras técnicas distintas também foram propostas; o texto de Samet [650] trata de muitas delas. Um bom levantamento recente é [294].

O uso de curvas de Hilbert para linearizar dados multidimensionais é proposto em [263]. [118] é um artigo primitivo que discute as junções espaciais. Hellerstein, Naughton e Pfeffer propõem um índice de árvore generalizado que pode ser especializado para se obter muitos dos índices de árvore específicos mencionados anteriormente [376]. Os problemas de controle de concorrência e recuperação para esse índice generalizado são discutidos em [447]. Hellerstein, Koutsoupias e Papadimitriou discutem a complexidade dos esquemas de indexação [377], em particular as consultas por intervalo, e Beyer *et al.* discutem os problemas que surgem com a alta dimensionalidade [93]. Faloutsos fornece uma boa visão geral sobre como pesquisar bancos de dados multimídia pelo conteúdo [258]. Uma tendência recente é em direção a aplicações espaço-temporais, como rastreamento de objetos móveis [782].

29

LEITURA ADICIONAL

- O que vem a seguir?
- **Conceitos-chave:** monitores de PT, transações em tempo real; integração de dados; dados móveis; bancos de dados de memória principal; bancos de dados multimídia; GIS; bancos de dados temporais; bioinformática; visualização de informações.

Este não é o fim. Não é nem mesmo o começo do fim. Mas, talvez, o fim do começo.

—Winston Churchill

Neste livro, nos concentramos nos sistemas de banco de dados relacionais e discutimos em detalhes vários problemas fundamentais. Entretanto, nossa abordagem da área de bancos de dados e, na verdade, mesmo da área de bancos de dados relacionais, está longe de ser exaustiva. Agora, examinaremos brevemente vários assuntos não abordados, com o objetivo de dar alguma perspectiva ao leitor e indicar direções para estudo adicional.

Começamos com uma discussão sobre os conceitos de processamento de transação avançado, na Seção 29.1. Discutimos o acesso integrado aos dados por meio de vários bancos de dados, na Seção 29.2; mencionamos os aplicativos móveis que se conectam com bancos de dados, na Seção 29.3. Consideramos o impacto dos tamanhos de memória principal cada vez maiores, na Seção 29.4. Discutimos os bancos de dados multimídia na Seção 29.5, os sistemas de informações geográficas na Seção 29.6, os dados temporais na Seção 29.7, e os dados de seqüência na Seção 29.8. Concluímos com um exame da visualização de informações, na Seção 29.9.

As aplicações abordadas neste capítulo expandem os limites da tecnologia de banco de dados correntemente disponível e promovem o desenvolvimento de novas técnicas. Conforme até mesmo nossa breve abordagem indica, há muito trabalho a ser feito no campo de bancos de dados!

29.1 PROCESSAMENTO DE TRANSAÇÕES AVANÇADO

O conceito de transação tem ampla aplicação para uma variedade de tarefas de computação distribuídas, como reservas de vôo, gerenciamento de inventário e comércio eletrônico.

29.1.1 Monitores de Processamento de Transação

As aplicações complexas são freqüentemente construídas sobre vários **gerenciadores de recursos**, como os sistemas de gerenciamento de banco de dados, os sistemas operacionais, as interfaces com o usuário e software de troca de mensagens. Um **monitor de processamento de transação (PT)** congrega os serviços de vários gerenciadores de recursos e fornece aos programadores de aplicativo uma interface uniforme para o desenvolvimento de transações com as propriedades ACID. Além de fornecer uma interface uniforme para os serviços de diferentes gerenciadores de recursos, um monitor de PT também direciona as transações para os gerenciadores de recursos apropriados. Por fim, garante que uma aplicação se comporte como uma transação, implementando controle de concorrência, registro de transações e funções de recuperação, e explorando os recursos de processamento de transação dos gerenciadores de recursos subjacentes.

Os monitores de PT são usados em ambientes nos quais as aplicações exigem recursos avançados, como o acesso a vários gerenciadores de recursos, roteamento de pedidos sofisticado (também chamado de **gerenciamento de fluxo de trabalho**); atribuem prioridades às transações; e realizam a harmonização da carga entre os servidores com base na prioridade etc. Um SGBD fornece muitas das funções suportadas por um monitor de PT, além de processar consultas e atualizar o banco de dados com eficiência. Um SGBD é apropriado para ambientes em que não é necessária a abundância de recursos de gerenciamento de transação fornecidos por um monitor de PT e, em particular, em que uma capacidade de mudança de escala muito alta (com relação à atividade de processamento de transação) e interoperação não são fundamentais.

Os recursos de processamento de transação dos sistemas de banco de dados estão melhorando continuamente. Por exemplo, muitos fornecedores hoje oferecem produtos de SGBD distribuído nos quais uma transação pode ser executada através de vários gerenciadores de recursos, cada um dos quais sendo um SGBD. Atualmente, todos os SGBDs devem ser do mesmo fornecedor; contudo, à medida que os serviços voltados à transação de diferentes fornecedores se tornarem mais padronizados, SGBDs distribuídos heterogêneos deverão se tornar disponíveis. Finalmente, talvez, as funções dos monitores de PT atuais também estarão disponíveis em muitos SGBDs; por enquanto, os monitores de PT fornecem a infra-estrutura fundamental para ambientes de processamento de transação de topo de linha.

29.1.2 Novos Modelos de Transação

Considere uma aplicação, como o projeto auxiliado por computador, na qual os usuários recuperam objetos de projeto grandes de um banco de dados e os analisam e modificam interativamente. Cada transação leva um longo tempo — minutos ou mesmo horas, enquanto as transações do comparativo TPC demoram menos de um milissegundo — e manter bloqueios por todo esse período afeta o desempenho. Além disso, se ocorrer uma falha, desfazer a transação ativa não é satisfatório, pois grande parte do esforço do usuário pode ser perdida. De forma ideal, queremos restaurar a maioria das ações de uma transação ativa e retomar a execução. Se vários usuários desenvolvem um projeto concomitantemente, talvez queiram ver as alterações sendo feitas pelos outros, sem esperar até o final da transação que altera os dados.

Para tratar as necessidades das atividades de longa duração, foram propostos vários refinamentos do conceito de transação. A idéia básica é tratar cada transação como uma coleção de **subtransações** relacionadas. As subtransações podem adquirir bloqueios e as alterações feitas por uma subtransação tornam-se visíveis para as outras transações após a subtransação terminar (e antes que a transação principal da qual ela faz parte seja efetivada). Em **transações de vários níveis**, os bloqueios mantidos por uma subtransação são liberados quando a subtransação termina. Nas **transações aninhadas**, quando a subtransação termina, os bloqueios mantidos por uma subtransação são atribuídos à (sub)transação pai. Esses refinamentos no conceito de transação têm efeito significativo nos algoritmos de controle de concorrência e recuperação.

29.1.3 SGBDs de Tempo Real

Algumas transações devem ser executadas em um **prazo-limite** especificado pelo usuário. Um **prazo-limite fixo** significa que o valor da transação é zero após o prazo-limite. Por exemplo, em um SGBD projetado para registrar apostas em corridas de cavalo, uma transação que faz uma aposta é inútil quando a corrida começa. Tal transação não deve ser executada; a aposta não deve ser feita. Um **prazo-limite provisório** significa que o valor da transação diminui após o prazo-limite, eventualmente chegando a zero. Em um SGBD projetado para monitorar alguma atividade (por exemplo, um reator complexo), uma transação que pesquisa a leitura corrente de um sensor deve ser executada em um tempo curto, digamos, um segundo. Quanto mais tempo se leva para executar a transação, menos útil a leitura se torna. Em um SGBD de tempo real, o objetivo é maximizar o valor das transações executadas; o SGBD deve dar prioridade às transações levando em conta seus prazos-limite.

29.2 INTEGRAÇÃO DE DADOS

À medida que bancos de dados proliferam, usuários querem acessar dados de mais de uma fonte. Se vários agentes de viagem vendem seus pacotes pela Web, os clientes gostariam de comparar os diferentes pacotes. Um exemplo mais tradicional são as grandes empresas que, normalmente, têm vários bancos de dados criados (e mantidos) por divisões como Vendas, Produção e Compras. Embora esses bancos contenham muitas informações comuns, determinar o relacionamento exato entre as tabelas dos diferentes bancos de dados pode ser um problema. Os preços em um banco de dados podem estar em reais por dezenas de itens, enquanto em outro banco de dados podem estar em reais por item. O desenvolvimento de DTDs em XML (veja a Seção 7.4.3) traz consigo a promessa de que tais *descasamentos semânticos* podem ser evitados, se todos os envolvidos obedecerem a uma DTD padrão. Entretanto, existem muitos bancos de dados legados e a maioria dos domínios ainda não tem um acordo quanto às DTDs; o problema do descasamento semântico será encontrado com freqüência no futuro.

Os descasamentos semânticos podem ser solucionados e ocultos dos usuários por meio da definição de visões relacionais sobre as tabelas dos dois bancos de dados. A definição de uma coleção de visões para fornecer a um grupo de usuários uma apresentação uniforme dos dados relevantes de vários bancos de dados é chamada de **integração semântica**. Criar visões que mascarem os descasamentos semânticos de maneira natural é uma tarefa difícil e tem sido amplamente estudada. Na prática, ela se torna ainda mais difícil porque os esquemas dos bancos de dados são em geral mal documentados; é complicado até mesmo entender o significado das linhas nas tabelas, quanto mais definir visões unificadoras entre várias tabelas de diferentes bancos de dados.

Se os bancos de dados subjacentes são gerenciados por diferentes SGBDs, como acontece freqüentemente, algum tipo de "middleware" precisa ser usado para avaliar consultas sobre as visões de integração, recuperando dados no momento da execução da consulta, usando protocolos como o ODBC (Open Database Connectivity) para fornecer uma interface uniforme a cada banco de dados subjacente, conforme discutido no Capítulo 6. Como alternativa, as visões de integração podem ser materializadas e armazenadas em um armazém de dados, conforme discutido no Capítulo 25. Então, as consultas podem ser executadas sobre os dados armazenados, sem acesso aos SGBDs de origem em tempo de execução.

29.3 BANCOS DE DADOS MÓVEIS

A disponibilidade de computadores portáteis e comunicação sem fio gerou um tipo de usuário de banco de dados nômade. Em um nível, esses usuários estão apenas acessando um banco de dados por intermédio de uma rede, semelhante aos SGBDs distribuídos. Em outro nível, a rede, bem como as características dos dados e dos usuários, agora tem diversas propriedades que afetam as suposições básicas em muitos componentes de um SGBD, incluindo o mecanismo de consulta, o gerenciador de transação e o gerenciador de recuperação:

- Os usuários são conectados por meio de um link sem fio, cuja largura de banda é 10 vezes menor do que a da Ethernet e 100 vezes menor do que as redes ATM. Portanto, os custos da comunicação são significativamente mais altos, em relação aos custos de E/S e CPU.
- As localizações dos usuários mudam constantemente e os computadores móveis têm uma bateria com vida limitada. Portanto, além dos bytes transferidos, os custos de comunicação refletem o tempo de conexão e a utilização da bateria e mudam constantemente, dependendo da localização. Os dados são com freqüência duplicados para minimizar o custo de acesso a partir de diferentes lugares.
- À medida que um usuário se move, os dados podem ser acessados de vários servidores de banco de dados em uma única transação. A probabilidade de perder conexões também é muito maior do que em uma rede tradicional. O gerenciamento de transação centralizado pode ser impraticável, especialmente se alguns dados residirem em computadores móveis. Na verdade, talvez tenhamos de abandonar as transações ACID e desenvolver noções alternativas de consistência para programas de usuário.

29.4 BANCOS DE DADOS DE MEMÓRIA PRINCIPAL

O preço da memória principal agora é baixo o bastante para que possamos comprar quantidade suficiente para conter o banco de dados inteiro para muitas aplicações; com endereçamento de 64 bits, as CPUs modernas também têm espaços de endereço muito grandes. Alguns sistemas comerciais têm vários *gigabytes* de memória principal. Essa mudança sugere um reexame de algumas decisões de projeto de SGBD básicas, pois os acessos ao disco não dominam mais o tempo de processamento para um banco de dados residente na memória:

- A memória principal não sobrevive às falhas de sistema e, assim, ainda temos de implementar registro em log e recuperação para garantir a atomicidade e a durabilidade da transação. Os registros de log devem ser gravados em armazenamento estável no momento da efetivação e esse processo pode tornar-se um gargalo. Para minimizar o problema, em vez de efetivarmos cada transação quando ela termina, podemos reunir as transações concluídas e efetivá-las em lotes; isso é chamado de **efetivação em grupo**. Os algoritmos de recuperação também podem ser otimizados, porque as páginas raramente precisam ser gravadas no disco para dar espaço a outras páginas.

- A implementação de operações na memória precisa ser otimizada com cuidado, pois os acessos ao disco não são mais o fator limitante do desempenho.
- Um novo critério deve ser considerado na otimização de consultas: a quantidade de espaço exigido para executar um plano. É importante minimizar a sobrecarga de espaço, pois exceder a memória física disponível levaria à troca de páginas no disco (por meio de mecanismos de memória virtual do sistema operacional), diminuindo muito a velocidade de execução.
- As estruturas de dados orientadas a páginas tornam-se menos importantes (as páginas não são mais a unidade de recuperação de dados) e o agrupamento não é importante (o custo de acesso a qualquer região da memória principal é uniforme).

29.5 BANCOS DE DADOS MULTIMÍDIA

Em um SGBD objeto-relacional, os usuários podem definir ADTs com métodos apropriados, o que é um aprimoramento em relação a um SGBDR. Suportar apenas ADTs é insuficiente em relação ao que é exigido para lidar com coleções muito grandes de **objetos multimídia**, incluindo áudio, imagens, texto livre, texto marcado em HTML ou variantes, dados de seqüência e vídeos. Aplicações ilustrativas incluem o projeto EOS da Nasa, que tem como objetivo criar um repositório de imagens de satélite; o projeto Genoma Humano, que está criando bancos de dados de informações genéticas, como o GenBank; e o projeto Digital Libraries do NSF/Darpa, cujo objetivo é colocar bibliotecas inteiras em sistemas de banco de dados e torná-las acessíveis por meio de redes de computador. Aplicações industriais, como o desenvolvimento cooperativo de projetos de engenharia, também exigem gerenciamento de banco de dados multimídia e estão sendo tratadas por diversos fornecedores.

Destacamos algumas aplicações e desafios nessa área:
- **Recuperação com Base no Conteúdo:** Usuários devem ser capazes de especificar condições de seleção com base no conteúdo de objetos multimídia. Por exemplo, usuários podem procurar imagens usando consultas como "Encontre todas as imagens semelhantes a esta imagem" e "Encontre todas as imagens que contêm pelo menos três aviões". À medida que imagens são inseridas no banco de dados, o SGBD deve analisá-las e *extrair características* automaticamente, que ajudem a responder tais consultas com base no conteúdo. Essas informações podem ser usadas para procurar imagens que satisfaçam determinada consulta, conforme discutido no Capítulo 28. Como outro exemplo, os usuários gostariam de procurar documentos de interesse, usando técnicas de recuperação de informações e pesquisas de palavra-chave. Os fornecedores estão passando a incorporar tais técnicas nos produtos de SGBD. Ainda não está claro como essas técnicas de recuperação e pesquisa específicas do domínio podem ser combinadas eficientemente com as consultas de SGBD tradicionais. A pesquisa de tipos de dados abstratos e processamento de consultas de SGBDOR tem fornecido um ponto de partida, mas é necessário mais trabalho.
- **Gerenciamento de Repositórios de Objetos Grandes:** Tradicionalmente, os SGBDs têm se concentrado em tabelas que contêm um grande número de tuplas, cada uma das quais relativamente pequena. Quando objetos multimídia, como imagens, clipes de som e vídeos, são armazenados em um banco de dados, objetos individuais de tamanho muito grande precisam ser manipulados com eficiência. Por exemplo, técnicas de compactação devem ser cuidadosamente integradas no ambiente de SGBD. Como outro exemplo, os SGBDs distribuídos precisam desenvolver técnicas para

recuperar tais objetos eficientemente. A recuperação de objetos multimídia em um sistema distribuído tem sido tratada em contextos limitados, como os sistemas cliente-servidor, mas continua sendo um problema difícil, em geral.

- **Vídeo sob Demanda:** Muitas empresas querem fornecer serviços de vídeo sob demanda que permitam aos usuários discarem para um servidor e solicitar um vídeo em particular. Então, o vídeo deve ser enviado para o computador do usuário em tempo real, de maneira confiável e barata. Idealmente, os usuários devem ser capazes de executar funções de VCR familiares, como avanço rápido e reverso. Sob a perspectiva de um banco de dados, o servidor precisa lidar com restrições de tempo real especializadas; as taxas de envio de vídeo devem ser sincronizadas no servidor e no cliente, levando em conta as características da rede de comunicação.

29.6 SISTEMAS DE INFORMAÇÕES GEOGRÁFICAS

Os **sistemas de informações geográficas** (GIS — Geographic Information Systems) contêm informações espaciais sobre cidades, estados, países, ruas, estradas, lagos, rios e outras características geográficas e suportam aplicações para combinar tais informações espaciais com dados não espaciais. Conforme discutido no Capítulo 28, os dados espaciais são armazenados nos formatos de varredura ou vetorial. Além disso, com freqüência há uma dimensão temporal, como quando medimos a precipitação pluviométrica em vários locais com o passar do tempo. Um problema importante dos conjuntos de dados espaciais é como integrar dados de várias fontes, pois cada fonte pode registrar os dados usando um sistema de coordenadas diferente para identificar os locais.

Agora, vamos considerar como os dados espaciais em um GIS são analisados. As informações espaciais são em geral dispostas em mapas. As consultas típicas incluem "Quais cidades encontram-se na BR-116 entre São Paulo e Curitiba?" e "Qual é a rota mais curta para o Sul da Bahia?". Esses tipos de consultas podem ser tratados usando-se as técnicas abordadas no Capítulo 28. Uma aplicação emergente é o auxílio à navegação em veículos. Com a tecnologia GPS (Global Positioning System), a localização de um carro pode ser identificada com precisão. Ao acessar um banco de dados de mapas locais, o motorista pode receber direções de sua localização atual até um destino desejado; essa aplicação também envolve o acesso à base de dados móvel!

Além disso, muitas aplicações envolvem a interpolação de medidas em certos locais em uma região inteira para obter um *modelo* e a combinação de modelos sobrepostos. Se tivermos medido a precipitação pluviométrica em certos locais, podemos usar a estratégia **TIN (Triangulated Irregular Network)** para triangular a região, com os locais em que tomamos a medida sendo os vértices dos triângulos. Assim, usamos alguma forma de interpolação para estimar a precipitação pluviométrica em pontos dentro dos triângulos. A interpolação, triangulação, sobreposição de mapa, visualização de dados espaciais e muitas outras operações específicas do domínio são suportadas nos produtos de GIS, como o ARC-Info da ESRI Systems. Embora as técnicas de processamento de consulta espacial, conforme discutido no Capítulo 28, sejam uma parte importante de um produto de GIS, considerável funcionalidade adicional também precisa ser incorporada. O modo de melhor estender os sistemas SGBDOR com essa funcionalidade adicional é um problema importante ainda a ser resolvido. O acordo sobre os padrões de formatos de representação de dados e sistemas de coordenadas é outro desafio nesse campo.

29.7 BANCOS DE DADOS TEMPORAIS

Considere a seguinte consulta: "Encontre o maior intervalo de tempo durante o qual a mesma pessoa gerenciou dois departamentos diferentes". Muitos problemas estão associados à representação de dados temporais e ao suporte de tais consultas. Precisamos distinguir os tempos durante os quais algo é verdadeiro no mundo real (**tempo válido**) dos tempos em que é verdadeiro no banco de dados (**tempo de transação**). O período de tempo durante o qual determinada pessoa gerenciou um departamento pode ser indicado por dois campos, *de* e *para*, e as consultas devem se basear sobre intervalos de tempo. Além disso, as consultas temporais exigem que o SGBD conheça as anomalias associadas aos calendários (como os anos bissextos).

29.8 BANCOS DE DADOS BIOLÓGICOS

A bioinformática é um campo emergente na intersecção entre a biologia e a ciência da computação. Do ponto de vista de um banco de dados, os dados rapidamente crescentes nessa área têm (pelo menos) duas características interessantes. Primeiro, muitos *dados pouco estruturados* são amplamente trocados, levando ao interesse na integração de tais dados. Isso motivou parte da pesquisa na área dos repositórios XML.

A segunda característica interessante são os *dados de seqüência*. Seqüências de DNA estão sendo geradas em um ritmo rápido pela comunidade ligada à biologia. O campo do gerenciamento e análise de informações biológicas tornou-se muito popular nos últimos anos, a chamada **bioinformática**. Dados biológicos, como os de seqüência de DNA, caracterizados pela estrutura complexa e por numerosos relacionamentos entre os elementos de dados, muitos fragmentos de dados sobrepostos e incompletos ou errôneos (porque dados coletados experimentalmente de vários grupos, em geral trabalhando em problemas relacionados, são armazenados nos bancos de dados), geram a necessidade de alterar freqüentemente o *esquema* do banco de dados em si, quando novos tipos de relacionamentos são descobertos nos dados, e a necessidade de manter várias versões dos dados para arquivamento e referência.

29.9 VISUALIZAÇÃO DE INFORMAÇÕES

À medida que os computadores tornam-se mais rápidos e a memória principal mais barata, é cada vez mais fácil criar apresentações visuais dos dados, em vez de apenas relatórios com base em texto. A visualização dos dados facilita aos usuários entenderem as informações em conjuntos de dados grandes e complexos. O desafio aqui é simplificar aos usuários o desenvolvimento de apresentações visuais de seus dados e consulta de tais apresentações interativamente. Embora estejam disponíveis várias ferramentas de visualização de dados, a visualização eficiente de grandes conjuntos de dados apresenta muitos desafios.

A necessidade de visualização é particularmente importante no contexto do apoio à decisão. Quando confrontadas com grandes volumes de dados de dimensão alta e vários tipos de resumos de dados produzidos por ferramentas de análise, como SQL, OLAP e algoritmos de exploração de dados, as informações podem ser muitas. Visualizar os dados, junto com os resumos gerados, pode ser uma maneira poderosa de inspecionar tais informações e identificar tendências ou padrões interessantes. Afinal, o olho humano é muito bom na identificação de padrões. Uma boa estrutura para exploração de dados deve combinar ferramentas analíticas para processar dados e identificar anomalias ou tendências latentes com um ambiente de visualização no qual o usuário pode notar esses padrões e experimentar os dados originais interativamente para uma melhor análise.

29.10 RESUMO

O setor de bancos de dados continua a crescer vigorosamente, tanto em termos de tecnologia como de aplicações. O motivo fundamental para esse crescimento é que o volume de informações armazenadas e processadas com computadores está aumentando rapidamente. Independentemente da natureza dos dados e das aplicações pretendidas, os usuários precisam de sistemas de gerenciamento de banco de dados e de seus serviços (acesso concomitante, recuperação de falha, consulta fácil e eficiente etc.), quando o volume de dados aumenta. Entretanto, à medida que a gama de aplicações é ampliada, algumas deficiências dos SGBDs atuais tornam-se sérias limitações. Esses problemas estão sendo ativamente estudados na comunidade ligada à pesquisa de banco de dados.

A abordagem deste livro fornece uma introdução, mas não se destina a cobrir todos os aspectos dos sistemas de banco de dados. Conforme o capítulo ilustra, um amplo material está disponível para leitura adicional e esperamos que o leitor esteja motivado a seguir em frente com a bibliografia. *Bon voyage!*

NOTAS BIBLIOGRÁFICAS

[338] contém um amplo tratamento de todos os aspectos do processamento de transação. Consulte [241] para ver artigos que descrevem novos modelos de transação para aplicações não tradicionais, como CAD/CAM. [1, 577, 696, 711, 761] são alguns dos muitos artigos sobre bancos de dados de tempo real.

Determinar quais entidades são similares entre diferentes bancos de dados é um problema difícil; esse é um exemplo de descasamento semântico. A solução para esses descasamentos foi tratada em muitos artigos, incluindo [424, 476, 641, 663]. [389] apresenta uma visão geral do trabalho teórico nessa área. Consulte também as notas bibliográficas do Capítulo 22 para referências sobre bases de dados múltiplas e consulte as notas do Capítulo 2 para referências sobre integração de visão.

[304] é um dos primeiros artigos sobre bancos de dados de memória principal. [102, 406] descrevem o gerenciador de armazenamento em memória principal Dali. [421] faz um levantamento dos idiomas de visualização projetados para grandes bancos de dados e [342] discute a visualização para exploração de dados.

Sistemas de visualização para bancos de dados incluem DataSpace [592], DEVise [489], IVEE [27], o conjunto Mineset da SGI, Tioga [31] e VisDB [420]. Além disso, várias ferramentas gerais estão disponíveis para visualização de dados.

A consulta a repositórios de texto tem sido extensivamente estudada na recuperação de informações; consulte [626] para um levantamento recente. Esse assunto tem gerado interesse considerável na comunidade ligada a bancos de dados, devido ao uso difundido da Internet, que contém muitas fontes de texto. Em particular, os documentos HTML têm alguma estrutura se interpretarmos os links como arcos em um grafo. Tais documentos são exemplos de dados semi-estruturados; consulte [2] para obter um bom panorama. Artigos recentes sobre consultas na Web incluem [2, 445, 527, 564].

Consulte [576] para um levantamento das questões de multimídia no gerenciamento de banco de dados. Recentemente, tem havido muito interesse nos problemas de banco de dados em um ambiente de computação móvel; por exemplo, [387, 398]. Consulte [395] para uma coleção de artigos sobre o assunto. [728] contém vários artigos que abordam todos os aspectos dos bancos de dados temporais. O uso de restrições nos bancos de dados tem sido ativamente investigado nos últimos anos; [416] oferece uma boa visão geral. Sistemas de informações geográficas também têm sido extensivamente estudados; [586] descreve o sistema Paradise, notável por sua capacidade de mudança de escala.

O livro [794] contém discussões detalhadas sobre bancos de dados temporais (incluindo linguagem TSQL2, que está influenciando o padrão SQL), bancos de dados espaciais e multimídia, e ambiguidade em bancos de dados.

30

O SOFTWARE MINIBASE

A prática é o melhor de todos os instrutores.

—Publius Syrus, 42 a.C.

O **Minibase** é um pequeno SGBD relacional, com um conjunto de ferramentas de visualização, desenvolvido para uso com este texto. Embora o livro não faça referência direta ao software e possa ser usado independentemente, o Minibase oferece aos instrutores a oportunidade de projetar uma variedade de tarefas práticas, com ou sem programação. Para uma descrição online do software, visite o seguinte URL:

    http://www.cs.wisc.edu/~dbbook/minibase.html

O software está disponível gratuitamente por meio de ftp. Registrando-se como usuários no URL do livro, os instrutores podem receber notificações rápidas sobre quaisquer relatos de erro e correções importantes. Os exemplos de tarefas de projeto, que elaboram algumas das idéias esboçadas brevemente nos *exercícios baseados em projeto* no final dos capítulos, podem ser vistos no endereço:

    http://www.cs.wisc.edu/~dbbook/minihwk.html

Os instrutores devem considerar pequenas modificações em cada tarefa para desencorajar a indesejável "reutilização de código" por parte dos estudantes; folhetos de tarefa formatados usando Latex estão disponíveis por ftp. Os instrutores também podem obter as soluções dessas tarefas entrando em contato com os autores (raghu@cs.wisc.edu, johannes@cs.cornell.edu).

30.1 O QUE ESTÁ DISPONÍVEL

O Minibase se destina a suplementar o uso de um SGBD comercial, como o Oracle ou o Sybase, em projetos de curso, e não a substituí-los. Embora um SGBD comercial seja ideal para tarefas de SQL, ele não ajuda os alunos a entender como o SGBD funciona. O Minibase é destinado a tratar desse último problema; o subconjunto da SQL que ele suporta foi mantido pequeno intencionalmente, e os alunos também devem usar um SGBD comercial para escrever consultas SQL e programas.

O Minibase é fornecido no estado que se encontra, sem nenhuma garantia nem restrições, para uso educacional ou pessoal. Ele apresenta o seguinte:

- Código de um pequeno SGBD relacional monousuário, incluindo um analisador e um otimizador de consultas para um subconjunto da SQL, e componentes projetados para serem (re)escritos pelos estudantes como tarefas de projeto: *arquivos heap, gerenciador de buffer, árvores B+, ordenação* e *junções*.

30.2 VISÃO GERAL DAS TAREFAS COM O MINIBASE

Várias tarefas envolvendo o uso do Minibase são descritas aqui. Cada uma delas foi testada em curso, mas os detalhes sobre a configuração do Minibase podem variar de escola a escola; talvez você tenha de modificá-las. Se pretende usar essas tarefas, é aconselhável fazer o seu download e experimentá-las com bastante antecedência, antes de passar aos alunos. Testamos e documentamos as tarefas e o software Minibase, mas sem dúvida alguns erros persistem. Por favor relate os erros no seguinte URL:

http://www.cs.wisc.edu/~dbbook/minibase.comments.html

Esperamos que os usuários contribuam com correções, tarefas de projeto adicionais e extensões para o Minibase. Elas se tornarão publicamente disponíveis por meio do site do Minibase, com indicações dos autores.

Em várias tarefas, é solicitado que os alunos reescrevam um componente do Minibase. O livro fornece a base necessária para todas essas atividades, e o folheto de cada uma delas fornece pormenores em nível de sistema adicionais. A documentação em HTML online apresenta um panorama do software, em particular, as interfaces de componentes; o download e a instalação podem ser feitos em cada escola que utilize o Minibase. Os projetos a seguir devem ser atribuídos após a abordagem do material relevante do capítulo indicado:

- **Gerenciador de Buffer (Capítulo 9):** Os alunos recebem código da camada que gerencia espaço no disco e suporta o conceito de páginas com identificações. É pedido para que eles implementem um gerenciador de buffer que traga para a memória as páginas solicitadas, caso ainda não estejam lá. Uma variação dessa tarefa poderia usar diferentes planos de substituição. É pedido que os alunos estabeleçam um ambiente monousuário sem nenhum controle de concorrência nem gerenciamento de recuperação.

- **Página HF (Capítulo 9):** Os alunos devem escrever código que gerencie registros em uma página, usando um formato de página com entrada de diretório para monitorar os registros. Possíveis variantes incluem registros de comprimento fixo *versus* comprimento variável e outras maneiras de monitorar os registros em uma página.

- **Arquivos Heap (Capítulo 9):** Usando a página HF e o código do gerenciador de buffer, é pedido para que os alunos implementem uma camada que suporte a abstração de arquivos de páginas desordenadas, isto é, arquivos heap.

- **Árvores B+ (Capítulo 10):** Esta é uma das tarefas mais complexas. Os alunos têm de implementar uma classe de páginas que mantém registros ordenados dentro de uma página e implementar a estrutura de índice de árvore B+ para impor uma ordem de classificação entre várias páginas em nível de folha. Os índices armazenam pares ⟨*chave, ponteiro-registro*⟩ nas páginas folhas e os registros de dados são armazenados separadamente (em arquivos heap). Tarefas semelhantes podem ser criadas facilmente para estruturas de índice Linear Hashing ou Extendible Hashing.

- **Ordenação Externa (Capítulo 13):** Complementando as camadas de gerenciador de buffer e arquivo heap, é pedido para que os alunos implementem merge-sort externo. A ênfase é dada na minimização da E/S, em vez da ordenação na memória usada para criar execuções ordenadas.

- **Junção Sort-Merge (Capítulo 14):** Complementando o código da ordenação externa, é solicitado que os alunos implementem o algoritmo de junção srot-merge. Esta atividade pode ser facilmente modificada para criar tarefas que envolvam outros algoritmos de junção.

- **Junção de Loop Aninhado Indexado (Capítulo 14):** Esta tarefa é semelhante à de junção sort-merge, mas conta com código de árvore B+ (ou outra indexação), em vez de código de ordenação.

30.3 AGRADECIMENTOS

O Minibase foi inspirado no Minirel, um pequeno SGBD relacional desenvolvido por David DeWitt para uso instrutivo. O Minibase, desenvolvido durante longo tempo por um grande número de alunos dedicados, teve o projeto orientado por Mike Carey e R. Ramakrishnan. Consulte a documentação online para mais informações sobre a história do Minibase.

REFERÊNCIAS

[1] Abbott, R. e Garcia-Molina, H. Scheduling real-time transactions: A performance evaluation. *ACM Transactions on Database Systems*, 17 (3), 1992.

[2] Abiteboul, S. Querying semi-structured data. Em *Intl.Conf. on Database Theory*, 1997.

[3] Abiteboul, S., Hull, R. e Vianu,V. *Foundations of Databases*. Addison-Wesley, 1995.

[4] Abiteboul, S. e Kanellakis, P. Object identity as a query language primitive. Em *Proc. ACM SIGMOD Conf. on the Management of Data*, 1989.

[5] Abiteboul, S. e Vianu, V. Regular path queries with constraints. Em *Proc. ACM Symp. on Principles of Database Systems*, 1997.

[6] Aboulnaga, A., Alameldeen, A. Naughton, R. e J. F. Estimating the selectivity of XML path expressions for Internet scale applications. Em *Proceedings of VLDB*, 2001.

[7] Acharya, S. Gibbons, P. B V. Poosala, e Ramaswamy, S. The Aqua approximate query answering system. Em *Proc. ACM SIGMOD Conf. on the Management of Data*, p. 574–576. ACM Press, 1999.

[8] Acharya, S. Gibbons, P., Poosala, B, V. e Ramaswamy, S. Join synopses for approximate query answering. Em *Proc. ACM SIGMOD Conf. on the Management of Data*, p. 275–286. ACM Press, 1999.

[9] Achyutuni, K., Omiecinski, E. e Navathe, S. Two techniques for on-line index modification em shared nothing parallel databases. Em *Proc. ACM SIGMOD Conf. on the Management of Data*, 1996.

[10] Adali, S., Candan, K., Papakonstantinou,Y. e Subrahmanian., Query, V. Caching e optimization em distributed mediator systems. Em *Proc. ACM SIGMOD Conf. on the Management of Data*, 1996.

[11] Adiba, M. E. Derived relations: A unified mechanism for views, snapshots e distributed data. Em *Proc. Intl. Conf. on Very Large Databases*, 1981.

[12] Agarwal, S., Agrawal, R., Deshpande, P., Gupta, A., Naughton, J., Ramakrishnan, R. e Sarawagi, S. On the computation of multidimensional aggregates. Em *Proc. Intl. Conf. on Very Large Databases*, 1996.

[13] Agarwal, R. C., Aggarwal, C. C. e Prasad, V. V. V. A tree projection algorithm for generation of frequent item sets. *Journal of Parallel e Distributed Computing*, 61 (3):350–371, 2001.

[14] Agrawal, D e El Abbadi, A. The generalized tree quorum protocol: An efficient approach for managing replicated data. *ACM Transactions on Database Systems*, 17 (4), 1992.

[15] Agrawal, D., El Abbadi, A. e Jeffers, R. Using delayed commitment em locking protocols for real-time databases. Em *Proc. ACM SIGMOD Conf. on the Management of Data*, 1992.

[16] Database Management Systems [16] Agrawal, R., Carey, M. e Livny, M. Concurrency control performance-modeling: Alternatives e implications. Em *Proc. ACM SIGMOD Conf. on the Management of Data*, 1985.

[17] Agrawal, R. e DeWitt, D. Integrated concurrency control e recovery mechanisms: Design e performance evaluation. *ACM Transactions on Database Systems*, 10 (4):529–564, 1985.

[18] Agrawal, R. e Gehani, N. ODE (Object Database and Environment): The language e the data model. Em *Proc. ACM SIGMOD Conf. on the Management of Data*, 1989.

[19] Agrawal, R., Gehrke, J. E., Gunopulos, D. e Raghavan, P. Automatic subspace clustering of high dimensional data for data mining. Em *Proc. ACM SIGMOD Conf. On Management of Data*, 1998.

[20] Agrawal, R., Imielinski, T. e Swami, A. Database mining: A performance perspective. *IEEE Transactions on Knowledge e Data Engineering*, 5 (6):914–925, dez., 1993.

[21] Agrawal, R., Mannila, H., Srikant, R., Toivonen, H. e Verkamo, A. I. Fast discovery of Association rules. Em Fayyad, Piatetsky-Shapiro, U. M., Smyth,G. e Uthurusamy, P, R., editores. *Advances in Knowledge Discovery e Data Mining*, cap. 12, p. 307–328. AAAI/MIT Press, 1996.

[22] Agrawal, R., Psaila, G., Wimmers, E. e Zaot, M. Querying shapes of histories. Em *Proc. Intl. Conf. on Very Large Databases*, 1995.

[23] Agrawal, R. e Shafer, J. Parallel mining of association rules. *IEEE Transactions on Knowledge e Data Engineering*, 8 (6): 962–969, 1996.

[24] Agrawal, R. e Srikant, R. Mining sequential patterns. Em *Proc. IEEE Intl. Conf. On Data Engineering*, 1995.

[25] Agrawal, R., Stolorz, P. e Piatetsky-Shapiro, G, editores. *Proc. Intl. Conf. on Knowledge Discovery e Data Mining*. AAAI Press, 1998.

[26] Ahad, R., BapaRao, K. e McLeod, D. On estimating the cardinality of the projection of a database relation. *ACM Transactions on Database Systems*, 14 (1):28–40, 1989.

[27] Ahlberg, C. e Wistrand, E. IVEE: An information visualization exploration environment. Em *Intl. Symp. on Information Visualization*, 1995.

[28] Aho, A., Beeri, C. e Ullman, J. The theory of joins em relational databases. *ACM Transactions on Database Systems*, 4 (3):297–314, 1979.

[29] Aho, A., Hopcroft, J e Ullman, J. *The Design e Analysis of Computer Algorithms*. Addison-Wesley, 1983.

[30] Aho, A., Sagiv, Y. e Ullman, J. Equivalences among relational expressions. *SIAM Journal of Computing*, 8 (2):218–246, 1979.

[31] Aiken, A., Chen, J., Stonebraker, M. e Woodruff, A. Tioga-2: A direct manipulation database visualization environment. Em *Proc. IEEE Intl. Conf. on Data Engineering*, 1996.

[32] Aiken, A., Widom, J. e Hellerstein, J. Static analysis techniques for predicting the behavior of active database rules. *ACM Transactions on Database Systems*, 20 (1):3–41, 1995.

[33] Ailamaki, A., DeWitt, D., Hill, M. e Skounakis, M. Weaving relations for cache performance. Em *Proc. Intl. Conf. on Very Large Data Bases*, 2001.

[34] Alon, N., Gibbons, P.B., Matias, Y. e Szegedy, M. Tracking join e self-join sizes in limited storage. Em *Proc. ACM Symposium on Principles of Database Systems*, Ph iladeplphia, P ennsylvania, 1999.

[35] Alon, N., Matias, Y. e Szegedy, M. The space complexity of approximating the frequency moments. Em *Proc. of the ACM Symp. on Theory of Computing*, p. 20–29, 1996.

[36] Anwar, E., Maugis, L. e Chakravarthy, U. A new perspective on rule support for object-oriented databases. Em *Proc. ACM SIGMOD Conf. on the Management of Data*, 1993.

[37] Apt, K., Blair, H. e Walker, A. Towards a theory of declarative knowledge. Em Minker, J. editor, *Foundations of Deductive Databases e Logic Programming*. Morgan Kaufmann, 1988.

[38] Armstrong, W. Dependency structures of database relationships. Em *Proc. IFIP Congress*, 1974.

[39] Arocena, G. e Mendelzon, A. O. WebOQL: restructuring documents, databases e webs. Em *Proc. Intl. Conf. on Data Engineering*, 1988.

[40] Astrahan, M., Blasgen, M., Chamberlin, D., Eswaran, K., Gray, J., Griffiths, P., King, W. Lorie, R., McJones, P., Mehl, J., Putzolu, G., Traiger, I., Wade, B. e Watson, V. System R: a relational approach to database management. *ACM Transactions on Database Systems*, 1(2):97–137, 1976.

[41] Atkinson, M., Bailey, P., Chisholm, K., Cockshott, P. e Morrison, R. An approach to persistent programming. Em *Readings in Object-Oriented Databases*. eds.Zdonik, S.B e Maier, D.Morgan Kaufmann, 1990.

[42] Atkinson, M. e Buneman, Types, P. Persistence in database programming languages. *ACM Computing Surveys*, 19 (2):105–190, 1987.

[43] Attar, R. Bernstein, P e N. Goodman. Site initialization, recovery, e back-up in a distributed database system. *IEEE Transactions on Software Engineering*, 10 (6):645–650, 1983.

[44] Atzeni, P., Cabibbo, L. e Mecca. Isalog, G. A declarative language for complex objects with hierarchies. Em *Proc. IEEE Intl. Conf. on Data Engineering*, 1993.

[45] Atzeni, P. e De Antonellis, V. *Relational Database Theory*. Benjamin-Cummings, 1993.

[46] Atzeni, P., Mecca ,G. e Merialdo, P. To weave the web. Em *Proc. Intl. Conf. Very Large Data Bases*, 1997.

[47] Avnur, R., Hellerstein, J., Lo B., Olston, C., Raman, B., Raman, V., Roth, T e Wylie, K. Control: Continuous output and navigation technology with refinement online Em *Proc. ACM SIGMOD Conf. on the Management of Data*, 1998.

[48] Avnur, R. e Hellerstein, J. M. Eddies: Continuously adaptive query processing. Em *Proc. ACM SIGMOD Conf. on the Management of Data*, p. 261–272. ACM, 2000.

[49] Babcock, B., Babu, S., Datar, M., Motwani R. e Widom, J. Models e issues in data stream systems. Em *Proc. ACM Symp. on on Principles of Database Systems*, 2002.

[50] Babu, S. e Widom, J. Continous queries over data streams. *ACM SIGMOD Record*, 30 (3):109–120, 2001.

[51] Badal, D. e Popek, G. Cost and performance analysis of semantic integrity validation methods. Em *Proc. ACM SIGMOD Conf. on the Management of Data*, 1979.

[52] Badia, A., Van Gucht, D. e Gyssens, M. Querying with generalized quantifiers. Em *Applications of Logic Databases*. Ed. Ramakrishnan R., luwer Academic, K, 1995.

[53] Balbin, I., Port, G., Ramamohanarao, K e Meenakshi, K. Efficient bottom-up computation of queries on stratified databases. *Journal of Logic Programming*, 11 (3):295–344, 1991.1008 Database Management Systems.

[54] Balbin, I. e Ramamohanarao, K. A generalization of the differential approach to recursive query evaluation. *Journal of Logic Programming*, 4 (3):259–262, 1987.

[55] Bancilhon, F., Delobel, C. e Kanellakis, P.*Building an Object-Oriented Database System*. Morgan Kaufmann, 1991.

[56] Bancilhon, F e Khoshafian, S.A calculus for complex objects. *Journal of Computer e System Sciences*, 38 (2):326–340, 1989.

[57] Bancilhon, F., Maier, D., Sagiv, Y. e Ullman, J. Magic sets e other strange ways to implement logic programs. Em *ACM Symp. on Principles of Database Systems*, 1986.

[58] Bancilhon, F. e Ramakrishnan, R., amateur's, An. introduction to recursive query processing strategies. Em *Proc. ACM SIGMOD Conf. on the Management of Data*, 1986.

[59] Bancilhon, F. e Spyratos, N. Update semantics of relational views. *ACM Transactions on Database Systems*, 6(4):557–575, 1981.

[60] Baralis, E., Ceri, S e Paraboschi, S. Modularization techniques for active rules design. *ACM Transactions on Database Systems*, 21(1):1–29, 1996.

[61] Barbará D., DuMouchel W., Faloutsos, C., Haas, P. J., Hellerstein J. M, Ioannidis Y. E., Jagadish, H. V., Johnson, T., Ng, R. T., Poosala, V., Ross K. A. e Sevcik, K. C. The New Jersey data reduction report. *Data Engineering Bulletin*, 20(4):3–45, 1997.

[62] Barquin, R. e Edelstein, H. *Planning e Designing the Data Warehouse*. Prentice-Hall, 1997.

[63] Batini, C., Ceri, S e Navathe, S. *Database Design: An Entity Relationship Approach*. Benjamin /Cummings Publishers, 1992.

[64] Batini, C., Lenzerini, M e Navathe, S. A comparative analysis of methodologies for database schema integration. *ACM Computing Surveys*, 18 (4):323–364, 1986.

[65] Batory, D., Barnett, J., Garza, J., Smith, K., Tsukuda, K., Twichell, B. e Wise, T. GENESIS: An extensible database management system. Em Zdonik, S. e Maier, D., editores. *Readings in Object-Oriented Databases*. Morgan Kaufmann, 1990.

[66] Baugsto, B. e Greipsland, J. Parallel sorting methods for large data volumes on a hypercube database computer. Em *Proc. Intl.Workshop on Database Machines*, 1989.

[67] Bayardo, R. J. Efficiently mining long patterns from databases. Em *Proc. ACM SIGMOD Intl. Conf. on Management of Data*, p. 85–93. ACM Press, 1998.

[68] Bayardo, R. J., Agrawal, R. e Gunopulos, D. Constraint-based rule mining in large, dense databases. *Data Mining e Knowledge Discovery*, 4 (2/3):217–240, 2000.

[69] Bayer, R. e McCreight, E. Organization e maintenance of large ordered indexes. *Acta Informatica*, 1(3):173–189, 1972.

[70] Bayer, R. e Schkolnick, M. Concurrency of operations on B-trees. *Acta Informatica*, 9 (1):1–21, 1977.

[71] Beck, M., Bitton, D. e Wilkinson, W. Sorting large files on a backend multiprocessor. *IEEE Transactions on Computers*, 37 (7):769–778, 1988.

[72] Beckmann, N., Kriegel, H.-P., Schneider, R. e Seeger, B.The R* tree: An efficient e robust access method for points e rectangles. Em *Proc. ACM SIGMOD Conf. On the Management of Data*,1990.

[73] Beeri, C., Fagin, R. e Howard, J. A complete axiomatization of functional e multivalued dependencies in database relations. Em *Proc. ACM SIGMOD Conf. on the Management of Data*, 1977.

[74] Beeri, C. e Honeyman, P. Preserving functional dependencies. *SIAM Journal of Computing*, 10 (3):647–656, 1982.

[75] Beeri, C. e Milo, T. A model for active object-oriented database. Em *Proc. Intl. Conf. on Very Large Databases*, 1991.

[76] Beeri, C., Naqvi, S., Ramakrishnan, R., Shmueli, O. e Tsur, S. Sets and negation in a logic database language (LDL1). Em *ACM Symp.on Principles of Database Systems*, 1987.

[77] Beeri, C. e Ramakrishnan, R. On the power of magic. Em *ACM Symp. on Principles of Database Systems*, 1987.

[78] Bell, D. e Grimson, J. *Distributed Database Systems*. Addison-Wesley,1992.

[79] Bentley, J. e Friedman, J. Data structures for range searching. *ACM Computing Surveys*, 13 (3):397–409, 1979.

[80] Berchtold, S., Bohm, C. e Kriegel, H.-P. The pyramid-tree: breaking the curse of dimensionality.Em *ACM SIGMOD Conf. on the Management of Data*,1998.

[81] P. Bernstein. Synthesizing third normal form relations from functional dependencies. *ACM Transactions on Database Systems*, 1 (4):277–298, 1976.

[82] Bernstein, P., Blaustein, B. e Clarke, E. Fast maintenance of semantic integrity assertions using redundant aggregate data. Em *Proc. Intl. Conf. on Very Large Databases*, 1980.

[83] Bernstein, P. e Chiu, D. Using semi-joins to solve relational queries. *Journal of the ACM*, 28 (1):25–40, 1981.

[84] Bernstein, P.e Goodman, N.Timestamp-based algorithms for concurrency control in distributed database systems.Em *Proc. Intl. Conf. on Very Large Databases*, 1980.

[85] P. Bernstein and N. Goodman. Concurrency control in distributed database systems. *ACM Computing Surveys*, 13 (2):185–222, 1981.

[86] Bernstein, P.e Goodman, N.Power of natural semijoins. *SIAM Journal of Computing*, 10 (4):751–771, 1981.

[87] Bernstein, P. e Goodman, N. Multiversion concurrency control — Theory e algorithms. *ACM Transactions on Database Systems*, 8(4):465–483, 1983.

[88] Bernstein P., Goodman, N., Wong, E., Reeve C. e J. Rothnie.Query processing in a system for distributed databases (SDD-1). *ACM Transactions on Database Systems*, 6 (4):602–625, 1981.

[89] Bernstein, P., Hadzilacos, V.e Goodman, N. *Concurrency Control e Recovery in Database Systems*. Addison-Wesley, 1987.

[90] Bernstein, P.e Newcomer, E. *Principles of Transaction Processing*. Morgan Kaufmann, 1997.

[91] Bernstein, P., Shipman, D.e J. Rothnie. Concurrency control in a system for distributed databases (SDD-1). *ACM Transactions on Database Systems*, 5 (1):18–51, 1980.

[92] Bernstein, P., Shipman, D.e Wong ,W. Formal aspects of serializability in database concurrency control. *IEEE Transactions on Software Engineering*, 5 (3):203–216, 1979.

[93] Beyer, K., Goldstein, J., Ramakrishnan, R.e Shaft, U. When is nearest neighbor meaningful? Em *IEEE International Conference on Database Theory*, 1999.

[94] Beyer, K.e Ramakrishnan, R. Bottom-up computation of sparse e iceberg cubes Em *Proc. ACM SIGMOD Conf. on the Management of Data*, 1999.

[95] Bhargava, B. editor. *Concurrency Control e Reliability in Distributed Systems*. Van Nostrand Reinhold, 1987.

[96] Biliris, A. The performance of three database storage structures for managing large objects. Em *Proc. ACM SIGMOD Conf. on the Management of Data*, 1992.

[97] Biskup, J. e Convent B.A formal view integration method. Em *Proc. ACM SIGMOD Conf. on the Management of Data*, 1986.

[98] Biskup, J., Dayal, U.e Bernstein, P. Synthesizing independent database schemas. Em *Proc. ACM SIGMOD Conf. on the Management of Data*, 1979.

[99] Bitton, D. e DeWitt, D. Duplicate record elimination in large data files. *ACM Transactions on Database Systems*, 8 (2):255–265, 1983.

[100] Blakeley, J., Larson, P.A. e Tompa, F. Efficiently updating materialized views. Em *Proc. ACM SIGMOD Conf. on the Management of Data*, 1986.

[101] Blasgen, M. e Eswaran, K. On the evaluation of queries in a database system. Technical report, I BM FJ (RJ1745), San Jose, 1975.

[102] Bohannon, P., Leinbaugh , D., Rastogi, R., Seshadri, S., Silberschatz, A. e Sudarshan, S. Logical e physical versioning in main memory databases. Em *Proc. Intl. Conf. on Very Large Databases*, 1997.

[103] Bohannon, P., Freire, J., Roy, P. e Simeon, J. From XML schema to relations: A cost-based approach to XML storage. Em *Proceedings of ICDE*, 2002.

[104] Bonnet, P. e Shasha, D. E. *Database Tuning: Principles, Experiments, e Troubleshooting Techniques*. Morgan Kaufmann Publishers, 2002.

[105] Booch, G., Jacobson, I. e Rumbaugh, J. *The Unified Modeling Language User Guide*. Addison-Wesley, 1998.

[106] Borodin, A., Roberts, G., Rosenthal, J. e Tsaparas, P. Finding authorities e hubs from link structures on Roberts, G.O. the world wide web. Em *World Wide Web Conference*, p. 415–429, 2001.

[107] Boyce, R. e Chamberlin, SEQUEL, D. A structured English query language. Em *Proc. ACM SIGMOD Conf. on the Management of Data*, 1974.

[108] Bradley, P. S. e Fayyad, U. M. Refining initial points for K-Means clustering. Em *Proc. Intl. Conf. on Machine Learning*, pages 91–99. Morgan Kaufmann, San Francisco, CA, 1998.

[109] Bradley, P. S, Fayyad, U . M. e C. Reina. Scaling clustering algorithms to large databases. Em *Proc. Intl. Conf. on Knowledge Discovery and Data Mining*, 1998.

[110] K. Bratbergsengen. Hashing methods e relational algebra operations. Em *Proc. Intl. Conf. on Very Large Databases*, 1984.

[111] Breiman, L., Friedman, J. H., Olshen, R. A. e Stone C. J. *Classification e Regression Trees*. Wadsworth, Belm ont. CA, 1984.

[112] Breitbart, Y., Garcia-Molina, H. e Silberschatz, A. Overview of multidatabase transaction management. Em *Proc. Intl. Conf. on Very Large Databases*, 1992.

[113] Breitbart, Y., Silberschatz, A. e Thompson, G. Reliable transaction management in a multidatabase system. Em *Proc. ACM SIGMOD Conf. on the Management of Data*, 1990.

[114] Breitbart, Y., Silberschatz, A. e Thompson, G. An approach to recovery management in a multidatabase system. Em *Proc. Intl. Conf. on Very Large Databases*, 1992.

[115] Brin, S., Motwani, R. e Silverstein, C. Beyond market baskets: Generalizing association rules to correlations. Em *Proc. ACM SIGMOD Conf. on the Management of Data*, 1997.

[116] Brin, S. e Page, L. The anatomy of a large-scale hypertextual web search engine. In *Proceedings of 7th World Wide Web Conference*, 1998.

[117] Brin, S., Motwani, R., Ullman, J. D. e Tsur S. Dynamic itemset counting e implication rules for market basket data. Em *Proc. ACM SIGMOD Intl. Conf. on Management of Data*, pages 255–264. ACM Press, 1997.

Referências 839

[118] Brinkhoff, T. Kriegel, H. P. e Schneider, R. Comparison of approximations of complex objects used for approximation-based query processing in spatial database systems. Em *Proc. IEEE Intl. Conf. on Data Engineering*, 1993.

[119] Brown, K., Carey, M. e Livny, M. Goal-oriented buffer management revisited. Em *Proc. ACM SIGMOD Conf. on the Management of Data*, 1996.

[120] N. Bruno, S. Chaudhuri, e Gravano, L. Top-k selection queries over relational databases: Mapping strategies e performance evaluation. *ACM Transactions on Database Systems*, appear To, 2002.

[121] Bry, F. Towards an efficient evaluation of general queries: Quantifier e disjunction processing revisited. Em *Proc. ACM SIGMOD Conf. on the Management of Data*, 1989.

[122] Bry, F. e Manthey, R. Checking consistency of database constraints: A logical basis. Em *Proc. Intl. Conf. on Very Large Databases*, 1986.

[123] Buneman P. e Clemons, E. Efficiently monitoring relational databases. *ACM Transactions on Database Systems*,4 (3), 1979.

[124] Buneman, P., Davidson, S., G. Hillebrand e Suciu, D. A query language e optimization techniques for unstructured data. In *Proc. ACM SIGMOD Conf. on Management of Data*, 1996.

[125] Buneman, P., Naqvi, S., Tannen, V. e Wong, L. Principles of programming with complex objects and collection types. *Theoretical Computer Science*, 149 (1):3–48, 1995.

[126] Burdick, D., Calimlim, M. e Gehrke, J. E. Mafia: A maximal frequent itemset algorithm for transactional databases. Em *Proc. Intl. Conf. on Data Engineering (ICDE)*. IEEE Computer Society, 2001.

[127] Carey, M. Granularity hierarchies in concurrency control. Em *ACM Symp. on Principles of Database Systems*, 1983.

[128] Carey, M., Chamberlin, D., Narayanan, S., Vance, B., Doole, D., Rielau, S. Swagerman, R. e Mattos, N. O-O, what's happening to DB2? Em *Proc. ACM SIGMOD Conf. on the Management of Data*, 1999.

[129] Carey, M., DeWitt, D., Franklin, M., Hall, N., McAuliffe, M, Naughton, J., Schuh, D. Solomon, M., Tan, C.O., Tsatalos, White, S., e Zwilling, M. Shoring up persistent applications. Em *Proc. ACM SIGMOD Conf. on the Management of Data*, 1994.

[130] Carey, M., DeWitt, D., Graefe, G., Haight, D., Richardson, J., Schuh, D., Shekita, E. e Vandenberg, S. The EXODUS Extensible DBMS project: An overview. Em Zdonik, S. e Maier, D., editores. *Readings in Object-Oriented Databases*. Morgan Kaufmann, 1990.

[131] Carey, M., DeWitt, D. e Naughton, J. The 007 benchmark. Em *Proc. ACM SIGMOD Conf. on the Management of Data*, 1993.

[132] Carey, M., DeWitt, D., Naughton, J., Asgarian, M., Gehrke, J., e. Shah, D. The BUCKY object-relational benchmark. Em *Proc. ACM SIGMOD Conf. on the Management of Data*, 1997.

[133] Carey, M., DeWitt, D., Richardson, J. e Shekita, E. Object and file management in the Exodus extensible database system. Em *Proc. Intl. Conf. on Very Large Databases*, 1986.

[134] Carey, M., Florescu, D., Ives, Z., Lu, Y., Shanmugasundaram, J., Shekita, E. e Subramanian., S. XPERANTO: publishing object-relational data as XML. Em *Proceedings of the Third International Workshop on the Web e Databases*, maio, 2000.

[135] Carey, M. e Kossman, D. On saying "Enough Already!" in SQL Em *Proc. ACM SIGMOD Conf. on the Management of Data*, 1997.

[136] Carey, M. e Kossman, D. Reducing the braking distance of an SQL query engine Em *Proc. Intl. Conf. on Very Large Databases*, 1998.

[137] Carey, M. e Livny, M. Conflict detection tradeoffs for replicated data. *ACM Transactions on Database Systems*, 16 (4), 1991.

[138] Casanova, M., Tucherman, L., e Furtado, A. Enforcing inclusion dependencies e referential integrity. Em *Proc. Intl. Conf. on Very Large Databases*, 1988.

[139] Casanova, M., e Vidal, M. Towards a sound view integration methodology. Em *ACM Symp. on Principles of Database Systems*, 1983.

[140] Castano, S., Fugini, M., Martella, G., e Samarati P. *Database Security*. Addison-Wesley, 1995.

[141] Cattell, R. *The Object Database Standard: ODMG-93 (Release 1.1)*. Morgan Kaufmann, 1994.

[142] Ceri, S., Fraternali, P., Paraboschi, S. e Tanca L.Active rule management in Chimera. Em Widom, J. e Ceri, S., editores. *Active Database Systems*. Morgan Kaufmann, 1996.

[143] Ceri, S., Gottlob, G., e Tanca L. *Logic Programming e Databases*. Springer Verlag, 1990.

[144] Ceri, S. e Pelagatti, G. *Distributed Database Design: Principles e Systems*. McGraw-Hill, 1984.

[145] Ceri, S. e Widom, J. Deriving production rules for constraint maintenance. Em *Proc Intl. Conf. on Very Large Databases*, 1990.

[146] Cesarini, F., Missikoff, M. e Soda G. An expert system approach for database application tuning. *Data e Knowledge Engineering*, 8:35–55, 1992.

[147] Chakravarthy, U. Architectures e monitoring techniques for active databases: An evaluation. *Data e Knowledge Engineering*, 16 (1):1–26, 1995.

[148] Chakravarthy, U., Grant, J. e Minker, J. Logic-based approach to semantic query optimization. *ACM Transactions on Database Systems*, 15 (2):162–207, 1990.

[149] Chamberlin, D. *Using the New DB2*. Morgan Kaufmann, 1996.

[150] Chamberlin, D., Astrahan M., Blasgen, M., Gray J., King ,W., Lindsay, B., Lorie, R., Mehl, J., Price, T., Selinger, P., Schkolnick, M., Slutz, D.Traiger, I., Wade, B. e Yost, R. A history e evaluation of System R. *Communications of the ACM*, 24 (10): 632–646, 1981.

[151] Chamberlin, D., Astrahan, M., Eswaran, K., Griffiths, P., Lorie, R., Mehl, J., Reisner, P. e Wade, B. Sequel 2: a unified approach to data definition, manipulation, e control. *IBM Journal of Research and Development*, 20 (6):560–575, 1976.

[152] Chamberlin, D., Florescu, D. e Robie, J.Quilt: an XML query language for heterogeneousdata sources. Em *Proceedings of WebDB*, Dallas, TX, maio 2000.

[153] Chamberlin D., Florescu D., Robie J., Simeon, J. e Stefanescu, M. XQuery: A query language for XML. World Wide Web Consortium, http://www.w3.org/TR/xquery, fev. 2000.

[154] Chandra, A. e Harel, D. Structure e complexity of relational queries. *J. Computer E System Sciences*, 25:99–128, 1982.

[155] Chandra, A. e Merlin, P. Optimal implementation of conjunctive queries in relational databases. Em *Proc. ACM SIGACT Symp. on Theory of Computing*, 1977.

[156] Chandy, M., Haas, L. e Misra J. Distributed deadlock detection. *ACM Transactions on Computer Systems*, 1 (3):144–156, 1983.

[157] Chang, C. e Leu, D. Multi-key sorting as a file organization scheme when queries are not equally likely. Em *Proc. Intl. Symp. on Database Systems for Advanced Applications*, 1989.

[158] Chang, D., Harkey, *Client*, D. *Server data access with Java and XML*. John Wiley e Sons, 1998.

[159] Charikar, M., Chaudhuri, S., Motwani, R. e Narasayya, V. R. Towards estimation error guarantees for distinct values. Em *Proc. ACM Symposium on Principles of Database Systems*, pages 268–279.ACM, 2000.

[160] Chatziantoniou, D. e Ross, K. Groupwise processing of relational queries. Em *Proc. Intl. Conf. on Very Large Databases*, 1997.

[161] Chaudhuri, S. e Dayal, U. An overview of data warehousing e OLAP technology. *SIGMOD Record*, 26 (1):65–74, 1997.

[162] Madigan, D. e Chaudhuri S., editores. *Proc. ACM SIGKDD Intl. Conference on Knowledge Discovery e Data Mining*. ACM Press, 1999.

[163] Chaudhuri, S. e Narasayya, V. An efficient cost-driven index selection tool for Microsoft SQL Server. Em *Proc. Intl. Conf. on Very Large Databases*, 1997.

[164] Chaudhuri, S. e Narasayya, V. R. Autoadmin 'what-if' index analysis utility. Em *Proc ACM SIGMOD Intl. Conf. on Management of Data*, 1998.

[165] Chaudhuri, S. e Shim, K. Optimization of queries with user-defined predicates. Em *Proc. Intl. Conf. on Very Large Databases*, 1996.

[166] Chaudhuri, S. e Shim, K. Optimization queries with aggregate views. Em *Intl. Conf. on Extending Database Technology*, 1996.

[167] Chaudhuri, S., Das, G., e Narasayya, V. R. A robust, optimization-based approach for approximate answering of aggregate queries. Em *Proc. ACM SIGMOD Conf. on the Management of Data*, 2001.

[168] Cheiney, J., Faudemay, P., Michel, R. e Thevenin, J. A reliable parallel backend using multiattribute clustering e select-join operator. Em *Proc. Intl. Conf. on Very Large Databases*, 1986.

[169] Chen, C. e Roussopoulos, N. Adaptive database buffer management using query feedback. Em *Proc. Intl. Conf. on Very Large Databases*, 1993.

[170] Chen, C. e Roussopoulos, N. Adaptive selectivity estimation using query feedback. Em *Proc. ACM SIGMOD Conf. on the Management of Data*, 1994.

[171] Chen, P. M., Lee, E. K., Gibson, G. A, Katz, R. H. e Patterson, D. A. RAID: Highperformance, reliab le secondary storage. *ACM Computing Surveys*, 26 (2):145–185, jun. 1994.

[172] Chen, P. P. The entity-relationship model — toward a unified view of data. *ACM Transactions on Database Systems*, 1 (1):9–36, 1976.

[173] Chen, Y., Dong, G., Han, J., Wah, B. W. e Wang, J. Multi-dimensional regression Analysis of time-series data streams. Em *Proc. Intl. Conf. on Very Large Data Bases*, 2002.

[174] Cheung, D.W., Han, J., Ng, V. T., e .Wong, C. Y. Maintenance of discovered association rules in large databases: An incremental updating technique. Em *Proc. Int. Conf. Data Engineering*, 1996.

[175] Cheung, D.W., Ng, V.T. e Tam, B.W. Maintenance of discovered knowledge: A case in multi-level association rules. Em *Proc. Intl. Conf. on Knowledge Discovery e Data Mining*. AAAI Press, 1996.

[176] Childs, D. Feasibility of a set theoretical data structure — A general structure based on a reconstructed definition of relation. *Proc.Tri-annual IFIP Conference*, 1968.

[177] Chimenti, D., Gamboa, R., Krishnamurthy, R., Naqvi, S,.Tsur, S., e Zaniolo, C. The ldlsystem prototype. *IEEE Transactions on Knowledge and Data Engineering*, 2(1):76–90, 1990.

[178] Chin, F. e Ozsoyoglu, G. Statistical database design. *ACM Transactions on Database Systems*, 6 (1):113–139, 1981.

[179] Chiueh, T- C. e Huang, L. Efficient real-time index updates in text retrieval systems.

[180] Chomicki, J. Real-time integrity constraints. Em *ACM Symp.on Principles of Database Systems*, 1992.

[181] Chou, H-T. e DeWitt, D. An evaluation of buffer management strategies for relational database systems. Em *Proc. Intl. Conf. on Very Large Databases*, 1985.

[182] Chrysanthis, P. e Ramamritham, K. Acta: A framework for specifying and reasoning about transaction structure e behavior. In *Proc. ACM SIGMOD Conf. on the Management of Data*, 1990.

[183] Chu, F., Halpern, J. e Seshadri, P.Least expected cost query optimization: An exercise in utility *ACM Symp. on Principles of Database Systems*, 1999.

[184] Civelek, F., Dogac, A. e Spaccapietra, S. An expert system approach to view definition e integration. Em *Proc. Entity-Relationship Conference*, 1988.

[185] Cochrane, R., Pirahesh, H. e Mattos, N. Integrating triggers e declarative constraints in SQL database systems. Em *Proc. Intl. Conf. on Very Large Databases*, 1996.

[186] CODASYL. *Report of the CODASYL Data Base Task Group*. ACM, 1971.

[187] Codd, E. A relational model of data for large shared data banks. *Communications of the ACM*, 13 (6):377–387, 1970.

[188] Codd, E. Further normalization of the data base relational model. Em R. Rustin, editor. *Data Base Systems*. Prentice Hall, 1972.

[189] Codd, E. Relational completeness of data base sub-languages. Em Rustin, R., editor, *Data Base Systems*. Prentice Hall, 1972.

[190] Codd, E. Extending the database relational model to capture more meaning. *ACM Transactions on Database Systems*, 4 (4):397–434, 1979.

[191] Codd, E. Twelve rules for on-line analytic processing. *Computerworld*, 13 abr., 1995.

[192] Colby, L., Griffin, T., Libkin, L., Mumick, I. e Trickey, H.Algorithms for deferred view maintenance. Em *Proc. ACM SIGMOD Conf. on the Management of Data*, 1996.

[193] Colby, L., Kawaguchi, A., Lieuwen, D., Mumick, I.e Ross, K. Supporting multiple view maintenance policies: Concepts,algorit hms, and performance analysis. Em *Proc. ACM SIGMOD Conf. on the Management of Data*, 1997.

[194] Comer, D., The ubiquitous B-tree. *ACM C. Surveys*, 11 (2):121–137, 1979.

[195] Connolly, D., editor. *XML Principles, Tools e Techniques*. O'Reilly & Associates, Sebastopol, USA, 1997.

[196] Cooper, B., Sample, N., Franklin, M. J., Hjaltason, G. R. e Shadmon, M. A fast index for semistructured data. Em *Proceedings of VLDB*, 2001.

[197] Copeland, D. e Maier, D. Making SMALLTALK a database system. Em *Proc. ACM SIGMOD Conf. on the Management of Data*, 1984.

[198] Cornell, G. e Abdali, K.*CGI Programming With Java*. PrenticeHall, 1998.

[199] Cortes, C., Fisher, K., Pregibon, D. e Rogers, Hancock, A. A language for extracting signatures from data streams. Em *Proc. ACM SIGKDD Intl. Conference on Knowledge Discovery e Data Mining*, p. 9–17. AAAI Press, 2000.

[200] Daemen, J. e Rijmen, V. *The Design of Rijndael: AES –The Advanced Encryption Standard (Information Security e Cryptography)*. Springer Verlag, 2002.

[201] Datar, M., Gionis, A., Indyk, P. e Motwani, R. Maintaining stream statistics over sliding windows. Em *Proc.of the Annual ACM-SIAM Symp. on Discrete Algorithms*, 2002.

[202] Date, C. A critique of the SQL database language. *ACM SIGMOD Record*, 14 (3):8–54, 1984.

[203] Date, C. *Relational Database: Selected Writings*. Addison-Wesley, 1986.

[204] Date, C. *An Introduction to Database Systems*. Addison-Wesley, 7 ed, 1999.

[205] Date, C. e Fagin, R.Simple conditions for guaranteeing higher normal forms in relational databases. *ACM Transactions on Database Systems*, 17 (3), 1992.

[206] Date, C. e McGoveran, D. *A Guide to Sybase e SQL Server*. Addison-Wesley, 1993.

[207] Dayal, U. e Bernstein, P. On the updatability of relational views. Em *Proc. Intl. Conf. on Very Large Databases*, 1978.

[208] Dayal, U. e Bernstein, P. On the correct translation of update operations on relational views. *ACM Transactions on Database Systems*, 7 (3), 1982.

[209] DeBra, P. e Paredaens, J. Horizontal decompositions for handling exceptions to FDs. Em Gallaire, H., Minker, J. e Nicolas, J.-M., editors, *Advances in Database Theory*, Plenum Press, 1981.

[210] Deep, J. e Holfelder, P. *Developing CGI applications with Perl*. Wiley, 1996.

[211] Delobel, C. Normalization e hierarchial dependencies in the relational data model. *ACM Transactions on Database Systems*, 3 (3):201–222, 1978.

[212] Denning, D. Secure statistical databases with random sample queries. *ACM Transactions on Database Systems*, 5 (3):291–315, 1980.

[213] Denning, D. E. *Cryptography e Data Security*. Addison-Wesley, 1982.

[214] Derr, M., Morishita, S. e Phipps, G. The glue-nail deductive database system: Design, implementation, e evaluation. *VLDB Journal*, 3 (2):123–160, 1994.

[215] A. Deshpande. An implementation for nested relational databases. Technical report, PhD thesis, Indiana University, 1989.

[216] Deshpande, P., Ramasamy, K., Shukla, A. e Naughton, J. F. Caching multidimensional queries using chunks. Em *Proc. ACM SIGMOD Intl. Conf. on Management of Data*, 1998.

[217] Deutsch, A., Fernandez, M., Florescu, D., Levy, A. e Suciu D.XML-QL: A query language for XML. World Wide Web Consortium, `http://www.w3.org/TR/NOTE-xml-ql`, ago., 1998.

[218] Deux, O. The story of O2. *IEEE Transactions on Knowledge e Data Engineering*, 2 (1), 1990.

[219] DeWitt, D., Chou, H.-T., Katz, R. e Klug A. Design and implementation of the Wisconsin Storage System. *Software Practice and Experience*, 15 (10):943–962, 1985.

[220] DeWitt, D., Gerber, R., Graefe., G., Heytens, M., Kumar, K. e Muralikrishna M. Gamma — A high performance dataflow database machine. Em *Proc. Intl. Conf.on Very Large Databases*, 1986.

[221] DeWitt, D. e Gray, J. Parallel database systems: The future of high-performance database systems. *Communications of the ACM*, 35 (6):85–98, 1992.

[222] DeWitt, D., Katz, R., Olken, F., Shapiro, L., Stonebraker, M. e Wood, D. Implementation techniques for main memory databases. Em *Proc. ACM SIGMOD Conf. on the Management of Data*, 1984.

[223] DeWitt, D. Naughton, J., Schneider, D. Parallel sorting on a shared-nothing architecture using probabilistic splitting. Em *Proc. Conf. on Parallel e Distributed Information Systems*, 1991.

[224] DeWitt, D., Naughton, J., Schneider, D. e Seshadri, S. Practical skew handling in Parallel joins. Em *Proc. Intl. Conf. onVery Large Databases*, 1992.

[225] Diaz, O., Paton, N., e Gray, P. Rule management in object-oriented databases: A uniform approach. Em *Proc. Intl. Conf. on Very Large Databases*, 1991.

[226] Dietrich, S. Extension tables: Memo relations in logic programming. Em *Proc. Intl. Symp.on Logic Programming*, 1987.

[227] Diffie W., e Hellman, M. E. New directions in cryptography. *IEEE Transactions on Information Theory*, 22 (6):644–654, 1976.

[228] Domingos, P. e Hulten, G. Mining high-speed data streams. Em *Proc. ACM SIGKDD Intl. Conference on Knowledge Discovery e Data Mining*. AAAI Press, 2000.

[229] Donjerkovic, D. e Ramakrishnan, R. Probabilistic optimization of top N queries Em *Proc. Intl. Conf. on Very Large Databases*, 1999.

[230] Du, W. e Elmagarmid, A. Quasi-serializability: A correctness criterion for global concurrency control in interbase. Em *Proc. Intl. Conf. on Very Large Databases*, 1989.

[231] Du, W., Krishnamurthy, R. e Shan M.-C. Query optimization in a heterogeneous DBMS. Em *Proc. Intl. Conf. on Very Large Databases*, 1992.

[232] Dubes, R. C. e Jain, A. *Clustering Methodologies in Exploratory Data Analysis Advances in Computers*. Academic Press, New York, 1980.

[233] Duppel, N. Parallel SQL on TANDEM 's NonStop SQL. *IEEE COMPCON*, 1989.

[234] Edelstein, H. The challenge of replication, Partes 1 e 2. *DBMS: Database and Client-Server Solutions*, 1995.

[235] Effelsberg, W. e Haerder, T. Principles of database buffer management. *ACM Transactions on Database Systems*, 9 (4):560–595, 1984.

[236] Eich, M. H. A classification e comparison of main memory database recovery techniques. Em *Proc. IEEE Intl. Conf. on Data Engineering*, 1987.

[237] Eisenberg , A. e Melton, J. SQL: 1999, form erly known as SQL 3. *ACM SIGMOD Record*, 28 (1):131–138, 1999.

[238] El Abbadi, A. Adaptive protocols for managing replicated distributed databases. Em *IEEE Symp. on Parallel and Distributed Processing*, 1991.

[239] Abbadi, A., El Skeen D. e F. Cristian. An efficient, fault-tolerant protocol for replicated data management. em *ACM Symp.on Principles of Database Systems*, 1985.

[240] Ellis, C. Concurrency in Linear Hashing. *ACM Transactions on Database Systems*, 12(2):195–217, 1987.

[241] Elmagarmid, A. *Database Transaction Models for Advanced Applications*. Morgan Kaufmann, 1992.

[242] Elmagarmid, A., Jing, J. Kim, W., Bukhres, O. e Zhang, A. Global commitability in multidatabase systems. *IEEE Transactions on Knowledge e Data Engineering*, 8 (5):816–824, 1996.

[243] Elmagarmid, A., Sheth, A. e Liu, M. Deadlock detection algorithms in distributed database systems. Em *Proc. IEEE Intl. Conf. on Data Engineering*, 1986.

[244] Elmasri, R. e Navathe, S. Object integration in database design. Em *Proc. IEEE Intl. Conf. on Data Engineering*, 1984.

[245] Elmasri, R. e Navathe, S. *Fundamentals of Database Systems*. Benjamin-Cummings, 3 edition, 2000.

[246] Epstein, R. Techniques for processing of aggregates in relational database systems. Technical report, UC-Berkeley, Electronics Research Laboratory, M798, 1979.

[247] Epstein, R., Stonebraker, M. e Wong, E. Distributed query processing in a relational data base system. Em *Proc.ACM SIGMOD Conf. on the Management of Data*, 1978.

[248] Ester, M., Kriegel, H.-P., Sander, J., Wimmer, M. e Xu, X. Incremental clustering for mining in a data warehousing environment. Em *Proc. Intl. Conf. On Very Large Data Bases*, 1998.

[249] Ester, M., Kriegel, H.-P., Sander, J. e Xu, X. A density-based algorithm for discovering clusters in large spatial databases with noise. Em *Proc. Intl. Conf. on Knowledge Discovery in Databases and Data Mining*, 1995.

[250] Ester, M., Kriegel, H.-P. e Xu, X. A database interface for clustering in large spatial databases. Em *Proc. Intl. Conf. on Knowledge Discovery in Databases e Data Mining*, 1995.

[251] Eswaran, K. e Chamberlin, D. Functional specification of a subsystem for data base integrity. Em *Proc. Intl. Conf. on Very Large Databases*, 1975.

[252] Eswaran, K., Gray, J., Lorie, R. e Traiger, I. The notions of consistency e predicate locks in a data base system. *Communications of the ACM*, 19 (11):624–633, 1976.

[253] Fagin, R. Multivalued dependencies and a new normal form for relational databases. *ACM Transactions on Database Systems*, 2 (3):262–278, 1977.

[254] Fagin, R. Normal forms e relational database operators. Em *Proc. ACM SIGMOD Conf. on the Management of Data*, 1979.

[255] R. Fagin. A normal form for relational databases that is based on domains and keys. *ACM Transactions on Database Systems*, 6 (3):387–415, 1981.

[256] Fagin, R., Nievergelt, J., Pippenger, N. e Strong, H. Extendible Hashing — a fast access method for dynamic files. *ACM Transactions on Database Systems*, 4 (3), 1979.

[257] Faloutsos, C. Access methods for text. *ACM Computing Surveys*, 17 (1):49–74, 1985.

[258] Faloutsos, C. *Searching Multimedia Databases by Content*. Kluwer Academic, 1996.

[259] Faloutsos, C. e Christodoulakis. Signature files: An access method for documents S. e its analytical performance evaluation. *ACM Transactions on Office Information Systems*, 2 (4):267–288, 1984.

[260] Faloutsos, C. e Jagadish, H. On B -Tree indices for skewed distributions. Em *Proc. Intl.Conf. on Very Large Databases*, 1992.

[261] Faloutsos, C., Ng, R. e Sellis, T. Predictive load control for flexible buffer allocation. Em *Proc. Intl. Conf. on Very Large Databases*, 1991.

[262] Faloutsos, C., Ranganathan, M. e Manolopoulos, Y. Fast subsequence matching in time-series databases. Em *Proc. ACM SIGMOD Conf. on the Management of Data*, 1994.

[263] Faloutsos, C. e Roseman, S. Fractals for secondary key retrieval. Em *ACM Symp. On Principles of Database Systems*, 1989.

[264] Fang, M., Shivakumar, N., Garcia-Molina, H., R. Motwani, e Ullman, J., Computing, D. iceberg queries efficiently. Em *Proc.Intl. Conf. on Very Large Data Bases*, 1998.

[265] Fayyad, U., Piatetsky-Shapiro G. e Smyth, P. The KDD process for extracting useful knowledge from volumes of data. *Communications of the ACM*, 39 (11):27–34, 1996.

[266] U. Fayyad, G. Piatetsky-Shapiro, P. Smyth, e Uthurusamy, R., editores. *Advances in Knowledge Discovery e Data Mining*. MIT Press, 1996.

[267] Fayyad, U. e Simoudis, E. Data mining and knowledge discovery: Tutorial notes. Em *Intl. Joint Conf. on Artificial Intelligence*, 1997.

[268] Fayyad, U.M. e Uthurusamy, R., editores. *Proc. Intl. Conf. on Knowledge Discovery e Data Mining*. AAAI Press, 1995.

[269] Fernandez, M., Florescu, D., Kang, J., Levy, A.Y. e Suciu D. STRUDEL: A Web site management system. Em *Proc. ACM SIGMOD Conf. on Management of Data*, 1997.

[270] Fernandez, M., Florescu, D., Levy, A.Y. e Suciu, D. A query language for a Web –site management system. *SIGMOD Record (ACM Special Interest Group on Management of Data)*, 26 (3):4–11, 1997.

[271] Fernandez, M., Suciu, Tan, D., Silk Route, W. Trading between relations e XML. Em *Proceedings of the WWW9*, 2000.

[272] Finkelstein, S., Schkolnick, M., e Tiberio, P. Physical database design for relational databases. *IBM Research Review RJ5034*, 1986.

[273] Fishman, D., Beech, D., Cate, H., Chow, E., Connors, T., Davis, J., Derrett, N., Hoch, C. Kent, W., Lyngbaek, P., Mahbod, B., Neimat, M.-A., Ryan, T., e Shan, M.- C. Iris: an object-oriented database management system *ACM Transactions on Office Information Systems*, 5 (1):48–69, 1987.

[274] Fleming, C. e vonHalle, B. *Handbook of Relational Database Design*. Addison-Wesley, 1989.

[275] Florescu, D., Levy, A.Y., Mendelzon, A. O. Database techniques for the World-Wide Web: A survey. *SIGMOD Record (ACM Special Interest Group on Management of Data)*, 27 (3):59–74, 1998.

[276] Ford, W. e Baum, M. S. *Secure Electronic Commerce: Building the Infrastructure for Digital Signatures and Encryption (2nd Edition)*. Prentice Hall, 2000.

[277] Fotouhi, F. e Pramanik, S. Optimal secondary storage access sequence for performing relational join. *IEEE Transactions on Knowledge e Data Engineering*, 1 (3):318–328, 1989.

[278] Fowler, M. Scott, K.*UML Distilled: Applying the Standard Object Modeling Language*. Addison-Wesley, 1999.

[279] Frakes, W. B e Baeza-Yates R., editores. *Information Retrieval: Data Structures e Algorithms*. PrenticeHall, 1992.

[280] Franaszek, P., Robinson, J., e Thomasian, A. Concurrency control for high contention environments. *ACM Transactions on Database Systems*, 17 (2), 1992.

[281] Franazsek, P., Robinson, J. e Thomasian, A. Access invariance and its use in high contention environments. Em *Proc. IEEE International Conference on Data Engineering*, 1990.

[282] Franklin, M. Concurrency control e recovery. Em *Handbook of Computer Science, A.B. Tucker (ed), CRC Press*, 1996.

[283] Franklin, M., Carey, M., e Livny, M. Local disk caching for client-server database systems. Em *Proc. Intl. Conf. on Very Large Databases*, 1993.

[284] Franklin, M., Jonsson, B. e Kossman, D. Performance tradeoffs for client-server query processing. Em *Proc. ACM SIGMOD Conf. on the Management of Data*, 1996.

[285] Fraternali, P. e Tanca, L. A structured approach for the definition of the semantics of active databases. *ACM Transactions on Database Systems*, 20 (4):414–471, 1995.

[286] Freeston, M. W. The BANG file: A new kind of Grid File. Em *Proc. ACM SIGMOD Conf. on the Management of Data*, 1987.

[287] Freytag, J. A rule-based view of query optimization. Em *Proc. ACM SIGMOD Conf. on the Management of Data*, 1987.

[288] Friesen, O., Lefebvre, A, L. Vieille. VALIDITY: Applications of a DOOD system. Em *Intl. Conf. on Extending Database Technology*, 1996.

[289] J. Fry and E. Sibley. Evolution of data-base management systems. *ACM Computing Surveys*, 8 (1):7–42, 1976.

[290] Fuhr, N. A decision-theoretic approach to database selection in networked ir. *ACM Transactions on Database Systems*, 17 (3), 1999.

[291] Fukuda, T., Morimoto,Y., Morishita, S. e Tokuyama T. Mining optimized association rules for numeric attributes. Em *ACM Symp.on Principles of Database Systems*, 1996.

[292] Furtado, A. e Casanova, M. Updating relational views. Em *Query Processing in Database Systems*.eds. Kim, W., Reiner, D.S. e Batory, D.S., Springer-Verlag, S,1985.

[293] Fushimi, S., Kitsuregawa, M. e Tanaka, H. An overview of the systems software of a parallel relational database machine: Grace. Em *Proc. Intl. Conf. on Very Large Databases*, 1986.

[294] Gaede, V. e Guenther, O. Multidimensional access methods. *Computing Surveys*, 30 (2):170–231, 1998.

[295] Gallaire, H., Minker, J., J.-M. Nicolas (eds). *Advances in Database Theory, Vols. 1e 2*. Plenum Press, 1984.

[296] Gallaire, H. e Minker, J. (eds). *Logic and Data Bases*. Plenum Press, 1978.

[297] Ganguly, S., Hasan, W. e Krishnamurthy. Query optimization for parallel execution. R. Em *Proc. ACM SIGMOD Conf. on the Management of Data*, 1992.

[298] Ganski, R. e Wong, H. Optimization of nested SQL queries revisited. Em *Proc. ACM SIGMOD Conf. on the Management of Data*, 1987.

[299] Ganti, V., Gehrke, J., e Ramakrishnan, R. Demon: mining and monitoring evolving data. *IEEE Transactions on Knowledge and Data Engineering*, 13 (1), 2001.

[300] Ganti, V., Gehrke, J., Ramakrishnan, R., e Loh, W.-Y. Focus: a framework for measuring changes in data characteristics. Em *Proc. ACM Symposium on Principles of Database Systems*, 1999. 1020 Database Management Systems

[301] Ganti, V., Gehrke, J. E. e Ramakrishnan, R. Cactus–clustering categorical data using summaries. Em *Proc. ACM Intl. Conf. on Knowledge Discovery in Databases*, 1999.

[302] Ganti, V., Ramakrishnan, R., Gehrke, J. E., Powell, A., e French, J. Clustering large datasets in arbitrary metric spaces. Em *Proc. IEEE Intl. Conf. Data Engineering*, 1999.

[303] Garcia-Molina, H. e Barbara, D. How to assign votes in a distributed system. *Journal of the ACM*, 32 (4), 1985.

[304] Garcia-Molina, H., Lipton, R. Valdes, J. A massive memory system machine. *IEEE Transactions on Computers*, C33 (4):391–399, 1984.

[305] Garcia-Molina, H., Ullman, J. e Widom, J. *Database Systems: The Complete Book* Prentice Hall, 2001.

[306] Garcia-Molina, H. e Wiederhold, G. Read-only transactions in a distributed database. *ACM Transactions on Database Systems*, 7 (2):209–234, 1982.

[307] E. Garfield. Citation analysis as a tool in journal evaluation. *Science*, 178 (4060):471–479, 1972.

[308] Garg, A. e Gotlieb, C. Order preserving key transformations. *ACM Transactions on Database Systems*, 11 (2):213–234, 1986.

[309] Gehrke, J. E., Ganti, V., Ramakrishnan, R. e Loh, W.-Y. Boat: Optimistic decision tree construction. Em *Proc. ACM SIGMOD Conf. on Managment of Data*, 1999.

[310] Gehrke, J. E., Korn, F. e Srivastava, D. On computing correlated aggregates over continual data streams. Em *Proc. ACM SIGMOD Conf. on the Management of Data*, 2001.

[311] Gehrke, J. E., Ramakrishnan, R., Ganti, V. Rainforest: A framework for fast decision tree construction of large datasets. Em *Proc. Intl. Conf. on Very Large Databases*, 1998.

[312] Ghosh, S. P. *Data Base Organization for Data Management (2 ed.)*. Academic Press, 1986.

[313] Gibbons, P. B., Matias Y, e Poosala, V. Fast incremental maintenance of approximate histograms. Em *Proc. of the Conf. on Very Large Databases*, 1997.

[314] Gibbons, P. B. e Matias, Y. New sampling-based summary statistics for improving approximate query answers. Em *Proc. ACM SIGMOD Conf. on the Management of Data*, p. 331–342. ACM Press, 1998.

[315] Gibson, D., Kleinberg, J. M. e Raghavan, P. Clustering categorical data: An approach based on dynamical systems. Em *Proc. Intl. Conf.Very Large Data Bases*, 1998.

[316] Gibson, D., Kleinberg, J. M. e Raghavan, P. Inferring web communities from link topology. Em *Proc. ACM Conf. on Hypertext*, 1998.

[317] Gibson, G. A. *Redundant Disk Arrays: Reliable, Parallel Secondary Storage*. An ACM Distinguished Dissertation 1991. MIT Press, 1992.

[318] Gifford., D. Weighted voting for replicated data. Em *ACM Symp. on Operating Systems Principles*, 1979.

[319] A. C., Gilbert, Y., Kotidis, Muthukrishnan, S. e Strauss, M. J. Surfing wavelets on streams: One-pass summaries for approximate aggregate queries. Em *Proc. of the Conf. on Very Large Databases*, 2001.

[320] Goldfarb, C. F. e Prescod, P. *The XML Handbook*. PrenticeHall, 1998.

[321] Goldman, R. e Widom J. DataGuides: enabling query formulation and optimization in semistructured databases. Em *Proc. Intl. Conf. on Very Large Data Bases*, p. 436–445, 1997.

[322] Goldstein, J., Ramakrishnan, R., Shaft U. e Yu, J.-B. Processing queries by linear constraints. In *Proc. ACM Symposium on Principles of Database Systems*, 1997.

[323] Graefe, G. Encapsulation of parallelism in the Volcano query processing system. Em *Proc. ACM SIGMOD Conf. on the Management of Data*, 1990.

[324] Graefe, G. Query evaluation techniques for large databases. *ACM Computing Surveys*, 25 (2), 1993.

[325] Graefe, G., Bunker, R., e Cooper, S. Hash joins and hash teams in microsoft SQL Server: Em *Proc. Intl. Conf. on Very Large Databases*, 1998.

[326] Graefe, G. e DeWitt, D. The Exodus optimizer generator. Em *Proc. ACM SIGMOD Conf. on the Management of Data*, 1987.

[327] Graefe, G. e Ward, K. Dynamic query optimization plans. Em *Proc. ACM SIGMOD Conf. on the Management of Data*, 1989.

[328] Graham, M., Mendelzon, A. e Vardi, M. Notions of dependency satisfaction. *Journal of the ACM*,33 (1):105–129, 1986.

[329] Grahne, G. *The Problem of Incomplete Information in Relational Databases*. Springer-Verlag, 1991.

[330] Gravano, L., Garcia-Molina, H. e Tomasic, A. Gloss: text-source discovery over the internet. *ACM Transactions on Database Systems*, 24 (2), 1999.

[331] Gray, J. Notes on data base operating systems. Em *Operating Systems: An Advanced Course*. eds. Bayer, Graham, e Seegmuller, Springer-Verlag, 1978.

[332] Gray, J. The transaction concept: Virtues e limitations. Em *Proc. Intl. Conf. on Very Large Databases*, 1981.

[333] Gray, J. Transparency in its place — the case against transparent access to geographically distributed data. *Tandem Computers, TR - 89-1*, 1989.

[334] Gray, J. *The Benchmark Handbook: for Database e Transaction Processing Systems*. Morgan Kaufmann, 1991.

[335] Gray, J., Bosworth, A., Layman, A. e Pirahesh, H. Data cube: A relational aggregation operator generalizing group-by,c ross-tab and sub-totals. Em *Proc. IEEE Intl. Conf. on Data Engineering*, 1996.

[336] Gray, J., Lorie, R., Putzolu, G. e Traiger I. Granularity of locks and degrees of consistency in a shared data base. Em *Proc. of IFIP Working Conf. on Modelling of Data Base Management Systems*, 1977.

[337] Gray, J., McJones, P., Blasgen, M., Lindsay, B., Lorie, R., Putzolu, G., Price, T. E. Traiger, I. The recovery manager of the System R database manager. *ACM Computing Surveys*, 13 (2):223–242, 1981.

[338] Gray, J. e Reuter, A. *Transaction Processing: Concepts and Techniques*. Morgan Kaufmann, 1992.

[339] Gray, P.*Logic, Algebra, e Databases*. John Wiley, 1984.

[340] Greenwald, M. e Khanna, S.Space-efficient online computation of quantile summaries. Em *Proc. ACM SIGMOD Conf. on Management of Data*, 2001.

[341] Griffiths, P. e Wade, B. An authorization mechanism for a relational database system. *ACM Transactions on Database Systems*, 1 (3):242–255, 1976.

[342] Grinstein, G. Visualization e data mining. Em *Intl. Conf. on Knowledge Discovery in Databases*, 1996. 1022 Database Management Systems

[343] Guha, S., Mishra, N., Motwan R. e Callaghan, L. O'. Clustering data streams. Em *Proc. of the Annual Symp. on Foundations of Computer Science*, 2000.

[344] Guha, S., Rastogi, R. e Shim, K.Cure: an efficient clustering algorithm for large databases. Em *Proc. ACM SIGMOD Conf. on Management of Data*, 1998.

[345] Guha, S., Koudas, N. e Shim K. Data streams e histograms. Em *Proc. of the ACM Symp. on Theory of Computing*, 2001.

[346] Gunopulos, D., Mannila, H., Khardon, R., e Toivonen, H. Data mining, hypergraph transversals, e machine learning. Em *Proc. ACM Symposium on Principles of Database Systems*, pages 209–216,1997.

[347] Gunopulos, D., Mannila, H. e Saluja, S. Discovering all most specific sentences by randomized algorithms. Em *Proc. of the Intl. Conf. on Database Theory*, volume 1186 of *Lecture Notes in Computer Science*, p. 215–229, 1997.

[348] Gupta, A. e Mumick, I. *Materialized Views: Techniques, Implementations, e Applications* MIT Press, 1999.

[349] Gupta, A., Mumick, I., e Subrahmanian, V. Maintaining views incrementally. Em *Proc ACM SIGMOD Conf. on the Management of Data*, 1993.

[350] Guttman, A. R. Trees: a dynamic index structure for spatial searching. Em *Proc. ACM SIGMOD Conf. on the Management of Data*, 1984.

[351] Haas, L., Chang, W., Lohman, G., McPherson, J., Wilms, P., Lapis, G., Lindsay, B., Pirahesh, H., Carey, M. e Shekita, E. Starburst mid-flight: As the dust clears. *IEEE Transactions on Knowledge and Data Engineering*, 2 (1), 1990.

[352] Haas, P., Naughton, J., Seshadri, S., e. Stokes, L. Sampling-based estimation of the number of distinct values of an attribute. Em *Proc. Intl. Conf. on Very Large Databases*, 1995.

[353] Haas, P. e Swami, A. Sampling-based selectivity estimation for joins using augmented frequent value statistics. Em *Proc. IEEE Intl. Conf. on Data Engineering*, 1995.

[354] Haas, P. J. e Hellerstein, J. M. Ripple joins for online aggregation. Em *Proc. ACM SIGMOD Conf. on the Management of Data*, pages 287–298. ACM Press, 1999.

[355] Haerder, T. e Reuter, A. Principles of transaction oriented database recovery — a taxonomy. *ACM Computing Surveys*, 15 (4), 1982.

[356] Halici, U. e Dogac, A. Concurrency control in distributed databases through time intervals e short-term locks. *IEEE Transactions on Software Engineering*, 15 (8): 994–1003, 1989.

[357] Hall, M. *Core Web Programming: HTM, Java, CGI, & Javascript.* Prentice-Hall, 1997.

[358] Hall, P. Optimization of a simple expression in a relational data base system. *IBM Journal of Research and Development*, 20 (3):244–257, 1976.

[359] Hamilton, G., Cattell, R.G. e Fisher, M. *JDBC Database Access With Java: A Tutorial e Annotated Reference.* Java Series. Addison-Wesley, 1997.

[360] Hammer, M. e McLeod, D. Semantic integrity in a relational data base system. Em *Proc. Intl. Conf. on Very Large Databases*, 1975.

[361] Han, J. e Fu, Y. Discovery of multiple-level association rules from large databases. Em *Proc. Intl. Conf. on Very Large Databases*, 1995.

[362] Hand, D. *Construction e Assessment of Classification Rules.* John Wiley & Sons, Chichester, England, 1997.

[363] Han, J. e Kamber, M.*Data Mining: Concepts e Techniques.* Morgan Kaufmann Publishers, 2000.

[364] Han, J., Pei., J., e Yin, Y. Mining frequent patterns without candidate generation. Em *Proc. ACM SIGMOD Intl. Conf. on Management of Data*, p. 1–12, 2000.

[365] Hanson, E. A performance analysis of view materialization strategies. Em *Proc. ACM SIGMOD Conf. on the Management of Data*, 1987.

[366] Hanson, E. Rule condition testing and action execution in Ariel. Em *Proc. ACM SIGMOD Conf. on the Management of Data*, 1992.

[367] Harinaraya, V., Rajaraman, A. e Ullman, J. Implementing data cubes efficiently. Em *Proc. ACM SIGMOD Conf. on the Management of Data*, 1996.

[368] Haritsa, J., Carey, M. e Livny, M. On being optimistic about real-time constraints. Em *ACM Symp. on Principles of Database Systems*, 1990.

[369] Harrison, J. e Dietrich, S. Maintenance of materialized views in deductive databases: An update propagation approach. Em *Proc. Workshop on Deductive Databases*, 1992.

[370] Hastie, T., Tibshirani, R. e H. Friedman, J. *The Elements of Statistical Learning: Data Mining, Inference, and Prediction.* Springer Verlag, 2001.

[371] Heckerman, D. Bayesian networks for knowledge discovery. Em *Advances in KnowledgeDiscovery and Data Mining*, eds. U.M. Fayyad, G . Piatetsky-Shapiro, P. Smyth, e Uthurusamy, R., MI T Press, 1996.

[372] Heckerman, D., Mannila, Pregibon, D. e Uthurusamy, R., editores. *Proc. Intl. Conf. on Knowledge Discovery and Data Mining*. AAAI Press, 1997.

[373] Hellerstein, J. Optimization and execution techniques for queries with expensive methods. *Ph.D. thesis, University of Wisconsin-Madison*, 1995.

[374] Hellerstein, J., Haas, P. e Wang, H.; Online aggregation em *Proc. ACM SIGMOD Conf. on the Management of Data*, 1997.

[375] Hellerstein, J., Koutsoupias, E. e Papadimitriou, C. On the analysis of indexing schemes. Em *Proceedings of the ACM Symposium on Principles of Database Systems*, p. 249–256. ACM Press,1997.

[376] Hellerstein, J., Naughton, J. e Pfeffer, A. Generalized search trees for database systems. Em *Proc. Intl. Conf. on Very Large Databases*,1995.

[377] Hellerstein, J. M., Koutsoupias, E. e Papadimitriou, C. H. On the analysis of indexing schemes. Em *Proc. ACM Symposium on Principles of Database Systems*, p. 249–256, 1997.

[378] Hidber, C. Online association rule mining. Em *Proc. ACM SIGMOD Conf. on the Management of Data*, p. 145–1561999.

[379] Himmeroeder, R., Lausen, G., Ludaescher, B. e Schlepphorst, C. On a declarative semantics for Web queries. *Lecture Notes in Computer Science*, 1341:386–398, 1997.

[380] C.- Ho, T., Agrawal, R., Megiddo, N. e Srikant, R. Range queries in OLAP data cubes. Em *Proc. ACM SIGMOD Conf. on the Management of Data*, 1997.

[381] Holzner, S. *XML Complete*. McGraw-Hill, 1998.

[382] Hong, D., Johnson, T. e Chakravarthy, U. Real-time transaction scheduling: A cost conscious approach. *Proc. ACM SIGMOD Conf. on the Management of Data*, 1993.

[383] Hong, W. e Stonebraker, M. Optimization of parallel query execution plans in XPRS. Em *Proc. Intl. Conf. on Parallel and Distributed Information Systems*, 1991.

[384] W. Hou, C. e Ozsoyoglu, G. Statistical estimators for aggregate relational algebra queries. *ACM Transactions on Database Systems*, 16 (4), 1991.

[385] Hsiao, H. e DeWitt, D. A performance study of three high availability data replication strategies. Em *Proc. Intl. Conf. on Parallel and Distributed Information Systems*, 1991.

[386] Huang, J., Stankovic, J., Ramamritham, K. e Towsley, D. Experimental evaluation of realtime optimistic concurrency control schemes. Em *Proc. Intl. Conf. on Very Large Databases*, 1991.

[387] Huang, Y., Sistla, A. e Wolfson, O. Data replication for mobile computers. Em *Proc. ACM SIGMOD Conf. on the Management of Data*,1994.

[388] Huang, Y. e Wolfson, O. A competitive dynamic data replication algorithm. Em *Proc. IEEE CS IEEE Intl. Conf. on Data Engineering*, 1993.

[389] Hull, R. Managing semantic heterogeneity in databases: A theoretical perspective. Em *ACM Symp. on Principles of Database Systems*, 1997.

[390] Hull, R. e King, R. Semantic database modeling: Survey, applications, and research issues. *ACM Computing Surveys*, 19 (19):201–260, 1987.

[391] Hull, R. e Su, J. Algebraic and calculus query languages for recursively typed complex objects. *Journal of Computer and System Sciences*, 47 (1):121–156, 1993.

[392] Hull, R. e Yoshikawa, M. ILOG: Declarative creation and manipulation of object identifiers. Em *Proc. Intl. Conf. on Very Large Databases*, 1990.

[393] Hulten, G., Spencer, L. e Domingos, P. Mining time-changing data streams. En *Proc. ACM SIGKDD Intl. Conference on Knowledge Discovery and Data Mining*, p. 97–106. AAAI Press, 2001.

[394] Hunter, J. *Java Servlet Programming*. O'Reilly Associates, Inc., 1998.

[395] Imielinski, T. e Korth, H. (eds.). *Mobile Computing*. Kluwer Academic, 1996.

[396] Imielinski, T. e Lipski, W. Incomplete information in relational databases. *Journal of the ACM*,31(4):761–791, 1984.

[397] Imielinski, T. e Mannila, H. A database perspective on knowledge discovery. *Communications of the ACM*, 38(11):58–64, 1996.

[398] Imielinski, T., Viswanathan, S. e Badrinath, B. Energy efficient indexing on air. Em *Proc. ACM SIGMOD Conf. on the Management of Data*, 1994.

[399] Ioannidis, Y. Query optimization. Em *Handbook of Computer Science*. ed. Tucker, A.B. CRC Press,1996.

[400] Ioannidis, Y. e Christodoulakis, S. Optimal histograms for limiting worst-case error propagation in the size of join results. *ACM Transactions on Database Systems*, 1993.

[401] Ioannidis, Y. e Kang, Y. Randomized algorithms for optimizing large join queries. Em *Proc. ACM SIGMOD Conf. on the Management of Data*, 1990.

[402] Ioannidis, Y. e Kang, Y. Left-deep vs. bushy trees: An analysis of strategy spaces and its implications for query optimization. Em *Proc. ACM SIGMOD Conf. on the Management of Data*, 1991.

[403] Ioannidis, Y., Ng, R., Shim, K. e Sellis, T. Parametric query processing. Em *Proc. Intl. Conf. on Very Large Databases*, 1992.

[404] Ioannidis, Y. e Ramakrishnan, R. Containment of conjunctive queries: Beyond relations as sets. *ACM Transactions on Database Systems*, 20 (3):288–324, 1995.

[405] Ioannidis, Y. E. Universality of serial histograms. Em *Proc. Intl. Conf. on Very Large Databases*, 1993.

[406] Jagadish, H., Lieuwen, D., Rastogi, R., Silberschatz, A. e Sudarshan, S. Dali: A high performance main-memory storage manager. Em *Proc. Intl. Conf. on Very Large Databases*, 1994.

[407] Jain, A. K. e Dubes, R. C. *Algorithms for Clustering Data*. PrenticeHall, 1988.

[408] Jajodia, S. e Mutchler, D. Dynamic voting algorithms for maintaining the consistency of a replicated database. *ACM Transactions on Database Systems*, 15 (2):230–280, 1990.

[409] Jajodia, S. e Sandhu, R. Polyinstantiation integrity in multilevel relations. Em *Proc. IEEE Symp. on Security and Privacy*, 1990.

[410] Jarke, M. e Koch, J. Query optimization in database systems. *ACM Computing Surveys*, 16 (2):111–152, 1984.

[411] Jones, K. S. e Willett, P., editores. *Readings in Information Retrieval*. Multimedia Information and Systems. Morgan Kaufmann Publishers, 1997.

[412] Jou, J. e Fischer, P. The complexity of recognizing 3NF schemes. *Information Processing Letters*, 14 (4):187–190, 1983.

[413] Kabra, N. e DeWitt, D. J. Efficient mid-query re-optimization of sub-optimal query execution plans. Em *Proc. ACM SIGMOD Intl. Conf. on Management of Data*, 1998.

[414] Kambayashi, Y., Yoshikawa, M. e Yajima, S. Query processing for distributed databases using generalized semi-joins. Em *Proc. ACM SIGMOD Conf. on the Management of Data*, 1982.

[415] Kanellakis, P. Elements of relational database theory. Em *Handbook of Theoretical Computer Science*. ed. Van Leeuwen, J. Elsevier, 1991.

[416] Kanellakis, P. Constraint programming and database languages: A tutorial. Em *ACM Symp. on Principles of Database Systems*, 1995.

[417] Kargupta, H. e Chan, P., editores. *Advances in Distributed and Parallel Knowledge Discovery*. MIT Press, 2000.

[418] Kaufman, L. e Rousseeuw, P. *Finding Groups in Data: An Introduction to Cluster Analysis*. John Wiley and Sons, 1990.

[419] Kaushik, R., Bohannon, P., Naughton, J. F. e Korth, H. F. Covering indexes for branching path expression queries. Em *Proceedings of SIGMOD*, 2002.

[420] Keim, D. e Kriegel, H. -P. VisDB: a system for visualizing large databases. Em *Proc. ACM SIGMOD Conf. on the Management of Data*, 1995.

[421] Keim, D. e Kriegel, H.-P. Visualization techniques for mining large databases: A comparison. *IEEE Transactions on Knowledge and Data Engineering*, 8(6):923–938, 1996.

[422] Keller, A. Algorithms for translating view updates to database updates for views involving selections, projections, and joins. *ACM Symp. on Principles of Database Systems*, 1985.

[423] Kent, W. *Data and Reality, Basic Assumptions in Data Processing Reconsidered*. North-Holland, 1978.

[424] Kent, W., Ahmed, R., Albert, J., Ketabchi, M. e Shan, M. C. Object identification in multidatabase systems. Em *IFIP Intl. Conf. on Data Semantics*, 1992.

[425] Kerschberg, L., Klug, A. e Tsichritzis, D. A taxonomy of data models. Em *Systems for Large Data Bases*, eds. Lockemann, P.C. e Neuhold, E.J., North-Holland, 1977.

[426] Kiessling, W. On semantic reefs and efficient processing of correlation queries with aggregates. Em *Proc. Intl. Conf. on Very Large Databases*, 1985.

[427] Kifer, M., Kim, W. e Sagiv, Y. Querying object-oriented databases. Em *Proc. ACM SIGMOD Conf. on the Management of Data*, 1992.

[428] Kifer, M., Lausen, G. e Wu, J. Logical foundations of object-oriented and frame-based languages. *Journal of the ACM*, 42 (4):741–843, 1995.

[429] Kifer, M. e Lozinskii, E. Sygraf: Implementing logic programs in a database style. *IEEE Transactions on Software Engineering*, 14 (7):922–935, 1988.

[430] Kim, W. On optimizing an SQL -like nested query. *ACM Transactions on Database Systems*, 7 (3), 1982.

[431] Kim, W. Object-oriented database systems: Promise, reality, and future. Em *Proc. Intl. Conf. on Very Large Databases*, 1993.

[432] Kim, W., Garza, J., Ballou, N., e Woelk, D. Architecture of the ORION next-generation database system. *IEEE Transactions on Knowledge and Data Engineering*, 2 (1):109–124, 1990.

[433] Kim, W. e Lochovsky, F. (eds.). *Object-Oriented Concepts, Databases, and Applications*. Addison-Wesley, 1989.

[434] Kim, W., Reiner, D. e Batory, D. (eds.). *Query Processing in Database Systems*. Springer Verlag, 1984.

[435] Kim, W. (ed.). *Modern Database Systems*. ACM Press and Addison-Wesley, 1995.

[436] Kimball, R. *The Data Warehouse Toolkit*. John Wiley and Sons, 1996.

[437] King, J. Quist: A system for semantic query optimization in relational databases. Em *Proc. Intl. Conf. on Very Large Databases*, 1981.

[438] Kleinberg, J. M. Authoritative sources in a hyperlinked environment. Em *Proc. ACM-SIAM Symp. on Discrete Algorithms*, 1998.

[439] Klug, A. Equivalence of relational algebra and relational calculus query languages having aggregate functions. *Journal of the ACM*, 29 (3):699–717, 1982.

[440] Klug, A. On conjunctive queries containing inequalities. *Journal of the ACM*, 35 (1):146–160,1988.

[441] Knapp, E. Deadlock detection in distributed databases. *ACM Computing Surveys*, 19 (4):303–328,1987.

[442] Knuth, D. *The Art of Computer Programming, Vol.3 — Sorting and Searching*. Addison-Wesley, 1973.

[443] Koch, G. e Loney, K. *Oracle: The Complete Reference*. Oracle Press, Osborne-McGraw-Hill, 1995.

[444] Kohler, W. A survey of techniques for synchronization and recovery in decentralized computer systems. *ACM Computing Surveys*, 13 (2):149–184, 1981.

[445] Konopnicki, D. e Shmueli, O. W3QS: A system for WWW querying. Em *Proc. IEEE Intl. Conf. on Data Engineering*, 1997.

[446] Korn, F., Jagadish, H. e Faloutsos, C. Efficiently supporting ad hoc queries in large datasets of time sequences. Em *Proc. ACM SIGMOD Conf. on Management of Data*, 1997.

[447] Kornacker, M., Mohan, C. e Hellerstein, J. Concurrency and recovery in generalized search trees. Em *Proc. ACM SIGMOD Conf. on the Management of Data*, 1997.

[448] Korth, H., Soparkar, N. e Silberschatz, A. Triggered real-time databases with consistency constraints. Em *Proc. Intl. Conf. on Very Large Databases*, 1990.

[449] Korth, H. F. Deadlock freedom using edge locks. *ACM Transactions on Database Systems*, 7 (4):632–652, 1982.

[450] Kossmann, D. The state of the art in distributed query processing. *ACM Computing Surveys*, 32 (4):422–469, 2000.

[451] Kotidis, Y. e Roussopoulos, N. An alternative storage organization for ROLAP aggregate views based on cubetrees. Em *Proc. ACM SIGMOD Intl. Conf. on Management of Data*, 1998.

[452] Krishnakumar, N. e Bernstein, A. High throughput escrow algorithms for replicated databases. Em *Proc. Intl. Conf. on Very Large Databases*, 1992.

[453] Krishnamurthy, R., Boral, H. e Zaniolo, C. Optimization of nonrecursive queries. Em *Proc. Intl. Conf. on Very Large Databases*, 1986.

[454] Kuhns, J. Logical aspects of question answering by computer. Technical report, R. and Corporation, R M-5428-Pr., 1967.

[455] Kumar, V. *Performance of Concurrency Control Mechanisms in Centralized Database Systems*. PrenticeHall, 1996.

[456] Kung, H. e Lehman, P. Concurrent manipulation of binary search trees. *ACM Transactions on Database Systems*, 5 (3):354–382, 1980.

[457] Kung, H. e Robinson, J. On optimistic methods for concurrency control. *Proc. Intl. Conf. on Very Large Databases*, 1979.

[458] Kuo, D. Model and verification of a data manager based on ARIES. Em *Intl. Conf. on Database Theory*, 1992.

[459] LaCroix, M. e Pirotte, A. Domain oriented relational languages. Em *Proc. Intl. Conf. on Very Large Databases*, 1977.

[460] Lai, M.-Y. e Wilkinson, W. Distributed transaction management in Jasmin. Em *Proc. Intl. Conf. on Very Large Databases*, 1984.

[461] Lakshmanan, L., Sadri, F. e Subramanian, I. N. A declarative query language for querying and restructuring the web. Em *Proc. Intl. Conf. on Research Issues in Data Engineering*, 1996.

[462] Lakshmanan, L. V. S., Raymond, T. Ng, Han, J. e Pang, A. Optimization of constrained frequent set queries with 2-variable constraints. Em *Proc. ACM SIGMOD Intl. Conf. on Management of Data*, p. 157–168. ACM Press, 1999.

[463] Lam, C., Landis, G., Orenstein, J. e Weinreb, D. The Objectstore database system. *Communications of the ACM*, 34 (10), 1991.

[464] Lamport, L. Time, clocks and the ordering of events in a distributed system. *Communications of the ACM*, 21 (7):558–565, 1978.

[465] Lampson, B. e Lomet, D. A new presumed commit optimization for two phase commit. Em *Proc. Intl. Conf. on Very Large Databases*, 1993.

[466] Lampson, B. e Sturgis, H. Crash recovery in a distributed data storage system. Technical report, Xerox PARC, 1976.

[467] Landwehr, C. Formal models of computer security. *ACM Computing Surveys*, 13 (3):247–278,1981.

[468] Langerak, R. View updates in relational databases with an independent scheme. *ACM Transactions on Database Systems*, 15 (1):40–66, 1990.

[469] Larson, P. A. Linear hashing with overflow-handling by linear probing. *ACM Transactions on Database Systems*, 10 (1):75–89, 1985.

[470] Larson, P. A. Linear hashing with separators — A dynamic hashing scheme achieving one-access retrieval. *ACM Transactions on Database Systems*, 13 (3):366–388, 1988.

[471] Larson, P. A. e Graefe, G. Memory Management During Run Generation in External Sorting. Em *Proc. ACM SIGMOD Conf. on Management of Data*, 1998.

[472] Lehman, P. e Yao, S. Efficient locking for concurrent operations on b trees. *ACM Transactions on Database Systems*, 6 (4):650–670, 1981.

[473] Leung, T. e Muntz, R. Temporal query processing and optimization in multiprocessor database machines. Em *Proc. Intl. Conf. on Very Large Databases*, 1992.

[474] Leventhal, M., Lewis, D. e Fuchs, M. *Designing XML Internet applications*. The Charles F. Goldfarb series on open information management. PrenticeHall, 1998.

[475] Lewis, P., Bernstein, A. e Kifer, M. *Databases and Transaction Processing*. Addison Wesley, 2001.

[476] Lim, E. P. e Srivastava, J. Query optimization and processing in federated database systems. Em *Proc. Intl. Conf. on Intelligent Knowledge Management*, 1993.

[477] Lindsay, B., McPherson, J. e Pirahesh, H. A data management extension architecture. Em *Proc. ACM SIGMOD Conf. on the Management of Data*, 1987.

[478] Lindsay, B., Selinger, P., Galtieri, C., Gray, J., Lorie, R., Putzolu, G., Traiger, I. E Wade, B. Notes on distributed databases. Technical report, J2571, San Jose, CA, 1979.

[479] Lin, D. I. e Kedem, Z. M. Pincer search: A new algorithm for discovering the maximum frequent set. *Lecture Notes in Computer Science*, 1377:105, 1998.

[480] Linnemann, V., Kuspert, K., Dadam, P., Pistor, P., Erbe, R., Kemper, A., Sudkamp, N., Walch, G. e Wallrath, M. Design and implementation of an extensible database management system supporting user defined data types and functions. Em *Proc. Intl. Conf. on Very Large Databases*, 1988.

[481] Lipton, R., Naughton, J. e Schneider, D. Practical selectivity estimation through adaptive sampling. Em *Proc. ACM SIGMOD Conf. on the Management of Data*, 1990.

[482] Liskov, B., Adya, A., Castro, M., Day, M., Ghemawat, S., Gruber, R., Maheshwari, U., Myers, A. e Shrira, L. Safe and efficient sharing of persistent objects in Thor. Em *Proc. ACM SIGMOD Conf. on the Management of Data*, 1996.

[483] Litwin, W. Linear Hashing: A new tool for file and table addressing. Em *Proc. Intl. Conf. on Very Large Databases*, 1980.

[484] Litwin, W. Trie Hashing. Em *Proc. ACM SIGMOD Conf. on the Management of Data*, 1981.

[485] Litwin, W. e Abdellatif, A. Multidatabase interoperability. *IEEE Computer*, 12 (19):10–18,1986.

[486] Litwin, W., Mark, L. e Roussopoulos, N. Interoperability of multiple autonomous databases. *ACM Computing Surveys*, 22 (3), 1990.

[487] Litwin, W., Neimat, M. A. e Schneider, D. LH * — A scalable, distributed data structure. *ACM Transactions on Database Systems*, 21 (4):480–525, 1996.

[488] Liu, M., Sheth, A. e Singhal, A. An adaptive concurrency control strategy for distributed database system. Em *Proc. IEEE Intl. Conf. on Data Engineering*, 1984.

[489] Livny, M., Ramakrishnan, R., Beyer, K., Chen, G., Donjerkovic, D., Lawande, S., Myllymaki, J. e Wenger, K. DEVise: Integrated querying and visual exploration of large datasets. Em *Proc. ACM SIGMOD Conf. on the Management of Data*, 1997.

[490] Lohman G. Grammar-like functional rules for representing query optimization alternatives. Em *Proc. ACM SIGMOD Conf. on the Management of Data*, 1988.

[491] Lomet, D. e Salzberg, B. The hB-T ree: A multiattribute indexing method with good guaranteed performance. *ACM Transactions on Database Systems*, 15 (4), 1990.

[492] Lomet, D. e Salzberg, B. Access method concurrency with recovery. Em *Proc. ACM SIGMOD Conf. on the Management of Data*, 1992.

[493] Lorie, R. Physical integrity in a large segmented database. *ACM Transactions on Database Systems*, 2 (1):91–104, 1977.

[494] Lorie, R. e Young, H. A low communication sort algorithm for a parallel database machine. Em *Proc. Intl. Conf. on Very Large Databases*, 1989.

[495] Lou Y. e Ozsoyoglu, Z. LLO: An object-oriented deductive language with methods and method inheritance. Em *Proc. ACM SIGMOD Conf. on the Management of Data*, 1991.

[496] Lu, H., Ooi, B.C. e Tan, K. L. (eds.). *Query Processing in Parallel Relational Database Systems*. IEEE Computer Society Press, 1994.

[497] Lucchesi, C. e Osborn, S. Candidate keys for relations. *J. Computer and System Sciences*, 17 (2):270–279, 1978.

[498] Lum, V. Multi-attribute retrieval with combined indexes. *Communications of the ACM*, 1 (11):660–665, 1970.

[499] Lunt, T., Denning, D., Schell, R., Heckman M. e Shockley, W.. The sea view security model. *IEEE Transactions on Software Engineering*, 16 (6):593–607, 1990.

[500] Mackert, L. e Lohman G. R* optimizer validation and performance evaluation for local queries. Technical report, IBM RJ-4989, San Jose, CA, 1986.

[501] Maier, D. *The Theory of Relational Databases*. Computer Science Press, 1983.

[502] Maier, D., Mendelzon, A. e Sagiv, Y. Testing implication of data dependencies. *ACM Transactions on Database Systems*, 4(4), 1979.

[503] Maier, D. e Warren, D. *Computing with Logic: Logic Programming with Prolog*. Benjamin/Cummings Publishers, 1988.

[504] Makinouchi, A. A consideration on normal form of not-necessarily-normalized relation in the relational data model. Em *Proc. Intl. Conf. on Very Large Databases*, 1977.

[505] Manber, U. e Ladner, R. Concurrency control in a dynamic search structure. *ACM Transactions on Database Systems*, 9 (3):439–455, 1984.

[506] Manku, G., Rajagopalan, S. e Lindsay, B. Random sampling techniques for space efficient online computation of order statistics of large datasets. Em *Proc. ACM SIGMOD Conf. on Management of Data*, 1999.

[507] Mannilam, H. Methods and problems in data mining. Em *Intl. Conf. on Database Theory*, 1997.

[508] Mannila, H. e Raiha, K. J. Design by Example: An application of Armstrong relations. *Journal of Computer and System Sciences*, 33 (2):126–141, 1986.

[509] Mannila, H. e Raiha, K. J. *The Design of Relational Databases*. Addison-Wesley, 1992.

[510] Mannila, H., Toivonen, H. e Verkamo, A. I. Discovering frequent episodes in sequences. Em *Proc. Intl. Conf. on Knowledge Discovery in Databases and Data Mining*, 1995.

[511] Mannila, H., Smyth, P. e Hand, D. J. *Principles of Data Mining*. MIT Press, 2001.

[512] Mannino, M., Chu P., e Sager, T. Statistical profile estimation in database systems. *ACM Computing Surveys*, 20 (3):191–221, 1988.

[513] Markowitz, V. Representing processes in the extended entity-relationship model. Em *Proc. IEEE Intl. Conf. on Data Engineering*, 1990.

[514] Markowitz, V. Safe referential integrity structures in relational databases. Em *Proc. Intl. Conf. on Very Large Databases*,1991.

[515] Matias, Y., Vitter, J. S. e Wang, M. Dynamic maintenance of wavelet-based histograms. Em *Proc. of the Conf. on Very Large Databases*, 2000.

[516] McCarthy, D. e Dayal, U. The architecture of an active data base management system. Em *Proc. ACM SIGMOD Conf. on the Management of Data*, 1989.

[517] McCune, W. e Henschen L. Maintaining state constraints in relational databases: A proof theoretic basis. *Journal of the ACM*, 36 (1):46–68, 1989.

[518] McHugh, J., Abiteboul, S., Goldman, R., Quass, D. e Widom, J. Lore: A database management system for semistructured data. *ACM SIGMOD Record*, 26 (3):54–66, 1997.

[519] Mehrotra, S., Rastogi, R., Breitbart, Y., Korth, H. e Silberschatz, A. Ensuring transaction atomicity in multidatabase systems. Em *ACM Symp. on Principles of Database Systems*, 1992.

[520] Mehrotra, S., Rastogi, R., Korth, H. e Silberschatz, A. The concurrency control problem in multidatabases: Characteristics and solutions. Em *Proc. ACM SIGMOD Conf. on the Management of Data*, 1992.

[521] Mehta, M., Agrawal, R. e Rissanen, J. SLIQ: A fast scalable classifier for data mining. Em *Proc. Intl. Conf. on Extending Database Technology*, 1996.

[522] Mehta, M., Soloviev, V. e DeWitt, D. Batch scheduling in parallel database systems. Em *Proc. IEEE Intl. Conf. on Data Engineering*, 1993.

[523] Melton, J. *Advanced SQL:1999, Understanding Object-Relational and Other Advanced Features*. Morgan Kaufmann, 2002.

[524] Melton, J. e Simon, A. *Understanding the New SQL: A Complete Guide*. Morgan Kaufmann, 1993.

[525] Melton, J. e Simon, A. *SQL:1999, Understanding Relational Language Components*. Morgan Kaufmann, 2002.

[526] Menasce, D. e Muntz, R. Locking and deadlock detection in distributed data bases. *IEEE Transactions on Software Engineering*, 5 (3):195–222, 1979.

[527] Mendelzon, A. e Milo, T. Formal models of web queries. Em *ACM Symp on Principles of Database Systems*, 1997.

[528] Mendelzon, A. O., Mihaila, G. A. e Milo, T. Querying the World Wide Web. *Journal on Digital Libraries*,1:54–67, 1997.

[529] Meo, R., Psaila, G e Ceri, S. A new SQL -like operator for mining association rules. Em *Proc. Intl. Conf. on Very Large Databases*, 1996.

[530] Merrett, T. The extended relational algebra, a basis for query languages. Em *Databases*. ed. Shneiderman, Academic Press, 1978.

[531] Merrett, T. *Relational Information Systems*. Reston Publishing Company, 1983.

[532] Michie, D., Spiegelhalter, D. e Taylor, C., editores. *Machine Learning, Neural and Statistical Classification*. Ellis Horwood, London, 1994.

[533] Microsoft. *Microsoft ODBC 3.0 Software Development Kit and Programmer's Reference*. Microsoft Press, 1997.

[534] Mikkilineni, K. e Su, S. An evaluation of relational join algorithms in a pipelined query processing environment. *IEEE Transactions on Software Engineering*, 14 (6):838–848, 1988.

[535] Miller, R., Ioannidis, Y. e Ramakrishnan, R. The use of information capacity in schema integration and translation. Em *Proc. Intl. Conf. on Very Large Databases*, 1993.

[536] Milo, T. e Suciu, D. Index structures for path expressions. Em *ICDT: 7th International Conference on Database Theory*, 1999.

[537] Minker, J. (ed.). *Foundations of Deductive Databases and Logic Programming*. Morgan Kaufmann, 1988.

[538] Minoura, T. e Wiederhold, G. Resilient extended true-copy token scheme for a distributed database. *IEEE Transactions in Software Engineering*, 8 (3):173–189, 1982.

[539] Mitchell, G., Dayal, U. e Zdonik, S. Control of an extensible query optimizer: A planning-based approach. Em *Proc. Intl. Conf. on Very Large Databases*, 1993.

[540] Moffat, A. e Zobel, J. Self-indexing inverted files for fast text retrieval. *ACM Transactions on Information Systems*, 14 (4):349–379, 1996.

[541] Mohan, C. ARIES/NT: A recovery method based on write-ahead logging for nested. Em *Proc. Intl. Conf. on Very Large Databases*, 1989.

[542] Mohan, C. Commit LSN: A novel and simple method for reducing locking and latching in transaction processing systems. Em *Proc. Intl. Conf. on Very Large Databases*, 1990.

[543] Mohan, C. ARIES/LHS: A concurrency control and recovery method using writeahead logging for linear hashing with separators. Em *Proc. IEEE Intl. Conf. on Data Engineering*, 1993.

[544] Mohan, C., Haderle, D., Lindsay, B., Pirahesh, H. e Schwarz, P. ARIES: a transaction recovery method supporting fine-granularity locking and partial rollbacks using writeahead logging. *ACM Transactions on Database Systems*, 17 (1):94–162, 1992.

[545] Mohan, C. e Levine, F. ARIES/IM An efficient and high concurrency index management method using write-ahead logging. Em *Proc. ACM SIGMOD Conf. on the Management of Data*, 1992.

[546] Mohan, C. e Lindsay, B. Efficient commit protocols for the tree of processes model of distributed transactions. Em *ACM SIGACT-SIGOPS Symp. on Principles of Distributed Computing*, 1983.

[547] Mohan, C., Lindsay, B. e Obermarck, R. Transaction management in the R* distributed database management system. *ACM Transactions on Database Systems*, 11 (4):378–396,1986.

[548] Mohan, C. e Narang, I. Algorithms for creating indexes for very large tables without quiescing updates. Em *Proc. ACM SIGMOD Conf. on the Management of Data*, 1992.

[549] Morris, K., Naughton, J., Saraiya, Y., Ullman, J. e Van Gelder, A. YAWN ! (Yet Another Window on NAIL!). *Database Engineering*, 6:211–226, 1987.

[550] Motro, A. Superviews: Virtual integration of multiple databases. *IEEE Transactions on Software Engineering*,13 (7):785–798, 1987.

[551] Motro, A. e Buneman, P. Constructing superviews. Em *Proc. ACM SIGMOD Conf. on the Management of Data*,1981.

[552] Mukkamala, R. Measuring the effect of data distribution and replication models on performance evaluation of distributed database systems. Em *Proc. IEEE Intl. Conf. On Data Engineering*, 1989. 1032 Database Management Systems

[553] Mumick, I., Finkelstein, S., Pirahesh, H. e Ramakrishnan, R. Magic is relevant. Em *Proc. ACM SIGMOD Conf. on the Management of Data*, 1990.

[554] Mumick, I., Finkelstein, S., Pirahesh, H. e Ramakrishnan, R. Magic conditions. *ACM Transactions on Database Systems*, 21(1):107–155, 1996.

[555] Mumick, I., Pirahesh, H. e Ramakrishnan, R. Duplicates and aggregates in deductive databases. *Proc. Intl. Conf. on Very Large Databases*, 1990.

[556] Mumick, I. e Ross, K. Noodle: A language for declarative querying in an objectoriented database. Em *Intl. Conf. on Deductive and Object-Oriented Databases*, 1993.

[557] Muralikrishna, M. Improved unnesting algorithms for join aggregate SQL queries. Em *Proc. Intl. Conf. on Very Large Databases*,1992.

[558] Muralikrishna, M. e DeWitt, D. Equi-depth histograms for estimating selectivity factors for multi-dimensional queries. Em *Proc. ACM SIGMOD Conf. on the Management of Data*, 1988.

[559] S. Naqvi. Negation as failure for first-order queries. Em *ACM Symp. on Principles of Database Systems*,1986.

[560] Negri, M., Pelagatti, G. e Sbattella, L. Formal semantics of SQL queries. *ACM Transactions on Database Systems*, 16(3), 1991.

[561] Nestorov, S., Ullman, J., Weiner, J. e Chawathe, S. Representative objects: Concise representations of semistructured, hierarchical data. Em *Proc. Intl. Conf. on Data Engineering*. IEEE Computer Society, 1997.

[562] Ng, R. T. e Han, J. Efficient and effective clustering methods for spatial data mining. Em *Proc. Intl. Conf. on Very Large Databases*, Santiago, Chile, set., 1994.

[563] Ng, R. T., Lakshmanan, L. V. S., Han, J. e Pang, A. Exploratory mining and pruning optimizations of constrained association rules. Em *Proc. ACM SIGMOD Intl. Conf. on Management of Data*, p. 13–24. ACM Press, 1998.

[564] Nguyen, T. e Srinivasan, V. Accessing relational databases from the World Wide Web. Em *Proc. ACM SIGMOD Conf. on the Management of Data*, 1996.

[565] Nievergelt, J., Hinterberger, H. e Sevcik, K. The Grid File: An adaptable symmetric multikey file structure. *ACM Transactions on Database Systems*, 9(1):38–71, 1984.

[566] Nyberg, C., Barclay, T., Cvetanovic, Z., Gray, J. e Lomet, D. Alphasort: a cachesensitive parallel external sort. *VLDB Journal*, 4 (4):603–627, 1995.

[567] Obermarck, R. Global deadlock detection algorithm. *ACM Transactions on Database Systems*, 7 (2):187–208, 1981.

[568] O'Callaghan, L., Mishra, N., Meyerson, A., Guha, S. e Motwani, R. Streaming-data algorithms for high-quality clustering. Em *Proc. of the Intl. Conference on Data Engineering*. IEEE, 2002.

[569] Olken, F. e Rotem, D. Simple random sampling from relational databases. Em *Proc. Intl. Conf. on Very Large Databases*, 1986.

[570] Olken, F. e Rotem, D. Maintenance of materialized views of sampling queries. Em *Proc. IEEE Intl. Conf. on Data Engineering*, 1992.

Referências

[571] Olston, C., Loo, B. T. e Widom, J. Adaptive precision setting for cached approximate values. Em *Proc. ACM SIGMOD Conf. on the Management of Data*, 2001.

[572] Olston, C. e Widom, J. Offering a precision-performance tradeoff for aggregation queries over replicated data. Em *Proc. of the Conf. on Very Large Databases*, p. 144–155, 2000.

[573] Olston, C. e Widom, J. Best-effort cache synchronization with source cooperation. Em *Proc. ACM SIGMOD Conf. on the Management of Data*, 2002.

[574] O'Neil, P. e O'Neil, E. *Database Principles, Programming, and Performance*. Addison Wesley, 2 ed., 2000.

[575] O'Neil, P. e Quass, D. Improved query performance with variant indexes. Em *Proc. ACM SIGMOD Conf. on the Management of Data*, 1997.

[576] Ozden, B., Rastogi, R. e Silberschatz, A. Multimedia support for databases. Em *ACM Symp. on Principles of Database Systems*, 1997.

[577] Ozsoyoglu, G., Du, K., Guruswamy, S. e Hou, W.-C.. Processing real-time, nonaggregatequeries with time-constraints in case-db. Em *Proc. IEEE Intl. Conf. on Data Engineering*, 1992.

[578] Ozsoyoglu, G., Ozsoyoglu, Z. e Matos, V. Extending relational algebra and relational calculus with set-valued attributes and aggregate functions. *ACM Transactions on Database Systems*, 12 (4):566–592, 1987.

[579] Ozsoyoglu, Z. e Yuan, L.-Y. A new normal form for nested relations. *ACM Transactions on Database Systems*, 12 (1):111–136, 1987.

[580] Ozsu, M. e Valduriez, P. *Principles of Distributed Database Systems*. PrenticeHall, 1991.

[581] Papadimitriou, C. The serializability of concurrent database updates. *Journal of the ACM*, 26 (4):631–653, 1979.

[582] Papadimitriou, C. *The Theory of Database Concurrency Control*. Computer Science Press, 1986.

[583] Papakonstantinou, Y., Abiteboul, S . e Garcia-Molina, H. Object fusion in mediator systems. *Proc. Intl. Conf. on Very Large Data Bases*, 1996.

[584] Papakonstantinou, Y., Garcia-Molina, H. e Widom, J. Object exchange across heterogeneous information sources. Em *Proc. Intl. Conf. on Data Engineering*, 1995.

[585] Park, J. e Segev, A. Using common subexpressions to optimize multiple queries. Em *Proc. IEEE Intl. Conf. on Data Engineering*, 1988.

[586] Patel, J., Yu, J.-B., Tufte, K., Nag, B., Burger, J., Hall, N., Ramasamy, K., Lueder, R., Ellman, C., Kupsch, J., Guo, S., DeWitt, D. e Naughton, J. Building a scaleable geospatial DBMS: Technology, implementation, and evaluation. Em *Proc. ACM SIGMOD Conf. on the Management of Data*, 1997.

[587] Patterson, D., Gibson, G. e Katz, R. RAID: redundant arrays of inexpensive disks. Em *Proc. ACM SIGMOD Conf. on the Management of Data*, 1988.

[588] Paul, H.-B., Schek, H.-J., Scholl, M., Weikum, G. e Deppisch, U. Architecture and implementation of the Darmstadt database kernel system. Em *Proc. ACM SIGMOD Conf. on the Management of Data*, 1987.

[589] Peckham, J. e Maryanski, F. Semantic data models. *ACM Computing Surveys*, 20 (3):153–189, 1988.

[590] Pei, J. e Han, J. Can we push more constraints into frequent pattern mining? Em *ACM SIGKDD Conference*, p. 350–354, 2000.

[591] Pei, J., Han, J. e Lakshmanan, L. V. S. Mining frequent item sets with convertible constraints. Em *Proc. Intl. Conf. on Data Engineering (ICDE)*, p. 433–442. IEEE Computer Society, 2001. 1034 Database Management Systems.

[592] Petajan, E., Jean, Y., Lieuwen, D. e Anupam, V. DataSpace: An automated visualization system for large databases. Em *Proc. of SPIE, Visual Data Exploration and Analysis*, 1997.

[593] Petrov, S. Finite axiomatization of languages for representation of system properties. *Information Sciences*, 47:339–372, 1989.

[594] Piatetsky-Shapiro, G. e Cornell, C. Accurate estimation of the number of tuples satisfying a condition. Em *Proc. ACM SIGMOD Conf. on the Management of Data*, 1984.

[595] Piatetsky-Shapiro, G. e Frawley, W. J., editores. *Knowledge Discovery in Databases*. AAAI/MIT Press, Menlo Park, CA, 1991.

[596] Pirahesh, H. e Hellerstein, J. Extensible/rule-based query rewrite optimization in starburst. Em *Proc. ACM SIGMOD Conf. on the Management of Data*, 1992.

[597] Pitts-Moultis, N. e Kirk, C. *XML black book: Indispensable problem solver*. Coriolis Group, 1998.

[598] Poosala, V., Ioannidis, Y., Haas, P. e Shekita, E.. Improved histograms for selectivity estimation of range predicates. Em *Proc. ACM SIGMOD Conf. on the Management of Data*, 1996.

[599] Pu, C. Superdatabases for composition of heterogeneous databases. Em *Proc. IEEE Intl. Conf. on Data Engineering*, 1988.

[600] Pu, C. e Leff, A. Replica control in distributed systems: An asynchronous approach. Em *Proc. ACM SIGMOD Conf. on the Management of Data*, 1991.

[601] Qian, X. L. e Wiederhold, G. Incremental recomputation of active relational expressions. *IEEE Transactions on Knowledge and Data Engineering*, 3 (3):337–341, 1990.

[602] Quass, D., Rajaraman, A., Sagiv, Y. e Ullman, J. Querying semistructured heterogeneous information. Em *Proc. Intl. Conf. on Deductive and Object-Oriented Databases*, 1995.

[603] Quinlan, J. R. *C4.5: Programs for Machine Learning*. Morgan Kaufman, 1993.

[604] Alonso, H. G. M. R., Barbara, D. Data caching issues in an information retrieval system. *ACM Transactions on Database Systems*, 15 (3), 1990.

[605] The RAIDBook: A source book for RAID technology. The RAID Advisory Board, http://www.raid-advisory.com, North Grafton, MA, dez., 1998, 6 ed.

[606] Rafiei, D. e Mendelzon, A. Similarity-based queries for time series data. Em *Proc. ACM SIGMOD Conf. on the Management of Data*, 1997.

[607] Ramakrishna, M. An exact probability model for finite hash tables. Em *Proc. IEEE Intl. Conf. on Data Engineering*, 1988.

[608] Ramakrishna, M. e Larson, P. A. File organization using composite perfect hashing. *ACM Transactions on Database Systems*, 14 (2):231–263, 1989.

[609] Ramakrishnan, I., Rao, P., Sagonas, K., Swift, T. e Warren, D. Efficient tabling mechanisms for logic programs. Em *Intl. Conf. on Logic Programming*, 1995.

[610] Ramakrishnan, R., Donjerkovic, D., Ranganathan, A., Beyer, K. e Krishnaprasad, M. SRQL: Sorted relational query language. Em *Proc. IEEE Intl. Conf. on Scientific and Statistical DBMS*, 1998.

[611] Ramakrishnan, R., Srivastava, D. e Sudarshan, S. Efficient bottom-up evaluation of logic programs. Em *The State of the Art in Computer Systems and Software Engineering*. Ed. J. Vandewalle, Kluwer Academic, 1992.

[612] Ramakrishnan, R., Srivastava, D., Sudarshan, S. e Seshadri, P. The CORAL: deductive system. *VLDB Journal*, 3 (2):161–210, 1994.

[613] Ramakrishnan, R., Stolfo, S., Bayardo, R. J. e Parsa, I., editores. *Proc. ACM SIGKDD Intl. Conference on Knowledge Discovery and Data Mining*. AAAI Press, 2000.

[614] Ramakrishnan, R. e Ullman, J. A survey of deductive database systems. *Journal of Logic Programming*, 23 (2):125–149, 1995.

[615] Ramamohanarao, K. Design overview of the Aditi deductive database system. Em *Proc. IEEE Intl. Conf. on Data Engineering*, 1991.

[616] Ramamohanarao, K., Shepherd, J. e Sacks-Davis, R. Partial-match retrieval for dynamic files using linear hashing with partial expansions. Em *Intl. Conf. on Foundations of Data Organization and Algorithms*, 1989.

[617] Raman, V., Raman, B. e Hellerstein, J. M. Online dynamic reordering for interactive data processing. Em *Proc. of the Conf. on Very Large Databases*, p. 709–720. Morgan Kaufmann, 1999.

[618] Rao, S., Badia, A. e Van Gucht, D. Providing better support for a class of decision support queries. Em *Proc. ACM SIGMOD Conf. on the Management of Data*, 1996.

[619] Rastogi, R. e Shim, K. Public: A decision tree classifier that integrates building and pruning. Em *Proc. Intl. Conf. on Very Large Databases*, 1998.

[620] Reed, D. Implementing atomic actions on decentralized data. *ACM Transactions on Database Systems*, 1 (1):3–23, 1983.

[621] Reese, G. *Database Programming With JDBC and Java*. O'Reilly & Associates, 1997.

[622] Reiter, R. A sound and sometimes complete query evaluation algorithm for relational databases with null values. *Journal of the ACM*, 33 (2):349–370, 1986.

[623] Rescorla, E. *SSL and TLS: Designing and Building Secure Systems*. Addison Wesley Professional, 2000.

[624] Reuter, A. A fast transaction-oriented logging scheme for undo recovery. *IEEE Transactions on Software Engineering*, 6 (4):348–356, 1980.

[625] Reuter, A. Performance analysis of recovery techniques. *ACM Transactions on Database Systems*, 9 (4):526–559, 1984.

[626] Riloff, E. e Hollaar, L. Text databases and information retrieval. Em *Handbook of Computer Science*. ed. Tucker, A.B. CR C Press, 1996.

[627] Rissanen, J. Independent components of relations. *ACM Transactions on Database Systems*, 2 (4):317–325, 1977.

[628] Rivest, R. Partial match retrieval algorithms. *SIAM Journal on Computing*, 5 (1):19–50,1976.

[629] Rivest, R. L., Shamir, A. e Adleman, L. M. A method for obtaining digital signatures and public-key cryptosystems. *Communications of the ACM*, 21 (2):120–126, 1978.

[630] Robinson, J. T. The KDB tree: A search structure for large multidimensional dynamic indexes. In *Proc. ACM SIGMOD Int. Conf. on Management of Data*, 1981.

[631] Rohmer, J., Lescoeur, F. e Kerisit, J. The Alexander method, a technique for the processing of recursive queries. *New Generation Computing*, 4 (3):273–285, 1986.

[632] Rosenkrantz, D., Stearns, R. e Lewis, P. System level concurrency control for distributed database systems. *ACM Transactions on Database Systems*, 3 (2),1978.

[633] Rosenthal, A. e Chakravarthy, U. Anatomy of a modular multiple query optimizer. Em *Proc. Intl. Conf. on Very Large Databases*, 1988.

[634] Ross, K. e Srivastava, D. Fast computation of sparse datacubes. Em *Proc. Intl. Conf. on Very Large Databases*, 1997.

[635] Ross, K., Srivastava, D. e Sudarshan, S. Materialized view maintenance and integrity constraint checking: Trading space for time. Em *Proc. ACM SIGMOD Conf. on the Management of Data*, 1996.

[636] Rothnie, J., Bernstein, P., Fox, S., Goodman, N., Hammer, M., Landers, T., Reeve, C., Shipman, D. e Wong, E. Introduction to a system for distributed databases (SDD-1). *ACM Transactions on Database Systems*, 5 (1), 1980.

[637] Rothnie, J. e Goodman, N. An overview of the preliminary design of SDD -1: A system for distributed data bases. Em *Proc. Berkeley Workshop on Distributed Data Management and Computer Networks*, 1977.

[638] Roussopoulos, N., Kotidis, Y. e Roussopoulos, M. Cubetree: Organization of and bulk updates on the data cube. Em *Proc. ACM SIGMOD Conf. on the Management of Data*, 1997.

[639] Rozen, S. e Shasha, D. Using feature set compromise to automate physical database design. Em *Proc. Intl. Conf. on Very Large Databases*, 1991.

[640] Rumbaugh, J., Jacobson, I. e Booch, G. *The Unified Modeling Language Reference Manual (Addison-Wesley Object Technology Series)*. Addison-Wesley, 1998.

[641] Rusinkiewicz, M., Sheth, A. e Karabatis, G. Specifying interdatabase dependencies in a multidatabase environment. *IEEE Computer*, 24 (12), 1991.

[642] Sacca, D. e Zaniolo, C. Magic counting methods. Em *Proc. ACM SIGMOD Conf. on the Management of Data*, 1987.

[643] Sagiv, Y. e Yannakakis, M. Equivalence among expressions with the union and difference operators. *Journal of the ACM*, 27 (4):633–655, 1980.

[644] Sagonas, K., Swift, T. e Warren, D. XSB as an efficient deductive database engine. Em *Proc. ACM SIGMOD Conf. on the Management of Data*, 1994.

[645] Sahuguet, A., Dupont, L. e Nguyen, T. Kweelt: Querying XML in the new millenium. http://kweelt.sourceforge.net, Sept 2000.

[646] Salton, G. e McGill, M. J. *Introduction to Modern Information Retrieval*. McGraw-Hill, 1983.

[647] Salzberg, B., Tsukerman, A., Gray J., Stewart, M., Uren, S. e Vaughan, B. Fastsort: A distributed single-input single-output external sort. Em *Proc. ACM SIGMOD Conf. on the Management of Data*, 1990.

[648] Salzberg, B. J. *File Structures*. PrenticeHall, 1988.

[649] Samet, H. The Quad Tree and related hierarchical data structures. *ACM Computing Surveys*, 16 (2), 1984.

[650] Samet, H. *The Design and Analysis of Spatial Data Structures*. Addison-Wesley, 1990.

[651] Sander, J., Ester, M., Kriegel, H.-P. e Xu, X. Density-based clustering in spatial databases. *J. of Data Mining and Knowledge Discovery*, 2 (2),1998.

[652] Sanders, R. E. *ODBC 3.5 Developer's Guide*. McGraw-Hill Series on Data Warehousing and Data Management. McGraw-Hill, 1998.

[653] Sarawagi, S. e Stonebraker, M. Efficient organization of large multidimensional arrays. Em *Proc. IEEE Intl. Conf. on Data Engineering*, 1994.

[654] Sarawagi, S., Thomas, S. e Agrawal, R. Integrating mining with relational database systems: Alternatives and implications. Em *Proc. ACM SIGMOD Intl. Conf. on Management of Data*, 1998.

[655] Savasere, A., Omiecinski, E. e Navathe, S. An efficient algorithm for mining association rules in large databases. Em *Proc. Intl. Conf. on Very Large Databases*, 1995.

[656] Schauble, P. Spider: A multiuser information retrieval system for semistructured and dynamic data. Em *Proc. ACM SIGIR Conference on Research and Development in Information Retrieval*, p. 318 – 327, 1993.

[657] Schek, H.J., Paul, H.B., Scholl, M. e Weikum, G. The DASDBS project: Objects,experiences,a nd future projects. *IEEE Transactions on Knowledge and Data Engineering*, 2 (1), 1990.

[658] Schkolnick, M. Physical database design techniques. Em *NYU Symp. on Database Design*, 1978.

[659] Schkolnick, M. e Sorenson, P. The effects of denormalization on database performance. Technical report, I BM RJ3082, San Jose, CA, 1981.

[660] Schlageter, G. Optimistic methods for concurrency control in distributed database systems. Em *Proc. Intl. Conf. on Very Large Databases*, 1981.

[661] Schneier, B. *Applied Cryptography: Protocols, Algorithms, and Source Code in C*. John Wiley & Sons, 1995.

[662] Sciore, E. A complete axiomatization of full join dependencies. *Journal of the ACM*, 29 (2):373–393,1982.

[663] Sciore, E., Siegel, M. e Rosenthal, A. Using semantic values to facilitate interoperability among heterogeneous information systems. *ACM Transactions on Database Systems*, 19 (2):254–290, 1994.

[664] Segev, A. e Park, J. Maintaining materialized views in distributed databases. Em *Proc. IEEE Intl. Conf. on Data Engineering*, 1989.

[665] Segev, A. e Shoshani, A. Logical modeling of temporal data. *Proc. ACM SIGMOD Conf. on the Management of Data*, 1987.

[666] Selfridge, P., Srivastava, D. e Wilson, L. IDEA: Interactive data exploration and analysis. Em *Proc. ACM SIGMOD Conf. on the Management of Data*, 1996.

[667] Selinger, P. e Adiba, M. Access path selections in distributed data base management systems. Em *Proc. Intl. Conf. on Databases, British Computer Society*, 1980.

[668] Selinger, P., Astrahan, M., Chamberlin, D., Lorie, R. e Price, T. Access path selection in a relational database management system. Em *Proc. ACM SIGMOD Conf. on the Management of Data*, 1979.

[669] Sellis, T. K. Multiple query optimization. *ACM Transactions on Database Systems*, 13 (1):23–52,1988.

[670] Seshadri, P., Hellerstein, J., Pirahesh, H., Leung, T., Ramakrishnan, R., Srivastava, D., Stuckey, P. e Sudarshan, S. Cost-based optimization for Magic: Algebra and implementation. Em *Proc. ACM SIGMOD Conf. on the Management of Data*, 1996.

[671] Seshadri, P., Livny, M. e Ramakrishnan, R. The design and implementation of a sequence database system. Em *Proc. Intl. Conf. on Very Large Databases*, 1996.

[672] Seshadri, P., Livny, M. e Ramakrishnan, R. The case for enhanced abstract data types. Em *Proc. Intl. Conf. on Very Large Databases*, 1997.

[673] Seshadri, P., Pirahesh, H. e Leung, T. Complex query decorrelation. Em *Proc. IEEE Intl. Conf. on Data Engineering*, 1996.

[674] Shafer, J. e Agrawal, R.. SPRINT: a scalable parallel classifier for data mining. Em *Proc. Intl. Conf. on Very Large Databases*, 1996.

[675] Shanmugasundaram, J., Fayyad, U. e Bradley, P. Compressed data cubes for olap aggregate query approximation on continuous dimensions. Em *Proc. Intl. Conf. on Knowledge Discovery and Data Mining (KDD)*, 1999.

[676] Shanmugasundaram, J., Kiernan, J., Shekita, E. J., Fan, C. e Funderburk. Querying, J. XML views of relational data. Em *Proc. Intl. Conf. on Very Large Data Bases*, 2001.

[677] Shapiro, L. Join processing in database systems with large main memories. *ACM Transactions on Database Systems*, 11 (3):239–264, 1986.

[678] Shasha, D. e Goodman, N. Concurrent search structure algorithms. *ACM Transactions on Database Systems*, 13:53–90, 1988.

[679] Shasha, D., Simon, E. e Valduriez, P. Simple rational guidance for chopping up transactions. Em *Proc. ACM SIGMOD Conf. on the Management of Data*, 1992.

[680] Shatkay, H. e Zdonik, S. Approximate queries and representations for large data sequences. *Proc. IEEE Intl. Conf. on Data Engineering*, 1996.

[681] Sheard, T. e Stemple, D. Automatic verification of database transaction safety. *ACM Transactions on Database Systems*,1989.

[682] Shenoy, S. e Ozsoyoglu, Z. Design and implementation of a semantic query optimizer. *IEEE Transactions on Knowledge and Data Engineering*, 1 (3):344–361, 1989.

[683] Shenoy, P., Haritsa, J., Sudarshan, S., Bhalotia, G., Bawa, M. e Shah. D. Turbocharging vertical mining of large databases. Em *Proc. ACM SIGMOD Intl. Conf. on Management of Data*,p ages 22–33, maio 2000.

[684] Sheth, A. e Larson, J. Federated database systems for managing distributed, heterogeneous, and autonomous databases. *Computing Surveys*, 22 (3):183–236, 1990.

[685] Sheth, A., Larson, J., Cornelio, A. e Navathe, S. A tool for integrating conceptual schemas and user views. Em *Proc. IEEE Intl. Conf. on Data Engineering*, 1988.

[686] Shoshani, A. OLAP and statistical databases: Similarities and differences. Em *ACM Symp. on Principles of Database Systems*, 1997.

[687] Shukla, A., Deshpande, P., Naughton, J. e Ramasamy, K. Storage estimation for multidimensional aggregates in the presence of hierarchies. Em *Proc. Intl. Conf. on Very Large Databases*, 1996.

[688] Siegel, M., Sciore, E. e Salveter ,S. A method for automatic rule derivation to support semantic query optimization. *ACM Transactions on Database Systems*, 17(4), 1992.

[689] Silberschatz, A., Korth, H. e Sudarshan, S. *Database System Concepts (4th ed.)*. McGraw-Hill, 4 ed., 2001.

[690] Simon, E., Kiernan, J. e de Maindreville, C. Implementing high-level active rules on top of relational databases. Em *Proc. Intl. Conf. on Very Large Databases*, 1992.

[691] Simoudis, E., Wei, J. e Fayyad, U. M., editors. *Proc. Intl. Conf. on Knowledge Discovery and Data Mining*. AAAI Press, 1996.

[692] Skeen, D. Nonblocking commit protocols. Em *Proc. ACM SIGMOD Conf. on the Management of Data*, 1981.

[693] Smith J. e Smith, D. Database abstractions: Aggregation and generalization. *ACM Transactions on Database Systems*, 1 (1):105–133, 1977.

[694] Smith, K. e Winslett, M. Entity modeling in the MLS relational model. Em *Proc. Intl. Conf. on Very Large Databases*, 1992.

[695] Smith, P. e Barnes, M. *Files and Databases: An Introduction*. Addison-Wesley, 1987.

[696] Soparkar, N., Korth, H. e Silberschatz A. Databases with deadline and contingency constraints. *IEEE Transactions on Knowledge and Data Engineering*, 7 (4):552–565, 1995.

[697] Spaccapietra, S., Parent, C. e Dupont, Y. Model independent assertions for integration of heterogeneous schemas. Em *Proc. Intl. Conf. on Very Large Databases*, 1992.

[698] Spaccapietra, S. (ed.). *Entity-Relationship Approach: Ten Years of Experience in Information Modeling, Proc. Entity-Relationship Conf.* North-Holland, 1987.

[699] Spertus, E. ParaSite: mining structural information on the web. Em *Intl. World Wide Web Conference*, 1997.

[700] Srikant, R. e Agrawal, R. Mining generalized association rules. Em *Proc. Intl. Conf. on Very Large Databases*, 1995.

[701] Srikant, R. e Agrawal, R. Mining Quantitative Association Rules in Large Relational Tables. Em *Proc. ACM SIGMOD Conf. on Management of Data*, 1996.

[702] Srikant, R. e Agrawal, R. Mining Sequential Patterns: Generalizations and Performance Improvements. Em *Proc. Intl. Conf. on Extending Database Technology*, 1996.

[703] Srikant, R., Vu, Q. e Agrawal, R. Mining Association Rules with Item Constraints. Em *Proc. Intl. Conf. on Knowledge Discovery in Databases and Data Mining*, 1997.

[704] Srinivasan, V. e Carey, M. Performance of B-Tree concurrency control algorithms. Em *Proc. ACM SIGMOD Conf. on the Management of Data*, 1991.

[705] Srivastava, D., Dar, S., Jagadish, H. e Levy A. Answering queries with aggregation using views. Em *Proc. Intl. Conf. on Very Large Databases*, 1996.

[706] Srivastava, D., Ramakrishnan, R., Seshadri, P. e Sudarshan, S. Coral++: Adding object-orientation to a logic database language. Em *Proc. Intl. Conf. on Very Large Databases*, 1993.

[707] Srivastava, J. e Rotem, D. Analytical modeling of materialized view maintenance. Em *ACM Symp. on Principles of Database Systems*, 1988.

[708] Srivastava, J., Tan, J. e Lum, V. Tbsam: An access method for efficient processing of statistical queries. *IEEE Transactions on Knowledge and Data Engineering*, 1 (4):414–423,1989.

[709] Stacey, D. Replication: DB2, Oracle or Sybase? *Database Programming and Design*, p. 42–50, dez., 1994.

[710] Stachour, P. e Thuraisingham, B. Design of LDV: A multilevel secure relational database management system. *IEEE Transactions on Knowledge and Data Engineering*, 2 (2), 1990.

[711] Stankovic J. e Zhao, W. On real-time transactions. Em *Proc. ACM SIGMOD Conf. on the Management of Data Record*, 1988.

[712] Steel, T. Interim report of the ANSI-SPARC study group. Em *Proc. ACM SIGMOD Conf. on the Management of Data*, 1975.

[713] Stonebraker, M. Implementation of integrity constraints and views by query modification. *Proc. ACM SIGMOD Conf. on the Management of Data*, 1975.

[714] Stonebraker, M. Concurrency control and consistency of multiple copies of data in Distributed Ingres. *IEEE Transactions on Software Engineering*, 5 (3), 1979.

[715] Stonebraker, M. Operating system support for database management. *Communications of the ACM*, 14 (7):412–418, 1981.

[716] Stonebraker, M. Inclusion of new types in relational database systems. Em *Proc. IEEE Intl. Conf. on Data Engineering*, 1986.

[717] Stonebraker, M. *The INGRES Papers: Anatomy of a Relational Database System*. Addison-Wesley, 1986.

[718] Stonebraker, M. The design of the Postgres storage system. Em *Proc. Intl. Conf. on Very Large Databases*, 1987.

[719] Stonebraker, M. *Object-relational DBMSs — The Next Great Wave*. Morgan Kaufmann, 1996.

[720] Stonebraker, M., Frew, J., Gardels, K. e Meredith, J. The Sequoia 2000 storage benchmark. Em *Proc. ACM SIGMOD Conf. on the Management of Data*, 1993.

[721] Stonebraker, M. e Hellerstein, J. (eds). *Readings in Database Systems*. Morgan Kaufmann, 2 edition, 1994.

[722] Stonebraker, M., Jhingran, A., Goh, J. e Potamianos, S. On rules, procedures, caching and views in data base systems. Em *UCBERL M9036*, 1990.

[723] Stonebraker, M e Kemnitz, G. The Postgres next-generation database management system. *Communications of the ACM*, 34 (10):78–92, 1991.

[724] Subramanian, B., Leung, T., Vandenberg, S. e Zdonik, S. The AQUA approach to querying lists and trees in object-oriented databases. Em *Proc. IEEE Intl. Conf. on Data Engineering*, 1995.

[725] Sun, W., Ling, Y., Rishe, N. e Deng, Y. An instant and accurate size estimation method for joins and selections in a retrieval-intensive environment. Em *Proc. ACM SIGMOD Conf. on the Management of Data*, 1993.

[726] Swami, A. e Gupta, A. Optimization of large join queries: Combining heuristics and combinatorial techniques. Em *Proc. ACM SIGMOD Conf. on the Management of Data*, 1989.

[727] Swift, T. e Warren, D. An abstract machine for SLG resolution: Definite programs. Em *Intl. Logic Programming Symposium*, 1994.

[728] Tansel, A., Clifford, J., Gadia, S., Jajodia, S., Segev, A. e Snodgrass, R. *Temporal Databases: Theory, Design and Implementation*. Benjamin-Cummings, 1993.

[729] Tay, Y., Goodman, N. e Suri, R. Locking performance in centralized databases. *ACM Transactions on Database Systems*, 10 (4):415–462, 1985.

[730] Teorey, T. *Database Modeling and Design: The E-R Approach*. Morgan Kaufmann, 1990.

[731] Teorey, T., Yang, D. Q. e Fry, J. A logical database design methodology for relational databases using the extended entity-relationship model. *ACM Computing Surveys*, 18 (2):197–222, 1986.

[732] Thomas, R. A majority consensus approach to concurrency control for multiple copy databases. *ACM Transactions on Database Systems*, 4 (2):180–209, 1979.

[733] Thomas, S. A.. *SSL & TLS Essentials: Securing the Web*. John Wiley & Sons, 2000.

[734] Thomasian, A. Concurrency control: Methods, performance, and analysis. *ACM Computing Surveys*, 30 (1):70–119, 1998.

[735] Thomasian, A. Two-phase locking performance and its thrashing behavior *ACM Computing Surveys*, 30(1):70–119, 1998.

[736] Thomas, S., Bodagala, S., Alsabti, K. e Ranka, S. An efficient algorithm for the incremental updation of association rules in large databases. Em *Proc. Intl. Conf. On Knowledge Discovery and Data Mining*. AAAI Press, 1997.

[737] Todd, S. The Peterlee relational test vehicle. *IBM Systems Journal*, 15 (4):285–307, 1976.

[738] Toivonen, H. Sampling large databases for association rules. Em *Proc. Intl. Conf. on Very Large Databases*, 1996.

[739] TP Performance Council. TPC Benchmark D: Standard specification, rev. 1.2. Technical report, http://www.tpc.org/dspec.html, 1996.

[740] Traiger, I., Gray, J., Galtieri, C. e Lindsay B. Transactions and consistency in distributed database systems. *ACM Transactions on Database Systems*, 25 (9), 1982.

[741] Tsangaris, M. e Naughton, J. On the performance of object clustering techniques. Em *Proc. ACM SIGMOD Conf. on the Management of Data*, 1992.

[742] Tsou, D. M. e Fischer, P. Decomposition of a relation scheme into Boyce-C odd normal form. *SIGACT News*, 14 (3):23–29, 1982.

[743] Tsur, D., Ullman, J. D., Abiteboul, S., Clifton, C., Motwani, R., Nestorov, S. e Rosenthal, A. Query flocks: A generalization of association-rule mining. Em *Proc. ACM SIGMOD Conf. on Management of Data*, p. 1–12, 1998.

[744] Tucker, A. (ed.). *Computer Science and Engineering Handbook*. CRC Press, 1996.

[745] Tukey, J. W. *Exploratory Data Analysis*. Addison-Wesley, 1977.

[746] Ullman, J. The U.R. strikes back. In *ACM Symp. on Principles of Database Systems*, 1982.

[747] Ullman, J. *Principles of Database and Knowledgebase Systems, Vols. 1 and 2*. Computer Science Press, 1989.

[748] Ullman, J. Information integration using logical views. Em *Intl. Conf. on Database Theory*, 1997.

[749] Urban, S. e Delcambre, L. An analysis of the structural, dynamic, and temporal aspects of semantic data models. In *Proc. IEEE Intl. Conf. on Data Engineering*, 1986.

[750] Valentin, G., Zuliani, M., Zilio, D. C., Lohman, G. M. e Skelley A. Db2 advisor: An optimizer smart enough to recommend its own indexes. Em *Proc. Intl. Conf. on Data Engineering (ICDE)*, p. 101–110. IEEE Computer Society, 2000.

[751] Van Emden, M. e Kowalski, R. The semantics of predicate logic as a programming language. *Journal of the ACM*, 23 (4):733–742, 1976.

[752] Van Gelder, A. Negation as failure using tight derivations for general logic programs. Em Minker, J., editor. *Foundations of Deductive Databases and Logic Programming*. Morgan Kaufmann, 1988.

[753] Van Rijsbergen, C. J. *Information Retrieval*. Butterworths, London, United Kingdom, 1990.

[754] Vardi, M.. Incomplete information and default reasoning. Em *ACM Symp. on Principles of Database Systems*, 1986.

[755] Vardi, M. Fundamentals of dependency theory. Em *Trends in Theoretical Computer Science*. ed. Borger, E., Computer Science Press, 1987.

[756] Vieille, L. Recursive axioms in deductive databases: The query-subquery approach. Em *Intl. Conf. on Expert Database Systems*, 1986.

[757] Vieille, L. From QSQ towards QoSaQ: global optimization of recursive queries. Em *Intl. Conf. on Expert Database Systems*,1988.

[758] Vieille, L., Bayer, P., Kuchenhoff, V. e A. Lefebvre. EKS-V1, a short overview. Em *AAAI-90 Workshop on Knowledge Base Management Systems*, 1990.

[759] Vitter, J. S. e Wang, M. Approximate computation of multidimensional aggregates of sparse data using wavelets. Em *Proc. ACM SIGMOD Conf. on the Management of Data*, p. 193–204. ACM Press, 1999.

[760] Von Bultzingsloewen, G. Translating and optimizing SQL queries having aggregates. Em *Proc. Intl. Conf. on Very Large Databases*, 1987.

[761] Von Bultzingsloewen, G., Dittrich, K., Iochpe, C., Liedtke, R.-P., Lockemann, P. E Schryro, M. Kardamom — A dataflow database machine for real-time applications. Em *Proc. ACM SIGMOD Conf. on the Management of Data*, 1988.

[762] Vossen, G. *Data Models, Database Languages and Database Management Systems*. Addison-Wesley, 1991.

[763] Wade, N. Citation analysis: A new tool for science administrators. *Science*, 188 (4183):429–432,1975.

[764] Wagner, R. Indexing design considerations. *IBM Systems Journal*, 12 (4):351–367, 1973.

[765] Wang, X., Jajodia, S. e Subrahmanian, V. Temporal modules: An approach toward federated temporal databases. Em *Proc. ACM SIGMOD Conf. on the Management of Data*, 1993.

[766] Wang, K. e Liu, H. Schema discovery for semistructured data. Em *Third International Conference on Knowledge Discovery and Data Mining (KDD -97)*, p. 271–274, 1997.

[767] Weber, R., Schek, H. e Blott, S. A quantitative analysis and performance study for similarity-search methods in high-dimensional spaces. Em *Proc. Intl. Conf. on Very Large Data Bases*, 1998.

[768] Weddell, G. Reasoning about functional dependencies generalized for semantic data models. *ACM Transactions on Database Systems*, 17 (1), 1992.

[769] Weihl, W. The impact of recovery on concurrency control. Em *ACM Symp. on Principles of Database Systems*, 1989.

[770] Weikum, G. e Vossen, G. *Transactional Information Systems*. Morgan Kaufmann, 2001.

[771] Weiss, R., Lez, B. V., Sheldon, M. A., Manprempre, C., Szilagyi, P., Duda A. e Gifford, D. K., HyPursuit: A hierarchical network search engine that exploits content-link hypertext clustering. Em *Proc. ACM Conf. on Hypertext*, 1996.

[772] White, C. Let the replication battle begin. Em *Database Programming and Design*, p. 21–24, maio, 1994.

[773] White, S., Fisher, M., Cattell, R., Hamilton, G. e Hapner, M. *JDBC API Tutorial and Reference: Universal Data Access for the Java 2 Platform*. Addison-Wesley, 2 ed, 1999.

[774] Widom, J. e Ceri, S. *Active Database Systems*. Morgan Kaufmann, 1996.

[775] Wiederhold, G. *Database Design (2nd ed.)*. McGraw-Hill, 1983.

[776] Wiederhold, G., Kaplan, S. e Sagalowicz, D. Physical database design research at Stanford. *IEEE Database Engineering*, 1:117–119, 1983.

[777] Williams, R., Daniels, D., Haas, L., Lapis, G., Lindsay, B., Ng, P., Obermarck, R., Selinger, P., Walker, A., Wilms, P. e Yost, R. R*: An overview of the architecture. Technical report, IBM RJ3325, San Jose, CA, 1981.

[778] Winslett, M. S. A model-based approach to updating databases with incomplete information. *ACM Transactions on Database Systems*, 13 (2):167–196, 1988.

[779] Wiorkowski, G. e Kull, D. *DB2: Design and Development Guide (3rd ed.)*. Addison- Wesley, 1992.

[780] Witten, I. H., Moffat, A. e Bell, T. C. *Managing Gigabytes: Compressing and Indexing Documents and Images*. Van Nostrand Reinhold, 1994.

[781] Witten, I. H. e Frank, E. *Data Mining: Practical Machine Learning Tools and Techniques with Java Implementations*. Morgan Kaufmann Publishers, 1999.

[782] Wolfson, O., Sistla, A., Xu, B., Zhou, J., e Chamberlain, Domino, S. Databases for moving objects tracking. Em *Proc. ACM SIGMOD Int. Conf. on Management of Data*, 1999.

[783] Yang, Y. e Miller, R. Association rules over interval data. Em *Proc. ACM SIGMOD Conf. on the Management of Data*, 1997.

[784] Youssefi, K. e Wong, E. Query processing in a relational database management system. Em *Proc. Intl. Conf. on Very Large Databases*, 1979.

[785] Yu, C. e Chang, C. Distributed query processing. *ACM Computing Surveys*, 16 (4):399–433, 1984.

[786] Zaiane, O. R., El-Hajj, M. e Lu, P. Fast Parallel Association Rule Mining Without Candidacy Generation. Em *Proc. IEEE Intl. Conf. on Data Mining (ICDM)*, 2001.

[787] Zaki, M. J. Scalable algorithms for association mining. Em *IEEE Transactions on Knowledge and Data Engineering*, volume 12, p. 372–390, maio/jun., 2000.

[788] Zaki, M. J. e Ho, C.-T., editores. *Large-Scale Parallel Data Mining*. Springer Verlag, 2000.

[789] Zaniolo, C.. Analysis and design of relational schemata. Technical report, Ph. Thesis, D. UCLA,TR UCLA-ENG-7669,1976.

[790] Zaniolo, C. Database relations with null values. *Journal of Computer and System Sciences*, 28 (1):142–166, 1984.

[791] Zaniolo, C. The database language GEM. Em *Readings in Object-Oriented Databases*, eds. Zdonik, S. B. e Maier, D., Morgan Kaufmann, 1990.

[792] Zaniolo, C. Active database rules with transaction-conscious stable-model semantics. Em *Intl. Conf. on Deductive and Object-Oriented Databases*, 1996.

[793] Zaniolo C., Arni, N. e Ong, K. Negation and aggregates in recursive rules: the LDL++ approach. Em *Intl. Conf. on Deductive and Object-Oriented Databases*, 1993.

[794] Zaniolo, C., Ceri, S., Faloutsos, C., Snodgrass, R., Subrahmanian, V. e Zicari R. *Advanced Database Systems*. Morgan Kaufmann, 1997.

[795] Zdonik, S., Cetintemel, U., Cherniack, M., Convey, C., Lee, S., Seidman, G., Stonebraker, M., Tatbul, N. e Carney, D. Monitoring streams — A new class of data management applications. Em *Proc. Intl. Conf. on Very Large Data Bases*, 2002.

[796] Zdonik, S. e Maier, D. (eds.). *Readings in Object-Oriented Databases*. Morgan Kaufmann, 1990.

[797] Zhang, A., Nodine, M., Bhargava B. e Bukhres, O. Ensuring relaxed atomicity for flexible transactions in multidatabase systems. Em *Proc. ACM SIGMOD Conf. on the Management of Data*, 1994.

[798] Zhang, T., Ramakrishnan R. e Livny, M. BIRCH: an efficient data clustering method for very large databases. Em *Proc. ACM SIGMOD Conf. on Management of Data*, 1996.

[799] Zhao, Y., Deshpande, P., Naughton, J. F. e Shukla, A. Simultaneous optimization and evaluation of multiple dimensional queries. Em *Proc. ACM SIGMOD Intl. Conf. on Management of Data*, 1998.

[800] Zhuge, Y., Garcia-Molina H., Hammer, J. e Widom, J. View maintenance in a warehousing environment. Em *Proc. ACM SIGMOD Conf. on the Management of Data*, 1995.

[801] Zloof, M. M. Query-by-example: a database language. *IBM Systems Journal*, 16 (4):324–343, 1977.

[802] Zobel, J., Moffat, A. e Ramamohanarao, K. Inverted files versus signature files for text indexing. *ACM Transactions on Database Systems*, 23, 1998.

[803] Zobel, J., Moffat, A. e Sacks-Davis, R. An efficient indexing technique for full textdatabases. Em *Proc. Intl. Conf. on Very Large Databases, Morgan Kaufman pubs. (San Francisco, CA) 18, Vancouver*, 1992.

[804] Zukowski, U. e Freitag, B. The deductive database system LOLA. Em *Proc. Intl. Conf. on Logic Programming and Non-Monotonic Reasoning*, 1997.

ÍNDICE REMISSIVO

1FN, 514
2FN, 514
2PC, 630, 631
   bloqueio, 632
   com Cancelamento Presumido, 634
2PL conservadora, 467
2PL, 461
   bancos de dados distribuídos, 627
3FN, 516, 521
3PC, 634
4FN, 531
5FN, 532

A

Abstração de página, 227, 262
Acionadores, 112, 142
   ativação, 142
   nível de linha *versus* instrução, 143
   uso em replicação, 625
Ações conflitantes, 440
Acoplamento de bloqueio, 469
Administrador de segurança, 589
Administradores de banco de dados, 18
Advanced Encryption Standard
   (AES), 591
AES, 591
Agregação definida pelo usuário, 666
Agregação em Datalog, 691
Agregação em SQL, 128, 138-139
Agregação no modelo ER, 33-34, 70-71
Agregação online, 717
Agrupamento, 230, 242, 550
Agrupamento em SQL, 130
Agrupamento hierárquico, 756
Álgebra relacional, 85
   comparação com Datalog, 690
   divisão, 91
   equivalências, 407
   expressão, 85
   junção, 89
   operações de conjunto, 87, 391
   poder expressivo, 105
   projeção, 85
   renomear, 88
   seleção, 85
Algoritmo de recuperação ARIES, 454,
   485, 498
Algoritmos incrementais, 336
Algoritmos sem bloqueio, 718
ALTER, 579
Alterando tabelas em SQL, 76
Alternativas para entradas de dados em
   um índice, 228-229
Altura de uma árvore, 233, 287
Amostragem de sistemas atuais, 405
Análise de dados exploratória, 705, 738
ANSI, 5, 49
API, 162
Apoio à decisão, 704
Aprendizado de máquina, 738
Armazenamento
   estável, 453
   não-volátil, 253
   primário, secundário e terciário, 253
Armazenamento terciário, 254
Armazenando TADs e tipos
   estruturados, 664
Arquitetura cliente-servidor, 197, 614
Arquitetura de banco de dados paralelo
   memória compartilhada *versus* nada
      compartilhado, 606
Arquitetura de disco compartilhado, 606
Arquitetura de duas camadas lógicas, 197
Arquitetura de memória compartilhada, 606
Arquitetura de nada compartilhado, 606
Arquitetura de SGBD, 16
Arquitetura de três camadas lógicas, 198
   camada lógica de apresentação, 199
   camada lógica intermediária, 199
Arquitetura de um SGBD, 16
Arquitetura em uma única camada
   lógica, 196
Arquiteturas, 196
Arquivo agrupado, 229, 237
Arquivo de ocorrências, 775

Arquivo, 16
  de registros, 228
Arquivos com hashing, 231
Arquivos de assinatura, 937
Arquivos de assinatura particionado por
  bits, 778
Arquivos Grid, 812
  regiões convexas, 814
Arquivos heap, 16, 228, 235, 269
Arquivos ordenados, 236
Arrays, 650
Array de discos, 256
Árvores
  altura, 233
  classificação e regressão, 751
  B+, 286
  formato de nó de árvore B+, 286
  ISAM, 284
  R, 814
  Region Quad, 810
Árvores B+ *versus* ISAM, 242
Árvores B+, 233, 286
  altura, 287
  bloqueio, 551
  carregamento em massa, 299
  compressão de chave, 298
  conjunto de seqüência, 287
  exclusão, 292
  inserção, 289
  operação de seleção, 369
  ordem, 287
  para ordenação, 360
  pesquisa, 288
Árvores cheias, 346
Árvores de classificação, 751
Árvores de decisão, 751
  dividindo atributos, 752
  podando, 752
Árvores de Pesquisa Generalizadas, 818
Árvores de profundidade à esquerda
  (left deep), 346
Árvores de regressão, 751
Árvores R*, 817
Árvores R, 814
  retângulos limítrofes, 815
Árvores R+, 817
Assertivas em SQL, 141
Assinaturas digitais, 593
Assistente
  sintonização de índice, 553
Atomicidade, 436
Atribuição de nomes em sistemas
  distribuídos, 617

Atributo, 9
Atributo categórico, 750
Atributo de divisão, 752
Atributo dependente, 750
Atributo previsor, 750
  categórico, 750
  numérico, 750
Atributos em XML, 191
Atributos no modelo ER, 24
Atributos no modelo relacional, 50
Atualização de visões materializadas, 727
Atualização perdida, 442
Atualizações em bancos de dados
  distribuídos, 623
Atualizando visões materializadas, 727
Aumento de escala, 606
Aumento de velocidade, 606
Autenticação, 578
Auto-efetivação em JDBC, 165
Autoridades, 780
Autoridades de certificação, 592
Autorização, 7, 18
Autorização baseada em papéis, 580
Avaliação de ponto fixo ingênua, 694
Avaliação de ponto fixo semi-ingênua, 695
Avaliação durante a execução, 339
Avaliação em pipeline, 339, 347, 414
Avaliação sintonização de índice, 242, 335
AVG, 128
Axiomas completos, 512
Axiomas corretos, 512
Axiomas de Armstrong, 512
Axiomas para DFs, 512

B

Banco de dados relacional
  esquema, 52
  instância, 52
Bancos de dados, 3
Bancos de dados ativos, 112, 142
Bancos de dados de Internet, 6
Bancos de dados de objetos, 10
Bancos de dados de tempo real, 825
Bancos de dados dedutivos, 681
  agregação, 691
  avaliação semi-ingênua, 695
  inferências desnecessárias, 694
  inferências repetidas, 694
  modelo mínimo, 687
  negação, 688
  otimização, 693
  ponto fixo mínimo, 687

reescrita de Magicets, 697
semântica de ponto fixo, 685
semântica do modelo mínimo, 684
Bancos de dados dinâmicos, 467
Bancos de dados distribuídos, 605
    atribuição de nomes, 617
    atualizações, 623
    catálogos, 617
    controle de concorrência, 628
    fragmentação, 615
    gerenciamento de bloqueio, 628
    gerenciamento de transação, 627
    heterogêneos, 614
    impasse, 628
    independência de dados, 618
    junção, 620
    nomes globais de objeto, 617
    otimização, 623
    processamento de consultas, 619
    projeto, 619
    protocolos de efetivação, 630
    recuperação, 627, 630
    replicação síncrona *versus* assíncrona, 624
    replicação, 616
    seleção, 619
    Semijunção e Bloomjoin, 621
    transparência, 613
    varredura, 619
Bancos de dados estatísticos, 595, 710
Bancos de dados heterogêneos, 614
    gateways, 614
Bancos de dados móveis, 826
Bancos de dados multimídia, 806, 827
Bancos de dados paralelos, 606
    aumento de escala, 606
    aumento de velocidade *versus* bloqueio, 607
    carregamento em massa, 609
    intercalação e divisão, 609
    interferência, 606
    junção, 610, 611
    otimização, 612
    particionamento de dados, 608
    pipeline, 607
    sort-merge, 609
    varredura, 609
Biblioteca DBI, 209
Bioinformática, 829
BIRCH, 756
Bit dirty, 264
BLOBs, 645, 664
Bloco de consulta, 399

Blocos de discos, 255
Bloomjoin, 622
Bloqueio, 14, 446
Bloqueio de duas fases, 461
Bloqueio de granularidade múltipla, 471
Bloqueio de índice, 468
Bloqueio de predicado, 469
    2PL Conservador, 467
    árvores B+, 469
    bloqueios compartilhados, 444
    bloqueios de atualização, 465
    bloqueios exclusivos, 444
    concorrência, 564
    elevação de bloqueio, 464
    escalada de bloqueio, 472
    granularidade múltipla, 471
    implicações no desempenho, 564
    rebaixando, 464
    Strict 2PL, 444
Bloqueios compartilhados, 444
Buckets, 231
    em histogramas, 406
    em um arquivo que passou por hashing, 308
    sistemas reais, 266
Bufferização dupla, 360

C

Cache de métodos, 667
CAD/CAM, 806
Cálculo relacional, 98
    domínio, 102
    poder expressivo, 105
    segurança, 105
    tupla, 98
Caminho de acesso, 332
    mais seletivo, 333
Campo, 50
Campos de comprimento variável, 276
Canal secreto, 589
Cancelamento, 437, 446, 448, 487, 495, 631
Cancelamento Presumido, 634
Cancelamentos em cascata, 433
Capacidade de extensão em um otimizador, 668
    indexando tipos novos, 665
Capacidade de mudança de escala, 738
Capacidade de recuperação, 477
Captura baseada em log, 625
Captura e aplicação, 625-626
Captura Procedural, 626

Caranguejar, 469
Cardinalidade de uma relação, 52
Carga de trabalho, 241
Cargas de trabalho e projeto de banco de dados, 542
CASCADE em chaves estrangeiras, 60
Catálogo do sistema, 329
Catálogos, 328-329, 401, 403, 617
Catálogos de sistema, 10, 274, 329, 401, 403, 617
Cesta de compras, 739
CGI, 209
Chave, 25, 510
Chave de pesquisa, 228
Chave de sessão, 593
Chaves candidatas, 25, 54, 64
Chaves de pesquisa compostas, 244-246
Chaves estrangeiras, 64
    versus OIDs, 662
Chaves primárias, 25, 55
    em SQL, 55
Checksum, 256
Cilindros nos discos, 254
Classificação, 749, 750
Clientes magros, 197
CLOB, 646
Cobertura mínima, 522
Colaboradores, 615
Coleções aninhadas, 651, 663
Colisões, 315
Collation em SQL, 118
Coluna, 50
Colunas esparsas, 719
Com imposição *versus* sem imposição, 490
Comércio eletrônico, 183
Comparação de conjuntos em SQL, 125
Compatível à união, 87
Compressão de chave, 299
Compressão em árvores B+, 299
Comunicação entre processos (IPC), 666
Concedendo privilégios em SQL, 581
Concorrente, 7, 14
Condição de seleção disjuntiva, 371
Conexões em JDBC, 165
Configuração de índice, 553
Conjunção, 371
    conjunto primário, 333
Conjunto AVC, 754
Conjunto de condição de seleção, 371
    forma normal conjuntiva, 371
    termo, 371
Conjunto de entidade fraca, 31

Conjunto de itens, 741
    freqüente, 741
    propriedade a priori, 741
    suporte, 740
Conjunto de seqüência em uma árvore B+, 287
Conjunto primário em uma seleção, 333
Conjuntos de entidade no modelo ER, 24
Conjuntos de itens freqüentes, 741
    propriedade a priori, 741
Consistência, 436
Construtor de tipo, 648
Consulta, 13
Consultas aninhadas, 122
    implementação, 420
Consultas baseadas no conteúdo, 806, 819
Consultas booleanas, 771
Consultas classificadas, 771
Consultas correlacionadas, 124, 421, 422
Consultas de junção em estrela, 722
Consultas floco de neve, 722
Consultas iceberg, 896
Consultas por intervalo espaciais, 805
Consultas por intervalo, 245, 805
Consultas por junção espacial, 805
Consultas por vizinho mais próximo, 805
Consultas seguras, 105
    em Datalog, 687
Consultas temporais, 829
Consultor de índice, 553
Contador de nível em hashing linear, 315
Contagem de pinos (pino-count), 264
Conteúdo XML, 193
Controle de acesso, 577
Controle de acesso discricionário, 586
    objetos e sujeitos, 587
Controle de concorrência de múltiplas versões, 477
Controle de concorrência
    várias versões, 477
    otimista, 473
    indicação de tempo, 475
Controle de concorrência otimista, 473
    validação, 473
Cookies, 210
Correlacionados, 422, 569, 575
COUNT, 128
Crawling, 779
CREATE DOMAIN, 140
CREATE TABLE, 52
CREATE TRIGGER, 143
CREATE TYPE, 141
CREATE VIEW, 73

Criando uma relação em SQL, 52
Criptografia, 590, 592
Criptografia de chave pública, 590
Criptografia RSA, 590
Criptografia simétrica, 591
CSS, 207
Cursores atualizáveis, 159
Cursores em SQL, 158, 159
Curva de ordem Z, 809
Curvas de preenchimento de espaço, 809
Custos de comunicação, 615, 619, 623

D

Dados de ponto, 804
Dados de região, 804
Dados de seqüência, 757
Dados de varredura, 804
Dados espaciais, 804
  limite, 804
  localização, 804
Dados semi-estruturados, 784, 830
Dados vetoriais, 805
Dali, 830
Data Encryption Standard (DES), 590
Data streams, 760
Data Warehouse, 5, 565, 627, 704, 722
  atualização, 723
  carregamento, 723
  eliminar, 723
  extração, 722
  limpo, 723
  metadados, 724
  transformação, 723
Data Warehouse, 627, 704, 722
Dataguide, 795
Datalog, 680, 684
  agregação, 691
  comparação com álgebra relacional, 690
  entrada e saída, 683
  estratificação, 689
  geração de multiconjunto, 691
  modelo mínimo, 685, 686
  modelo, 684
  negação, 688
  ponto fixo mínimo, 685, 686, 687
  regras, 681
  restrição de intervalo e negação, 688
  segurança e restrição de intervalo, 687
Datas e horas em SQL, 118-119
DataSpace, 830
DB2 Index Advisor, 554
DBA, 18

DDL, 10
Declarações de tipo de documento (DTDs), 192
Decomposição com preservação da dependência, 518
Decomposição de esquema, 509
Decomposição horizontal, 562
Decomposição sem perda de junção, 517
Decomposições, 509
  horizontais, 562
  na 3FN, 521
  na FNBC, 520
  preservação da dependência, 518
  sem perda de, 517
Deduções, 681
Dependências de inclusão, 533
Dependências de junção, 532
Dependências funcionais, 510
  Axiomas de Armstrong, 512
  cobertura mínima, 522
  fechamento de atributo, 513
  fechamento, 512
  projeção, 519
Dependências multivalorizadas, 528
Dependências parciais, 516
Dependências transitivas, 516
DES, 591
Descoberta de conhecimento, 739
Descriptografia, 590
Descritor de privilégio, 583
Desnormalização, 544, 558, 560
Detecção de alteração, 760
Detecção de impasse centralizado, 628
Detecção de impasse hierárquica, 629
Detecção de impasse local, 628
DEVise, 830
DF trivial, 512
Dicionário de dados, 329
Dimensões, 706
Diretório
  de páginas, 270
  de slots, 273
Diretório de grade, 812
Diretórios de slots, 274
Disco Deskstar, 256
Discos, 253
  blocos, 254
  cabeçote, 254-255
  cilindros, trilhas, setores, 254
  controlador, 255
  estrutura física, 254
  pratos, 254
  tempos de acesso, 235, 255

Distorção, 608, 610
Distorção de dados, 608, 610
Distribuição de dados transparente, 613
Divisão, 91
   em SQL, 127
DJs, 532
DML, 13
DMVs, 529
Documento XML bem formado, 192
Documentos XML válidos, 192
Domínio, 24-25, 50
Drill-down, 710
Driver, 162-163
   gerenciador, 162-163
   tipos, 163-164
DROP, 579
DTDs, 192
DTDs XML, 192
Duplicação de diretório, 312
Duplicação mestra, 625
Duplicatas em SQL, 115
Duplicatas em um índice, 231
Durabilidade, 436

E

E/S bloqueada, 359
Efetivação, 437, 448, 487, 630
Efetivação de duas fases, 630, 632
   Cancelamento Presumido, 633
Efetivação de três fases, 634
Efetivação em grupo, 826
Elementos na XML, 190
Elevação de bloqueios, 464
Eliminando tabelas em SQL, 76
Empurrando seleção, 341
Encapsulamento, 653
Entidades, 3, 11
Entidades fracas, 30, 68
Entradas de dados em um índice, 228
Entradas de índice, 282
Enumerando planos alternativos, 410
Equijunção, 90
Equivalência de álgebra relacional, 345
Equivalência de conflito, 460
ERP, 5
Escalada de bloqueio, 472
Escalas lineares, 812
Espaço de planos, 410
Espalhamento, 233, 287, 298-299
Especialização, 32
Espelhamento em RAID, 259
Esquema, 9, 50, 51

Esquema conceitual, 10
Esquema estrela, 708
Esquema externo, 11
Esquema físico, 11
Esquema lógico, 10, 23
Esquemas de redundância, 259
Estatísticas mantidas pelo SGBD, 330
Estimativa de custo, 402-403
   para métodos de TAD, 668
   sistemas atuais, 405
Estimativa do tamanho do resultado, 403
Estouro em junção por hashing, 387
Estratégia de avaliação conceitual, 113
Estratificação, 689
   comparação com a álgebra relacional, 690
Eventos ativando gatilhos, 142
Evitando cancelamentos em cascata, 433
Evolução de esquema, 558
EXEC SQL, 156
Execução concorrente, 438
Execuções na ordenação, 352
Execuções ordenadas, 352
Exemplos de consulta
   Q1, 92, 101, 103, 115, 123, 124
   Q10, 97
   Q11, 98, 103, 114
   Q12, 100
   Q13, 100
   Q14, 102, 104
   Q15, 114
   Q16, 117
   Q17, 118
   Q18, 119
   Q19, 121
   Q2, 91, 101, 104, 117, 123
   Q20, 122
   Q21, 124
   Q22, 125
   Q23, 125
   Q24, 126
   Q25, 128
   Q26, 128
   Q27, 128
   Q28, 129
   Q29, 123
   Q3, 94, 117
   Q30, 123
   Q31, 130
   Q32, 131
   Q33, 134
   Q34, 134
   Q35, 135

Q36, 135
Q37, 136
Q4, 94, 118
Q5, 95, 120
Q6, 95, 120, 126
Q7, 96, 101, 104
Q8, 97
Q9, 97, 102,104,127
Expressões de caminho, 649, 786
Expressões em SQL, 118, 138
Extensão espacial, 804
Extensible Markup Language (XML), 189, 192 -193
Extensible Style Language (XSL), 190
Extensões de tipo, 65

F

Falha
　falha de sistema, 452, 484
　mídia, 452, 484
Falha de mídia, 452, 484, 497
Falsos positivos, 778
Fantasmas, 450, 467
　SQL, 450-451
Fase de análise da recuperação, 485, 492
Fase de construção na junção por hashing, 386
Fase de correspondência na junção com hashing, 386
Fase de investigação na junção com hashing, 386
Fase de particionamento na junção por hashing, 386
Fase Desfazer da recuperação, 485, 495
Fase Refazer da recuperação, 485, 493
Fatores de redução, 333, 403, 405
Fechamento de atributo, 513
Fechamento de DFs, 512
Fechar um iterador, 239
Fenômeno do comboio, 464
FIFO, 266
Fluxo de dados, 759
Fluxo de dados para paralelismo, 609, 610
FNBC, 514, 519
Fonte de dados, 162
Folhas de Estilo em Cascata, 207
Folhas de estilo, 206
Forma normal conjuntiva (FNC), 332, 371
Forma normal de Boyce-Codd, 514, 519
Forma normal de chave de domínio, 540
Forma normal de junção de projeto, 540
Formas normais, 514
　1FN, 514
　2FN, 517
　3FN, 516
　4FN, 531
　5FN, 532
　DKFN, 540
　FNBC, 514
　normalização, 519
　PJFN, 540
　síntese, 524
　sintonizando, 557
Formatos de página, 271
　registros de comprimento fixo, 271
　registros de comprimento variável, 272
Formatos de registro, 274
　registros de comprimento fixo, 274
　registros de comprimento variável, 275
　sistemas reais, 274, 276
Formulários em HTML, 201
Fórmulas, 98
Fórmulas atômicas, 99
Fragmentação horizontal, 615
Fragmentação, 615-616
　hashing *versus* intervalo, 611
Freqüência do termo, 722
Freqüência inversa do documento (IDF), 773
Fronteira negativa, 762
Função de distância, 755
Funções agregadas nos SGBDORs, 665
Funções de hashing, 231, 309
Funções no modelo ER, 27
Funções unilaterais, 591

G

Gateways, 614
Gatilhos de nível de comando, 143
Gatilhos em nível de linha, 144
GenBank, 827
Generalização, 32
Geração de imagens médicas, 806
Geração de plano aleatório, 423
Gerenciador de bloqueio, 17, 463
　bancos de dados distribuídos, 627
Gerenciador de buffer, 16, 252, 263
　impondo uma página, 269
　pinning, 265
　pré-busca, 267
　substituição de página, 266-265
Gerenciador de espaço em disco, 17, 252, 262
Gerenciador de recuperação, 17, 452, 484

Gerenciador de transação, 17, 452
Gerenciadores de recurso, 824
Gerenciamento de bloqueio centralizado, 628
Gerenciamento de bloqueio de cópia primária, 628
Gerenciamento de bloqueio totalmente distribuído, 628
Gerenciamento de buffer
   buferização dupla, 361
   estratégia da imposição, 453
   estratégia do roubo, 453
   política de substituição, 266
   inundação seqüencial, 266
   SGBD *versus* SO, 267
Gerenciamento de fluxo de trabalho, 824
Gerenciamento de sessão, 210
Gerenciamento de transação distribuída, 627
GiST, 655, 819
Grafo de autorização, 583
Grafo de espera por, 465, 629
Grafo de precedência, 461
Grafo de serialidade, 461
GRANT OPTION, 579
Gravação antecipada do log, 15, 265, 485, 490
Gravação imposta, 487
Gravações cegas, 442
Gravações com buffer, 477

H

Hashing dinâmico, 310, 315
Hashing estático, 309
Hashing extensível, 310
   duplicação de diretório, 312
   profundidade global, 313
   profundidade local, 313
Hashing linear, 315
   contador de nível, 316
   família de funções de hashing, 315
Herança de atributos, 32
Herança em bancos de dados de objetos, 654
Hierarquia da memória, 243
Hierarquia de coleção, 656
Hierarquias de classe, 32, 69
Hierarquias de herança, 32, 70
Hierarquias É-Um, 32, 745
Histogramas, 405
   com igualdade de largura, 406
   com igualdade de profundidade, 407
   compactados, 407

sistemas atuais, 405
HTML, 188, 189-190, 830
   tags, 188
HTTP
   requisição, 186
   resposta, 187
   sem estado, 214
Hubs, 780
HyperText Markup Language (HTML), 188, 189

I

IBM DB2, 141, 267-268, 272, 274, 276, 297, 298, 352, 373, 378, 405, 414, 417, 422, 478, 486, 590, 646, 649, 657, 680, 722, 732
ID de autorização, 580
Id do registro, 227, 271
   sistemas reais, 272
Identificador uniforme de recurso (URI), 184
Identificadores de objeto, 656
IDS, 4
idTrans, 487
Igualdade profunda, 657
Igualdade profunda *versus* rasa, 657
Igualdade rasa, 790
Impasse, 446
   detecção, 465
   distribuído, 628
   fantasma, 629
   global *versus* local, 628
   prevenção, 466
Impasse distribuído, 628
Impasses fantasmas, 629
Implementação
   agregação, 392
   junções, 380, 381-382, 388
      hashing, 386
      loops aninhados, 379
   operações de conjunto, 391
   projeções, 374-375
      hashing, 375
      ordenando, 374
   seleções, 334, 368-369, 371-373
      árvore B+, 370
      com disjunção, 373
      índice de hashing, 371
      nenhum índice, 334, 369
      sem disjunção, 372
Implementação de SGBDOR, 664
Impondo páginas, 269, 453, 487

IMS, 5
Inanição, 463
Independência de dados, 7, 12
　distribuídos, 613, 618
　física, 13, 615
　lógica, 12, 73, 613
　visões, 12
Indexação baaseada em árvore, 231
Indexando tipos novos de dados, 665
Indicação de tempo
　controle de concorrência, 475
　　capacidade de recuperação, 477
　　gravações em buffer, 477
　　prevenção de impasse na 2PL, 559
Índice, 11, 228
　agrupado *versus* não agrupado, 229
　alternativas para entradas de dados, 229
　árvore, 231
　árvore B+, 286
　chave composta, 244
　chave concatenada, 244
　consulta de igualdade, 244
　consultas de intervalo e índices de
　　chave composta, 244
　correspondendo a uma seleção, 245, 332
　dinâmico, 286, 310, 315
　em SQL, 247
　entrada de dados, 228
　entradas de dados duplicadas, 230
　espaciais, 807
　estáticos, 283
　fan-out, 233
　hashing, 230, 309
　　buckets, 309
　　funções de hashing, 309
　　páginas primárias e de overflow, 309
　hashing estático, 309
　hashing extensível, 310
　hashing linear, 315
　ISAM, 284
　mapa de bits, 719
　multidimensional, 807
　não agrupado, 239-240
　primário *versus* secundário, 230
　seleção de igualdade *versus* intervalo,
　　241
　único, 230
Índice de junção com mapa de bits, 721
Índice primário, 231
Índice secundário, 230
Índices
　escolha, 241
Índices de hashing, 231

Índices de mapa de bits, 719
Índices dinâmicos, 287, 310, 315
Índices estáticos, 284
Índices invertidos, 775
Inferência e segurança, 594-595
Inferências, 681
Informações correntes de agregação, 392
Informix UDS, 141
Informix, 267-268, 272, 274, 276, 298, 352,
　372, 377, 378, 405, 417, 422, 478, 486,
　590, 646, 649, 720, 722
Inicializar um iterador, 340
Instância de relação, 50
Instância de relação válida, 53
Instância de um conjunto de
　relacionamentos, 26
Instrução SQL CREATE, 579
Instrução SQL GRANT, 578, 582
instrução SQL REVOKE, 582
Integração, 825
Integração de dados, 825
Integração semântica, 825
Integridade referencial, 7058
　em SQL, 70
　idos, 59
　opções de violação, 59
Intelligent Miner, 758
Interface de classe, 670
Interface de programação de aplicativo,
　162
Interface interadora, 340
Interface para uma classe, 670
Interface servlet, 211
Interferência, 606
Inundação seqüencial, 266, 394
Invariância do acesso, 475
ISAM, 242, 283
ISO, 5, 49
Isolamento, 436
Iterações de avaliação de ponto fixo, 694
Iterações, 694
IVEE, 830

J

Janela de consulta, 713
Java Database Connectivity (JDBC), 162,
　181, 614, 722
Java servlet, 211
JavaScript, 204
JDBC, 162, 164, 182, 614, 722
　arquitetura, 163
　autocommit, 165

avisos, 169
classe DatabaseMetaData, 170
classe PreparedStatement, 166
classe ResultSet, 167
conexão, 165
exceções, 169
fonte de dados, 163
gerenciador de driver, 162
gerenciamento de driver, 164
Jim Melton, 649
Junção de loops aninhados, 379
Junção de loops aninhados de índices, 336, 381
Junção de loops aninhados de bloco, 388
Junção natural, 90
Junção por hashing, 386, 389
  bancos de dados paralelos, 611
Junção sort-merge, 336, 383
Junções, 89
  bancos de dados distribuídos, 690
  bancos de dados paralelos, 610, 611
  Bloomjoin, 622
  definição, 89
  equijunção, 90
  externa, 139
  implementação, 379, 386
    hashing híbrido, 388
    loops aninhados de bloco, 380
    loops aninhados de índice, 381
    ordenação por intercalação, 383
  junção natural, 90
  semijunção, 621
Junções externas, 139

K

KDD, 739

L

Latência rotacional de discos, 256
Leitura não repetível, 442
Leitura suja, 440
Léxico, 776
Liberação, 587
Ligação dinâmica, 653
Linguagem de consulta, 13, 61, 83
  álgebra relacional, 85
  cálculo relacional de domínio, 102
  cálculo relacional de tupla, 98
  Datalog, 681
  OQL, 671
  relacionalmente completo, 106
  SQL, 110

XQuery, 786
Linguagem de Definição de Dados (DDL), 10, 52, 111
Linguagem de Manipulação de Dados (DML), 13, 111
Linguagem de manipulação de objetos, 670
Linguagem hospedeira, 13, 156
Linguagens de marcação, 188
LOB, 646
Local de nascimento, 617
Localizador universal de recurso (URL), 185
Localizadores, 646
Log, 15, 437, 454, 486
  cauda, 487
  gravação imposta, 487
  NLSpágina, 487
  número de seqüência (NSL), 487
  registro de cancelamento, 487
  registro de compensação (RLC), 488
  registro de efetivação, 487
  registro de log de atualização, 488
  registro final, 487
  último NSL, 489
  WAL, 15
LRU, 266-267

M

Magic Setas, 422, 696
Manipulador de evento, 205
Manutenção de visão, 727, 731
  incremental, 727
Manutenção de modelo, 760
Mapas de bits para gerenciamento de espaço, 263, 272
Máquina virtual Java, 653
Materialização de tabelas temporárias, 339
Materialização de visões, 725
MathML, 196-197
MAX, 128
Medidas, 706
Mensagens de preparação, 630
Metadados, 328, 724
Métodos
  cache, 667
  interpretados *versus* compilados, 666
  segurança, 666
Microsoft SQL Server, 267-268, 272, 274, 276, 297, 298, 352, 373, 378, 405, 414, 417, 422, 478, 486, 554, 590, 646, 720, 722, 732
MIN, 128

Mineração de dados, 7, 5, 705, 737
Mineset, 830
Modelo, 684
Modelo de custo, 368
Modelo de dados ODMG
   atributo, 669
   classe, 669
   método, 670
   objetos, 669
   relacionamento inverso, 669
   relacionamento, 669
Modelo de dados, 8
Modelo de dados de rede, 4
Modelo de dados hierárquico, 5
Modelo de dados multidimensional, 706
Modelo de dados relacional, 5
Modelo de dados semântico, 8, 22
Modelo de espaço vetorial, 771
Modelo de segurança Bell-LaPadula, 587
Modelo de troca de objeto (OEM), 785
Modelo ER
   agregação, 34, 71
   atributos, 24
   atributos descritivos, 25
   chaves, 25
   domínios de atributo, 24
   entidades e conjuntos de entidade, 24
   hierarquias de classe, 32, 69
   restrições de chave, 28
   restrições de participação, 29,66
   sobreposição e cobertura, 33
   relacionamentos e conjuntos de relacionamento, 25
      entidades fracas, 30, 68
      muitos para muitos, 29
      papéis, 27
      um para muitos, 28
      um para um, 29
Modelo mínimo = ponto fixo mínimo, 687
Modelo relacional, 8, 48
Modelos mínimos, 684, 685
Modificação de consulta, 725
Modificando uma tabela em SQL, 52
Modo de acesso na SQL, 450
Módulos Perl, 209
MOLAP, 760
Monitor de processamento de transação, 824
Monitor de PT, 824
MRP, 5
MRU, 267
Multiconjunto, 114, 649, 650

N

Negação em Datalog, 688
Níveis de abstração, 10
Níveis de segurança, 589
Níveis de segurança do DoD, 589
Nível de isolamento, 165
Nível de isolamento em SQL, 451
   READ UNCOMMITTED, 451
   REPEATABLE READ, 451
   SERIALIZABLE, 451
NO ACTION em chaves estrangeiras, 60
Normalização, 519, 544
Normalização pelo co-seno, 773
NSLant, 487
NSLpágina, 487

O

Objeto grande, 646
Objeto grande de caractere, 646
Obter próxima tupla, 340
ODBC, 162, 182, 614, 825
ODL, 669
OEM, 785
OIDs, 657
   integridade referencial, 662
   versus chaves estrangeiras, 662
   versus URLs, 658
OLAP, 569, 705, 736
   consultas de janela SQL, 710
   projeto de banco de dados, 708
   roll-up e drill-dow, 710
   rotação, 710
   tabela de dimensão, 708
   tabela de fatos, 707
   tabulação cruzada, 710
OLTP, 703
OML, 670
Open Database Connectivity (ODBC), 162, 182, 614, 825
Operação de aninhamento, 651
Operação de desaninhamento, 651
Operação de divisão, 91
Operação de intersecção, 87, 119
Operação de união, 87, 119
Operação diferença, 87, 119
Operação diferença de conjunto, 87
Operação produto cartesiano, 87
Operações de conjunto
   em SQL, 119
   implementação, 391
   na álgebra relacional, 87

Operador CUBE, 712, 722, 736
Operador de divisão, 609
Operador de intercalação, 609
Operadores em cascata, 407
OQL, 669, 671
Oracle, 23, 267–268, 272, 274, 277, 297, 352, 373, 377-378, 405, 417, 422, 478, 486, 590, 646, 648, 650, 668, 720, 722, 732
Ordem de uma árvore B+, 288
Ordenação, 609
  algoritmo de ordenação por aplicações, 351
  buferização dupla, 360
  E/S bloqueada, 359
  ordenação por substituição, 357
  sort-merge externo, 354
  usando árvores B+, 361
Ordenação de substituição, 357
Ordenação externa, 352, 354, 357, 359, 360, 609
Organização de arquivo, 226
  agrupado, 237
  aleatório, 235
  árvore, 231
  com hashing, 230
  indexado, 229
  ordenado, 236
Otimização de consulta, 337, 423
  árvore cheia, 346
  árvores de profundidade à esquerda, 346
  bancos de dados dedutivos, 693
  bancos de dados distribuídos, 623
  bancos de dados paralelos, 612
  baseada em regra, 423
  bloco de consulta SQL, 399
  empurrando seleções, 341
  enumeração de planos alternativos, 410
  equivalências da álgebra relacional, 407
  estatísticas, 330
  fatores de redução, 403, 404
  visão geral, 337, 399
Otimização de consulta paramétrica, 423
Otimização de múltiplas consultas, 423
Otimizador de consulta, 16
Otimizadores
  baseados em regra, 423
  capacidade de extensão, 668
  consultas aninhadas, 420
  decompondo uma consulta em blocos, 400
  equivalências da álgebra relacional, 407
  estimativa de custo, 402
    sistemas reais, 405
  histogramas, 405
  manipulando predicados custosos, 668
  para SGBDORs, 667
  sistemas reais, 405, 414, 417, 422
  visão geral, 400

P

Pacotes em SQL:1999, 111
Padrão de consulta, 697
Padrão de Criptografia de Dados, 590
Padrões seqüenciais, 747
Padronização, 49
Página primária em bucket, 231
Páginas primárias *versus* overflow, 309
Palavras de parada, 772
Paradise, 830
Paralelismo em pipeline, 607
Paralelismo particionado, 607
Paridade, 258
Particionamento de dados, 608
  distorção, 608
Particionamento de intervalo, 608
Particionamento por hashing, 608
Particionamento round-robin, 608
Particionamento vertical, 544
Participação parcial, 29
Participação total, 29
Pesquisas em linguagem natural, 771
Pinning da página, 265
Plano de avaliação de consulta, 338
Plano de execução, 437, 443
  equivalente quanto ao conflito, 460
  evitar cancelamento em cascata, 443
  recuperável, 443, 447
  restrito, 462
  serialidade de visão, 462
  serialidade quanto ao conflito, 460
  serialidade, 439, 442
  serializável, 439, 460
Planos somente de índice, 552
PMML, 739
Poda, 752
Poder expressivo de álgebra *versus* cálculo, 105
Pointer swizzling, 667
Poliinstanciação, 589
Política de relógio, 266
Política de substituição de página, 264, 266
Política do Esperar-morrer, 466

Política do usada menos recentemente (LRU), 266
Política do usado mais recentemente (MRU), 267
Política Ferir-esperar, 466
Política First in first out (FIFO), 266
Ponto de verificação fuzzy, 491
Ponto fixo, 685
  avaliação ingênua, 694
  avaliação semi-ingênua, 695
Pontos ativos, 447, 551, 564, 566
Pontos de salvamento, 448
Pontos de verificação, 454
Pontos fixos mínimos, 684, 685
Pool de buffers, 265
Pool de conexões, 166
Pratos em discos, 254
Prazos-limite fixos *versus* provisórios, 825
Pré-busca de páginas, 267
Pré-busca de sistemas reais, 268
Precisão, 774
Predicados custosos, 668
Pré-efetivar, 634
Prêmio Turing, 4
Prevenção de impasse não preemptivo, 467
Prevenção de impasse preemptivo, 467
Primeira forma normal, 514
Princípio da substituição, 655
Privilégio abandonado, 582
Privilégios de acesso, 578
Problema do fantasma, 467, 818
Problemas de armazenamento, 664
Procedimentos armazenados, 173
Processamento analítico online (OLAP), 705
Processamento de consulta
  bancos de dados distribuídos, 618
Processamento de consultas distribuída, 619
Processamento de transação online (OLTP), 703
Processamento no lado do servidor, 221
Processo de descoberta de conhecimento, 739
Produto cartesiano, 87
Profundidade global em hashing extensível, 313
Programa adornado, 697
Programação de execução serializável, 442
  quanto à visão, 462
Programadores de aplicativo, 17

Projeções, 619
  definição, 86
  implementação, 374
Projeto conceitual, 11, 22
  sintonizando, 557
Projeto de banco de dados
  etapa de análise dos requisitos, 22
  ferramentas, 23
  físico, 241
  formas normais, 514
  função da carga de trabalho esperada, 542
  função das dependências de inclusão, 533
  impacto do acesso concorrente, 564
  para OLAP, 708
  para um SGBDOR, 659
  projeto conceitual, 11, 22
  projeto físico, 11, 23, 542
  refinamento do esquema, 23, 506
  sintonizando, 18, 24, 542, 556, 558
  valores nulos, 508
Projeto Digital Libraries, 827
Projeto e manufatura auxiliados por computador, 806
Projeto físico
  assistente de sintonização, 553, 554
  co-agrupamento, 545
  consultas aninhadas, 564
  escolhas, 544
  esperada, 542
  índices agrupados, 242
  índices de vários atributos, 564
  otimizando o esquema conceitual, 557
  planos somente de índice, 247
  redução de pontos ativos, 565
  seleção de índice, 552
  sintonização de consulta, 558, 563
  sintonizando a escolha de índices, 556
  sintonizando consultas, 558
Projeto físico de banco de dados, 11, 23, 240
Projeto Genoma Humano, 827
Prolog, 681
Propriedade *a priori*, 741
Proprietária indentificadora, 31
Proprietário de uma entidade fraca, 31
Protocolo de bloqueio, 14, 444
Protocolo de comunicação, 186
Protocolo de efetivação sem bloqueio, 634
Protocolo HTTP, 186
Protocolo SET, 593
Protocolo SSL, 592
Protocolos de efetivação, 624, 630

2PC, 630, 632
3PC, 634
Protocolos sem estado, 187
Publicação e inscrição, 625

Q

Quadro de buffer, 264
Quantificadores, 99
Quarta forma normal, 531
Quinta forma normal, 532

R

RAID, 257
    espelhando, 260
    esquemas de redundância, 258
    grupos de confiabilidade, 259
    níveis, 257
    paridade, 258
    unidade de striping, 257
Raiz de um documento XML, 192
Rastreamento de auditoria, 595
Reatribuição de nomes na álgebra relacional, 89
Rebaixamentos de bloqueio, 464
Recuperação, 7, 18, 455, 484
    ARIES, 485
    bancos de dados distribuídos, 627, 630
    falha de mídia, 497
    fase Análise, 492
    fase Desfazer, 495
    fase Refazer, 493
    log, 15, 437
    páginas sombra, 498
    ponto de verificação, 491
    ponto de verificação fuzzy, 591
    registro de log de atualização, 488
    registro de log de compensação, 488
    transações perdedoras, 495
    três fases do reinício, 491
Recuperação de falha, 7, 15,18, 452, 484, 488, 491, 493, 495, 497
Recuperação de informações, 768
Recuperação de mídia, 497
Recuperação de página sombra, 496
Recursividade linear, 691
Redução de dados, 621
Redução de semijunção, 621
Redundância e anomalias, 507
Redundância em RAID, 258
Referências a entidade na XML, 191
Refinamento do esquema, 23, 507
    desnormalização, 560

Registro de log
    campo de tipo, 487
    campo idTtrans, 487
    campo NSLant, 487
Registros, 9, 50
Registro de log de atualização, 488
Registro de log mestre, 491
Registros de comprimento fixo, 271
Registros de comprimento variável, 273
Registros de log de compensação, 488, 495, 498
Regra de gravação Thomas Write, 476
Regras de associação, 744, 746
    com calendários, 746
    com hierarquias de itens, 745
    uso para previsão, 748
Regras de classificação, 750
Regras de regressão, 750
Regras em Datalog, 681
Regras recursivas, 680
Reinício após a falha, 491
Reinserções forçadas, 817
Relação, 9, 50
    cardinalidade, 52
    esquema, 50
    grau, 52
    instância, 50
    instância válida, 53
Relacionalmente completa, 106
Relacionamento de um-para-um, 29
Relacionamento muitos para muitos, 29
Relacionamento um-para-muitos, 28
Relacionamentos, 3, 11, 25, 28
Relações aninhadas
    aninhando, 652
    desaninhamento, 651
Relações multinível, 588
Relógio, 266
Repetindo a história, 485, 498
Replicação, 615, 616
    assíncrona, 617, 624, 723
    cópia mestra, 625
    publicação e inscrição, 625
    síncrona, 617
Replicação assíncrona, 617, 624, 723
    Captura e Aplicação, 625-626
    ponto-a-ponto, 625
    site primário, 625
    solução de conflitos, 625
    tabela de alteração de dados (TAD), 626
Replicações síncronas, 617, 624
    técnica da votação, 624

técnica do ler qualquer uma, gravar todas, 624
Restrição de intervalo, 687, 688
Restrição PRIMARY KEY em SQL, 55
Restrição UNIQUE em SQL, 55
Restrições de chave estrangeira, 55
Restrições de chave, 27-28, 55-55
Restrições de cobertura, 33
Restrições de domínio, 24-25, 51, 61, 140
Restrições de integridade, 7, 9, 27, 29, 53, 66
    chave estrangeira, 55
    chave, 54
    domínio, 51, 61
    em SQL, 140-141
    espaciais, 806
    transações em SQL, 60
Restrições de participação, 29, 66
Restrições de sobreposição, 33
Restrições nomeadas em SQL, 55
Retângulos limítrofes, 815
Revocação, 774
Revogando privilégios em SQL, 582
Rid, 227, 272
RLCs, 488, 495, 498
ROLAP, 852
ROLLUP, 712
Rotação, 710
Roubo de frames, 453

S

SABRE, 5
Sacolas, 649, 650
Satisfação de índice, 332
Seção crítica, 474
Secure Electronic Transaction, 593
Secure Sockets Layer (SSL), 186, 592
Segunda forma normal, 517
Segurança, 18, 577, 579, 687
    autenticação, 578
    bancos de dados estatísticos, 595
    classes, 578, 587
    controle de acesso discricionário, 578
    controle de acesso obrigatório, 578
    criptografia, 592
    inferência, 595
    mecanismos, 577
    política, 577
    privilégios, 578
    usando visões, 585
Segurança de métodos, 666
Seleção de divisão, 752

Seleção de índices, 545
Seleção por igualdade, 241
Seleção por intervalo, 241
Seleções, 619
    definição, 85
Seletividade de caminhos de acesso, 333
Sem correlação, 422
Semijunção, 621
Seqüência de conjuntos de itens, 748
Serialidade, 439, 442, 460, 462, 468
Serialidade, quanto ao conflito, 468
Serializável de visão, 462
Serviços da Web, 185
Servidores de aplicação, 208, 210
Servlet, 211
    requisição, 212
    resposta, 212
SET DEFAULT em chaves estrangeiras, 60
SGBD objeto-relacional, 643, 672
SGBD orientado a objetos, 643, 669, 672
SGBD *versus* SO, 267
SGBD, 3
SGBDOO *versus* SGBDOR, 672
SGBDOR *versus* SGBDOO, 672
SGBDOR *versus* SGBDR, 672
SGBDR *versus* SGBDOR, 672
SGML, 190
Sintonização, 23, 542, 544, 556
Sintonização de banco de dados, 18, 23, 542, 544, 556
Sintonização de consulta, 558
Sintonização de índice, 556
Sintonização do esquema, 557
Sintonização para concorrência, 564
Sistema de gerenciamento de banco de dados, 3
Sistema múltiplo de banco de dados, 614
Sistemas de Informações Geográficas (GIS), 805, 828
Sistemas reais de rids, 272
Site coordenador, 630
Site primário e replicação, 625
Snapshots, 626, 731
SOAP, 185
Sobrecarga, 656
Solução de conflito, 625
Sort-merge, 354
SQL dinâmica, 162
SQL embutida, 156
SQL
    (DDL), 52, 111
    ALL, 125, 130

ALTER TABLE, 77
ALTER, 579
ANY, 125, 130
AS, 118
atualização, 73
atualizações de visão, 74
AVG, 128
BETWEEN, 548
bloco de consulta, 399
CARDINALITY, 650
CASCADE, 59
collation, 118
COMMIT, 448
consultas correlacionadas, 124
COUNT, 128
CREATE DOMAIN, 140
CREATE TABLE, 52
CREATE, 579
criando visões, 72
CUBE, 712
cursores, 158
   capacidade de atualização, 169
   holdable, 160
   ordenando linhas, 161
   sensibilidade, 160
Linguagem de Manipulação de Dados (DML), 111
dando nomes às restrições, 55
dinâmica, 161
DISTINCT para agregação, 128
DISTINCT, 113, 115
DROP TABLE, 76
DROP, 579
EXCEPT, 119, 126
EXEC, 156
EXISTS, 119, 138
exclusão, 58
expressando divisão, 127
expressões, 118, 138
fantasmas, 450
GRANT, 578, 581
   GRANT OPTION, 579
GROUP BY, 130
HAVING, 130
ID de autorização, 579
IN, 119
indexando, 247
INSERT, 52, 58
INTERSECT, 119, 126
IS NULL, 138
junções externas, 139
MAX, 128
MIN, 128

modo de acesso, 450
multiconjuntos, 114
nível de isolamento, 451
NO ACTION, 60
NOT, 115
operações agregadas, 138
   definição, 128
   implementação, 392
ORDER BY, 161
pacotes de conformindade, 111
padrões, 152
padronização, 49
pontos de salvamento, 448
privilégios, 578
   DELETE, 579
   INSERT, 579
   REFERENCES, 579
   SELECT, 579
   UPDATE, 579
programação de linguagem embutida, 156
READ UNCOMMITTED, 451
REPEATABLE READ, 451
restrições de integridade
   assertivas, 58, 141
   CHECK, 140
   efeito sobre as modificações, 58
   PRIMARY KEY, 55
   restrições de domínio, 140
   restrições de tabela, 58, 165
   UNIQUE, 55
   verificação adiada, 61
REVOKE, 582
   CASCADE, 582
ROLLBACK, 448
segurança, 579
SELECT-FROM-WHERE, 113
SERIALIZABLE, 451
SOME, 125
SQLCODE, 159
SQLERROR, 157
SQLSTATE, 157
strings, 118
subconsultas aninhadas
   definição, 122
   implementação, 421
SUM, 128
suporte para transação, 448
tipos distintos, 141
transações encadeadas, 449
transações e restrições, 60
UNION, 119
UNIQUE, 138

UPDATE, 52, 58
valores de data, 118
valores nulos, 56, 58, 59, 137
verificação da integridade referencial, 58
visões atualizáveis, 74
visões com capacidade de
SQL/MM
    Espacial, 804
    Estrutura, 645
    Full Text, 783
    Mineração de Dados, 739
SQL/PSM, 176
SQL/XML, 786
SQL:1999, 49, 152, 669, 678
    autorização baseada em papéis, 580
    construtor de tipo de array, 648
    construtor de tipo de linha, 648
    gatilhos, 142
    tipos de referência e OIDs, 657
    tipos estruturados definidos pelo usuário, 648
    tipos estruturados, 648
SQL:2003, 152
SQLCODE, 159
SQLERROR, 157
SQLJ, 171
    iteradores, 172
SQL Server
    mineração de dados, 758
    visões, 75
SQLSTATE, 157
SRQL, 736
Standard Generalized Markup Language (SGML), 190
Strict 2PL, 444, 461, 468
Strings em SQL, 118
Striping de dados em RAID, 256-257
Subclasse, 32
Sublinguagem de dados, 13
Subtransação, 627
SUM, 128
Superchave, 54, 511
Superclasse, 32
Suporte, 740
    classificação e regressão, 750
    conjunto de itens freqüentes, 741
    regra de associação, 744
    seqüência de conjunto de itens, 748
Swizzling, 667
Sybase, 23
Sybase ASE, 268, 272, 276, 297, 298, 352, 372, 373, 377, 378, 405, 417, 422, 478, 486, 590, 646

Sybase ASIQ, 372, 377, 378
Sybase IQ, 373, 720, 722
System R, 65

T

Tabela, 51
Tabela base, 83
Tabela de alteração de dados, 626
Tabela de páginas sujas, 489, 492
Tabela de transações, 462, 489, 492
Tabulação cruzada, 710
Tags em HTML, 188
TCP-D, 422
TDAs, 652
    encapsulamento, 653
Tempo de busca para discos, 235, 255
Tempo de espera para detecção de impasse, 629
Tempo de resposta do sistema, 439
Tempo de transferência para discos, 256
Tempo médio de falha, 259
Tempos de acesso para discos, 235, 256
Terceira forma normal, 515, 521, 524
Termo de pesquisa, 770
Througput, 438
Throughput do sistema, 438
Tioga, 830
Tipo distinto em SQL, 141
Tipos abstratos de dados, 652-653
Tipos complexos, 648, 661
    versus tipos de referência, 661
    igualdade de objeto, 657
Tipos de coleção, 649
Tipos de conteúdo na XML, 193
Tipos de dados de massa, 649
Tipos de referência, 661
Tipos de referência em SQL:1999, 657
Tipos definidos pelo usuário, 652
Tipos estruturados, 648
    problemas de armazenamento, 664
Tipos estruturados definidos pelo usuário, 648
Tipos opacos, 653
Transação, 435
    ações conflitantes, 440
    bloqueios e desempenho, 564
    cancelamento, 437
    cliente, 739
    de vários níveis e aninhada, 825
    distribuída, 613, 627
    efetivação, 437
    em SQL, 448
    gravação, 437

gravação cega, 442
leitura, 437
plano de execução, 437
propriedades, 14, 435
restrições em SQL, 60
Transações
   aninhadas, 448
   pontos de salvamento, 448
Transações ACID, 435
Transações de vários níveis, 825
Transações distribuídas, 613
Transações e JDBC, 166
Transações encadeadas, 449
Trashing, 447
Trava, 464
Travelocity, 5
Trechos de array, 665, 722
Trilha, 486
Trilhas de disco, 254
TSQL, 830
Tupla, 50

U

UDDI, 185
Último NSL, 489
UML, 40
   diagramas de banco de dados, 41
   diagramas de classe, 40
   diagramas de componente, 41
Unicode, 191
Unidade de striping, 257
Unified Modeling Language, 40
Unpinning da página, 265
URI, 184
URL JDBC, 165
URL, 184
URLs *versus* OIDs, 658
Uso de trechos, 665, 722

V

Validação em CC otimista, 473
Valores null (nulos), 508

em SQL, 56, 58, 59, 137
   implementação, 275
Varredura, 619
Varreduras somente de índice, 378, 393, 413
Verificando restrições de integridade, 58
Vetor de divisão, 610
Vetor de documento, 771
Vetores de características, 804, 806
Vinculação precoce, 656
Vinculação precoce *versus* tardia, 656
Vinculação tardia, 656
VisDB, 830
Visões, 12, 72, 75, 544
   atualizações em, 74
   atualizáveis, 74
   GRANT, 585
   modificação de consulta, 725
   para segurança, 585
   REVOKE, 585
Visões de partição, 732
Visões que admitem inserção, 74
Visualização, 829

W

WAL, 15, 265, 485, 490
Web crawler, 779
WSDL, 185

X

XML Schema, 195
XML, 189
   raiz, 192
   referências de entidade, 191
XPath, 208
XQuery, 786
   expressões de caminho, 786
XSL, 190, 208
XSLT, 208